COMPORTAMENTO
ORGANIZACIONAL

18ª **EDIÇÃO**

STEPHEN P. **ROBBINS** TIMOTHY A. **JUDGE**

COMPORTAMENTO ORGANIZACIONAL

18ª EDIÇÃO

STEPHEN P. ROBBINS
Universidade Estadual de San Diego

TIMOTHY A. JUDGE
Universidade Estadual de Ohio

Tradução
CRISTINA YAMAGAMI

Revisão técnica
ELZA F. R. VELOSO
Livre docente, com doutorado e
pós-doutorado em administração pela FEA-USP
e mestre em administração pela PUC-SP

© 2019, 2017, 2015 by Pearson Education, Inc. or its affiliates
©2020 by Pearson Education do Brasil Ltda.

Todos os direitos reservados. Nenhuma parte desta publicação poderá ser reproduzida ou transmitida de qualquer modo ou por qualquer outro meio, eletrônico ou mecânico, incluindo fotocópia, gravação ou qualquer outro tipo de sistema de armazenamento e transmissão de informação sem prévia autorização por escrito da Pearson Education do Brasil.

Vice-presidente de Educação	Juliano Costa
Gerente de produtos	Alexandre Mattioli
Gerente editorial Universidades	Jean Xavier
Editora de texto	Sabrina Levensteinas
Editor assistente	Rodrigo Orsi
Preparação	Luiza Del Monaco
Revisão	Marcela Neublum
Editora de arte e capa	Solange Dias Rennó
Diagramação	Casa de Ideias
Imagem da capa	Ajinkya Jadhav / EyeEm/Getty Images
Imagem da contracapa	bobbieo/Getty Images

Dados Internacionais de Catalogação na Publicação (CIP)
(Câmara Brasileira do Livro, SP, Brasil)

Robbins, Stephen P.
  Comportamento organizacional / Stephen P. Robbins, Timothy A. Judge ; tradução Cristina Yamagami ; revisão técnica Elza F. R. Veloso. – 18. ed. – São Paulo : Pearson Education, 2020.

  Título original: Organizational behavior Bibliografia.
  ISBN 978-65-5011-102-1

  1. Comportamento organizacional I. Judge, Timothy A. II. Veloso, Elza F. R. III. Título.

19-30945   CDD-658.001

Índices para catálogo sistemático:
1. Comportamento organizacional 658.001
Cibele Maria Dias - Bibliotecária - CRB-8/9427

2019
Direitos exclusivos cedidos à
Pearson Education do Brasil Ltda.,
uma empresa do grupo Pearson Education
Av. Francisco Matarazzo, 1400,
7º andar, Edifício Milano
CEP 05033-070 - São Paulo - SP - Brasil
Fone: 19 3743-2155
pearsonuniversidades@pearson.com

Distribuição
Grupo A Educação
www.grupoa.com.br
Fone 0800 703 3444

Sobre os autores

Stephen P. Robbins

Ph.D. pela Universidade do Arizona

Stephen P. Robbins é professor emérito de Administração da Universidade Estadual de San Diego e autor de livros acadêmicos, nas áreas de administração e comportamento organizacional, que se tornaram best-sellers internacionais. Seus livros foram adotados em mais de mil faculdades e universidades norte-americanas e traduzidos para 19 idiomas, com edições adaptadas no Canadá, Austrália, África do Sul e Índia. Robbins também é autor dos best-sellers *Fundamentos de gestão de pessoas* (Saraiva, 2013) e *Decida e conquiste* (Saraiva, 2015).

Em sua "outra vida", Robbins participa ativamente de atletismo competitivo para veteranos. Desde que completou 50 anos em 1993, ele venceu 18 campeonatos nos EUA e 12 títulos mundiais e bateu incontáveis recordes norte-americanos e mundiais de sua faixa etária em corridas de 60, 100, 200 e 400 metros. Em 2005, foi eleito para o Hall da Fama de Atletismo do USA Masters.

Timothy A. Judge

Ph.D. pela Universidade de Illinois em Urbana-Champaign

Timothy A. Judge é professor titular da cadeira Joseph A. Alutto em Eficácia da Liderança do Departamento de Administração e Recursos Humanos da Faculdade de Administração Fisher, na Universidade Estadual de Ohio. Ocupou cargos acadêmicos na Universidade de Notre Dame, Universidade da Flórida, Universidade de Iowa, Universidade Cornell, Universidade Charles, na República Tcheca, Universidade Comenius, na Eslováquia, e Universidade de Illinois, em Urbana-Champaign. Seus principais interesses acadêmicos incluem os campos da (1) personalidade, estados de humor e emoções; (2) atitudes no trabalho; (3) comportamentos de liderança e influência; e (4) carreira (adequação da pessoa à organização e sucesso profissional). Com mais de 154 artigos publicados nessas e em outras áreas, em periódicos como o *Academy of Management Journal* e o *Journal of Applied Psychology*, é membro de diversas organizações, incluindo a American Psychological Association e a Academy of Management. Entre os muitos créditos por seu trabalho, Judge foi agraciado com o Prêmio de Conquista Acadêmica da Divisão de Recursos Humanos da Academia de Administração em 2014. É coautor de *Fundamentos do comportamento organizacional*, com Stephen P. Robbins, e *Staffing Organizations*, 8ª ed., com Herbert G. Heneman III. Ele é casado e tem três filhos — uma filha que é assistente social na área da saúde, uma filha que está fazendo mestrado e um filho no ensino médio.

Sumário

Prefácio XXI

Capítulo 1 — O que é comportamento organizacional? 1

A importância das habilidades interpessoais 3
Gestão e comportamento organizacional 4
    Papéis dos gerentes 5
    Habilidades gerenciais 7
    Atividades gerenciais eficazes *versus* bem-sucedidas 7
Complementando a intuição com o estudo sistemático 10
    Big data 11
Disciplinas que contribuem para o estudo do comportamento organizacional 14
    Psicologia 14
    Psicologia social 15
    Sociologia 16
    Antropologia 16
Poucas verdades absolutas se aplicam ao comportamento organizacional 16
Desafios e oportunidades 17
    Pressões econômicas 18
    A expansão da globalização 18
    Fatores demográficos da força de trabalho 20
    Diversidade da força de trabalho 20
    Atendimento ao cliente 21
    Habilidades interpessoais 21
    Organizações em rede 22
    Mídias sociais 22
    Bem-estar dos empregados no trabalho 23
    Ambiente de trabalho positivo 24
    Comportamento ético 25

Próximas atrações: desenvolvendo um modelo
de comportamento organizacional 26
    Uma visão geral 26
    Insumos 27
    Processos 27
    Resultados 28
Habilidades de empregabilidade 33
    Habilidades de empregabilidade amplamente aplicáveis 34

Capítulo 2 — Diversidade nas organizações 43

Diversidade 45
    Características demográficas 45
    Níveis de diversidade 47
Discriminação 48
    Ameaça do estereótipo 48
    Discriminação no trabalho 49
Características biográficas 51
    Idade 51
    Sexo 53
    Raça e etnia 55
    Pessoas com deficiência 55
    Deficiências ocultas 57
Outras características diferenciadoras 58
    Estabilidade no emprego 58
    Religião 58
    Orientação sexual e identidade de gênero 59
    Identidade cultural 61
Capacidade 62
    Capacidades intelectuais 62
    Capacidades físicas 64
Implementação de estratégias de gestão da diversidade 65
    Atração, seleção, desenvolvimento e retenção de empregados
    diversificados 65
    A diversidade nos grupos 66
    Adaptação de expatriados 67
    Programas de diversidade eficazes 67

Capítulo 3 — Atitudes e satisfação no trabalho 79

Atitudes 81
Atitudes e comportamento 82

Atitudes no trabalho 84
    Satisfação e envolvimento com o trabalho 84
    Comprometimento organizacional 85
    Percepção de suporte organizacional 86
    Engajamento do empregado 86
    Essas atitudes no trabalho são realmente tão distintas? 87

Satisfação no trabalho 88
    Mensuração da satisfação no trabalho 88
    Até que ponto as pessoas estão satisfeitas com seu trabalho? 89

O que causa a satisfação no trabalho? 91
    Condições de trabalho 91
    Personalidade 91
    Salário 92
    Responsabilidade social corporativa 92

Resultados da satisfação no trabalho 94
    Desempenho no trabalho 94
    Comportamento de cidadania organizacional 94
    Satisfação do cliente 95
    Satisfação com a vida 95

As consequências da insatisfação no trabalho 96
    Comportamento contraproducente no trabalho 97
    Os gestores normalmente "não se tocam" 100

Capítulo 4 — Emoções e estados de humor 109

O que são emoções e estados de humor? 111
    Emoções básicas 112
    Emoções morais 113
    Estados de humor básicos: afeto positivo e afeto negativo 114
    Vivenciando os estados de humor e as emoções 115
    A função das emoções 117

Fontes das emoções e estados de humor (moods) 118
    Personalidade 118
    Hora do dia 118
    Dia da semana 119
    Clima 120
    Estresse 122
    Atividades sociais 122
    Sono 122
    Atividade física 123
    Idade 123

Sexo 123
Esforço emocional **124**
Teoria de eventos afetivos **126**
Inteligência emocional **127**
Regulação emocional **129**
    Influências e resultados da regulação emocional 129
    Técnicas de regulação emocional 130
    As implicações éticas da regulação emocional 132
Aplicações das emoções e dos estados de humor no comportamento organizacional **132**
    Seleção 133
    Tomada de decisão 133
    Criatividade 134
    Motivação 134
    Liderança 135
    Negociação 135
    Atendimento ao cliente 135
    Satisfação com a vida e com o trabalho 136
    Comportamentos desviantes no local de trabalho 137
    Segurança e acidentes de trabalho 138

Capítulo 5 — Personalidade e valores 151

Personalidade **153**
    O que é personalidade? 153
Modelos de personalidade **156**
    O Indicador de Tipos de Personalidade Myers-Briggs (MBTI) 156
    O modelo Big Five 158
    A Tríade Sombria (Dark Triad) 162
Outros atributos de personalidade relevantes para o comportamento organizacional **165**
    Autoavaliações centrais 165
    Automonitoramento 166
    Personalidade proativa 167
Personalidade, busca de emprego e desemprego **167**
Personalidade e situações **169**
    Teoria da força situacional 169
    Teoria da ativação dos traços de personalidade 171
Valores **172**
    A importância e a organização dos valores 172
    Valores terminais e valores instrumentais 173

Valores geracionais 173
Vinculando a personalidade e os valores de um indivíduo ao local de trabalho 174
    Adequação da pessoa ao trabalho 175
    Adequação da pessoa à organização 176
    Outras dimensões de adequação 177
Valores culturais 177
    Modelo de Hofstede 177
    O modelo GLOBE 178
    Comparação entre o modelo de Hofstede e o modelo GLOBE 179

Capítulo 6   Percepção e tomada de decisão individual ... 191

O que é percepção? 193
    Fatores que influenciam a percepção 193
Percepção pessoal: realizando julgamentos sobre os outros ... 195
    Teoria da atribuição 195
    Atalhos no julgamento das pessoas 198
    Aplicações específicas das simplificações (ou atalhos) nas organizações 200
Relação entre percepção e tomada de decisão individual 202
Tomada de decisão nas organizações 203
    O modelo racional, a racionalidade limitada e a intuição 203
    Vieses comuns e erros na tomada de decisão 205
Influências na tomada de decisão: diferenças individuais e restrições organizacionais 210
    Diferenças individuais 210
    Restrições organizacionais 211
Implicações éticas na tomada de decisão 213
    Três critérios éticos para o processo decisório 213
    Mentiras 215
Criatividade, tomada criativa de decisão e inovação nas organizações 217
    Comportamento criativo 217
    Causas do comportamento criativo 218
    Resultados criativos (inovação) 222

Capítulo 7   Conceitos de motivação 235

Definição de motivação 237
Teorias pioneiras de motivação 238
    Teoria da hierarquia de necessidades 238
    Teoria dos dois fatores 239

Teoria das necessidades de McClelland 241
Teorias contemporâneas de motivação 244
Teoria da autodeterminação 244
Teoria do estabelecimento de objetivos 246
Outras teorias contemporâneas de motivação 250
Teoria da autoeficácia 250
Teoria do reforço 252
Teoria da expectativa 255
Teoria da equidade/justiça organizacional 257
Justiça distributiva 258
Justiça processual 259
Justiça interacional 260
Resultados da justiça 261
Como promover a justiça 262
Cultura e justiça 263
Engajamento no trabalho 263
Integração das teorias contemporâneas de motivação 264

Capítulo 8   Motivação: dos conceitos às aplicações 277

**Motivação por meio do desenho de funções:
o modelo de características do trabalho 279**
O modelo de características do trabalho 279
Redesenho de funções 282
Rotação e enriquecimento de funções 282
Desenho relacional de funções 284
Arranjos alternativos de trabalho 286
Horário flexível 286
Compartilhamento de funções 289
Trabalho a distância (teletrabalho) 290
Envolvimento dos empregados 292
Exemplos de programas de envolvimento de empregados 293
Utilização de recompensas para motivar os empregados 295
O que pagar: estabelecendo uma estrutura de remuneração 295
Como remunerar: recompensando empregados individualmente por
meio de programas de remuneração variável 296
Utilizando benefícios para motivar os empregados 303
Benefícios flexíveis: criando um pacote de benefícios 304
**Utilizando recompensas intrínsecas para motivar
os empregados 304**
Programas de reconhecimento de empregados 305

Capítulo 9 — Fundamentos do comportamento dos grupos 317

Definição e classificação de grupos 319
    Identidade social 319
    Endogrupos e exogrupos 321
    Ameaça da identidade social 322

Etapas do desenvolvimento dos grupos 322

Primeira propriedade do grupo: papéis 324
    Percepção do papel 325
    Expectativas do papel 325
    Conflito de papéis 325
    Interpretação de papéis e assimilação 326

Segunda propriedade do grupo: normas 328
    Normas e emoções 328
    Normas e conformidade 328
    Normas e comportamento 329
    Normas positivas e resultados do grupo 331
    Normas negativas e resultados do grupo 332
    Normas e cultura 333

Terceira propriedade do grupo: *status* 334

Quarta propriedade do grupo: tamanho e dinâmica 334
    Terceira propriedade do grupo: *status* 334
    Quarta propriedade do grupo: tamanho e dinâmica 336

Quinta propriedade do grupo: coesão 338

Sexta propriedade do grupo: diversidade 338
    Quinta propriedade do grupo: coesão 338
    Sexta propriedade do grupo: diversidade 339

Tomada de decisão em grupo 341
    Grupos *versus* indivíduos 341
    Pensamento de grupo e mudança de posição do grupo 342
    Técnicas de tomada de decisão em grupo 345

Capítulo 10 — Compreendendo as equipes de trabalho 357

Por que as equipes se tornaram tão populares? 359
Diferenças entre grupos e equipes 360
Tipos de equipe 361
    Equipes de resolução de problemas 362
    Equipes de trabalho autogerenciadas 362
    Equipes multifuncionais 363

Equipes virtuais 363

Sistemas de equipes múltiplas 364

Criando equipes eficazes 366

Contexto: quais fatores determinam o sucesso das equipes? 366

Composição da equipe 368

Processos de equipe 374

Transformando indivíduos em membros da equipe 379

Seleção: contratando pessoas que sabem trabalhar em equipe 379

Treinamento: desenvolvendo pessoas que sabem trabalhar em equipe 379

Recompensas: oferecendo incentivos para trabalhar bem em equipe 380

Cuidado! Nem sempre as equipes são a melhor opção 381

Capítulo 11 Comunicação 393

Funções da comunicação 395

Direção da comunicação 397

Comunicação descendente 397

Comunicação ascendente 398

Comunicação lateral 399

Redes formais de pequenos grupos 399

A rede de rumores 400

Modos de comunicação 402

Comunicação oral 402

Comunicação escrita 406

Escolha da comunicação 411

Riqueza de canal 411

Escolha dos métodos de comunicação 412

Segurança da informação 415

Comunicação persuasiva 416

Processamento automático e controlado 416

Barreiras à comunicação eficaz 418

Filtragem 418

Percepção seletiva 418

Sobrecarga de informação 419

Emoções 419

Linguagem 420

Silêncio 421

Medo da comunicação 421

Mentiras 421

Fatores culturais 422

Barreiras culturais 422
Contexto cultural 423
Um guia cultural 424

Capítulo 12   Liderança 435

Teorias dos traços 437
Teorias comportamentais 439
    Resumo das teorias dos traços e das teorias comportamentais 441
Teorias contingenciais 441
    O modelo de Fiedler 441
    Teoria da liderança situacional 443
    Teoria do caminho-objetivo 443
    Modelo líder-participação 444
Teorias contemporâneas de liderança 445
    Teoria da troca entre líder e liderados (LMX) 445
    Liderança carismática 446
    Liderança transacional e transformacional 450
Liderança responsável 455
    Liderança autêntica 455
    Liderança ética 456
    Supervisão abusiva 458
    Liderança servidora 459
Liderança positiva 460
    Confiança 460
    Mentoria (ou *Mentoring*) 463
Desafios do entendimento da liderança 464
    Liderança como uma atribuição 464
    Substitutos e neutralizadores da liderança 465
    Seleção de líderes 466
    Treinamento de líderes 467

Capítulo 13   Poder e política 481

Poder e liderança 483
As bases do poder 484
    Poder formal 484
    Poder pessoal 485
    Quais bases de poder são mais eficazes? 486
Dependência: a chave para o poder 487
    O postulado geral da dependência 487
    O que cria a dependência? 487

Análise de redes sociais: uma ferramenta para avaliar recursos............ 488
Táticas de poder **490**
    Utilização das táticas de poder 490
    Preferências culturais pelas táticas de poder.. 491
    Aplicação das táticas de poder 492
Como o poder afeta as pessoas... **492**
    Variáveis do poder.. 493
    Assédio sexual: desigualdade de poder no local de trabalho.................. 494
Política: o poder em ação.. **495**
    Definição de política organizacional 495
    A realidade da política 496
Causas e consequências do comportamento político............... **498**
    Fatores que contribuem para o comportamento político........................ 498
    Como as pessoas reagem à política na organização?.............................. 502
    Gerenciamento da impressão... 503
    A ética do comportamento político 508
    Mapeando sua carreira política 508

Capítulo 14   Conflito e negociação 519

Uma definição de conflito **521**
    Tipos de conflito.. 522
    Loci de conflito.. 524
O processo de conflito **525**
    Estágio I: incompatibilidade ou oposição potencial................................. 525
    Estágio II: cognição e personalização... 527
    Estágio III: intenções.. 528
    Estágio IV: comportamento 528
    Estágio V: consequências.. 530
Negociação **533**
    Estratégias de negociação 533
O processo de negociação **537**
Diferenças individuais na eficácia da negociação **539**
Negociando em um contexto social.. **545**
    Reputação 545
    Relacionamentos 546
    Negociações com uma terceira parte.. 546

Capítulo 15   Fundamentos da estrutura organizacional... 557

O que é estrutura organizacional?... **559**
    Especialização do trabalho... 559

Departamentalização	561
Cadeia de comando	563
Amplitude de controle	563
Centralização e descentralização	564
Formalização	565
Superação de fronteiras	566

Estruturas e desenhos organizacionais mais comuns 568
- A estrutura simples 568
- A burocracia 569
- A estrutura matricial 571

Opções de desenhos alternativos 572
- A estrutura virtual 572
- A estrutura de equipe 573
- A estrutura circular 575

A organização mais enxuta: o *downsizing* 576

Por que as estruturas diferem entre si? 578
- Estratégias organizacionais 578
- Tamanho da organização 580
- Tecnologia 580
- Ambiente 581
- Instituições 582

Desenhos organizacionais e comportamento dos empregados 582

Capítulo 16 — Cultura organizacional 595

O que é cultura organizacional? 597
- Uma definição de cultura organizacional 597
- "Cultura" é um termo descritivo 599
- As organizações têm culturas uniformes? 599
- Culturas fortes *versus* culturas fracas 600

O que fazem as culturas? 601
- As funções da cultura 601
- A cultura cria o clima 601
- A dimensão ética da cultura 603
- Cultura e sustentabilidade 604
- Cultura e inovação 605
- A cultura como um ativo 606
- A cultura como um passivo 608

Criando e sustentando a cultura 609
- Como uma cultura começa 609
- Mantendo a cultura viva 610

Resumo: como se formam as culturas 614
Como os empregados aprendem a cultura **615**
    Histórias 615
    Rituais 615
    Símbolos 615
    Linguagem 617
Influenciando uma cultura organizacional **617**
    Desenvolvendo uma cultura ética 618
    Desenvolvendo uma cultura positiva 618
    A cultura espiritual 621
O contexto global **624**

Capítulo 17 — Políticas e práticas de recursos humanos ... 637

Práticas de recrutamento **639**
Práticas de seleção **640**
    Como funciona o processo de seleção 640
    Seleção inicial 640
Seleção substantiva e contingente **644**
    Testes escritos 644
    Testes de simulação de desempenho 646
    Entrevistas 647
    Testes de seleção contingente 649
Programas de treinamento e desenvolvimento **650**
    Tipos de treinamento 650
    Métodos de treinamento 653
    Avaliando a eficácia do treinamento 654
Avaliação de desempenho **655**
    O que é desempenho? 655
    Objetivos da avaliação de desempenho 655
    O que avaliamos? 656
    Quem deve fazer a avaliação? 657
    Métodos de avaliação de desempenho 658
    Melhorando as avaliações de desempenho 660
    Oferecendo feedback de desempenho 661
    Variações internacionais na avaliação de desempenho 663
O papel de liderança dos recursos humanos (RH) **664**
    Comunicação das práticas de RH 664
    Criação e administração de programas de benefícios 665
    Elaboração e aplicação de políticas empregatícias 666
    Gerenciando conflitos entre a vida pessoal e a vida profissional 668
    Mediações, rescisões e demissões 669

Capítulo 18 — Mudança organizacional e gestão do estresse 683

Mudança 685
    Forças da mudança 686
    Mudança planejada 687
Resistência à mudança 688
    Superando a resistência à mudança 689
    As políticas da mudança 692
Abordagens para gerenciar mudanças organizacionais 692
    Modelo de Lewin das três etapas do processo de mudança 692
    Plano de oito passos de Kotter 693
    Pesquisa-ação 694
    Desenvolvimento organizacional 695
Criando uma cultura de mudança 698
    Gerenciando o paradoxo 699
    Estimulando uma cultura de inovação 699
    Criando uma organização de aprendizagem 702
    Mudança organizacional e estresse 703
Estresse no trabalho 704
    O que é estresse? 704
    Fontes potenciais de estresse no trabalho 707
    Diferenças individuais 710
    Diferenças culturais 711
Consequências do estresse no trabalho 712
Gerenciando o estresse 714
    Abordagens individuais 715
    Abordagens organizacionais 716

Apêndice — Pesquisas de comportamento organizacional .. 733

Propósitos das pesquisas 734
Terminologia de pesquisa 734
    Variável 734
    Hipótese 734
    Variável dependente 734
    Variável independente 735
    Variável moderadora 735
    Causalidade 735
    Coeficiente de correlação 735
    Teoria 736

Avaliação da pesquisa **736**

Planejamento de pesquisa **737**

    Estudo de caso 737

    Pesquisas de campo (*survey*) 738

    Experimento de laboratório 739

    Experimento de campo 740

    Revisões quantitativas agregadas 741

Ética na pesquisa **741**

Casos abrangentes **745**

Glossário **757**

Índice onomástico **773**

Índice de organizações **797**

Índice remissivo **801**

Prefácio

O livro-texto de comportamento organizacional mais famoso do mundo está melhor do que nunca

Empregabilidade

Uma nova **Matriz de habilidades para a empregabilidade** no início de cada capítulo possibilita aos estudantes visualizar rapidamente os conteúdos correspondentes às habilidades que os empregadores estão procurando atualmente. Assim, é possível saber, desde o início, qual é a relevância de cada tema para sua carreira.

MATRIZ DE HABILIDADES PARA A EMPREGABILIDADE	Mito ou ciência?	Objetivos profissionais	Uma escolha ética	Ponto e contraponto	Exercício experiencial	Dilema ético	Estudo de caso 1	Estudo de caso 2
Pensamento crítico		✓	✓	✓	✓	✓	✓	✓
Comunicação	✓	✓			✓		✓	
Colaboração					✓		✓	
Análise e aplicação do conhecimento			✓	✓	✓	✓	✓	✓
Responsabilidade social		✓	✓	✓	✓	✓	✓	✓

Prática adicional no fim dos capítulos

Exercícios experienciais, **Dilemas éticos** e dois **Estudos de caso** foram incluídos no final de cada capítulo. Além disso, cinco **Casos abrangentes** no final do livro oferecem mais oportunidades de praticar do que qualquer outro livro-texto disponível.

Estudo de caso 1

Atenção: sobrecarga de colaboração

"Vocês podem nos dar a ferramenta que quiserem, mas vamos continuar soterrados debaixo de uma montanha de e-mails", disse um executivo a Jamie McLellan, diretor de tecnologia de uma agência de publicidade. McLellan investiu em várias ferramentas de colaboração para ajudar os empregados a serem mais eficientes no trabalho. Muitas organizações adotaram essa mesma abordagem ao retirar as divisórias de seus escritórios, como em empresas intensivas em conhecimento, caso do Facebook, que tem um enorme escritório de 40.000 metros quadrados sem divisórias. Os empregados tinham a liberdade de usar as ferramentas para criar sites internos para a equipe, para bater papo e compartilhar documentos. Mesmo assim, quase todos tendiam

A adoção de vários sistemas de colaboração levou a um grande problema para as organizações: a sobrecarga de colaboração. De acordo com dados cobrindo um período de duas décadas, os empregados passam cerca de 50% ou mais do tempo colaborando com outras pessoas. Embora à primeira vista isso possa parecer bom, esse padrão tem muitas desvantagens. Por um lado, quase 20% a 35% das colaborações que realmente agregam valor vêm de apenas 3% a 5% dos empregados. O problema é que as pessoas ganham fama por seu conhecimento e sua disposição para ajudar e o escopo de seu cargo acaba sendo estendido, em um fenômeno conhecido como "escalada da cidadania". Outro grande problema da sobrecarga de cola-

Dilema ético

Traga o seu próprio dispositivo (BYOD)

"Qual é o número do seu celular? Ótimo, eu ligo depois para avisar sobre a reunião". Se você for como muitas pessoas ao redor do mundo que usam um smartphone há anos ou, como 1,3 bilhão de outras pessoas, comprou um recentemente, é provável que você já tenha usado o aparelho para o trabalho. Na verdade, paga pelos serviços de telefonia e dados. Se o dispositivo quebrar, quem vai pagar por um novo? Você corre o risco de perder o emprego se não puder pagar pelo dispositivo e pelo serviço?

• Você tem como usar seu dispositivo para todas as comunicações relacionadas ao trabalho? Os serviços de armazenamento em

EXERCÍCIO EXPERIENCIAL Usando o tom certo no e-mail

Forme uma dupla com um colega de turma com quem você ainda não tenha trabalhado. Neste exercício, vocês vão imaginar que trabalham em uma pequena empresa de ar-condicionado. Volta e meia, um de seus colegas de trabalho, Daniel, pede que você visite os clientes que ligam reclamando de algum problema. Como visitas aos clientes não estão incluídas em sua descrição de cargo, você vê isso como um favor a Daniel e não vê problema algum em recusar

Exemplos reais e relevantes

Todos os capítulos estão repletos de exemplos para ajudar os estudantes a reconhecer os conceitos na prática. **Perfis de líderes empresariais reais** espalhados pelo livro ilustram como os conceitos do comportamento organizacional os ajudaram a atingir o sucesso.

A liderança transformacional de Reed Hastings, CEO da Netflix, ajudou a empresa a crescer de um pequeno serviço de locação de DVDs para uma plataforma de *streaming* pela internet com 93 milhões de clientes em mais de 190 países. Hastings incentiva os empregados a assumir riscos, oferece a eles poder de decisão, liberdade e a responsabilidade de ter ideias e criar produtos inovadores.

Uma **Pesquisa de comportamento organizacional** em cada capítulo apresenta estatísticas e põe "em xeque" algumas crenças populares.

PESQUISA DE COMPORTAMENTO ORGANIZACIONAL — Porcentagem de homens e mulheres na força de trabalho.

Fontes: baseado em U.S. Bureau of Labor Statistics, "Women in the Labor Force: A Datebook", 2014 www.bls.gov/opub/reports/cps/women-in-the-labor-force-a-databook-2014.pdf; e U.S. Bureau of Labor Statistics, "Economic News Release" 2013, http://www.bls.gov/news.release/ecopro.t02.htm.

O quadro **Ponto e contraponto** apresenta pontos de vista opostos sobre temas importantes do comportamento organizacional a fim de ajudar os estudantes a desenvolver o pensamento crítico.

Ponto e contraponto

O trabalho não sindicalizado e a economia dos bicos (Gig Economy) prejudicam os trabalhadores

PONTO
O que Uber, Etsy e Amazon Turk têm em comum? Todas essas plataformas promovem o trabalho *freelancer* temporário e refletem o que os economistas chamaram de "economia dos bicos" (Gig Economy). Meia década atrás,

CONTRAPONTO
É verdade que a economia dos bicos tem suas desvantagens, mas essas plataformas existem por uma razão. Empregadores e empregados estão fartos do modelo tradicional de emprego. Sim, algumas pessoas que trabalham com

O novo quadro **Objetivos profissionais** oferece orientações no formato de perguntas e respostas para ajudar os estudantes a perceber como os conceitos do comportamento organizacional podem ajudá-los a abordar e superar obstáculos no trabalho.

Objetivos profissionais

Prefiro ter só homens em minha equipe... algum problema com isso?

Por favor, não pensem que digo isso por ser machista. As mulheres são excelentes colegas e gestoras tão eficazes quanto os homens, mas eu prefiro ter homens em minha equipe. Acho mais tranquilo trabalhar com homens e acho que eles também preferem, porque a gente se entende naturalmente e

valores em muitos países mudou e o potencial da diversidade das equipes para elevar o moral, reforçar a confiança e aumentar a satisfação tem sido cada vez mais reconhecido. Note que estamos falando de valores, e não da realidade relatada no parágrafo anterior. Ellison concluiu que há um "des-

As implicações disso tudo para você é que, embora prefira trabalhar com homens, isso pode não ser bom para os negócios. Seria melhor dedicar sua energia a criar um clima de igualdade e escolher seus colegas de equipe com base em como eles podem contribuir para ela.

Principais mudanças da 18ª edição

▶ Uma *NOVA* Matriz de habilidades para a empregabilidade no início de cada capítulo possibilita aos estudantes visualizar rapidamente os conteúdos correspondentes às habilidades que os empregadores estão procurando atualmente. Assim, é possível saber, desde o início, qual é a relevância de cada tema para sua carreira.
▶ Uma *NOVA* seção de Aplicação e empregabilidade incluída em todos os capítulos resume a relevância de cada conteúdo para a empregabilidade dos estudantes, além das habilidades desenvolvidas no texto e nos exercícios propostos ao final de cada capítulo.
▶ Exemplos de abertura *NOVOS E ATUALIZADOS* em todos os capítulos apresentam as mais novas tendências e eventos do mundo dos negócios.
▶ Conteúdos *NOVOS E ATUALIZADOS* em todos os capítulos refletem os mais recentes avanços nas pesquisas do campo do comportamento organizacional. Esses novos conteúdos incluem os tópicos a seguir:
  ▶ adaptação de expatriados;
  ▶ comportamentos desviantes e contraprodutivos no trabalho;
  ▶ satisfação do cliente;
  ▶ esforço emocional;

- *mindfulness*;
- desemprego/empregabilidade;
- ética comportamental;
- medo da desonra *(deonance)*
- reações dos outros à injustiça;
- enriquecimento de funções;
- voz;
- supervisão abusiva;
- composição do conselho de administração executivo;
- climas organizacionais adotados e impostos;
- sistemas de trabalho de alto desempenho;
- recursos de capital humano;
- privação de sono;
- experiências de recuperação;
- demandas do trabalho.

- *NOVAS* fotos e legendas em mais de 75% dos capítulos vinculam o conteúdo a situações contemporâneas e reais do mundo inteiro para ajudar os estudantes a entender como os conceitos podem ser aplicados.
- Um *NOVO* quadro Ponto e Contraponto reflete diferentes pontos de vista sobre o comportamento organizacional, apresentando novos tópicos aos estudantes em 5 dos 18 capítulos.
- Os exercícios de fim de capítulo listados a seguir são completamente novos ou foram consideravelmente revistos e atualizados (incluindo questões previamente selecionadas), proporcionando aos estudantes o que há de mais recente no campo do comportamento organizacional:
  - *Exercício experiencial* (9 de 18)
  - *Dilema ético* (9 de 18)
  - *Estudos de caso* (18 de 36)
  - Referências atualizadas espalhadas por todos os capítulos

O que mudou em cada capítulo

Capítulo 1: O que é comportamento organizacional?

- *Objetivos de aprendizagem* revistos
- Novo *Exemplo de abertura* (Guerreiros do asfalto)
- Novas pesquisas sobre a importância de habilidades interpessoais e *big data*
- Nova seção: *Habilidades de empregabilidade*

Capítulo 2: Diversidade nas organizações

- Novo *Exemplo de abertura* (A união também faz a força na cozinha!)
- Nova seção sobre Adaptação de expatriados
- Seções revistas/atualizadas: Características demográficas, Estabilidade no emprego, Orientação sexual e Identidade de gênero e Capacidade
- Novas pesquisas sobre Ameaça do estereótipo; Discriminação no trabalho; Idade, Sexo, Raça e Etnia; Deficiências ocultas; Religião; Orientação sexual e identidade de gênero; e Capacidades intelectuais
- *Pesquisa de comportamento organizacional* atualizada (Diferença de remuneração entre os sexos: em queda, mas ainda presente)

- *Escolha ética* atualizada (Ação afirmativa para veteranos de guerra desempregados)
- Novo *Dilema ético* (Anulando a "licença para discriminar")
- Novo *Estudo de Caso 1* (As organizações podem promover treinamentos sobre diversidade?)

Capítulo 3: Atitudes e satisfação no trabalho

- Novo *Exemplo de abertura* (O poder dos baristas)
- Seções revistas/atualizadas: Atitudes, Comprometimento organizacional, Percepção de suporte organizacional, Engajamento do empregado e Comportamento de cidadania organizacional
- Novas pesquisas sobre Satisfação e Envolvimento com o trabalho, Engajamento do empregado, Personalidade, Satisfação do cliente e Comportamento contraproducente no trabalho
- Novas pesquisas internacionais sobre Atitude, Condições de trabalho e Responsabilidade social corporativa
- *Figura 3.2* atualizada (Os piores empregos de 2016 para a satisfação no trabalho)
- Novo *Exercício experiencial* (Entrevista situacional sobre as atitudes no trabalho)
- Novo *Estudo de caso 1* (Quiosques de autoatendimento: de pessoas a robôs)

Capítulo 4: Emoções e estados de humor

- Novo *Exemplo de abertura* (Indignação consistente)
- Seções revistas/atualizadas: O que são emoções e estados de humor?, As emoções básicas, Emoções morais, As emoções fazem com que sejamos éticos? e Técnicas de regulação emocional
- Novas pesquisas sobre A função das emoções, As emoções fazem com que sejamos éticos?, Estresse, Idade, Sexo, Esforço emocional, Teoria de eventos afetivos, Inteligência emocional e Técnicas de regulação emocional
- Novas pesquisas internacionais sobre As emoções básicas, Estados de humor e emoções, Esforço emocional, Inteligência emocional e Técnicas de regulação emocional
- *Pesquisa de comportamento organizacional* atualizada (Estados emocionais)
- *Exercício experiencial* atualizado (*Como aplicar o mindfulness no trabalho*)
- Novo *Estudo de caso 1* (Os gestores também têm sentimentos!)
- Novo *Estudo de caso 2* (Quando o trabalho vira uma chatice)

Capítulo 5: Personalidade e valores

- *Objetivos de aprendizagem* revistos
- Novo *Exemplo de abertura* (Liderando a "revolução silenciosa")
- Nova seção sobre Personalidade, busca de emprego e desemprego
- Seção revista/atualizada: O modelo Big Five
- Novas pesquisas sobre Conscienciosidade no trabalho, Estabilidade emocional no trabalho, Extroversão no trabalho, Abertura no trabalho, Agradabilidade no trabalho e Personalidade proativa
- Quadro *Mito ou ciência?* atualizado (Podemos avaliar com precisão a personalidade das pessoas em questão de segundos depois de conhecê-las)
- *Resumo* revisto
- *Questões para revisão* revistas

- Novo *Dilema ético* (Da personalidade aos valores e à ideologia política no processo de contratação)
- Novo *Estudo de caso 2* (Quando os traços de personalidade entram em conflito)

Capítulo 6: Percepção e tomada de decisão individual

- Novo *Exemplo de abertura* (Decisões "antiéticas" em organizações "éticas")
- Seção revistas sobre o Efeito halo e o Efeito *horns*
- Seções revistas/atualizadas: Contexto, Teoria da atribuição, Percepção seletiva, Viés de confirmação e Três critérios éticos para o processo decisório
- Novas pesquisas sobre Contexto, Racionalidade limitada, Intuição, Intensificação do compromisso, Aversão ao risco, Personalidade, Gênero e Três critérios éticos para o processo decisório
- Nova pesquisa internacional sobre Efeito de contraste
- Novo *Ponto e contraponto* (Avaliação implícita)
- Novo *Exercício experiencial* (Máfia)
- Novo *Estudo de caso 1* (Atenção: sobrecarga de colaboração)
- Novo *Estudo de caso 2* (Que tédio!)

Capítulo 7: Conceitos de motivação

- *Objetivos de aprendizagem* revistos
- Novo *Exemplo de abertura* (Quando os objetivos saem do controle)
- Novas seções sobre Teoria da equidade/justiça organizacional e Reações dos outros à injustiça
- Seções revistas/atualizadas: Teoria da hierarquia de necessidades, Teoria dos dois fatores, Teoria das necessidades de McClelland, Outras teorias contemporâneas de motivação e Teoria da expectativa
- Novas pesquisas sobre a Teoria das necessidades de McClelland, Teoria da autodeterminação, Teoria do estabelecimento de objetivos, Comprometimento com o objetivo, Características da tarefa, Implementação do estabelecimento de objetivos, Teoria da equidade/justiça organizacional e Engajamento no trabalho
- Novas pesquisa internacional sobre a Teoria das necessidades de McClelland, Teoria da autodeterminação e Teoria da equidade/justiça organizacional
- *Resumo* revisto
- *Implicações para os gestores* revistas
- *Questões para revisão* revistas
- Novo *Dilema ético* (Os disparates da recompensa)
- Novo *Estudo de caso 2* (A preguiça é contagiosa)

Capítulo 8: Motivação: dos conceitos às aplicações

- Novo *Exemplo de abertura* (Experimentando novas funções)
- Nova seção sobre Enriquecimento de funções
- Seções revistas/atualizadas: Desenho relacional de funções, Horário flexível, Compartilhamento de funções, Trabalho a distância e Como remunerar: recompensando empregados individualmente por meio de programas de remuneração variável
- Novas pesquisas sobre o Modelo de características do trabalho; Horário flexível, Trabalho a distância, Gestão participativa, Utilizando recompensas intrínsecas para motivar os empregados, Como remunerar: recompensando empregados individualmente por meio de programas de remuneração variável, Bônus e Planos de participação acionária para empregados

- Novas pesquisas internacionais sobre O modelo de características do trabalho, Como remunerar: recompensando empregados individualmente por meio de programas de remuneração variável e Benefícios flexíveis: criando um pacote de benefícios
- *Pesquisa de comportamento organizacional* atualizada (Quem trabalha de casa?)
- *Escolha ética* atualizada (Trabalhos precários e segurança no trabalho)
- Novo *Exercício experiencial* (Criando um plano de desenvolvimento organizacional e de remuneração para vendedores de automóveis)
- Novo *Dilema ético* (Você quer que eu faça o quê?)
- Novo *Estudo de caso 1* (Nós falamos, mas eles não ouvem)

Capítulo 9: Fundamentos do comportamento dos grupos

- Novo *Exemplo de abertura* (Uma história, duas interpretações)
- Novas pesquisas sobre Identidade social, Desenvolvimento dos grupos, Expectativas do papel, Normas negativas e resultados do grupo, Status e estigmatização e Sexta propriedade do grupo: diversidade
- Novas pesquisas internacionais sobre a Quarta propriedade do grupo: tamanho e dinâmica e Sexta propriedade do grupo: diversidade
- Novo *Ponto e contraponto* (Os grupos de trabalho diversificados são mais competentes e inovadores)
- Novo *Dilema ético* (Tudo bem violar um contrato psicológico?)

Capítulo 10: Compreendendo as equipes de trabalho

- Novo *Exemplo de abertura* (Uma solução para as dores do crescimento)
- Seção revista/atualizada: Diversidade dos membros da equipe
- Novas pesquisas sobre Sistemas de equipes múltiplas, Recursos adequados, Liderança e estrutura, Composição da equipe, Plano e propósito compartilhados, Identidade da equipe, Coesão da equipe, Níveis de conflito e Treinamento: desenvolvendo pessoas que sabem trabalhar em equipe
- Novas pesquisas internacionais sobre Níveis de conflito
- Novo *Exercício experiencial* (Vale a pena usar equipes autogerenciadas?)
- Novo *Dilema ético* (Vale a pena contratar uma "estrela" em vez de uma pessoa capaz de trabalhar em equipe?)
- Novo *Estudo de caso 1* (Como confiar em uma pessoa que você nunca viu)

Capítulo 11: Comunicação

- Novo *Exemplo de abertura* (Quanto vale uma vírgula?)
- Seção revista/atualizada: Mídias sociais
- Novas pesquisas sobre Comunicação ascendente, Rede de rumores, Reuniões, E-mail, Sobrecarga de informação, Linguagem e Silêncio
- Novas pesquisas internacionais sobre Barreiras culturais
- Novo *Exercício experiencial* (Usando o tom certo no e-mail)
- Novo *Estudo de caso 1* (Homens e mulheres falam a mesma língua?)
- Novo *Estudo de caso 2* (Como lidar com a fofoca?)

Capítulo 12: Liderança

- Novo *Exemplo de abertura* (De uma visão maluca à total disrupção do setor hoteleiro)
- Nova seção sobre Supervisão abusiva

- Seções revistas/atualizadas: Teorias dos traços, Teorias comportamentais, Teoria da troca entre líder e liderados (LMX), Como líderes carismáticos influenciam seus seguidores, Como funciona a liderança transformacional, Avaliação da liderança transformacional, Liderança responsável, Liderança autêntica e Liderança ética
- Novas pesquisas sobre Teorias dos traços, Teoria da troca entre líder e liderados (LMX), O que é a liderança carismática?, Os líderes carismáticos já nascem prontos ou podem ser desenvolvidos?, Como líderes carismáticos influenciam seus seguidores, A liderança carismática eficaz depende da situação?, Liderança transacional e transformacional, Como funciona a liderança transformacional, Avaliação da liderança transformacional, Liderança transformacional *versus* liderança transacional, Liderança autêntica, Liderança ética, Liderança servidora, O papel do tempo e Treinamento de líderes
- Novas pesquisas internacionais sobre a Teoria da troca entre líder e liderados (LMX), Os líderes carismáticos já nascem prontos ou podem ser desenvolvidos?, Como funciona a liderança transformacional, Avaliação da liderança transformacional, Liderança autêntica, Liderança ética e Liderança servidora
- *Implicações para os gestores* revistas
- Novo *Exercício experiencial* (O que um líder tem que os outros não têm?)
- Novo *Dilema ético* (É melhor sair ou ficar?)
- Novo *Estudo de caso 1* (Compartilhe a liderança para melhorar o desempenho)

Capítulo 13: Poder e política

- Novo *Exemplo de abertura* (Um caso de corrupção presidencial)
- Novas pesquisas sobre Poder coercitivo, Análise de redes sociais: uma ferramenta para avaliar recursos, Utilização das táticas de poder e Entrevistas de emprego e gerenciamento da impressão
- Novas pesquisas internacionais sobre Avaliações de desempenho e gerenciamento da impressão
- Novo *Dilema ético* (Assédio sexual e romances no escritório)
- Novo *Estudo de caso 1* (As mulheres devem ter mais poder?)
- Novo *Estudo de caso 2* (Os limites da bajulação)

Capítulo 14: Conflito e negociação

- Novo *Exemplo de abertura* (Poder de negociação)
- Seção revista/atualizada: Estágio III: intenções
- Novas pesquisas sobre Tipos de conflito, Estágio IV: comportamento, Negociação integrativa, Traços de personalidade nas negociações, Humor e emoções nas negociações e Diferenças de gênero nas negociações
- Nova pesquisas internacionais sobre *Loci* de conflito e Cultura nas negociações
- Nova *Figura 14.5* (Integração de duas estratégias em um único episódio de negociação)
- Novo *Ponto e contraponto* (O trabalho não sindicalizado e a economia dos bicos (*Gig Economy*) prejudicam os trabalhadores)
- Novo *Dilema ético* (O caso do empregado assertivo demais)

Capítulo 15: Fundamentos da estrutura organizacional

- *Objetivos de aprendizagem* revistos
- Novo *Exemplo de abertura* (Uma estrutura horizontalizada demais?)

- Seções revistas/atualizadas: Departamentalização, A estrutura simples, A Estrutura virtual, A organização mais enxuta: o *downsizing*
- Novas pesquisas sobre Especialização do trabalho, Centralização, Superação de fronteiras, A burocracia, A estrutura divisional, A estrutura virtual, A organização mais enxuta: o *downsizing* e Desenhos organizacionais e comportamento dos empregados
- Novas pesquisas internacionais sobre Superação de fronteiras
- Novo *Ponto e contraponto* (Os escritórios de layout aberto estimulam a criatividade e aumentam a produtividade)
- *Questões para revisão* revistas
- Novo *Estudo de caso 2* (Turbulência na United Airlines)

Capítulo 16: Cultura organizacional

- Novo *Exemplo de abertura* (O estilo Chevron)
- Seções atualizadas/revistas: Uma definição de cultura organizacional, A cultura cria o clima, Barreiras às aquisições e fusões e Alta administração
- Novas pesquisas sobre Uma definição de cultura organizacional, As organizações têm culturas uniformes?, Culturas fortes *versus* culturas fracas, as funções da cultura, A cultura cria o clima, A dimensão ética da cultura, A cultura como um ativo, Barreiras à diversidade, Toxicidade e disfunções, Símbolos e Desenvolvendo uma cultura ética
- Novas pesquisas internacionais sobre A cultura cria o clima, Cultura e inovação e Barreiras às aquisições e fusões
- *Mito ou ciência?* atualizado (A cultura de uma organização é para sempre)
- *Escolha ética* atualizada (Uma cultura de compaixão)
- Novo *Ponto e contraponto* (A cultura organizacional pode ser 'mensurada')
- Novo *Exercício experiencial* (Arquitetos da cultura)
- *Estudo de caso 1* atualizado (O lugar faz as pessoas)

Capítulo 17: Políticas e práticas de recursos humanos

- Novo *Exemplo de abertura* (Uma mordomia incomum)
- Seções atualizadas/revistas: Tipos de treinamento, Melhorando as avaliações de desempenho e O papel de liderança dos recursos humanos (RH)
- Novas pesquisas sobre Práticas de recrutamento, Práticas de seleção, Fichas de inscrição, Verificação de antecedentes, Centros de avaliação, Entrevistas, Habilidades interpessoais, Avaliando a eficácia do treinamento e O papel de liderança dos recursos humanos (RH)
- Nova pesquisa internacional sobre Quem deve fazer a avaliação?
- *Escolha ética* atualizada (HIV/AIDS e a organização multinacional)
- Novo *Exercício experiencial* (Planejando um exercício do centro de avaliação virtual)
- Novo *Dilema ético* (Posso usar network para recrutar candidatos?)

Capítulo 18: Mudança organizacional e gestão do estresse

- Novo *Exemplo de abertura* (Transitando pelo mercado de trabalho e construindo uma carreira)
- Seções revistas/atualizadas: Mudança, Forças da mudança, Consultoria de processo, Estimulando uma cultura de inovação, Fontes potenciais de estresse no trabalho e Sintomas fisiológicos

- Novas pesquisas sobre Implementação das mudanças de forma justa; Seleção de pessoas abertas a mudanças; Fontes de inovação; Contexto e inovação; Fontes potenciais de estresse no trabalho; Fatores pessoais; Percepção; Sintomas fisiológicos; Gerenciando o estresse; Abordagens individuais; Seleção, colocação e treinamento; Estabelecimento de objetivos; Redesenho de funções; Períodos sabáticos para os empregados; e Programas de bem-estar
- Novas pesquisas internacionais sobre Implementação das mudanças de forma justa, Demandas e recursos, Diferenças culturais, Sintomas fisiológicos e Sintomas psicológicos
- Novo *Exercício experiencial* (Aprendendo com o trabalho)
- Novo *Estudo de caso 2* (Empregados solitários)

Trabalhe com um conteúdo confiável

Você merece os melhores materiais didáticos para o seu curso. Por isso, firmamos parcerias com autores respeitados a fim de desenvolver conteúdo e recursos confiáveis que manterão seus alunos interessados.

Empodere todos os seus alunos

Cada aluno aprende em um ritmo diferente. A aprendizagem personalizada identifica exatamente os tópicos que cada aluno precisa praticar, dando o apoio necessário para que todos possam alcançar o sucesso desejado.

Agradecimentos

Este livro jamais chegaria às suas mãos sem o empenho de toda uma equipe de colaboradores. A obra foi fruto do trabalho de revisores acadêmicos e de um grupo talentoso de designers gráficos e profissionais da área de produção, editorial, marketing e vendas.

Incontáveis professores revisaram a 18ª edição de *Comportamento organizacional*. O produto final ficou muito melhor graças a suas observações, elogios e sugestões. Os autores devem os mais profundos agradecimentos a todos os professores que colaboraram com este projeto.

Os autores gostariam de agradecer a David Richard Glerum e Bridget Christine McHugh da Universidade Estadual de Ohio pela enorme ajuda na revisão desta obra.

Devemos agradecimentos a todo o pessoal da Pearson norte-americana que trabalhou para melhorar o texto ao longo dos últimos 30 anos e que se empenhou tanto para desenvolver esta última edição. Gostaríamos de agradecer a Kris Ellis-Levy, Gerente Sênior de Catálogo; Claudia Fernandes, Produtora Sênior de Conteúdo; e Andrea Archer e Angela Urquhart, Gerentes de Projeto da Thistle Hill Publishing Services. Também gostaríamos de agradecer a Becky Brown, Gerente Sênior de Marketing de Produtos; Nicole Price, Gerente de Divulgação; e o pessoal de vendas e divulgação que trabalhou com as várias edições do texto. Somos profundamente gratos pela atenção que vocês deram a este livro.

Site de apoio do livro

No Site de apoio deste livro (<www.grupoa.com.br>), professores podem acessar os seguintes materiais adicionais:
- Apresentações em PowerPoint;
- Manual do professor (em inglês).

Esse material é de uso exclusivo para professores e está protegido por senha. Para ter acesso a ele, os professores que adotam o livro devem entrar em contato com seu representante GrupoA ou enviar e-mail para distribuicao@grupoa.com.br

Capítulo 1

O que é comportamento organizacional?

Fonte: Jason Redmond/Reuters/Alamy Stock Photo

Objetivos de aprendizagem

Depois de ler este capítulo, você será capaz de:

1.1 Demonstrar a importância das habilidades interpessoais no trabalho.

1.2 Definir *comportamento organizacional*.

1.3 Explicar a importância do estudo sistemático para o comportamento organizacional.

1.4 Identificar as contribuições das principais disciplinas das ciências sociais para o estudo do comportamento organizacional.

1.5 Demonstrar por que poucas verdades absolutas se aplicam ao comportamento organizacional.

1.6 Identificar desafios e oportunidades com que os gestores se deparam ao aplicar os conceitos de comportamento organizacional.

1.7 Comparar os três níveis de análise do modelo de comportamento organizacional apresentado neste livro.

1.8 Descrever as principais habilidades resultantes do estudo do comportamento organizacional que podem ser aplicadas a outras áreas de especialização ou profissões.

GUERREIROS DO ASFALTO

Logan Green estava mais do que frustrado com a dificuldade de circular pela Califórnia. Quando saiu para fazer a faculdade em outra cidade, decidiu deixar seu carro na casa dos pais e esperava poder contar com uma combinação de transporte público e caronas combinadas pela internet. O problema é que esse esquema muitas vezes o obrigava a passar uma eternidade esperando e não era raro que o deixassem na mão. Foram anos de irritação até que, em uma viagem ao Zimbábue, uma luz se acendeu em sua cabeça: "havia ali uma rede de transporte baseada no crowdsourcing, na qual qualquer um podia ser o motorista e definir as próprias rotas". Logan não conseguia entender como um país como o Zimbábue, com recursos tão escassos, podia ter uma rede de transporte melhor que os Estados Unidos. Com base nessa experiência, ele criou a Zimride, uma plataforma em que as pessoas podiam encontrar e administrar caronas solidárias.

A Zimride acabou chamando a atenção de John Zimmer, que tinha se formado pela Cornell e estava trabalhando em Nova York como analista da Lehman Brothers. Depois de dois anos na Lehman, John sentiu que as finanças não eram sua praia e decidiu sair da empresa para entrar em uma parceria com a Zimride — para o desalento de seus colegas do mercado financeiro. Desde muito jovem, John era apaixonado pela ideia do transporte sustentável, conceito que aprendeu na faculdade. Na sua cabeça, o problema era os sistemas de transporte não serem sustentáveis: "70% da capacidade dos carros que circulam não é utilizada e 70% da infraestrutura rodoviária dos Estados Unidos é ineficiente".

Juntos, John e Logan conceberam uma verdadeira revolução no transporte: eles queriam mudar completamente a maneira como as pessoas iam de um lugar ao outro. Com base na visão compartilhada dos dois sócios, fundaram a Lyft, uma plataforma de compartilhamento de caronas baseada em aplicativos, com operações em centenas de cidades dos Estados Unidos, que hoje vale US$ 5,5 bilhões, mais que o dobro da valorização de 2015 no mercado de ações. John e Logan são dois caras muito diferentes. Logan, introvertido, teve uma formação alternativa. Seus pais escolheram para ele uma escola secundária na qual os alunos faziam excursões para vivenciar cerimônias espirituais indígenas e desenvolver o autoconhecimento. John, por sua vez, é um sujeito bastante extrovertido e assertivo que cresceu em um subúrbio de classe média no estado norte-americano de Connecticut. Apesar das diferenças de personalidade, conseguiram trabalhar muito bem juntos para promover o crescimento exponencial da Zimride e da Lyft.

Mesmo diante do crescimento em alta velocidade da Lyft, John e Logan jamais se esqueceram dos motoristas e de seus empregados, que constituem a base da empresa. Eles estão sempre buscando promover uma cultura e um clima de valorização e reconhecimento dessas pessoas. Como Logan observa: "Quanto mais empregados uma empresa tiver, menor a probabilidade de um deles ser notado. Quando as pessoas não se sentem individualmente responsáveis pelo sucesso da empresa, as coisas desaceleram". Para ajudar os empregados a se sentirem valorizados, a Lyft faz questão de celebrar as realizações das pessoas e das equipes de trabalho, concedendo prêmios personalizados, tanto individuais quanto coletivos. A empresa também reconhece os motoristas em newsletters e blogs, levando-os, com todas as despesas pagas, à matriz da empresa para dar suas opiniões e sugestões.

John e Logan também queriam deixar claro que a experiência da Lyft se baseia em valores comunitários, diversão e energia positiva. Para passar essa ideia, decidiram lançar a campanha do bigode cor-de-rosa. Um passageiro da Lyft pode saber que seu motorista está se aproximando ao ver um carro com um enorme bigode cor-de-rosa grudado em sua frente. O motorista cumprimenta o passageiro com um cumprimento casual, mostrando que os clientes podem relaxar e curtir a experiência da viagem.

Apesar do rápido crescimento da Lyft, os empregados da Zimride ficaram sem saber o que esperar do futuro e se perguntando se teriam a chance de contribuir para a Lyft. A Zimride tinha mais de 150 clientes pagantes, o que levou John e Logan a ter cautela para lidar com a situação. Eles decidiram fazer uma reestruturação e aproveitaram 90% dos empregados da

Zimride para a Lyft. Com o tempo, contudo, eles acabaram vendendo a Zimride para a Enterprise, uma empresa de compartilhamento de viagens de van. Até hoje a Lyft continua sendo uma concorrente de peso no novo setor de compartilhamento de caronas, tendo passado por sua cota de desafios, contratempos e sucessos.

Fontes: baseado em L. Buchanan, "Lyft's CEO on Creating a Great Company Culture", *Inc.*, jun. 2015, http://www.inc.com/magazine/201506/leigh-buchanan/logan-green-on-employee-recognition.html; D. L. Cohen, "Former Lehman's Banker Drives Startup Zimride", Reuters, 15 set. 2010 http://www.reuters.com/article/us-column-cohen-zimride- idUSTRE68E3KN20100915; K. Kokalitcheva, "Lyft Raises $1 Billion, Adds GM as Investor and Partner for Driverless Cars", *Fortune*, 4 jan. 2016 http://fortune.com/2016/01/04/lyft-funding-gm/; R. Lawler, "Lyft-Off: Zimride's Long Road to Overnight Success", TechCrunch, 29 ago. 2014, https://techcrunch.com/2014/08/29/6000words-about-a-pink-mustache/.

A experiência que Logan e John tiveram com a Lyft demonstra a complexidade e a velocidade cada vez maiores da vida organizacional, salientando várias questões de interesse para os leitores que buscam entender o comportamento organizacional, o que inclui fatores como motivação, justiça, ética, rotatividade, emoções, personalidade e cultura. Neste livro, você aprenderá como os desafios organizacionais muitas vezes cruzam as fronteiras dessas diferentes áreas — e é exatamente por isso que a abordagem sistemática utilizada neste texto é tão importante.

A importância das habilidades interpessoais

Até o final da década de 1980, o currículo das faculdades de administração enfatizava os aspectos técnicos da gestão, com foco em economia, contabilidade, finanças e técnicas quantitativas. Temas como comportamento e habilidades interpessoais recebiam relativamente menos atenção. Com o tempo, no entanto, as faculdades começaram a perceber a importância do papel de tais habilidades na eficácia da administração. Com efeito, um levantamento conduzido com mais de 2.100 diretores financeiros que atuam em 20 setores diferentes indicou que habilidades interpessoais insuficientes são a principal razão pela qual algumas pessoas não conseguem avançar na carreira.[1]

A aplicação dos princípios do comportamento organizacional no trabalho pode levar a muitos resultados organizacionais importantes. A princípio, constatou-se, por exemplo, que empresas famosas por serem bons lugares para se trabalhar, como Adobe, LinkedIn, Fast Enterprises, World Wide Technology, Bain & Company, Google, Boston Consulting Group e Facebook[2], tinham um desempenho financeiro superior.[3] Em segundo lugar, o desenvolvimento das habilidades interpessoais dos gerentes ajuda as organizações a atraírem e reterem empregados que apresentam alto desempenho — o que é importante, uma vez que os profissionais que se destacam são escassos e sua substituição é dispendiosa. Em terceiro lugar, constatou-se uma grande correlação entre a qualidade dos relacionamentos no local de trabalho e a satisfação dos empregados, o estresse e a rotatividade. Um grande estudo que envolveu centenas de empresas e mais de 200.000 entrevistados mostrou que os relacionamentos sociais entre colegas e com os chefes tinham grande correlação com a satisfação no trabalho em geral. Relacionamentos sociais positivos também foram associados a menos estresse no trabalho e menos intenção de sair do emprego.[4] Outras pesquisas sugerem que relacionamentos positivos ajudam os profissionais a obter mais sucesso, levando a maior satisfação com o trabalho e com a vida, a emoções positivas no trabalho e a percepção de um propósito maior.[5] Em quarto lugar, reforçar os elementos do comportamento organizacional nas empresas pode

1.1 Demonstrar a importância das habilidades interpessoais no trabalho.

A CEO da IBM, Virginia Rometty, tem as habilidades interpessoais necessárias para atingir o sucesso na gestão. Habilidades de comunicação e liderança colocam em destaque gestores como Rometty, mostrada aqui em um painel de discussão em Washington. Rometty é uma líder inovadora capaz de impulsionar a cultura empreendedora da IBM e suas habilidades a ajudaram a subir ao topo de sua profissão.

Fonte: Jonathan Ernst/Reuters/Alamy Stock Photo

promover a conscientização da responsabilidade social. Sabendo disso, as universidades começaram a incorporar o empreendedorismo social em seus currículos, a fim de treinar os futuros líderes para lidarem com questões sociais nas organizações.[6] Esse conhecimento é importantíssimo em função da necessidade crescente de conhecer melhor os meios para atingir a responsabilidade social corporativa e otimizar seus possíveis resultados.[7]

Sabemos que, no mundo de hoje, em que o ambiente de trabalho se torna cada vez mais competitivo e exigente, os gestores não têm como atingir o sucesso baseando-se somente em suas habilidades técnicas: é preciso ter boas habilidades interpessoais. Este texto foi escrito visando a ajudar tanto os gestores atuais quanto os futuros gestores a desenvolver tais habilidades e aumentar seu conhecimento sobre o comportamento humano.

1.2 Definir *comportamento organizacional*.

Gestão e comportamento organizacional

Começaremos definindo sucintamente os termos *gestor*, ou *gerente* e *organização*. Para começar, a característica mais notável dos gestores é a realização de tarefas por meio de outras pessoas. Eles tomam decisões, alocam recursos e dirigem as atividades com o intuito de atingir determinados objetivos. Os gestores trabalham em uma organização, que pode ser definida como uma unidade social conscientemente coordenada, composta de duas ou mais pessoas, que funciona de maneira relativamente contínua para atingir um objetivo ou conjunto de objetivos comuns. Com base nessa definição, fábricas e empresas de serviços são organizações, assim como escolas, hospitais, igrejas, unidades militares, ONGs, delegacias de polícia e órgãos públicos, sejam eles municipais, estaduais ou federais.

Mais do que nunca, pessoas recém-contratadas e outros empregados são alocados em cargos de gestão sem treinamento suficiente ou a experiência necessária. De acordo com um levantamento de grande escala, mais de 58% dos gestores informaram que não receberam qualquer treinamento de gestão e 25% admitiram que não estavam prontos para liderar quando foram alocados ao cargo.[8] Além disso, as

gestores ou gerentes
Indivíduos que atingem objetivos organizacionais por meio do trabalho de outras pessoas.

organização
Unidade social conscientemente coordenada, composta de duas ou mais pessoas, que funciona de maneira relativamente contínua para atingir um objetivo ou um conjunto de objetivos comuns.

demandas de trabalho aumentaram: um gestor tem, em média, sete subordinados diretos (média que, no passado, era de cinco) e menos tempo do que antes para supervisionar diretamente essas pessoas.[9] Considerando que um levantamento da Gallup constatou que as empresas escolheram o candidato errado para cargos de gestão 82% das vezes,[10] concluímos que, quanto mais você puder aprender sobre as pessoas e como gerenciá-las, mais preparado estará para ser um bom candidato para cargos de gestão. O comportamento organizacional vai ajudá-lo a chegar lá. Vamos começar identificando as principais atividades de um gestor.

O trabalho dos gestores pode ser categorizado em quatro atividades diferentes: **planejamento, organização, direção e controle**. A função de planejamento engloba a definição das metas da organização, o estabelecimento de uma estratégia geral para atingi-las e o desenvolvimento de um conjunto abrangente de planos para integrar e coordenar as atividades. Pesquisas indicam que as atividades dessa função são as que mais aumentam à medida que os gestores sobem pela hierarquia organizacional.[11]

Quando os gestores se ocupam em projetar a estrutura de sua unidade de trabalho, eles estão *organizando*. A organização é uma função que consiste em determinar quais tarefas devem ser realizadas, quem vai realizá-las, como serão agrupadas, quem deve reportar-se a quem e em quais instâncias as decisões serão tomadas.

Toda organização contém pessoas e é tarefa da gestão dirigi-las e coordená-las. Essa é a função da direção. Quando os gestores motivam os empregados, orientam e direcionam, selecionam os canais de comunicação mais eficazes ou resolvem conflitos, eles estão envolvidos em atividades de direção.

Por fim, para garantir que as tarefas sejam realizadas como devem, o gestor precisa monitorar o desempenho da organização e compará-lo com as metas previamente estabelecidas. No caso de qualquer grande desvio, é responsabilidade do gestor voltar a colocar a organização nos trilhos. Esse monitoramento, a comparação e a possível correção são as tarefas da função de controle.

planejar
Processo que engloba a definição dos objetivos da organização, o estabelecimento de uma estratégia geral para que sejam atingidos e o desenvolvimento de um conjunto abrangente de planos para integrar e coordenar as atividades.

organizar
Função que consiste em determinar quais tarefas devem ser realizadas, quem vai realizá-las, como serão agrupadas, quem se reporta a quem e em quais instâncias as decisões devem ser tomadas.

dirigir
Função que inclui a motivação dos empregados, orientação e direcionamento, seleção dos canais de comunicação mais eficazes e resolução de conflitos.

controlar
Processo de monitoramento das atividades da organização para garantir que sejam realizadas conforme o planejado e que quaisquer desvios significativos sejam corrigidos.

Papéis dos gerentes

Henry Mintzberg, hoje um renomado estudioso da administração, realizou um meticuloso estudo sobre executivos no início da carreira para determinar o que faziam no trabalho. Com base em suas observações, Mintzberg concluiu que os gerentes desempenham dez papéis ou conjuntos de comportamentos diferentes, todos altamente inter-relacionados, exercendo uma função crucial nas organizações.[12] Como mostra a Tabela 1.1, tais papéis podem ser agrupados em três tipos: (1) interpessoais, (2) informacionais ou (3) decisórios. Embora muita coisa tenha mudado no mundo do trabalho desde que Mintzberg desenvolveu esse modelo, pesquisas indicam que os papéis não sofreram muitas transformações.[13]

Papéis interpessoais Todos os gerentes precisam realizar tarefas de natureza cerimonial e simbólica. Quando o reitor de uma faculdade entrega os diplomas aos formandos na colação de grau ou um gerente de produção conduz um grupo de estudantes do ensino médio em uma visita à fábrica, estão desempenhando o papel de *símbolo*. Todos os gestores também interpretam o papel de *líder*. Essa atribuição inclui contratar, treinar, motivar e disciplinar os empregados. O terceiro papel interpessoal é atuar como um elemento de *ligação*, o que significa manter uma rede de contatos que possibilite seu acesso a informações. O gerente de vendas que obtém informações e o gerente de controle de qualidade dentro da

TABELA 1.1 Papéis dos gerentes segundo Minztberg.

Papéis	Descrição
Interpessoais	
Símbolo	Símbolo da liderança; necessário para o desempenho de diversas atividades rotineiras de natureza legal ou social.
Líder	Responsável pela motivação e direção dos empregados.
Ligação	Mantém uma rede externa de contatos que lhe fornece favores e informações.
Informacionais	
Monitor	Recebe uma grande variedade de informações; funciona como o sistema nervoso central para as informações internas e externas da organização.
Disseminador	Transmite as informações recebidas de fontes externas ou de subordinados para os demais membros da organização.
Porta-voz	Transmite externamente informações sobre os planos, políticas, ações e resultados da organização; atua como um especialista do setor econômico ao qual pertence a organização.
Decisórios	
Empreendedor	Busca oportunidades no ambiente organizacional e inicia projetos de mudança.
Gerenciador de turbulências	É responsável por ações corretivas quando a organização enfrenta distúrbios sérios e inesperados.
Alocador de recursos	Toma decisões organizacionais significativas no que diz respeito à alocação de recursos organizacionais ou oferece apoio a elas.
Negociador	Responsável por representar a organização em negociações importantes.

Fonte: H. Mintzberg, *The Nature of Managerial Work*, 1. ed., © 1973, pp. 92–93. Reproduzido com permissão da Pearson Education, Inc., Nova York.

mesma empresa mantêm entre si uma relação de ligação interna. Quando esse gerente de vendas tem contato com gerentes de vendas de outras empresas, por exemplo, por meio de uma associação comercial, há entre eles uma relação de ligação externa.

Papéis informacionais Todos os gestores obtêm, em certa medida, informações de outras organizações e instituições. Normalmente, os gestores se informam por meio de notícias divulgadas na mídia, na internet, em palestras ou conversas com outros profissionais para saber de mudanças nas preferências do público e dos planos dos concorrentes. Mintzberg chama essa função de papel de *monitor*. Os gestores também atuam como um canal de transmissão dessas informações para os demais membros da organização. Quando o fazem, estão desempenhando o papel de *disseminador*. Por fim, desempenham o papel de *porta-voz* quando, em vez de coletarem ou disseminarem internamente informações, representam suas empresas, transmitindo dados para fora da organização.

Papéis decisórios Mintzberg identifica quatro papéis relacionados à função de tomada de decisões. No papel de *empreendedor*, os gerentes iniciam e supervisionam novos projetos para melhorar o desempenho de sua organização. Como *gerencia-*

dores de turbulências, tomam atitudes corretivas diante de problemas imprevistos. Como *alocadores de recursos*, são responsáveis pela alocação dos recursos físicos, humanos e financeiros em sua organização. Por fim, desempenham ainda o papel de *negociador* quando discutem e negociam com as demais unidades da organização ou com outras organizações com o intuito de obter vantagens para a sua unidade.

Habilidades gerenciais

Outra forma de considerar o que os gestores fazem é examinando as habilidades ou competências das quais precisam para atingir seus objetivos. Pesquisadores identificaram várias habilidades que distinguem gestores eficazes dos ineficazes.[14] Todas elas são importantes e necessárias para quem deseja se tornar um gestor completo e eficaz.

Habilidades técnicas As habilidades técnicas englobam a capacidade de aplicação de conhecimentos especializados. Quando pensamos nas habilidades de profissionais como engenheiros civis ou cirurgiões-dentistas, geralmente temos em mente habilidades técnicas adquiridas por meio de uma extensa educação formal. Naturalmente, os profissionais especializados não detêm o monopólio das habilidades técnicas e nem todas precisam ser aprendidas em instituições de ensino superior ou em programas formais de treinamento. Todo trabalho requer algum tipo de habilidade especializada e muitas pessoas adquirem esse conhecimento no exercício de suas funções.

habilidades técnicas
Capacidade de aplicar conhecimentos ou habilidades especializadas.

Habilidades humanas A capacidade de trabalhar com outras pessoas, compreendendo-as e motivando-as, tanto individualmente como em grupos, define as habilidades humanas. Muitas pessoas são tecnicamente proficientes, mas incompetentes nos relacionamentos interpessoais. Elas não são boas ouvintes, são incapazes de entender as necessidades dos outros ou têm dificuldade de administrar conflitos. Como os gestores realizam tarefas por meio do trabalho de outras pessoas, é necessário que tenham boas habilidades humanas.

habilidades humanas
Capacidade de trabalhar com outras pessoas, compreendendo as informações e motivando-as, tanto individualmente como em grupos.

Habilidades conceituais Os gestores também precisam ter a capacidade cognitiva para analisar e diagnosticar situações complexas. Essa tarefa requer habilidades conceituais. O processo de tomada de decisão, por exemplo, exige que o gestor seja capaz de identificar problemas e desenvolver soluções alternativas para corrigi-los, além da capacidade de selecionar a melhor alternativa após avaliá-las. Depois de decidir-se por uma ação a ser realizada, os gestores devem ser capazes de organizar um plano de ação e executá-lo. A capacidade de integrar novas ideias a processos já existentes, inovando no trabalho, também é uma habilidade conceitual importantíssima para os gestores de hoje.

habilidades conceituais
Capacidade cognitiva de analisar informações e diagnosticar situações complexas.

Atividades gerenciais eficazes *versus* bem-sucedidas

Fred Luthans e seus colegas analisaram o trabalho dos gestores sob uma perspectiva diferente.[15] Eles fizeram a seguinte pergunta: "os gestores que sobem mais rapidamente na organização realizam as mesmas atividades e com a mesma ênfase do que os que fazem o melhor trabalho?". Você pode até achar que sim, mas nem sempre é o caso.

Luthans e seus colegas estudaram mais de 450 gestores, sendo que todos realizavam quatro atividades gerenciais:

1. **Gestão tradicional.** Tomada de decisão, planejamento e controle.
2. **Comunicação.** Troca de informações rotineiras e atividades burocráticas.
3. **Gestão de recursos humanos.** Motivação, disciplina, resolução de conflitos, recrutamento e seleção de pessoal e treinamento.
4. **Networking.** Socialização, comportamento político e interação com pessoas externas à organização.

A pesquisa constatou que os gestores passavam em média 32% do tempo em atividades de gestão tradicional, 29% em comunicação, 20% em atividades de gestão de recursos humanos e 19% em atividades de networking. Contudo, o tempo e o empenho alocados por diferentes gestores a essas atividades variaram bastante. Como mostra a Figura 1.1, dentre os gestores considerados *bem-sucedidos* (em termos da velocidade das promoções recebidas na organização), as atividades de networking foram as que mais contribuíram para o sucesso, enquanto a menor contribuição veio das atividades de gestão de recursos humanos. Entre os gestores *eficazes* (em termos da quantidade e qualidade de desempenho e da satisfação e comprometimento por parte de seus subordinados), a comunicação foi a atividade com a maior contribuição e a atividade de networking, a menor. Outros estudos realizados na Austrália, Israel, Itália, Japão e Estados Unidos também confirmaram a existência de uma ligação entre o networking e o sucesso dentro de uma organização.[16] A relação entre a quantidade de atividades de comunicação e a eficácia dos gestores também foi comprovada. Os gerentes que explicam suas decisões e buscam se informar com colegas e empregados, mesmo se essas informações se revelarem negativas, são os mais eficazes.[17]

Esses resultados revelam insights importantes para a questão das atividades dos gerentes. Os gestores *bem-sucedidos* (em termos de promoções recebidas) dão ênfase oposta às atividades de gestão tradicional, comunicação, de recursos humanos e networking em comparação com os gestores *eficazes*. Esse estudo põe em xeque o pressuposto tradicional de que as promoções se baseiam no desempenho e mostra a importância das atividades de networking e das habilidades sociais e políticas para o sucesso dos gestores nas organizações.

FIGURA 1.1 Alocação de atividades por tempo.

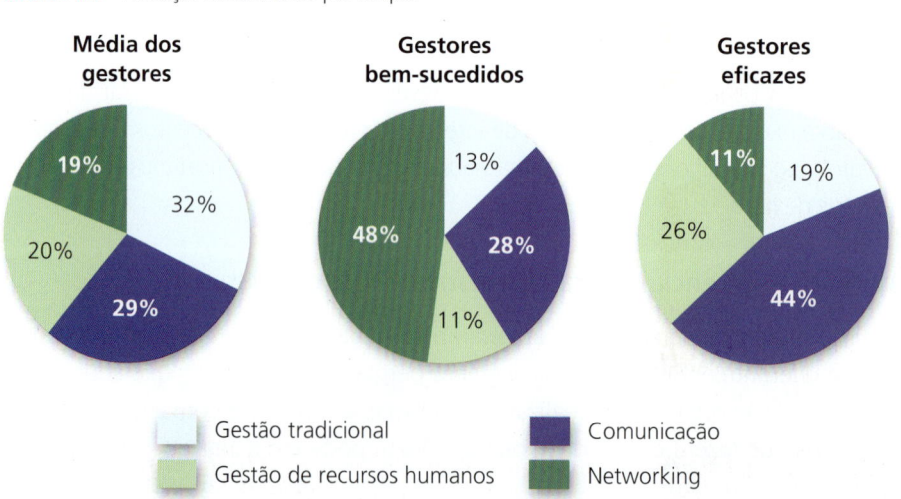

Média dos gestores: Gestão tradicional 32%, Comunicação 29%, Gestão de recursos humanos 20%, Networking 19%.

Gestores bem-sucedidos: Gestão tradicional 13%, Comunicação 28%, Gestão de recursos humanos 11%, Networking 48%.

Gestores eficazes: Gestão tradicional 19%, Comunicação 44%, Gestão de recursos humanos 26%, Networking 11%.

Fonte: baseado em F. Luthans, R. M. Hodgetts e S. A. Rosenkrantz, *Real Managers* (Cambridge: Ballinger, 1988).

Agora que definimos o que os gestores, ou gerentes, fazem, precisamos estudar a melhor forma de fazer essas coisas. O comportamento organizacional é o campo de estudos que investiga o impacto que indivíduos, grupos e estruturas têm sobre o comportamento das pessoas dentro das organizações, com o propósito de utilizar esse conhecimento para melhorar a eficácia organizacional. Parece muita coisa, mas vamos examinar o assunto por partes.

O comportamento organizacional é um campo de estudos. Essa afirmação significa dizer que essa especialidade se trata de um corpo de conhecimentos em comum. O foco do comportamento organizacional está no estudo de três fatores determinantes do comportamento nas organizações: indivíduos, grupos e estrutura. O comportamento organizacional aplica o conhecimento obtido sobre as pessoas, os grupos e o efeito da estrutura sobre o comportamento, para aumentar a eficácia das organizações.

Em resumo, podemos dizer que o comportamento organizacional estuda o que as pessoas fazem nas organizações e como esse comportamento afeta o desempenho organizacional. Como esse estudo se volta especificamente às situações relacionadas ao vínculo entre as pessoas e as organizações, enfatiza-se o comportamento no contexto da satisfação no trabalho, absenteísmo, rotatividade, produtividade, desempenho e gestão. Embora haja alguma controvérsia sobre a importância relativa de cada um deles, é consenso que o comportamento organizacional inclui os seguintes tópicos essenciais:

- motivação;
- comportamento e poder do líder;
- comunicação interpessoal;
- estrutura e processos do grupo;
- desenvolvimento de atitudes e percepção;
- processos de mudança;
- conflitos e negociação;
- desenho de cargos.[18]

comportamento organizacional
Campo de estudos que investiga o impacto que indivíduos, grupos e estrutura têm sobre o comportamento das pessoas dentro das organizações, com o propósito de utilizar esse conhecimento para melhorar a eficácia organizacional.

Fonte: Ronda Churchill/Bloomberg/Getty Images

A varejista on-line Zappos.com sabe muito bem como o comportamento organizacional afeta o desempenho de uma empresa. A companhia mantém boas relações com os empregados, oferecendo benefícios generosos, treinamento extensivo e um ambiente de trabalho positivo, no qual os profissionais são encorajados a "criar diversão e um pouco de estranheza".

1.3 Explicar a importância do estudo sistemático para o comportamento organizacional.

Complementando a intuição com o estudo sistemático

Mesmo que nunca tenha se dado conta disso, você passou a vida toda "decifrando" pessoas, observando o que fazem e tentando interpretar o que vê ou prever o que fariam em determinadas circunstâncias. O problema é que essa abordagem casual costuma induzir a diversos erros, mas é possível melhorar sua capacidade de previsão substituindo suas opiniões intuitivas por uma abordagem mais sistemática.

O conceito por trás da abordagem sistemática apresentada neste livro baseia-se no fato de que o comportamento não é aleatório. Pelo contrário, é possível identificar padrões básicos no comportamento de todas as pessoas que podem ser modificados para refletir as diferenças individuais.

Esses padrões básicos são importantíssimos por permitirem a previsibilidade. Em geral, o comportamento é previsível e seu estudo sistemático é um meio de fazer previsões razoavelmente precisas. Quando usamos o termo estudo sistemático, queremos dizer que observamos os relacionamentos e tentamos lhes atribuir causas e efeitos e baseamos as conclusões em evidências científicas — ou seja, em dados coletados sob condições controladas, medidos e interpretados com rigor.

A administração baseada em evidências complementa o estudo sistemático ao fundamentar as decisões gerenciais na melhor evidência científica disponível. Por exemplo, você, com certeza, preferiria que os médicos tomassem decisões sobre o tratamento do paciente com base nas mais recentes evidências científicas. A administração baseada em evidências argumenta que os gestores devem fazer o mesmo, tornando o modo como pensam sobre os problemas administrativos mais científico. Por exemplo, um gestor que precisa resolver um problema gerencial pode pesquisar a melhor evidência disponível e aplicar a informação mais relevante ao problema em questão. Você pode achar difícil argumentar contra essa afirmação (Qual gestor argumentaria que as decisões não deveriam ser baseadas nas evidências?), mas a maior parte das decisões gerenciais ainda é tomada "às pressas", com pouco ou nenhum estudo sistemático de evidências disponíveis.[19]

O estudo sistemático e a administração baseada em evidências se somam à intuição, ou ao que chamamos de "instinto", sobre o que motiva as demais pessoas — e nós mesmos. Naturalmente, a abordagem sistemática não significa que aquilo que você aprendeu de maneira não sistemática esteja necessariamente errado. Jack Welch (ex-CEO da General Electric) observou: "O segredo, naturalmente, é saber quando seguir a sua intuição". Mas, se tomarmos *todas* as decisões usando a intuição ou o instinto, é bem provável que estejamos trabalhando com informações incompletas — o equivalente a tomar uma decisão de investimento baseando-se somente em metade dos dados sobre os potenciais riscos e recompensas.

Confiar na intuição pode piorar ainda mais a situação, uma vez que nossa tendência é achar que sabemos mais do que realmente sabemos. Levantamentos conduzidos com gestores de recursos humanos também revelaram que muitos defendiam opiniões sobre a gestão eficaz categoricamente refutadas por diversas evidências empíricas.

Encontramos um problema parecido quando procuramos robustos conhecimentos administrativos na imprensa popular e de negócios. A imprensa de negócios tende a ser dominada por modismos. Como um jornalista do *The New Yorker* colocou:

---

estudo sistemático
Estudo de relações entre variáveis na tentativa de atribuir causas e efeitos e de basear conclusões em evidências científicas.

administração baseada em evidências
Método de administração que baseia as decisões gerenciais na melhor evidência científica disponível.

intuição
Sensação ou instinto não necessariamente corroborado por pesquisas.

"De tempos em tempos, algumas empresas novas atingem o sucesso e são meticulosamente esquadrinhadas para descobrir alguns segredos que possam revelar. Mas, normalmente, não há nenhum segredo envolvido. As empresas simplesmente estão no lugar certo na hora certa".[20] Por mais que tentemos evitar, é bem possível que venhamos a cair nessa armadilha.

Não é que as reportagens divulgadas pela imprensa de negócios estejam completamente equivocadas; mas, sem uma abordagem sistemática, é difícil "separar o joio do trigo".

Big data

Dados têm sido utilizados para avaliar o comportamento desde pelo menos 1749, quando a palavra *estatística* foi cunhada para referir-se a uma "descrição do estado".[21] Na época, a estatística era usada para fins de governança, mas, como os métodos de coleta de dados eram rudimentares e simplistas, não havia a possibilidade de as conclusões serem muito sofisticadas. O *big data* — uso extensivo de

Mito ou ciência?

Gerenciar circulando pelo ambiente de trabalho é mais eficaz

Essa afirmação é, em grande parte, um mito, mas com uma ressalva. "Gerenciar circulando pelo ambiente de trabalho" é um princípio organizacional conhecido como Management by Walking Around (MBWA) que ganhou fama em 1982, com a publicação do livro *Vencendo a crise*, e baseia-se em uma iniciativa criada pela Hewlett-Packard nos anos 1970. Em outras palavras, é um verdadeiro dinossauro. Anos de pesquisa indicam que práticas de gestão eficazes não se baseiam em MBWA. No entanto, exigir que gestores de todos os níveis da organização percorram seus departamentos para observar, conversar e ouvir os empregados permanece sendo uma prática comum. Muitas empresas que esperam que seus gerentes e executivos interajam regularmente com os empregados argumentam que a prática traz vários benefícios, desde um maior engajamento até um conhecimento mais profundo dos problemas da empresa por parte da gestão. Um estudo recente também sugeriu que uma forma modificada de MBWA pode melhorar consideravelmente a segurança nas organizações, porque os empregados acabam seguindo mais os procedimentos de segurança quando sabem que são observados e monitorados com frequência pelos supervisores.

Embora MBWA possa parecer uma boa prática, suas limitações sugerem que as ações modernas voltadas ao desenvolvimento da confiança e de relacionamentos são mais eficazes. As limitações incluem tempo disponível, foco e aplicação.

1. Tempo disponível. Os gestores são encarregados de planejar, organizar, coordenar e controlar, mas até os CEOs — gestores que deveriam ter o maior controle de seu tempo — dizem que passam 53% de sua jornada de trabalho de 55 horas por semana em reuniões que acabam consumindo muito tempo.

2. Foco. A MBWA redireciona o foco dos gestores para os interesses dos empregados. Isso é bom, mas só até certo ponto. Como Jeff Weiner, CEO do LinkedIn, observou: "Parte do segredo para administrar bem o tempo é criar um tempo para pensar, em vez de só ficar reagindo às situações. E durante esse tempo, a ideia não é só pensar estrategicamente, pensar proativamente, pensar no futuro, mas literalmente pensar no que é urgente e no que é importante". Weiner e outros CEOs argumentam que as reuniões os distraem de seu propósito.

3. Aplicação. O princípio por trás da MBWA é que quanto mais os gestores conhecem seus empregados, mais eficientes se tornam. Isso nem sempre é o caso — e, na maioria das vezes, não acontece. Como veremos no Capítulo 6, saber alguma coisa (ou pensar que sabemos) nem sempre nos leva a agir com base apenas nessa informação, porque nosso processo decisório interno é subjetivo. Precisamos de dados objetivos para tomar as decisões de gestão mais eficazes.

Dada a necessidade dos gestores de dedicar-se à administração e ao crescimento de sua organização e devido à eficácia comprovada das medidas objetivas de desempenho, parece que a MBWA já é coisa do passado, mas com uma ressalva: os gestores precisam conhecer bem seus empregados. Como Rick Russell, CEO da Greer Laboratories, diz: "Criar vínculos estreitos com o seu pessoal só vai render bons resultados. Você precisa motivar sua equipe. E não dá para fazer isso enviando um memorando". A moral da história é que os gestores devem tomar cuidado para não substituir a verdadeira gestão por limitar-se a perambular pelos corredores batendo papo com os empregados.

Fontes: baseado em G. Luria e I. Morag, "Safety Management by Walking Around (SMBWA): A Safety Intervention Program Based on Both Peer and Manager Participation", *Accident Analysis and Prevention* (mar. 2012): 248–57; J. S. Lublin, "Managers Need to Make Time for Face Time", *The Wall Street Journal*, 17 mar. 2015 http://www.wsj.com/articles/managers-need-to-make-time-for-face-time-1426624214; e R. E. Silverman, "Where's the Boss? Trapped in a Meeting", *The Wall Street Journal*, 14 feb. 2012, B1, B9.

compilação e análise estatística — só se tornou possível quando os computadores se tornaram sofisticados o suficiente para armazenar e manipular grandes volumes de dados. Vamos dar uma olhada nas raízes da aplicação do big data para as empresas, cuja origem ocorreu no departamento de marketing de varejistas na internet.

Histórico Parece difícil de acreditar agora, mas não faz muito tempo que as empresas tratavam as compras on-line como uma experiência de ponto de venda virtual. Os clientes navegavam anonimamente nos sites e as empresas só monitoravam os dados sobre o que os clientes compravam. Só que, aos poucos, as varejistas on-line começaram a monitorar informações sobre as preferências dos clientes, dados que só eram acessíveis por meio da experiência de compra na internet e que eram muito superiores aos dados coletados nas compras em lojas físicas. Com isso, as empresas puderam criar estratégias de marketing mais direcionadas do que nunca. A indústria de venda de livros é um excelente exemplo disso: antes das livrarias on-line, as livrarias físicas só tinham como coletar dados sobre as vendas de livros para calcular projeções sobre os interesses e as tendências dos consumidores. Com o advento da Amazon, de repente uma vasta gama de informações sobre as preferências do consumidor — o que os clientes compraram, o que visualizaram no site, como navegaram pelo o site e o que influenciou suas compras (como promoções, comentários de outros clientes e a apresentação da página) — passou a ser disponibilizada. Em seguida, a Amazon precisou identificar quais estatísticas eram *persistentes*, gerando resultados relativamente constantes ao longo do tempo, e quais eram *preditivas*, mostrando uma relação de causalidade constante entre determinados fatores e resultados. A empresa usou essas estatísticas para desenvolver algoritmos e prever quais livros os clientes gostariam de ler em seguida. Com isso, a Amazon conseguia saber o que comprar de seus fornecedores atacadistas com base no feedback dos clientes, tanto por métodos de coleta passiva quanto por meio de encomendas de outros livros.

Utilização atual Não importa quantos terabytes de dados ou quantas fontes de dados as empresas são capazes de coletar, a inteligência analítica inclui *prever* qualquer evento, desde a compra de um livro até o mau funcionamento de um traje espacial; *detectar* o risco que a empresa corre a qualquer momento, desde o risco de um incêndio ao risco de um empréstimo não ser pago; e *impedir* grandes e pequenas catástrofes, desde um acidente de avião até a falta de estoque de um produto.[22] Aplicando o *big data*, a BAE Systems, uma fornecedora militar norte-americana, protege-se de ataques cibernéticos; o Bank of the West, de São Francisco, usa dados de clientes para criar uma tabela de preços escalonados; e a Graze.com, de Londres, analisa as preferências dos clientes para selecionar amostras de salgadinhos para enviar junto com os pedidos.[23]

Como seria de se esperar, o big data é muito utilizado por empresas de tecnologia como o Google e o Facebook, cuja receita depende da venda de anúncios, o que gera a necessidade de prever o comportamento dos usuários. Empresas como a Netflix também usam o big data para prever onde e quando os clientes podem querer usar seus serviços, embora sua receita seja proveniente de assinantes. As seguradoras preveem comportamentos para avaliar os riscos, como a chance de ocorrência de acidentes de trânsito, para definir os preços dos seguros para diferentes grupos de clientes. Até museus como o Museu Solomon R. Guggenheim de Nova York, o Museu de Arte de Dallas e o Instituto de Artes de Minneapolis analisam dados coletados de transmissores eletrônicos, de quiosques e de pesquisas, que registram o comportamento dos visitantes, para atender melhor às necessidades de seus clientes pagantes.[24]

Varejistas on-line, como o eBay e a Amazon, que comercializam produtos físicos em plataformas na internet, também usam o big data para prever o que vai vender mais. O produto vendido por organizações como a Nielson Holdings, que monitora a audiência na televisão e no rádio, é fruto dos resultados das análises de dados. Outras organizações se dedicam a coletar big data, mas não o usam diretamente. Em geral, são organizações cujo principal negócio não é na internet. A Kroger, uma rede norte-americana de supermercados, coleta informações eletrônicas de 55 milhões de clientes que possuem cartões de fidelidade e vendem os dados para fornecedores da varejista.[25] Algumas empresas de tecnologia simplesmente vendem seus dados. O Twitter, por exemplo, vende 500 milhões de tweets por dia para quatro empresas de assimilação de dados.[26]

Novas tendências Apesar de o maior acesso aos dados aumentar a capacidade das empresas de prever as tendências do comportamento humano, a utilização do big data para entender, ajudar e gerenciar as pessoas é relativamente nova, porém promissora. Para você ter uma ideia, um levantamento conduzido com 10.000 trabalhadores da China, Alemanha, Índia, Reino Unido e Estados Unidos sugeriu que eles esperam que a próxima transformação no modo de trabalho das pessoas se baseie mais nos avanços tecnológicos do que em qualquer outro fator, como mudanças demográficas.[27] As organizações também estão começando a se voltar mais ao *fast data*, enfatizando uma entrada contínua de dados que podem ser usados para tomar decisões em tempo real.[28]

O fato de pesquisadores, mídia e líderes empresariais terem identificado o potencial da gestão e do processo decisório orientado por dados só vai beneficiar o futuro das empresas. Um gestor que usa dados para definir objetivos, desenvolver teorias de causalidade e testá-las será capaz de identificar as atividades relevantes para atingir tais objetivos.[29] O big data pode ajudar a corrigir premissas equivocadas por parte da gestão, melhorando o desempenho da organização, já que é cada vez mais aplicado na tomada de decisões eficazes (Capítulo 6) e na gestão de recursos humanos (Capítulo 17). É bem possível que o melhor uso do big data na gestão de pessoas resulte de pesquisas nos campos do comportamento organizacional e da psicologia, podendo até ajudar trabalhadores que sofrem de doenças mentais a monitorar e a mudar seu comportamento.[30]

Limitações À medida que os recursos tecnológicos para lidar com grandes volumes de dados foram sendo desenvolvidos, começaram a surgir problemas de privacidade. A situação é agravada quando a coleta de dados envolve instrumentos de vigilância. Por exemplo, foi projetado um experimento para melhorar a qualidade de vida dos moradores no bairro do Brooklyn, na cidade de Nova York que, no entanto, envolve a coleta intensiva de dados de câmeras infravermelhas, sensores e sinais wi-fi de smartphones.[31] Aplicando métodos semelhantes de vigilância, um *call center* do setor bancário e uma empresa farmacêutica descobriram que os empregados eram mais produtivos quando tinham mais chances de interagir socialmente. Então, mudaram suas políticas de intervalo de descanso para que mais pessoas fizessem pausas juntas. Com isso, as vendas aumentaram e a rotatividade de empregados caiu. A Bread Winners Café, em Dallas, no Texas, monitora constantemente todos os empregados do café com dispositivos de vigilância e usa os dados para promover ou disciplinar os atendentes.[32]

Essas e outras táticas de big data podem surtir bons resultados. Pesquisas indicam que o monitoramento eletrônico do desempenho, de fato, melhora a execução de tarefas e o comportamento de cidadania em relação aos outros, pelo menos em curto prazo.[33] Entretanto, os críticos argumentam que, depois que Frederick Taylor lançou a análise de vigilância em 1911 para aumentar a produtividade por meio do monitoramento e controles de feedback, suas técnicas de controle foram superadas pelo método gerencial de Alfred Sloan, baseado em resultados, em que o trabalho dos empregados deve ser carregado de um senso de propósito.[34] Tudo isso pode levar a um problema mais grave: o que as pessoas pensam do big data quando são *elas* a fonte dos dados? As empresas que usam o big data correm o risco de ofender as próprias pessoas que estão tentando influenciar: empregados e clientes. Como o vereador norte-americano Bob Fioretti disse sobre os 65 sensores instalados nas ruas de Chicago: "Com esse tipo de invasão, estamos entrando em um terreno muito perigoso".[35]

Devemos ter em mente que a técnica do big data sempre terá um poder limitado de prever o comportamento, reduzir os riscos e prevenir catástrofes. Em contraste com os resultados científicos replicáveis que podem ser obtidos por meio da análise do big data, o comportamento humano costuma ser volúvel e baseado em inúmeras variáveis. Se não fosse assim, a essa altura todas as nossas decisões já seriam tomadas pela inteligência artificial! Só que, é claro, isso nunca vai acontecer.[36] A gestão é mais do que a soma de todos os dados.

É por todos esses fatores que não recomendamos que a intuição seja simplesmente jogada no lixo. Ao lidar com as pessoas, os líderes não raro usam seus instintos e, às vezes, os resultados são excelentes. Em outras ocasiões, as tendências humanas acabam atrapalhando. Alex Pentland, um famoso cientista de dados do MIT, propõe uma nova ciência denominada *física social*, que se propõe a melhorar o fluxo de ideias e comportamentos. Estudos no campo da física social levariam a formas mais sutis de coleta e análise de dados do que alguns dos métodos de vigilância mais intrusivos mencionados anteriormente e os gestores poderiam usar essas informações para ajudar os empregados a saber onde focar sua energia.[37] O uso cauteloso do big data, quando aliado a um bom conhecimento das tendências comportamentais humanas, pode ajudar a tomar boas decisões e reduzir distorções naturais das nossas percepções. Nossa recomendação é basear, o máximo que puder, sua intuição e experiência em evidências objetivas. Essa é a promessa do comportamento organizacional.

1.4 Identificar as contribuições das principais disciplinas das ciências sociais para o estudo do comportamento organizacional.

Disciplinas que contribuem para o estudo do comportamento organizacional

O estudo do comportamento organizacional é uma ciência aplicada que tem bases na contribuição de diversas outras disciplinas sociais, principalmente a psicologia, a psicologia social, a sociologia e a antropologia. Como veremos adiante, a psicologia contribui principalmente para o nível micro, ou individual, de análise, enquanto as demais disciplinas contribuem para a nossa compreensão dos conceitos macro, como os processos grupais e a dinâmica organizacional. A Figura 1.2 mostra as principais contribuições para o estudo do comportamento organizacional.

Psicologia

psicologia
Ciência que busca medir, explicar e, algumas vezes, modificar o comportamento dos seres humanos e dos animais.

A psicologia é a ciência que busca medir, explicar e, algumas vezes, modificar o comportamento dos seres humanos e até mesmo de alguns animais. Aqueles que contribuem para essa área e continuam a acrescentar ao conhecimento do com-

FIGURA 1.2 Composição da disciplina de comportamento organizacional.

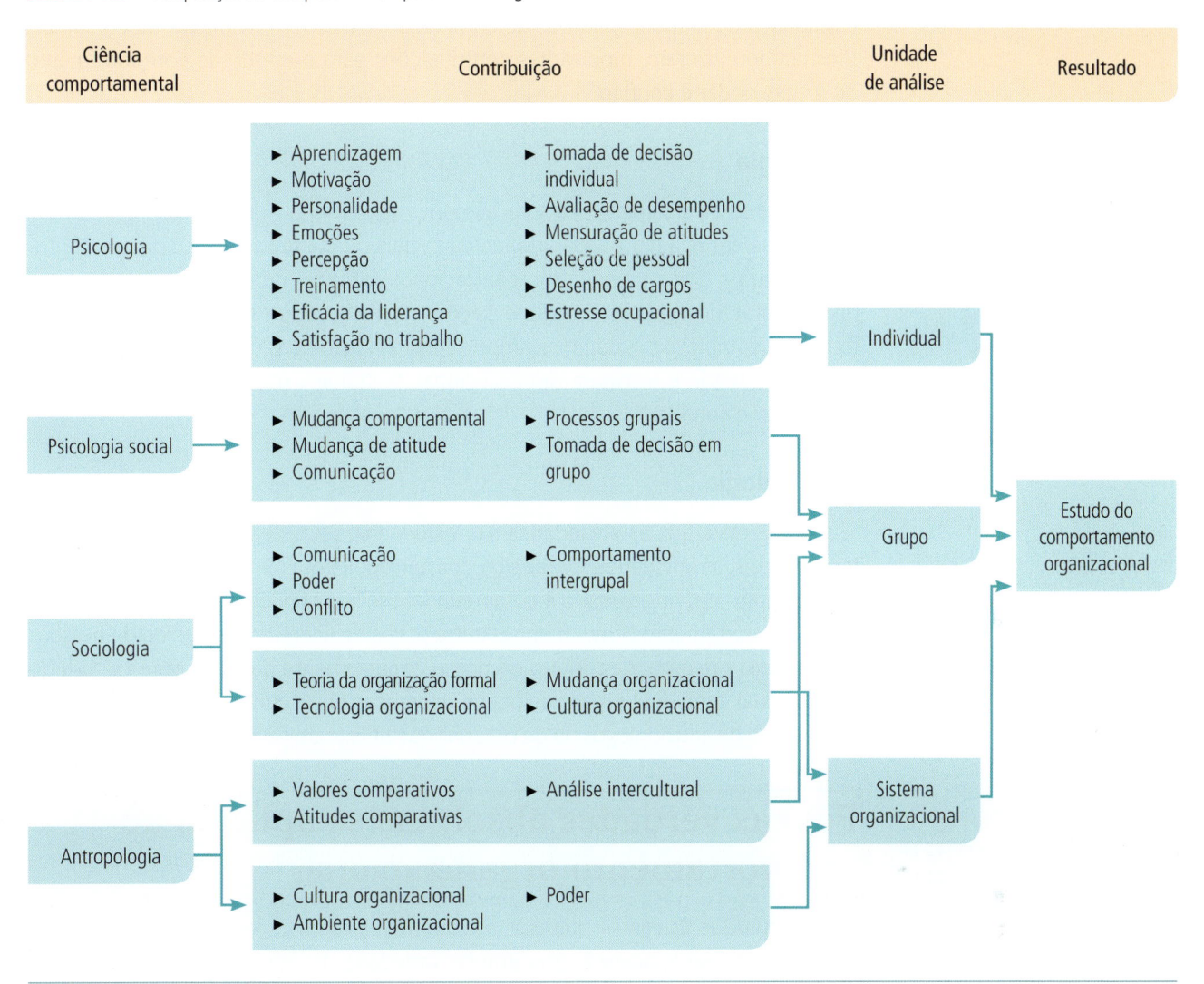

Ciência comportamental	Contribuição	Unidade de análise	Resultado
Psicologia	▸ Aprendizagem ▸ Motivação ▸ Personalidade ▸ Emoções ▸ Percepção ▸ Treinamento ▸ Eficácia da liderança ▸ Satisfação no trabalho ▸ Tomada de decisão individual ▸ Avaliação de desempenho ▸ Mensuração de atitudes ▸ Seleção de pessoal ▸ Desenho de cargos ▸ Estresse ocupacional	Individual	Estudo do comportamento organizacional
Psicologia social	▸ Mudança comportamental ▸ Mudança de atitude ▸ Comunicação ▸ Processos grupais ▸ Tomada de decisão em grupo	Grupo	
Sociologia	▸ Comunicação ▸ Poder ▸ Conflito ▸ Comportamento intergrupal		
	▸ Teoria da organização formal ▸ Tecnologia organizacional ▸ Mudança organizacional ▸ Cultura organizacional	Sistema organizacional	
Antropologia	▸ Valores comparativos ▸ Atitudes comparativas ▸ Análise intercultural		
	▸ Cultura organizacional ▸ Ambiente organizacional ▸ Poder		

portamento organizacional são os que estudam as teorias relativas ao processo de aprendizagem e de personalidade, os psicólogos clínicos e, principalmente, os psicólogos organizacionais e industriais.

No início, os psicólogos organizacionais e industriais estudavam os problemas de fadiga, falta de entusiasmo e outros fatores relevantes para as condições de trabalho que poderiam impedir um desempenho eficiente. Mais recentemente, sua contribuição se expandiu a fim de incluir, também, estudos sobre aprendizagem, percepção, personalidade, emoções, treinamento, eficácia da liderança, necessidades e forças motivacionais, satisfação com o trabalho, comprometimento organizacional, processos de tomada de decisão, avaliações de desempenho, mensuração de atitudes, técnicas de seleção de pessoal, desenho de cargos e estresse ocupacional.

Psicologia social

A psicologia social, geralmente considerada um ramo da psicologia, mistura conceitos dessa ciência e da sociologia para focar a influência de um indivíduo sobre outro. Um dos temas mais investigados pela psicologia social é a *mudança* — como

psicologia social
Ramo da psicologia que mistura conceitos dessa ciência e da sociologia para focar a influência de um indivíduo sobre outro.

implementá-la e como reduzir as barreiras para sua aceitação. Os psicólogos sociais também fazem significativas contribuições nas áreas de mensuração, entendimento e mudança de atitudes; padrões de comunicação e desenvolvimento da confiança. Eles também fizeram importantes contribuições para o estudo de comportamento do grupo, poder e conflito.

Sociologia

sociologia
Ciência que estuda as pessoas em relação a seus ambientes sociais ou culturais.

Enquanto a psicologia foca suas atenções sobre o indivíduo, a sociologia estuda as pessoas em relação a seus ambientes sociais ou culturais. Os sociólogos contribuíram para o comportamento organizacional por meio de estudos sobre os comportamentos dos grupos em organizações, especialmente naquelas consideradas formais e complexas. Ainda mais importante, os sociólogos estudam a cultura organizacional, teoria e estrutura organizacional, tecnologia organizacional, comunicação, poder e conflito.

Antropologia

antropologia
Ciência que estuda as sociedades para compreender os seres humanos e suas atividades.

Na antropologia, as sociedades são estudadas a fim de compreender os seres humanos e suas atividades. O trabalho dos antropólogos sobre culturas e ambientes, por exemplo, tem nos ajudado a compreender melhor as diferenças de valores, atitudes e comportamentos fundamentais entre povos de diferentes países ou de pessoas em variadas organizações. Muito de nosso conhecimento de hoje sobre cultura organizacional, ambiente organizacional e diferenças entre culturas dos países é fruto do trabalho de antropólogos ou de pessoas que utilizaram seus métodos de pesquisa.

1.5 Demonstrar por que poucas verdades absolutas se aplicam ao comportamento organizacional.

Poucas verdades absolutas se aplicam ao comportamento organizacional

Nas ciências físicas — química, astronomia, física etc. — existem leis que são consistentes e se aplicam a uma grande variedade de situações. Isso permite aos cientistas generalizar os efeitos da lei da gravidade ou enviar astronautas com segurança para consertar um satélite no espaço. Os seres humanos são complexos e poucos princípios simples e universais explicam o comportamento organizacional. Por sermos todos diferentes, a possibilidade de fazer generalizações simples e precisas é muito limitada. Duas pessoas geralmente reagem de maneira diferente à mesma situação e o comportamento da mesma pessoa muda em diferentes situações. Nem todo mundo é motivado por dinheiro e o comportamento das pessoas em um evento religioso pode ser diferente daquele demonstrado em uma festa.

Isso não significa, é claro, que não podemos dar explicações razoavelmente precisas sobre o comportamento humano ou fazer previsões válidas. No entanto, significa que os conceitos de comportamento organizacional precisam refletir condições situacionais ou contingenciais. Podemos dizer que x leva a y, mas apenas sob as condições z — as variáveis contingenciais.

variáveis contingenciais
Fatores ou variáveis situacionais que moderam a relação entre duas ou mais variáveis.

A ciência do comportamento organizacional se desenvolveu utilizando conceitos gerais e alterando sua aplicação para determinadas situações, pessoas ou grupos. Por exemplo, os estudiosos do comportamento organizacional evitam afirmar que todos gostam de trabalhos complexos e desafiadores (conceito geral). Isso porque nem todo mundo quer um trabalho cheio de desafios. Algumas pessoas preferem a rotina em vez de variedades ou o simples em vez do complexo. Um trabalho considerado interessante por uma pessoa pode não o ser para outra, ou seja, o atrativo do trabalho depende da pessoa que o realiza. Não raro encontraremos tanto efeitos gerais (o dinheiro, de fato, motiva a maioria de nós) quanto contingenciais (alguns de nós são mais motivados por dinheiro do que outros e o dinheiro é mais relevante em algumas situações do que em outras). Teremos um melhor entendimento do comportamento organizacional quando soubermos como os dois fatores (os efeitos gerais e as contingências que os afetam) normalmente direcionam o comportamento.

Desafios e oportunidades

1.6 Identificar desafios e oportunidades com que os gestores se deparam ao aplicar os conceitos de comportamento organizacional.

Nunca foi tão importante para os gestores entender o comportamento organizacional como nos dias de hoje. Basta dar uma rápida olhada nas drásticas mudanças que estão ocorrendo nas organizações. Os trabalhadores, de modo geral, estão envelhecendo, a força de trabalho está se tornando cada vez mais diversificada e a competição global está exigindo que os profissionais se tornem mais flexíveis para se adaptarem às rápidas mudanças.

Como resultado dessas e de outras transformações, as opções de emprego se adaptaram para incluir novas oportunidades para os trabalhadores. A Figura 1.3 detalha algumas opções que as organizações podem oferecer ou que os empregados podem querer negociar com as empresas. Em cada cabeçalho da figura, você

FIGURA 1.3 Opções de emprego.

Categorias de emprego	Tipos de emprego	Locais de emprego	Condições de emprego	Remuneração pelo emprego
Empregado	Período integral	Ancorado (escritório/célula de trabalho)	Local	Salário
Subempregado/subutilizado	Tempo parcial	Flutuante (espaço compartilhado)	Expatriado	Pagamento por hora
Re-empregado	Horário flexível	Virtual	Temporário	Hora extra
Desempregado/sem emprego	Compartilhamento de tarefas	Flexível	Parcialmente expatriado (flexpatriate)	Bônus
Empreendedor	Contingente	Em casa (home office)	Viajante internacional de negócios	Por contrato
Aposentado	Contrato independente		Empregado com visto de trabalho	Descanso remunerado
Em busca de emprego	Temporário		Empregado sindicalizado/não sindicalizado	Benefícios
De licença	Horas reduzidas			
Demitido	Estágio			

Fontes: baseado em J. R. Anderson, E. Binney, N. M. Davis, G. Kraft, S. Miller, T. Minton-Eversole... e A. Wright, "Action Items: 42 Trends Affecting Benefits, Compensation, Training, Staffing and Technology", *HR Magazine* (jan. 2013): 33; M. Dewhurst, B. Hancock e D. Ellsworth, "Redesigning Knowledge Work", *Harvard Business Review* (jan.–fev. 2013): 58–64; E. Frauenheim, "Creating a New Contingent Culture", *Workforce Management* (ago. 2012): 34–39; N. Koeppen, "State Job Aid Takes Pressure off Germany", *The Wall Street Journal*, 1 fev. 2013, A8; e M. A. Shaffer, M. L. Kraimer, Y.-P. Chen e M. C. Bolino, "Choices, Challenges, and Career Consequences of Global Work Experiences: A Review and Future Agenda", *Journal of Management* (jul. 2012): 1282–1327.

encontrará um grupo de opções para escolher — ou combinar. Por exemplo, em certo momento de sua carreira profissional, você pode estar empregado em período integral, em um escritório, sem intervenção de sindicatos, ganhando um salário fixo e bônus, enquanto, em outro momento, você pode preferir negociar um trabalho virtual e flexível e optar por trabalhar no exterior, com uma combinação remuneratória que inclua salário e tempo livre remunerado.

Em suma, os desafios de hoje vêm acompanhados de diversas oportunidades para que os gestores possam utilizar os conceitos do comportamento organizacional. Nesta seção, analisaremos alguns dos desafios mais importantes enfrentados pelos gestores, para os quais o estudo do comportamento organizacional oferece soluções — ou, pelo menos, algumas ideias que podem resultar em soluções.

Pressões econômicas

Quando a economia dos Estados Unidos mergulhou em uma profunda e prolongada recessão em 2008, praticamente todas as outras grandes economias do mundo despencaram junto. Muitas pessoas foram demitidas e aquelas que sobreviveram à onda de demissões não raro foram obrigadas a aceitar cortes salariais. Em momentos de turbulência, como o que ocorreu durante a recessão, os gestores se encontram na linha de frente para lidar com empregados forçados a trabalhar com menos recursos, preocupados com o futuro e que, por vezes, precisaram ser demitidos. A diferença entre uma boa administração e uma administração ineficaz pode decidir o lucro e o prejuízo, ou ainda, a sobrevivência ou a falência da empresa.

Administrar bem os empregados em épocas difíceis é tão — ou mais — complicado do que em tempos tranquilos. Em uma economia em expansão, espera-se que os gestores saibam como recompensar, satisfazer e reter os profissionais. Em tempos difíceis, questões como estresse, tomada de decisão e estratégias de enfrentamento ficam em evidência.

A expansão da globalização

As organizações não se limitam mais às fronteiras nacionais. A Samsung, o maior conglomerado empresarial sul-coreano, vende a maioria de seus produtos para organizações de outros países; o Burger King é de propriedade de uma empresa brasileira e o McDonald's vende hambúrgueres em mais de 118 países, espalhados em seis continentes. Até a empresa com uma das identidades mais norte-americanas do mundo, a Apple, emprega duas vezes mais trabalhadores fora dos Estados Unidos do que dentro do país. Todas as principais fabricantes de automóveis produzem carros fora de suas fronteiras. A Honda monta carros em Ohio, a Ford, no Brasil, a Volkswagen, no México e a Mercedes e a BMW, nos Estados Unidos e na África do Sul.

O mundo virou uma aldeia global. O trabalho dos gestores também mudou durante esse processo. Os melhores gestores se adiantam e adaptam suas abordagens às questões globais que discutiremos a seguir.

Aumento do número de missões internacionais Se você é ou pretende ser um gestor, as chances de ser enviado em missões internacionais — transferido para uma unidade operacional ou subsidiária de sua organização em outro país — é cada vez maior. Lá, você terá de gerenciar uma força de trabalho que provavelmente será bem diferente daquela com a qual você estava acostumado, tanto em relação às necessidades como a aspirações e atitudes. Para ser eficaz, você precisará saber tudo o que

Fonte: Robin Nelson/ZUMA Press, Inc./Alamy Stock Photo

Guy Woolaert, vice-presidente sênior e diretor técnico e de inovação da The Coca-Cola Company, trabalha bem com pessoas de muitas culturas. Com base em 20 anos de experiência em missões na Europa, na região do Pacífico e em outros locais, ele aprendeu como adaptar seu estilo de gestão para refletir os valores de diferentes países.

puder sobre a cultura e as pessoas do novo local — e demonstrar a sua sensibilidade cultural — antes de propor práticas alternativas.

Trabalho com pessoas de diferentes culturas Pode ser que, mesmo na sua terra natal, você tenha de trabalhar com chefes, colegas e outros empregados que nasceram e foram criados em culturas diferentes. O que é motivador para você pode não ser para eles. Pode ser, também, que um estilo de comunicação franco e direto seja considerado intimidador e até ameaçador para eles. Para trabalhar bem com pessoas de diferentes culturas, você precisa saber como elas foram afetadas pela cultura e pelas circunstâncias e adaptar seu estilo de gestão a essas diferenças.

Administrar a fuga de empregos para países com mão de obra mais barata É cada vez mais difícil para as empresas instaladas em países desenvolvidos, em que o piso salarial raramente fica abaixo dos US$ 16,88 por hora, competir com empresas que estão nos países em desenvolvimento, nas quais a mão de obra chega a ser disponível por apenas US$ 0,03 por hora.[38]

Em uma economia globalizada, os empregos fogem para os lugares onde os custos mais baixos oferecem vantagem comparativa. Tais práticas, contudo, são muito criticadas por sindicatos, políticos e líderes locais, que veem na exportação de empregos uma ameaça à empregabilidade em seus países. Os gestores precisam enfrentar a difícil tarefa de equilibrar os interesses de sua empresa com suas responsabilidades perante as comunidades onde operam.

Adaptação a diferentes normas culturais e regulamentares Para serem eficazes, os gestores precisam conhecer as normas culturais da força de trabalho de cada país onde suas empresas têm operações. Por exemplo, grande parcela da força de trabalho desfruta de feriados prolongados em alguns países. Os gestores também precisam levar em consideração tanto as leis federais quanto as locais. Os gerentes de subsidiárias no exterior precisam estar cientes das regulamentações financeiras e jurídicas específicas que se aplicam a empresas estrangeiras, para não correr o risco de violá-las. As violações podem ter sérias consequências para as operações da empresa no país estrangeiro e também para as relações políticas entre os países. Os gestores também precisam estar cientes de como diferenças nas regulamentações podem prejudicar ou beneficiar os concorrentes no país estrangeiro. O conhecimento das leis pode fazer a diferença entre o sucesso e o fracasso da empresa nesse país. Por exemplo, o conhecimento das leis bancárias locais possibilitou que uma empresa multinacional, o Bank of China, tomasse o controle de um edifício londrino valiosíssimo, a Grosvenor House, debaixo do nariz do proprietário, o grupo hoteleiro indiano Sahara. A administração do Sahara argumenta que a inadimplência que levou à apreensão do imóvel não passou de um mal-entendido envolvendo outra propriedade do grupo em Nova York.[39] A globalização pode complicar muito a vida das empresas.

Fatores demográficos da força de trabalho

A força de trabalho sempre se adaptou às variações econômicas, alterações na longevidade e taxas de natalidade, condições socioeconômicas e outras mudanças com amplo impacto. As pessoas se adaptam para sobreviver e o comportamento organizacional estuda a maneira como essas adaptações afetam o comportamento das pessoas. Por exemplo, embora a recessão global de 2008 tenha terminado anos atrás, algumas tendências se mantêm: algumas pessoas que passaram um bom tempo desempregadas deixaram a força de trabalho por completo[40], enquanto outras acumularam vários empregos em regime de tempo parcial[41] ou optaram pelo trabalho sob demanda[42]. Outras opções que têm se mostrado especialmente populares entre os trabalhadores mais jovens incluem fazer um curso de especialização em um tipo de negócio depois da faculdade,[43] aceitar empregos em tempo integral menos qualificados[44] e abrir a própria empresa.[45] Podemos usar o estudo do comportamento organizacional para investigar quais fatores levam os empregados a fazer diferentes escolhas e como suas experiências afetam sua percepção sobre seu local de trabalho. Esse conhecimento pode nos ajudar a prever os resultados organizacionais.

A taxa de longevidade e a taxa de natalidade também mudaram a dinâmica nas organizações. As taxas globais de longevidade aumentaram seis anos em um período muito curto (desde 1990),[46] enquanto as taxas de natalidade estão caindo em muitos países desenvolvidos, tendências que, juntas, sugerem que a força de trabalho está envelhecendo. Pesquisas no campo do comportamento organizacional podem ajudar a explicar como essas mudanças afetarão fatores como atitudes, cultura organizacional, liderança, estrutura e comunicação. As mudanças socioeconômicas afetam profundamente os fatores demográficos da força de trabalho. A época na qual as mulheres ficavam em casa porque era isso que se esperava delas não passa de uma lembrança em algumas culturas; em outras, no entanto, as mulheres ainda enfrentam grandes barreiras para entrar na força de trabalho (veja a "Pesquisa de Comportamento Organizacional"). É interessante saber como essas mulheres se saem no trabalho e como suas condições podem ser melhoradas. Esse é apenas um de muitos exemplos de como as mudanças culturais e socioeconômicas afetam o local de trabalho. Veremos como o comportamento organizacional pode esclarecer questões relativas à força de trabalho no decorrer deste livro.

Diversidade da força de trabalho

Um dos desafios mais importantes enfrentados pelas organizações é a *diversidade da força de trabalho*, isto é, o grau de heterogeneidade da composição da força de trabalho das organizações. A diversidade da força de trabalho refere-se à tendência das organizações de se tornar mais heterogêneas em relação ao

---

diversidade da força de trabalho
Grau de heterogeneidade da composição da força de trabalho das organizações.

PESQUISA DE COMPORTAMENTO ORGANIZACIONAL   Porcentagem de homens e mulheres na força de trabalho.

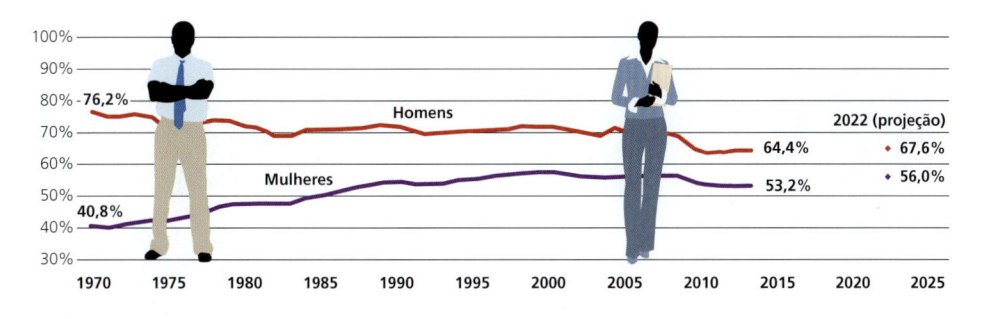

[Gráfico: Homens — 1970: 76,2%; 2005: 64,4%; 2022 (projeção): 67,6%. Mulheres — 1970: 40,8%; 2005: 53,2%; 2022 (projeção): 56,0%.]

Fontes: baseado em U.S. Bureau of Labor Statistics, "Women in the Labor Force: A Datebook", 2014 www.bls.gov/opub/reports/cps/women-in-the-labor-force-a-databook-2014.pdf; e U.S. Bureau of Labor Statistics, "Economic News Release" 2013, http://www.bls.gov/news.release/ecopro.t02.htm.

sexo, idade, raça, etnia, orientação sexual e outras características dos empregados. Administrar a diversidade se tornou uma questão importante em todo o mundo. Teremos mais a dizer sobre isso Capítulo 2, mas começaremos dizendo que a diversidade apresenta grandes oportunidades e impõe grandes desafios a gestores e empregados. Como podemos alavancar as diferenças individuais dentro de grupos para obter uma vantagem competitiva? Devemos tratar todos os empregados da mesma forma? Devemos reconhecer diferenças individuais e culturais? Quais são os requisitos legais em diferentes países? É importante promover a diversidade?

Atendimento ao cliente

Os trabalhadores do setor de serviços incluem representantes de suporte técnico, atendentes de restaurantes de *fast-food*, vendedores, enfermeiros, mecânicos de automóveis, consultores, planejadores financeiros e comissários de bordo. O que o trabalho deles tem em comum é uma considerável interação com os clientes da empresa. O comportamento organizacional pode ajudar os gestores a melhorar tais interações ao mostrar como as atitudes e o comportamento dos empregados afetam a satisfação do cliente.

Muitas empresas fracassam porque seus empregados não sabem agradar aos clientes. A administração precisa criar uma cultura pró-cliente. O conhecimento do comportamento organizacional pode orientar os gestores na criação dessa cultura, de modo a fazer com que os empregados conquistem a confiança dos clientes, deixando-os à vontade, mostrando um interesse sincero por eles e sendo sensíveis aos seus problemas.[47]

Habilidades interpessoais

Ao avançar pelos capítulos deste livro, você encontrará conceitos e teorias relevantes que o ajudarão a explicar e prever o comportamento das pessoas no trabalho. Além disso, você conhecerá habilidades interpessoais específicas que poderá aplicar no seu trabalho. Por exemplo, você aprenderá maneiras de motivar as pessoas, técnicas para melhorar as suas habilidades de gestão e como formar equipes mais eficazes.

Uma cliente da Whole Foods Market aprende a moer trigo com a ajuda de um professor de culinária da loja, cujo trabalho é dar informações sobre ingredientes, métodos e técnicas de culinária. Os professores de culinária exemplificam o melhor da cultura de atendimento ao cliente da varejista, dedicada a servir os clientes com competência, eficiência, conhecimento e talento.

Fonte: Evry Mages/The Washington Post/Getty Images

Organizações em rede

As organizações em rede permitem que as pessoas se comuniquem e trabalhem em colaboração, mesmo estando a milhares de quilômetros de distância. Profissionais autônomos podem se comunicar por computador com pessoas de diferentes partes do mundo e trocar de empregador à medida que a demanda por seus serviços muda. Programadores de software, designers gráficos, analistas de sistemas, redatores técnicos, pesquisadores de imagens, editores de livros e de mídia e transcritores da área de medicina são apenas alguns exemplos de pessoas que podem trabalhar em casa ou em outros locais fora do escritório.

O trabalho do gestor é diferente em uma organização em rede. Motivar e liderar pessoas, por exemplo, e tomar decisões colaborativas pela internet são atividades que requerem técnicas diferentes daquelas empregadas quando as pessoas estão fisicamente presentes no mesmo local. Com cada vez mais pessoas colaborando remotamente por meio de redes de computadores, os gestores precisam desenvolver novas habilidades. O estudo do comportamento organizacional pode ajudar a aprimorá-las.

Mídias sociais

Como veremos no Capítulo 11, as mídias sociais chegaram no mundo dos negócios para ficar. Apesar de sua difusão generalizada, muitas empresas não sabem o que fazer com a utilização das mídias sociais no local de trabalho pelos empregados. Em fevereiro de 2015, uma pizzaria do Texas demitiu uma funcionária antes mesmo de ela comparecer ao primeiro dia de trabalho, após ter "tweetado" comentários pouco elogiosos sobre seu futuro empregador. Em dezembro de 2014, a Nordstrom demitiu um empregado que postou um comentário pessoal no Facebook, aparentemente defendendo a violência contra policiais brancos.[48] Esses exemplos mostram que as mídias sociais representam uma questão difícil para os gestores de hoje, apresentando tanto um desafio quanto uma oportunidade para o comportamento organizacional. Por exemplo, até que ponto o RH deve avaliar a presença de um candidato a emprego nas mídias sociais? Será que o responsável pela contratação deve ler os tweets de um candidato a emprego ou dar uma olhada em seu perfil no Facebook? Discutiremos essa questão mais adiante.

Uma vez contratados os empregados, muitas organizações têm políticas de acesso às mídias sociais no trabalho, determinando quando, onde e com quais finalidades isso pode ser feito. Mas o que dizer sobre como as mídias sociais afetam o bem-estar dos trabalhadores? Um estudo recente revelou que pessoas que acordaram de bom humor e acessaram o Facebook, com frequência tiveram uma deterioração do ânimo no decorrer do dia. Os respondentes que entraram no Facebook com frequência em um período de duas semanas se disseram menos satisfeitos com sua vida.[49] Os gestores — e o campo do comportamento organizacional — tentam aumentar a satisfação dos empregados e, com isso, melhorar os resultados das organizações. Discutiremos essas questões nos capítulos 3 e 4.

Bem-estar dos empregados no trabalho

Nos anos 1960 e 1970, um empregado normalmente ia a um local de trabalho específico de segunda a sexta-feira e trabalhava por períodos claramente definidos de 8 ou 9 horas. Hoje em dia, essa realidade mudou para um grande segmento da força de trabalho, uma vez que a definição do local de trabalho foi estendida para incluir qualquer lugar onde seja possível entrar com um laptop ou smartphone. Mesmo se os empregados trabalharem em horários flexíveis em casa ou do outro lado do mundo, os gestores ainda precisam levar em consideração seu bem-estar no trabalho.

Uma das maiores dificuldades de manter o bem-estar dos empregados deve-se à nova realidade de que muitos só trabalham no escritório virtual e nunca chegam a encontrar os colegas pessoalmente. Embora a tecnologia de comunicação possibilite que muitos técnicos e profissionais especializados trabalhem em casa ou em uma praia do Taiti, muitos desses trabalhadores acabam sentindo que não fazem parte de uma equipe. "O senso de pertencimento é uma grande dificuldade para os trabalhadores virtuais, que parecem estar isolados no mundo virtual", disse Ellen Raineri, da Universidade Kaplan.[50] Outro desafio é que as empresas estão exigindo que os empregados trabalhem mais horas por dia. De acordo com um estudo, um em cada quatro trabalhadores mostra sinais de *burnout* (estafa) e dois em cada três relatam altos níveis de estresse e fadiga.[51] Esses números ainda podem estar abaixo da realidade porque os trabalhadores relatam que se mantêm disponíveis 24 horas todos os dias a seus chefes por e-mail e mensagens de texto. O bem-estar dos empregados também pode ser prejudicado por pesadas responsabilidades fora do trabalho. Por exemplo, milhões de pessoas cuidam dos pais ou criam os filhos sozinhas e acabam tendo muita dificuldade em equilibrar as responsabilidades profissionais e familiares.

Em função de suas responsabilidades cada vez maiores dentro e fora de seus empregos, pessoas buscam horários flexíveis no trabalho para poder administrar melhor os conflitos entre a vida profissional e a pessoal.[52] Com efeito, 56% dos homens e das mulheres informaram em um estudo recente que, para eles, o sucesso profissional envolvia mais o equilíbrio entre a vida profissional e pessoal do que dinheiro, reconhecimento e autonomia.[53] A maioria dos estudantes universitários diz que atingir o equilíbrio entre o trabalho e a vida é seu maior objetivo profissional. Eles querem um emprego, mas também querem viver. As organizações que não conseguirem ajudar seu pessoal a atingir esse equilíbrio terão cada vez mais dificuldade de atrair e reter os empregados mais capazes e motivados.

Como veremos nos capítulos a seguir, o estudo do comportamento organizacional disponibiliza várias sugestões para orientar os gestores no planejamento de ambientes de trabalho e no desenho de cargos para ajudar os empregados a lidar com os conflitos entre a vida profissional e a pessoal.

COMPORTAMENTO ORGANIZACIONAL

conhecimento organizacional positivo
Área de pesquisa do comportamento organizacional que estuda a maneira como as organizações desenvolvem as forças e competências de seus trabalhadores, promovem a vitalidade e a resiliência e alavancam o potencial de seus empregados.

Ambiente de trabalho positivo

Uma área de pesquisa que vem crescendo bastante no campo do comportamento organizacional é o conhecimento organizacional positivo (também chamado de comportamento organizacional positivo), que estuda como as organizações desenvolvem as forças e competências de seus trabalhadores, promovem a vitalidade e a resiliência e alavancam o potencial de seus empregados. Os pesquisadores dessa área argumentam que muitas pesquisas e práticas do comportamento organizacional se voltam para a tentativa de identificar o que há de *errado* nas organizações e em seus empregados. Eles se propõem a combater essa tendência estudando o que as organizações e seus empregados têm de *bom*.[54] Alguns dos principais tópicos de pesquisa do conhecimento organizacional positivo incluem o engajamento, a esperança, o otimismo e a resiliência perante a pressão. Os pesquisadores esperam ajudar os gestores a criar ambientes de trabalho positivos para seus empregados.

Os pesquisadores do comportamento organizacional positivo estudam um conceito chamado "o seu melhor reflexo" (*reflected best-self*, em inglês), pedindo para que os empregados reflitam sobre momentos em que expressaram o melhor de si mesmos para saber como explorar seus pontos fortes. A ideia é que todos nós temos coisas que fazemos excepcionalmente bem, mas temos a tendência de nos concentrar nas nossas limitações e raramente pensamos em explorar nossos pontos fortes.[55]

Apesar de o estudo positivo não negar o valor do negativo (como o feedback crítico), a proposta é que os pesquisadores vejam o comportamento organizacional por uma nova perspectiva e desafiem as organizações a pensarem em maneiras de explorar os pontos fortes de seus empregados em vez de focar em suas limitações. Um aspecto importante de um ambiente de trabalho positivo é a cultura da organização, que exploraremos no Capítulo 16. A cultura organizacional afeta tão intensamente o comportamento dos empregados que algumas empresas mantêm um executivo dedicado apenas às questões culturais para direcionar e preservar a "personalidade" da empresa.[56]

Os empregados do Twitter se orgulham da cultura da empresa, que cria um ambiente de trabalho positivo onde colegas talentosos e amigáveis aprendem; compartilham valores, ideias, informações; e trabalham juntos para ajudar a empresa a crescer e ter sucesso. Na matriz do Twitter, em São Francisco, empregados como Jenna Sampson, gerente de relações com a comunidade, usufruem de mordomias como refeições grátis, aulas de ioga e um terraço panorâmico.

Fonte: Noah Berger/Reuters

Comportamento ético

Em um mundo empresarial caracterizado por cortes de custos, expectativa de aumento de produtividade dos trabalhadores e concorrência brutal, não surpreende que muitos empregados sintam-se pressionados para quebrar algumas regras, dar "um jeitinho" ou entregar-se a outras práticas questionáveis. Eles enfrentam cada vez mais dilemas e escolhas de natureza ética, em que precisam identificar e julgar a conduta correta e a errada. Será que deveriam, por exemplo, denunciar as atividades ilegais que encontram dentro da empresa? Deveriam acatar ordens com as quais não concordam? Deveriam fazer "politicagem" na empresa para avançar na carreira?

> **dilemas e escolhas de natureza ética**
> Situações em que os indivíduos têm de definir e julgar as condutas certas e erradas.

O que constitui o comportamento ético é algo que nunca foi definido com clareza e, nos últimos anos, as fronteiras entre o certo e o errado ficaram ainda mais nebulosas. Os trabalhadores estão cercados de pessoas que se entregam a todo tipo de práticas antiéticas: políticos incluem gastos pessoais nas contas públicas ou aceitam subornos; executivos inflacionam os lucros da empresa para ganhar mais com a venda de suas ações no mercado financeiro; e, nos EUA, reitores de universidades fazem "vista grossa" quando técnicos dos times universitários encorajam os atletas a se matricularem em cursos fáceis, e não nos melhores cursos para eles, para aumentar suas chances de ganhar uma bolsa de estudos ou ainda, como nos casos da Universidade da Carolina do Norte em Chapel Hill, dão notas falsas aos atletas.[57] Quando flagradas no delito, essas pessoas dão desculpas do tipo "todo mundo faz isso" ou "hoje em dia não dá para deixar passar nenhuma oportunidade".

Determinar o comportamento ético é especialmente difícil para gestores e empregados em uma economia globalizada, pois culturas diferentes têm perspectivas distintas sobre determinados aspectos éticos.[58] O tratamento justo dos empregados em tempos de depressão econômica pode variar muito de uma cultura para a outra, por exemplo. Como veremos no Capítulo 2, as noções de diversidade religiosa, étnica e sexual também diferem entre as culturas.

Hoje em dia, os gestores precisam criar um ambiente ético para os trabalhadores, no qual poderão trabalhar com o máximo de clareza sobre os comportamentos certos e errados. As empresas que promovem uma missão ética robusta incentivam os empregados a comportarem-se com integridade e proporcionam uma liderança forte, criam condições de orientá-los a manter um comportamento ético.[59] Cursos de ética também podem ajudar a conscientizar os empregados quanto às implicações de suas escolhas, desde que o treinamento seja contínuo.[60] Nos próximos capítulos, discutiremos os tipos de ações que podem ser empreendidas para criar um ambiente ético na organização e para ajudar as pessoas a diferenciar situações éticas de não éticas.

Escolha ética

Férias: tudo que eu sempre quis

Você trabalha para viver ou vive para trabalhar? Quem acha que tem opção de escolha pode estar errado. Quase um terço dos 1.000 participantes de um estudo conduzido pela Kelton Research mencionou a carga de trabalho como uma razão para não usar todos os dias de férias aos quais têm direito. Vejamos o exemplo de Ken Waltz, diretor do Alexian Brothers Health System, instituição católica de saúde. Ele tem 500 horas (mais ou menos 3 meses) no banco de horas, mas não tem qualquer plano para tirar esse tempo de folga. "Somos obrigados a passar 24 horas todos os dias disponíveis e parece que a única opção é trabalhar mais ou ir para o olho da rua", ele diz, referindo-se à força de trabalho mais enxuta de hoje. "E não sou só eu. É a alta administração... É todo mundo."

Muitas pessoas sentem a pressão, explícita ou tácita, para que passem as férias trabalhando. Os empregadores esperam que seu pessoal faça mais com menos, pressionando os trabalhadores a usarem todos os recursos disponíveis, especialmente seu tempo, para satisfazer as expectativas da chefia. Na economia atual, sempre há uma fila de pessoas prontas para substituir os trabalhadores de uma empresa, e muitos empregados se dispõem a fazer de tudo a fim de se manterem nas boas graças do chefe.

A questão do tempo de férias é uma escolha ética tanto para o empregador quanto para o empregado. Muitas empresas têm políticas do tipo "use ou perca", nas quais os trabalhadores abrem mão das férias remuneradas se não as tirarem por mais de um ano. Quando os empregados perdem as férias, o risco de burnout aumenta. Deixar de tirar férias pode desgastar emocionalmente um trabalhador, levando à exaustão, sentimentos negativos sobre o trabalho e um sentimento reduzido de realização. Você pode faltar mais no trabalho, começar a pensar em pedir demissão e se mostrar menos disposto a ajudar os outros (inclusive os seus chefes). Embora o problema também afete negativamente o empregador, o empregado muitas vezes precisa assumir o controle da situação. Veja algumas maneiras de manter seu bem-estar e produtividade:

1. Reconheça seus sentimentos. É difícil resolver os problemas sem identificá-los antes. De acordo com um estudo recente da ComPsych envolvendo 2.000 trabalhadores, dois em cada três respondentes identificaram altos níveis de estresse, sentimentos de falta de controle e fadiga extrema.

2. Identifique sua tendência ao burnout. Pesquisas com 2.089 trabalhadores revelaram que a estafa é especialmente grave para os recém-contratados e pessoas que acabaram de mudar de cargo. Os sintomas do burnout tendem a se estabilizar depois de dois anos, mas cada pessoa sente o estresse de um jeito diferente.

3. Fale sobre seus fatores estressantes. Thomas Donohoe, um pesquisador do equilíbrio entre a vida profissional e a vida pessoal, recomenda conversar com familiares ou amigos de confiança. No trabalho, uma boa conversa sobre os fatores estressantes pode ajudá-lo a reduzir a sobrecarga.

4. Incorpore atividades físicas na sua vida. Pesquisas constataram que o burnout (e a depressão) no trabalho era mais intenso para empregados que não tinham uma prática regular de exercícios físicos, mas era praticamente insignificante para os trabalhadores que praticavam atividades físicas regulares.

5. Faça breves intervalos ao longo do dia. Para trabalhadores de escritório, os especialistas recomendam passar pelos menos 1 a 2 minutos por hora em pé como forma de combater os efeitos de passar o dia inteiro sentados. Donohoe também sugere intervalos para fazer um lanche, uma caminhada ou tirar um cochilo para recarregar as baterias.

6. Tire suas férias! Estudos sugerem que só é possível recuperar-se do estresse se os empregados estiverem (1) fisicamente longe do trabalho e (2) não engajados nos deveres relacionados ao trabalho. Para isso, você vai precisar dizer ao seu chefe que não vai acessar o seu e-mail e atender ao celular durante suas férias.

Nem sempre é fácil se desligar do trabalho e dos prazos. Mas, para maximizar a sua produtividade no longo prazo e evitar o estresse, o burnout e as doenças — sendo que todos esses fatores acabarão prejudicando o empregador e a carreira dos profissionais —, você precisa tomar o cuidado de não sucumbir ao transtorno do déficit de férias. Instrua os seus chefes. A sua empresa deveria lhe agradecer por isso.

Fontes: baseado em B. B. Dunford, A. J. Shipp, R. W. Boss, I. Angermeier e A. D. Boss, "Is Burnout Static or Dynamic? A Career Transition Perspective of Employee Burnout Trajectories", *Journal of Applied Psychology* 97, no. 3 (2012): 637–50; E. J. Hirst, "Burnout on the Rise", *Chicago Tribune*, 29 out. 2012, 3-1, 3-4; B. M. Rubin, "Rough Economy Means No Vacation", *Chicago Tribune*, 3 set. 2012, 4; e S. Toker e M. Biron, "Job Burnout and Depression: Unraveling Their Temporal Relationship and Considering the Role of Physical Activity", *Journal of Applied Psychology* 97, no. 3 (2012): 699–710.

1.7 Comparar os três níveis de análise do modelo de comportamento organizacional apresentado neste livro.

Próximas atrações: desenvolvendo um modelo de comportamento organizacional

Concluímos este capítulo apresentando um modelo que define o campo de estudos do comportamento organizacional e estabelece seus parâmetros, conceitos e relações. Ao estudar esse modelo, você terá uma boa ideia de como resolver problemas de gestão e se beneficiar das oportunidades com base nos tópicos apresentados neste livro.

Uma visão geral

modelo
Abstração da realidade. Representação simplificada de um fenômeno do mundo real.

Um modelo é uma abstração da realidade, uma representação simplificada de um fenômeno do mundo real. A Figura 1.4 apresenta a estrutura do nosso modelo de comportamento organizacional. A estrutura propõe três tipos de variáveis (insumos, processos e resultados) em três níveis de análise (individual, de grupo e organizacional). Nos próximos capítulos, avançaremos do nível individual (capítulos 2 a 8), passando pelo comportamento de grupos (capítulos 9 a 14), até chegar ao sistema organizacional (capítulos 15 a 18). O modelo mostra que os insumos levam aos pro-

FIGURA 1.4 Um modelo básico de comportamento organizacional.

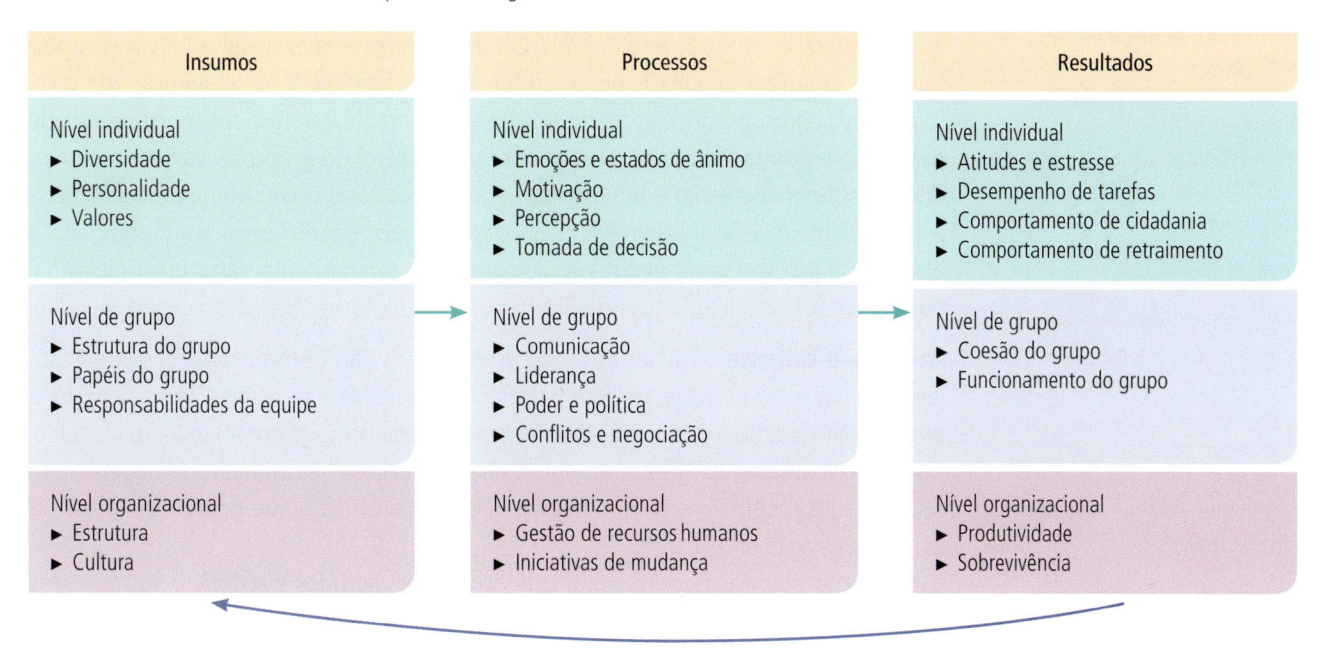

Insumos	Processos	Resultados
Nível individual ▶ Diversidade ▶ Personalidade ▶ Valores	**Nível individual** ▶ Emoções e estados de ânimo ▶ Motivação ▶ Percepção ▶ Tomada de decisão	**Nível individual** ▶ Atitudes e estresse ▶ Desempenho de tarefas ▶ Comportamento de cidadania ▶ Comportamento de retraimento
Nível de grupo ▶ Estrutura do grupo ▶ Papéis do grupo ▶ Responsabilidades da equipe	**Nível de grupo** ▶ Comunicação ▶ Liderança ▶ Poder e política ▶ Conflitos e negociação	**Nível de grupo** ▶ Coesão do grupo ▶ Funcionamento do grupo
Nível organizacional ▶ Estrutura ▶ Cultura	**Nível organizacional** ▶ Gestão de recursos humanos ▶ Iniciativas de mudança	**Nível organizacional** ▶ Produtividade ▶ Sobrevivência

cessos, que, por sua vez, levam aos resultados. Discutiremos essas inter-relações em cada nível de análise. Note que o modelo também mostra que os resultados podem afetar os insumos no futuro, o que demonstra o amplo efeito que as iniciativas de comportamento organizacional podem ter sobre o futuro de uma organização.

Insumos

Os insumos são variáveis como personalidade, estrutura de grupo e cultura organizacional que levam a processos. Essas variáveis preparam o terreno para o que acontecerá com a organização no futuro. Muitas delas são determinadas antes mesmo do estabelecimento do vínculo empregatício entre o empregado e a empresa. Por exemplo, características individuais de diversidade, personalidade e valores resultam de uma combinação de fatores genéticos e de criação. A estrutura do grupo, as funções e as responsabilidades da equipe, em geral, são atribuídas antes ou logo depois da formação de um grupo. A estrutura organizacional e a cultura normalmente resultam de anos de desenvolvimento e mudanças à medida que a empresa se adapta a seu ambiente e consolida práticas e normas.

insumos
Variáveis que levam a processos.

Processos

Se os insumos são como os substantivos do comportamento organizacional, os processos são como os verbos. Processos são ações nas quais indivíduos, grupos e organizações se engajam, como produto de insumos, e que levam a determinados resultados. No nível individual, os processos incluem emoções e estados de ânimo, motivação, percepção e tomada de decisão. No nível de grupo, incluem comunicação, liderança, poder e política, bem como conflitos e negociação. Já no nível organizacional, os processos incluem gestão de recursos humanos e iniciativas de mudança.

processos
Ações nas quais indivíduos, grupos e organizações se engajam, como produto de insumos, e que levam a determinados resultados.

Resultados

Os resultados são as variáveis-chave que devem ser explicadas ou previstas e que são afetadas por outras variáveis. Quais são os principais resultados no comportamento organizacional? Os pesquisadores têm se voltado aos resultados de nível individual, como atitudes e estresse, desempenho de tarefas, comportamento de cidadania e comportamento de retraimento. No nível de grupo, as variáveis dependentes incluem a coesão e o funcionamento. Já no nível organizacional, analisamos a produtividade e a sobrevivência da organização. Como esses resultados serão abordados em todos os capítulos, discutiremos rapidamente cada um deles aqui para que você possa entender melhor o objetivo do comportamento organizacional.

Atitudes e estresse As atitudes dos empregados são como avaliações sobre objetos, pessoas ou eventos, podendo variar de positivas a negativas. Por exemplo, a afirmação "Eu adoro o meu trabalho" é uma atitude positiva em relação ao trabalho, enquanto a afirmação "Meu trabalho é chato e tedioso" é uma atitude negativa em relação ao trabalho. O estresse é um processo psicológico que ocorre em resposta às pressões ambientais.

Algumas pessoas podem achar que orientar as atitudes e reduzir o estresse dos empregados é "coisa de quem tem o coração mole" e não é responsabilidade de gestores sérios, mas, como mostraremos, as atitudes normalmente têm consequências comportamentais que afetam diretamente a eficácia organizacional. Os gestores sempre souberam que os empregados satisfeitos são mais produtivos que os insatisfeitos, mas somente agora as pesquisas estão começando a confirmar essa crença. Muitas delas demonstram que os profissionais satisfeitos e tratados com justiça se mostram mais dispostos a engajar-se no comportamento de cidadania — atitude que, hoje em dia, é fundamental para o sucesso das organizações.

Desempenho de tarefas A combinação de eficácia e eficiência na realização das principais atividades do trabalho de um empregado reflete seu nível de desempenho de tarefas. Se pensarmos no trabalho de um operário de fábrica, o desempenho de tarefas pode ser medido pelo número e pela qualidade dos produtos produzidos em uma hora. O desempenho de tarefas de um professor seria o nível de conhecimento obtido pelos alunos. O desempenho de tarefas dos consultores pode ser a qualidade e a relevância das apresentações feitas aos clientes. Todos esses tipos de desempenho relacionam-se aos principais deveres e responsabilidades de um trabalho e, em geral, relacionam-se diretamente às funções listadas em uma descrição formal de cargo.

Naturalmente, o desempenho de tarefas é o produto humano mais importante que contribui para a eficácia organizacional, de maneira que, em cada capítulo, dedicaremos espaço considerável para detalhar como é afetado pelo tema em questão.

Comportamento de cidadania organizacional O comportamento discricionário que não faz parte dos requisitos formais do cargo de um empregado e que contribui para o ambiente psicológico e social do local de trabalho é chamado de comportamento de cidadania organizacional ou simplesmente comportamento de cidadania.

As melhores empresas têm empregados que vão além da descrição formal de seus cargos e cujo desempenho supera as expectativas. No mundo empresarial dinâmico dos dias de hoje, onde as tarefas são cada vez mais realizadas em equipe e a flexibilidade é fundamental, trabalhadores que adotam um bom comportamento de cidadania ajudam os colegas da equipe, oferecem-se para se encarregar de tarefas

---

resultados
Fatores-chave afetados por outras variáveis.

estresse
Processo psicológico que ocorre em resposta às pressões ambientais.

desempenho de tarefas
A combinação de eficácia e eficiência na realização das principais atividades do trabalho.

comportamento de cidadania organizacional
Comportamento discricionário que contribui para o ambiente psicológico e social do local de trabalho.

Os empregados da W. L. Gore & Associates se engajam em um bom comportamento de cidadania, um dos principais resultados de nível individual do comportamento organizacional. Trabalhando em equipes, esses profissionais superam as expectativas, ajudando uns aos outros, dando crédito às realizações dos colegas e indo além das responsabilidades formais de seu cargo.

adicionais, evitam conflitos desnecessários, respeitam as políticas e as regras da empresa e toleram os ocasionais aborrecimentos e chateações inerentes ao trabalho.

As empresas querem e precisam de empregados que consigam dar conta de tarefas que não constam de sua descrição de cargo formal. Demonstrativos sugerem que as organizações que podem contar com esse tipo de profissional apresentam um desempenho melhor. Dessa forma, o comportamento organizacional estuda o comportamento de cidadania como uma variável dependente.

Comportamento de retraimento   Já falamos de um comportamento que vai além dos requisitos da tarefa, mas e o que dizer do comportamento que, de alguma forma, fica aquém dos requisitos da tarefa? O comportamento de retraimento é o conjunto de ações nas quais os empregados se engajam para se distanciar da organização. Um trabalhador pode apresentar o comportamento de retraimento de muitas maneiras, como chegar atrasado ao trabalho, não comparecer às reuniões, faltar ou até abandonar o emprego.

comportamento de retraimento
O conjunto de ações nas quais os empregados se engajam para se distanciar da organização.

O retraimento dos empregados pode causar grandes prejuízos para a empresa. Estima-se que só o custo da rotatividade pode chegar à casa dos milhares de dólares, até para cargos de início de carreira. O absenteísmo também custa muito tempo e dinheiro às empresas todos os anos. Por exemplo, uma pesquisa recente revelou que o custo direto médio de ausências não programadas para empregadores norte-americanos chega a 8,7% da folha de pagamento.[61] E, na Suécia, uma média de 10% da força de trabalho do país está de licença médica em qualquer momento.[62]

Não é fácil para uma empresa funcionar sem problemas e atingir seus objetivos se os empregados simplesmente não comparecem ao trabalho. O fluxo de trabalho é interrompido e decisões importantes podem ser postergadas. Em organizações que dependem da produção de linha de montagem, o absenteísmo pode levar a muito mais que uma mera interrupção, podendo reduzir drasticamente a qualidade da produção ou até forçar a fábrica a fechar as portas. Níveis de absenteísmo acima do normal afetam diretamente a eficiência e a eficácia da organização. Uma taxa de rotatividade elevada também pode prejudicar o funcionamento eficiente de uma organização, quando profissionais experientes e talentosos saem da empresa, que é forçada a encontrar substitutos para assumir cargos de responsabilidade. Pesquisas indicam que, em geral, a rotatividade é acentuadamente prejudicial para o desempenho organizacional.[63]

Objetivos profissionais

O que devo dizer sobre a minha demissão?

Fui demitido! Quando os empregadores potenciais ficarem sabendo, não vão querer me contratar. Tem alguma coisa que eu possa dizer para mudar essa situação?

— Matt

Caro Matt,
Não se desespere e lembre-se de que tudo tem seu lado bom: (1) praticamente todo mundo é demitido pelo menos uma vez na vida e (2) o mundo está passando por uma escassez de trabalhadores qualificados. Você pode se surpreender ao saber que pessoas de 18 a 44 anos mudaram de emprego em média 11 vezes no começo da carreira. Na verdade, você provavelmente não vai ficar mais de três anos em um emprego, o que significa que você ainda terá muitos empregos em sua vida.

Então, não desanime. Você não deve demorar para encontrar seu próximo emprego. Um levantamento recente conduzido pela ManpowerGroup com mais de 37.000 empregadores de 42 países descobriu que 36% das organizações sofrem com escassez de talentos, constituindo a maior porcentagem em 7 anos.

Mesmo assim, entendemos que você esteja preocupado sobre o que dizer aos potenciais empregadores sobre sua demissão. Você poderá se posicionar bem na entrevista se fizer um relato breve e sincero das razões da sua demissão. Veja algumas sugestões adicionais:

- Lembre-se de que as habilidades sociais fazem uma grande diferença e estão no topo da lista de requisitos de empregadores de todos os setores. Chuck Knebl, gerente de comunicação da empresa de recolocação profissional WorkOne, recomenda usar seu currículo e carta de apresentação, entrevistas e notas de agradecimento para demonstrar suas habilidades de comunicação. Os empregadores dizem que também estão em busca de uma atitude de trabalho em equipe, positividade, responsabilidade pessoal e pontualidade, de maneira que sugerimos aproveitar todas as oportunidades para demonstrar essas características.

- Embora suas habilidades sociais sejam importantes, não se esqueça de suas habilidades técnicas, que, segundo os empregadores, são igualmente importantes. Knebl aconselha usar seu currículo para relacionar suas habilidades técnicas e preparar-se para explicar cada item caso o entrevistador solicite. Acha que precisa de mais habilidades? Cursos técnicos podem ajudar e alguns podem ser encontrados gratuitamente em instituições de ensino e ONGs de recolocação profissional.

- Deixe claro que você está sempre aprendendo, especialmente no que se refere às novas tecnologias; os melhores empregados nunca param de aprender. Se você acompanha as últimas tendências das mídias sociais, mostre que está na "crista da onda", mas não perca tempo se gabando do tweet que seu amigo mandou à Rihanna.

Muito sucesso para você!

Fontes: baseado em Bureau of Labor Statistics, United States Department of Labor, Employment Projections, http://www.bls.gov/emp/ep_chart_001.htm; G. Jones "How the Best Get Better and Better", *Harvard Business Review* (jun. 2008): 123–27; ManpowerGroup, "The Talent Shortage Continues/2014", http://www.manpower group.com/wps/wcm/connect/0b882c1538bf-41f3-8882-44c33d 0e2952/2014_Talent_Shortage_WP_US2.pdf?MOD= AJPERES; J. Meister, "Job Hopping Is the 'New Normal' for Millennials: Three Ways to Prevent a Human Resource Nightmare", *Forbes* (14 ago. 2012), http://www.forbes.com/sites/jeannemeister/2012/08/14/job-hopping-is-the-new--normal-formillennials-three-ways-to-prevent-a-human--resource-nightmare/; e N. Schulz, "Hard Unemployment Truths about 'Soft' Skills", *The Wall Street Journal*, 19 set. 2012, A15.

As opiniões apresentadas aqui são única e exclusivamente dos autores, os quais não se responsabilizam por quaisquer erros ou omissões nem pelos resultados obtidos com a utilização dessas informações. Em circunstância alguma os autores, seus parceiros ou suas organizações serão responsáveis por qualquer decisão ou ação da sua parte ou de parte de qualquer pessoa com base nas opiniões apresentadas aqui.

Naturalmente, todas as empresas têm alguma rotatividade. As taxas de rotatividade variam muito de um país para o outro e refletem, em parte, sua economia. A taxa de rotatividade nacional dos Estados Unidos, em 2014, foi, em média, de 40% e, muitas vezes, a média é de aproximadamente 3% ao mês.[64] Mas será que isso é bom ou ruim? Para responder a essa pergunta, precisamos conhecer as razões desse fenômeno. A rotatividade inclui demissões voluntárias por parte do empregado (o profissional pede a demissão); demissões involuntárias por parte do empregador sem justa causa (o empregador dispensa ou demite o empregado sem justa causa); e outros tipos de afastamento, incluindo demissões involuntárias com justa causa (o empregador demite o profissional por justa causa). A média anual de pedidos de demissão por parte dos empregados, em 2014, foi de aproximadamente 20%, as demissões e dispensas sem justa causa por parte do empregador foram, em média, de 14% e outros tipos de afastamento tiveram uma média de aproximadamente 4% no ano. Cerca de metade da rotatividade foi causada por empregados que pediram demissão; cerca de 35% resultou de demissões e dispensas sem justa causa e o resto foi causado por outras razões, como demissões por justa causa.

Embora a alta rotatividade tenda a prejudicar a capacidade de uma empresa de atingir seus objetivos, nem sempre é ruim quando os empregados pedem demissão. Janet Yellen, presidente do conselho do Banco Central norte-americano, chegou a falar sobre os aspectos positivos da rotatividade para a economia: as pessoas pedem demissão por estarem otimistas em relação às suas perspectivas fora da empresa.[65] Se as pessoas "certas" estão saindo — as de pior desempenho —, a rotatividade pode até ser positiva para a empresa. Isso pode criar uma oportunidade de substituir empregados de desempenho insatisfatório por outros mais capacitados ou motivados, aumentar as chances de promoções internas e trazer ideias novas e originais para a empresa. No mundo empresarial de hoje, sempre em mudança, um nível razoável de rotatividade voluntária por parte dos empregados aumenta a flexibilidade organizacional e a independência dos trabalhadores, reduzindo a necessidade de demissões por parte da empresa. Embora seja razoável concluir que a alta rotatividade, de modo geral, indica alto nível de retraimento dos empregados (e, portanto, um efeito negativo sobre o desempenho organizacional), a rotatividade zero não deve ser necessariamente o objetivo da empresa. Também é importante para as organizações avaliarem quais empregados estão saindo e por quê.

Por que será que os empregados se distanciam do trabalho engajando-se em comportamentos contraproducentes ou pedindo demissão? Como mostraremos mais adiante, as razões incluem atitudes negativas no trabalho, emoções, estados de ânimo e interações negativas com colegas de trabalho e chefes.

Coesão do grupo Embora muitos resultados do nosso modelo possam ser conceituados como fenômenos em nível individual, alguns são mais relevantes ao funcionamento de grupos. A coesão do grupo é a extensão na qual os membros de um grupo apoiam e validam uns aos outros no trabalho. Em outras palavras, um grupo coeso é um grupo que permanece unido. Quando os empregados confiam uns nos outros, buscam atingir objetivos em comum e trabalham juntos para atingir esses objetivos compartilhados, e o grupo torna-se coeso; quando os empregados se dividem entre si em termos dos objetivos que pretendem atingir e não são muito leais uns aos outros, o grupo não é coeso.

coesão do grupo
Extensão na qual os membros de um grupo apoiam e validam uns aos outros no trabalho.

Muitas evidências demonstram que os grupos coesos são mais eficazes.[66] Esses resultados são constatados tanto em grupos analisados em ambientes laboratoriais altamente controlados quanto em equipes de trabalho observadas em campo. Essas constatações confirmam a nossa ideia intuitiva de que as pessoas tendem a se empenhar mais em grupos que têm um objetivo em comum. As empresas tentam reforçar a coesão de várias maneiras, desde sessões rápidas para "quebrar o gelo" até eventos sociais como piqueniques, festas e excursões. Ao longo deste livro, veremos se essas iniciativas específicas de fato tendem a resultar em maior coesão do grupo. Também consideraremos maneiras de escolher as pessoas certas para aumentar a coesão da equipe.

Funcionamento do grupo Da mesma forma que atitudes positivas no trabalho podem ser associadas a um melhor desempenho de tarefas, a coesão do grupo deve levar a um funcionamento positivo do grupo. O funcionamento do grupo refere-se à quantidade e à qualidade do produto do trabalho de um grupo. Da mesma maneira que o desempenho de um time esportivo é mais do que a soma do desempenho

funcionamento do grupo
Quantidade e qualidade do produto do trabalho de um grupo.

individual dos jogadores, o funcionamento do grupo nas empresas é mais do que a soma do desempenho de tarefas individuais.

O que significa dizer que um grupo tem um funcionamento eficaz? Em algumas empresas, um grupo eficaz é aquele que permanece focado em uma tarefa e consegue atingir os objetivos especificados. Outras empresas procuram equipes capazes de trabalhar em colaboração para oferecer um excelente atendimento ao cliente. Outras ainda tendem a dar mais valor à criatividade do grupo e à flexibilidade para se adaptar às mudanças. Em cada caso, diferentes tipos de atividade serão necessários para obter o máximo desempenho da equipe.

Produtividade   O nível mais elevado de análise do comportamento organizacional é a organização como um todo. Uma organização é produtiva quando consegue atingir seus objetivos, transformando insumos em resultados ao menor custo possível. Assim, a produtividade requer tanto eficácia quanto eficiência.

Um hospital é *eficaz* quando consegue atender às necessidades de seus pacientes. Ele é *eficiente* quando faz isso a baixo custo. Se o hospital consegue obter um resultado melhor de seus empregados, reduzindo a média de dias de internação dos pacientes ou aumentando o número de atendimentos diários, dizemos que ganhou eficiência produtiva. Uma empresa é eficaz quando atinge suas metas de vendas ou de participação no mercado, mas sua produtividade também depende de alcançar essas metas com eficiência. As medidas mais comuns de eficiência organizacional incluem o retorno sobre o investimento, o lucro sobre o faturamento e a produção por hora trabalhada.

Empresas de serviço devem incluir as necessidades e os requisitos do cliente ao avaliar sua eficácia, porque existe clara relação de causa e efeito entre as atitudes e os comportamentos dos empregados para com os clientes e a produtividade da organização. Por exemplo, um estudo recente de seis hotéis na China indicou que atitudes negativas dos empregados reduziram a satisfação do cliente e acabaram prejudicando a lucratividade da organização.[67]

Sobrevivência   O último resultado que consideraremos é a sobrevivência organizacional. Trata-se, simplesmente, de uma evidência de que a organização é capaz de existir e crescer no longo prazo. A sobrevivência de uma organização depende não apenas de sua produtividade, mas também de sua capacidade de se ajustar ao ambiente. Uma empresa muito eficiente na produção de bens e serviços de pouco valor para o mercado tem poucas chances de sobreviver por muito tempo, de maneira que a sobrevivência também depende da capacidade de se adiantar às necessidades do mercado, tomar boas decisões sobre como e quando buscar novas oportunidades e administrar as mudanças para adaptar-se às novas condições.

Agora que já estudamos o modelo de insumo, processo e resultado, vamos mudar um pouco a figura, agrupando os tópicos com base em seu estudo nos níveis individual, de grupo ou organizacional. Como você pode ver na Figura 1.5, estudamos os insumos, processos e resultados nos três níveis de análise, mas agrupamos os capítulos para corresponder ao formato típico das pesquisas dessas áreas. Por exemplo, é mais fácil entender uma apresentação de como a personalidade leva à motivação, que, por sua vez, leva ao desempenho, do que saltar níveis de análise. Cada nível se baseia no nível que o precede e a análise sequencial dará ao leitor uma boa ideia do funcionamento do lado humano das organizações.

---

produtividade
Combinação da eficácia e eficiência de uma organização.

eficácia
Grau em que uma organização atende às necessidades de seus clientes e consumidores.

eficiência
Grau em que uma organização atinge seus objetivos a baixo custo.

sobrevivência organizacional
Capacidade de uma organização de existir e crescer em longo prazo.

FIGURA 1.5 A estrutura do texto.

Nível individual	Nível de grupo	Nível organizacional
Insumos ▶ Diversidade nas organizações (Capítulo 2) ▶ Personalidade e valores (Capítulo 5)	**Insumos** ▶ Estrutura do grupo (capítulos 9 e 10) ▶ Papéis do grupo (capítulos 9 e 10) ▶ Responsabilidades da equipe (capítulos 9 e 10)	**Insumos** ▶ Estrutura (Capítulo 15) ▶ Cultura (Capítulo 16)
Processos ▶ Emoções e estados de ânimo (Capítulo 4) ▶ Motivação (capítulos 7 e 8) ▶ Percepção e tomada de decisão (Capítulo 6)	**Processos** ▶ Comunicação (Capítulo 11) ▶ Liderança (Capítulo 12) ▶ Poder e política (Capítulo 13) ▶ Conflito e negociação (Capítulo 14)	**Processos** ▶ Gestão de recursos humanos (Capítulo 17) ▶ Iniciativas de mudança (Capítulo 18)
Resultados ▶ Atitudes (Capítulo 3) e estresse (Capítulo 18) ▶ Desempenho de tarefas (todos os capítulos) ▶ Comportamento de cidadania (todos os capítulos) ▶ Comportamento de retraimento (todos os capítulos)	**Resultados** ▶ Coesão do grupo (capítulos 9 e 10) ▶ Funcionamento do grupo (capítulos 9 e 10)	**Resultados** ▶ Produtividade (todos os capítulos) ▶ Sobrevivência (todos os capítulos)

Habilidades de empregabilidade

Desafios relevantes ao campo do comportamento organizacional podem ser encontrados em praticamente todas as áreas de negócios, desde finanças e contabilidade até administração e marketing. Em algum ponto de sua carreira você inevitavelmente vai se deparar com um problema que dependerá, em grande parte, do comportamento das pessoas da organização. Uma revisão dos principais desafios enfrentados pela maioria das empresas revela que o comportamento organizacional é fundamental para ajudar a resolver problemas que envolvem questões de integridade/responsabilidade social, administração de recursos, concorrência entre empresas, reforço da fidelidade de clientes e empregados, redução da incerteza, conformidade com a regulamentação governamental, gestão de riscos e contratação do pessoal certo... tudo isso enquanto a empresa aumenta a receita e os lucros.[68]

Mas o comportamento organizacional não é relevante só para os estudantes de administração, mas também para todos os estudantes de todas as disciplinas e áreas. À primeira vista, por exemplo, pode parecer que um mestrando em microbiologia não precisaria fazer um curso de comportamento organizacional. Mas o que acontece depois que esse estudante conclui seu programa de mestrado? Será que o conhecimento dos princípios e conceitos do comportamento organizacional não o ajudaria a conseguir um bom emprego e obter sucesso na carreira? E o que dizer de um enfermeiro trabalhando na Mayo Clinic? Ou um formando em ciência da computação que consegue entrar na Cisco? Os princípios do comportamento organizacional são importantes para estudantes de todas as áreas e podem ajudar a melhorar a empregabilidade e as habilidades interpessoais no trabalho. Além disso, essas habilidades podem ajudá-lo a interagir melhor com os colegas de classe e os professores do seu curso! Conhecer conceitos de comportamento organizacional como controle de estresse, mudanças, atitudes, emoções e motivação, entre outros, sem dúvida poderá ajudá-lo em suas interações com os colegas.

1.8 Descrever as principais habilidades resultantes do estudo do comportamento organizacional que podem ser aplicadas a outras áreas de especialização ou profissões.

As pessoas, juntamente com seus comportamentos, diferenças, atitudes, emoções, estados de ânimo, personalidades, valores, intenções, pensamentos e motivações, estão inextricavelmente ligadas ao dia a dia no trabalho. Como Benjamin Schneider observou: "Quem faz o lugar são as pessoas".[69] Os empregados interagem e se comunicam entre e dentro de grupos de trabalho, departamentos, equipes e organizações para ajudar a atingir os objetivos da organização. Os líderes dessas organizações (juntamente com os próprios empregados) buscam fazer mudanças, consolidar uma cultura organizacional e definir políticas e procedimentos: processos que inevitavelmente envolvem liderança, comportamento político, conflitos e negociações. Considerando a difusão generalizada do comportamento organizacional por toda a vida de uma organização, tanto candidatos a emprego quanto profissionais seniores se beneficiariam de sólidas habilidades de comportamento organizacional, como comunicação, colaboração, pensamento crítico, resolução de problemas, responsabilidade social e análise e aplicação de conhecimento.

Nesta seção, exploraremos as habilidades de empregabilidade que um curso de comportamento organizacional pode ensinar a estudantes de qualquer área, desde letras e ciência política até engenharia.

Habilidades de empregabilidade amplamente aplicáveis

Ao longo deste livro, você aprenderá e praticará muitas habilidades que os empregadores consideram importantes para o sucesso de um candidato a emprego em uma variedade de organizações, inclusive microempresas e grandes corporações, organizações sem fins lucrativos e órgãos públicos. Você também se beneficiará dessas habilidades se planeja abrir o próprio negócio. Por exemplo:

- ▶ O *pensamento crítico* envolve pensamento focado e direcionado ao objetivo, utilizado para definir e resolver problemas e para tomar decisões ou formar opiniões relacionadas a determinada situação ou conjunto de circunstâncias. Envolve componentes cognitivos, metacognitivos e disposicionais que podem ser aplicados de maneiras diferenciadas em contextos específicos.
- ▶ A *comunicação* é definida como o uso eficaz de habilidades de comunicação oral, escrita e não verbal para diversas finalidades (por exemplo, para informar, instruir, motivar, convencer e compartilhar ideias); escuta eficaz; uso da tecnologia para se comunicar; e capacidade de avaliar a eficácia das iniciativas de comunicação, tudo isso em diversos contextos diferentes.
- ▶ A *colaboração* é a habilidade de trabalhar ativamente e de forma colaborativa em uma tarefa, desenvolvendo um sentido e o conhecimento do grupo, por meio do diálogo e de negociações, resultando em um produto final que reflete as ações conjuntas e interdependentes dos membros do grupo.
- ▶ A *aplicação e a análise de conhecimento* são a capacidade de aprender um conceito e aplicar adequadamente esse conhecimento em outro contexto para atingir um nível mais elevado de entendimento.
- ▶ A *responsabilidade social* inclui habilidades relacionadas à ética nos negócios e à responsabilidade social corporativa. A ética nos negócios inclui princípios orientadores que afetam a maneira como pessoas e organizações se comportam na sociedade em que operam. A responsabilidade social corporativa é uma forma de comportamento ético que requer que as organizações conheçam, identifiquem e eliminem comportamentos econômicos, ambientais e sociais considerados antiéticos.

Todos os capítulos deste livro trazem o que chamamos de "Matriz de habilidades para a empregabilidade". Como você pode ver na tabela a seguir, essa matriz associa as cinco habilidades de empregabilidade que definimos com seções especiais incluídas em cada capítulo, como os quadros "Mito ou ciência?", "Objetivos profissionais", "Escolha ética", "Ponto e contraponto", "Exercício experiencial", "Dilema ético" e "Estudo de caso". Nessas seções, você terá a chance de exercitar seu pensamento crítico e aplicar seu conhecimento para analisar conceitos e casos especiais. Você também terá a chance de melhorar suas habilidades de colaboração e comunicação, aprendendo o que pode fazer ou dizer nas situações apresentadas para transitar pelo mundo do trabalho com positividade e eficácia. Você será confrontado com dilemas éticos e será solicitado a analisar a ética de comportamentos específicos no trabalho. Recomendamos dar uma olhada na "Matriz de habilidades para a empregabilidade" antes de ler o capítulo para ter uma ideia das habilidades que serão desenvolvidas em cada seção. Essas cinco habilidades, sem exceção, são fundamentais para o sucesso profissional em todas as áreas de atuação. Nos próximos capítulos proporemos uma série de atividades e apresentaremos vários casos para ajudá-lo a desenvolver essas habilidades.

MATRIZ DE HABILIDADES PARA A EMPREGABILIDADE								
	Mito ou ciência?	Objetivos profissionais	Escolha ética	Ponto e contraponto	Exercício experiencial	Dilema ético	Estudo de caso 1	Estudo de caso 2
Pensamento crítico				✓	✓	✓	✓	✓
Comunicação	✓	✓	✓		✓		✓	✓
Colaboração	✓	✓			✓	✓		✓
Análise e aplicação do conhecimento		✓		✓	✓	✓	✓	✓
Responsabilidade social			✓		✓	✓	✓	

RESUMO

Os gestores precisam desenvolver suas habilidades interpessoais ou humanas para serem eficazes em suas funções. O comportamento organizacional investiga como indivíduos, grupos e a estrutura afetam o comportamento em uma organização e utiliza esse conhecimento para ajudar as empresas a trabalharem com mais eficácia.

IMPLICAÇÕES PARA OS GESTORES

- ▶ Resistir à tendência de basear-se em generalizações. Algumas podem até oferecer alguns insights válidos sobre o comportamento humano, mas muitas se provarão equivocadas. Dê-se ao trabalho de conhecer a pessoa e entender o contexto.
- ▶ Use métricas e não palpites para explicar relações de causa e efeito.
- ▶ Desenvolva as suas habilidades interpessoais para melhorar seu potencial de liderança.

▶ Melhore as suas habilidades técnicas e conceituais fazendo cursos e mantendo-se atualizado sobre novos avanços no campo do comportamento organizacional, como o *big data* e o *fast data*.

▶ O comportamento organizacional pode melhorar a qualidade e a produtividade do trabalho de seus empregados mostrando como empoderá-los, conceber e implementar iniciativas de mudança, melhorar o atendimento ao cliente e ajudar seu pessoal a equilibrar conflitos entre a vida pessoal e a profissional.

Ponto e contraponto

A batalha dos textos

PONTO

Basta entrar em qualquer livraria para ver que a seção de administração e negócios está repleta de livros com títulos que prometem nos dar as respostas para todos os nossos maiores problemas:

- *O segredo* (Blanchard e Miller, editora Best Seller).
- *O monge e o executivo* (James Hunter, editora Sextante).
- *Casais inteligentes enriquecem juntos* (Gustavo Cerbasi, editora Gente).
- *Como se tornar um líder servidor* (James Hunter, editora Sextante).
- *O vendedor Pit Bull* (Luis Paulo Luppa, Thomas Nelson Brasil).
- *O segredo de Luísa* (Fernando Dolabela, editora Sextante).
- *Superdicas para se tornar um verdadeiro líder* (Paulo Gaudêncio, editora Saraiva).
- *Pai rico, pai pobre* (Robert Kiyosaki e Sharon Lechter, editora Campus/Elsevier).
- *Transformando suor em ouro* (Bernardinho, editora Sextante).
- *Pense como um freak* (Dubner e Levitt, editora Record).

Os livros populares sobre o comportamento organizacional costumam ter títulos apelativos e, geralmente, são divertidos de ler, mas dão a impressão de que, para gerenciar bem as pessoas, basta ter um bom slogan e seguir cinco passos fáceis. Mas, ao aprofundar-se nos textos, você verá que a maioria se baseia nas opiniões dos autores e não em pesquisas robustas. A maioria desses livros só se popularizou em parte porque as pessoas, em geral, concordam com as opiniões apresentadas e gostam do estilo do autor. Não raro, os autores são palestrantes ou consultores com muita experiência em apresentar ideias. Quando o autor é um veterano no mundo dos negócios, sua experiência em gestão dificilmente é aplicável a pessoas de todos os níveis. Mesmo quando os autores se baseiam em números, como Steven Levitt e Stephen Dubner, em *Pense como um freak*, suas conclusões sobre a gestão não se baseiam em pesquisas gerenciais. Então, por que escolhemos fundamentar

CONTRAPONTO

As pessoas querem saber sobre a gestão, tanto o lado bom quanto o lado ruim. Pessoas muito experientes ou famosas escrevem sobre temas que interessam aos leitores e os editores publicam os melhores textos. Quando os livros se popularizam, sabemos que as pessoas estão aprendendo com eles e tendo bons resultados ao seguir as recomendações. Esse tipo de texto apresenta aos leitores segredos da gestão que foram desvendados pelos autores com base em suas experiências. Não é melhor aprender sobre a gestão com pessoas que estão atuando nas trincheiras, em vez de ler os últimos estudos herméticos escritos por acadêmicos obscuros? Muitas das lições mais importantes que aprendemos na vida não resultam necessariamente de meticulosos estudos empíricos.

Manuais inúteis de gestão podem ser publicados e, de vez em quando, chegam até a se tornar populares. Mas será que são mais numerosos que os estudos esotéricos publicados em periódicos acadêmicos todos os anos? Longe disso. Às vezes, chega a parecer que, para cada livro popular, são publicados milhares de artigos acadêmicos. Muitos dificilmente serão lidos por profissionais e acabarão enterrados em bibliotecas acadêmicas por estarem repletos de siglas estranhas e jargões, com pouca aplicação prática. Eles, não raro, se aplicam a cenários de gestão bastante específicos, sendo ainda menos generalizáveis. Por exemplo, em 2015, alguns estudos de gestão e comportamento organizacional foram publicados com os seguintes títulos:

- "Transferring Management Practices to China: A Bourdieusian Critique of Ethnocentricity" (Siebers, Kamoche e Li, 2015) [Transferência de práticas de gestão à China: uma crítica bourdieusiana à etnocentricidade].
- "Cross-Cultural Perceptions of Clan Control in Korean Multinational Companies: A Conceptual Investigation of Employees' Fairness Monitoring Based on Cultural Values" (Yang, 2015) [Percepções transculturais do controle de clãs em empresas multinacionais coreanas: uma investigação conceitual do monitoramento da equidade dos empregados com base em valores culturais].

a nossa filosofia de gestão nesses livros quando, com um pouco de esforço, podemos ter acesso ao conhecimento produzido por milhares de estudos científicos sobre o comportamento humano nas organizações?

O comportamento organizacional é um tema complexo. São raras as afirmações sobre o comportamento humano que podem ser generalizadas para todas as pessoas em todas as situações. Você tentaria aplicar lições de liderança baseadas em algum livro sobre a saga *Star Wars* ou a série *Breaking Bad* para gerenciar uma equipe de programadores de computador no século 21? Claro que não. Também não devemos tentar aplicar lições de liderança que não sejam baseadas em pesquisas sobre o tipo de local de trabalho no qual atuamos.

- "The Resistible Rise of Bayesian Thinking in Management: Historical Lessons from Decision Analysis" (Cabantous & Gond, 2015) [A ascensão resistível do pensamento bayesiano na gestão: lições históricas derivadas da análise de decisão].
- "A Model of Rhetorical Legitimation: The Structure of Communication and Cognition Underlying Institutional Maintenance and Change" (Harmon, Green e Goodnight, 2016) [Um modelo de legitimação retórica: a estrutura da comunicação e cognição fundamentando a mudança e a manutenção institucional].

A ideia não é ridicularizar esses estudos, mas mostrar que todas as formas de criação e disseminação do conhecimento podem ser criticadas. Se alguns livros de negócios não passam de uma leitura leve e agradável, os artigos acadêmicos podem ser esotéricos, herméticos e ainda menos relevantes. Os livros populares podem nos ajudar a entender como as pessoas trabalham e a saber como gerenciá-las melhor. Seria um erro presumir que não têm valor algum. E, embora não exista um jeito certo de aprender a ciência e a arte de gerenciar pessoas nas organizações, os melhores gestores aprendem a partir de diversas fontes diferentes: sua própria experiência; constatações de pesquisas acadêmicas; observações de outras pessoas; e, sim, publicações populares de negócios. Autores e acadêmicos têm um papel importante a desempenhar e não é justo condenar os livros de negócios só porque são populares.

REVISÃO DO CAPÍTULO

QUESTÕES PARA REVISÃO

1.1 Qual é a importância das habilidades interpessoais no trabalho?

1.2 Qual é a definição de comportamento organizacional?

1.3 Como o estudo sistemático contribui para a nossa compreensão do comportamento organizacional?

1.4 Quais são as principais disciplinas das ciências sociais que contribuem para o estudo do comportamento organizacional?

1.5 Por que tão poucas verdades absolutas se aplicam ao comportamento organizacional?

1.6 Quais são os desafios e oportunidades com que os gestores se deparam ao aplicar os conceitos de comportamento organizacional?

1.7 Quais são os três níveis de análise no nosso modelo de comportamento organizacional?

EXERCÍCIO EXPERIENCIAL   Aplicando o comportamento organizacional na gestão

A classe forma grupos de, aproximadamente, quatro alunos e cada grupo analisa o cenário a seguir. Vocês assumirão o papel de um comitê especial de gerentes locais de uma grande companhia farmacêutica. O comitê está em uma reunião para discutir alguns problemas.

O processo criado pela empresa é o seguinte:
1. Cada membro do comitê precisa analisar o problema separadamente e pensar em soluções.
2. No início da reunião, cada membro do comitê deve passar um minuto apresentando suas recomendações ao grupo.

O comitê deve, durante a reunião, chegar a um consenso para cada problema, sobre a *melhor solução* e sua *justificativa*. Cabe aos membros do comitê decidir a melhor maneira de fazer isso, mas a decisão deve ser *consensual* ou, em outras palavras, todos devem concordar com a decisão, não só a maioria.

Veja o problema que o comitê ficou encarregado de analisar: a empresa não tem uma política específica sobre o uso de barba no trabalho.

Tom é um representante de vendas de produtos farmacêuticos com pouco mais de um ano de experiência e suas vendas estão na média (apesar de estarem caindo). Ele deixou crescer uma barba comprida e mal aparada que lhe dá um aspecto sujo e malcuidado. No seu tempo livre, toca baixo em uma banda amadora de música country e acha que a barba faz parte de sua identidade. Tom diz que sua barba é uma expressão de sua identidade pessoal e que tem a ver com sua liberdade individual.

Muitos clientes, tanto médicos quanto farmacêuticos, reclamaram da aparência de Tom. O chefe de Tom conversou com ele em várias ocasiões sobre a possibilidade de sua aparência estar afetando suas vendas. Mesmo assim, Tom se recusa a livrar-se da barba.

O chefe de Tom está preocupado com a queda de suas vendas e com a imagem profissional da equipe perante a comunidade médica. Tom diz que a queda não tem nada a ver com a barba. No entanto, as vendas dos outros vendedores aumentaram consideravelmente em relação ao ano anterior.

Quando os grupos chegarem às suas decisões, é possível usar as perguntas a seguir para orientar a discussão em sala de aula.

Questões

1.8 Por que a empresa se preocuparia com a barba de Tom? Você acha que a empresa deveria se importar com a aparência dele?

1.9 Qual foi a decisão consensual de seu grupo em relação ao problema da barba de Tom?

1.10 Digamos que Tom tenha dito que a barba faz parte de uma religião que ele está fundando. Você acha que esse tipo de justificativa mudaria a sua postura ao conversar com ele sobre o assunto?

Dilema ético

A invasão dos drones

Estamos no futuro e os drones estão por toda parte. Quadricópteros da Alibaba já entregam chá de gengibre a clientes de Pequim, Xangai e Guangzhou há anos; octocópteros da Amazon finalmente estão entregando encomendas na maioria das grandes cidades em apenas 30 minutos sem atropelar nenhum pedestre; e estudantes universitários do mundo inteiro estão recebendo hambúrgueres de madrugada entregues por McCópteros do McDonald's. Os drones indoor ainda estão em estágio inicial. Entusiastas de fundo de quintal estão criando versões minúsculas, mas nenhuma empresa lançou, ainda, um drone de tal tipo. Tudo isso está prestes a mudar.

Você trabalha em uma corporação multinacional de tecnologia, em um campus enorme de 25 acres, com escritórios espalhados por 200.000 metros quadrados de espaço interno em um grande edifício e quatro prédios menores (mas mesmo assim grandes). O seu chefe é o diretor de espaços interiores e você é o líder da equipe de análise de novidades. Em uma reunião com sua equipe, seu chefe diz: "Meu amigo da divisão de drones acabou de informar que finalmente aperfeiçoaram o drone indoor. O drone é pequeno e leve, mas consegue levar até 5 quilos. E ainda vem equipado com uma câmera, um alto-falante e um gravador".

Sua equipe se surpreende com a notícia. Afinal, ninguém sabia que um drone indoor estava sendo desenvolvido na empresa e governos do mundo inteiro ainda estão discutindo como regulamentar os drones. Seu chefe continua, empolgado: "Eu fui lá ver os pequenos drones e acho que vocês vão se impressionar. Eles não só são rápidos como podem apanhar objetos em cima da mesa, pegar um café, comparecer a reuniões no meu lugar, bisbilhotar para ver quem está trabalhando... podem fazer qualquer coisa! Eles são precisos, ágeis e muito silenciosos... ninguém vai notar que estão por perto. Meu amigo quer testar os primeiros 100 drones com os empregados da empresa e pode mandá-los amanhã mesmo para quem a gente quiser! Achei que a gente poderia fazer algum tipo de sorteio, mas, é claro, todo mundo da nossa equipe vai ganhar um".

Seu chefe senta-se e recosta-se na cadeira, esperando os aplausos com um enorme sorriso no rosto. Você passa os olhos pela sua equipe e fica aliviado ao ver que, assim como você, eles também parecem hesitar um pouco.

"Hum... Parece uma ótima ideia", você diz, "Que tal a equipe usar o período da tarde para definir algumas regras?".

Questões

1.11 Como o experimento com os drones indoor pode afetar o comportamento dos empregados da empresa? Você acha que a nova tecnologia vai levar a um comportamento mais ou menos ético? Por quê?

1.12 Quem deveria receber os primeiros drones? Qual justificativa ética você poderia dar para sua decisão? Quais restrições de uso a empresa deveria impor a essas pessoas e como você acha que os empregados, tanto os que receberem quanto os que não receberem os drones, reagirão a essa mudança?

1.13 Como sua empresa pretende lidar com a possibilidade de sabotagem ou uso indevido dos drones? Um drone indoor da divisão de drones custa US$ 2.500.

1.14 Muitas organizações já utilizam o monitoramento eletrônico de empregados, incluindo análises da atividade na internet e e-mails, muitas vezes sem o seu conhecimento direto. De que maneiras o monitoramento por drones pode ser melhor ou pior para os empregados do que o monitoramento eletrônico secreto de atividades na internet ou e-mails?

Estudo de caso 1

A globalização da Apple

Pouco tempo atrás, os produtos da Apple, talvez a fabricante mais famosa de eletrônicos do mundo, eram feitos inteiramente nos Estados Unidos. Mas esse não é mais o caso. Hoje, quase todos os cerca de 70 milhões de iPhones, 30 milhões de iPads e 59 milhões de outros produtos da Apple vendidos anualmente são fabricados em outros países. Essa mudança representa mais de 20.000 empregos perdidos diretamente pelos trabalhadores norte-americanos, sem mencionar mais de 700.000 outros empregos concedidos a empresas estrangeiras na Ásia, Europa e outros lugares. O problema maior é que essa perda não é temporária. Como o finado Steven P. Jobs, o icônico cofundador da Apple, disse ao presidente Obama: "Esses empregos não voltarão".

À primeira vista, a transferência de empregos de uma força de trabalho à outra parece depender de uma diferença salarial; no entanto, o caso da Apple demonstra que pensar assim seria simplificar demais a questão. Na verdade, alguns observadores afirmam que pagar salários nos Estados Unidos só acrescentaria US$ 65 ao custo de um iPhone, enquanto os lucros médios da Apple chegam a centenas de dólares por aparelho. No entanto, os líderes da Apple acreditam que as características intrínsecas — que eles identificam como flexibilidade, diligência e habilidades industriais — da força de trabalho disponível na China são superiores às da força de trabalho norte-americana. Os executivos da Apple usam os menores prazos de entrega e os processos de fabricação mais rápidos da China para consolidar a imagem lendária da empresa. "A velocidade e a flexibilidade são de tirar o fôlego", disse um executivo. "Nenhuma fábrica norte-americana chegaria aos pés". Outro disse: "Não é justo criticar a Apple por usar trabalhadores chineses. Os Estados Unidos pararam de produzir pessoas com as habilidades das quais precisamos".

Como a Apple é uma das empresas mais imitadas do mundo, essa ideia de uma vantagem no exterior pode sugerir que a força de trabalho norte-americana precisa de liderança, treinamento, gestão e motivação melhores para ser mais proativa e flexível. Se os trabalhadores dos Estados Unidos e da Europa Ocidental são menos motivados e menos adaptáveis, é difícil achar que isso não resultaria em problemas para a força de trabalho norte-americana no futuro.

Talvez, contudo, a decisão da Apple de usar apenas 10% de peças fabricadas nos Estados Unidos (em comparação com os 100% de outrora) represente o padrão natural de crescimento de uma empresa em processo de globalização. Atualmente, o iPhone tem seu design criado em grande parte nos Estados Unidos (onde a Apple tem 43.000 empregados); as peças são fabricadas na Coréia do Sul, Taiwan, Singapura, Malásia, Japão, Europa e outros lugares; e os produtos são montados na China. O futuro de pelo menos 247 fornecedores ao redor do mundo depende de encomendas de aproximadamente US$ 30,1 bilhões da Apple por trimestre. E não podemos esquecer que a Apple informou receitas de US$ 16,1 bilhões na China no primeiro trimestre de 2015, 70% a mais que no primeiro trimestre de 2014, em parte, talvez, porque a produção na China acabe gerando maior apoio à marca naquele país.

Na posição da fabricante de alguns dos produtos mais modernos e reverenciados do mercado de eletrônicos, talvez a Apple não seja um exemplo do fracasso de um país de impedir a fuga dos recursos da empresa ao exterior, mas sim um dos melhores exemplos de perspicácia no uso das oportunidades da globalização.

Questões

1.15 Quais são os prós e os contras da globalização da Apple para as forças de trabalho norte-americanas e de outros países? Quais são as possíveis implicações políticas para as relações entre os países?

1.16 Você acha que a Apple tem razão em seus comentários citados no texto? Por quê? Você acha que o fato de seus executivos terem expressado essas opiniões prejudicou ou ajudou a empresa?

1.17 Como os gestores podem usar a maior flexibilidade e diligência dos trabalhadores para aumentar a competitividade de suas fábricas? O que você recomendaria?

Fontes: baseado em B. X. Chen, "iPhone Sales in China Bolster Apple Earnings", *The New York Times*, 27 jan. 2015 http://www.nytimes.com/2015/01/28/technology/apple-quarterly-earnings.html?_r=0; C. Duhigg e K. Bradsher, "How U.S. Lost Out on iPhone Work", *The New York Times*, 22 jan. 2013, A1, A22–A23; H. Gao, "How the Apple Confrontation Divides China", *The Atlantic*, 8 abr. 2013, www.theatlantic.com/china/archive/2013/04/how-the-apple-confrontation-divides-china/274764/; e A. Satariano, "Apple Slowdown Threatens $30 Billion Global Supplier Web", *Bloomberg*, 18 abr. 2013, www.bloomberg.com/news/2013-04-18/apple-slowdown-threatens-30- billion-global-supplier-web-tech.html.

Estudo de caso 2

Big data para leigos

Você precisa do big data? Talvez a pergunta mais correta seja: você pode se dar ao luxo de não usar o big data? Já estamos na era do big data e ignorar seus benefícios é correr o risco de perder oportunidades.

Empresas que usam o big data estão colhendo os frutos rapidamente, como indicou uma pesquisa recente com 2.022 gestores do mundo todo. Tanto que 71% dos respondentes concordaram que as empresas que usam o big data terão "enorme vantagem competitiva". Esses gestores também já perceberam que precisam do big data em suas empresas: 58% responderam que nunca, raramente ou em apenas algumas ocasiões têm dados suficientes para tomar decisões importantes. Eles já viram os benefícios do big data: 67% concordaram que o big data ajudou suas empresas a inovarem. Então por que apenas 28% disseram que seu acesso a dados de qualidade aumentou consideravelmente em um ano?

De acordo com Amy Braverman, estatística-chefe responsável por analisar dados de espaçonaves da NASA, a dificuldade está na interpretação dos novos tipos e volumes de dados que hoje somos capazes de coletar. "Essa coleta oportunista de dados está levando a tipos completamente novos de dados que não são adequados às metodologias estatísticas e de mineração de dados existentes", explicou. Líderes de negócios e da tecnologia da informação concordam. Em uma pesquisa recente, "saber como extrair valor" foi apontado como a maior dificuldade do big data.

Com tamanha necessidade de superar os enormes obstáculos à usabilidade, como uma empresa deveria começar a usar o big data? A solução mais fácil parece ser "contratar talentos". Mas não talentos quaisquer. Veja algumas questões que devem ser levadas em consideração ao contratar especialistas em big data:

1. Procure candidatos com uma robusta formação acadêmica em análise/estatística. Você precisa de uma pessoa que saiba mais do que você sobre como lidar com enormes volumes de dados.

2. Os candidatos ideais terão experiência específica no setor de atuação da sua empresa ou em um setor relacionado. "Mesmo se você encher uma sala de especialistas, eles podem não ter as competências de negócios necessárias para dar conta do recado", explicou Andy Rusnak, executivo sênior da Ernst & Young.

3. Busque potenciais candidatos em empresas líderes do setor que sejam mais avançadas em big data do que sua empresa.

4. As habilidades de comunicação são pré-requisito fundamental. Procure candidatos "capazes de traduzir os jargões especializados para a linguagem do dia a dia", recomenda o cientista-chefe de dados da SAP, David Ginsberg. Ele acrescenta: "Essas pessoas são as mais difíceis de encontrar".

5. Descubra candidatos com um histórico comprovado de encontrar informações valiosas em uma montanha de dados, incluindo dados de fontes questionáveis. A ideia é ter uma pessoa que seja ao mesmo tempo analítica e capaz de distinguir o joio do trigo.

6. Procure pessoas capazes de pensar, em termos de períodos, de 8 a 10 semanas e não só no longo prazo. O foco da maioria dos projetos de dados está no curto prazo.

7. Teste o conhecimento dos candidatos usando problemas reais. O diretor de algoritmos da Netflix pergunta aos candidatos: "Imagine que você tenha esses dados de nossos usuários. Como você pode usá-los para resolver esse problema específico?"

Questões

1.18 Digamos que você trabalhe em uma grande rede de lojas de departamentos de uma cidade metropolitana e seu chefe o encarregou de uma equipe com a missão de descobrir se deixar a loja aberta uma hora a mais por dia aumentaria os lucros. Quais dados podem estar disponíveis para o seu processo decisório? Quais dados seriam importantes para a decisão?

1.19 Que tipos de dados seria interessante ter para a aplicação no campo do comportamento organizacional?

1.20 Como Braverman observou, uma dificuldade do big data é saber interpretar as informações. Como um conhecimento mais profundo de psicologia poderia ajudá-lo a analisar todos esses dados?

Fontes: baseado em M. Taes, "If I Could Have More Data…", *The Wall Street Journal*, 24 mar. 2014, R5; S. Thurm, "It's a Whole New Data Game", *The Wall Street Journal*, 10 fev. 2015, R6; e J. Willhite, "Getting Started in 'Big Data'", *The Wall Street Journal*, 4 fev. 2014, B7.

NOTAS

1. "Survey: Few CFOs Plan to Invest in Interpersonal Skills Development for Their Teams", comunicado à imprensa da Accountemps, 19 jun. 2013, http://accountemps.rhi.mediaroom.com/2013-06-19-Survey-Few-CFOs-Plan-to-Invest-in-Interpersonal-Skills-Development-for-Their-Teams.

2. J. Kauflin, "The Best Places to Work in 2017", *Forbes*, 7 dez. 2016, http://www.forbes.com/sites/jeffkauflin/2016/12/07/the-best-places-to-work-in-2017/#4a3abb3673e3.

3. I. S. Fulmer, B. Gerharte K. S. Scott, "Are the 100 Best Better? An Empirical Investigation of the Relationship between Being a 'Great Place to Work' and Firm Performance", *Personnel Psychology* 56, no. 4 (2003): 965–93.

4. S. E. Humphrey, J. D. Nahrgang e F. P. Morgeson, "Integrating Motivational, Social, and Contextual Work Design Features: A Meta-Analytic Summary and Theoretical Extension of the Work Design Literature", *Journal of Applied Psychology* 92, no. 5 (2007): 1332–56.

5. A. E. Colbert, J. E. Bono e R. K. Purvanova, "Flourishing via Workplace Relationships: Moving beyond Instrumental Support", *Academy of Management Journal* 59, no. 4 (2016): 1199–223.

6. T. L. Miller, C. L. Wesley II e D. E. Williams, "Educating the Minds of Caring Hearts: Comparing the Views of Practitioners and Educators on the Importance of Social Entrepreneurship Competencies", *Academy of Management Learning & Education* 2, no. 3 (2012): 349–70.

7. H. Aguinis e A. Glavas, "What We Don't Know about Corporate Social Responsibility: A Review and Research Agenda", *Journal of Management* 38, no. 4 (2012): 932–68.

8. D. Meinert, "Background on Bosses", *HR Magazine*, ago. 2014, 29.

9. Ibid.

10. Ibid.

11. A. I. Kraut, P. R. Pedigo, D. D. McKenna e M. D. Dunnette, "The Role of the Manager: What's Really Important in Different Management Jobs", *Academy of Management Executive* 19, no. 4 (2005): 122–29.

12. C. Matheson, "Understanding the Policy Process: The Work of Henry Mintzberg", *Public Administration Review* 69, no. 6 (2009): 1148–61; S. Segal, "A Heideggerian Perspective on the Relationship between Mintzberg's Distinction between Engaged and Disconnected Management: The Role of Uncertainty in Management", *Journal of Business Ethics* 103, no. 3 (2011): 469–83; H. Mintzberg, "Productivity Is Killing American Enterprise", *Harvard Business Review* (jul.–ago. 2007): 25; e H. Mintzberg, "Rebuilding Companies as Communities", *Harvard Business Review* (jul.–ago. 2009): 140–43.

13. Ibid.

14. D. Bartram, "The Great Eight Competencies: A Criterion-Centric Approach to Validation", *Journal of Applied Psychology* 90, no. 6 (2005): 1185–203; e S. E. Scullen, M. K. Mount e T. A. Judge, "Evidence of the Construct Validity of Developmental Ratings of Managerial Performance", *Journal of Applied Psychology* 88, no. 1 (2003): 50–66.

15. Para o estudo original, veja F. Luthans, "Successful vs. Effective Real Managers", *Academy of Management Executive* 2, no. 2 (1988): 127–32. Fred Luthans e outros pesquisadores usaram esse estudo para fundamentar muitas de suas pesquisas. Veja, por exemplo, F. Shipper e J. Davy, "A Model and Investigation of Managerial Skills, Employees' Attitudes, and Managerial Performance", *Leadership Quarterly* 13, no. 2 (2002): 95–120.

16. P. Wu, M. Foo e D. B. Turban, "The Role of Personality in Relationship Closeness, Developer Assistance, and Career Success", *Journal of Vocational Behavior* 73, no. 3 (2008): 440–48; e A. M. Konrad, R. Kashlak, I. Yoshioka, R. Waryszak e N. Toren, "What Do Managers Like to Do? A Five-Country Study", *Group & Organization Management* 26, no. 4 (2001): 401–33.

17. L. Dragoni, H. Park, J. Soltis e S. ForteTrammell, "Show and Tell: How Supervisors Facilitate Leader Development among Transitioning Leaders", *Journal of Applied Psychology* 99, no. 1 (2014): 66–86.

18. Para uma revisão do que um pesquisador acredita que deveria ser incluído no comportamento organizacional com base em dados de levantamentos, veja J. B. Miner, "The Rated Importance, Scientific Validity, and Practical Usefulness of Organizational Behavior Theories: A Quantitative Review", *Academy of Management Learning & Education* 2, no. 3 (2003): 250–68.

19. D. M. Rousseau, *The Oxford Handbook of Evidence-Based Management* (Nova York: Oxford University Press, 2014).

20. J. Surowiecki, "The Fatal-Flaw Myth", *The New Yorker*, 31 jul. 2006, 25.

21. Z. Karabell, "Everyone Has a Data Point", *The Wall Street Journal*, 19 fev. 2014, A11.

22. E. Morozov, "Every Little Byte Counts", *The New York Times Book Review*, 18 maio 2014, 23.

23. M. Taves, "If I Could Have More Data…", *The Wall Street Journal*, 24 mar. 2014, R5.

24. E. Gamerman, "When the Art Is Watching You", *The Wall Street Journal*, 12 dez. 2014, D1–D2.

25. V. Monga, "What Is All That Data Worth?", *The Wall Street Journal*, 13 out. 2014, B3, B6.

26. E. Dwoskin e Y. Koh, "Twitter Pushes Deeper into Data", *The Wall Street Journal*, 16 abr. 2014, B2.

27. "What Will Transform the Way People Work?", *HR Magazine* (dez. 2014): 16.

28. J. Hugg, "Fast Data: The Next Step after Big Data", *InfoWorld*, 11 jun. 2014, http://www.infoworld.com/article/2608040/big-data/fast-data--the-next-step-after-big-data.html; A. Lorentz, "Big Data, Fast Data, Smart Data", *Wired*, 17 abr. 2013, https://www.wired.com/insights/2013/04/big-data-fast-data-smart-data/; e J. Spencer, "Which Do We Need More: Big Data or Fast Data?", *Entrepreneur*, 12 mar. 2015, https://www.entrepreneur.com/article/243123.

29. N. Bloom, R. Sadun e J. Van Reenan, "Does Management Really Work? How Three Essential Practices Can Address Even the Most Complex Global Practices", *Harvard Business Review* (nov. 2012): 77–82.

30. C. Cole, "Changing Neurobiology with Behavior", *Association for Psychological Science: Observer* 27, no. 6 (2014): 29–32.

31. E. Dwoskin, "Big Data Knows When You Turn off the Lights", *The Wall Street Journal*, 21 out. 2014, B1–B2.

32. S. Lohr, "Unblinking Eyes Track Employees", *The New York Times*, 22 jun. 2014, 1, 15.

33. D. B. Bhave, "The Invisible Eye? Electronic Performance Monitoring and Employee Job Performance", *Personnel Psychology* 67, no. 3 (2003): 605–35.

34. R. Karlgaard, "Danger Lurking: Taylor's Ghost", *Forbes*, 26 maio 2014, 34.

35. Dwoskin, "Big Data Knows When You Turn off the Lights".

36. W. Isaacson, "Of Man and Machine", *The Wall Street Journal*, 27–28 set. 2015, C1–C2.

37. Morozov, "Every Little Byte Counts".

38. M. Boesler, "Here's How America's Minimum Wage Stacks up Against Countries Like India, Russia, Greece, and France", *Business Insider*, 19 ago. 2013, http://www.businessinsider.com/a-look-at-minimum-wages-around-theworld-2013-8, acessado em 15 maio 2017.

39. C. Karmin e S. Chaturvedi, "Grosvenor House Is Seized", *The Wall Street Journal*, 4 mar. 2015, C8.

40. V. McGrane, "The Downside of Lower Unemployment", *The Wall Street Journal*, 3 fev. 2014, A2.

41. A. Lowrey, "Long Out of Work, and Running Out of Options", *The New York Times*, 4 abr. 2014, B1, B4.

42. L. Weber e R. E. Silverman, "On-Demand Workers: 'We Are Not Robots'", *The Wall Street Journal*, 28 jan. 2015, B1, B7.

43. C. Porter e M. Korn, "Can This Online Course Get Me a Job?", *The Wall Street Journal*, 4 mar. 2014, B7.

44. D. Belkin e M. Peters, "For New Grads, Path to a Career Is Bumpy", *The Wall Street Journal*, 24–25 maio, 2014, A5.

45. N. Kitsantonis, "A Hands-On Approach to the Greek Economy", *The New York Times*, 25 mar. 2014, B3.

46. G. Naik, "Global Life Expectancy Rises by Six Years", *The Wall Street Journal*, 18 dez. 2014, A10.

47. I. O. Karpen, "Service-Dominant Orientation: Measurement and Impact on Performance Outcomes", *Journal of Retailing* 91, no. 1 (2015): 89–108.

48. J. Greenwald, "Tips for Dealing with Employees Whose Social Media Posts Reflect Badly on Your Company", *Forbes*, 6 mar. 2015, www.forbes.com/sites/entrepreneursorganization/2015/03/06/tips-for-dealing-with-employees-whose-social-media-posts-reflect-badly-on-your-company/.

49. E. Jaffe, "Using Technology to Scale the Scientific Mountain", *Association for Psychological Science: Observer* 27, no. 6 (2014): 17–19.

50. N. Fallon, "No Face Time? No Problem: How to Keep Virtual Workers Engaged", *Business News Daily*, 2 out. 2014, http://www.businessnewsdaily.com/7228-engagingremote--employees.html.

51. E. J. Hirst, "Burnout on the Rise", Chicago Tribune, 19 out. 2012, http://articles.chicagotribune.com/2012-10-29/business/ct-biz-1029-employee-burnout-20121029_1_employee-burnout--herbert-freudenber-geremployee-stress.

52. S. Shellenbarger, "Single and off the Fast Track", *The Wall Street Journal*, 23 maio 2012, D1, D3.

53. M. Mithel, "What Women Want", *Business Today*, 8 mar. 2013, http://businesstoday.intoday.in/story/careers-work-life-balance-women/1/193135.html.

54. F. Luthans e C. M. Youssef, "Emerging Positive Organizational Behavior", *Journal of Management* 33, no. 3 (2007): 321–49; C. M. Youssef e F. Luthans, "Positive Organizational Behavior in the Workplace: The Impact of Hope, Optimism, and Resilience", *Journal of Management* 33, no. 5 (2007): 774–800; e J. E. Dutton e S. Sonenshein, "Positive Organizational Scholarship", in C. Cooper e J. Barling (eds.), *Encyclopedia of Positive Psychology* (Thousand Oaks: Sage, 2007).

55. L. M. Roberts, G. Spreitzer, J. Dutton, R. Quinn, E. Heaphy e B. Barker, "How to Play to Your Strengths", *Harvard Business Review* (jan. 2005): 1–6; e L. M. Roberts, J. E. Dutton, G. M. Spreitzer, E. D. Heaphy e R. E. Quinn, "Composing the Reflected Best Self-Portrait: Becoming Extraordinary in Work Organizations", *Academy of Management Review* 30, no. 4 (2005): 712–36.

56. "Five Jobs That Won't Exist in 10 Years... and One New Title You'll Start to See", *HR Magazine*, fev. 2014, 16.

57. Editorial Board, "NCAA Should Punish the University of North Carolina for Cheating Scandal", Chicago Tribune, 7 nov. 2014, http://www.chicagotribune.com/news/opinion/editorials/ct-north-carolina-sports-scandal-edit-1108-20141107-story.html, acessado em 11 mar. 2015.

58. W. Bailey e A. Spicer, "When Does National Identity Matter? Convergence and Divergence in International Business Ethics", *Academy of Management Journal* 50, no. 6 (2007): 1462–80; e A. B. Oumlil e J. L. Balloun, "Ethical Decision--Making Differences between American and Moroccan Managers", *Journal of Business Ethics* 84, no. 4 (2009): 457–78.

59. D. M. Mayer, M. Kuenzi, R. Greenbaum, M. Bardes e R. Salvador, "How Low Does Ethical Leadership Flow? Test of a Trickle-Down Model", *Organizational Behavior and Human Decision Processes* 108, no. 1 (2009): 1–13; e A. Ardichvili, J. A. Mitchell e D. Jondle, "Characteristics of Ethical Business Cultures", *Journal of Business Ethics* 85, no. 4 (2009): 445–51.

60. D. Meinert, "Managers' Influence", *HR Magazine*, abr. 2014, 25.

61. "Unplanned Absence Costs Organizations 8.7 Percent of Payroll, Mercer/Kronos Study", 28 jun. 2010, www.mercer.com/press-releases/1383785.

62. W. Hoge, "Sweden's Cradle-to-Grave Welfare Starts to Get Ill", *International Herald Tribune*, 25 set. 2002, 8.

63. T.-Y. Park e J. D. Shaw, "Turnover Rates and Organizational Performance: A Meta-Analysis", *Journal of Applied Psychology* 98, no. 2 (2013): 268–309.

64. "Job Openings and Labor Turnover Survey/2014 Revised", http://www.bls.gov/jlt/revisiontables.htm, acessado em 13 mar. 2015.

65. N. Shah, "Good Sign for Jobs: Less Caution, More Quitting", *The Wall Street Journal*, 10 fev. 2014, A2.

66. M. Casey-Campbell e M. L. Martens, "Sticking It All Together: A Critical Assessment of the Group Cohesion-Performance Literature", *International Journal of Management Reviews* 11, no. 2 (2009): 223–46.

67. X. Zhao e A. S. Mattila, "Examining the Spillover Effect of Frontline Employees' Work-Family Conflict on Their Affective Work Attitudes and Customer Satisfaction", *International Journal of Hospitality Management* 33 (2013): 310–15.

68. W. F. Cascio e H. Aguinis, "Research in Industrial and Organizational Psychology from 1963 to 2007: Changes, Choices, and Trends", *Journal of Applied Psychology* 93, no. 5 (2008): 1062–81; G. George, J. Howard-Grenville, A. Joshi e L. Tihanyi, "Understanding and Tackling Societal Grand Challenges through Management Research", *Academy of Management Journal* 59, no. 6 (2016): 1880–95; e L. W. Porter e B. Schneider, "What Was, What Is, and What May Be in OP/OB", *Annual Review of Organizational Psychology and Organizational Behavior* 1, no. 1 (2014): 1–21.

69. B. Schneider, "The People Make the Place", *Personnel Psychology* 40 (1987): 437–53; e B. Schneider, H. W. Goldstein e D. B. Smith, "The ASA Framework: An Update", *Personnel Psychology* 48 (1995): 747–73.

Capítulo 2

Diversidade nas organizações

Objetivos de aprendizagem

Depois de ler este capítulo, você será capaz de:

2.1 Descrever as duas principais formas de diversidade no local de trabalho.

2.2 Demonstrar como a discriminação no local de trabalho prejudica a eficácia organizacional.

2.3 Descrever como as principais características biográficas são relevantes para o comportamento organizacional.

2.4 Explicar como outras características diferenciadoras afetam o comportamento organizacional.

2.5 Demonstrar a relevância das capacidades intelectuais e físicas para o comportamento organizacional.

2.6 Descrever como as empresas administram a diversidade com eficácia.

A matriz a seguir identifica os recursos e os materiais que, ao final do capítulo, irão auxiliá-lo a desenvolver as habilidades específicas que os empregadores buscam nos candidatos a emprego.

MATRIZ DE HABILIDADES PARA A EMPREGABILIDADE								
	Mito ou ciência?	Objetivos profissionais	Escolha ética	Ponto e contraponto	Exercício experiencial	Dilema ético	Estudo de caso 1	Estudo de caso 2
Pensamento crítico		✓	✓	✓	✓	✓	✓	✓
Comunicação	✓	✓			✓		✓	
Colaboração					✓		✓	
Análise e aplicação do conhecimento			✓	✓	✓	✓	✓	✓
Responsabilidade social		✓	✓	✓	✓	✓	✓	✓

A UNIÃO TAMBÉM FAZ A FORÇA NA COZINHA!

Na verdadeira "sopa cultural" que é a cidade de São Francisco, na Califórnia, uma cozinha comunitária pode ser considerada "a organização culinária mais importante da região". A La Cocina, que, em espanhol, significa "a cozinha", atua como âncora para a comunidade, possibilitando que microempresárias de baixa renda de diversas origens étnicas formalizem e desenvolvam seus negócios. A La Cocina oferece um espaço culinário comercial a um preço acessível (aproximadamente um terço do preço médio cobrado na cidade), conhecimento especializado sobre a indústria alimentícia e oportunidades de desenvolvimento de negócio para que empreendedoras diversificadas tenham a chance de, ao fazer o que gostam, promover uma São Francisco inclusiva e vibrante unida pelo amor pela comida.

A La Cocina é importante para São Francisco por várias razões. Para começar, a cidade tem mudado muito. O que já foi uma cidade extremamente diversificada passou por uma grande mudança em sua composição étnica, acompanhada de um custo de vida cada vez mais alto. Empresários e profissionais da tecnologia, todos ricos, estão se mudando para lá, atraídos pela abundância econômica e pelo ressurgimento da indústria tecnológica na região. A área que rodeia a cidade abriga uma série de gigantes da tecnologia e das mídias sociais, incluindo o Facebook, Google, Uber, Tesla, Twitter e Apple, entre outros. A La Cocina e sua filosofia podem ajudar a preservar a herança e a diversidade sem igual da região, provando que "o futuro de São Francisco depende de a cidade continuar sendo São Francisco". Em 2015, a La Cocina já trabalhava com 33 empresárias de origens variadas. Dessas mulheres, 91% são negras, 60% são imigrantes e 70% têm filhos.

Sem essa instituição, essas mulheres teriam muito mais dificuldade em ter sucesso no ramo de alimentos. A indústria alimentícia impõe grandes dificuldades aos novos entrantes e a La Cocina ajuda a superar essas barreiras. Para começar, trata-se de uma indústria dominada por homens. Em 2013, quase 75% das empresas do setor pertenciam a eles, que ganhavam, em média, 24% a mais que as mulheres. Em segundo lugar, o custo de vida cada vez mais alto na região de São Francisco provocou um verdadeiro êxodo cultural. Como observa o diretor executivo Caleb Zigas, "Está ficando cada vez mais difícil encontrar esse tipo de comida aqui na cidade. Do ponto de vista do mercado de alimentos em geral e sendo eu um consumidor de alimentos que morou a vida inteira na cidade, é assustador ver as comidas que eu adoro migrando para a periferia".

O sucesso da La Cocina possibilitou que muitas mulheres passassem a trabalhar com o que adoram. Uma série de expoentes dessa instituição, incluindo Veronica Salazar, da El Huarache Loco, e Guisell Osorio, da Sabores del Sur, têm o próprio restaurante (e alguns de seus produtos são vendidos por todo o território norte-americano, em supermercados de produtos naturais como a Whole Foods). Tendo começado como um empreendimento relativamente pequeno, uma cozinha comunitária criada no fim da década de 1990 pela Women's Initiative for Self-Employment transformou-se de uma organização de US$ 400.000 por ano (com dois empregados, um em período integral e outro em meio período) em um negócio de US$ 2.000.000 por ano (com 17 empregados). O sucesso do conceito levou à criação de muitas outras cozinhas comunitárias em outras cidades. Por exemplo, a Kitchener foi fundada em Oakland, na Califórnia, depois que Sophia Chang, incapaz de pagar o alto preço de uma cozinha comercial, foi forçada a fechar sua sorveteria. Ela conta que "La Cocina foi uma grande fonte de inspiração para a Kitchener" e, se o conceito existisse na década de 1980, quando sua mãe imigrou da China para os Estados Unidos, eles teriam tido uma vida muito diferente que não envolveria "30 anos de trabalho duro para sustentar a família".

Fontes: baseado em La Cocina, https://www.lacocinasf.org/, acesso em 20 fev. 2017; D. Kopf, "San Francisco's Diversity Numbers Are Looking More and More Like a Tech Company's", *The Atlantic* (9 maio 2016), https://www.theatlantic.com/business/archive/2016/05/san-francisco-diversity-migration/481668/; P. Lucchesi, "A Success Story for Women: La Cocina's Kitchen Incubator", *San Francisco Chronicle* (13 maio 2015), http://www.sfchronicle.com/food/article/A-success-story-for-women-La-Cocina-s-kitchen-6253539.php; e A. Wunderman, "These Organizations Are Bringing Diversity to the Restaurant Business", *Paste* (30 jan. 2017), https://www.pastemagazine.com/articles/2017/01/la-cocina-entrepreneurship.html.

As barreiras e adversidades enfrentadas por imigrantes e mulheres, como as da região de São Francisco, são enormes, exemplificando a importância da diversidade para as empresas. A história da La Cocina e de como o conceito afetou a indústria de alimentos por todo o território dos Estados Unidos mostra como uma comunidade diversificada pode impulsionar uma incubadora empresarial. Neste capítulo, veremos como as organizações devem trabalhar para maximizar as potenciais contribuições de uma força de trabalho diversificada. Considerando que cada um de nós difere dos outros de muitas formas, analisaremos a diversidade em seus variados aspectos. Também mostraremos como as diferenças individuais em termos de capacidades afetam o comportamento e a eficácia dos empregados das organizações.

Diversidade

Cada um de nós é único. Todo mundo sabe disso, mas os gestores, às vezes, esquecem que precisam reconhecer essas diferenças e se beneficiar delas para obter o melhor desempenho de seus empregados. Neste capítulo, aprenderemos como características individuais como idade, sexo, raça, etnia e capacidades podem afetar o desempenho dos empregados. Também veremos como os gestores podem se conscientizar dessas características e gerenciar uma força de trabalho diversa com eficácia. No entanto, antes de mais nada, vamos dar uma olhada em como a força de trabalho está mudando.

2.1 Descrever as duas principais formas de diversidade no local de trabalho.

Características demográficas

A força de trabalho gerencial predominantemente branca e masculina do passado deu lugar a uma diversidade étnica e a um equilíbrio entre os contingentes de ambos os sexos. Por exemplo, em 1950, apenas 29,6% da força de trabalho dos Estados Unidos era composta por mulheres,[1] mas, em 2016, as mulheres já constituíam 46,8%.[2] Hoje, tanto nos Estados Unidos quanto ao redor do mundo, as mulheres têm muito mais chances do que antes de trabalhar em período integral, ter alto grau de escolaridade e ganhar salários comparáveis aos dos homens (veja a "Pesquisa de Comportamento Organizacional").[3] Além disso, a diferença de remuneração entre

PESQUISA DE COMPORTAMENTO ORGANIZACIONAL Diferença de remuneração entre os sexos: em queda, mas ainda presente.

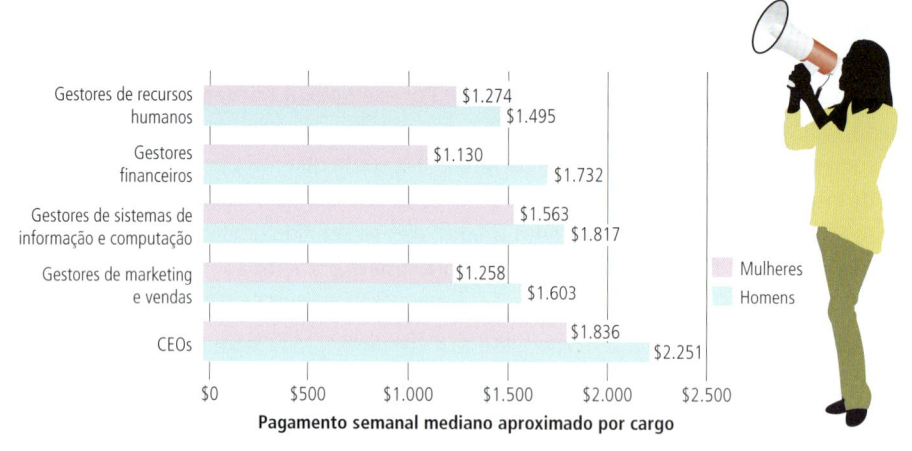

Cargo	Mulheres	Homens
Gestores de recursos humanos	$1.274	$1.495
Gestores financeiros	$1.130	$1.732
Gestores de sistemas de informação e computação	$1.563	$1.817
Gestores de marketing e vendas	$1.258	$1.603
CEOs	$1.836	$2.251

Pagamento semanal mediano aproximado por cargo

*Os valores referem-se ao contexto norte-americano e estão expressos em dólar.

Fonte: US Bureau of Labor Statistics, *Highlights of Women's Earnings in 2015* (relatório n. 1604, nov. 2016): https://www.bls.gov/opub/reports/womens-earnings/2015/pdf/home.pdf.

os brancos e outros grupos raciais e étnicos nos Estados Unidos diminuiu consideravelmente, em parte devido ao crescente número de minorias na força de trabalho. Os latinos, que, em 2014, representavam 13% da força de trabalho, passarão a representar 25,1% em 2044; a representação dos negros aumentará de 12% para 12,7% e dos asiáticos, de 5% para 7,9%.[4] Os trabalhadores com mais de 55 anos também constituem uma parcela cada vez maior da força de trabalho, tanto nos Estados Unidos como ao redor do mundo. Nos Estados Unidos, o grupo etário de 55 anos ou mais que, em 2010, representava 19,5% da força de trabalho, passará a representar 25,2% no futuro.[5] Essas mudanças são cada vez mais observadas na composição de cargos gerenciais e especializados. Elas significam, também, que as organizações devem incluir a gestão da diversidade no centro de suas políticas e práticas.

Jerald Bryant (no centro da foto), gerente de loja da rede de supermercados Target, motivando sua equipe. Isso reflete as características demográficas da força de trabalho dos dias de hoje. Ao fazer da gestão da diversidade um elemento central de suas políticas e práticas, a Target criou um ambiente de trabalho multiétnico, inclusivo e justo para homens e mulheres.

Níveis de diversidade

Apesar de muito já ter sido dito sobre a diversidade em fatores como idade, raça, gênero, etnia, religião e deficiência, os especialistas reconhecem atualmente que essas características demográficas não passam da ponta do iceberg.[6] Em geral, elas refletem a diversidade em nível superficial e não se referem a pensamentos e sentimentos. A observação de tais características pode levar os empregados a formar estereótipos e suposições sobre pessoas de determinadas origens demográficas. Evidências demonstram que as pessoas focam menos as diferenças demográficas quando percebem que possuem características mais importantes em comum, como personalidade e valores, que constituem a diversidade em nível profundo.[7]

Para entender a diferença entre diversidade em nível superficial e em nível profundo, veja o seguinte exemplo. Luis e Carol são gestores que parecem ter pouco em comum. Luis é um jovem formado em administração e acabou de ser contratado na empresa. Ele mora em um bairro latino de Miami, Flórida. Carol é uma mulher mais velha do Kansas rural que, quando terminou o ensino médio, entrou na empresa como estagiária de atendimento ao cliente e foi subindo na hierarquia da companhia. No começo, esses colegas podem encontrar diferenças em nível superficial em termos de escolaridade, cultura regional, etnia e gênero. Entretanto, à medida que se conhecem melhor, podem descobrir que os dois adoram a vida em família, têm uma visão parecida em relação a problemas importantes no trabalho, gostam de atividades colaborativas e se interessam em trabalhar no exterior. Essas semelhanças em nível profundo podem acabar sendo mais importantes que as diferenças mais superficiais, e pesquisas sugerem que eles devem trabalhar bem juntos.[8]

> **diversidade em nível superficial**
> Diferenças em características facilmente identificáveis como idade, gênero, etnia, religião e deficiência, que não refletem necessariamente como as pessoas pensam ou se sentem, mas que podem ativar certos estereótipos.

> **diversidade em nível profundo**
> Diferenças em valores, personalidades e preferências de trabalho que se tornam progressivamente mais importantes por determinar similaridades, à medida que as pessoas vão conhecendo melhor umas às outras.

Escolha ética

Ação afirmativa para veteranos de guerra desempregados

Veteranos desempregados, animem-se: o Walmart quer **vocês**! Em um movimento histórico, a gigante do varejo se comprometeu em contratar qualquer veterano de guerra norte-americano que se candidatasse a um emprego. Com isso, a empresa já tinha contratado mais de 42.000 veteranos em meados de 2014 e buscava atingir a marca dos 100.000 até 2018. Outras empresas lançaram iniciativas semelhantes, como a 100,000 Jobs Mission, com a meta de contratar 100.000 veteranos até 2020. A coalizão que, originalmente, incluía apenas 11 empresas, hoje é composta de 230 companhias atuando em praticamente todos os setores. Em 2017, 395.261 veteranos já tinham sido contratados. O enorme crescimento fez com que essa aliança aumentasse sua meta para a contratação de 1.000.000 veteranos de guerra norte-americanos e mudasse seu nome para Veteran Jobs Mission. Será que todas as empresas deveriam imitar essa escolha ética?

Poucas pessoas discordariam da necessidade de resolver o problema da recolocação profissional dos soldados que voltam à América. Muitos veteranos dizem que os empregadores não os querem. "Muitas empresas afirmam querer veteranos, mas essa conta não fecha se olharmos as taxas de desemprego", afirma Hakan Jackson, que serviu como técnico da Força Aérea. Ele tem razão: as taxas de desemprego dos veteranos continuam mais altas que as dos civis.

Segundo alguns veteranos, os soldados que voltam aos Estados Unidos não são qualificados para se recolocar no mercado de trabalho. Erik Sewell, um veterano da Guerra do Iraque, sugeriu que a alta taxa de desemprego se deve, em parte, pelo fato de os veteranos não saberem "vender" bem seus pontos fortes nem demonstrar aos potenciais empregadores suas habilidades. Bryson DeTrent, veterano de 12 anos da Guarda Nacional dos Estados Unidos, observou que alguns veteranos não conseguem um emprego porque não estão se empenhando e preferem viver de seguro-desemprego. Mas ele também acha que as empresas relutam em contratá-los, especialmente aqueles da Guarda Nacional, temendo que possam ser convocados para o serviço militar a qualquer momento. Os empregadores também se preocupam com o bem-estar mental e emocional desses soldados, que podem sofrer do transtorno de estresse pós-traumático. Apesar das preocupações, alguns gestores dizem que os veteranos são mais empenhados e diligentes no trabalho, trabalham melhor em equipe e são mais receptivos a programas de treinamento do que a população em geral.

Em alguns casos, ações afirmativas podem ser necessárias para dar a um segmento injustamente desfavorecido uma chance de sucesso, seja por meio de cotas percentuais, cotas numéricas ou por meio da contratação de todos os potenciais empregados do grupo em questão. No entanto, qualquer programa de ação afirmativa corre o risco de incluir indivíduos subqualificados do grupo almejado e excluir indivíduos qualificados de outros segmentos da força de trabalho. Uma empresa bem-intencionada pode acabar contratando um veterano desqualificado no lugar de um civil qualificado.

Os recursos são sempre escassos e o número de empregos é limitado. Os gestores devem equilibrar a ética da ação afirmativa com a responsabilidade de fortalecer sua força de trabalho em prol da organização.

Fontes: baseado em "100,000 Jobs Mission Hires Over 200,000 Veterans", comunicado à imprensa da *Veteran Jobs Mission* (9 fev. 2015), https://www.veteranjobsmission.com/press-releases/750; D. C. Baldridge e M. L. Swift, "Withholding Requests for Disability Accommodation: The Role of Individual Differences and Disability Attributes", *Journal of Management* (mar. 2013): 743–62; "Walmart Celebrates More Than 40,000 Hires in First Year of Veterans Commitment", comunicado à imprensa da Walmart Foundation (21 maio 2014), http://news.walmart.com/news-archive/2014/05/21/walmart-celebrates-more-than-40-000-hires-in-first-year-of-veterans-commitment; B. Yerbak e C. V. Jackson, "Battling to Get More Vets in the Work Force", *Chicago Tribune* (28 out. 2012), http://articles.chicagotribune.com/20121028/business/ct-biz-1028-vets-20121028_1_train-veterans-unemployment-rate-war-zone; e "Veterans Unemployment Drops but Remains High", *HR Magazine*, fev. 2013, 16.

Ao longo deste texto, encontraremos diferenças entre a diversidade em nível superficial e em nível profundo em vários contextos. A diversidade é um conceito importante no comportamento organizacional, porque as diferenças individuais forjam as preferências por recompensas, estilos de comunicação, reações aos líderes, estilos de negociação e muitos outros aspectos do comportamento nas organizações. O problema é que maior diversidade também pode levar a um aumento de práticas discriminatórias, o que será discutido a seguir.

2.2 Demonstrar como a discriminação no local de trabalho prejudica a eficácia organizacional.

discriminação
Reconhecimento da diferença entre as coisas; é comum nos referirmos a discriminações injustas, nas quais nosso comportamento é influenciado por estereótipos sobre grupos de pessoas.

estereotipar
Julgar uma pessoa com base em nossa percepção do grupo ao qual pertence.

Discriminação

Apesar de a diversidade apresentar muitas oportunidades para as organizações, sua gestão eficaz também inclui trabalhar para eliminar formas injustas de discriminação. Discriminar é reconhecer a diferença entre as coisas, o que não é necessariamente um problema. Para tomar uma decisão de contratação, é importante notar que um candidato é mais qualificado. Para decidir dar uma promoção, é necessário notar que um empregado está se revelando um líder excepcional. Contudo, quando usualmente falamos em discriminação, referimo-nos a deixar que o nosso comportamento seja influenciado por estereótipos sobre *grupos* de pessoas. Estereotipar é julgar uma pessoa com base em nossa percepção do grupo ao qual pertence. Para usar a metáfora de uma máquina, você pode pensar nos estereótipos como o combustível que alimenta o mecanismo da discriminação. Os estereótipos podem ser prejudiciais não somente porque podem afetar os autores da discriminação, mas também porque podem afetar a maneira como as vítimas se veem.

Ameaça do estereótipo

Digamos que um colega tenha lhe arranjado um encontro às cegas e você esteja em um restaurante lotado esperando a pessoa chegar. Como você acha que seu colega o descreveu para a pessoa? Agora pense em como você se descreveria em uma conversa ao telefone, antes do encontro. Quais grupos identificáveis você mencionaria para ajudar a pessoa a saber um pouco de você ou para ajudá-la a reconhecê-lo no restaurante lotado?

Você provavelmente mencionaria sua raça, alguma forma de expressão do seu gênero (por exemplo, a maneira como você se veste), sua idade e, talvez, sua profissão. Se for muito alto ou muito baixo, você também pode mencionar sua altura e, se for sincero, pode falar algo sobre seu tipo corporal (mais gordinho, magrinho, mediano). Em geral, você dará dicas sobre características que são distintas, ou que se *destacam*, sobre você. O que você escolhe dizer sobre si mesmo revela o que você pensa da sua pessoa. Assim como estereotipamos os outros, também estereotipamos a nós mesmos.

A **ameaça do estereótipo** descreve o grau em que concordamos internamente com as percepções estereotipadas, geralmente negativas, em relação a nossos grupos. Os estereótipos são acompanhados do medo de sermos julgados ao sermos identificados com as conotações negativas desses grupos. Isso pode acontecer quando estamos em minoria em alguma situação. Por exemplo, uma pessoa mais velha que se candidata a uma área com trabalhadores predominantemente jovens pode supor que o entrevistador vai achar que não está "antenado" nas tendências atuais. A ameaça do estereótipo não é criada pelo fato de o trabalhador estar ou não em dia com as últimas tendências, mas sim pelo fato de, no fundo, concordar que os trabalhadores mais velhos (o grupo com o qual se identifica) não estão em dia com as últimas tendências (o estereótipo).

> **ameaça do estereótipo**
> Grau em que concordamos internamente com as percepções estereotipadas, geralmente negativas, em relação a nossos grupos.

As pessoas se transformam em seus piores inimigos ao se tornarem vítimas da ameaça do estereótipo. O problema pode piorar ainda mais porque elas podem, sem se dar conta, acabar exagerando o estereótipo, como um candidato mais velho que não para de falar sobre a velhice, divaga durante a entrevista e acaba revelando demais.[9] Em segundo lugar, os trabalhadores podem se envolver em comportamentos autolimitadores, evitando se empenhar para poder atribuir seu potencial fracasso a outras fontes, como o estresse ou o fato de ter tido "um dia difícil".[10] Em terceiro lugar, as pessoas podem supercompensar a ameaça do estereótipo ou fazer de tudo para evitar sua confirmação. Um estrangeiro que tenta parecer sempre ocupado no escritório, correndo ostensivamente de um lado ao outro, pode estar tentando compensar uma ameaça do estereótipo dos estrangeiros como sendo trabalhadores mais lentos. Isso pode acontecer mesmo se o local de trabalho tiver muitos empregados pertencentes a minorias étnicas, porque as minorias também mantêm estereótipos umas em relação às outras.[11] A ameaça do estereótipo pode exaurir a memória de trabalho dos empregados, reduzindo seu desempenho em testes práticos ou programas de treinamento.[12]

Essa ameaça tem sérias implicações para o trabalho. O problema pode se manifestar em testes e avaliações de seleção de candidatos, avaliações de desempenho e interações no dia a dia do trabalho, provas de cursos, negociações e interações cotidianas, bem como à apatia, mau comportamento, relutância em pedir feedback e baixo desempenho no trabalho.[13] É possível combater a ameaça do estereótipo no local de trabalho ao tratar os empregados como indivíduos, evitando enfatizar as diferenças entre os grupos. As mudanças organizacionais a seguir podem ajudar a reduzir a ameaça do estereótipo: aumentar a conscientização de como os estereótipos podem ser perpetuados (especialmente ao elaborar políticas e práticas), reduzir o tratamento diferenciado e preferencial aplicando avaliações objetivas, confrontar microagressões contra grupos minoritários e adotar práticas transparentes que mostrem que todos os empregados são valorizados.[14]

Discriminação no trabalho

Como vimos, a discriminação injusta presume que todos os indivíduos pertencentes a um grupo são iguais, em vez de levar em consideração suas características particulares — prejudicando tanto os empregados quanto as organizações.

A Tabela 2.1 apresenta definições e exemplos de algumas formas de discriminação nas organizações. Embora muitas sejam proibidas por lei e, portanto, não façam parte das políticas oficiais das empresas, ainda podem, na prática,

TABELA 2.1 Formas de discriminação nas organizações.

Tipo de discriminação	Definição	Exemplos
Políticas ou práticas discriminatórias	Atitudes tomadas por representantes da organização que negam oportunidades iguais ou oferecem recompensas desiguais pelo mesmo desempenho.	Os trabalhadores mais velhos podem ser o alvo preferencial de demissão pelo fato de serem mais bem remunerados e possuírem mais benefícios.
Assédio sexual	Investidas sexuais indesejadas e outras condutas verbais ou físicas de natureza sexual que criam um ambiente de trabalho hostil ou ofensivo.	O pessoal de vendas de uma empresa foi a um clube de *strip tease* e levou strippers ao escritório para comemorar promoções, colocando as despesas no cartão da empresa.
Intimidação	Ameaças explícitas ou bullying direcionados a membros de grupos específicos de empregados.	Empregados negros de algumas empresas chegaram ao trabalho e encontraram forcas penduradas em suas mesas.
Gozação e insultos	Piadas ou estereótipos negativos; podem, por vezes, ser o resultado de piadas levadas longe demais.	Colegas de trabalho perguntaram jocosamente a norte-americanos de origem árabe se eles estavam levando bombas ou se eram membros de organizações terroristas.
Exclusão	Exclusão de determinadas pessoas das oportunidades de avanço na carreira, eventos sociais, conversas ou mentoring informal; pode ocorrer sem intenção.	Muitas mulheres que trabalham na área de finanças dizem que só recebem tarefas não valorizadas na empresa e que não levam a promoções.
Incivilidade	Tratamento desrespeitoso, que inclui comportar-se agressivamente, interromper os outros ou ignorar as opiniões alheias.	Advogadas dizem que os colegas do sexo masculino as interrompem com frequência ou não se dirigem a elas de maneira apropriada.

Fontes: baseado em J. Levitz e P. Shishkin, "More Workers Cite Age Bias after Layoffs", *The Wall Street Journal,* 11 mar. 2009, D1–D2; W. M. Bulkeley, "A Data-Storage Titan Confronts Bias Claims", *The Wall Street Journal,* 12 set. 2007, A1, A16; D. Walker, Incident with Noose Stirs Old Memories", *McClatchy-Tribune Business News,* 29 jun. 2008; D. Solis, "Racial Horror Stories Keep EEOC Busy", *Knight-Ridder Tribune Business News,* 30 jul. 2005, 1; H. Ibish e A. Stewart, *Report on Hate Crimes and Discrimination against Arab Americans: The Post-September 11 Backlash, September 11, 2001–October 11, 2001* (Washington, DC: American-Arab Anti-Discrimination Committee, 2003); A. Raghavan, "Wall Street's Disappearing Women", *Forbes,* 16 mar. 2009, 72–78; e L. M. Cortina, Unseen Injustice: Incivility as Modern Discrimination in Organizations", *Academy of Management Review* 33, no. 1 (2008): 55–75.

ser encontradas. Dezenas de milhares de casos de discriminação no trabalho são documentados todos os anos e muitos outros casos não são denunciados. Como a discriminação passou a ser alvo da lei e a gerar desaprovação social, suas formas mais manifestas diminuíram, o que pode ter levado a um aumento de formas encobertas de incivilidade e exclusão, especialmente quando os líderes ignoram tais situações.[15]

Como podemos ver, a discriminação pode ocorrer de várias maneiras e seus efeitos podem variar dependendo do contexto organizacional e dos preconceitos dos empregados. É especialmente difícil identificar a origem de algumas formas de discriminação, como a exclusão e a incivilidade, porque seus autores podem simplesmente não estar cientes dos efeitos de suas ações. Assim como a ameaça do estereótipo, a discriminação também pode gerar sérias consequências negativas para os empregadores, incluindo menor produtividade e redução do comportamento de cidadania organizacional, conflitos disfuncionais, aumento da rotatividade e até do comportamento de risco.[16] A discriminação injusta também se traduz em não contratar candidatos qualificados a um cargo ou deixar de promovê-los. Mesmo se os empregados não decidirem abrir um processo judicial por discriminação, faz muito sentido para uma organização tentar eliminar a discriminação injusta.

A discriminação, seja ela explícita ou encoberta, intencional ou não intencional, é um dos principais fatores impeditivos da diversidade. Por outro lado, reconhecer as oportunidades de fomentar a diversidade pode levar a um programa eficaz de "gestão da diversidade" e, em consequência, a uma organização melhor. *Diversidade* é um termo amplo, e a expressão *diversidade no trabalho* pode se referir a quaisquer características que fazem com que as pessoas sejam diferentes umas das outras. A próxima seção descreve algumas características em nível superficial que diferenciam os membros da força de trabalho.

Características biográficas

Características biográficas como idade, gênero, raça, deficiência e tempo de serviço são algumas das maneiras mais óbvias pelas quais os trabalhadores se distinguem. Vamos começar analisando os fatores que podem ser facilmente definidos e que normalmente estão disponíveis. São dados que, em sua maioria, podem ser obtidos simplesmente com base nas informações contidas na ficha pessoal do empregado. Variações nessas características de nível superficial podem ser a razão para práticas discriminatórias contra algumas classes de trabalhadores e, por isso, é importante saber como afetam os principais resultados no trabalho. Em geral, muitas diferenças biográficas não afetam tanto esses resultados quanto as pessoas pensam, e existem mais variações *dentro* de grupos que compartilham as mesmas características biográficas do que entre diferentes grupos.

2.3 Descrever como as principais características biográficas são relevantes para o comportamento organizacional.

características biográficas
Características pessoais como idade, gênero e raça, facilmente obtidas nos registros pessoais dos empregados e que são representativas da diversidade em nível superficial.

Idade

A idade do trabalhador provavelmente será um aspecto de crescente importância na próxima década por muitas razões. Para começar, a força de trabalho está envelhecendo na maioria dos países desenvolvidos;[17] de acordo com projeções para o período entre 2014 e 2024, espera-se que a taxa de crescimento anual média de trabalhadores com mais de 54 anos seja de 1,8%, ou seja, três vezes maior que a da força de trabalho em geral.[18] Nos Estados Unidos, a proporção da força de trabalho com 55 anos ou mais, que é de 22%, está aumentando,[19] e a legislação, para todos os efeitos, proibiu a aposentadoria compulsória. Os Estados Unidos e a Austrália, entre outros países, instauraram leis contra a discriminação por idade.[20] Hoje, a maioria dos trabalhadores não precisa mais se aposentar aos 70 anos e 62% dos trabalhadores entre 45 e 60 anos planejam adiar a aposentadoria.[21]

Os estereótipos dos trabalhadores mais velhos como sendo pessoas antiquadas, rabugentas e inflexíveis estão mudando. Os empregadores, muitas vezes, veem uma série de qualidades positivas nos trabalhadores mais velhos, como experiência, bom-senso, empenho, ética e compromisso com a qualidade. Segundo o Conselho de Utilidades Públicas, na companhia de saneamento de água de Singapura, 27% do pessoal tem mais de 55 anos, porque os trabalhadores mais velhos dão estabilidade à sua força de trabalho.[22] E setores como a saúde, educação, governos e organizações sem fins lucrativos não raro recebem os trabalhadores mais velhos de braços abertos.[23] Entretanto, ainda são vistos como menos adaptáveis e menos motivados a aprender novas tecnologias.[24]

Mito ou ciência?

É dos carecas que todos gostam mais

Por incrível que pareça, tudo indica que é verdade que ser careca é melhor para os homens no trabalho. Um estudo recente mostrou que os respondentes acreditam que a cabeça raspada em homens indica mais masculinidade, dominância e potencial de liderança do que cabelos mais compridos ou ralos. Cabelos ralos foram considerados o aspecto que dá a menor impressão de poder. Outros estudos constataram que a calvície típica masculina (na qual parte dos cabelos permanece) não é considerada vantajosa. Em alguns aspectos, essa constatação da vantagem jovial de uma cabeça raspada não faz muito sentido. Como temos mais cabelo quando somos jovens e nossa cultura considera a juventude uma característica desejável no trabalho (se você duvida disso, veja as discussões sobre o envelhecimento neste capítulo), faria mais sentido que uma cabeça sem pelos levasse a uma clara desvantagem. Só que a mídia está repleta de imagens de homens poderosos com a cabeça raspada, desde heróis militares e de filmes de ação até atletas vencedores. Não é de admirar que os participantes do estudo tenham declarado que os homens com a cabeça raspada fossem 2,5 centímetros mais altos e 13% mais fortes do que os mesmos homens com cabelo. A careca se tornou a marca registrada de alguns importantes líderes empresariais, com destaque para Jeff Bezos, da Amazon, Lloyd Blankfein, da Goldman Sachs, Marc Andreessen, da Netscape, e Daymond John, investidor do "Shark Tank". Os homens que raspam a cabeça dizem que isso pode lhes conferir vantagem no mundo do trabalho, independentemente de fazer com que pareçam mais jovens ou não (o que é discutível). De acordo com a psicóloga Caroline Keating, assim como os gorilas de dorso prateado mais velhos "costumam ser os mais poderosos de seus grupos sociais", isso também acontece no escritório, onde a calvície pode "indicar quem está no comando e é potencialmente perigoso". O professor e pesquisador Michael Cunningham concorda, acrescentando que a calvície "é o jeito que a natureza tem de dizer ao mundo que você é um sobrevivente". Homens com a cabeça raspada transmitem agressividade, competitividade e independência, ele explica. E aí? Você se convenceu? Vai querer ser um dos 13% dos homens que raspam a cabeça? Não estamos recomendando que você raspe a cabeça por essa razão, mas as pesquisas, de fato, demonstram que continuamos a ser tendenciosos e a usar características superficiais para julgar as pessoas. O tempo dirá se essa situação um dia vai melhorar.

Fontes: baseado em D. Baer, "People Are Psychologically Biased to See Bald Men as Dominant Leaders", *Business Insider* (13 fev. 2015), http://www.businessinsider.com/bald-men-signals-dominance2015-2; J. Misener, "Men with Shaved Heads Appear More Dominant, Study Finds", *The Huffington Post* (1 out. 2012), www.huffingtonpost.com/2012/10/01/bald-men-dominant-shaved-heads-study_n_1930489.html; A. E. Mannes, "Shorn Scalps and Perceptions of Male Dominance", *Social Psychological and Personality Science* (2012), doi: 10.1177/1948550612449490; e R. E. Silverman, "Bald Is Powerful", *The Wall Street Journal* (3 out. 2012), B1, B6.

Em uma época em que as organizações buscam pessoas adaptáveis e abertas às mudanças, a percepção negativa associada à idade avançada é claramente um obstáculo à contratação, aumentando as chances de que sejam os primeiros demitidos em um processo de corte de pessoal.

Agora vamos dar uma olhada nas evidências dessa percepção. Até que ponto a idade, de fato, afeta a rotatividade, o absenteísmo, a produtividade e a satisfação? No que diz respeito à rotatividade, quanto mais velho você for, menores são as chances de você pedir a demissão de seu emprego.[25] À medida que os trabalhadores envelhecem, eles têm menos oportunidades alternativas de emprego, uma vez que suas habilidades vão se tornando cada vez mais especializadas. Maior tempo de casa na empresa também costuma propiciar a esses trabalhadores salários mais altos, férias remuneradas mais longas e benefícios mais atraentes que podem desestimulá-los a deixar o emprego.

À primeira vista podemos achar que a idade seria positivamente correlacionada com o absenteísmo, mas não é o caso. A maioria dos estudos demonstra que os empregados mais velhos faltam menos ao trabalho em comparação com os mais jovens.[26] Além disso, os trabalhadores mais velhos não apresentam, no dia a dia, mais problemas psicológicos ou de saúde física do que os mais jovens.[27]

A maioria dos estudos não encontrou "praticamente nenhuma relação entre idade e desempenho no trabalho", de acordo com Harvey Sterns, diretor do Institute for Life-Span Development and Gerontology.[28] Pelo contrário, alguns estudos chegam a indicar que os adultos mais velhos apresentam desempenho melhor. Em Mu-

Na Tofutti, fabricante de produtos alimentícios sem lactose, os empregados mais velhos constituem parte integrante da força de trabalho. David Mintz, CEO da empresa, dá muito valor a experiência, empenho, ética, maturidade, entusiasmo, conhecimento e habilidades que o pessoal mais velho proporciona ao trabalho. Ele diz que faltam menos, cometem menos erros, são melhores na resolução de problemas e topam passar mais tempo no trabalho.

Fonte: Julio Cortez/AP images

nique, um estudo de 4 anos que contou com a participação de 3.800 trabalhadores da Mercedes-Benz revelou que "os trabalhadores mais velhos pareciam ter mais conhecimento de como evitar erros graves", de acordo com Matthias Weiss, o coordenador acadêmico do estudo.[29] Em relação ao desempenho, muitas pessoas acreditam que a criatividade diminui com a idade. O pesquisador David Galenson, que estudou as idades de criatividade máxima, descobriu que as pessoas que criam pela experimentação fazem "seu melhor trabalho na faixa dos 40, 50 e 60 anos. Esses artistas usam a sabedoria, que aumenta com a idade".[30]

E qual é a relação entre a idade e a satisfação? Em relação à satisfação com a vida, tema que será discutido em capítulos posteriores, a nossa cultura leva a supor que pessoas mais velhas são mais propensas à depressão e à solidão. Na verdade, um estudo com adultos entre 18 e 94 anos descobriu que estados de ânimo positivos aumentavam com a idade. "Ao contrário da visão popular de que a juventude é a melhor fase da vida, o auge da vida emocional pode ocorrer somente na sétima década da vida de uma pessoa", afirmou a pesquisadora Laura Carstensen.[31]

Em relação à satisfação no trabalho, tópico importante do Capítulo 3, uma revisão de mais de 800 estudos descobriu que os trabalhadores mais velhos tendem a ser mais satisfeitos no trabalho, afirmam ter um relacionamento melhor com os colegas e se dizem mais comprometidos com suas organizações.[32] Outros estudos, contudo, revelaram que a satisfação no trabalho aumenta até a meia idade, quando começa a cair. Entretanto, quando separamos os resultados por tipo de trabalho, constatamos que a satisfação tende a aumentar continuamente entre os profissionais especializados à medida que envelhecem, enquanto entre os trabalhadores menos qualificados, a satisfação cai na meia idade e volta a subir nos anos posteriores.

Em resumo, vemos que não faz sentido discriminar um trabalhador com base na característica em nível superficial da idade e que uma organização se beneficia de uma força de trabalho constituída de pessoas com idades diversas.

Sexo

Poucas questões suscitam mais debates, mal-entendidos e opiniões infundadas do que a questão de as mulheres terem ou não o mesmo desempenho profissional que os homens.

O ponto de partida mais razoável para se começar a refletir sobre isso é admitir que há poucas — se é que existem — diferenças importantes entre homens e mulheres capazes de afetar seu desempenho no trabalho.[33] Embora os homens sejam ligeiramente melhores na capacidade matemática e as mulheres na capacidade verbal, as diferenças são razoavelmente pequenas e não foi encontrada qualquer diferença consistente entre eles quanto às capacidades de resolução de problemas, capacidade de análise ou capacidade de aprendizagem.[34] Uma metanálise de estudos de desempenho no trabalho constatou que as mulheres apresentaram uma pontuação ligeiramente mais alta que os homens em medidas de desempenho.[35] Uma metanálise separada de 95 estudos de liderança indicou que mulheres e homens são considerados líderes igualmente eficazes.[36]

Mesmo assim, as tendências e os estereótipos persistem. No processo de contratação, os gestores são afetados pela discriminação sexual ao escolher candidatos para determinados cargos.[37] Por exemplo, as organizações tendem a preferir homens para profissões dominadas por eles, especialmente quando outros homens são encarregados do processo de contratação.[38] Uma vez contratados, homens e mulheres podem receber um número semelhante de oportunidades de desenvolvimento no trabalho. As mulheres, no entanto, têm chances menores de serem alocadas a cargos desafiadores e de receber atribuições que poderiam ajudá-las a crescer na hierarquia organizacional.[39] Embora homens e mulheres sejam líderes igualmente eficazes, eles têm mais chances de ser escolhidos para cargos de liderança. Um estudo com 20 organizações na Espanha, por exemplo, sugeriu que, em geral, os homens são escolhidos para atuar em papéis de liderança que requerem lidar com crises organizacionais.[40] Segundo Naomi Sutherland, *senior partner* de diversidade da empresa de recrutamento Korn Ferry, "Consciente ou inconscientemente, as empresas ainda hesitam em assumir o risco de alocar em um cargo de liderança alguém que não se encaixe no perfil padrão".[41]

A discriminação sexual tem impacto negativo que pode afetar a sociedade como um todo. As mulheres ainda ganham menos que os homens para ocupar os mesmos cargos,[42] inclusive em papéis tradicionalmente femininos.[43] Além disso, as diferenças entre os sexos em termos de promoções, bônus e salários (em 97 estudos diferentes, com quase 400.000 pessoas) são 14 vezes maiores que as diferenças nas avaliações de desempenho.[44] Mães que trabalham fora também enfrentam discriminação e, muitas vezes, não são consideradas para promoções depois que têm filhos e tanto homens quanto mulheres que se responsabilizam por cuidar da família são vítimas de discriminação.[45] Mulheres que recebem menos missões desafiadoras e menos oportunidades de desenvolvimento de chefes tendenciosos acabam restringindo suas ambições profissionais.[46] As mulheres assertivas no trabalho tendem a ser menos populares e são consideradas menos desejáveis para contratações.[47]

Vimos que há muitos mal-entendidos e contradições no que se refere aos homens e mulheres no trabalho. Muitos países, incluindo a Austrália, o Reino Unido e os Estados Unidos, têm leis contra a discriminação sexual. Outros países como Bélgica, França, Noruega e Espanha buscam promover a diversidade de gênero nas organizações instaurando leis para aumentar a porcentagem de mulheres nos conselhos de administração.[48] O preconceito e a discriminação sexual ainda representam problemas graves, mas é possível ver sinais de que a situação está melhorando.

Raça e etnia

A raça é uma questão controversa na sociedade e nas organizações. Definimos *raça* como uma espécie de herança que as pessoas usam para se identificar, enquanto *etnia* é o conjunto adicional de características culturais que, muitas vezes, se sobrepõe à raça. Normalmente, associamos raça com fatores biológicos e etnia com cultura, no entanto, ao longo da história, as pessoas têm se identificado por meio das duas classificações. Leis contra a discriminação racial e étnica estão em vigor em muitos países, incluindo Austrália, Reino Unido e Estados Unidos.[49]

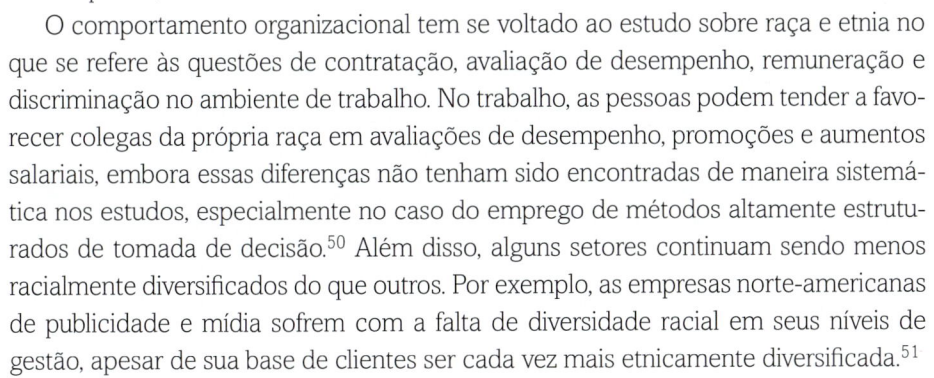

O comportamento organizacional tem se voltado ao estudo sobre raça e etnia no que se refere às questões de contratação, avaliação de desempenho, remuneração e discriminação no ambiente de trabalho. No trabalho, as pessoas podem tender a favorecer colegas da própria raça em avaliações de desempenho, promoções e aumentos salariais, embora essas diferenças não tenham sido encontradas de maneira sistemática nos estudos, especialmente no caso do emprego de métodos altamente estruturados de tomada de decisão.[50] Além disso, alguns setores continuam sendo menos racialmente diversificados do que outros. Por exemplo, as empresas norte-americanas de publicidade e mídia sofrem com a falta de diversidade racial em seus níveis de gestão, apesar de sua base de clientes ser cada vez mais etnicamente diversificada.[51]

Membros de minorias raciais e étnicas relatam níveis mais elevados de discriminação no trabalho.[52] Em geral, os brancos são preferidos em relação aos afro-americanos em decisões de contratação — uma constatação que pode não se aplicar fora dos Estados Unidos. Os afro-americanos recebem pontuações mais baixas em entrevistas de emprego, índices mais baixos de desempenho profissional, salário mais baixo e menos promoções.[53] Embora isso não necessariamente sirva para provar a discriminação racial, os afro-americanos são vítimas frequentes de discriminação inclusive em experimentos controlados. Por exemplo, um estudo de empregos de baixos salários constatou que candidatos afro-americanos sem antecedentes criminais recebiam menos ofertas de emprego do que candidatos brancos com antecedentes criminais.[54]

Como já vimos, a discriminação, de qualquer natureza, leva a maior rotatividade, prejudicando o desempenho organizacional. As organizações preservam o objetivo de ter uma melhor representação de todos os grupos raciais em seu corpo funcional. Uma pessoa pertencente a uma minoria terá muito menos chances de querer sair de uma organização que promova um sentimento de inclusão, conhecido como clima de diversidade positivo.[55] Um clima positivo em termos de diversidade também pode levar a mais vendas, comprometimento e retenção, sugerindo que a redução da discriminação racial e étnica pode resultar em ganhos de desempenho organizacional.[56]

Como podemos evitar a destruição causada pela discriminação? A resposta está em entender o ponto de vista alheio. Evidências sugerem que algumas pessoas ficam incomodadas ao interagir com outros grupos raciais a menos que tenham roteiros comportamentais claros para orientar seu comportamento,[57] de maneira que pode ser interessante criar grupos de trabalho diversificados focados em objetivos em comum, juntamente com a promoção de um clima de diversidade positivo.

clima de diversidade positivo
Ambiente organizacional de inclusão e aceitação da diversidade.

Pessoas com deficiência

As políticas trabalhistas relativas a pessoas com deficiências (PCDs) físicas ou mentais, tanto as oficiais quanto as circunstanciais, variam de um país ao outro. Países como Austrália, Estados Unidos, Reino Unido e Japão têm leis específicas para proteger essas pessoas,[58] o que resultou em maior aceitação e acomodação das necessidades de pessoas com deficiências físicas ou mentais. Nos Estados Unidos, por exemplo, a representação de PCDs na força de trabalho aumentou rapidamente com a aprovação, em 1990, da Americans with Disabilities Act (ADA), a lei de proteção às pessoas com deficiência.[59] Segundo essa lei, os empregadores são obrigados a disponibilizar adaptações para que o local de trabalho seja acessível.

O U.S. Equal Employment Opportunity Commission (EEOC), agência federal responsável pela aplicação das leis de discriminação no emprego nos Estados Unidos, classifica como *deficiente* uma pessoa que possui algum impedimento físico ou mental que restrinja consideravelmente uma ou mais atividades importantes de sua vida. Um dos aspectos mais controversos da Americans with Disabilities Act é a cláusula que requer que os empregadores providenciem adaptações cabíveis para pessoas com deficiências psiquiátricas.[60] Exemplos de deficiência incluem uma perna ou braço amputado, convulsões, síndrome de Down, surdez, esquizofrenia, alcoolismo, diabete, depressão e dor crônica nas costas. Esses problemas praticamente não possuem quase nenhuma característica em comum, de modo que não é possível associá-las diretamente ao trabalho.

O impacto das deficiências sobre a empregabilidade tem sido estudado a partir de perspectivas diferentes. Por um lado, quando o status de deficiente é alocado aleatoriamente entre candidatos hipotéticos nos estudos, os respondentes consideram que PCDs têm qualidades pessoais superiores, como confiabilidade.[61] Outra revisão de estudos sugeriu que recebem avaliações de desempenho melhores. No entanto, PCDs tendem a enfrentar expectativas de desempenho mais baixas e têm menos chances de ser contratadas.[62] As deficiências mentais podem prejudicar mais o desempenho do que as deficiências físicas: pessoas que sofrem de problemas de saúde mental comuns, como depressão e ansiedade, têm consideravelmente mais chances de faltar no trabalho.[63]

Iniciativas para promover a eliminação da discriminação contra PCDs têm enfrentado grandes dificuldades. Na Europa, por exemplo, políticas de incentivo não

Os empregados com deficiência são muito valorizados no Anne-Sophie Hotel na Alemanha. Lá eles usam seus talentos e habilidades para trabalhar na cozinha e no atendimento aos hóspedes. Na foto, vemos o chef Serkan Guezelcoban (de sapatos azuis) em frente ao restaurante Handicap do hotel, com algumas das 18 pessoas com deficiência que trabalham lado a lado com a equipe de 39 empregados do estabelecimento.

Fonte: Thomas Kienzle/dpa picture alliance/Alamy Stock Photo

conseguiram aumentar a participação dos trabalhadores com deficiência na força de trabalho, e os sistemas de imposição de cotas na Alemanha, França e Polônia simplesmente não deram certo.[64]

No entanto, as organizações já estão começando a reconhecer os talentos e as habilidades das pessoas com deficiência e a se beneficiar desse reconhecimento. Além disso, avanços na tecnologia e aprimoramentos no local de trabalho aumentaram muito o escopo dos empregos disponíveis para pessoas com todos os tipos de deficiência. Os gestores precisam identificar os requisitos de cada cargo e alocá-los a pessoas com as habilidades necessárias, providenciando ajustes quando for preciso. Mas o que acontece quando os empregados não revelam suas deficiências? É o que discutiremos a seguir.

Deficiências ocultas

Como já vimos, algumas deficiências incluem características observáveis como a falta de membros, doenças que requerem o uso de cadeira de rodas e cegueira. Outras deficiências podem não ser tão claras, pelo menos à primeira vista. Revelar uma deficiência que não seja facilmente observável ficará a critério do empregado, de modo que pode permanecer oculta. Essas deficiências são chamadas de *deficiências ocultas* (ou deficiências invisíveis). As deficiências ocultas ou invisíveis em geral se enquadram nas categorias de deficiências sensoriais (como deficiência auditiva), distúrbios autoimunes (como artrite reumatoide), doença crônica ou dor (como síndrome do túnel do carpo), deficiências cognitivas ou de aprendizagem (transtorno do déficit de atenção com hiperatividade [TDAH]), distúrbios do sono (como insônia) e problemas psicológicos (como transtorno de estresse pós-traumático).[65]

Em 2008, os Estados Unidos aprovaram uma nova lei, a Americans with Disabilities Act Amendments Act (ADAAA), segundo a qual as organizações norte-americanas devem acomodar pessoas com uma gama bastante ampla de deficiências. No entanto, para serem elegíveis às adaptações no local de trabalho e aos termos de segurança no emprego, os empregados devem revelar sua deficiência aos empregadores. Muitos hesitam em divulgar sua deficiência invisível, de modo que são impedidos de beneficiar-se das adaptações necessárias no local de trabalho para que possam ter sucesso no emprego. Pesquisas indicam que pessoas com deficiências ocultas temem ser estigmatizadas ou condenadas ao ostracismo se revelarem suas deficiências aos colegas e acreditam que seus chefes as considerarão menos capazes de apresentar um bom desempenho profissional.[66] O problema se agrava se o empregado for diagnosticado com um problema que não tinha antes, o que torna os temores ainda mais intensos do que se recebesse o diagnóstico quando era mais jovem.[67]

De certa forma, uma deficiência oculta não é, de fato, invisível. Por exemplo, mesmo se uma pessoa com autismo optar por não revelar a deficiência, não terá como evitar apresentar os comportamentos característicos do autismo, como dificuldade de comunicação verbal e dificuldade de adaptação.[68]

É possível notar comportamentos em uma pessoa que o levem a suspeitar que ela tem uma deficiência oculta. O problema é que você pode atribuir o comportamento a outras causas. Por exemplo, você pode atribuir equivocadamente a fala lenta e arrastada de um colega de trabalho ao alcoolismo e não aos efeitos de um derrame.

Quanto ao empregado, pesquisas sugerem que revelar a deficiência beneficia a todos: pessoa, colegas e organizações. A decisão de revelar a deficiência pode aumentar a satisfação no trabalho e o bem-estar, ajudar os outros a entendê-la e ajudá-la a ter sucesso no trabalho, além de permitir que o empregador providencie os ajustes necessários para que ela e a organização atinjam o melhor desempenho possível.[69]

Outras características diferenciadoras

2.4 Explicar como outras características diferenciadoras afetam o comportamento organizacional.

O último grupo de características que analisaremos inclui estabilidade no emprego, religião, orientação sexual e identidade de gênero e identidade cultural. Essas características ilustram diferenças em nível profundo que oferecem oportunidades de promover a diversidade no local de trabalho, desde que a discriminação possa ser combatida.

Estabilidade no emprego

Com exceção das diferenças raciais e entre gêneros, poucas questões são mais sujeitas a equívocos e especulações do que a influência da senioridade e da *estabilidade* de uma pessoa em um emprego, organização ou campo de atuação.

Extensas análises foram conduzidas para investigar a relação entre senioridade e produtividade.[70] As evidências indicam relação positiva entre a estabilidade (o tempo de emprego da pessoa na organização) e o desempenho. Portanto, a estabilidade parece ser um bom indicativo do desempenho, embora as evidências indiquem a não linearidade dessa relação: as diferenças na estabilidade são mais importantes para o desempenho de empregados relativamente novos ou inexperientes do que para os que realizam o trabalho há mais tempo. Para usar uma analogia com o futebol, um jogador com um ano de experiência tem mais vantagem sobre um novato do que um jogador com dez anos sobre outro com nove anos de experiência. Por outro lado, a estabilidade (tempo de emprego) demonstra um efeito fraco e inconsistente sobre certos resultados dos empregados, indicando que podem perder o desejo de avançar na carreira ao longo do tempo.

Religião

Os problemas envolvendo o tema da religião não se resumem às discussões entre fiéis e ateus. Pessoas de diferentes crenças também entram em conflito com frequência. A religião não é um problema no local de trabalho em pouquíssimos países (talvez nenhum). Por essa razão, em muitos deles, os empregadores são proibidos por lei de discriminar empregados com base na religião, incluindo a Austrália, o Reino Unido e os Estados Unidos.[71]

O islamismo é uma das religiões mais populares do mundo e é a religião majoritária em muitos países. No entanto, nos Estados Unidos, os muçulmanos são um grupo minoritário que vem crescendo. Há quase 3 milhões de muçulmanos nos Estados Unidos e o número deve dobrar até 2030, quando eles representarão 1,7% da população, segundo o Pew Research Center. Quando isso acontecer, haverá tantos muçulmanos nos Estados Unidos quanto judeus e membros da Igreja Anglicana.[72]

Apesar desses números, há evidências de que os seguidores do islamismo são discriminados por sua fé até mesmo no local de trabalho. Por exemplo, em um estudo, os candidatos norte-americanos a emprego usando trajes religiosos identificados como muçulmanos que se candidataram a cargos hipotéticos no varejo tiveram entrevistas mais breves e interações interpessoais mais negativas do que os candidatos que não usavam tal vestimenta.[73] O compromisso religioso do empregado também é um fator preditivo de sua opção de intervir ou não ao observar um ato de discriminação religiosa.[74]

A fé pode ser um problema no trabalho sempre que as crenças religiosas proibirem ou incentivarem determinados comportamentos. As expectativas comportamentais podem ser informais, como empregados que esperam poder sair do trabalho mais cedo na véspera de Natal. Elas também podem ser sistêmicas, como uma semana de trabalho de segunda a sexta-feira, que concilia a tradição cristã de não trabalhar aos domingos e a tradição judaica de não trabalhar aos sábados.

A discriminação religiosa tem sido fonte crescente de alegações de discriminação nos Estados Unidos, em parte devido à complexidade das questões envolvidas. Recentemente, Samantha Elauf, eliminada em um processo de seleção por usar um *hijab* (um lenço de cabeça), processou a empresa por discriminação religiosa. "Fiquei sabendo que não fui contratada na Abercrombie só porque eu uso um *hijab*, que é um símbolo de modéstia na fé muçulmana", ela disse. Ela desconhecia o código de vestuário da empresa que proibia o uso de chapéus e lenços na cabeça e não mencionou suas razões para usar o *hijab* na entrevista. Será que os empregadores deveriam ser obrigados a deduzir as razões das opções de vestuário dos candidatos e protegê-los de qualquer possibilidade de discriminação? Nem a Corte Suprema dos Estados Unidos sabe dizer ao certo.[75]

Orientação sexual e identidade de gênero

Embora muita coisa já tenha mudado, os trabalhadores LGBTQ — lésbicas, gays, bissexuais, transexuais, transgêneros e *questioning* (questionando) — ainda não são totalmente aceitos. Nos Estados Unidos, um estudo da Universidade de Harvard enviou currículos fictícios, porém realistas, respondendo a 1.700 ofertas de emprego reais para cargos de início de carreira. Os currículos eram idênticos, com uma única exceção: metade mencionava o envolvimento em organizações gays na faculdade e a outra metade não. Os candidatos fictícios cujos currículos não incluíram a menção receberam 60% mais convites para entrevistas do que os candidatos que a incluíram.[76] Outro estudo sugere que, se a pessoa que avalia candidatos for mulher, ela pode achar que gays e lésbicas são mais qualificados que candidatos heterossexuais, sugerindo que a percepção quanto a esses temas é, ao mesmo tempo, complexa e variada.[77]

Talvez devido ao que percebem como discriminação, muitos profissionais LGBTQ preferem não revelar sua orientação sexual. Por exemplo, John Browne, ex-CEO da British Petroleum (BP), só divulgou a sua aos 59 anos, quando a imprensa ameaçou revelar que ele era gay. Temendo que a notícia prejudicasse a empresa, ele renunciou ao cargo. Browne recentemente escreveu: "Desde que revelei minha homossexualidade em 2007, muitas sociedades ao redor do mundo avançaram para acolher pessoas lésbicas, gays, bissexuais ou transgêneros. Mas o mundo dos negócios ainda tem um longo caminho a percorrer".[78]

A legislação federal dos Estados Unidos não proíbe discriminar empregados com base em sua orientação sexual, embora 29 estados e mais de 160 municípios adotem essa proibição. Nesses estados e municípios que protegem as pessoas, muitos processos judiciais são abertos por discriminação por orientação sexual e também por sexo e raça.[79]

Alguns outros países são mais progressistas. A Austrália, por exemplo, tem leis contra a discriminação com base na orientação sexual e o Reino Unido tem leis semelhantes.[80] Entretanto, as distinções previstas por essas leis podem não ser amplas o suficiente. Os pesquisadores criaram uma nova sigla, QUILTBAG, para descrever indivíduos queer/questionando, intersexuais, lésbicas, transgêneros, bissexuais, assexuais/aliados ou gays.[81]

O governo federal dos Estados Unidos deu o primeiro passo ao proibir a discriminação contra *servidores públicos* com base na orientação sexual. Recentemente, a Equal Employment Opportunity Commission (comissão de igualdade de oportunidades de emprego) argumentou que os estereótipos sexuais contra lésbicas, gays e bissexuais constituem um tipo de discriminação de gênero punível nos termos da Lei dos Direitos Civis de 1964.[82] Mesmo na ausência de uma legislação federal específica, muitas organizações implementaram políticas e procedimentos abrangendo a orientação sexual. A IBM, que já foi famosa por exigir que todos os empregados usassem camisa branca e gravata, promoveu grande revitalização desse ambiente de trabalho ultraconservador. O ex-vice-presidente Ted Childs declarou: "A IBM faz de tudo para garantir que os gays, lésbicas, bissexuais ou transexuais se sintam seguros, acolhidos e valorizados dentro dos muros globais da nossa empresa... As contribuições dos empregados [homossexuais e transgêneros] da IBM reforçam os nossos resultados financeiros e garantem o sucesso da nossa empresa".[83]

E a IBM não é a única. Levantamentos indicam que mais de 90% das empresas da Fortune 500 têm políticas que incluem a orientação sexual. Quanto à identidade de gênero, cada vez mais empresas estão adotando políticas para controlar a forma como seus empregados transgêneros são tratados. Em 2001, apenas oito empresas da Fortune 500 tinham políticas relativas à identidade de gênero. Hoje, esse número subiu para mais de 250.

Entre as organizações da Fortune 1000, contudo, algumas importantes empresas ainda não oferecem benefícios para pessoas com companheiros do mesmo sexo ou cláusulas contratuais de não discriminação para empregados LGBT, incluindo a Berkshire Hathaway, que hoje ocupa o quarto lugar no ranking da Fortune das maiores empresas dos Estados Unidos.[84] Algumas empresas alegam motivos religiosos para não fornecer benefícios aos empregados LGBT. Recentemente, a Corte Suprema dos Estados Unidos permitiu que a Hobby Lobby, uma rede de lojas de produtos de artes e artesanato, não oferecesse cobertura de seguro para aquisição de métodos contraceptivos devido às objeções religiosas da família fundadora. Muitos temem que essa decisão abra caminho para a discriminação contra empregados LGBT por parte das organizações norte-americanas.[85] Algumas empresas se dizem inclusivas, mas, na verdade, não fazem jus a essa alegação. Por exemplo, um estudo recente com cinco cooperativas sociais na Itália indicou que essas organizações, supostamente inclusivas, na verdade esperam que as pessoas não revelem sua orientação sexual.[86]

Objetivos profissionais

Será que devo revelar minha orientação sexual no trabalho?

Eu sou gay, mas ninguém no meu trabalho sabe. Será que eu devo contar? Eu não quero reduzir minhas chances de subir na empresa.

— Ryan

Caro Ryan:

Infelizmente, você tem razão de se preocupar. Entretanto, temos algumas sugestões para você:

- *Procure uma empresa com cultura inclusiva.* O CEO da Apple, Tim Cook, disse: "Eu tive a sorte enorme de trabalhar em uma empresa que valoriza muito a criatividade e a inovação e sabe que esses elementos só podem encontrar um terreno fértil quando as pessoas não têm medo de mostrar que são diferentes. Nem todo mundo tem essa sorte". Pesquisas recentes têm buscado novos métodos para combater as culturas de discriminação nos Estados Unidos, no Reino Unido e na Austrália.
- *Faça sua escolha moral.* Você sente que tem a responsabilidade de revelar sua orientação sexual como forma de ajudar a promover mudanças sociais? Ou você prefere exercer o direito de manter sua privacidade? O equilíbrio entre essas duas questões é uma decisão individual. Um estudo recente conduzido pela Human Rights Campaign dos Estados Unidos constatou que só metade dos trabalhadores LGBT de todo o país divulga sua orientação sexual.
- *Pense no seu futuro na alta gestão.* Espera-se que os líderes da alta gestão sejam francos com os colegas e com seus subordinados. Como Beth Brooke, vice-presidente global da Ernst & Young, falou sobre as décadas que passou "no armário", a pressão para ser "autêntica" é ainda mais estressante quando você tenta esconder sua homossexualidade.
- *Pondere suas opções.* As opiniões de homossexuais que subiram na hierarquia das empresas (sendo que alguns revelaram sua orientação sexual e outros não) variam. Brooke afirma que sua vida "melhorou muito" depois que ela anunciou sua orientação sexual em um vídeo patrocinado pela empresa. Mark Stephanz, vice-presidente do Bank of America Merrill Lynch, concorda, observando que "a maioria das pessoas continua me tratando do mesmo jeito". Por outro lado, Deena Fidas, vice-diretora do maior grupo de direitos civis LGBT dos Estados Unidos, disse que ser gay ainda "está bem longe de deixar de ser uma dificuldade" no trabalho.
- *Informe-se sobre as leis internacionais e nacionais.* É triste dizer, mas algumas nações e estados são intolerantes. Você vai precisar se informar para saber se estará protegido de repercussões ao revelar sua orientação sexual.

Pense em sua decisão tanto do ponto de vista ético quanto individual ao ponderar seus interesses. O momento de revelar a sua orientação sexual depende não só do que você considera ser sua responsabilidade ética, mas também do contexto — onde você trabalha, a cultura da sua organização e a mentalidade das pessoas com as quais você trabalha. Felizmente, a globalização está ajudando o mundo a se tornar cada vez mais tolerante e justo.

Boa sorte em sua carreira!

Fontes: baseado em M. D. Birtel, "'Treating' Prejudice: An Exposure-Therapy Approach to Reducing Negative Reactions Toward Stigmatized Groups", *Psychological Science* (nov. 2012): 1379–86; L. Cooper e J. Raspanti, "The Cost of the Closet and the Rewards of Inclusion", relatório da Human Rights Campaign (maio 2014), http://hrc-assets.s3-website- us-east-1. amazonaws.com//files/assets/resources/Cost_of_the_ Closet_May2014.pdf; N. Rumens e J. Broomfield, "Gay Men in the Police: Identity Disclosure and Management Issues", *Human Resource Management Journal* (jul. 2012): 283–98; e A. M. Ryan e J. L. Wessel, "Sexual Orientation Harassment in the Workplace: When Do Observers Intervene?", *Journal of Organizational Behavior* (maio 2012): 488–509.

As opiniões apresentadas aqui são única e exclusivamente dos autores, os quais não se responsabilizam por quaisquer erros ou omissões, nem pelos resultados obtidos com a utilização dessas informações. Em circunstância alguma, os autores, seus parceiros ou suas organizações serão responsáveis por qualquer decisão ou ação de sua parte ou da parte de qualquer pessoa com base nas opiniões apresentadas aqui.

Assim, apesar de a situação certamente ter mudado, as organizações não podem deixar de abordar a orientação sexual e a identidade de gênero se quiserem eliminar a discriminação e promover a diversidade.

Identidade cultural

Como vimos, as pessoas, às vezes, definem sua identidade em termos de raça e etnia. Muitas também têm forte *identidade cultural*, o que significa ter uma ligação com a cultura de suas origens familiares ou de sua juventude. Essa ligação é mantida pela vida toda, mesmo que a pessoa se mude para outra cidade, estado ou país. As pessoas escolhem sua identidade cultural e também decidem até que ponto querem seguir as normas dessa cultura. As normas culturais também afetam o local de trabalho, podendo resultar em confrontos. Desse modo, é importante que as organizações saibam se adaptar.

No passado, quando havia menos mobilidade social, era comum as práticas no ambiente trabalho coincidirem com as normas da identidade cultural das pessoas. Isso acontecia porque elas não se distanciavam muito de casa para procurar emprego e as organizações seguiam feriados, práticas e costumes que atendiam às expectativas da maioria. Em geral, não se esperava que as organizações se ajustassem às preferências individuais de seus empregados.

Graças à integração global e às mudanças nos mercados de trabalho, hoje em dia as organizações se beneficiam por conhecer e respeitar as identidades culturais de seus empregados, tanto em grupo quanto como indivíduos. Uma empresa norte-americana querendo fazer negócios, digamos, em certos países da América Latina, precisa saber que os profissionais dessas culturas esperam tirar longas férias no verão. Uma empresa que exige que os empregados trabalhem durante esse período de férias culturalmente consolidado deverá enfrentar uma grande resistência.

Uma organização que pretende ser sensível às identidades culturais de seus empregados deve fazer mais do que conciliar as necessidades apenas dos grupos majoritários; é importante procurar um ajuste o mais individualizado possível de suas práticas e normas. Acontece muito de os gestores se encarregarem de fazer essa ponte, flexibilizando o local de trabalho para atender aos objetivos organizacionais e às necessidades individuais.

2.5 Demonstrar a relevância das capacidades intelectuais e físicas para o comportamento organizacional.

Capacidade

Ao contrário do que aprendemos na escola, não somos todos iguais. Por mais motivado que seja, é pouco provável que você possa atuar tão bem quanto a Fernanda Montenegro, jogar futebol como o Neymar, escrever tão bem quanto o Carlos Drummond de Andrade ou contar piadas como o Chico Anysio. Naturalmente, todos nós temos nossos pontos fortes e fracos, que podem fazer com que sejamos relativamente melhores ou piores que os outros na realização de certas tarefas ou atividades. A dificuldade, para os gestores, é conhecer essas diferenças para aumentar as chances de um empregado desempenhar bem suas funções.

O que significa *capacidade*? Neste livro, o termo capacidade refere-se à aptidão de um indivíduo para desempenhar as diversas tarefas de uma função. As capacidades totais de uma pessoa normalmente são formadas por dois grupos de fatores: capacidades intelectuais e físicas.

capacidade
Aptidão individual para desempenhar as diversas tarefas de uma função.

Capacidades intelectuais

As capacidades intelectuais são necessárias para o desempenho de atividades mentais, como pensar, raciocinar e resolver problemas. A inteligência é muito valorizada na maioria das sociedades, e por uma boa razão. As pessoas inteligentes, geralmente, ganham mais e atingem níveis de formação mais altos, além de ter mais chances de se tornar líderes de grupos. Só que nem sempre é simples avaliar e medir a capacidade intelectual. Os testes de QI, por exemplo, foram elaborados para medir as capacidades intelectuais gerais das pessoas, mas as origens, os fatores influenciadores e os testes de quociente de inteligência (QI) são controversos.[87] Com o mesmo objetivo, foram desenvolvidos testes de admissão de colégios, tais como as provas para as Escolas Preparatórias dos Oficiais das Forças Armadas (AFA, CN, EEAR, EPCAr e EsPCEx) e testes acadêmicos de admissão em universidades, como o Enem e os vestibulares. As empresas que elaboram esses testes não alegam que avaliam a inteligência, mas especialistas confirmam que sim.[88]

capacidades intelectuais
Aptidão para desempenhar atividades mentais, tais como pensar, raciocinar e resolver problemas.

As sete dimensões mais citadas das capacidades intelectuais são a aptidão numérica, a compreensão verbal, a rapidez perceptual, o raciocínio indutivo, o raciocínio dedutivo, a visualização espacial e a memória.[89] A Tabela 2.2 descreve essas dimensões.

As dimensões da inteligência são positivamente correlacionadas, de modo que, se você tirar uma pontuação alta em compreensão verbal, por exemplo, terá mais chances de ter uma pontuação alta em visualização espacial. As correlações não são perfeitas, o que significa que as pessoas, de fato, têm capacidades específicas que podem prever importantes resultados no trabalho quando consideradas individualmente. No entanto, as correlações entre as sete dimensões são grandes o suficiente para que os pesquisadores também reconheçam um fator geral de inteligência, chamado de capacidade mental geral.[90] Evidências confirmam a ideia de que as estruturas e as medidas de capacidade intelectual podem ser generalizadas em diferentes culturas. Um venezuelano ou um sudanês, por exemplo, não tem um conjunto diferente de capacidades mentais que um norte-americano ou um tcheco. Algumas evidências sugerem que as pontuações de QI podem variar em certo grau entre diferentes culturas, embora essas diferenças sofram enorme redução quando levamos em conta as diferenças econômicas e de escolaridade.[91]

capacidade mental geral
Fator geral de inteligência reconhecido por suas correlações positivas entre dimensões específicas da capacidade intelectual.

As diversas funções profissionais demandam diferentes capacidades intelectuais de quem as executa. Pesquisas constatam repetidamente uma correspondência entre capacidade cognitiva e desempenho de atividades. Se as atividades dos empregados forem rotineiras, com pouca ou nenhuma oportunidade de tomar decisões, um QI alto não é tão importante para atingir um bom desempenho. Mas isso não significa que pessoas com QI alto não possam fazer a diferença em funções tradicionalmente menos complexas.[92]

TABELA 2.2 Dimensões da capacidade intelectual.

Dimensão	Descrição	Exemplo funcional
Aptidão numérica	Capacidade de fazer cálculos aritméticos rápidos e precisos.	Contador: calcular o imposto sobre vendas de uma série de itens.
Compreensão verbal	Capacidade de entender o que é lido ou ouvido e como as palavras se relacionam entre si.	Gerente de fábrica: seguir as políticas da organização para contratação de pessoal.
Rapidez perceptual	Capacidade de identificar semelhanças e diferenças visuais de maneira rápida e precisa.	Investigador de incêndios: identificar pistas de um incêndio criminoso.
Raciocínio indutivo	Capacidade de identificar uma sequência lógica de um problema e, em seguida, resolvê-lo.	Pesquisador de mercado: fazer a previsão da demanda de um produto para um período futuro.
Raciocínio dedutivo	Capacidade de usar a lógica e avaliar as implicações de um argumento.	Supervisor: escolher entre duas sugestões feitas por empregados.
Visualização espacial	Capacidade de imaginar como um objeto ficaria se sua posição no espaço fosse modificada.	Decorador de interiores: redecorar um escritório.
Memória	Capacidade de reter e recordar experiências passadas.	Vendedor: lembrar o nome dos clientes.

Você pode se surpreender ao saber que o teste de inteligência mais utilizado nas decisões de contratação leva apenas 12 minutos para ser concluído. Estamos falando do Wonderlic Cognitive Ability Test, um teste composto de diferentes formulários com 50 questões cada. Aqui vão alguns exemplos de perguntas do teste:

▶ Se uma loja vende cordas a R$ 0,10 o metro, quantos metros você poderá comprar por R$ 0,60?
▶ Presuma que as duas primeiras afirmações a seguir sejam verdadeiras. Decida se a última afirmação é: 1. Verdadeira. 2. Falsa. 3. Não sei.
  a. O menino joga beisebol.
  b. Todos os jogadores de beisebol usam boné.
  c. O menino usa boné.

O Wonderlic avalia tanto a rapidez (quase ninguém consegue responder todas as questões no tempo alocado) quanto o domínio (as questões ficam mais difíceis à medida que você avança), de maneira que a pontuação média é relativamente baixa (cerca de 21 de uma pontuação máxima de 50). Como o teste Wonderlic consegue proporcionar informações válidas sobre a inteligência cognitiva dos candidatos a um custo baixo (US$ 5 a US$ 10 por candidato), muitas empresas o usam nas decisões de contratação. Por exemplo, a Publix supermarkets, a Manpower Group, a BP e a Dish sistemas de satélite são organizações que realizam testes presenciais e on-line com os candidatos.[93] A maioria das empresas que utiliza testes de inteligência não o faz em substituição a outras ferramentas, como currículos ou entrevistas, mas prefere incluir o Wonderlic como uma forma alternativa de coleta de informações, no caso, dados importantes sobre o grau de inteligência dos candidatos.

É interessante notar que, apesar de a inteligência ajudar o empregado a realizar sua função no trabalho com eficiência, isso não leva as pessoas a se sentirem satisfeitas com suas ocupações.[94] Com efeito, pesquisas sugerem que pessoas com maior capacidade cognitiva e alto desempenho no trabalho podem ser vitimizadas, sofrer bullying e serem maltratadas pelos colegas devido à inveja e à comparação social.[95]

Capacidades físicas

Apesar de a evolução da natureza do trabalho sugerir que as capacidades intelectuais têm cada vez mais lugar de destaque em muitas profissões, as capacidades físicas são e continuarão sendo essenciais para a execução de certas atividades. Pesquisas sobre centenas de funções identificaram nove capacidades básicas envolvidas no desempenho de tarefas físicas,[68] como mostra a Tabela 2.3. Os empregados têm mais chances de apresentar um alto desempenho quando a extensão na qual a função requer cada uma dessas nove capacidades corresponde às aptidões dos profissionais que realizam essa função.

Em suma, as organizações estão cada vez mais cientes de que, para obter o máximo desempenho de sua força de trabalho, devem incluir todos os tipos de pessoas e evitar excluir automaticamente qualquer pessoa com base em características pessoais. Os benefícios potenciais da diversidade são enormes para os gestores. Por exemplo, um programa-piloto da empresa de software SAP, na Alemanha, Índia e Irlanda, constatou que empregados com autismo atingem excelente desempenho em tarefas orientadas à precisão, como depuração de programas.[97] É claro que não é fácil integrar pessoas diversificadas para obter uma força de trabalho produtiva. Veremos na próxima seção como fazer isso.

capacidades físicas
Aptidão de desempenhar atividades que demandam resistência, destreza, força e características similares.

TABELA 2.3   Nove capacidades físicas básicas.

Fatores de força	
1. Força dinâmica	Capacidade de exercer força muscular repetida ou contínua por dado período.
2. Força no tronco	Capacidade de exercer força muscular usando os músculos do tronco (especialmente os abdominais).
3. Força estática	Capacidade de exercer força muscular sobre objetos externos.
4. Força explosiva	Capacidade de gastar um máximo de energia em uma ação ou em uma série de ações explosivas.
Fatores de flexibilidade	
5. Flexibilidade de extensão	Capacidade de estender ao máximo os músculos do tronco e das costas.
6. Flexibilidade dinâmica	Capacidade de realizar movimentos de flexão rápidos e repetidos.
Outros fatores	
7. Coordenação motora	Capacidade de coordenar movimentos simultâneos de diferentes partes do corpo.
8. Equilíbrio	Capacidade de manter o equilíbrio em meio a forças desestabilizadoras.
9. Resistência	Capacidade de manter o esforço máximo durante longos períodos.

Implementação de estratégias de gestão da diversidade

2.6 Descrever como as empresas administram a diversidade com eficácia.

Depois de discutir como as pessoas são diferentes em uma série de aspectos, vamos buscar entender como um gestor pode e deve administrar essas diferenças. A gestão da diversidade torna todos mais conscientes e sensíveis às necessidades e diferenças dos outros. Essa definição salienta o fato de que os programas de diversidade são para as pessoas e devem incluir a todos. Quando vista como uma questão de interesse geral, a diversidade pode levar a resultados muito melhores do que quando acreditamos que só vai ajudar alguns grupos de empregados.

gestão da diversidade
Processo e programas por meio dos quais os gestores tornam todos mais conscientes e sensíveis às necessidades e diferenças dos outros.

Atração, seleção, desenvolvimento e retenção de empregados diversificados

Uma forma de aumentar a diversidade da força de trabalho é promovendo ações para recrutar membros entre grupos demográficos específicos que estão mal representados na força de trabalho. Isso implica postar anúncios em publicações dirigidas a tais grupos, firmar parcerias com associações representativas de minorias, como a Society of Women Engineers ou o National Minority Supplier Development Council, além de recrutar em faculdades, universidades e outras instituições com um número significativo de minorias sub-representadas, como a Microsoft está fazendo para encorajar mulheres a fazer cursos voltados à tecnologia.[98]

Pesquisas demonstram que as mulheres e as minorias se interessam mais em trabalhar em organizações que mostram, em seus materiais de recrutamento, que estão comprometidas em fomentar a diversidade no ambiente de trabalho. Anúncios que não mostram mulheres e minorias em posições de liderança enviam uma mensagem

Desenvolver os talentos das mulheres é uma estratégia de diversidade fundamental para o sucesso da Nissan Motor Company, no Japão. Atraída pelo compromisso da Nissan com a igualdade das mulheres no mercado de trabalho e com a possibilidade de avançar profissionalmente, a chinesa Li Ning decidiu entrar na empresa depois de se formar na Universidade de Tóquio.

Fonte: Franck Robichon/EPA/Newscom

negativa sobre o clima de diversidade da organização.[99] É claro que, para ostentar as fotos e as informações, as organizações precisam, de fato, ter gestores representativos dos grupos das minorias.

Algumas empresas estão trabalhando ativamente para recrutar grupos menos representados nas organizações. A Etsy, uma varejista on-line, dá cursos de engenharia e oferece subsídios para mulheres aspirantes a programadoras e contrata as melhores.[100] A McKinsey & Co., a Bain & Co., o Boston Consulting Group e a Goldman Sachs também recrutaram ativamente mulheres que deixaram a força de trabalho para ter filhos, oferecendo programas de integração e outros benefícios.[101]

A diversidade nos grupos

A maior parte dos ambientes de trabalho contemporâneos estão organizados em torno de grupos de trabalho. Quando as pessoas trabalham em grupos, precisam avaliar o andamento do trabalho e realizar as tarefas mais importantes de forma compartilhada, o que faz com que a comunicação tenha de acontecer com frequência. Caso sintam que não pertencem ao grupo ou se este apresentar baixa coesão entre os membros, as vantagens de trabalhar em grupo tendem a sair comprometidas.

Em alguns casos, a diversidade de traços de personalidade dos empregados pode prejudicar o desempenho do grupo, enquanto em outros casos, esse tipo de diversidade pode melhorar o desempenho.[102] Dependendo do traço de personalidade em questão, equipes mais diversificadas ou mais homogêneas serão mais ou menos eficazes. A diversidade demográfica (de gênero, idade, raça e etnia) não parece ajudar nem atrapalhar o trabalho de equipe de um modo geral, mas, apesar disso, a diversidade racial na gestão pode aumentar o desempenho organizacional quando sob as condições certas.[103]

Equipes de pessoas muito inteligentes, conscienciosas e interessadas em trabalhar em grupo são mais eficazes. Portanto, a diversidade nessas variáveis tende a ser ruim. Não faz sentido tentar formar equipes que incluem membros menos inteligentes, menos conscienciosos e sem interesse em trabalhar em grupo. Em outros casos, as diferenças podem ser um ponto forte. Os grupos de indivíduos com tipos diferentes de especialização e escolaridade são mais eficazes que os grupos homogêneos. Da mesma forma, um grupo formado exclusivamente por pessoas assertivas que querem estar no comando ou apenas por pessoas que preferem seguir a liderança será menos eficaz do que um grupo que misture pessoas que têm perfil de líder com pessoas que têm perfil de seguidor.

Independentemente da composição de um grupo, as diferenças podem ser alavancadas para se obter um desempenho superior. A maneira mais importante de fazer isso é enfatizando as semelhanças entre os membros.[104]

Adaptação de expatriados

De acordo com uma pesquisa conduzida em 2013 pela Mercer, empresa de consultoria global, 70% das organizações multinacionais esperavam aumentar o número de missões internacionais de curto prazo e 55% buscavam aumentar o número de missões de longo prazo. Essas organizações dizem que a ideia é proporcionar habilidades técnicas e gerenciais não disponíveis localmente, oferecer oportunidades de desenvolvimento profissional e liderança aos expatriados, garantir a transferência de conhecimento e atender demandas específicas de projetos.[105] A experiência de mudar-se para um país diferente e adaptar-se a novas normas culturais relacionadas ao trabalho é uma grande empreitada tanto para o expatriado (o empregado enviado para uma missão internacional) quanto para os empregados do país que o recebe. Problemas de adaptação podem resultar em insatisfação do profissional, desempenho insatisfatório, preconceito e mal-entendidos.[106]

Vários fatores podem ajudar a garantir que o processo de adaptação ocorra tranquilamente. Para começar, um estudo constatou que sentimentos de empoderamento, aliados à motivação de interagir com pessoas de outras culturas, facilitavam a adaptação, aumentavam a satisfação e reduziam as intenções de abandonar prematuramente a missão internacional.[107] Embora os expatriados tendam a se adaptar de maneira exponencial com o tempo, aqueles que já tiveram alguma experiência trabalhando com pessoas pertencentes à determinada cultura e expatriados com maior autoestima e autoeficácia tendem a se adaptar e a serem promovidos com mais rapidez.[108] Uma revisão de 66 estudos, com quase 9.000 expatriados, sugere que vários outros fatores afetam, concomitantemente, diferentes formas de adaptação, incluindo conhecimento do idioma, habilidades relacionais, clareza de papéis e autonomia, apoio da organização e apoio da família.[109] Esses estudos sugerem que as organizações devem escolher, para as atribuições internacionais, empregados capazes de se adaptar rapidamente e garantir que tenham o apoio necessário para o sucesso da missão.

Programas de diversidade eficazes

As organizações usam uma variedade de programas de diversidade, incluindo políticas de recrutamento e seleção, além de práticas de treinamento e desenvolvimento. Programas eficazes e abrangentes que incentivam a diversidade da força de trabalho apresentam três componentes distintos. Em primeiro lugar, ensinam aos gestores a estrutura legal para oferecer oportunidades iguais de emprego e encorajam o tratamento justo de todos, não importando as características demográficas dos empregados. Segundo, ensinam aos gestores como uma força de trabalho diversificada poderá atender melhor a um mercado de clientes com essa mesma característica. Em terceiro lugar, criam práticas de desenvolvimento pessoal que despertam os talentos e as habilidades de todos os trabalhadores, aumentando a conscientização de como diferentes perspectivas podem ser uma maneira valiosa de melhorar o desempenho de todos.[110]

Grande parte da oposição à discriminação no trabalho se baseia na ideia de que o tratamento discriminatório é injusto. Não importa qual seja sua raça ou gênero, as pessoas, em geral, apoiam programas de incentivo à diversidade, incluindo aqueles de ação afirmativa voltados a aumentar a representação de grupos minoritários e assegurar a todos uma oportunidade justa de demonstrar seus talentos e habilidades.

Os líderes das organizações devem analisar sua força de trabalho para verificar se grupos estão sendo subutilizados. Se alguns grupos de empregados não tiverem uma representatividade proporcional na alta administração, os executivos devem identificar quaisquer barreiras ocultas que possam estar impedindo seu avanço na organização. Muitas vezes é possível melhorar as práticas de recrutamento, tornar os sistemas de seleção mais transparentes e oferecer treinamento para os empregados que não foram adequadamente expostos a informações sobre a diversidade no passado. A organização também deve comunicar suas políticas aos empregados com clareza, para que entendam por que determinadas práticas devem ser seguidas. As comunicações devem focar ao máximo as qualificações e o desempenho no trabalho. Por outro lado, enfatizar que certos grupos podem precisar de mais assistência que outros pode ser uma ação que gera um efeito contrário ao desejado.

Pesquisas também indicam que as empresas internacionais precisam desenvolver uma abordagem personalizada. Por exemplo, um estudo de caso da multinacional finlandesa Transco revelou que era possível desenvolver uma filosofia internacional uniforme para a gestão da diversidade. No entanto, diferentes fatores legais e culturais entre os países forçaram a Transco a desenvolver políticas especiais de acordo com as estruturas culturais e legais de cada país onde a empresa tinha operações.[111]

Fonte: PJF Military Collection/Alamy Stock Photo

Membros do Corpo de Capelães da Guarda Nacional do Exército do Arizona fazem fila para visitar o novo Templo da Igreja de Jesus Cristo dos Santos dos Últimos Dias em Gilbert, no estado do Arizona, como parte de uma iniciativa de treinamento de diversidade e conscientização inter-religiosa.

RESUMO

Neste capítulo, examinamos a diversidade de diferentes pontos de vista. Demos especial destaque a três grupos de fatores: características biográficas, capacidades e gestão da diversidade. A gestão da diversidade deve ser um compromisso contínuo que englobe todos os níveis da organização. Políticas para melhorar o clima organizacional promovendo a diversidade podem ser eficazes e a gestão da diversidade pode ser aprendida.

IMPLICAÇÕES PARA OS GESTORES

- ▶ Conhecer profundamente as políticas antidiscriminação de sua organização e comunicá-las a todos os empregados.
- ▶ Avaliar e repensar suas crenças e estereótipos para aumentar a objetividade.
- ▶ Procurar ir além das características biográficas superficiais e levar em consideração as capacidades e talentos das pessoas antes de tomar decisões de gestão; manter uma postura aberta e encorajar que quaisquer deficiências ocultas sejam reveladas.
- ▶ Avaliar as adaptações que um empregado com deficiência requer e ajustar a função às suas habilidades.
- ▶ Buscar conhecer e respeitar as características biográficas de cada indivíduo. Afinal, uma abordagem justa e individual leva ao melhor desempenho.

Ponto e contraponto

Os programas de ação afirmativa perderam sua função

PONTO

Sonia Sotomayor, juíza da Suprema Corte dos Estados Unidos, é possivelmente a maior defensora da ação afirmativa... pelo menos na teoria. Em um caso recente que confirmou o direito do estado de Michigan de proibir ações afirmativas para beneficiar raças sub-representadas no processo de seleção das universidades estaduais, a juíza Sotomayor se recusou a usar o termo "ação afirmativa", que, segundo ela, denota "um tratamento preferencial intencional baseado exclusivamente na raça". Sim, o termo tem essa conotação. Mas não é esse o significado da palavra?

Os programas de ação afirmativa foram necessários para dar início ao processo de promoção da diversidade no trabalho, o que ocorreu há muito tempo. A prática, hoje proibida nos estados norte-americanos do Arizona, Califórnia, Flórida, Michigan, Nebrasca, New Hampshire, Oklahoma e Washington, eleva a porcentagem de pessoas pertencentes a grupos minoritários, mas não gera um clima de diversidade positivo. O problema é que:

- *Em vez de contratar com base na experiência, conhecimentos e habilidades, a ação afirmativa muda os critérios para*

CONTRAPONTO

A ação afirmativa foi criada para garantir a igualdade e continua sendo necessária. Quando os Estados Unidos analisaram a questão das minorias negras, em 1965, o presidente Lyndon B. Johnson disse: "Não dá para pegar uma pessoa que passou anos presa por correntes, levá-la à linha de partida de uma corrida, dizer 'você está livre para competir com todos os outros' e achar que é justo fazer isso". O dr. Martin Luther King Jr. concordou que, para criar oportunidades iguais, é necessário tomar medidas proativas sempre que um grupo de pessoas estiver em desvantagem. Desse modo, o que deveríamos perguntar é: os grupos minoritários têm as mesmas chances que os grupos majoritários nos Estados Unidos? A resposta, com base em todos os indicadores, é um veemente "não".

A África do Sul tem uma ação afirmativa para negros por meio da Lei de Emprego Igualitário; a China tem "políticas preferenciais" exigindo que membros de minorias étnicas e mulheres sejam indicados para ocupar cargos públicos na alta administração do governo; Israel tem uma política de ação afirmativa para promover mulheres, árabes, negros *cotas baseadas na raça ou outros atributos não relacionados ao desempenho.* Com isso, os padrões de desempenho acabam sendo reduzidos. Grupos que não se beneficiam da iniciativa acabam ressentidos, o que pode levar à discriminação. Já as pessoas que tiveram uma "ajudinha" para entrar na organização também podem acabar se achando menos competentes ("Não sei se eu teria conseguido entrar aqui se não fosse pelo programa de ação afirmativa") e se sentindo vítimas da ameaça do estereótipo ("Tenho medo que as pessoas não achem que eu sou competente porque entrei na organização por meio do programa de ação afirmativa").

- *Pesquisas indicam que os membros de grupos minoritários não se beneficiam ao entrar em instituições de ensino superior com a ajuda de programas de ação afirmativa.* Com efeito, um amplo estudo demonstrou que estudantes de Direito pertencentes a grupos minoritários que entraram em instituições de ensino mais compatíveis com suas notas no vestibular apresentaram desempenho acadêmico melhor que os estudantes que entraram em instituições de ensino nas quais jamais conseguiriam entrar se não fosse pela ação afirmativa.
- *Alguns programas de ação afirmativa ao redor do mundo acabaram resultando em rivalidade.* Por exemplo, o Sri Lanka foi arrasado por guerras civis causadas, em parte, por ações afirmativas que intensificaram ainda mais a rivalidade entre os tâmeis e os cingaleses. Na África, o sistema de cotas para ajudar os negros criou um clima de privilégios e marginalização dos índios. Na verdade, a maioria dos países teve problemas com as políticas de ação afirmativa.

A ação afirmativa perdeu sua função de fomentar a diversidade e chegou a hora de criar uma verdadeira igualdade, com foco em realizações baseadas no mérito.

e pessoas com deficiência; a Índia tem uma "política de reserva", uma forma de ação afirmativa para castas sub-representadas; o Sri Lanka tem uma política de ação afirmativa de "padronização" para ajudar pessoas que moram em regiões com níveis mais baixos de escolaridade; a Nova Política Econômica da Malásia (NEP) oferece vantagens para o grupo majoritário, os malaios, com uma renda mais baixa; Brasil, Finlândia, França, Nova Zelândia e Romênia têm programas de ação afirmativa na área da educação; a Lei Básica da Alemanha prevê programas de ação afirmativa para mulheres e portadores de deficiência; a Rússia tem cotas para mulheres e minorias étnicas; e a Lei de Igualdade no Emprego do Canadá protege mulheres, pessoas com deficiência, aborígenes e outras minorias.

É bem verdade que a justiça está nos olhos de quem vê. A ação afirmativa oferece oportunidades, mas cabe aos beneficiados atender às expectativas das instituições de ensino ou dos empregadores. Como escreveu a blogueira Berneta Haynes, "Não tenho vergonha de admitir que, sem a ação afirmativa, não sei se eu teria alguma chance de ter uma carreira no Direito. Sou uma mulher afro-americana, venho de uma família pobre e não tenho qualquer dúvida de que a ação afirmativa me ajudou a entrar na faculdade de Direito".

Se for para fazer qualquer mudança na ação afirmativa, seria melhor expandir os programas até os grupos carentes conseguirem atingir as mesmas conquistas das quais os grupos mais privilegiados já usufruem há tanto tempo.

Fontes: baseado em D. Desilver, "Supreme Court Says States Can Ban Affirmative Action: 8 Already Have", Pew Research Center *Thinktank* (22 abr. 2014), http://www.pewresearch.org/fact-tank/2014/04/22/supreme-court-says-states-can-ban-affirmative-action-8-already-have/; B. Haynes, "Affirmative Action Helped Me", *Inside Higher Ed* (12 mar. 2013), www.insidehighered.com/views/2013/03/12/affirmative-action-helped-me-and-benefits-society-essay; D. Leonhardt, "Rethinking Affirmative Action", *The New York Times* (13 out. 2012), www.nytimes.com/2012/10/14/sunday-review/rethinking-affirmative-action.html?pagewanted=all; L. M. Leslie, D. M. Mayer e D. A. Kravitz, "The Stigma of Affirmative Action: A Stereotyping-Based Theory and Meta-Analytic Test of the Consequences for Performance", *Academy of Management Journal* 57, no. 4 (2014): 964–89; e B. Zimmer, "Affirmative Action's Hazy Definitions", *The Wall Street Journal* (26–27 abr. 2014), C4.

REVISÃO DO CAPÍTULO

QUESTÕES PARA REVISÃO

2.1 Quais são as duas principais formas de diversidade no local de trabalho?

2.2 Como a discriminação no local de trabalho prejudica a eficácia organizacional?

2.3 Como as principais características biográficas são relevantes para o comportamento organizacional?

2.4 Como outras características diferenciadoras afetam o comportamento organizacional?

2.5 Quais são as habilidades intelectuais e físicas relevantes para o comportamento organizacional?

2.6 Como as empresas podem administrar a diversidade com eficácia?

APLICAÇÃO E EMPREGABILIDADE

A diversidade, em uma variedade de formas, é importante para a aplicação do comportamento organizacional no trabalho. Para começar, a discriminação no trabalho pode reduzir a eficácia de uma organização e causar muitos problemas. Além das características biográficas, outros fatores, como as capacidades intelectuais e físicas, são importantes para o comportamento organizacional. O conhecimento desenvolvido no campo do comportamento organizacional sobre a diversidade pode ajudar você e a sua organização a gerenciá-la com eficácia, além de ajudá-lo a trabalhar melhor com colegas, que podem diferir de você de várias formas. Neste capítulo, você exercitou seu pensamento crítico e aprendeu várias maneiras de abordar questões relativas à responsabilidade social ao ver como até aspectos aparentemente irrelevantes da aparência física (como a calvície) podem afetar as percepções no trabalho, o que levar em consideração ao decidir revelar ou não sua orientação sexual no trabalho e a função e os fatores éticos dos programas de ação afirmativa. Na próxima seção, você terá outras oportunidades de desenvolver essas habilidades e aprenderá a identificar as diferenças e semelhanças entre você e seus colegas de classe, refletir sobre como a licença moral e a participação simbólica funcionam nas organizações, decidir se cursos de diversidade são realmente eficazes e analisar o fenômeno da carreira tardia (*encore career*).

EXERCÍCIO EXPERIENCIAL Diferenças

O professor divide a turma aleatoriamente em grupos de quatro estudantes. É importante que os grupos sejam montados de maneira verdadeiramente aleatória e não pelos lugares onde os estudantes estão sentados, por amizades ou preferências. Sem falar uns com os outros, cada membro do grupo deve responder, por escrito, à seguinte pergunta:

2.7 Em que medida você diria que seu grupo é diversificado, em uma escala de 1 a 10, onde 1 = muito diferente e 10 = muito similar?

Cada pessoa deixa sua resposta de lado e compartilha com o grupo as respostas às seguintes perguntas:
- *Com quais jogos/brinquedos você gostava de brincar na infância?*
- *Qual é seu valor mais sagrado (e por quê)?*
- *Você se considera uma pessoa espiritualizada?*
- *Fale um pouco sobre sua família.*
- *Qual é seu lugar preferido em todo o mundo e por quê?*

Feito isso, cada membro do grupo responde, por escrito e sem falar uns com os outros, à seguinte pergunta:

2.8 Em que medida você diria que seu grupo é diversificado, em uma escala de 1 a 10, onde 1 = muito diferente e 10 = muito similar?

O professor deve pedir que os grupos calculem a média das pontuações atribuídas pelos alunos antes e depois da discussão, compartilhem com a turma a diferença entre as médias e respondam às seguintes perguntas:

2.9 A pontuação que você atribuiu aumentou ou diminuiu depois da discussão com o grupo? As pontuações médias de seu grupo aumentaram ou diminuíram depois da discussão?

2.10 Você acha que, se vocês tivessem mais tempo para conversar, a pontuação média de seu grupo aumentaria?

2.11 Em sua opinião, qual é o papel da diversidade em nível superficial e da diversidade em nível profundo na aceitação das diferenças individuais por parte do grupo?

Dilema ético

Anulando a "licença para discriminar"

No dia 15 de abril de 1947, Jackie Robinson se tornou o primeiro afro-americano a jogar no Brooklyn Dodgers, um time de beisebol profissional dos Estados Unidos. Robinson foi um excelente jogador generalista e acabou sendo eleito para entrar no Hall da Fama do Beisebol. No entanto, por ser o primeiro negro em um time de tamanha visibilidade, Robinson enfrentou muitas dificuldades ao entrar em uma liga dominada por brancos e teve de superar barreiras à "participação plena" devido à sua raça.

No trabalho, a "participação simbólica" refere-se à contratação de membros de grupos minoritários apenas por serem diferentes dos outros membros e, por vezes, para servir como uma prova de que a organização ou grupo não pratica a discriminação. Uma vez que essas pessoas assumem um cargo, as organizações atribuem aos participantes simbólicos funções que seriam estereotipicamente adequadas a seu grupo demográfico. Por exemplo, as mulheres podem receber tarefas femininas estereotipadas em vez de outras tarefas que seriam perfeitamente capazes de realizar. Ao promover a participação simbólica, as organizações podem tornar-se vítimas do efeito da licença moral, na qual os empregadores têm mais chances de se envolver em comportamentos preconceituosos ou antiéticos quando se comportam de maneira moralmente aceitável (como ao acreditar que selecionar ou incluir um membro de um grupo minoritário é uma "prova" de que o grupo é não discriminatório).

Questões

2.12 Você consegue pensar em outros exemplos de participação simbólica no trabalho?

2.13 As organizações usam uma variedade de estratégias de gestão da diversidade para conscientizar e sensibilizar os empregados das necessidades alheias. Você acha que essas práticas podem inadvertidamente (ou intencionalmente) levar à participação simbólica ou à licença moral? Por que ou por que não?

2.14 O que você acha que pode ser feito para restringir a participação simbólica em grupos de trabalho e organizações?

2.15 Em relação ao quadro "Dilema ético" deste capítulo, um estudo recente descobriu que os empregados podem tentar se comportar de maneira moralmente apropriada depois de fazer algo errado (ou serem acusados de fazer algo errado). Por exemplo, um empregado acusado de preconceito pode fazer de tudo para provar que não é preconceituoso sendo mais gentil ou mais receptivo à pessoa que o acusou. Você acha que essas constatações são compatíveis com os fenômenos da licença moral e da participação simbólica? Por quê?

Fontes: baseado em I. Blanken, N. van de Ven e M. Zeelenberg, "A Meta-Analytic Review of Moral Licensing", *Personality and Social Psychology Bulletin* 41, no. 4 (2015): 540–558; Z. Clay, "Tokenism and Black America", *Clutch: News & Opinion*, abr. 2013, https://www.clutchmagonline.com/2013/04/dealing-with-tokenism-in-black-america/; R. Kanter, *Men and Women of the Corporation* (Nova York: Basic Books, 1977); e L. Zimmer, "Tokenism and Women in the Workplace: The Limits of Gender-Neutral Theory", *Social Problems* 35, no. 1 (1988): 64–77.

Estudo de caso 1

As organizações podem promover treinamentos sobre diversidade?

Em Covington, no estado norte-americano da Louisiana, dois policiais foram certificados como instrutores de diversidade cultural. Ao assumir a função, comprometeram-se a trabalhar com o departamento de polícia para ajudar a melhorar as relações entre os policiais e a comunidade, com o objetivo de salvar mais vidas. O sargento Jake Lehman e o detetive Kevin Collins foram à cidade de Norman, no estado de Oklahoma, onde se tornaram instrutores certificados pela academia Racial Intelligence Training & Engagement. A academia busca ensinar aos policiais maneiras de identificar seus preconceitos e melhorar suas habilidades de comunicação, concentrando-se na inteligência emocional e social e buscando aumentar sua capacidade de controlar situações potencialmente explosivas. "A ideia é reduzir a intensidade dos conflitos sempre que possível, o que, por sua vez, reduz o uso da força por parte dos policiais", observa o chefe de polícia Tim Lentz.

Muitos departamentos de polícia e segurança pública dos Estados Unidos estão sendo pressionados a implementar ou melhorar seus programas de treinamento de diversidade, devido ao controverso debate nacional em torno do uso excessivo de força por parte da polícia contra as minorias. Por exemplo, um acordo recente entre o Departamento de Justiça dos Estados Unidos e a cidade de Ferguson, no Missouri, exigiu a contratação de um monitor para analisar padrões de detenção e uso de força, treinamento de diversidade para policiais e uso de câmeras acopladas aos uniformes. Essas mudanças ocorreram na esteira da tragédia na qual Michael Brown, um negro desarmado de 18 anos, foi morto a tiros em 2014.

Em geral, o treinamento de diversidade pode assumir muitas formas e formatos. Mas até que ponto esse tipo de treinamento é eficaz para aumentar a compreensão da diversidade e reduzir o preconceito? Uma ampla revisão de mais de 250 estudos independentes constatou que os trainees reagem positivamente ao treinamento de diversidade e que esse tipo de programa parece ser bastante eficaz em melhorar o modo como pensam sobre esse assunto, apesar de não afetar muito o comportamento. Em geral, o treinamento de diversidade foi mais eficaz quando acompanhado de outras abordagens de gestão da diversidade, com foco na conscientização e no desenvolvimento de habilidades relacionadas à diversidade e com implementação contínua (em vez de um único treinamento não recorrente). Constatou-se que os melhores programas motivam as pessoas a atingirem as metas de diversidade, aumentam o contato entre vários grupos demográficos e mobilizam o desejo das pessoas de se ajudarem umas às outras.

Por outro lado, parece que muitos pesquisadores não se convenceram da eficácia do treinamento de diversidade. Por exemplo, alguns observam que ainda é preciso superar um grande obstáculo: o cérebro humano é configurado para fazer interpretações rápidas e formar opiniões automaticamente. De acordo com Daniel Kahneman, o conceituado economista comportamental, "Tentar contornar o preconceito no nível individual é uma missão impossível, mesmo com treinamento. O ser humano é fundamentalmente superconfiante... e, por isso, fazemos interpretações rápidas e formamos opiniões automaticamente". Alguns programas de diversidade acabaram não levando aos efeitos desejados por tentar controlar o comportamento dos gestores e empregados. Muitos pesquisadores defendem mudar o contexto e o ambiente de tomada de decisão (mudando o clima e as políticas de diversidade) para que os empregados possam se conscientizar de seus preconceitos e tomarem decisões que não discriminem os outros.

De qualquer forma, gestores atuando em diferentes setores e contextos são motivados a implementar atividades de gestão da diversidade em sua organização para promover a igualdade e interações positivas entre seus subordinados.

Questões

2.16 Se você fosse encarregado de desenvolver um programa de treinamento de diversidade para uma organização, o que você faria? Quais elementos você acha que o programa de treinamento deve incluir para ser eficaz?

2.17 Uma variedade de setores tem problemas específicos resultantes de um entendimento insuficiente da diversidade. Você consegue pensar em algum setor que sofre com a falta de diversidade? Como o treinamento de diversidade pode ser adaptado para esses setores?

2.18 Você acha que o treinamento de diversidade é eficaz? Em caso positivo, quais elementos fazem com que esse tipo de treinamento seja eficaz? Em caso negativo, o que você faria para melhorar os efeitos positivos da diversidade nas organizações?

Fontes: baseado em "Midwest, Missouri: Deal to Reform Ferguson Police Is Approved [National Desk]", *The New York Times*, 20 abr. 2016, A12.; K. Bezrukova, C. S. Spell, J. L. Perry e K. A. Jehn, "A Meta-Analytical Integration of over 40 Years of Research on Diversity Training Evaluation", *Psychological Bulletin* 142, no. 11 (2016): 1227–74; L. Burrell, "We Just Can't Handle Diversity: A Research Roundup", *Harvard Business Review*, jul. 2016, 70–4; K. Chatelain, "2 Covington Police Officers Become Certified Diversity Trainers", *The Times-Picayune*, 27 jan. 2017, http://www.nola.com/crime/index.ssf/2017/01/2_covington_cops_become_certif.html; F. Dobbin e A. Kalev, "Why Diversity Programs Fail and What Works Better", *Harvard Business Review*, jul. 2016, 52–60; G. Morse, "Designing a Bias-Free Organization: It's Easier to Change Your Processes Than Your People: An Interview with Iris Bohnet", *Harvard Business Review*, jul. 2016, 63–7; e Racial Intelligence Training & Engagement, http://riteacademy.com/.

Estudo de caso 2

A carreira ampliada *(the encore career)*

No século passado, os avanços da medicina visando a melhorar a longevidade e a vitalidade fizeram com que a idade média da força de trabalho aumentasse. Como vimos neste capítulo, muitas pessoas continuarão trabalhando mesmo depois da idade de aposentadoria e o segmento de crescimento mais rápido da força de trabalho é constituído de pessoas com mais de 55 anos.

Infelizmente, os trabalhadores mais velhos enfrentam uma variedade de atitudes discriminatórias no trabalho. Pesquisadores analisaram mais de 100 publicações sobre a discriminação etária para identificar os tipos de estereótipos etários mais predominantes nos estudos. Eles descobriram que os estereótipos inferiam que os trabalhadores mais velhos apresentavam desempenho mais baixo. No entanto, pesquisas indicam que esse não é o caso, e que as organizações estão se dando conta dos benefícios desse grupo tão necessário de trabalhadores.

Dale Sweere, diretor de RH da empresa de engenharia Stanley Consultants, passou, como outros profissionais de RH, a recrutar ativamente empregados mais velhos. Sweere diz que os trabalhadores mais velhos "em geral já entram cheios de gás e se encaixam bem na organização". Eles contribuem com mais habilidades conquistadas ao longo de anos de experiência, lembram-se da história do setor e conhecem a base de clientes mais velhos.

Mas tente dizer isso a um trabalhador mais velho que está desempregado. Os trabalhadores mais velhos são procurados por fornecedores do governo, companhias financeiras e consultores, segundo Cornelia Gamlem, presidente da consultoria GEMS Group, que os recruta ativamente. Só que, segundo o Bureau of Labor Statistics dos Estados Unidos, o tempo médio que um trabalhador desempregado com mais de 55 anos passa procurando um emprego é de 56 semanas, contra 38 semanas do resto da população desempregada.

Bem-vindo ao mundo da carreira ampliada, também conhecida como "desaposentação". Cada vez mais, os trabalhadores mais velhos que não encontram posições satisfatórias passam a recusar papéis tradicionais. Depois de passar uma longa carreira no mercado de trabalho, um número cada vez maior de pessoas prefere adotar opções flexíveis de trabalho em casa, como atendimento ao cliente. Por exemplo, depois que sua longa carreira chegou ao fim, Olga Howard, de 71 anos, trabalha de 25 a 30 horas por semana como *freelancer* para a Arise Virtual Solutions, resolvendo problemas para uma empresa de software financeiro. Outros decidiram abrir o próprio negócio. Segundo Chris Farrell, autor de *Unretirement*: "As pessoas mais velhas estão abrindo negócios mais do que qualquer outro grupo etário". Outros entram em organizações sem fins lucrativos, que podem não lhes pagar tudo o que eles costumavam ganhar, mas lhes dão um senso de propósito maior. "Eles precisam do dinheiro, mas também de um senso de propósito", explicou o CEO da Encore.org, Marc Freedman. Outros ainda estão se voltando à educação adicional, como os "empreendedores grisalhos" do Japão, que se beneficiaram dos incentivos fiscais oferecidos pelo governo para treinar trabalhadores mais velhos.

Muitas pessoas que mudam de área para embarcar na carreira ampliada se dizem muito satisfeitas. Mas pode não ser desejável para as organizações perder esses profissionais experientes. "Na economia do conhecimento dos dias de hoje, a retenção de trabalhadores mais velhos proporciona aos empregadores uma vantagem competitiva, possibilitando-lhes continuar mobilizando toda uma geração de conhecimentos e habilidades", explicou Mark Schmit, diretor executivo da Society for Human Resource Management Foundation. "Os profissionais de RH e os empregadores precisarão inovar para recrutar e reter esses talentos mais velhos. Caso contrário, o maior patrimônio das organizações sairá porta afora".

Questões

2.19 Como os vínculos empregatícios devem mudar com o envelhecimento da população?

2.20 Você acha que o aumento da diversidade etária criará novas dificuldades para os gestores? Quais você acha que serão os maiores problemas?

2.21 Como as organizações podem lidar com a discriminação etária no trabalho? Como os trabalhadores mais velhos podem ajudar?

2.22 Tendo lido o capítulo e o "Estudo de caso 2", você diria que as organizações devem se empenhar mais para reter e contratar trabalhadores mais velhos? Por quê?

Fontes: baseado em N. Eberstadt e M. W. Hodin, "America Needs to Rethink 'Retirement'", *The Wall Street Journal*, 11 mar. 2014, A15; S. Giegerich, "Older Job-Seekers Must Take Charge, Adapt", *Chicago Tribune*, 10 set. 2012, 2–3; R. J. Grossman, "Encore!", *HR Magazine*, jul. 2014, 27–31; T. Lytle, "Benefits for Older Workers", *HR Magazine*, mar. 2012, 53–58; G. Norman, "Second Acts after 65", *The Wall Street Journal*, 24 set. 2014, A13; D. Stipp, "The Anti-Aging Revolution", *Fortune*, 14 jun. 2010, 124–30; R. A. Posthuma e M. A. Campion, "Age Stereotypes in the Workplace: Common Stereotypes, Moderators, and Future Research Directions", *Journal of Management* 35 (2009): 158–88; e P. Sullivan, "Older, They Turn a Phone into a Job", *The New York Times*, 25 mar. 2014, F3.

NOTAS

1. M. Toossi, "A Century of Change: The U.S. Labor Force, 1950–2050", *Bureau of Labor Statistics*, maio 2002, www.bls.gov/opub/2002/05/art2full.pdf.

2. U.S. Census Bureau, DataFerrett, *Current Population Survey*, dez. 2016; S. Ricker, "The Changing Face of U.S. Jobs", *CareerBuilder*, 26 mar. 2015, www.thehiringsite.careerbuilder.com/2015/03/26/9-findingsdiversity-americas-workforce.

3. L. Colley, "Not Codgers in Cardigans! Female Workforce Participation and Aging Public Services", *Gender Work and Organization* 20, no. 3 (2013): 327–48; e M. DiNatale e S. Boraas, "The Labor Force Experience of Women from Generation X", *Monthly Labor Review*, mar. 2002, 1–15.

4. W. H. Frey, *Diversity Explosion* (Washington, DC: Brookings Institution Press, 2014).

5. M. Toossi, "Labor Force Projections to 2020: A More Slowly Growing Workforce", *Monthly Labor Review*, jan. 2012, 43–64.

6. A. H. Eagly e J. L. Chin, "Are Memberships in Race, Ethnicity, and Gender Categories Merely Surface Characteristics?", *American Psychologist* 65, no. 9 (2010): 934–35.

7. W. J. Casper, J. H. Wayne e J. G. Manegold, "Who Will We Recruit? Targeting Deep- and Surface-Level Diversity with Human Resource Policy Advertising", *Human Resource Management* 52, no. 3 (2013): 311–32; S. L. Gaertner e J. F. Dovidio, *Reducing Intergroup Bias: The Common Ingroup Identity Model* (Filadélfia: Psychology Press, 2000).

8. S. T. Bell, "Deep-Level Composition Variables as Predictors of Team Performance: A Meta-Analysis", *Academy of Management Journal* 92, no. 2 (2007): 595–615.

9. C. T. Kulik, "Spotlight on the Context: How a Stereotype Threat Framework Might Help Organizations to Attract and Retain Older Workers", *Industrial and Organizational Psychology* 7, no. 3 (2014): 456–61.

10. S. J. Spencer, C. Logel e P. G. Davies, "Stereotype Threat", *Annual Review of Psychology* 67 (2016): 415–37.

11. E. J. Kenny e R. B. Briner, "Stereotype Threat and Minority Ethnic Employees: What Should Our Research Priorities Be?", *Industrial and Organizational Psychology* 7, no. 3 (2014): 425–29; e Spencer, Logel e Davies, "Stereotype Threat".

12. J. A. Grand, "Brain Drain? An Examination of Stereotype Threat Effects during Training on Knowledge Acquisition and Organizational Effectiveness", *Journal of Applied Psychology*, 102, no. 2 (2017): 115–50; e Spencer, Logel e Davies, "Stereotype Threat".

13. G. M. Walton, M. C. Murphy e A. M. Ryan, "Stereotype Threat in Organizations: Implications for Equity and Performance", *Annual Review of Organizational Psychology and Organizational Behavior* 2 (2015): 523–50.

14. G. Czukor e M. Bayazit, "Casting a Wide Net? Performance Deficit, Priming, and Subjective Performance Evaluation in Organizational Stereotype Threat Research", *Industrial and Organizational Psychology* 7, no. 3 (2014): 409–12; K. S. Jones e N. C. Carpenter, "Toward a Sociocultural Psychological Approach to Examining Stereotype Threat in the Workplace", *Industrial and Organizational Psychology* 7, no. 3 (2014): 429–32; Kulik, "Spotlight on the Context"; e C. T. Kulik, S. Perera e C. Cregan, "Engage Me: The Mature-Age Worker and Stereotype Threat", *Academy of Management Journal* 59, no. 6 (2016): 2132–56.

15. L. M. Cortina, "Unseen Injustice: Incivility as Modern Discrimination in Organizations", *Academy of Management Review* 33, no. 1 (2008): 55–75; e C. M. Harold e B. C. Holtz, "The Effects of Passive Leadership on Workplace Incivility", *Journal of Organizational Behavior* 36, no. 1 (2015): 16–38.

16. N. A. Bowling e T. A. Beehr, "Workplace Harassment from the Victim's Perspective: A Theoretical Model and Meta-Analysis", *Journal of Applied Psychology* 91, no. 5 (2006): 998–1012; e J. P. Jamieson, K. Koslov, M. K. Nock e W. B. Mendes, "Experiencing Discrimination Increases Risk Taking", *Psychological Science* 24, no. 2 (2012): 131–39.

17. C. T. Kulik, S. Ryan, S. Harper e G. George, "Aging Populations and Management", *Academy of Management Journal* 57, no. 4 (2014): 929–35.

18. M. Toossi, "Labor Force Projections to 2024: The Labor Force Is Growing, but Slowly", *Monthly Labor Review*, dez. 2015, https://www.bls.gov/opub/mlr/2015/article/labor-force-projections-to-2024.htm.

19. A. Tergesen, "Why Everything You Know about Aging Is Probably Wrong", *The Wall Street Journal*, 1 dez. 2014, B1–B2.

20. L. Turner e A. Suflas, "Global Diversity—One Program Won't Fit All", *HR Magazine*, maio 2014, 59–61.

21. L. Weber, "Americans Rip Up Retirement Plans", *The Wall Street Journal*, 31 jan. 2013, http://online.wsj.com/article/SB10001424127887323926104578276241741448064.html.

22. M. Chand e R. L. Tung, "The Aging of the World's Population and Its Effects on Global Business", *Academy of Management Perspectives* 28, no. 4 (2014): 409–29.

23. S. Shellenbarger, "Work & Family Mailbox", *The Wall Street Journal*, 29 jan. 2014, D2.

24. N. E. Wolfson, T. M. Cavanaugh e K. Kraiger, "Older Adults and Technology-Based Instruction: Optimizing Learning Outcomes and Transfer", *Academy of Management Learning & Education* 13, no. 1 (2014): 26–44.

25. T. W. H. Ng e D. C. Feldman, "Re-examining the Relationship between Age and Voluntary Turnover", *Journal of Vocational Behavior* 74, no. 3 (2009): 283–94.

26. T. W. H. Ng e D. C. Feldman, "The Relationship of Age to Ten Dimensions of Job Performance", *Journal of Applied Psychology* 93, no. 2 (2008): 392–423.

27. T. W. H. Ng e D. C. Feldman, "Evaluating Six Common Stereotypes about Older Workers with Meta-Analytical Data", *Personnel Psychology* 65, no. 4 (2012): 821–58.

28. A. Tergesen, "Why Everything You Know about Aging Is Probably Wrong", *The Wall Street Journal*, 1 dez. 2014, B1–B2.

29. Ibid.

30. Ibid.

31. Ibid.

32. T. W. H. Ng e D. C. Feldman, "The Relationship of Age with Job Attitudes: A MetaAnalysis", *Personnel Psychology* 63, no. 3 (2010): 677–718.

33. E. Zell, Z. Krizan e S. R. Teeter, "Evaluating Gender Similarities and Differences Using Metasynthesis", *American Psychologist* 70, no. 1 (2015): 10–20.

34. J. B. Allendorfer, C. J. Lindsell, M. Siegel, C. L. Banks, J. Vannest, S. K. Holland e J. P. Szaflarski, "Females and Males Are Highly Similar in Language Performance and Cortical Activation Patterns during Verb Generation", *Cortex* 48, no. 9 (2012): 1218–33; e A. Ardilla, M. Rosselli, E. Matute e O. Inozemtseva, "Gender Differences in Cognitive Development", *Developmental Psychology* 47, no. 4 (2011): 984–90.

35. P. L. Roth, K. L. Purvis e P. Bobko, "A Meta-Analysis of Gender Group Differences for Measures of Job Performance in Field Studies", *Journal of Management* 38, no. 2 (2012): 719–39.

36. S. C. Paustian-Underdahl, L. S. Walker e D. J. Woehr, "Gender and Perceptions of Leadership Effectiveness: A Meta-Analysis of Contextual Moderators", *Journal of Applied Psychology* 99, no. 6 (2014): 1129–45.

37. R. E. Silverman, "Study Suggests Fix for Gender Bias on the Job", *The Wall Street Journal*, 9 jan. 2013, D4.

38. A. J. Koch, S. D. D'Mello e P. R. Sackett, "A Meta-Analysis of Gender Stereotypes and Bias in Experimental Simulations of Employment Decision Making", *Journal of Applied Psychology* 100, no. 1 (2015): 128–61.

39. E. B. King, W. Botsford, M. R. Hebl, S. Kazama, J. F. Dawson e A. Perkins, "Benevolent Sexism at Work: Gender Differences in the Distribution of Challenging Developmental Experiences", *Journal of Management* 38, no. 6 (2012): 1835–66.

40. L. Gartzia, M. K. Ryan, N. Balluerka e A. Aritzeta, "Think Crisis—Think Female: Further Evidence", *European Journal of Work and Organizational Psychology* 21, no. 4 (2014): 603–28.

41. P. Wechsler, "58 women CFOs in the Fortune 500: Is This progress?", *Fortune*, 24 jan. 2015, http://fortune.com/2015/02/24/58-women-cfos-in-the-fortune500-is-this-progress/.

42. A. Damast, "She Works Hard for Less Money", *Bloomberg Businessweek*, 24 dez. 2012–6 jan. 2013, 31–32.

43. B. Casselman, "Male Nurses Earn More", *The Wall Street Journal*, 26 fev. 2013, A2.

44. A. Joshi, J. Son e H. Roh, "When Can Women Close the Gap? A Meta-Analytic Test of Sex Differences in Performance and Rewards", *Academy of Management Journal* 58, no. 5 (2015): 1516–45.

45. A. J. C. Cuddy, "Increasingly, Juries Are Taking the Side of Women Who Face Workplace Discrimination", *Harvard Business Review*, set. 2012, 95–100.

46. J. M. Hoobler, G. Lemmon e S. J. Wayne, "Women's Managerial Aspirations: An Organizational Development Perspective", *Journal of Management* 40, no. 3 (2014): 703–30.

47. M. J. Williams e L. Z. Tiedens, "The Subtle Suspension of Backlash: A Meta-Analysis of Penalties for Women's Implicit and Explicit Dominance Behavior", *Psychological Bulletin*, 142, no. 2 (2016): 165–97.

48. Turner e Suflas, "Global Diversity—One Program Won't Fit All".

49. Ibid.

50. G. N. Powell e D. A. Butterfield, "Exploring the Influence of Decision Makers' Race and Gender on Actual Promotions to Top Management", *Personnel Psychology* 55, no. 2 (2002): 397–428.

51. T. Vega, "With Diversity Still Lacking, Industry Focuses on Retention", *The New York Times*, 4 set. 2012, B3.

52. D. R. Avery, P. F. McKay e D. C. Wilson, "What Are the Odds? How Demographic Similarity Affects the Prevalence of Perceived Employment Discrimination", *Journal of Applied Psychology* 93, no. 2 (2008): 235–49.

53. P. Bobko e P. L. Roth, "Reviewing, Categorizing, and Analyzing the Literature on Black-White Mean Differences for Predictors of Job Performance: Verifying Some Perceptions and Updating/Correcting Others", *Personnel Psychology* 66, no. 1 (2013): 91–126; e P. F. McKay e M. A. McDaniel, "A Reexamination of Black-White Mean Differences in Work Performance: More Data, More Moderators", *Journal of Applied Psychology* 91, no. 3 (2006): 538–54.

54. S. Mullainathan, "The Measuring Sticks of Racial Bias", *The New York Times*, 4 jan. 2015, 6.

55. B. R. Ragins, J. A. Gonzalez, K. Ehrhardt e R. Singh, "Crossing the Threshold: The Spillover of Community Racial Diversity and Diversity Climate to the Workplace", *Personnel Psychology* 65, no. 4 (2012): 755–87.

56. P. F. McKay, D. R. Avery e M. A. Morris, "Mean Racial-Ethnic Differences in Employee Sales Performance: The Moderating Role of Diversity Climate", *Personnel Psychology* 61, no. 2 (2008): 349–74; e P. F. McKay, D. R. Avery, S. Tonidandel, M. A. Morris, M. Hernanez e M. R. Hebl, "Racial Differences in Employee Retention: Are Diversity Climate Perceptions the Key?", *Personnel Psychology* 60, no. 1 (2007): 35–62.

57. D. R. Avery, J. A. Richeson, M R. Hebl e N. Ambady, "It Does Not Have to Be Uncomfortable: The Role of Behavioral Scripts in Black-White Interracial Interactions", *Journal of Applied Psychology* 94, no. 6 (2009): 1382–93.

58. Turner e Suflas, "Global Diversity—One Program Won't Fit All".

59. Informações sobre a Americans with Disabilities Act podem ser encontradas no site www.ada.gov, acessado em 28 jul. 2015.

60. S. G. Goldberg, M. B. Killeen e B. O'Day, "The Disclosure Conundrum: How People with Psychiatric Disabilities Navigate Employment", *Psychology, Public Policy, and Law* 11, no. 3 (2005): 463–500; e M. L. Ellison, Z. Russinova, K. L. MacDonald-Wilson e A. Lyass, "Patterns and Correlates of Workplace Disclosure among Professionals and Managers with Psychiatric Conditions", *Journal of Vocational Rehabilitation* 18, no. 1 (2003): 3–13.

61. B. S. Bell e K. J. Klein, "Effect of Disability, Gender, and Job Level on Ratings of Job Applicants", *Rehabilitation Psychology* 46, no. 3 (2001): 229–46; e E. Louvet, "Social Judgment toward Job Applicants with Disabilities: Perception of Personal Qualities and Competences", *Rehabilitation Psychology* 52, no. 3 (2007): 297–303.

62. L. R. Ren, R. L. Paetzold e A. Colella, "A Meta-Analysis of Experimental Studies on the Effects of Disability on Human Resource Judgments", *Human Resource Management Review* 18, no. 3 (2008): 191–203.

63. S. Almond e A. Healey, "Mental Health and Absence from Work: New Evidence from the UK Quarterly Labour Force Survey", *Work, Employment, and Society* 17, no. 4 (2003): 731–42.

64. P. T. J. H. Nelissen, K. Vornholt, G. M. C. Van Ruitenbeek, U. R. Hulsheger e S. Uitdewilligen, "Disclosure or Nondisclosure—Is This the Question?", *Industrial and Organizational Psychology* 7, no. 2 (2014): 231–35.

65. A. M. Santuzzi, P. R. Waltz e L. M. Finkelstein, "Invisible Disabilities: Unique Challenges for Employees and Organizations", *Industrial and Organizational Psychology* 7, no. 2 (2014): 204–19.

66. Ibid.

67. T. D. Johnson e A. Joshi, "Dark Clouds or Silver Linings? A Stigma Threat Perspective on the Implications of an Autism Diagnosis for Workplace Well-Being", *Journal of Applied Psychology* 101, no. 3 (2015): 430–49.

68. R. A. Schriber, R. W. Robins e M. Solomon, "Personality and Self-Insight in Individuals with Autism Spectrum Disorder", *Journal of Personality and Social Psychology* 106, no. 1 (2014): 112–30.

69. C. L. Nittrouer, R. C. E. Trump, K. R. O'Brien e M. Hebl, "Stand Up and Be Counted: In the Long Run, Disclosing Helps All", *Industrial and Organizational Psychology* 7, no. 2 (2014): 235–41.

70. T. W. H. Ng e D. C. Feldman, "Organizational Tenure and Job Performance", *Journal of Management* 36, no. 5 (2010): 1220–50; T. WH. Ng e D. C. Feldman, "Does Longer Job Tenure Help or Hinder Job Performance?", *Journal of Vocational Behavior* 83, no. 3 (2013): 305–14.

71. Turner e Suflas, "Global Diversity—One Program Won't Fit All".

72. T. Audi, "A New Mosque Rises in Anchorage", *The Wall Street Journal*, 15 ago. 2014, A5.

73. E. B. King e A. S. Ahmad, "An Experimental Field Study of Interpersonal Discrimination toward Muslim Job Applicants", *Personnel Psychology* 63, no. 4 (2010): 881–906.

74. S. Ghumman, A. M. Ryan e J. S. Park, "Religious Harassment in the Workplace: An Examination of Observer Intervention", *Journal of Organizational Behavior* 37, no. 2 (2016): 279–306.

75. A. Liptak, "In a Case of Religious Dress, Justices Explore the Obligations of Employers", *The New York Times* (25 fev. 2015), http://www.nytimes.com/2015/02/26/us/in-a-case-of-religious-dress-justices-explore-the-obligations-of-employers.html?ref= topics&_r=2.

76. A. Tilcsik, "Pride and Prejudice: Employment Discrimination against Openly Gay Men in the United States", *American Journal of Sociology* 117, no. 2 (2011): 586–626.

77. B. A. Everly, M. M. Unzueta e M. J. Shih, "Can Being Gay Provide a Boost in the Hiring Process? Maybe if the Boss Is Female", *Journal of Business Psychology* 31, no. 2 (2016): 293–306.

78. J. Browne, "What One CEO Learned by Being Outed", *The Wall Street Journal*, 7–8 jun. 2014, C3.

79. U.S. Equal Employment Opportunity Commission, "Facts about Discrimination in Federal Government Employment Baseado em Marital Status, Political Affiliation, Status as a Parent, Sexual Orientation, or Transgender (Gender Identity) Status", (Washington, DC: autor, 2013), www.eeoc.gov/federal/otherprotections.cfm.

80. Turner e Suflas, "Global Diversity—One Program Won't Fit All".

81. V. Priola, D. Lasio, S. De Simone e F. Serri, "The Sound of Silence: Lesbian, Gay, Bisexual, and Transgender Discrimination in 'Inclusive Organizations,'" *British Journal of Management* 25, no. 3 (2012): 488–502.

82. U.S. Equal Employment Opportunity Commission, "Sex-Based Discrimination", (Washington, DC: autor, 2013), www.eeoc.gov/laws/types/sex.cfm.

83. C. Burns, "The Costly Business of Discrimination", Center for American Progress, mar. 2012, www.scribd.com/doc/81214767/The-Costly-Business-of-Discrimination.

84. Human Rights Campaign Foundation, *HRC Corporate Equality Index 2017: Rating Workplaces on Lesbian, Gay, Bisexual and Transgender Equality* (Washington, DC: autor 2017), http://assets.hrc.org//files/assets/resources/CEI2017-Final-Report.pdf.

85. P. Levy, "Does the Hobby Lobby Decision Threaten Gay Rights?", *Newsweek*, 9 jul. 2014, http://www.*Newsweek*.com/does-hobby-lobby-decision-threaten-gay-rights-258098.

86. Priola, Lasio, De Simone e Serri, "The Sound of Silence".

87. R. E. Nisbett, J. Aronson, C. Blair, W. Dickens, J. Flynn, D. F. Halpern e E. Turkheimer, "Intelligence: New Findings and Theoretical Developments", *American Psychologist* 67, no. 2 (2012): 130–59.

88. L. S. Gottfredson, "The Challenge and Promise of Cognitive Career Assessment", *Journal of Career Assessment* 11, no. 2 (2003): 115–35.

89. M. D. Dunnette e E. A. Fleishman (eds.), *Human Performance and Productivity: Human Capability Assessment* (Nova York e Londres: Psychology Press/Taylor & Francis Group, 2014).

90. M. J. Ree e T. R. Carretta, "g2K", *Human Performance* 15, nos. 1–2 (2002): 3–23; e W. J. Schneider e D. A. Newman, "Intelligence Is Multidimensional: Theoretical Review and Implications of Specific Cognitive Abilities", *Human Resource Management Review* 25, no. 1 (2015): 12–27.

91. N. Barber, "Educational and Ecological Correlates of IQ: A Cross-National Investigation", *Intelligence* 33, no. 3 (2005): 273–84.

92. N. Schmitt, "Personality and Cognitive Ability as Predictors of Effective Performance at Work", *Annual Review of Organizational Psychology and Organizational Behavior* 1 (2014): 45–65.

93. A. Hollis, "What Companies Will Make You Take a Wonderlic Test?", *Beat the Wonderlic Blog*, 2 ago 2016, https://beatthewonderlic.com/blogs/news/what-companies-will-makeyou-take-a-wonderlic-test.

94. Y. Ganzach, "Intelligence and Job Satisfaction", *Academy of Management Journal* 41, no. 5 (1998): 526–39; e Y. Ganzach, "Intelligence, Education, and Facets of Job Satisfaction", *Work and Occupations* 30, no. 1 (2003): 97–122.

95. J. M. Jensen, P. C. Patel e J. L. Raver, "Is it Better to Be Average? High and Low Performance as Predictors of Employee Victimization", *Journal of Applied Psychology*, 99, no. 2 (2014): 296–309; E. Kim e T. M. Glomb, "Get Smarty Pants: Cognitive Ability, Personality, and Victimization", *Journal of Applied Psychology* 95, no. 5 (2010): 889–901; e E. Kim e T. M. Glomb, "Victimization of High Performers: The Roles of Envy and Work Group Identification", *Journal of Applied Psychology* 99, no. 4 (2014): 619–34.

96. J. J. Caughron, M. D. Mumford e E. A. Fleishman, "The Fleishman Job Analysis Survey: Development, Validation, and Applications", in M. A. Wilson, W. Bennett Jr., S. G. Gibson e G. M. Alliger (eds.), *The Handbook of Work Analysis: Methods, Systems, Applications and Science of Work Measurement in Organizations* (Nova York: Routledge/Taylor & Francis Group, 2012); e P. D. Converse, F. L. Oswald, M. A. Gillespie, K. A. Field e E. B. Bizot, "Matching Individuals to Occupations Using Abilities and the O*Net: Issues and an Application in Career Guidance", *Personnel Psychology* 57, no. 2 (2004): 451–87.

97. S. S. Wang, "Companies Find Autism Can Be a Job Skill", *The Wall Street Journal*, 28 mar. 2014, B1–B2.

98. N. Wingfield, "Microsoft Chief Backpedals on Women's Pay", *The Wall Street Journal*, 10 out. 2014, B1, B7.

99. D. R. Avery, "Reactions to Diversity in Recruitment Advertising: Are the Differences Black and White?", *Journal of Applied Psychology* 88, no. 4 (2003): 672–79; P. F. McKay e D. R. Avery, "What Has Race Got to Do with It? Unraveling the Role of Racioethnicity in Job Seekers' Reactions to Site Visits", *Personnel Psychology* 59, no. 2 (2006): 395–429; e D. R. Avery e P. F. McKay, "Target Practice: An Organizational Impression Management Approach to Attracting Minority and Female Job Applicants", *Personnel Psychology* 59, no. 1 (2006): 157–87.

100. A. Overholt, "More Women Coders", *Fortune*, 25 fev. 2013, 14.

101. L. Kwoh, "McKinsey Tries to Recruit Mothers Who Left the Fold", *The Wall Street Journal*, 20 fev. 2013, B1, B7.

102. S. T. Bell, "Deep-Level Composition Variables as Predictors of Team Performance: A Meta–Analysis", *Journal of Applied Psychology* 92, no. 3 (2007): 595–615; S. K. Horwitz e I. B. Horwitz, "The Effects of Team Diversity on Team Outcomes: A Meta-Analytic Review of Team Demography", *Journal of Management* 33, no. 6 (2007): 987–1015; G. L. Stewart, "A Meta-Analytic Review of Relationships between Team Design Features and Team Performance", *Journal of Management* 32, no. 1 (2006): 29–54; e A. Joshi e H. Roh, "The Role of Context in Work Team Diversity Research: A Meta-Analytic Review", *Academy of Management Journal* 52, no. 3 (2009): 599–627.

103. G. Andrevski, O. C. Richard, J. D. Shaw e W. J. Ferrier, "Racial Diversity and Firm Performance: The Mediating Role of Competitive

Intensity", *Journal of Management* 40, no. 3 (2014): 820–44.

104. A. C. Homan, J. R. Hollenbeck, S. E. Humphrey, D. Van Knippenberg, D. R. Ilgen e G. A. Van Kleef, "Facing Differences with an Open Mind: Openness to Experience, Salience of Intragroup Differences, and Performance of Diverse Work Groups", *Academy of Management Journal* 51, no. 6 (2008): 1204–22.

105. R. Maurer, "International Assignments Expected to Increase in 2013", *Society for Human Resource Management: Global HR*, 14 maio 2013, https://www.shrm.org/ResourcesAndTools/hr-topics/global-hr/Pages/InternationalAssignments-Increase-2013.aspx.

106. P. Bhaskar-Shrinivas, D. A. Harrison, M. A. Shaffer e D. M. Luk, "Input-Based and Time-Based Models of International Adjustment: Meta-Analytic Evidence and Theoretical Extensions", *Academy of Management Journal* 48, no. 2 (2005): 257–81; e J. Bonache, H. Langinier e C. Zárraga-Oberty, "Antecedents and Effects of Host Country Nationals Negative Stereotyping of Corporate Expatriates: A Social Identity Analysis", *Human Resource Management Review* 26, no. 1 (2016): 59–68.

107. B. M. Firth, G. Chen, B. L. Kirkman e K. Kim, "Newcomers Abroad: Expatriate Adaptation during Early Phases of International Assignments", *Academy of Management Journal* 57, no. 1 (2014): 280–300.

108. J. Zhu, C. R. Wanberg, D. A. Harrison e E. W. Diehn, "Ups and Downs of the Expatriate Experience? Understanding Work Adjustment Trajectories and Career Outcomes", *Journal of Applied Psychology* 101, no. 4 (2016): 549–68.

109. Bhaskar-Shrinivas, Harrison, Shaffer e Luk, "Input-Based and Time-Based Models of International Adjustment".

110. C. L. Holladay e M. A. Quiñones, "The Influence of Training Focus and Trainer Characteristics on Diversity Training Effectiveness", *Academy of Management Learning and Education* 7, no. 3 (2008): 343–54; e R. Anand e M. Winters, "A Retrospective View of Corporate Diversity Training from 1964 to the Present", *Academy of Management Learning and Education* 7, no. 3 (2008): 356–72.

111. A. Sippola e A. Smale, "The Global Integration of Diversity Management: A Longitudinal Case Study", *International Journal of Human Resource Management* 18, no. 11 (2007): 1895–1916.

Atitudes e satisfação no trabalho

Capítulo 3

Objetivos de aprendizagem

Depois de ler este capítulo, você será capaz de:

3.1 Distinguir os três componentes de uma atitude.

3.2 Resumir a relação entre atitudes e comportamento.

3.3 Comparar as principais atitudes no trabalho.

3.4 Definir *satisfação no trabalho*.

3.5 Resumir as principais causas da satisfação no trabalho.

3.6 Identificar os três resultados da satisfação no trabalho.

3.7 Identificar as quatro respostas dos trabalhadores à insatisfação.

A matriz a seguir identifica os recursos e os conteúdos que, ao final do capítulo, vão auxiliá-lo a desenvolver as habilidades específicas que os empregadores buscam nos candidatos a emprego.

MATRIZ DE HABILIDADES PARA A EMPREGABILIDADE								
	Mito ou ciência?	Objetivos profissionais	Escolha ética	Ponto e contraponto	Exercício experiencial	Dilema ético	Estudo de caso 1	Estudo de caso 2
Pensamento crítico		✓	✓	✓	✓	✓	✓	✓
Comunicação	✓	✓	✓		✓	✓		
Colaboração			✓	✓				
Análise e aplicação do conhecimento	✓	✓			✓		✓	✓
Responsabilidade social	✓		✓	✓		✓	✓	✓

O PODER DOS BARISTAS

Os baristas desempenham um importante papel em um café. Como explica James Hoffmann, da Square Mile Coffee Roasters, eles têm um duplo papel: "Um aspecto do trabalho é preparar o café e traduzir o empenho de todos os participantes da rede em uma experiência agradável e valorizada. Isso requer habilidade, prática e conhecimento das técnicas de preparação. No entanto, outro papel desempenhado pelo barista envolve atuar como um vendedor, consultor, anfitrião e curador da experiência. Isso requer um bom atendimento ao cliente". É importante ter o conhecimento, as habilidades e as competências necessárias para preparar e servir um bom café. Mas, considerando que os baristas passam um bom tempo interagindo com os clientes, sua satisfação e engajamento no trabalho, bem como seu comprometimento com a empresa, podem fazer a diferença entre prestar um atendimento excelente ou péssimo.

Será que os gestores podem fazer alguma coisa para promover atitudes positivas e maior satisfação no trabalho por parte dos baristas? Um jeito de fazer isso é começar no topo e criar a cultura e a infraestrutura necessárias para promover o engajamento dos trabalhadores. Nesse caso, é importantíssimo que os líderes também estejam engajados. Por exemplo, o CEO da Starbucks, Howard Schultz (que aparece na foto que abre este capítulo), fez de tudo para colocar os empregados e os clientes em primeiro lugar. "O nosso produto é o café, mas não é nesse negócio que estamos inseridos. Nosso negócio é lidar com pessoas. Acho que o contato humano é tudo". A visão de Schultz para criar uma empresa focada em melhorar a experiência dos empregados tem origem em uma promessa que fez a si mesmo em 1961. Um dia, o pai de Howard, um entregador de fraldas, escorregou no gelo e quebrou vários ossos. Ele não conseguia mais trabalhar e não tinha plano de assistência médica, direito a indenização ou qualquer outro meio de pagar as contas. Howard jurou que se um dia ocupasse uma posição de poder, faria de tudo para cuidar de seus empregados.

A Starbucks demonstra que cuidar da satisfação e do engajamento de seus empregados leva a resultados positivos tanto para eles quanto para os negócios. Atualmente, a Starbucks opera com mais de 6.000 lojas ao redor do mundo. Em um setor marcado por altas taxas de rotatividade (número de empregados que saem da organização anualmente), a taxa da Starbucks é de, aproximadamente, 65%, uma rotatividade baixa quando comparada com a de outras redes, que têm taxas que variam entre 150% e 400%.

Para melhorar ainda mais seus resultados já excelentes, a Starbucks avalia continuamente o engajamento e as atitudes dos empregados usando métodos de mensuração de última geração. Como observou Isabel Montes, diretora de recursos humanos da Starbucks para a

América Latina: "O que fizemos foi incorporar duas a três perguntas ao software que os empregados usam ao concluir seu turno de trabalho. As perguntas são aleatórias, podendo ser específicas ou mais genéricas, e têm o objetivo de dar ao empregado a chance de contar sobre sua experiência geral naquela loja". Embora nem sempre seja perfeita, a Starbucks faz de tudo para implementar uma variedade de políticas, práticas e procedimentos para promover atitudes de trabalho mais positivas para seus baristas. Por exemplo, os empregados de meio período da Starbucks têm a chance de entrar no plano de saúde da empresa depois de aproximadamente 3 meses. A Starbucks também oferece oportunidades de promoção e bolsas de estudo. A empresa usa um software de análise preditiva para garantir que os restaurantes não tenham de operar com pessoal insuficiente. Se formos pensar em todas as circunstâncias que podem ameaçar as atitudes no trabalho (como falta de pessoal, metas de desempenho ambiciosas demais e pressões do mercado, entre outras), dá para entender a importância de avaliar continuamente as atitudes dos empregados.

Fontes: baseado em C. Comaford, "The One Mistake Leaders Make That Kills Employee Engagement", *Forbes* (16 abr. 2016), https://www.forbes.com/sites/christinecomaford/2016/04/16/the-one-mistake-leaders-make-that-kills-employee-engagement/#7633d3 bf6b1d; C. Gallo, "How Starbucks CEO Howard Schultz Inspired Us to Dream Bigger", *Forbes* (2 dez. 2016), https://www.forbes.com/sites/carminegallo/2016/12/02/how-starbucks-ceo-howard-schultz-inspired-us-to-dream-bigger/#325734dde858; L. Kubota, "Important or Self-Important: The Role and Influence of a Barista", *The Specialty Coffee Chronicle* (17 out. 2011), https://scaa.org/chronicle/2011/10/17/important-orself-important-the-role-and-influence-of-a-barista/; N. Scheiber, "Starbuck's Vow on Shift Work Is Falling Short, Its Workers Say", *The New York Times* (24 set. 2015), B1; A. Verasai, "A Starbucks Turnaround Success Story", *The HR Digest* (25 dez. 2014), https://www.thehrdigest.com/starbucks-turn-around-success-story/; "Starbucks's Secret Ingredient Is Its People", *World City* (5 jul. 2016), https://www.worldcityweb.com/starbucks-secret-ingredient-is-its-people/.

Dizer que um empregado feliz é um empregado produtivo é um grande clichê. Contudo, como mostra o exemplo da abertura deste capítulo, os fatores que afetam as atitudes no trabalho são variados e podem mudar com o tempo. Quais aspectos, além da cultura organizacional, liderança e infraestrutura, podem afetar as atitudes dos empregados?[1] Será que faz mesmo diferença estar satisfeito no trabalho? Antes de entrarmos nessas importantes questões, é necessário definir o que entendemos por atitudes em geral e por atitudes no trabalho, em particular.

Atitudes

3.1 Distinguir os três componentes de uma atitude.

Atitudes são afirmações avaliativas — favoráveis ou desfavoráveis — com relação a objetos, pessoas ou eventos, que refletem nosso sentimento em relação a alguma coisa. Quando digo "eu gosto do meu trabalho", estou expressando minha atitude relacionada ao trabalho.

atitudes
Afirmações avaliativas ou julgamentos sobre objetos, pessoas ou eventos.

As atitudes são complexas. Se perguntar às pessoas acerca de suas atitudes a respeito de religião, da Lady Gaga ou da empresa na qual trabalham, por exemplo, é possível obter uma resposta muito simples, embora as razões implícitas provavelmente sejam complexas. Para entendermos as atitudes, precisamos considerar suas propriedades básicas ou, em outras palavras, seus componentes.

Os pesquisadores normalmente supõem que as atitudes possuem três componentes: cognição, afeto e comportamento.[2] A afirmação "meu salário é baixo" é um exemplo do componente cognitivo de uma atitude — o aspecto de uma atitude na forma de uma opinião ou crença acerca de como as coisas são. Esse componente estabelece as bases para a parte mais crucial de uma atitude: seu componente afetivo. O afeto é a dimensão emocional ou sentimento da atitude e se reflete na afirmação "estou com raiva porque meu salário é baixo". Por fim, o afeto pode provocar

componente cognitivo
Opinião ou crença que compõe uma atitude.

componente afetivo
Dimensão emocional ou sentimento que compõe uma atitude.

componente comportamental
Intenção de comportar-se de determinada maneira com relação a alguém ou alguma coisa.

determinado comportamento. O componente comportamental de uma atitude refere-se à intenção de se comportar de determinada maneira com relação a alguém ou alguma situação — continuando o exemplo, "vou procurar outro emprego que pague melhor".

Considerar que as atitudes são formadas por três componentes — cognição, afeto e comportamento — é algo que permite compreender sua complexidade e a potencial relação entre atitudes e comportamento. Por exemplo, imagine que você percebeu, neste exato momento, que alguém acabou de cometer uma injustiça com você. É provável que isso acarrete, simultaneamente, sentimentos e pensamentos, certo? Assim, cognição e afeto estão interligados.

A Figura 3.1 ilustra como os três componentes de uma atitude estão relacionados. No exemplo, um empregado não conseguiu uma promoção que julgava merecer. A atitude dele com relação a seu chefe é ilustrada como se segue: o empregado achava que merecia a promoção (cognição), passa a detestar o chefe (afeto), começa a reclamar e procura um novo emprego (comportamento).

As atitudes dos empregados nas organizações são importantes devido ao componente comportamental. Por exemplo, se o grau de comprometimento com a organização varia de um trabalhador ao outro leva à decisão de um empregado de manter ou abandonar o emprego, é importante tentar entender como esse comprometimento é formado e como pode ser alterado. Algumas pesquisas conduzidas na Holanda sugerem que, no caso do comprometimento organizacional, a cognição e o comportamento levam ao afeto, embora seja difícil separar esses componentes.[3]

3.2 Resumir a relação entre atitudes e comportamento.

Atitudes e comportamento

As pesquisas voltadas a investigar as atitudes partiam do princípio de que havia uma relação causal com o comportamento — ou seja, as atitudes determinavam o modo como as pessoas agiam. No entanto, um pesquisador — Leon Festinger — argumentou

FIGURA 3.1 Componentes de uma atitude.

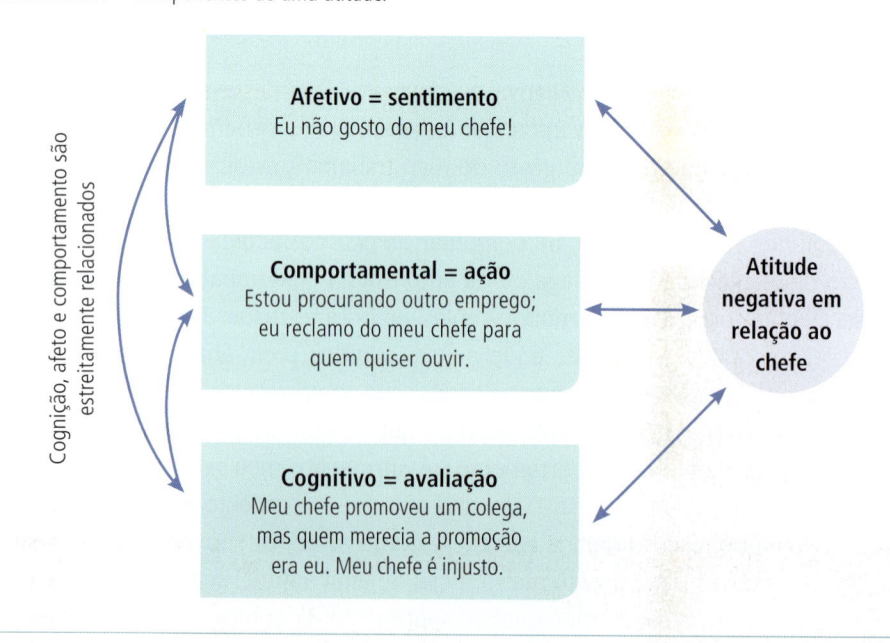

Cognição, afeto e comportamento são estreitamente relacionados

- **Afetivo = sentimento**
  Eu não gosto do meu chefe!

- **Comportamental = ação**
  Estou procurando outro emprego; eu reclamo do meu chefe para quem quiser ouvir.

- **Cognitivo = avaliação**
  Meu chefe promoveu um colega, mas quem merecia a promoção era eu. Meu chefe é injusto.

Atitude negativa em relação ao chefe

que são as atitudes que resultam do comportamento, não o contrário. Outros pesquisadores concordam que as atitudes são fatores preditivos do comportamento futuro.[4]

Você já percebeu como as pessoas mudam o que dizem para não contradizer o que fazem? Talvez você tenha um amigo que considere a qualidade do cinema brasileiro muito inferior à dos filmes norte-americanos. Talvez um amigo seu, que sempre tenha argumentado que o prédio de apartamentos onde ele morava era melhor do que o prédio onde você mora, após ter encontrado um bom apartamento no seu prédio e ter passado a ser seu vizinho, tenha desenvolvido uma atitude mais crítica em relação à antiga moradia. Casos de atitudes afetadas pelo comportamento ilustram os efeitos da dissonância cognitiva,[5] ou seja, qualquer incompatibilidade que um indivíduo possa perceber entre suas atitudes e seu comportamento.

As pessoas buscam a consistência entre suas atitudes e seu comportamento ao longo do tempo.[6] Ficamos incomodados com qualquer forma de incoerência e fazemos de tudo para reduzi-la. Quando a dissonância se faz presente, as pessoas alteram suas atitudes ou comportamentos a fim de reduzi-la ou criam uma racionalização para justificar a discrepância. Uma pesquisa recente descobriu, por exemplo, que as atitudes dos empregados que passaram por dificuldades emocionais no trabalho melhoraram depois que eles conversaram sobre suas experiências com os colegas. O compartilhamento social ajudou esses trabalhadores a ajustar suas atitudes às expectativas comportamentais.[7]

É claro que ninguém consegue evitar completamente a dissonância. Você sabe que trapacear na declaração de imposto de renda é errado, mas algumas pessoas mascaram um pouco os números todo ano esperando não cair na malha fina. Ou, ainda, você dá conselhos que você mesmo tem dificuldade de seguir. O desejo de reduzir a dissonância depende de três fatores, que incluem a *importância* dos elementos que a geram e o grau de *influência* que a pessoa acredita ter sobre esses elementos. Um terceiro fator são as *recompensas* da dissonância: grandes recompensas acompanhadas de alto grau de dissonância tendem a reduzir sua tensão (uma vez que é menos incômoda quando acompanhada de algo bom, como um aumento salarial maior do que o esperado). As pessoas são mais motivadas a reduzir a dissonância quando as atitudes são importantes ou quando acreditam que a dissonância se deve a algum fator que é possível controlar.

dissonância cognitiva
Qualquer incompatibilidade entre duas ou mais atitudes ou entre comportamento e atitude.

Fonte: Diane Bondareff/AP Images

A Westin Hotels busca a compatibilidade entre as atitudes e o comportamento de seus empregados por meio de um programa global de bem-estar para ajudá-los a serem mais saudáveis. As demonstrações do chef executivo da Westin, na foto, dão aos empregados uma experiência direta de técnicas culinárias usando ingredientes saudáveis.

Os principais moderadores do relacionamento entre atitudes e comportamento são a *importância* da atitude, sua *correspondência* com o comportamento, sua *acessibilidade*, a existência de *pressões sociais* e a *experiência direta* da pessoa com a atitude.[8] As atitudes importantes são aquelas que refletem nossos valores, nossos interesses pessoais ou nossa identificação com pessoas ou grupos que valorizamos. Essas atitudes tendem a mostrar forte relação com nosso comportamento. Entretanto, discrepâncias entre atitudes e comportamentos estão propensas a ocorrer quando somos submetidos a grande pressão social para exibir determinados comportamentos, como acontece na maioria das organizações. Temos mais chances de lembrar atitudes que expressamos com frequência, e as atitudes mais acessíveis na memória têm mais chances de prever o nosso comportamento do que aquelas de difícil acesso. A relação entre atitude e comportamento provavelmente também será muito mais forte se uma atitude se referir a uma experiência pessoal direta.

3.3 Comparar as principais atitudes no trabalho.

Atitudes no trabalho

Cada um de nós tem milhares de atitudes, mas o estudo do comportamento organizacional se concentra em um número limitado delas, aquelas relacionadas ao trabalho. Essas atitudes formam opiniões positivas ou negativas dos trabalhadores com relação a seu emprego. A maior parte das pesquisas na área de comportamento organizacional se concentra em três tipos de atitude: satisfação no trabalho, envolvimento com o trabalho e comprometimento organizacional.[9] Outras atitudes importantes incluem a percepção de suporte organizacional e o engajamento do empregado.

Satisfação e envolvimento com o trabalho

Quando as pessoas falam sobre as atitudes de um empregado, elas normalmente se referem à satisfação no trabalho, um sentimento positivo com relação ao trabalho que resulta de uma avaliação de suas características. Uma pessoa com alto nível de satisfação no trabalho apresenta sentimentos positivos com relação a ele, ao passo que alguém com um baixo nível de satisfação apresenta sentimentos negativos. Como os pesquisadores do comportamento organizacional atribuem grande importância à satisfação no trabalho, faremos uma análise mais detalhada dessa atitude mais adiante.

satisfação no trabalho
Sentimento positivo com relação ao trabalho, resultado da avaliação de suas características.

Escolha ética

Conversas no escritório

Você está trabalhando tranquilamente em sua baia quando uma colega invade o seu espaço, sentando na sua mesa e quase derrubando seu café. Quando ela se põe a tagarelar sobre a reunião que acabou de ter, você: (a) para o que está fazendo e ouve ou (b) explica que você está no meio de um projeto e sugere conversar depois?

A resposta pode refletir sua atitude em relação a conversas no escritório, mas depende de você considerar ético ou não participar dessas conversas. Às vezes, as conversas no escritório podem ajudar os empregados a processar informações e encontrar soluções para os problemas. Há vezes, no entanto, em que elas podem prejudicar a todos. Pense nas conversas de escritório de duas perspectivas diferentes: o *oversharing* (excesso de compartilhamento) e o desabafo.

Um levantamento recente com 514 empregados indicou que mais de 60% dos respondentes convivem com pessoas que não sabem a hora de parar de falar. Algumas dessas pessoas são egocêntricas, narcisistas e "acham que você não vê a hora de saber de todos os detalhes da vida delas", explica o psicólogo Alan Hilfer.

Apesar das desvantagens, essas pessoas podem contribuir muito com a equipe. Billy Bauer, diretor de marketing da fabricante de bolsas e acessórios Royce Leather, não para de se vangloriar das suas últimas vendas, o que pode levar os outros empregados a se empenharem mais. Os profissionais também podem contribuir para o trabalho em equipe quando contam histórias pessoais relacionadas a metas organizacionais.

Agora vamos ver as conversas no escritório de uma outra perspectiva. De acordo com a professora Amy Wrzesniewski, da Universidade de Yale, quando se trata de conversas no escritório, algumas pessoas tendem a ser "as primeiras a se ofender" quando acham que a organização está tomando uma decisão equivocada. Elas podem se irritar, começar a questionar a empresa e expressar com veemência suas opiniões. Se elas não se sentirem ouvidas, podem continuar desabafando ou então podem se fechar.

Essas pessoas, no entanto, podem ser empregados de alto desempenho: costumam ser muito engajadas e fonte de inspiração para os colegas, uma vez que, comumente, contribuem muito para a equipe e tendem a se empenhar mais. Desabafar suas frustrações as ajuda a recuperar a atitude positiva e a continuar apresentando um bom desempenho. Pesquisas indicam que desabafar com colegas de trabalho também pode gerar camaradagem.

Nos dias de hoje, quando as relações são marcadas pela abertura, personalização e transparência, ninguém sabe dizer direito quais conversas de escritório são aceitáveis, de modo que cabe a você decidir que tipos de conversa considera éticas e produtivas. Saber quem é a pessoa que quer conversar com você, por que ela quer conversar com você, sobre o que ela pode querer falar e como você pode manter a conversa produtiva e ética pode ajudá-lo a decidir se deve ou não se engajar na conversa.

Fontes: baseado em S. Shellenbarger, "Office Oversharers: Don't Tell Us about Last Night", *The Wall Street Journal*, 25 jun. 2014, D2; A. S. McCance, C. D. Nye, L. Wang, K. S. Jones e C. Chiu, "Alleviating the Burden of Emotional Labor: The Role of Social Sharing", *Journal of Management* (fev. 2013): 392–415; S. Shellenbarger, "When It Comes to Work, Can You Care Too Much?", *The Wall Street Journal*, 30 abr. 2014, D3; e F. Gino, "Teams Who Share Personal Stories are More Effective", *Harvard Business Review*, 25 abr. 2016, https://hbr.org/2016/04/teams-who-share-personal-stories-are-more-effective.

Relacionado com a satisfação está também o envolvimento com o trabalho, que mede o grau em que a pessoa se identifica psicologicamente com seu ofício e considera a percepção de seu desempenho importante para sua autoestima.[10] Os empregados com alto nível de envolvimento com o trabalho identificam-se profundamente com ele e realmente se preocupam com o tipo de trabalho que realizam. Outro conceito intimamente relacionado a isso é o *empowerment* (empoderamento) psicológico, que consiste na crença dos empregados sobre o grau de influência que exercem sobre seu ambiente de trabalho, sua competência, sobre a importância de seu trabalho e sua autonomia.[11]

Pesquisas sugerem que o *empowerment* psicológico é um forte fator preditivo das atitudes e do empenho dos empregados no trabalho e, ao mesmo tempo, é um fator preditivo moderado de comportamentos produtivos. Uma metanálise abrangendo 43 estudos e mais de 15.000 trabalhadores descobriu que o *empowerment* tendia a ser um fator preditivo mais direto desses resultados ao considerar todas as quatro crenças (impacto, competência, significado e autodeterminação) juntas, e não separadamente, embora algumas evidências tenham sugerido que crenças de *empowerment* tenham um forte efeito sobre as atitudes e o empenho, mesmo após os demais fatores serem considerados.[12]

envolvimento com o trabalho
Grau em que a pessoa se identifica psicologicamente com seu trabalho, participa ativamente dele e considera seu desempenho importante para sua autoestima.

Empowerment (Empoderamento) psicológico
Crença dos empregados sobre o grau em que influenciam seu ambiente de trabalho, sua competência, a importância de seu trabalho e sua autonomia.

Comprometimento organizacional

Um empregado que tenha grande nível de comprometimento organizacional identifica-se com sua organização e com seus objetivos e deseja continuar sendo um membro dela. Os empregados mais comprometidos nutrem um apego emocional a uma organização e uma crença em seus valores.[13]

Os empregados comprometidos terão chances menores de apresentarem um comportamento de retraimento no trabalho, mesmo se estiverem insatisfeitos, porque acreditam que devem se empenhar com base em um sentimento de lealdade ou apego. Eles não têm outras opções ou teriam dificuldade de sair da organização.[14] Mesmo se os empregados não estiverem satisfeitos com o trabalho, eles podem decidir continuar na organização se forem comprometidos.

comprometimento organizacional
Grau de identificação que o trabalhador tem com uma empresa e seus objetivos e o desejo de manter-se como membro da organização.

percepção de suporte organizacional
Grau em que os empregados acreditam que a organização valoriza suas contribuições e se preocupa com seu bem-estar.

distância do poder
Grau em que as pessoas de um país aceitam que o poder nas organizações e instituições seja distribuído de forma desigual.

engajamento do empregado
Envolvimento, satisfação e entusiasmo de um empregado com o trabalho que exerce.

Percepção de suporte organizacional

A percepção de suporte organizacional é o grau em que os empregados acreditam que a organização valoriza suas contribuições e se preocupa com seu bem-estar. Um excelente exemplo é o engenheiro de P&D John Greene, que tem uma percepção de suporte organizacional nas alturas porque o CEO Marc Benioff e 350 colegas da Salesforce.com cobriram todas as suas despesas médicas e permaneceram em contato com ele durante sua recuperação, após ele ter sido diagnosticado com leucemia. Sem dúvida, histórias como essa ajudaram a Salesforce.com a entrar na lista da *Fortune* das 100 Melhores Empresas para se Trabalhar em 2017.[15]

As pessoas sentem que sua empresa as apoia quando as recompensas são consideradas justas, quando os empregados têm como influenciar as decisões e quando os chefes são vistos como pessoas que os apoiam.[16] Alguns fatores culturais podem afetar a percepção de suporte organizacional, considerado mais importante em países onde a distância do poder é menor, ou seja, o grau em que as pessoas em um país aceitam que o poder em organizações e instituições seja distribuído de forma desigual. Em países com baixa distância de poder, como os Estados Unidos, as pessoas têm mais chances de ver o trabalho como uma troca, não como uma obrigação moral, de modo que os empregados buscam razões para acreditar que sua organização lhes dá apoio. Em países com alta distância de poder, como a China, a percepção de suporte organizacional dos empregados não se baseia tanto em demonstrações de justiça, apoio e incentivo.[17]

Engajamento do empregado

O engajamento do empregado é o envolvimento, a satisfação e o entusiasmo com o trabalho que ele exerce. Para avaliar o engajamento, poderíamos perguntar aos empregados se eles têm acesso a recursos e oportunidades de desenvolver novas habilidades, se eles acreditam que seu trabalho é importante e significativo e se suas interações com os colegas e chefes são gratificantes.[18]

Empregados altamente engajados são apaixonados pelo trabalho e sentem uma conexão profunda com a empresa; já aqueles que apresentam engajamento reduzido, limitam-se a fazer apenas o essencial — alocando apenas tempo ao trabalho e não empenho e atenção. A falta de engajamento é um problema concreto para a maioria das organizações, considerando que, de acordo com pesquisas, poucos empregados — entre 17% e 29% — têm um alto grau de engajamento com o trabalho.

Os níveis de engajamento determinam muitos resultados mensuráveis. Revisões de estudos sobre o engajamento dos empregados sugerem uma relação moderada entre o engajamento e o desempenho das pessoas e da organização. Um estudo realizado com aproximadamente 8 mil unidades de negócio de 36 empresas descobriu que aquelas cujos empregados apresentavam um grau de engajamento entre médio e alto atingiam níveis mais altos de satisfação do cliente, eram mais produtivas, obtinham maiores lucros e tinham níveis mais baixos de rotatividade e acidentes do que as outras.[19] A cervejaria Molson Coors, por exemplo, descobriu que os empregados engajados apresentavam cinco vezes menos chances de ter incidentes de segurança e que, quando um acidente ocorria, era muito menos grave e menos custoso para a empresa em comparação com um empregado não engajado (US$ 63 por incidente de segurança em comparação com US$ 392). A Caterpillar se propôs a aumentar o engajamento de seus empregados e registrou uma queda de 80% das reclamações e um aumento de 34% de clientes extremamente satisfeitos.[20]

Empregados sorrindo para os visitantes do Magic Kingdom da Disney são comprometidos com a empresa e com o objetivo de proporcionar aos visitantes uma experiência mágica e memorável. Aplicando processos meticulosos de contratação e treinamento extensivo, a Disney faz de tudo para que os empregados se identifiquem com o objetivo de satisfazer os clientes, proporcionando-lhes uma experiência inesquecível.

Diante dessas constatações promissoras, muitas empresas e consultorias de gestão estão se voltando a melhorar o engajamento do empregado. No entanto, a utilidade do conceito ainda gera debates acalorados, em parte devido à dificuldade de separá-lo de outros conceitos correlatos. Por exemplo, alguns pesquisadores observam que o termo "engajamento do empregado" é usado para se referir a uma variedade de fenômenos organizacionais diferentes, incluindo estados psicológicos, traços de personalidade e comportamentos. Eles sugerem: "O significado da expressão 'engajamento do empregado' ainda é ambíguo, tanto para os pesquisadores acadêmicos quanto para empresas que usam o termo em conversas com os clientes". Outro pesquisador caracterizou o engajamento como um "termo abrangente para se referir a qualquer coisa".[21] Outro estudo constatou que muitas das perguntas utilizadas para medir o engajamento são semelhantes àquelas encontradas em pesquisas de satisfação, comprometimento e envolvimento.[22]

Uma metanálise de estudos sugere que a relação entre o engajamento do empregado e as atitudes no trabalho é extremamente forte e questiona se as empresas estariam ou não medindo conceitos distintos.[23] Na maioria das vezes, pesquisas sugerem que o engajamento é um fator preditivo de resultados importantes. No entanto, até o momento, os estudos questionam se o engajamento do empregado realmente se distingue de outras atitudes no trabalho. Fica claro que ainda há muito trabalho a ser feito.

Essas atitudes no trabalho são realmente tão distintas?

Talvez você esteja se perguntando se essas atitudes no trabalho são realmente distintas. Se as pessoas se sentem profundamente envolvidas com seu trabalho (alto envolvimento no trabalho), não é provável que gostem dele (alta satisfação no trabalho)? As pessoas que pensam que sua empresa lhes dá apoio (alta percepção de suporte organizacional) também não se sentem mais comprometidas com ela (maior comprometimento organizacional)? Evidências sugerem que essas atitudes, de fato, são altamente relacionadas, talvez até mesmo a ponto de se confundirem.

As atitudes são, de certa forma, distintas umas das outras, mas apresentam muita redundância por várias razões, inclusive a personalidade do empregado. Em geral, se o grau de satisfação de um empregado no trabalho é conhecido, é possível ter uma boa ideia de como essa pessoa vê a organização. Em seguida, vamos analisar, primeiramente, as consequências da satisfação e, na sequência, da insatisfação no trabalho.

Satisfação no trabalho

3.4 Definir satisfação no trabalho.

Já falamos, em linhas gerais, sobre a satisfação no trabalho. Agora vamos analisar o conceito em detalhes. Como medimos a satisfação no trabalho? O que leva um empregado a ter alto grau de satisfação? Como empregados satisfeitos e insatisfeitos afetam a organização? Antes de responder a essas perguntas, dê uma olhada na lista dos piores empregos para a satisfação no trabalho (Figura 3.2) para ter uma ideia. Você pode se surpreender ao ver que nem todos são empregos mal remunerados.

Mensuração da satisfação no trabalho

Nossa definição de satisfação no trabalho — um sentimento positivo resultante de uma avaliação de suas características — é ampla. Ainda assim, tal amplitude conceitual é apropriada. O trabalho de uma pessoa envolve mais do que organizar papéis, programar um computador, atender clientes ou dirigir um caminhão. Ele requer, também, interagir com colegas e superiores, seguir as regras e políticas organizacionais, encaixar-se na estrutura de poder, atingir os padrões de desempenho, aceitar as condições de trabalho geralmente abaixo do ideal, adaptar-se a novas tecnologias e assim por diante. Desse modo, a avaliação que um empregado faz de sua satisfação ou insatisfação acaba sendo uma interação complexa de diferentes elementos. Como, então, podemos medir esse conceito?

FIGURA 3.2 Os piores empregos de 2016 para a satisfação no trabalho.*

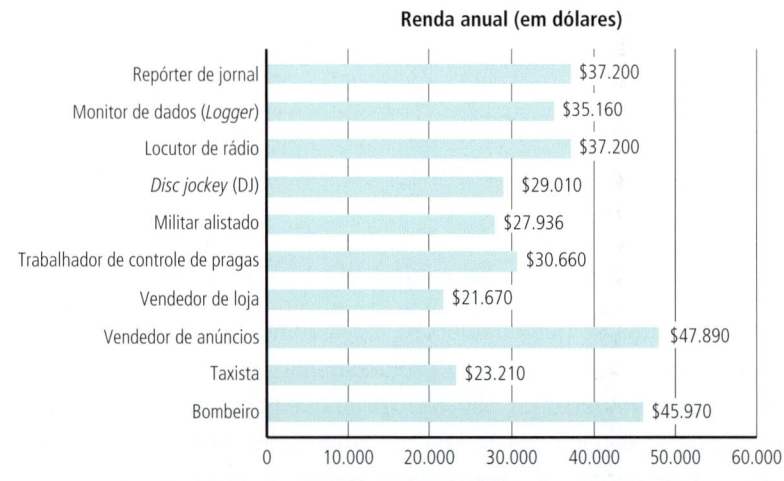

Renda anual (em dólares)

Profissão	Renda
Repórter de jornal	$37.200
Monitor de dados (*Logger*)	$35.160
Locutor de rádio	$37.200
Disc jockey (DJ)	$29.010
Militar alistado	$27.936
Trabalhador de controle de pragas	$30.660
Vendedor de loja	$21.670
Vendedor de anúncios	$47.890
Taxista	$23.210
Bombeiro	$45.970

* Com base em exigências físicas, ambiente de trabalho, renda, estresse e perspectivas de contratação.

Fonte: baseado em CareerCast.com (2016), http://www.careercast.com/jobs-rated/worst-jobs-2016.

Duas abordagens são mais comuns. A avaliação global consiste em responder a uma pergunta do tipo: "Levando tudo em consideração, qual é seu nível de satisfação com o trabalho?". Os empregados respondem marcando as alternativas propostas, de 1 a 5, que correspondem a avaliações que vão de "extremamente insatisfeito" a "extremamente satisfeito". O segundo método, o somatório das dimensões do trabalho, é mais sofisticado. Ele identifica elementos-chave, como a natureza do trabalho, a chefia, a remuneração, as oportunidades de promoção, a cultura e o relacionamento com os colegas. Esses fatores são classificados em uma escala padronizada e, em seguida, somados para obter uma pontuação geral da satisfação com o trabalho.

Será que uma dessas abordagens é superior à outra? À primeira vista, poderíamos pensar que avaliar seus diversos aspectos pode levar a uma avaliação mais precisa da satisfação no trabalho. As pesquisas, contudo, não confirmam essa crença.[24] Esse parece ser um dos raros casos em que a simplicidade é tão eficaz quanto a complexidade, o que faz com que um método seja, basicamente, tão válido quanto o outro. Cada um tem seu valor: a avaliação única global não consome muito tempo, deixando, assim, os gestores livres para resolver outros problemas, e a soma de pontuação das dimensões do trabalho os ajuda a identificar os problemas existentes e resolvê-los com mais rapidez e precisão.

Até que ponto as pessoas estão satisfeitas com seu trabalho?

Você acha que a maioria das pessoas está satisfeita com o trabalho? Pode ser interessante ler a "Pesquisa de Comportamento Organizacional" antes de responder. Os níveis de satisfação no trabalho podem permanecer bastante estáveis ao longo do tempo. Por exemplo, os níveis médios de satisfação no trabalho nos Estados Unidos se mantiveram altos de 1972 a 2006.[25] No entanto, as condições econômicas tendem a afetar essas taxas. No fim de 2007, a contração econômica levou a uma queda da satisfação no trabalho; o ponto mais baixo foi em 2010, quando apenas 42,6% dos trabalhadores norte-americanos disseram estar satisfeitos com o emprego.[26] Aproximadamente 47,7% deles relataram estar satisfeitos em 2014,[27] mas a recuperação ainda estava longe dos níveis de 1987, de 61,1%.[28] As taxas de satisfação no trabalho tendem a variar de uma cultura para a outra ao redor do mundo e, naturalmente, sempre há medidas alternativas que levam a resultados diferentes.

O nível de satisfação pode variar bastante a depender do aspecto mensurado. Como podemos ver na Figura 3.3, as pessoas são mais satisfeitas com o emprego de maneira geral, com o trabalho propriamente dito e com os colegas e supervisores do que com o salário e oportunidades de promoção.

Algumas diferenças culturais podem afetar a satisfação no trabalho. A Figura 3.4 apresenta os resultados de um estudo global para investigar os níveis de satisfação no trabalho de pessoas de 15 países, sendo que os níveis mais altos foram observados no México e na Suíça. Será que os empregados dessas culturas têm empregos melhores? Ou será que eles simplesmente são mais otimistas (e menos autocríticos)? Por outro lado, a Coreia do Sul registrou a menor pontuação do estudo. A autonomia é baixa na cultura sul-coreana, e as empresas tendem a ter estruturas rigorosamente hierárquicas. Será que isso contribui para a baixa satisfação no trabalho?[29] É difícil distinguir todos os fatores que afetam a pontuação, mas analisar como as empresas estão reagindo às mudanças provocadas pela globalização pode nos dar algumas pistas.

COMPORTAMENTO ORGANIZACIONAL

PESQUISA DE COMPORTAMENTO ORGANIZACIONAL Quando o trabalho traz felicidade.

Porcentagem dos 168.000 empregados que responderam "sim" para a pergunta "Você está feliz no seu emprego?"

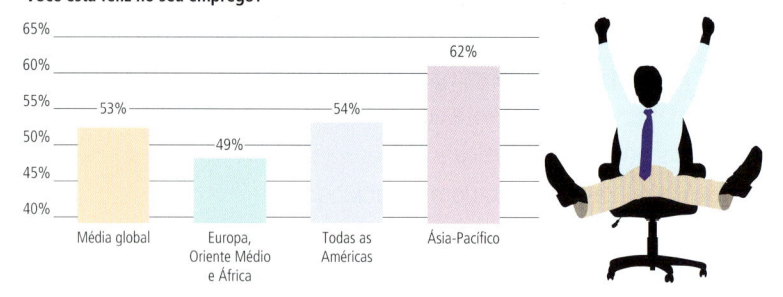

- Média global: 53%
- Europa, Oriente Médio e África: 49%
- Todas as Américas: 54%
- Ásia-Pacífico: 62%

Fontes: baseado em Statista (2013), http://www.statista.com/statistics/224508/employee-job-satisfaction-worldwide/; Kelly Services Group (2012), http://www.kellyocg.com/uploadedFiles/Content/Knowledge/Kelly_Global_Workforce_Index_Content/Acquisition%20and%20Retention%20 in%20the%20War%20for%20Talent%20Report.pdf.

FIGURA 3.3 Níveis médios de satisfação no trabalho por dimensão.

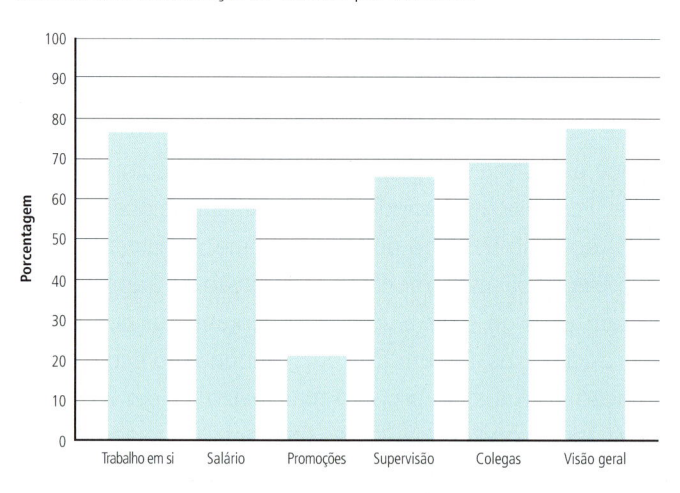

Dimensão	Porcentagem
Trabalho em si	~77
Salário	~58
Promoções	~21
Supervisão	~65
Colegas	~69
Visão geral	~78

FIGURA 3.4 Níveis médios de satisfação no trabalho por país.

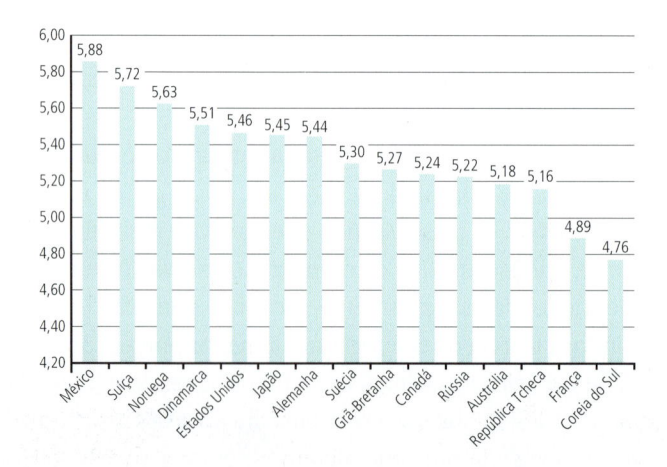

País	Nível
México	5,88
Suíça	5,72
Noruega	5,63
Dinamarca	5,51
Estados Unidos	5,46
Japão	5,45
Alemanha	5,44
Suécia	5,30
Grã-Bretanha	5,27
Canadá	5,24
Rússia	5,22
Austrália	5,18
República Tcheca	5,16
França	4,89
Coreia do Sul	4,76

Fonte: baseado em J. H. Westover, "The Impact of Comparative State-Directed Development on Working Conditions and Employee Satisfaction", *Journal of Management & Organization* 19, no. 4 (2013): 537–54.

O que causa a satisfação no trabalho?

Pense no melhor emprego que você já teve. O que o tornava tão especial? As razões podem ser variadas. Vamos analisar algumas características que podem afetar a satisfação no trabalho, a começar pelas condições de trabalho.

3.5 Resumir as principais causas da satisfação no trabalho.

Condições de trabalho

Em geral, a maioria dos empregados se satisfaz com empregos interessantes que proporcionam treinamento, variedade, independência e controle. A interdependência, o feedback, o suporte social e a interação com os colegas de trabalho fora do ambiente organizacional também apresentam uma forte relação com a satisfação profissional, mesmo ao considerarmos as características do trabalho em si.[30] Como você já deve ter imaginado, os gestores também afetam muito a satisfação das pessoas no trabalho. Uma análise de quase 70.000 empregados de 23 países constatou que a qualidade da interação entre os líderes e seus subordinados tem mais relação com a satisfação no trabalho em culturas mais individualistas (como as ocidentais) do que em culturas mais coletivistas (como as asiáticas).[31] No entanto, outra metanálise demonstrou que a inteligência emocional do líder (veja o Capítulo 4) apresenta uma relação mais forte com a satisfação no trabalho em culturas mais coletivistas.[32]

Desse modo, as condições de trabalho — especialmente a natureza intrínseca do trabalho em si, as interações sociais e a supervisão — são importantes fatores preditivos da satisfação e do bem-estar dos empregados. Embora todas as dimensões sejam importantes e ainda que seu valor relativo possa variar de um empregado para outro, a natureza intrínseca do trabalho é o item mais significativo.[33]

Personalidade

A personalidade do empregado também é muito importante para a satisfação no trabalho. Pessoas que têm uma autoavaliação central positiva — que acreditam em seu va-

autoavaliação central
Crença do indivíduo em seu valor inerente e em sua competência básica.

Fonte: Wilfredo Lee/AP Images

O engajamento do empregado é alto no hospital da Baptist Health of South Florida, onde os empregados são comprometidos com a saúde dos pacientes e adoram o trabalho que fazem. Yaima Millan e Marvin Rosete, mostrados na foto analisando o resultado de um eletrocardiograma, acreditam que seu trabalho tem valor e que eles podem fazer a diferença na vida dos pacientes.

lor inerente e em sua competência básica — são mais satisfeitas com o trabalho do que as que têm uma autoavaliação central negativa. Em culturas coletivistas, os empregados com uma boa autoavaliação central podem ser especialmente satisfeitos no trabalho.[34]

Salário

Você já deve ter notado que o salário costuma ser mencionado em discussões sobre satisfação no trabalho. Para muitas pessoas, esse item tem, de fato, correlação com a satisfação no trabalho e com a felicidade em geral, embora seu efeito possa ser menor quando a pessoa atinge um padrão de vida confortável. A Figura 3.5 mostra a relação entre a remuneração média de um trabalho e o nível médio de satisfação com esse trabalho. Como você pode ver, não existe uma relação clara entre esses dois fatores. O dinheiro de fato motiva as pessoas, como veremos no Capítulo 6. Mas o que nos motiva não traz necessariamente a felicidade.

Responsabilidade social corporativa

Você acha que seria mais feliz se trabalhasse em uma organização comprometida com o bem-estar da sociedade? O compromisso de uma organização com a responsabilidade social corporativa — suas ações autorreguladas para beneficiar a sociedade ou o meio ambiente além das exigências legais — afeta cada vez mais a satisfação dos empregados no trabalho. As organizações praticam a responsabilidade social corporativa de várias maneiras, incluindo iniciativas de sustentabilidade ambiental, trabalho voluntário e doações de caridade.

A responsabilidade social corporativa faz bem para o planeta e para as pessoas. Pesquisas sugerem que empregados norte-americanos e australianos cujos valores pessoais se encaixam na missão de responsabilidade social corporativa de sua organização costumam ser mais satisfeitos no trabalho.[35] Com efeito, das 59 grandes e pequenas organizações pesquisadas, 86% relataram que seus empregados são mais felizes em virtude de seus programas de responsabilidade social corporativa.[36]

> **responsabilidade social corporativa**
> Ações autorreguladas de uma organização para beneficiar a sociedade ou o meio ambiente além das exigências legais.

FIGURA 3.5 Relação entre salário médio e satisfação no trabalho.

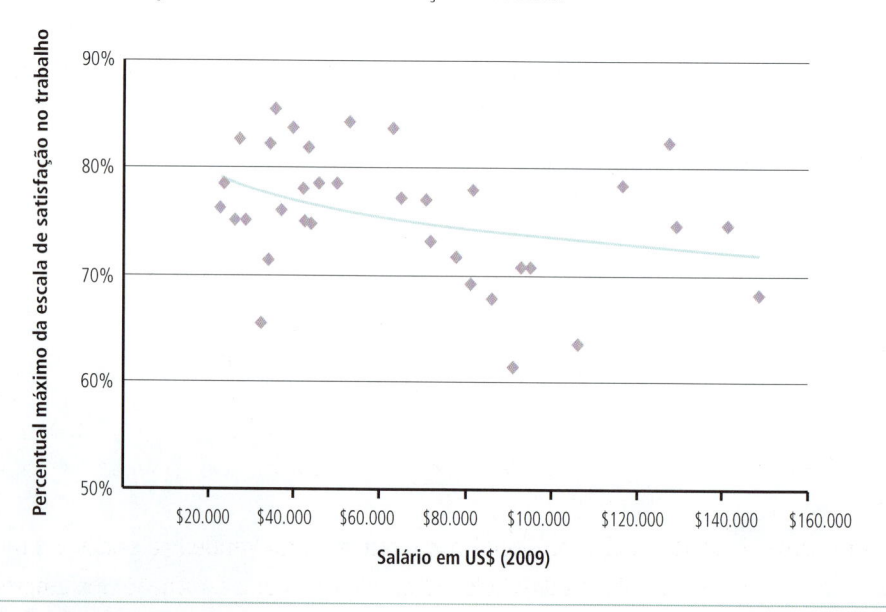

Fonte: baseado em T. A. Judge, R. F. Piccolo, N. P. Podsakoff, J. C. Shaw e B. L. Rich, "The Relationship between Pay and Job Satisfaction: A Meta-Analysis of the Literature", *Journal of Vocational Behavior* 77, no. 2 (2010): 157–67.

A relação entre responsabilidade social corporativa e satisfação no trabalho é especialmente forte para os membros da geração Y. "A próxima geração de empregados está em busca de empregadores focados no tripé da sustentabilidade (*triple bottom line*): pessoas, planeta e receita", disse Susan Cooney, fundadora da plataforma de doações filantrópicas Givelocity.[37] A responsabilidade social corporativa dá aos empregados a chance de ter um propósito mais elevado ou de contribuir para uma missão. De acordo com a pesquisadora Amy Wrzesniewski, as pessoas que acreditam que seu trabalho contribui para um propósito mais elevado são, em geral, mais satisfeitas no trabalho.[38] No entanto, as ações de responsabilidade social corporativa da organização devem ser bem conduzidas e as iniciativas devem ser sustentáveis para garantir benefícios duradouros.[39]

Embora a relação entre a responsabilidade social corporativa e a satisfação no trabalho esteja se fortalecendo, nem todos os empregados acham que tal responsabilidade faça uma grande diferença para sua satisfação.[40] Desse modo, as organizações precisam resolver algumas questões a fim de serem mais eficazes. A princípio, é preciso considerar que nem todos os projetos são igualmente significativos para a satisfação no trabalho de cada uma das pessoas, porém, mesmo assim, a empresa espera que todos participem de suas iniciativas. Por exemplo, Lisa Dewey, sócia de um dos maiores escritórios de advocacia do mundo, disse: "Todos os advogados e empregados da DLA Piper são incentivados a participar de projetos voluntários em prol do bem comum (*pro bono*)".[41] Esse tipo de exigência pode reduzir a satisfação dos empregados que se sentem obrigados a participar de iniciativas a contragosto.

Em segundo lugar, algumas organizações não dão às pessoas a opção de escolher como preferem participar das iniciativas. Por exemplo, o CEO da empresa de consultoria entreQuest, Joe Mechlinksi, exige que os empregados participem de ações de voluntariado servindo sopa para sem-tetos, construindo casas pela ONG Habitat for Humanity ou servindo de mentores para crianças carentes. Essas escolhas podem não se adequar à visão de responsabilidade social corporativa de todos os empregados. Pressionar pessoas a participar de maneiras que não são naturais para elas pode indispor os trabalhadores em relação a futuros projetos de responsabilidade social corporativa[42] e reduzir sua satisfação no trabalho, especialmente quando tais projetos proporcionam benefícios diretos à organização (como uma cobertura positiva na mídia).[43] As pessoas querem que as ações de responsabilidade social corporativa sejam sinceras e autênticas.

Em terceiro lugar, os projetos de responsabilidade social corporativa podem não ter qualquer relação com o trabalho do empregado[44] e podem não melhorar sua satisfação no trabalho. Depois de assistir ao vídeo exagerado da consultoria KPMG, que se gabava de seu envolvimento na eleição de Nelson Mandela e no fim do *apartheid*, no lançamento da primeira estação espacial da NASA e na libertação de reféns norte-americanos no Irã, um empregado anônimo começou a questionar seu emprego. "Se eu realmente quero mudar alguma coisa no mundo", ele disse, "o que estou fazendo sentado aqui?"[45]

Em suma, a responsabilidade social corporativa é uma tendência positiva e necessária que, se bem administrada, pode ajudar a aumentar a satisfação dos empregados no trabalho.

3.6 Identificar os três resultados da satisfação no trabalho.

Resultados da satisfação no trabalho

Agora que já vimos algumas das causas da satisfação no trabalho, vamos nos voltar a alguns resultados específicos.

Desempenho no trabalho

Como vários estudos constataram, os empregados felizes têm, de fato, mais chances de ser produtivos. Alguns pesquisadores acreditavam que a relação entre satisfação e desempenho no trabalho não passava de um mito, mas uma análise de 300 estudos sugeriu que a correlação entre esses dois fatores é bastante forte.[46] Empregados mais satisfeitos no trabalho apresentam desempenho melhor, e as organizações que contam com empregados mais satisfeitos tendem a ser mais eficazes.

Comportamento de cidadania organizacional

Parece lógico pressupor que a satisfação no trabalho pode ser fator determinante no comportamento de cidadania organizacional (veja o Capítulo 1).[47] Esse comportamento inclui falar bem da organização, ajudar os colegas e fazer mais do que o esperado no trabalho. Evidências sugerem que a satisfação no trabalho de fato tem uma correlação moderada com o comportamento de cidadania organizacional. Empregados mais satisfeitos no trabalho têm mais chances de apresentar um comportamento de cidadania.[48]

Por que a satisfação no trabalho leva ao comportamento de cidadania organizacional? Uma das razões é a confiança. Pesquisas conduzidas em 18 países sugerem que os gestores retribuem o comportamento de cidadania organizacional dos empregados confiando mais neles.[49] As pessoas que se sentem apoiadas pelos colegas de trabalho também têm mais chances de ajudar os outros do que aquelas que têm relacionamentos antagônicos com seus colegas.[50] Pessoas que apresentam determinados traços de personalidade (extroversão e conscienciosidade; veja o Capítulo 5) são mais satisfeitas no trabalho, o que, por sua vez, faz com que apresentem mais comportamentos de cidadania organizacional.[51] Pessoas elogiadas pelos colegas devido a seus comportamentos de cidadania organizacional têm mais chances de manter suas atividades de cidadania.[52]

Empresas do setor de serviços, como a companhia aérea Air Canada, sabem que empregados satisfeitos aumentam a satisfação e a fidelidade dos clientes. Os atendentes de balcão da empresa têm contato frequente e direto com os clientes e são amigáveis, alegres e prestativos ao cumprimentar os passageiros, ajudá-los a despachar as bagagens e marcar os assentos.

Fonte: Aaron Harris/Bloomberg/Getty Images

Satisfação do cliente

Considerando que satisfazer os clientes é fundamental para as empresas do setor de serviços, faz sentido perguntar se há relação direta com a satisfação do empregado. No que diz respeito aos empregados que atuam no atendimento, em contato direto com os clientes, a resposta aparentemente é "sim". Empregados e gestores satisfeitos parecem aumentar a satisfação e a fidelidade dos clientes.[53] Pesquisas recentes sugerem que a satisfação dos empregados e dos clientes são reciprocamente relacionadas e que o efeito da satisfação do cliente sobre a satisfação do empregado pode ser mais forte do que o relacionamento entre eles.[54]

Várias empresas já estão tomando medidas com base nessas constatações. É tão importante para a varejista on-line de calçados Zappos ter empregados satisfeitos trabalhando no atendimento ao cliente que a empresa oferece um "suborno" de US$ 2.000 para os empregados deixarem a empresa depois do treinamento, com base na premissa de que os menos satisfeitos aceitarão o dinheiro e partirão para outra empresa.[55] Os empregados da Zappos têm autonomia para "criar diversão e um pouco de estranheza" para garantir que os clientes fiquem satisfeitos. E dá certo: dos mais de 24 milhões de clientes da empresa, 75% são compradores habituais. Para a Zappos, a satisfação do empregado afeta diretamente a satisfação do cliente.

Satisfação com a vida

Até agora, tratamos a satisfação no trabalho como se fosse algo distinto da satisfação com a vida; os dois fatores podem, no entanto, ter mais relação do que você imagina.[56] Uma pesquisa conduzida na Europa indicou que a satisfação no trabalho é positivamente correlacionada com a satisfação com a vida e que as nossas atitudes e experiências na vida afetam as nossas atitudes e experiências no trabalho.[57] A satisfação com a vida é reduzida quando as pessoas ficam desempregadas, de acordo com pesquisas realizadas na Alemanha, e não só em função da renda perdida.[58]

Objetivos profissionais

O que posso fazer para ficar mais satisfeito no trabalho?

Para ser sincero, eu simplesmente odeio meu trabalho. Contudo, tenho minhas razões para ficar: acabei de me formar e esse é meu primeiro emprego, o salário é bom e este emprego promete ser um bom trampolim profissional para a minha carreira. Tenho alguma esperança ou estou condenado a uma vida miserável no trabalho até o dia em que pedir demissão?

— Taylor

Prezado Taylor:
Nada disso, você não está condenado! Você pode trabalhar em sua atitude para melhorar sua experiência no trabalho ou encontrar um ponto de vista mais positivo. Em outras palavras, se você conseguir transformar o "eu odeio meu trabalho" em "optei por passar por isso para melhorar a minha situação", sua satisfação no trabalho deve melhorar. Tente fazer isso:

- *Anote tudo o que você odeia em seu trabalho, mas espere para fazer isso em uma ocasião em que tenha condições de tirar alguns dias de folga para poder ser mais objetivo.* Seja específico. Pergunte-se sempre as razões, como "Por que eu não gosto daquele colega?". Analise também o seu histórico: será que eu nunca gostei desse trabalho ou é algo recente? Será que as circunstâncias mudaram?

- *Agora, anote tudo o que você gosta no trabalho.* Seja específico também nesse caso. Pense no ambiente, nas pessoas e no próprio trabalho separadamente. Tente encontrar aspectos positivos, mesmo se for só o café na sala de descanso.

- *Compare as duas listas em busca de possíveis explicações para sua atitude e de aspectos que poderiam melhorar a sua satisfação no trabalho.* Procure menções ao trabalho ou às pessoas. Em geral, a satisfação tem mais relação com seu interesse no trabalho do que com outros fatores. As pessoas, especialmente seu chefe, também podem afetar sua atitude em relação ao trabalho.

- *Leia as duas listas em voz alta para alguns amigos de confiança (não vá reclamar do seu chefe para seus colegas de trabalho).* Peça que eles lhe ajudem a entender as razões de seu descontentamento. Será que você está sendo vítima de algum tipo de assédio e estaria melhor em outra empresa?
- *Veja se seu chefe estaria aberto a uma conversa sobre esse assunto.* De acordo com Roy L. Cohen, autor de *The Wall Street Professional's Survival Guide*, "veja se é só você que está sendo tratado assim ou se esse tratamento também se estende aos seus colegas". Se todos tiverem o mesmo problema, especialmente se o problema for o chefe, talvez seja melhor não o abordar. Mudanças, no entanto, podem ser feitas na maioria das situações.

Com base nas causas do seu descontentamento e em sua capacidade de promover mudanças no local de trabalho, você pode optar por tentar resolver os problemas ou focar em aprender com essa experiência para desenvolver habilidades que sirvam para seu próximo emprego. Enquanto isso, não sabote sua trajetória profissional fazendo o trabalho de qualquer jeito ou reclamando demais. Procure o lado positivo, entre em um grupo de profissionais da sua área ou faça algum trabalho voluntário. Os empregados felizes são mais saudáveis. Você merece ser um deles.

Fontes: baseado em "Employee Engagement," *Workforce Management* (fev. 2013): 19; A. Hurst, "Being 'Good' Isn't the Only Way to Go", *The New York Times*, 20 abr. 2014, 4; R. E. Silverman, "Work as Labor or Love?", *The Wall Street Journal*, 18 out. 2012, D3; H. J. Smith, T. F. Pettigrew, G. M. Pippin e S. Bialosiewicz, "Relative Deprivation: A Theoretical and Meta-Analytic Review", *Personality and Social Psychology Review* 16 (2012): 203–32; e A. Tugend, "Survival Skills for a Job You Detest", *The Wall Street Journal*, 7 abr. 2012, B5.

As opiniões apresentadas aqui são única e exclusivamente dos autores, os quais não se responsabilizam por quaisquer erros ou omissões, nem pelos resultados obtidos com a utilização dessas informações. Em circunstância alguma, os autores, seus parceiros ou suas organizações serão responsáveis por qualquer decisão ou ação da sua parte ou de parte de qualquer pessoa com base nas opiniões apresentadas aqui.

Para a maioria das pessoas, o trabalho é uma parte importante da vida e faz sentido que a nossa felicidade dependa, em grande parte, de nosso bem-estar nesse ambiente (ou, em outras palavras, de nossa satisfação no trabalho).

3.7 Identificar as quatro respostas dos trabalhadores à insatisfação.

As consequências da insatisfação no trabalho

O que acontece quando os empregados não gostam do trabalho? Um modelo teórico — saída-voz-lealdade-negligência — pode nos ajudar a entender as potenciais consequências da insatisfação. A Figura 3.6 apresenta a estrutura das quatro respostas dos empregados à insatisfação, que diferem ao longo de dois eixos: construtiva/destrutiva e ativa/passiva. As respostas são as seguintes:[59]

FIGURA 3.6 Respostas à insatisfação.

	Construtivas	Destrutivas
Ativas	VOZ	SAÍDA
Passivas	LEALDADE	NEGLIGÊNCIA

- **Saída.** A *resposta de saída* direciona o comportamento ao abandono da empresa, incluindo a busca por um emprego novo ou o pedido de demissão. Para medir os efeitos dessa resposta à insatisfação, os pesquisadores estudam os rompimentos individuais com a organização e a *rotatividade coletiva*, a perda organizacional do conhecimento, das capacidades e habilidades dos empregados, entre outros fatores.[60]
- **Voz.** A *resposta de voz* inclui tentar melhorar as condições de trabalho de forma ativa e construtiva, incluindo sugestões de melhorias, discussão dos problemas com gestores e envolvimento em atividades sindicais.
- **Lealdade.** A *resposta de lealdade* implica esperar passivamente, mas com otimismo, que as condições melhorem, incluindo defender a organização de críticas externas e acreditar que a empresa e seus gestores farão a "coisa certa".
- **Negligência.** A *resposta de negligência* consiste em permitir passivamente que as condições de trabalho piorem e inclui o absenteísmo ou a impontualidade crônica, a redução do empenho e o aumento da taxa de erros.

Os comportamentos de saída e negligência são relacionados a variáveis de desempenho como produtividade, absenteísmo e rotatividade. Além disso, o modelo expande as possíveis respostas dos empregados e inclui a voz e a lealdade — comportamentos construtivos que permitem que os empregados tolerem situações desagradáveis ou melhorem as condições de trabalho. O modelo nos ajuda a esclarecer várias situações. Por exemplo, empregados sindicalizados não raro expressam sua insatisfação apresentando formalmente uma queixa à empresa ou se envolvendo em negociações contratuais formais. Esses mecanismos de voz garantem a permanência no emprego ao mesmo tempo em que agem para melhorar a situação.

Apesar de útil, o modelo é bastante genérico. A seguir, discutiremos o comportamento contraproducente no trabalho como uma resposta comportamental à insatisfação no trabalho.

Comportamento contraproducente no trabalho

Consumo de drogas, furtos, socialização indevida, fofocas, faltar ao trabalho e chegar atrasado são exemplos de comportamentos destrutivos para as organizações. Todos são indicadores de uma síndrome mais ampla chamada de comportamento contraproducente no trabalho, também conhecida como comportamento desviante no trabalho ou retraimento do empregado (veja o Capítulo 1).[61] Como outros comportamentos que discutimos, o comportamento contraproducente no trabalho nunca surge "do nada", resultando, em geral, de atitudes negativas que, por vezes, vêm ocorrendo há um bom tempo. Portanto, se conseguirmos identificar os fatores preditivos do comportamento contraproducente no trabalho, poderemos minimizar seus efeitos.

Em geral, a insatisfação profissional é um fator preditivo do comportamento contraproducente no trabalho. As pessoas que não estão satisfeitas com o trabalho ficam frustradas, o que reduz o seu desempenho[62] e as torna mais propensas ao comportamento contraproducente.[63] No entanto, algumas pesquisas também sugerem que essa relação pode ser mais forte para homens do que para mulheres, uma vez que os homens tendem a exibir mais agressividade e menos controle de impulsos.[64] O ambiente social imediato também faz diferença. Um estudo alemão sugere que somos direcionados ao comportamento contraproducente pelas normas do nosso ambiente de trabalho imediato. Por exemplo, membros de equipes

---

saída
Insatisfação expressa por meio do comportamento voltado ao abandono da organização.

voz
Insatisfação expressa por meio de tentativas ativas e construtivas de melhorar as condições de trabalho.

lealdade
Insatisfação expressa pela espera passiva de melhoria nas condições de trabalho.

negligência
Insatisfação expressa pela permissão de que as condições de trabalho se tornem piores.

comportamento contraproducente no trabalho
Ações que causam danos reais à organização, incluindo furtos, comportamento agressivo em relação aos colegas ou impontualidade e absenteísmo.

que apresentam alto grau de absenteísmo têm mais chances de faltar ao trabalho.[65] O comportamento contraproducente pode ser uma reação a chefes abusivos que, por sua vez, intensificam o comportamento abusivo, dando início a um ciclo vicioso.[66]

É importante notar que os empregados insatisfeitos, em geral, escolhem um ou mais comportamentos contraproducentes específicos devido a fatores idiossincráticos. Um empregado pode pedir demissão, enquanto outro pode ter como hábito ficar navegando na internet no horário de trabalho ou levar materiais de escritório para casa para uso pessoal. Em resumo, os trabalhadores que não gostam do trabalho "se vingam" de várias maneiras. Como essas maneiras podem ser bastante criativas, controlar apenas um comportamento com políticas e punições faz com que a raiz do problema permaneça intacta. Os empregadores devem atacar a origem do problema — a insatisfação — em vez de tentar controlar as diferentes reações.

De acordo com algumas pesquisas, o comportamento contraproducente no trabalho pode ser uma reação emocional à percepção de injustiça, uma maneira que o empregado encontra de tentar restaurar sua sensação de que existe uma troca entre ele e a organização.[67] Desse modo, o comportamento contraproducente no trabalho leva a complexas implicações éticas. Por exemplo, uma pessoa que pega uma caixa de lápis no escritório para dar aos filhos está apresentando um comportamento ético? Algumas pessoas consideram isso um roubo. Outras podem preferir analisar fatores atenuantes, como a contribuição do empregado para a organização, antes de decidir. Será que a pessoa se empenha mais do que os colegas e abre mão de fins de semana para trabalhar para a organização, sem receber qualquer agradecimento ou compensação? Se for o caso, o comportamento contraproducente no trabalho pode ser visto como parte de uma tentativa de "ajustar as contas".

Se você for um gestor, pode tomar medidas para reduzir os comportamentos contraproducentes dos seus empregados no trabalho. Uma sugestão é, por exemplo, fazer um levantamento para se inteirar das atitudes dos seus subordinados, identificar melhorias que podem ser realizadas no local de trabalho e tentar mensurar o comportamento contraproducente. Várias análises de estudos sugerem que as autoavaliações podem ser tão eficazes quanto as avaliações feitas por colegas ou chefes, em parte devido a diferentes percepções em relação ao comportamento contraproducente no trabalho.[68] Montar boas equipes, integrando os chefes a elas, criar políticas formalizadas para essas equipes e oferecer-lhes incentivos são providências que podem ajudar a reduzir o "contágio" do comportamento contraproducente no trabalho, que tende a reduzir os padrões do grupo como um todo.[69]

Absenteísmo Encontramos uma relação negativa e consistente entre satisfação e absenteísmo, embora ela se apresente de moderada a fraca.[70] Em geral, quando vários empregos alternativos estão à disposição, os empregados insatisfeitos apresentam altas taxas de absenteísmo, mas, diante de poucas alternativas, a taxa de absenteísmo dos empregados insatisfeitos é igual à dos empregados satisfeitos (ou seja, é baixa).[71] As organizações que proporcionam abono de faltas por licença médica encorajam todos os empregados — inclusive os que estão absolutamente satisfeitos — a faltar mais. Você pode estar plenamente satisfeito com o seu trabalho e, ainda assim, querer "emendar" seu fim de semana se essa ausência não lhe custar qualquer penalidade.

Rotatividade A relação entre satisfação no trabalho e rotatividade é mais forte do que a relação entre satisfação e absenteísmo.[72] De modo geral, um padrão de

> ### Mito ou ciência?
>
> #### Empregados felizes geram lucratividade
>
> Essa afirmação é, em geral, verdadeira, embora haja exceções. Uma olhada na lista da *Fortune* das Melhores Empresas para se Trabalhar, na qual as empresas são escolhidas pelos incentivos à felicidade que proporcionam, revela organizações reconhecidas por sua lucratividade: Google, SAS, Edward Jones e REI, para citar apenas algumas. Mas nem toda felicidade leva aos mesmos resultados.
>
> Um empregado que está feliz porque o colega fez a maior parte do trabalho no projeto da equipe não vai necessariamente se empenhar mais no trabalho, por exemplo. Alguns incentivos à felicidade também parecem não ter relação com um aumento da lucratividade, como a pista de boliche e o pub irlandês do Google, os chocolates gratuitos do Facebook e as festanças da Salesforce.com. Programas de benefícios tradicionais também não levam necessariamente a uma maior satisfação no trabalho, produtividade e lucros. Pesquisas indicam que os empregados valorizam muito férias remuneradas, plano de aposentadoria e assistência médica. No entanto, muitas empresas que oferecem esses benefícios ainda estão longe da lista da Fortune em termos de lucros.
>
> Acontece que o valor de incluir a felicidade na equação do lucro se revela no engajamento dos empregados. Como Julie Gebauer, diretora administrativa da consultoria Towers Watson, explica: "Não é só para fazer os empregados felizes... a felicidade não faz diferença alguma para os lucros. Mas o engajamento sim". O engajamento no trabalho "representa o comprometimento dos empregados... e o nível de empenho que eles se dispõem a dedicar ao trabalho", escreveu o vice-presidente executivo da Jack in the Box, Mark Blankenship. Empregados felizes com maior nível de engajamento no trabalho se dispõem a maior empenho, buscando satisfazer os clientes e permanecer na empresa, três fatores que fazem uma enorme diferença nos resultados financeiros. Por outro lado, uma revisão de 300 estudos revelou que as taxas de rotatividade resultantes de atitudes problemáticas ou baixo grau de engajamento levaram a um desempenho organizacional mais fraco.
>
> A moral da história parece ser a seguinte: trate as pessoas no trabalho como você quer ser tratado. Faz muito sentido para os negócios.
>
> ---
>
> *Fontes:* baseado em M. H. Blankenship, "Happier Employees + Happier Customers = More Profit", *HR Magazine*, jul. 2012, 36–38; A. Edmans, "The Link between Job Satisfaction and Firm Value, with Implications for Corporate Social Responsibility", *Academy of Management Perspectives* (nov. 2012): 1–19; "Getting Them to Stay", *Workforce Management* (fev. 2013): 19; J. K. Harter et al., "Causal Impact of Employee Work Perceptions on the Bottom Line of Organizations", *Perspectives on Psychological Science* (jul. 2010): 378–89; T.-Y. Park e J. D. Shaw, "Turnover Rates and Organizational Performance: A Meta-Analysis", *Journal of Applied Psychology* (mar. 2013): 268–309; e J. Waggoner, "Do Happy Workers Mean Higher Profit?", *USA Today*, 20 fev. 2013, B1–B2.

satisfação reduzida no trabalho é o melhor fator preditivo da intenção de sair da organização. A rotatividade também está relacionada com o ambiente de trabalho. Se o clima no local de trabalho imediato de um empregado for de baixa satisfação, levando à rotatividade, haverá um efeito de contágio. Isso sugere que os gestores devem considerar os padrões de satisfação no trabalho (e rotatividade) ao transferir empregados para áreas diferentes.[73]

A relação entre satisfação e rotatividade também é afetada pela perspectiva de encontrar outro emprego. Se uma pessoa recebe uma proposta de emprego inesperada, a insatisfação com o trabalho torna-se menos preditiva da rotatividade porque o empregado tenderá a sair mais em razão da atração pelo novo emprego do que pelo impulso gerado pela falta de atratividade do emprego atual. Da mesma forma, a insatisfação com o emprego torna-se mais provável de gerar rotatividade quando outras oportunidades de emprego são abundantes. Quando os empregados possuem mais "capital humano" (maior grau de escolaridade e mais qualificação), a insatisfação no trabalho também tem mais chances de se traduzir em rotatividade, pois eles têm, ou acreditam ter, muitas alternativas de emprego disponíveis.[74]

Alguns fatores ajudam a romper a relação entre insatisfação e rotatividade. A inserção plena dos empregados (*employee embeddedness*) — representada por conexões com o trabalho e a comunidade — pode ajudar a reduzir as chances de rotatividade, especialmente em culturas coletivistas (orientadas ao grupo).[75] Os empregados que apresentam alto grau de inserção parecem menos propensos a considerar outras perspectivas de emprego.

Os gestores normalmente "não se tocam"

Dadas as evidências que acabamos de analisar, ninguém se surpreenderia ao saber que a satisfação no trabalho pode afetar os resultados financeiros da organização. Um estudo conduzido por uma consultoria classificou grandes organizações entre as que apresentam moral alta (em que mais de 70% dos empregados afirmaram que, em geral, estão satisfeitos no trabalho) e média ou baixa moral (menos de 70% de satisfação no trabalho). Os preços das ações das empresas do grupo com moral elevada subiram 19,4% em comparação com 10% do grupo de empresas com moral média ou baixa. E, mesmo diante desses resultados, muitos gestores não se preocupam com a satisfação de seus empregados no trabalho. Outros acham que seus empregados estão mais satisfeitos do que realmente estão e não acreditam que haja um problema. Um estudo com 262 grandes empresas revelou que 86% dos altos executivos acreditavam que sua empresa tratava bem os empregados, ainda que apenas 55% dos empregados tenham concordado que eram bem tratados. Outro estudo revelou que 55% dos gestores acreditavam que a moral dos trabalhadores era alta em sua organização, quando apenas 38% dos empregados afirmaram estar satisfeitos no trabalho.[76]

Pesquisas de opinião regulares com os empregados podem reduzir a diferença entre o que os gestores *acham* que os empregados sentem e o que os empregados *realmente* sentem. Essa diferença pode afetar os resultados financeiros tanto de pequenas lanchonetes franqueadas quanto de grandes empresas. O gerente de um restaurante da KFC em Houston, Jonathan McDaniel, fazia um levantamento com seus empregados a cada três meses. Alguns resultados o levavam a fazer mudanças como oferecer a eles a chance de escolher seus dias de folga. E McDaniel disse que só o processo em si já tinha seu valor. "Eles adoram poder expressar suas opiniões", explicou. "Essa é a parte mais importante: eles podem dizer o que pensam e sabem que a empresa está ouvindo". As pesquisas de opinião não devem ser usadas como uma panaceia para tratar todos os problemas, mas, se as atitudes no trabalho são tão importantes quanto acreditamos ser, as organizações precisam usar todos os métodos cabíveis para descobrir como as atitudes dos empregados no trabalho podem melhorar.[77]

RESUMO

Os gestores devem se interessar pelas atitudes de seus empregados, uma vez que afetam o comportamento e indicam possíveis problemas. Criar uma força de trabalho satisfeita não garante um bom desempenho organizacional, mas evidências sugerem que o empenho dos gestores para melhorar as atitudes dos empregados provavelmente terá resultados positivos, incluindo maior eficácia organizacional, maior satisfação do cliente e aumento de lucros.

IMPLICAÇÕES PARA OS GESTORES

- ▶ Entre as principais atitudes no trabalho — satisfação e envolvimento, comprometimento organizacional, percepção de suporte organizacional e engajamento do empregado —, lembre-se de que a satisfação é o melhor fator preditivo do comportamento.
- ▶ Preste atenção à relação entre os níveis de satisfação dos seus empregados no trabalho e o desempenho, rotatividade, absenteísmo e comportamentos de retraimento.

- Mensure as atitudes dos seus empregados em intervalos regulares para ver como eles se sentem em relação ao trabalho.
- Para melhorar a satisfação dos empregados, analise a adequação entre os interesses profissionais de cada um deles e as tarefas inerentes ao cargo; feito isso, crie um trabalho desafiador e interessante.
- Leve em consideração que um bom salário, por si só, tem poucas chances de criar um ambiente de trabalho satisfatório.

Ponto e contraponto

A fidelidade entre empregador e empregado é uma ideia ultrapassada

PONTO

A palavra "fidelidade" é mais do que antiquada. Já se foi a época em que um empregador mantinha um empregado por toda a sua carreira e um empregado queria passar toda a sua carreira trabalhando para um único empregador.

De acordo com a professora Linda Gratton: "A fidelidade está morta e enterrada, destruída pela redução do tempo dos contratos, terceirização, automação e carreiras múltiplas. Diante do que pode ser uma carreira de 50 anos de trabalho, quem se disporia a passar tanto tempo em uma única empresa? A ordem do dia é a monogamia serial". Muitos empregadores concordam. Apenas 59% dos empregadores dizem que são fiéis a seus empregados, ao passo que apenas 32% acreditam que seus empregados são fiéis a eles.

A fidelidade é um conceito fraco em ambos os lados da equação. Isso é, de modo geral, justificável. Afinal, para que reter empregados com desempenho insatisfatório? É só uma questão de o empregador dar um tratamento respeitoso à fidelidade dos empregados. É bem verdade que há exceções. Por exemplo, a Renault deu fim à carreira de 31 anos do empregado Michel Balthazard (e outros dois) com base em falsas acusações de espionagem. Quando a injustiça das acusações foi revelada ao público, a empresa ofereceu a eles o emprego de volta com um pedido de desculpas esfarrapado: "A Renault é grata pela qualidade do trabalho deles e lhes deseja todo o sucesso no futuro".

Já a fidelidade dos empregados aos empregadores tem pouco valor nos dias de hoje. Um gestor da Deloitte diz que, hoje em dia, a atitude dos empregados é: "Estou saindo da empresa, foi bom ter trabalhado com vocês e estou levando tudo o que aprendi comigo". Simplesmente ninguém mais espera fidelidade. Com efeito, apenas 9% dos recém-formados passariam mais de um ano com um empregador se não gostassem do trabalho, de acordo com pesquisas. Mas não há nada de errado com isso. Um empregado "fiel" que permanece na empresa mas não está satisfeito no trabalho pode causar muitos danos. Na melhor das hipóteses, o empregado será menos produtivo. Na pior, pode passar anos se engajando em comportamentos contraprodutivos e danosos no trabalho. Para o emprega-

CONTRAPONTO

Ninguém está questionando que a palavra "fidelidade" está obsoleta no que diz respeito a empregadores e empregados. Mas o conceito continua válido no trabalho. A única diferença é que, hoje em dia, a fidelidade é mensurada de forma mais sutil, considerando confiança organizacional e comprometimento organizacional. É bem verdade que alguns empregadores e empregados são pouco fiéis uns aos outros, mas essa não é a norma.

De acordo com o guru da administração Tom Peters, "Em resumo: a fidelidade faz uma grande diferença. Enorme. Ontem, hoje e amanhã". De acordo com Dave Ulrich, da Universidade de Michigan: "Os líderes que incentivam a fidelidade querem empregados não só comprometidos e engajados com o trabalho, mas que também tenham um senso de propósito em seu emprego". Comprometimento. Engajamento. Confiança. Esses são alguns dos elementos que compõem a fidelidade.

É verdade que a relação entre empregador e empregado mudou. Por exemplo, já se foram (em grande parte) os dias em que os empregadores bancavam todo o plano de aposentadoria dos empregados. Mas será que isso é tão terrível assim? Muitos empregadores ajudaram os empregados a assumir o controle do próprio plano de aposentadoria. Não é que a fidelidade esteja morta, mas os empregadores passaram a ser fiéis a um tipo diferente de empregado. É verdade que os empregadores não se recusam mais a demitir um empregado antigo, porém incompetente; isso, no entanto, é muito bom. Esses empregados podem derrubar a produtividade e a moral de todos. Em um mundo globalizado, onde os clientes têm muitas opções, as organizações que mantêm "pesos mortos" — empregados que não contribuem — não serão competitivas e não conseguirão sobreviver. Diante disso, as empresas passaram a ser fiéis a empregados que fazem seu trabalho bem, e é assim que deve ser.

Em resumo, os empregados serão fiéis — confiáveis, engajados e comprometidos — quando as organizações lhes derem um tratamento decente. Os empregadores que têm bons gestores que empoderam seus empregados se beneficiam de altos níveis desse tipo de fidelidade. Um relacionado, passar a carreira toda em uma única organização pode restringir suas perspectivas profissionais e salariais.

É muito mais proveitoso admitir que, hoje em dia, os empregos são, em grande parte, uma transação, e, em geral, apenas de curto a médio prazo. O trabalho não é lugar para fantasias de fidelidade.

mento verdadeiramente recíproco é um modelo de negócio mais robusto do que empregados que passam décadas na organização apenas na expectativa de serem cuidados. Laços de confiança e fidelidade se baseiam nas relações entre as pessoas. A psicóloga trabalhista Binna Kandola observa: "As empresas podem ter mudado, mas a fidelidade não está morta e os laços entre as pessoas continuam muito fortes".

Fontes: baseado em "If You Started a Job and You Didn't Like It, How Long Would You Stay?", *USA Today,* 11 jun. 2012, 1B; O. Gough e S. Arkani, "The Impact of the Shifting Pensions Landscape on the Psychological Contract", *Personnel Review* 40, no. 2 (2011): 173–84; "Loyalty Gap Widens", *USA Today,* 16 maio 2012, 1B; P. Korkki, "The Shifting Definition of Worker Loyalty", *The New York Times,* 24 abr. 2011, BU8; I. Macsinga, C. Sulea, P. Sarbescu e C. Dumitru, "Engaged, Committed and Helpful Employees: The Role of Psychological Empowerment", *Journal of Psychology* 149, no. 3 (2015): 263–76; M. Top, M. Akdere e M. Tarcan, "Examining Transformational Leadership, Job Satisfaction, Organizational Commitment and Organizational Trust in Turkish Hospitals: Public Servants versus Private Sector Employees", *International Journal of Human Resource Management* 26, no. 9 (2015): 1259–82; e "Is Workplace Loyalty an Outmoded Concept?", *Financial Times,* 8 mar. 2011, www.ft.com/, acesso em 29 jul. 2015.

REVISÃO DO CAPÍTULO

QUESTÕES PARA REVISÃO

3.1 Quais são os três componentes de uma atitude?

3.2 O comportamento sempre resulta das atitudes?

3.3 Quais são as principais atitudes no trabalho?

3.4 Como medimos a satisfação no trabalho?

3.5 O que causa a satisfação no trabalho?

3.6 Quais são os três resultados da satisfação no trabalho?

3.7 Como os empregados reagem à satisfação no trabalho?

APLICAÇÃO E EMPREGABILIDADE

Como vimos no exemplo dos baristas, dado no início deste capítulo, nossos conhecimentos e habilidades determinam nosso sucesso no trabalho — e as nossas atitudes profissionais também fazem grande diferença. A satisfação e o envolvimento com o trabalho, o engajamento, o comprometimento organizacional e a percepção de suporte organizacional afetam a maneira como nós, nossos colegas e nosso chefe nos comportamos e agimos no local de trabalho. Para começar, as atitudes do seu grupo ou equipe afetam os resultados organizacionais, bem como afetam o atendimento ao cliente e o desempenho das vendas. Em segundo lugar, atitudes e satisfação no trabalho podem ser avaliadas de várias maneiras para saber o que os empregados estão sentindo. Em terceiro lugar, saber o que causam as atitudes no trabalho e suas consequências ou resultados pode ajudá-lo a definir políticas, práticas e procedimentos (se você estiver em posição de gestão) ou a se engajar em comportamentos (se você for um subordinado) que podem ajudá-lo a melhorar as atitudes em seu local de trabalho. Neste capítulo, você trabalhou com seu pensamento crítico e levou em consideração várias situações relevantes para a responsabilidade social no local de trabalho, incluindo reflexões sobre o quanto empregados felizes levam a melhores margens de lucro, o que fazer se você odeia seu trabalho, as armadilhas e os benefícios das fofocas e dos desabafos e se a fidelidade dos empregados não passa de uma relíquia do passado. Na seção seguinte, você continuará desenvolvendo seu pensamento crítico e aplicando seu conhecimento para reavaliar suas atitudes em um emprego (atual ou passado), analisar a ética dos sites de manifestação de empregados (*tell-all websites*) e avaliar como os quiosques de autoatendimento e práticas de *job crafting* (ressignificação do trabalho) podem afetar as atitudes profissionais.

EXERCÍCIO EXPERIENCIAL   Entrevista situacional sobre atitudes no trabalho

Os alunos devem pensar em um evento em que se sentiram satisfeitos ou insatisfeitos (ou comprometidos ou não comprometidos) no trabalho (os alunos que nunca tiveram um emprego podem imaginar um evento). Cada aluno anota a experiência, com o máximo de detalhes possível, em um pedaço de papel. Feito isso, cada aluno troca seu pedaço de papel com outro aluno. Os alunos se revezam perguntando e anotando as respostas para as seguintes questões (fazendo perguntas de acompanhamento conforme necessário):

1. O que você sentiu na hora? O que pensou enquanto isso estava acontecendo? Você cogitou fazer alguma coisa no momento?

2. A quem ou a que os seus sentimentos ou pensamentos foram direcionados? Por exemplo, à sua organização? Ao trabalho? Aos colegas? Ao salário e aos benefícios?

3. O que provocou seus sentimentos de satisfação e comprometimento naquele momento?

4. O que você (de fato) fez em resposta à sua experiência? Qual foi o resultado?

Os alunos podem compartilhar com a turma toda o que aprenderam e discutir as questões a seguir.

Questões

3.8 Você acha que é possível que os componentes afetivo, cognitivo ou comportamental das atitudes no trabalho entrem em conflito uns com os outros? Por quê?

3.9 As atitudes no trabalho podem ser direcionadas a diferentes alvos? Por quê? Quais são as implicações disso para os comportamentos de satisfação e comprometimento?

3.10 Você acha que as atitudes no trabalho podem mudar com o tempo ou acredita que cada pessoa tem um nível de atitude no trabalho mantido de um emprego ao outro?

Dilema ético

Sites de manifestação de empregados *(tell-all websites)*

"Arrogantes, condescendentes, mesquinhos, nojentos... e esses adjetivos descrevem as pessoas mais bacanas da Netflix", escreveu um empregado anônimo. "A administração é horrível... o bom e velho Clube do Bolinha", disse um gerente de desenvolvimento de mercado da Coca-Cola. E as denúncias não param de chegar. A Coca-Cola tem 1.600 avaliações de empregados e algumas empresas, como o Google, têm o dobro no Glassdoor, um dos sites que permite que qualquer empregado avalie sua empresa.

Sites como o Glassdoor estão em alta. Os empregados se inscrevem nos fóruns e parecem adorar a chance de se expressar livremente. O aplicativo Memo, que conquistou 10.000 novos membros em cerca de 3 meses, permite que os usuários postem, comentem e compartilhem links. Em breve eles também poderão compartilhar fotos e documentos, o que pode causar problemas de segurança para as organizações.

Ryan Janssen, CEO da controladora do Memo, a Collectively, diz que aplicativos como o Memo, Yik Yak e Whisper dão aos chefes acesso a opiniões sinceras que seriam impossíveis de serem obtidas de outra forma. Janssen explica: "A reação natural dos empregados [quando os chefes perguntam diretamente sua opinião] é dizer o que os chefes querem ouvir". Sabemos que há um quê de verdade nisso, já que estudos indicam que os empregados fingem estar satisfeitos na frente dos chefes. Quando sabem que seus comentários não são anônimos, "eles colocam uma máscara profissional falsa", ele diz.

As organizações sabem que as pessoas tomam cuidado com o que dizem quando podem ser identificadas e, por esse motivo, muitas empresas usam levantamentos anônimos. Mesmo assim, os resultados desses levantamentos costumam ser mais otimistas e menos detalhados que as opiniões anônimas postadas em sites de denúncia. Diante disso, algumas organizações alteraram a frequência e o escopo dos levantamentos para tentar obter informações mais profundas, enquanto outras têm a própria intranet para se informar de problemas e queixas.

Além do lado pessoalmente antiético de postar denúncias desdenhosas sobre pessoas ou organizações na internet — revelando detalhes que você jamais revelaria pessoalmente —, esse comportamento também leva a questões de ética organizacional. Algumas empresas como Visa, Boeing e Hewlett-Packard tentaram desencorajar os empregados a fazer desabafos anônimos em sites e aplicativos, mas esse tipo de proibição pode violar o direito das pessoas à liberdade de expressão. E até que ponto os posts são, de fato, anônimos? Postagens no Glassdoor e em outros fóruns ocultam o nome das pessoas, mas será que os chefes não têm como saber qual subordinado postou os comentários? Os gestores precisam decidir até que ponto a investigação por parte dos chefes é ética e quais punições, se for o caso, podem ser impostas aos subordinados por postagens anônimas.

Grant Vodori, cofundador de uma agência de marketing digital de Chicago, conseguiu coletar opiniões sinceras de seus empregados aplicando pesquisas de opinião várias vezes por semana. "Às vezes pode ser um pouco assustador", disse ele, perguntando a si mesmo: "Será que eu quero mesmo saber a resposta para isso?"

Questões

3.11 Você acha que os empregados têm o direito de dizer o que quiserem sobre seu empregador na internet, em vez de fazê-lo diretamente, em particular?

3.12 Como você reagiria se soubesse que um dos seus subordinados postou comentários nada lisonjeiros sobre seu estilo de chefia? Sua reação seria diferente se o empregado tivesse feito comentários nada lisonjeiros sobre você, pessoalmente?

3.13 Você considera aceitável postar comentários anônimos ou acha que as pessoas deveriam revelar o nome? Por quê?

3.14 Com base no que você leu neste capítulo e no quadro "Dilema Ético", sua opinião sobre postar comentários anônimos na internet mudou? Por quê?

Fontes: baseado em L. Gilman, "Memo App Lets Workers Vent Anonymously about the Boss", *The Wall Street Journal,* 21 jan. 2015, B7; Glassdoor.com; A. S. McCance, C. D. Nye, L. Wang, K. S. Jones e C. Chiu, "Alleviating the Burden of Emotional Labor: The Role of Social Sharing", *Journal of Management* (fev. 2013): 392–415; R. E. Silverman, "Are You Happy in Your Job? Bosses Push Weekly Surveys", *The Wall Street Journal,* 3 dez. 2014, B1, B4; e R. E. Silverman, "Workers Really Do Put on a Happy Face for the Boss", *The Wall Street Journal,* 29 jan. 2015, D4.

Estudo de caso 1

Quiosques de autoatendimento: de pessoas a robôs

Debbie Lovewell-Tuck, editora da revista *Employee Benefits*, lembra a época em que trabalhou como estagiária de um grande banco. Perto de seu local de trabalho, "o primeiro bar robótico do mundo" abriu as portas com uma garçonete robótica chamada Cynthia. O robô tinha, em seu "repertório", quase 60 coquetéis diferentes (que às vezes não ficavam muito bons). Debbie observa que é preciso levar em consideração várias questões, problemas e implicações ao analisar a tendência de substituir pessoas por robôs ou processos automatizados.

Entretanto, diversas organizações, especialmente no setor de serviços (como as redes de *fast-food* Wendy's e Panera Bread), estão adotando rapidamente soluções automatizadas. Por exemplo, a Jack in the Box, uma rede de *fast-food* sediada em San Diego, teve tanto sucesso com seus quiosques de autoatendimento que os implementou em quase um quinto de suas lojas. A rede de lanchonetes Johnny Rockets também está testando quiosques de autoatendimento em suas lojas australianas. O grande sucesso preliminar que a empresa teve com esses quiosques, que contavam com uma boa integração entre o software do quiosque e o software de pedidos atual da empresa, proporcionou uma experiência nova e prática para os usuários e revitalizou a imagem da marca. Muitas empresas de *fast-food* casual observam que esse tipo de automação ajuda a melhorar a uniformidade do atendimento aos clientes, possibilitando controlar e personalizar a experiência e permitindo reduzir o tempo do pedido (de modo que os empregados possam se concentrar em outras tarefas, como limpeza do restaurante, preparação dos alimentos e atendimento ao cliente). Embora algumas organizações digam que aumentaram as vendas de produtos adicionais como bacon, queijo etc., outras empresas estão usando a tecnologia para promover a saúde dos clientes. Por exemplo, Steven Chan, da rede de restaurantes Tin Drum Asia Café, configurou os quiosques para os clientes "poderem selecionar, por exemplo, 'redução da pressão arterial' e, então, um cardápio inteligente apresenta pratos que os ajudam a atingir essa meta".

Em geral, esses quiosques de autoatendimento têm sido bem recebidos. Em universidades, 60% dos clientes usam os quiosques de autoatendimento, embora a porcentagem seja muito mais baixa em contextos de clientes com idades variadas. Mas quais são as implicações da expansão dos serviços automatizados para as atitudes dos empregados dessas organizações? Algumas pesquisas sugerem que trabalhadores pouco qualificados tendem a ter reações mais negativas em relação à automação robótica, vendo a nova tecnologia como uma ameaça à sua estabilidade no trabalho (o que não é o caso dos trabalhadores altamente qualificados, que tendem a ter uma opinião mais positiva sobre a automação). Essas percepções de insegurança no trabalho têm raízes não só no medo de demissão dos empregados, mas também em seu receio quanto às mudanças nas habilidades necessárias para realizar o trabalho, na possibilidade de ter menos acesso a recursos para cumprir suas tarefas e menor autonomia de decisão. Os empregados que são "deixados para trás" depois de um processo de demissão em massa relacionado à adoção de processos automatizados muitas vezes consideram o processo injusto e suas atitudes são afetadas negativamente. Dada a rápida expansão da automação na forma de quiosques de atendimento, parece que esse novo avanço tecnológico pode ter chegado para ficar.

Questões

3.15 Você acha que as atitudes dos empregados acabaram melhorando ou piorando como consequência dos quiosques de autoatendimento? Por quê?

3.16 Quais atitudes no trabalho você acha que serão afetadas pela adoção dos quiosques de autoatendimento? Você acha que as atitudes dos clientes também serão afetadas? Por quê?

3.17 O que as organizações podem fazer para facilitar a transição do atendimento por pessoas para os quiosques de autoatendimento e não prejudicarem as atitudes de seus empregados no trabalho? Você acha possível encontrar um equilíbrio entre as atitudes dos clientes e as atitudes dos empregados ao implementar quiosques de autoatendimento?

Fontes: baseado em G. Blau, D. S. Tatum, K. McCoy, L. Dobria e K. Ward-Cook, "Job Loss, Human Capital Job Feature, and Work Condition Job Feature as Distinct Job Insecurity Constructs", *Journal of Allied Health*, 2004, 33(1): 31–41; G. T. Chao e S. W. J. Kozlowski, "Employee Perceptions on the Implementation of Robotic Manufacturing Technology", *Journal of Applied* Psychology, 1986, 71(1): 70–76; S. Coomes, "Smooth Operators: Chains Share Their Tips for Improving Speed, Site Selection, and Sales", *Nation's Restaurant News*, 2012, 46(14): 20; C. Gilder, "Self-Order Kiosks Gain Fans among Restaurants, Consumers", *Fast Casual* (19 set. 2016), "http://www.fastcasual" https://www.fastcasual.com/blogs/self-order-kiosks-gain-fans-among-restaurants-consumers/; E. Maras, "Johnny Rockets Tests Self-Order Kiosks in Moving to a QSR Format", Fast Casual (14 dez. 2016), "http://www.fastcasual.com/articles/johnny-rockets-tests-self-order-kiosks-in-moving-to-a-qsr-format/"www.fastcasual.com/articles/johnny-rockets-tests-self-order-kiosks-in-moving-to-a-qsr-format/; D. Lovewell-Tuck, "Coming to Terms with the Rise of the Robots", *Employee Benefits* (1 fev. 2017): 3; B. J. Petzall, G. E. Parker e P. A. Stoeberl, "Another Side to Downsizing: Survivor's Behavior and Self-Affirmation", *Journal of Business and Psychology*, 2000, 14(4): 593–603.

Estudo de caso 2

Job crafting (ressignificação do trabalho)

Vejamos o caso de uma gerente de nível médio, Fátima, que parece estar indo bem no trabalho, uma vez que atingiu todas as metas e padrões, construiu bons relacionamentos com os colegas e a alta administração a considera uma gestora de "alto potencial". Mas, insatisfeita, ela tem interesse em, por exemplo, saber como a empresa pode usar as mídias sociais nas ações de marketing em todos os níveis da organização. Entretanto, suas funções não lhe permitem trabalhar nessa ideia. Ela queria sair para encontrar um emprego que se encaixasse melhor em seus interesses, mas, considerando sua situação econômica, isso pode não ser uma opção. Diante desse cenário, ela decidiu ser proativa e mudar seu trabalho atual.

Fátima faz parte de um movimento chamado *job crafting*, que consiste no processo de deliberadamente reorganizar (ou ressignificar) seu trabalho para que ele se encaixe melhor em suas motivações, pontos fortes e paixões. No processo de reconfigurar seu trabalho, Fátima notou que passava tempo demais monitorando o desempenho de sua equipe e resolvendo dúvidas e que não estava passando tempo suficiente nos projetos criativos que mais a atraem. Em seguida, ela pensou em maneiras de mudar seu relacionamento com a equipe para incorporar sua paixão pelas estratégias de mídia social, mais centradas no desenvolvimento de novas ações de marketing. Ela também identificou membros de sua equipe que poderiam ajudá-la a implementar suas novas estratégias e redirecionou suas interações com essas pessoas com a ideia de atingir seus novos objetivos. O que aconteceu? Seu engajamento no trabalho aumentou e ela conseguiu aplicar novas ideias que foram reconhecidas e implementadas por toda a organização. Em suma, Fátima descobriu que, ao fazer uma análise proativa e criativa de seu trabalho, foi capaz de transformar seu emprego em uma atividade extremamente gratificante.

Como você deve ter notado, Fátima demonstrou ter uma personalidade proativa e estava ansiosa para desenvolver suas próprias opções e encontrar seus próprios recursos. As pessoas proativas geralmente empoderam a si mesmas e, portanto, têm mais chances de buscar soluções viáveis quando se veem insatisfeitas. Pesquisas nos levam a acreditar que Fátima terá muito sucesso em seu novo trabalho personalizado e usufruirá de um senso de bem-estar maior. Na medida do possível, todos os empregados devem se sentir encorajados a serem proativos e pensarem em maneiras de criar condições melhores de trabalho.

Questões

3.18 As organizações deveriam tentar criar trabalhos satisfatórios para os empregados individualmente?

3.19 Os princípios do *job crafting* descritos aqui são relevantes para seu trabalho ou para seus estudos? Por quê?

3.20 A abordagem do *job crafting* tem alguma potencial desvantagem? Se for o caso, como minimizá-la?

3.21 Algumas pessoas argumentam que o *job crafting* pode ser uma boa ideia na teoria, embora não seja necessariamente uma solução prática para todos os tipos de trabalho. Que tipos de trabalho provavelmente não se encaixariam na possibilidade de praticá-lo?

Fontes: baseado em A. B. Bakker, M. Tims e D. Derks, "Proactive Personality and Job Performance: The Role of Job Crafting and Work Engagement", *Human Relations* (out. 2012): 1359–78; A. Wrzesniewski, J. M. Berg e J. E. Dutton, "Turn the Job You Have into the Job You Want", *Harvard Business Review* (jun. 2010): 114–17; A. Wrzesniewski e J. E. Dutton, "Crafting a Job: Revisioning Employees as Active Crafters of Their Work", *Academy of Management Review* 26 (2010): 179–201; e G. R. Slemp e D. A. Vella-Brodrick, "Optimising Employee Mental Health: The Relationship between Intrinsic Need Satisfaction, Job Crafting, and Employee Well-Being", *Journal of Happiness Studies* 15, no. 4 (2014): 957–77.

NOTAS

1. A. Gengler, "Chained to Your Desk No More", *CNNMoney*, abr. 2014, 53.

2. S. J. Breckler, "Empirical Validation of Affect, Behavior, and Cognition as Distinct Components of Attitude", *Journal of Personality and Social Psychology* 47 (1984): 1191–205; M. J. Rosenberg e C. I. Hovland, "Cognitive, Affective and Behavioral Components of. Attitude", in M. J. Rosenberg, C. I. Hovland, W. J. McGuire, R. Abelson e J. Brehm (eds.), *Attitude Organization and Change* (New Haven, CT: Yale University Press, 1960).

3. O. N. Solinger, J. Hofmans e W. van Olffen, "The Dynamic Microstructure of OrganizationalCommitment", *Journal of Occupational and Organizational Psychology* 88 (2015): 773–96.

4. Veja L. S. Glasman e D. Ablarracín, "Forming Attitudes That Predict Future Behavior: A Meta-Analysis of the Attitude-Behavior Relation", *Psychological Bulletin* 132, no. 5 (2006): 778–822.

5. L. Festinger e J. M. Carlsmith, "Cognitive Consequences of Forced Compliance", *Journal of Abnormal and Social Psychology* 58 (1959): 203–10.

6. Veja, por exemplo, L. R. Fabrigar, R. E. Petty, S. M. Smith e S. L. Crites, "Understanding Knowledge Effects on Attitude-Behavior Consistency: The Role of Relevance, Complexity, and Amount of Knowledge", *Journal of Personality and Social Psychology* 90, no. 4 (2006): 556–77; e D. J. Schleicher, J. D. Watt e G. J. Greguras, "Reexamining the Job Satisfaction–Performance Relationship: The Complexity of Attitudes", *Journal of Applied Psychology* 89, no. 1 (2004): 165–77.

7. A. S. McCance, C. D. Nye, L. Wang, K. S. Jones e C. Chiu, "Alleviating the Burden of Emotional Labor: The Role of Social Sharing", *Journal of Management*, fev. 2013, 392–415.

8. Glasman e Albarracin, "Forming Attitudes That Predict Future Behavior"; K. B. Starzyk, L. R. Fabrigar, A. S. Soryal e J. J. Fanning, "A Painful Reminder: The Role of Level and Salience of Attitude Importance in Cognitive Dissonance", *Personality and Social Psychology Bulletin* 35, no. 1 (2009): 126–37.

9. D. A. Harrison, D. A. Newman e P. L. Roth, "How Important Are Job Attitudes? Meta-analytic Comparisons of Integrative Behavioral Outcomes and Time Sequences", *Academy of Management Journal* 49 (2006): 305–25; D. A. Newman, D. L. Joseph e C. L. Hulin, "Job Attitudes and Employee Engagement: Considering the Attitude 'A-Factor,'" in S. L. Albrecht (ed.), *Handbook of Employee Engagement: Perspectives, Issues, Research and Practice* (Northampton, MA: Edward Elgar, 2010): 43–61.

10. S. P. Brown, "A Meta-Analysis and Review of Organizational Research on Job Involvement,"*Psychological Bulletin* 120, no. 2 (1996): 235–55;T. M. Lodahl e M. Kejner, "The Definition and Measurement of Job Involvement", *Journal of Applied Psychology* 49, no. 1 (1965): 24–33.

11. G. M. Spreitzer, "Psychological Empowerment in the Workplace: Construct Definition, Measurement, and Validation", *Academy of Management Journal* 38 (1995): 1442–65; G. M. Spreitzer, "Taking Stock: A Review of More Than Twenty Years of Research on Empowerment at Work", in J. Barling e C. L. Cooper (eds.), *Handbook of Organizational Behavior* (Thousand Oaks, CA: Sage, 2008): 54–72.

12. S. E. Seibert, G. Wang e S. H. Courtright, "Antecedents and Consequences of Psychological and Team Empowerment in Organizations: A Meta-Analytic Review", *Journal of Applied Psychology* 96, no. 5 (2011): 981–1003.

13. Z. A. Mercurio, "Affective Commitment as a Core Essence of Organizational Commitment: An Integrative Literature Review", *Human Resource Development Review* 14, no. 4 (2015): 389-414; O. N. Solinger, W. van Olffen e R. A. Roe, "Beyond the Three-Component Model of Organizational Commitment", *Journal of Applied Psychology* 93 (2008): 70–83.

14. A. Cooper-Hakim e C. Viswesvaran, "The Construct of Work Commitment: Testing an Integrative Framework", *Psychological Bulletin* 131, no. 2 (2005): 241–59; Solinger, van Olffen e Roe, "Beyond the Three-Component Model of Organizational Commitment."

15. "100 Best Companies to Work For", *Fortune*, fev. 2017, www.fortune.com/best-companies/, acessado em 8 mar. 2017.

16. L. Rhoades, R. Eisenberger e S. Armeli, "Affective Commitment to the Organization: The Contribution of Perceived Organizational Support", *Journal of Applied Psychology* 86, no. 5 (2001): 825–36.

17. J.-L. Farh, R. D. Hackett e J. Liang, "Individual-Level Cultural Values as Moderators of Perceived Organizational Support– Employee Outcome Relationships in China: Comparing the Effects of Power Distance. and Traditionality", *Academy of Management Journal* 50, no. 3 (2007): 715–29; L. Zhong,. S. J. Wayne e R. C. Liden, "Job Engagement, Perceived Organizational Support, High-Performance Human Resource Practices, and Cultural Value Orientations: A Cross-Level Investigation", *Journal of Organizational Behavior* 37, no. 6 (2016): 823–44.

18. B. L. Rich, J. A. Lepine e E. R. Crawford, "Job Engagement: Antecedents and Effects on Job Performance", *Academy of Management Journal* 53 (2010): 617–35.

19. M. S. Christian, A. S. Garza e J. E. Slaughter, "Work Engagement: A Quantitative Review and Test of Its Relations with. Task and Contextual Performance", *Personnel Psychology* 64 (2011): 89–136; J. K. Harter, F. L. Schmidt e T. L. Hayes, "Business-UnitLevel Relationship between Employee Satisfaction, Employee Engagement, and Business Outcomes: A Meta-Analysis", *Journal of Applied Psychology* 87, no. 2 (2002): 268–79.

20. N. R. Lockwood, *Leveraging Employee Engagement for Competitive Advantage* (Alexandria, VA: Society for Human Resource Management, 2007); e R. J. Vance, *Employee Engagement and Commitment* (Alexandria, VA: Society for Human Resource Management, 2006).

21. W. H. Macey e B. Schneider, "The Meaning of Employee Engagement", *Industrial and Organizational Psychology* 1 (2008): 3–30; A. Saks, "The Meaning and Bleeding of Employee Engagement: How Muddy Is the Water?", *Industrial and Organizational Psychology* 1 (2008): 40–43.

22. D. A. Newman e D. A. Harrison, "Been There, Bottled That: Are State and Behavioral Work Engagement New and Useful Construct 'Wines'?", *Industrial and Organizational Psychology* 1 (2008): 31–35.

23. Newman, Joseph e Hulin, "Job Attitudes and Employee Engagement."

24. S. Highhouse e A. S. Becker, "Facet Measures and Global Job Satisfaction", *Journal of Business and Psychology* 8, no. 1 (1993): 117–27; M. S. Nagy, "Using a Single-Item Approach to Measure Facet Job Satisfaction", *Journal of Occupational and Organizational Psychology* 75 (2002): 77–86; M. Roznowski, "Examination of the Measurement Properties of the Job Descriptive Index with Experimental Items", *Journal of Applied Psychology* 74 (1989): 805–14; J. P. Wanous e M. J. Hudy, "Single-Item Reliability: A Replication and Extension", *Organizational Research Methods* 4, no. 4 (2001): 361–75; J. P. Wanous, A. E. Reichers e M. J. Hudy, "Overall Job Satisfaction: How Good Are Single-Item Measures?", *Journal of Applied Psychology* 82, no. 2 (1997): 247–52.

25. N. A. Bowling, T. A. Beehr e L. R. Lepisto, "Beyond Job Satisfaction: A Five-Year Prospec-

tive Analysis of the Dispositional Approach to Work Attitudes", *Journal of. Vocational Behavior* 69 (2006): 315–30; N. A. Bowling, M. R. Hoepf, D. M. LaHuis e L. R. Lepisto, "Mean Job Satisfaction Levels over Time: Are Things Bad and Getting Worse?", *The Industrial-Organizational Psychologist* (abr. 2013): 57–64.

26. L. Weber, "U.S. Workers Can't Get No (Job) Satisfaction", *The Wall Street Journal*, 18 jun. 2014, http://blogs.wsj.com/atwork/2014/06/18/ u-s-workers-cant-get-no--job-satisfaction/.

27. "Job Satisfaction: 2014 Edition", The Conference Board, https://www.conference- board.org/topics/publicationdetail.cfm?publicationid=2785.

28. L. Weber, "U.S. Workers Can't Get No (Job) Satisfaction."

29. World Business Culture, "Doing Business. in South Korea", www.worldbusinessculture.com/Business-in-South-Korea.html, acessado em 29 jul. 2015.

30. S. E. Humphrey, J. D. Nahrgang e F. P. Morgeson, "Integrating Motivational, Social, and Contextual Work Design Features: A Meta-Analytic Summary and Theoretical Extension of the Work Design Literature", *Journal of Applied Psychology* 92, no. 5 (2007): 1332–56; e D. S. Chiaburu e D. A. Harrison, "Do Peers Make the Place? Conceptual Synthesis and Meta-Analysis of Coworker Effect on Perceptions, Attitudes, OCBs, and Performance", *Journal of Applied Psychology* 93, no. 5 (2008): 1082–103.

31. T. Rockstuhl, J. H. Dulebohn, S. Ang e L. M. Shore, "Leader-Member Exchange (LMX) and Culture: A Meta-Analysis of Correlates of LMX across 23 Countries", *Journal of Applied Psychology* 97, no. 6 (2012): 1097–130.

32. C. Miao, R. H. Humphrey e S. Qian, "Leader Emotional Intelligence and Subordinate Job Satisfaction: A Meta-Analysis of Main, Mediator, and Moderator Effects", *Personality and Individual Differences* 102 (2016): 13–24.

33. K. M. Dawson, K. E. O'Brien e T. A. Beehr, "The Role of Hindrance Stressors in the Job Demand-Control-Support Model of Occupational Stress: A Proposed Theory Revision", *Journal of Organizational Behavior* 37, no. 3 (2016): 397–415.

34. C.-H. Chang, D. L. Ferris, R. E. Johnson, C. C. Rosen e J. A. Tan, "Core Self-Evaluations: A Review and Evaluation of the Literature", *Journal of Management* 38, no. 1 (2012): 81–128; T. A. Judge e J. E. Bono, "Relationship of Core Self-Evaluations Traits—Self-Esteem, Generalized Self-Efficacy, Locus of Control, and Emotional Stability—with Job Satisfaction and Job Performance: A Meta-Analysis", *Journal of Applied Psychology* 86, no. 1 (2001): 80–92.

35. S. Du, C. B. Bhattacharya e S. Sen, "Corporate Social Responsibility, Multi-Faceted Job-Products, and Employee Outcomes", *Journal of Business Ethics* 131 (2015): 319–35; J. Spanjol, L. Tam e V. Tam, "Employer-Employee Congruence in Environmental Values: An Exploration of Effects on Job Satisfaction and Creativity", *Journal of Business Ethics* 130 (2015): 117–30.

36. D. Thorpe, "Why CSR? The Benefits of Corporate Social Responsibility Will Move You to Act", *Forbes* (18 maio 2013), http://www.forbes.com/sites/devinthorpe/2013/05/18/why-csr-the-benefits-of-corporate-social- responsibility-will-move-you-to-act/.

37. N. Fallon, "What Is Corporate Responsibility?", *Business News Daily* (22 dez. 2014), http://www.businessnewsdaily.com/4679corporate--social-responsibility.html.

38. R. Feintzeig, "I Don't Have a Job. I Have a Higher Calling", *The Wall Street Journal*, 25 fev. 2015, B1, B4.

39. Veja I. Filatotchev e C. Nakajima, "Corporate Governance, Responsible Managerial Behavior, and Corporate Social Responsibility: Organizational Efficiency versus Organizational Legitimacy?", *The Academy of Management Perspectives* 28, no. 3 (2014): 289–306.

40. A. Hurst, "Being 'Good' Isn't the Only Way to Go", *The New York Times*, 20 abr. 2014, 4.

41. D. Thorpe, "Why CSR?"

42. M. C. Bolino, H.-H. Hsiung, J. Harvey e J. A. LePine, "'Well, I'm Tired of Tryin'! Organizational Citizenship Behavior and Citizenship Fatigue", *Journal of Applied Psychology* 100, no. 1 (2015): 56–74.

43. G. E. Newman e D. M. Cain, "Tainted. Altruism: When Doing Some Good Is Evaluated as Doing Worse Than Doing No Good at All", *Psychological Science* 25, no. 3 (2014): 648–55.

44. Ibid.

45. Ibid.

46. T. A. Judge, C. J. Thoresen, J. E. Bono e G. K. Patton, "The Job Satisfaction–Job Performance Relationship: A Qualitative and Quantitative Review", *Psychological Bulletin* 127, no. 3 (2001): 376–407.

47. Veja P. M. Podsakoff, S. B. MacKenzie, J. B. Paine e D. G. Bachrach, "Organizational Citizenship Behaviors: A Critical Review of the Theoretical and Empirical Literature and Suggestions for Future Research", *Journal of Management* 26, no. 3 (2000): 513–63.

48. B. J. Hoffman, C. A. Blair, J. P. Maeriac e D. J. Woehr, "Expanding the Criterion Domain? A Quantitative Review of the OCB Literature", *Journal of Applied Psychology* 92,. no. 2 (2007): 555–66.

49. B. S. Reiche, P. Cardona, Y.-T. Lee, M. A. Canela, E. Akinnukawe, J. P. Briscoe... e H. Wilkinson, "Why Do Managers Engage in Trustworthy Behavior? A Multilevel Cross-Cultural Study in 18 Countries", *Personnel. Psychology* 67, no. 1 (2014): 61–98.

50. D. S. Chiaburu e D. A. Harrison, "Do Peers Make the Place? Conceptual Synthesis and Meta-Analysis of Coworker Effect on Perceptions, Attitudes, OCBs, and Performance", *Journal of Applied Psychology* 93, no. 5 (2008): 1082–103.

51. R. Ilies, I. S. Fulmer, M. Spitzmuller e M. D. Johnson, "Personality and Citizenship Behavior: The Mediating Role of Job Satisfaction", *Journal of Applied Psychology* 94 (2009): 945–59; T. A. Judge, D. Heller e M. K. Mount, "Five-Factor Model of Personality and Job Satisfaction: A Meta-Analysis", *Journal of Applied Psychology* 87, no. 3 (2002): 530–41.

52. G. L. Lemoine, C. K. Parsons e S. Kansara, "Above and Beyond, Again and Again: Self-Regulation in the Aftermath of Organizational Citizenship Behaviors", *Journal of Applied Psychology* 100, no. 1 (2015): 40–55.

53. R. G. Netemeyer, J. G. Maxham III e D. R. Lichtenstein, "Store Manager Performance and Satisfaction: Effects on Store Employee Performance and Satisfaction, Store Customer Satisfaction, and Store Customer Spending Growth", *Journal of Applied Psychology* 95, no. 3. (2010): 530–45; E. P. Piening, A. M. Baluch e T. O. Salge, "The Relationship between Employees' Perceptions of Human Resource Systems and Organizational Performance: Examining Mediating Mechanisms and Temporal Dynamics", *Journal of Applied Psychology* 98, no. 6 (2013): 926–47; M. Schulte, C. Ostroff, S. Shmulyian e A. Kinicki, "Organizational Climate Configurations: Relationships to Collective Attitudes, Customer Satisfaction, and Financial Performance", *Journal of Applied Psychology* 94 (2009): 618–34.

54. A. R. Zablah, B. D. Carlson, D. T. Donavan, J. G. Maxham e T. J. Brown, "A Cross-Lagged Test of the Association between Customer

Satisfaction and Employee Job Satisfaction in a Relational Context", *Journal of Applied Psychology* 101, no. 5 (2016): 743–55.

55. B. Taylor, "Why Amazon Is Copying Zappos and Paying Employees to Quit", *Harvard Business Review*, 14 abr. 2014, https://hbr.org/2014/04/why-amazon-is-copying-zappos--andpaying-employees-to-quit/.

56. N. A. Bowling, K. J. Eschleman e Q. Wang, "A Meta-Analytic Examination of the Relationship between Job Satisfaction and Subjective Well-Being", *Journal of Occupational and Organizational Psychology* 83, no. 4 (2010): 915–34; B. Erdogan, T. N. Bauer, D. M. Truxillo e L. R. Mansfield, "Whistle While You Work: A Review of the Life Satisfaction Literature", *Journal of Management* 38, no. 4 (2012): 1038–83.

57. Y. Georgellis e T. Lange, "Traditional versus Secular Values and the Job-Life Satisfaction Relationship across Europe", *British Journal of Management* 23 (2012): 437–54.

58. O. Stavrova, T. Schlosser e A. Baumert, "Life Satisfaction and Job-Seeking Behavior of the Unemployed: The Effect of Individual Differences in Justice Sensitivity", *Applied Psychology: An International Review* 64, no. 4 (2014): 643–70.

59. A. Davis-Blake, J. P. Broschak e E. George,. "Happy Together? How Using Nonstandard Workers Affects Exit, Voice, and Loyalty among Standard Employees", *Academy of Management Journal* 46, no. 4 (2003): 475–85; A. O. Hirschman, *Exit, Voice, and Loyalty: Responses to Decline in Firms, Organizations, and States* (Cambridge, MA: Harvard University Press, 1970); J. B. Olson-Buchanan e W. R. Boswell, "The Role of Employee Loyalty and Formality in Voicing Discontent", *Journal of Applied Psychology* (dez. 2002): 1167–74; e J. Zhou e J. M. George, "When Job Dissatisfaction Leads to Creativity: Encouraging the Expression of Voice", *Academy of Management Journal* (ago. 2001): 682–96.

60. A. J. Nyberg e R. E. Ployhart, "Context-Emergent Turnover (CET) Theory: A Theory of Collective Turnover", *Academy of Management Review* 38 (2013): 109–31.

61. L. K. Treviño, N. A. den Nieuwenboer e J. J. Kish-Gephart, "(Un)Ethical Behavior in Organizations", *Annual Review of Psychology* 65 (2014): 635–60; e P. E. Spector, S. Fox,. L. M. Penney, K. Bruursema, A. Goh e S. Kessler, "The Dimensionality of Counterproductivity: Are All Counterproductive Behaviors Created Equal?", *Journal of Vocational Behavior* 68, no. 3 (2006): 446–60.

62. P. A. O'Keefe, "Liking Work Really Does Matter", *The New York Times*, 7 set. 2014, 12.

63. T. A. Judge, B. A. Scott e R. Ilies, "Hostility, Job Attitudes, and Workplace Deviance: Test of a Multilevel Model", *Journal of Applied Psychology* 91, no. 1 (2006): 126–38.

64. N. A. Bowling e G. N. Burns, "Sex as a Moderator of the Relationships between Predictor Variables and Counterproductive Work Behavior", *Journal of Business Psychology* 30 (2015): 193–205.

65. S. Diestel, J. Wegge e K.-H. Schmidt, "The Impact of Social Context on the Relationship between Individual Job Satisfaction and Absenteeism: The Roles of Different Foci of Job Satisfaction and Work-Unit Absenteeism", *Academy. of Management Journal* 57, no. 2 (2014): 353–82.

66. H. Lian, D. L. Ferris, R. Morrison e D. J. Brown, "Blame It on the Supervisor or the Subordinate? Reciprocal Relations between Abusive Supervision and Organizational Deviance", *Journal of Applied Psychology* 99, no. 4 (2014): 651–64.

67. R. Folger e D. P. Skarlicki, "Beyond Counterproductive Work Behavior: Moral Emotions and Deontic Retaliation versus Reconciliation", in S. Fox e P. E. Spector (eds.), *Counterproductive Work Behavior: Investigations of Actors and Targets* (Washington, DC: American Psychological Association, 2005): 83–105.

68. C. M. Berry, N. C. Carpenter e C. L. Barratt, "Do Other-Reports of Counterproductive Work Behavior Provide an Incremental Contribution. over Self-Reports? A Meta-Analytic Comparison", *Journal of Applied Psychology* 97, no. 3 (2012): 613–36; e N. C. Carpenter, B. Rangel, G. Jeon e J. Cottrell, "Are Supervisors and Coworkers Likely to Witness Employee Counterproductive Work Behavior? An Investigation of Observability and Self-Observer Convergence", *Personnel Psychology* (no prelo).

69. Diestel, Wegge e Schmidt, "The Impact of Social Context on the Relationship between Individual Job Satisfaction and Absenteeism."

70. R. D. Hackett, "Work Attitudes and Employee Absenteeism: A Synthesis of the Literature", *Journal of Occupational Psychology* 62 (1989): 235–48; e J. F. Ybema, P. G. W. Smulders e P. M. Bongers, "Antecedents and Consequences of Employee Absenteeism: A Longitudinal Perspective on the Role of Job Satisfaction and Burnout", *European Journal of Work and Organizational Psychology* 19 (2010): 102–24.

71. J. P. Hausknecht, N. J. Hiller e R. J. Vance, "Work-Unit Absenteeism: Effects of Satisfaction, Commitment, Labor Market Conditions, and Time", *Academy of Management Journal* 51, no. 6 (2008): 1123–245.

72. G. Chen, R. E. Ployhart, H. C. Thomas, N. Anderson e P. D. Bliese, "The Power of Momentum: A New Model of Dynamic Relationships between Job Satisfaction Change and Turnover Intentions", *Academy of Management Journal*, fev. 2011, 159–81; e R. W. Griffeth, P. W. Hom e S. Gaertner, "A Meta-Analysis of Antecedents and Correlates of Employee Turnover: Update, Moderator Tests, and Research Implications for the Next Millennium", *Journal of Management* 26, no. 3 (2000): 479.

73. W. Felps, T. R. Mitchell, D. R. Hekman, T. W. Lee, B. C. Holtom e W. S. Harman, "Turnover Contagion: How Coworkers' Job Embeddedness and Job Search Behaviors Influence Quitting", *Academy of Management Journal* 52, no. 3 (2009): 545–61; e D. Liu, T. R. Mitchell, T. W. Lee, B. C. Holtom e T. R. Hinkin, "When Employees Are Out of Step with Coworkers: How Job Satisfaction Trajectory and Dispersion Influence Individual- and Unit-Level Voluntary Turnover", *Academy of Management Journal* 55, no. 6 (2012): 1360–80.

74. T. H. Lee, B. Gerhart, I. Weller e C. O. Trevor, "Understanding Voluntary Turnover: Path-Specific Job Satisfaction Effects and the Importance of Unsolicited Job Offers", *Academy of Management Journal* 51, no. 4 (2008): 651–71.

75. K. Jiang, D. Liu, P. F. McKay, T. W. Lee e T. R. Mitchell, "When and How Is Job Embeddedness Predictive of Turnover? A Meta-Analytic Investigation", *Journal of Applied Psychology* 97 (2012): 1077–96.

76. K. Holland, "Inside the Minds of Your Employees", *The New York Times*, 28 jan. 2007, B1; "Study Sees Link between Morale and Stock Price", *Workforce Management*, 27 fev. 2006, 15; e "The Workplace as a Solar System", *The New York Times*, 28 out. 2006, B5.

77. E. White, "How Surveying Workers Can Pay Off", *The Wall Street Journal*, 18 jun. 2007, B3.

Capítulo 4

Emoções e estados de humor

Fonte: Victor J. Blue/Bloomberg/Getty Images

Objetivos de aprendizagem

Depois de ler este capítulo, você será capaz de:

4.1 Diferenciar emoções de estados de humor.

4.2 Identificar as fontes das emoções e dos estados de humor *(moods)*.

4.3 Demonstrar como o esforço emocional afeta os empregados.

4.4 Descrever a teoria de eventos afetivos.

4.5 Descrever a inteligência emocional.

4.6 Identificar estratégias de regulação emocional.

4.7 Aplicar os conceitos das emoções e estados de humor a questões específicas do comportamento organizacional.

MATRIZ DE HABILIDADES PARA A EMPREGABILIDADE								
	Mito ou ciência?	Objetivos profissionais	Escolha ética	Ponto e contraponto	Exercício experiencial	Dilema ético	Estudo de caso 1	Estudo de caso 2
Pensamento crítico			✓	✓	✓	✓	✓	✓
Comunicação	✓	✓		✓			✓	
Colaboração	✓	✓		✓				
Análise e aplicação do conhecimento			✓	✓	✓	✓	✓	✓
Responsabilidade social		✓	✓	✓		✓		

INDIGNAÇÃO CONSISTENTE

O Daraprim é um medicamento usado para tratar a toxoplasmose, doença fatal causada por uma infecção parasitária. Em setembro de 2015, cada comprimido do medicamento era vendido por US$ 13,50 por uma organização que detinha os direitos de produção e distribuição. Ninguém poderia ter imaginado que o preço do medicamento subiria mais de 5.000% da noite para o dia, para US$ 750 por comprimido (implicando centenas de milhares de dólares anuais em custos para os pacientes). O CEO da Turing Pharmaceuticals, Martin Shrkeli, depois de adquirir a empresa detentora dos direitos originais, concordou com o súbito aumento do preço porque o preço anterior fazia com que o medicamento já não fosse mais lucrativo. Essa alteração resultou imediatamente em uma furiosa indignação do público, que rendeu a Shrkeli apelidos pouco lisonjeiros, como "o homem mais odiado da América", "tudo o que há de errado com o capitalismo" e "o vilão da indústria farmacêutica". O aumento do preço do Daraprim não só foi visto como ofensivo por muitos, como a veemência e o descaramento que o CEO usou para defendê-lo foram considerados especialmente provocativos. Shrkeli twittou sobre os congressistas norte-americanos depois de ser intimado para testemunhar em uma audiência sobre os altos preços dos medicamentos, conduzida pelo Comitê da Câmara de Supervisão e Reforma do Governo Americano. Ele comentou com sarcasmo que os congressistas estavam "ocupados demais choramingando para os repórteres que cobrem a área de saúde".

Shrkeli não foi o único a adotar esse tipo de aumento de preços. A CEO da Mylan, Heather Bresch, aumentou mais de 1.000%, em apenas 7 anos, os preços dos EpiPens (injetores usados para tratar a anafilaxia, uma reação alérgica com risco de morte que pelo menos 1 em cada 50 norte-americanos vivencia em algum momento da vida). Manifestantes de todas as classes sociais, como aqueles mostrados na foto protestando contra o investimento da Paulson & Co. na Mylan, estão se unindo para objetar a essas decisões. Políticos, como o senador Richard Blumenthal, do estado de Connecticut, também estão expressando seu repúdio a esse tipo de especulação com medicamentos: "Infelizmente, esse caso é só o mais recente de uma tendência gananciosa de levar os preços dos medicamentos às alturas, uma tendência danosa aos consumidores, que vê a crescente limitação de suas opções para manter a saúde. Além disso, essa medida estrangula a nossa economia".

Esses casos de especulação com medicamentos lançam luz a uma tensão alarmante entre o que é moral e o que é legal: embora seja legal fixar os preços dos medicamentos dessa maneira, muitos consideraram a prática imoral, dado o potencial de infligir sofrimento a muitas pessoas que podem deixar de ter acesso ao medicamento. No entanto, Shrkeli defendeu sua decisão observando que, embora entenda "que pode parecer ganancioso", considera que as táticas de sua empresa "demonstram muitos aspectos altruístas", a saber, que a empresa está "aumentando drasticamente o acesso ao Daraprim e reduzindo a contribuição dos clientes em planos de saúde e medicamentos coparticipativos". Esse argumento foi rejeitado, contudo, pela The Pharmaceutical Research and Manufacturers of America (Fabricantes e Pesquisadores da Indústria Farmacêutica da América — PhRMA) no Twitter. Como observa Katie Thomas, colunista do *New York Times*, "Na prática, quase ninguém paga esses preços. Seguradoras e empresas de administração de programas de benefícios de compras em farmácias, que administram os planos de medicamentos para as seguradoras, negociam descontos e abatimentos, reduzindo o custo efetivo de um medicamento", revelando um cenário mais complexo da estrutura de preços de um medicamento do que pode se mostrar à primeira vista.

De qualquer maneira, o público continuará indignado sempre que se sentir injustiçado, prejudicado e ludibriado. Mesmo com a nova campanha publicitária da PhRMA, voltada às inovações na indústria farmacêutica e à empolgação gerada por novas formas de tratamento, Jeremy Greene, historiador de medicina da Universidade Johns Hopkins, observa: "Qual a diferença que novos e empolgantes tratamentos para o câncer farão para os norte-americanos se ninguém sabe se será capaz de pagar por eles ou ter acesso a eles?"

Fontes: baseado em A. E. Cha, "CEO Martin Shkreli: 4,000 Percent Drug Price Hike Is 'Altruistic,' Not Greedy," *The Washington Post*, 22 set. 2015, https://www.washingtonpost.com/news/to-your-health/wp/2015/09/22/turing-ceo-martin-shkreli-explains-that-4000-percent-drug-price-hike-is-altruistic-not-greedy/; U. W. Chohan, "Martin Shkreli and the Outrage of Inequality," *The Conversation,* 7 jan. 2016, http://theconversation.com/martin-shkreli-and-the-outrage-of-inequality-52812; C. Y. Johnson, "'Pharma Bro' Martin Shkreli Responds to a Subpoena with Sarcastic Tweets," *The Washington Post,* 21 jan. 2016, https://www.washingtonpost.com/news/wonk/wp/2016/01/21/pharma-bro-martin-shkreli-is-responding-to-a-subpoena-with-sarcastic-tweets/; B. Popken, "Martin Shkreli Weighs In on EpiPen Scandal, Calls Drug Makers 'Vultures,'" *NBC News,* 19 ago. 2016, http://www.nbcnews.com/business/consumer/martin-shkreli-weighs-epipen-scandal-calls-drug-makers-vultures-n634451; K. Thomas, "The Complex Math Behind Spiraling Prescription Drug Prices," *The New York Times,* 24 ago. 2016, https://www.nytimes.com/2016/08/25/business/high-drug-prices-explained-epipen-heart-medications.html?_r=0; e Z. Thomas e T. Swift, "Who Is Martin Shkreli—'the Most Hated Man in America'?", *BBC News*, 23 set. 2015, http://www.bbc.com/news/world-us-canada-34331761.

A indignação com a especulação nos preços dos medicamentos ilustra como as emoções podem afetar nossas decisões, nossos comportamentos e nossas atitudes em relação às pessoas. Ela também pode gerar conflitos, com consequências potencialmente desastrosas. Na verdade, não temos como ignorar nossas emoções, mas podemos reconhecê-las e trabalhar com elas. E nem todas as emoções nos afetam negativamente.

Considerando que as emoções são importantíssimas em nossa vida, é surpreendente pensar que, até pouco tempo atrás, o campo do comportamento organizacional dava pouca atenção a esse tema. De modo geral, isso acontece porque as emoções no ambiente de trabalho sempre foram vistas como prejudiciais ao desempenho. Embora os gestores soubessem que as emoções constituem uma parte inseparável da vida, eles tentavam criar organizações livres de emoção. Os pesquisadores tendiam a se concentrar em intensas emoções negativas — principalmente a raiva — que afetavam a capacidade de um empregado de trabalhar com eficácia.

Felizmente, esse tipo de mentalidade está mudando. É bem verdade que algumas emoções podem prejudicar o desempenho, especialmente quando demonstradas no momento errado. Outras emoções são neutras e algumas são construtivas. Os empregados levam suas emoções para o trabalho todos os dias e nenhum estudo de comportamento organizacional estaria completo sem considerar seu papel no comportamento no ambiente de trabalho.

afeto
Um amplo conjunto de sentimentos experimentados pelas pessoas.

O que são emoções e estados de humor?

4.1 Diferenciar emoções de estados de humor.

A princípio, é importante que sejam conceituados três termos que são intimamente interligados e, muitas vezes, confundidos: *afeto, emoções* e *estados de humor.* Afeto é um

emoções
Experiências de sentimentos intensos, discretas e de curta duração, frequentemente causadas por um evento específico.

estados de humor *(moods)*
Sentimentos que tendem a ser mais duradouros e menos intensos do que as emoções e que não necessitam de estímulos contextuais para se manifestar.

termo genérico que abrange um amplo conjunto de sentimentos vivenciados pelas pessoas, incluindo tanto emoções quanto estados de humor.[1] As emoções são experiências de sentimentos intensos, discretos e de curta duração, frequentemente causados por um evento específico.[2] Os estados de humor *(moods)* são sentimentos menos intensos e mais duradouros do que as emoções e que, muitas vezes, surgem sem o estímulo de nenhum evento.[3] A Figura 4.1 mostra as relações entre afeto, emoções e estados de humor.

Em tese, é possível separar afeto, emoções e estados de humor. No entanto, na prática, essa distinção nem sempre é clara. Quando discutirmos os temas do comportamento organizacional relacionados às emoções e aos estados de humor, você terá mais informações sobre a separação desses termos em áreas diferentes. Por enquanto, as pesquisas avançaram até esse ponto. Vamos começar com uma discussão sobre as emoções básicas.

Emoções básicas

Quantas emoções existem? Há dezenas delas, incluindo raiva, desprezo, entusiasmo, inveja, medo, frustração, decepção, vergonha, aversão, felicidade, ódio, esperança, ciúmes, alegria, amor, orgulho, surpresa e tristeza. Vários pesquisadores tentam limitar esse número e agrupá-las em um conjunto básico de emoções.[4] Outros argumentam que não faz sentido pensar em termos de emoções "básicas". Segundo eles, isso nos levaria a perder de vista o quadro geral, uma vez que as emoções podem ter diversos significados em diferentes contextos e muitas variam de uma cultura para a outra.[5]

Os psicólogos vêm estudando a maneira como expressamos emoções básicas em uma tentativa de identificá-las. As expressões faciais se provaram difíceis de interpretar,[6] uma vez que algumas emoções são complexas demais para serem representadas por expressões faciais ou reações físicas. Em segundo lugar, embora as pessoas, em geral, tenham boas chances de reconhecer emoções em diferentes culturas, essa precisão é reduzida em grupos culturais com menos exposição entre seus membros.[7] As culturas também têm normas para governar a expressão emocional. Assim, o modo como *reco-*

FIGURA 4.1 Afeto, emoções e estados de humor.

Afeto
Definido como uma ampla gama de sentimentos experimentados pelas pessoas. O afeto pode ser experimentado na forma de emoções ou estados de humor.

Emoções
- Causadas por um evento específico
- De duração muito breve (segundos ou minutos)
- Específicas e de várias naturezas (raiva, medo, tristeza, felicidade, aversão e surpresa)
- Normalmente são acompanhadas de diferentes expressões faciais
- Em sua natureza, são voltadas à ação

Estados de humor *(moods)*
- Geralmente sua causa não é específica e nem muito clara
- Têm duração maior do que as emoções (horas ou dias)
- São mais genéricos (têm duas dimensões principais — afeto positivo e afeto negativo —, compostas de diversas emoções específicas)
- Geralmente não são demonstrados por meio de expressões físicas distintas
- Têm natureza cognitiva

Mito ou ciência?

Sorria e o mundo do trabalho sorri com você

É verdade que um sorriso nem sempre é uma expressão emocional. Os sorrisos são usados como uma espécie de "moeda social" na maioria das organizações a fim de criar uma atmosfera positiva, uma vez que, em geral, um sorriso inconscientemente evoca um sorriso de retorno reflexivo. Mas quem já sorriu para um chefe furioso sabe que a tática nem sempre dá certo. Na verdade, dar e recusar sorrisos muitas vezes é usado como um jogo de poder inconsciente na política de escritório.

Pesquisas sobre o "efeito chefe" sugerem que o grau de poder e status que uma pessoa sente em relação à outra é o que decide quem vai sorrir. Os subordinados, em geral, sorriem com mais frequência do que os chefes retribuem os sorrisos. Isso acontece, em parte, porque se espera que os empregados demonstrem sua felicidade no trabalho. No entanto, essa relação é complexa e varia de acordo com a cultura do país: em um estudo, empregados chineses só sorriram reflexivamente para os chefes que tinham o poder de lhes dar avaliações negativas, enquanto os participantes norte-americanos sorriram mais para os chefes considerados mais poderosos. Outros pesquisadores constataram que, quando as pessoas se sentiam poderosas, elas em geral não retornavam o sorriso nem de um superior. Por outro lado, quando achavam que tinham pouco poder, as pessoas retornavam o sorriso de todos. "Os seus sentimentos sobre poder e status parecem ditar até que ponto você se dispõe a retornar um sorriso", explicou o neurocientista cognitivo Evan Carr. A ciência do sorriso vai além da expressão de emoções. Enquanto um chefe irritado pode não retornar um sorriso, um chefe satisfeito também pode não sorrir de volta, de acordo com uma pesquisa para investigar o "efeito chefe". "Não há muita relação entre o que demonstramos em nosso rosto e como nos sentimos", explicou Arvid Kappas, professor de pesquisa de emoções da Universidade Jacobs, em Bremen, na Alemanha. Isso sugere que, quando queremos demonstrar emoções positivas às pessoas, é mais interessante não nos limitarmos a sorrir, como os atendentes fazem ao tentar gerar sentimentos de satisfação nos clientes, falando em tom empolgado, usando gestos encorajadores e movimentos corporais vigorosos. A ciência do sorriso é uma área que ainda está sendo pesquisada, mas já ficou claro que o conhecimento do "efeito chefe" sugere muitas aplicações práticas. Por um lado, chefes e subordinados podem se conscientizar de suas tendências arraigadas e até mesmo mudar seus hábitos ao observarem a si mesmos. Demonstrações abrangentes de emoções positivas usando inflexão da voz, gestos e escolha de palavras também podem ajudar a desenvolver bons relacionamentos no trabalho mais do que se limitar a sorrir.

Fontes: baseado em R. L. Hotz, "Too Important to Smile Back: The 'Boss Effect,'" *The Wall Street Journal*, 16 out. 2012, D2; P. Jaskunas, "The Tyranny of the Forced Smile," *The New York Times*, 15 fev. 2015, 14; e E. Kim e D. J. Yoon, "Why Does Service with a Smile Make Employees Happy? A Social Interaction Model," *Journal of Applied Psychology* 97 (2012): 1059–67.

nhecemos uma emoção nem sempre é igual ao modo como a *demonstramos*. Por exemplo, nos países coletivistas, onde a restrição emocional é uma norma, as pessoas se concentram nos olhos, enquanto nos países individualistas, onde a expressão emocional é uma norma, as pessoas se concentram mais nas expressões da boca.[8]

É improvável que os psicólogos ou filósofos venham a atingir um consenso sobre um conjunto de emoções básicas, ou até mesmo que isso possa existir. Ainda assim, muitos pesquisadores concordam sobre a existência de seis emoções universais — raiva, medo, tristeza, felicidade, repulsa e surpresa.[9] Podemos confundir felicidade com surpresa, mas raramente confundimos felicidade com repulsa.

Emoções morais

A tendência é achar que nossas emoções intrínsecas são inatas. Por exemplo, se alguém saísse subitamente de uma porta na sua frente, você não ficaria surpreso? Pode ser. Mas, dependendo das circunstâncias, você também poderia sentir qualquer uma das outras cinco emoções universais — raiva, medo, tristeza, felicidade ou repulsa. Nossas experiências emocionais estão intimamente ligadas à maneira como interpretamos os eventos. Uma área na qual os pesquisadores estão desenvolvendo essa ideia é a do estudo das emoções morais, ou seja, emoções que têm implicações morais devido à nossa interpretação imediata da situação que as evoca. Exemplos de emoções morais incluem simpatia por conta do sofrimento que uma pessoa está passando, culpa por nosso próprio comportamento imoral, raiva pela

emoções morais
Emoções que têm implicações morais.

injustiça cometida aos outros e desprezo por pessoas que apresentam um comportamento antiético.

Outro exemplo é o desdém que sentimos em relação a violações das normas morais, chamado de *repulsa moral*. A repulsa moral é diferente das outras formas de repulsa. Digamos que você esteja andando em um pasto e pise sem querer em esterco de vaca. A repulsa que você poderia sentir é diferente. Nesse caso, você provavelmente não faria um julgamento moral. Por outro lado, digamos que você assista ao vídeo de um policial fazendo um comentário racista ou machista. Você pode sentir um tipo diferente de repulsa por julgar que o policial não deveria ter agido assim. Você pode até sentir uma variedade de emoções com base no julgamento moral que atribui à situação.[10]

Pesquisas indicam que as nossas reações às emoções morais diferem das nossas reações a outras emoções.[11] Por exemplo, quando sentimos raiva moral, podemos ter mais chances de confrontar a situação causadora dessa raiva do que em situações que não envolvem qualquer julgamento moral. Mas não podemos presumir que todas as pessoas apresentarão as mesmas reações emocionais a eventos que envolvem um julgamento moral. As emoções morais desenvolvem-se durante a infância, à medida que as crianças aprendem as normas e os padrões morais, de modo que tais emoções dependem mais da situação e do contexto normativo do que de outras emoções. Como a moralidade é um constructo que difere de uma cultura para a outra, o mesmo acontece com as emoções morais. Portanto, precisamos nos manter cientes dos aspectos morais das situações que provocam nossas emoções e tentar entender o contexto antes de agir, especialmente no trabalho.[12]

Você pode refletir sobre sua própria vida para ver como somos afetados pelas emoções morais. Pense em uma ocasião na qual você magoou alguém. Você ficou furioso ou chateado consigo mesmo? Ou pense em uma ocasião na qual você viu alguém sendo tratado injustamente. Você sentiu desprezo pela pessoa que agiu injustamente ou fez um cálculo frio e racional da justiça da situação? A maioria das pessoas que pensa nessas situações sente alguma agitação emocional que pode levá-las a se engajar em ações éticas, como doar dinheiro a uma instituição de caridade, pedir desculpas e tentar compensar o erro ou intervir a favor dos injustiçados. Em suma, podemos concluir que as pessoas que apresentam um comportamento ético estão, pelo menos em parte, tomando decisões com base em suas emoções e estados de humor.

As emoções podem ser efêmeras; os estados de humor, no entanto, podem durar um bom tempo. Para entender como as emoções e os estados de humor podem afetar as organizações, vamos classificar as várias emoções em categorias mais amplas de estados de humor.

Estados de humor básicos: afeto positivo e afeto negativo

Para começar a estudar o efeito dos estados de humor e das emoções no trabalho, classificaremos as emoções em duas categorias: positivas e negativas. As emoções positivas — tais como alegria e gratidão — expressam um estado ou uma avaliação afetiva favorável. As negativas — tais como raiva e culpa — expressam o oposto. Tenha em mente que as emoções não podem ser neutras. Ser neutro é o contrário de ser emocional.[13]

Quando agrupamos as emoções em categorias positivas e negativas, elas se tornam *estados de humor*, pois passamos a vê-las de maneira mais generalizada em vez de isoladas em uma emoção específica. Como podemos observar ao analisar a Figura 4.2, o entusiasmo sinaliza um alto afeto positivo, ao passo que o tédio é indicativo de um baixo afeto positivo. Do mesmo modo, o nervosismo é um exemplo de alto afeto negativo, ao passo que o relaxamento é uma emoção que caracteriza um baixo afeto negativo. Para finalizar, algumas emoções — tais como satisfação (uma mistura de alto afeto positivo e baixo afeto negativo) e tristeza (uma mistura de baixo afeto positivo e alto afeto negativo) — estão no meio-termo. Você notará que esse modelo não inclui todas as emoções discutidas anteriormente, porque algumas emoções, como a surpresa, não são claramente positivas ou negativas e, portanto, não se encaixam no modelo.

Podemos, então, pensar em afeto positivo como uma dimensão dos sentimentos que consiste em emoções positivas específicas, tais como entusiasmo, excitação e euforia, no topo da escala, e tédio, preguiça e cansaço na parte de baixo da escala. Por outro lado, o afeto negativo é uma dimensão dos estados de humor que inclui estados afetivos como nervosismo, estresse e ansiedade, no topo da escala, e calma, tranquilidade e equilíbrio, na parte de baixo da escala.[14] Embora raramente vivenciemos simultaneamente o afeto positivo e o afeto negativo, as pessoas acabam, com o tempo, diferindo na extensão em que vivenciam cada um desses tipos de afeto. Algumas pessoas (poderíamos chamá-las de emotivas ou intensas) podem vivenciar um pouco de afeto positivo e um pouco do afeto negativo em um período de, digamos, uma semana. Outras (poderíamos chamá-las de não emotivas ou indiferentes) vivenciam pouco ou nenhum dos dois tipos de afeto. E há outras que podem vivenciar muito mais um tipo do que o outro.

afeto positivo
Dimensão dos estados de humor que consiste em emoções positivas específicas, tais como excitação, entusiasmo e euforia extremos.

afeto negativo
Dimensão dos estados de humor que consiste em emoções tais como nervosismo, estresse e ansiedade extremos.

Vivenciando os estados de humor e as emoções

Como se já não fosse complexo o suficiente considerar as muitas emoções e estados de humor distintos que uma pessoa pode identificar, a realidade é que cada indivíduo tem uma vivência diferente dos estados de humor e das emoções. Em geral, estados de humor positivos são mais comuns que estados de humor negativos. Com efeito, pesquisas encontraram um equilíbrio da positividade, o que significa que, na ausência de estímulos ou presença de *input* zero (quando nada de especial está acontecendo), a maioria das pessoas vivencia um estado de humor positivo

equilíbrio da positividade
Tendência da maioria das pessoas de vivenciar um estado de humor ligeiramente positivo sem nenhum estímulo (quando nada de especial está acontecendo).

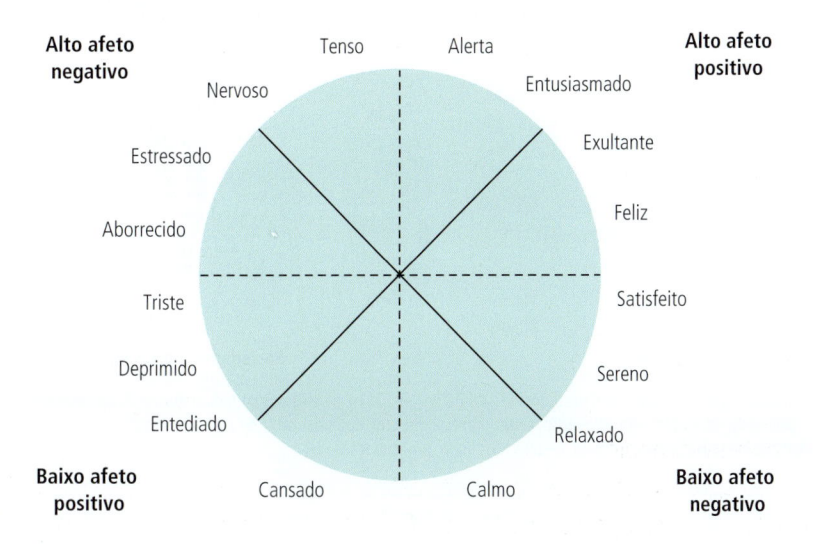

FIGURA 4.2   A estrutura dos estados de humor.

moderado.[15] Essa constatação parece se aplicar a empregados em uma ampla variedade de ambientes de trabalho. Por exemplo, um estudo conduzido com atendentes de um *call center* britânico revelou que as pessoas relataram vivenciar estados de humor positivos 58% do tempo, apesar do trabalho estressante.[16] Outro estudo constatou que as emoções negativas levam a estados de humor negativos. Pode ser que isso aconteça porque as pessoas passam cinco vezes mais tempo pensando em eventos que causaram fortes emoções negativas do que em eventos que causaram fortes emoções positivas.[17]

Será que a extensão na qual as pessoas vivenciam emoções positivas e negativas varia de uma cultura à outra? A resposta é sim (veja a "Pesquisa de Comportamento Organizacional"). A razão para isso não é que pessoas de várias culturas são inerentemente diferentes: na maioria delas, as pessoas parecem vivenciar determinadas emoções positivas e negativas e a interpretar essas emoções da mesma maneira ao redor do mundo. Todos nós consideramos perigosas e destrutivas emoções negativas como ódio, terror e fúria e queremos sentir emoções positivas como alegria, amor e felicidade. No entanto, a maneira como uma pessoa vivencia as emoções pode variar de acordo com sua cultura. Algumas culturas valorizam determinadas emoções mais do que outras, o que tem impacto no modo como as pessoas pensam sobre vivenciar tais emoções.

Ainda há muito a aprender sobre as diferenças de valor. Algumas culturas aceitam as emoções negativas sem problemas, como Japão e Rússia, enquanto outras enfatizam emoções e expressões positivas, como México e Brasil.[18] Países coletivistas e países individualistas também podem atribuir valores diferentes às emoções negativas. Essa diferença pode explicar por que as emoções negativas são menos prejudiciais à saúde das pessoas de culturas orientais, em oposição às pessoas de culturas ocidentais.[19] Por exemplo, os chineses consideram que as emoções negativas — embora nem sempre agradáveis — têm o potencial de serem mais úteis e construtivas do que os norte-americanos.

PESQUISA DE COMPORTAMENTO ORGANIZACIONAL Estados emocionais.

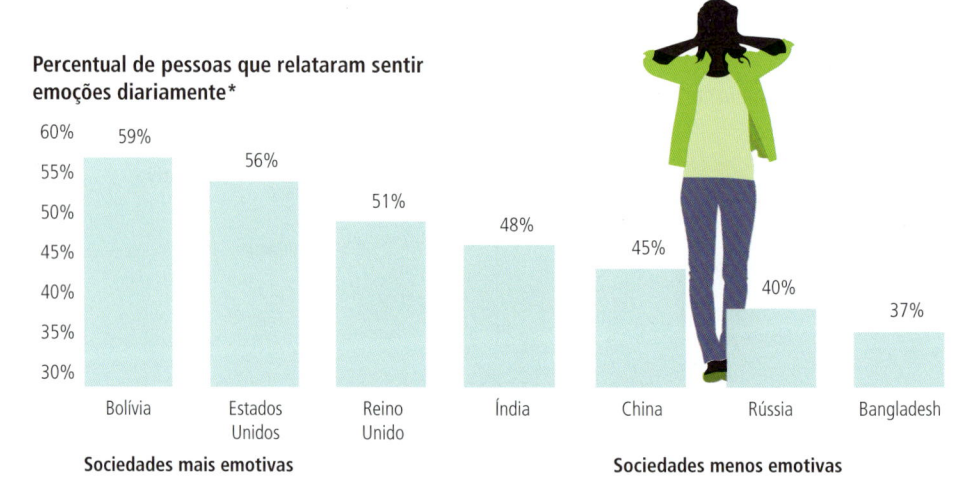

Percentual de pessoas que relataram sentir emoções diariamente*

- Bolívia: 59%
- Estados Unidos: 56%
- Reino Unido: 51%
- Índia: 48%
- China: 45%
- Rússia: 40%
- Bangladesh: 37%

Sociedades mais emotivas | Sociedades menos emotivas

* Os pesquisadores perguntaram a entrevistados de 148 países, em 2014, se eles sentiram diariamente cinco emoções positivas (descansar, ter tratamento respeitoso, sentir prazer, sorrir e rir, aprender ou fazer algo interessante) e cinco emoções negativas (raiva, estresse, tristeza, dor física, preocupação).

Fonte: baseado em J. Clifton, "Latin Americans Lead World in Emotions," Gallup (27 ago. 2015), http://www.gallup.com/poll/184631/latin-americans-lead-world-emotions.aspx.

A perspectiva oriental pode ter seu mérito: pesquisas sugerem que o afeto negativo, de fato, pode ter seus benefícios. Por exemplo, uma pesquisa conduzida na Alemanha sugere que valorizar o afeto negativo muitas vezes permite que as pessoas aceitem e lidem melhor com as circunstâncias, reduzindo seus efeitos negativos sobre a saúde física e psicológica e sobre a tomada de decisões.[20] O afeto negativo também pode ajudar os gestores no desenvolvimento de um pensamento crítico e fazer com que eles sejam mais justos.[21]

Agora que identificamos as emoções básicas e os estados de humor básicos e analisamos como os vivenciamos, vamos explorar a função das emoções e dos estados de humor no local de trabalho.

A função das emoções

De certa forma, as emoções são um mistério. Para que elas servem? Como vimos, pesquisadores do campo do comportamento organizacional estão descobrindo que as emoções podem ser importantíssimas para o bom funcionamento do local de trabalho. Por exemplo, um grande número de estudos sugere que empregados felizes tendem a ter atitudes positivas no trabalho, apresentando menos comportamentos de retraimento e contraproducentes, empenhando-se mais nas tarefas e em atividades de cidadania e até obtendo mais sucesso do que seus colegas infelizes.[22] Pessoas que tendem a vivenciar o afeto positivo com mais frequência como uma parte de sua personalidade (veja o Capítulo 5) tendem a ter atitudes positivas no trabalho, usufruir de uma boa integração social com o chefe e os colegas, serem bem tratados pela organização e se empenharem mais nas tarefas e em atividades de cidadania.[23] Vamos discutir duas áreas importantíssimas — racionalidade e ética — nas quais as emoções podem melhorar o desempenho.

As emoções nos tornam irracionais? Quantas vezes você já ouviu alguém dizer: "Ah, você está sendo emotivo demais"? Você pode até ter se ofendido. Comentários como esse sugerem um conflito entre a racionalidade e a emoção, indicando que, ao demonstrar suas emoções, você estaria sendo irracional. A associação percebida entre esses dois fatores é tão forte que, segundo alguns pesquisadores, demonstrar emoções como tristeza a ponto de chorar é tão prejudicial para a carreira que é melhor sair da sala para não deixar ninguém ver.[24] Esse ponto de vista sugere que demonstrar ou até sentir as emoções pode fazer com que sejamos vistos como fracos, frágeis ou irracionais. Mas não é esse o caso. Na verdade, as nossas emoções fazem com que o nosso raciocínio seja muito mais racional.

Isso acontece porque nossas emoções nos dão acesso a informações importantes sobre a maneira como interpretamos o mundo e ajudam a orientar nossos comportamentos. Por exemplo, pessoas com estado de humor negativo podem ser mais capazes de discernir informações verdadeiras de informações imprecisas do que as pessoas que vivenciam um estado de humor considerado feliz.[25]

Vejamos o exemplo de Phineas Gage, empregado de uma ferrovia norte-americana. Em um dia de setembro de 1848, ao instalar uma carga explosiva, uma barra de aço de aproximadamente 18 centímetros voou em direção ao seu maxilar inferior esquerdo e entrou até o topo de seu crânio. Por incrível que pareça, Phineas sobreviveu aos ferimentos. Ele ainda conseguia ler e falar e apresentou um desempenho bem acima da média em testes de habilidades cognitivas. No entanto, ele perdeu totalmente sua capacidade de experimentar emoções, o que, com o tempo, acabou por eliminar sua capacidade de raciocinar. Depois do acidente, ele começou a se

Fonte: BSIP/Science Source

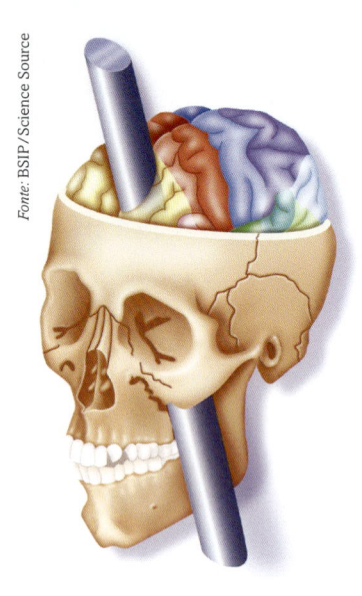

Ao estudar lesões cerebrais como as de Phineas Gage, cujo crânio está representado na ilustração, pesquisadores descobriram uma importante ligação entre as emoções e o pensamento racional. Eles constataram que nossas emoções nos proporcionam valiosas informações que nos ajudam a raciocinar.

comportar de modo instável e contra os próprios interesses. Ele pulou de um emprego a outro, até entrar em um circo. Sobre a situação de Gage, um especialista observou: "A razão pode não ser tão simples quanto a maioria de nós acredita ou gostaria que fosse... As emoções e os sentimentos podem não ser meros intrusos no baluarte da razão: eles podem estar enredados em uma trama, para o bem *e* para o mal".[26]

As emoções fazem com que sejamos éticos? Um número cada vez maior de pesquisas se propõe a analisar as emoções e as atitudes morais.[27] Acreditava-se que, como é o caso da tomada de decisões em geral, a maioria das decisões éticas baseava-se em processos cognitivos de ordem superior. No entanto, as pesquisas voltadas a investigar as emoções morais têm questionado cada vez mais essa perspectiva. Numerosos estudos sugerem que os julgamentos morais se baseiam em grande parte em sentimentos e não na cognição, embora tendamos a acreditar que nossas fronteiras morais são lógicas e razoáveis, não emocionais.

Até certo ponto, nossas crenças são forjadas pelos grupos aos quais pertencemos, que afetam o que consideramos ou não ético em determinadas situações, resultando em reações inconscientes e emoções morais compartilhadas. O problema é que essas emoções compartilhadas podem nos levar a justificar reações puramente emocionais como sendo racionalmente "éticas" só porque os outros sentem as mesmas emoções.[28] Também tendemos a julgar (e a punir) os membros de um grupo externo (qualquer pessoa que não pertença ao nosso grupo) com mais rigor por transgressões morais do que os membros do nosso grupo, mesmo quando tentamos ser objetivos.[29] Além disso, tendemos a exaltar os membros internos de um grupo (qualquer pessoa que faça parte de nosso grupo) e somos mais tolerantes ao julgar seus delitos, muitas vezes adotando um duplo padrão ético.[30]

Se soubermos identificar as fontes das emoções e dos estados de humor, seremos mais capazes de prever o comportamento e, dessa forma, será possível gerenciar melhor as pessoas. Vamos analisar esse tópico a seguir.

4.2 Identificar as fontes das emoções e dos estados de humor *(moods)*.

Fontes das emoções e estados de humor *(moods)*

Alguma vez você já disse: "Hoje eu acordei com o pé esquerdo?" Você já brigou com um colega ou com alguém de sua família sem razão aparente? Se as respostas foram positivas, talvez você já tenha se perguntado de onde vêm as emoções e os estados de humor. Discutiremos aqui alguns dos principais fatores.

Personalidade

Os estados de humor e as emoções têm um componente de traço de personalidade, o que significa que algumas pessoas têm uma tendência natural a vivenciar determinados estados de humor e emoções com mais frequência do que outras. As pessoas também vivenciam as mesmas emoções com intensidades diferentes. O grau no qual elas as vivenciam é chamado de intensidade do afeto.[31] Pessoas afetivamente intensas têm uma experiência mais profunda das emoções, tanto positivas quanto negativas — quando estão tristes, estão muito tristes, e quando estão felizes, estão muito felizes.

intensidade do afeto
Diferenças individuais na força com que cada pessoa vivencia suas emoções.

Hora do dia

Os estados de humor variam de acordo com a hora do dia. Entretanto, pesquisas sugerem que a maioria das pessoas segue o mesmo padrão. Os níveis de afeto positivo tendem a atingir o pico no fim da manhã (das 10h ao meio-dia) e permanecem nesse nível até o início da noite (por volta das 19h). Mais ou menos 12 horas depois de acordar, o afeto positivo começa a cair até a meia-noite e, para as pessoas que ficarem acordadas, a queda acelera até o afeto positivo voltar a subir, depois do nascer do sol.[32] Quanto ao afeto negativo, a maioria das pesquisas sugere que varia menos do que o afeto positivo,[33] mas a tendência geral é aumentar no decorrer do dia, de maneira que começa no nível mais baixo no início da manhã e atinge o pico tarde da noite.[34]

Um estudo fascinante avaliou os estados de humor com base na análise de milhões de tweets (mensagens no Twitter) do mundo todo.[35] Os pesquisadores analisaram o número de palavras que denotam afeto positivo (feliz, entusiasmado, empolgado) e afeto negativo (triste, furioso, ansioso). É possível ver as tendências observadas pelos pesquisadores na seção de afeto positivo da Figura 4.3. Flutuações diárias de humor seguiram um padrão similar na maioria dos países. Esses resultados são comparáveis às constatações da pesquisa anterior. Uma grande diferença, contudo, se revela à noite. Enquanto a maioria das pesquisas sugere que o afeto positivo tende a diminuir depois das 19h, esse estudo sugere que *aumenta* até começar a cair à meia-noite. Outros estudos precisam ser realizados para confirmar essa constatação. As tendências de afeto negativo desse estudo são compatíveis com estudos anteriores, mostrando que o afeto negativo é mais baixo de manhã e tende a subir no decorrer do dia e à noite.

Você pode estar se perguntando o que acontece com as pessoas que trabalham no turno da madrugada. Quando nosso ritmo circadiano interno fica fora de sintonia com nossas horas de vigília, nosso estado de humor e bem-estar tendem a ser afetados de forma negativa. Entretanto, pesquisadores dedicados a investigar como o relógio interno do corpo pode ser ajustado descobriram que controlar nossa exposição à luz pode nos ajudar a mudar nosso ritmo circadiano.[36] Assim, ao manipular condições de luz e escuridão, uma pessoa que passa a noite em claro pode ter um ciclo de estados de humor similar a alguém que dorme à noite.

Dia da semana

Será que as pessoas se sentem melhor no fim de semana? É o que acontece na maioria das culturas. Por exemplo, adultos norte-americanos tendem a apresentar grau mais elevado de afeto positivo na sexta-feira, sábado e domingo, enquanto o grau mais baixo ocorre na segunda-feira.[37] Como podemos ver na Figura 4.4, também neste caso baseado no estudo de tweets, várias outras culturas também seguem esse mesmo padrão. Para os alemães e os chineses, o afeto positivo é mais alto de sexta a domingo e mais baixo na segunda-feira. Mas nem todas as culturas apresentam esse padrão. Como vemos no gráfico, no Japão o afeto positivo é mais alto na segunda-feira do que na sexta ou no sábado.

Quanto ao afeto negativo, a segunda-feira é o dia que leva ao maior afeto negativo na maioria das culturas. Em alguns países, contudo, o afeto negativo é menor na sexta e no sábado do que no domingo. Pode ser que, apesar de o domingo ser um dia de folga agradável (levando, portanto, a um maior afeto positivo), também ficamos um pouco estressados com a semana que está para começar (o que pode explicar o afeto negativo maior).

FIGURA 4.3 Efeitos da hora do dia sobre os estados de humor de adultos norte-americanos de acordo com a análise classificatória de tweets.

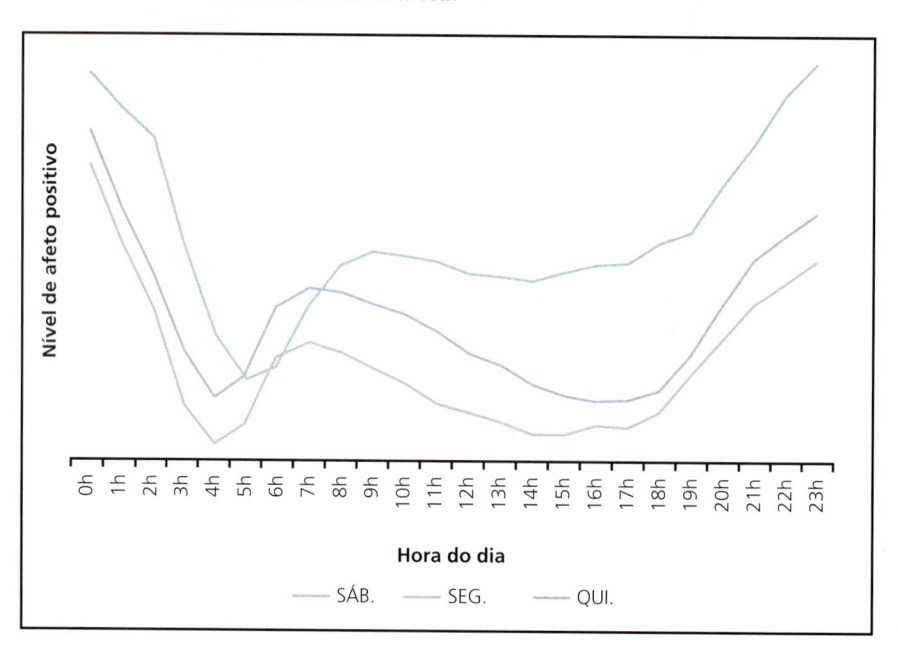

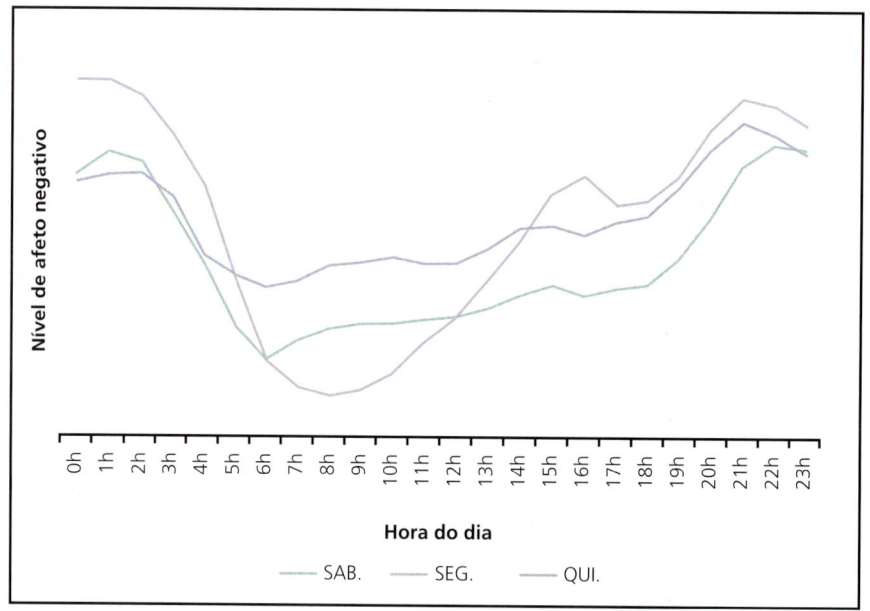

Nota: com base em análises de postagens no Twitter de usuários norte-americanos e codificação de palavras que representam sentimentos positivos (satisfação, entusiasmo) e sentimentos negativos (medo, culpa). As linhas representam a porcentagem do total de palavras dos tweets que transmitem esses sentimentos.

Fontes: baseado em S. A. Golder e M. W. Macy, "Diurnal and Seasonal Mood Vary with Work, Sleep, and Daylength across Diverse Culturs," *Science* 333 (2011): 1878–81; A. Elejalde-Ruiz, "Seize the Day," *Chicago Tribune*, 5 set. 2012, acesso em 20 jun. 2013, disponível em http://articles.chicagotribune.com/.

Clima

Quando você acha que seu humor é melhor: em um dia ensolarado que faz 25 graus ou em um dia frio, sombrio e chuvoso? Muitas pessoas acreditam que seu humor está ligado ao clima. No entanto, uma ampla e detalhada revisão de estudos sugere que o clima tem pouca influência em nosso estado de humor, pelo menos para a maioria das pessoas.[38] Um especialista concluiu: "Ao contrário do que se costuma pensar, os estudos mostram que as pessoas não relatam ficar com um humor melhor em dias ensolarados (ou, por outro lado, de mau humor em dias sombrios e chuvosos)".[39]

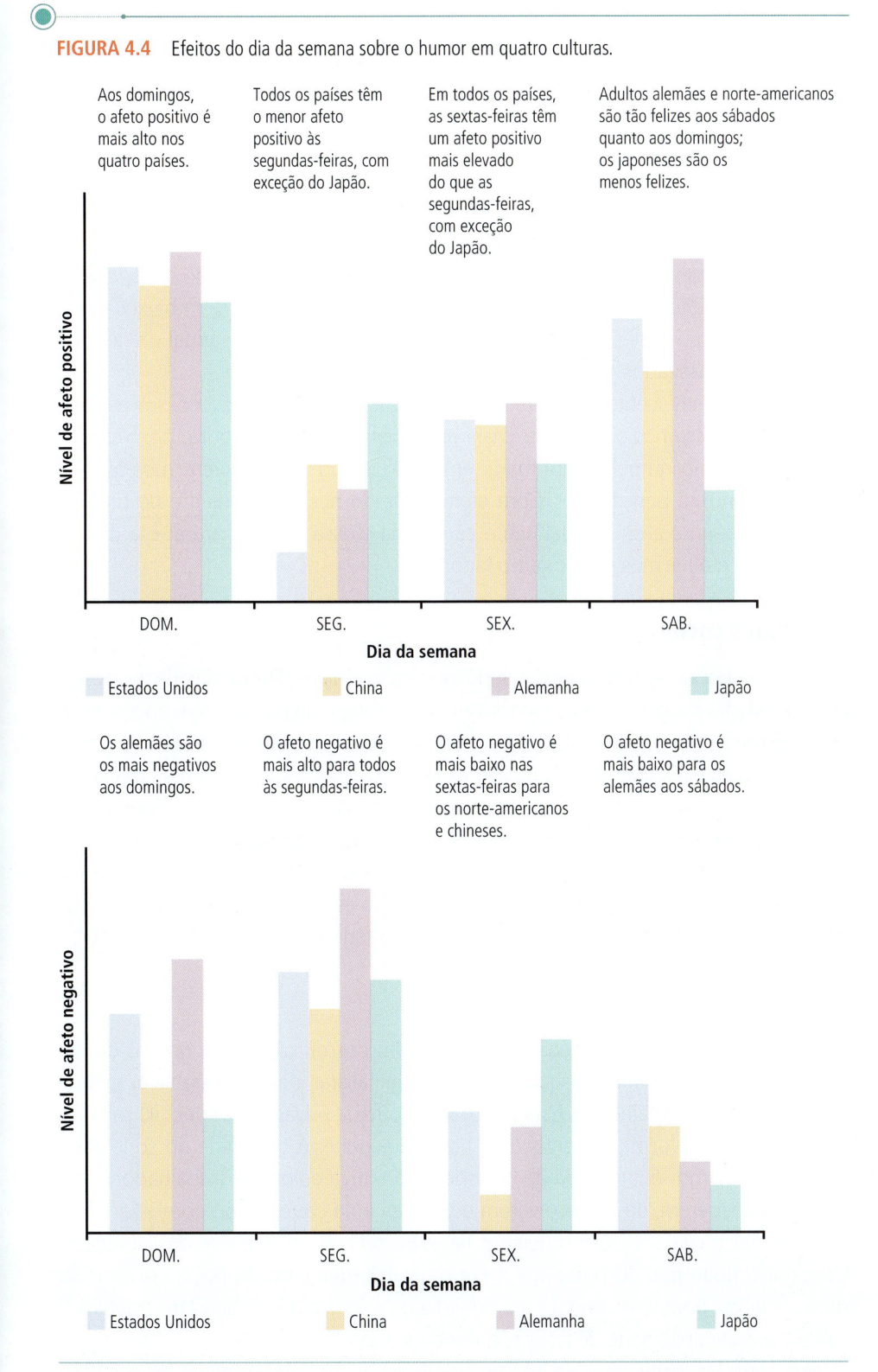

FIGURA 4.4 Efeitos do dia da semana sobre o humor em quatro culturas.

Aos domingos, o afeto positivo é mais alto nos quatro países.

Todos os países têm o menor afeto positivo às segundas-feiras, com exceção do Japão.

Em todos os países, as sextas-feiras têm um afeto positivo mais elevado do que as segundas-feiras, com exceção do Japão.

Adultos alemães e norte-americanos são tão felizes aos sábados quanto aos domingos; os japoneses são os menos felizes.

Nível de afeto positivo — Dia da semana: DOM., SEG., SEX., SAB.

Estados Unidos — China — Alemanha — Japão

Os alemães são os mais negativos aos domingos.

O afeto negativo é mais alto para todos às segundas-feiras.

O afeto negativo é mais baixo nas sextas-feiras para os norte-americanos e chineses.

O afeto negativo é mais baixo para os alemães aos sábados.

Nível de afeto negativo — Dia da semana: DOM., SEG., SEX., SAB.

Estados Unidos — China — Alemanha — Japão

Fonte: baseado em S. A. Golder e M. W. Macy, "Diurnal and Seasonal Mood Vary with Work, Sleep, and Day-length across Diverse Cultures," *Science* 333 (2011): 1878–81; A. Elejalde-Ruiz, "Seize the Day," *Chicago Tribune*, 5 set. 2012, acesso em 20 jun. 2013, disponível em http://articles.chicagotribune.com/.

correlação ilusória
Tendência das pessoas de associarem dois eventos quando, na verdade, não há relação entre eles.

A correlação ilusória ocorre quando associamos dois eventos quando, na verdade, não há relação entre eles — o que explica por que as pessoas tendem a achar que seu humor é afetado pelo clima. Por exemplo, os empregados podem ser mais produtivos quando o clima está ruim, como mostrou um estudo recente conduzido no Japão e nos Estados Unidos, mas não por causa do seu estado de humor — na verdade, o clima ruim tende a eliminar algumas distrações no trabalho.[40]

Estresse

Como você pode imaginar, eventos estressantes no trabalho (como um e-mail desagradável, um prazo prestes a terminar, a perda de uma grande venda, uma bronca do chefe) afetam negativamente os estados de humor dos empregados. Uma revisão de quase 100 estudos, com a participação de 25.000 empregados, sugere que os efeitos do estresse crônico também se acumulam com o tempo. Como observam os autores de um estudo: "Uma privação constante que, aos poucos, gere baixos níveis de estresse, tem o poder de, com o tempo, levar a um aumento gradual do nível de tensão dos empregados".[41]

Esses níveis crescentes de estresse no trabalho tendem a piorar nossos estados de humor e passamos a vivenciar mais emoções negativas. Embora, por vezes, o estresse possa nos impelir a um maior empenho, é comum considerarmos que ele acaba com nosso bom humor. Com efeito, quando nos vemos diante de uma situação estressante e emocionalmente carregada, nossa reação natural é a de nos desligarmos e olharmos para o outro lado.[42]

Atividades sociais

Você tende a se sentir mais feliz quando sai com os amigos? Para a maioria das pessoas, as atividades sociais aumentam positivamente o estado de humor e têm pouco efeito no estado de humor negativo. Mas será que são as pessoas com estado de humor positivo que buscam as interações sociais ou são as interações sociais que levam as pessoas a ficarem de bom humor? Parece que as duas afirmações são verdadeiras,[43] apesar de o *tipo* de atividade social fazer diferença. Atividades físicas (esquiar ou fazer uma caminhada com os amigos), informais (ir a uma festa) ou gastronômicas (comer com outras pessoas) são mais fortemente associadas a um aumento do estado de humor positivo do que eventos formais (participar de uma reunião) ou sedentários (assistir TV com amigos).[44]

Sono

Os adultos norte-americanos de hoje relatam dormir menos do que os da geração anterior.[45] Segundo pesquisadores e especialistas de saúde pública, grande parte da força de trabalho dos Estados Unidos sofre de privação de sono: 41 milhões de trabalhadores dormem menos de 6 horas por noite. A qualidade do sono afeta o estado de humor e a tomada de decisões, e a fadiga coloca os trabalhadores em risco de adoecerem, de se envolverem acidentes e de caírem em depressão.[46] Um sono de má qualidade ou insuficiente também dificulta o controle das emoções. Uma única noite mal dormida nos deixa mais irritados e propensos a correr mais riscos,[47] talvez porque o sono de má qualidade prejudica a satisfação no trabalho[48] e reduz nossa capacidade de fazer julgamentos éticos.[49]

Por outro lado, um sono de boa qualidade ajuda a melhorar nossa criatividade, nosso desempenho e nosso sucesso profissional. Pesquisadores da Universidade da

Califórnia, em San Diego, calcularam que, para os empregados que não dormem o suficiente, "incluir uma hora ao tempo médio de sono em longo prazo aumenta o salário em 16%, o equivalente a mais de um ano de escolaridade".[50] Outros pesquisadores estão utilizando medicamentos na tentativa de reduzir o tempo de sono necessário para atingir o alto desempenho, com a esperança de encontrar "algo melhor que a cafeína", segundo Ying-Hui Fu, da Universidade da Califórnia, em San Francisco.[51]

Atividade física

Você já deve ter ouvido que as pessoas precisam se exercitar para melhorar o estado de humor. Mas será que a "terapia do suor" funciona mesmo? Tudo indica que sim. Pesquisas demonstram repetidamente que os exercícios físicos melhoram os estados de humor positivos das pessoas.[52] Apesar de a relação entre exercícios físicos e estado de humor em geral não ser muito forte, os efeitos terapêuticos dos exercícios parecem ser maiores para as pessoas que estão deprimidas.

Idade

Será que as pessoas mais jovens sentem emoções mais extremas e positivas (a chamada exuberância da juventude) do que as mais velhas? Se você respondeu que sim, está errado. Os adultos mais velhos tendem a se concentrar em estímulos mais positivos (e em estímulos menos negativos) do que os adultos mais jovens, constatação confirmada em quase 100 estudos. Esses adultos mais velhos tendem a se autorregular, tentando ativamente aumentar a positividade (e diminuir a negatividade) em fatores como a atenção e a memória.[53]

Sexo

Muitas pessoas acreditam que as mulheres são mais emotivas que os homens. Será que essa crença tem algum fundamento? Evidências confirmam que as mulheres sentem as emoções com mais intensidade, tendem a ater-se às emoções por mais tempo do que os homens e expressam emoções positivas e negativas com mais frequência, exceto a raiva.[54] Um estudo que contou com participantes de 37 países diferentes constatou que os homens relataram repetidamente níveis mais elevados de emoções associadas ao poder, como a raiva, enquanto as mulheres relataram emoções associadas à impotência, como tristeza e medo.[55] Contudo, como uma revisão de estudos observa, algumas dessas descobertas (como as mulheres tenderem

Fonte: Pat Greenhouse/Boston Globe/Getty Images

A Staples acredita que os exercícios físicos aumentam os estados de humor positivos e levam os empregados a serem mais felizes, saudáveis e produtivos. Em sua sede, a empresa varejista de materiais de escritório oferece sessões de musculação e condicionamento cardiovascular no horário de almoço, incluindo empurrar uma picape (foto), rastejamento e outras atividades típicas de um campo de treinamento militar.

a sentir mais vergonha e culpa do que os homens) podem resultar da maneira como as emoções são mensuradas e contextualizadas, bem como de quais são as emoções pesquisadas.[56] Assim, dependendo de como as emoções são medidas, as diferenças entre os sexos na experiência e expressão das emoções podem não ser tão claras.

As pessoas também tendem a atribuir emoções a homens e mulheres com base em estereótipos de reações emocionais típicas. Um estudo demonstrou que, ao ver fotos de rostos, os participantes interpretaram as expressões emocionais das mulheres como sendo disposicionais (relacionadas à personalidade), ao passo que as expressões dos homens foram interpretadas como situacionais.[57] Por exemplo, a foto de uma mulher triste levou os observadores a acreditarem que a mulher tinha uma personalidade emotiva, ao passo que a foto de um homem triste teve mais chances de ser atribuída a um dia ruim. Outro estudo mostrou que os participantes foram mais rápidos para detectar expressões de raiva em rostos masculinos e expressões de alegria em rostos femininos; rostos neutros em homens foram considerados mais furiosos e rostos neutros em mulheres foram interpretados como felizes.[58]

A essa altura, pode parecer que todos nós — líderes, chefes e subordinados — agimos como escravos inconscientes das nossas emoções e estados de humor. Esse pode até ser o caso em um nível experiencial interno. No entanto, com base em nossas experiências no trabalho, sabemos que as pessoas não expressam todas as emoções efêmeras que passam pela consciência. Em seguida, vamos juntar tudo o que aprendemos sobre as emoções e os estados de humor com estratégias de enfrentamento no trabalho, começando com o esforço emocional.

4.3 Demonstrar como o esforço emocional afeta os empregados.

Esforço emocional

Caso você já tenha trabalhado como balconista ou garçom, sabe como é importante projetar uma imagem amigável, sempre com um sorriso estampado no rosto. Mesmo que não estivesse se sentindo particularmente alegre, você sabia que seu chefe esperava uma atitude animada ao lidar com os clientes, de modo que você fingia estar feliz.

Todos os trabalhadores despendem esforço físico e mental quando colocam o corpo e a mente na realização de suas tarefas. Mas muitos empregos também requerem esforço emocional, ou seja, a expressão, por parte dos empregados, de emoções desejadas pela organização durante os relacionamentos interpessoais. O esforço emocional é fundamental para atingir um bom desempenho profissional. Espera-se, por exemplo, que os comissários de bordo sejam alegres, que atendentes de funerária sejam tristes e que médicos sejam emocionalmente neutros. No mínimo, seu chefe espera que você seja cortês e não hostil em suas interações com os colegas.

esforço emocional
Situação na qual um empregado expressa emoções desejadas pela organização no decorrer de relacionamentos interpessoais no trabalho.

As emoções que sentimos claramente não são as que demonstramos. Para analisar o esforço emocional, dividimos as emoções em *emoções sentidas* e *emoções demonstradas*.[59] As emoções sentidas são nossas reais emoções. Por outro lado, as emoções demonstradas são aquelas requeridas pela organização e consideradas apropriadas para determinado tipo de trabalho. As emoções demonstradas não são inatas; são aprendidas e podem ou não coincidir com as emoções sentidas. Por exemplo, pesquisas sugerem que, em organizações norte-americanas, espera-se que os empregados demonstrem emoções positivas como felicidade e empolgação e suprimam emoções negativas como medo, raiva, repulsa e desprezo.[60]

emoções sentidas
Emoções reais de uma pessoa.

emoções demonstradas
Emoções requeridas pela organização e consideradas apropriadas para determinado tipo de trabalho.

Uma funcionária da Apple Store conversa com clientes no Grand Central Terminal, em Nova York, uma das maiores lojas da Apple no mundo. Os sorrisos que os empregados dão ao interagir com os clientes são expressões do esforço emocional que a Apple exige e considera apropriado para a função.

Os melhores gestores aprendem a parecer sérios quando dão uma avaliação de desempenho negativa a um empregado e a aparentar calma quando são repreendidos por seus chefes, porque é esse tipo de demonstração que a organização espera deles. Naturalmente, nem todas as situações no trabalho têm uma regra clara para definir que tipo de emoção devemos demonstrar. Seu empregador dita quais emoções você pode demonstrar quando, digamos, sai para almoçar? Provavelmente não. Muitos locais de trabalho têm regras explícitas ditando as demonstrações emocionais, mas, em geral, essas regras se restringem a interações importantes, especialmente entre empregados e clientes. Em relação às interações entre empregados e clientes, seria possível esperar que, quanto mais um empregador ditar as regras de demonstrações emocionais dos vendedores, maiores serão as vendas. Os empregados submetidos a regras de demonstração emocional muito rígidas ou muito suaves não apresentam um desempenho tão bom em situações de vendas quanto empregados submetidos a regras moderadas de demonstração emocional e um alto grau de discrição em suas funções.[61]

A demonstração de emoções falsas requer que a supressão das emoções seja verdadeira. A atuação em nível superficial é o ato de esconder os sentimentos e modificar as expressões emocionais, de acordo com as regras de demonstração das emoções. Quando um empregado sorri para um cliente mesmo que não sinta vontade de fazê-lo, está atuando em nível superficial. A atuação em nível profundo é a tentativa de modificar os verdadeiros sentimentos, de acordo com as regras de demonstrações emocionais. A atuação de nível superficial lida com emoções *demonstradas* e a atuação de nível profundo lida com emoções realmente *sentidas*. Um estudo realizado nos Estados Unidos e em Singapura analisou os tipos de empregados que se envolvem em diferentes níveis de atuação, o superficial e o profundo, classificando-os em: atores de nível superficial, atores de nível profundo, não atores (que raramente se envolvem em qualquer tipo de atuação), atores infrequentes (que se envolvem com pouca frequência em qualquer tipo de atuação) e reguladores (que se envolvem com frequência nos dois tipos de atuação).[62]

Pode ser exaustivo demonstrar emoções que não estamos sentindo. A atuação em nível superficial é associada a mais estresse e menos satisfação no trabalho.[63]

atuação em nível superficial
Ato de esconder os sentimentos e modificar as expressões emocionais, de acordo com as regras de demonstração das emoções.

atuação em nível profundo
Tentativa de modificar os verdadeiros sentimentos de acordo com as regras de demonstração das emoções.

Novas funcionárias de um hospital público da cidade de Daejeon, Coreia do Sul, praticam sorrisos durante um treinamento. A estratégia da atuação em nível superficial, ou "colocar uma máscara", é uma técnica apropriada para que os empregados aprendam a modificar suas emoções e para ajudá-los a criar interações positivas com os clientes.

Fonte: Yonhap News/YNA./Newscom

dissonância emocional
Inconsistências entre as emoções que as pessoas sentem e as emoções que projetam.

A atuação diária em nível superficial também pode levar à exaustão emocional em casa, conflitos entre vida profissional e pessoal, ao absenteísmo e à insônia.[64] Por outro lado, a atuação em nível profundo é positivamente correlacionada com a satisfação no trabalho (especialmente quando o trabalho apresenta desafios), com o desempenho no trabalho e com um melhor atendimento ao cliente.[65]

A disparidade entre empregados tendo de projetar uma emoção *mesmo sentindo outra* é chamada de dissonância emocional. Sentimentos reprimidos de frustração, raiva e ressentimento podem levar à exaustão emocional. A dissonância emocional em longo prazo é um fator preditivo da estafa, declínio do desempenho e menor satisfação no trabalho.[66] No entanto, pesquisas realizadas na Alemanha e na Austrália sugerem que os empregados com grande capacidade de autocontrole, boa qualidade de sono todas as noites e forte relacionamento com seus clientes tendem a serem protegidos, em certa medida, dos efeitos colaterais negativos da dissonância emocional.[67]

A teoria de eventos afetivos, que discutiremos na próxima seção, organiza os requisitos emocionais do trabalho em um modelo, com implicações para eventos, reações emocionais, satisfação e desempenho no trabalho.

4.4 Descrever a teoria de eventos afetivos.

teoria de eventos afetivos
Modelo que sugere que os eventos do local de trabalho causam reações emocionais por parte dos empregados e influenciam as atitudes e comportamentos manifestados nesse ambiente.

Teoria de eventos afetivos

Vimos que as emoções e os estados de humor constituem uma parte importante de nossa vida pessoal e profissional. Mas como esses fatores afetam nosso desempenho e nossa satisfação no trabalho? Segundo a teoria de eventos afetivos, os trabalhadores reagem emocionalmente aos eventos que acontecem no trabalho, o que afeta seu desempenho e satisfação.[68] Digamos que você tenha acabado de descobrir que sua empresa planeja fazer uma demissão em massa. Você pode sentir uma variedade de emoções negativas e se preocupar com a possibilidade de perder o emprego. Como você não tem controle algum sobre a situação, pode se sentir inseguro e temeroso e passar mais tempo se preocupando do que trabalhando. É desnecessário dizer que sua satisfação no trabalho também despencará.

Pesquisas confirmam a ideia de que a extensão na qual a personalidade de uma pessoa é negativa ou positiva se relaciona com as reações emocionais a eventos do trabalho, que, por sua vez, relacionam-se às atitudes e aos comportamentos manifestados no trabalho.[69] Mas, se formos submetidos a alguns eventos com mais frequência do que outros, isso afetará os tipos de reações afetivas, atitudes e comportamentos no trabalho? Algumas pesquisas confirmam essa ideia, uma vez que os maus-tratos interpessoais por parte de clientes voltados a trabalhadores de meio período representavam quase 50% dos eventos afetivos negativos.[70]

Em suma, a teoria de eventos afetivos tem duas implicações importantes.[71] Em primeiro lugar, as emoções fornecem informações valiosas sobre como os eventos no trabalho afetam o desempenho e a satisfação dos empregados. Em segundo lugar, chefes e subordinados não deveriam ignorar as emoções ou os eventos que as causam, mesmo se parecerem sem importância, porque os efeitos são cumulativos. A inteligência emocional, que analisaremos a seguir, é outro modelo que pode nos ajudar a entender como as emoções afetam o desempenho no trabalho.

Inteligência emocional

4.5 Descrever a inteligência emocional.

Terrie Upshur-Lupberger era a CEO de uma empresa internacional de recrutamento de talentos e estava no auge da carreira. Então, por que ela se sentia tão ressentida e infeliz? Um bom amigo observou: "Terrie, você estava no galho mais fino, que se quebra com qualquer ventinho. Você estava tão ocupada, sobrecarregada e distante dos seus próprios valores, interesses e crenças que não viu que o galho estava prestes a quebrar".[72] De acordo com Terrie, ela deixou de notar que seus estados de humor se voltavam constantemente para a frustração e a exaustão. O resultado foi que sua satisfação, produtividade e relacionamentos no trabalho saíram prejudicados. Pior ainda, ela estava ocupada demais e só se deu conta do problema quando se viu totalmente exaurida. Ela conta: "Aprendi que um bom líder precisa prestar atenção e administrar estados de humor (inclusive os seus próprios) na organização e que, se os ignorar, terá de pagar o preço". Upshur-Lupberger aprendeu o valor da inteligência emocional.

A inteligência emocional é a capacidade de uma pessoa de (1) conscientizar-se das próprias emoções e das emoções alheias, (2) entender o significado dessas emoções e (3) regular as próprias emoções adequadamente,[73] como vemos na Figura 4.5. As pessoas que conhecem as próprias emoções e são boas em interpretar pistas emocionais — por exemplo, saber por que estão irritadas e saber como se expressar sem violar as normas — têm mais chances de serem eficazes.[74]

inteligência emocional
Habilidade de identificar e administrar pistas e informações emocionais.

Vários estudos sugerem que a inteligência emocional é importante para o bom desempenho no trabalho, embora as perguntas de levantamentos para medir a inteligência emocional muitas vezes sejam semelhantes às usadas em testes de personalidade, inteligência e autopercepção.[75] Outros estudos sugerem que a inteligência emocional tem relação com a eficácia no trabalho em equipe, com o comportamento desviante e de cidadania.[76] Gestores sul-coreanos com alta inteligência emocional tendem a apresentar desempenho melhor nas vendas do que aqueles com baixa inteligência emocional, por terem a capacidade de criar equipes mais unidas nas lojas e promover um comportamento melhor, direcionado às vendas.[77] Para desenvolver uma perspectiva global, uma pesquisa estudou 11 presidentes dos Estados Unidos — de Franklin Roosevelt a Bill Clinton — e os avaliou em seis qualidades:

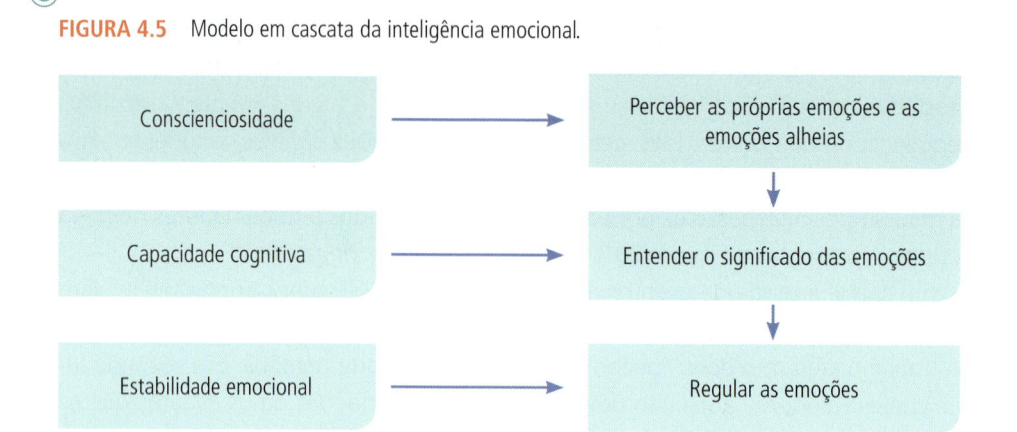

FIGURA 4.5 Modelo em cascata da inteligência emocional.

```
Conscienciosidade      ───▶    Perceber as próprias emoções e as
                                        emoções alheias
                                            │
                                            ▼
Capacidade cognitiva   ───▶    Entender o significado das emoções
                                            │
                                            ▼
Estabilidade emocional ───▶         Regular as emoções
```

Fonte: baseado em D. L. Joseph e D. A. Newman, "Emotional Intelligence: An Integrative Meta-Analysis and Cascading Model," *Journal of Applied Psychology* 95, no. 1 (2010): 54–78.

comunicação, organização, habilidade política, visão, estilo cognitivo e inteligência emocional. A principal qualidade que diferenciou os presidentes bem-sucedidos (como Roosevelt, Kennedy e Reagan) dos mal-sucedidos (como Johnson, Carter e Nixon) foi a inteligência emocional.[78]

Escolha ética

Será que os gestores deveriam usar testes de inteligência emocional?

Como vimos neste capítulo, ainda não existe um consenso sobre o conceito de inteligência emocional. Uma das decisões que os gestores precisam tomar é usar ou não testes de inteligência emocional em processos seletivos. Veja alguns fatores éticos a serem levados em consideração:

- *Não existe um único teste aceito por todos.* Por exemplo, recentemente, os pesquisadores usaram o Mayer-Salovey-Caruso Emotional Intelligence Test (MSCEIT — Teste de Inteligência Emocional de Mayer-Salovey), o Trait Emotional Intelligence Questionnaire (Questionário de Traços de Inteligência Emocional) e o Situational Judgment Test of Emotional Intelligence (SJT of EI — Teste de Julgamento Situacional da Inteligência Emocional) em seus estudos. Os pesquisadores acreditam que os testes de inteligência emocional devem ser específicos de cada cultura porque as demonstrações emocionais variam e, portanto, a interpretação das pistas emocionais também difere. Por exemplo, um estudo recente voltado a comparar as pontuações de inteligência emocional de executivos indianos e norte-americanos usando o teste Emotional Competence Inventory (ECI-2 — Inventário de Competências Emocionais) encontrou resultados semelhantes, mas não iguais, o que sugere que ajustes são necessários.
- *Os candidatos podem não gostar do teste de inteligência emocional como um todo ou de algumas partes dele.* O teste de reconhecimento facial, por exemplo, pode parecer culturalmente tendencioso para alguns candidatos se as fotos não incluírem diversidade étnica e racial. Além disso, os participantes que tiram pontuação alta nos testes de inteligência emocional tendem a considerá-los justos, ao passo que os candidatos com pontuações mais baixas podem achar que os testes são injustos e, portanto, podem ter uma opinião desfavorável sobre a organização, mesmo se tirarem uma boa pontuação em outras avaliações.
- *Os testes de inteligência emocional podem não prever o desempenho para todos os tipos de trabalho.* Em um estudo que contou com 600 participantes romenos, os resultados indicaram que a inteligência emocional era relevante para vendedores, funcionários públicos e CEOs de hospitais públicos, todas funções que exigiam considerável interação social. Os testes de inteligência emocional podem precisar ser adaptados para diferentes categorias de trabalho ou não devem ser aplicados quando não forem cabíveis à função.
- *Ainda não se sabe ao certo o que os testes de inteligência emocional de fato medem.* Os resultados podem refletir personalidade ou inteligência; nesse caso, outras medidas podem ser melhores. Além disso, alguns testes de inteligência emocional podem prever o desempenho no trabalho, mas muitos incluem categorias de personalidade e medidas de habilidade mental geral.
- *Não há pesquisas suficientes para revelar como a inteligência emocional afeta, por exemplo, o comportamento contraproducente no trabalho.* Pode não ser sensato testar e selecionar candidatos que demonstraram inteligência emocional elevada nos testes se não soubermos ao certo se a inteligência emocional, de fato, leva aos resultados desejados.

Esses argumentos sugerem que se deve evitar a utilização de testes de inteligência emocional nas decisões de contratação. No entanto, como pesquisas indicam que a inteligência emocional, de fato, é um fator preditivo do desempenho no trabalho em certo grau, os gestores devem pensar bem antes de descartá-los completamente. As organizações que optarem por usar testes de inteligência emocional nas decisões de contratação devem estar cientes dessas questões para tomar decisões esclarecidas e éticas não somente sobre quem contratar, mas sobre como contratar.

Fontes: baseado em D. Iliescu, A. Ilie, D. Ispas e A. Ion, "Emotional Intelligence in Personnel Selection: Applicant Reactions, Criterion, and Incremental Validity," *International Journal of Selection and Assessment* (set. 2012): 347–58; D. L. Joseph, J. Jin, D. A. Newman e E. H. O'Boyle, "Why Does Self-Reported Emotional Intelligence Predict Job Performance? A Meta-Analytic Investigation of Mixed EI," *Journal of Applied Psychology* 100, no. 2 (2015): 298–342; R. Sharma, "Measuring Social and Emotional Intelligence Competencies in the Indian Context," *Cross Cultural Management* 19 (2012): 30–47; e S. Sharma, M. Gangopadhyay, E. Austin e M. K. Mandal, "Development and Validation of a Situational Judgment Test of Emotional Intelligence," *International Journal of Selection and Assessment* (mar. 2013): 57–73.

Os pesquisadores estão aprofundando a investigação sobre inteligência emocional, mas muitas perguntas continuam sem resposta.[79] Uma delas diz respeito a uma melhor compreensão dessa inteligência. Por exemplo, quando falamos da inteligência emocional, precisamos especificar ou fica implícito que estamos nos referindo à inteligência emocional em geral? Ou estamos falando especificamente da inteligência emocional dedicada a regular, entender ou perceber as emoções? Uma segunda questão diz respeito à confiabilidade dos testes de inteligência emocional. Por exemplo, uma das razões pelas quais a inteligência emocional só tem uma correlação moderada com a eficácia no trabalho é o fato de esse critério ser de difícil mensuração — em grande parte a inteligência emocional é medida usando inventários de autoavaliação, o que, é claro, está longe de ser uma medida objetiva!

Apesar de todos esses questionamentos, a inteligência emocional continua muito popular entre empresas de consultoria e na imprensa popular, além de ter angariado apoio entre pesquisadores acadêmicos. Goste ou não, uma coisa é certa: a inteligência emocional chegou para ficar. E o mesmo pode ser dito sobre nosso próximo tópico, a regulação emocional, que cada vez mais é estudada como um conceito independente.[80]

Regulação emocional

4.6 Identificar estratégias de regulação emocional.

Você já tentou se animar quando estava se sentindo para baixo ou se acalmar quando estava com raiva? Se sim, você já praticou a *regulação emocional*. A ideia por trás da regulação emocional é identificar e modificar as emoções que você sente. Pesquisas recentes sugerem que a capacidade de administrar as emoções é um grande fator preditivo do desempenho de tarefas em algumas funções e do comportamento de cidadania organizacional.[81] Desse modo, em nosso estudo do comportamento organizacional, o interesse está em saber *se* e *como* a regulação emocional deve ser usada no local de trabalho. Começamos identificando quais pessoas tendem a empregar a regulação emocional naturalmente.

Influências e resultados da regulação emocional

Como você pode imaginar, nem todos têm a mesma capacidade de regular as emoções. Pessoas com níveis mais elevados do traço de personalidade do neuroticismo têm mais dificuldade de fazer isso e, muitas vezes, consideram-se incapazes de controlar seu estado de humor. Pessoas com níveis mais baixos de autoestima também são menos propensas a tentar melhorar seu estado de humor de tristeza, talvez porque tenham uma tendência menor a acreditar que merecem estar de bom humor.[82]

O ambiente de trabalho afeta a tendência das pessoas de empregar a regulação emocional. Em geral, a diversidade nos grupos de trabalho aumenta as chances de seus membros regularem as próprias emoções. Por exemplo, empregados mais jovens têm mais chances de regular suas emoções quando o grupo de trabalho inclui membros mais velhos.[83] A diversidade racial também tem seu efeito: se não houver muita diversidade, o empregado do grupo minoritário se envolverá na regulação emocional talvez para se "encaixar" o máximo possível entre os empregados que representam grupos majoritários; se houver muita diversidade e muitas raças diferentes forem representadas, o empregado do grupo majoritário empregará a regulação emocional talvez para integrar-se com o grupo como um todo.[84] Essas constatações sugerem o benefício da diversidade, que pode nos levar a regular nossas emoções de maneira mais consciente e eficaz.

Embora possa parecer proveitoso regular nossas emoções, pesquisas sugerem que tentar mudar a maneira como nos sentimos também leva a uma desvantagem. Mudar nossas emoções requer esforço, o que, como observamos ao discutir o esforço emocional, pode ser exaustivo. E pode acontecer de tentativas de mudar uma emoção servirem apenas para reforçá-la ainda mais. Por exemplo, tentar evitar sentir medo pode nos levar a nos concentrar mais no objeto do nosso medo, deixando-nos ainda mais temerosos.[85]

Por outro lado, pesquisas sugerem que evitar experiências emocionais negativas tem menos chances de levar a sentimentos positivos do que buscar experiências emocionais positivas.[86] Por exemplo, temos mais chances de vivenciar estados de humor positivos se tivermos uma conversa agradável com um amigo do que se evitarmos uma conversa desagradável com um colega de trabalho hostil.

Técnicas de regulação emocional

Os pesquisadores da regulação emocional muitas vezes se voltam a estudar as estratégias que as pessoas empregam para mudar suas emoções (por exemplo, como discutimos anteriormente neste capítulo, a atuação em nível profundo e a atuação em nível superficial são técnicas de regulação emocional). Uma técnica de regulação emocional é a *supressão emocional* ou, em outras palavras, significa suprimir reações emocionais iniciais a determinadas situações. Essa técnica parece facilitar o raciocínio prático em curto prazo. No entanto, parece que ela só é útil quando um evento muito negativo provoca uma reação emocional de sofrimento durante uma crise.[87] Por exemplo, um soldado em combate pode suprimir o sofrimento emocional inicial durante um tiroteio e, desse modo, ser capaz de tomar decisões mais claras sobre a melhor linha de ação. Um gerente de portfólio pode suprimir sua reação emocional a uma queda repentina no valor de uma ação no mercado financeiro podendo, assim, decidir claramente o que fazer em seguida. A supressão usada em situações de crise parece ajudar uma pessoa a se recuperar emocionalmente do evento, enquanto a supressão usada como uma técnica habitual de regulação emocional pode acabar prejudicando a capacidade mental, a capacidade emocional, a saúde e os relacionamentos.[88] Portanto, a menos que realmente estejamos em crise, reconhecer nossas reações emocionais em vez de suprimi-las, reavaliando os eventos depois que ocorrem, irá levar aos melhores resultados.[89]

A *reavaliação cognitiva*, ou a mudança de nossa perspectiva sobre uma situação emocional, é uma maneira de regular com eficácia nossas emoções.[90] A capacidade de reavaliação cognitiva parece ser mais proveitosa para pessoas em situações nas quais elas não têm controle sobre as fontes de estresse.[91] Um estudo recente ilustra a potencial eficácia dessa técnica. Os participantes israelenses expostos a informações indutoras de raiva sobre o conflito entre Israel e Palestina, depois de serem orientados a reavaliar a situação, mostraram-se mais inclinados à conciliação e menos predispostos a adotar táticas agressivas contra os palestinos do que o grupo de controle, não somente após o estudo ter sido feito, mas até 5 meses depois. Esse resultado sugere que a reavaliação cognitiva pode ajudar as pessoas a mudar suas reações emocionais, mesmo quando o tema tem uma carga emocional tão pesada quanto o conflito entre Israel e Palestina.[92]

Outra técnica que pode ajudar a regulação emocional é o *compartilhamento social* ou desabafo. Pesquisas demonstram que a expressão aberta das emoções pode ajudar as pessoas a regularem tais emoções em vez de oprimi-las. O compartilhamento social pode reduzir as reações de raiva quando as pessoas têm a chance de falar sobre seus sentimentos diante de uma situação ruim ou sobre qualquer aspecto positivo.[93] No entanto, é preciso tomar cuidado, porque expressar nossa frustração também afeta os outros. Na verdade, o resultado do desabafo das emoções ajudar o "desabafador" a se sentir melhor depende muito da reação de quem ouve. Se o ouvinte não reagir (muitos se recusam a reagir aos desabafos), o "desabafador" acaba se sentindo pior. Se o ouvinte reagir com expressões de apoio ou validação, o "desabafador" se sentirá melhor. Portanto, se quisermos desabafar com um colega de trabalho, precisamos escolher alguém que reaja com simpatia. Desabafar com a pessoa que achamos que nos ofendeu raramente melhora a situação e pode intensificar ainda mais as emoções negativas.[94]

Uma última técnica de regulação emocional, *mindfulness* (atenção plena) — receptividade, atenção e consciência do momento presente, dos eventos e das experiências — está se popularizando nas organizações.[95] O *mindfulness*, também chamado de atenção plena, tem raízes nas técnicas tradicionais de meditação budista — na verdade, é a tradução literal da palavra védica *sati* ou "concentração da mente".[96] Os supostos benefícios do *mindfulness* são bastante impressionantes. Por exemplo, pesquisas prévias sugerem que essa técnica pode retardar o envelhecimento, melhorar o desempenho em testes e facilitar a neuroplasticidade (ou seja, produzir mudanças concretas no cérebro).[97] Os principais mecanismos responsáveis pela eficácia do *mindfulness* incluem a capacidade de separar-se do momento presente, reduzir o hábito de pensamentos automáticos e aumentar a conscientização do próprio corpo.[98] Pesquisas iniciais para investigar o *mindfulness* na Alemanha e na Holanda sugerem que a técnica reduz o esgotamento emocional e aumenta a satisfação no trabalho, fazendo com que os empregados se engajem na atuação em nível superficial.[99] Outros estudos preliminares sugerem que o *mindfulness* pode melhorar o desempenho no trabalho, o equilíbrio entre a vida profissional e a vida pessoal e qualidade do sono (ajudando os empregados a sentirem-se energizados do trabalho) e também pode reduzir as intenções de sair da empresa, comportamentos retaliatórios (em decorrência de uma injustiça) e comportamentos contraproducentes no trabalho.[100] No entanto, os estudos para investigar o *mindfulness* de empregados são novos e ainda não sabemos ao certo quais são suas causas e consequências, nem quais são os métodos mais eficazes para atingir e manter a atenção plena. Muitos estudos sobre o *mindfulness* não concordam sobre a conceituação do termo e não aplicam as melhores práticas e medidas metodológicas.[101]

mindfulness **(atenção plena)**
Receptividade, atenção e consciência do momento presente, dos eventos e das experiências.

Embora as técnicas de regulação emocional possam nos ajudar a lidar com situações difíceis no trabalho, pesquisas indicam que seus efeitos variam. Por exemplo, um estudo recente conduzido em Taiwan descobriu que todos os participantes que trabalhavam para chefes abusivos relataram sentir esgotamento emocional e tendências de retraimento no trabalho, mas em graus diferentes, dependendo das estratégias de regulação emocional que empregavam. Os empregados que usaram técnicas de supressão apresentaram mais esgotamento emocional e retraimento no trabalho do que os empregados que aplicaram a reavaliação cognitiva. Isso sugere que mais pesquisas sobre a aplicação de diferentes técnicas precisam ser conduzidas para ajudar os empregados a melhorar suas habilidades de enfrentamento.[102]

Assim, embora as técnicas de regulação emocional sejam bastante promissoras, a melhor maneira de criar um local de trabalho positivo é recrutar pessoas de mentalidade positiva e treinar líderes para administrar seus estados de humor, atitudes no trabalho e o desempenho dos empregados.[103] Os melhores líderes administram não só tarefas e atividades, mas também emoções. Os melhores empregados podem usar seus conhecimentos sobre a regulação de emoções para decidir quando expressar suas opiniões e como se expressar com eficácia.[104]

As implicações éticas da regulação emocional

A regulação emocional tem importantes implicações éticas. Em um extremo, algumas pessoas podem argumentar que controlar nossas emoções é antiético, porque requer certo fingimento. No outro extremo, podem dizer que todas as emoções devem ser controladas para podermos manter a objetividade. Os dois argumentos — e todos os argumentos entre esses dois extremos — têm seus prós e contras éticos, e você terá de decidir por si mesmo. Vejamos os argumentos a favor da regulação emocional e seus resultados. Você regula suas emoções para evitar uma reação inapropriada de sua parte ou para ninguém saber o que você está pensando? Saiba que você pode até ser capaz de "fingir até conseguir". Uma pesquisa recente descobriu que agir como se você estivesse de bom humor efetivamente melhora seu humor. Em um estudo, um grupo de participantes foi solicitado a ter apenas uma conversa objetiva com um atendente da Starbucks, enquanto outro grupo foi solicitado a agir como se estivesse feliz. Os participantes que fingiram felicidade relataram que seu humor melhorou muito.[105]

Agora que analisamos o papel das emoções e dos estados de humor no comportamento organizacional, vamos dar uma olhada em algumas aplicações mais específicas.

4.7 Aplicar os conceitos das emoções e estados de humor a questões específicas do comportamento organizacional.

Aplicações das emoções e dos estados de humor no comportamento organizacional

O que sabemos sobre as emoções e os estados de humor pode afetar muitos aspectos do comportamento organizacional, incluindo processos de seleção, tomada de decisão, criatividade, motivação, liderança, negociação, atendimento ao cliente, atitudes, comportamento desviante e segurança. Vamos analisar cada um desses aspectos.

Seleção

Uma implicação das constatações das pesquisas sobre a inteligência emocional afirma que os empregadores deveriam considerá-la na contratação de empregados, especialmente para trabalhos que exigem alto grau de interação social. Na realidade, cada vez mais empregadores estão começando a usar avaliações de inteligência emocional para decidir quem contratar. Por exemplo, um estudo da Força Aérea dos Estados Unidos demonstrou que os melhores recrutadores apresentavam altos níveis de inteligência emocional. Com base nessa constatação, a Força Aérea ajustou seus critérios de seleção. Uma pesquisa de acompanhamento descobriu que os contratados com maior inteligência emocional apresentaram um desempenho 2,6 vezes melhor que os outros.[106]

Tomada de decisão

Os estados de humor e as emoções têm importantes efeitos sobre a tomada de decisão, algo que os gestores precisam conhecer. Emoções e estados de humor positivos parecem ajudar as pessoas a tomarem decisões acertadas, bem como aumentam a capacidade de resolver problemas e encontrar soluções melhores.[107]

Pesquisadores do campo do comportamento organizacional ainda não chegaram a um consenso sobre como as emoções e os estados de humor negativos afetam a tomada de decisões. Um estudo recente sugeriu que as pessoas que se entristecem por conta de um evento podem tomar as mesmas decisões que antes, enquanto as pessoas que se irritam com algum evento podem tomar decisões mais vigorosas (embora não necessariamente melhores) do que antes.[108] Outro estudo descobriu que os participantes tomaram decisões mais originais quando vivenciavam estados de humor negativos.[109] Outras pesquisas indicaram ainda que, ao vivenciar estados de humor negativos, as pessoas podem correr mais riscos do que quando encontram-se em estados de humor positivos.[110] Juntos, esses e outros estudos sugerem que os estados de humor negativos (e positivos) afetam a tomada de decisões, mas outras variáveis precisam ser investigadas.[111]

Fonte: F. Carter Smith/Bloomberg/Getty Images

Um líder de alta inteligência emocional, Howard Schultz, CEO do Starbucks, sobe ao palco para se dirigir a 10 mil gerentes do Starbucks na Conferência Global de Liderança da empresa. O otimismo, entusiasmo e empolgação de Schultz inspiram seu pessoal e motivam os empregados a adotar sua visão de futuro para a empresa.

Criatividade

Como vimos no decorrer deste texto, a meta da liderança é maximizar a produtividade dos empregados aplicando soluções criativas. A criatividade é afetada pelas emoções e pelos estados de humor, mas duas linhas de pensamento foram desenvolvidas para explicar a relação. Muitas pesquisas sugerem que pessoas bem humoradas tendem a ser mais criativas do que as mal humoradas.[112] As pessoas que vivenciam estados de humor positivos produzem mais ideias e opções, enquanto os outros consideram suas ideias originais.[113] Parece que as pessoas que vivenciam estados de humor ou emoções positivas têm um pensamento mais flexível e aberto, o que pode explicar sua maior criatividade.[114] Os supervisores devem buscar manter os empregados felizes, pois isso cria mais estados de humor positivos (os empregados gostam que os chefes os incentivem e os elogiem por um trabalho bem feito), o que, por sua vez, leva as pessoas a serem mais criativas.[115]

Alguns pesquisadores, contudo, não acreditam que estados de humor positivos tornam as pessoas mais criativas. Eles argumentam que, quando as pessoas estão em um estado de humor positivo, elas podem relaxar ("Se estou de bom humor, as coisas devem estar indo bem e não preciso pensar em ideias novas") e não desenvolver o pensamento crítico necessário para atingir algumas formas de criatividade.[116] Pessoas que se preocupam mais podem ter um desempenho melhor em tarefas criativas do que as que se preocupam menos.

A resposta para qual é a melhor perspectiva pode estar em pensar de uma maneira um pouco diferente. Em vez de pensar em termos de afeto positivo e afeto negativo, é possível conceituar os estados de humor como sentimentos que geram ações, como raiva, medo ou exaltação, em contraste com os que paralisam, como tristeza, depressão ou serenidade. Todos os estados de humor que geram ações, sejam eles positivos ou negativos, parecem gerar mais criatividade, ao passo que os que paralisam geram menos criatividade.[117] Como vimos anteriormente, outros fatores, como a fadiga, podem estimular a criatividade. Um estudo que contou com a participação de 428 estudantes descobriu que eles tiveram um desempenho melhor em uma tarefa criativa de resolução de problemas quando estavam fatigados, sugerindo que o cansaço pode liberar a mente para pensar em novas soluções.[118]

Motivação

Vários estudos destacaram a importância dos estados de humor e das emoções para a motivação. Um deles montou dois grupos de pessoas para resolverem jogos de palavras (como palavras cruzadas). O primeiro grupo assistiu a um videoclipe engraçado para deixá-los de bom humor. O outro grupo não assistiu ao clipe e se pôs a trabalhar nos jogos imediatamente. O grupo de bom humor relatou ser mais capaz de resolver os jogos, se empenhou mais e, como resultado, acabou resolvendo uma quantidade maior.[119] Outro estudo analisou o estado de humor de corretores de seguro em Taiwan.[120] Os corretores de bom humor foram mais prestativos com os colegas e sentiram-se melhor consigo mesmos. Esses fatores, por sua vez, levaram a um desempenho superior, que se refletiu em mais vendas e melhores avaliações de desempenho.

Dar feedback às pessoas com relação ao seu desempenho — independentemente de ser ou não real — afeta seu estado de humor, o que, por sua vez, afeta sua motivação.[121] É possível criar um ciclo no qual estados de humor positivos levam as pessoas a serem mais criativas, levando a um feedback positivo por parte daqueles que observam seu trabalho. Esse feedback positivo reforça ainda mais o bom humor, o que pode fazer com que as pessoas tenham um desempenho ainda melhor e assim por diante. Em geral, os resultados sugerem que um gestor pode melhorar a motivação — e o desempenho — dos empregados cultivando estados de humor positivos.

Liderança

Pesquisas indicam que faz muito sentido melhorar o estado de humor das pessoas. Os líderes que se concentram em objetivos inspiradores geram mais otimismo, cooperação e entusiasmo nos empregados, levando a interações sociais mais positivas com colegas e clientes.[122] Um estudo com militares taiwaneses indica que, ao compartilhar suas emoções, os líderes transformacionais inspiram emoções positivas em seus seguidores, o que, por sua vez, leva a um melhor desempenho de tarefas.[123]

Os líderes são considerados mais eficazes quando compartilham emoções positivas e os empregados são mais criativos em um ambiente emocional positivo. E se os líderes estiverem tristes? Pesquisas constataram que as demonstrações de tristeza por parte do líder melhoraram o desempenho analítico dos empregados, talvez porque eles se empenharam mais nas tarefas com a intenção de ajudar o líder.[124]

Os gestores sabem que o conteúdo emocional é fundamental para os empregados adotarem sua visão para o futuro da empresa e aceitarem mudanças. Quando os líderes apresentam uma nova visão, especialmente com metas vagas ou distantes, os empregados tendem a ter dificuldade de aceitar as mudanças. Ao apresentar um discurso empolgado vinculando as emoções a uma visão atraente, os líderes podem ajudar chefes e subordinados a aceitarem as mudanças e adotarem o novo plano.

Negociação

Você já pensou no potencial de usar emoções e estados de humor para melhorar suas habilidades de negociação? Vários estudos sugerem que um negociador que finge raiva obtém vantagem sobre o negociador do lado oposto. Isso acontece porque, quando um negociador demonstra raiva, o oponente conclui que o negociador já fez todas as concessões que podia e tende a ceder.[125] No entanto, é preciso ter cautela ao usar a raiva em uma negociação: negociadores que demonstram raiva mas têm menos informações ou menos poder que o oponente acabam com resultados consideravelmente piores.[126]

Como acontece com o uso de qualquer emoção, o contexto faz uma grande diferença. Demonstrar uma emoção negativa (como a raiva) pode ser eficaz, mas sentimentos negativos em relação ao próprio desempenho parecem prejudicar futuras negociações. Pessoas que apresentam um desempenho ruim nas negociações sentem emoções negativas, desenvolvem percepções negativas dos colegas e se mostram menos dispostas a compartilhar informações ou cooperar em futuras negociações.[127]

Os melhores negociadores parecem ser aqueles que permanecem emocionalmente desapegados. Um estudo de pessoas que sofreram lesões no centro emocional do cérebro sugeriu que essas pessoas podem ser negociadores melhores, pois tendem a não demonstrar emoções diante de resultados negativos.[128]

Atendimento ao cliente

O estado emocional dos empregados afeta o atendimento ao cliente, o que, por sua vez, afeta a quantidade de clientes que retornam ao estabelecimento e sua satis-

contágio emocional
Processo pelo qual as emoções de uma pessoa são causadas pelas emoções de outra pessoa.

fação.[129] Esse resultado se deve principalmente ao contágio emocional — a absorção das emoções de outras pessoas.[130] Quando alguém vivencia emoções positivas, rindo e sorrindo, você tende a reagir positivamente. E, naturalmente, o oposto também é verdade.

Estudos indicam um efeito de correspondência entre as emoções do empregado e as do cliente. Pesquisas constataram que os clientes que captam os estados de humor ou as emoções positivas dos empregados passam mais tempo comprando. E, quando um empregado se sente tratado injustamente por um cliente, ele tem mais dificuldade de demonstrar as emoções positivas que sua organização espera.[131] Prestar um atendimento de alta qualidade exige muito dos empregados porque, muitas vezes, coloca-os em um estado de dissonância emocional que pode acabar prejudicando tanto o empregado quanto a organização. Os gestores podem impedir o contágio negativo ao promover estados de humor positivos.

Satisfação com a vida e com o trabalho

Temos boas e más notícias para dar sobre a relação entre estados de humor e satisfação com a vida pessoal e profissional: os dois âmbitos são afetados, tanto pelos eventos do trabalho quanto pelos de casa. Você já ouviu o conselho: "Nunca leve o trabalho para casa", no sentido de que você deve se desligar do trabalho quando voltar para casa? É mais fácil falar do que fazer. A boa notícia é que um estado de humor positivo no trabalho pode ser transferido para a sua vida pessoal e um estado de humor negativo no trabalho pode ser neutralizado com um estado de humor positivo fora dele. Vários estudos mostraram que pessoas que tiveram um bom dia no trabalho tendem a levar esse bom humor para casa e vice-versa.[132] Outra pesquisa constatou que, embora as pessoas levem emocionalmente seu trabalho para casa, o efeito, em geral, desaparece no dia seguinte.[133] A má notícia é que o estado de humor em sua casa pode interferir em seu estado de humor pessoal. Como seria de se esperar, um estudo descobriu que, se o marido ou a esposa estavam de mau humor no trabalho, o estado de humor negativo contagiou o cônjuge à noite.[134]

Objetivos profissionais

Como eu faço para meu chefe não gritar tão alto?

Meu chefe grita por qualquer coisa. Uma vez, chutou minha cadeira e me mandou sair da sala aos gritos só porque me esqueci de avisar que seu almoço tinha chegado. Eu fico tão furiosa que quero gritar de volta, mas não faço isso porque sei que não seria profissional de minha parte. Existe algum jeito de fazer com que ele pare para pensar antes de sair gritando?

— Leslie

Cara Leslie:

Que situação! Na verdade, sua reação interna de raiva é perfeitamente normal. Quase todo mundo tem uma reação emocional a gritos e outras situações de descortesia no local de trabalho, como palavrões e comportamento grosseiro. A maioria dos empregados reage de alguma forma. Por exemplo, 66% dos participantes de um estudo recente relataram que seu desempenho caiu quando alguém foi descortês com eles e 25% admitiram que descontaram sua frustração nos clientes. Outro estudo descobriu que a agressão verbal reduz a memória de trabalho das vítimas, fazendo com que seguir até mesmo instruções mais simples se torne uma tarefa difícil. Por isso, você tem razão em querer bolar uma estratégia para apaziguar os ânimos de seu chefe, já que a situação está prejudicando você, seus colegas e a empresa.

A boa notícia é que você pode trabalhar suas reações para minimizar o evento. Os especialistas sugerem desenvolver a empatia para com seu chefe (muitas vezes percebermos que, se tentamos entender as razões da pessoa, podemos lidar melhor com as emoções), pedir desculpas se você fez algo errado e não retrucar (a grosseria nunca é eliminada por mais grosseria). Encontre situações para rir das frustrações e não leve os ataques de fúria de seu chefe para o lado pessoal.

A má notícia é que você provavelmente não tem como mudar a reação emocional de seu chefe aos incidentes, mas pode ajudá-lo a ver que o comportamento dele é problemático exemplificando com um comportamento melhor. Naturalmente, em algumas situações, você não pode e nem deve tolerar um comportamento grosseiro (se você estiver sendo ameaçada ou se o comportamento dele se tornar abusivo). Nesses casos, você precisa lidar diretamente com a situação, primeiro confrontando tranquilamente seu chefe ou, se isso não der em nada, procurando o departamento de recursos humanos de sua organização. Mas, tirando esse extremo, nossa experiência e as pesquisas sugerem que a melhor resposta é não reagir externamente, mas repensar suas reações internas.

Mantenha a calma e siga em frente!

Fontes: baseado em C. Porath e C. Pearson, "The Price of Incivility," *Harvard Business Review* (jan.–fev. 2013): 114–21; A. Rafaeli et al., "When Customers Exhibit Verbal Aggression, Employees Pay Cognitive Costs," *Journal of Applied Psychology* (set. 2012): 931–50; S. Shellenbarger, "'It's Not My Fault!' A Better Response to Criticism at Work," *The Wall Street Journal,* 18 jun. 2014, D1, D4; e S. Shellenbarger, "When the Boss Is a Screamer," *The Wall Street Journal,* 15 ago. 2012, D1, D2.

As opiniões apresentadas aqui são única e exclusivamente dos autores, os quais não se responsabilizam por quaisquer erros ou omissões, nem pelos resultados obtidos com a utilização dessas informações. Em circunstância alguma, os autores, seus parceiros ou suas organizações serão responsáveis por qualquer decisão ou ação de sua parte ou da parte de qualquer pessoa com base nas opiniões apresentadas aqui.

Comportamentos desviantes no local de trabalho

Qualquer pessoa que tenha passado um bom tempo em uma empresa já percebeu que algumas pessoas se comportam de uma maneira que viola as normas estabelecidas, ameaçando a empresa, seus membros ou ambos. Essas ações são chamadas de comportamentos contraproducentes no trabalho.[135] Esses comportamentos podem ser gerados por emoções negativas e assumir diversas formas. As pessoas que sentem emoções negativas são mais propensas a se engajar em comportamentos desviantes no trabalho, como fofocar ou passar o tempo navegando na internet em vez de trabalhar,[136] embora as emoções negativas também possam levar a formas mais graves de comportamento contraproducente.

Por exemplo, a inveja é uma emoção que ocorre quando nos ressentimos de alguém que tem algo que não temos, mas que desejamos muito ter — como uma tarefa mais interessante, uma sala maior ou um salário mais alto. Isso pode levar a comportamentos desviantes mal-intencionados. Um empregado invejoso pode "apunhalar outro pelas costas" e levar todos os créditos pelas realizações alheias. Pessoas com raiva procuram culpar os outros por seu mau humor, achar que os outros estão sendo hostis e ter dificuldade de considerar o ponto de vista alheio.[137] Também não é difícil ver como esses processos mentais podem levar a agressões verbais ou físicas.

Um estudo recente conduzido no Paquistão descobriu que a raiva se correlaciona com comportamentos contraproducentes mais agressivos no trabalho, como abuso e desvio de produção, enquanto a tristeza não apresenta tal correlação. Nem a raiva nem a tristeza se revelaram fatores preditivos do retraimento no trabalho, o que sugere que os gestores precisam levar a sério as expressões de raiva dos empregados, que podem permanecer na organização e continuar a agredir os colegas.[138] Uma vez que o ciclo de agressão tem início, é provável que os outros também fiquem furiosos e agressivos, criando as condições para uma intensificação do comportamento negativo. Portanto, é necessário que os gestores se mantenham atentos aos seus empregados para avaliar as emoções e os níveis de intensidade emocional.

Segurança e acidentes de trabalho

As pesquisas que relacionam o afeto negativo com um maior número de acidentes de trabalho sugerem que os empregadores podem melhorar a saúde e a segurança (e reduzir custos) certificando-se de que os empregados não se envolvam em atividades potencialmente perigosas quando estiverem com um estado de humor negativo. Humores negativos podem contribuir para a ocorrência de acidentes de trabalho de várias maneiras.[139]

Empregados com um estado de humor negativo tendem a ficar mais ansiosos, o que reduz sua capacidade de lidar com os riscos de maneira eficaz. Uma pessoa que vive com medo será mais pessimista com relação à eficácia das medidas de segurança, pois pode achar que vai acabar se machucando de qualquer jeito ou pode entrar em pânico e ficar paralisada diante de uma situação ameaçadora. Os estados de humor negativos também distraem as pessoas e as distrações podem, naturalmente, levar a comportamentos negligentes.

A seleção de pessoas positivas para atuar na equipe pode contribuir para um ambiente de trabalho positivo, porque os estados de humor positivos contagiam os outros membros da equipe. Um estudo de 130 líderes e seus subordinados descobriu que os líderes carismáticos transferem suas emoções positivas aos subordinados por meio de um efeito de contágio.[140] Faz sentido, então, escolher pessoas predispostas a vivenciar estados de ânimo positivos.

RESUMO

As emoções e os estados de humor são semelhantes porque os dois são, por natureza, afetivos. Mas também são diferentes, já que os estados de humor são mais gerais e menos contextuais do que as emoções. A hora do dia e o dia da semana, eventos estressantes e o padrão de sono são alguns dos fatores que afetam ambos. Pesquisas no campo do comportamento organizacional para investigar o esforço emocional, a teoria de eventos afetivos, a inteligência emocional e a regulação emocional nos ajudam a entender como as pessoas lidam com as emoções. As emoções e os estados de humor se provaram relevantes para praticamente todos os tópicos do comportamento organizacional que estudamos, com importantes implicações para as práticas gerenciais.

IMPLICAÇÕES PARA OS GESTORES

- ▶ Reconhecer que as emoções constituem uma parte natural do ambiente de trabalho e que uma boa gestão não significa criar um ambiente livre de emoções.
- ▶ Para promover bons processos decisórios, a criatividade e a motivação dos empregados, exemplifique emoções e estados de humor positivos o máximo que puder, mantendo sempre a autenticidade.
- ▶ Dê feedback positivo para aumentar a positividade dos empregados. Naturalmente, contratar pessoas predispostas a vivenciar estados de humor positivos também ajuda.
- ▶ No setor de serviços, encoraje demonstrações positivas de emoções, que levam os clientes a se sentirem mais positivos e melhoram as negociações e as interações de atendimento ao cliente.
- ▶ Saiba como as emoções e os estados de humor afetam os comportamentos para melhorar sua capacidade de explicar e prever o comportamento das pessoas.

Ponto e contraponto

Às vezes, expressar raiva pode ser bom

PONTO

Falamos sobre a raiva ao longo deste capítulo por uma boa razão: a raiva é uma emoção importante. Expressar a raiva tem seus benefícios. Por um lado, pesquisas indicam que somente empregados comprometidos com a organização tendem a expressar sua raiva e, em geral, eles só a expressam para os líderes que criaram a situação. Esse tipo de expressão de raiva pode levar a uma mudança organizacional positiva. Em segundo lugar a raiva reprimida pode reduzir a satisfação no trabalho e levar a um sentimento de desesperança sobre a possibilidade de a situação melhorar. Mesmo com essas constatações, ouvimos muitos conselhos para não reagir emocionalmente aos problemas que encontramos no trabalho. Aprendemos a evitar qualquer demonstração de raiva para não sermos vistos como maus empregados ou, pior, como não profissionais ou até rebeldes ou violentos. É bem verdade que, em algumas situações, a expressão da raiva pode ser prejudicial ou até não profissional, mas não é certo orientar os empregados a reprimir emoções perfeitamente normais e a ignorar a eficácia de alguma expressão emocional.

Novas pesquisas têm demonstrado que reprimir a raiva gera um impacto interno terrível sobre as pessoas. Por exemplo, um estudo da Universidade de Stanford descobriu que, quando os participantes foram orientados a não revelar as emoções ao assistir a um vídeo apresentando bombardeios atômicos no Japão na Segunda Guerra Mundial, mostraram-se muito mais estressados em conversas após ver o vídeo. Outra pesquisa revelou que estudantes universitários que reprimem emoções como a raiva têm mais dificuldade de fazer amizade e têm maior probabilidade de ficar deprimidos e que os profissionais que reprimem a raiva se estressam mais no trabalho.

Para o bem das organizações e de seus empregados, devemos incentivar as pessoas a não conterem suas emoções, mas demonstrá-las de maneira construtiva.

CONTRAPONTO

Sim, a raiva é uma emoção natural. Ela é, também, uma emoção tóxica tanto para quem está com raiva quanto para a pessoa a quem essa raiva é direcionada. Explosões de raiva podem fazer mal ao coração e contribuir para a diabetes, entre outros efeitos nocivos. Ser um alvo de raiva, e de seu correspondente, a hostilidade, também é algo associado a muitos comportamentos contraprodutivos nas organizações. O Bureau of Labor Statistics (Gabinete de Estatísticas do Trabalho) dos Estados Unidos estima que 16% dos acidentes fatais no trabalho resultam de violência no local de trabalho. É por isso que muitas organizações desenvolveram técnicas para neutralizar a raiva e minimizar seus efeitos nocivos.

Para reduzir os efeitos da raiva, muitas empresas criam políticas para restringir certos comportamentos, como gritar, dizer palavrões e fazer gestos hostis. Outras empresas instituem programas de controle da agressividade. Por exemplo, uma organização conduziu workshops internos obrigatórios para ensinar aos empregados como lidar com conflitos e evitar que os problemas se agravem. O diretor que instituiu o treinamento disse que "o programa deu às pessoas ferramentas específicas para conduzir um diálogo aberto para resolver a situação". A MTS Systems, uma empresa norte-americana de engenharia, contrata uma empresa de consultoria para conduzir programas de controle de agressividade para seus empregados. Os consultores normalmente conduzem um seminário de oito horas para explicar as fontes de raiva, ensinar técnicas de resolução de conflitos e apresentar as políticas da organização. O seminário é seguido de sessões individuais com os empregados, com foco em técnicas cognitivas comportamentais para administrar a raiva. A consultoria cobra cerca de US$ 10.000 pelo seminário e pelas sessões individuais. No entanto, os benefícios emocionais recebidos pelos participantes mais do que pagam o custo financeiro. "É melhor ter pessoas que sabem se comunicar", diz uma gestora da MTS, Karen Borre.

No fim, todo mundo sai ganhando quando as organizações buscam reduzir tanto o sentimento quanto a expressão de raiva no trabalho. O ambiente de trabalho acaba sendo menos ameaçador e estressante tanto para os empregados quanto para os clientes. As pessoas podem sentir-se mais seguras e os empregados raivosos também recebem ajuda.

Fontes: baseado em B. Carey, "The Benefits of Blowing Your Top," *The New York Times,* 6 jul. 2010, D1; R. Y. Cheung e I. J. Park, "Anger Suppression, Interdependent Self-Construal, and Depression among Asian American and European American College Students," *Cultural Diversity and Ethnic Minority Psychology* 16, no. 4 (2010): 517–25; D. Geddes e L. T. Stickney, "The Trouble with Sanctions: Organizational Responses to Deviant Anger Displays at Work," *Human Relations* 64, no. 2 (2011): 201–30; J. Fairley, "Taking Control of Anger Management," *Workforce Management* (out. 2010): 10; L. T. Stickney e D. Geddes, "Positive, Proactive, and Committed: The Surprising Connection between Good Citizens and Expressed (vs. Suppressed) Anger at Work," *Negotiation and Conflict Management Research* 7, no. 4 (nov. 2014): 243–64; e J. Whalen, "Angry Outbursts Really Do Hurt Your Health, Doctors Find," *The Wall Street Journal,* 24 mar. 2015, D1, D4.

REVISÃO DO CAPÍTULO

QUESTÕES PARA REVISÃO

4.1 Como as emoções diferem dos estados de humor?

4.2 Quais são as fontes das emoções e dos estados de humor?

4.3 Como o esforço emocional afeta os empregados?

4.4 O que é a teoria de eventos afetivos?

4.5 O que é inteligência emocional?

4.6 Quais são algumas estratégias de regulação emocional?

4.7 Como você aplica os conceitos das emoções e estados de humor a questões específicas do comportamento organizacional?

APLICAÇÃO E EMPREGABILIDADE

Entender ou até se conscientizar das emoções e dos estados de humor alheios pode nos ajudar a melhorar nossa eficácia no trabalho. Como vimos, os empregados reagem aos eventos à medida que eles acontecem, e essas reações afetivas podem influenciar enormemente resultados importantes para as organizações. Os empregados podem precisar regular suas emoções (especialmente se trabalharem em funções que requerem interação com os clientes), e essa regulação pode afetar seu desempenho e bem-estar. Eles podem apresentar variados níveis de inteligência emocional, habilidades, capacidade e competências relacionados a muitos resultados no local de trabalho. Neste capítulo, você desenvolveu muitas habilidades, incluindo comunicação e colaboração, aprendendo como um sorriso (e o clima de política do escritório) pode fazer a diferença, como lidar com um chefe irado, decidir se deve ou não aplicar um teste de inteligência emocional para avaliar candidatos em um processo de seleção e considerar as vantagens e desvantagens de gritar no local de trabalho. Na próxima seção, você terá mais oportunidades de desenvolver seu pensamento crítico e aplicar seu conhecimento aprendendo técnicas de *mindfulness* para regular as emoções e reduzir o estresse, pensando sobre as implicações éticas do *data mining* (mineração de dados), de microexpressões de emoções, aprendendo a considerar e a se adaptar às emoções dos chefes, conscientizando-se dos efeitos danosos do tédio e aprendendo algumas técnicas para combatê-lo.

EXERCÍCIO EXPERIENCIAL Como aplicar o *mindfulness* no trabalho

O conceito de *mindfulness*, também conhecido como atenção plena, enfatiza a tentativa de concentrar sua mente no momento presente, mergulhando no que acontece ao seu redor. Os princípios básicos incluem suspender suas opiniões e julgamentos sobre o ambiente e também seus pensamentos e manter-se aberto ao que ocorre ao seu redor. Os benefícios do *mindfulness* podem se estender além da redução do estresse e incluir mais criatividade, períodos mais longos de atenção, redução da procrastinação e melhoria do desempenho.

O procedimento

Comece o exercício individualmente e depois discuta, em grupos de três ou quatro pessoas, as suas observações. Programas completos de *mindfulness* no trabalho podem levar várias semanas, mas é possível fazer alguns exercícios básicos em um período relativamente curto para ter uma ideia de como seria um programa de *mindfulness*. Veja três exercícios simples para experimentar. Para fazer todos eles, deixe de lado todas as formas de distração (especialmente celulares, tablets e computadores!) e concentre-se no que está acontecendo ao seu redor.

• *Respiração atenta:* limpe sua mente e volte sua atenção à sua respiração. Concentre-se no modo como você inala e exala o ar. Às vezes, contar o tempo de cada respiração ajuda. Tente manter essa respiração atenta por 3 minutos.

Converse com o grupo sobre como vocês se sentiram (a discussão deve levar 3 minutos).

• *Escuta atenta:* agora limpe sua mente, com exceção em relação ao que está acontecendo. Tente ouvir o maior número de sons sem julgá-los nem avaliá-los. Tente manter essa escuta atenta por 3 minutos. Discuta com o grupo, em 3 minutos, alguns detalhes que vocês notaram.

• *Pensamento atento:* limpe sua mente de tudo e concentre-se apenas em suas ideias sobre a atenção plena e o estresse. Não fale nem anote o que você está pensando (por enquanto); limite-se a concentrar toda sua atenção silenciosa nesse exercício e em suas implicações. Tente manter esse pensamento atento por 3 minutos. O grupo deve discutir, durante 3 minutos, acerca da experiência.

Como observamos, esses são apenas alguns exemplos rápidos para demonstrar alguns exercícios de *mindfulness*. Em um programa completo, você faria várias sessões de até uma hora cada. Agora que você já tem uma ideia de como desenvolver a atenção plena, responda, em grupo, as perguntas a seguir:

4.8 Você considerou algum aspecto das sessões de prática do *mindfulness* especialmente agradável ou proveitoso? Você considerou algum aspecto desagradável ou desconfortável?

4.9 Quais dificuldades você pode encontrar ao implementar um programa de *mindfulness* no local de trabalho? Quais são os obstáculos que você pode ter de superar ao tentar envolver os empregados em um programa *mindfulness* para a redução do estresse?

4.10 Reúna todos os grupos e discuta suas respostas.

Fontes: baseado em E. Langer, "Mindfulness in the Age of Complexity," *Harvard Business Review,* mar. 2014, 68–73; H. J. E. M. Alberts e U. R. Hülsheger, "Applying Mindfulness in the Context of Work: Mindfulness-Based Interventions," in J. Reb e P. W. B. Atkins, *Mindfulness in Organizations* (Cambridge, Reino Unido: Cambridge University Press, 2015), 17–41; K. A. Aikens, J. Astin, K. R. Pelletier, K. Levanovich, C. M. Baase, Y. Y. Park e C. M. Bodnar, "Mindfulness Goes to Work: Impact of an Online Workplace Intervention," *Journal of Occupational and Environmental Medicine 56* (2014): 721–31.

Dilema ético

Emoções e mineração de dados *(data mining)*

Você já ouviu a expressão "O que os olhos não veem o coração não sente?" Com efeito, tendemos a olhar para as expressões faciais das pessoas para "interpretar" suas emoções. A maioria das pessoas se acha muito capaz de interpretar rostos, mas não sabemos dizer exatamente como fazemos nossas interpretações ou se elas são precisas. E se pudéssemos usar a tecnologia para saber como alguém está se sentindo? Seria ético fazer isso no local de trabalho e tomar medidas com base no que descobrirmos?

A tecnologia ainda não chegou lá e a interpretação facial é uma ciência complexa. Paul Ekman, um psicólogo renomado, pode ser o melhor interpretador de rostos humanos do mundo. Ele passou mais de 40 anos estudando a interpretação das emoções e criou um catálogo contendo mais de 5.000 movimentos musculares e seu conteúdo emocional correspondente. Seu trabalho chegou a inspirar uma série de TV chamada *Lie to Me*, na qual os personagens principais analisavam microexpressões — expressões que ocorrem em uma fração de segundo — para ajudar em investigações corporativas e governamentais. Usando o sistema de codificação facial de Ekman, empresas de tecnologia como a Emotient estão desenvolvendo algoritmos para corresponder microexpressões com emoções. Essas organizações estão em busca de padrões de microexpressões capazes de prever o comportamento.

A Honda, a Procter & Gamble (P&G), a Coca-Cola e a Unilever testaram a tecnologia para identificar as reações a novos produtos, com resultados variados. Em primeiro lugar, as expressões podem mudar instantaneamente, de modo que se torna difícil discernir as emoções mais importantes. Por exemplo, uma pessoa que assiste a um comercial pode sorrir, franzir a testa e erguer as sobrancelhas, indicando expressividade, confusão e surpresa sucessivamente, tudo isso em apenas 30 segundos. Em segundo, é difícil saber se a pessoa vai fazer alguma coisa com base nessas emoções passageiras. Em terceiro lugar, a tecnologia pode se equivocar na interpretação das emoções ou suas causas.

As possíveis aplicações dessa tecnologia ao local de trabalho incluem vigilância, aferição das reações aos anúncios da organização e detecção de mentiras. As organizações podem instalar câmeras em todas as salas de reunião, corredores e até nas telas dos computadores dos empregados. O monitoramento de emoções pode ser um evento programado — digamos, toda segunda-feira das 8 às 9 horas — ou aleatório, e pode ser realizado com ou sem o conhecimento dos empregados. Por exemplo, dados das reações emocionais de cada empregado em uma reunião na qual a empresa faz um anúncio poderiam ser registrados e interpretados usando uma câmera instalada na parede.

Até agora, a aplicação mais confiável no local de trabalho pode ser usar a tecnologia para identificar incongruências (mentiras). Até o pioneiro do reconhecimento de emoções faciais, o próprio Ekman, declarou: "Não tenho como controlar o uso [da tecnologia dele]. Só sei que a tecnologia que ofereço pelo menos apresenta uma representação precisa de quando uma pessoa está escondendo as emoções".

Cada uso é acompanhado de uma questão ética e uma responsabilidade, especialmente se um gestor pretende fazer alguma coisa com as informações ou inferir o comportamento dos empregados no futuro. O fato de a tecnologia ainda não ter evoluído para ser aplicada no local de trabalho nos dá tempo para desenvolver diretrizes éticas que regulem seu uso, como a privacidade. "Poucas coisas são mais invasivas do que tentar registrar as emoções de uma pessoa em um banco de dados", disse a defensora da privacidade Ginger McCall. As preocupações relativas à utilização ética dessa tecnologia também são importantíssimas caso os gestores decidam utilizá-las para tomar decisões sobre os empregados. Por exemplo, e se um gerente for informado pelo software que um profissional está insatisfeito e, com base nisso, decidir transferir o empregado, quando, na verdade, ele está insatisfeito com o casamento, e não com o trabalho? Charles Lieberman, que atuou como detetive antiterrorista nos Estados Unidos, aconselha: "Reconheça as limitações da tecnologia — ela até pode apontar para a direção certa, mas os resultados não são definitivos".

Questões

4.11 Quais seriam as melhores aplicações da tecnologia de interpretação de emoções no ambiente de trabalho?

4.12 Quais são as implicações éticas da interpretação de expressões faciais para investigar o conteúdo emocional no local de trabalho?

4.13 Se você pudesse melhorar sua capacidade de detectar as emoções reais das pessoas com base em expressões faciais, você acha que essa habilidade o ajudaria a avançar profissionalmente? Por quê?

4.14 Releia a sessão "Dilema ético" deste capítulo. Em quais situações você concordaria em ter suas emoções registradas e interpretadas por sua organização?

Fontes: baseado no perfil de Paul Ekman, Being Human http://www.beinghuman.org/mind/paul-ekman, acessado em 17 abr. 2015; E. Dwoskin e E. M. Rusli, "The Technology That Unmasks Your Hidden Emotions," *The Wall Street Journal*, 29 jan. 2015, B1, B8; e D. Matsumoto e H. S. Hwang, "Reading Facial Expressions of Emotion," Psychological Science Agenda, maio 2011 http://www.apa.org/science/about/psa/2011/05/facial-expressions.aspx.

Estudo de caso 1

Os gestores também têm sentimentos!

Liz Ryan, CEO e fundadora da Human Workplace, lembra que ficou chocada quando era uma jovem trabalhando em uma empresa e se deu conta de como o mundo corporativo é *pessoal*. Para Liz, nosso relacionamento com nosso chefe ou colegas de trabalho parecia poder nos ajudar a avançar na carreira ou, com a mesma facilidade, impedir qualquer avanço ou até transformar nossa vida em um inferno. Os gestores também gostam de algumas coisas e não gostam de outras e sentem emoções como todo mundo. Além disso, as emoções dos gerentes são contagiantes e influentes e, para um gestor, a regulação emocional e as habilidades de gestão podem ser muito úteis na tarefa de criar um ambiente de trabalho colaborativo e não hostil.

Pesquisas também sugerem que as emoções do líder são especialmente importantes no local de trabalho. Por um lado, alguns pesquisadores afirmam que "tudo volta", ou seja, as demonstrações emocionais negativas do líder podem alterar as emoções compartilhadas do grupo, o que, por sua vez, pode levar os empregados a desaprovar o próprio líder e a adotar uma postura cética. Por outro lado, líderes que demonstram empatia tendem a ser vistos como menos propensos à ineficácia na liderança ou a "sair dos trilhos". No geral, demonstrar emoções positivas ou negativas (por exemplo, não atuar em nível superficial) pode ajudar a melhorar o desempenho da equipe porque os empregados, provavelmente, registram e usam essas informações para tomar decisões relacionadas ao trabalho.

A realidade das emoções dos gestores pode ser particularmente influente quando você sente que seu chefe não gosta de você. Seu chefe pode exibir demonstrações emocionais sugerindo que está irritado com você, não confiar em sua capacidade e competência ou não se interessar pelo seu bem-estar e avanço na empresa. Embora as emoções negativas ou a antipatia de seu chefe em relação a você possam ter raízes em várias percepções relacionadas à sua pessoa (por exemplo, seu chefe acha que você é incompetente, não gosta do seu estilo ou não se identifica com você), as emoções negativas também podem vir de outras fontes, como o temperamento do gestor ou restrições situacionais impostas a ele.

Por exemplo, Joseph Barber, diretor associado do Departamento de Assistência à Carreira da Universidade da Pensilvânia, diz que é fundamental que os empregados percebam que seus chefes veem o mundo de maneira diferente e podem estar passando por estados emocionais muito diferentes a qualquer momento. Essa mudança de perspectiva, de acordo com Barber, é especialmente proveitosa para um candidato a emprego que tenta se adiantar ao que os gestores procuram em um novo empregado e salienta os conhecimentos, habilidades e capacidades relevantes que correspondem a essas qualificações.

Questões

4.15 Como você acha que os gestores podem encontrar um equilíbrio entre ser autêntico e administrar suas próprias demonstrações emocionais (por exemplo, atuação em nível superficial) nas organizações? Ou você acha que é impossível atingir esse equilíbrio? Por quê?

4.16 Você acha que algumas emoções nunca devem ser demonstradas pelos gestores (ou subordinados) no trabalho? Quais são essas emoções e por que elas não devem ser demonstradas no trabalho?

4.17 Você acha que existe uma maneira de melhorar sua capacidade de interpretar as emoções de seu chefe e de seus colegas de trabalho e adaptar seu comportamento com base nessas informações emocionais? Quais seriam algumas maneiras de trabalhar isso?

4.18 Releia o "Estudo de Caso 1". Você já teve de se adaptar ao estado emocional de um chefe (ou de qualquer superior)? Se sim, qual foi o resultado?

Fontes: baseado em J. Barber, "The Menagerie of Potential Employers," *Inside Higher Ed*, 20 mar. 2017, https://www.insidehighered.com/advice/2017/03/20/importance-job-search-understanding-emotions-employers-essay; L. Davey, "What to Do When Your Boss Doesn't Like You," *Harvard Business Review*, 8 dez. 2014, https://hbr.org/2014/12/what-to-do-when-your-boss-doesnt-like-you; W. A. Gentry, M. A. Clark, S. F. Young, K. L. Cullen e L. Zimmerman, "How Displaying Empathic Concern May Differentially Predict Career Derailment Potential for Women and Men Leaders in Australia," *The Leadership Quarterly* 26 (2015): 641–53; L. M. Little, J. Gooty e M. Williams, "The Role of Leader Emotion Management in Leader-Member Exchange and Follower Outcomes," *The Leadership Quarterly* 27 (2016): 85–97; A. McKee, "Empathy Is Key to a Great Meeting," *Harvard Business Review*, 23 mar. 2015, https://hbr.org/2015/03/empathy-is-key-to-a-great-meeting; L. Ryan, "Ten Signs Your Boss Hates You," *Forbes*, 17 mar. 2016 https://www.forbes.com/sites/lizryan/2016/03/17/ten-signs-your-boss-hates-you/#563e527428cf; e G. Wang e S. E. Seibert, "The Impact of Leader Emotion Display Frequency on Follower Performance: Leader Surface Acting and Mean Emotion Display as Boundary Conditions," *The Leadership Quarterly* 26 (2015): 577–93.

Estudo de caso 2

Quando o trabalho vira uma chatice

Todo mundo já passou por isso. A causa pode ser um trabalho desinteressante ou um dia em que as coisas estão devagar no escritório, mas todo mundo pode se entediar no trabalho. Não é um sentimento agradável. Como observa Andreas Elpidorou, pesquisador da Universidade de Louisville, "O tédio é um estado aversivo caracterizado por insatisfação, inquietação e cansaço... Estar em um estado de tédio é como estar emocionalmente preso". O tédio pode prejudicar muito as organizações. Um estudo da Udemy, organização on-line de ensino e aprendizagem, descobriu que os empregados entediados tendem a ter duas vezes mais chances de sair da organização nos próximos três a seis meses. Os jovens empregados da geração Y se mostraram especialmente propensos a se entediarem no trabalho e apresentaram duas vezes mais chances em comparação com os colegas mais velhos, da geração X. Em outro estudo conduzido pelo Intelligence Group, 64% dos respondentes da geração Y disseram preferir abrir mão de um emprego com um salário anual de US$ 100.000 que eles consideram chato por um emprego de US$ 40.000 anuais que adoram.

O tédio no trabalho pode ter consequências inaceitáveis. Se não tomar cuidado, ele tem o potencial de causar muitos problemas. Para começar, você pode deixar os colegas na mão quando adota uma atitude de indiferença e eles precisam de você, especialmente quando eles não têm como avançar sem sua contribuição. Em segundo lugar, o tédio pode levá-lo a reclamar — embora isso possa parecer comum nas organizações (devido a representações, na TV e em filmes, de empregados que vivem se queixando), comportamento que pode irritar muitos colegas, especialmente os que estão satisfeitos com o trabalho. Em terceiro lugar, pesquisas mostram que o tédio pode levar a comportamentos contraproducentes, especialmente o retraimento psicológico, sabotagem de equipamentos e comportamento abusivo direcionado aos colegas. Em quarto lugar, se o trabalho for uma parte importante da vida de um empregado e ele não tiver uma vida pessoal e profissional satisfatória, o tédio pode levar à depressão. Por fim, algumas pessoas tendem a ficar mais entediadas do que outras — as pessoas propensas ao tédio se abrem a uma variedade de consequências indesejáveis, como receber menos apoio da organização, trabalhar só em meio expediente e obter avaliações de desempenho piores.

Então, o que você pode fazer se estiver entediado no trabalho? Uma das técnicas para combater o tédio é assumir o controle da situação e ser proativo. Pesquisas conduzidas com mais de 1.500 empregados na Finlândia (acompanhados por um período de três anos) sugerem que assumir o controle e criar desafios para si mesmo, além de desenvolver as habilidades necessárias para fazer bem o trabalho, reduz o tédio aos poucos. Parte disso envolve forçar-se a ser mais curioso e não se limitar às suas próprias responsabilidades. Quando nos vemos diante da monotonia de um trabalho conhecido, é hora de ir atrás de novos insights, perspectivas e maneiras de abordar nossas tarefas. Outros pesquisadores sugerem que oferecer oportunidades de aprendizado e reduzir as horas de trabalho, especialmente para empregados da geração Y, pode ser uma forma de ajudar a reduzir o tédio. O levantamento da Udemy descobriu que 80% dos profissionais se interessariam mais pelo trabalho se tivessem a oportunidade de desenvolver outras habilidades. Esses resultados reforçam os argumentos em prol da *gamificação do trabalho*, o processo de ajustar tarefas cotidianas para incluir a mecânica de um *game*, potencialmente levando a uma redução do tédio e a um aumento do controle cognitivo.

Questões

4.19 Quem é responsável por reduzir o tédio no local de trabalho e por quê? Essa seria um trabalho da organização ou da pessoa que está entediada?

4.20 Você acha que algumas tarefas são inerentemente enfadonhas e, portanto, não podem ser mudadas? Se sim, quais seriam?

Se for impossível fazer com que algumas tarefas se tornem mais interessantes, como reduzir os efeitos negativos do tédio para os empregados que precisam executá-las?

4.21 Qual técnica de regulação emocional você acha que seria mais eficaz para reduzir o tédio e por quê?

Fontes: baseado em K. Bruursema, S. R. Kessler e P. E. Spector, "Bored Employees Misbehaving: The Relationship between Boredom and Counterproductive Work Behaviour," *Work & Stress* 25, no. 2 (2011): 93–107; A. Gaskell, "How Gamification Can Drive Workplace Performance," *Forbes*, 21 fev. 2017, https://www.forbes.com/sites/adigaskell/2017/02/21/how-gamification-can-drive- workplace-performance/#4493eae7f8e3; L. K. Harju, J. J. Hakanen e W. B. Schaufeli, "Can Job Crafting Reduce Job Boredom and Increase Work Engagement? A Three-Year Cross-Lagged Panel Study," *Journal of Vocational Behavior* 95–96 (2016): 11–20; S. Harrison, "6 Ways the Most Successful People Conquer Boredom at Work," *Fast Company*, 13 nov. 2015, https://www.fastcompany.com/3053229/6-ways-the-most-successful-people-conquer-boredom-at-work; J. Lumsden, E. A. Edwards, N. S. Lawrence, D. Coyle e M. R. Munafó, "Gamification of Cognitive Assessment and Cognitive Training: A Systematic Review of Applications and Efficacy," *JMIR Serious Games* 4, no. 2 (2016): e11; R. Moy, "3 Inexcusable Mistakes You're Probably Making If You're Bored at Work," *Forbes*, 27 out. 2016, https://www.forbes.com/sites/dailymuse/2016/10/27/3-inexcusable-mistakes-youre-probably-making-if-youre-bored-at-work/#154d5d044216; M. L. M. van Hooff e E. A. J. van Hoof, "Boredom at Work: Proximal and Distal Consequences of Affective Work-Related Boredom," *Journal of Occupational Health Psychology* 19, no. 3 (2014): 348–59; M. L. M. van Hooff e E. A. J. van Hoof, "Work-Related Boredom and Depressed Mood from a Daily Perspective: The Moderating Roles of Work Centrality and Need Satisfaction," *Work & Stress* 30, no. 3 (2016): 209–27; J. D. Watt and M. B. Hargis, "Boredom Proneness: Its Relationship with Subjective Underemployment, Perceived Organizational Support, and Job Performance," *Journal of Business and Psychology* 25, no. 1 (2010): 163–74; E. Wiechers, "2016 Udemy Workplace Boredom Study," *Udemy Blog*, 26 out. 2016, https://about.udemy.com/udemy-for-business/workplaceboredom-study/; e K. Zimmerman, "What to Do with a Millenial Employee That's Bored at Work," *Forbes*, 13 nov. 2016, https://www.forbes.com/sites/kaytiezimmerman/2016/11/13/ what-to-do-with-a-millennial-employee-that-is-bored-at-work/#3a1649a33014.

NOTAS

1. S. G. Barsade e D. E. Gibson, "Why Does Affect Matter in Organizations?", *Academy of Management Perspectives* 21, no. 1 (2007): 36–59; e H. A. Elfenbein, "Emotion in Organizations," *The Academy of Management Annals* 1, no. 1 (2007): 315–86.

2. Ibid.

3. Ibid.

4. Veja, por exemplo, G. J. Boyle, E. Helmes, G. Matthews e C. E. Izard, "Multidimensional Measures of Affects: Emotions and Mood States," in G. J. Boyle, D. H. Saklofske e G. Matthews (eds.), *Measures of Personality and Social Psychological Constructs* (New York, NY: Elsevier, 2015): 3–15; e M. T. Jarymowicz e K. K. Imbir, "Toward a Human Emotions Taxonomy (Baseado em Their Automatic vs. Reflective Origin)," *Emotion Review* 7, no. 2 (2015): 183–8.

5. R. C. Solomon, "Back to Basics: On the Very Idea of 'Basic Emotions,'" *Journal for the Theory of Social Behaviour* 32, no. 2 (2002): 115–44.

6. P. Ekman, *Emotions Revealed: Recognizing Faces and Feelings to Improve Communication and Emotional Life* (Nova York: Times Books/Henry Holt and Co., 2003).

7. H. A. Elfenbein e N. Ambady, "On the Universality and Cultural Specificity of Emotion Recognition: A Meta-Analysis," *Psychological Bulletin* 128, no. 2 (2002): 203–35.

8. M. Yuki, W. W. Maddux e T. Masuda, "Are the Windows to the Soul the Same in the East and West? Cultural Differences in Using the Eyes and Mouth as Cues to Recognize Emotions in Japan and the United States," *Journal of Experimental Social Psychology* 43, no. 2 (2007): 303–11.

9. Ekman, *Emotions Revealed: Recognizing Faces and Feelings to Improve Communication and Emotional Life*; e J. L. Tracy e D. Randles, "Four Models of Basic Emotions: A Review of Ekman and Cordaro, Izard, Levenson, and Panksepp and Watt," *Emotion Review* 3, no. 4 (2011): 397–405.

10. P. S. Russell e R. Giner-Sorolla, "Bodily Moral Disgust: What It Is, How It Is Different from Anger, and Why It Is an Unreasoned Emotion," *Psychological Bulletin* 139, no. 2 (2013): 328–51.

11. H. A. Chapman e A. K. Anderson, "Things Rank and Gross in Nature: A Review and Synthesis of Moral Disgust," *Psychological Bulletin* 139, no. 2 (2013): 300–27.

12. T. Krettenauer, J. B. Asendorpf e G. Nunner-Winkler, "Moral Emotion Attributions and Personality Traits as Long-Term Predictors of Antisocial Conduct in Early Adulthood: Findings from a 20-Year Longitudinal Study," *International Journal of Behavioral Development* 27 (2013): 192–201; T. Krettenauer, T. Colasante, M. Buchmann e T. Malti, "The Development of Moral Emotions and Decision-Making from Adolescence to Early Adulthood: A 6-Year Longitudinal Study," *Journal of Youth & Adolescence* 43 (2014): 583–96; e J. P. Tangney, J. Stuewig e D. J. Mashek, "Moral Emotions and Moral Behavior," *Annual Review of Psychology* 58 (2007): 345–72.

13. A. Ben-Ze'ev, *The Subtlety of Emotions* (Cambridge, MA: MIT Press, 2000), 94.

14. R. Cropanzano, H. M. Weiss, J. M. S. Hale e J. Reb, "The Structure of Affect: Reconsidering the Relationship between Negative and Positive Affectivity," *Journal of Management* 29, no. 6 (2003): 831–57.

15. T. A. Ito e J. T. Cacioppo, "Variations on a Human Universal: Individual Differences in Positivity Offset and Negativity Bias," *Cognition and Emotion* 19, no. 1 (2005): 1–26.

16. D. Holman, "Call Centres," in D. Holman, T. D. Wall, C. Clegg, P. Sparrow e A. Howard (eds.), *The Essentials of the New Work Place: A Guide to the Human Impact of Modern Working Practices* (Chichester, Reino Unido: Wiley, 2005), 111–32.

17. Ben-Ze'ev, *The Subtlety of Emotions*.

18. S. D. Pressman, M. W. Gallagher, S. J. Lopez e B. Campos, "Incorporating Culture into the Study of Affect and Health," *Psychological Science* 25, no. 12 (2014): 2281–83.

19. K. B. Curhan, T. Simms, H. R. Markus, S. Kitayama, M. Karasawa, N. Kawakami... e C. D. Ryff, "Just How Bad Negative Affect Is for Your Health Depends on Culture," *Psychological Science* 25, no. 12 (2014): 2277–80.

20. O. Burkeman, "The Power of Negative Thinking," *The New York Times*, 5 ago. 2012, 9; G. Luong, C. Wrzus, G. G. Wagner e M. Riediger, "When Bad Moods May Not Be So Bad: Valuing Negative Affect Is Associated with Weakened Affect-Health Links," *Emotion* 16, no. 3 (2016): 38–401.

21. E. Jaffe, "Positively Negative," *Association for Psychological Science Observer*, nov. 2012, 13–17.

22. S. Lyubomirsky, L. King e E. Diener, "The Benefits of Frequent Positive Affect: Does Happiness Lead to Success?", *Psychological Bulletin* 131, no. 6 (2005): 803–55; K. M. Shockley, D. Ispas, M. E. Rossi e E. L. Levine, "A Meta-Analytic Investigation of the Relationship between State Affect, Discrete Emotions, and Job Performance," *Human Performance* 25 (2012): 377–411; e C. J. Thoresen, S. A. Kaplan, A. P. Barsky, C. R. Warren e K. de Chermont, "The Affective Underpinnings of Job Perceptions and Attitudes: A Meta-Analytic Review and Integration," *Psychological Bulletin* 129, no. 6 (2003): 914–45.

23. T. W. H. Ng e K. L. Sorensen, "Dispositional Affectivity and Work-Related Outcomes: A Meta-Analysis," *Journal of Applied Social Psychology* 39, no. 6 (2009): 1255–87.

24. L. M. Poverny e S. Picascia, "There Is No Crying in Business," *Womensmedia.com*, 20 out. 2009, acessado em http://www.susanpicascia.com/noCrying.html.

25. M.-A. Reinhard e N. Schwartz, "The Influence of Affective States on the Process of Lie Detection," *Journal of Experimental Psychology* 18 (2012): 377–89.

26. K. D. McCaul e A. B. Mullens, "Affect, Thought and Self-Protective Health Behavior: The Case of Worry and Cancer Screening," in J. Suls e K. A. Wallston (eds.), *Social Psychological Foundations of Health and Illness* (Malden, MA: Blackwell, 2003): 161.

27. J. Haidt, "The New Synthesis in Moral Psychology," *Science* 316 (18 maio 2007): 998, 1002; I. E. de Hooge, R. M. A. Nelissen, S. M. Breugelmans e M. Zeelenberg, "What Is Moral about Guilt? Acting 'Prosocially' at the Disadvantage of Others," *Journal of Personality and Social Psychology* 100 (2011): 462–73; e C. A. Hutcherson e J. J. Gross, "The Moral Emotions: A Social-Functionalist Account of Anger, Disgust, and Contempt," *Journal of Personality and Social Psychology* 100 (2011): 719–37.

28. A. Arnaud e M. Schminke, "The Ethical Climate and Context of Organizations: A Comprehensive Model," *Organization Science* 23, no. 6 (2012): 1767–80; e P. C. Kelley e D. R. Elm, "The Effect of Context on Moral Intensity of Ethical Issues: Revising Jones's Issue-Contingent Model," *Journal of Business Ethics* 48, no. 2 (2003): 139–54.

29. N. Angier, "Spite Is Good. Spite Works," *The Wall Street Journal*, 1 abr. 2014, D1, D3; A. Gopnik, "Even Children Get More Outraged at 'Them' Than at 'Us'," *The Wall Street Journal*, 30–31 ago., 2014, C2; J. I. Krueger e T. E. DiDonato, "Social Categorization and the Perception of Groups and Group Differences," *Social and Personality Psychology Compass* 2, no. 2 (2008): 733–50; e D. A. Yudkin, T. Rothmund, M. Twar-

dawski, N. Thalla e J. J. Van Bavel, "Reflexive Intergroup Bias in ThirdParty Punishment," *Journal of Experimental Psychology: General* 145, no. 11 (2016): 1448–59.

30. E. Castano, "On the Perils of Glorifying the In-group: Intergroup Violence, In-group Glorification, and Moral Disengagement," *Social and Personality Psychology Compass* 2, no. 1 (2008): 154–70.

31. E. Diener, R. J. Larsen, S. Levine e R. A. Emmons, "Intensity and Frequency: Dimensions Underlying Positive and Negative Affect," *Journal of Personality and Social Psychology* 48 (1985): 1253–65; e D. C. Rubin, R. M. Hoyle e M. R. Leary, "Differential Predictability of Four Dimensions of Affect Intensity," *Cognition and Emotion* 26 (2012): 25–41.

32. B. P. Hasler, M. S. Mehl, R. R. Bootzin e S. Vazire, "Preliminary Evidence of Diurnal Rhythms in Everyday Behaviors Associated with Positive Affect," *Journal of Research in Personality* 42 (2008): 1537–46; e D. Watson, *Mood and Temperament* (Nova York: Guilford Press, 2000).

33. Watson, *Mood and Temperament*.

34. A. A. Stone, J. E. Schwartz, D. Schkade, N. Schwarz, A. Krueger e D. Kahneman, "A Population Approach to the Study of Emotion: Diurnal Rhythms of a Working Day Examined with the Day Reconstruction Method," *Emotion* 6 (2006): 139–49.

35. S. A. Golder e M. W. Macy, "Diurnal and Seasonal Mood Vary with Work, Sleep, and Daylength across Diverse Cultures," *Science* 333 (2011): 1878–81.

36. G. D. Block, "Fixes for Our Out-of Sync Body Clocks," *The Wall Street Journal,* 16–17 ago. 2014, C3; A-.M. Chang, N. Santhi, M. St. Hilaire, C. Gronfier, D. S. Bradstreet, J. F. Duffy... e C. A. Czeisler, "Human Responses to Bright Light of Different Durations," *The Journal of Physiology* 590, no. 13 (2012): 3103–12; e T. L. Shanahan, J. M. Zeitzer e C. A. Czeisler, "Resetting the Melatonin Rhythm with Light in Humans," *Journal of Biological Rhythms* 12, no. 6 (1997): 556–67.

37. Golder e Macy, "Diurnal and Seasonal Mood Vary with Work, Sleep, and Daylength across Diverse Cultures."

38. J. J. A. Denissen, L. Butalid, L. Penke e M. A. G. van Aken, "The Effects of Weather on Daily Mood: A Multilevel Approach," *Emotion* 8, no. 5 (2008): 662–67; M. C. Keller, B. L. Fredrickson, O. Ybarra, S. Côté, K. Johnson, J. Mikels, A. Conway e T. Wagner, "A Warm Heart and a Clear Head: The Contingent Effects of Weather on Mood and Cognition," *Psychological Science* 16 (2005): 724–31; e Watson, *Mood and Temperament*.

39. D. Watson, *Mood and Temperament* (Nova York: Guilford Press, 2000).

40. J. J. Lee, F. Gino e B. R. Staats, "Rainmakers: Why Bad Weather Means Good Productivity," *Journal of Applied Psychology* 99, no. 3 (2014): 504–13.

41. M. T. Ford, R. A. Matthews, J. D. Wooldridge, V. Mishra, U. M. Kakar e S. R. Strahan, "How Do Occupational Stressor-Strain Effects Vary with Time? A Review and Meta-Analysis of the Relevance of Time Lags in Longitudinal Studies," *Work & Stress* 28, no. 1 (2014): 9–30; e J. A. Fuller, J. M. Stanton, G. G. Fisher, C. Spitzmüller, S. S. Russell e P. C. Smith, "A Lengthy Look at the Daily Grind: Time Series Analysis of Events, Mood, Stress, and Satisfaction," *Journal of Applied Psychology* 88, no. 6 (dez. 2003): 1019–33.

42. G. Schaffer, "What's Good, When, and Why?", *Association for Psychological Science Observer*, nov. 2012, 27–29; veja também J. D. Nahrgang, F. P. Morgeson e D. A. Hofmann, "Safety at Work: A Meta-Analytic Investigation of the Link Between Job Demands, Job Resources, Burnout, Engagement, and Safety Outcomes," *Journal of Applied Psychology* 96, no. 1 (2011): 71–94.

43. A. M. Isen, "Positive Affect as a Source of Human Strength," in L. G. Aspinwall e U. Staudinger (eds.), *The Psychology of Human Strengths* (Washington, DC: American Psychological Association, 2003), 179–95.

44. Watson, *Mood and Temperament*.

45. *Sleep in America Poll* (Washington, DC: National Sleep Foundation, 2005), www.kintera.org/atf/cf/%7Bf6bf2668-a1b4-4fe88d1a-a5d-39340d9cb%7D/2005_summary_of_findings.pdf.

46. D. Meinert, "Sleepless in Seattle... and Cincinnati and Syracuse," *HR Magazine*, out. 2012, 55–57.

47. E. Bernstein, "Changing the Clocks Wasn't Good for Your Relationships," *The Wall Street Journal,* 10 mar. 2015, D1, D2.

48. B. A. Scott e T. A. Judge, "Insomnia, Emotions, and Job Satisfaction: A Multilevel Study," *Journal of Management* 32, no. 5 (2006): 622–45.

49. Bernstein, "Changing the Clocks Wasn't Good for Your Relationships."

50. B. Arends, "To Sleep, Perchance to Earn," *The Wall Street Journal*, 20–21 set. 2014, B8.

51. S. Reddy, "Husband and Wife Scientists Troll Genetics for Clues to Restful Shut Eye for All," *The Wall Street Journal,* 10 jun. 2014, D1, D2.

52. A. L. Rebar, R. Stanton, D. Geard, C. Short, M. J. Duncan e C. Vandelanotte, "A Meta-Meta-Analysis of the Effect of Physical Activity on Depression and Anxiety in Non-Clinical Adult Populations," *Health Psychology Review* 9, no. 3 (2015): 366–78.

53. M. Mather, "The Affective Neuroscience of Aging," *Annual Review of Psychology* 67 (2016): 213–38.

54. M. G. Gard e A. M. Kring, "Sex Differences in the Time Course of Emotion," *Emotion* 7, no. 2 (2007): 429–37; M. Jakupcak, K. Salters, K. L. Gratz e L. Roemer, "Masculinity and Emotionality: An Investigation of Men's Primary and Secondary Emotional Responding," *Sex Roles* 49 (2003): 111–20; e D. P. Johnson e M. A. Whisman, "Gender Differences in Rumination: A Meta-Analysis," *Personality and Individual Differences* 55, no. 4 (2013): 367–74.

55. A. H. Fischer, P. M. Rodriguez Mosquera, A. E. M. van Vianen e A. S. R. Manstead, "Gender and Culture Differences in Emotion," *Emotion* 4 (2004): 84–87.

56. N. M. Else-Quest, A. Higgins, C. Allison e L. C. Morton, "Gender Differences in Self-Conscious Emotional Experience: A Meta-Analysis," *Psychological Bulletin* 138, no. 5 (2012): 947–81.

57. L. F. Barrett e E. Bliss-Moreau, "She's Emotional. He's Having a Bad Day: Attributional Explanations for Emotion Stereotypes," *Emotion* 9 (2009): 649–58.

58. D. V. Becker, D. T. Kenrick, S. L. Neuberg, K. C. Blackwell e D. M. Smith, "The Confounded Nature of Angry Men and Happy Women," *Journal of Personality and Social Psychology* 92 (2007): 179–90.

59. A. A. Grandey, "Emotion Regulation in the Workplace: A New Way to Conceptualize Emotional Labor," *Journal of Occupational Health Psychology* 5, no. 1 (2000): 95–110; e A. R. Hochschild, *The Managed Heart: Commercialization of Human Feeling* (Berkeley: University of California Press, 1983); M. W. Kramer e J. A. Hess, "Communication Rules for the Display of Emotions in Organizational Settings," *Management Communication Quarterly*, ago. 2002, 66–80; e J. M. Diefendorff e E. M. Richard, "Antecedents and Consequences of Emotional Display Rule Perceptions," *Journal of Applied Psychology*, abr. 2003, 284–94.

60. J. M. Diefendorff e G. J. Greguras, "Contextualizing Emotional Display Rules: Examining the Roles of Targets and Discrete Emotions in Shaping Display Rule Perceptions," *Journal of Management* 35 (2009): 880–98.

61. P. S. Christoforou e B. E. Ashforth, "Revisiting the Debate on the Relationships between Display Rules and Performance: Considering the Explicitness of Display Rules," *Journal of Applied Psychology* 100, no. 1 (2015): 249–61.

62. A. S. Gabriel, M. A. Daniels, J. M. Diefendorff e G. J. Greguras, "Emotional Labor Actors: A Latent Profile Analysis of Emotional Labor Strategies," *Journal of Applied Psychology* 100, no. 3 (2015): 863–79.

63. J. D. Kammeyer-Mueller, A. L. Rubenstein, D. M. Long, M. A. Odio, B. R. Buckman, Y. Zhang e M. D. K. Halvorsen-Ganepola, "A Meta-Analytic Structural Model of Dispositional Affectivity and Emotional Labor," *Personnel Psychology* 66 (2013): 47–90.

64. H. Nguyen, M. Groth e A. Johnson, "When the Going Gets Tough, the Tough Keep Working: Impact of Emotional Labor on Absenteeism," *Journal of Management* 42, no. 3 (2016): 615–43; e D. T. Wagner, C. M. Barnes e B. A. Scott, "Driving It Home: How Workplace Emotional Labor Harms Employee Home Life," *Personnel Psychology* 67 (2014): 487–516.

65. U. R. Hülsheger, J. W. B. Lang, A. F. Schewe e F. R. H. Zijlstra, "When Regulating Emotions at Work Pays Off: A Diary and an Intervention Study on Emotion Regulation and Customer Tips in Service Jobs," *Journal of Applied Psychology* 100, no. 2 (2015): 263–77; J. L. Huang, D. S. Chiaburu, X., Li, N. e Grandey, A. A., "Rising to the Challenge: Deep Acting Is More Beneficial When Tasks Are Appraised as Challenging," *Journal of Applied Psychology* 100, no. 5 (2015): 1398– 1408; J. D. Kammeyer-Mueller et al., "A Meta-Analytic Structural Model of Dispositional Affectivity and Emotional Labor"; e Y. Zhan, M. Wang e J. Shi, "Interpersonal Process of Emotional Labor: The Role of Negative and Positive Customer Treatment," *Personnel Psychology* 69, no. 3 (2016): 525–57.

66. A. A. Grandey, "When 'The Show Must Go On,'" *Academy of Management Journal* 46 (2003): 86–96.

67. S. Diestel, W. Rivkin e K.-H. Schmidt, "Sleep Quality and Self-Control Capacity as Protective Resources in the Daily Emotional Labor Process: Results from Two Diary Studies," *Journal of Applied Psychology* 100, no. 3 (2015): 809–27; e K. L. Wang e M. Groth, "Buffering the Negative Effects of Employee Surface Acting: The Moderating Role of Employee-Customer Relationship Strength and Personalized Services," *Journal of Applied Psychology* 99, no. 2 (2014): 341–50.

68. S. Ohly e A. Schmitt, "What Makes Us Enthusiastic, Angry, Feeling at Rest or Worried? Development and Validation of an Affective Work Events Taxonomy Using Concept Mapping Methodology," *Journal of Business Psychology* 30 (2015): 15–35; e H. M. Weiss e R. Cropanzano, "Affective Events Theory: A Theoretical Discussion of the Structure, Causes and Consequences of Affective Experiences at Work," *Research in Organizational Behavior* 18 (1996): 1–74.

69. C. D. Fisher, "Antecedents and Consequences of Real-Time Affective Reactions at Work," *Motivation and Emotion* 26, no. 1 (2002): 3–30; A. A. Grandey, A. P. Tam e A. L. Brauburger, "Affective States and Traits in the Workplace: Diary and Survey Data from Young Workers," *Motivation and Emotion* 26, no. 1 (2002): 31–55.

70. Grandey, Tam e Brauburger, "Affective States and Traits in the Workplace."

71. N. M. Ashkanasy, C. E. J. Hartel e C. S. Daus, "Diversity and Emotion: The New Frontiers in Organizational Behavior Research," *Journal of Management* 28, no. 3 (2002): 324.

72. T. Upshur-Lupberger, "Watch Your Mood: A Leadership Lesson," *The Huffington Post*, 22 abr. 2015, http://www.huffingtonpost.com/terrie-upshurlupberger/watch-your-mood-aleaders_b_7108648.html.

73. D. L. Joseph e D. A. Newman, "Emotional Intelligence: An Integrative Meta-Analysis and Cascading Model," *Journal of Applied Psychology* 95, no. 1 (2010): 54–78; e P. Salovey e D. Grewal, "The Science of Emotional Intelligence," *Current Directions in Psychological Science* 14, no. 6 (2005): 281–5.

74. D. Geddes e R. R. Callister, "Crossing the Line(s): A Dual Threshold Model of Anger in Organizations," *Academy of Management Review* 32, no. 3 (2007): 721–46.

75. D. L. Joseph, J. Jin, D. A. Newman e E. H. O'Boyle, "Why Does Self-Reported Emotional Intelligence Predict Job Performance? A Meta--Analytic Investigation of Mixed EI," *Journal of Applied Psychology* 100, no. 2 (2015): 298–342; e Joseph e Newman, "Emotional Intelligence."

76. C. I. C. Chien Farh, M.-G. Seo e P. E. Tesluk, "Emotional Intelligence, Teamwork Effectiveness, and Job Performance: The Moderating Role of Job Context," *Journal of Applied Psychology* 97, no. 4 (2012): 890–900; e D. Greenidge, D. Devonish e P. Alleyne, "The Relationship between Ability-Based Emotional Intelligence and Contextual Performance and Counterproductive Work Behaviors: A Test of the Mediating Effects of Job Satisfaction," *Human Performance* 27 (2014): 225–42.

77. C. P. M. Wilderom, Y. Hur, U. J. Wiersma, P. T. Van Den Berg e J. Lee, "From Manager's Emotional Intelligence to Objective Store Performance: Through Store Cohesiveness and Sales-Directed Employee Behavior," *Journal of Organizational Behavior* 36 (2015): 825–44.

78. F. I. Greenstein, *The Presidential Difference: Leadership Style from FDR to Clinton* (Princeton, NJ: Princeton University Press, 2001).

79. S. Côté, "Emotional Intelligence in Organizations," *Annual Review of Organizational Psychology and Organizational Behavior* 1 (2014): 59–88.

80. S. L. Koole, "The Psychology of Emotion Regulation: An Integrative Review," *Cognition and Emotion* 23 (2009): 4–41; H. A. Wadlinger e D. M. Isaacowitz, "Fixing Our Focus: Training Attention to Regulate Emotion," *Personality and Social Psychology Review* 15 (2011): 75–102.

81. D. H. Kluemper, T. DeGroot e S. Choi, "Emotion Management Ability: Predicting Task Performance, Citizenship, and Deviance," *Journal of Management* (2013). 878–905.

82. J. V. Wood, S. A. Heimpel, L. A. Manwell e E. J. Whittington, "This Mood Is Familiar and I Don't Deserve to Feel Better Anyway: Mechanisms Underlying Self-Esteem Differences in Motivation to Repair Sad Moods," *Journal of Personality and Social Psychology* 96 (2009): 363–80.

83. E. Kim, D. P. Bhave e T. M. Glomb, "Emotion Regulation in Workgroups: The Roles of Demographic Diversity and Relational Work Context," *Personnel Psychology* (2013): 613–44.

84. Ibid.

85. S. L. Koole, "The Psychology of Emotion Regulation: An Integrative Review," *Cognition and Emotion* 23 (2009): 4–41.

86. L. K. Barber, P. G. Bagsby e D. C. Munz, "Affect Regulation Strategies for Promoting (or Preventing) Flourishing Emotional Health," *Personality and Individual Differences* 49 (2010): 663–66.

87. J. L. Jooa e G. Francesca, "Poker-Faced Morality: Concealing Emotions Leads to Utilitarian Decision Making," *Organizational Behavior and Human Decision Processes* 126 (2015): 49–64.

88. Ibid.

89. T. L. Webb, E. Miles e P. Sheeran, "Dealing with Feeling: A Meta-Analysis of the Effectiveness of Strategies Derived from the Process Model of Emotion Regulation," *Psychological Bulletin* 138, no. 4 (2012): 775–808; S. Srivastava, M. Tamir, K. M. McGonigal, O. P. John e J. J. Gross, "The Social Costs of Emotional Suppression: A Prospective Study of the Transition to College," *Journal of Personality and Social Psychology* 96 (2009): 883–97; Y. Liu, L. M. Prati, P. L. Perrewé e R. A. Brymer, "Individual Differences in Emotion Regulation, Emotional Experiences at Work, and Work-Related Outcomes: A Two-Study Investigation," *Journal of Applied Social Psychology* 40 (2010): 1515–38; e H. A. Wadlinger e D. M. Isaacowitz, "Fixing Our Focus: Training Attention to Regulate Emotion," *Personality and Social Psychology Review* 15 (2011): 75–102.

90. J. J. Gross, E. Halperin e R. Porat, "Emotion Regulation in Intractable Conflicts," *Current Directions in Psychological Science* 22, no. 6 (2013): 423–29.

91. A. S. Troy, A. J. Shallcross e I. B. Mauss, "A Person-by-Person Situation Approach to Emotion Regulation: Cognitive Reappraisal Can Either Help or Hurt, Depending on the Context," *Psychological Science* 24, no. 12 (2013): 2505–14.

92. E. Halperin, R. Porat, M. Tamir e J. J. Gross, "Can Emotion Regulation Change Political Attitudes in Intractable Conflicts? From the Laboratory to the Field," *Psychological Science*, jan. 2013, 106–11.

93. A. S. McCance, C. D. Nye, L. Wang, K. S. Jones e C. Chiu, "Alleviating the Burden of Emotional Labor: The Role of Social Sharing," *Journal of Management* 39, no. 2 (2013): 392–415.

94. F. Nils e B. Rimé, "Beyond the Myth of Venting: Social Sharing Modes Determine the Benefits of Emotional Disclosure," *European Journal of Social Psychology* 42 (2012): 672–81; e J. D. Parlamis, "Venting as Emotion Regulation: The Influence of Venting Responses and Respondent Identity on Anger and Emotional Tone," *International Journal of Conflict Management* 23 (2012): 77–96.

95. T. M. Glomb, M. K. Duffy, J. E. Bono e T. Yang, "Mindfulness at Work," *Research in Personnel and Human Resources Management* 30 (2011): 115–57; P. Hyland, R. A. Lee e M. Mills, "Mindfulness at Work: A New Approach to Improving Individual and Organizational Performance," *Industrial and Organizational Psychology* 8, no. 4 (2015): 576–602; e K. M. Sutcliffe, T. J. Vogus e E. Dane, "Mindfulness in Organizations: A Cross-Level Review," *Annual Review of Organizational Psychology and Organizational Behavior* 3 (2016): 55–81.

96. Glomb, Duffy, Bono e Yang, "Mindfulness at Work."

97. E. Epel, J. Daubenmier, J. T. Moskowitz, S. Folkman e E. Blackburn, "Can Meditation Slow Rate of Cellular Aging? Cognitive Stress, Mindfulness, and Telomeres," *Annals of the New York Academy of Sciences* 1172 (2009): 34–53; B. K. Hölzel, J. Carmody, M. Vangel, C. Congleton, S. M. Yerramsetti, T. Gard e S. W. Lazar, "Mindfulness Practice Leads to Increases in Regional Brain Gray Matter Density," *Psychiatry Research: Neuroimaging* 191, no. 1 (2011): 36–43; e M. D. Mrazek, M. S. Franklin, D. T. Phillips, B. Baird e J. W. Schooler, "Mindfulness Training Improves Working Memory Capacity and GRE Performance While Reducing Mind Wandering," *Psychological Science* 24 (2013): 776–81.

98. Glomb, Duffy, Bono e Yang, "Mindfulness at Work."

99. U. R. Hülsheger, H. J. E. M. Alberts, A. Feinholdt e J. W. B. Lang, "Benefits of Mindfulness at Work: The Role of Mindfulness in Emotion Regulation, Emotional Exhaustion, and Job Satisfaction," *Journal of Applied Psychology* 98, no. 2 (2013): 310–25.

100. E. Dane e B. J. Brummel, "Examining Workplace Mindfulness and its Relations to Job Performance and Turnover Intention," *Human Relations* 67, no. 1 (2013): 105–28; U. R. Hülsheger, A. Feinholdt e A. Nübold, "A Low-Dose Mindfulness Intervention and Recovery from Work: Effects of Psychological Detachment, Sleep Quality, and Sleep Duration," *Journal of Occupational and Organizational Psychology* 88 (2015): 464–89; S. Krishnakumar e M. D. Robinson, "Maintaining an Even Keel: An Affect-Mediated Model of Mindfulness and Hostile Work Behavior," *Emotion* 15, no. 5 (2015): 579–89; E. C. Long e M. S. Christian, "Mindfulness Buffers Retaliatory Responses to Injustice: A Regulatory Approach," *Journal of Applied Psychology* 100, no. 5 (2015): 1409–22; e A. Michel, C. Bosch e M. Rexroth, "Mindfulness as a Cognitive Emotional Segmentation Strategy: An Intervention Promoting Work-Life Balance," *Journal of Occupational and Organizational Psychology* 87 (2014): 733–54.

101. S. D. Jamieson e M. R. Tuckey, "Mindfulness Interventions in the Workplace: A Critique of the Current State of the Literature," *Journal of Occupational Health Psychology* 22, no. 2 (2017): 180–93.

102. S.-C. S. Chi e S.-G. Liang, "When Do Subordinates' Emotion-Regulation Strategies Matter? Abusive Supervision, Subordinates' Emotional Exhaustion, and Work Withdrawal," *Leadership Quarterly*, fev. 2013, 125–37.

103. R. H. Humphrey, "How Do Leaders Use Emotional Labor?", *Journal of Organizational Behavior*, jul. 2012, 740–44.

104. A. M. Grant, "Rocking the Boat but Keeping It Steady: The Role of Emotion Regulation in Employee Voice," *Academy of Management Journal* 56, no. 6 (2013): 1703–23.

105. S. Reddy, "Walk This Way: Acting Happy Can Make It So," *The Wall Street Journal*, 18 nov. 2014, D3.

106. C. Cherniss, "The Business Case for Emotional Intelligence," *Consortium for Research on Emotional Intelligence in Organizations* (1999), http://www.eiconsortium.org/pdf/business_case_for_ei.pdf.

107. Veja A. M. Isen, "Positive Affect and Decision Making," in M. Lewis e J. M. Haviland-Jones (eds.), *Handbook of Emotions*, 2. ed. (Nova York: Guilford, 2000), 261–77.

108. N. Nunez, K. Schweitzer, C. A. Chai e B. Myers, "Negative Emotions Felt during Trial: The Effect of Fear, Anger, and Sadness on Juror Decision Making," *Applied Cognitive Psychology* 29, no. 2 (2015): 200–9.

109. S. N. Mohanty e D. Suar, "Decision Making under Uncertainty and Information Processing in Positive and Negative Mood States," *Psychological Reports* 115, no. 1 (2014): 91–105.

110. S.-C. Chuang e H.-M. Lin, "The Effect of Induced Positive and Negative Emotion and Openness-to-Feeling in Student's Consumer Decision Making," *Journal of Business and Psychology* 22, no. 1 (2007): 65–78.

111. D. van Knippenberg, H. J. M. Kooij-de Bode e W. P. van Ginkel, "The Interactive Effects of Mood and Trait Negative Affect in Group Decision Making," *Organization Science* 21, no. 3 (2010): 731–44.

112. Lyubomirsky, King e Diener, "The Benefits of Frequent Positive Affect"; e M. Baas, C. K. W. De Dreu e B. A. Nijstad, "A Meta-Analysis of 25 Years of Mood-Creativity Research: Hedonic Tone, Activation, or Regulatory Focus," *Psychological Bulletin* 134 (2008): 779–806.

113. M. J. Grawitch, D. C. Munz e E. K. Elliott, "Promoting Creativity in Temporary Problem-Solving Groups: The Effects of Positive

Mood and Autonomy in Problem Definition on Idea-Generating Performance," *Group Dynamics* 7, no. 3 (set. 2003): 200–13.

114. Lyubomirsky, King e Diener, "The Benefits of Frequent Positive Affect."

115. N. Madjar, G. R. Oldham e M. G. Pratt, "There's No Place Like Home? The Contributions of Work and Nonwork Creativity Support to Employees' Creative Performance," *Academy of Management Journal* 45, no. 4 (2002): 757–67.

116. J. M. George e J. Zhou, "Understanding When Bad Moods Foster Creativity and Good Ones Don't: The Role of Context and Clarity of Feelings," *Journal of Applied Psychology* 87, no. 4 (ago. 2002): 687–97; e J. P. Forgas e J. M. George, "Affective Influences on Judgments and Behavior in Organizations: An Information Processing Perspective," *Organizational Behavior and Human Decision Processes* 86, no. 1 (2001): 3–34.

117. C. K. W. De Dreu, M. Baas e B. A. Nijstad, "Hedonic Tone and Activation Level in the Mood-Creativity Link: Toward a Dual Pathway to Creativity Model," *Journal of Personality and Social Psychology* 94, no. 5 (2008): 739–56; J. M. George e J. Zhou, "Dual Tuning in a Supportive Context: Joint Contributions of Positive Mood, Negative Mood, and Supervisory Behaviors to Employee Creativity," *Academy of Management Journal* 50, no. 3 (2007): 605–22.

118. M. B. Wieth e R. T. Zacks, "Time of Day Effects on Problem Solving: When the Non-Optimal Is Optimal," *Thinking & Reasoning* 17 (2011): 387–401.

119. A. Erez e A. M. Isen, "The Influence of Positive Affect on the Components of Expectancy Motivation," *Journal of Applied Psychology* 87, no. 6 (2002): 1055–67.

120. W. Tsai, C.-C. Chen e H. Liu, "Test of a Model Linking Employee Positive Moods and Task Performance," *Journal of Applied Psychology* 92, no. 6 (2007): 1570–83.

121. R. Ilies e T. A. Judge, "Goal Regulation across Time: The Effect of Feedback and Affect," *Journal of Applied Psychology* 90, no. 3 (May 2005): 453–67.

122. J. E. Bono, H. J. Foldes, G. Vinson e J. P. Muros, "Workplace Emotions: The Role of Supervision and Leadership," *Journal of Applied Psychology* 92, no. 5 (2007): 1357–67.

123. S. G. Liang e S.-C. S. Chi, "Transformational Leadership and Follower Task Performance: The Role of Susceptibility to Positive Emotions and Follower Positive Emotions," *Journal of Business and Psychology* (2013): 17–29.

124. V. A. Visser, D. van Knippenberg, G. van Kleef e B. Wisse, "How Leader Displays of Happiness and Sadness Influence Follower Performance: Emotional Contagion and Creative versus Analytical Performance," *Leadership Quarterly*, (2013): 172–88.

125. G. A. Van Kleef, C. K. W. De Dreu e A. S. R. Manstead, "The Interpersonal Effects of Emotions in Negotiations: A Motivated Information Processing Approach," *Journal of Personality and Social Psychology* 87, no. 4 (2004): 510–28; e G. A. Van Kleef, C. K. W. De Dreu e A. S. R. Manstead, "The Interpersonal Effects of Anger and Happiness in Negotiations," *Journal of Personality and Social Psychology* 86, no. 1 (2004): 57–76.

126. E. van Dijk, G. A. Van Kleef, W. Steinel e I. van Beest, "A Social Functional Approach to Emotions in Bargaining: When Communicating Anger Pays and When It Backfires," *Journal of Personality and Social Psychology* 94, no. 4 (2008): 600–14.

127. K. M. O'Connor e J. A. Arnold, "Distributive Spirals: Negotiation Impasses and the Moderating Role of Disputant Self-Efficacy," *Organizational Behavior and Human Decision Processes* 84, no. 1 (2001): 148–76.

128. B. Shiv, G. Loewenstein, A. Bechara, H. Damasio e A. R. Damasio, "Investment Behavior and the Negative Side of Emotion," *Psychological Science* 16, no. 6 (2005): 435–39.

129. W.-C. Tsai e Y.-M. Huang, "Mechanisms Linking Employee Affective Delivery and Customer Behavioral Intentions," *Journal of Applied Psychology* (2002): 1001–08.

130. Veja P. B. Barker e A. A. Grandey, "Service with a Smile and Encounter Satisfaction: Emotional Contagion and Appraisal Mechanisms," *Academy of Management Journal* 49, no. 6 (2006): 1229–38; e S. D. Pugh, "Service with a Smile: Emotional Contagion in the Service Encounter," *Academy of Management Journal* (2001): 1018–27.

131. D. E. Rupp e S. Spencer, "When Customers Lash Out: The Effects of Customer Interactional Injustice on Emotional Labor and the Mediating Role of Emotions, *Journal of Applied Psychology* 91, no. 4 (2006): 971–78; e Tsai e Huang, "Mechanisms Linking Employee Affective Delivery and Customer Behavioral Intentions."

132. R. Ilies e T. A. Judge, "Understanding the Dynamic Relationships among Personality, Mood, and Job Satisfaction: A Field Experience Sampling Study," *Organizational Behavior and Human Decision Processes* 89 (2002): 1119–39.

133. T. A. Judge e R. Ilies, "Affect and Job Satisfaction: A Study of Their Relationship at Work and at Home," *Journal of Applied Psychology* 89 (2004): 661–73.

134. Z. Song, M. Foo e M. A. Uy, "Mood Spillover and Crossover among Dual-Earner Couples: A Cell Phone Event Sampling Study," *Journal of Applied Psychology* 93, no. 2 (2008): 443–52.

135. Veja R. J. Bennett e S. L. Robinson, "Development of a Measure of Workplace Deviance," *Journal of Applied Psychology*, jun. 2000, 349–60; veja também P. R. Sackett e C. J. DeVore, "Counterproductive Behaviors at Work," in N. Anderson, D. S. Ones, H. K. Sinangil e C. Viswesvaran (eds.), *Handbook of Industrial, Work & Organizational Psychology*, vol. 1 (Thousand Oaks, CA: Sage, 2001), 145–64.

136. K. Lee e N. J. Allen, "Organizational Citizenship Behavior and Workplace Deviance: The Role of Affect and Cognition," *Journal of Applied Psychology* 87, no 1 (2002): 131–42; T. A. Judge, B. A. Scott e R. Ilies, "Hostility, Job Attitudes, and Workplace Deviance: Test of a Multilevel Mode," *Journal of Applied Psychology* 91, no. 1 (2006): 126–38; e S. Kaplan, J. C. Bradley, J. N. Luchman e D. Haynes, "On the Role of Positive and Negative Affectivity in Job Performance: A Meta-Analytic Investigation," *Journal of Applied Psychology* 94, no. 1 (2009):152–76.

137. S. C. Douglas, C. Kiewitz, M. Martinko, P. Harvey, Y. Kim e J. U. Chun, "Cognitions, Emotions, and Evaluations: An Elaboration Likelihood Model for Workplace Aggression," *Academy of Management Review* 33, no. 2 (2008): 425–51.

138. A. K Khan, S. Ouratulain e J. R. Crawshaw, "The Mediating Role of Discrete Emotions in the Relationship between Injustice and Counterproductive Work Behaviors: A Study in Pakistan," *Journal of Business and Psychology* (2013): 49–61.

139. Kaplan, Bradley, Luchman e Haynes, "On the Role of Positive and Negative Affectivity in Job Performance"; e J. Maiti, "Design for Worksystem Safety Using Employees' Perception about Safety," *Work—A Journal of Prevention Assessment & Rehabilitation* 41 (2012): 3117–22.

140 J. E. Bono e R. Ilies, "Charisma, Positive Emotions and Mood Contagion," *The Leadership Quarterly* 17, no. 4 (2006): 317–34.

Personalidade e valores

Capítulo 5

Fonte: Rick Kern/Stringer/Getty Images

Objetivos de aprendizagem

Depois de ler este capítulo, você será capaz de:

5.1 Definir personalidade, descrever como ela é mensurada e explicar os fatores que a compõem.

5.2 Descrever os pontos fortes e fracos do Indicador de Tipos de Personalidade Myers-Briggs (MBTI) e o modelo Big Five.

5.3 Discutir como os conceitos da autoavaliação básica, automonitoramento e personalidade proativa contribuem para entender a personalidade.

5.4 Descrever como a personalidade afeta a busca de emprego e o desemprego.

5.5 Descrever como a situação afeta o comportamento, uma vez que a personalidade o prediz.

5.6 Comparar valores terminais com valores instrumentais.

5.7 Descrever as diferenças entre a adequação da pessoa ao trabalho e a adequação da pessoa à organização.

5.8 Comparar as cinco dimensões de valor de Hofstede e o modelo GLOBE.

MATRIZ DE HABILIDADES PARA A EMPREGABILIDADE								
	Mito ou ciência?	Objetivos profissionais	Escolha ética	Ponto e contraponto	Exercício experiencial	Dilema ético	Estudo de caso 1	Estudo de caso 2
Pensamento crítico	✓	✓	✓	✓	✓	✓	✓	✓
Comunicação	✓				✓			✓
Colaboração					✓		✓	✓
Análise e aplicação do conhecimento	✓	✓	✓	✓	✓	✓	✓	✓
Responsabilidade social		✓	✓	✓		✓		✓

LIDERANDO A "REVOLUÇÃO SILENCIOSA"

Beth Comstock, vice-presidente do conselho de inovações empresariais, está "acendendo a GE". Em 2016 ela foi nomeada a 48ª mulher mais poderosa do mundo dos negócios, tendo ocupado cargos executivos na NBCUniversal e na GE e acumulado décadas de experiência profissional. Seu cargo atual requer que ela seja capaz de prever oportunidades futuras para a GE e montar as equipes certas para desenvolver novos modelos de negócio na empresa. Ela é responsável não somente pela inovação dos modelos de negócio da empresa como também por supervisionar muitos aspectos das áreas de vendas, marketing e comunicação da GE.

Muita gente acredita que, para conquistar tamanho sucesso, seria necessário ter uma personalidade extrovertida ou ser uma pessoa sociável, gregária e assertiva. E muita gente se surpreende quando fica sabendo que Beth se considera uma pessoa introvertida: "Sou, sem dúvida alguma, uma líder mais introvertida, mas passei toda a minha carreira dando duro para me expor porque sei que o mundo dos negócios requer uma postura extrovertida". Comstock é um exemplo da importância de saber se adaptar às situações, embora traços de personalidade como a extroversão possam ajudar muito a ter sucesso no mundo dos negócios. Além disso, de acordo com Beth, a introversão também tem seus benefícios: "Ser introvertida também tem muitas vantagens. Uma pessoa introvertida é mais observadora e nem sempre é a primeira a falar. Aprendi que, para liderar bem, é fundamental saber que as coisas nem sempre estão perfeitamente equilibradas e é necessário descobrir como usar essa tensão para avançar".

O que Beth tem a dizer sobre liderança é bastante revelador e pode ser estendido para além dos âmbitos da liderança e da personalidade. A vida nem sempre é perfeitamente equilibrada ou "preto no branco" como pode parecer à primeira vista. Alguns traços de personalidade podem ser úteis em determinados contextos e inúteis em outros. Temos observado um novo foco no poder da introversão em um mundo que costuma idolatrar a extroversão. Susan Cain investiga essas ideias em seu livro de 2012, *O poder dos quietos: como os tímidos e introvertidos podem mudar um mundo que não para de falar*, que já vendeu 2 milhões de exemplares ao redor do mundo. Em 2015, ela se reuniu com 50 executivos da GE para uma conversa informal sobre o livro. Quando um deles pediu um conselho para dar à sua filha introvertida que estava prestes a entrar na faculdade, Cain respondeu: "Dedique um tempo para encontrar a sua tribo... Não é fácil viver em um mundo onde a moeda social é sua capacidade de demonstrar que você é uma pessoa sociável e gregária". Em um mundo que valoriza a extroversão, é importantíssimo que um introvertido saiba se expor e encontre um grupo de pessoas afins.

O trabalho de Caim despertou um novo interesse no significado de ser introvertido ou extrovertido, transitando em um mundo que, em geral, valoriza o comportamento extrovertido e questiona a capacidade dos introvertidos de serem bons líderes. Embora a extroversão possa ser interessante em algumas situações, o conselho para os introvertidos de "tentarem ser mais extrovertidos" nem sempre se aplica. Psicólogos e especialistas em comportamento organizacional estão começando a perceber que tanto a introversão quanto a extroversão são acompanhadas por habilidades diferenciadas e úteis.

A personalidade descreve nossas tendências comportamentais. Para além dela, nossos valores e sistemas de crenças também são importantes para definir o que fazemos e como fazemos as coisas no trabalho. Por exemplo, Beth gosta de investir em startups lideradas por mulheres porque acredita em ajudar empreendedoras e fundadoras de empresas do sexo feminino. Ao investir nessas organizações, ela age de acordo com seus valores. Na verdade, todos os investimentos que fez até agora foram em empresas lideradas por mulheres.

Fontes: baseado em G. Colvin, "How Beth Comstock Is Lighting up GE", *Fortune*, 14 set. 2016, http://fortune.com/beth-comstock-general-electric-most-powerful-women/; L. M. Holson, "Instigating a 'Quiet Revolution' of Introverts", *The New York Times*, 26 jul. 2015, seção ST, p. 10; D. Schawbel, "Beth Comstock: Being an Introverted Leader in an Extroverted Business World", *Forbes*, 20 out. 2016, https://www.forbes.com/sites/danschawbel/2016/10/20/beth-comstock-being-an-introverted-leader-in-an-extroverted-business-world/2/#3a-47817a1c6f; e V. Zarya, "Why GE Vice Chair Beth Comstock Is Investing in These Women-Led Startups", *Fortune*, 18 maio 2016, http://fortune.com/2016/05/18/beth-comstock-women-led-startups/.

A personalidade, fator fundamental para o alcance de resultados, tanto na vida pessoal quanto na profissional, exerce papel importante para o sucesso no local de trabalho, embora seus efeitos nem sempre sejam diretos, podendo ser bastante sutis e variados. Explicaremos a extroversão, a conscienciosidade, a abertura para experiências, a agradabilidade e a estabilidade emocional: os traços que compõem os Big Five (cinco fatores), o modelo de personalidade mais bem definido e fundamentado até o momento. Também analisaremos outros modelos que descrevem a personalidade e as tendências de um indivíduo.

Personalidade

5.1 Definir personalidade, descrever como ela é mensurada e explicar os fatores que a compõem.

Por que algumas pessoas são calmas e passivas e outras são agressivas e agitadas? Será que alguns tipos de personalidade se adaptam mais facilmente a determinados tipos de trabalho? Antes de responder a essas perguntas, precisamos abordar uma questão mais básica: o que é personalidade?

O que é personalidade?

Geralmente, quando falamos sobre a personalidade de alguém, usamos muitos adjetivos para descrever o modo como a pessoa age e parece pensar. Essa afirmação é tão verdadeira que os participantes de um estudo recente chegaram a usar 624 adjetivos distintos para descrever conhecidos.[1] Já os especialistas em comportamento organizacional organizam os traços da personalidade em categorias gerais, descrevendo o crescimento e o desenvolvimento da personalidade de um indivíduo.

Definindo a personalidade Para nossos propósitos, pense na personalidade como a soma das maneiras como uma pessoa reage e interage com as outras pessoas. Costumamos descrever a personalidade em termos dos traços mensuráveis exibidos por um indivíduo.

personalidade
Soma das maneiras como uma pessoa reage e interage com as outras pessoas.

Mensurando a personalidade As avaliações de personalidade têm sido cada vez mais utilizadas em diversos contextos organizacionais. Com efeito, 8 das 10 principais empresas norte-americanas de capital fechado e 57% de todas as grandes corporações norte-americanas usam esse tipo de avaliação,[2] inclusive a Xerox, o McDonald's e a Lowe's,[3] e instituições de ensino superior como a Universidade DePaul começaram a aplicar testes de personalidade em seu processo de admissão[4].

Os testes de personalidade ajudam nas decisões de contratação e auxiliam os gestores a prever quem é a melhor escolha para uma vaga existente.[5]

A maneira mais comum de mensurar a personalidade é utilizar questionários de autoavaliação, nos quais os indivíduos se autoavaliam ao se classificarem de acordo com uma série de fatores, tais como "eu me preocupo muito com o futuro". Em geral, ao descobrirem que os resultados de seu teste de personalidade serão usados para auxiliar uma decisão de contratação, os candidatos aparentam desviar seu padrão de modo a se tornarem mais conscienciosos e emocionalmente estáveis do que quando fazem o teste só para se conhecer melhor.[6] Outro problema é a precisão. Um candidato que está de mau humor ao preencher o questionário pode acabar com resultados imprecisos.[7]

Pesquisas sugerem que a cultura afeta os resultados da nossa autoavaliação. Pessoas que moram em países individualistas tendem a se autopromover, enquanto aquelas que vivem em países coletivistas como Taiwan, China e Coreia do Sul tendem à humildade excessiva. A autopromoção não parece prejudicar a carreira das pessoas em países individualistas, o que acontece em países coletivistas, nos quais a humildade é valorizada. Já o excesso de humildade pode prejudicar a carreira das pessoas em comunidades tanto coletivistas quanto individualistas.[8]

Levantamentos baseados em avaliações realizadas por observadores (também conhecidos como levantamentos de classificação de observadores) proporcionam uma análise independente na qual um colega ou outro observador faz a avaliação da personalidade de um indivíduo. Embora os resultados das pesquisas de autoavaliação e de avaliações realizadas por observadores sejam fortemente correlacionados, pesquisas sugerem que os levantamentos de classificação de observadores preveem mais do que apenas a autoavaliação, podendo ser um indicativo do sucesso no trabalho.[9] No entanto, cada um desses métodos pode revelar informações específicas sobre o comportamento de um indivíduo no trabalho, de modo que uma combinação de autoavaliações com relatos de observadores prevê melhor o desempenho do que a utilização de apenas um dos métodos isoladamente. A implicação é clara: é mais interessante utilizar tanto os levantamentos de classificação de observadores quanto os de autoavaliação da personalidade ao tomar importantes decisões de contratação.

Fatores determinantes da personalidade   Uma das primeiras discussões no estudo da personalidade centrou-se em tentar definir se ela é resultado da hereditariedade ou do ambiente. Ao que tudo indica, é resultado de ambos os fatores. No entanto, as pesquisas tendem a encontrar mais resultados relativos à importância da hereditariedade do que sobre as influências do ambiente.

Objetivos profissionais

Como "gabaritar" o teste de personalidade?

Acabei de ser chamada para uma segunda rodada de entrevistas em uma excelente empresa e estou animadíssima. No entanto, também estou muito nervosa, porque li alguns artigos dizendo que muitas empresas estão usando testes de personalidade. Vocês teriam alguma dica para me ajudar a ir bem no teste?

— Lauren

Olá, Lauren,

Antes de mais nada, parabéns! É natural querer saber mais sobre os testes que seu potencial empregador usa. Você deve ter deduzido que é possível dar respostas que favorecerão sua seleção na empresa. Por exemplo, se o teste incluir a afirmação "estou sempre preparada", você sabe que o empregador está em busca de um candidato que concorde com a afirmação. Você pode achar que responder da maneira mais favorável possível aumentará suas chances de ser contratada e pode até ser que você esteja certa.

Mas é interessante manter algumas ressalvas em mente. Para começar, algumas empresas incorporam "escalas de mentira" em seus testes para identificar pessoas que tentam se favorecer ao classificar as afirmações. Nem sempre é fácil detectar essas respostas, mas normalmente é possível ter uma ideia ao analisar várias perguntas. Se você responder da maneira mais favorável a uma longa lista de perguntas, pode acabar sendo identificada na escala de mentira.

Em segundo lugar, altas pontuações em todos os traços de personalidade não são desejáveis para todos os tipos de trabalho. Alguns empregadores podem ter mais interesse em baixas pontuações em determinado traço de personalidade ou dar mais atenção ao quadro geral, o que dificultaria as tentativas de manipulação por parte dos candidatos. Por exemplo, a agradabilidade não é fator preditivo de um bom desempenho para trabalhos de natureza competitiva (vendedores, técnicos esportivos, operadores do mercado financeiro).

Em terceiro lugar, também é importante levar em consideração o ponto de vista da ética. Como você vai se sentir se for contratada sabendo que não se representou corretamente no processo de seleção? Qual é sua atitude em relação à mentira? Como você vai fazer para que seu comportamento se encaixe nos traços de personalidade que tentou retratar no teste?

Por fim, talvez seja interessante ver o teste de personalidade de um ponto de vista diferente. A empresa, assim como você, está em busca de boa adequação. Se você não se adequar à organização e/ou ao trabalho, provavelmente não terá sucesso na empresa e acabará descontente. Mas, se você realmente for adequada, vai poder chegar ao seu primeiro dia de trabalho cheia de confiança e pronta para o sucesso.

Enfim, você até pode aumentar suas chances de ser contratada se responder a um teste de personalidade de maneira favorável. Mas ainda achamos que a honestidade é a melhor política, tanto para você quanto para o seu futuro empregador!

Fontes: baseado em M. N. Bing, H. K. Davison e J. Smothers, "Item-Level Frame-of-Reference Effects in Personality Testing: An Investigation of Incremental Validity in an Organizational Setting", International Journal of Selection and Assessment 22, no. 2 (2014): 165–78; P. R. Sackett e P. T. Walmsley, "Which Personality Attributes Are Most Important in the Workplace?", Perspectives on Psychological Science 9, n. 5 (2014): 538–51; e L. Weber, "To Get a Job, New Hires Are Put to the Test", The Wall Street Journal, 15 abr. 2015, A1, A10.

As opiniões apresentadas aqui são única e exclusivamente dos autores, os quais não se responsabilizam por quaisquer erros ou omissões, nem pelos resultados obtidos com a utilização dessas informações. Em circunstância alguma, os autores, seus parceiros ou suas organizações serão responsáveis por qualquer decisão ou ação de sua parte ou da parte de qualquer pessoa com base nas opiniões apresentadas aqui.

A hereditariedade refere-se a fatores determinados pela genética de um indivíduo, ou seja, sua composição biológica, fisiológica e psicológica. A altura, a beleza dos traços, o sexo, o temperamento, a força e flexibilidade muscular, o nível de energia e os ritmos biológicos são algumas das características que costumam ser,

hereditariedade
Fatores determinados pela genética de um indivíduo, que correspondem à sua constituição biológica, fisiológica e psicológica.

Fonte: Joe Pepler/REX/AP Images

Enérgico, carismático, determinado, ambicioso, adaptável, corajoso e esforçado são traços de personalidade usados para descrever Richard Branson, o fundador do Virgin Group. Essas características ajudaram Branson, mostrado aqui promovendo a Virgin Trains, a construir uma das marcas globais mais reconhecidas e respeitadas nos setores de viagens, entretenimento e estilo de vida.

completa ou substancialmente, influenciadas pela ascendência, ou seja, pelo perfil biológico, fisiológico e psicológico dos pais. A abordagem hereditária argumenta que a explicação definitiva para a personalidade de um indivíduo está na estrutura molecular de seus genes, localizada nos cromossomos. Uma análise de 134 estudos constatou que há um quê de verdade nessa abordagem, pois cerca de 40% da personalidade podem ser atribuídos à hereditariedade, sendo os outros 60% fruto do ambiente.[10]

Mas isso não quer dizer que a personalidade nunca muda. A pontuação das pessoas no quesito confiabilidade tende a aumentar com o tempo, como quando os jovens começam uma família e iniciam sua vida profissional. No entanto, apesar desse aumento, ainda há grandes diferenças individuais no que se refere à confiabilidade, embora tenda a evoluir de maneira parecida em todas as pessoas, de modo que a ordem da classificação de confiabilidade dos indivíduos permanece basicamente a mesma.[11] Além disso, a personalidade varia mais na adolescência e tende a se estabilizar nos adultos.[12]

Os primeiros estudos sobre personalidade tentaram identificar e classificar características duradouras que servem como forma de descrever o comportamento das pessoas, incluindo timidez, agressividade, submissão, preguiça, ambição, lealdade e extroversão. Quando alguém apresenta essas características com frequência e elas se mostram relativamente constantes ao longo do tempo e em diferentes situações, nós as chamamos de traços de personalidade.[13] Quanto mais consistente for a característica ao longo do tempo e quanto maior for a frequência de sua ocorrência em diversas situações, mais importante é o traço de personalidade para descrever o indivíduo.

traços de personalidade
Características duradouras que descrevem o comportamento de uma pessoa.

5.2 Descrever os pontos fortes e fracos do Indicador de Tipos de Personalidade Myers-Briggs (MBTI) e o modelo Big Five.

Modelos de personalidade

No decorrer da história, as pessoas têm buscado entender o que faz os indivíduos se comportarem de maneiras diferentes. Muitos dos nossos comportamentos resultam da nossa personalidade, de modo que conhecer seus componentes nos ajuda a prevê-los. Modelos teóricos importantes e ferramentas de avaliação nos ajudam a categorizar e a estudar as dimensões da personalidade.

Os modelos mais conhecidos e utilizados de tipologia da personalidade são o Indicador de Tipos de Personalidade Myers-Briggs (ou *Myers-Briggs Type Indicator* em inglês, também conhecido pela sigla MBTI) e o modelo Big Five. Ambos exploram as facetas da personalidade de uma pessoa para poder descrevê-la. Outros modelos, como a Tríade Sombria (Dark Triad), explicam determinados aspectos, mas não a personalidade total de um indivíduo. Discutiremos todos esses modelos a seguir, mas vamos começar com os mais importantes.

O Indicador de Tipos de Personalidade Myers-Briggs (MBTI)

O Indicador de Tipos de Personalidade Myers-Briggs (MBTI) é uma das ferramentas de avaliação de personalidade mais utilizadas do mundo.[14] Trata-se de um teste de personalidade com 100 perguntas para avaliar como as pessoas geralmente se sentem ou agem em diferentes situações. Com base nas respostas, os indivíduos são classificados como extrovertidos ou introvertidos (E ou I), sensoriais ou intuitivos (S ou N), racionais ou emocionais (T ou F, segundo as siglas em inglês) e julgadores ou perceptivos (J ou P). Esses termos são definidos da seguinte maneira:

Indicador de Tipos de Personalidade Myers-Briggs (MBTI)
Teste de personalidade que abrange quatro características e classifica as pessoas em um dos 16 tipos de personalidade.

- *Extrovertidos (E)* versus *Introvertidos (I)*. Os indivíduos extrovertidos são expansivos, sociáveis e assertivos. Os introvertidos são quietos e tímidos.
- *Sensoriais (S)* versus *Intuitivos (N)*. Os indivíduos sensoriais são pragmáticos, preferem a ordem e a rotina e focam os detalhes. Os intuitivos se baseiam muito em processos inconscientes e tendem a analisar a situação como um todo.
- *Racionais (T)* versus *Emocionais (F)*. Os indivíduos racionais usam a lógica e o raciocínio para resolver os problemas. As pessoas emocionais tomam as decisões com base em seus valores pessoais e emoções.
- *Julgadores (J)* versus *Perceptivos (P)*. As pessoas julgadoras gostam de ter controle e de ter seu mundo estruturado e organizado. Os perceptivos são flexíveis e espontâneos.

O MBTI descreve os tipos de personalidade identificando uma característica para cada um dos quatro pares. Por exemplo, pessoas do tipo Introvertido/Intuitivo/Racional/Julgador (INTJ) são visionárias, criativas e bastante motivadas. São céticas, críticas, independentes, determinadas e, muitas vezes, obstinadas. Indivíduos do tipo ENFJ são professores e líderes natos. Relacionam-se bem com os outros e gostam de motivar as pessoas, são intuitivos, idealistas, éticos e gentis. Os ESTJs são organizadores, realistas, lógicos, analíticos e determinados e possuem tendência natural para atuar no mundo dos negócios ou em áreas como a engenharia. O tipo ENTP é inovador, individualista, versátil e atraído por ideias empreendedoras. É o tipo de pessoa que pode ser muito útil para resolver problemas difíceis, mas que talvez não se dê bem em tarefas rotineiras.

Segundo a Myers & Briggs Foundation, os introvertidos respondem por mais de 50% das respostas E/I nos Estados Unidos. Com efeito, dois dos três tipos mais comuns do MBTI são introvertidos: o ISFJ e o ISTJ. Os ISFJs são responsáveis e gostam de cuidar dos outros e os ISTJs são zelosos e lógicos. Os tipos menos comuns são o INFJ (perspicazes e protetores) e o ENTJ (focados e determinados).[15]

O MBTI é utilizado em diversos contextos organizacionais. Mais de 2,5 milhões de pessoas fazem o teste anualmente e 89 das empresas da lista Fortune 100 aplicam o modelo.[16] Há controvérsias sobre sua validade para mensurar a personalidade e a maioria dos estudos parece contestar sua validade.[17] Como o professor Dan Ariely observou sobre os resultados do MBTI, "Da próxima vez, basta dar uma olhada no seu horóscopo. A validade é a mesma e não vai levar tanto tempo".[18]

Um dos problemas do MBTI é que o modelo força o respondente a se enquadrar em um ou outro tipo (por exemplo, introvertido ou extrovertido). Não há meio-termo. Outro problema é a confiabilidade da medida: quando as pessoas repetem a avaliação, não raro recebem resultados diferentes. Um problema adicional está na dificuldade de interpretação. As dimensões do MBTI têm diferentes níveis de importância e determinadas combinações de dimensões têm significados distintos, sendo que tudo isso requer um avaliador treinado que consiga chegar a uma interpretação que pode deixar espaço para erros. Por fim, os resultados do MBTI tendem a não se relacionar com o desempenho no trabalho. O MBTI pode ser uma ferramenta interessante para expandir o autoconhecimento e fornecer orientações gerais de direcionamento de carreira, mas, como os resultados tendem a não se relacionar com o desempenho no trabalho, os gestores se beneficiariam se levassem em consideração o modelo Big Five, que discutiremos em seguida, para avaliar a personalidade dos candidatos a emprego.

modelo Big Five
Modelo de avaliação que descreve cinco dimensões básicas da personalidade.

conscienciosidade
Dimensão da personalidade que descreve um indivíduo responsável, confiável, persistente e organizado.

estabilidade emocional
Dimensão da personalidade que caracteriza pessoas calmas, autoconfiantes e seguras (positivas) ou nervosas, deprimidas e inseguras (negativas).

extroversão
Dimensão da personalidade que descreve um indivíduo sociável, gregário e assertivo.

O modelo Big Five

O MBTI pode não ter muitas evidências corroborando sua validade. No entanto, o modelo Big Five tem sido apoiado por um número impressionante de estudos. Esse modelo propõe que cinco dimensões básicas fundamentam todas as outras e englobam as variações mais importantes da personalidade humana.[19] Os resultados desse teste são excelentes na previsão do comportamento das pessoas em diversas situações da vida real[20], permanecendo relativamente inalterados com o tempo, com algumas variações diárias.[21] Os cinco fatores avaliados pelo modelo são:

▶ *Conscienciosidade.* A dimensão da conscienciosidade é uma medida de coerência e confiabilidade pessoal. Uma pessoa extremamente conscienciosa é responsável, organizada, confiável e persistente. Pessoas com uma baixa pontuação nessa dimensão distraem-se com facilidade, são desorganizadas e pouco confiáveis.

▶ *Estabilidade emocional.* A dimensão da estabilidade emocional mensura a capacidade de uma pessoa em lidar com o estresse. As pessoas que apresentam estabilidade emocional tendem a ser calmas, autoconfiantes e seguras. Pessoas com altas pontuações tendem a ser positivas e otimistas e a sentir menos emoções negativas. Em geral, são mais felizes do que as pessoas com pontuação mais baixa. A estabilidade emocional muitas vezes é explicada com referência ao seu oposto, o neuroticismo. Pessoas com baixa pontuação (e, portanto, alto grau de neuroticismo), são hipervigilantes e vulneráveis aos efeitos físicos e psicológicos do estresse, com tendência ao nervosismo, ansiedade, depressão e insegurança.

▶ *Extroversão.* A dimensão da extroversão se refere ao nível de conforto de uma pessoa com seus relacionamentos. Os extrovertidos tendem a ser gregários, assertivos e sociáveis. Eles sentem emoções mais positivas que os introvertidos e expressam esses sentimentos com mais liberdade. Por outro lado, os introvertidos (baixa extroversão) tendem a ser mais ponderados, reservados, tímidos e quietos.

A CEO da General Motors, Mary Barra, é atípica, aparentando ter uma alta pontuação em todas as dimensões do modelo Big Five de personalidade. Sua combinação sem igual de traços de personalidade a ajudou a se tornar a primeira CEO mulher de uma grande fabricante global de automóveis.

Fonte: Michael Buholzer/Photoshot/Newscom

- *Abertura para novas experiências.* A dimensão da abertura para novas experiências refere-se à variedade de interesses de uma pessoa e seu fascínio por novidades. As pessoas abertas para novas experiências são caracterizadas por muita criatividade, curiosidade e sensibilidade artística. Já as pessoas com baixo grau de abertura tendem a ser convencionais, conservadoras e ficam mais à vontade em situações conhecidas.
- *Agradabilidade.* A dimensão da agradabilidade refere-se à propensão de ser receptivo a outras pessoas. As pessoas agradáveis são cooperativas, calorosas e confiantes. Seria de se esperar que pessoas agradáveis seriam mais felizes que pessoas desagradáveis. Elas até são, mas só um pouco. Quando as pessoas escolhem colegas para trabalhar na mesma equipe, a tendência é preferir pessoas agradáveis. Por outro lado, as pessoas com baixa pontuação em agradabilidade são frias e antagônicas.

> **abertura para novas experiências**
> Dimensão da personalidade que caracteriza um indivíduo em termos de imaginação, sensibilidade e curiosidade.

> **agradabilidade**
> Dimensão da personalidade que descreve uma pessoa de boa índole, cooperativa e confiante.

Como os traços de personalidade do modelo Big Five preveem comportamentos no trabalho? São várias as relações entre as cinco dimensões da personalidade do modelo Big Five e o desempenho no trabalho[22] e estamos aprendendo mais sobre elas a cada dia que passa. Vamos explorar um traço de personalidade de cada vez, começando com o melhor fator preditivo do desempenho no trabalho, a conscienciosidade.

Conscienciosidade no trabalho De acordo com os pesquisadores, "Os atributos pessoais relacionados à conscienciosidade [...] são importantes para o sucesso em muitas profissões, englobando todos os níveis de complexidade do trabalho, capacitação e experiência".[23] Empregados com maior grau de conscienciosidade desenvolvem níveis mais elevados de conhecimento do trabalho, provavelmente porque as pessoas mais conscienciosas aprendem mais (tanto que a conscienciosidade pode estar relacionada às notas dos alunos nas provas de vestibular)[24]. Isso corresponde a níveis mais elevados de desempenho no trabalho.[25] As pessoas conscienciosas também são mais capazes de manter esse desempenho mesmo enfrentando supervisão abusiva, de acordo com um estudo recente conduzido na Índia.[26] Estudos anteriores também sugerem que pessoas conscienciosas têm maior tendência a se envolver em comportamentos de cidadania organizacional, menos propensão a se envolver em comportamentos contraproducentes no trabalho ou a pensar em sair da empresa e são capazes de se adaptar às mudanças nas demandas e em situações no trabalho.[27] As pessoas conscienciosas também se envolvem menos em comportamentos arriscados e tendem a sofrer menos acidentes de trabalho que seus colegas menos conscienciosos.[28]

A conscienciosidade é importante para o sucesso da empresa. Conforme a Tabela 5.1, um estudo das pontuações de personalidade de 313 candidatos a CEO (*Chief Executive Officer*) de empresas de investimento *private equity*, dos quais 225 foram contratados, constatou que a conscienciosidade — na forma de persistência, atenção aos detalhes e estabelecimento de altos padrões de desempenho — se revelou mais importante para o sucesso do que outros traços de personalidade.[29]

Como qualquer traço de personalidade, a conscienciosidade também tem suas desvantagens. Pessoas muito conscienciosas podem ser deliberadas e perfeccionistas demais, resultando em menos felicidade e desempenho mais baixo, incluindo o desempenho na execução de tarefas, segurança no trabalho e comportamento de cidadania organizacional.[30] Elas também podem focar demais o próprio trabalho e deixar de ajudar os colegas.[31] Por fim, elas não raro são menos criativas, especialmente no âmbito das artes.[32]

TABELA 5.1 Traços que mais importam para o sucesso dos negócios em aquisição de empresas.

Mais importantes	Menos importantes
Persistência	Boa oratória
Atenção aos detalhes	Trabalho em equipe
Eficiência	Flexibilidade e adaptabilidade
Habilidades analíticas	Entusiasmo
Estabelecimento de padrões elevados	Habilidades de escuta

Fonte: baseado em S. N. Kaplan, M. M. Klebanov e M. Sorensen, "Which CEO Characteristics and Abilities Matter?", *The Journal of Finance* 67, no. 3 (2012): 973–1007.

A conscienciosidade é o melhor fator preditivo do desempenho no trabalho. No entanto, os outros traços de personalidade do modelo Big Five também se relacionam a aspectos do desempenho e também têm suas implicações para a vida profissional e pessoal, conforme a Figura 5.1.

Estabilidade emocional no trabalho Dos cinco traços de personalidade do modelo Big Five, a estabilidade emocional é o que tem maior relação com a satisfação com a vida pessoal e com o trabalho, com a redução do burnout e das intenções de deixar o emprego.[33] As pessoas que apresentam uma grande estabilidade emocio-

FIGURA 5.1 Modelo demonstrativo da influência dos traços do modelo Big Five sobre os critérios do comportamento organizacional.

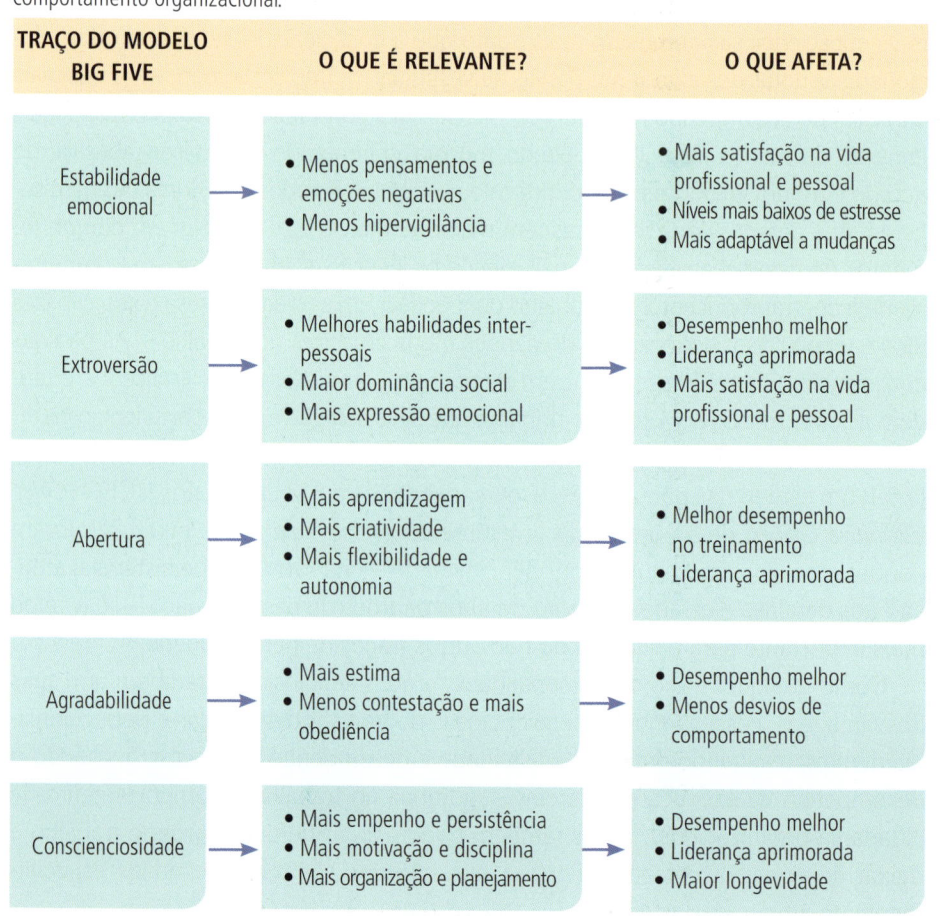

TRAÇO DO MODELO BIG FIVE	O QUE É RELEVANTE?	O QUE AFETA?
Estabilidade emocional	• Menos pensamentos e emoções negativas • Menos hipervigilância	• Mais satisfação na vida profissional e pessoal • Níveis mais baixos de estresse • Mais adaptável a mudanças
Extroversão	• Melhores habilidades interpessoais • Maior dominância social • Mais expressão emocional	• Desempenho melhor • Liderança aprimorada • Mais satisfação na vida profissional e pessoal
Abertura	• Mais aprendizagem • Mais criatividade • Mais flexibilidade e autonomia	• Melhor desempenho no treinamento • Liderança aprimorada
Agradabilidade	• Mais estima • Menos contestação e mais obediência	• Desempenho melhor • Menos desvios de comportamento
Conscienciosidade	• Mais empenho e persistência • Mais motivação e disciplina • Mais organização e planejamento	• Desempenho melhor • Liderança aprimorada • Maior longevidade

nal são capazes de se adaptar a demandas inesperadas ou variáveis no trabalho.[34] No outro extremo, indivíduos neuróticos, incapazes de lidar com essas demandas, podem acabar exaustos.[35] Essas pessoas tendem a vivenciar mais conflitos entre a vida profissional e familiar, o que pode afetar seu desempenho no trabalho.[36] Considerando esses efeitos negativos, os empregados neuróticos são mais propensos a se envolver em comportamentos contraproducentes no trabalho, menos inclinados a se envolver em comportamentos de cidadania organizacional e menos motivados no trabalho.[37]

Extroversão no trabalho Os extrovertidos apresentam um desempenho melhor em trabalhos que envolvem mais interação interpessoal. São socialmente dominantes, do tipo que "assume o controle da situação" e costumam ser mais assertivos que os introvertidos.[38] A extroversão é um fator preditivo importante para identificar futuros líderes nos grupos.[39] Os extrovertidos tendem a maior satisfação no trabalho e são menos propensos à exaustão.[40] Entre os pontos negativos, os extrovertidos podem parecer arrogantes, egoístas ou dominadores demais e seu comportamento social pode ser desvantajoso para trabalhos que não requerem interação social frequente.[41]

Abertura no trabalho As pessoas abertas tendem a ser mais criativas e inovadoras em comparação com todos os outros tipos.[42] Elas têm mais chances de serem líderes eficazes e de lidar melhor com a incerteza, enfrentando melhor as mudanças organizacionais e se adaptando com mais facilidade.[43] Embora a abertura para novas experiências não esteja relacionada ao desempenho inicial em um emprego, pessoas com maior nível de abertura são menos suscetíveis a uma queda do desempenho no decorrer de um período mais longo.[44] As pessoas abertas também têm menos conflitos entre a vida profissional e familiar.[45]

Agradabilidade no trabalho As pessoas costumam gostar mais de indivíduos agradáveis do que dos desagradáveis. Pessoas com alta pontuação na dimensão da agradabilidade costumam ter um bom desempenho em trabalhos de orientação interpessoal, como atendimento ao cliente. Têm menos conflitos entre a vida profissional e familiar e são menos suscetíveis à rotatividade no trabalho.[46] Também contribuem para o desempenho organizacional ao se engajarem em comportamentos de cidadania organizacional.[47] As pessoas desagradáveis, por outro lado, têm mais chances de se envolver em comportamentos contraproducentes por terem baixos níveis de conscienciosidade.[48] A agradabilidade está associada a níveis mais baixos de sucesso na carreira, talvez porque as pessoas altamente agradáveis tendem a se valorizar menos e se mostram menos dispostas a se autoafirmar.[49]

Em geral, os cinco fatores de personalidade do modelo Big Five aparecem em praticamente todos os estudos transculturais,[50] incluindo pesquisas conduzidas na China, Israel, Alemanha, Japão, Espanha, Nigéria, Noruega, Paquistão e Estados Unidos. No entanto, um estudo realizado com índios analfabetos da Bolívia sugeriu que o modelo Big Five pode ser menos aplicável para estudar a personalidade de integrantes de grupos pequenos e remotos.[51]

Pesquisas indicam que os traços de personalidade do modelo Big Five apresentam as relações mais verificáveis com importantes resultados organizacionais, mas não são os únicos traços exibidos por uma pessoa nem os únicos com implicações para o comportamento organizacional. Vejamos a seguir alguns outros traços de personalidade, conhecidos coletivamente como a Tríade Sombria.

A Tríade Sombria (Dark Triad)

Com exceção do neuroticismo, os traços de personalidade do modelo Big Five são considerados socialmente desejáveis, de modo que preferiríamos ter uma alta pontuação nessas dimensões. Pesquisadores descobriram que três outros traços de personalidade socialmente *indesejáveis*, que todos nós apresentamos em variados graus, também são relevantes para o comportamento organizacional: o maquiavelismo, o narcisismo e a psicopatia. Devido à sua natureza negativa, os pesquisadores referem-se a essas dimensões como a Tríade Sombria (Dark Triad), embora elas nem sempre ocorram juntas.[52]

Pode parecer sinistro pensar que todos temos uma Tríade Sombria dentro de nós, mas esses traços de personalidade não são patologias clínicas que dificultam nosso dia a dia. Eles podem ter uma expressão especialmente intensa quando a pessoa estiver estressada e for incapaz de refrear reações inadequadas à situação. O prolongamento de altos níveis de traços de personalidade sombrios pode levar uma pessoa a perder o controle de sua vida profissional e pessoal.[53]

Maquiavelismo Hao é um jovem gerente de banco em Xangai. Ele recebeu três promoções nos últimos quatro anos e não se desculpa pelas táticas agressivas que usou para conseguir o que queria. "Meu nome significa inteligente, e é isso que sou — faço o que for preciso para avançar na carreira", diz ele. Hao pode ser rotulado como maquiavélico.

A característica de personalidade maquiavelismo recebeu esse nome por causa de Nicolau Maquiavel, que, no século XVI, escreveu um tratado sobre como conquistar e usar o poder. Uma pessoa muito maquiavélica é pragmática, mantém distância emocional e acredita que os fins justificam os meios. "Se funcionar, use" é uma máxima coerente com a perspectiva desse tipo de indivíduo. Os indivíduos altamente maquiavélicos manipulam mais, conquistam mais vitórias e são mais difíceis de serem convencidos por outros indivíduos do que aqueles que são menos maquiavélicos.[54] Tendem a ser mais agressivos e a se envolver em comportamentos contraproducentes no trabalho. Curiosamente, o maquiavelismo, em geral, não é um bom fator preditivo do desempenho no trabalho.[55] Empregados com altas pontuações em maquiavelismo podem até manipular os outros para se beneficiar e, dessa forma, conquistar algumas vitórias imediatas no trabalho, mas acabam perdendo essas vantagens com o tempo porque os colegas tendem a evitá-los.

As tendências maquiavélicas podem ter implicações éticas. Um estudo demonstrou que candidatos a emprego com altas pontuações em maquiavelismo foram menos afetados positivamente ao saber que a empresa se engajava em atividades de responsabilidade social corporativa,[56] sugerindo que pessoas altamente maquiavélicas podem se importar menos com questões relativas à sustentabilidade. Outro estudo revelou que comportamentos éticos de liderança por parte dos maquiavélicos tinham menos chances de levar ao engajamento de seus seguidores no trabalho, uma vez que estes não se deixavam enganar por tais comportamentos, pois percebiam que eles não passavam de uma "fachada".[57]

Narcisismo Marcos gosta de ser o centro das atenções. Ele vive se olhando no espelho, tem delírios de grandeza e se considera uma pessoa de muitos talentos. Marcos é um narcisista. O termo vem do mito grego de Narciso, um jovem tão vaidoso e orgulhoso que acabou se apaixonando pela própria imagem. Na psico-

---

Tríade Sombria (Dark Triad)
Conjunto de traços negativos de personalidade, composto de maquiavelismo, narcisismo e psicopatia.

maquiavelismo
Grau em que um indivíduo é pragmático, mantém distância emocional e acredita que os fins justificam os meios.

logia, narcisismo descreve uma pessoa que tem um senso exagerado de importância de si mesmo, que exige admiração excessiva e é arrogante. Os narcisistas costumam ter fantasias de sucessos grandiosos, tendem a explorar situações e pessoas, acham que têm direito a tudo e não têm muita empatia pelos outros.[58] Por outro lado, eles podem ser pessoas hipersensíveis e frágeis[59] e sentir mais raiva que o normal.[60]

Embora o narcisismo pareça não ter muita relação com a eficácia no trabalho ou com o comportamento de cidadania organizacional,[61] esse traço de personalidade é um dos principais preditores do aumento de comportamentos contraproducentes no trabalho em culturas individualistas, mas não em culturas coletivistas que desencorajam a autopromoção.[62] Pessoas que apresentam tal característica costumam achar que são qualificadas demais para o cargo que exercem.[63] É comum que, ao receber feedback sobre seu desempenho, muitas vezes ignorem informações que sejam conflitantes com a percepção positiva que têm de si mesmos, e que se empenhem mais quando lhes são oferecidas recompensas.[64]

Pelo lado positivo, os narcisistas podem ser mais carismáticos que os outros.[65] E a proporção de narcisistas no mundo de negócios costuma ser mais alta que em outros campos de atuação (veja a Pesquisa de comportamento organizacional). Eles têm mais chances de serem escolhidos para cargos de liderança e pontuações medianas de narcisismo (nem extremamente altas nem extremamente baixas) são positivamente correlacionadas com a eficácia da liderança.[66] Algumas evidências sugerem que os narcisistas têm mais facilidade de se adaptar e, diante de questões complexas, tomam decisões de negócios melhores do que os outros.[67] Um estudo realizado com empregados de bancos noruegueses revelou que os que tiveram altas pontuações de narcisismo gostavam mais do trabalho.[68]

Atenção especial tem sido dada aos CEOs narcisistas que fazem mais aquisições, pagam mais por elas, respondem com menos clareza a mensurações objetivas de desempenho e reagem aos elogios da imprensa fazendo ainda mais aquisições.[69] Uma pesquisa que utilizou dados compilados ao longo de 100 anos mostrou que CEOs narcisistas de organizações de beisebol geram níveis mais altos de rotatividade de gestores, apesar de serem considerados mais influentes por pessoas de outras organizações.[70]

narcisismo
Tendência a ser arrogante, possuir senso exagerado da importância de si mesmo, exigir admiração excessiva e pensar que tem direito a tudo.

PESQUISA DE COMPORTAMENTO ORGANIZACIONAL   Será que as Escolas de Negócios fazem de você uma pessoa narcisista?

Médias de narcisismo por formação superior e gênero

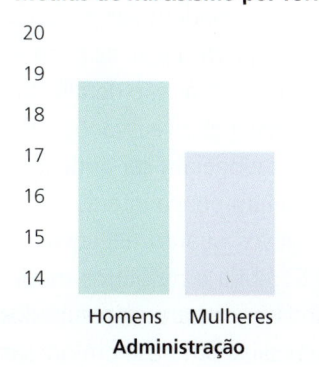

	Homens	Mulheres		Homens	Mulheres
	Administração			Psicologia	

Fonte: baseado em J. W. Westerman, J. Z. Bergman, S. M. Bergman e J. P. Daly, "Are Universities Creating Millennial Narcissistic Employees? An Empirical Examination of Narcissism in Business Students and Its Implications", *Journal of Management Education* 36 (2012), 5–32.

psicopatia
Tendência de um indivíduo de não se preocupar com os outros e ausência de culpa ou remorso quando suas ações causam danos.

O narcisismo e seus efeitos não se limitam a CEOs ou celebridades. Assim como o maquiavelismo, apesar de serem visíveis em todas as áreas da vida, variam de acordo com o contexto.

Psicopatia A psicopatia faz parte da Tríade Sombria, mas, no contexto do comportamento organizacional, não constitui uma classificação clínica de doença mental. Dentro desse contexto, a psicopatia é definida como a tendência de um indivíduo de não se preocupar com os outros e a ausência de culpa ou remorso quando suas ações causam danos.[71] Medidas de psicopatia tentam avaliar a motivação para acatar as normas sociais; a impulsividade; a disposição de enganar os outros para atingir os objetivos desejados; e o descaso ou, em outras palavras, a falta de empatia em relação a outras pessoas.

Os pesquisadores ainda não chegaram a uma conclusão sobre a importância da psicopatia para definir o comportamento no trabalho. Uma análise de estudos encontrou pouca correlação entre as medidas de psicopatia e o desempenho ou comportamentos contraproducentes no trabalho.[72] Outra análise descobriu que a personalidade antissocial, uma característica intimamente relacionada à psicopatia, mostrou-se positivamente relacionada com o avanço na carreira, mas não com outros aspectos do sucesso e eficácia profissional.[73] Outra pesquisa ainda sugere que a psicopatia está relacionada ao uso de táticas agressivas de influência, como ameaças e manipulação, e ao comportamento de bullying no trabalho, incluindo ameaças físicas ou verbais.[74] A astúcia apresentada por pessoas que têm uma alta pontuação na dimensão da psicopatia pode ajudá-las a conquistar o poder em uma empresa, mas também pode impedi-las de usar esse poder para atingir objetivos salutares para si mesmas ou para as organizações.

Outros traços de personalidade A Tríade Sombria é um modelo interessante para estudar os três traços dominantes do lado sombrio da nossa personalidade, e outros traços também estão sendo explorados pelos pesquisadores. Um novo modelo incorpora cinco outros traços de personalidade anômalos e complexos baseados no modelo do Big Five.[75] Em primeiro lugar, as pessoas *antissociais* são indiferentes e insensíveis em relação aos outros. Usam sua extroversão para cativar as pessoas, mas podem ser propensas a se envolver em comportamentos contraproducentes e violentos no trabalho e a tomar decisões arriscadas. Em segundo lugar, as pessoas com personalidade limítrofe (*borderline*) têm baixa autoestima e alto grau de incerteza. Elas são imprevisíveis em suas interações profissionais, além de serem ineficientes e apresentarem tendência à baixa satisfação no trabalho. Sua baixa autoestima pode levar à depressão clínica.[76] Em terceiro lugar, os indivíduos *esquizotípicos* são excêntricos e desorganizados. No trabalho, eles podem ser extremamente criativos, embora sejam suscetíveis ao estresse. Em quarto lugar, as pessoas *obsessivo-compulsivas* são perfeccionistas e podem ser teimosas, mas são detalhistas, empenhadas e diligentes no trabalho e podem ser motivadas pelas realizações. Em quinto lugar, os indivíduos *esquivos* se sentem inadequados e odeiam ser criticados. Eles podem ser eficazes somente em ambientes que requerem pouca interação.

Os traços de personalidade têm aspectos tanto positivos quanto negativos. O grau de cada traço — do modelo Big Five, da Tríade Sombria e de outros modelos — de uma pessoa e sua combinação são importantíssimos para os resultados organizacionais. Seria fácil tomar rápidas decisões gerenciais com base em nossas observações, mas é importante manter em perspectiva as análises sobre a personalidade e levar outras teorias em consideração.

Outros atributos de personalidade relevantes para o comportamento organizacional

5.3 Discutir como os conceitos da autoavaliação básica, automonitoramento e personalidade proativa contribuem para entender a personalidade.

Como já vimos, os estudos de traços de personalidade têm muito a oferecer para o campo do comportamento organizacional. Vamos dar uma olhada em outros atributos que são bons preditores do comportamento nas organizações: autoavaliações centrais, automonitoramento e personalidade proativa.

Autoavaliações centrais

As autoavaliações centrais são as conclusões dos indivíduos sobre suas capacidades, competência e seu valor como pessoa. Pessoas com autoavaliação central positiva gostam de si mesmas e se consideram eficientes e no controle de seu ambiente. Já quem possui autoavaliação central negativa tende a não gostar de si mesmo, a questionar sua própria capacidade e se considerar impotente em relação ao seu ambiente.[77]

Como vimos no Capítulo 3, as autoavaliações centrais se relacionam com a satisfação no trabalho, porque as pessoas positivas nesse aspecto sentem-se mais desafiadas e são capazes de exercer trabalhos mais complexos.

As pessoas com autoavaliação central positiva têm um desempenho melhor que as outras porque estabelecem metas mais ambiciosas, são mais comprometidas com seus objetivos e persistem por mais tempo a fim de atingi-los.[78] Essas pessoas são melhores no atendimento ao cliente, são colegas mais populares e podem começar no mundo do trabalho em melhores condições, o que lhes possibilita subir mais rapidamente na carreira.[79] Apresentam um desempenho especialmente bom quando sentem que seu trabalho dá um sentido para a vida e uma maneira de aju-

autoavaliação central
Conclusões dos indivíduos sobre suas capacidades, competências e seu valor como pessoa.

Blake Mycoskie, fundador da TOMS Shoes, é confiante, capaz e eficaz. Sua autoavaliação central positiva lhe possibilitou realizar seu sonho de ter uma empresa que usa os lucros para doar calçados a crianças carentes.

Fonte: Donato Sardella/WireImage/Getty Images

dar os outros.[80] Desse modo, pessoas com autoavaliação central positiva podem ter sucesso em organizações muito engajadas em atividades de responsabilidade social corporativa.

Automonitoramento

Aline vive com problemas no trabalho. Apesar de ser competente, empenhada e produtiva, suas avaliações de desempenho nunca saem da média e ela parece ter desenvolvido uma capacidade especial de irritar seus superiores. O problema é sua falta de articulação política. Ela não consegue ajustar seu comportamento para se adaptar a situações de mudança. Em suas próprias palavras: "Sou uma pessoa autêntica, não vou fingir que sou alguém que não sou só para agradar os outros". Podemos dizer que Aline tem baixa capacidade de automonitoramento.

O automonitoramento descreve a capacidade de uma pessoa de ajustar seu comportamento a fatores situacionais externos.[81] Os indivíduos com grande capacidade de automonitoramento apresentam uma considerável adaptabilidade para ajustar seu comportamento aos fatores situacionais do ambiente em que se encontram. Por serem muito sensíveis a sugestões, são capazes de se comportar de maneiras diferentes em situações diversas. Esses indivíduos podem apresentar diferenças gritantes entre seus comportamentos público e privado. Os indivíduos com baixa capacidade de automonitoramento, como Aline, não conseguem se controlar dessa forma. Essas pessoas costumam demonstrar suas verdadeiras disposições e atitudes em todas as situações. Assim, existe uma grande coerência entre quem são e o que fazem.

Evidências indicam que os indivíduos com grande capacidade de automonitoramento prestam mais atenção ao comportamento dos outros e são mais capazes de se adequar do que os indivíduos com pouca capacidade de automonitoramento.[82] Os empregados com grande capacidade de automonitoramento são menos comprometidos com a empresa, mas tendem a receber excelentes avaliações de desempenho e têm mais chances de ocupar cargos de liderança.[83] Quando ocupam cargos de gestão, eles tendem a ser mais flexíveis na carreira, a receber mais promoções (tanto internas quanto interorganizacionais) e a ocupar posições importantes nas organizações.[84]

automonitoramento
Traço de personalidade que mede a capacidade do indivíduo de ajustar seu comportamento a fatores situacionais externos.

Mito ou ciência?

Podemos avaliar com precisão a personalidade das pessoas em questão de segundos depois de conhecê-las

Por incrível que pareça, essa afirmação parece ser verdadeira.

Pesquisas sugerem que as pessoas são capazes de avaliar com precisão a personalidade dos outros apenas alguns segundos depois de conhecê-los ou, às vezes, até mesmo por meio de uma foto. Essa abordagem de "conhecimento zero" mostra que, não importa como as pessoas conhecem alguém pela primeira vez, seja pessoalmente ou pela internet, sua primeira avaliação sobre a personalidade do outro não deixa de ter validade. Em um estudo, por exemplo, os respondentes foram solicitados a se apresentar em 7,4 segundos, em média. As avaliações de observadores sobre o grau de extroversão dos respondentes se mostraram significativamente correlacionadas com o grau de extroversão relatado pelos respondentes. Outra pesquisa sugere que a personalidade também pode ser inferida com "conhecimento zero" com base apenas em perfis na internet. Um estudo chegou a constatar que os participantes foram capazes de determinar os traços de personalidade de indivíduos que se posicionavam nos dois extremos do espectro de traços de personalidade com base apenas em fotos.

Alguns traços de personalidade, como a extroversão, são identificados com mais facilidade do que outros no primeiro contato com uma pessoa. No entanto, traços menos visíveis, como é o caso da autoestima, também podem ser avaliados com precisão. Mesmo se as pessoas forem forçadas a dar um parecer intuitivo e rápido em vez de fazer avaliações deliberadas, a precisão das avaliações parece não sair prejudicada.

A situação pode fazer diferença na precisão das avaliações de alguns traços de personalidade. Por exemplo, embora o neuroticismo seja um dos traços mais difíceis de detectar com precisão, um estudo recente descobriu que ele pode ser avaliado com maior exatidão quando a situação leva o indivíduo a ficar nervoso. Faz sentido, se pensarmos que algumas situações ativam um traço de personalidade mais do que outras. Quase todo mundo parece tranquilo quando está prestes a cair no sono! A precisão moderada dessas "fatias finas" (rápidas inferências baseadas em experiências breves) ajuda a explicar a validade moderada das entrevistas de emprego, que discutiremos no Capítulo 17. Mais especificamente, pesquisas demonstram que os entrevistadores se decidem sobre os candidatos dentro de 2 minutos após o primeiro contato. Apesar de essa dificilmente ser a melhor maneira de tomar importantes decisões de seleção de candidatos, as pesquisas sobre personalidade demonstram que essas avaliações têm algum nível de validade. No entanto, não podemos esquecer que, embora tenhamos a capacidade de avaliar rapidamente a personalidade das pessoas, devemos manter a mente aberta e não sair por aí julgando os outros. A primeira impressão nunca diz tudo sobre uma pessoa.

Fontes: baseado em A. Beer, "Comparative Personality Judgments: Replication and Extension of Robust Findings in Personality Perception Using an Alternative Method", *Journal of Personality Assessment* 96, no. 6 (2014): 610–18; M. Gladwell, *Blink: The Power of Thinking Without Thinking* (Boston, MA: Back Bay Books, 2007); S. Hirschmüller, B. Egloff, S. C. Schmukle, S. Nestler e M. D. Back, "Accurate Judgments of Neuroticism at Zero Acquaintance: A Question of Relevance", *Journal of Personality* 83, n. 2 (2015): 221–28; S. Hirschmüller, B. Egloff, S. Nestler e D. Mitja, "The Dual Lens Model: A Comprehensive Framework for Understanding Self–Other Agreement of Personality Judgments at Zero Acquaintance", *Journal of Personality and Social Psychology* 104 (2013): 335–53; e J. M. Stopfer, B. Egloff, S. Nestler e M. D. Back, "Personality Expression and Impression Formation in Online Social Networks: An Integrative Approach to Understanding the Processes of Accuracy, Impression Management, and Meta-Accuracy", *European Journal of Personality* 28 (2014): 73–94.

Personalidade proativa

Você já notou que algumas pessoas tomam a iniciativa de melhorar a sua situação atual ou de criar novas situações? Essas pessoas têm uma personalidade proativa.[85]

personalidade proativa
Pessoas que identificam oportunidades, mostram iniciativa, agem e perseveram até que a mudança desejada ocorra.

Elas identificam oportunidades, mostram iniciativa, agem e perseveram até que a mudança desejada ocorra, enquanto, no geral, as demais pessoas simplesmente reagem passivamente às situações. Pessoas proativas apresentam muitos comportamentos desejados pelas empresas. Têm níveis mais altos de desempenho no trabalho[86] e não requerem muita supervisão.[87] Tendem a ter mais satisfação no trabalho, comprometimento com a empresa e engajamento em atividades de networking.[88] As pessoas proativas costumam atingir o sucesso profissional.[89]

Uma personalidade proativa pode ser importante para o trabalho em equipe. Um estudo com 95 equipes de pesquisa e desenvolvimento (P&D) de 33 empresas chinesas revelou que equipes com altos níveis de personalidade proativa eram mais inovadoras.[90] Indivíduos proativos também são mais propensos a trocar informações com os colegas de equipe, o que cria relações de confiança.[91] Como acontece com outros traços de personalidade, a proatividade é afetada pelo contexto. Um estudo com equipes de agências bancárias chinesas descobriu que, se o líder de uma equipe não fosse proativo, os benefícios da proatividade da equipe ficavam inativos ou, pior, eram suprimidos pelo líder.[92] Em termos de desvantagens, um estudo com 231 desempregados flamengos revelou que indivíduos proativos pararam de procurar emprego antes dos outros. A proatividade pode levar a pessoa a recuar diante do fracasso.[93]

Em resumo, esses traços de personalidade podem ser fatores preditivos de muitos resultados organizacionais importantes. Também temos visto um interesse renovado em investigar a maneira como a personalidade se relaciona à empregabilidade, à busca de emprego e ao desemprego. A próxima seção mostra um exemplo, apresentando pesquisas recentes sobre a relação entre personalidade, busca de emprego e desempenho.

Personalidade, busca de emprego e desemprego

5.4 Descrever como a personalidade afeta a busca de emprego e o desemprego.

Como já vimos, os vários traços de personalidade (de diferentes modelos) afetam os resultados no trabalho de muitas maneiras. Mas como a personalidade afeta nossos comportamentos quando não estamos trabalhando? Como a personalidade impacta os resultados da nossa busca por emprego e qual sua forma de atuação durante os períodos de desemprego? Seria possível imaginar que esse tipo de situação é mais empolgante para pessoas que têm uma personalidade proativa, como vimos na seção anterior.[94] Mas a influência da personalidade é muito mais sutil que isso.

Uma questão relevante envolve o comportamento das pessoas que estão desempregadas ou procurando emprego: quais características da personalidade preveem os comportamentos de busca por emprego (por exemplo, a intensidade do networking) entre os desempregados? Muitos estudos sobre pessoas desempregadas descobriram que a conscienciosidade e a extroversão, mesmo após a inserção das variáveis de controle de características demográficas e de tempo de desemprego, eram fatores preditivos da intensidade do networking, da intensidade da busca de emprego, dos retornos após entrevistas e das ofertas de emprego.[95]

A conscienciosidade é um fator preditivo tão importante que, em um estudo com 4.000 adolescente britânicos, os menos conscienciosos apresentaram duas vezes mais chances de ficarem desempregados do que os adolescentes com níveis mais altos de conscienciosidade.[96] Pesquisas conduzidas na Finlândia sugerem que a capacidade de estruturar o tempo (ou seja, garantir que o tempo seja estruturado e utilizado sistematicamente) também é importante para que os desempregados sejam capazes de enfrentar o desemprego, sendo que a conscienciosidade é um importante fator preditivo dessa habilidade, chegando a superar os fatores contextuais que poderiam ser um empecilho (por exemplo, demandas familiares, ter filhos).[97] Uma análise de estudos sugere que a conscienciosidade e a extroversão são os dois melhores fatores preditivos do comportamento de busca por emprego, embora a autoestima e a autoeficácia (dois componentes da autoavaliação básica) também sejam importantes.[98]

Outra pesquisa com estudantes universitários desempregados sugere que a afetividade positiva também é importante para que o candidato seja chamado para entrevistas, receba ofertas e consiga um emprego, principalmente porque essa característica possibilita aos estudantes ter uma perspectiva mais clara e aberta em relação ao processo de busca de emprego, engajar-se em um maior automonitoramento de suas motivações e reduzir a procrastinação.[99]

A afetividade negativa e a hostilidade podem ter o efeito inverso. Por exemplo, em uma amostra de empregados finlandeses monitorados no decorrer de 15 anos, os indivíduos desempregados se mostraram mais hostis e ficaram mais tempo desempregados em consequência dessa hostilidade.[100]

Tudo indica que a extroversão, a conscienciosidade e a afetividade positiva tendem a ter um efeito considerável sobre a empregabilidade e a capacidade de lidar com o desemprego (sendo que a afetividade negativa e a hostilidade apresentam efeitos negativos equivalentes). Se você ficar desempregado, será que sua personalidade vai mudar? Ou será que você mudará seu comportamento e passará a agir contra seus traços de personalidade? Em primeiro lugar, parece que os traços de personalidade baseados na "aproximação" e no "evitamento" (por exemplo, traços que levam a enfrentar ou evitar as dificuldades) afetam a busca de emprego. Por exemplo, a extroversão, a conscienciosidade, a personalidade proativa e a afetividade positiva têm efeito positivo, ao passo que a afetividade negativa, a hostilidade, a baixa autoestima e a baixa autoeficácia têm efeito negativo.[101] Desse modo, pode valer a pena tentar adotar uma orientação do tipo "aproximação", enfrentando as dificuldades, tentando se manter positivo e organizado e trabalhando em sua rede de relacionamentos! Em segundo lugar, algumas pesquisas conduzidas na Alemanha sugerem que nossa personalidade pode, de fato, mudar se ficarmos desempregados. Em uma amostra composta de aproximadamente 7.000 adultos desempregados monitorados no decorrer de 4 anos, foram encontrados consideráveis padrões de mudança nas dimensões da agradabilidade, conscienciosidade e abertura para novas experiências.[102] Como veremos em mais detalhes na próxima seção, a situação e o contexto também são importantes. Nem todas as pessoas "sentem" o desemprego do mesmo jeito. A experiência pode diferir para pessoas que acabaram de entrar no mercado de trabalho (recém-formados), pessoas que acabaram de perder o emprego e pessoas que estão empregadas e em busca de um emprego melhor.[103] Mas será que o efeito da personalidade pode diferir nesses contextos?

Personalidade e situações

Vimos como as pesquisas demonstram que os fatores hereditários são mais importantes que o ambiente no desenvolvimento de nossa personalidade. No entanto, o ambiente também tem sua relevância. Alguns traços de personalidade, como as dimensões do modelo Big Five, podem ser eficazes em diversos ambientes ou situações. Por exemplo, pesquisas indicam que a conscienciosidade ajuda a melhorar o desempenho na maioria dos trabalhos e que as pessoas extrovertidas tendem a se destacar na liderança, na maioria das situações. No entanto, estamos aprendendo que o efeito de determinados traços de personalidade sobre o comportamento organizacional pode depender da situação. Dois modelos teóricos, a teoria da força situacional e a teoria da ativação dos traços de personalidade, ajudam a explicar como isso acontece.

5.5 Descrever como a situação afeta o comportamento, uma vez que a personalidade o prediz.

Teoria da força situacional

Imagine que você esteja em uma reunião com seu departamento. Quais são as chances de você simplesmente sair no meio da reunião, gritar com alguém ou virar as costas para todos os participantes? Provavelmente mínimas. Agora imagine que você trabalhe em casa. Você pode trabalhar de pijama, ouvir música alta ou tirar uma soneca no meio da tarde.

A teoria da força situacional propõe que o modo como a personalidade se traduz em comportamentos depende da força da situação. Quando falamos em *força situacional*, referimo-nos ao grau no qual normas, sinais tácitos ou padrões ditam o comportamento apropriado.[104]

teoria da força situacional
Teoria que indica que o modo como a personalidade se traduz em comportamentos depende da força da situação.

Situações fortes nos mostram qual é o comportamento correto e nos pressionam para apresentá-lo, desencorajando os comportamentos considerados errados. Em situações fracas, por outro lado, "vale tudo", de modo que temos mais liberdade para expressar nossa personalidade por meio do nosso comportamento. Desse modo, os traços de personalidade preveem melhor o comportamento em situações fracas do que em situações fortes.

Pesquisadores analisaram a força situacional nas empresas no que diz respeito a quatro fatores:[105]

1. **Clareza**, ou o grau no qual sinais tácitos relativos aos deveres e responsabilidades no trabalho são disponíveis e claros. Trabalhos com alto grau de clareza levam a situações fortes porque as pessoas têm como saber rapidamente o que fazer. Por exemplo, o trabalho de um zelador provavel-

mente proporciona maior clareza sobre as tarefas a serem realizadas do que o trabalho de uma babá.

2. **Coerência**, ou a extensão na qual sinais sobre os deveres e as responsabilidades no trabalho são compatíveis entre si. Trabalhos com alto grau de coerência representam situações fortes porque todos os sinais apontam para o mesmo comportamento desejado. O trabalho de um enfermeiro de uma unidade de cuidados intensivos, por exemplo, provavelmente apresenta grau mais alto de coerência do que o trabalho de um gestor corporativo.
3. **Restrições**, ou a extensão na qual a liberdade das pessoas de decidir ou agir é limitada por forças fora de seu controle. Trabalhos com muitas restrições representam situações fortes porque uma pessoa tem pouca liberdade individual. O trabalho de um analista financeiro, por exemplo, provavelmente tem mais restrições do que o trabalho de um guarda-florestal.
4. **Consequências**, ou o grau no qual as decisões ou ações têm implicações importantes para a organização ou para seus empregados, clientes, fornecedores e assim por diante. Trabalhos com consequências importantes representam situações fortes porque o ambiente provavelmente foi estruturado para evitar erros. O trabalho de um cirurgião, por exemplo, tem mais consequências do que o trabalho de um professor de língua estrangeira.

Alguns pesquisadores especulam que as organizações representam situações fortes porque impõem regras, normas e padrões que governam o comportamento. Essas restrições costumam ser apropriadas. Por exemplo, ninguém quer que um empregado se sinta à vontade para assediar sexualmente um colega, aplicar procedimentos contábeis questionáveis ou só ir trabalhar quando estiver com vontade.

No entanto, por diversas razões, as empresas nem sempre se beneficiam ao criar situações fortes para os empregados. Para começar, os fatores da força situacional costumam ser determinados pelas regras e diretrizes da empresa, o que lhes confere certo grau de objetividade. Só que a maneira como os empregados interpretam essas regras afeta sua reação à força da situação. Por exemplo, uma pessoa autodirigida pode achar que instruções passo a passo (com alta clareza) para uma tarefa simples indicam que a empresa não confia em sua capacidade de dar conta da tarefa. Já uma pessoa que gosta de seguir regras pode preferir instruções detalhadas. As reações dos empregados (e suas atitudes no trabalho) refletirão o modo como eles interpretam a situação.[106]

Em segundo lugar, trabalhos com muitas regras e processos controlados com rigor podem ser monótonos ou pouco motivadores. Como seria se todos os trabalhos fossem executados seguindo uma abordagem de linha de montagem? Algumas pessoas podem até preferir a rotina, mas muitas prefeririam ter alguma variedade e liberdade. Em terceiro lugar, situações fortes podem refrear a criatividade, a iniciativa e a liberdade de ação que algumas culturas organizacionais valorizam. Um estudo, por exemplo, descobriu que, em situações organizacionais fracas, os empregados se mostraram mais propensos a apresentar um comportamento proativo e de acordo com seus valores.[107] O trabalho está cada vez mais complexo e inter-relacionado ao redor do mundo. Criar regras fortes para governar sistemas diversificados pode ser uma abordagem não só difícil como também imprudente. Em suma, os gestores precisam levar em consideração o papel da força situacional no trabalho e encontrar o melhor equilíbrio.

Teoria da ativação dos traços de personalidade

Outro importante modelo teórico que nos ajuda a entender a personalidade e as situações é a teoria da ativação dos traços de personalidade. Essa teoria prevê que algumas situações, eventos ou intervenções têm maior capacidade de ativar um traço de personalidade do que outras. Aplicando esse modelo, é possível prever quais trabalhos se adequam mais a determinadas personalidades. Por exemplo, um plano de remuneração baseado em comissões provavelmente ativaria as diferenças individuais porque os extrovertidos são mais sensíveis às recompensas do que, digamos, as pessoas abertas a novas experiências. Por outro lado, no caso de trabalhos que encorajam a criatividade, diferenças na abertura a novas experiências podem prever melhor o comportamento desejado do que diferenças na extroversão. Veja exemplos específicos na Tabela 5.2.

A teoria da ativação dos traços de personalidade também se aplica a tendências de personalidade. Por exemplo, um estudo recente revelou que alunos de cursos on-line mudavam suas reações quando sabiam que seu comportamento era monitorado pela internet. Os alunos que tinham mais medo do fracasso apresentaram maior apreensão diante do monitoramento do que os outros e, com isso, acabaram aprendendo menos. No caso, uma característica do ambiente (o monitoramento pela internet) ativou um traço de personalidade (medo do fracasso) e a combinação desses dois fatores levou a um desempenho reduzido.[108] A teoria da ativação dos traços de personalidade também pode ter consequências positivas. Um estudo descobriu que,

> **teoria da ativação dos traços de personalidade**
> Teoria que prevê que algumas situações, eventos ou intervenções têm maior capacidade de ativar um traço de personalidade do que outras.

TABELA 5.2 Teoria da ativação dos traços de personalidade: trabalhos nos quais alguns traços de personalidade do modelo Big Five são mais relevantes.

Necessidade de orientação detalhada	Necessidade de habilidades sociais	Trabalho competitivo	Necessidade de inovação	Necessidade de lidar com pessoas irritadas	Urgência (prazos claros)
Trabalhos com alta pontuação (os traços de personalidade relacionados aqui devem prever o comportamento nesses trabalhos)					
Controlador de tráfego aéreo	Padre/pastor	Treinador/observador	Ator	Agente penitenciário	Analista de noticiários
Contador	Psicoterapeuta	Gerente financeiro	Analista de sistemas	Operador de telemarketing	Editor
Assistente jurídico	Porteiro/recepcionista	Representante de vendas	Redator publicitário	Comissário de bordo	Piloto de aviões comerciais
Trabalhos com baixa pontuação (os traços de personalidade relacionados aqui não devem prever o comportamento nesses trabalhos)					
Guarda-florestal	Engenheiro de software	Empregado dos correios	Escrevente de tribunal	Compositor	Dermatologista
Massagista	Frentista de posto de gasolina	Historiador	Arquivista	Biólogo	Matemático
Modelo	Técnico de transmissão de rádio	Operador de reator nuclear	Técnico médico	Estatístico	Personal trainer
Trabalhos com alta pontuação ativam esses traços de personalidade (fazendo com que eles sejam mais relevantes para prever o comportamento)					
Conscienciosidade (+)	Extroversão (+) Agradabilidade (+)	Extroversão (+) Agradabilidade (−)	Abertura para novas experiências (+)	Extroversão (+) Agradabilidade (+) Neuroticismo (−)	Conscienciosidade (+) Neuroticismo (−)

Nota: o sinal de mais (+) indica que os indivíduos com uma alta pontuação nesse traço de personalidade devem apresentar um desempenho melhor nesse trabalho. O sinal de menos (−) indica que os indivíduos com uma baixa pontuação nesse traço de personalidade devem apresentar um desempenho melhor nesse trabalho.

em um ambiente favorável, todos se comportavam de maneira a beneficiar uns aos outros (comportamento pró-social), mas, em um ambiente hostil, só as pessoas que já tinham tendências pró-sociais exibiram esse comportamento.[109]

Juntas, as teorias da força situacional e da ativação de traços de personalidade mostram que é mais interessante pensar em termos de hereditariedade *e* ambiente do que em termos de hereditariedade *versus* ambiente. Afinal, esses dois fatores não só afetam o comportamento como também interagem entre si. Em outras palavras, tanto a personalidade quanto a situação afetam o comportamento no trabalho, mas, nos casos em que a situação é adequada, a capacidade da personalidade de prever o comportamento é ainda maior.[110]

Agora que já falamos sobre os traços de personalidade, podemos voltar aos valores. Os valores costumam ser muito específicos e descrevem sistemas de crenças em vez de tendências comportamentais. Algumas crenças ou valores refletem a personalidade da pessoa, mas nem sempre agimos de acordo com eles.

5.6 Comparar valores terminais com valores instrumentais.

valores
Convicções básicas de que um modo específico de conduta ou de condição de existência é pessoal ou socialmente preferível a um modo contrário ou oposto de conduta ou de condição de existência.

sistema de valores
Hierarquia baseada em uma classificação da intensidade dos valores individuais.

Valores

É certo ou errado condenar uma pessoa à pena de morte? É bom ou ruim querer ter poder? As respostas a essas perguntas envolvem critérios de valor.

Os valores representam convicções básicas de que "um modo específico de conduta ou de condição de existência é pessoal ou socialmente preferível ao modo contrário ou oposto de conduta ou de condição de existência".[111] Eles contêm um elemento de julgamento baseado naquilo que o indivíduo acredita ser correto, bom ou desejável, com atributos tanto de conteúdo quanto de intensidade. O atributo de conteúdo determina que um modo de conduta ou de condição de existência é *importante*. O atributo de intensidade especifica *quão* importante ele é. Quando avaliamos os valores de uma pessoa de acordo com sua intensidade, temos seu sistema de valores. Todos nós temos uma hierarquia de valores que formam nosso sistema, baseada na importância relativa que atribuímos a valores como liberdade, prazer, respeito por si mesmo, honestidade, obediência e justiça.

Os valores tendem a ser relativamente estáveis e duradouros.[112] Uma parcela considerável deles é determinada em nossa infância, pelos nossos pais, professores, amigos ou outras pessoas. Os nossos valores podem mudar se os questionarmos, mas, em geral, nós os reforçamos ao longo da vida. Estudos encontraram evidências que vincularam a personalidade aos valores, o que sugere que os valores podem ser definidos, em parte, por características geneticamente transmitidas.[113] Pessoas abertas a novas experiências, por exemplo, podem ser mais politicamente liberais, enquanto pessoas conscienciosas podem valorizar mais uma conduta segura e ética. Para nos aprofundarmos nesse tema, vamos começar discutindo a importância e a organização dos valores.

A importância e a organização dos valores

Os valores estabelecem as bases para a compreensão das atitudes e da motivação, além de influenciar nossas percepções. Entramos em uma organização com noções preconcebidas das coisas que "deveriam" ou "não deveriam" ser feitas, fundamentadas em nossos valores e formadas por nossas interpretações do que é certo e errado para determinados comportamentos e resultados. Independentemente de esclarecerem ou determinarem nossa capacidade de discernimento, nossos valores afetam nossas atitudes e comportamentos no trabalho.

Apesar de os valores, às vezes, melhorarem nosso processo decisório, eles também podem, ocasionalmente, encobrir a objetividade e a racionalidade.[114] Vamos supor que você entre em uma empresa com a convicção de que a remuneração com base no desempenho é correta e que o pagamento por tempo de casa é errado. Qual seria sua reação ao descobrir que a empresa remunera com base no tempo de casa em detrimento do desempenho? Você provavelmente ficaria decepcionado, o que pode levar à insatisfação no trabalho e à decisão de não se empenhar muito, porque, "de um jeito ou de outro, seu salário vai continuar o mesmo". Será que suas atitudes e seu comportamento seriam diferentes se seus valores se alinhassem com a política de remuneração da empresa? É muito provável que sim.

Valores terminais e valores instrumentais

Como podemos organizar os valores? O pesquisador Milton Rokeach argumentou que podemos dividi-los em duas categorias.[115] Uma delas, chamada de valores terminais, refere-se às condições de existência desejáveis que, por sua vez, referem-se aos objetivos que uma pessoa gostaria de atingir durante sua vida. A outra categoria, chamada de valores instrumentais, refere-se aos modos preferidos de comportamento ou aos meios de atingir os valores terminais de uma pessoa. Alguns exemplos de valores terminais incluem a prosperidade e o sucesso financeiro, a liberdade, a saúde e o bem-estar, a paz mundial e o sentido da vida. Exemplos de valores instrumentais incluem autonomia e autossuficiência, disciplina, gentileza e orientação para atingir objetivos. Cada um de nós valoriza tanto os fins (valores terminais) quanto os meios (valores instrumentais). É importante atingir um equilíbrio entre os dois, bem como saber como mantê-lo.

valores terminais
Condições de existência desejáveis que se referem aos objetivos que uma pessoa gostaria de atingir durante sua vida.

valores instrumentais
Modos preferidos de comportamento ou de atingir os valores terminais da pessoa.

Valores geracionais

Pesquisadores dividiram em grupos vários estudos sobre valores no trabalho para tentar identificar os valores de diferentes coortes ou gerações de trabalhadores dos Estados Unidos.[116] Você sem dúvida já conhece algumas dessas categorias, sendo que algumas delas são usadas no mundo todo. É importante lembrar que, embora as categorias tenham sua utilidade, elas só representam tendências e não as crenças individuais de seus membros.

A Tabela 5.3 divide os empregados pela época na qual eles entraram no mercado de trabalho. Como a maioria das pessoas começa a trabalhar entre 18 e 23 anos, essas épocas também têm uma correspondência aproximada com a idade cronológica dos trabalhadores.

Embora seja fascinante pensar em valores geracionais, lembre-se de que nem todas as pesquisas confirmam essas classificações. Não faltaram, nas pesquisas iniciais, problemas metodológicos dificultando a identificação das diferenças entre as categorias. Análises dos estudos sugerem que muitas das generalizações são exageradas ou incorretas.[117] As diferenças entre gerações muitas vezes não confirmam as concepções populares relativas ao modo como as gerações diferem umas das outras. Por exemplo, com o passar das gerações dos *baby boomers* aos millennials, as pessoas passaram a valorizar mais o lazer e menos a centralidade do trabalho. As pesquisas, no entanto, não confirmaram que os representantes dos millennials têm valores mais altruístas no trabalho.[118] As classificações geracionais podem nos ajudar a entender melhor nossa própria geração e as outras, mas é importante ter em mente que essas classificações também têm seus limites.

TABELA 5.3 Valores laborais dominantes da força de trabalho contemporânea.

Grupo	Entrada na força de trabalho	Idade atual aproximada	Valores dominantes no trabalho
Baby boomers	1965 a 1985	De 50 a 70 anos	Sucesso, realização, ambição, rejeição ao autoritarismo, lealdade à carreira
Geração X	1985 a 2000	De 35 a 50 anos	Equilíbrio entre vida pessoal e profissional, trabalho em equipe, rejeição a normas, lealdade aos relacionamentos
Millennials	2000 em diante	Menos de 35 anos	Autoconfiança, sucesso financeiro, independência pessoal aliada ao trabalho de equipe, lealdade a si mesmo e aos relacionamentos

Escolha ética

Você tem uma personalidade desonesta?

Casos de desonestidade nunca foram tão numerosos quanto hoje, o que leva muitos especialistas a concluir que a desonestidade está aumentando. Em 2012, um grande escândalo de fraude foi descoberto na Universidade de Harvard; descobriu-se que mais de 125 estudantes estavam envolvidos em um esquema fraudulento organizado.

Como a maioria dos comportamentos complexos, a desonestidade na vida acadêmica, na vida profissional e na vida pessoal é fruto da pessoa e da situação. No que diz respeito à pessoa, pesquisas revelam que determinados traços de personalidade estão relacionados à tendência de se engajar em comportamentos desonestos, incluindo altos níveis de narcisismo, baixos níveis de conscienciosidade e agradabilidade e altos níveis de competitividade.

No que se refere à situação, a desonestidade aumenta quando é mais fácil trapacear (como colar em provas feitas em casa), na presença de pressão para trapacear e na ausência de regras claras ou na presença de regras cuja aplicação não é imposta (como no caso de uma empresa que tem uma política contra o assédio sexual que, no entanto, não é comunicada aos empregados).

Como essas pesquisas podem ajudá-lo em sua vida acadêmica e profissional?

1. Reconheça situações que têm mais chances de levar à pressão de se engajar em comportamentos desonestos. Ser claro e honesto consigo mesmo sobre sua reação à pressão deve ajudá-lo a evitar cair na armadilha de um ponto cego moral, engajando-se em um comportamento sem levar em conta suas consequências éticas. Lembre-se de que os avanços tecnológicos na detecção da desonestidade aumentam as chances de você ser pego.

2. Se você tiver alta pontuação em determinados traços de personalidade que o predispõem à desonestidade, isso não quer dizer que você esteja destinado a ser desonesto. Mas é importante lembrar-se sempre de que você pode ser mais suscetível à desonestidade, de modo que é interessante evitar determinados ambientes, principalmente aqueles antiéticos.

Fontes: baseado em M. J. Cooper e C. Pullig, "I'm Number One! Does Narcissism Impair Ethical Judgment Even for the Highly Religious?", *Journal of Business Ethics* 112 (2013): 167–76; H. E. Hershfield, T. R. Cohen e L. Thompson, "Short Horizons and Tempting Situations: Lack of Continuity to Our Future Selves Leads to Unethical Decision Making and Behavior", *Organizational Behavior and Human Decision Processes* 117 (2012): 298–310; C. H. Hsiao, "Impact of Ethical and Affective Variables on Cheating: Comparison of Undergraduate Students with and without Jobs", *Higher Education* 69, no. 1 (2015): 55–77; M. Carmichael, "Secret E-mail Searches on Harvard Cheating Scandal Broader Than Initially Described", *Boston Globe* (2 abr. 2013), www.boston.com/metrodesk/2013/04/02/secret-mailsearches-harvard-cheating-scandal-broader-than-initially-described/Mgz0mc8hSk3IgWGjxLwsJP/story.html; P. E. Mudrack, J. M. Bloodgood e W. H. Turnley, "Some Ethical Implications of Individual Competitiveness", *Journal of Business Ethics* 108 (2012): 347–59; e R. Pérez-Peña, "Studies Find More Students Cheating, with High Achievers No Exception", *The New York Times*, 8 set. 2012, A13.

5.7 Descrever as diferenças entre a adequação da pessoa ao trabalho e a adequação da pessoa à organização.

Vinculando a personalidade e os valores de um indivíduo ao local de trabalho

Trinta anos atrás, as empresas se voltavam à personalidade, em parte, porque usavam esse critério para alocar as pessoas a trabalhos específicos. Esse interesse foi expandido e passou a incluir a questão da adequação da personalidade *e* dos valores do indivíduo à organização. Isso acontece porque, hoje em dia, os gestores estão menos interessados na capacidade do candidato de realizar um trabalho *específico* e mais interessados em sua *flexibilidade* para enfrentar situações de mudança e se manter comprometido com a organização. Mesmo assim, os gestores continuam dando ênfase na busca pela adequação da pessoa ao trabalho.

Adequação da pessoa ao trabalho

As tentativas de adequar os requisitos do trabalho às características da personalidade dos empregados são descritas na teoria da adequação da personalidade ao trabalho, de John Holland, uma das mais comprovadas teorias em uso mundialmente.[119] Holland desenvolveu o *Vocational Preference Inventory* (Questionário de Preferências Vocacionais), contendo 160 profissões. Os entrevistados indicam de quais profissões eles gostam ou não e suas respostas formam os perfis de personalidade. Holland apresentou seis tipos de personalidade e propôs que a satisfação e a propensão a abandonar o emprego dependem do grau de adequação da personalidade a determinado trabalho. A Tabela 5.4 descreve os seis tipos de personalidade, suas características e apresenta exemplos de profissões.

Algumas implicações culturais da adequação da pessoa ao trabalho referem-se às expectativas dos trabalhadores de que o ambiente será adaptado a eles. Em países individualistas, onde os trabalhadores esperam ser ouvidos e respeitados pela administração, aumentar sua adequação ao trabalho, adaptando-o ao empregado, aumentará sua satisfação. No entanto, em países coletivistas, essa adequação não é determinante da satisfação no trabalho porque as pessoas não esperam que a empresa adapte o trabalho a elas, de modo que os empregados não valorizam tanto as tentativas da empresa de garantir tal adequação. Desse modo, em culturas coletivistas, os gestores devem evitar transgredir as normas culturais na busca por adaptar o trabalho aos empregados e devem procurar pessoas que tenham mais chances de sucesso atuando nos trabalhos já estruturados.[120]

teoria da adequação da personalidade ao trabalho
Teoria que identifica seis tipos de personalidade e propõe que o ajuste entre o tipo de personalidade e o ambiente laboral determina a satisfação no trabalho e a rotatividade.

TABELA 5.4 Tipos de personalidade e ocupações congruentes de Holland.

Tipo	Características da personalidade	Ocupação congruente
Realista: prefere atividades físicas que requeiram habilidade, força e coordenação	Tímido, autêntico, persistente, estável, obediente, prático	Mecânico, operador de maquinário, operário de linha de montagem, lavrador
Investigativo: prefere atividades que envolvam raciocínio, organização e compreensão	Analítico, original, curioso, independente	Biólogo, economista, matemático, jornalista
Social: prefere atividades que envolvam ajudar e desenvolver os outros	Sociável, amigável, cooperativo, compreensivo	Assistente social, professor, conselheiro, psicólogo clínico
Convencional: prefere atividades ordenadas, claras e reguladas por regras	Obediente, eficiente, prático, sem imaginação, inflexível	Contador, gerente de uma grande corporação, caixa de banco, empregado administrativo
Empreendedor: prefere atividades verbais que ofereçam oportunidades de influenciar outras pessoas e conquistar poder	Autoconfiante, ambicioso, enérgico, dominador	Advogado, corretor de imóveis, especialista em relações públicas, gestor de um pequeno negócio
Artístico: prefere atividades desestruturadas e não sistemáticas que permitam a expressão criativa	Imaginativo, desordenado, idealista, emotivo, pouco prático	Pintor, músico, escritor, decorador de interiores

Adequação da pessoa à organização

Notamos que os pesquisadores têm procurado investigar maneiras de adequar as pessoas às organizações e às funções. Se uma organização apresenta um ambiente dinâmico e de mudanças e exige que seus empregados sejam capazes de lidar de imediato com mudanças nas atividades e transitar com facilidade entre equipes, é mais importante que a personalidade dos empregados seja adequada à cultura geral da organização do que às características de qualquer função específica.

A teoria de adequação da pessoa à organização argumenta que as pessoas são atraídas e selecionadas por organizações que são compatíveis com seus valores, deixando as empresas nas quais não encontram essa compatibilidade.[121] Usando a terminologia do Big Five, por exemplo, poderíamos esperar que pessoas muito extrovertidas seriam mais adequadas a culturas agressivas e voltadas ao trabalho em equipe, que pessoas agradáveis combinariam mais com um clima organizacional que oferece suporte do que com um que foca a agressividade e que pessoas muito abertas a novas experiências se adaptariam bem em organizações que enfatizam a inovação em vez da padronização.[122] Seguir essas diretrizes no processo de contratação deve levar à identificação de candidatos mais adequados à cultura da empresa, o que, por sua vez, deve resultar em altos níveis de satisfação dos empregados e redução da rotatividade. As pesquisas voltadas à adequação da pessoa à organização também buscaram descobrir se os valores individuais combinam com a cultura da empresa. Essa adequação prevê a satisfação no trabalho, o comprometimento com a organização, o bom desempenho nas tarefas e a baixa rotatividade.[123]

Nunca foi tão importante para as empresas administrar sua imagem na internet, porque os candidatos a emprego veem o site institucional antes de se candidatar, em busca de um site amigável que forneça informações sobre a filosofia da empresa e suas políticas. Por exemplo, os millennials podem ter uma reação positiva quando acreditam que uma empresa se compromete com o equilíbrio entre a vida pessoal e profissional. O site é tão importante para o desenvolvimento da adequação à organização percebida pela pessoa que melhorias no estilo (usabilidade) e conteúdo (políticas) do site podem chegar a atrair mais candidatos.[124]

> **adequação da pessoa à organização**
> Teoria que propõe que as pessoas são atraídas e selecionadas por organizações que são compatíveis com seus valores e deixam as empresas nas quais não encontram essa compatibilidade.

A adequação da pessoa à organização é importante para Sheila Marcelo, fundadora e CEO da Care.com, um serviço on-line de cuidadores. Marcelo busca contratar empregados que compartilhem a cultura da empresa de ajudar os outros e que são apaixonados por trabalhar em projetos para concretizar a missão da Care.com de melhorar a vida das famílias e dos cuidadores.

Fonte: Kelvin Ma/Bloomberg/Getty Images

Outras dimensões de adequação

Embora a adequação da pessoa ao trabalho e à organização seja considerada a dimensão mais evidente para os resultados no trabalho, vale a pena analisar outras possibilidades, que incluem a *adequação da pessoa ao grupo* e a *adequação da pessoa ao supervisor*.[125] A adequação da pessoa ao grupo é importante em contextos de equipe, nos quais a dinâmica das interações entre os membros afeta consideravelmente os resultados do trabalho. Já a adequação da pessoa ao supervisor está se tornando uma área importante de pesquisa, uma vez que a falta de adequação nessa dimensão pode levar a uma menor satisfação no trabalho e a um desempenho reduzido.

Todas as dimensões de adequação podem ser genericamente chamadas de adequação da pessoa ao ambiente. Cada dimensão pode predizer as atitudes no trabalho que se baseiam, em parte, na cultura. Uma recente metanálise da adequação da pessoa ao ambiente na Ásia Oriental, Europa e América do Norte sugeriu que as dimensões da adequação da pessoa à sua função e à organização são os melhores fatores preditivos das atitudes positivas no trabalho e do desempenho na América do Norte. Essas dimensões são importantes em menor grau na Europa e são as menos importantes na Ásia Oriental.[126]

Valores culturais

5.8 Comparar as cinco dimensões de valor de Hofstede e o modelo GLOBE.

Ao contrário da personalidade, que, em grande parte, é determinada por fatores genéticos, os valores são aprendidos, sendo transmitidos de uma geração à outra e variando de acordo com a cultura. Para investigar as diferenças entre os valores culturais, os pesquisadores desenvolveram dois importantes modelos: o modelo de Geert Hofstede e o modelo GLOBE.

Modelo de Hofstede

Uma das abordagens mais utilizadas para a análise de variações entre culturas foi desenvolvida no fim da década de 1970 por Geert Hofstede.[127] Hofstede conduziu um levantamento com mais de 116.000 empregados da IBM em 40 países para investigar seus valores relacionados ao trabalho e descobriu que gestores e empregados variavam em cinco dimensões de valores da cultura nacional:

▶ *Distância do poder*. A distância do poder descreve o grau em que as pessoas de um país aceitam que o poder em instituições e organizações seja distribuído de forma desigual. Uma alta pontuação na dimensão da distância do poder significa tolerância cultural com a existência de consideráveis desigualdades de poder e riqueza, como em um sistema de classes ou castas que desencoraja a ascensão dos cidadãos. Uma baixa pontuação nessa dimensão caracteriza sociedades que enfatizam a igualdade e as oportunidades.

▶ *Individualismo* versus *coletivismo*. O individualismo é o grau em que as pessoas preferem agir individualmente a agir como membros de grupos e acreditam em direitos individuais acima de qualquer coisa. O coletivismo enfatiza uma robusta estrutura social, na qual os indivíduos esperam que os membros do grupo ao qual pertencem cuidem-se e protejam-se mutuamente.

▶ *Masculinidade* versus *feminilidade*. O conceito de masculinidade de Hofstede representa o grau em que a cultura favorece as funções masculinas tradicio-

distância do poder
Atributo da cultura nacional que descreve o grau em que uma sociedade aceita que o poder nas instituições e organizações seja distribuído de forma desigual.

individualismo
Atributo da cultura nacional que descreve o grau em que as pessoas preferem agir individualmente a agir como membros de grupos.

coletivismo
Atributo cultural nacional que descreve um quadro social no qual as pessoas esperam que os membros dos grupos dos quais fazem parte cuidem delas e as protejam.

masculinidade
Atributo da cultura nacional que descreve o quanto os papéis de trabalho tradicionalmente masculinos, como realização, poder e controle, são culturalmente valorizados. Os valores sociais são caracterizados pela assertividade e pelo materialismo.

feminilidade
Atributo da cultura nacional que descreve pouca diferenciação entre papéis masculinos e femininos, tratando as mulheres com igualdade em relação aos homens, em todos os aspectos da sociedade.

evitamento da incerteza
Atributo da cultura nacional que descreve o grau em que uma sociedade se sente ameaçada por situações incertas e ambíguas e tenta evitá-las.

orientação para o longo prazo
Atributo da cultura nacional que enfatiza o futuro, a economia e a persistência.

orientação para o curto prazo
Atributo da cultura nacional que enfatiza o presente e aceita mudanças.

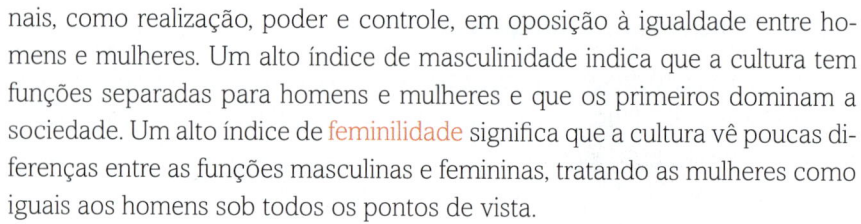

nais, como realização, poder e controle, em oposição à igualdade entre homens e mulheres. Um alto índice de masculinidade indica que a cultura tem funções separadas para homens e mulheres e que os primeiros dominam a sociedade. Um alto índice de feminilidade significa que a cultura vê poucas diferenças entre as funções masculinas e femininas, tratando as mulheres como iguais aos homens sob todos os pontos de vista.

▸ *Evitamento da incerteza.* O grau em que as pessoas de uma sociedade preferem situações estruturadas em detrimento das desestruturadas define seu evitamento da incerteza. Em culturas que evitam a incerteza, as pessoas apresentam mais ansiedade no que se refere a situações incertas e vagas, e leis e regras são usadas como forma de reduzi-las. Já as culturas com baixa aversão à incerteza apresentam maior tolerância à incerteza e são menos voltadas às regras, assumem mais riscos e aceitam as mudanças com mais facilidade.

▸ *Orientação para o longo prazo* versus *orientação para o curto prazo*. Esta última dimensão da tipologia de Hofstede mede o grau de devoção da sociedade aos valores tradicionais. As pessoas pertencentes a uma cultura caracterizada pela orientação para o longo prazo se voltam para o futuro e valorizam a prosperidade, a persistência e a tradição. Em uma cultura marcada pela orientação para o curto prazo, as pessoas valorizam o presente, aceitam as mudanças mais prontamente e não veem as obrigações como impedimentos às mudanças.

Como são as pontuações dos diferentes países nas dimensões de Hofstede? A distância do poder é maior na Malásia do que em qualquer outro país. No que diz respeito ao individualismo, os Estados Unidos são a nação mais individualista de todas (seguidos de perto pela Austrália e Grã-Bretanha). A Guatemala é a nação mais coletivista. O país com maior grau de masculinidade é seguramente o Japão, e o país com o maior grau de feminilidade é a Suécia. A Grécia apresenta a mais alta pontuação na dimensão de evitamento da incerteza, ao passo que Singapura tem a pontuação mais baixa nessa dimensão. Hong Kong apresenta uma das pontuações mais altas em orientação para o longo prazo, enquanto o Paquistão apresenta a maior orientação para o curto prazo.

Uma análise de 598 estudos, com mais de 200.000 respondentes, investigou a relação entre os valores culturais de Hofstede e uma série de critérios organizacionais, tanto em nível individual quanto nacional.[128] No geral, as cinco dimensões originais da cultura foram consideradas fatores preditivos igualmente eficazes de resultados relevantes. Os pesquisadores também constataram que mensurar as pontuações individuais resultou, na maioria dos casos, em previsões muito melhores do que atribuir os mesmos valores culturais a todas as pessoas de um país. Em suma, a pesquisa sugere que o modelo de Hofstede pode nos ajudar a pensar nas diferenças entre os indivíduos, mas devemos ter cautela ao supor que todas as pessoas de um país têm os mesmos valores.

O modelo GLOBE

Iniciado em 1993, o projeto de pesquisa GLOBE (Liderança Global e Eficácia no Comportamento Organizacional) é uma investigação intercultural contínua da cultura e da liderança em diferentes nações. Usando dados de 825 organizações, em 62 países, a equipe GLOBE identificou nove dimensões nas quais as culturas nacionais diferem entre si.[129] Algumas dimensões — como a distância do poder, individualis-

De acordo com o modelo de Hofstede, muitos países asiáticos têm uma cultura bastante coletivista que promove uma abordagem baseada em equipe de trabalho. Essas funcionárias de uma loja de departamentos em Busan, na Coreia do Sul, tendem a dar mais importância ao sucesso de sua equipe do que ao sucesso pessoal no trabalho.

mo/coletivismo, evitamento da incerteza, diferença entre os sexos (semelhante à masculinidade *versus* feminilidade) e orientação futura (semelhante à orientação para o longo prazo *versus* curto prazo) — lembram as dimensões de Hofstede. A principal diferença é que o modelo GLOBE incluiu outras dimensões, como a orientação humanista (grau em que a sociedade recompensa indivíduos por serem altruístas, generosos e gentis uns com os outros) e orientação de desempenho (grau em que a sociedade encoraja e recompensa membros do grupo pela melhoria do desempenho e excelência).

Comparação entre o modelo de Hofstede e o modelo GLOBE

Qual modelo é melhor, o de Hofstede ou o GLOBE? É difícil dizer, e ambos têm seus adeptos. Demos mais ênfase às dimensões de Hofstede aqui porque elas passaram no teste do tempo e foram confirmadas pelo estudo GLOBE. Por exemplo, uma revisão da literatura sobre o comprometimento organizacional mostra que as dimensões de individualismo/coletivismo de Hofstede e do modelo GLOBE atuavam de maneira parecida. Mais especificamente, os dois modelos mostraram que o comprometimento organizacional tende a ser menos premente em países individualistas.[130] Ambos têm muito em comum e cada um tem suas vantagens.

RESUMO

A personalidade é um fator importante para definir o comportamento organizacional. Ela não tem o poder de, sozinha, explicar o comportamento como um todo, mas pode ser um grande auxílio para essa explicação. Novas teorias e pesquisas estão revelando como a personalidade é mais importante em algumas situações do que em outras. O modelo Big Five tem se mostrado particularmente importante, embora a Tríade Sombria e outros traços de personalidade também mereçam destaque. Todos os traços de personalidade têm suas vantagens e desvantagens no que diz respeito ao comportamento no trabalho e não existe um grupo perfeito de traços que seja ideal para todas as situações. A personalidade pode ajudá-lo a entender as razões para as ações, pensamentos e sentimentos das pessoas (incluindo as suas!) e um bom gestor pode aplicar esse conhecimento para alocar os empregados a situações mais adequadas à personalidade de cada um. A teoria da personalidade também pode ajudá-lo a conhecer os pontos fortes que você pode ter (ou deve se empenhar para desenvolver) ao procurar um emprego.

Os valores em geral fundamentam e explicam atitudes, comportamentos e percepções. Eles tendem a variar de uma cultura para a outra em dimensões que podem prever os resultados organizacionais. No entanto, um indivíduo pode ou não ter os mesmos valores que sua cultura nacional.

IMPLICAÇÕES PARA OS GESTORES

- ▶ Vale a pena selecionar candidatos levando em consideração a dimensão da conscienciosidade — e os outros traços de personalidade do modelo Big Five — dependendo dos critérios considerados mais importantes pela sua empresa. Outros aspectos, como a autoavaliação central ou o narcisismo, podem ser relevantes em determinadas situações.
- ▶ O Indicador de Tipos de Personalidade Myers-Briggs (MBTI) pode até ter seus problemas, mas você pode aplicá-lo no treinamento e desenvolvimento de seu pessoal para ajudar os empregados a entender melhor uns aos outros, abrir um canal de comunicação em grupos de trabalho e, possivelmente, reduzir conflitos.
- ▶ Avalie cargos, grupos de trabalho e sua organização para determinar a personalidade mais adequada.
- ▶ Leve em consideração os fatores situacionais ao avaliar os traços de personalidade observáveis e reduza a força situacional para determinar com mais precisão as características de personalidade necessárias.
- ▶ Quanto mais você puder incluir as diferentes culturas das pessoas em sua análise, mais capaz será de prever o comportamento delas no trabalho e de criar um clima organizacional positivo para garantir um bom desempenho.

Ponto e contraponto

Os millennials são mais narcisistas que seus pais

PONTO

Os millennials têm algumas grandes virtudes: eles tendem a ser tecnologicamente experientes, socialmente tolerantes e engajados. Valorizam a qualidade de vida tanto quanto suas carreiras, buscando um equilíbrio entre a vida pessoal e a profissional. Nesses aspectos, os millennials superam seus pais da geração dos "baby boomers", que são menos tecnologicamente experientes, menos tolerantes e mais restritos a um determinado local de trabalho, tendo um histórico de se empenhar para avançar na carreira a

CONTRAPONTO

Mas a "Geração do Eu" não foi a geração passada? Na verdade, todas as gerações acham que são melhores do que as próximas! "Podemos encontrar reclamações [sobre a geração mais jovem] na literatura grega, na Bíblia", observou o professor Cappelli, da Faculdade de Administração Wharton. "Nada indica que os millennials sejam diferentes. Esse pessoal só é mais jovem." A geração dos millennials é composta dos jovens que hoje estão na faixa dos 30 anos, e é uma verdade universal que jovens

todo custo. Só que a geração dos millennials também tem um grande calcanhar de Aquiles: eles são mais narcisistas. Vários estudos longitudinais de grande escala descobriram que os millennials são mais propensos que os *baby boomers* a terem opiniões aparentemente "infladas" sobre si mesmos e psicólogos descobriram que o narcisismo vem aumentando desde o início dos anos 1980. Mais millennials se consideram acima da média em atributos como capacidade acadêmica, liderança, capacidade de falar em público e habilidades de escrita. Os millennials também são mais propensos a concordar que seriam cônjuges "muito bons" (56%, em comparação com 37% dos respondentes formados em 1980), pais "muito bons" (54%; 36% dos respondentes formados em 1980) e trabalhadores "muito bons" (65%; 49% dos respondentes formados em 1980).

Cliff Zukin, pesquisador sênior da Universidade Rutgers, acredita que a razão para isso está na criação recebida pelos millennials na infância. "A geração dos millennials é a mais convencida da história", disse ele. "Eles cresceram acreditando que podem fazer o que quiserem e que têm habilidades e talentos valorizados no trabalho." Jean M. Twenge, autora de *Generation Me*, concorda. "As pessoas não diziam 'acredite no seu potencial' e 'você é especial' nos anos 1960." O narcisismo faz mal para a sociedade e, especialmente, para o ambiente de trabalho. "[Os narcisistas] tendem a ser muito egocêntricos e valorizar a diversão na vida pessoal e profissional", disse um gestor. "Eles logo se entediam se eu os botar para trabalhar em qualquer projeto por um tempo."

têm certas características em comum... pelo simples fato de serem jovens.

Um estudo recente mostra que tanto a geração dos millennials quanto a geração dos *baby boomers* pensavam de um jeito parecido sobre si mesmos na juventude, 71% dos calouros da geração dos millennials se consideravam acima da média acadêmica e 63% dos calouros da geração dos *baby boomers* achavam a mesma coisa. Da mesma forma, 77% dos representantes da geração dos millennials acreditavam ter uma motivação acima da média para atingir as metas contra 68% dos *baby boomers*. Em outras palavras, "Toda geração é a Geração do eu".

De certa forma, os millennials podem ser menos narcisistas que os *baby boomers* de hoje. Como um gerente observou, "[Os millennials] não têm mais esse limite entre a vida profissional e a vida pessoal e não se importa de trabalhar à noite e nos fins de semana postando mensagens em nome da empresa no Facebook. Eles têm uma produtividade incrível no trabalho." A geração dos millennials também pode ser mais altruísta. Por exemplo, 29% dos millennials acreditam que os indivíduos têm a responsabilidade de se manterem engajados em causas voltadas para o bem de todos, enquanto apenas 24% dos *baby boomers* sentem o mesmo nível de responsabilidade.

Faz mais sentido comparar pessoas em uma fase da vida com outras pessoas na mesma fase da vida do que gerações diferentes. Pesquisas confirmam que pessoas na faixa dos 30 anos têm maior tendência a serem narcisistas do que pessoas na casa dos 50 anos. A geração dos millennials está na faixa dos 30 e seus pais, em geral, têm mais de 50 anos, e hoje os millennials não são mais narcisistas que os *baby boomers* foram na juventude.

Fontes: baseado em J. M. Twenge, W. K. Campbell e E. C. Freeman, "Generational Differences in Young Adults' Life Goals, Concern for Others, and Civic Orientation, 1966–2009", *Journal of Personality and Social Psychology* 102 (2012): 1045–62; M. Hartman, "Millennials at Work: Young and Callow, Like Their Parents", *The New York Times*, 25 mar. 2014, F4; J. Jin e J. Rounds, "Stability and Change in Work Values: A Meta-Analysis of Longitudinal Studies", *Journal of Vocational Behavior* 80 (2012): 326–39; C. Lourosa-Ricardo, "How America Gives", *The Wall Street Journal*, 15 dez. 2014, R3; "Millennials Rule", *The New York Times Education Life*, 12 abr. 2015, 4; Ruffenach, "A Generational Gap: Giving to Charity", *The Wall Street Journal*, 20 jan. 2015, R4; e S. W. Lester, R. L. Standifer, N. J. Schultz e J. M. Windsor, "Actual versus Perceived Generational Differences at Work: An Empirical Examination", *Journal of Leadership & Organizational Studies* 19 (2012): 341–54.

REVISÃO DO CAPÍTULO

QUESTÕES PARA REVISÃO

5.1 O que é a personalidade? Como ela costuma ser mensurada? Quais fatores a influenciam?

5.2 Quais são os pontos fortes e fracos do Indicador de Tipos de Personalidade Myers-Briggs (MBTI) e do modelo Big Five?

5.3 Como os conceitos da autoavaliação central, automonitoramento e personalidade proativa nos ajudam a entender a personalidade?

5.4 Quais são os melhores fatores preditivos do comportamento na busca de emprego?

5.5 Como a situação ou o ambiente afetam o grau em que a personalidade prediz o comportamento?

5.6 Qual é a diferença entre valores terminais e valores instrumentais?

5.7 Quais são as diferenças entre a adequação da pessoa ao trabalho e a adequação da pessoa à organização?

5.8 Quais são as diferenças entre o modelo das cinco dimensões de valor de Hofstede e o modelo GLOBE?

APLICAÇÃO E EMPREGABILIDADE

Compreender melhor sua personalidade e valores, bem como a importância desses fatores no trabalho, pode ajudá-lo a melhorar sua empregabilidade. Para começar, o ambiente de trabalho é um sistema complexo no qual há muitas pessoas interagindo. Sabendo que essas pessoas têm valores e tendências comportamentais diferentes, você será capaz de se adiantar aos conflitos e trabalhar com colegas de diferentes personalidades. Saber que muitas empresas mensuram e avaliam a personalidade é fundamental para decidir em quais fatores focar para melhorar sua empregabilidade, dependendo do cargo ou do trabalho de seu interesse. Por outro lado, saber como a situação pode restringir ou ativar a expressão desses traços ou tendências comportamentais também é importante para melhorar sua capacidade de se adaptar ao ambiente de trabalho. Perceber que as pessoas têm valores que podem ser mais ou menos valorizados pelas empresas pode ajudá-lo a tomar decisões melhores ao escolher em quais empresas você gostaria de trabalhar e também para entender como você se encaixa na cultura de uma organização. Diferentes culturas ao redor do mundo podem atribuir importância menor ou maior a valores diversos. Será interessante conhecer e manter em mente essa variedade de valores culturais e até morar um tempo no exterior para desenvolver sua inteligência cultural e interagir melhor com pessoas de culturas diversas.

Neste capítulo, você trabalhou seu pensamento crítico, a aplicação dos conhecimentos e suas habilidades de análise. Vimos como tirar uma boa pontuação em testes de personalidade, como as personalidades podem ser avaliadas com precisão em questão de segundos depois do primeiro contato com uma pessoa e como saber se você tem uma personalidade desonesta (e o que você pode fazer a respeito) e discutimos se a geração dos millennials é ou não mais narcisista que as outras. Na próxima seção, você poderá desenvolver essas habilidades, explorando quais valores são mais importantes para você e seus colegas de turma, questionando se a ideologia política deve ou não ser utilizada no processo de seleção de candidatos a emprego, analisando os problemas de ser gentil e decidindo como se adaptar a conflitos de personalidade no trabalho.

EXERCÍCIO EXPERIENCIAL   Quem é você?

O objetivo deste jogo é identificar as classificações mais representativas dos valores de cada pessoa. As linhas da tabela a seguir representam 11 rodadas do jogo. Divida a turma em grupos de quatro alunos (se o número de alunos não for divisível por quatro, sugerimos montar grupos de três). A pessoa cujo nome vier primeiro em ordem alfabética começa o jogo. Esse aluno escolhe um dos valores da primeira rodada que o representa melhor, riscando-o da lista e anotando-o em um pedaço de papel. Os valores só podem ser usados por uma pessoa de cada vez. Avançando no sentido horário, o próximo aluno faz a mesma coisa, e assim por diante, até todos os valores serem escolhidos.

Na segunda rodada, o primeiro jogador pode incluir um segundo valor, retirado da linha da segunda rodada, ou pegar um valor escolhido por um dos outros jogadores, incluindo-o em sua lista, enquanto o outro jogador elimina esse valor de sua lista. O jogador cujo valor foi escolhido seleciona dois novos valores da primeira e da segunda linha. O jogo continua no sentido horário.

As outras rodadas continuam do mesmo jeito, com uma nova linha sendo disponibilizada a cada rodada. Ao fim das rodadas, os alunos classificam os valores que escolheram para si em ordem de importância.

1. Liberdade	Integridade	Espiritualidade	Respeito
2. Lealdade	Realização	Fidelidade	Exploração
3. Afeição	Desafios	Serenidade	Justiça
4. Caridade	Disciplina	Segurança	Maestria
5. Prudência	Diversidade	Gentileza	Dever
6. Sabedoria	Inspiração	Harmonia	Alegria
7. Profundidade	Compaixão	Excelência	Tolerância
8. Honestidade	Sucesso	Crescimento	Modéstia
9. Coragem	Dedicação	Empatia	Abertura
10. Fé	Dedicação aos outros	Espírito de diversão	Aprendizagem
11. Descoberta	Independência	Senso de humor	Compreensão

Questões

5.9 Quais são seus três principais valores? Quão bem esses valores o representam? Você se sentiu pressionado a escolher valores que possam parecer mais socialmente aceitáveis?

5.10 Você escolheria algum valor que não foi incluído na lista?

5.11 Algumas pessoas acreditam que os valores só são importantes quando entram em conflito e precisamos fazer uma escolha entre eles. Você acha que esse foi um dos objetivos do jogo? Você concorda com a premissa desse argumento?

Dilema ético

Da personalidade aos valores e à ideologia política no processo de contratação

Você acaba de perder seu emprego como empacotador de um supermercado na rua de seu dormitório e têm pensado em trabalhar no cinema, porque também é próximo de sua casa e tem a vantagem de poder assistir a filmes de graça. Um dia você decide ir ao cinema para se informar sobre o processo de seleção. Eles o orientam a preencher um formulário na internet e fazer um teste de personalidade. Você segue as orientações sem pensar duas vezes.

Cada vez mais empresas estão usando testes de personalidade em seus processos de contratação. Um relatório de 2014, elaborado pela empresa de consultoria empresarial CEB, revelou que quase dois terços dos profissionais de recursos humanos aplicam testes de personalidade na contratação de empregados. Faz muito sentido. "A empresa investe muito para contratar um novo empregado, ensinar o trabalho e alocar recursos. Seis ou sete meses de investimento representam uns US$ 120 mil por pessoa jogados no lixo se a pessoa ficar nove meses na empresa sem produzir", explica Juan Navarro, executivo da SER Solutions. Muitas empresas passaram a focar a adequação dos valores da pessoa à organização no processo de contratação para "vender" a empresa aos potenciais candidatos, utilizando a aplicação de testes adicionais.

Mas o que acontece quando aplicamos essa mesma abordagem à contratação, mas para avaliar a ideologia política dos candidatos? Kyle Reyes, CEO da The Silent Partner Marketing, uma empresa sediada em Manchester, no estado norte-americano de Connecticut, adotou essa abordagem criando um teste para eliminar os candidatos que ele acha que "só vão ficar reclamando sem contribuir com nada além de uma atitude de quem acha que merece todas as recompensas sem nenhum esforço e uma incapacidade de embasar suas opiniões". Ele eliminou quase 60% dos candidatos usando esse processo. Em sua maioria, o teste contém perguntas que giram em torno de questões políticas, como a opinião do candidato sobre alocar mais fundos à polícia, porte de armas e patriotismo, entre outras. Nos Estados Unidos, um projeto de lei que foi apresentado ao Senado no segundo trimestre de 2017 propunha congelar a contratação nas instituições de ensino estaduais enquanto não houvesse equilíbrio no que diz respeito à ideologia política dos professores, que seriam obrigados a revelar sua afiliação política ao se candidatar.

Mesmo sem esses testes para avaliar a ideologia política, os candidatos podem correr o risco de serem eliminados do processo com base em sua ideologia. Em um estudo, 1.200 currículos politicamente "carregados" foram enviados em resposta a anúncios procurando candidatos em dois condados diferentes dos Estados Unidos, um extremamente conservador e o outro extremamente liberal. O candidato não tinha probabilidades maiores de receber um retorno quando o currículo correspondia à ideologia política do condado. No entanto, candidatos cujo currículo estava em desacordo com a ideologia política do condado tinham menos chances de receber um retorno do que aqueles que enviaram um currículo apartidário. Não importa qual seja a diferença nas ideologias políticas, parece que os candidatos se beneficiarão em ter cautela e discrição ao revelar sua afiliação política no momento de buscar um emprego.

Questões

5.12 Você acha que uma empresa tem o direito de avaliar sua ideologia política como uma condição para a contratação? Por quê?

5.13 É possível traçar uma distinção confiável entre os valores (como aqueles utilizados para avaliar a adequação da pessoa à organização) e a ideologia política? Por quê?

5.14 Você acha que é importante promover a diversidade ideológica e política dentro das empresas? Por quê?

5.15 Imagine que você seja o diretor de recursos humanos (RH) de uma empresa de médio porte. O presidente da empresa menciona a possibilidade de incluir, no processo de seleção, uma avaliação da ideologia política dos candidatos a emprego. O que você diria? Você seria a favor ou contra esse método de seleção? Quais argumentos você mencionaria e quais provas apresentaria para defender sua opinião?

Fontes: baseado em B. Chapman, "Company Introduces 'Snowflake Test' to Weed out 'Whiny, Entitled' Millennial Candidates", *The Independent*, 24 mar. 2017, http://www.independent.co.uk/news/business/news/snowflake-test-silent-partner-marketing-weed-out-whiny-entitled-millenial-candidates-job-applicants-a7646101.html; C. Chatterjee, "5 Personality Tests Hiring Managers are Using That Could Make or Break Your Next job Interview", *MSN Money*, 6 dez. 2015; http://www.msn.com/en-nz/money/careersandeducation/5-personality-tests-hiring-managers-are-using-that-couldmake-or-break-your-next-job-interview/ar-BBl1TRB; K. Gift e T. Gift, "Does Politics Influence Hiring? Evidence from a Randomized Experiment", *Political Behavior* 37 (2015): 653–75; H. R. Huhman, "Sizing up Candidates for Cultural fit throughout the Hiring Process", *Entrepreneur*, 21 maio 2014, https://www.entrepreneur.com/article/233935; e "Proposed Bill Would Force Universities to Hire Professors Based on Political Ideology", *AOL News*, 22 fev. 2017, https://www.aol.com/article/news/2017/02/22/proposed-bill-would-force-universities-to-hire-professors-based/21719412/.

Estudo de caso 1

Sobre o custo de ser "bonzinho"

As pessoas agradáveis e "boazinhas" tendem a ser mais gentis e mais condescendentes em situações sociais, e seria de se esperar que esse comportamento lhes desse mais chances de sucesso na vida. No entanto, uma desvantagem da agradabilidade é o potencial de ganhar menos que as outras pessoas. Pesquisas revelaram as razões para esse e outros contrassensos, e algumas respostas poderão surpreendê-lo.

Em primeiro lugar, e talvez o mais óbvio, as pessoas agradáveis são menos competentes em um tipo de negociação chamada de "negociação distributiva". Como veremos no Capítulo 14, a negociação distributiva foca menos em gerar soluções nas quais todo mundo sai ganhando e mais em ficar com a maior fatia possível do bolo. Como as negociações salariais, em geral, são distributivas, as pessoas agradáveis muitas vezes negociam salários mais baixos do que poderiam ganhar de outra forma.

Em segundo lugar, as pessoas agradáveis podem optar por trabalhar em setores ou profissões que pagam salários mais baixos, como professores do ensino fundamental e técnicos de enfermagem. Elas também tendem a ser atraídas por trabalhos no setor público e em organizações sem fins lucrativos. Em terceiro lugar, o salário dos indivíduos agradáveis também pode ser reduzido dada sua pequena motivação para ocupar posições de liderança e sua tendência a não se envolver em comportamentos proativos, como pensar em maneiras de melhorar a eficácia organizacional.

Ser agradável claramente não ajuda a pessoa a aumentar seu salário, mas essa tendência tem seus benefícios. Os colegas costumam gostar mais das pessoas agradáveis, já que têm maior propensão a ajudar e, em geral, são mais felizes na vida profissional e pessoal.

Os indivíduos "bonzinhos" podem até ficar atrás em termos de salário, mas dinheiro não traz felicidade e, nesse sentido, as pessoas agradáveis têm uma vantagem.

Questões

5.16 Você acha que os empregadores devem escolher entre empregados agradáveis e empregados de alto desempenho? Por quê?

5.17 Os efeitos da personalidade não raro dependem da situação. Você consegue pensar em situações profissionais nas quais a agradabilidade possa ser uma virtude importante e situações nas quais essa característica pode ser prejudicial para o desempenho no trabalho?

5.18 Em alguns estudos que conduzimos, o efeito negativo da agradabilidade sobre o salário se revelou maior para os homens do que para as mulheres (ou seja, ser agradável reduz mais o salário dos homens do que das mulheres). Por que você acha que isso acontece?

Fontes: baseado em T. A. Judge, B. A. Livingston e C. Hurst, "Do Nice Guys—and Gals—Really Finish Last? The Joint Effects of Sex and Agreeableness on Income", *Journal of Personality and Social Psychology* 102 (2012): 390–407; J. B. Bernerth, S. G. Taylor, H. J. Walker e D. S. Whitman, "An Empirical Investigation of Dispositional Antecedents and Performance-Related Outcomes of Credit Scores", *Journal of Applied Psychology* 97 (2012): 469–78; J. Carpenter, D. Doverspike e R. F. Miguel, "Public Service Motivation as a Predictor of Attraction to the Public Sector", *Journal of Vocational Behavior* 80 (2012): 509–23; e A. Neal, G. Yeo, A. Koy e T. Xiao, "Predicting the Form and Direction of Work Role Performance from the Big 5 Model of Personality Traits", *Journal of Organizational Behavior* 33 (2012): 175–92.

Estudo de caso 2

Quando os traços de personalidade entram em conflito

A dra. Judith Sills, em um artigo publicado na *Psychology Today*, conta a história de um consultor organizacional que foi visitar uma grande empresa de engenharia. Ele notou que o nome de cada empregado em seu crachá era seguido de uma informação adicional: seu tipo de personalidade Myers-Briggs (por exemplo, INFJ, ESTP etc.). A dra. Sills percebeu que isso salientava um fato importante no trabalho: além de tudo aquilo que fazemos, dizemos, ouvimos e pensamos, ainda precisamos interagir uns com os outros.

Às vezes, essas interações podem levar a conflitos. As diferenças de personalidade são a terceira causa mais comum de conflitos, como sugere uma pesquisa recente conduzida pela XpertHR. Por exemplo, Tim Ursiny, um psicólogo organizacional e fundador da Advantage Coaching, foi contratado pela Wells Fargo para ajudar a administrar alguns desses conflitos de personalidade que estavam surgindo na empresa. Ele sugere que muitas diferenças de personalidade resultam de conflitos entre diferentes traços de personalidade, como expansivo e reservado, impulsivo e metódico ou questionador e tolerante. É fácil ver como essas dicotomias podem, pelo menos até certo ponto, ser traduzidas em dimensões do modelo Big Five, como a extroversão, a conscienciosidade e a agradabilidade. Desses tipos, os mais dominantes e impulsivos tendem a provocar mais conflitos do que os outros.

Algumas pesquisas confirmam que a personalidade pode afetar as equipes porque determinados traços de personalidade parecem definir se o conflito interpessoal ajuda ou prejudica o desempenho da equipe. Por exemplo, se a equipe for composta de empregados com alto grau de abertura para novas experiências e estabilidade emocional, o conflito pode ajudar a melhorar seu desempenho. Por outro lado, se a equipe apresentar uma baixa pontuação nessas dimensões, o conflito pode ter o efeito oposto e prejudicar o desempenho. Outros estudos se voltaram a investigar como as diferenças de personalidade afetam os relacionamentos dos empregados com seus chefes. Empregados e chefes têm relacionamentos mais fracos entre si quando diferem nas dimensões de estabilidade emocional, abertura a experiências, agradabilidade e conscienciosidade (mas não na dimensão da extroversão).

Apesar dessas constatações, muitos pesquisadores observam que a personalidade não passa de uma peça do quebra-cabeça, sendo que o quadro geral é mais complexo, politicamente sensível e sutil do que apenas as diferenças de personalidade. No entanto, se você se encontrar em uma situação de potencial "conflito de personalidade", a dra. Sills recomenda: (1) evitar "recrutar" colegas para se posicionar de um lado ou outro do conflito (o que só reforçará a negatividade e a complexidade da situação); (2) focar os pontos fortes da pessoa com quem você está em conflito; (3) reduzir o contato com a pessoa para minimizar a frequência do conflito; e (4) tentar conhecer melhor a si mesmo e à sua própria personalidade (o que pode ajudá-lo a decidir o que fazer ou deixar de fazer para reduzir o conflito).

Questões

5.19 Você já esteve em uma situação na qual sua personalidade entrou em conflito com alguém, seja no trabalho ou fora dele? O que você fez para resolver o problema? A situação foi resolvida?

5.20 O que você acha que é mais importante: as semelhanças ou as diferenças entre os tipos de personalidade? Explique sua resposta.

5.21 Você acha que conhecer as semelhanças ou as diferenças entre as personalidades pode ajudar os empregados na redução de conflitos, fazendo com que eles se relacionem melhor? Ou será que esse conhecimento tem o potencial de prejudicar os relacionamentos? Explique sua resposta.

5.22 Quais você acha que são os prós e os contras da extroversão e da introversão para sua vida profissional? Você tem como aumentar os traços de personalidade desejáveis?

Fontes: baseado em J. B. Bernerth, A. A. Armenakis, H. S. Field, W. F. Giles e H. J. Walker, "The Influence of Personality Differences between Subordinates and Supervisors on Perceptions of LMS", *Group & Organization Management* 33, no. 2 (2008): 216–40; B. H. Bradley, A. C. Clotz, B. E. Postlethwaite e K. G. Brown, "Ready to Rumble: How Team Personality Composition and Task Conflict Interact to Improve Performance", *Journal of Applied Psychology* 98, no. 2 (2013): 385–92; B. Dattner, "Most Work Conflicts Aren't Due to Personality", *Harvard Business Review*, May 20, 2014, https://hbr.org/2014/05/most-work-conflicts-arent-due-to-personality; S. Lebowitz, "A Psychologist Says These Personality Types Are Most Likely to Clash at Work", *Business Insider*, 27 maio 2015, http://www.businessinsider.com/personality-types-that-clash-at-work-2015-5; J. Sills, "When Personalities Clash", *Psychology Today*, 1 nov. 2006, https://www.psychologytoday.com/articles/200611/when-personalities-clash; e S. Simpson, "Personality Clashes in the Workplace: Five Interesting Employment Cases", *Personnel Today*, 27 fev. 2015, http://www.personneltoday.com/hr/personality-clashes-workplace-five-interesting-employment-cases/.

NOTAS

1. D. Leising, J. Scharloth, O. Lohse e D. Wood, "What Types of Terms Do People Use When Describing an Individual's Personality?", *Psychological Science* 25, no. 9 (2014): 1787–94.

2. L. Weber, "To Get a Job, New Hires Are Put to the Test", *The Wall Street Journal,* 15 abr. 2015, A1, A10.

3. L. Weber e E. Dwoskin, "As Personality Tests Multiply, Employers Are Split", *The Wall Street Journal,* 30 set. 2014, A1, A10.

4. D. Belkin, "Colleges Put the Emphasis on Personality", *The Wall Street Journal,* 9 jan. 2015, A3.

5. M. R. Barrick, M. K. Mount e T. A. Judge, "Personality and Performance at the Beginning of the New Millennium: What Do We Know and Where Do We Go Next?", *International Journal of Selection and Assessment* 9, nos. 1–2 (2001): 9–30; e P. R. Sackett e P. T. Walmsley, "Which Personality Attributes Are Most Important in the Workplace?", *Perspectives on Psychological Science* 9, no. 5 (2014): 538–51.

6. S. A. Birkeland, T. M. Manson, J. L. Kisamore, M. T. Brannick e M. A. Smith, "A Meta-Analytic Investigation of Job Applicant Faking on Personality Measures", *International Journal of Selection and Assessment* 14, no. 14 (2006): 317–35.

7. S. A. Golder e M. W. Macy, "Diurnal and Seasonal Mood Vary with Work, Sleep, and Day Length across Diverse Cultures", *Science* 333 (2011): 1878–81; e R. E. Wilson, R. J. Thompson e S. Vazire, "Are Fluctuations in Personality States More Than Fluctuations in Affect?", *Journal of Research in Personality* (no prelo), http://dx.doi.org/10.1016/j.jrp.2016.06.006.

8. K. L. Cullen, W. A. Gentry e F. J. Yammamarino, "Biased Self-Perception Tendencies: Self-Enhancement/Self-Diminishment and Leader Derailment in Individualistic and Collectivistic Cultures", *Applied Psychology: An International Review* 64, no. 1 (2015): 161–207.

9. D. H. Kluemper, B. D. McLarty e M. N. Bing, "Acquaintance Ratings of the Big Five Personality Traits: Incremental Validity beyond and Interactive Effects with Self-Reports in the Prediction of Workplace Deviance", *Journal of Applied Psychology* 100, no. 1 (2015): 237–48; e I. Oh, G. Wang e M. K. Mount, "Validity of Observer Ratings of the Five-Factor Model of Personality Traits: A Meta-Analysis", *Journal of Applied Psychology* 96, no. 4 (2011): 762–73.

10. T. Vukasovic e D. Bratko, "Heritability of Personality: A Meta-Analysis of Behavior Genetic Studies", *Psychological Bulletin* 141, no. 4 (2015): 769–85.

11. S. Srivastava, O. P. John e S. D. Gosling, "Development of Personality in Early and Middle Adulthood: Set Like Plaster or Persistent Change?", *Journal of Personality and Social Psychology* 84, no. 5 (2003): 1041–53; e B. W. Roberts, K. E. Walton e W. Viechtbauer, "Patterns of Mean-Level Change in Personality Traits across the Life Course: A Meta-Analysis of Longitudinal Studies", *Psychological Bulletin* 132, no. 1 (2006): 1–25.

12. S. E. Hampson e L. R. Goldberg, "A First Large Cohort Study of Personality Trait Stability over the 40 Years between Elementary School and Midlife", *Journal of Personality and Social Psychology* 91, no. 4 (2006): 763–79.

13. L. R. James e M. D. Mazerolle, *Personality in Work Organizations* (Thousand Oaks, CA: Sage, 2002); e D. P. McAdams e B. D. Olson, "Personality Development: Continuity and Change Over the Life Course", *Annual Review of Psychology* 61 (2010): 517–42.

14. CPP, "Myers-Briggs Type Indicator (MBTI)", https://www.cpp.com/products/mbti/index.aspx, acessado em 22 mar. 2017.

15. The Myers & Briggs Foundation, "How Frequent Is My Type?", http://www.myersbriggs.org/my-mbti-personality-type/my-mbti-results/how-frequent-is-my-type.asp, acessado em 24 abr. 2015.

16. A. Grant, "Goodbye to MBTI, the Fad That Won't Die", *Huffington Post*, (17 set. 2013), http://www.huffingtonpost.com/adam-grant/goodbye-to-mbti-the-fad-t_b_3947014.html.

17. Veja, por exemplo, D. J. Pittenger, "Cautionary Comments Regarding the Myers-Briggs Type Indicator", *Consulting Psychology Journal: Practice and Research* 57, no. 3 (2005): 10–221; L. Bess e R. J. Harvey, "Bimodal Score Distributions and the Myers-Briggs Type Indicator: Factor Artifact?", *Journal of Personality Assessment* 78, no. 1 (2002): 176–86; R. M. Capraro e M. M. Capraro, "Myers-Briggs Type Indicator Score Reliability across Studies: A Meta-Analytic Reliability Generalization Study", *Educational & Psychological Measurement* 62, no. 4 (2002): 590–602; e R. C. Arnau, B. A. Green, D. H. Rosen, D. H. Gleaves e J. G. Melancon, "Are Jungian Preferences Really Categorical? An Empirical Investigation Using Taxometric Analysis", *Personality & Individual Differences* 34, no. 2 (2003): 233–51.

18. D. Ariely, "When Lame Pick-Up Lines Actually Work", *The Wall Street Journal,* 19–20 jul. 2014, C12.

19. Veja, por exemplo, O. P. John, L. P. Naumann e C. J. Soto, "Paradigm Shift to the Integrative Big Five Trait Taxonomy: History, Measurement, and Conceptual Issues", in O. P. John, R. W. Robins e L. A. Pervin (eds.), *Handbook of Personality: Theory and Research*, 3. ed. (Nova York, NY: Guilford, 2008): 114–58; e M. R. Barrick e M. K. Mount, "Yes, Personality Matters: Moving On to More Important Matters", *Human Performance* 18, no. 4 (2005): 359–72.

20. W. Fleeson e P. Gallagher, "The Implications of Big Five Standing for the Distribution of Trait Manifestation in Behavior: Fifteen Experience-Sampling Studies and a Meta-Analysis", *Journal of Personality and Social Psychology* 97, no. 6 (2009): 1097–114.

21. T. A. Judge, L. S. Simon, C. Hurst e K. Kelley, "What I Experienced Yesterday Is Who I Am Today: Relationship of Work Motivations and Behaviors to Within-Individual Variation in the Five-Factor Model of Personality", *Journal of Applied Psychology* 99, no. 2 (2014): 199–221; Roberts, Walton e Viechtbauer, "Patterns of Mean-Level Change in Personality Traits across the Life Course."

22. Veja, por exemplo, Barrick, Mount e Judge, "Personality and Performance at the Beginning of the new Millennium."

23. P. R. Sackett e P. T. Walmsley, "Which Personality Attributes Are Most Important in the Workplace?", *Perspectives on Psychological Science* 9, no. 5 (2014): 538–51.

24. A. E. Poropat, "A Meta-Analysis of the Five-Factor Model of Personality and Academic Performance", *Psychological Bulletin* 135, no. 2 (2009): 322–38.

25. M. R. Barrick e M. K. Mount, "The Big Five Personality Dimensions and job Performance: A Meta-Analysis", *Personnel Psychology* 44 (1991): 1–26.

26. A. K. Nandkeolyar, J. A. Shaffer, A. Li, S. Ekkirala e J. Bagger, "Surviving an Abusive Supervisor: The Joint Roles of Conscientiousness and Coping Strategies", *Journal of Applied Psychology* 99, no. 1 (2014): 138–50.

27. D. S. Chiaburu, I.-S. Oh, C. M. Berry, N. Li e R. G. Gardner, "The Five-Factor Model of Personality Traits and Organizational Citizenship Behaviors: A Meta-Analysis", *Journal of Applied Psychology* 96, no. 6 (2011): 1140–66; J. L. Huang, K. L. Zabel, A. M. Ryan e A. Palmer,

"Personality and Adaptive Performance at Work: A Meta-Analytic Investigation", *Journal of Applied Psychology* 99, no. 1 (2014): 162–79; Kluemper, McLarty e Bing, "Acquaintance Ratings of the Big Five Personality Traits"; e R. D. Zimmerman, "Understanding the Impact of Personality Traits on Individuals' Turnover Intentions: A Meta-Analytic Path Model", *Personnel Psychology* 61 (2008): 309–48.

28. J. M. Beus, L. Y. Dhanani e M. A. McCord, "A Meta-Analysis of Personality and Workplace Safety: Addressing Unanswered Questions", *Journal of Applied Psychology* 100, no. 2 (2015): 481–98.

29. S. N. Kaplan, M. M. Klebanov e M. Sorensen, "Which CEO Characteristics and Abilities Matter?", *The Journal of Finance* 67, no. 3 (2012): 973–1007.

30. N. T. Carter, D. K. Dalal, A. S. Boyce, M. S. O'Connell, M.-C. Kung e K. Delgado, "Uncovering Curvilinear Relationships between Conscientiousness and Job Per- formance: How Theoretically Appropriate Measurement Makes and Empirical Difference", *Journal of Applied Psychology* 99, no. 4 (2014): 564–86; e N. T. Carter, L. Guan, J. L. Maples, R. L. Williamson e J. D. Miller, "The Downsides of Extreme Conscientiousness for Psychological Well-Being: The Role of Obsessive Compulsive Tendencies", *Journal of Personality* 84, no. 4 (2016): 510–22.

31. M. K. Shoss, K. Callison e L. A. Witt, "The Effects of Other-Oriented Perfectionism and Conscientiousness on Helping at Work", *Applied Psychology: An International Review* 64, no. 1 (2015): 233–51.

32. C. Robert e Y. H. Cheung, "An Examination of the Relationship between Conscientiousness and Group Performance on a Creative Task", *Journal of Research in Personality* 44, no. 2 (2010): 222–31; e M. Batey, T. Chamorro-Premuzic e A. Furnham, "Individual Differences in Ideational Behavior: Can the Big Five and Psychometric Intelligence Predict Creativity Scores?", *Creativity Research Journal* 22, no. 1 (2010): 90–97.

33. K. M. DeNeve e H. Cooper, "The Happy Personality: A Meta-Analysis of 137 Personality Traits and Subjective Well-Being", *Psychological Bulletin* 124, no. 2 (1998): 197–229; T. A. Judge, D. Heller e M. K. Mount, "Five-Factor Model of Personality and Job Satisfaction: A Meta-Analysis", *Journal of Applied Psychology* 87, no. 3 (2002): 530–41; B. W. Swider e R. D. Zimmerman, "Born to Burnout: A MetaAnalytic Path Model of Personality, Job Burnout, and Work Outcomes", *Journal of Vocational Behavior* 76 (2010): 487–506; e Zimmerman, "Understanding the Impact of Personality Traits on Individuals' Turnover Intentions."

34. Huang, Ryan, Zabel e Palmer, "Personality and Adaptive Performance at Work."

35. Swider e Zimmerman, "Born to Burnout."

36. T. D. Allen, R. C. Johnson, K. N. Saboe, E. Cho, S. Dumani e S. Evans, "Dispositional Variables and Work-Family Conflict: A Meta--Analysis", *Journal of Vocational Behavior* 80 (2012): 17–26.

37. Chiaburu, Oh, Berry, Li e Gardner, "The Five-Factor Model of Personality Traits and Organizational Citizenship Behaviors"; T. A. Judge e R. Ilies, "Relationship of Personality to Performance Motivation: A Meta-Analytic Review", *Journal of Applied Psychology* 87, no. 4 (2002): 797–807; e Kluemper, McLarty e Bing, "Acquaintance Ratings of the Big Five Personality Traits."

38. R. J. Foti e M. A. Hauenstein, "Pattern and Variable Approaches in Leadership Emergence and Effectiveness", *Journal of Applied Psychology* 92, no. 2 (2007): 347–55.

39. D. S. DeRue, J. D. Nahrgang, N. Wellman e S. E. Humphrey, "Trait and Behavioral Theories of Leadership: An Integration and Meta-Analytic Test of Their Relative Validity", *Personnel Psychology* 64 (2011): 7–52; e T. A. Judge, J. E. Bono, R. Ilies e M. W. Gerhardt, "Personality and Leadership: A Qualitative and Quantitative Review", *Journal of Applied Psychology* 87, no. 4 (2002): 765–80.

40. Judge, Heller e Mount, "Five-Factor Model of Personality and Job Satisfaction"; e Swider e R. Zimmerman, "Born to Burnout."

41. M. A. McCord, D. L. Joseph e E. Grijalva, "Blinded by the Light: The Dark Side of Traditionally Desirable Personality Traits", *Industrial and Organizational Psychology: Perspectives on Science and Practice* 7, no. 1 (2014): 130–7.

42. M. M. Hammond, N. L. Neff, J. L. Farr, A. R. Schwall e X. Zhao, "Predictors of Individual--Level Innovation at Work: A Meta-Analysis", *Psychology of Aesthetics, Creativity, and the Arts* 5, no. 1 (2011): 90–105.

43. Huang, Ryan, Zabel e Palmer, "Personality and Adaptive Performance at Work"; e Judge, Bono, Ilies e Gerhardt, "Personality and Leadership."

44. Barrick e Mount, "The Big Five Personality Dimensions and Job Performance"; e A. Minbashian, J. Earl e J. E. H. Bright, "Openness to Experience as a Predictor of Job Performance Trajectories", *Applied Psychology: An International Review* 62, no. 1 (2013): 1–12.

45. Allen, Johnson, Saboe, Cho, Dumani e Evans, "Dispositional Variables and Work-Family Conflict."

46. Allen, Johnson, Saboe, Cho, Dumani e Evans, "Dispositional Variables and WorkFamily Conflict"; e Zimmerman, "Understanding the Impact of Personality Traits on Individuals' Turnover Intentions."

47. Chiaburu, Oh, Berry, Li e Gardner, "The Five-Factor Model of Personality Traits and Organizational Citizenship Behaviors"; e R. Ilies, I. S. Fulmer, M. Spitzmuller e M. D. Johnson, "Personality and Citizenship Behavior: The Mediating Role of Job Satisfaction", *Journal of Applied Psychology* 94, no. 4 (2009): 945–59.

48. Kluemper, McLarty e Bing, "Acquaintance Ratings of the Big Five Personality Traits."

49. R. Fang, B. Landis, Z. Zhang, M. H. Anderson, J. D. Shaw e M. Kilduff, "Integrating Personality and Social Networks: A Meta-Analysis of Personality, Network Position, and Work Outcomes in Organizations", *Organization Science* 26, no. 4 (2015): 1243–60.

50. Veja, por exemplo, S. Yamagata, A. Suzuki, J. Ando, Y. Ono, K. Yutaka, N. Kijima, et al., "Is the Genetic Structure of Human Personality Universal? A Cross-Cultural Twin Study from North America, Europe, and Asia", *Journal of Personality and Social Psychology* 90, no. 6 (2006): 987–98; e R. R. McCrae, P. T. Costa Jr., T. A. Martin, V. E. Oryol, A. A. Rukavishnikov, I. G. Senin, et al., "Consensual Validation of Personality Traits across Cultures", *Journal of Research in Personality* 38, no. 2 (2004): 179–201.

51. M. Gurven, C. von Ruden, M. Massenkoff, H. Kaplan e M. L. Vie, "How Universal Is the Big Five? Testing the Five-Factor Model of Personality Variation among Forager-Farmers in the Bolivian Amazon", *Journal of Personality and Social Psychology* 104, no. 2 (2013): 354–70.

52. J. F. Rauthmann, "The Dark Triad and Interpersonal Perception: Similarities and Differences in the Social Consequences of Narcissism, Machiavellianism, and Psychopathy", *Social Psychological and Personality Science* 3 (2012): 487–96.

53. P. D. Harms e S. M. Spain, "Beyond the Bright Side: Dark Personality at Work", *Applied Psychology: An International Review* 64, no. 1 (2015): 15–24.

54. P. K. Jonason, S. Slomski e J. Partyka, "The Dark Triad at Work: How Toxic Employees Get

54. Their Way", *Personality and Individual Differences* 52 (2012): 449–53.

55. E. H. O'Boyle, D. R. Forsyth, G. C. Banks e M. A. McDaniel, "A Meta-Analysis of the Dark Triad and Work Behavior: A Social Exchange Perspective", *Journal of Applied Psychology* 97 (2012): 557–79.

56. L. Zhang e M. A. Gowan, "Corporate Social Responsibility, Applicants' Individual Traits, and Organizational Attraction: A Person–Organization Fit Perspective", *Journal of Business and Psychology* 27 (2012): 345–62.

57. D. N. Hartog e F. D. Belschak, "Work Engagement and Machiavellianism in the Ethical Leadership Process", *Journal of Business Ethics* 107 (2012): 35–47.

58. E. Grijalva e P. D. Harms, "Narcissism: An Integrative Synthesis and Dominance Complementarity Model", *The Academy of Management Perspectives* 28, no. 2 (2014): 108–27.

59. D. C. Maynard, E. M. Brondolo, C. E. Connelly e C. E. Sauer, "I'm Too Good for This Job: Narcissism's Role in the Experience of Overqualification", *Applied Psychology: An International Review* 64, no. 1 (2015): 208–32.

60. Grijalva e Harms, "Narcissism: An Integrative Synthesis and Dominance Complementarity Model."

61. B. J. Brummel e K. N. Parker, "Obligation and Entitlement in Society and the Workplace", *Applied Psychology: An International Review* 64, no. 1 (2015): 127–60.

62. E. Grijalva e D. A. Newman, "Narcissism and Counterproductive Work Behavior (CWB): Meta-Analysis and Consideration of Collectivist Culture, Big Five Personality, and Narcissism's Facet Structure", *Applied Psychology: An International Review* (2015): 93–126.

63. Maynard, Brondolo, Connelly e Sauer, "I'm Too Good for This Job."

64. Grijalva e Harms, "Narcissism: An Integrative Synthesis and Dominance Complementarity Model."

65. J. J. Sosik, J. U. Chun e W. Zhu, "Hang on to Your Ego: The Moderating Role of Leader Narcissism on Relationships between Leader Charisma and Follower Psychological Empowerment and Moral Identity", *Journal of Business Ethics*, 12 fev. 2013; e B. M. Galvin, D. A. Waldmane P. Balthazard, "Visionary Communication Qualities as Mediators of the Relationship between Narcissism and Attributions of Leader Charisma", *Personnel Psychology* 63, no. 3 (2010): 509–37.

66. D. Meinert, "Narcissistic Bosses Aren't All Bad, Study Finds", *HR Magazine*, mar. 2014, 18.

67. K. A. Byrne e D. A. Worthy, "Do Narcissists Make Better Decisions? An Investigation of Narcissism and Dynamic Decision-Making Performance", *Personality and Individual Differences*, jul. 2013, 112–17.

68. C. Andreassen, H. Ursin, H. Eriksen e S. Pallesen, "The Relationship of Narcissism with Workaholism, Work Engagement, and Professional Position", *Social Behavior and Personality* 40, no. 6 (2012): 881–90.

69. A. Chatterjee e D. C. Hambrick, "Executive Personality, Capability Cues, and Risk Taking: How Narcissistic CEOs React to Their Successes and Stumbles", *Administrative Science Quarterly* 56 (2011): 202–37.

70. C. J. Resick, D. S. Whitman, S. M. Weingarden e N. J. Hiller, "The Bright-Side and Dark-Side of CEO Personality: Examining Core Self-Evaluations, Narcissism, Transformational Leadership, and Strategic Influence", *Journal of Applied Psychology* 94, no. 6 (2009): 1365–81.

71. O'Boyle, Forsyth, Banks e McDaniel, "A Meta-Analysis of the Dark Triad and Work Behavior", 558.

72. Ibid.

73. B. Wille, F. De Fruyt e B. De Clercq, "Expanding and Reconceptualizing Aberrant Personality at Work: Validity of Five-Factor Model Aberrant Personality Tendencies to Predict Career Outcomes", *Personnel Psychology* 66 (2013): 173–223.

74. Jonason, Slomski e Partyka, "The Dark Triad at Work", 449–53; e H. M. Baughman, S. Dearing, E. Giammarco e P. A. Vernon, "Relationships between Bullying Behaviours and the Dark Triad: A Study with Adults", *Personality and Individual Differences* 52 (2012): 571–75.

75. B. Wille, F. De Fruyt e B. De Clercq, "Expanding and Reconceptualizing Aberrant Personality at Work: Validity of Five-Factor Model Aberrant Personality Tendencies to Predict Career Outcomes", *Personnel Psychology* 66 (2013): 173–223.

76. U. Orth e R. W. Robins, "Understanding the Link between Low Self-Esteem and Depression", *Current Directions in Psychological Science* 22, no. 6 (2013): 455–60.

77. T. A. Judge e J. E. Bono, "A Rose by Any Other Name... Are Self-Esteem, Generalized Self-Efficacy, Neuroticism, and Locus of Control Indicators of a Common Construct?", in B. W. Roberts e R. Hogan (eds.), *Personality Psychology in the Workplace* (Washington, DC: American Psychological Association, 2001), 93–118.

78. T. A. Judge, J. E. Bono, A. Erez e E. A. Locke, "Core Self-Evaluations and Job and Life Satisfaction: The Role of Self-Concordance and Goal Attainment", *Journal of Applied Psychology* 90, no. 2 (2005): 257–68.

79. A. N. Salvaggio, B. Schneider, L. H. Nishi, D. M. Mayer, A. Ramesh e J. S. Lyon, "Manager Personality, Manager Service Quality Orientation, and Service Climate: Test of a Model", *Journal of Applied Psychology* 92, no. 6 (2007): 1741–50; B. A. Scott e T. A. Judge, "The Popularity Contest at Work: Who Wins, Why, and What Do They Receive?", *Journal of Applied Psychology* 94, no. 1 (2009): 20–33; e T. A. Judge e C. Hurst, "How the Rich (and Happy) Get Richer (and Happier): Relationship of Core Self-Evaluations to Trajectories in Attaining Work Success", *Journal of Applied Psychology* 93, no. 4 (2008): 849–63.

80. A. M. Grant e A. Wrzesniewksi, "I Won't Let You Down... or Will I? Core Self-Evaluations, Other-Orientation, Anticipated Guilt and Gratitude, and Job Performance", *Journal of Applied Psychology* 95, no. 1 (2010): 108–21.

81. D. V. Day e D. J. Schleicher, "Self-Monitoring at Work: A Motive-Based Perspective", *Journal of Personality* 74, no. 3 (2006): 685–714.

82. F. J. Flynn e D. R. Ames, "What's Good for the Goose May Not Be as Good for the Gander: The Benefits of Self-Monitoring for Men and Women in Task Groups and Dyadic Conflicts", *Journal of Applied Psychology* 91, no. 2 (2006): 272–81; e M. Snyder, *Public Appearances, Private Realities: The Psychology of Self-Monitoring* (Nova York, NY: W. H. Freeman, 1987).

83. D. V. Day, D. J. Shleicher, A. L. Unckless e N. J. Hiller, "Self-Monitoring Personality at Work: A Meta-Analytic Investigation of Construct Validity", *Journal of Applied Psychology* 87, no. 2 (2002): 390–401.

84. H. Oh e M. Kilduff, "The Ripple Effect of Personality on Social Structure: Self-Monitoring Origins of Network Brokerage", *Journal of Applied Psychology* 93, no. 5 (2008): 1155–64; e A. Mehra, M. Kilduff e D. J. Brass, "The Social Networks of High and Low Self-Monitors: Implications for Workplace Performance", *Administrative Science Quarterly* 46, no. 1 (2001): 121–46.

85. T. S. Bateman e J. M. Crant, "The Proactive Component of Organizational Behavior: A Measure and Correlates", *Journal of Organizational Behavior* 14 (1993): 103–18.

86. K. Tornau e M. Frese, "Construct Cleanup in Proactivity Research: A Meta-Analysis on the Nomological Net of Work-Related Proactivity Concepts and Their Incremental Values", *Applied Psychology: An International Review* 62, no. 1 (2013): 44–96.

87. W.-D. Li, D. Fay, M. Frese, P. D. Harms e X. Y. Gao, "Reciprocal Relationship between Proactive Personality and Work Characteristics: A Latent Change Score Approach", *Journal of Applied Psychology* 99, no. 5 (2014): 948–65.

88. J. P. Thomas, D. S. Whitman e C. Viswesvaran, "Employee Proactivity in Organizations: A Comparative Meta-Analysis of Emergent Proactive Constructs", *Journal of Occupational and Organizational Psychology* 83 (2010): 275–300.

89. P. D. Converse, P. J. Pathak, A. M. DePaulHaddock, T. Gotlib e M. Merbedone, "Controlling Your Environment and Yourself: Implications for Career Success", *Journal of Vocational Behavior* 80 (2012): 148–59.

90. G. Chen, J. Farh, E. M. Campbell-Bush, Z. Wu e X. Wu, "Teams as Innovative Systems: Multilevel Motivational Antecedents of Innovation in R&D Teams", *Journal of Applied Psychology* 98 (2013): 1018–27.

91. Y. Gong, S.-Y. Cheung, M. Wang e J.-C. Huang, "Unfolding the Proactive Process for Creativity: Integration of the Employee Proactivity, Information Exchange, and Psychological Safety Perspectives", *Journal of Management* 38, no. 5 (2012): 1611–33.

92. Z. Zhang, M. Wang e S. Junqi, "Leader-Follower Congruence in Proactive Personality and Work Outcomes: The Mediating Role of Leader-Member Exchange", *Academy of Management Journal* 55 (2012): 111–30.

93. G. Van Hoye e H. Lootens, "Coping with Unemployment: Personality, Role Demands, and Time Structure", *Journal of Vocational Behavior* 82 (2013): 85–95.

94. D. J. Brown, R. T. Cober, K. Kane, P. E. Levy e J. Shalhoop, "Proactive Personality and the Successful Job Search: A Field Investigation with College Graduates", *Journal of Applied Psychology* 91, no. 3 (2006): 717–26.

95. D. B. Turban, C. K. Stevens e F. K. Lee, "Effects of Conscientiousness and Extraversion on New Labor Market Entrants' Job Search: The Mediating Role of Metacognitive Activities and Positive Emotions", *Personnel Psychology* 62 (2009): 553–73; e C. R. Wanberg, R. Kanfer e J. T. Banas, "Predictors and Outcomes of Networking Intensity Among Unemployed Job Seekers", *Journal of Applied Psychology* 85, no. 4 (2000): 491–503.

96. M. Egan, M. Daly, L. Delaney, C. J. Boyce e A. M. Wood, "Adolescent Conscientiousness Predicts Lower Lifetime Unemployment", *Journal of Applied Psychology* 102, no. 4 (2017): 700–9.

97. G. Van Hoye e H. Lootens, "Coping with Unemployment: Personality, Role Demands, and Time Structure", *Journal of Vocational Behavior* 82, no. 2 (2013): 85–95.

98. R. Kanfer, C. R. Wanberg e T. M. Kantrowitz, "Job Search and Employment: A Personality-Motivational Analysis and Meta-Analytic Review", *Journal of Applied Psychology* 86, no. 5 (2001): 837–55.

99. S. Côté, A. M. Saks e J. Zikic, "Trait Affect and Job Search Outcomes", *Journal of Vocational Behavior* 68, no. 2 (2006): 233–52; e D. B. Turban, F. K. Lee, S. P. Da Motta Veiga, D. L. Haggard e S. Y. Wu, "Be Happy, Don't Wait: The Role of Trait Affect in Job Search", *Personnel Psychology* 66 (2013): 483–514.

100. C. D. Crossley e J. M. Stanton, "Negative Affect and Job Search: Further Examination of the Reverse Causation Hypothesis", *Journal of Vocational Behavior* 66, no. 3 (2005): 549–60; e C. Hakulinen, M. Jokela, M. Hintsanen, L. Pulkki-Råback, M. Elovainio, T. Hintsa... e L. Keltikangas-Järvinen, "Hostility and Unemployment: A Two-Way Relationship?", *Journal of Vocational Behavior* 83, no. 2 (2013): 153–60.

101. R. D. Zimmerman, W. R. Boswell, A. J. Shipp, B. B. Dunford e J. W. Boudreau, "Explaining the Pathways between Approach-Avoidance Personality Traits and Employees' Job Search Behavior", *Journal of Management* 38, no. 5 (2012): 1450–75.

102. C. J. Boyce, A. M. Wood, M. Daly e C. Sedikides, "Personality Change Following Unemployment", *Journal of Applied Psychology* 100, no. 4 (2015): 991–1011.

103. W. R. Boswell, R. D. Zimmerman e B. W. Swider, "Employee Job Search: Toward an Understanding of Search Context and Search Objectives, *Journal of Management* 38, no. 1 (2012): 129–63.

104. R. D. Meyer, R. S. Dalal e R. Hermida, "A Review and Synthesis of Situational Strength in the Organizational Sciences", *Journal of Management* 36 (2010): 121–40.

105. Ibid.

106. R. D. Meyer, R. S. Dalal, I. J. Jose, R. Hermida, T. R. Chen, R. P. Vega... e V. P. Khare, "Measuring Job-Related Situational Strength and Assessing Its Interactive Effects with Personality on Voluntary Work Behavior", *Journal of Management* 40, no. 4 (2014): 1010–41.

107. A. M. Grant e N. P. Rothbard, "When in Doubt, Seize the Day? Security Values, Prosocial Values, and Proactivity under Ambiguity", *Journal of Applied Psychology* 98, no. 5 (2013): 810–9.

108. A. M. Watson, T. F. Thompson, J. V. Rudolph, T. J. Whelan, T. S. Behrend, et al., "When Big Brother Is Watching: Goal Orientation Shapes Reactions to Electronic Monitoring During Online Training", *Journal of Applied Psychology* 98 (2013): 642–57.

109. Y. Kim, L. Van Dyne, D. Kamdar e R. E. Johnson, "Why and When Do Motives Matter? An Integrative Model of Motives, Role Cognitions, and Social Support as Predictors of OCB", *Organizational Behavior and Human Decision Processes* 121 (2013): 231–45.

110. T. A. Judge e C. P. Zapata, "The Person-Situation Debate Revisited: Effect of Situation Strength and Trait Activation on the Validity of the Big Five Personality Traits in Predicting Job Performance", *Academy of Management Journal* 58, no. 4 (2015): 1149–79.

111. G. R. Maio, J. M. Olson, M. M. Bernard e M. A. Luke, "Ideologies, Values, Attitudes, and Behavior", in J. Delamater (ed.), *Handbook of Social Psychology* (Nova York: Springer, 2003), 283–308.

112. Veja, por exemplo, A. Bardi, J. A. Lee, N. Hofmann-Towfigh e G. Soutar, "The Structure of Intraindividual Value Change", *Journal of Personality and Social Psychology* 97, no. 5 (2009): 913–29.

113. S. Roccas, L. Sagiv, S. H. Schwartz e A. Knafo, "The Big Five Personality Factors and Personal Values", *Personality and Social Psychology Bulletin* 28, no. 6 (2002): 789–801.

114. B. C. Holtz e C. M. Harold, "Interpersonal Justice and Deviance: The Moderating Effects of Interpersonal Justice Values and Justice Orientation", *Journal of Management*, fev. 2013, 339–65.

115. M. Rokeach, *The Nature of Human Values* (Nova York: The Free Press, 1973).

116. Veja, por exemplo, N. R. Lockwood, F. R. Cepero e S. Williams, *The Multigenerational Workforce* (Alexandria, VA: Society for Human Resource Management, 2009).

117. E. Parry e P. Urwin, "Generational Differences in Work Values: A Review of Theory and

Evidence", *International Journal of Management Reviews* 13, no. 1 (2011): 79–96.

118. J. M. Twenge, S. M. Campbell, B. J. Hoffman e C. E. Lance, "Generational Differences in Work Values: Leisure and Extrinsic Values Increasing, Social and Intrinsic Values Decreasing", *Journal of Management* 36, no. 5 (2010): 1117–42.

119. J. L. Holland, *Making Vocational Choices: A Theory of Careers*, 2. ed. (Englewood Cliffs, NJ: Prentice-Hall, 1985); A. L. Kristof-Brown, R. D. Zimmerman e E. C. Johnson, "Consequences of Individuals' Fit at Work: A Meta-Analysis of Person-Job, Person-Organization, Person-Group, and Person-Supervisor Fit", *Personnel Psychology* 58 (2005): 281–342; e C. Ostroff, "Person-Environment Fit in Organizational Settings", in S. W. J. Kozlowski (ed.), *The Oxford Handbook of Organizational Psychology*, Vol. 1 (Oxford, Reino Unido: Oxford University Press, 2012): 373–408.

120. Y. Lee e J. Antonakis, "When Preference Is Not Satisfied but the Individual Is: How Power Distance Moderates Person-Job Fit", *Journal of Management* 40, no. 3 (2014): 641–57.

121. Veja W. Arthur Jr., S. T. Bell, A. J. Villado e D. Doverspike, "The Use of Person-Organization Fit in Employment Decision-Making: An Assessment of Its Criterion-Related Validity", *Journal of Applied Psychology* 91, no. 4 (2006): 786–801; e J. R. Edwards, D. M. Cable, I. O. Williamson, L. S. Lambert e A. J. Shipp, "The Phenomenology of Fit: Linking the Person and Environment to the Subjective Experience of Person–Environment Fit", *Journal of Applied Psychology* 91, no. 4 (2006): 802–27.

122. A. Leung e S. Chaturvedi, "Linking the Fits, Fitting the Links: Connecting Different Types of PO Fit to Attitudinal Outcomes", *Journal of Vocational Behavior*, out. 2011, 391–402.

123. J. C. Carr, A. W. Pearson, M. J. Vest e S. L. Boyar, "Prior Occupational Experience, Anticipatory Socialization, and Employee Retention, *Journal of Management* 32, no. 32 (2006): 343–59; B. J. Hoffman e D. J. Woehr, "A Quantitative Review of the Relationship between Person-Organization Fit and Behavioral Outcomes", *Journal of Vocational Behavior* 68 (2006): 389–99; e M. L. Verquer, T. A. Beehr e S. E. Wagner, "A Meta-Analysis of Relations between Person–Organization Fit and Work Attitudes", *Journal of Vocational Behavior* 63, no. 3 (2003): 473–89

124. K. H. Ehrhart, D. M. Mayer e J. C. Ziegert, "Web-Based Recruitment in the Millennial Generation: Work-Life Balance, Website Usability, and Organizational Attraction", *European Journal of Work and Organizational Psychology* 21, no. 6 (2012): 850–74.

125. Kristof-Brown, Zimmerman e Johnson, "Consequences of Individuals' Fit at Work"; e Ostroff, "Person-Environment Fit in Organizational Settings."

126. I.-S. Oh, R. P. Guay, K. Kim, C. M. Harold, J. H. Lee, C.-G. Heo e K.-H. Shin, "Fit Happens Globally: A Meta-Analytic Comparison of the Relationships of Person-Environment Fit Dimensions with Work Attitudes and Performance across East Asia, Europe, and North America", *Personnel Psychology* 67 (2014): 99–152.

127. Veja The Hofstede Centre, www.geerthofstede.com.

128. V. Taras, B. L. Kirkman e P. Steel, "Examining the Impact of Culture's Consequences: A Three-Decade, Multilevel, MetaAnalytic Review of Hofstede's Cultural Value Dimensions", *Journal of Applied Psychology* 95, no. 5 (2010): 405–39.

129. M. Javidan e R. J. House, "Cultural Acumen for the Global Manager: Lessons from Project GLOBE", *Organizational Dynamics* 29, no. 4 (2001): 289–305; e R. J. House, P. J. Hanges, M. Javidan e P. W. Dorfman (eds.), *Leadership, Culture, and Organizations: The GLOBE Study of 62 Societies* (Thousand Oaks, CA: Sage, 2004).

130. J. P. Meyer, D. J. Stanley, T. A. Jackson, K. J. McInnis, E. R. Maltin, et al., "Affective, Normative, and Continuance Commitment Levels across Cultures: A Meta-Analysis", *Journal of Vocational Behavior* 80 (2012): 225–45.

Percepção e tomada de decisão individual

Capítulo 6

Fonte: PJF Military Collection/Alamy Stock Photo

Objetivos de aprendizagem

Depois de ler este capítulo, você será capaz de:

6.1 Explicar os fatores que influenciam a percepção.

6.2 Descrever a teoria da atribuição.

6.3 Explicar a relação entre percepção e tomada de decisão.

6.4 Comparar o modelo racional de tomada de decisão com a racionalidade limitada e a intuição.

6.5 Explicar como as diferenças individuais e restrições organizacionais afetam a tomada de decisão.

6.6 Comparar os três critérios éticos de decisão.

6.7 Descrever o modelo dos três estágios da criatividade.

MATRIZ DE HABILIDADES PARA A EMPREGABILIDADE								
	Mito ou ciência?	Objetivos profissionais	Escolha ética	Ponto e contraponto	Exercício experiencial	Dilema ético	Estudo de caso 1	Estudo de caso 2
Pensamento crítico	✓	✓		✓	✓	✓	✓	✓
Comunicação			✓		✓	✓	✓	
Colaboração		✓			✓		✓	
Análise e aplicação do conhecimento	✓	✓	✓	✓	✓	✓	✓	✓
Responsabilidade social	✓	✓	✓	✓	✓	✓	✓	✓

DECISÕES "ANTIÉTICAS" EM ORGANIZAÇÕES "ÉTICAS"

Você esperaria que as decisões tomadas pelos empregados de organizações pró-sociais sem fins lucrativos fossem éticas em todas as circunstâncias? Pode ser que, a princípio, você responda que não, mas, no fundo, sem perceber, acredita que sim. Por exemplo, podemos ter uma visão estereotipada dessas organizações e acreditar que sua orientação pró-social faz com que sejam "imunes" a problemas éticos. Ou podemos atribuir uma espécie de "auréola" a essas organizações e achar que seus empregados jamais seriam capazes de um comportamento antiético. De fato, organizações como o Wounded Warrior Project, voltado a ajudar veteranos de guerra dos Estados Unidos, ajudam muito a comunidade. O Wounded Warrior Project levanta fundos e promove a conscientização ao organizar eventos de caridade, como o Pedal dos Soldados, na Flórida, para conscientizar os norte-americanos a apoiar e respeitar os veteranos feridos em combate (foto de abertura do capítulo).

Nos últimos anos, contudo, muitas dessas organizações se envolveram em escândalos executivos. Por exemplo, o conselho de administração da Healing Arts Initiative, uma ONG de Nova York que oferece apresentações teatrais, concertos e outros eventos artísticos para nova-iorquinos que não teriam condições de participar, decidiu demitir a diretora executiva e o diretor financeiro em abril de 2016. O "crime" deles foi que, depois de apenas algumas semanas no cargo, a diretora executiva, D. Alexandra Dyer, descobriu um esquema de apropriação indébita de US$ 750.000 dentro de sua organização e contratou Frank Williams, o diretor financeiro, para resolver os problemas contábeis. O conselho administrativo decidiu demiti-los como forma de vingança. Muitos membros do conselho já tinham sido indiciados, e não só por apropriação indébita. Em agosto de 2016, pouco depois de descobrir o esquema, Dyer foi agredida com um forte produto químico que serve para desentupir canos. O ataque foi orquestrado pelo conselho de administração e a levou a passar meses internada depois de várias cirurgias.

Até organizações sem fins lucrativos como o Wounded Warrior Project são suscetíveis a escândalos, apesar de o projeto ter ganhado três estrelas (84,5 de um total de 100 pontos) no Charity Navigator e ter investido quase 60% de sua renda em programas e serviços. Um relatório da CBS News revelou que a ONG usa grande parte de sua verba em dispendiosos pacotes de remuneração de executivos e acomodações luxuosas em viagens. William Chick, que atuou como supervisor do Project, observa que "aos poucos a ONG foi perdendo o foco nos veteranos e foi se voltando mais a arrecadar dinheiro e proteger a organização". Chick foi demitido em 2012, após entrar em disputa com um chefe. Segundo Ayla Tezel, porta-voz do Wounded Warrior Project, os 18 ex-empregados que denunciaram a organização foram demitidos por desempenho insatisfatório ou por violações éticas. Tezel enfatizou que nem todos estão isentos de decisões tendenciosas, equivocadas ou antiéticas — "Acontece de os empregados tomarem decisões ruins que não podem ser ignoradas e acontece de esses empregados serem veteranos".

O problema é que, quando nos concentramos em casos isolados de comportamento antiético em ONGs, corremos o risco de, em vez de achar que essas organizações têm uma espécie de "auréola", julgar que elas têm "chifres". Precisamos tomar cuidado para não generalizar esses incidentes isolados a todas as ONGs e achar que todas são antiéticas e tudo o que fazem deve ser descartado. Como escreveu um observador na página do projeto no Facebook: "É uma pena que os veteranos feridos em conflito é que sairão prejudicados pela queda das doações que essas revelações vão provocar... meu talão de cheques está fechado para essa organização". Um novo movimento social está pressionando as ONGs e organizações sociais a garantir que seu processo decisório seja mais responsável e transparente. Por exemplo, as chamadas "meta instituições de caridade" (como o Charity Navigator, mencionado anteriormente) e outros grupos trabalham para fornecer avaliações objetivas dos serviços prestados pelas ONGs. Esse movimento, chamado de "altruísmo eficaz", inclui muitas organizações, sendo que algumas (como a GiveDirectly) possibilitam que as pessoas façam doações diretas para ajudar os mais desfavorecidos.

Fontes: baseado em B. Chappell, "Wounded Warrior Project Fires Top 2 Executives after Reports of Over spending", NPR, 11 mar. 2016, http://www.npr.org/sections/the-two-way/2016/03/11/470081279/wounded-warrior-project-fires-top-2-executives-after-reports-of-overspending; A. Newman, "Missing Money, a Vicious Attack and Slow Healing for a Charity's Leader", *The New York Times*, 28 abr. 2016, https://nyti.ms/2mEIXYs; A. Newman, "Charity Fires Leader Who Questioned Finances and Suffered Lye Attack", *The New York Times*, 6 maio 2016, https://nyti.ms/2mEIXYs; D. Philipps, "Wounded Warrior Project Spends Lavishly on Itself, Insiders Say", *The New York Times*, 27 jan. 2016, https://nyti.ms/2jOTAFs; R. Rojas, "Nonprofit Executive Attacked with Drain Cleaner in Embezzlement Cover-Up, Officials Say", *The New York Times*, 5 abr. 2016, https://nyti.ms/2ozPd0d; e G. Tsipursky, "The Wounded Warrior Project Scandal Should Encourage More Philanthropy", *Time*, 15 mar. 2016, http://time.com/4257876/wounded-warrior-project-scandal/.

Casos como o da Healing Arts e do Wounded Warrior Project ilustram como pode ser complicado tomar decisões éticas nas organizações. Como veremos mais adiante, tal tomada de decisão depende de vários critérios e muitas técnicas podem ser utilizadas para promovê-la. Para entender melhor os fatores que afetam a nós e as nossas organizações, começaremos pelas raízes dos nossos processos mentais: as nossas percepções e a maneira como elas afetam a nossa tomada de decisão.

O que é percepção?

A percepção é um processo pelo qual os indivíduos organizam e interpretam suas impressões sensoriais para dar sentido ao seu ambiente. O que percebemos pode ser consideravelmente diferente da realidade objetiva. Por exemplo, todos os empregados podem considerar a empresa um excelente lugar para trabalhar — boas condições de trabalho, tarefas interessantes, bons salários, excelentes benefícios, gestão compreensiva e responsável —, mas, como sabemos, é muito raro encontrar um consenso universal entre as pessoas.

A percepção é importante para o estudo do comportamento organizacional simplesmente porque a forma como as pessoas se comportam é baseada na percepção que elas têm da realidade, não na realidade em si. *O mundo que importa para o comportamento é o mundo na forma como é ele percebido*. Em outras palavras, a nossa percepção passa a ser a realidade com base na qual agimos. Para entender o que todos nós temos em comum na maneira como interpretamos a realidade, precisamos começar com os fatores que influenciam nossas percepções.

Fatores que influenciam a percepção

Muitos fatores influenciam e, por vezes, distorcem a percepção. Esses fatores podem estar no *perceptor*, no *objeto* (ou alvo) da percepção ou no contexto da *situação* em que a percepção ocorre (veja a Figura 6.1).

6.1 Explicar os fatores que influenciam a percepção.

percepção
Processo pelo qual os indivíduos organizam e interpretam suas impressões sensoriais para dar sentido ao ambiente.

FIGURA 6.1 Fatores que influenciam a percepção.

Fatores inerentes ao perceptor
- Atitudes
- Motivos
- Interesses
- Experiências
- Expectativas

Fatores inerentes à situação
- Momento
- Ambiente de trabalho
- Ambiente social

Percepção

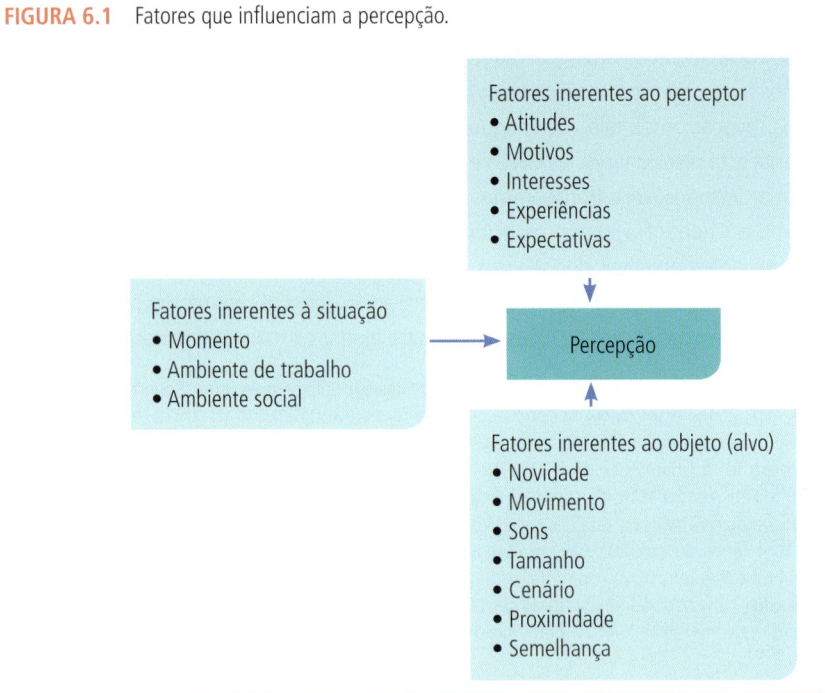

Fatores inerentes ao objeto (alvo)
- Novidade
- Movimento
- Sons
- Tamanho
- Cenário
- Proximidade
- Semelhança

Perceptor Quando você observa um objeto, a interpretação de sua percepção é afetada por suas características pessoais, como atitudes, personalidade, motivações, interesses, experiências e expectativas. De certa forma, ouvimos o que queremos ouvir[1] e vemos o que queremos ver — não porque seja a verdade, mas porque está de acordo com nossa forma de pensar. Por exemplo, pesquisas mostraram que os supervisores tinham a percepção de que os subordinados que começavam a trabalhar antes do horário eram mais conscienciosos e, portanto, tinham um desempenho melhor do que os outros; por outro lado, os supervisores que eram mais "noturnos" se mostraram menos propensos a fazer essa suposição equivocada.[2] Algumas percepções criadas por atitudes como essa podem ser neutralizadas por avaliações objetivas, enquanto outras podem ser traiçoeiras. Vejamos, por exemplo, as percepções de dois observadores de um tiroteio ocorrido recentemente em Nova York, incidente que teve duas testemunhas oculares. Um observador disse que um policial perseguiu e atirou em um homem que estava fugindo e o outro disse que um homem algemado e deitado no chão foi baleado pela polícia. Nenhum dos dois teve uma percepção correta da situação: na verdade, o homem estava tentando atacar um policial com um martelo quando foi baleado e morto por outro policial.[3]

Objeto (ou alvo) As características do objeto (ou alvo) observado também podem afetar nossa percepção. Como um objeto não é observado isoladamente, a percepção pode ser influenciada por sua relação com o cenário, assim como por nossa tendência em agrupar elementos próximos ou parecidos.[4] Por exemplo, podemos perceber mulheres, homens, brancos, negros, asiáticos ou membros de quaisquer outros grupos que possuam características nitidamente distintas como semelhantes, geralmente de formas que não tenham relação. Essas suposições podem ser danosas, como acontece com pessoas que têm antecedentes criminais e acabam sendo vítimas de preconceito no trabalho mesmo quando se sabe que elas foram presas injustamente.[5] No entanto, às vezes, as diferenças podem atuar a nosso favor, como quando somos atraídos por objetos que se revelam diferentes das nossas expectativas. Por exemplo, os participantes de um estudo recente respeitaram mais um professor que usava camiseta e tênis em sala de aula do que o mesmo professor vestido com um estilo mais formal. Isso porque, no segundo caso, o professor se destacou da norma do contexto de sala de aula e, portanto, foi percebido como um individualista.[6]

Contexto O contexto também é importante. O momento em que um objeto ou evento é observado pode influenciar nossa atenção, bem como outros fatores situacionais, como localização, iluminação e temperatura. Por exemplo, você pode não reparar em alguém em traje de gala durante um casamento em uma noite de sábado, mas, se essa pessoa se apresentasse vestida da mesma forma na manhã de segunda-feira para assistir a uma aula na faculdade, você (bem como o resto dos alunos) certamente repararia. Nem o perceptor nem o objeto mudaram da noite de sábado para a manhã de segunda-feira, mas a situação é diferente.

As pessoas em geral não estão cientes dos fatores que afetam sua visão da realidade. Na verdade, nem chegam a ter uma percepção acertada das *próprias* capacidades.[7] Felizmente, conscientização e medidas objetivas podem reduzir nossas distorções de percepção. Por exemplo, quando as pessoas estão mais conscientes de seus próprios preconceitos raciais, elas se motivam a controlá-los e prestam mais atenção às suas tendências.[8] Agora, vamos considerar as percepções que as pessoas formam a respeito umas das outras.

Percepção pessoal: realizando julgamentos sobre os outros

6.2 Descrever a teoria da atribuição.

Os conceitos relativos à percepção mais relevantes para o comportamento organizacional incluem as *percepções de pessoas* ou as percepções que as pessoas têm umas das outras. Muitas das nossas percepções sobre as pessoas são formadas por primeiras impressões e pequenas pistas com pouco embasamento concreto. Essa tendência é especialmente problemática — porém comum — quando inferimos a moralidade de uma pessoa. Pesquisas indicam que formamos nossas impressões mais fortes com base no que percebemos sobre o caráter moral da pessoa, mas as informações iniciais às quais temos acesso podem ser imprecisas e infundadas.[9] Vamos analisar outras tendências humanas que interferem na percepção correta em relação às pessoas, começando com a teoria da atribuição.

Teoria da atribuição

Os objetos inanimados — como mesas, equipamentos ou edifícios — estão sujeitos às leis da natureza, mas não têm crenças, motivações ou intenções. As pessoas têm. Consequentemente, quando observamos outras pessoas, tentamos explicar as razões de seus comportamentos. Nossa percepção e julgamento das ações de um indivíduo, portanto, são bastante afetados pelas suposições que fazemos sobre seu estado de ânimo.

A teoria da atribuição tenta explicar as formas pelas quais julgamos as pessoas de maneira diferente, dependendo do significado que atribuímos a um comportamento.[10] Por exemplo, considere o que você pensa quando as pessoas sorriem para você. Você acha que elas são cooperativas, exploradoras ou competitivas? Atribuímos significados variados a sorrisos e outras expressões.[11]

teoria da atribuição
Tentativa de explicar as formas pelas quais julgamos as pessoas de maneira diferente, dependendo do significado que atribuímos a um comportamento, bem como determinar se o comportamento de um indivíduo tem causa interna ou externa.

A teoria da atribuição sugere que, quando observamos o comportamento de um indivíduo, tentamos determinar se esse comportamento foi causado interna ou externamente. Em grande parte, essa determinação depende de três fatores: (1) diferenciação, (2) consenso e (3) consistência.[12] Primeiro, esclareceremos as diferenças entre causas internas e causas externas e, depois, discutiremos cada um dos três fatores determinantes.

Os comportamentos motivados por causas *internas* são aqueles que um observador acredita estar sob o controle comportamental pessoal do indivíduo. O comportamento motivado por causas *externas* é aquele que imaginamos ter sido provocado por uma situação enfrentada pelo indivíduo. Se um subordinado chega atrasado ao trabalho, você pode imaginar que ele ficou em uma festa até tarde da noite e perdeu a hora de levantar. Essa seria uma atribuição interna. Mas você também pode imaginar que o atraso se deve a um enorme engarrafamento causado por um acidente. Essa seria uma atribuição externa.

Agora vamos analisar os três fatores determinantes. A *diferenciação* refere-se ao fato de o indivíduo exibir ou não comportamentos diferentes em situações variadas. O empregado que chegou tarde hoje é o mesmo que tem sido alvo de reclamações dos colegas por ser "folgado"? A ideia é averiguar se o comportamento é ou não habitual. Se não for, o perceptor provavelmente lhe dará uma atribuição externa. Caso contrário, a causa do comportamento provavelmente será vista como interna.

Se todo mundo que enfrentar uma situação semelhante tiver a mesma reação, podemos dizer que o comportamento apresenta *consenso*. O comportamento do nosso empregado atrasado atenderia a esse critério se todos os empregados que fizeram o mesmo trajeto para ir ao trabalho também se atrasassem. Do ponto de vista da atribuição, se o consenso é alto, você provavelmente atribuiria uma causa externa ao comportamento; mas, se os outros empregados que fizeram o mesmo caminho chegaram no horário, você concluiria que a causa do atraso é interna.

Por fim, o perceptor busca *consistência* nas ações de um indivíduo. O indivíduo reage sempre da mesma forma? Chegar dez minutos atrasado não é um comportamento visto da mesma forma para um empregado que passou meses sem se atrasar e para um empregado que chega tarde duas ou três vezes por semana. Quanto mais consistente for o comportamento, mais o perceptor tende a atribuí-lo a causas internas.

A Figura 6.2 resume os principais elementos da teoria da atribuição. Esse modelo pode nos ajudar a determinar, por exemplo, que, se uma funcionária — vamos chamá-la de Joana — costuma ter o mesmo nível de desempenho em diferentes tarefas (baixa diferenciação) e outros empregados, em geral, têm um desempenho diferente, melhor ou pior do que o desempenho de Joana em determinada tarefa (baixo consenso), e sendo o desempenho de Joana nessa tarefa consistente ao longo do tempo (alta consistência), a pessoa que julgar seu trabalho atribuirá à Joana a responsabilidade total pelo próprio desempenho (atribuição interna).

Erros ou vieses distorcem as atribuições. Quando julgamos o comportamento dos outros, tendemos a subestimar a influência dos fatores externos e superestimar a influência de fatores internos.[13] Esse **erro fundamental de atribuição** pode explicar por que um gerente de vendas atribui o desempenho insatisfatório de seus vendedores à preguiça e não ao lançamento de um produto inovador por parte do concorrente. Pessoas e organizações tendem a atribuir o próprio sucesso a fatores

---

erro fundamental de atribuição
Tendência de subestimar a influência de fatores externos e superestimar a influência de fatores internos ao fazer julgamentos sobre o comportamento dos outros.

FIGURA 6.2 Teoria da atribuição.

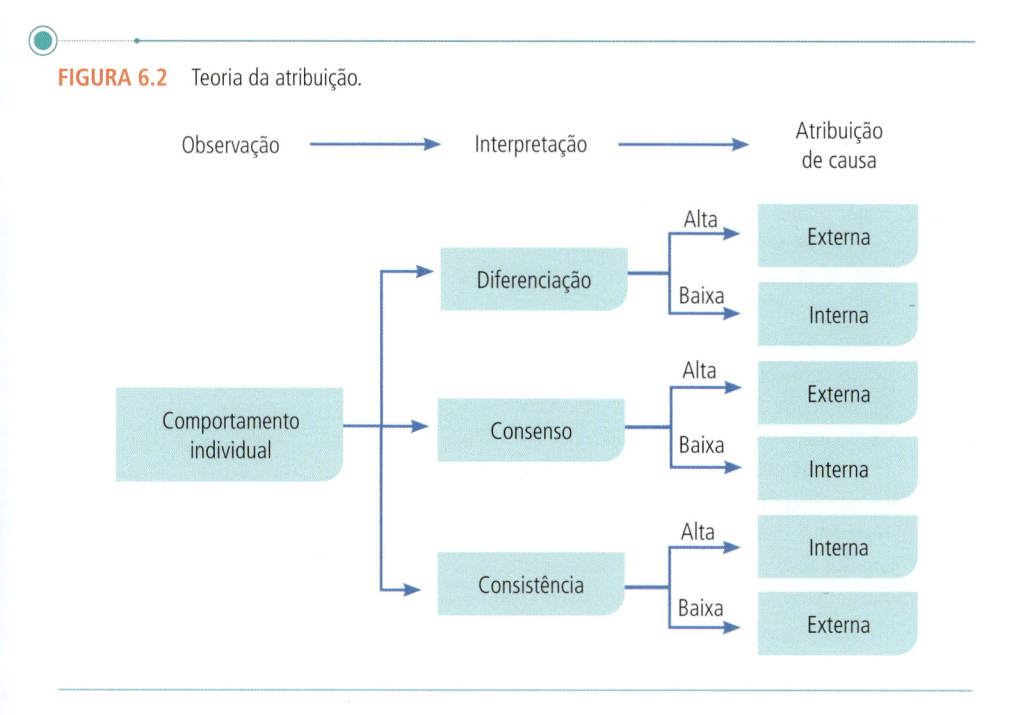

```
Observação  →  Interpretação  →  Atribuição de causa

                        ┌─ Diferenciação ─┬─ Alta  → Externa
                        │                 └─ Baixa → Interna
                        │
Comportamento individual┼─ Consenso ──────┬─ Alta  → Externa
                        │                 └─ Baixa → Interna
                        │
                        └─ Consistência ──┬─ Alta  → Interna
                                          └─ Baixa → Externa
```

internos, como capacidade e empenho, e colocar a culpa dos próprios fracassos em fatores externos, como falta de sorte ou colegas incompetentes. É comum que informações vagas sejam consideradas relativamente lisonjeiras e que o feedback positivo seja aceito, enquanto o negativo é rejeitado. Essa tendência é chamada de viés da autoconveniência.[14]

As evidências relativas à influência das diferenças culturais na percepção não são definitivas, mas a maioria sugere que existem diferenças culturais relacionadas às atribuições que as pessoas fazem.[15] Em um estudo, os gestores asiáticos se mostraram mais propensos a culpar instituições ou organizações inteiras quando as coisas deram errado, ao passo que a tendência de observadores ocidentais foi culpar ou elogiar os gestores de forma individual.[16] Isso provavelmente explica por que os jornais dos Estados Unidos incluem o nome dos executivos quando as empresas apresentam um desempenho insatisfatório, enquanto a mídia asiática considera que o fracasso é da empresa como um todo. Essa tendência de fazer atribuições baseadas em grupo também explica por que pessoas de culturas asiáticas, cuja orientação é mais coletivista, são mais propensas a aplicar estereótipos de grupo.[17]

Embora o viés da autoconveniência seja menos comum nas culturas do leste asiático, evidências sugerem que pessoas dessas culturas também são suscetíveis a ele.[18] Estudos indicam que os gestores chineses atribuem a culpa por erros usando as mesmas pistas de diferenciação, consenso e consistência usadas pelos gestores ocidentais.[19] Eles também se irritam e punem os empregados considerados responsáveis pelo fracasso, uma reação verificada em muitos estudos com gestores ocidentais. Pode ser que os gestores asiáticos só precisem de mais evidências para concluir que alguém deve ser o culpado.

O conceito da teoria da atribuição estende nossa conscientização da percepção sobre pessoas nos ajudando a entender por que tiramos certas conclusões com base em seu comportamento. Agora que avaliamos a percepção de pessoas, vamos analisar alguns atalhos, que usamos para julgar o comportamento das pessoas.

viés da autoconveniência
Tendência dos indivíduos de atribuir os próprios sucessos a fatores internos e culpar fatores externos pelos próprios fracassos.

Objetivos profissionais

E daí se eu chego alguns minutos atrasada no trabalho?

Volta e meia eu chego atrasada no trabalho porque parece que sempre acontece algum imprevisto de manhã. Mas meu chefe não sai do meu pé! Ele está ameaçando instalar um relógio de ponto. Que absurdo! Eu sou uma gerente, sou muito profissional, não ganho por hora e dou conta do trabalho! O que eu posso fazer para que ele veja que eu tenho razão?

— Renée

Prezada Renée,
Parece que você está muito frustrada com a situação e gostaríamos de ajudá-la a eliminar essa insatisfação. Vamos começar analisando por que você e seu chefe têm uma opinião diferente sobre o assunto. Está claro que ambos têm percepções diversas da situação. Ele vê seu atraso como uma violação e você o vê como uma ocorrência natural. Em muitos outros empregos, chegar na hora pode não ser esperado, valorizado nem necessário. Talvez seu chefe esteja tentando mostrar que valoriza a pontualidade, ou talvez ele considere seu atraso como um comportamento antiético, uma forma de roubar um tempo precioso de trabalho da organização.

De acordo com Ann Tenbrunsel, diretora do Institute for Ethical Business Worldwide (Instituto Global de Ética Corporativa), a maneira como analisamos nossas decisões muda nossa percepção sobre nossos comportamentos. Você vê seu atraso como algo que simplesmente acontece, não como consequência de uma decisão. E se você visse seu atraso como uma decisão ética diária? Sua organização tem um horário de trabalho com o qual você concordou ao aceitar o emprego, de modo que chegar atrasada representa um desvio de padrão. Você, sem dúvida, pode tomar algumas providências para chegar a tempo. Pensando assim, seu comportamento realmente pode ser considerado antiético.

Sua situação não é incomum. Todos nós temos pontos cegos morais ou situações com ramificações éticas que não conseguimos enxergar. Além disso, como já dissemos, algumas organizações podem não se importar com o atraso, de maneira que isso nem sempre é uma situação ética. Mas, para situações que podem ser consideradas antiéticas, pesquisas sugerem que a punição não é a melhor solução. O melhor é mudar a perspectiva das decisões para nos conscientizarmos de suas implicações éticas. Tente as sugestões a seguir:

- *Analise suas motivações para as decisões que toma durante sua rotina matinal.* Você consegue ver em quais momentos toma decisões?
- *Pense em suas ações no passado.* Quando pensa nas decisões que tem tomado de manhã, você se vê justificando seus atrasos? A justificativa indica que nossas decisões podem ser suspeitas.
- *Analise os fatos.* Como as razões de seus atrasos no passado refletem as atitudes que inconscientemente você vem tomando?

Se conseguir ver o aspecto ético de seus atrasos, vai conseguir mudar para atender às expectativas. Reserve um tempinho para pensar sobre as implicações éticas de suas decisões de manhã, desde o momento em que acorda, e vai ser muito mais fácil chegar na hora.

Fontes: baseado em C. Moore e A. E. Tenbrunsel, "'Just Think about It'? Cognitive Complexity and Moral Choice", *Organizational Behavior and Human Decision Processes* 123, no. 2 (2014): 138–49; A. Tenbrunsel, Ethical Systems, www.ethicalsystems.org/content/ann-tenbrunsel, acessado em 7 maio 2015; análise e podcast sobre *Blind Spots: Why We Fail to Do What's Right and What to Do about It*, 4 maio 2015, http://press.princeton.edu/titles/9390.html, acessado em 7 maio 2015.`

As opiniões apresentadas aqui são única e exclusivamente dos autores, os quais não se responsabilizam por quaisquer erros ou omissões nem pelos resultados obtidos com a utilização dessas informações. Em circunstância alguma, os autores, seus parceiros ou suas organizações serão responsáveis por qualquer decisão ou ação de sua parte ou da parte de qualquer pessoa com base nas opiniões apresentadas aqui.

Atalhos no julgamento das pessoas

Costumamos utilizar diversos atalhos quando julgamos as pessoas. Essas técnicas nos permitem chegar rapidamente a percepções precisas e oferecem informações válidas para fazer previsões. O problema é que elas podem resultar em consideráveis distorções, o que acontece com frequência.

Percepção seletiva   Qualquer característica que leve uma pessoa, objeto ou evento a se destacar, aumentando as chances de serem percebidos por nós. Isso acontece porque é impossível assimilar tudo o que vemos e só podemos absorver determinados estímulos. Assim, temos mais chances de notar carros iguais ao nosso e seu chefe pode chamar a atenção de alguns empregados e não de outros que fazem a mesma coisa. Como não podemos observar tudo o que se passa ao nosso redor, usamos a percepção seletiva. Mas a nossa escolha não é aleatória: fazemos seleções com base em nossos interesses, histórico, experiências e atitudes. Ao ver só o que queremos ver, podemos tirar conclusões equivocadas de uma situação não muito clara.

Efeito halo (efeito auréola) e efeito horns (efeito chifres) Quando temos uma impressão *positiva* de uma pessoa com base em uma única característica, como inteligência, sociabilidade ou aparência, isso indica a presença do efeito halo.[20] O efeito horns, por outro lado, ocorre quando temos uma impressão *negativa* de uma pessoa com base em única característica. Esses efeitos são fáceis de demonstrar. Se você acha que uma pessoa foi, digamos, sociável, o que mais você poderia inferir? Você provavelmente não diria que a pessoa foi introvertida, não é mesmo? Você pode supor que a pessoa é extravagante, feliz ou perspicaz quando, na verdade, a palavra *sociável* não inclui esses outros atributos positivos. Os gestores precisam tomar cuidado para não fazer inferências com base em pequenas pistas.

> **efeito halo (ou efeito auréola)**
> Tendência de gerar uma impressão geral positiva sobre um indivíduo com base em uma única característica.
>
> **efeito horns (ou efeito chifres)**
> Tendência de gerar uma impressão geral negativa sobre um indivíduo com base em uma única característica.

Efeito de contraste Existe uma antiga máxima entre os atores de espetáculos de variedades: "Nunca faça seu número depois de uma apresentação com crianças ou animais". Sabe por quê? As pessoas gostam tanto de crianças e bichinhos que sua apresentação vai parecer decepcionante depois deles. Esse exemplo ilustra como o efeito de contraste pode distorcer a percepção. Não avaliamos as pessoas de maneira isolada. Nossa reação a alguém é sempre afetada pelas outras pessoas com quem tivemos interações recentemente.

> **efeito de contraste**
> Avaliação das características de uma pessoa que é afetada por comparações com outras pessoas com quem o indivíduo interagiu recentemente e que apresentam, em uma escala menor ou maior, as mesmas características.

Por exemplo, uma pesquisa conduzida com 22 equipes de uma organização chinesa do setor de hospitalidade que passava por grandes mudanças organizacionais e nomeações de novos líderes sugere que a liderança transformacional (veja o Capítulo 12) é mais eficaz para levar os empregados a aderirem às mudanças quando o líder anterior não era transformacional. Em outras palavras, quando o líder anterior era transformacional, os comportamentos dos novos líderes não eram tão eficazes.[21]

Estereotipagem Quando julgamos uma pessoa com base em nossa percepção do grupo ao qual ela pertence, estamos esteriotipando.[22]

> **estereotipagem**
> Julgar alguém com base em nossa percepção sobre o grupo ao qual essa pessoa pertence.

É mais fácil lidar com o número enorme de estímulos de nosso complexo mundo se utilizarmos atalhos ou estereótipos conhecidos como *heurísticas* para tomar decisões rapidamente. Por exemplo, de fato, faz sentido presumir que Celso, o novo empregado da contabilidade, sabe alguma coisa sobre orçamentos, ou que Cauã, das finanças, poderá ajudá-lo a resolver um problema de projeção financeira. A dificuldade, é claro, surge quando generalizamos de forma imprecisa ou exagerada. Os estereótipos podem ser tão profundamente arraigados e intensos que podem até mesmo afetar decisões de vida ou morte. Um estudo que controlou uma ampla gama de fatores (como circunstâncias agravantes ou atenuantes) mostrou que réus negros, em julgamentos criminais por assassinato, quando tinham uma aparência próxima ao "estereótipo típico de afro-americanos", tinham suas chances dobradas de receber uma sentença de morte caso fossem considerados culpados.[23] Outro estudo descobriu que os estudantes tendiam a atribuir pontuações mais altas nos critérios de "potencial de liderança" e "liderança eficaz" para os brancos do que para os membros de grupos minoritários, corroborando o estereótipo de que os brancos são líderes melhores.[24]

Um dos problemas dos estereótipos é que eles são muito difundidos, apesar de não terem qualquer traço de verdade ao serem aplicados a uma pessoa ou situação específica. Precisamos nos policiar para não os utilizarmos em nossas avaliações e decisões. Os estereótipos são um exemplo do que diz a advertência: "Quanto mais útil, mais chances de uso indevido".

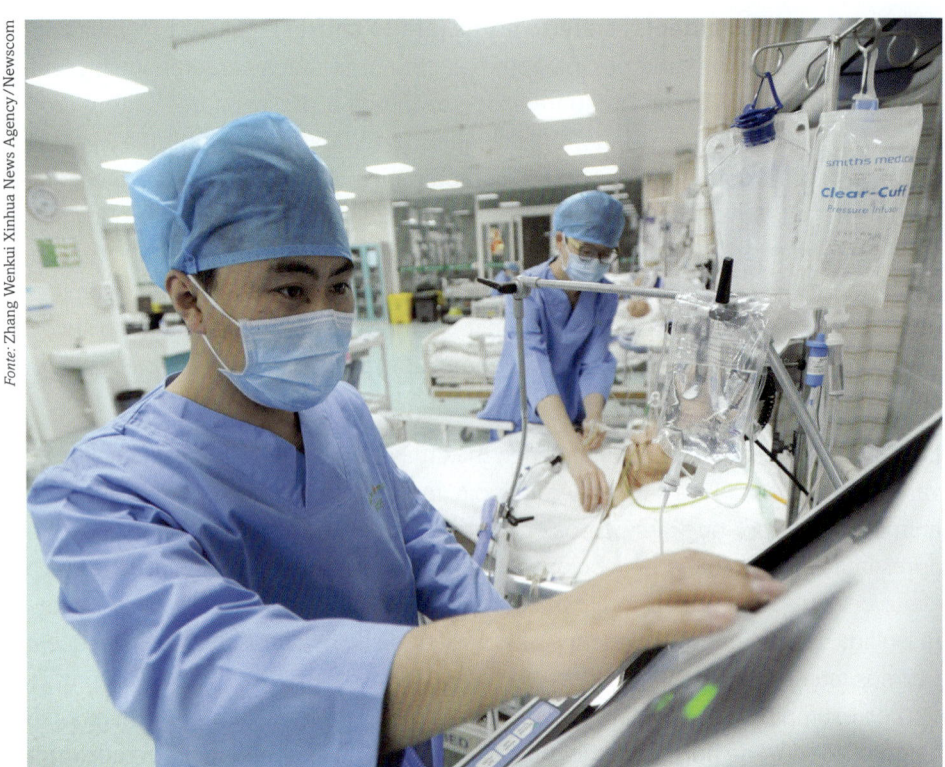

O enfermeiro Li Hongfei, que trabalha no Hospital Popular nº 4 de Shenyang, China, é vítima de estereótipos negativos por ser homem. Como Li, os enfermeiros do sexo masculino relatam que a estereotipagem de gênero envolve uma generalização imprecisa de que a enfermagem é uma profissão exclusiva às mulheres porque os homens não têm a paciência, a empatia e a compaixão necessárias para fazer bem o trabalho.

Já deve estar claro a essas alturas que nossa perspectiva é afetada por nossas percepções, muitas das quais são quase instantâneas e não envolvem uma ponderação pessoal consciente. Embora elas possam não ter muito impacto em algumas situações, acontece com frequência de as percepções afetarem muito nossas decisões. A primeira medida que podemos tomar para aumentar a eficácia da tomada de decisão nas organizações é entender o processo de percepção em um nível individualizado — tópico que discutiremos a seguir.

Aplicações específicas das simplificações (ou atalhos) nas organizações

As pessoas nas organizações estão sempre julgando umas às outras. Os chefes precisam avaliar o desempenho de seus subordinados. Avaliamos o quanto nossos colegas se dedicam ao trabalho. Quando uma pessoa nova entra na equipe, ela é imediatamente olhada "de cima a baixo" pelos demais. Muitas vezes, nossos julgamentos têm consequências importantes para a organização. Vamos dar uma olhada nas aplicações mais claras.

Entrevista de seleção Poucas pessoas são contratadas sem passar por uma entrevista. Mas os entrevistadores fazem julgamentos perceptivos que, não raro, são imprecisos e formam impressões iniciais que criam raízes rapidamente.[25] Pesquisas demonstram que formamos impressões das pessoas em um décimo de segundo com base no primeiro vislumbre que temos delas.[26]

A maioria das decisões tomadas pelos entrevistadores muda muito pouco após os primeiros 4 ou 5 minutos de uma entrevista. Desse modo, as informações coletadas no início têm mais peso que as informações obtidas depois e um "bom candidato" provavelmente é mais avaliado pela ausência de características desfavoráveis do que pela presença de características favoráveis. Nossa intuição individual sobre um candidato a emprego não é um fator preditivo confiável de seu desempenho no trabalho, de modo que pode ser interessante coletar as opiniões de diversos avaliadores independentes.[27]

Expectativas sobre o desempenho   As pessoas sempre tentam validar suas percepções da realidade, mesmo quando estas estão erradas. Os termos profecia autorrealizável e *efeito Pigmaleão* descrevem como o comportamento de uma pessoa é determinado pelas expectativas alheias.[28] Se um chefe espera grandes feitos de seus subordinados, provavelmente eles não o decepcionarão. Da mesma forma, se o chefe só espera um desempenho mínimo, os empregados provavelmente corresponderão a essas baixas expectativas. As expectativas se tornam realidade. Estudos constataram que a profecia autorrealizável afeta o desempenho de estudantes nas escolas, de soldados em combate e até de contadores.[29]

profecia autorrealizável
Situação em que uma pessoa tem uma percepção distorcida de outra e isso resulta em expectativas que levam essa segunda pessoa a se comportar de forma consistente com tal percepção.

Avaliação de desempenho   Discutiremos as avaliações de desempenho no Capítulo 17, mas vale notar aqui que elas são muito afetadas pelo processo de percepção.[30] O futuro de um empregado tem grande relação com o modo como ele é avaliado — promoções, aumentos de salário e tempo de permanência no emprego são algumas das consequências mais claras. As avaliações subjetivas, apesar de muitas vezes necessárias, são problemáticas, pois são afetadas por todos os problemas de percepção que discutimos até agora: percepção seletiva, efeitos de contraste, efeito halo e outros. Ironicamente, algumas vezes as classificações de desempenho revelam tanto sobre o avaliador quanto sobre o avaliado!

Mito ou ciência?

Todos os estereótipos são negativos

A afirmação é falsa, já que os estereótipos também podem ser positivos.

Por exemplo, um estudo conduzido com estudantes da Universidade de Princeton demonstra que até hoje acreditamos que os alemães são trabalhadores melhores, os italianos e os afro-americanos são mais leais, os judeus e os chineses são mais inteligentes e os japoneses e os ingleses são mais corteses. O que surpreende é que os estereótipos positivos nem sempre são benéficos.

Podemos ser mais propensos a sofrer um "bloqueio" (deixar de apresentar um bom desempenho) quando nos identificamos com os estereótipos positivos, porque eles nos pressionam a apresentar um desempenho no nível estereotipado. Por exemplo, costuma-se acreditar que os homens têm mais capacidade matemática do que as mulheres. Um estudo demonstrou que ativar esse estereótipo antes de os homens fazerem um teste dessa disciplina faz com que seu desempenho caia. A crença de que homens brancos são melhores em ciências e matemática do que mulheres ou minorias levou homens brancos que participaram de outro estudo a decidirem não se formar em áreas relacionadas a ciências, tecnologia, engenharia e matemática. Um estudo usou o basquete para ilustrar a complexidade dos estereótipos. Pesquisadores apresentaram a um grupo de estudantes de graduação evidências de que os brancos eram melhores no lance livre do que os negros. Outro grupo recebeu evidências de que os negros eram melhores no lance livre do que os brancos. Um terceiro grupo não foi exposto a qualquer informação estereotipada. Feito isso, os pesquisadores pediram que os estudantes fizessem lances livres. Os estudantes que apresentaram o pior desempenho foram os que corresponderam à condição de estereótipo negativo (estudantes negros que foram informados de que os brancos eram melhores e estudantes brancos que foram informados de que os negros eram melhores). Mas o grupo que correspondeu aos estereótipos positivos (estudantes negros que foram informados de que os negros eram melhores e estudantes brancos que foram informados de que os brancos eram melhores) também não apresentou um bom desempenho. O melhor desempenho foi apresentado pelo grupo que não foi exposto a informações estereotipadas.

O "bloqueio" não é a única consequência negativa dos estereótipos positivos. Pesquisas revelaram que, quando mulheres ou asiático-americanos eram expostos a estereótipos positivos sobre seu grupo ("as mulheres são carinhosas"; "os asiáticos são bons em matemática"), eles se sentiam despersonalizados e reagiam negativamente à pessoa que expressou o estereótipo positivo. Outro estudo mostrou que os estereótipos positivos sobre os afro-americanos acabaram solidificando os estereótipos negativos porque qualquer estereótipo tende a reforçar as diferenças baseadas em grupos, tanto positivas quanto negativas.

Dá para entender por que usamos estereótipos, uma vez que precisamos de simplificações para viver; esses atalhos, no entanto, podem nos ajudar ou nos atrapalhar. Como os estereótipos são socialmente aprendidos, precisamos nos policiar para não aceitá-los ou propagá-los.

Fontes: baseado em A. C. Kay, M. V. Day, M. P. Zanna e A. D. Nussbaum, "The Insidious (and Ironic) Effects of Positive Stereotypes", *Journal of Experimental Social Psychology* 49 (2013): 287–91; J. O. Sly e S. Cheryan, "When Compliments Fail to Flatter: American Individualism and Responses to Positive Stereotypes", *Journal of Personality and Social Psychology* 104 (2013): 87–102; M. J. Tagler, "Choking under the Pressure of a Positive Stereotype: Gender Identification and Self-Consciousness Moderate Men's Math Test Performance", *Journal of Social Psychology* 152 (2012): 401–16; M. A. Beasley e M. J. Fischer, "Why They Leave: The Impact of Stereotype Threat on the Attrition of Women and Minorities from Science, Math and Engineering Majors", *Social Psychology of Education* 15 (2012): 427–48; e A. Krendl, I. Gainsburg e N. Ambady, "The Effects of Stereotypes and Observer Pressure on Athletic Performance", *Journal of Sport & Exercise Psychology* 34 (2012): 3–15.

6.3 Explicar a relação entre percepção e tomada de decisão.

decisões
Escolhas que fazemos entre duas ou mais alternativas.

problema
Discrepância entre o estado atual das coisas e o estado desejado.

Relação entre percepção e tomada de decisão individual

As pessoas tomam decisões fazendo escolhas entre duas ou mais alternativas. De preferência, a tomada de decisão deveria ser um processo objetivo, mas a maneira como as pessoas tomam decisões e a qualidade de suas escolhas sofrem influência de suas percepções. A tomada de decisão individual é um fator importante do comportamento em todos os níveis de uma organização.

A tomada de decisão ocorre em resposta a um problema, isto é, uma discrepância entre o estado atual das coisas e o estado desejado, o que requer uma avaliação de linhas de ação alternativas. Se seu carro quebrar e você depender dele para ir trabalhar, você terá um problema que requer uma tomada de decisão. Infelizmente, a maioria dos problemas não se apresenta de forma tão clara, com um rótulo dizendo "problema" para facilitar a identificação. O que é um *problema* para uma pessoa pode ser um *estado satisfatório* para outra. Um gerente pode ver uma queda de 2% nas vendas do trimestre de sua filial como um problema sério, que requer ação imediata. Em contraste, outro gerente da mesma empresa, mas de outra filial, que também teve uma queda de 2% nas vendas, pode considerar esse número perfeitamente aceitável no atual contexto do mercado. Dessa forma, reconhecer a existência de um problema e a necessidade de se tomar ou não uma decisão depende da percepção da pessoa.

Por sua vez, todas as decisões exigem que informações sejam avaliadas e interpretadas. Os dados costumam vir de diversas fontes de informações e precisam ser selecionados, processados e interpretados. Quais são relevantes para determinada decisão e quais não são? A resposta fica por conta da percepção de quem toma a decisão. O tomador de decisão precisa pensar em alternativas e analisar os pontos fortes e fracos de cada uma delas. Também nesse caso, o processo de percepção para a tomada de decisão individual afetará a solução final encontrada. Por fim, em todo o processo decisório, muitas vezes surgem distorções perceptivas que podem afetar análises e conclusões. Por exemplo, você sabe dizer "não"? Pesquisas indicam que tendemos a ficar constrangidos ao dizer "não" e, muitas vezes, depois de negar um pedido, sentimo-nos obrigados a aceitar pedidos subsequentes. Na verdade, as pessoas ficam tão constrangidas ao dizer "não" que podem até concordar com atos antiéticos. Quando os estudantes que ajudaram a conduzir um estudo pediram a 108 desconhecidos que escrevessem a palavra *picles* em livros da biblioteca da faculdade, metade das pessoas abordadas fizeram o que foi pedido![31]

Tomada de decisão nas organizações

As faculdades de administração geralmente ensinam os alunos a seguirem modelos racionais de tomada de decisão. Embora esses modelos tenham muitos méritos, eles não descrevem necessariamente a maneira como as pessoas, de fato, tomam suas decisões. É aqui que entram em ação os conhecimentos de comportamento organizacional: para melhorar o processo decisório nas organizações, precisamos entender os erros que as pessoas geralmente cometem ao tomar decisões (além dos erros de percepção que acabamos de discutir). Vamos começar descrevendo alguns construtos relativos ao processo decisório e dar uma olhada nos erros mais comuns.

6.4 Comparar o modelo racional de tomada de decisão com a racionalidade limitada e a intuição.

O modelo racional, a racionalidade limitada e a intuição

No comportamento organizacional, costumamos empregar construtos geralmente aceitos da tomada de decisão. Esses construtos são: tomada de decisão racional, racionalidade limitada e intuição. Embora os processos desses construtos façam sentido, eles podem não levar às decisões mais precisas (nem às melhores decisões). E, ainda mais importante, às vezes uma estratégia pode levar a um resultado melhor do que outra em determinada situação.

Tomada de decisão racional   Normalmente, pensamos que aquele que toma as melhores decisões é uma pessoa racional, que faz escolhas consistentes e de valor maximizado, dentro de certos limites e restrições.[32] Essas decisões racionais são tomadas seguindo um modelo racional de tomada de decisão[33] (veja a Tabela 6.1).

racional
Característica da realização de escolhas consistentes, com valor maximizado, dentro de limites e restrições especificadas.

modelo racional de tomada de decisão
Modelo de tomada de decisão que descreve como os indivíduos devem se comportar para maximizar determinado resultado.

O modelo racional se baseia em várias premissas, incluindo aquela de que o tomador de decisão tem todas as informações, é capaz de identificar todas as opções relevantes de forma imparcial e optará pela alternativa que maximizará a utilidade da decisão.[34] Como você pode imaginar, boa parte das decisões tomadas no mundo real não segue o modelo racional. De modo geral, as pessoas se contentam em encontrar uma solução aceitável ou razoável para o problema em vez de buscar a alternativa ideal. Tendemos a limitar nossas opções aos sintomas do problema e à alternativa que temos à disposição. Como observou um especialista em tomada de decisão, "A maioria das decisões importantes é tomada mais por meio de julgamentos subjetivos do que por um modelo prescritivo".[35] Além do mais, o que é muito interessante, as pessoas em geral não percebem que tomam decisões inadequadas.[36]

TABELA 6.1   Passos do modelo racional de tomada de decisão.

1. Definir o problema.
2. Identificar os critérios para a decisão.
3. Atribuir pesos específicos a cada um desses critérios.
4. Desenvolver alternativas.
5. Avaliar as alternativas.
6. Escolher a melhor alternativa.

Racionalidade limitada Acontece muito de não seguirmos o modelo racional de tomada de decisão por um motivo: nossa capacidade limitada de processar informações nos impossibilita assimilar e compreender todas as informações necessárias para otimizar uma decisão, mesmo que elas estejam prontamente disponíveis.[37] Muitos problemas tendem a não apresentar uma solução ótima por serem complexos demais para serem subdivididos de acordo com os parâmetros do modelo racional de tomada de decisão. É aí que as pessoas simplesmente *se satisfazem*, ou seja, buscam soluções que sejam suficientes e satisfatórias, e não ideais. Tendemos a reduzir problemas complexos a um nível que somos capazes de entender prontamente.

Como a mente humana não tem como formular e solucionar problemas complexos com total racionalidade, as pessoas operam dentro de uma racionalidade limitada. Construímos modelos simplificados que extraem os aspectos essenciais dos problemas sem levar em conta toda a sua complexidade. Podemos, então, agir racionalmente dentro dos limites desse modelo simplificado.

Como a maioria das pessoas usa a racionalidade limitada? Uma vez identificado um problema, começamos a buscar critérios e soluções alternativas. No entanto, a lista de critérios costuma ser enorme. Para tomar uma decisão, identificamos as alternativas mais relevantes — altamente visíveis e mais fáceis de encontrar — que normalmente representam critérios conhecidos e soluções já testadas. Em seguida, começa a análise das alternativas, com foco naquelas que só diferem um pouco do estado atual, até identificarmos uma alternativa "boa o suficiente" — que atinja um nível aceitável de desempenho —, o que conclui a busca. Dessa forma, a solução final representará uma escolha satisfatória — a primeira alternativa *aceitável* que encontramos —, não a ideal.

Esse processo de se satisfazer não é sempre uma má ideia: usar um processo simplificado pode ser mais sensato do que usar o modelo clássico de tomada de

racionalidade limitada
Processo de tomar decisões por meio da construção de modelos simplificados que extraem os aspectos essenciais dos problemas sem levar em conta toda a sua complexidade.

Fonte: Akio Kon/Bloomberg/Getty Images

O presidente da Nintendo, Satoru Iwata (à direita), e o presidente da DeNA, Isao Moriyasu, operaram dentro dos limites da racionalidade limitada ao decidir formar uma aliança para desenvolver novos games para dispositivos móveis. A parceria das duas empresas leva os games e personagens da Nintendo ao mercado de aplicativos para celular e fortalece o negócio de games para celular da DeNA.

decisão racional.[38] Para usar o modelo racional no mundo real, você precisa reunir muitas informações sobre todas as alternativas, computar os pesos aplicáveis e depois calcular os valores de uma infinidade de critérios. Todos esses processos podem lhe custar tempo, energia e dinheiro. Às vezes, um modelo rápido e simples para resolver um problema pode ser a melhor opção.

A racionalidade limitada também pode ter implicações éticas na tomada de decisão (como veremos mais adiante neste capítulo). Não somente somos propensos a cometer erros sistemáticos e previsíveis nas decisões éticas,[39] como as nossas percepções de que temos (ou não) a liberdade ou o *direito* de nos comportar de determinada maneira são limitadas pelos nossos *deveres* para com as pessoas afetadas por nossas ações.[40] Por exemplo, você *quer* pegar o último pedaço de bolo na cozinha do escritório, mas sabe que *não deve*, uma vez que alguém pode não ter comido ainda. Pesquisadores identificaram muitas maneiras nas quais os efeitos automáticos de nossa racionalidade limitada podem ser contornados no contexto ético: não deixe de analisar a verdadeira questão fazendo várias perguntas, recorrendo a várias fontes de informações, avaliando aquelas das quais você coletou informações e deixando mais tempo para decidir.[41]

Intuição Talvez a maneira menos racional de tomar decisões seja confiar na intuição. A tomada de decisão intuitiva é um processo inconsciente gerado por experiências vividas.[42] Suas principais características são: ela ocorre fora do pensamento consciente; baseia-se em associações holísticas ou ligações vagas entre informações divergentes; é rápida e tem grande *componente afetivo*, o que significa que geralmente envolve emoções.[43] Apesar de a intuição não ser racional, isso não significa que esteja errada, nem que funcione necessariamente como uma alternativa ao método racional. Na verdade, os dois métodos podem ser complementares.

tomada de decisão intuitiva
Processo inconsciente gerado pelas experiências vividas.

Será que a intuição ajuda na tomada efetiva de decisão? Os pesquisadores não chegaram a um consenso, mas a maioria dos especialistas é cética, em parte porque a intuição é difícil de ser mensurada e analisada (embora decisões intuitivas baseadas nas experiências vividas tendam a serem mais efetivas e precisas).[44] Um bom conselho, dado por um especialista, é: "A intuição pode ser uma excelente maneira de estabelecer uma hipótese, mas é inaceitável como 'prova'". Sinta-se à vontade para usar palpites com base em sua experiência, mas não deixe de testá-los, submetendo-os a informações objetivas e a uma análise fria e racional.[45]

Como podemos ver, quanto mais usamos processos objetivos para tomar decisões, mais chances temos de corrigir alguns erros do nosso processo perceptivo. Da mesma forma, assim como o processo de percepção, nosso processo decisório também é suscetível a erros e vieses, como veremos a seguir.

Vieses comuns e erros na tomada de decisão

Além da racionalidade limitada, os tomadores de decisão também permitem que erros e vieses sistemáticos atrapalhem seus julgamentos.[46] Para minimizar o esforço e evitar dilemas, as pessoas tendem a se valer excessivamente da própria experiência, de seus impulsos, instintos e regras de "senso comum" convenientes no momento. Esses atalhos podem ser válidos em muitas situações. Analisaremos a seguir as distorções mais comuns. A Tabela 6.2 apresenta algumas sugestões para evitar esses vieses e erros.

Viés do excesso de confiança Tendemos a ser excessivamente confiantes no que diz respeito a nossas capacidades e às capacidades dos outros. Além disso,

A intuição tem um papel importante nas decisões de compra de Warren Buffett, presidente do conselho e CEO da Berkshire Hathaway. Buffett começa a analisar as alternativas de investimento usando sua intuição para escolher uma empresa que ele entende e considera interessante antes de avaliar a organização, o setor e seu valor de mercado.

Fonte: Huang Jihui/Xinhua/Alamy Stock Photo

geralmente, não nos conscientizamos desse viés.[47] Por exemplo, quando as pessoas se dizem 90% confiantes sobre o alcance que determinado número pode atingir, suas estimativas incluem a resposta correta em apenas 50% das vezes — e os especialistas não são mais precisos que os novatos na tarefa de estimar intervalos de confiança.[48]

TABELA 6.2 Reduzindo vieses e erros.

Concentre-se nos objetivos. Se não tiver objetivos, você não tem como ser racional, não sabe de quais informações vai precisar, quais são relevantes e quais são irrelevantes, vai ter dificuldade de escolher entre as alternativas e tem muito mais chances de se arrepender das decisões que tomar. Objetivos claros facilitam a tomada de decisão e o ajudam a eliminar alternativas que não correspondem aos seus interesses.

Procure informações que desmintam suas crenças. Uma das melhores maneiras de combater o viés do excesso de confiança, o viés de confirmação e o viés retrospectivo é buscar informações que contradigam suas crenças e premissas. Quando nos abrimos para considerar todas as maneiras nas quais podemos estar errados, questionamos nossa tendência de achar que somos mais inteligentes do que realmente somos.

Não tente encontrar um sentido em eventos aleatórios. Nossa mente foi treinada para procurar relações de causa e efeito. Quando alguma coisa acontece, perguntamo-nos por quê. E não raro, ao não encontrar razões, nós as inventamos. É importante admitir que alguns eventos na vida estão fora do nosso controle. Pergunte a si mesmo se os padrões podem ser explicados ou se não passam de uma coincidência. Não tente atribuir significado a coincidências.

Aumente suas opções. Não importa quantas opções tenha identificado, sua decisão final não pode ser melhor do que a melhor de todas as opções que você encontrou. Por isso, é interessante aumentar o número de alternativas e usar a criatividade para encontrar uma ampla e diversificada gama de opções. Quanto mais alternativas você conseguir pensar, e quanto mais diversificadas forem as alternativas, maior será sua chance de fazer uma boa escolha.

Fonte: baseado em S. P. Robbins, *Decide & Conquer: Making Winning Decisions and Taking Control of Your Life* (Upper Saddle River, NJ: Financial Times/Prentice Hall, 2004), 164–68.

Indivíduos com habilidades intelectuais e interpessoais *mais fracas* apresentam maiores probabilidades de superestimar sua capacidade e seu desempenho.[49] Os pesquisadores também encontraram uma relação negativa entre o otimismo dos empreendedores e o desempenho de seus empreendimentos: quanto mais otimista for o empreendedor, menos sucesso seu empreendimento terá.[50] A tendência apresentada por alguns empreendedores de serem confiantes demais em suas ideias pode impedir que eles se planejem para evitar eventuais problemas.

O excesso de confiança dos investidores atua de várias maneiras.[51] Terrance Odean, professor de finanças, explica: "As pessoas acham que sabem mais do que realmente sabem e isso acaba tendo um custo". Os investidores, especialmente os novatos, superestimam não só sua capacidade de processar informações como também a qualidade dessas informações. A maioria dos investidores apresenta um desempenho equivalente ao do mercado ou só um pouco melhor.

Viés de ancoragem O viés de ancoragem é a tendência de se fixar em uma informação inicial, que não se ajusta adequadamente a informações subsequentes.[52] Como discutimos neste capítulo, a mente de um entrevistador parece dar ênfase desproporcional às primeiras informações que ele recebe dos candidatos em entrevistas de emprego. As âncoras são muito utilizadas por publicitários, administradores, políticos, corretores de imóveis e advogados — áreas em que as habilidades de persuasão e negociação são importantes.

Os efeitos da ancoragem se fazem presentes em todas as negociações. Quando um potencial empregador perguntar a você qual era seu salário anterior, sua resposta servirá como âncora da oferta que ele fará (lembre-se disso da próxima vez que negociar seu salário, fixando a âncora no máximo que puder, mas de forma realista). Quanto mais precisa for sua âncora, menor será o ajuste. Algumas pesquisas sugerem que certas pessoas consideram o ajuste como um arredondamento do número fixado na ancoragem. Por exemplo, se você propuser um salário inicial de R$ 5.500 reais, o empregador considerará R$ 5.000 e R$ 6.000 uma boa margem de negociação. Mas, se você mencionar R$ 5.560 reais, o empregador tenderá a considerar como valor de negociação algo entre R$ 5.500 e R$ 5.600.[53]

Viés de confirmação O processo racional de tomada de decisão parte da premissa de que coletamos informações de maneira objetiva, o que não acontece. O que de fato ocorre é que fazemos uma coleta *seletiva* de informações. O viés de confirmação representa um caso de percepção seletiva: buscamos (e aceitamos) informações que reafirmem nossas escolhas anteriores e descartamos (ou não aceitamos prontamente) aquelas que as contradigam ou as questionem.[54] Tendemos até a procurar fontes onde sabemos que encontraremos o que queremos ouvir e damos muito mais importância às informações que corroboram nossa opinião, tendendo a ignorar as que a contrariam. As pessoas que têm grande necessidade de tomar decisões precisas são menos propensas ao viés de confirmação.

Viés de disponibilidade O número de pessoas que têm medo de viajar de avião é maior do que as que temem dirigir um carro. Mas, se viajar em um avião comercial fosse tão perigoso quanto viajar de carro, para o risco de viagens de avião corresponderem ao risco de morrer em um acidente automobilístico seriam necessários dois acidentes sem sobreviventes toda semana com aeronaves 747 lotadas. No entanto, a mídia dá muito mais atenção aos acidentes aéreos e acabamos por superestimar o risco de viajar de avião e subestimar o risco de viajar de automóvel.

viés de ancoragem
Tendência de se fixar em uma informação inicial, que não se ajusta adequadamente a informações subsequentes.

viés de confirmação
Tendência de buscar informações que reafirmem escolhas anteriores e de descartar as que contradigam julgamentos passados.

viés de disponibilidade
Tendência de as pessoas basearem seus julgamentos em informações mais prontamente disponíveis.

O viés de disponibilidade é nossa tendência de basear julgamentos em informações prontamente disponíveis. A combinação de informações prontamente disponíveis com nossa experiência direta com informações semelhantes tem grande efeito sobre nossa tomada de decisão. Eventos que despertam nossas emoções, que são particularmente vívidos ou que ocorreram há pouco tempo, tendem a estar mais disponíveis em nossa memória. Isso pode nos levar a superestimar as chances de eventos improváveis, como sofrer um acidente de avião, ter complicações com um tratamento médico ou sermos demitidos.[55] O viés de disponibilidade também pode explicar por que os gestores, quando fazem as avaliações anuais dos empregados, dão mais peso aos comportamentos mais recentes do que aos demonstrados seis ou nove meses atrás.[56]

Intensificação do compromisso Outro viés que ameaça as decisões é a tendência de aumentar o compromisso com decisões anteriores, muitas vezes por razões cada vez menos racionais.[57] A intensificação do compromisso refere-se ao nosso apego a uma decisão anterior, mesmo quando fica claro que essa decisão foi um erro. Imagine que seu amigo está namorando alguém há quatro anos. Embora admita que as coisas não vão muito bem entre os dois, ele diz que vai se casar com ela. Sua justificativa: "Já investi muito nesse relacionamento"!

intensificação do compromisso
Maior compromisso diante de uma decisão anterior, a despeito de informações negativas.

Evidências indicam que a intensificação do compromisso tem mais chances de ocorrer quando as pessoas se consideram responsáveis pelo resultado. O medo de fracassar afeta até mesmo a maneira como procuramos e avaliamos as informações, de modo que só escolhemos aquelas que corroboram nossas opiniões.[58] Parece não fazer diferença se escolhemos uma linha de ação fracassada ou se essa linha de ação nos foi atribuída — em ambos os casos, sentimo-nos responsáveis e nos engajamos na intensificação do compromisso. Além disso, o compartilhamento da autoridade na tomada de decisão — como quando nossa decisão é avaliada por outras pessoas — pode levar a uma maior intensificação do compromisso.[59]

Costumamos pensar na intensificação do compromisso como uma tendência infundada. No entanto, a persistência diante do fracasso é responsável por muitos dos maiores feitos da história, inclusive a construção das Pirâmides do Egito, da Grande Muralha da China, do Canal do Panamá e do Empire State Building, em Nova York. Em uma escala menor, o desejo de se considerar uma "pessoa boa" pode levá-lo a uma intensificação do compromisso em direção a um objetivo pró-social.[60] Pesquisas sugerem que uma abordagem equilibrada inclui a avaliação frequente dos custos despendidos e se o próximo passo vale os custos previstos.[61] A ideia é combater nossa tendência de intensificar *automaticamente* o compromisso.

Erro de aleatoriedade A maioria de nós gosta de pensar que tem controle sobre o mundo. Essa tendência de acreditar que somos capazes de prever o resultado de eventos aleatórios é chamada de erro de aleatoriedade.

O processo de tomada de decisão sai prejudicado quando tentamos dar um sentido a eventos aleatórios, principalmente quando transformamos padrões imaginários em superstições.[62] Essas superstições podem ser totalmente inventadas ("Eu nunca tomo decisões importantes na sexta-feira 13") ou decorrentes de algum padrão de comportamento reforçado previamente (por exemplo, um corredor automobilístico que sempre usa uma determinada peça de roupa por baixo do uniforme de corrida porque venceu muitas vezes ao usá-la). Decisões baseadas em ocorrências aleatórias podem nos prejudicar quando afetam nosso julgamento ou decisões importantes.

erro de aleatoriedade
Tendência das pessoas de acreditar em sua capacidade de prever o resultado de eventos aleatórios.

Aversão ao risco Matematicamente falando, um jogo de cara ou coroa para ganhar R$ 100 teria o mesmo valor que R$ 50 garantidos. Afinal, o valor esperado da aposta dividido pelo número de possibilidades de vencer equivale a R$ 50. Contudo, a maioria das pessoas não considera essas duas opções igualmente válidas. Pelo contrário, quase todo mundo, com exceção de apostadores "viciados", preferiria o resultado certo a uma possibilidade arriscada.[63] Para muitos, os 50% de possibilidade de ganhar uma aposta de cara ou coroa, mesmo com a chance de ganhar R$ 200, pode não valer tanto quanto a garantia de ganhar R$ 50, mesmo quando a aposta corresponde matematicamente ao dobro do valor garantido! Essa tendência de preferir o resultado certo ao resultado arriscado é chamada de aversão ao risco.

aversão ao risco
Tendência a preferir um ganho certo de uma quantia moderada a buscar um resultado arriscado, mesmo que este possa ter um retorno mais alto.

Em geral, o enquadramento de uma decisão tem um efeito sobre se as pessoas vão ou não se engajar em comportamentos avessos ao risco — quando as decisões são enquadradas positivamente, como um ganho potencial de R$ 50, as pessoas serão mais avessas ao risco (por outro lado, quando a decisão for enquadrada negativamente, como uma perda de R$ 50, as pessoas se engajarão em comportamentos mais arriscados).[64] CEOs com possibilidade de serem demitidos também são excepcionalmente avessos ao risco, mesmo se uma estratégia de investimento mais arriscada for mais interessante para sua empresa.[65] As organizações têm maior controle sobre os empregados mais avessos ao risco, uma vez que eles tendem a acreditar que têm mais a perder e são menos propensos a abandonar a empresa.[66]

Em algumas situações, a preferência pelo risco pode ser invertida: as pessoas podem arriscar-se mais para tentar impedir um resultado negativo.[67] Elas podem correr o risco de perder muito dinheiro em um julgamento em vez de fazer um acordo fora do tribunal para ganhar menos. Situações estressantes podem reforçar a preferência ao risco. Pessoas estressadas têm maior probabilidade de se engajar em comportamentos de risco para evitar resultados negativos e em comportamentos avessos ao risco para obter resultados positivos.[68]

Viés retrospectivo O viés retrospectivo é a tendência de acreditar erroneamente, depois que ficamos sabendo do resultado de um evento, que poderíamos ter previsto esse resultado com precisão.[69] Quando temos uma informação precisa de um resultado, a obviedade nos parece muito clara.

viés retrospectivo
Tendência de acreditar erroneamente, depois que ficamos sabendo do resultado de um evento, que alguém poderia ter previsto esse resultado com precisão.

Por exemplo, o setor de locação de vídeos dedicado a alugar fitas e DVDs em lojas físicas entrou em colapso quando lojas de distribuição na internet começaram a conquistar rapidamente participação de mercado.[70] Alguns observadores sugeriram que se empresas de locação como a Blockbuster tivessem alavancado sua marca para oferecer quiosques de locação e serviços de *streaming* pela internet, poderiam ter evitado o fracasso. Em retrospectiva, essa estratégia pode até parecer óbvia, levando-nos a acreditar que teríamos previsto o resultado, mas muitos especialistas não conseguiram se adiantar às tendências do setor. Apesar de as críticas terem seu mérito, como Malcolm Gladwell, autor de *Blink: a decisão num piscar de olhos* e *O ponto da virada*, escreve: "O que fica claro em retrospecto raramente é claro antes do fato".[71]

Somos todos suscetíveis a tendências como o viés retrospectivo, mas será que somos todos suscetíveis a essas tendências no mesmo grau? Pouco provável. Nossas diferenças individuais afetam muito o modo como tomamos decisões e as organizações limitam a gama de opções disponibilizadas.

6.5 Explicar como as diferenças individuais e restrições organizacionais afetam a tomada de decisão.

Influências na tomada de decisão: diferenças individuais e restrições organizacionais

Nesta seção, vamos nos voltar aos fatores que afetam o modo como as pessoas tomam decisões e o grau no qual elas são suscetíveis a erros e vieses. Começaremos discutindo as diferenças individuais e, em seguida, as restrições organizacionais.

Diferenças individuais

Como vimos, na prática, a tomada de decisões é caracterizada pela racionalidade limitada, por erros e vieses comuns e pelo uso da intuição. Além disso, diferenças individuais também resultam em desvios do modelo racional.

Personalidade Pesquisas sugerem que a personalidade afeta as nossas decisões. Analisaremos aqui a conscienciosidade e a autoestima.

Dimensões específicas da conscienciosidade — em particular, o esforço e a obediência — podem influenciar a intensificação do compromisso.[72] Para começar, as pessoas orientadas à realização odeiam fracassar, de modo que aumentam ou intensificam seu compromisso na esperança de evitar o fracasso. Já as pessoas obedientes são mais inclinadas a fazer o que consideram melhor para a organização, de modo que têm menos chances de intensificar seu compromisso. Em segundo lugar, os indivíduos que se esforçam para atingir a realização e realizar conquistas parecem ser mais suscetíveis ao viés retrospectivo, talvez por terem uma grande necessidade de justificar a adequabilidade de suas ações.[73] Infelizmente, não há evidências de que as pessoas obedientes sejam imunes a esse viés.

Por último, pessoas que possuem elevada autoestima (uma percepção geral de que são boas o suficiente) são motivadas a mantê-la, de modo que tendem a usar o viés da autoconveniência a fim de preservá-la. Elas culpam os outros pelos fracassos enquanto assumem os créditos pelos sucessos.[74] Em um caso mais extremo, indivíduos que apresentam o traço de personalidade da grandiosidade, uma faceta do narcisismo (veja o Capítulo 5), tendem a se engajar no viés da autoconveniência.[75]

Gênero Quem toma decisões melhores, os homens ou as mulheres? Depende da situação. Se o contexto não for estressante, as decisões tomadas por homens e mulheres têm o mesmo grau de qualidade. Em situações estressantes, parece que os homens se tornam mais egocêntricos e tomam decisões mais arriscadas, enquanto as mulheres se tornam mais empáticas e sua tomada de decisão melhora.[76] Pesquisas sobre ruminação — a reflexão minuciosa sobre um assunto — ajudam a esclarecer as diferenças entre os sexos na tomada de decisão.[77] As mulheres passam mais tempo do que os homens analisando o passado, o presente e o futuro. Elas tendem a analisar demais os problemas antes de decidirem-se e, em seguida, voltam a examinar a decisão. Isso pode dificultar a resolução dos problemas e levar ao arrependimento pela decisão tomada e até à depressão. As mulheres têm quase o dobro de chances de cair em depressão em comparação com os homens,[78] mas não se sabe ao certo por que ruminam mais do que os homens; algumas pesquisas apontam para diferenças nas reações do hipotálamo, da hipófise e da glândula suprarrenal.[79] No entanto, a diferença entre os sexos parece diminuir com a idade. As maiores diferenças se revelam no começo da vida adulta, sendo menores depois dos 65 anos, quando o grau de ruminação tanto de homens quanto de mulheres atinge o mínimo.[80]

Capacidade mental Sabemos que as pessoas que possuem um nível mais elevado de capacidade mental conseguem processar informações mais rapidamente, resolver problemas com mais precisão e aprender mais depressa. Portanto, seria de se esperar que essas pessoas fossem menos suscetíveis a erros comuns na tomada de decisão. No entanto, a capacidade mental parece ajudá-las a evitar apenas alguns desses erros.[81] As pessoas inteligentes são igualmente suscetíveis à ancoragem, ao excesso de confiança e à intensificação do compromisso, provavelmente por serem confiantes demais ou emocionalmente defensivas. Isso não significa que a inteligência nunca faz diferença. Uma vez alertadas sobre seus erros na tomada de decisão, as pessoas mais inteligentes aprendem rapidamente a evitá-los.

Diferenças culturais O modelo racional não inclui as diferenças culturais, nem a maior parte das pesquisas no campo do comportamento organizacional voltadas à tomada de decisão. No entanto, os indonésios, por exemplo, não tomam as decisões necessariamente do mesmo modo como os australianos. Portanto, precisamos reconhecer que a formação cultural do tomador de decisão pode afetar consideravelmente a seleção de problemas, a profundidade da análise, a importância atribuída à lógica e à racionalidade e se as decisões organizacionais devem ser tomadas autocraticamente por um gestor individual ou coletivamente pelo grupo.[82]

As culturas diferem em termos de orientação temporal, do valor que atribuem à racionalidade, da sua crença na capacidade das pessoas de resolver os problemas e da sua preferência por tomar as decisões coletivamente. Para começar, as diferenças na orientação temporal nos ajudam a entender, por exemplo, por que os gestores egípcios levam mais tempo e são mais deliberados para tomar decisões do que os gestores norte-americanos. Em segundo lugar, embora a racionalidade seja valorizada na América do Norte, isso não é feito no mesmo grau em todos os países. Um gestor norte-americano pode tomar decisões intuitivamente, mas sabe que é importante aparentar ser racional porque a racionalidade é muito valorizada no Ocidente. Em países como o Irã, onde a racionalidade não prevalece sobre outros fatores, não é necessário justificar racionalmente as decisões.

Em terceiro lugar, algumas culturas enfatizam a solução de problemas, enquanto outras se concentram em aceitar as situações como elas são. Os Estados Unidos se enquadram na primeira categoria, ao passo que a Tailândia e a Indonésia são exemplos da segunda. Como os gestores voltados a solucionar problemas acreditam que podem e devem mudar a situação para benefício próprio, os gestores norte-americanos são capazes de identificar um problema muito antes de seus colegas tailandeses ou indonésios admitirem sua existência.

Em quarto lugar, a tomada de decisão no Japão é muito mais orientada ao grupo do que nos Estados Unidos. Os japoneses valorizam a conformidade e a cooperação e, antes de os CEOs japoneses tomarem uma decisão importante, eles coletam uma grande quantidade de informações para usar em decisões de grupo e atingir o consenso.

Restrições organizacionais

As organizações podem restringir os tomadores de decisão, criando desvios do modelo racional. Os gestores, por exemplo, levam em consideração os sistemas de avaliação de desempenho e de recompensas da empresa para tomar suas decisões, para atender às normas formais e adequar-se às restrições de tempo impostas pela organização. As decisões prévias também podem restringir as novas decisões.

Sistemas de avaliação de desempenho Os gestores são influenciados pelos critérios com base nos quais são avaliados. Se o gerente de uma divisão acredita que as unidades de produção sob sua responsabilidade operam melhor quando não recebe qualquer notícia negativa, não é de se surpreender que seus subordinados passem boa parte do tempo assegurando que nenhuma informação negativa chegue aos ouvidos do chefe.

Sistemas de recompensa O sistema de recompensa da organização influencia os tomadores de decisão ao sugerir quais decisões são preferíveis em matéria de retornos pessoais. Se a empresa recompensa a aversão ao risco, os administradores tendem a tomar decisões mais conservadoras. Por exemplo, durante mais de meio século (entre a década de 1930 e meados dos anos 1980), a fabricante de automóveis General Motors deu promoções e bônus aos administradores do tipo discreto, que evitavam controvérsias. Eles, então, se tornaram hábeis em se esquivar de assuntos espinhosos e em passar as decisões controversas para comitês, o que, com o tempo, acabou prejudicando a organização.

Regulamentações formais David, gerente de um restaurante da Taco Bell em San Antonio, Texas, descreve as restrições que enfrenta no trabalho: "Preciso seguir regras e regulamentos em quase todas as decisões que tomo — desde como fazer um burrito até o número de vezes que preciso limpar os banheiros. Meu trabalho não me dá muita liberdade de decisão". E David não é o único. Todas as empresas, exceto as muito pequenas, impõem regras e políticas para governar decisões e levar as pessoas a agirem da maneira esperada. Ao fazer isso, elas restringem as opções dos tomadores de decisão.

Restrições de tempo Quase todas as decisões importantes têm um prazo definido. Um relatório sobre o desenvolvimento de um novo produto pode precisar estar pronto para a reunião da diretoria no primeiro dia do mês. Essas condições muitas vezes tornam difícil, quando não impossível, o trabalho dos gerentes de levantar todas as informações necessárias antes de tomar uma decisão definitiva.

A gerente Kely Guardado (centro) prepara hambúrgueres ao lado de empregados da lanchonete Five Guys Burger and Fries. A autonomia dos empregados da Five Guys é restrita porque eles precisam seguir regras e regulamentos para a preparação dos alimentos que atendam aos altos padrões de qualidade, segurança e atendimento da empresa.

Fonte: Yuri Gripas/Reuters

Precedentes históricos As decisões não são tomadas no vazio. Elas se inserem em um contexto. Na verdade, as decisões individuais são como trechos de um fluxo de decisões. As decisões tomadas no passado são como fantasmas que assombram e limitam as decisões atuais. Todo mundo sabe que o fator determinante do tamanho do orçamento de determinado ano é o orçamento do ano anterior. As escolhas que fazemos hoje são, em grande parte, resultado das escolhas que fizemos há anos.

Implicações éticas na tomada de decisão

6.6 Comparar os três critérios éticos de decisão.

As considerações éticas devem ser um critério importante para orientar o processo decisório de todas as organizações. Nesta seção, vamos apresentar três maneiras de orientar as decisões de forma ética, para, em seguida, falarmos sobre a importante questão do efeito das mentiras sobre a tomada de decisão.

Três critérios éticos para o processo decisório

O primeiro critério ético é o utilitarismo, que propõe tomar decisões apenas em função de seus *resultados* ou consequências, de preferência para proporcionar o melhor resultado ou benefício possível para todos.[83] Esse objetivo, que tende a ser a visão predominante no mundo dos negócios, é coerente com metas como eficiência, produtividade e lucratividade. Mantenha em mente que o utilitarismo nem sempre é tão objetivo quanto pode parecer. Um estudo recente indicou que a ética do utilitarismo é influenciada de maneiras que não percebemos. Um dilema moral foi apresentado aos participantes: o peso de cinco pessoas abaixa uma plataforma até a altura dos trilhos do trem. Um trem está prestes a atingir a ponte. A escolha que os participantes precisam tomar é: deixar as cinco pessoas serem atropeladas pelo trem (e morrerem) ou empurrar o homem mais pesado para fora da plataforma, provocando sua morte para salvar quatro pessoas. Nos Estados Unidos, Coréia do Sul, França e Israel, 20% dos participantes optaram por empurrar o homem para fora da plataforma; na Espanha, 18% escolheram fazê-lo; e na Coréia, nenhum participante tomou essa decisão. Esses resultados podem refletir valores utilitaristas culturais, mas uma pequena alteração no estudo, dessa vez solicitando que os participantes respondessem em uma língua não nativa que eles conheciam, levou mais participantes a optarem por empurrar o homem: em um grupo, 33% empurraram o homem e, em outro grupo, 44% tomaram essa decisão.[84] A distância emocional criada por responder em uma língua não nativa pareceu promover um ponto de vista utilitário. Parece que até a nossa visão do que consideramos pragmático pode mudar de acordo com a situação.

utilitarismo
Perspectiva ética na qual as decisões são tomadas para obter o máximo de benefícios possível para todos.

Outro critério ético consiste em tomar decisões coerentes com os direitos e liberdades fundamentais dos cidadãos, de acordo com o que prescrevem documentos como a constituição de um país. Dar ênfase ao critério dos *direitos* significa tomar decisões que respeitem esses direitos fundamentais, como o direito à privacidade, à liberdade de expressão e a processos justos. Esse critério protegeria, com base no direito à liberdade de expressão, os delatores[85] que denunciassem à imprensa ou a órgãos governamentais as práticas ilegais ou antiéticas cometidas por suas organizações.

delatores
Indivíduos que denunciam práticas antiéticas de seu empregador para pessoas de fora da organização.

O terceiro critério consiste em estabelecer e fazer cumprir regras justas e imparciais para assegurar que exista *justiça*, ou uma distribuição equitativa de custos e benefícios.[86] Esse critério muitas vezes é abordado do ponto de vista do medo da desonra (*deonance*), segundo o qual os empregados tomam decisões éticas porque

medo da desonra (*deonance*)
Perspectiva na qual as decisões éticas são tomadas porque a pessoa acredita que "deveria" fazê-lo para corresponder a normas morais, princípios, padrões, regras ou leis.

acham que "*deveriam*" fazê-lo para corresponder a regras, leis, normas ou princípios morais.[87] Por exemplo, alguns empregados podem achar que *não deveriam* roubar da organização porque isso é eticamente "errado" com base em normas morais, princípios ou padrões ou é proibido por regras ou leis. É interessante notar que essa força do "*deveria*" se faz presente independentemente da presença de regras organizacionais; muitas vezes, uma decisão é considerada injusta ou errada porque viola uma norma ou princípio moral.

Os tomadores de decisão, particularmente nas organizações com fins lucrativos, não veem problema algum com o utilitarismo. Os interesses da organização e de seus acionistas podem justificar muitas ações questionáveis, como demissões em massa. Mas muitos críticos acreditam que essa perspectiva precisa mudar. A crescente preocupação da sociedade com os direitos humanos e a justiça social sugere que os gestores devem desenvolver padrões éticos baseados em critérios não utilitaristas. Essa situação impõe um grande desafio aos executivos, pois respeitar a justiça social e os direitos humanos traz uma carga muito maior de ambiguidade do que o uso de referências utilitaristas, como as consequências sobre a eficácia e a produtividade. Aumento de preços, venda de produtos que põem a saúde dos consumidores em risco, fechamento de fábricas, demissões em massa, transferência dos centros de produção a outros países com a finalidade de reduzir custos e outras decisões do gênero podem ser justificáveis sob a ótica utilitarista. Esse, no entanto, não pode mais ser o único critério para julgar as boas decisões.

É nesse ponto que entra a responsabilidade social corporativa para realizar uma mudança positiva. Como podemos ver ao analisar os ideais utilitaristas, ao levar em consideração somente o balanço patrimonial, as organizações não são motivadas a reagir equitativamente. No entanto, a sociedade vem pressionando cada vez mais as organizações a adotarem um comportamento responsável. As questões relativas à sustentabilidade passaram a afetar os resultados financeiros: os consumidores estão optando por comprar bens e serviços apenas de organizações que tiverem boas iniciativas de responsabilidade social corporativa, os melhores talentos só querem trabalhar em empresas com essa postura, os governos oferecem incentivos para as organizações implementarem programas de sustentabilidade e assim por diante. A responsabilidade social corporativa está começando a fazer sentido financeiro, incluindo a ética nos cálculos utilitaristas.

Os pesquisadores estão se voltando cada vez mais à ética comportamental — uma área de estudo que analisa o comportamento das pessoas diante de dilemas éticos. De acordo com as pesquisas, embora os padrões éticos existam coletivamente em sociedades e organizações e individualmente na forma da ética pessoal, nem sempre seguimos aqueles que são promovidos pelas nossas organizações e, às vezes, chegamos a violar nossos próprios padrões. Nosso comportamento ético varia muito de uma situação para a outra.

Como podemos tomar decisões mais éticas nas organizações? Para começar, aspectos aparentemente superficiais do ambiente — como iluminação, limpeza e símbolos de riqueza e de status — podem afetar o comportamento ético dentro de empresas.[88] Os gestores precisam reconhecer que o comportamento ético pode ser afetado por esses fatores. Por exemplo, se símbolos de status e de riqueza estão por toda parte, um empregado pode acabar achando que o status e o dinheiro são mais importantes para a organização do que os padrões éticos. Em segundo lugar, os gestores devem encorajar o diálogo sobre questões morais, o que pode atuar como um lembrete e incentivar processos éticos de tomada de decisão. Um estudo

ética comportamental
Análise de como as pessoas se comportam diante de dilemas éticos.

revelou que o simples ato de pedir aos alunos de uma faculdade de administração para pensar em uma situação ética aumentou muito o número de decisões éticas posteriormente tomadas por eles.[89] Devemos nos conscientizar dos nossos "pontos cegos" morais — a tendência de achar que somos mais virtuosos do que realmente somos e que os outros são menos virtuosos do que realmente são. Um ambiente propício ao diálogo e que não penaliza as pessoas por expressar suas opiniões é fundamental para eliminar os pontos cegos e incluir a ética na tomada de decisão.[90]

Estudos voltados à ética comportamental enfatizam a importância da cultura para promover um processo decisório ético. A tomada de decisões éticas envolve poucos padrões universais,[91] como ilustram as diferenças entre a Ásia e o Ocidente. O que é ético em uma cultura pode ser antiético em outra. Por exemplo, como o suborno é mais comum em países como a China, um canadense trabalhando na China pode se ver diante de um dilema: devo pagar um suborno para fechar um negócio se essa prática for considerada aceitável na cultura do país? Há empresas que incluem explicitamente essa questão em suas políticas, como a IBM. Muitas, no entanto, não o fazem. Se as organizações não se conscientizarem das diferenças culturais na definição de uma conduta ética ou antiética, elas podem acabar incentivando uma conduta antiética sem se dar conta.

Mentiras

Você é um mentiroso? Não gostamos de ser rotulados como mentirosos. No entanto, se esse termo fizer referência apenas a uma pessoa que mente, somos todos mentirosos. Mentimos para nós mesmos e para os outros. Mentimos consciente e inconscientemente. Contamos grandes mentiras e induzimos as pessoas ao erro. A mentira é uma das atividades antiéticas que mais praticamos no nosso dia a dia e compromete todas as tentativas de tomar boas decisões.

A verdade é que uma das razões pelas quais mentimos é a dificuldade que os outros têm de identificar nossas mentiras. Em mais de 200 estudos, os participantes só identificaram corretamente pessoas que estavam mentindo 47% das vezes, uma porcentagem mais baixa do que seria obtida com uma seleção aleatória.[92] Isso parece acontecer com qualquer técnica de detecção de mentiras. Por exemplo, uma técnica utilizada por policiais se baseia na teoria de que as pessoas olham para cima e para a direita quando mentem. O problema é que os pesquisadores que testaram a técnica foram incapazes de confirmar essa teoria.[93]

Outra técnica consiste em estudar a linguagem corporal de uma pessoa. Entretanto, pesquisadores descobriram que a probabilidade de detectar mentiras com base apenas na linguagem corporal era menor que um palpite aleatório. Segundo a psicóloga Maria Hartwig: "A ideia de que os mentirosos se revelam pela linguagem corporal aparentemente não passa de um mito urbano".[94] Outra técnica envolve estudar as expressões faciais. Também neste caso, muitos pesquisadores foram incapazes de corroborar a técnica com evidências. O professor e pesquisador Nicholas Epley concluiu: "Você até pode inferir algumas informações com base na interpretação das expressões faciais das pessoas, mas obteria muito mais informações simplesmente conversando com elas".[95]

E o que dizer das palavras que usamos? Os mentirosos podem até apresentar dicas verbais, mas os pesquisadores não chegaram a um consenso sobre quais delas se aplicam a quais pessoas. Não se sabe ao certo, por exemplo, se os mentirosos contam histórias melhores ou, pelo contrário, dão menos detalhes. Policiais analisam as palavras que o suspeito usa em busca de frases enfáticas ou repetidas para indicar uma mentira. Detectar mentiras com base nas palavras que usamos em um texto escrito é ainda mais complicado, devido ao menor número de dicas. Mas isso não impede que as pessoas criem hipóteses para a detecção de mentiras em comunicações escritas. Alguns dizem que, em mensagens de e-mail, os mentirosos omitem pronomes pessoais, usam expressões não comprometedoras, modificam os tempos verbais, ignoram assuntos, fornecem detalhes demais ou acrescentam declarações qualificadoras.[96] No entanto, uma pessoa que tem esses hábitos ao escrever pode não estar mentindo.

Talvez a melhor técnica de detecção de mentiras envolva interpretar uma combinação de dicas específicas ao indivíduo. Por exemplo, pode ser verdade que uma mãe, às vezes, sabe dizer quando o filho está mentindo, porque percebe sua mudança de comportamento quando está estressado. Podemos até achar que a mentira que estamos dizendo está literalmente "na cara", mas, como Epley explica, "a mente se revela pela boca".[97] Também é mais fácil detectar mentiras se a pessoa não tiver muita experiência em mentir. De acordo com Tyler Cohen Wood, da Junta de Ciência e Tecnologia da Defense Intelligence Agency (Agência de Inteligência de Defesa) dos Estados Unidos, "A maioria das pessoas prefere dizer a verdade. É por isso que, quando as pessoas mentem, a verdade acaba transparecendo".[98] Pesquisas indicam que, apesar de não identificarmos conscientemente, somos capazes de sentir, em algum nível, quando alguém está mentindo.[99]

A mentira é fatal para a tomada de decisão, independente do fato de ser ou não percebida. Tanto os gestores quanto as organizações simplesmente não têm como tomar boas decisões diante de fatos deturpados e pessoas dando falsas razões para justificar seus comportamentos. A mentira também é um grande problema ético. Do ponto de vista das organizações, usar técnicas sofisticadas de detecção de mentiras para pegar os mentirosos sempre que possível não leva a resultados confiáveis.[100] A solução mais duradoura é proposta pelo comportamento organizacional, que estuda maneiras de evitar as mentiras trabalhando com nossa propensão natural de criar ambientes não propícios à mentira.

Escolha ética

Quando optamos por mentir

Mark Twain escreveu: "O mais sensato a fazer é nos treinar diligentemente para mentir de maneira ponderada, criteriosa". Nem todo mundo concorda que mentir é errado, mas, provavelmente, concordamos que as pessoas mentem, incluindo nós mesmos, em diferentes graus. E a maioria de nós provavelmente concorda que, se mentíssemos menos, as organizações e a sociedade se beneficiariam. Como podemos mentir menos? Pesquisas conduzidas por cientistas comportamentais sugerem algumas medidas.

1. **Pare de mentir para si mesmo.** Mentimos para nós mesmos sobre o quanto mentimos. Mais especificamente, muitos estudos revelam que nos julgamos menos propensos a mentir do que os outros. Coletivamente, isso é simplesmente impossível, já que não é possível que todas as pessoas tenham uma propensão a mentir abaixo da média. Assim, o primeiro passo é admitir a verdade: subestimamos o grau em que mentimos, superestimamos nossa moralidade em comparação com os outros e tendemos a nos engajar na "hipocrisia moral" ou, em outras palavras, achamos que somos mais virtuosos do que realmente somos.

2. **Confie, mas sempre verifique.** Aprendemos a mentir desde muito cedo. Em um experimento, os pesquisadores esconderam um brinquedo e, antes de sair da sala, orientaram crianças pequenas a não procurar o brinquedo. Mais de 80% das crianças o faziam. Quando os pesquisadores perguntavam se as crianças tinham procurado o brinquedo, 25% das crianças de 2 anos e meio mentiram em comparação com 90% das crianças de 4 anos de idade. Aprendemos a mentir porque muitas vezes nossas mentiras não têm consequências negativas. Estudos sobre a negociação mostram que somos mais propensos a mentir no futuro quando nossas mentiras foram eficazes ou

não foram detectadas no passado. Os gestores precisam eliminar sistematicamente as situações nas quais os empregados podem mentir.
3. **Recompense a sinceridade.** "O mais difícil é reconhecer que, às vezes, nós também ficamos cegos por nossos próprios incentivos", escreve o autor Dan Ariely, "porque não enxergamos como nossos conflitos de interesse atuam em nós". Assim, se quisermos mais sinceridade, precisamos incentivar as pessoas a dizer a verdade e dissuadi-las de mentir e trapacear.

Fontes: baseado em D. Ariely, *The Honest Truth about Dishonesty: How We Lie to Everyone — and Especially Ourselves* (Nova York: Harper, 2012); K. Canavan, "Even Nice People Cheat Sometimes", *The Wall Street Journal,* 8 ago. 2012, 4B; M. H. Bazerman e Ann E. Tenbrunsel, *Blind Spots: Why We Fail to Do What's Right and What to Do about It* (Princeton, NJ: Princeton University Press, 2012); A. D. Evans e K. Lee, "Emergence of Lying in Very Young Children", *Developmental Psychology* (2013); e L. Zhou, Y. Sung e D. Zhang, "Deception Performance in Online Group Negotiation and Decision Making: The Effects of Deception Experience and Deception Skill", *Group Decision and Negotiation* 22 (2013): 153–72.

Criatividade, tomada criativa de decisão e inovação nas organizações

6.7 Descrever o modelo dos três estágios da criatividade.

Embora modelos possam ser de grande auxílio, um tomador de decisão também precisa de criatividade, da capacidade de produzir ideias novas e úteis. Novas ideias são diferentes do que já foi feito antes, mas são mais apropriadas para o problema em questão.

criatividade
Capacidade de produzir ideias novas e úteis.

A criatividade permite que o tomador de decisão avalie e entenda os problemas, vendo empecilhos que os outros são incapazes de enxergar. Embora todos os aspectos do comportamento organizacional sejam complexos, podemos dizer que a criatividade é especialmente complexa. Para simplificar, a Figura 6.3 apresenta o modelo dos três estágios da criatividade nas organizações. O núcleo do modelo é o *comportamento criativo*, que tem *causas* (fatores preditivos do comportamento criativo) e *efeitos* (resultados do comportamento criativo). Nesta seção, discutiremos os três estágios da criatividade, a começar pelo núcleo, o comportamento criativo.

Comportamento criativo

O comportamento criativo ocorre em quatro passos, sendo que cada um deles leva ao próximo:[101]

1. **Formulação do problema.** Qualquer ato criativo começa com um problema que o comportamento se propõe a resolver. Assim, a formulação do problema é o passo do comportamento criativo que envolve a identificação de uma oportunidade ou problema que requer uma solução ainda desconhecida. Por exemplo, Marshall Carbee e John Bennett fundaram a Eco Safety Products depois de descobrir que até as tintas consideradas seguras pela Environmental Protection

formulação do problema
O estágio do comportamento criativo que envolve a identificação de um problema ou de uma oportunidade que requer uma solução ainda desconhecida.

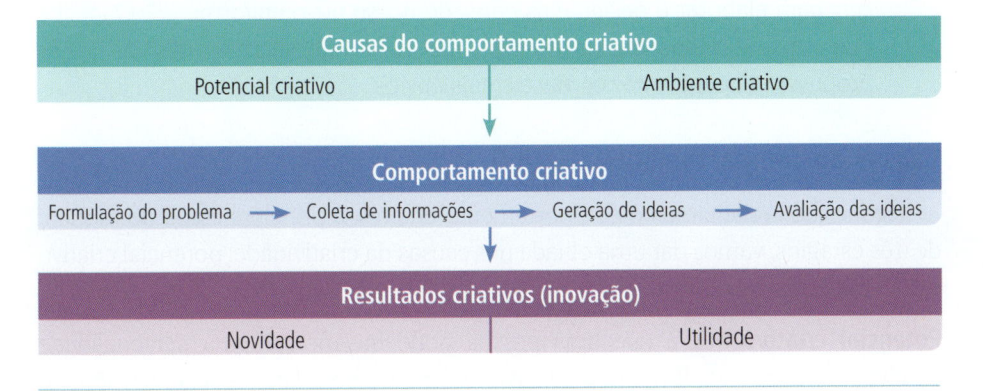

FIGURA 6.3 Modelo dos três estágios da criatividade nas organizações.

Causas do comportamento criativo	
Potencial criativo	Ambiente criativo

Comportamento criativo			
Formulação do problema →	Coleta de informações →	Geração de ideias →	Avaliação das ideias

Resultados criativos (inovação)	
Novidade	Utilidade

Agency (EPA — Agência de Proteção Ambiental dos Estados Unidos) liberavam substâncias químicas perigosas no ambiente. Nesse contexto, o desenvolvimento das tintas da Eco à base de soja, começou com a identificação do problema de segurança causado pelas tintas disponíveis no mercado.[102]

2. **Coleta de informações.** Raramente pensamos imediatamente na solução para um problema. Precisamos de tempo para nos informar e processar essas informações. A coleta de informações é o passo do comportamento criativo no qual as possíveis soluções para um problema são incubadas na mente de um indivíduo. A coleta de informações nos leva a identificar oportunidades de inovação.[103] Niklas Laninge, da Hoa's Tool Shop, uma empresa sediada em Estocolmo dedicada a ajudar as organizações a se tornarem mais inovadoras, argumenta que a coleta criativa de informações requer sair das rotinas habituais e das zonas de conforto. Por exemplo, seria interessante chamar alguém que não trabalha em seu campo de atuação para conversar sobre o problema durante um almoço. "É muito fácil fazer isso e você acaba sendo forçado a usar termos diferentes para falar sobre o seu negócio e as metas que deseja atingir. Você não pode usar jargões técnicos porque a pessoa não entenderia", explica Laninge.[104]

3. **Geração de ideias.** A geração de ideias é o passo do comportamento criativo que envolve o desenvolvimento de possíveis soluções para um problema a partir de informações e conhecimentos relevantes. Podemos fazer isso sozinhos, usando truques como sair para uma caminhada[105] e rabiscar em uma folha de papel[106] para dar início ao processo. Mas a geração colaborativa de ideias é cada vez mais comum nas organizações. Por exemplo, quando os engenheiros da NASA desenvolveram a ideia de pousar uma espaçonave em Marte, eles fizeram isso de forma colaborativa. Antes de surgir a ideia do *Curiosity* — um *rover* de sondagem do tamanho de um utilitário capaz de pousar em Marte a partir de um "guindaste aéreo" — a equipe passou três dias rabiscando possíveis ideias em quadros brancos.[107]

4. **Avaliação das ideias.** Finalmente, chegou a hora de escolher a melhor de todas as ideias que tivemos. A avaliação das ideias é o passo do comportamento criativo que envolve a análise das possíveis soluções para identificar qual é a melhor. O método de seleção pode ser inovador. Quando Mark Cuban, o proprietário do time de basquetebol Dallas Mavericks, se viu insatisfeito com o uniforme da equipe, pediu aos fãs que ajudassem a propor e escolher o melhor uniforme. Cuban explicou: "Qual é o melhor jeito de se sair com ideias criativas? Basta pedir. Por isso, criamos um processo de *crowdsourcing* para elaborar o design e as cores do nosso novo uniforme".[108] O ideal é que as pessoas alocadas na avaliação das ideias não sejam as mesmas que as propuseram, para evitar os vieses mais óbvios.

Causas do comportamento criativo

Agora que já definimos o comportamento criativo, a principal etapa do modelo de três estágios, vamos dar uma olhada nas causas da criatividade: potencial criativo e ambiente criativo.

Potencial criativo Será que uma pessoa pode mesmo ter uma personalidade criativa? Com certeza. Embora a genialidade criativa seja rara — seja nas ciências

---

coleta de informações
O estágio do comportamento criativo no qual as possíveis soluções para um problema são incubadas na mente de um indivíduo.

geração de ideias
O processo de comportamento criativo que envolve o desenvolvimento de possíveis soluções para um problema a partir de informações e conhecimentos relevantes.

avaliação das ideias
O processo do comportamento criativo que envolve a avaliação das possíveis soluções dos problemas para identificar qual é a melhor.

(Stephen Hawking), nas artes cênicas (Martha Graham) ou no mundo dos negócios (Steve Jobs) —, a maioria das pessoas compartilha algumas características de indivíduos excepcionalmente criativos. Quanto mais numerosas forem essas características, maior será o nosso potencial criativo. A inovação é uma das principais metas organizacionais dos líderes (veja a "Pesquisa de Comportamento Organizacional"). Considere as seguintes facetas do potencial:

1. **Inteligência e criatividade** A inteligência e a criatividade são dois fatores relacionados.[109] As pessoas inteligentes são mais criativas porque são melhores em resolver problemas complexos. Mas as pessoas inteligentes também podem ser mais criativas porque têm uma "memória de trabalho" melhor. Em outras palavras, elas conseguem se lembrar de mais informações relacionadas à tarefa em questão.[110] Nessa mesma linha, pesquisas conduzidas na Holanda indicam que a maior necessidade de cognição de uma pessoa (desejo de aprender) está correlacionada com uma maior criatividade.[111]

2. **Personalidade e criatividade** No modelo dos Big Five dos traços de personalidade, a abertura a novas experiências (veja o Capítulo 5) correlaciona-se com a criatividade, provavelmente porque, na prática, pessoas abertas são menos conformistas e mais divergentes em seu modo de pensar.[112] Outros traços de personalidade das pessoas criativas incluem proatividade, autoconfiança, aceitação dos riscos e tolerância a situações incertas e vagas.[113]

   Esperança, autoeficácia (crença na própria capacidade) e afeto positivo também são fatores preditivos da criatividade de uma pessoa.[114] Pesquisas realizadas na China sugerem que pessoas com autoavaliações centrais elevadas são mais capazes de se manter criativas em situações negativas.[115] Você pode se surpreender, mas algumas pesquisas corroboram a teoria do "gênio louco", segundo a qual alguns portadores de doenças mentais são extremamente criativos, em parte devido à sua psicopatologia; não faltam exemplos na história, como Vincent Van Gogh, John Forbes Nash e outros. No entanto, o inverso não é verdadeiro — um grupo de pessoas criativas pode ter menos psicopatologias do que a população em geral.[116]

PESQUISA DE COMPORTAMENTO ORGANIZACIONAL A inovação está mais no discurso ou nas práticas organizacionais?

Porcentagem de líderes que, quando solicitados a identificar seus três principais objetivos para o próximo ano, mencionaram as metas listadas a seguir:

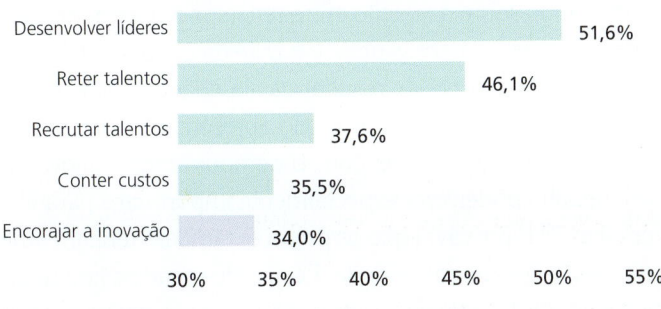

- Desenvolver líderes: 51,6%
- Reter talentos: 46,1%
- Recrutar talentos: 37,6%
- Conter custos: 35,5%
- Encorajar a inovação: 34,0%

Fonte: baseado em T. Henneman, "Bright Ideas", *Workforce Management* (jan. 2013), 18–25.

3. **Experiência (*Expertise*) e criatividade** A experiência (*expertise*) é a base de todo o trabalho criativo e, portanto, é o fator preditivo mais importante do potencial criativo. O cineasta, produtor e diretor Quentin Tarantino passou a juventude trabalhando em uma locadora de vídeo, onde acumulou um conhecimento cinematográfico enciclopédico. O potencial criativo é desenvolvido quando as pessoas têm capacidades, conhecimentos, proficiências e experiência (*expertise*) em seu campo de atuação. Por exemplo, ninguém esperaria que alguém com um conhecimento básico de programação fosse um programador muito criativo. A *expertise* dos outros também é importante. Pessoas com redes sociais mais amplas são mais expostas a ideias diversificadas e têm mais acesso informal à *expertise* e aos recursos dos outros.[117]

4. **Ética e criatividade** Embora a criatividade seja relacionada a muitas características individuais desejáveis, ela não tem correlação com a ética. De acordo com pesquisas recentes, pessoas que trapaceiam podem ser mais criativas do que as que apresentam um comportamento ético. Pode ser que tanto a desonestidade quanto a criatividade resultem do desejo de violar as regras.[118]

Ambiente criativo A maioria de nós tem um potencial criativo que podemos aprender a aplicar. No entanto, embora tal potencial seja importante, ele não é suficiente por si só. O ambiente precisa ser propício para concretizá-lo. Quais fatores ambientais afetam a transformação do potencial criativo em comportamentos criativos?

O primeiro fator, e talvez o mais importante, é a *motivação*. Se você não tiver motivação para ser criativo, é pouco provável que isso aconteça. A motivação intrínseca, ou o desejo de trabalhar em algo por ser interessante, empolgante, gratificante e desafiador (o que discutiremos em mais detalhes no próximo capítulo), correlaciona-se moderadamente com os resultados criativos.[119]

Também ajuda trabalhar em um ambiente que recompense e reconheça o trabalho criativo. Um estudo com equipes médicas descobriu que a criatividade da equipe só se traduz em inovação quando o ambiente for ativamente propício.[120] A organização deve fomentar o livre fluxo de ideias, inclusive fornecendo avaliações justas e construtivas. A ausência de regras excessivas encoraja a criatividade; os empregados devem ser livres para decidir qual trabalho deve ser feito e como fazê-lo. Um estudo conduzido na China revelou que tanto o empoderamento (*empowerment*) estrutural (no qual a estrutura da unidade de trabalho dá liberdade suficiente aos empregados) quanto o empoderamento psicológico (que permite que o indivíduo se sinta pessoalmente empoderado para decidir) se relacionavam à criatividade dos empregados.[121] Por outro lado, um estudo realizado na Eslovênia constatou que criar um clima competitivo que valoriza as realizações a qualquer custo é algo que engessa a criatividade.[122]

Você pode estar se perguntando sobre a relação entre recursos organizacionais e criatividade. Apesar do ditado de que "a necessidade é a mãe da criatividade", pesquisas indicam que a criatividade também pode resultar da abundância de recursos. Especificamente, trabalhos complexos, autônomos e que apresentam expectativas claras em termos de inovação são relacionados com o comportamento inovador — essas características do trabalho podem ser especialmente importantes para inspirar o comportamento criativo.[123] É provável que os gestores também tenham uma grande influência sobre os resultados da criatividade. Diante de recursos limitados, eles podem reforçar a inovação ao incentivar os empregados a encontrarem recursos para suas ideias originais e direcionar a atenção às ferramentas apropriadas quando os recursos são abundantes.[124] Os gestores também têm um papel importante ao atuarem como uma "ponte" para a transferência de conhecimento. Quando os gestores fazem a ponte ligando as equipes com informações e recursos adicionais, aumentam as chances de seu pessoal atingir a criatividade radical (sair-se com ideias criativas que violam as normas e convenções).[125] Os laços mais fracos entre os membros da equipe e as redes de relacionamento dos gestores podem ter maior impacto na criatividade do que os laços diretos e mais fortes que o grupo tem com suas próprias redes de relacionamento. Isso ocorre porque os laços mais fracos fornecem pensamentos mais divergentes.[126]

Qual é o papel da cultura? Um estudo recente conduzido em nível nacional sugere que os países que apresentam uma pontuação alta na dimensão cultural da individualidade no modelo de Hofstede (veja o Capítulo 5) são mais criativos.[127] Países desenvolvidos como os Estados Unidos, a Itália e a Bélgica apresentam uma alta pontuação na dimensão do individualismo, ao passo que países da América do Sul e países em desenvolvimento como a China, a Colômbia e o Paquistão apresentam uma baixa pontuação. Será que isso significa que as culturas dos países desenvolvidos são mais criativas? Algumas evidências sugerem que sim. Um estudo comparou os projetos criativos de estudantes universitários alemães e chineses, sendo que alguns estudavam em sua terra natal e outros estudavam no exterior. Um painel independente de avaliadores chineses e alemães verificou que os estudantes alemães eram mais criativos e que os estudantes alemães que estudavam em países asiáticos eram mais criativos que os estudantes chineses que estudavam em seu próprio país. Essa constatação sugeriu que a cultura alemã era mais criativa.[128] No entanto, mesmo se algumas culturas forem, em média, mais criativas, sempre haverá forte variação dentro delas. Em outras palavras, milhões de chineses são mais criativos que seus colegas norte-americanos.

Uma boa liderança também faz grande diferença na criatividade.[129] Um estudo que contou com a participação de mais de 100 equipes de um grande banco revelou que, quando o líder era punitivo e não apoiava os subordinados, as equipes eram menos criativas.[130] Por outro lado, quando os líderes são encorajadores, têm um estilo de liderança transparente e incentivam o desenvolvimento dos subordinados, os empregados são mais criativos.[131]

Como veremos no Capítulo 10, hoje, mais do que nunca, mais trabalho é feito em equipes e muitas pessoas acreditam que a diversidade pode aumentar a criatividade do grupo. Pesquisas anteriores sugeriram que as equipes diversificadas não são mais criativas. Mais recentemente, contudo, um estudo de equipes holandesas revelou que, quando os membros da equipe foram explicitamente orientados a tentar entender e levar em consideração o ponto de vista dos outros membros da equipe (um exercício chamado de percepção da perspectiva alheia), as equipes diversificadas foram mais criativas do que as equipes menos diversificadas.[132] A liderança pode fazer uma grande diferença. De acordo com um estudo com 68 equipes chinesas, a diversidade só foi positivamente correlacionada à criatividade da equipe quando o líder dessa equipe era inspirador e passava confiança para seus subordinados.[133]

Além disso, um estudo conduzido em uma companhia farmacêutica multinacional descobriu que equipes que atuavam em diferentes áreas da empresa eram mais criativas quando compartilhavam conhecimento com outras áreas.[134] Mas, se os membros da equipe tiverem formação e experiências semelhantes, a criatividade só poderá ser reforçada se eles compartilharem informações específicas e detalhadas,[135] uma vez que informações mais generalizadas podem ser ignoradas pelos colegas que tiverem a mesma *expertise*. Como seria de se esperar, os recém-chegados a uma equipe podem atuar como uma rica fonte de ideias criativas, embora, infelizmente, a expectativa geral é de que eles comecem contribuindo menos.[136] Alocar pessoas resistentes a mudanças em equipes receptivas a mudanças pode aumentar a criatividade geral,[137] talvez em virtude da influência positiva do grupo. Juntos, esses estudos mostram que equipes diversificadas podem, de fato, ser mais criativas, especialmente se forem ativamente lideradas com foco nesse objetivo.

Resultados criativos (inovação)

O último estágio do nosso modelo de criatividade é o resultado. O comportamento criativo nem sempre leva a um resultado inovador. Um empregado pode ter uma ideia criativa que jamais será revelada. A liderança pode rejeitar uma solução criativa. As equipes podem reprimir comportamentos criativos isolando os membros que propõem ideias diferentes. Um estudo mostrou que a maioria das pessoas tende a rejeitar as ideias criativas porque elas geram incertezas. Diante da incerteza, as pessoas podem perder a capacidade de ver que uma ideia é criativa.[138]

Podemos definir *resultados criativos* como ideias ou soluções consideradas originais e úteis pelas partes interessadas. A originalidade por si só não gera um resultado criativo se não houver utilidade. Pensando assim, soluções "malucas" só serão criativas se ajudarem a resolver um problema. A utilidade da solução pode ser clara (como o iPad) ou pode, inicialmente, ser considerada eficaz somente pelas partes interessadas..[139]

Uma organização pode coletar muitas ideias criativas de seus empregados e se considerar inovadora. Mas, como afirmou um especialista, "As ideias são inúteis se não forem usadas". As habilidades subjetivas *(soft skills)* ajudam a transformar as ideias em resultados. Um pesquisador descobriu que, em uma grande empresa de agronegócio, as ideias criativas tinham mais chances de ser implementadas quando a pessoa era motivada a concretizá-las — e quando tinha uma grande capacidade de fazer networking.[140] Estudos como esses salientam um fato importante: as ideias criativas não se implementam sozinhas; transformá-las em resultados criativos é um processo social que requer a aplicação de outros conceitos abordados neste texto, incluindo poder e política, liderança e motivação.

RESUMO

As pessoas baseiam seu comportamento não no modo como o ambiente externo de fato é, mas na maneira como elas o veem ou acreditam que ele seja. Conhecer seu processo decisório pode nos ajudar a explicar e prever seu comportamento, mas poucas decisões importantes são simples ou claras a ponto de permitir a aplicação de um modelo racional. As pessoas podem buscar soluções que apenas satisfazem, mas não otimizam, incluindo vieses e preconceitos à decisão e confiando excessivamente na intuição. Os gestores devem incentivar a criatividade dos empregados e das equipes para abrir caminho para processos decisórios inovadores.

IMPLICAÇÕES PARA OS GESTORES

- ▶ A percepção leva ao comportamento. Portanto, para influenciar o comportamento no trabalho, avalie a percepção que as pessoas têm de seu trabalho.

Muitas vezes, comportamentos que não entendemos podem ser explicados por meio da compreensão das percepções iniciais.

▶ Tome decisões melhores reconhecendo os vieses de percepção e erros de decisão que tendemos a cometer. Conhecer esses problemas nem sempre nos impede de cometer erros, mas ajuda.

▶ Ajuste seu processo decisório à cultura do país onde atua e aos critérios que sua organização valoriza. Se você atuar em um país que não valoriza a racionalidade, não se sinta forçado a seguir o modelo racional de tomada de decisão ou a tentar mostrar que suas decisões são racionais. A sua tomada de decisão deve ser ajustada de modo a ser compatível com a cultura organizacional.

▶ Combine análise racional com a intuição. Essas duas abordagens não são conflitantes para a tomada de decisão. Ao usar as duas, você poderá melhorar a eficácia do seu processo decisório.

▶ Tente desenvolver sua criatividade. Procure ativamente novas soluções para os problemas, tente observá-los de novas maneiras, use analogias e contrate talentos criativos. Tente remover barreiras organizacionais e obstáculos inerentes ao próprio trabalho que possam impedir a criatividade.

Ponto e contraponto

Avaliação implícita

PONTO

Como mencionamos neste capítulo, algumas decisões são tomadas intuitivamente, ou seja, de forma instantânea, não consciente, rápida e emocional. Sabendo disso, não podemos estar sendo preconceituosos em relação aos outros sem perceber?

O Project Implicit, uma iniciativa na Harvard criada por Tony Greenwald, Mahzarin Banaji e Brian Nosek, se propôs a revelar vieses ocultos que não são incluídos na nossa percepção consciente. Grande parte dos estudos utilizou o Teste de Associação Implícita, que possibilitou aos pesquisadores avaliar a rapidez com a qual as pessoas fazem associações preconceituosas (por exemplo, ao associar preto com negativo ou branco com positivo) em comparação com associações não preconceituosas (por exemplo, associar preto com positivo ou branco com negativo). As diferenças entre as velocidades da decisão (medidas em milissegundos) para essas duas associações fornecem uma estimativa dos preconceitos ou vieses.

O Teste de Associação Implícita tem sido muito útil para aprofundar nosso conhecimento sobre a tomada de decisão não consciente e os preconceitos, sugerindo que um milissegundo pode fazer uma grande diferença para o nosso entendimento do comportamento inconsciente e intuitivo. Um banco de dados de aproximadamente 1,5 milhão

CONTRAPONTO

Embora a intuição sem dúvida tenha seu peso na tomada de decisão, será que um teste pode mesmo dizer se somos preconceituosos? Será que o número de milissegundos que uma pessoa leva para escolher uma associação entre dois conceitos basta para constatar se a pessoa é tendenciosa? Muitos acadêmicos, com destaque para Hart Blanton, questionam a relação entre os resultados do Teste de Associação Implícita e o comportamento tendencioso.

Além das implicações éticas de usar um teste para rotular alguém como preconceituoso ou tendencioso, algo que Emily Bazelon, do *The New York Times*, comparou esse teste com a possibilidade de usar nossas discussões sociais sobre os vieses e transformá-las "de uma observação psicológica a uma acusação política", Blanton observa que o teste em si tem muitos problemas: "O Teste de Associação Implícita nem chega a prever seus próprios resultados depois de duas semanas... como um teste teria como prever o comportamento se não consegue ao menos prever a si mesmo?". Um estudo também constatou que é impossível separar a verdadeira variabilidade do Teste de Associação Implícita da variabilidade resultante de respostas falsas (quando os respondentes são instruídos a dar respostas falsas no Teste de Associação Implícita). Em uma metanálise atualizada, publicada em 2015, Blanton e outros pesquisade participantes do site de pesquisa do Project Implicit revelou que as pessoas brancas do sudeste dos Estados Unidos tendem a ser as mais preconceituosas e que, em geral, pessoas brancas apresentam uma média de preferência entre leve e moderada por brancos a pessoas que aparentem ser de outras raças.

O Teste de Associação Implícita nos ajudou a constatar que, implicitamente, as pessoas preferem mulheres a homens e mães a pais, mas, quando as mulheres são julgadas em um âmbito considerado "masculino", as preferências mudam: tendemos a preferir figuras de autoridade e líderes homens a mulheres. Uma metanálise conduzida em 2009, que contou com a participação de quase 15.000 pessoas, descobriu que os resultados do Teste de Associação Implícita constituíam um fator preditivo moderado de índices fisiológicos, comportamentos e opiniões preconceituosas.

dores descobriram que o Teste de Associação Implícita não é eficaz em prever comportamentos, percepções, preferências políticas, comportamentos não verbais e tempos de resposta (embora, em algumas situações, pequenos efeitos possam levar a grandes efeitos em termos da sociedade em geral); o único elemento que esse teste pareceu prever com eficácia moderada foi a atividade cerebral. Blanton também gerou controvérsias quando fez uma nova análise sobre os dados de estudos influentes do início dos anos 2000 sobre o Teste de Associação Implícita e descobriu que alguns dos resultados foram mais baixos do que o previsto e mudavam consideravelmente em função de valores discrepantes e outros fatores (embora essa variação tenha sido discutida pelos autores originais).

Fontes: baseado em T. Bartlett, "Can We Really Measure Implicit Bias? Maybe Not", *The Chronicle of Higher Education,* 5 jan. 2017, http://www.chronicle.com/article/Can-We-Really-Measure-Implicit/238807; E. Bazelon, "How 'Bias' Went from a Psychological Observation to a Political Accusation", *The New York Times,* 18 out. 2016, https://nyti.ms/2jDe6WL; H. Blanton, J. Jaccard, J. Klick, B. Mellers, G. Mitchell e P. E. Tetlock, "Strong Claims and Weak Evidence: Reassessing the Predictive Validity of the IAT", *Journal of Applied Psychology* 94, no. 3 (2009): 567–82; D. Chugh, "Societal and Managerial Implications of Implicit Social Cognition: Why Milliseconds Matter", *Social Justice Research* 17, no. 2 (2004): 203–22; A. G. Greenwald, T. A. Poehlman, E. L. Uhlmann e M. R. Banaji, "Understanding and Using the Implicit Association Test: III. Meta-Analysis of Predictive Validity", *Journal of Personality and Social Psychology* 97, no. 1 (2009):17–41; J. Kluger, "There's a Test That May Reveal Racial Bias in Police—and in All of Us", *Time,* 8 jul. 2016, http://time.com/4398505/implicit-association--racism-test/; C. Mooney, "Across America, Whites Are Biased and They Don't Even Know It", *The Washington Post,* 8 dez. 2014, https://www.washingtonpost.com/news/wonk/wp/2014/12/08/across-america-whites-are-biased-and-they-dont-even-know-it/?utm_term=.ef02a0e7ce3b; F. L. Oswald, G. Mitchell, H. Blanton, J. Jaccard e P. E. Tetlock, "Predicting Ethnic and Racial Discrimination: A Meta-Analysis of IAT Criterion Studies", *Journal of Personality and Social Psychology* 105, no. 2 (2013): 171–93; site do Project Implicit, 2011, acessado em 29 mar. 2017, https://implicit.harvard.edu/implicit/; J. Röhner e T. Ewers, "Trying to Separate the Wheat from the Chaff: Constructand Faking-Related Variance on the Implicit Association Test (IAT)", *Behavioral Research* 48 (2016): 243–58; e T. Shatseva, "Don't Think You're Sexist? Sorry, We All Are", *Popular Science,* 2 dez. 2016, http://www.popsci.com/dont-think-youre-sexist-sorry-we-all-are.

REVISÃO DO CAPÍTULO

QUESTÕES PARA REVISÃO

6.1 Quais são os fatores que influenciam nossa percepção?

6.2 O que é a teoria da atribuição?

6.3 Qual é a relação entre percepção e tomada de decisão?

6.4 Como o modelo racional de tomada de decisão difere da racionalidade limitada e da intuição?

6.5 Como as diferenças individuais e restrições organizacionais afetam a tomada de decisão?

6.6 Quais são os três critérios éticos para o processo decisório e qual é a diferença entre eles?

6.7 Quais são as partes do modelo dos três estágios da criatividade?

APLICAÇÃO E EMPREGABILIDADE

A percepção é nossa primeira janela para o mundo e oferece uma noção daquilo que nos cerca, das pessoas com quem interagimos, de onde estamos e do que deveríamos ou não fazer. Essas percepções são fundamentais para orientar nossa tomada de decisão. No mundo dos negócios, presume-se que as decisões devam ser tomadas de forma racional.

No entanto, novas pesquisas estão questionando essa premissa porque muitas pessoas são limitadas pela própria percepção e preconceitos no local de trabalho. Pensando assim, conscientizar-se dos seus próprios preconceitos e limitações pode ajudá-lo a tomar decisões melhores e mais embasadas e, por sua vez, melhorar sua empregabilidade. Esse conhecimento pode ajudá-lo a tomar decisões mais éticas e a melhorar seu desempenho criativo. Neste capítulo, você desenvolveu sua responsabilidade social, bem como suas habilidades de aplicação e análise de conhecimentos, questionando a premissa de que todos os estereótipos são negativos, refletindo sobre a questão ética de chegar atrasado ao trabalho, aprendendo a confrontar situações nas quais podemos ser mais propensos a mentir e analisando a viabilidade de mensurar preconceitos intuitivos. Na próxima seção, você continuará a desenvolver essas habilidades, bem como suas habilidades de comunicação e pensamento crítico, esclarecendo sua própria percepção e o processo decisório por meio do jogo Máfia, refletindo sobre a decisão de trapacear, examinando os perigos da sobrecarga de colaboração e analisando como o tédio e as tarefas repetitivas podem levar a decisões antiéticas.

EXERCÍCIO EXPERIENCIAL   Máfia

Divida a turma em grupos de seis. Em cada grupo, um aluno se oferece para ser o narrador, cujo papel é ficar encarregado de registrar a identidade de todos os membros do grupo e anunciar todos os eventos aos demais. Todos os membros do grupo (fora o narrador) devem sentar-se de frente um para o outro. Os participantes são divididos em duas equipes: os mafiosos e os cidadãos. O narrador deve escrever *mafioso* em dois pedaços de papel e *cidadão* em três pedaços de papel (ou usar outro método para comunicar secretamente a identidade a cada participante). O narrador deve alocar aleatoriamente cada participante no grupo dos mafiosos ou dos cidadãos (e instruir os participantes a manterem sua identidade em segredo).

O jogo Máfia é jogado em duas fases: dia e noite. Na fase do dia (a primeira fase), todos os participantes devem tentar descobrir quem são os mafiosos. As tentativas podem incluir acusar os outros participantes de serem mafiosos e lançar uma votação para "aprisionar" um deles (lembre-se de que dois dos cinco participantes são mafiosos secretos e é do interesse deles ocultar sua identidade). Quando o grupo vota para decidir qual participante "aprisionar", o jogador preso revela sua identidade e é retirado do jogo.

Na fase da noite, todos os cidadãos abaixam a cabeça e fecham os olhos. O narrador, então, instrui os mafiosos a se levantar em silêncio. O narrador pergunta aos mafiosos quem eles gostariam de atacar. Os mafiosos devem responder silenciosamente usando gestos (ou se comunicando secretamente) indicando quem eles gostariam de eliminar do jogo. Uma vez tomada a decisão, os mafiosos são instruídos a abaixar a cabeça e fechar os olhos.

Na fase do dia seguinte, o narrador pede que todos abram os olhos e levantem a cabeça. Nesse ponto, o narrador anuncia o participante que os mafiosos escolheram eliminar. O participante revela sua identidade e é retirado do jogo. A fase do dia continua com os jogadores (novamente) tentando descobrir quem são os (últimos) mafiosos. O jogo continua até todos os mafiosos ou todos os cidadãos serem excluídos do jogo.

Quando um lado vence, o grupo deve responder às questões a seguir:

Questões

6.8 Foi fácil saber quando alguém estava mentindo no jogo? Por quê? Como você soube?

6.9 Você conseguiu identificar preconceitos ou erros de percepções em qualquer uma das decisões que tomou durante o jogo? Quais foram eles e quais foram os resultados das suas decisões?

6.10 Você acha que é possível ser um bom mentiroso? Quais fatores um bom mentiroso teria de controlar para as pessoas acharem que ele está dizendo a verdade?

Fonte: baseado no jogo desenvolvido por Dmitry Davidoff quando ele foi um estudante de psicologia na Universidade Estadual de Moscou, em 1987 (veja http://www.wired.co.uk/article/werewolf).

Dilema ético

A trapaça é uma decisão

Todo mundo já trapaceou pelo menos uma vez na vida. Podemos achar que a decisão de trapacear resulta de um cálculo frio: o benefício vale o custo? Em alguns casos, parece que de fato fazemos tal cálculo para decidir trapacear ou não — um estudo recente descobriu que estudantes que fazem um curso em uma língua que não dominam, que acham que vão tirar uma nota baixa e que não são avessos a riscos são mais propensos a colar nas provas ou comprar trabalhos prontos. Eles são mais propensos a resistir, contudo, quando acham que podem ser pegos e a penalidade é alta. Em outros casos, a decisão de trapacear é menos consciente do que poderíamos esperar. Vejamos alguns fatos:

1. A trapaça não é uma questão de dinheiro. As pessoas preferem pegar itens ou objetos a dinheiro.
2. A trapaça é contagiante. Quando vemos as pessoas trapacearem, somos mais propensos a trapacear também.
3. Os estados de humor afetam a trapaça. As pessoas trapaceiam mais quando estão com raiva ou cansadas.
4. Os incentivos à trapaça funcionam. Se as metas só puderem ser atingidas por meio da trapaça, as pessoas provavelmente trapacearão mais.
5. As pessoas gostam de trapacear em segredo e tendem a trapacear mais quando ninguém está vendo.

O campo do comportamento organizacional pode ajudar a reduzir as trapaças. Por exemplo, um estudo recente sugere que o entusiasmo dos líderes pode refrear a tendência de trapacear por parte dos empregados. Esclarecer que as decisões têm implicações éticas reduz a trapaça, bem como monitorar o desempenho dos empregados.

Questões

6.11 Você tem colegas que trapacearam em alguma prova ou trabalho acadêmico? Você já trapaceou?

6.12 Os autores de um estudo observaram que as pessoas não acham que precisam ser objetivas ao avaliar potenciais trapaceiros. Você concorda? Por quê?

6.13 Você acha que, se admitíssemos para nós mesmos que trapaceamos, seríamos menos propensos a trapacear no futuro? Por quê?

Fontes: baseado em E. B. Beasley, "Students Reported for Cheating Explain What They Think Would Have Stopped Them", *Ethics and Behavior* 24, no. 3 (2014): 229–52; J. Chen, T. L.-P. Tang e N. Tang, "Temptation, Monetary Intelligence (Love of Money), and Environmental Context on Unethical Intentions and Cheating", *Journal of Business Ethics* 123, no. 2 (2014): 197–219; M. N. Karim, S. E. Kaminsky e T. S. Behrend, "Cheating, Reactions, and Performance in Remotely Proctored Testing: An Exploratory Experimental Study", *Journal of Business and Psychology* 29, no. 4 (2014): 555–72; G. Orosz, I. Toth-Kiraly, B. Boethe, A. Kusztor, Z. U. Kovacs e M. Janvari, "Teacher Enthusiasm: A Potential Cure of Academic Cheating", *Frontiers in Psychology* 6, no. 318 (2015): 1–12; D. Rigby, M. Burton, K. Balcombe, I. Bateman e A. Mulatu, "Contract Cheating and the Market in Essays", *Journal of Economic Behavior and Organization* 111 (2015): 23–37; e M. H. Bazerman e A. E. Tenbrunsel, *Blind Spots: Why We Fail to Do What's Right and What to Do about It* (Princeton, NJ: Princeton University Press, 2012).

Estudo de caso 1

Atenção: sobrecarga de colaboração

"Vocês podem nos dar a ferramenta que quiserem, mas vamos continuar soterrados debaixo de uma montanha de e-mails", disse um executivo a Jamie McLellan, diretor de tecnologia de uma agência de publicidade. McLellan investiu em várias ferramentas de colaboração para ajudar os empregados a serem mais eficientes no trabalho. Muitas organizações adotaram essa mesma abordagem ao retirar as divisórias de seus escritórios, como em empresas intensivas em conhecimento, caso do Facebook, que tem um enorme escritório de 40.000 metros quadrados sem divisórias. Os empregados tinham a liberdade de usar as ferramentas para criar sites internos para a equipe, para bater papo e compartilhar documentos. Mesmo assim, quase todos tendiam a se ater à ferramenta que conheciam e estavam acostumados a usar — o e-mail —, com os empregados mandando e recebendo entre 3.000 e 5.000 e-mails por mês.

A adoção de vários sistemas de colaboração levou a um grande problema para as organizações: a sobrecarga de colaboração. De acordo com dados cobrindo um período de duas décadas, os empregados passam cerca de 50% ou mais do tempo colaborando com outras pessoas. Embora à primeira vista isso possa parecer bom, esse padrão tem muitas desvantagens. Por um lado, quase 20% a 35% das colaborações que realmente agregam valor vêm de apenas 3% a 5% dos empregados. O problema é que as pessoas ganham fama por seu conhecimento e sua disposição para ajudar e o escopo de seu cargo acaba sendo estendido, em um fenômeno conhecido como "escalada da cidadania". Outro grande problema da sobrecarga de colaboração é que o tempo e a energia alocados a ela (em vez de trabalhar nas próprias tarefas) se traduzem no esgotamento de recursos pessoais.

A sobrecarga de colaboração pode ter grandes efeitos no processo decisório das organizações. Ao aumentar o número de ferramentas de colaboração e, desse modo, a complexidade das comunicações, o número de pessoas envolvidas na tomada de decisão aumenta exponencialmente, exigindo mais reuniões, mais e-mails e mensagens instantâneas. Muitas evidências sugerem que precisamos reduzir o volume, a variedade e a profundidade de nossas comunicações porque, na verdade, o trabalho "profundo" que pode ser realizado é muito limitado. Entretanto, parece que as pessoas estão se engajando em uma intensificação do compromisso com o culto à colaboração, enquanto poucas organizações concordam em se desconectar, pelo menos em parte.

Questões

6.14 Como você acha que a sobrecarga de colaboração pode afetar a tomada de decisão?

6.15 Quais preconceitos ou tendências você acha que podem levar à decisão dos gestores de continuar usando ferramentas e sistemas de colaboração?

6.16 Como a sobrecarga de colaboração (por exemplo, exigir que os empregados usem vários sistemas de colaboração ou passem a trabalhar em escritórios sem divisórias) se compara com os três critérios éticos para o processo decisório (ou seja, utilitarismo, liberdades/direitos e medo da desonra) que discutimos neste capítulo?

6.17 Releia o Estudo de Caso 1. Você acha que as ferramentas de colaboração têm ajudado ou atrapalhado a sociedade em geral?

Fontes: baseado em "The Collaboration Curse", *The Economist* (Schumpeter Blog), 23 jan. 2016, http://www.economist.com/news/business/21688872-fashion-making-employees--collaborate-has- gone-too-far-collaboration-curse; R. Cross, R. Rebele e A. Grant, "Collaborative Overload", *Harvard Business Review*, jan.–fev. 2016, https://hbr.org/2016/01/collaborative-overload; J. Greene, "Beware Collaboration-Tool Overload", 12 mar. 2017, https://www.wsj.com/articles/beware-collaboration-tool-overload-1489370400; e M. Mankins, "Collaboration Overload Is a Symptom of a Deeper Organizational Problem", *Harvard Business Review*, 27 mar. 2017, https://hbr.org/2017/03/collaboration-overload--is-a-symptom-of-a-deeper-organizational-problem.

Estudo de caso 2

Que tédio!

Seu fim de semana incrível passou voando e, de repente, são 8 da noite do domingo e você sabe que não vai ter como fugir do trabalho no dia seguinte. Você não é o único nessa situação. Um levantamento conduzido pela Monster, em 2015, sugere que nada menos que 76% dos trabalhadores entrevistados ficam deprimidos e angustiados no domingo à noite por saberem que precisam trabalhar no dia seguinte. As pessoas podem ficar ansiosas com o trabalho por muitas razões, mas um dos principais fatores pode ser o fato de seu trabalho envolver atividades tediosas ou repetitivas. Não há problema algum em ficar entediado de vez em quando, mas o comportamento antiético que resulta desse tédio pode ser problemático.

Pesquisas recentes sugerem que, quando o trabalho é rotineiro, processos cognitivos mais intuitivos e automáticos são ativados, levando a uma propensão a violar as regras. Por outro lado, a multitarefa pode levar a menos decisões antiéticas. Essa é uma das poucas vantagens da multitarefa, que, não raro, leva a resultados negativos, como menor desempenho e atenção reduzida.

Em um estudo realizado em um banco japonês que processava formulários de hipoteca, alguns empregados foram alocados para processar só uma seção dos formulários de cada vez, enquanto outros foram designados para trabalhar em mais de uma seção. Usando dados de cartões de ponto, os pesquisadores descobriram que, quando as pessoas trabalhavam em tarefas repetitivas, como analisar uma mesma seção dos formulários de cada vez, elas estouravam o tempo de almoço ao qual tinham direito.

Outro estudo sugere que o tédio pode levar a outras decisões antiéticas no trabalho. Descobriu-se que empregados entediados e aqueles que têm maior tendência ao tédio por notarem menos estímulos do ambiente externo são mais aptos a se envolver em mais comportamentos contraproducentes no trabalho. O tédio de nossos colegas também pode influenciar nossos comportamentos antiéticos. Ao contrário do que se costuma acreditar, os empregados entediados não se envolvem com maior frequência em brincadeiras agressivas no trabalho, mas podem ser mais propensos a se envolver em comportamentos abusivos ou se afastar psicologicamente.

Em geral, os resultados sugerem que os empregadores podem reduzir a tendência de tomar decisões antiéticas no trabalho (especialmente decisões ativadas por processos intuitivos) ao mudar a estrutura do ambiente ou da tarefa para incluir mais variedade e reduzir o tédio.

Questões

6.18 Como você acha que o tédio afeta sua tomada de decisão, além de estimular decisões antiéticas?

6.19 Você acha que o tédio pode ajudá-lo a ser mais criativo? Por quê?

6.20 Você se surpreendeu ao ler que o tédio não tem relação com brincadeiras agressivas no trabalho? Por quê?

6.21 Releia o Estudo de Caso 2. Você acha que os resultados dos efeitos da repetitividade e do tédio na tomada de decisão e no comportamento antiético poderiam ser replicados ou observados em trabalhos mais complexos? Por quê?

Fontes: baseado em K. Bruursema, S. R. Kessler e P. E. Spector, "Bored Employees Misbehaving: The Relationship between Boredom and Counterproductive Work Behavior", *Work & Stress* 25, no. 2 (2011): 93–107; R. Derfler-Rozin, C. Moore e B. Staats, "Does Doing the Same Work Over and Over Again Make You Less Ethical?", *Harvard Business Review,* 28 mar. 2017, https://hbr.org/2017/03/does-doing-the-same-work-over-and-over-again-make-you-less-ethical; R. Derfler-Rozin, C. Moore e B. Staats, "Reducing Organizational Rule Breaking Through Task Variety: How Task Design Supports Deliberative Thinking", *Organization Science* 27, no. 6 (2016):1361–79; e M. Tabaka, "7 Tips to Avoid the Sunday Night Blues", *Inc.*, 20 mar. 2017, http://www.inc.com/marla-tabaka/anxious--much-76-of-americans-suffer-from-sunday-night-blues-study-says.html.

NOTAS

1. E. Bernstein, "Honey, You Never Said...", *The Wall Street Journal*, 24 mar. 2015, D1, D4.

2. K. C. Yam, R. Fehr e C. M. Barnes, "Morning Employees Are Perceived as Better Employees: Employees' Start Times Influence Supervisor Performance Ratings", *Journal of Applied Psychology* 99, no. 6 (2014): 1288–99.

3. J. Dwyer, "Witness Accounts in Midtown Hammer Attack Show the Power of False Memory", *The New York Times*, 14 maio 2015, http://www.nytimes.com/2015/05/15/nyregion/witness-accounts-in-midtown-hammer-attack-show-the-power-of-falsememory.html?_r=1.

4. Veja, por exemplo, T. Masuda, P. C. Ellsworth, B. Mesquita, J. Leu, S. Tanida e E. Van de Veerdonk, "Placing the Face in Context: Cultural Differences in the Perception of of Experimental Social Psychology 61 (2015): Facial Emotion", *Journal of Personality and Social Psychology* 94, no. 3 (2008): 365–81.

5. G. Fields e J. R. Emshwiller, "Long after Arrests, Records Live On", *The Wall Street Journal*, 26 dez. 2014, A1, A10.

6. S. S. Wang, "The Science of Standing Out", *The Wall Street Journal*, 18 mar. 2014, D1, D4.

7. E. Zell e Z. Krizan, "Do People Have Insight into Their Abilities? A Metasynthesis", *Perspectives on Psychological Science* 9, no. 2 (2014): 111–25.

8. S. P. Perry, M. C. Murphy e J. F. Dovidio, "Modern Prejudice: Subtle, but Unconscious? The Role of Bias Awareness in Whites' Perceptions of Personal and Others' Biases", *Journal* 64–78.

9. G. P. Goodwin, J. Piazza e P. Rozin, "Moral Character Predominates in Person Perception and Evaluation", *Journal of Personality and Social Psychology* 106, no. 1 (2014): 148–68.

10. P. Harvey, K. Madison, M. Martinko, T. R. Crook e T. A. Crook, "Attribution Theory in the Organizational Sciences: The Road Traveled and the Path Ahead", *The Academy of Management Perspectives* 28, no. 2 (2014): 128–46; e M. J. Martinko, P. Harvey e M. T. Dasborough, "Attribution Theory in the Organizational Sciences: A Case of Unrealized Potential", *Journal of Organizational Behavior* 32, no. 1 (2011): 144–49.

11. C. M. de Melo, P. J. Carnevale, S. J. Read e J. Gratch, "Reading People's Minds from Emotion Expressions in Interdependent Decision Making", *Journal of Personality and Social Psychology* 106, no. 1 (2014): 73–88; e P. Meindl,

K. M. Johnson e J. Graham, "The Immoral Assumption Effect: Moralization Drives Negative Trait Attributions", *Personality and Social Psychology Bulletin* 42, no. 4 (2016): 540–53.

12. H. H. Kelley, "Attribution Theory in Social Psychology", in D. Levine (ed.), *Nebraska Symposium on Motivation*, Vol. 15 (Lincoln: University of Nebraska, 1967): 129–238; e K. Sanders e H. Yang, "The HRM Process Approach: The Influence of Employees' Attribution to Explain the HRM-Performance Relationship", *Human Resource Management* 55, no. 2 (2016): 201–17.

13. Kelley, "Attribution Theory in Social Psychology"; e J. M. Moran, E. Jolly e J. P. Mitchell, "Spontaneous Mentalizing Predicts the Fundamental Attribution Error", *Journal of Cognitive Neuroscience* 26, no. 3 (2014): 569–76.

14. Veja, por exemplo, N. Epley e D. Dunning, "Feeling 'Holier Than Thou': Are Self-Serving Assessments Produced by Errors in Self or Social Prediction?", *Journal of Personality and Social Psychology* 76, no. 6 (2000): 861–75; E. G. Hepper, R. H. Gramzow e C. Sedikides, "Individual Differences in Self-Enhancement and Self-Protection Strategies: An Integrative Analysis", *Journal of Personality* 78, no. 2 (2010): 781–814; e J. Shepperd, W. Malone e K. Sweeny, "Exploring Causes of the Self-Serving Bias", *Social and Personality Psychology Compass* 2, no. 2 (2008): 895–908.

15. Veja, por exemplo, A. H. Mezulis, L. Y. Abramson, J. S. Hyde e B. L. Hankin, "Is There a Universal Positivity Bias in Attributions? A Meta-Analytic Review of Individual, Developmental, and Cultural Differences in the Self-Serving Attributional Bias", *Psychological Bulletin* 130, no. 5 (2004): 711–47; C. F. Falk, S. J. Heine, M. Yuki e K. Takemura, "Why Do Westerners Self-Enhance More Than East Asians?", *European Journal of Personality* 23, no. 3 (2009): 183–203; e F. F. T. Chiang e T. A. Birtch, "Examining the Perceived Causes of Successful Employee Performance: An East–West Comparison", *International Journal of Human Resource Management* 18, no. 2 (2007): 232–48.

16. R. Friedman, W. Liu, C. C. Chen e S.-C. S. Chi, "Causal Attribution for Interfirm Contract Violation: A Comparative Study of Chinese and American Commercial Arbitrators", *Journal of Applied Psychology* 92, no. 3 (2007): 856–64.

17. J. Spencer-Rodgers, M. J. Williams, D. L. Hamilton, K. Peng e L. Wang, "Culture and Group Perception: Dispositional and Stereotypic Inferences about Novel and National Groups", *Journal of Personality and Social Psychology* 93, no. 4 (2007): 525–43.

18. J. D. Brown, "Across the (Not So) Great Divide: Cultural Similarities in Self-Evaluative Processes", *Social and Personality Psychology Compass* 4, no. 5 (2010): 318–30.

19. A. Zhang, C. Reyna, Z. Qian e G. Yu, "Interpersonal Attributions of Responsibility in the Chinese Workplace: A Test of Western Models in a Collectivistic Context", *Journal of Applied Social Psychology* 38, no. 9 (2008): 2361–77; e A. Zhang, F. Xia e C. Li, "The Antecedents of Help Giving in Chinese Culture: Attribution, Judgment of Responsibility, Expectation Change and the Reaction of Affect", *Social Behavior and Personality* 35, no. 1 (2007): 135–42.

20. J. P. Forgas e S. M. Laham, "Halo Effects", in R. F. Pohl (ed.), *Cognitive Illusions: Intriguing Phenomena in Thinking, Judgment and Memory*, 2. ed. (Nova York: Routledge, 2017): 276–90; P. Rosenzweig, *The Halo Effect* (Nova York: The Free Press, 2007); e I. Dennis, "Halo Effects in Grading Student Projects", *Journal of Applied Psychology* 92, no. 4 (2007): 1169–76.

21. H. H. Zhao, S. E. Seibert, M. S. Taylor, C. Lee e W. Lam, "Not Even the Past: The Joint Influence of Former Leader and New Leader during Leader Succession in the Midst of Organizational Change", *Journal of Applied Psychology* 101, no. 12 (2016): 1730–8.

22. A.-S. Chaxel, "How Do Stereotypes Influence Choice?", *Psychological Science* 26, no. 5 (2015): 641–5; e S. Kanahara, "A Review of the Definitions of Stereotype and a Proposal for a Progressional Model", *Individual Differences Research* 4, no. 5 (2006): 306–21.

23. J. L. Eberhardt, P. G. Davies, V. J. Purdic-Vaughns e S. L. Johnson, "Looking Death worthy: Perceived Stereotypicality of Black Defendants Predicts Capital-Sentencing Outcomes", *Psychological Science* 17, no. 5 (2006): 383–86.

24. A. S. Rosette, G. J. Leonardelli e K. W. Phillips, "The White Standard: Racial Bias in Leader Categorization", *Journal of Applied Psychology* 93, no. 4 (2008): 758–77.

25. R. E. Frieder, C. H. Van Iddekinge e P. H. Raymark, "How Quickly Do Interviewers Reach Decisions? An Examination of Interviewers' Decision-making Time across Applicants", *Journal of Occupational and Organizational Psychology* 89 (2016): 223–48; H. M. Gray, "To What Extent, and under What Conditions, Are First Impressions Valid", in N. Ambady e J. J. Skowronski (eds.), *First Impressions* (Nova York: Guilford, 2008): 106–28; e B. W. Swider, M. R. Barrick e T. B. Harris, "Initial Impressions: What They Are, What They Are Not, and How They

Influence Structured Interview Outcomes", *Journal of Applied Psychology* 101, no. 5 (2016): 625–38.

26. J. Willis e A. Todorov, "First Impressions: Making Up Your Mind after a 100ms Exposure to a Face", *Psychological Science* 17, no. 7 (2006): 592–98.

27. N. Eisenkraft, "Accurate by Way of Aggregation: Should You Trust Your Intuition-Based First Impressions?", *Journal of Experimental Social Psychology* 49, no. 2 (2013): 277–79.

28. N. M. Kierein e M. A. Gold, "Pygmalion in Work Organizations: A Meta-Analysis", *Journal of Organizational Behavior* 21, no. 8 (2000): 913–28; e J. S. Livingston, "Pygmalion in Management", *Harvard Business Review* 81 (2003): 97–106.

29. Kierein e Gold, "Pygmalion in Work Organizations"; D. B. McNatt e T. A. Judge, "Boundary Conditions of the Galatea Effect: A Field Experiment and Constructive Replication", *Academy of Management Journal* 47, no. 4 (2004): 550–65; e X. M. Bezuijen, P. T. van den Berg, K. van Dam e H. Thierry, "Pygmalion and Employee Learning: The Role of Leader Behaviors", *Journal of Management* 35 (2009): 1248–67.

30. H. J. Bernardin, S. Thomason, M. R. Buckley e J. S. Kane, "Rater Rating-Level Bias and Accuracy in Performance Appraisals: The Impact of Rater Personality, Performance Management Competence, and Rater Accountability", *Human Resource Management* 55, no. 2 (2016): 321–40; e J. R. Spence e L. Keeping, "Conscious Rating Distortion in Performance Appraisal: A Review, Commentary, and Proposed Framework for Research", *Human Resource Management Review* 21 (2011): 85–95.

31. E. Bernstein, "The Right Answer Is 'No'", *The Wall Street Journal*, March 11, 2014, D1–D2.

32. E. Shafir e R. A. LeBoeuf, "Rationality", *Annual Review of Psychology* 53 (2002):491–517.

33. Para uma revisão do modelo racional de tomada de decisão, veja M. H. Bazerman e D. A. Moore, *Judgment in Managerial Decision Making*, 7. ed. (Hoboken, Nova Jersey: Wiley, 2008).

34. J. G. March, *A Primer on Decision Making* (Nova York: The Free Press, 2009); e D. Hardman e C. Harries, "How Rational Are We?", *Psychologist* (fev. 2002): 76–79.

35. M. H. Bazerman e D. A. Moore, *Judgment in Managerial Decision Making*, 7. ed. (Hoboken, Nova Jersey: Wiley, 2008).

36. J. E. Russo, K. A. Carlson e M. G. Meloy, "Choosing an Inferior Alternative", *Psychological Science* 17, no. 10 (2006): 899–904.

37. D. Chugh e M. H. Bazerman; "Bounded Awareness: What You Fail to See Can Hurt You", *Mind & Society* 6 (2007): 1–18; N. Halevy e E. Y. Chou, "How Decisions Happen: Focal Points and Blind Spots in Interdependent Decision Making", *Journal of Personality and Social Psychology* 106, no. 3 (2014): 398– 417; e D. Kahneman, "Maps of Bounded Rationality: Psychology for Behavioral Economics", *The American Economic Review* 93, no. 5 (2003): 1449–75.

38. G. Gigerenzer, "Why Heuristics Work", *Perspectives on Psychological Science* 3, no. 1 (2008): 20–29; e A. K. Shah e D. M. Oppenheimer, "Heuristics Made Easy: An Effort-Reduction Framework", *Psychological Bulletin* 134, no. 2 (2008): 207–22.

39. M. C. Kern e D. Chugh, "Bounded Ethicality: The Perils of Loss Framing", *Psychological Science* 20, no. 3 (2009): 378–84.

40. R. Folger, D. B. Ganegoda, D. B. Rice, R. Taylor e D. X. H. Wo, "Bounded Autonomy and Behavioral Ethics: Deonance and Reactance as Competing Motives", *Human Relations* 66, no. 7 (2013): 905–24; e R. Folger e D. R. Glerum, "Justice and Deonance: 'You Ought to be Fair'", in M. Ambrose e R. Cropanzano (eds.), *The Oxford Handbook of Justice in the Workplace* (Nova York: Oxford, 2015): 331–50.

41. T. Zhang, P. O. Fletcher, F. Gino e M. H. Bazerman, "Reducing Bounded Ethicality: How to Help Individuals Notice and Avoid Unethical Behavior", *Organizational Dynamics* 44 (2015): 310–7.

42. Veja A. W. Kruglanski e G. Gigerenzer, "Intuitive and Deliberate Judgments Are Based in Common Principles", *Psychological Review* 118 (2011): 97–109.

43. E. Dane e M. G. Pratt, "Exploring Intuition and Its Role in Managerial Decision Making", *Academy of Management Review* 32, no. 1 (2007): 33–54; e J. A. Hicks, D. C. Cicero, J. Trent, C. M. Burton e L. A. King, "Positive Affect, Intuition, and Feelings of Meaning", *Journal of Personality and Social Psychology* 98 (2010): 967–79.

44. E. Salas, M. A. Rosen e D. DiazGranados, "Expertise-Based Intuition and Decision Making in Organizations", *Journal of Management* 36, no. 4 (2010): 941–73.

45. C. Akinci e E. Sadler-Smith, "Intuition in Management Research: A Historical Review", *International Journal of Management Reviews* 14 (2012): 104–22.

46. S. P. Robbins, *Decide & Conquer: Making Winning Decisions and Taking Control of Your Life* (Upper Saddle River, NJ: Financial Times/Prentice Hall, 2004), 13.

47. S. Ludwig e J. Nafziger, "Beliefs about Overconfidence", *Theory and Decision* 70, no. 4 (2011): 475–500.

48. C. R. M. McKenzie, M. J. Liersch e I. Yaniv, "Overconfidence in Interval Estimates: What Does Expertise Buy You", *Organizational Behavior and Human Decision Processes* 107 (2008): 179–91.

49. R. P. Larrick, K. A. Burson e J. B. Soll, "Social Comparison and Confidence: When Thinking You're Better Than Average Predicts Overconfidence (and When It Does Not)", *Organizational Behavior and Human Decision Processes* 102 (2007): 76–94.

50. K. M. Hmieleski e R. A. Baron, "Entrepreneurs' Optimism and New Venture Performance: A Social Cognitive Perspective", *Academy of Management Journal* 52, no. 3 (2009): 473–88.

51. R. Frick e A. K. Smith, "Overconfidence Game", *Kiplinger's Personal Finance* 64, no. 3 (2010): 23.

52. Veja, por exemplo, J. P. Simmons, R. A. LeBoeuf e L. D. Nelson, "The Effect of Accuracy Motivation on Anchoring and Adjustment: Do People Adjust from Their Provided Anchors?", *Journal of Personality and Social Psychology* 99 (2010): 917–32.

53. C. Janiszewski e D. Uy, "Precision of the Anchor Influences the Amount of Adjustment", *Psychological Science* 19, no. 2 (2008): 121–27.

54. Veja E. Jonas, S. Schultz-Hardt, D. Frey e N. Thelen, "Confirmation Bias in Sequential Information Search after Preliminary Decisions", *Journal of Personality and Social Psychology* 80, no. 4 (2001): 557–71; e W. Hart, D. Albarracín, A. H. Eagly, I. Brechan, M. Lindberg e L. Merrill, "Feeling Validated versus Being Correct: A Meta-Analysis of Selective Exposure to Information", *Psychological Bulletin* 135 (2009): 555–88.

55. T. Pachur, R. Hertwig e F. Steinmann, "How Do People Judge Risks: Availability Heuristic, Affect Heuristic, or Both?", *Journal of Experimental Psychology: Applied* 18 (2012): 314–30.

56. G. Morgenson, "Debt Watchdogs: Tamed or Caught Napping?", *The New York Times*, 7 dez. 2009, 1, 32.

57. B. M. Staw, "The Escalation of Commitment to a Course of Action", *Academy of Management Review* (out. 1981): 577–87.

58. K. F. E. Wong e J. Y. Y. Kwong, "The Role of Anticipated Regret in Escalation of Commitment", *Journal of Applied Psychology* 92, no. 2 (2007): 545–54.

59. D. J. Sleesman, D. E. Conlon, G. McNamara e J. E. Miles, "Cleaning Up the Big Muddy: A Meta-Analytic Review of the Determinants of Escalation of Commitment", *Academy of Management Journal* 55 (2012): 541–62.

60. R. L. Schaumberg e S. S. Wiltermuth, "Desire for a Positive Moral Self-Regard Exacerbates Escalation of Commitment to Initiatives with Prosocial Aims", *Organizational Behavior and Human Decision Processes* 123, no. 2 (2014): 110–23.

61. H. Drummond, "Escalation of Commitment: When to Stay the Course?", *The Academy of Management Perspectives* 28, no. 4 (2014): 430–46.

62. Veja, por exemplo, A. James e A. Wells, "Death Beliefs, Superstitious Beliefs and Health Anxiety", *British Journal of Clinical Psychology* (March 2002): 43–53; e U. Hahn e P. A. Warren, "Perceptions of Randomness: Why Three Heads Are Better Than One", *Psychological Review* 116 (2009): 454–61.

63. Veja, por exemplo, D. J. Keys e B. Schwartz, "Leaky Rationality: How Research on Behavioral Decision Making Challenges Normative Standards of Rationality", *Psychological Science* 2, no. 2 (2007): 162–80; e U. Simonsohn, "Direct Risk Aversion: Evidence from Risky Prospects Valued below Their Worst Outcome", *Psychological Science* 20, no. 6 (2009): 686–92.

64. A. Kühberger, "The Influence of Framing on Risky Decisions: A Meta-Analysis", *Organizational Behavior and Human Decision Processes* 75, no. 1 (1998): 23–55; e A. Kühberger, M. Schulte-Mecklenbeck e J. Perner, "The Effects of Framing, Reflection, Probability, and Payoff on Risk Preference in Choice Tasks", *Organizational Behavior and Human Decision Processes* 78, no. 3 (1999): 204–31.

65. A. Chakraborty, S. Sheikh e N. Subramanian, "Termination Risk and Managerial Risk Taking", *Journal of Corporate Finance* 13 (2007): 170–88.

66. D. G. Allen, K. P. Weeks e K. R. Moffitt, "Turnover Intentions and Voluntary Turnover: The Moderating Roles of Self-Monitoring, Locus of Control, Proactive Personality, and Risk Aversion", *Journal of Applied Psychology* 90, no. 5 (2005): 980–90; e C. Vandenberghe, A. Panaccio e A. K. B. Ayed, "Continuance Commitment and Turnover: Examining the Moderating Role of Negative Affectivity and Risk Aversion", *Journal of Occupational and Organizational Psychology* 84 (2011): 403–24.

67. P. Bryant e R. Dunford, "The Influence of Regulatory Focus on Risky Decision-Making", *Applied Psychology: An International Review* 57, no. 2 (2008): 335–59.

68. A. J. Porcelli e M. R. Delgado, "Acute Stress Modulates Risk Taking in Financial Decision Making", *Psychological Science* 20, no. 3 (2009): 278–83.

69. R. L. Guilbault, F. B. Bryant, J. H. Brockway e E. J. Posavac, "A Meta-Analysis of Research on Hindsight Bias", *Basic and Applied Social Psychology* 26, nos. 2–3 (2004): 103–17; e L. Werth, F. Strack e J. Foerster, "Certainty and Uncertainty: The Two Faces of the Hindsight Bias", *Organizational Behavior and Human Decision Processes* 87, no. 2 (2002): 323–41.

70. J. Bell, "The Final Cut?", *Oregon Business* 33, no. 5 (2010): 27.

71. E. Dash e J. Creswell, "Citigroup Pays for a Rush to Risk", *The New York Times*, 20 nov. 2008, 1, 28; S. Pulliam, S. Ng e R. Smith, "Merrill Upped Ante as Boom in Mortgage Bonds Fizzled", *The Wall Street Journal*, 16 abr. 2008, A1, A14; e M. Gladwell, "Connecting the Dots", *The New Yorker*, 10 mar. 2003.

72. H. Moon, J. R. Hollenbeck, S. E. Humphrey e B. Maue, "The Tripartite Model of Neuroticism and the Suppression of Depression and Anxiety within an Escalation of Commitment Dilemma", *Journal of Personality* 71 (2003): 347–68; e H. Moon, "The Two Faces of Conscientiousness: Duty and Achievement Striving in Escalation of Commitment Dilemmas", *Journal of Applied Psychology* 86 (2001): 535–40.

73. J. Musch, "Personality Differences in Hindsight Bias", *Memory* 11 (2003): 473–89.

74. M. D. Coleman, "Emotion and the Self-Serving Bias", *Current Psychology* (dez. 2011): 345–54.

75. M. Tamborski, R. P. Brown e K. Chowning, "Self-Serving Bias or Simply Serving the Self? Evidence for a Dimensional Approach to Narcissism", *Personality and Individual Differences* 52, no. 8 (2012): 942–6.

76. T. Huston, "Are Women Better Decision Makers?", *The New York Times*, 19 out. 2014, 9.

77. A. Borders e K. A. Hennebry, "Angry Rumination Moderates the Association between Perceived Ethnic Discrimination and Risky Behaviors", *Personality and Individual Differences* 79 (2015): 81–86; e J. S. Hyde, A. H. Mezulis e L. Y. Abramson, "The ABCs of Depression: Integrating Affective, Biological, and Cognitive Models to Explain the Emergence of the Gender Difference in Depression", *Psychological Review* 115, no. 2 (2008): 291–313.

78. H. Connery e K. M. Davidson, "A Survey of Attitudes to Depression in the General Public: A Comparison of Age and Gender Differences", *Journal of Mental Health* 15, no. 2 (abr. 2006): 179–89.

79. A. Shull, S. E. Mayer, E. McGinnis, E. Geiss, I. Vargas e N. L. Lopez-Duran, "Trait and State Rumination Interact to Prolong Cortisol Activation to Psychosocial Stress in Females", *Psychoneuroendocrinology* 74 (2016): 324–32.

80. M. Elias, "Thinking It Over, and Over, and Over", *USA Today*, 6 fev. 2003, 10D.

81. K. E. Stanovich e R. F. West, "On the Relative Independence of Thinking Biases and Cognitive Ability", *Journal of Personality and Social Psychology* 94, no. 4 (2008): 672–95.

82. N. J. Adler, *International Dimensions of Organizational Behavior*, 4. ed. (Cincinnati, OH: South-Western Publishing, 2002), 182–89; e J. F. Yates e S. de Oliveira, "Culture and Decision Making", *Organizational Behavior and Human Decision Processes* 136 (2016): 106–18.

83. R. Audi, "Can Utilitarianism Be Distributive? Maximization and Distribution as Criteria in Managerial Decisions", *Business Ethics Quarterly* 17, no. 4 (2007): 593–611; e K. V. Kortenkamp e C. F. Moore, "Ethics under Uncertainty: The Morality and Appropriateness of Utilitarianism When Outcomes Are Uncertain", *American Journal of Psychology* 127, no. 3 (2014): 367–82.

84. A. Lukits, "Hello and Bonjour to Moral Dilemmas", *The Wall Street Journal*, 13 maio 2014, D4.

85. J. Hollings, "Let the Story Go: The Role of Emotion in the Decision-Making Process of the Reluctant, Vulnerable Witness or Whistle-Blower", *Journal of Business Ethics* 114, no. 3 (2013): 501–12.

86. D. E. Rupp, P. M. Wright, S. Aryee e Y. Luo, "Organizational Justice, Behavioral Ethics, and Corporate Social Responsibility: Finally the Three Shall Merge", *Management and Organization Review* 11 (2015): 15–24.

87. R. Folger, "Fairness as Deonance", in S. W. Gilliland, D. D. Steiner e D. P. Skarlicki (eds.), *Research in Social Issues in Management: Theoretical and Cultural Perspectives on Organizational Justice*, Vol. 1 (Charlotte, NC: Information Age, 2001): 3–31; R. Folger, "Deonanace: Behavioral Ethics and Moral Obligation", in D. DeCremer e A. E. Tenbrunsel (eds.), *Series in Organization and Management: Behavioral Business Ethics; Shaping an Emerging Field* (Nova York: Routledge, 2011): 123–42; e Folger e Glerum, "Justice and Deonance".

88. L. L. Shu e F. Gino, "Sweeping Dishonesty under the Rug: How Unethical Actions Lead to Forgetting of Moral Rules", *Journal of Personality and Social Psychology* 102 (2012): 1164–77.

89. B. C. Gunia, L. Wang, L. Huang, J. Wang e J. K. Murnighan, "Contemplation and Conversation: Subtle Influences on Moral Decision Making", *Academy of Management Journal* 55 (2012): 13–33.

90. R. F. West, R. J. Meserve e K. E. Stanovich, "Cognitive Sophistication Does Not Attenuate the Bias Blind Spot", *Journal of Personality and Social Psychology* 103 (2012): 506–19.

91. J. B. Cullen, K. P. Parboteeah e M. Hoegl, "Cross-National Differences in Managers' Willingness to Justify Ethically Suspect Behaviors: A Test of Institutional Anomie Theory", *Academy of Management Journal* 47, no. 3 (2004): 411–21.

92. N. Klein e H. Zhou, "Their Pants Aren't on Fire", *The New York Times*, 25 mar. 2014, D3.

93. Ibid.

94. Ibid.

95. Ibid.

96. E. Bernstein, "Lie Detection for Your Email", *The Wall Street Journal,* 20 maio 2014, D1.

97. Klein e Zhou, "Their Pants Aren't on Fire".

98. E. Bernstein, "Lie Detection for Your Email", *The Wall Street Journal,* 20 maio 2014, D1.

99. L. ten Brinke, D. Simson e D. R. Carney, "Some Evidence for Unconscious Lie Detection", *Psychological Science* 25, no. 5 (2014): 1098–105.

100. S. D. Levitt e S. J. Dubner, "Traponomics", *The Wall Street Journal,* 10–11 maio 2014, C1, C2.

101. N. Anderson, K. Potocnik e J. Zhou, "Innovation and Creativity in Organizations: A State-of-the-Science Review, Prospective Commentary, and Guiding Framework", *Journal of Management* 40, no. 5 (2014): 1297–333.

102. "Is Your Art Killing You?", Investorideas.com, 13 maio 2013, www.investorideas.com/news/2013/renewable-energy/05134.asp.

103. M. M. Gielnik, A.-C. Kramer, B. Kappel e M. Frese, "Antecedents of Business Opportunity Identification and Innovation: Investigating the Interplay of Information Processing and Information Acquisition", *Applied Psychology: An International Review* 63, no. 2 (2014): 344–81.

104. G. Anderson, "Three Tips to Foster Creativity at Your Startup", ArcticStartup, 8 maio 2013, acessado em 14 maio 2013, no site http://www.arcticstartup.com/.

105. G. Reynolds, "Want a Good Idea? Take a Walk", *The New York Times,* 6 maio 2014, D6.

106. S. Shellenbarger, "The Power of the Doodle: Improve Your Focus and Memory", *The Wall Street Journal,* 30 jul. 2014, D1, D3.

107. E. Millar, "How Do Finnish Kids Excel without Rote Learning and Standardized Testing?", *The Globe and Mail,* 9 maio 2013, acessado em 12 maio 2015, no site www.theglobeandmail.com/.

108. Z. Harper, "Mark Cuban Wants You to Design the New Dallas Mavericks Uniforms", CBSSports.com, 13 maio 2013, http://sports.yahoo.com/blogs/nba-ball-dont-lie/mark-cuban-wants-designs-dallas-mavericks-uniforms-214849952.html.

109. K. H. Kim, "Meta-Analyses of the Relationship of Creative Achievement to Both IQ and Divergent Thinking Test Scores", *The Journal of Creative Behavior* 42, no. 2 (2008): 106–30.

110. C. K. W. De Dreu, B. A. Nijstad, M. Baas, I. Wolsink e M. Roskes, "Working Memory Benefits Creative Insight, Musical Improvisation, and Original Ideation through Maintained Task-Focused Attention", *Personality and Social Psychology Bulletin* 38 (2012): 656–69.

111. C.-H. Wu, S. K. Parker e J. P. J. de Jong, "Need for Cognition as an Antecedent of Individual Innovation Behavior", *Journal of Management* 40, no. 6 (2014): 1511–34.

112. M. M. Hammond, N. L. Neff, J. L. Farr, A. R. Schwall e X. Zhao, "Predictors of Individual-Level Innovation at Work: A Meta-Analysis", *Psychology of Aesthetics, Creativity, and the Arts* 5, no. 1 (2011): 90–105; e S. M. Wechsler, C. Vendramini e T. Oakland, "Thinking and Creative Styles: A Validity Study", *Creativity Research Journal* 24 (abr. 2012): 235–42.

113. Y. Gong, S. Cheung, M. Wang e J. Huang, "Unfolding the Proactive Processes for Creativity: Integration of the Employee Proactivity, Information Exchange, and Psychological Safety Perspectives", *Journal of Management* 38 (2012): 1611–33; e Hammond, Neff, Farr, Schwall e Zhao, "Predictors of Individual-Level Innovation at Work".

114. A. Rego, F. Sousa, C. Marques e M. P. E. Cunha, "Retail Employees' Self-Efficacy and Hope Predicting Their Positive Affect and Creativity", *European Journal of Work and Organizational Psychology* 21, no. 6 (2012): 923–45.

115. H. Zhang, H. K. Kwan, X. Zhang e L.-Z. Wu, "High Core Self-Evaluators Maintain Creativity: A Motivational Model of Abusive Supervision", *Journal of Management* 40, no. 4 (2012): 1151–74.

116. D. K. Simonton, "The Mad-Genius Paradox: Can Creative People Be More Mentally Healthy but Highly Creative People More Mentally Ill?", *Perspectives on Psychological Science* 9, no. 5 (2014): 470–80.

117. C. Wang, S. Rodan, M. Fruin e X. Xu, "Knowledge Networks, Collaboration Networks, and Exploratory Innovation", *Academy of Management Journal* 57, no. 2 (2014):484–514.

118. F. Gino e S. S. Wiltermuth, "Evil Genius? Dishonesty Can Lead to Greater Creativity", *Psychological Science* 25, no. 4 (2014): 973–81.

119. S. N. de Jesus, C. L. Rus, W. Lens e S. Imaginário, "Intrinsic Motivation and Creativity Related to Product: A Meta-Analysis of the Studies Published between 1990–2010", *Creativity Research Journal* 25 (2013): 80–84; e Hammond, Neff, Farr, Schwall e Zhao, "Predictors of Individual-Level Innovation at Work".

120. A. Somech e A. Drach-Zahavy, "Translating Team Creativity to Innovation Implementation: The Role of Team Composition and Climate for Innovation", *Journal of Management* 39 (2013): 684–708.

121. L. Sun, Z. Zhang, J. Qi e Z. X. Chen, "Empowerment and Creativity: A Cross-Level Investigation", *Leadership Quarterly* 23 (2012): 55–65.

122. M. Cerne, C. G. L. Nerstad, A. Dysvik e M. Skerlavaj, "What Goes Around Comes Around: Knowledge Hiding, Perceived Motivational Climate, and Creativity", *Academy of Management Journal* 57, no. 1 (2014): 172–92.

123. Hammond, Neff, Farr, Schwall e Zhao, "Predictors of Individual-level Innovation at Work".

124. S. Sonnenshein, "How Organizations Foster the Creative Use of Resources", *Academy of Management Journal* 57, no. 3 (2014): 814–48.

125. V. Venkataramani, A. W. Richter e R. Clarke, "Creative Benefits from WellConnected Leaders: Leader Social Network Ties as Facilitators of Employee Radical Creativity", *Journal of Applied Psychology* 99, no. 5 (2014): 966–75.

126. J. E. Perry-Smith, "Social Network Ties beyond Nonredundancy: An Experimental Investigation of the Effect of Knowledge Content and Tie Strength on Creativity", *Journal of Applied Psychology* 99, no. 5 (2014): 831–46.

127. T. Rinne, D. G. Steel e J. Fairweather, "The Role of Hofstede's Individualism in National-Level Creativity", *Creativity Research Journal* 25 (2013): 129–36.

128. X. Yi, W. Hu, H. Scheithauer e W. Niu, "Cultural and Bilingual Influences on Artistic Creativity Performances: Comparison of Ger-

man and Chinese Students", *Creativity Research Journal* 25 (2013): 97–108.

129. Hammond, Neff, Farr, Schwall e Zhao, "Predictors of Individual-Level Innovation at Work".

130. D. Liu, H. Liao e R. Loi, "The Dark Side of Leadership: A Three-Level Investigation of the Cascading Effect of Abusive Supervision on Employee Creativity", *Academy of Management Journal* 55 (2012): 1187–212.

131. J. B. Avey, F. L. Richmond e D. R. Nixon, "Leader Positivity and Follower Creativity: An Experimental Analysis", *Journal of Creative Behavior* 46 (2012): 99–118; e A. Rego, F. Sousa, C. Marques e M. E. Cunha, "Authentic Leadership Promoting Employees' Psychological Capital and Creativity", *Journal of Business Research* 65 (2012): 429–37.

132. I. J. Hoever, D. van Knippenberg, W. P. van Ginkel e H. G. Barkema, "Fostering Team Creativity: Perspective Taking as Key to Unlocking Diversity's Potential", *Journal of Applied Psychology* 97 (2012): 982–96.

133. S. J. Shin, T. Kim, J. Lee e L. Bian, "Cognitive Team Diversity and Individual Team Member Creativity: A Cross-Level Interaction", *Academy of Management Journal* 55 (2012): 197–212.

134. A. W. Richter, G. Hirst, D. van Knippenberg e M. Baer, "Creative Self-Efficacy and Individual Creativity in Team Contexts: Cross-Level Interactions with Team Informational Resources", *Journal of Applied Psychology* 97 (2012): 1282–90.

135. X. Huang, J. J. P.-A. Hsieh e W. He, "Expertise Dissimilarity and Creativity: The Contingent Roles of Tacit and Explicit Knowledge Sharing", *Journal of Applied Psychology* 99, no. 5 (2014): 816–30.

136. T. B. Harris, N. Li, W. R. Boswell, X.-A. Zhang e Z. Xie, "Getting What's New from Newcomers: Empowering Leadership, Creativity, and Adjustment in the Socialization Context", *Personnel Psychology* 67 (2014): 567–604.

137. A. H. Y. Hon, M. Bloom e J. M. Crant, "Overcoming Resistance to Change and Enhancing Creative Performance", *Journal of Management* 40, no. 3 (2014): 919–41.

138. J. S. Mueller, S. Melwani e J. A. Goncalo, "The Bias against Creativity: Why People Desire but Reject Creative Ideas", *Psychological Science* 23 (2012): 13–17.

139. T. Montag, C. P. Maertz e M. Baer, "A Critical Analysis of the Workplace Creativity Criterion Space", *Journal of Management* 38 (2012): 1362–86.

140. M. Baer, "Putting Creativity to Work: The Implementation of Creative Ideas in Organizations", *Academy of Management Journal* 55 (2012): 1102–19.

Capítulo 7

Conceitos de motivação

Objetivos de aprendizagem

Depois de ler este capítulo, você será capaz de:

7.1 Descrever os três principais elementos da motivação.

7.2 Comparar as teorias pioneiras de motivação.

7.3 Distinguir os elementos da teoria da autodeterminação e da teoria de estabelecimento de objetivos.

7.4 Entender as diferenças entre a teoria da autoeficácia, a teoria do reforço e a teoria da expectativa.

7.5 Descrever as formas de justiça organizacional, inclusive justiça distributiva, justiça processual, justiça informacional e justiça interacional.

7.6 Identificar as implicações, para os gestores, do engajamento dos empregados no trabalho.

7.7 Descrever como as teorias contemporâneas de motivação se complementam.

Fonte: Rick Wilking/Reuters/Alamy Stock Photo

MATRIZ DE HABILIDADES PARA A EMPREGABILIDADE								
	Mito ou ciência?	Objetivos profissionais	Escolha ética	Ponto e contraponto	Exercício experiencial	Dilema ético	Estudo de caso 1	Estudo de caso 2
Pensamento crítico				✓	✓	✓	✓	✓
Comunicação		✓			✓			✓
Colaboração	✓	✓			✓			
Análise e aplicação do conhecimento	✓	✓	✓	✓	✓	✓	✓	✓
Responsabilidade social	✓	✓	✓		✓	✓	✓	

QUANDO OS OBJETIVOS SAEM DO CONTROLE

"Na semana que vem estarei tomando sol em uma praia havaiana, bebericando um coquetel, com as ondas lambendo suavemente a areia... junto com 500 empregados e colaboradores, todos acompanhados de seus familiares." Brian Scudamore, fundador e CEO da O2E Brands, e sua empresa conseguiram transformar esse sonho em realidade. Em 2012, na esteira da crise financeira, eles definiram uma meta dificílima: dobrar a receita em cinco anos. Scudamore confirma o poder de definir metas específicas e desafiadoras. Ele reconhece que, quando realizado corretamente, o estabelecimento de objetivos pode até ajudar a pagar as recompensas pelo atingimento dos próprios objetivos previamente definidos.

Ninguém duvida que a teoria do estabelecimento de objetivos teve grande influência sobre o estudo da motivação no campo do comportamento organizacional. Incontáveis estudos sugerem que o estabelecimento de objetivos pode ajudar a aumentar a motivação e melhorar o desempenho dos empregados, e muitas organizações tentam aproveitar esse conhecimento. O problema é que pode acontecer de o estabelecimento de objetivos não ser usado do "jeito certo", podendo levar os empregados a achar que estão sendo injustiçados ou abusados pela organização e, por vezes, chegando até mesmo a se engajar em comportamentos contraproducentes no trabalho (como trapacear) para atingir as metas.

Por exemplo, em setembro de 2016, foi revelado que mais de 5.000 empregados do banco Wells Fargo "fraudaram o sistema" abrindo mais de 2 milhões de contas não autorizadas de clientes e usando essas informações para atingir metas "absurdas" de vendas estabelecidas pelo banco. Os empregados basicamente transferiam fundos das contas dos clientes para novas contas a fim de atingir suas metas. Para piorar ainda mais a situação, o banco cobrou, de cerca de 15.000 clientes, juros, taxas de cheque especial e anuidades referentes a contas que nunca chegaram a ser abertas por eles.

Muitos desenhos animados satíricos ou exagerados criados pelo site xtranormal.com e postados no YouTube mostraram as percepções de injustiça por parte dos empregados. Por exemplo, um vídeo cômico de 2011 representou uma conversa entre um executivo e um gerente de banco, dando uma ideia de como as metas podem ser infundadas: "Diga-me como você planeja abrir 400 contas correntes e implementar 2.000 soluções neste mês", pergunta o executivo. O gerente responde: "Bem, meu plano é trabalhar 18 horas por dia nas próximas quatro semanas". "Isso não vai bastar", replica o executivo. Susan Fischer, gerente de um banco no Arizona, lembra: "Minha maior dificuldade era atingir os objetivos absurdos que o banco estabelecia... era a pressão de forçar minha equipe a atingir padrões que não tinham qualquer base na realidade". Esse tipo de situação não somente gera descontentamento entre clientes e empregados como também enfurece os acionistas: em uma reunião anual realizada com eles, as Irmãs de São Francisco da Filadélfia, uma ordem de freiras acionistas da Wells Fargo, exigiram "mudanças concretas e sistemáticas na cultura, ética, valores e sustentabilidade financeira", caracterizando ainda mais as percepções de injustiça.

Diante de todas essas dificuldades, a Wells Fargo se propôs a reparar seus relacionamentos com clientes, empregados e todos os grupos envolvidos. Tudo indica que o atual sistema de estabelecimento de objetivos do banco está em vias de extinção e a organização já está tomando ações corretivas. A Wells Fargo demitiu a maioria dos empregados que se envolveu na fraude e pagará milhões de dólares em multas e restituições aos clientes lesados. Pode parecer uma grande contradição, mas algumas pesquisas sugerem que, quando as organizações mostram que estão fazendo de tudo para reparar relacionamentos prejudicados por transgressões éticas ou injustiças, empregados e clientes podem sair mais satisfeitos do que se as transgressões nunca tivessem ocorrido.

Fontes: baseado em M. Egan, "5,300 Wells Fargo Employees Fired over 2 Million Phony Accounts", *CNN Money*, 9 set. 2016, http://money.cnn.com/2016/09/08/investing/wellsfargoreated-phony-accounts-bank-fees/index.html; M. Egan, "Wells Fargo Still Faces over a Dozen Probes Tied to Fake Account Scandal", *CNN Money*, 31 mar. 2017, http://money.cnn.com/2017/03/31/investing/wells-fargo-investigations-fake-account-scandal/; E. A. Locke e G. P. Latham, "Building a Practically Useful Theory of Goal Setting and Task Motivation", *American Psychologist* 57, no. 9 (2002): 705–17; L. D. Ordóñez, M. E. Schweitzer, A. D. Galinsky e M. H. Bazerman, "Goals Gone Wild: The Systematic Side Effects of Over-Prescribing Goal Setting", *Academy of Management Perspectives* 31, no. 1 (2017): 6–16; M. P. Regan, "Wells Fargo Scandal Gets Cartoonish", *Bloomberg: Gadfly*, 21 out. 2016, https://www.bloomberg.com/gadfly/articles/2016-10-21/psst-regulators-watch-videos-for-bank-scandal-after-wells-fargo; M. Schminke, J. Caldwell, M. L. Ambrose e S. R. McMahon, "Better Than Ever? Employee Reactions to Ethical Failures in Organizations, and the Ethical Recovery Paradox", *Organizational Behavior and Human Decision Processes* 123 (2014): 206–19; B. Scudamore, "Why I'm Spending My Spring Break with 500 of My Closest Co-Workers", *Inc.*, 14 mar. 2017, http://www.inc.com/brian-scudamore/we-put-500-employees-on-a-plane-to- hawaii-for-1-very-good-reason.html; S. Woolley, "Next Time Your Boss Sets a Crazy Sales Goal, Show Him This", *Bloomberg,* 14 set. 2016, https://www.bloomberg.com/news/articles/2016-09-14/how-sales-targets-encourage-wrongdoing-inside-america-s-companies.

Como vimos no exemplo de abertura deste capítulo, o poder exercido pela motivação é enorme, com o potencial de impelir os empregados, por meio de incentivos e recompensas, a atingir objetivos difíceis. Ela também pode levá-los a trapacear ao se sentirem injustiçados ou ameaçados por objetivos impossíveis. Não é fácil para um gestor lidar com essas forças e adiantar-se a elas, mas conhecer as diferentes teorias o ajudará a entender como a motivação pode atuar e a saber o que motiva os empregados.

A motivação é um dos temas mais pesquisados no campo do comportamento organizacional.[1] Em um levantamento, 69% dos trabalhadores disseram que desperdiçavam tempo no trabalho todos os dias e quase um quarto disse que desperdiçava entre 30 e 60 minutos por dia. Esse tempo é normalmente gasto navegando na internet (vendo notícias e visitando sites de redes sociais) e batendo papo com os colegas de trabalho.[2] As tecnologias podem mudar, mas o desafio de motivar os empregados no trabalho continua o mesmo.

Neste capítulo, veremos os fundamentos da motivação, avaliaremos diferentes teorias sobre esse assunto e apresentaremos um modelo para integrá-las. Mas antes, dê uma olhada nos benefícios que uma pequena motivação para pedir um aumento pode render, como podemos ver na "Pesquisa de Comportamento Organizacional".

Definição de motivação

O mesmo aluno que tem dificuldade de passar mais de 20 minutos lendo um livro técnico é capaz de devorar um livro da série Harry Potter em uma tarde. Para esse estudante, a diferença está na situação. Por isso, é interessante manter em mente, ao analisarmos o conceito, que o nível de motivação varia tanto entre um indivíduo e outro quanto em um único indivíduo em momentos diferentes.

Definimos motivação como o conjunto de processos que influenciam a *intensidade*, *direção* e *persistência* do esforço de uma pessoa para atingir um objetivo.[3] Embora

7.1 Descrever os três principais elementos da motivação.

motivação
Conjunto de processos que influenciam a intensidade, direção e persistência do esforço de uma pessoa para atingir um objetivo.

PESQUISA DE COMPORTAMENTO ORGANIZACIONAL Quando os executivos de negócios pedem aumento.

Você conseguiu um aumento de salário quando pediu?

Não 21%
Sim 79%

Nota: levantamento com 3.900 executivos de 31 países.
Fonte: baseado em Accenture, "The Path Forward" (2012), <https://www.accenture.com/us-en/_acnmedia/accenture/conversion-assets/dotcom/documents/about-accenture/pdf/1/accenture-iwd-research-deck-2012-final.pdf>,36.

a motivação, de maneira geral, esteja relacionada ao esforço para atingir *qualquer* objetivo, concentraremo-nos aqui nos objetivos *organizacionais*.

A *intensidade* refere-se ao esforço despendido pela pessoa. É o elemento ao qual a maioria de nós se refere quando falamos de motivação. Contudo, uma alta intensidade, por si só, não consegue levar a resultados favoráveis de desempenho profissional, a menos que o esforço seja canalizado em uma direção que beneficie a organização. Portanto, precisamos considerar não só a qualidade do esforço, como também sua intensidade. O tipo de esforço que devemos buscar é coerente e direcionado aos objetivos da organização. Por fim, a motivação tem uma dimensão de *persistência* — uma medida do tempo em que uma pessoa consegue sustentar seu esforço. As pessoas motivadas persistem na realização da tarefa até que seus objetivos sejam atingidos.

7.2 Comparar as teorias pioneiras de motivação.

Teorias pioneiras de motivação

Três teorias de motivação dos empregados são muito conhecidas, tendo sido desenvolvidas na década de 1950. Embora hoje essas teorias sejam muito criticadas e sua validade seja questionada (como veremos a seguir), elas constituem as bases da teoria de motivação e muitos gestores continuam usando a terminologia proposta por esses modelos.

Teoria da hierarquia de necessidades

hierarquia de necessidades
Hierarquia de Abraham Maslow composta de cinco necessidades: fisiológicas, de segurança, sociais, de estima e de autor-realização. À medida que cada uma delas é satisfeita, a próxima necessidade passa a ser dominante.

A teoria de motivação mais conhecida é a hierarquia de necessidades de Abraham Maslow.[4] Segundo essa teoria, dentro de cada ser humano existe uma hierarquia de cinco categorias de necessidades. Recentemente, uma sexta necessidade foi sugerida para incluir um nível mais elevado — os valores intrínsecos — que, como alguns acreditam, foi uma categoria originalmente proposta por Maslow, mas ainda precisa conquistar uma aceitação mais ampla.[5] As cinco necessidades originais são:

1. **Fisiológicas:** incluem fome, sede, abrigo, sexo e outras necessidades corporais.
2. **De segurança:** segurança e proteção contra danos físicos e emocionais.
3. **Sociais:** afeto, pertencimento, aceitação e amizade.
4. **De estima:** fatores internos, como autorrespeito, realização e autonomia, e fatores externos, como status, reconhecimento e atenção.
5. **De autorrealização:** ímpeto para se tornar tudo aquilo que se é capaz de ser. Inclui crescimento, atingir o próprio potencial e ambição.

De acordo com essa teoria, à medida que uma necessidade é consideravelmente satisfeita, a próxima necessidade passa a se tornar dominante. Desse modo, a teoria de Maslow afirma que para motivar alguém é preciso saber em que nível da hierarquia a pessoa se encontra e concentrar-se em satisfazer as necessidades nesse nível ou no patamar imediatamente superior. Na Figura 7.1, apresentamos a hierarquia na forma de uma pirâmide por ser sua representação mais comum, embora Maslow tenha se referido às necessidades somente em termos de níveis.

A teoria de Maslow recebeu um amplo reconhecimento, em especial por parte de gestores e consultores. O modelo tem uma lógica intuitiva e é de fácil compreensão, tendo sido validado por algumas pesquisas.[6] Entretanto, infelizmente, a maioria dos estudos não corrobora com essa teoria, que não tem sido pesquisada com frequência desde os anos 1960.[7] Mas as teorias mais antigas, especialmente as que apresentam uma lógica intuitiva, tendem a sobreviver por um bom tempo. É importante, assim, se conscientizar da grande aceitação da hierarquia de Maslow ao falar sobre a motivação.

Teoria dos dois fatores

Com base na crença de que a relação de uma pessoa com seu trabalho é básica e que sua atitude em relação ao trabalho pode decidir seu sucesso ou fracasso, Frederick Herzberg investigou a seguinte questão: "O que as pessoas desejam do trabalho?", Ele pediu a elas que descrevessem em detalhes situações nas quais se sentiram excepcionalmente *bem* ou *mal* a respeito de seu trabalho. As respostas diferiram muito e levaram Hertzberg a desenvolver sua teoria dos dois fatores (também conhecida como "teoria da higiene-motivação", apesar de esse termo não ser muito utilizado).[8]

Como mostra a Figura 7.2, fatores intrínsecos, como progresso, reconhecimento, responsabilidade e realização, parecem estar relacionados com a satisfação no trabalho.

teoria dos dois fatores
Teoria que relaciona fatores intrínsecos com a satisfação no trabalho, enquanto fatores extrínsecos são relacionados com a insatisfação. É também chamada de teoria da higiene-motivação.

FIGURA 7.1 Hierarquia de necessidades de Maslow.

- Autorrealização
- Estima
- Sociais
- Segurança
- Fisiológicas

Fonte: baseado em H. Skelsey, "Maslow's Hierarchy of Needs—the Sixth Level", *Psychologist* (2014): 982–83.

FIGURA 7.2 Comparação entre fatores de satisfação e de insatisfação.

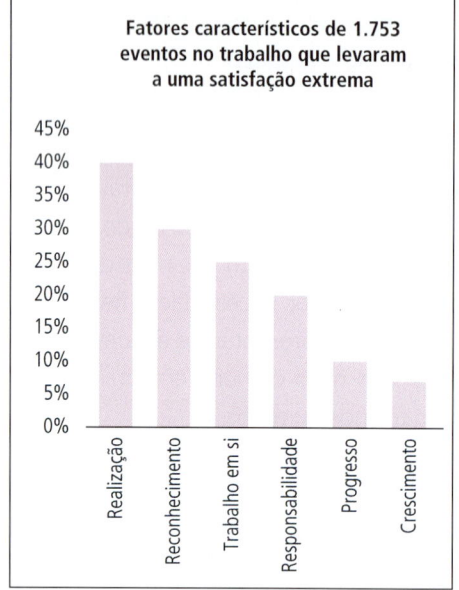

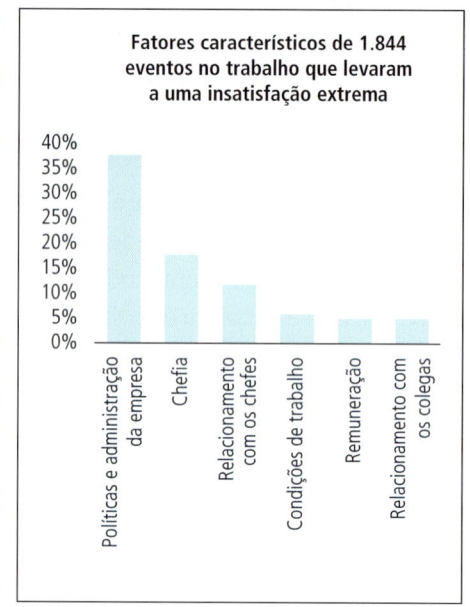

Fatores característicos de 1.753 eventos no trabalho que levaram a uma satisfação extrema: Realização (~40%), Reconhecimento (~30%), Trabalho em si (~25%), Responsabilidade (~20%), Progresso (~10%), Crescimento (~7%).

Fatores característicos de 1.844 eventos no trabalho que levaram a uma insatisfação extrema: Políticas e administração da empresa (~37%), Chefia (~18%), Relacionamento com os chefes (~12%), Condições de trabalho (~6%), Remuneração (~5%), Relacionamento com os colegas (~5%).

Fonte: baseado em Frederick Herzberg, "Comparison of Satisfiers and Dissatisfiers", An exhibit from One More Time: How Do You Motivate Employees?", *Harvard Business Review*, jan. 2003. Copyright © 2003, Harvard Business School Publishing Corporation. Todos os direitos reservados.

Os entrevistados que se sentiam bem no trabalho tendiam a atribuir esses fatores a si mesmos. Por outro lado, os insatisfeitos tendiam a indicar fatores extrínsecos, tais como a chefia, a remuneração, as políticas da empresa e as condições de trabalho.

Segundo Herzberg, os dados do levantamento sugerem que o contrário da satisfação não é a insatisfação, como normalmente se acreditava. Eliminar os fatores de insatisfação não faz com que um trabalho seja necessariamente satisfatório. Herzberg propôs uma escala progressiva dupla: o oposto de "satisfação" é "não satisfação" e o oposto de "insatisfação" é "não insatisfação" (veja a Figura 7.3).

De acordo com a teoria dos dois fatores, os elementos que levam à satisfação no trabalho são separados e distintos daqueles que levam à insatisfação nesse mesmo

FIGURA 7.3 Comparação entre as visões de satisfação e insatisfação.

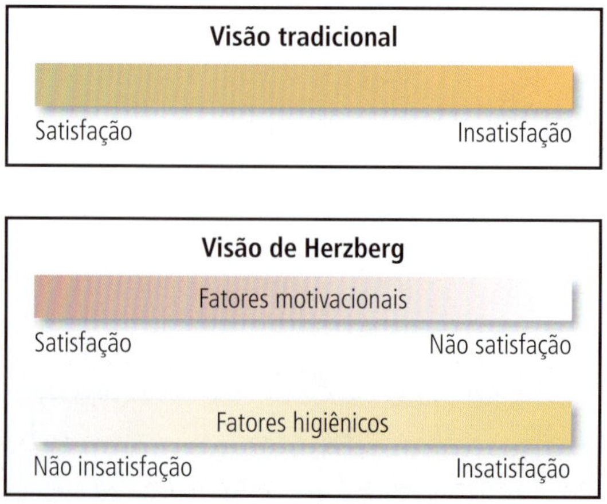

Visão tradicional
Satisfação ———————————————— Insatisfação

Visão de Herzberg
Fatores motivacionais
Satisfação ———————————————— Não satisfação

Fatores higiênicos
Não insatisfação ———————————————— Insatisfação

ambiente. Portanto, os gestores que procuram eliminar os fatores que geram insatisfação podem até apaziguar, mas não vão necessariamente motivar os empregados. Assim, as condições relacionadas ao trabalho, como a qualidade da supervisão, a remuneração, as políticas e a administração da empresa, as condições físicas do trabalho, o relacionamento com as pessoas e a segurança no emprego, foram caracterizadas por Herzberg como fatores higiênicos. Quando esses fatores são adequados, as pessoas não se sentem insatisfeitas, mas também não ficam satisfeitas. Se quisermos *motivá-las* para o trabalho, Herzberg sugere enfatizar os fatores associados com o trabalho em si ou com seus resultados diretos, como chances de promoção, oportunidades de crescimento pessoal, reconhecimento, responsabilidade e realização. Essas são as características consideradas intrinsecamente recompensadoras.

A teoria dos dois fatores não recebeu muito respaldo das pesquisas. As críticas concentram-se na metodologia original de Herzberg e em suas premissas, como os vieses das pessoas ao pensar em momentos em que elas se sentiram bem ou mal no trabalho.[9] Além disso, se os fatores de higiene e motivacionais fossem igualmente importantes para uma pessoa, ambos deveriam ser capazes de motivá-la.

Apesar das críticas, a teoria de Herzberg continua sendo muito influente e é usada em muitos estudos conduzidos em países orientais, como o Japão e a Índia.[10] Poucos gestores desconhecem as recomendações propostas por essa teoria.

fatores higiênicos
Fatores (como a política e a administração da empresa, a supervisão e a remuneração) que, quando adequados, apaziguam os trabalhadores, os quais não ficarão insatisfeitos.

Teoria das necessidades de McClelland

Você tem um saquinho de feijão para jogar e há cinco alvos na sua frente. Cada alvo fica progressivamente mais distante e, consequentemente, mais difícil de acertar. O alvo A é facílimo; fica praticamente ao alcance da mão. Se você acertá-lo, ganhará dois reais. O alvo B está um pouco mais distante, mas 80% das pessoas que tentam conseguem acertá-lo. Ele vale quatro reais. O alvo C vale oito reais e 50% das pessoas que tentam conseguem atingi-lo. Poucos conseguem acertar o alvo D, que vale 16 reais. Finalmente, o alvo E paga 32 reais, mas é praticamente impossível de ser atingido. Qual deles você tentaria atingir? Se você escolheu o C, provavelmente é um realizador, ou seja, alguém que costuma conseguir o que quer. Você quer saber por quê? Continue lendo para descobrir.

A teoria das necessidades de McClelland foi desenvolvida por David McClelland e sua equipe.[11] Em comparação com a hierarquia das necessidades de Maslow, as necessidades de McClelland têm mais semelhança com os fatores motivacionais do que com as necessidades relativas à sobrevivência. A teoria de McClelland concentra-se nas três necessidades definidas a seguir:

▸ Necessidade de realização: busca da excelência, de realização com relação a determinados padrões, ímpeto de lutar pelo sucesso.
▸ Necessidade de poder: necessidade de fazer com que outras pessoas se comportem de um modo que não se comportariam.
▸ Necessidade de afiliação: desejo de relacionamentos interpessoais próximos e amigáveis.

Dentre as três, McClelland e outros pesquisadores que o sucederam se concentraram mais na necessidade de realização. Os grandes realizadores apresentam seu melhor desempenho quando consideram que têm uma probabilidade de sucesso de 0,5 — ou seja, 50% de chance de sucesso. Eles não gostam de situações muito fora de controle, pois não se sentem satisfeitos com uma realização que tenha ocorrido

teoria das necessidades de McClelland
Teoria que afirma que a realização, o poder e a afiliação são três necessidades importantes que ajudam a explicar a motivação.

necessidade de realização
Busca da excelência, de realização com relação a determinados padrões, de ímpeto de lutar pelo sucesso.

necessidade de poder
Necessidade de fazer com que outras pessoas se comportem de um modo que não se comportariam.

necessidade de afiliação
Desejo de relacionamentos interpessoais próximos e amigáveis.

ao acaso. Da mesma forma, situações sob muito controle (com alta probabilidade de sucesso) também não são de seu agrado, pois não trazem desafios. Eles preferem estabelecer metas que os desafiem.

A teoria de McClelland é confirmada por pesquisas conduzidas em diferentes culturas, particularmente quando as dimensões culturais, incluindo a distância do poder, são levadas em consideração.[12] Com base em pesquisas realizadas para investigar a necessidade de realização, é possível fazer previsões razoavelmente embasadas sobre a relação entre a necessidade de realização e o desempenho no trabalho. Para começar, quando os empregados apresentam um alto grau de necessidade de realização, tendem a ter sentimentos mais positivos e a demonstrar mais interesse pela tarefa.[13] Em segundo lugar, empregados com alto grau de necessidade de realização tendem a apresentar um excelente desempenho em condições de alta importância no trabalho, como auditorias e encontros de vendas.[14]

A necessidade de realização tem recebido muita atenção dos pesquisadores e tem sido aceita em uma ampla gama de campos, incluindo o do comportamento organizacional, o da psicologia e o da administração.[15] A necessidade de poder também foi confirmada por pesquisas, mas pode ser mais conhecida pelo público geral em termos mais amplos (como a necessidade de obter poder) do que em termos da definição original (como a necessidade de fazer com que as pessoas se comportem da maneira que queremos).[16] Falaremos mais sobre poder no Capítulo 13. A necessidade de afiliação também já foi muito estudada e é um conceito bem aceito pelos pesquisadores — por exemplo, um estudo recente com 145 equipes de organizações coreanas sugere que, de todas as necessidades, os grupos compostos por empregados com alto grau de necessidade de afiliação tendem a apresentar melhor desempenho, exibir comunicação mais aberta e participar de menos situações de conflito em comparação com outros grupos.[17] Tanto a necessidade de afiliação quanto a necessidade de poder tendem a ser intimamente relacionadas com o sucesso gerencial. Os melhores gestores podem apresentar alta necessidade de poder e baixa necessidade de afiliação.[18]

O empreendedor Fred DeLuca é um grande realizador, motivado por trabalhos que demandam alto grau de responsabilidade pessoal. Ele cofundou a rede de lanchonetes Subway em 1965, aos 17 anos, para ajudar a pagar sua faculdade e transformou a empresa na maior franquia de *fast-food* do mundo, com quase 44.000 restaurantes em mais de 100 países.

Fonte: Geoff Caddick /EMPPL PA Wire/AP Images

Objetivos profissionais

Por que ele não segue meus conselhos?

O novo empregado do escritório é muito legal, mas acabou de se formar, enquanto eu tenho 20 anos de experiência na área. Eu quero ajudá-lo, mas ele faz questão de ignorar todas as minhas recomendações. Tem alguma coisa que eu possa fazer para motivá-lo a aceitar meus conselhos? Ele precisa desesperadamente de algumas dicas.

— James

Caro James,

Que bom saber que você quer ajudar e estamos certos de que você tem muitos conselhos para dar. Mas vamos começar pensando nisso: quando foi a última vez que você aceitou um conselho? Imaginamos que tenha sido mais fácil se lembrar da última vez que você *não* seguiu um conselho. Isso acontece porque queremos atingir o sucesso em nossos próprios termos e não gostamos de pensar que deixamos escapar uma solução que todo mundo está vendo. "Quando alguém diz: 'Você deveria fazer isso ou aquilo', o que lemos nas entrelinhas é: 'Se você ainda não estiver fazendo isso ou aquilo, você só pode ser um grande idiota'", explica o psicólogo Alan Goldberg. "Ninguém aceita um conselho nessas condições". Então, em quais condições as pessoas aceitam conselhos?

A equação da motivação para aceitar conselhos tem duas partes: o que o seu colega quer ouvir e como você pode abordá-lo. Para resolver a primeira parte da equação, mantenha em mente a regra a seguir: ele quer ouvir que as decisões que tomou são brilhantes. Se ouvir qualquer outra coisa, a tendência é que ele se feche ou insista até você se convencer de que ele tem razão.

Quanto à segunda parte da equação, a motivação de seu colega para aceitar seu conselho e, mais importante, fazer alguma coisa a respeito, tem muito a ver com a abordagem. Você o aborda com a atitude de um "profissional experiente que está generosamente compartilhando sua sabedoria com a geração mais jovem?". Começar a dar um conselho dizendo algo como "Seria ótimo se alguém tivesse me dado este conselho quando eu estava começando a carreira, como você" o levará a achar que tanto você quanto seu conselho são obsoletos. Se você der um conselho do tipo "no seu lugar, eu faria isso ou aquilo", ele pode se ressentir de sua intrusão. Segundo pesquisas, seu colega terá mais chances de aceitar um conselho apresentado na forma de uma sugestão e expressado como um pedido. Ravi Dhar, diretor da Universidade de Yale, explica: "Conselhos formulados como perguntas têm menos chances de sofrer resistência e podem ser mais eficazes". Por exemplo, você poderia dizer: "Você toparia experimentar essa ideia?" Não desanime. O problema das pessoas não está em não gostar de receber conselhos. Todo mundo gosta, mas elas precisam estar abertas a isso. De acordo com os pesquisadores, como somos mais motivados a receber conselhos quando precisamos tomar uma decisão importante, seria interessante encontrar o momento certo para aconselhar seu colega. Quando ele pedir seu conselho, você pode sugerir que anote as alternativas que consegue enxergar e quais ele acha que seriam as implicações éticas de cada decisão. O pesquisador Dan Ariely descobriu que somos muito mais motivados a tomar decisões moralmente corretas quando consideramos diretamente as implicações morais de nossas decisões. Desse modo, seu colega pode motivar-se a tomar as decisões certas.

Não desista, continue tentando!

Fontes: baseado em D. Ariely, "What Price for the Soul of a Stranger?", *The Wall Street Journal*, 10–11 maio 2014, C12; J. Queenan, "A Word to the Wise", *The Wall Street Journal*, 8–9 fev. 2014, C1–C2; e S. Reddy, "The Trick to Getting People to Take the Stairs? Just Ask", *The Wall Street Journal*, 17 fev. 2015, R4.

As opiniões apresentadas aqui são única e exclusivamente dos autores, os quais não se responsabilizam por quaisquer erros ou omissões nem pelos resultados obtidos com a utilização dessas informações. Em circunstância alguma, os autores, seus parceiros ou suas organizações serão responsáveis por qualquer decisão ou ação da sua parte ou de parte de qualquer pessoa com base nas opiniões apresentadas aqui.

Outras pesquisas realizadas com adultos da República dos Camarões e da Alemanha sugerem que nossa capacidade de satisfazer essas necessidades pode ser afetada por nossa personalidade. Por exemplo, um alto grau de neuroticismo pode impedir uma pessoa de satisfazer sua necessidade de afiliação, ao passo que a agradabilidade pode ajudá-la a satisfazer essa necessidade. É interessante notar que a extroversão não apresentou um efeito expressivo.[19]

Considerando que não é fácil mensurar até que ponto temos cada uma dessas três necessidades, é difícil colocar a teoria em prática. Um comportamento pode ser direcionado a satisfazer muitas necessidades diferentes, por outro lado, muitos comportamentos diferentes podem ser direcionados a satisfazer uma única necessidade, tornando difícil isolar e analisar as necessidades em geral.[20] É mais comum encontrar situações em que os gestores, cientes desses fatores motivacionais, rotulam os empregados com base em observações feitas ao longo do tempo. Em outras palavras, os conceitos são úteis, mas não costumam ser aplicados com objetividade.

7.3 Distinguir os elementos da teoria da autodeterminação e da teoria do estabelecimento de objetivos.

Teorias contemporâneas de motivação

As teorias contemporâneas de motivação têm algo em comum: cada uma delas tem um grau razoável de validação empírica. Nós as chamamos de "teorias contemporâneas" por representarem o que existe de mais avançado atualmente para explicar a motivação dos empregados. Isso, no entanto, não significa que elas sejam inquestionavelmente corretas.

Teoria da autodeterminação

"É estranho", diz Márcia. "Comecei a trabalhar como voluntária em uma ONG que recolhia animais abandonados. Eu trabalhava 15 horas por semana ajudando pessoas a adotar um bichinho de estimação. Adorava ir trabalhar. Então, três meses atrás, eles me efetivaram e passaram a me pagar 20 reais por hora. Faço a mesma coisa que fazia antes, mas o trabalho não é mais tão divertido".

A reação de Márcia pode até parecer um contrassenso, mas tem uma explicação. É a chamada teoria da autodeterminação, que propõe (em parte) que as pessoas preferem achar que têm controle sobre suas ações e que a motivação é comprometida quando elas sentem que uma tarefa, até então prazerosa, passa a ser uma obrigação, e não uma atividade escolhida por livre vontade.[21] Essa teoria é muito utilizada nos campos da psicologia, administração, pedagogia e pesquisas médicas.

Muitas pesquisas para investigar a teoria da autodeterminação no campo do comportamento organizacional se concentraram na teoria da avaliação cognitiva, uma teoria complementar que sustenta que as recompensas extrínsecas reduzem o interesse intrínseco em uma tarefa. Quando as pessoas são pagas para fazer um trabalho, elas têm a impressão de que o trabalho é menos algo que *querem* fazer e mais algo que *têm* de fazer. A teoria da autodeterminação propõe que as pessoas, além de serem movidas pela necessidade de autonomia, buscam maneiras de desenvolver competências e de estabelecer conexões positivas com outras pessoas. Entre as três necessidades, contudo, a necessidade de autonomia é a mais importante para os resultados atitudinais e afetivos, ao passo que a necessidade de competência parece ser a mais importante para prever o desempenho.[22]

De acordo com a teoria da autodeterminação, seria interessante ter cautela ao oferecer recompensas extrínsecas para motivar os empregados. Isso porque buscar atingir objetivos com base em motivações intrínsecas (como um grande interesse no trabalho em si) promove mais motivação do que as recompensas extrínsecas. Da mesma forma, a teoria da avaliação cognitiva sugere que oferecer incentivos extrínsecos pode, em muitos casos, comprometer a motivação intrínseca. Por exemplo, se um programador de computador gosta de escrever códigos porque aprecia resolver problemas, um bônus para escrever determinado número de linhas de códigos de programação por dia pode ser visto como uma ação de coerção que pode prejudicar sua motivação intrínseca. Ele pode ou não aumentar o número de linhas de código que escreve por dia em resposta ao motivador extrínseco. Adicionalmente, uma metanálise recente confirma que a motivação intrínseca contribui com a qualidade do trabalho, ao passo que os incentivos contribuem com a quantidade de trabalho. Embora a motivação intrínseca seja um fator preditivo do desempenho independentemente dos incentivos, ela pode ser menos preditiva quando os incentivos estão diretamente vinculados ao desempenho (como no caso de gratificações em dinheiro), em vez de quando não existe um vínculo direto entre incentivo e desempenho.[23]

---

teoria da autodeterminação
Teoria de motivação que se preocupa com os efeitos benéficos da motivação intrínseca e com os efeitos nocivos da motivação extrínseca.

teoria da avaliação cognitiva
Versão da teoria da autodeterminação que afirma que alocar recompensas extrínsecas a comportamentos que já foram recompensados intrinsecamente tende a reduzir o nível geral de motivação, caso as recompensas sejam vistas como uma forma de controle.

Um desdobramento recente da teoria da avaliação cognitiva é a autoconcordância, que considera o grau em que as razões das pessoas para buscarem atingir os objetivos estão de acordo com seus interesses e valores essenciais. No comportamento organizacional, pesquisas sugerem que as pessoas que buscam atingir objetivos motivadas por razões intrínsecas são mais satisfeitas com o trabalho, acham que se encaixam bem na organização e podem ter um desempenho melhor.[24] Em todas as culturas, quando as pessoas perseguem objetivos movidas por interesses intrínsecos, têm mais chance de conseguir atingi-los, são mais felizes quando conseguem, mas continuam felizes mesmo quando não conseguem alcançá-los.[25] Isso acontece porque o processo de se empenhar para atingir objetivos é divertido, independentemente de ser concretizado. Pesquisas recentes revelam que, quando as pessoas não gostam do trabalho devido a razões intrínsecas, as que trabalham porque acham que são obrigadas ainda podem apresentar um desempenho aceitável, apesar de apresentaram níveis mais altos de tensão.[26] Pesquisas com trabalhadores australianos, britânicos e norte-americanos sugerem que as organizações podem incentivar as pessoas a exibir determinados comportamentos, como os ambientalmente sustentáveis (por exemplo, poupar energia e organizar caronas para ir ao trabalho), ao vinculá-los a objetivos considerados importantes pelos empregados.[27]

Tudo isso significa que os empregados se beneficiaram por escolher o emprego por outras razões além das recompensas extrínsecas. Para as organizações, significa que os gestores precisam proporcionar incentivos intrínsecos além dos extrínsecos. Eles precisam fazer com que o trabalho seja interessante, bem como reconhecer e apoiar o crescimento e o desenvolvimento dos empregados. Pessoas que sentem que o que fazem está sob seu controle e resulta de sua livre escolha têm maior tendência a serem motivadas por seu trabalho e são mais comprometidas com seus empregadores.[28]

autoconcordância
Grau em que as razões das pessoas para buscar atingir objetivos estão de acordo com seus interesses e valores essenciais.

Mito ou ciência?

Ajudar alguém a ser um bom cidadão pode ser benéfico para sua carreira

Podemos achar que devemos motivar os empregados a exibir um comportamento de cidadania organizacional e que ajudar os outros os permitiria avançar na carreira. Também podemos acreditar que, se apresentarmos um comportamento de cidadania organizacional, nossa carreira também será beneficiada. Por incrível que pareça, os pesquisadores encontraram algumas evidências de que essas suposições são falsas, pelo menos em certas organizações. Quer saber por quê?

Em algumas organizações, as avaliações do pessoal se concentram mais em *como* os empregados fazem o trabalho e menos em *quanto* trabalho é feito. Se os profissionais tiverem os conhecimentos e as habilidades necessárias, ou se demonstrarem os comportamentos certos no trabalho (por exemplo, sempre receber os clientes com um sorriso), a gestão os considera "motivados", com um "bom" desempenho. Nessas situações, os comportamentos de cidadania organizacional são vistos como o próximo patamar de bom comportamento. Em consequência, se um empregado ajudar os colegas, ele terá mais chances de avançar na carreira.

Por outro lado, em outras organizações, as avaliações se concentram mais *no que* é feito. Nesse caso, considera-se que o empregado tem um "bom" desempenho se atingir metas objetivas, como cobrar clientes por determinado número de horas ou atingir certo volume de vendas. Quando os gestores ignoram o comportamento de cidadania organizacional, desaprovam comportamentos voltados a ajudar os colegas ou criam uma cultura organizacional competitiva demais, os empregados perdem a motivação para ajudar os colegas. Os que optarem por manter seus comportamentos de cidadania organizacional podem ter o avanço profissional desacelerado ao deixar o próprio trabalho de lado buscando auxiliar os outros.

A conclusão é que o profissional pode precisar optar entre ser visto pela organização como um empregado de bom desempenho e ser um bom cidadão. Em organizações que se concentram mais nos comportamentos, ser um bom cidadão pode ajudá-lo a atingir seus objetivos profissionais. Porém, em organizações que se concentram mais em resultados objetivos, pode ser interessante ponderar o custo de suas boas ações.

Fontes: baseado em D. M. Bergeron, "The Potential Paradox of Organizational Citizenship Behavior: Good Citizens at What Cost?", *Academy of Management Review* 32, no. 4 (2007); e D. M. Bergeron, A. J. Shipp, B. Rosen S. A. Furst, "Organizational Citizenship Behavior and Career Outcomes: The Cost of Being a Good Citizen", *Journal of Management* 39, no. 4 (2013):958–84.

Teoria do estabelecimento de objetivos

teoria do estabelecimento de objetivos
Teoria que afirma que objetivos específicos e difíceis, com *feedback*, conduzem a um melhor desempenho.

Você deve ter ouvido essa frase muitas vezes: "Só dê o melhor de si. É tudo o que podemos lhe pedir". Mas o que significa exatamente "dar o melhor de si"? Será que temos como saber se conseguimos atingir um objetivo tão vago? Pesquisas sobre a teoria do estabelecimento de objetivos propostas por Edwin Locke revelam os efeitos impressionantes que a especificação de objetivos, os desafios e o *feedback* têm sobre o desempenho. De acordo com essa teoria, a intenção de se empenhar para atingir um objetivo é a maior fonte de motivação no trabalho.[29]

Pesquisas têm corroborado a teoria do estabelecimento de objetivos. Muitas evidências sugerem que objetivos *específicos* aumentam o desempenho; que objetivos *difíceis*, quando aceitos, resultam em um desempenho melhor do que objetivos fáceis; e que o *feedback* leva a um desempenho melhor do que a ausência de *feedback*.[30] Por quê? Para começar, a especificidade do objetivo em si parece atuar como um estímulo interno. Por exemplo, quando um caminhoneiro se compromete a fazer três viagens por semana entre Natal, no Rio Grande do Norte, e Porto Alegre, no Rio Grande do Sul, essa decisão lhe dá uma meta específica para tentar atingir. Podemos dizer que, se todos os outros fatores forem os mesmos, o caminhoneiro com um objetivo específico terá um desempenho superior ao de um colega que trabalha sem metas especificadas ou que só esteja tentando "dar o melhor de si".

Em segundo lugar, se fatores como aceitação do objetivo forem constantes, também podemos afirmar que, quanto mais difícil for o objetivo, melhor será o desempenho. Naturalmente, é lógico pressupor que os objetivos mais fáceis terão mais chances de serem aceitos. Porém, uma vez que um empregado se compromete com um objetivo difícil, espera-se que ele se empenhe muito para atingi-lo.

Em terceiro lugar, as pessoas têm um desempenho melhor quando recebem um *feedback* relacionado ao seu progresso em direção aos objetivos, pois isso as ajuda a identificar as discrepâncias entre o que fizeram e o que precisa ser feito, ou seja, o *feedback* atua de modo a orientar o comportamento. Por exemplo, os chefes que

Fonte: Toby Melville/Reuters

Os cofundadores Anthony Thomson, à esquerda, e Vernon Hill lançaram o Metro Bank em Londres, em 2010, com a meta de abrir 200 novas agências e conquistar 10% do mercado bancário de Londres. Essa meta desafiadora motiva os empregados a se empenharem a fim de oferecer aos clientes um atendimento incrivelmente prático, flexível e amigável, chegando a mimar até os animais de estimação dos clientes.

orientam os empregados podem facilitar diretamente o atingimento do objetivo se souberem dar boas orientações.[31] Mas nem todo *feedback* é igualmente eficaz. O *feedback* autogerenciado — quando o empregado é capaz de monitorar o próprio progresso ou receber *feedback* da própria tarefa — tem se revelado mais eficaz do que o *feedback* externo.[32]

Se os empregados puderem participar do processo de estabelecimento dos próprios objetivos, será que eles se empenharão mais? Os pesquisadores ainda não chegaram a um consenso, mas parece que, nessas condições, os empregados não terão um desempenho melhor.[33] Em alguns estudos, objetivos definidos de maneira participativa resultaram em um desempenho superior; mas, em outros, os empregados tiveram um desempenho melhor quando os objetivos foram designados pelo chefe. Um estudo realizado na China descobriu, por exemplo, que o estabelecimento participativo de objetivos pela equipe melhorou os resultados.[34] Outro estudo constatou que a participação resulta em objetivos mais viáveis para os indivíduos.[35] Se não puder participar do processo de estabelecimento de objetivos, o indivíduo precisa saber com clareza qual é e qual a importância do objetivo que busca atingir.[36]

Três outros fatores afetam a relação entre objetivo e desempenho: o *comprometimento com o objetivo*, as *características da tarefa* e a *cultura nacional*.

Comprometimento com o objetivo A teoria do estabelecimento de objetivos pressupõe que o indivíduo está comprometido com o objetivo, ou seja, que ele está determinado a não abandoná-lo. De uma perspectiva comportamental, isso significa que um indivíduo (1) acredita que pode atingir o objetivo e (2) quer atingi-lo.[37] O compromisso com o objetivo tem mais chances de ocorrer quando os empregados esperam que seu esforço leve ao seu atingimento, quando atingir o objetivo é atraente e quando há a chance de participar ativamente no processo de estabelecimento de objetivos.[38]

Características da tarefa Os objetivos parecem afetar mais o desempenho quando as tarefas são simples (e não complexas) e quando são independentes (e não interdependentes).[39] Para as tarefas interdependentes, são preferíveis objetivos atribuídos ao grupo e delegação de tarefas. Pode parecer uma grande contradição, mas pessoas que autoafirmam seus valores centrais têm mais chances de abandonar um objetivo após um fracasso inicial, possivelmente porque elas internalizam as implicações do fracasso com mais intensidade do que os outros.[40]

Cultura nacional Definir objetivos específicos, difíceis e individuais pode levar a efeitos distintos em diferentes culturas. Em culturas coletivistas e com alta distância do poder, objetivos moderados e viáveis podem ser mais motivadores que objetivos difíceis.[41]

Objetivos atribuídos por supervisores parecem levar a um maior comprometimento com os objetivos em culturas com alta distância do poder do que em culturas com baixa distância do poder.[42] No entanto, as pesquisas não demonstraram que os objetivos atribuídos ao grupo são mais eficazes em culturas coletivistas do que em culturas individualistas. Mais pesquisas são necessárias para avaliar as diferenças dos construtos entre as culturas. Embora o estabelecimento de objetivos tenha seus benefícios, a abordagem também tem seus problemas. Por exemplo, alguns objetivos podem ser eficazes *demais*.[43] Em situações nas quais é importante aprender algo, os objetivos relacionados ao desempenho comprometem a adaptação e a criatividade, pois algumas pessoas tendem a focar demais nos resultados e ignorar o processo de aprendizagem. Nem todos os objetivos são igualmente eficazes. Para tarefas rotineiras com medidas quantificáveis de produtividade, os objetivos que recompensam a quantidade podem ser altamente motivadores. Já para tarefas que requerem pensamento complexo e investimento pessoal, os objetivos e recompensas pela quantidade podem não ter eficácia.[44] Além disso, as pessoas podem persistir em um objetivo impossível mesmo quando seria melhor abandoná-lo.

Pesquisas constataram que a regulação dos pensamentos e comportamentos ao buscar atingir objetivos varia de uma pessoa para a outra.[45] Em geral, as pessoas se enquadram em uma ou outra categoria, embora possam pertencer a ambas. Pessoas com foco na promoção procuram atingir avanços e realizações e buscam condições que as aproximem dos objetivos desejados. Esse conceito é semelhante à "aproximação" do modelo de aproximação e evitamento que discutimos no Capítulo 5. Já as pessoas com foco na prevenção procuram cumprir deveres e obrigações e buscam evitar condições que as afastem dos objetivos desejados. Alguns aspectos desse conceito são similares ao "evitamento" do modelo de aproximação e evitamento. É bem verdade que as duas estratégias ajudam a atingir os objetivos, mas o modo como isso é feito difere muito. Por exemplo, que estratégia você costuma utilizar quando precisa estudar para uma prova? Você pode se engajar em atividades focadas na promoção, como ler as anotações das aulas, ou pode se engajar em atividades focadas na prevenção, como evitar atividades que constituem obstáculos ao estudo, por exemplo jogar videogame.

Você pode perguntar: "Qual é a melhor estratégia?". Bem, a resposta depende do resultado que você deseja. Um foco na promoção (mas não no evitamento) se relaciona a um melhor desempenho de tarefas, mais comportamentos de cidadania e mais inovação; já um foco no evitamento (mas não na promoção) se relaciona a atividades voltadas à segurança no trabalho, por exemplo. De preferência, é melhor orientar-se tanto à promoção quanto ao evitamento.[46] Mantenha em mente que uma pessoa que se engaja no evitamento (prevenção) tem mais chances de ter a satisfação no trabalho comprometida,[47] então estabeleça objetivos viáveis, elimine distrações e atribua tarefas mais estruturadas a essas pessoas.[48]

Implementação do estabelecimento de objetivos Como os gestores colocam em prática a teoria do estabelecimento de objetivos? Muitas vezes, isso é deixado nas mãos do gestor ou líder individual. Alguns gestores estabelecem claramente metas de desempenho agressivas — o que a General Electric chamou de "metas estendidas". Alguns líderes, como o ex-CEO da Procter & Gamble, Robert McDonald, e o CEO da Best Buy, Hubert Joly, são famosos por suas exigentes metas de desempenho. Muitos gestores, no entanto, não estabelecem metas. Um levantamento revelou que, ao serem questionados se seu trabalho tinha metas claramente definidas, apenas uma minoria dos respondentes disse que sim.[49]

Uma forma mais sistemática de aplicar o estabelecimento de objetivos é por meio da administração por objetivos, uma iniciativa que foi muito popular nos anos 1970, mas que continua sendo aplicada até hoje.[50] A administração por objetivos enfatiza objetivos tangíveis, verificáveis e mensuráveis, além de serem estabelecidos de maneira participativa. Como podemos ver na Figura 7.4, os objetivos gerais da organização são traduzidos em objetivos específicos para cada nível subsequente (ou seja, de área, departamental ou individual) na organização. Mas, como os gestores de unidades de escalão mais baixo participam do estabelecimento dos próprios objetivos, essa administração funciona tanto "de baixo para cima" quanto "de cima

---

foco na promoção
Estratégia de autorregulação que envolve atingir os objetivos por meio de avanços e realizações.

foco na prevenção
Estratégia de autorregulação que envolve atingir os objetivos cumprindo deveres e obrigações.

administração por objetivos
Programa que inclui objetivos específicos, estabelecidos de forma participativa, para um período explícito de tempo e com *feedback* sobre o progresso quanto ao atingimento de tais objetivos.

para baixo". O resultado é uma hierarquia que vincula os objetivos de determinado nível aos objetivos do nível subsequente. E, para o empregado, esse tipo de administração proporciona metas específicas para seu desempenho pessoal.

Quatro fatores são comuns aos programas de administração por objetivos: objetivos específicos, participação no processo decisório (incluindo participação no processo de estabelecimento de metas ou objetivos), prazos claros e *feedback* para o desempenho.[51] Muitos elementos dos programas de administração por objetivos coincidem com as propostas da teoria do estabelecimento de objetivos.

É possível encontrar programas de administração por objetivos em muitas organizações empresariais, de saúde, educacionais, públicas e sem fins lucrativos. Muitos desses programas levaram a um ganho de desempenho.[52] Uma versão da administração por objetivos, chamada de administração por objetivos e resultados, é usada há 30 anos nos governos da Dinamarca, Noruega e Suécia.[53] Só que a popularidade desses programas não significa que eles sejam sempre eficazes.[54] Quando a administração por objetivos não é eficaz, os "culpados" tendem a ser as expectativas irrealistas, a falta de comprometimento por parte da alta administração e a incapacidade ou relutância em oferecer recompensas para o atingimento de metas.

Estabelecimento de objetivos e implicações éticas   A relação entre o estabelecimento de objetivos e a ética é bastante complexa: qual seria o custo de enfatizar a necessidade do atingimento de objetivos? A resposta pode ser encontrada nos padrões que estabelecemos para alcançar as metas. Por exemplo, quando uma recompensa financeira é vinculada ao atingimento de objetivos, podemos focar em ganhar o dinheiro, chegando a comprometer nossos valores éticos. Se, por outro lado, focarmos a maneira como alocamos nosso tempo quando buscamos atingir o objetivo, temos mais chances de agir de maneira mais ética.[55] No entanto, esse resultado só é obtido quando pensamos em como alocamos nosso tempo. Se estivermos preocupados com um prazo apertado, pensar sobre o tempo é algo que pode se

FIGURA 7.4   Objetivos em cascata.

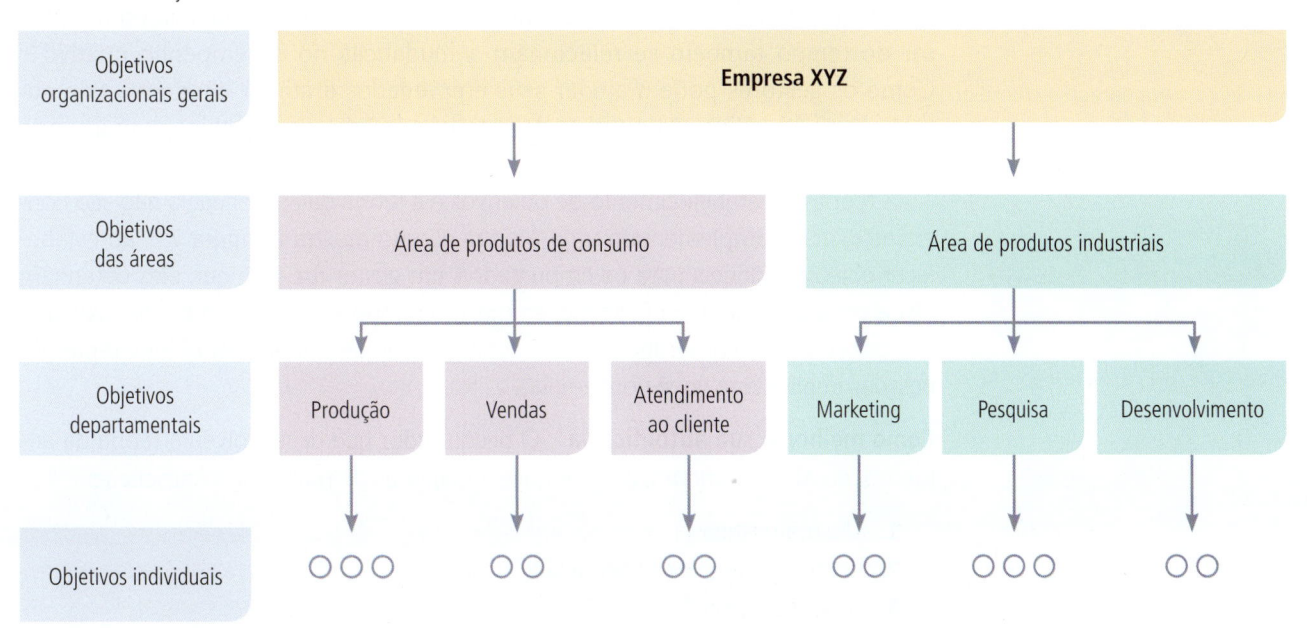

7.4 Entender as diferenças entre a teoria da autoeficácia, a teoria do reforço e a teoria da expectativa.

voltar contra nós. A pressão do tempo costuma se intensificar à medida que estamos próximos de atingir um objetivo, o que pode nos levar a agir de forma antiética.[56] Especificamente, podemos deixar de lado tarefas que estão sob nosso domínio e adotar técnicas de evitamento na tentativa de atingir o objetivo e de não parecermos irresponsáveis,[57] o que pode nos levar a tomar decisões antiéticas.

Outras teorias contemporâneas de motivação

A teoria da autodeterminação e a teoria do estabelecimento de objetivos são teorias contemporâneas de motivação com muito respaldo em pesquisas. Entretanto, elas estão longe de ser as únicas teorias dignas de nota sobre o tema no campo do comportamento organizacional. A teoria da autoeficácia, a teoria do reforço e a teoria da expectativa revelam diferentes aspectos dos nossos processos e tendências motivacionais. Vamos começar com o conceito de autoeficácia.

Teoria da autoeficácia

teoria da autoeficácia
Convicção de uma pessoa de que ela é capaz de realizar determinada tarefa.

A teoria da autoeficácia (um componente da *teoria social cognitiva* ou *teoria do aprendizado social*) refere-se à convicção de uma pessoa de que ela é capaz de realizar determinada tarefa.[58] Quanto maior for a autoeficácia de alguém, maior será sua confiança em sua capacidade de realizar uma tarefa. Assim, diante de dificuldades, pessoas com baixa autoeficácia têm mais chances de se empenhar menos ou simplesmente desistir, enquanto indivíduos com alta autoeficácia vão se empenhar mais para superar as dificuldades.[59] A autoeficácia pode (mas nem sempre) criar uma espiral positiva — as pessoas com alta eficácia se envolvem mais nas tarefas, o que melhora seu desempenho, o que, por sua vez, aumenta ainda mais a eficácia.[60] Um estudo propôs uma explicação adicional: a autoeficácia foi associada a uma maior capacidade de focar a atenção, levando a um melhor desempenho de tarefas.[61]

O *feedback* também afeta a autoeficácia; as pessoas com elevada autoeficácia parecem reagir ao *feedback* negativo com mais determinação e motivação, ao passo que indivíduos com baixa autoeficácia tendem a perder a determinação quando recebem um *feedback* negativo.[62] Mudanças na autoeficácia com o passar do tempo também se relacionam a mudanças no desempenho criativo.[63] Como os gestores podem ajudar seus empregados a atingir altos níveis de autoeficácia? Combinando a teoria do estabelecimento de objetivos com a teoria da autoeficácia.

A teoria do estabelecimento de objetivos e a teoria da autoeficácia não são conflitantes, mas complementam uma à outra. Como mostra a Figura 7.5, ao estabelecer objetivos difíceis para os empregados, um gestor faz com que eles obtenham níveis mais altos de autoeficácia e, ao mesmo tempo, estabeleçam metas mais difíceis para o próprio desempenho. Isso acontece porque estabelecer objetivos para as pessoas implica que você confia nelas.

Como melhorar sua autoeficácia   O pesquisador que desenvolveu a teoria da autoeficácia, Albert Bandura, propõe quatro maneiras de melhorar a autoeficácia:[64]

1. Mestria prática.
2. Aprendizagem por observação.
3. Persuasão verbal.
4. Entusiasmo.

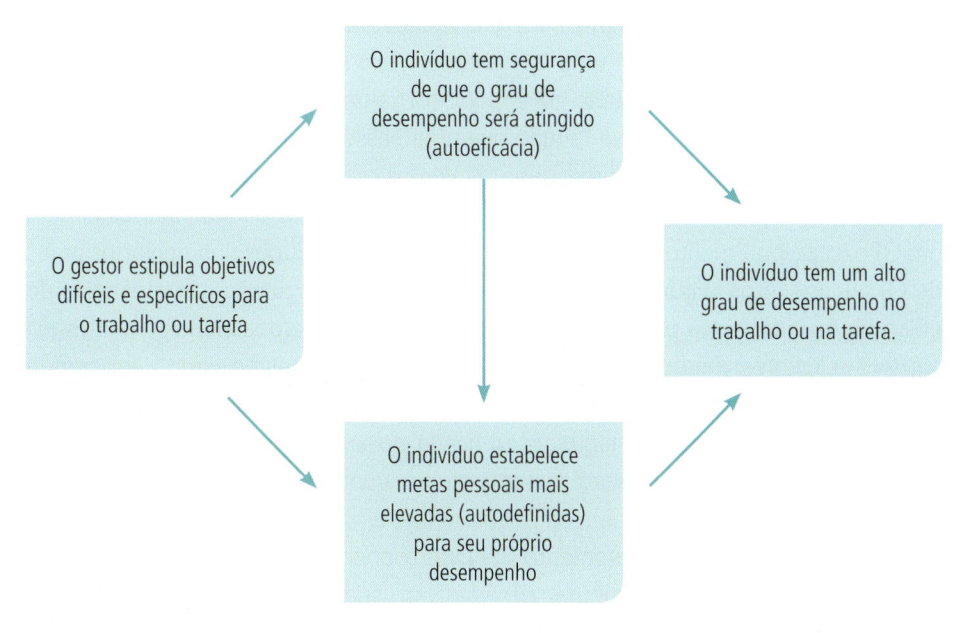

FIGURA 7.5 Efeitos conjuntos de objetivos e autoeficácia no desempenho.

```
                    O indivíduo tem segurança
                    de que o grau de
                    desempenho será atingido
                    (autoeficácia)
                          ↑         ↓
O gestor estipula objetivos                    O indivíduo tem um alto
difíceis e específicos para                    grau de desempenho no
o trabalho ou tarefa                           trabalho ou na tarefa.
                          ↓         ↑
                    O indivíduo estabelece
                    metas pessoais mais
                    elevadas (autodefinidas)
                    para seu próprio
                    desempenho
```

Fonte: baseado em E. A. Locke e G. P. Latham, "Building a Practically Useful Theory of Goal Setting and Task Motivation: A 35-Year Odyssey", *American Psychologist* (set. 2002): 705–17.

A maneira mais importante de aumentar a autoeficácia é a *mestria prática* — ou seja, o ganho de experiência relevante com o desempenho da tarefa ou trabalho. Se você conseguiu realizar bem um trabalho no passado, ficará mais confiante para realizar esse mesmo trabalho no futuro.

A segunda maneira de aumentar a autoeficácia é a *aprendizagem por observação* — se você vir alguém desempenhando uma tarefa, fica mais confiante de que também conseguirá realizá-la. Se um amigo consegue parar de fumar, por exemplo, isso aumenta sua confiança de que você também pode conseguir. A aprendizagem por observação é mais efetiva quando você se considera similar à pessoa observada. Assistir a César Cielo quebrar um recorde mundial de natação pode não aumentar sua confiança em se tornar um bom nadador, mas, se você observar um colega de trabalho nadando bem em uma competição da empresa, poderá sentir-se estimulado a treinar mais arduamente.

A terceira maneira é a *persuasão verbal*: ficamos mais confiantes quando alguém nos convence de que somos capazes de atingir o sucesso. Os palestrantes motivacionais usam muito essa tática.

A quarta maneira de aumentar a autoeficácia é o *entusiasmo*, que conduz a um estado de energia que leva a pessoa a concluir a tarefa ao fazer com que ela fique "mais animada" e tenha um desempenho melhor. Mas, se a tarefa exigir um esforço constante e controlado (por exemplo, editar o manuscrito de um livro), o entusiasmo pode acabar reduzindo o desempenho mesmo se aumentar a autoeficácia porque podemos querer terminá-la logo.

A inteligência e a personalidade não foram incluídas na lista de Bandura, mas também podem aumentar a autoeficácia.[65] Pessoas inteligentes, conscienciosas e emocionalmente estáveis têm mais chances de apresentar elevada autoeficácia, a ponto de alguns pesquisadores argumentarem que a autoeficácia é menos importante do que pesquisas prévias podem sugerir.[66] Esses pesquisadores acreditam que ela seja, em parte, um subproduto de uma pessoa inteligente e confiante.

Como influenciar a autoeficácia das pessoas A melhor maneira para um gestor aplicar a persuasão verbal é mobilizando o *efeito pigmaleão*, um termo baseado no mito grego de um escultor (Pigmaleão) que se apaixonou por uma estátua esculpida por ele. O efeito pigmaleão é uma forma de *profecia autorrealizável*, na qual o simples fato de acreditar em alguma coisa pode torná-la realidade. Esse termo é aqui mencionado no sentido de que "aquilo que uma pessoa espera de outra (a profecia autorrealizável) pode se tornar realidade".[67] Vamos esclarecer com um exemplo. Em alguns estudos, professores foram informados de que alguns de seus alunos tinham um QI excepcionalmente alto (quando, na verdade, esses alunos tinham vários graus de QI, alguns altos, alguns baixos e alguns na média). Seguindo as tendências do efeito pigmaleão, esses professores dedicaram mais tempo aos alunos que eles *julgavam* inteligentes, dando-lhes tarefas mais difíceis e, ao mesmo tempo, esperando mais deles. Tudo isso levou a um aumento da autoeficácia desses alunos e a notas mais altas.[68] Essa estratégia também foi usada no ambiente de trabalho, com resultados replicáveis, que tiveram maiores efeitos quando as relações entre líder e subordinado eram fortes.[69]

Muitos programas de treinamento aplicam o conceito da mestria prática, propondo que as pessoas pratiquem e desenvolvam suas habilidades. Tanto que um fator que leva à eficácia de um treinamento é o aumento da autoeficácia, especialmente quando o treinamento é interativo e os alunos recebem *feedback* posterior.[70] Pessoas com níveis mais elevados de autoeficácia também parecem obter mais benefícios com os programas de treinamento e têm mais chances de aplicar o que aprenderam no trabalho.[71]

Teoria do reforço

A teoria do estabelecimento de objetivos é uma abordagem cognitiva que sugere que os objetivos de uma pessoa orientam suas ações. Já a teoria do reforço é uma abordagem behaviorista que argumenta que o reforço condiciona o comportamento.[72] As duas teorias se apresentam em claro desacordo do ponto de vista filosófico. Os teóricos do reforço veem o ambiente como a causa do comportamento. Não devemos nos preocupar, dizem eles, com os eventos cognitivos internos; o que controla o comportamento são os reforços — qualquer consequência que, quando imediatamente seguida de uma resposta, aumente a probabilidade de o comportamento se repetir.

A teoria do reforço ignora as condições internas do indivíduo e concentra-se apenas no que lhe acontece quando realiza uma ação. Como não leva em conta aquilo que dá origem ao comportamento, ela não é, rigorosamente falando, uma teoria de motivação. Mesmo assim, tal teoria propõe uma boa maneira de analisar os fatores que controlam o comportamento, de modo que é sempre incluída nas discussões sobre motivação.

Condicionamento operante/behaviorismo e reforço A *teoria do condicionamento operante*, provavelmente o componente mais relevante da teoria do reforço para a administração, argumenta que as pessoas aprendem a se comportar de forma a obter algo que desejam ou para evitar algo que não desejam. Ao contrário do comportamento reflexivo ou não aprendido, o comportamento operante é influenciado pelo reforço ou falta de reforço resultante das consequências das ações. O reforço intensifica um comportamento e aumenta as chances de que ele se repita.

---

teoria do reforço
Teoria que estabelece que o comportamento é uma função de suas consequências.

CAPÍTULO 7 - CONCEITOS DE MOTIVAÇÃO

B. F. Skinner, um dos mais proeminentes defensores do condicionamento operante, argumentava que criar consequências agradáveis após alguns comportamentos específicos aumentaria a frequência desses comportamentos. Ele demonstrou que as pessoas eram mais propensas a se comportar da maneira desejável se fossem reforçadas positivamente, que as recompensas seriam mais eficazes caso seguissem imediatamente a resposta desejada e que o comportamento não recompensado ou punido tenderia a não se repetir. O conceito de condicionamento operante faz parte do conceito mais amplo desenvolvido por Skinner: o behaviorismo, segundo o qual um comportamento resulta de estímulos de uma maneira relativamente inconsciente. A versão mais radical do behaviorismo de Skinner rejeita sentimentos, pensamentos e outros estados de espírito como as causas de um comportamento. Em suma, as pessoas associam estímulos e respostas, mas sua consciência a respeito de tal associação é irrelevante.[73]

behaviorismo
Teoria que afirma que um comportamento resulta de estímulos de modo relativamente inconsciente.

É possível encontrar exemplos de condicionamento operante por toda parte. Por exemplo, uma vendedora comissionada que queira obter uma boa renda, ao descobrir que seu objetivo está condicionado a fechar muitas vendas, tenta vender o máximo possível. Naturalmente, essa mesma associação também pode levar as pessoas a se comportar de modo contrário aos interesses de uma organização. Suponha que seu chefe lhe diga que, se você fizer horas extras nas próximas três semanas, será recompensado na próxima avaliação de desempenho. Só que, quando chega seu cálculo de pagamento, você não recebe nenhum reforço positivo por seu trabalho extra. Da próxima vez que seu chefe lhe pedir para fazer hora extra, o que você fará? Provavelmente recusará!

Escolha ética

O Big Brother pode ser um motivador

Ninguém duvida que a humanidade se beneficiou muito da tecnologia. A internet nos dá acesso instantâneo a um enorme volume de informações e os celulares nos mantêm conectados com as pessoas por e-mail, mensagens de texto e Twitter. Mas essa conectividade toda também deu aos empregados a sensação de estarem sendo observados... e eles têm razão de se sentir assim. Mas será que é ético monitorar os empregados usando a tecnologia?

Algumas empresas estão usando a tecnologia para monitorar as atividades de seus empregados e parte desse monitoramento é feito em nome da ciência. Por exemplo, o Bank of America queria saber se a interação presencial com os colegas fazia alguma diferença na produtividade de suas equipes de *call center* e solicitou que cerca de 100 empregados passassem algumas semanas usando um crachá para rastrear sua localização. Ao constatar que os trabalhadores mais produtivos interagiam com mais frequência com os colegas, a empresa decidiu programar intervalos de trabalho em grupo em vez de intervalos individuais. A ideia é boa, mas como será que esse monitoramento afetou o comportamento e a motivação das pessoas?

Outras empresas monitoram os empregados para garantir que eles estejam se empenhando no trabalho, o que pode fazer com que alguns deles se desmotivem. A Accurate Biometrics, por exemplo, usa o monitoramento por computador para supervisionar os empregados que trabalham em casa. Timothy Daniels, vice-presidente de operações, observa que analisar os sites que os empregados visitam "nos permite ficar de olho neles sem sermos invasivos demais". Atualmente, cerca de 70% das organizações monitoram seus empregados.

Em termos práticos, pode ser interessante para os gestores evitar tecnologias de microgerenciamento, que tendem a desmotivar os empregados. E, talvez o mais importante, como os gestores podem assegurar a aplicação ética das tecnologias de monitoramento no trabalho? Em primeiro lugar, e o mais importante, os empregados devem ser informados de que suas atividades serão monitoradas. Em segundo lugar, o objetivo do monitoramento deve ficar claro para todos eles. As informações geradas pelo monitoramento dos empregados podem beneficiar tanto a eles quanto a organização como um todo? Ou os empregados só estão sendo monitorados para que a organização possa se certificar de que eles não estão "fazendo corpo mole"? Por fim, a organização deve deixar claro quais comportamentos são considerados inadequados. Fazer uma pausa no trabalho é diferente de passar horas em um site de redes sociais. Essas diretrizes claras devem aumentar as chances de os empregados aceitarem os programas de monitoramento e os considerarem justos.

Fontes: baseado em S. Shellenbarger, "Working from Home without Slacking Off", *The Wall Street Journal*, 13–15 jul. 2012, 29; R. Richmond, "3 Tips for Legally and Ethically Monitoring Employees Online", *Entrepreneur*, 31 maio 2012, http://www.entrepreneur.com/article/223686; e R. E. Silverman, "Tracking Sensors Invade the Workplace", *The Wall Street Journal*, 7 mar. 2003, www.wsj.com.

teoria da aprendizagem social
Teoria que defende que podemos aprender tanto pela observação quanto pela experiência direta.

Teoria da aprendizagem social e teoria do reforço As pessoas podem aprender quando recebem instruções verbais, observando os outros ou por meio de experiências diretas. Muito do que aprendemos vem da observação de modelos — pais, professores, colegas, atores de cinema e televisão, chefes e outros. Essa ideia de que podemos aprender tanto pela observação quanto pelas experiências diretas é chamada de teoria da aprendizagem social.[74]

Embora a teoria da aprendizagem social seja uma extensão do condicionamento operante (isto é, presume que o comportamento é uma função das consequências), ela também inclui os efeitos da aprendizagem por observação e percepção. As pessoas respondem à maneira como percebem e à maneira como definem as consequências, e não às próprias consequências objetivas. Os modelos são centrais do ponto de vista da aprendizagem social. Quatro processos determinam a influência dos modelos sobre um indivíduo:

1. **Processos de atenção.** As pessoas só aprendem com um modelo quando o reconhecem e prestam atenção às suas características mais importantes. Tendemos a ser mais influenciados por modelos que são atraentes, repetidamente disponíveis, importantes para nós ou semelhantes a nós (em nossa opinião).
2. **Processos de retenção.** A influência de um modelo depende do quanto a pessoa se lembra de sua ação depois que ele não está mais disponível.
3. **Processos de reprodução motora.** Depois que a pessoa percebeu um novo comportamento ao observar o modelo, a observação deve ser convertida em ação. Esse processo demonstra que o indivíduo é capaz de desempenhar as atividades observadas.
4. **Processos de reforço.** As pessoas são motivadas a exibir o comportamento apresentado pelo modelo quando recebem incentivos ou recompensas positivas. Os comportamentos reforçados positivamente recebem mais atenção, são mais bem aprendidos e apresentados com mais frequência.

Na Thai Takenaka, uma importante empresa de construção civil da Tailândia, empregados experientes ensinam aos novos empregados habilidades de gerenciamento de construção, técnicas de construção e os fundamentos básicos da profissão por meio de um treinamento focado em "ver, tocar e fazer". Essa abordagem de aprendizagem social ajuda os empregados a atingir os altos padrões de qualidade e eficiência da empresa.

Fonte: */Kyodo/Newscom

Teoria da expectativa

Hoje em dia, uma das explicações mais populares da motivação é a teoria da expectativa, de Victor Vroom.[75] Ela é embasada por boa parte das pesquisas, embora hajam algumas críticas.[76]

A teoria da expectativa sustenta que a força da tendência a agir de determinada maneira depende da força da expectativa de que essa ação surtirá dado resultado e da atração que esse resultado exerce sobre o indivíduo. Em termos mais práticos, um empregado sente-se motivado a se empenhar quando acredita que seu empenho resultará, por exemplo, em uma boa avaliação de desempenho; que a boa avaliação resultará em recompensas organizacionais — como um bônus, um aumento de salário ou uma promoção — e que essas recompensas satisfarão suas metas pessoais. A teoria, portanto, enfoca três relações (veja a Figura 7.6):

1. **Expectativa: relação entre esforço e desempenho.** A probabilidade percebida pelo indivíduo de que certa quantidade de esforço levará ao desempenho.
2. **Instrumentalidade: relação entre desempenho e recompensa.** O grau em que o indivíduo acredita que determinado nível de desempenho levará a um resultado desejado.
3. **Valência: relação entre recompensa e objetivos pessoais.** O grau em que as recompensas organizacionais satisfazem as metas pessoais ou as necessidades do indivíduo e a atratividade que essas potenciais recompensas têm para a pessoa.

A teoria da expectativa ajuda a explicar por que tantos trabalhadores não se sentem motivados no trabalho e muitos se limitam a fazer o mínimo necessário para manter o emprego. Isso ficará mais claro quando examinarmos as três relações da teoria com mais detalhes. Elas serão apresentadas na forma de perguntas que devem ser respondidas afirmativamente pelos empregados para que sua motivação seja maximizada.

Para começar, *se eu me esforçar ao máximo, meu esforço será reconhecido em minha avaliação de desempenho?* Para muitos trabalhadores, a resposta é não. Isso acontece porque sua capacitação pode deixar a desejar, o que significa que, por mais que se esforcem, eles nunca terão um desempenho melhor. Ou o sistema de avaliação de desempenho da empresa pode considerar outros fatores (como lealdade, iniciativa ou coragem), o que significa que mais esforço não levará necessariamente a uma avaliação melhor. Outra possibilidade é que o empregado acredite, com ou sem razão,

> **teoria da expectativa**
> Teoria que afirma que a força da tendência a agir de determinada maneira depende da força da expectativa de que essa ação surtirá dado resultado e da atração que esse resultado exerce sobre o indivíduo.

FIGURA 7.6 Teoria da expectativa.

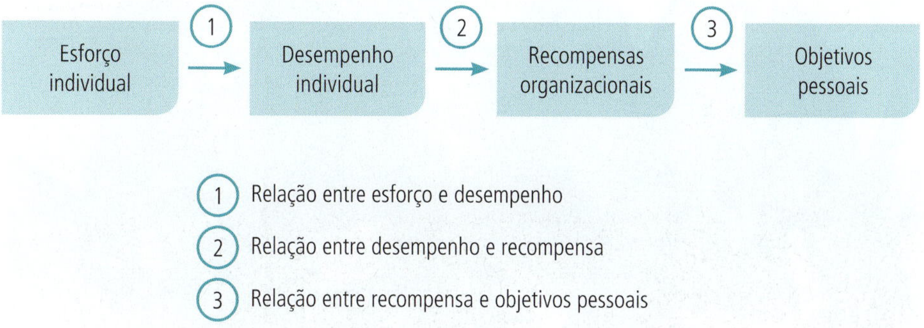

Esforço individual → (1) → Desempenho individual → (2) → Recompensas organizacionais → (3) → Objetivos pessoais

(1) Relação entre esforço e desempenho
(2) Relação entre desempenho e recompensa
(3) Relação entre recompensa e objetivos pessoais

que seu chefe não gosta dele. Em consequência, sua expectativa é a de receber uma avaliação ruim, não importa o quanto se esforce. Esses exemplos sugerem que uma das possíveis causas da baixa motivação de um empregado é sua convicção de que, por mais que se esforce, ele nunca receberá uma boa avaliação de desempenho.

Em segundo lugar, *se eu obtiver uma boa avaliação de desempenho, isso resultará em alguma recompensa organizacional?* Muitas organizações recompensam vários outros fatores além do desempenho. Quando a remuneração está, de alguma forma, vinculada a fatores como tempo de casa, capacidade de cooperação ou "bajulação" do chefe, os empregados podem acreditar que a relação entre desempenho e recompensa é fraca e desmotivadora.

Por fim, *se eu receber alguma recompensa, ela será atraente para mim?* O empregado trabalha duro na esperança de conseguir uma promoção, mas só recebe um pequeno aumento salarial. Ou então, espera conseguir um cargo mais desafiador e interessante, mas só ganha alguns elogios. É importante adequar as recompensas às necessidades de cada um. Infelizmente, muitos gestores têm limitações quanto às recompensas que podem oferecer, o que dificulta a possibilidade de individualizá-las. Alguns gestores pressupõem, erroneamente, que todos os empregados querem as mesmas coisas, sem perceber os efeitos motivacionais da diferenciação das recompensas. Em todos esses casos, a motivação acaba não sendo maximizada.

Como um exemplo claro do funcionamento da teoria da expectativa, consideremos o caso dos analistas de mercado. Eles ganham dinheiro tentando prever o futuro dos preços das ações. A exatidão de suas recomendações sobre a compra, venda ou retenção das ações é o que os mantém trabalhando ou não. Mas não é tão simples assim. Poucos analistas de mercado financeiro fazem recomendações para que os investidores vendam ações que eles consideram estar sobrevalorizadas, embora, em um mercado estável, por definição, o preço de algumas ações suba enquanto o preço de outras caia. A teoria da expectativa propõe uma explicação: os analistas que recomendam a venda das ações de uma empresa têm de equilibrar os benefícios que recebem com sua recomendação e os riscos de atraírem a ira da empresa. Esses riscos incluem a reprovação

Fonte: China Photos/Getty Images

A relação entre desempenho e recompensa é forte na Mary Kay Cosmetics, cujo programa de reconhecimento e recompensas é baseado no alcance de objetivos pessoais, estabelecidos individualmente pelos próprios vendedores. As mulheres chinesas da foto posam diante de um carro rosa, uma das muitas recompensas que motivam os vendedores autônomos da Mary Kay.

pública, a exclusão do profissional e o não recebimento de novas informações. Por outro lado, quando recomendam a compra das ações de uma empresa, eles não enfrentam esses dissabores porque, obviamente, as empresas gostam que os analistas recomendem aos investidores que comprem suas ações. Portanto, a estrutura de incentivo sugere que o resultado esperado da recomendação de compra seja melhor que o resultado esperado da recomendação de venda e é por isso que o número de recomendações de compra é muito maior que o número de recomendações de venda.[77]

Teoria da equidade/justiça organizacional

7.5 Descrever as formas de justiça organizacional, inclusive justiça distributiva, justiça processual, justiça informacional e justiça interacional.

Jane é uma estudante que trabalha para obter um diploma de bacharel em finanças. Para ganhar alguma experiência de trabalho e aumentar sua empregabilidade, ela aceitou um estágio de verão no departamento financeiro de uma empresa farmacêutica. Ela está bastante satisfeita com o pagamento: dois mil reais por mês é mais do que outros estudantes de sua turma receberão por seus estágios de verão. No trabalho, ela conhece Josh, recém-formado trabalhando como gerente intermediário no mesmo departamento financeiro. Josh ganha quatro mil reais por mês.

Jane é uma funcionária extremamente dinâmica. Ela é comprometida, satisfeita e está sempre disposta a ajudar os outros. Josh é o contrário. Ele parece não ter muito interesse no trabalho e chega a pensar em pedir demissão. Um dia, Jane pergunta a Josh por que ele está querendo pedir demissão e ele diz que o salário é a principal razão para seu descontentamento na empresa. Ele conta a Jane que, em comparação com os gerentes de outras empresas farmacêuticas, ele ganha muito menos. "Não é justo", ele reclama. "Eu dou duro no trabalho, mas ganho menos que eles. Eu deveria ir trabalhar em um concorrente."

Como alguém que ganha quatro mil reais estaria menos satisfeito com o salário e menos motivado do que alguém que ganha dois mil reais? A resposta pode ser encontrada na teoria da equidade e, de maneira geral, nos princípios da justiça organizacional.[78] De acordo com a teoria da equidade, os empregados comparam o que recebem por seu trabalho (seus "resultados", como remuneração, promoções, reconhecimento ou uma sala maior) com o que eles investem no trabalho (seus "insumos", como esforço, experiência e escolaridade). E depois comparam essa relação entre recompensas e insumos com a dos outros empregados, em geral um colega ou alguém que faz o mesmo trabalho. Isso é mostrado na Figura 7.7. Se acreditamos

teoria da equidade
Teoria que defende que os indivíduos comparam os esforços realizados e as recompensas obtidas de seu trabalho com aqueles de outros empregados e reagem de maneira a eliminar quaisquer injustiças percebidas.

FIGURA 7.7 Teoria da equidade.

Comparação de proporções*	Percepção
$\dfrac{O}{I_A} < \dfrac{O}{I_B}$	Inequidade por ser sub-recompensado
$\dfrac{O}{I_A} = \dfrac{O}{I_B}$	Equidade
$\dfrac{O}{I_A} > \dfrac{O}{I_B}$	Inequidade por ser sobrerrecompensado

* Onde $\dfrac{O}{I_A}$ representa o empregado e $\dfrac{O}{I_B}$ representa outros empregados comparáveis.

que nossa relação entre recompensas e insumos é igual a dos outros, dizemos que existe um estado de equidade e achamos que nossa situação é justa.

De acordo com a teoria da equidade, quando os empregados sentem-se injustiçados, espera-se que eles tomem uma das decisões a seguir:[79]

1. **Modificar os insumos.** Por exemplo, fazer menos esforço se acharem que ganham menos do que é justo ou se empenhar mais se acharem que ganham mais do que é justo.
2. **Modificar os resultados.** Empregados que recebem por peça produzida podem aumentar a renda produzindo um número maior de peças com qualidade inferior.
3. **Distorcer a autoimagem.** "Eu achava que trabalhava em um ritmo moderado, mas agora percebo que trabalho muito mais do que os outros".
4. **Distorcer a percepção que têm dos outros.** "O trabalho do Rodrigo não é tão interessante quanto eu pensava."
5. **Buscar uma referência diferente.** "Posso não estar indo tão bem quanto meu cunhado, mas certamente estou me saindo melhor do que meu pai quando tinha minha idade."
6. **Desistir de atuar.** Deixar o emprego.

A teoria da equidade foi corroborada por alguns pesquisadores, mas não por todos, visto que alguns consideram determinadas proposições problemáticas.[80] Para começar, as injustiças criadas pelo sobrepagamento não parecem ter um impacto considerável sobre o comportamento na maioria das situações profissionais. Desse modo, não espere que um empregado que acha que ganha mais do que merece devolva parte de seu salário ou trabalhe mais para compensar a iniquidade. Em algumas situações, as pessoas até podem achar que ganham mais do que merecem, mas elas restauram a equidade racionalizando sua situação ("Eu mereço porque me esforço mais do que os outros"). Em segundo lugar, nem todo mundo é igualmente sensível à equidade por várias razões, incluindo um senso de direito adquirido.[81] Outros podem até preferir que sua razão entre resultados e insumos seja inferior a de pessoas que eles usam como comparação. As previsões baseadas na teoria da equidade tendem a não ser muito precisas para essas pessoas "benevolentes".[82]

Embora nem todas as proposições da teoria da equidade tenham sido confirmadas, sua hipótese serve como um importante precursor para o estudo da justiça organizacional ou, em termos mais simples, o estudo da justiça no local de trabalho.[83] A justiça organizacional se volta a investigar como os empregados sentem-se tratados por autoridades e tomadores de decisão no trabalho. Geralmente, eles avaliam a justiça do tratamento recebido como mostra a Figura 7.8.

Justiça distributiva

A justiça distributiva analisa a justiça percebida em relação às recompensas recebidas pelos empregados, como remuneração e reconhecimento.[84] As recompensas podem ser alocadas de várias maneiras. Por exemplo, poderíamos distribuir aumentos salariais igualmente entre os empregados ou optar por dar um aumento aos que mais precisam de dinheiro. Contudo, como vimos em nossa discussão sobre a teoria da equidade, os empregados tendem a considerar que os resultados são mais justos quando distribuídos de maneira equitativa.

---

justiça organizacional
Percepção geral do que é justo no local de trabalho, composta de justiça distributiva, processual e interacional.

justiça distributiva
Justiça percebida da quantidade e alocação de recompensas entre as pessoas.

FIGURA 7.8 Modelo de justiça organizacional.

Justiça distributiva
Definição: percepção da imparcialidade de um resultado.
Exemplo: recebi o aumento de salário que eu merecia.

Justiça processual
Definição: percepção de imparcialidade em relação ao processo utilizado para determinar o resultado.
Exemplo: tive a chance de dar minha opinião no processo utilizado para conceder aumentos e me explicaram por que eu recebi o aumento.

Justiça interacional
Definição: sensibilidade em relação à qualidade do tratamento interpessoal recebido.
Exemplo: ao falar sobre meu aumento, meu chefe foi muito gentil e cortês.

Justiça organizacional
Definição: percepção geral do que é justo no ambiente de trabalho.
Exemplo: acho que essa empresa é um local justo para se trabalhar.

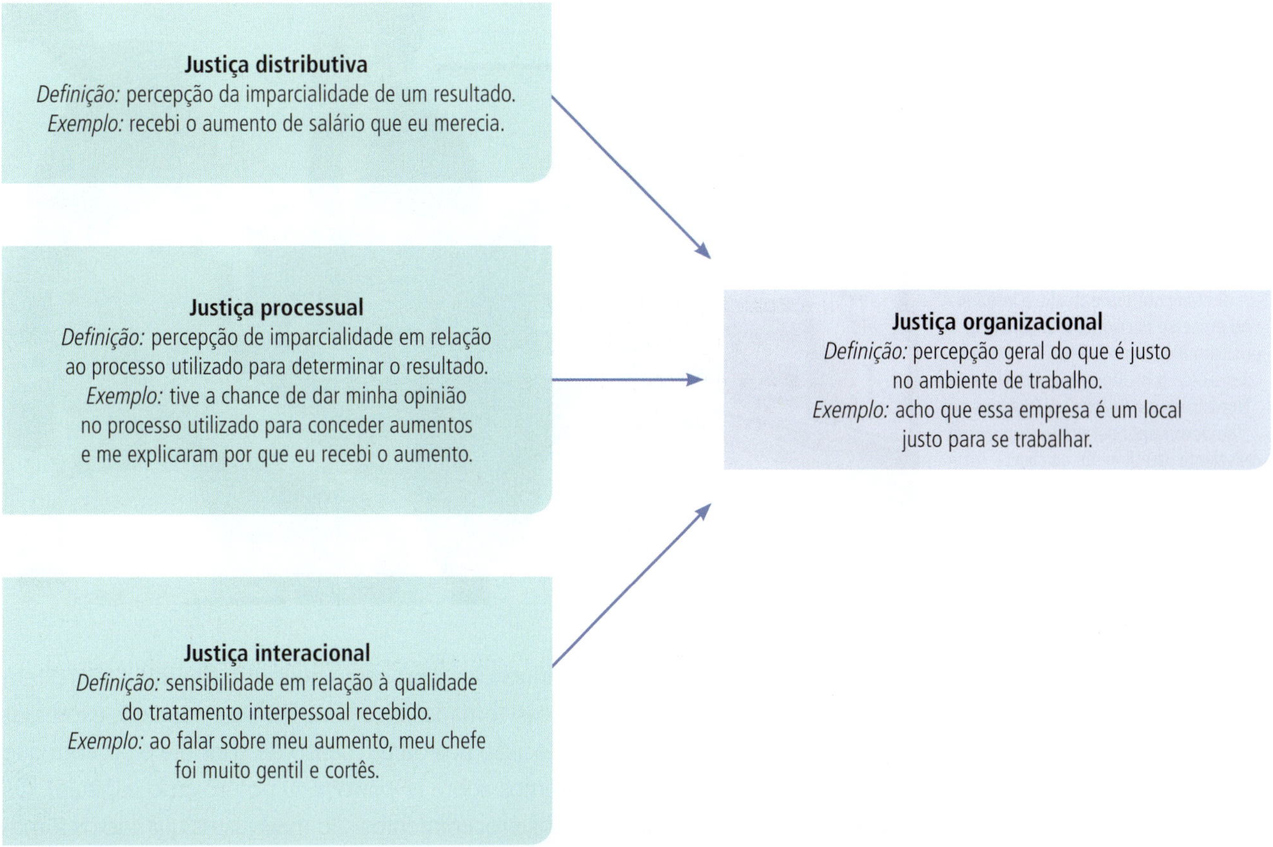

Será que a mesma lógica se aplica às equipes? À primeira vista, distribuir igualmente as recompensas entre os membros da equipe parece ser a melhor maneira de elevar o moral e reforçar o trabalho em equipe — desse modo, ninguém é favorecido. Só que um estudo de times da Liga Nacional de Hóquei dos Estados Unidos sugere o contrário. Diferenciar a remuneração dos jogadores com base em seus insumos (seu desempenho nos jogos) atraiu jogadores melhores para o time, aumentou suas chances de permanência e melhorou o desempenho da equipe como um todo.[85]

Do modo como descrevemos as coisas até agora, pode parecer que as pessoas avaliam a justiça distributiva e a equidade de maneira racional e calculada, comparando sua razão entre resultado e insumo com a dos outros. Mas a maneira como vivenciamos a justiça, e especialmente a injustiça, não costuma ser tão fria e calculista. Pelo contrário, as pessoas baseiam seus julgamentos distributivos em um sentimento ou reação emocional em relação ao modo como acham que são tratadas em comparação com os outros e suas reações costumam ser acaloradas e emotivas, em vez de frias e racionais.[86]

Justiça processual

Os empregados se importam muito com *quais* resultados são distribuídos (justiça distributiva), mas também se importam com *a maneira* como eles são distribuídos. Enquanto a justiça distributiva analisa *quais* resultados são alocados, a justiça processual analisa *como* isso é feito.[87] Por um lado, os empregados sentem que os procedimentos

justiça processual
Justiça percebida em relação ao processo utilizado para determinar a distribuição das recompensas.

A Nordstrom é famosa pelo atendimento prestado ao cliente. O segredo? Empoderar os empregados para tomarem decisões que afetam diretamente seu trabalho e incluí-los no processo decisório, usando a justiça processual para motivá-los. Empregados como essa consultora de cosméticos da Nordstrom, em Seattle, são dotados de *empowerment* para proporcionar um excelente atendimento ao cliente. Diz a lenda que um representante da empresa chegou a ir de carro até um aeroporto para entregar sacolas de compras que uma cliente tinha esquecido na loja!

Fonte: B. O'Kane/Alamy Stock Photo

são mais justos se tiverem como influenciar o processo decisório. Ter influência direta sobre a maneira como as decisões são tomadas ou, no mínimo, ser capaz de expressar nossa opinião aos tomadores de decisão nos dá um senso de controle e faz com que nos sintamos empoderados (falaremos sobre *empowerment* no próximo capítulo). Os empregados também sentem que os procedimentos são mais justos quando os tomadores de decisão seguem várias regras, incluindo tomar decisões de maneira coerente (para diferentes pessoas e ao longo do tempo), evitar vieses (evitar privilegiar um grupo ou pessoa em detrimento de outro), basear-se em informações precisas, levar em consideração os grupos ou as pessoas afetadas pelas decisões, agir de maneira ética e manterem-se abertos a pedidos de reavaliação ou correções.

Se os resultados forem favoráveis e as pessoas conseguirem o que querem, elas se importam menos com o processo, então a justiça processual não importa tanto quando as distribuições são consideradas justas. É quando os resultados são desfavoráveis que as pessoas passam a se importar com esses fatores. Se o processo for julgado justo, os empregados serão mais abertos a aceitar resultados desfavoráveis.[88] Se os empregados tiverem a chance de expressar sua opinião quanto a resultados que consideram desfavoráveis (um elemento de um processo justo), eles não ficarão tão descontentes com a situação, mesmo se os resultados continuarem desfavoráveis.[89]

Pense a respeito. Se você espera um aumento e seu chefe lhe diz que você não receberá, você provavelmente vai querer saber como os aumentos foram decididos. Se o seu chefe alocou os aumentos com base no mérito e um colega apresentou um desempenho melhor que o seu, você tem mais chances de aceitar a decisão do que se descobrir que os aumentos se basearam em favoritismo. Naturalmente, se você recebeu o aumento, não se importará muito com a maneira como a decisão foi tomada.

Justiça interacional

Além dos resultados e dos procedimentos, pesquisas demonstram que os empregados também se interessam por outros dois tipos de justiça, que têm a ver com o tratamento que eles recebem nas interações com os outros. Esses dois tipos de justiça se enquadram na categoria da *justiça interacional* (veja a Figura 7.8).[90]

Justiça informacional O primeiro tipo é a justiça informacional, que reflete o quanto os gestores dão aos empregados explicações sobre as decisões mais importantes e se os mantêm informados sobre importantes questões organizacionais. Quanto mais detalhados e sinceros os gestores forem, mais os empregados sentirão que são tratados com justiça.

> **justiça informacional**
> O grau em que os empregados recebem explicações verdadeiras quanto às decisões tomadas.

Pode parecer óbvio que os gestores deveriam ser sinceros com os empregados e informá-los das questões que afetam a organização, mas muitos hesitam em divulgar informações aos empregados. Isso acontece muito com más notícias, que ninguém gosta de dar ou receber. Explicações para as más notícias ajudam quando assumem a forma de desculpas após o fato ("Sei que não é o ideal e eu queria lhe dar o aumento, mas não foi decisão minha") em vez de justificativas ("Decidi dar o aumento a Sam, mas isso não deveria fazer uma grande diferença em sua vida").[91]

Justiça interpessoal O segundo tipo de justiça relevante para as interações entre gestores e empregados é a justiça interpessoal, que reflete o quanto os empregados sentem-se tratados com dignidade e respeito. Em comparação com as outras formas de justiça que analisamos até aqui, a justiça interpessoal é especial porque pode ocorrer nas interações cotidianas entre gestores e empregados.[92] Essa característica permite que os gestores aproveitem (ou deixem passar) oportunidades de fazer com que seus empregados se sintam tratados com justiça. Muitos gestores podem considerar uma forma de "fraqueza" tratar os empregados com educação e respeito e, dessa forma, optam por táticas mais agressivas, por acreditarem que isso motivará mais seu pessoal. Demonstrações de emoções negativas, como a raiva, podem até motivar os empregados em alguns casos,[93] mas os gestores podem levar a abordagem longe demais. Veja o exemplo de Mike Rice, que, quando era técnico de basquete masculino da Universidade Rutgers, foi filmado abusando verbal e até fisicamente dos jogadores e acabou sendo demitido.[94]

> **justiça interpessoal**
> O grau em que os empregados são tratados com dignidade e respeito.

Resultados da justiça

Depois de toda essa conversa sobre os tipos de justiça, é importante perguntar-se: até que ponto os empregados realmente se importam com a justiça? Na verdade, eles se importam muito. Os empregados apresentam muitas reações positivas quando se sentem tratados com justiça. Todos os tipos de justiça discutidos nesta seção foram associados a níveis mais elevados de desempenho de tarefas e comportamentos de cidadania, como ajudar os colegas, bem como a menos comportamentos contraproducentes, como deixar de cumprir as obrigações no trabalho.[95] A justiça distributiva e a justiça processual são mais associadas ao desempenho de tarefas, ao passo que a justiça informacional e a justiça interpessoal são mais associadas ao comportamento de cidadania. Além disso, resultados fisiológicos, como a qualidade do sono dos empregados e sua saúde, também têm sido associados ao tratamento justo no trabalho.[96]

Por que será que a justiça tem esses efeitos positivos? O tratamento justo reforça o comprometimento com a organização e leva os empregados a sentir que a empresa se preocupa com seu bem-estar. Além disso, os profissionais que se sentem tratados com justiça confiam mais nos supervisores, o que reduz a incerteza e o medo de serem explorados pela organização. O tratamento justo gera emoções positivas, o que, por sua vez, leva a comportamentos como o de cidadania.[97]

Mesmo com todas as tentativas de reforçar a justiça, ainda é possível que os empregados se sintam injustiçados. A justiça costuma ser subjetiva; o que uma pessoa considera injusto, outra pode considerar perfeitamente apropriado. Em geral, as pessoas consideram justas alocações de verbas ou procedimentos que as beneficiam.[98] Elas fazem também atribuições ao avaliar violações das regras de justiça. Pesquisas sugerem que a percepção da violação das normas de justiça varia de acordo com o sexo do transgressor: as mulheres são julgadas com mais severidade quando violam normas interacionais do que quando violam normas processuais.[99]

Reações dos outros à injustiça As reações de seus colegas à injustiça podem ser tão importantes quanto as suas próprias reações. Pesquisas estão começando a sugerir que reações de *terceiros*, ou observadores, à injustiça podem ter um grande efeito. Digamos que você fique sabendo que uma rede de restaurantes que você frequenta realizou uma demissão em massa, pegando os empregados de surpresa. Você descobre que eles foram demitidos sem qualquer aviso prévio e não receberam qualquer ajuda para se recolocar no mercado de trabalho. Você continuaria a frequentar esse restaurante? Pesquisas sugerem que não.[100]

Por que e como fazemos esse tipo de julgamento? Um modelo de injustiça contra terceiros sugere que vários fatores afetam nossa reação: (1) nossos próprios traços de personalidade e características, (2) os traços de personalidade e características do transgressor e da vítima (incluindo uma atribuição de culpa) e (3) as especificidades da justiça do evento ou da situação.[101] Por sua vez, os observadores consideram maus tratos como uma forma de injustiça e reagem de acordo com a situação. Por exemplo, um colega o vê sendo repreendido pelo chefe: se você merecesse o tratamento, seu colega provavelmente ficaria satisfeito; caso contrário, o colega provavelmente se revoltaria contra seu chefe.[102] Pesquisas também sugerem que o modo como nossos colegas e chefes tratam os clientes também afeta nossas percepções de justiça. Dois estudos conduzidos em organizações de saúde descobriram que maus tratos infligidos ao paciente pelo chefe levaram à desconfiança por parte dos empregados e a um comportamento menos cooperativo.[103]

Como promover a justiça

Como uma organização pode afetar as percepções de justiça e garantir um comportamento justo por parte de seus gestores? Tudo depende da motivação de cada gestor. Alguns deles tendem a avaliar o comportamento justo de acordo com o grau de adesão às regras de justiça da organização. Esses gestores tentarão garantir a adesão dos subordinados às expectativas comportamentais, querendo ser considerados justos em relação a eles ou até estabelecer normas de justiça. Outros gestores podem ser motivados pelas emoções ao tomar decisões justas (ou injustas). Diante de um alto afeto positivo e/ou um baixo afeto negativo, esses gestores têm mais chances de serem justos.

Pode ser tentador para as organizações adotar rigorosas diretrizes de justiça na tentativa de controlar o comportamento dos gestores, mas essa abordagem provavelmente não funcionará para todos. Nas situações em que os gestores precisam seguir muitas regras e não têm muita liberdade de ação, os que determinam a justiça têm mais chances de apresentar um comportamento imparcial, embora os gestores que apresentam comportamentos mais afetivos possam agir de forma mais justa se tiverem mais liberdade de ação.[104]

Cultura e justiça

Em todos os países, os mesmos princípios básicos da justiça processual são respeitados: trabalhadores de todo o mundo preferem recompensas baseadas no desempenho a recompensas baseadas em tempo de casa.[105] No entanto, a avaliação dos insumos e dos resultados pode variar de acordo com a cultura.[106]

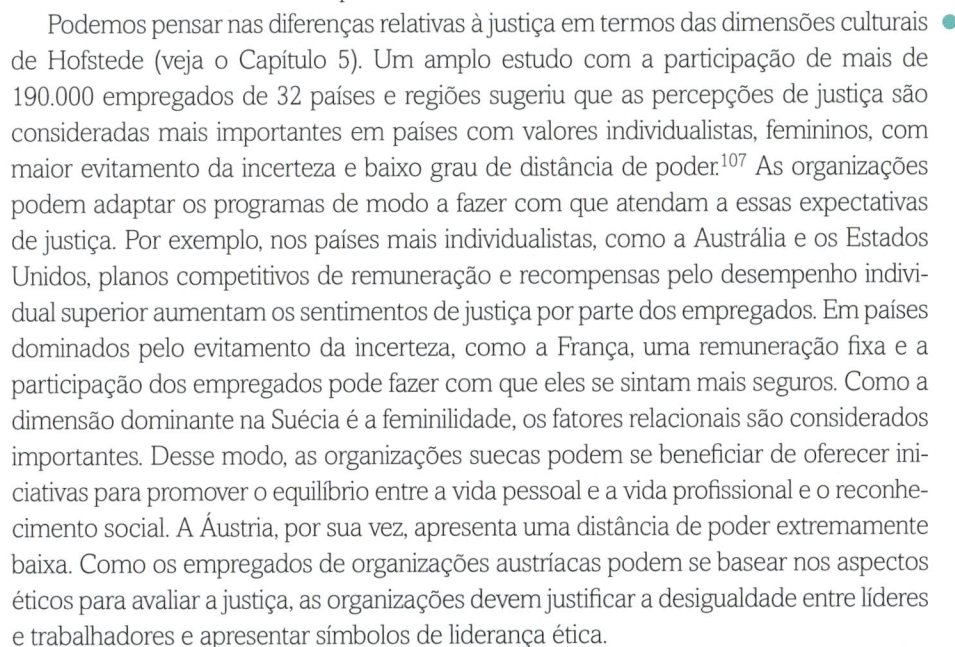

Podemos pensar nas diferenças relativas à justiça em termos das dimensões culturais de Hofstede (veja o Capítulo 5). Um amplo estudo com a participação de mais de 190.000 empregados de 32 países e regiões sugeriu que as percepções de justiça são consideradas mais importantes em países com valores individualistas, femininos, com maior evitamento da incerteza e baixo grau de distância de poder.[107] As organizações podem adaptar os programas de modo a fazer com que atendam a essas expectativas de justiça. Por exemplo, nos países mais individualistas, como a Austrália e os Estados Unidos, planos competitivos de remuneração e recompensas pelo desempenho individual superior aumentam os sentimentos de justiça por parte dos empregados. Em países dominados pelo evitamento da incerteza, como a França, uma remuneração fixa e a participação dos empregados pode fazer com que eles se sintam mais seguros. Como a dimensão dominante na Suécia é a feminilidade, os fatores relacionais são considerados importantes. Desse modo, as organizações suecas podem se beneficiar de oferecer iniciativas para promover o equilíbrio entre a vida pessoal e a vida profissional e o reconhecimento social. A Áustria, por sua vez, apresenta uma distância de poder extremamente baixa. Como os empregados de organizações austríacas podem se basear nos aspectos éticos para avaliar a justiça, as organizações devem justificar a desigualdade entre líderes e trabalhadores e apresentar símbolos de liderança ética.

Outros fatores culturais também podem ser analisados. Algumas culturas se baseiam mais no status do que na realização individual para alocar recursos. Culturas materialistas têm mais chances de considerar recompensas e remuneração em dinheiro como resultados mais relevantes do trabalho, enquanto culturas relacionais tenderão a valorizar mais as recompensas sociais e o status. Os gestores internacionais devem levar em consideração as preferências culturais dos diferentes grupos de empregados ao avaliar a justiça em diferentes contextos.

Engajamento no trabalho

Joseph trabalha como enfermeiro em um hospital. Quando ele começa a trabalhar, parece que o resto de sua vida desaparece e ele fica totalmente imerso no que está fazendo. Suas emoções, pensamentos e comportamentos são totalmente voltados a cuidar dos pacientes. Ele pode ficar tão imerso em suas obrigações que nem se dá conta do passar do tempo. Por ser totalmente comprometido com aquilo que faz, ele cuida melhor dos pacientes e sai energizado do trabalho.

Joseph tem um alto *engajamento no trabalho*, que é a relação do investimento das energias físicas, cognitivas e emocionais de um empregado com o desempenho em sua profissão.[108] Tanto gestores quanto acadêmicos tentam encontrar maneiras de promover o engajamento no trabalho, com base na noção de que o desempenho é impulsionado por fatores mais profundos do que gostar do trabalho ou considerá-lo interessante. Estudos tentam medir esse nível mais profundo de comprometimento. Por exemplo, uma revisão de estudos descobriu que níveis mais altos de engajamento eram associados ao desempenho de tarefas e ao comportamento de cidadania.[109]

O que torna as pessoas mais propensas a se engajar no trabalho? Um fator importante é o grau em que um empregado acredita que esse engajamento faça sen-

7.6 Identificar as implicações, para os gestores, do engajamento dos empregados no trabalho.

engajamento no trabalho
O investimento das energias físicas, cognitivas e emocionais de um empregado no desempenho do trabalho.

tido. Isso é determinado, em parte, pelas características do trabalho e pelo acesso a recursos suficientes para que ele possa ser feito com eficácia.[110] Outro fator é a correspondência entre os valores do empregado e os valores da organização.[111] Comportamentos de liderança que inspiram os empregados a aderirem a uma missão também aumentam o engajamento.[112]

Uma das críticas ao conceito de engajamento é que o construto é, em parte, redundante, com atitudes como satisfação ou estresse no trabalho.[113] Outros críticos observam que o engajamento pode ter um lado negro, como a associação entre o engajamento no trabalho e o conflito entre a vida pessoal e a vida profissional.[114] As pessoas podem ficar tão engajadas naquilo que fazem que passam a ver as responsabilidades familiares como uma intrusão importuna. Além disso, um nível de engajamento excessivamente alto pode levar a pessoa a perder a perspectiva e acabar se estafando. Novas pesquisas voltadas a investigar como o engajamento se relaciona com esses resultados negativos podem ajudar a esclarecer se alguns empregados altamente engajados podem estar "pecando pelo excesso".

Integração das teorias contemporâneas de motivação

7.7 Descrever como as teorias contemporâneas de motivação se complementam.

Nosso trabalho seria mais simples se, depois de apresentar meia dúzia de teorias, pudéssemos dizer que apenas uma delas é válida. Entretanto, muitas das teorias vistas neste capítulo são complementares. O desafio agora é juntá-las para tentar entender como elas se inter-relacionam.

Usando como base o modelo da expectativa apresentado na Figura 7.8, vamos examinar um modelo que integra boa parte do que sabemos sobre motivação na Figura 7.9 (analisaremos o desenho de cargos em mais detalhes no Capítulo 8).

Começamos reconhecendo explicitamente que as oportunidades podem ajudar ou impedir o esforço individual. A caixa do esforço individual, à esquerda, tem outra seta que remete a ela, que parte dos objetivos pessoais. De forma condizente com a teoria do estabelecimento de objetivos, esse fluxo das metas-esforço tem a finalidade de nos lembrar que os objetivos direcionam o comportamento.

A teoria da expectativa prevê que um empregado despenderá alto grau de esforço se perceber que existe uma forte relação entre esforço e desempenho, entre desempenho e recompensa, e entre recompensa e atingimento de objetivos pessoais. Por sua vez, cada uma dessas relações é influenciada por certos fatores. Para que o esforço resulte em bom desempenho, o indivíduo precisa ter a capacidade necessária e considerar o sistema de avaliação de desempenho justo e objetivo. A relação entre desempenho e recompensa será fortalecida se o empregado considerar que o desempenho é recompensado — e não tempo de casa, favoritismo ou outros critérios. Se a teoria da avaliação cognitiva fosse totalmente válida no ambiente real de trabalho, poderíamos prever que a recompensa com base no desempenho reduziria a motivação intrínseca do trabalhador. O último elo da teoria da expectativa é a relação entre recompensa e objetivos pessoais. A motivação será alta se as recompensas pelo bom desempenho satisfizerem as necessidades dominantes de forma consistente com os objetivos individuais.

Um exame mais detalhado da Figura 7.9 também mostra que o modelo inclui as necessidades de realização, o desenho de cargos, a teoria do reforço e a teoria da equidade/justiça organizacional. Os melhores realizadores, com alta necessidade

FIGURA 7.9 Integração das teorias contemporâneas de motivação.

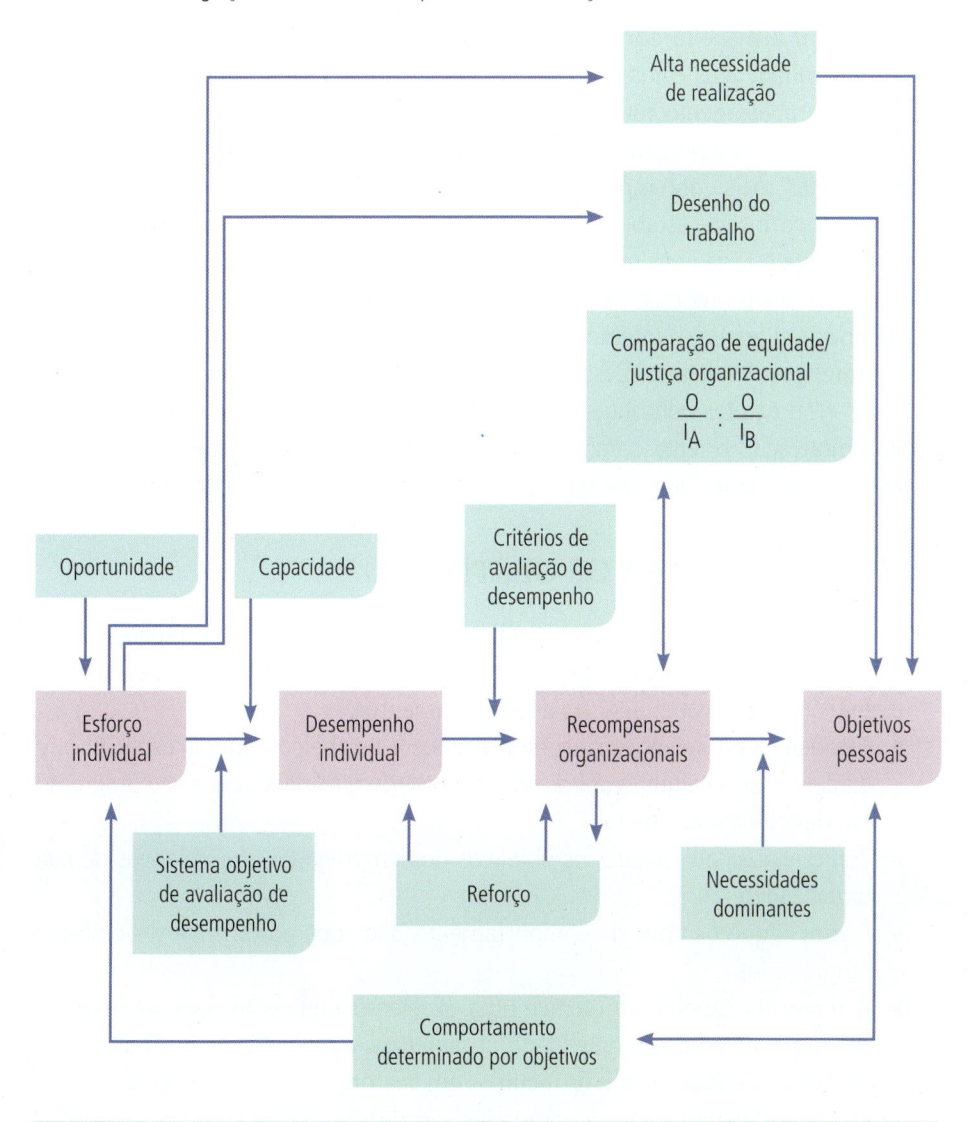

$$\frac{O}{I_A} : \frac{O}{I_B}$$

de realização, não são motivados pela avaliação de seu desempenho nem pelas recompensas organizacionais; portanto, eles pulam direto do esforço para os objetivos pessoais. Lembre-se de que essas pessoas são motivadas internamente, desde que o trabalho lhes proporcione responsabilidade pessoal, *feedback* e riscos moderados. Elas não estão interessadas nas relações entre esforço e desempenho; desempenho e recompensa; e recompensa e objetivos individuais.

A teoria do reforço aparece em nosso modelo por meio do reconhecimento de que as recompensas organizacionais reforçam o desempenho individual. Se a empresa tiver um sistema de recompensas pelas quais os empregados sentem que "vale a pena" apresentar um bom desempenho, isso irá reforçar e encorajar o bom desempenho. As recompensas têm um papel importantíssimo na teoria da equidade. As pessoas comparam não somente a relação entre os resultados (por exemplo, seu salário) e o que os outros recebem, mas também a forma como são tratadas: quando ficam decepcionadas com suas recompensas, tendem a ser sensíveis à percepção de justiça com relação aos procedimentos aplicados e ao grau de consideração que recebem dos supervisores.

RESUMO

A motivação descreve os processos (como intensidade, direção e persistência) que orientam a maneira como os empregados e outras pessoas no local de trabalho direcionam seus esforços a fim de atingir um objetivo. Embora não contem com muito embasamento, muitas teorias iniciais de motivação concentraram-se nas necessidades dos empregados e nas consequências da satisfação dessas necessidades. Teorias mais contemporâneas concentram-se em tópicos como motivação intrínseca e extrínseca; estabelecimento de objetivos nas organizações; autoeficácia; reforço; e expectativas em relação ao esforço, desempenho, recompensas e resultados. Além dessas teorias, várias formas de justiça organizacional (como justiça distributiva, processual e interacional), todas derivadas da teoria da equidade, são importantes para motivar as pessoas. A motivação é importantíssima para entender como os empregados contribuem para o trabalho, incluindo seu engajamento. Em geral, a motivação orienta como e por que os empregados se empenham para se engajar nas atividades do trabalho e atingir objetivos pessoais ou organizacionais.

IMPLICAÇÕES PARA OS GESTORES

- Certifique-se de que as recompensas extrínsecas para os empregados não sejam vistas como coercitivas, mas sim como uma forma de fornecer informações sobre competências e relacionamentos.
- Estabeleça ou incentive seus empregados a estabelecer metas específicas e difíceis e forneça um *feedback* construtivo e de qualidade sobre seu progresso em direção a essas metas.
- Tente alinhar ou vincular os objetivos dos empregados aos objetivos de sua organização.
- Exemplifique os tipos de comportamento que você gostaria de ver em seus empregados.
- A teoria da expectativa oferece uma excelente explicação para variáveis de desempenho como produtividade, absenteísmo e rotatividade de empregados.
- Ao tomar decisões sobre os recursos em sua organização, não deixe de levar em consideração a forma como eles são distribuídos (e quem é afetado), a justiça da decisão e o quanto as suas ações demonstram que você respeita as pessoas envolvidas.

Ponto e contraponto

Os objetivos o levam até onde você quiser

PONTO

É claro que essa afirmação é verdadeira. A teoria do estabelecimento de objetivos é uma das teorias mais confirmadas pelas pesquisas sobre motivação. Incontáveis estudos demonstraram repetidamente os benefícios de estabelecer objetivos. Você quer tirar uma nota alta em uma prova, perder peso, arranjar um bom emprego ou melhorar seu

CONTRAPONTO

É bem verdade que muitas pesquisas demonstraram os benefícios do estabelecimento de objetivos. Esses estudos, no entanto, ignoram os danos potenciais dessa abordagem. Para começar, já aconteceu de você ter estabelecido uma meta difícil e acabar fracassando? As metas geram ansiedade, preocupação e, não raro, criam expectativas irrealistas.

desempenho no golfe? Para obter um alto desempenho, basta estabelecer um objetivo específico e difícil e o resto virá automaticamente. Você vai concentrar toda a sua atenção nesse objetivo e se motivará a se empenhar. Acontece muito de as pessoas nos aconselharem a simplesmente "fazer o melhor que pudermos". Mas nada é mais vago do que isso. O que significa exatamente "fazer o melhor que você puder"? Você pode achar que o seu "melhor" hoje é tirar uma nota 5 na prova enquanto amanhã o seu "melhor" será tirar um 8. Mas, se você estabelecesse um objetivo mais difícil — digamos, tirar 9,5 na prova — e se comprometesse com esse objetivo, acabaria tendo um desempenho melhor.

Edwin Locke e Gary Latham, os pesquisadores mais reconhecidos pela teoria do estabelecimento de objetivos, declararam: "Os efeitos do estabelecimento de objetivos são extremamente confiáveis". Em suma, a teoria do estabelecimento de objetivos é uma das teorias de motivação mais válidas e práticas da psicologia organizacional.

Imagine um empregado que tenha estabelecido a meta de ser promovido em um determinado período (um objetivo específico e difícil) e que acabou sendo demitido durante uma recessão. Ou uma pessoa que estabeleceu como objetivo se aposentar confortavelmente, mas foi forçada a trabalhar em um emprego de meio período ou adiar a aposentadoria para poder pagar as contas. Quando muitos fatores estão fora de nosso controle, nossos objetivos difíceis acabam se tornando impossíveis.

Outro fato que não pode ser negligenciado é que estabelecer objetivos pode levar a um comportamento antiético e a um desempenho pior. Você já deve ter ouvido falar de muitos casos de professores que forjaram as notas dos alunos para atingir os padrões do sistema educacional. Quando Ken O'Brian, um jogador do time de futebol americano profissional New York Jets, viu que todos os seus passes estavam sendo interceptados pelo adversário, ele atingiu sua meta de ter menos passes interceptados ao se recusar a passar a bola mesmo quando deveria fazê-lo.

Além disso, pesquisas associaram diretamente o estabelecimento de objetivos à trapaça. É melhor dar ouvidos à advertência do professor Maurice E. Schweitzer antes de aceitar de olhos fechados um objetivo específico e difícil: "Estabelecer objetivos é como um remédio potente que pode ter grandes efeitos colaterais".

Fontes: baseado em E. A. Locke e G. P. Latham, "Building a Practically Useful Theory of Goal Setting and Task Motivation", *American Psychologist* 57 (2002): 705–71; A. Tugend, "Expert's Advice to the Goal-Oriented: Don't Overdo It", *The New York Times*, 6 out. 2012, B5; e C. Richards, "Letting Go of Long-Term Goals", *The New York Times*, 4 ago. 2012, B4.

REVISÃO DO CAPÍTULO

QUESTÕES PARA REVISÃO

7.1 Quais são os três elementos-chave da motivação?

7.2 Quais são algumas das teorias pioneiras de motivação? Elas continuam aplicáveis hoje em dia?

7.3 Quais são as semelhanças e as diferenças entre a teoria da autodeterminação e a teoria do estabelecimento de objetivos?

7.4 Quais são os princípios mais importantes da teoria da autoeficácia, da teoria do reforço e da teoria da expectativa?

7.5 Quais são alguns dos diferentes tipos de justiça organizacional e quais são seus resultados?

7.6 Por que o engajamento dos empregados no trabalho é importante para os gestores?

7.7 Como as teorias contemporâneas de motivação se comparam umas com as outras?

APLICAÇÃO E EMPREGABILIDADE

A motivação é um aspecto importantíssimo do comportamento organizacional. No trabalho, a motivação leva o empregado a empenhar-se para realizar tarefas e atingir as metas. Ao entender as teorias clássicas e contemporâneas de motivação e como as decisões no trabalho podem afetá-la, você poderá desenvolver suas habilidades de gestão e aumentar seu valor no mercado de trabalho. Conhecer a teoria da equidade e a justiça organizacional pode ajudá-lo a entender até que ponto a justiça afeta o local de trabalho e a ponderar como os outros veem a justiça ao tomar decisões organizacionais. Neste capítulo, você desenvolveu suas habilidades de análise e aplicação de conhecimentos; aprofundou seu entendimento sobre as questões de responsabilidade social, entendendo como ajudar os outros pode beneficiar (e prejudicar) sua carreira, aprendendo a interagir com pessoas que hesitam em aceitar seus conselhos e ponderando sobre como o monitoramento eletrônico é usado no trabalho; você refletiu também sobre a eficácia do estabelecimento de objetivos. Na próxima seção, você continuará a desenvolver essas habilidades e seu pensamento crítico, refletindo sobre situações injustas no trabalho e pensando em recomendações para lidar com a injustiça; aprendendo a reconhecer o "disparate de recompensar A para obter B"; discutindo como a remuneração do CEO pode parecer injusta e desmotivar os empregados; e refletindo sobre a preguiça no trabalho, especialmente como ela pode se agravar e contagiar os outros.

EXERCÍCIO EXPERIENCIAL   Atividade de justiça organizacional

Divida a turma em grupos de três ou quatro alunos.

Questões

7.8 Cada aluno deve lembrar-se de um caso no qual: (a) recebeu um tratamento especialmente justo e (b) recebeu um tratamento especialmente injusto. Seria melhor usar exemplos relacionados ao trabalho, mas tudo bem usar outros exemplos. O que as histórias têm em comum?

7.9 Discutam se a circunstância do caso foi mais distributiva, processual, informacional ou interpessoal. Qual foi a fonte do tratamento justo/injusto? Como o aluno se sentiu e como reagiu?

7.10 Cada grupo deve elaborar recomendações para lidar com as situações injustas de maneira positiva e selecionar um líder que deverá resumir para a classe os casos injustos e as recomendações do grupo. A discussão deve refletir os quatro tipos de justiça discutidos neste capítulo (distributiva, processual, informacional e interpessoal).

Dilema ético

Os disparates da recompensa

Na maioria dos casos, nossas intenções são boas quando tentamos recompensar as pessoas. Podemos dar um bônus a um empregado que teve um desempenho espetacular no ano passado. Ou então nosso sistema de recompensas pode ser um pouco mais institucionalizado. Por exemplo, um supermercado pode recompensar um empregado por convencer os clientes a fazer doações a uma instituição de caridade ou um corretor de imóveis pode ganhar uma comissão por imóvel vendido.

Só que, mesmo com as melhores intenções, podemos estar recompensando a coisa errada. Em um artigo clássico, Steven Kerr descreve o "disparate de recompensar A para obter B". Por exemplo, um médico pode cometer dois tipos de erros: (1) dizer que você está bem quando, na verdade, está muito doente e (2) dizer que você está doente quando, na verdade, está bem. Se o médico cometer o primeiro erro, as consequências podem ser graves para ele — ele pode ser processado judicialmente por erro médico ou negligência. Se o médico cometer o segundo erro, as consequências para ele serão menos graves — ele gera mais renda, cria uma base de clientes mais fiel e é recompensado pela sociedade por adotar uma abordagem "conservadora" ao diagnóstico. Essas diferenças entre recompensa e punição se mantêm mesmo que um tratamento sem a devida causa possa gerar mais mal do que bem. Mas a sociedade não deveria procurar minimizar nenhum dos dois tipos de erro e estabelecer o objetivo de obter apenas diagnósticos médicos precisos?

Em um exemplo mais recente, um estudo descobriu que um programa de recompensas para empregados que não se atrasaram nem um dia durante o mês em cinco lavanderias industriais não conseguiu obter os resultados pretendidos: quando os participantes viam que não conseguiriam ganhar a recompensa, eles começavam a se atrasar ou a faltar no trabalho. Os empregados ficaram tão focados no atraso e nas faltas que a eficiência caiu 8% simplesmente porque muitos se tornariam inelegíveis para a recompensa depois de chegar atrasados ou faltar ao trabalho durante o mês. O problema é que a lavanderia estava recompensando a pontualidade na esperança de obter um bom desempenho.

Questões

7.11 O que podemos fazer para saber que estamos recompensando a coisa errada? Quais medidas as organizações podem tomar para identificar casos como esses?

7.12 É sempre antiético recompensar um comportamento ou resultado não intencionais? Por quê?

7.13 Você acha que é possível um programa de recompensas começar gratificando o comportamento apropriado e, com o tempo, passar a recompensar a coisa errada? Por quê?

7.14 Releia a sessão "Dilema ético" deste capítulo. Você consegue pensar em uma situação na qual os alunos foram recompensados por algo quando a intenção era recompensar outra coisa? O que pode ser feito para mudar ou impedir essa situação? Você acha que a situação teria sido melhor ou pior se as recompensas não existissem? Por quê?

Fontes: baseado em T. Gubler, I. Larkin e L. Pierce, "Motivational Spillovers from Awards: Crowding Out in a Multitasking Environment", *Organization Science* 27, no. 2 (2016): 286–303; e S. Kerr, "On the Folly of Rewarding A, While Hoping for B", *Academy of Management Journal* 18, no. 4 (1975):769–83.

Estudo de caso 1

Empregados desmotivados com a remuneração do CEO

Quanto você acha que seu CEO ganhou este ano? Quanto você acha que qualquer CEO ganhou? Você pode desconhecer os valores exatos, mas provavelmente acha que a resposta é "demais". De acordo com pesquisas conduzidas em 40 países para investigar o que CEOs, ministros do governo e empregados pouco qualificados pensam, todos nós achamos que os líderes deveriam ganhar menos, apesar de desconhecermos os valores específicos.

Nosso erro pode ser calculado em termos da "proporção salarial", ou a proporção entre a remuneração do CEO e o salário médio dos empregados. Nos Estados Unidos, por exemplo, o CEO de uma empresa da S&P 500 ganha, em média, 354 vezes o salário do empregado de mais baixo escalão, representando uma proporção de 354:1 (oito vezes mais alto que na década de 1950). No entanto, os participantes norte-americanos do estudo estimaram que a proporção entre a remuneração dos CEOs e dos trabalhadores não qualificados era de apenas 30:1! Os norte-americanos não são os únicos a subestimar essa diferença: participantes alemães, por exemplo, estimaram uma proporção de cerca de 18:1 quando, na verdade, a proporção se aproximava dos 151:1.

Em geral, pessoas do mundo todo estão descontentes — e desmotivadas — com o que consideram uma grande desigualdade, mesmo subestimando enormemente as diferenças de remuneração. Os alemães que participaram do estudo disseram que a proporção ideal entre a remuneração do CEO e de trabalhadores não qualificados era de cerca de 7:1. Em resumo, as pessoas acham que a proporção deveria ser de 7:1, acreditam que a proporção é de 18:1 e não se dão conta de que, na verdade, a proporção é de 151:1. Em todos os países participantes do estudo, as razões estimadas ficaram acima das proporções consideradas ideais ou, em outras palavras, os participantes achavam que os CEOs ganhavam demais.

Como isso afeta a motivação dos empregados? Parece que quanto menos a pessoa ganha, menos satisfeita ela fica com a diferença salarial. Praticamente todos os participantes do estudo afirmaram querer mais igualdade. Segundo eles, a proporção ideal deveria ficar entre 5:1 e 4:1 e eles acreditavam que a proporção real estava entre 10:1 e 8:1. Eles acreditavam que os empregados qualificados deveriam ganhar mais do que os não qualificados, mas que a diferença deveria ser menor.

Nenhum participante norte-americano disse acreditar que a proporção de 354:1 poderia cair para a proporção ideal de 7:1 em breve, apesar de algumas mudanças terem sido realizadas nessa direção. Outros países tentaram ser mais progressistas. O Partido Social Democrata da Suíça propôs um teto de 12:1 para a proporção, mas os eleitores consideraram a ideia de incluir esse limite na legislação radical demais. Nenhum país conseguiu impor um limite para essa diferença.

Portanto, cabe aos próprios CEOs recuperarem a percepção de justiça por parte dos empregados. Muitos deles, como Mark Zuckerberg, do Facebook, e Larry Page, do Google, aceitaram receber um salário anual de apenas US$ 1, embora continuem ganhando uma considerável remuneração resultante de sua participação acionária na empresa. Em um exemplo recente, Dan Price, o CEO da Gravity, uma empresa de processamento de pagamentos, reduziu o próprio salário de US$ 1 milhão para US$ 70.000 e usou o dinheiro para dar grandes aumentos aos empregados da empresa. Price disse que espera "ver outros exemplos no mundo corporativo". Além disso, os acionistas de algumas empresas, como a Verizon, estão restringindo ativamente a remuneração dos CEOs e reduzindo os bônus quando a empresa apresenta um baixo desempenho.

Questões

7.15 Qual você acha que é a proporção ideal entre a remuneração dos CEO e dos empregados? Por que a proporção ideal pode variar de um país a outro?

7.16 Como a questão da remuneração dos executivos se relaciona com a teoria da equidade? Como poderíamos determinar um nível "justo" de remuneração para os altos executivos?

7.17 O estudo constatou que os participantes achavam que o desempenho deveria ser fundamental ou muito importante para decidir a remuneração. Quais poderiam ser as consequências motivacionais positivas para os empregados se a remuneração do CEO for vinculada ao desempenho?

7.18 Releia o Estudo de caso 1. Você acha que o governo tem o direito de impor restrições à remuneração dos executivos? Como os aspectos da justiça (distributiva, processual e interacional) poderiam orientar essa discussão?

Fontes: baseado em J. Ewing, "Swiss Voters Decisively Reject a Measure to Put Limits on Executive Pay", *The New York Times,* 24 nov. 2013, http://www.nytimes.com/2013/11/25/business/swiss-reject-measure-to-curb-executive-pay.html; C. Isidore, "Gravity Payments CEO Takes 90% Pay Cut to Give Workers Huge Raise", *CNN Money,* 15 abr. 2015, http://money.cnn.com/2015/04/14/news/companies/ceo-pay-cuts-pay-increases/; S. Kiatpongsan e M. I. Norton, "How Much (More) Should CEOs Make? A Universal Desire for More Equal Pay", *Perspectives on Psychological Science* 9, no. 6 (2014): 587–93; A. Kleinman, "Mark Zuckerberg $1 Salary Puts Him in Elite Group of $1 CEOs", *The Huffington Post,* 29 abr. 2013, www.huffingtonpost.com; e G. Morgenson, "If Shareholders Say 'Enough Already,' the Board May Listen", *The New York Times,* 6 abr. 2013, www.newyorktimes.com.

Estudo de caso 2

A preguiça é contagiosa

A preguiça costuma ser uma qualidade evitada ou menosprezada no local de trabalho. Quando uma pessoa parece não estar disposta a se empenhar, ela basicamente não está engajada no trabalho. Ainda não se sabe ao certo se uma pessoa pode ter uma "personalidade preguiçosa". No entanto, todos nós já passamos por situações em que não queríamos investir a energia necessária para realizar o trabalho (ou pelo menos não estávamos comprometidos com isso). Em muitos casos, essa atitude leva à procrastinação ou delegação excessiva, impossibilitando cumprir prazos apertados. Um comportamento preguiçoso inclui "sair pela tangente" quando a pessoa quer evitar o trabalho; outro comportamento preguiçoso envolve se fazer de vítima e inventar desculpas para explicar a falta de comprometimento.

Poucas pesquisas foram conduzidas para investigar a preguiça (talvez os pesquisadores tenham ficado com preguiça!), mas os estudos sugerem que atribuições de traços de personalidade relativas à preguiça são complexas. Por exemplo, as pessoas tendem a acreditar que possuem mais alguns traços de personalidade do que os outros (por exemplo, "Sou uma pessoa multifacetada, extremamente complexa"). As pessoas não hesitariam em dizer que são "muito enérgicas", mas tendem a qualificar a preguiça com "diminutivos" (por exemplo, "Sou um pouco preguiçoso"). Efeitos semelhantes também podem surgir ao analisar as atribuições alheias. Apesar de o viés do efeito halo (veja o Capítulo 6) poder surgir em atribuições positivas quanto a outras pessoas (por exemplo, "Ela poderia muito bem ter mentido para mim sobre ter dado vinte reais a mais de troco para o cliente quando começou a trabalhar aqui. Ela é uma pessoa fantástica, trabalhadora e honesta!"), o viés do efeito *horn* não ocorre com tanta frequência quanto esses traços positivos ao considerar a preguiça (por exemplo, um supervisor que vê uma nova funcionária mentindo pode achar que ela vai mentir em outras circunstâncias, mas não irá taxá-la de preguiçosa).

Ainda mais preocupante, a preguiça pode se agravar aos poucos ou contagiar os outros. Por exemplo, um comportamento preguiçoso pode levar a outro e os efeitos podem se acumular até o ponto em que você decide simplesmente deixar para começar amanhã. Pesquisas recentes sugerem que a preguiça pode ser contagiante — participantes de pesquisas, sem perceber que estão tendendo à preguiça, passam a endossar os mesmos comportamentos preguiçosos e as mesmas decisões geradas por um computador e apresentadas na forma de participantes fictícios. As implicações são no mínimo intrigantes: "Por exemplo, se seu chefe preguiçoso te der uma recompensa por ter se empenhado mais no trabalho, você acha que ficará mais ou menos preguiçoso?"

Apesar da má reputação da preguiça, alguns estudiosos acreditam que a prática pode ter seus méritos. Por exemplo, Michael Lewis, autor de *Moneyball: o homem que mudou o jogo,* afirma que a preguiça não é necessariamente ruim e até o ajudou a ter sucesso: "Minha preguiça serve como um filtro... A tarefa precisa ser muito boa para eu decidir me empenhar nela".

Questões

7.19 Você acha que a preguiça é um traço de personalidade ou um estado de motivação no qual caímos de tempos em tempos? Por quê? Ela tem potencial para ser um pouco de cada?

7.20 Você concorda ou discorda de Michael Lewis quando ele argumenta que a preguiça tem seu lado positivo? Por quê?

7.21 Como você acha que gestores e organizações podem "administrar a preguiça" para minimizar seus efeitos negativos e maximizar os efeitos positivos? Que tipos de programas e iniciativas uma organização poderia implementar para atingir esses objetivos?

Fontes: baseado em J. Boitnott, "5 Kinds of Lazy Employees and How to Handle Them", *Entrepreneur,* 17 maio 2016, https://www.entrepreneur.com/article/275845; W.Y. Cheung, T. Wildschut, C. Sedikides e B. Pinter, "Uncovering the Multifaceted Self in the Domain of Negative Traits: On the Muted Expression of Negative Self-Knowledge", *Personality and Social Psychology Bulletin* 40, no. 4 (2014), 513-25; M. Gräf e C. Unkelbach, "Halo Effects in Trait Assessment Depend on Information Valence: Why Being Honest Makes You Industrious, but Lying Does Not Make You Lazy", *Personality and Social Psychology Bulletin* 42, no. 3 (2016): 290–310; A. MacMillan, "Why Laziness May Be Contagious", *Time,* 30 mar. 2017, http://time.com/4718737/laziness-impatiencecontagious-personality/; J. Selk, "Laziness Isn't a Personality Flaw—It's Just a Habit", *Forbes,* 10 jul. 2014, http://www.forbes.com/sites/jasonselk/2014/07/10/laziness-isnt-a-personality-flaw-its-just-a-habit/#7c4ade33016; e M. Zetlin, "Being Lazy Is the key to Success, According to the Best-Selling Author of 'Moneyball'", *Inc.*, 20 mar. 2017, http://www.inc.com/minda-zetlin/why-being-lazy-makes-you-successful-according-to-the-bestselling-author-of-money.html.

NOTAS

1. Veja, por exemplo, W. F. Cascio e H. Aguinis, "Research in Industrial and Organizational Psychology from 1963 to 2007: Changes, Choices, and Trends", *Journal of Applied Psychology* 93, no. 5 (2008): 1062–81; e C. C. Pinder, *Work Motivation in Organizational Behavior*, 2. ed. (Londres: Psychology Press, 2008).

2. A. Gouveia, "The 2013 Wasting Time at Work Survey: Everything You've Always Wanted to Know about Wasting Time in the Office", Salary.com, 2013, http://www.salary.com/2013-wasting-time-at-work-survey/.

3. Veja, por exemplo, Pinder, *Work Motivation in Organizational Behavior*.

4. A. H. Maslow, "A Theory of Human Motivation", *Psychological Review* 50 (1943), 370–96; e R. J. Taormina e J. H. Gao, "Maslow and the Motivation Hierarchy: Measuring Satisfaction of the Needs", *American Journal of Psychology* 126, no. 2 (2013): 155–57.

5. H. S. Guest, "Maslow's Hierarchy of Needs—The Sixth Level", *The Psychologist* 27, no. 12 (2014): 982–83.

6. Ibid.

7. T. R. Mitchell e D. Daniels, "Motivation", in W. Borman, D. Ilgen e R. Klimoski (eds.), *Handbook of Psychology: Industrial/ Organizational Psychology*, Vol. 12 (Nova York: Wiley, 2002): 225–54.

8. V. M. Bockman, "The Herzberg Controversy", *Personnel Psychology* 24, no. 2 (1971): 155–89; e F. Herzberg, "The Motivation-Hygiene Concept and Problems of Manpower", *Personnel Administrator* 27 (1964): 3–7.

9. N. Bassett-Jones e G. C. Lloyd, "Does Herzberg's Motivation Theory Have Staying Power?", *Journal of Management Development* 24, no. 10 (2005): 929–43.

10. Veja, por exemplo, V. S. R. Vijayakumar e U. Saxena, "Herzberg Revisited: Dimensionality and Structural Invariance of Herzberg's Two Factor Model", *Journal of the Indian Academy of Applied Psychology* 41, no. 2 (2015): 291–8; e R. Worthley, B. MacNab, R. Brislin, K. Ito e E. L. Rose, "Workforce Motivation in Japan: An Examination of Gender Differences and Management Perceptions", *The International Journal of Human Resource Management* 20, no. 7 (2009): 1503–20.

11. D. C. McClelland, *Human Motivation* (Cambridge, Reino Unido: Cambridge University Press, 1987); e D. C. McClelland, J. W. Atkinson, R. A. Clark e E. L. Lowell, *The Achievement Motive* (Nova York: Appleton-Century-Crofts, 1953).

12. H. van Emmerick, W. L. Gardner, H. Wendt, et al., "Associations of Culture and Personality with McClelland's Motives: A Cross-Cultural Study of Managers in 24 Countries", *Group and Organization Management* 35, no. 3 (2010): 329–67.

13. R. Eisenberger, J. R. Jones, F. Stinglhamber, L. Shanock e A. T. Randall, "Flow Experiences at Work: For High Need Achievers Alone?", *Journal of Organizational Behavior* 26, no. 7 (2005): 755–75.

14. A. K. Kirk e D. F. Brown, "Latent Constructs of Proximal and Distal Motivation Predicting Performance under Maximum Test Conditions", *Journal of Applied Psychology* 88, no. 1 (2003): 40–9; e R. B. Soyer, J. L. Rovenpor e R. E. Kopelman, "Narcissism and Achievement Motivation As Related to Three Facets of the Sales Role: Attraction, Satisfaction, and Performance", *Journal of Business and Psychology* 14, no. 2 (1999): 285–304.

15. Veja, por exemplo, F. Yang, J. E. Ramsay, O. C. Schultheiss e J. S. Pang, "Need for Achievement Moderates the Effect of Motive-Relevant Challenge on Salivary Cortisol Changes", *Motivation and Emotion* (2015): 321–34; M. S. Khan, R. J. Breitnecker e E. J. Schwarz, "Adding Fuel to the Fire: Need for Achievement Diversity and Relationship Conflict in Entrepreneurial Teams", *Management Decision* 53, no. 1 (2015): 75–79; M. G. Koellner e O. C. Schultheiss, "Meta-Analytic Evidence of Low Convergence between Implicit and Explicit Measures of the Needs for Achievement, Affiliation, and Power", *Frontiers in Psychology* 5, no. 826 (2014): 1-20; e T. Bipp e K. van Dam, "Extending Hierarchical Achievement Motivation Models: The Role of Motivational Needs for Achievement Goals and Academic Performance", *Personality and Individual Differences* 64 (2014): 157–62.

16. Koellner e Schultheiss, "Meta-Analytic Evidence of Low Convergence between Implicit and Explicit Measures of the Needs for Achievement, Affiliation, and Power."

17. J. S. Chun e J. N. Choi, "Members' Needs, Intragroup Conflict, and Group Performance", *Journal of Applied Psychology* 99, no. 3 (2014): 437–50.

18. D. G. Winter, "The Motivational Dimensions of Leadership: Power, Achievement, and Affiliation", in R. E. Riggio, S. E. Murphy e F. J. Pirozzolo (eds.), *Multiple Intelligences and Leadership* (Mahwah, NJ: Lawrence Erlbaum, 2002): 119–38.

19. J. Hofer, H. Busch e C. Schneider, "The Effect of Motive-Trait Interaction on Satisfaction of the Implicit Need for Affiliation among German and Cameroonian Adults", *Journal of Personality* 83, no. 2 (2015): 167–78.

20. J. T. Austin e J. B. Vancouver, "Goal Constructs in Psychology: Structure, Process, and Content", *Psychological Bulletin* 120 (1996): 338–75.

21. E. Deci e R. Ryan (eds.), *Handbook of Self-Determination Research* (Rochester, NY: University of Rochester Press, 2002); R. Ryan e E. Deci, "Self-Determination Theory and the Facilitation of Intrinsic Motivation, Social Development, and Well-Being", *American Psychologist* 55, no. 1 (2000): 68–78; e M. Gagné e E. L. Deci, "Self-Determination Theory and Work Motivation", *Journal of Organizational Behavior* 26, no. 4 (2005): 331–62.

22. A. Van den Broeck, D. L. Ferris, C.-H. Chang e C. C. Rosen, "A Review of Self-Determination Theory's Basic Psychological Needs at Work", *Journal of Management* 42, no. 5 (2016): 1195–229.

23. C. P. Cerasoli, J. M. Nicklin e M. T. Ford, "Intrinsic Motivation and Extrinsic Incentives Jointly Predict Performance: A 40-Year Meta-Analysis", *Psychological Bulletin* 140, no. 4 (2014): 980–1008.

24. J. E. Bono e T. A. Judge, "Self-Concordance at Work: Toward Understanding the Motivational Effects of Transformational Leaders", *Academy of Management Journal* 46, no. 5 (2003): 554–71.

25. K. M. Sheldon, A. J. Elliot e R. M. Ryan, "Self-Concordance and Subjective Well-being in Four Cultures", *Journal of Cross-Cultural Psychology* 35, no. 2 (2004): 209–23.

26. L. M. Graves, M. N. Ruderman, P. J. Ohlott e Todd J. Webber, "Driven to Work and Enjoyment of Work: Effects on Managers' Outcomes", *Journal of Management* 38, no. 5 (2012): 1655–80.

27. K. L. Unsworth e I. M. McNeill, "Increasing Pro-Environmental Behaviors by Increasing Self-Concordance: Testing an Intervention", *Journal of Applied Psychology* 102, no. 1 (2017): 88–103.

28. Van den Broeck, Ferris, Chang e Rosen, "A Review of Self-Determination Theory's Basic Psychological Needs at Work."

29. E. A. Locke e G. P. Latham, "Building a Practically Useful Theory of Goal Setting and Task Motivation", *American Psychologist* 57, no.

9 (2002): 705–17; e E. A. Locke e G. P. Latham, "New Directions in Goal-Setting Theory", *Current Directions in Psychological Science* 15, no. 5 (2006): 265–68.

30. Ibid.

31. J. J. Dahling, S. R. Taylor, S. L. Chau e S. A. Dwight, "Does Coaching Matter? A Multilevel Model Linking Managerial Coaching Skill and Frequency to Sales Goal Attainment", *Personnel Psychology* 69, no. 4 (2016): 863–94.

32. C. Gabelica, P. Van den Bossche, M. Segers e W. Gijselaersa, "Feedback, a Powerful Lever in Teams: A Review", *Educational Research Review* 7, no. 2 (2012): 123–44.

33. A. Kleingeld, H. van Mierlo e L. Arends, "The Effect of Goal Setting on Group Performance: A Meta-Analysis", *Journal of Applied Psychology* 96, no. 6 (2011): 1289–304.

34. J. Lee e F. Wei, "The Mediating Effect of Psychological Empowerment on the Relationship between Participative Goal Setting and Team Outcomes—A Study in China", *International Journal of Human Resource Management* 22, no. 2 (2011): 279–95.

35. S. W. Anderson, H. C. Dekker e K. L. Sedatole, "An Empirical Examination of Goals and Performance-to-Goal Following the Introduction of an Incentive Bonus Plan with Participative Goal Setting", *Management Science* 56, no. 1 (2010): 90–109.

36. T. S. Bateman e B. Bruce, "Masters of the Long Haul: Pursuing Long-Term Work Goals", *Journal of Organizational Behavior* 33, no. 7 (2012): 984–1006.

37. Ibid.

38. H. J. Klein, M. J. Wesson, J. R. Hollenbeck e B. J. Alge, "Goal Commitment and the Goal-Setting Process: Conceptual Clarification and Empirical Synthesis", *Journal of Applied Psychology* 84, no. 6 (1999): 885–96.

39. Kleingeld, van Mierlo e Arends, "The Effect of Goal Setting on Group Performance"; e Locke e Latham, "Building a Practically Useful Theory of Goal Setting and Task Motivation."

40. K. D. Vohs, J. K. Park e B. J. Schmeichel, "Self-Affirmation Can Enable Goal Disengagement", *Journal of Personality and Social Psychology* 104, no. 1 (2013): 14–27.

41. D. F. Crown, "The Use of Group and Group-centric Individual Goals for Culturally Heterogeneous and Homogeneous Task Groups: An Assessment of European Work Teams", *Small Group Research* 38, no. 4 (2007): 489–508; e J. Kurman, "Self-Regulation Strategies in Achievement Settings: Culture and Gender Differences", *Journal of Cross-Cultural Psychology* 32, no. 4 (2001): 491–503.

42. C. Sue-Chan e M. Ong, "Goal Assignment and Performance: Assessing the Mediating Roles of Goal Commitment and Self-Efficacy and the Moderating Role of Power Distance", *Organizational Behavior and Human Decision Processes* 89, no. 2 (2002): 1140–61.

43. L. D. Ordóñez, M. E. Schweitzer, A. D. Galinsky e M. H. Bazerman, "Goals Gone Wild: The Systematic Side Effects of Overprescribing Goal Setting", *Academy of Management Perspectives* 23, no. 1 (2009): 6–16; e E. A. Locke e G. P. Latham, "Has Goal Setting Gone Wild, or Have Its Attackers Abandoned Good Scholarship?", *Academy of Management Perspectives* 23, no. 1 (2009): 17–23.

44. Cerasoli, Nicklin e Ford, "Intrinsic Motivation and Extrinsic Incentives Jointly Predict Performance."

45. E. T. Higgins, "Promotion and Prevention: Regulatory Focus as a Motivational Principle", *Advances in Experimental Social Psychology* 30 (1998): 1–46; e E. T. Higgins e J. F. M. Cornwell, "Securing Foundations and Advancing Frontiers: Prevention and Promotion Effects on Judgment & Decision Making", *Organizational Behavior and Human Decision Processes* 136 (2016): 56–67.

46. K. Lanaj, C. D. Chang e R. E. Johnson, "Regulatory Focus and Work-Related Outcomes: A Review and Meta-Analysis", *Psychological Bulletin* 138, no. 5 (2012): 998–1034.

47. D. L. Ferris, R. E. Johnson, C. C. Rosen, E. Djurdjevic, C.-H. Chang e J. A. Tan, "When Is Success Not Satisfying? Integrating Regulatory Focus and Approach/Avoidance Motivation Theories to Explain the Relation between Core Self-Evaluation and Job Satisfaction", *Journal of Applied Psychology* 98, no. 2 (2013): 342–53.

48. M. Roskes, A. J. Elliot e C. K. W. De Dreu, "Why Is Avoidance Motivation Problematic, and What Can Be Done about It?", *Current Directions in Psychological Science* 23, no. 2 (2014): 133–38.

49. "KEYGroup Survey Finds Nearly Half of All Employees Have No Set Performance Goals", *IPMA-HR Bulletin* (10 mar. 2006): 1; S. Hamm, "SAP Dangles a Big, Fat Carrot", *BusinessWeek* (May 22, 2006): 67–68; e "P&G CEO Wields High Expectations but No Whip", *USA Today*, 19 fev. 2007, 3B.

50. P. Drucker, *The Practice of Management* (Nova York: Harper, 1954).

51. Veja, por exemplo, H. Levinson, "Management by Whose Objectives?", *Harvard Business Review* 81, no. 1 (2003): 107–16.

52. Veja, por exemplo, E. Lindberg e T. L. Wilson, "Management by Objectives: The Swedish Experience in Upper Secondary Schools", *Journal of Educational Administration* 49, no. 1 (2011): 62–75; R. Rodgers e J. E. Hunter, "Impact of Management by Objectives on Organizational Productivity", *Journal of Applied Psychology* 76, no. 2 (1991): 322–36; e A. C. Spaulding, L. D. Gamm e J. M. Griffith, "Studer Unplugged: Identifying Underlying Managerial Concepts", *Hospital Topics* 88, no. 1 (2010): 1–9.

53. M. B. Kristiansen, "Management by Objectives and Results in the Nordic Countries: Continuity and Change, Differences and Similarities", *Public Performance and Management Review* 38, no. 3 (2015): 542–69.

54. Veja, por exemplo, M. Tanikawa, "Fujitsu Decides to Backtrack on Performance-Based Pay", *New York Times,* 22 mar. 2001, W1; e W. F. Roth, "Is Management by Objectives Obsolete?", *Global Business and Organizational Excellence* 28 (maio-jun. 2009): 36–43.

55. F. Gino e C. Mogilner, "Time, Money, and Morality", *Psychological Science* 25, no. 2 (2014): 414–21.

56. V. Lopez-Kidwell, T. J. Grosser, B. R. Dineen e S. P. Borgatti, "What Matters When: A Multistage Model and Empirical Examination of Job Search Effort", *Academy of Management Journal* 56, no. 6 (2012): 1655–78.

57. J. W. Beck e A. M. Schmidt, "State-Level Goal Orientations as Mediators of the Relationship between Time Pressure and Performance: A Longitudinal Study", *Journal of Applied Psychology* 98, no. 2 (2013): 354–63.

58. A. Bandura, *Social Foundations of Thought and Action: A Social Cognitive Theory* (Englewood Cliffs, NJ: Prentice Hall, 1986); A. Bandura, *Self-Efficacy: The Exercise of Control* (Nova York: W. H. Freeman, 1997); e A. Bandura, "Social Cognitive Theory: An Agentic Perspective", *Annual Review of Psychology* 52 (2001): 1–26.

59. A. Bandura, "Cultivate Self-Efficacy for Personal and Organizational Effectiveness", in E. Locke (ed.), *Handbook of Principles of Organizational Behavior* (Malden, MA: Blackwell, 2004): 120–36; S. D. Brown, R. W. Lent, K. Telander e S. Tramayne, "Social Cognitive Career Theory, Conscientiousness, and Work Performance: A Meta-Analytic Path Analysis", *Journal of Vocational Behavior* 79, no. 1 (2011): 81–90.

60. M. Salanova, S. Llorens e W. B. Schaufeli, "Yes I Can, I Feel Good, and I Just Do It! On Gain Cycles and Spirals of Efficacy Beliefs, Affect, and Engagement", *Applied Psychology* 60, no. 2 (2011): 255–85. Compare com J. B. Vancouver, C. M. Thompson e A. A. Williams, "The Changing Signs in the Relationships Among Self-Efficacy, Personal Goals, and Performance", *Journal of Applied Psychology* 86, no. 4 (2001): 605–20; e J. B. Vancouver e J. D. Purl, "A Computational Model of Self-Efficacy's Various Effects on Performance: Moving the Debate Forward", *Journal of Applied Psychology* 102, no. 4 (2017): 599–616.

61. J. R. Themanson e P. J. Rosen, "Examining the Relationships between Self-Efficacy, Task-Relevant Attentional Control, and Task Performance: Evidence from Event-Related Brain Potentials", *British Journal of Psychology* 106, no. 2 (2015): 253–71.

62. A. P. Tolli e A. M. Schmidt, "The Role of Feedback, Causal Attributions, and Self-Efficacy in Goal Revision", *Journal of Applied Psychology* 93, no. 3 (2008): 692–701.

63. P. Tierney e S. M. Farmer, "Creative Self-Efficacy Development and Creative Performance over Time", *Journal of Applied Psychology* 96, no. 2 (2011): 277–93.

64. S. L. Anderson e N. E. Betz, "Sources of Social Self-Efficacy Expectations: Their Measurement and Relation to Career Development", *Journal of Vocational Behavior* 58, no. 1 (2001): 98–117; M. Ben-Ami, J. Hornik, D. Eden, et al., "Boosting Consumers' Self-Efficacy by Repositioning the Self", *European Journal of Marketing* 48 (2014): 1914–38; L. De Grez e D. Van Lindt, "Students' Gains in Entrepreneurial Self-Efficacy: A Comparison of 'Learning-by-Doing' versus Lecture-Based Courses", *Proceedings of the 8th European Conference on Innovation and Entrepreneurship* (2013): 198–203; e K. S. Hendricks, "Changes in Self-Efficacy Beliefs over Time: Contextual Influences of Gender, Rank-Based Placement, and Social Support in a Competitive Orchestra Environment", *Psychology of Music* 42, no. 3 (2014): 347–65.

65. T. A. Judge, C. L. Jackson, J. C. Shaw, B. Scott e B. L. Rich, "Self-Efficacy and Work-Related Performance: The Integral Role of Individual Differences", *Journal of Applied Psychology* 92, no. 1 (2007): 107–27.

66. Ibid.

67. A. M. Paul, "How to Use the 'Pygmalion' Effect", *Time*, 1 abr. 2013, http://ideas.time.com/2013/04/01/how-to-use-the-pygmalioneffect/.

68. A. Friedrich, B. Flunger, B. Nagengast, K. Jonkmann e U. Trautwein, "Pygmalion Effects in the Classroom: Teacher Expectancy Effects on Students' Math Achievement", *Contemporary Educational Psychology* 41 (2015): 1–12.

69. L. Karakowsky, N. DeGama e K. McBey, "Facilitating the Pygmalion Effect: The Overlooked Role of Subordinate Perceptions of the Leader", *Journal of Occupational and Organizational Psychology* 85, no. 4 (2012): 579–99; e P. Whiteley, T. Sy e S. K. Johnson, "Leaders' Conceptions of Followers: Implications for Naturally Occurring Pygmalion Effects", *Leadership Quarterly* 23, no. 5 (2012): 822–34.

70. G. Chen, B. Thomas e J. C. Wallace, "A Multilevel Examination of the Relationships among Training Outcomes, Mediating Regulatory Processes, and Adaptive Performance", *Journal of Applied Psychology* 90, no. 5 (2005): 827–41; A. Gegenfurtner, C. Quesada-Pallares e M. Knogler, "Digital Simulation-Based Training: A Meta-Analysis", *British Journal of Educational Technology* 45, no. 6 (2014): 1097–114; e C. L. Holladay e M. A. Quiñones, "Practice Variability and Transfer of Training: The Role of Self-Efficacy Generality", *Journal of Applied Psychology* 88, no. 6 (2003): 1094–103.

71. E. C. Dierdorff, E. A. Surface e K. G. Brown, "Frame-of-Reference Training Effectiveness: Effects of Goal Orientation and Self-Efficacy on Affective, Cognitive, Skill-Based, and Transfer Outcomes", *Journal of Applied Psychology* 95, no. 6 (2010): 1181–91; R. Grossman e E. Salas, "The Transfer of Training: What Really Matters", *International Journal of Training and Development* 15, no. 2 (2011): 103–20; e D. S. Stanhope, S. B. Pond III e E. A. Surface, "Core Self-Evaluations and Training Effectiveness: Prediction through Motivational Intervening Mechanisms", *Journal of Applied Psychology* 98, no. 5 (2013): 820–31.

72. M. L. Ambrose e C. T. Kulik, "Old Friends, New Faces: Motivation Research in the 1990s", *Journal of Management* 25, no. 3 (1999): 231–92; e B. F. Skinner, *Contingencies of Reinforcement* (Nova York: Appleton-Century-Crofts, 1969).

73. M. J. Goddard, "Critical Psychiatry, Critical Psychology, and the Behaviorism of B. F. Skinner", *Review of General Psychology* 18, no. 3 (2014): 208–15.

74. A. Bandura, *Social Learning Theory* (Nova York: General Learning, 1971); e J. R. Brauer e C. R. Tittle, "Social Learning Theory and Human Reinforcement", *Sociological Spectrum* 32, no. 2 (2012): 157–77.

75. W. Van Eerde e H. Thierry, "Vroom's Expectancy Models and Work-Related Criteria", *Journal of Applied Psychology* 81, no. 5 (1996): 575–86; e V. H. Vroom, *Work and Motivation* (Nova York: Wiley, 1964).

76. R. Kanfer, M. Frese e R. E. Johnson, "Motivation Related to Work: A Century of Progress", *Journal of Applied Psychology* 102, no. 3 (2017): 338–55; J. C. Naylor, R. D. Pritchard e D. R. Ilgen, *A Theory of Behavior in Organizations* (Nova York: Academic, 1980); e Van Eerde e Thierry, "Vroom's Expectancy Models and Work-Related Criteria."

77. J. Nocera, "The Anguish of Being an Analyst", *The New York Times*, 4 mar. 2006, B1, B12.

78. J. S. Adams, "Inequity in Social Exchange", in L. Berkowitz (ed.), *Advances in Experimental Social Psychology*, Vol. 2 (Nova York: Academic, 1965), 267–99.

79. Ibid.

80. M. C. Bolino e W. H. Turnley, "Old Faces, New Places: Equity Theory in Cross-Cultural Contexts", *Journal of Organizational Behavior* 29, no. 1 (2008): 29–50; e R. T. Mowday e K. A. Colwell, "Employee Reactions to Unfair Outcomes in the Workplace: The Contributions of Equity Theory to Understanding Work Motivation", in L. W. Porter, G. A. Bigley e R. M. Steers (eds.), *Motivation and Work Behavior* (Burr Ridge, IL: McGraw-Hill, 2003), 65–113.

81. B. K. Miller, "Entitlement and Conscientiousness in the Prediction of Organizational Deviance", *Personality and Individual Differences* 82 (2015): 114–19; e H. J. R. Woodley e N. J. Allen, "The Dark Side of Equity Sensitivity", *Personality and Individual Differences* 67 (2014): 103–08.

82. J. M. Jensen, P. C. Patel e J. L. Raver, "Is It Better to Be Average? High and Low Performance as Predictors of Employee Victimization", *Journal of Applied Psychology* 99, no. 2 (2014): 296–309.

83. J. A. Colquitt, J. Greenberg e C. P. Zepata-Phelan, "What Is Organizational Justice? A Historical Overview", in J. Greenberg e J. A. Colquitt (eds.), *Handbook of Organizational Justice* (Mahwah, NJ: Lawrence Erlbaum, 2005): 3–56; e J. Greenberg, "Organizational Justice: The Dynamics of Fairness in the Workplace", in S. Zedeck (ed.), *APA Handbook of Industrial and Organizational Psychology: Maintaining, Expanding, and Contracting the Organization*, Vol. 3 (Washington, D.C.: APA, 2011): 271–327.

84. Ibid.

85. C. O. Trevor, G. Reilly e B. Gerhart, "Reconsidering Pay Dispersion's Effect on the Performance of Interdependent Work: Reconciling Sorting and Pay Inequality", *Academy of Management Journal* 55, no. 3 (2012): 585–610.

86. Veja, por exemplo, R. Cropanzano, J. H. Stein e T. Nadisic, *Social Justice and the Experience of Emotion* (Nova York: Routledge/Taylor e Francis Group, 2011).

87. G. S. Leventhal, "What Should Be Done with Equity Theory? New Approaches to the Study of Fairness in Social Relationships", in K. Gergen, M. Greenberg e R. Willis (eds.), *Social Exchange: Advances in Theory and Research* (Nova York: Plenum, 1980): 27–55; E. A. Lind e T. R. Tyler, *The Social Psychology of Procedural Justice* (Nova York: Plenum, 1988); e J. Thibaut e L. Walker, *Procedural Justice: A Psychological Analysis* (Hillsdale, NJ: Erlbaum, 1975).

88. J. Brockner, B. M. Wiesenfeld e K. A. Diekmann, "Towards a 'Fairer' Conception of Process Fairness: Why, When, and How May Not Always Be Better Than Less", *Academy of Management Annals* 3 (2009): 183–216.

89. R. Folger, "Distributive and Procedural Justice: Combined Impact of 'Voice' and Improvement on Experienced Inequity", *Journal of Personality and Social Psychology* 35 (1977): 108–19; e R. Folger, D. Rosenfield, J. Grove e L. Corkran, "Effects of 'Voice' and Peer Opinions on Responses to Inequity", *Journal of Personality and Social Psychology* 37 (1979): 2253–71.

90. R. J. Bies e J. F. Moag, "Interactional Justice: Communication Criteria on Fairness", in R. J. Lewicki, B. H. Sheppard e M. H. Bazerman (eds.), *Research on Negotiations in Organizations*, Vol. 1, (Greenwich, CT: JAI, 1986): 43–55.

91. J. C. Shaw, E. Wild e J. A. Colquitt, "To Justify or Excuse? A Meta-Analytic Review of the Effects of Explanations", *Journal of Applied Psychology* 88, no. 3 (2003): 444–58.

92. R. J. Bies, "Are Procedural and Interactional Justice Conceptually Distinct?", in J. Greenberg e J. A. Colquitt (eds.), *Handbook of Organizational Justice* (Mahwah, NJ: Erlbaum, 2005): 85–112; e B. A. Scott, J. A. Colquitt e E. L. Paddock, "An Actor-Focused Model of Justice Rule Adherence and Violation: The Role of Managerial Motives and Discretion", *Journal of Applied Psychology* 94, no. 3 (2009): 756–69.

93. G. A. Van Kleef, A. C. Homan, B. Beersma, D. V. Knippenberg, B. V. Knippenberg e F. Damen, "Searing Sentiment or Cold Calculation? The Effects of Leader Emotional Displays on Team Performance Depend on Follower Epistemic Motivation", *Academy of Management Journal* 52, no. 3 (2009): 562–80.

94. "Rutgers Fires Mike Rice", ESPN, 2013, http://espn.go.com/sportsnation/post/_/id/9129245/rutgers-fires-mike-rice.

95. J. A. Colquitt, D. E. Conlon, M. J. Wesson, C. O. L. H. Porter e K. Y. Ng, "Justice at the Millenium: A Meta-Analytic Review of 25 Years of Organizational Justice Research", *Journal of Applied Psychology* 86, no. 3 (2001): 425–45; J. A. Colquitt, B. A. Scott, J. B. Rodell, D. M. Long, C. P. Zapata, D. E. Conlon e M. J. Wesson, "Justice at the Millennium, A Decade Later: A Meta-Analytic Test of Social Exchange and Affect-Based Perspectives", *Journal of Applied Psychology* 98, no. 2 (2013): 199–236; e N. E. Fassina, D. A. Jones e K. L. Uggerslev, "Meta-Analytic Tests of Relationships between Organizational Justice and Citizenship Behavior: Testing Agent-System and Shared-Variance Models", *Journal of Organizational Behavior* 29 (2008): 805–28.

96. J. M. Robbins, M. T. Ford e L. E. Tetrick, "Perceived Unfairness and Employee Health: A Meta-Analytic Integration", *Journal of Applied Psychology* 97, no. 2 (2012): 235–72.

97. J. A. Colquitt, J. A. LePine, R. F. Piccolo, C. P. Zapata e B. L. Rich, "Explaining the Justice-Performance Relationship: Trust as Exchange Deepener or Trust as Uncertainty Reducer?", *Journal of Applied Psychology* 97, no. 1 (2012): 1–15.

98. K. Leung, K. Tong e S. S. Ho, "Effects of Interactional Justice on Egocentric Bias in Resource Allocation Decisions", *Journal of Applied Psychology* 89, no. 3 (2004): 405–15; e L. Francis-Gladney, N. R. Manger e R. B. Welker, "Does Outcome Favorability Affect Procedural Fairness as a Result of Self-Serving Attributions", *Journal of Applied Social Psychology* 40, no. 1 (2010): 182–94.

99. S. Caleo, "Are Organizational Justice Rules Gendered? Reactions to Men's and Women's Justice Violations", *Journal of Applied Psychology* 101, no. 10 (2016): 1422–35.

100. D. P. Skarlicki, J. H. Ellard e B. R. C. Kelln, "Third-Party Perceptions of a Layoff: Procedural, Derogation, and Retributive Aspects of Justice", *Journal of Applied Psychology* 83, no. 1 (1998): 119–27.

101. D. P. Skarlicki e C. T. Kulik, "Third-Party Reactions to Employee (Mis)treatment: A Justice Perspective", *Research in Organizational Behavior* 26 (2005): 183–229; e E. E. Umphress, A. L. Simmons, R. Folger, R. Ren e R. Bobocel, "Observer Reactions to Interpersonal Injustice: The Roles of Perpetrator Intent and Victim Perception", *Journal of Organizational Behavior* 34 (2013): 327–49.

102. M. S. Mitchell, R. M. Vogel e R. Folger, "Third Parties' Reactions to the Abusive Supervision of Coworkers", *Journal of Applied Psychology* 100, no. 4 (2015): 1040–55; e J. O'Reilly, K. Aquino e D. Skarlicki, "The Lives of Others: Third Parties' Responses to Others' Injustice", *Journal of Applied Psychology* 101, no. 2 (2016): 171–89.

103. B. B. Dunford, C. L. Jackson, A. D. Boss, L. Tay e R. W. Boss, "Be Fair, Your Employees Are Watching: A Relational Response Model of External Third-Party Justice", *Personnel Psychology* 68 (2015): 319–52.

104. Esta seção se baseia em B. A. Scott, A. S. Garza, D. E. Conlon e Y. J. Kim, "Why Do Managers Act Fairly in the First Place? A Daily Investigation of 'Hot' and 'Cold' Motives and Discretion", *Academy of Management Journal* 57, no. 6 (2014): 1571–91.

105. F. F. T. Chiang e T. Birtch, "The Transferability of Management Practices: Examining Cross-National Differences in Reward Preferences", *Human Relations* 60, no. 9 (2007): 1293–330; e M. J. Gelfand, M. Erez e Z. Aycan, "Cross-Cultural Organizational Behavior", *Annual Review of Psychology* 58 (2007): 479–514.

106. M. C. Bolino e W. H. Turnley, "Old Faces, New Places: Equity Theory in Cross-Cultural Contexts", *Journal of Organizational Behavior* 29, no. 1 (2008): 29–50.

107. R. Shao, D. E. Rupp, D. P. Skarlicki e K. S. Jones, "Employee Justice across Cultures: A Meta-Analytic Review", *Journal of Management* 39, no. 1 (2013): 263–301.

108. B. L. Rich, J. A. LePine e E. R. Crawford, "Job Engagement: Antecedents and Effects on Job Performance", *Academy of Management Journal* 53, no. 3 (2010): 617–35.

109. M. S. Christian, A. S. Garza e J. E. Slaughter, "Work Engagement: A Quantitative Review and Test of Its Relations with Task and Contextual Performance", *Personnel Psychology* 64, no. 1 (2011): 89–136.

110. E. R. Crawford, J. A. LePine e B. L. Rich, "Linking Job Demands and Resources to Employee Engagement and Burnout: A Theoretical Extension and Meta-Analytic Test", *Journal of Applied Psychology* 95, no. 5 (2010): 834–48.

111. Rich, LePine e Crawford, "Job Engagement."

112. F. O. Walumbwa, P. Wang, H. Wang, J. Schaubroeck e B. J. Avolio, "Psychological Processes Linking Authentic Leadership to Follower Behaviors", *Leadership Quarterly* 21, no. 5 (2010): 901–14.

113. D. A. Newman e D. A. Harrison, "Been There, Bottled That: Are State and Behavioral Work Engagement New and Useful Construct 'Wines'?", *Industrial and Organizational Psychology* 1, no. 1 (2008): 31–35; e A. J. Wefald e R. G. Downey, "Job Engagement in Organizations: Fad, Fashion, or Folderol", *Journal of Organizational Behavior* 30, no. 1 (2009): 141–45.

114. J. M. George, "The Wider Context, Costs, and Benefits of Work Engagement", *European Journal of Work and Organizational Psychology* 20, no. 1 (2011): 53–59; e J. R. B. Halbesleben, J. Harvey e M. C. Bolino, "Too Engaged? A Conservation of Resources View of the Relationship between Work Engagement and Work Interference with Family", *Journal of Applied Psychology* 94, no. 6 (2009): 1452–65.

Capítulo 8

Motivação: dos conceitos às aplicações

Objetivos de aprendizagem

Depois de ler este capítulo, você será capaz de:

8.1 Descrever a maneira pela qual o modelo das características do trabalho pode motivar os empregados ao provocar mudanças no ambiente de trabalho.

8.2 Comparar as principais formas pelas quais funções podem ser redesenhadas.

8.3 Explicar a maneira pela qual certos arranjos alternativos de trabalho podem motivar os empregados.

8.4 Descrever como medidas de envolvimento dos empregados podem motivá-los.

8.5 Demonstrar como os diferentes tipos de programas de remuneração variável podem aumentar a motivação dos empregados.

8.6 Demonstrar como os benefícios flexíveis podem transformar benefícios em fatores motivadores.

8.7 Identificar os benefícios motivacionais das recompensas intrínsecas.

Fonte: Angelika Warmuth/dpa picture alliance archive/Alamy Stock Photo

MATRIZ DE HABILIDADES PARA A EMPREGABILIDADE

	Mito ou ciência?	Objetivos profissionais	Escolha ética	Ponto e contraponto	Exercício experiencial	Dilema ético	Estudo de caso 1	Estudo de caso 2
Pensamento crítico	✓		✓	✓	✓	✓	✓	✓
Comunicação		✓		✓	✓	✓	✓	
Colaboração		✓		✓	✓		✓	
Análise e aplicação do conhecimento	✓	✓	✓	✓	✓	✓	✓	✓
Responsabilidade social			✓			✓	✓	

EXPERIMENTANDO NOVAS FUNÇÕES

Se tivesse a chance de experimentar um trabalho ou plano de carreira diferente, você toparia? E se você fosse *encorajado* a fazer isso? Algumas organizações estão implementando essa ideia por meio de programas de rotação de funções, que possibilitam que os empregados troquem periodicamente de função ou posição. A ideia é que esses programas tenham uma série de benefícios, como ajudá-los a aprender novas habilidades (e aprofundar as que já têm), mantê-los motivados, combater a estagnação profissional, desenvolver uma força de trabalho flexível e capacitada em várias funções, promover uma concorrência interna saudável, identificar talentos ocultos e despertar a curiosidade ou o interesse dos empregados por novas funções, nas quais eles podem se revelar eficazes, mas que talvez nunca tivessem considerado possíveis.

A Intel Corporation permite que seus empregados (como o mostrado na foto) trabalhem em funções temporárias para ter uma ideia melhor do "hardware" que contribui para a infraestrutura de trabalho da organização. Ainda mais interessante, a Intel desenvolveu um banco de dados interno (que a empresa batizou de Ferramenta de Oportunidades de Desenvolvimento da Intel) que permite que os empregados tenham acesso a centenas de funções temporárias às quais eles podem se candidatar. A supervisora do programa, Amreen Madhani, observa que ele possibilita aos empregados "fazer um *test drive* de uma função ou fazer *networking* com pessoas de departamentos diferentes". O sucesso do programa levou a milhares de alocações temporárias. Segundo Madhani, antes disso, a Intel "era toda fechada em silos. As pessoas usavam as próprias ferramentas, que os outros empregados da empresa não tinham como conhecer. Queríamos uma solução que incluísse a empresa toda".

O problema é que nem sempre é fácil trabalhar em esquema de rotação de funções. Por exemplo, Elizabeth Wright Korytkowski, uma especialista de benefícios da Intel, assumiu uma posição temporária de quatro meses no departamento de serviços de software da empresa. Segundo ela, a experiência "foi aterrorizante", devido ao choque cultural, às enormes mudanças e à dificuldade de dar conta das novas funções. Com o tempo, ela foi se familiarizando com programas e ferramentas que jamais teria a chance de conhecer se não fosse pelo programa e acabou sendo promovida.

As abordagens de rotação de funções constituem uma tendência que veio em boa hora tanto para os empregadores quanto para os empregados — na verdade, "empregador" e "empregado" podem se tornar palavras obsoletas em algumas décadas. No levantamento Workplace 2025, conduzido pela Randstad, gestores e empregados foram solicitados a escolher uma nova palavra que denotasse melhor o significado de *empregados* e que eles gostariam que começasse a ser utilizada até 2025: 47% dos empregadores e 57% dos empregados responderam que o termo *colaborador* era o mais apropriado. Os resultados do levantamento revelam como os respondentes acham que o papel dos "colaboradores" será na próxima década: 76% dos empregados disseram que seu nível de comprometimento não muda quando eles trabalham em diferentes tipos de tarefas ou funções; 85% concordam que o mais importante são as habilidades e os resultados, não a função alocada; apenas 5% acreditam que a experiência ou o tempo na posição sejam fundamentais; e mais de 70% dos integrantes da geração Y e da geração Z concordam que uma mudança periódica de carreira ajudaria a aumentar seu potencial.

Os programas de rotação de funções parecem beneficiar tanto as organizações quanto os *colaboradores*. De acordo com Terri Lodwick, presidente da Executive Women International (EWI), a rotação de funções permite que os empregados "vejam como se encaixam na organização como um todo e não só em sua pequena baia".

Fontes: baseado em D. Coker, "How Job Rotation Is Beneficial for the Organization", *The HR Digest,* 31 out. 2016, https://www.thehrdigest.com/job-rotation-beneficial-organization/; B. Fetherstonhaugh, "Developing a Strategy for a Life of Meaningful Labor", *Harvard Business Review*, 5 set. 2016, https://hbr.org/2016/09/developing-a-strategy-for-a-life-of-meaningful-labor; F. Gino, "Let Your Workers Rebel", *Harvard Business Review*, 24 out. 2016, https://hbr.org/cover-story/2016/10/let-your-workers-rebel; D. Parrey, "How to Create High-Profile Opportunities for High-Potential Employees", *Institute for Corporate Productivity: The Productivity Blog*, 14 maio 2013, https://www.i4cp.com/productivity-blog/2013/05/14/how-to-create-high-profile-opportunities-for-highpotential-employees; Randstad, *Workplace 2025: From Employee to Contributor: The Worker of the Future*, out. 2016, https://www.randstadusa.com/workforce360/workplace-2025/infographic/?utm_source=pr&utm_medium=pr&utm_term=client&utm_content=rusa&utm_campaign=wp2025+infographic; e L. Weber e L. Kwoh, "Managing & Careers: Co-Workers Change Places", *The Wall Street Journal*, 21 fev. 2012, B8.

Diante dessa mudança, fica claro que várias empresas estão adotando métodos de rotação de funções. Características das tarefas, elementos de desenho de funções, arranjos do trabalho e sensação de controle são todos importantes fatores motivacionais. Esses elementos podem ser alterados com a simples decisão de dar aos trabalhadores uma chance de tentar algo novo. Só que o processo de motivação é mais complexo do que pode parecer à primeira vista e requer um bom conhecimento de muitos elementos do desenho e do redesenho de funções, além de levar em consideração os conceitos de motivação descritos no capítulo anterior.

No Capítulo 7, concentramo-nos nas teorias de motivação. Embora seja importante conhecer esses conceitos básicos, também é importante ver como um gestor pode aplicá-los. Neste capítulo, aplicaremos os conceitos de motivação a diferentes práticas, a começar pelo desenho de funções.

Motivação por meio do desenho de funções: o modelo de características do trabalho

A maneira como o trabalho é estruturado afeta mais a motivação dos empregados do que pode parecer à primeira vista. O conceito de desenho de funções sugere que a maneira como os elementos de um trabalho são organizados pode afetar o empenho do empregado[1] e o modelo de características do trabalho, que será discutido a seguir, pode atuar como uma referência para identificar oportunidades de mudar esses elementos.

O modelo de características do trabalho

O modelo de características do trabalho descreve os trabalhos em termos de cinco dimensões essenciais:[2]

1. A variedade de habilidades é o grau em que o trabalho envolve diferentes atividades e a utilização de habilidades e talentos especializados. Por exemplo, o trabalho de um mecânico que faz reparos elétricos, recupera motores,

8.1 Descrever a maneira pela qual o modelo das características do trabalho pode motivar os empregados ao provocar mudanças no ambiente de trabalho.

desenho de funções
Maneira como os elementos de um trabalho estão organizados.

modelo de características do trabalho
Modelo que propõe que qualquer trabalho pode ser descrito em termos de cinco dimensões essenciais: variedade de habilidades, identidade da tarefa, significado da tarefa, autonomia e *feedback*.

variedade de habilidades
Grau em que o trabalho envolve uma grande variedade de atividades.

reforma latarias e interage com os clientes inclui uma grande variedade de habilidades. Por sua vez, a funcionária de um salão de beleza contratada para lavar cabelos oito horas por dia seria um exemplo de uma função com baixa variedade de habilidades.

2. A identidade da tarefa é o grau em que o trabalho requer a realização de uma atividade completa e identificável, produzindo um resultado tangível. Um marceneiro que projeta um móvel seleciona a madeira, constrói o objeto e dá o acabamento final exerce uma função com alta identidade da tarefa. Por sua vez, um empregado de uma fábrica de móveis cuja única função é operar um torno para fazer os pés das mesas realiza um trabalho com baixa identidade da tarefa.

3. O significado da tarefa é o grau em que um trabalho afeta consideravelmente a vida ou o trabalho de outras pessoas. Um trabalho com elevada significância é o de uma enfermeira, que lida com as várias necessidades dos pacientes da unidade de terapia intensiva de um hospital. Um trabalho com baixa significância da tarefa seria o de um empregado que varre o chão de um hospital.

4. A autonomia é o grau em que um trabalho proporciona uma considerável liberdade e independência para que o indivíduo planeje e determine os procedimentos a serem utilizados para executá-lo. Um gerente de vendas que planeja o próprio dia de trabalho, decidindo quais clientes abordar e qual estratégia utilizar com cada um deles, possui um trabalho caracterizado por alto grau de autonomia. Já um vendedor que recebe instruções diariamente e tem de seguir um roteiro padronizado com cada cliente tem um trabalho com baixa autonomia.

5. O *feedback* é o grau em que a prática das tarefas exigidas por um trabalho gera informações claras e diretas sobre a eficácia do desempenho do indivíduo. Um exemplo de uma função que apresenta alto grau de *feedback* é a montagem e o teste de iPads, com a finalidade de verificar se estão funcionando devidamente. Um trabalho com baixo grau de *feedback* seria o de um operário que, após montar um iPad, tem de direcioná-lo a um inspetor de controle de qualidade encarregado de realizar os testes de funcionamento adequados e os ajustes necessários.

A Figura 8.1 apresenta o modelo de características do trabalho. Note como as três dimensões — variedade de habilidades, identidade da tarefa e significado da tarefa — combinam-se entre si para criar um trabalho significativo, que será visto pelo empregado como importante, valioso e gratificante. Observe, também, que trabalhos com alto grau de autonomia dão aos empregados uma sensação de responsabilidade pessoal pelos resultados e, se um trabalho proporcionar um alto grau de *feedback*, os empregados saberão se estão desempenhando bem suas tarefas. Do ponto de vista motivacional, o modelo de características do trabalho propõe que os indivíduos obtêm recompensas internas quando sabem (conhecimento dos resultados) que individualmente (responsabilidade vivenciada) tiveram um bom desempenho em uma tarefa pela qual eles se interessam (significância vivenciada). Quanto mais esses estados psicológicos estiverem presentes, maiores serão a motivação, o desempenho e a satisfação dos empregados e menores serão o absenteísmo e a probabilidade de abandonar a organização. Como mostra a Figura 8.1, os indivíduos com elevada necessidade de crescimento são mais propensos a vivenciar os estados psicológicos críticos — e a reagir positivamente — quando seus trabalhos são valorizados do que seus colegas com baixa necessidade de crescimento e desenvolvimento.

---

identidade da tarefa
Grau em que um trabalho requer a conclusão de uma atividade completa e identificável.

significado da tarefa
Grau em que um trabalho tem um impacto considerável na vida ou no trabalho de outras pessoas.

autonomia
Grau em que um trabalho proporciona considerável liberdade e independência para que o indivíduo planeje e determine os procedimentos para executá-lo.

feedback
Grau em que a prática das tarefas exigidas por um trabalho gera informações diretas e claras sobre a eficácia do desempenho do indivíduo.

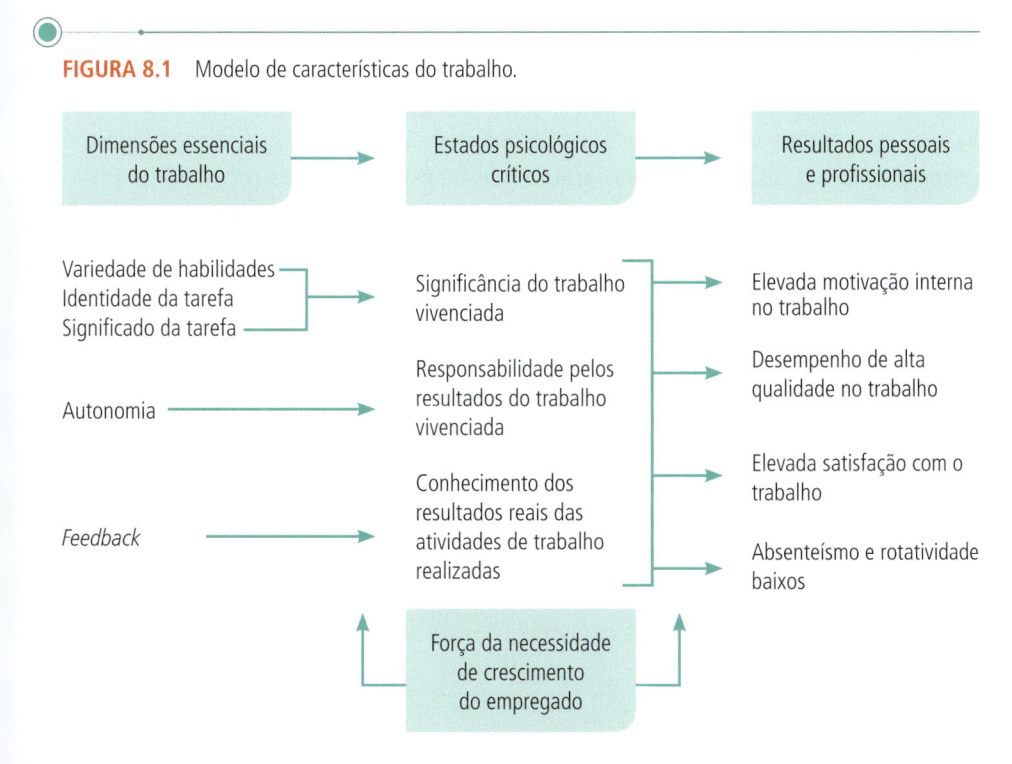

FIGURA 8.1 Modelo de características do trabalho.

```
Dimensões essenciais          Estados psicológicos          Resultados pessoais
do trabalho                   críticos                      e profissionais
```

- Variedade de habilidades
- Identidade da tarefa
- Significado da tarefa
  → Significância do trabalho vivenciada → Elevada motivação interna no trabalho

- Autonomia
  → Responsabilidade pelos resultados do trabalho vivenciada → Desempenho de alta qualidade no trabalho

- Feedback
  → Conhecimento dos resultados reais das atividades de trabalho realizadas → Elevada satisfação com o trabalho
  → Absenteísmo e rotatividade baixos

Força da necessidade de crescimento do empregado

Fonte: baseado em J. L. Pierce, I. Jussila e A. Cummings, "Psychological Ownership within the Job Design Context: Revision of the Job Characteristics Model", *Journal of Organizational Behavior* 30, no. 4 (2009): 477–96.

Muitas pesquisas constataram a correlação entre a presença dessas características e uma maior satisfação no trabalho e comprometimento organizacional em virtude do aumento da motivação.[3] Em geral, os pesquisadores concordam com a teoria que fundamenta o modelo de características do trabalho, embora alguns estudos tenham sugerido modificadores potenciais. Um estudo sugeriu que, quando os empregados eram orientados aos outros (ou seja, preocupavam-se com o bem-estar dos outros no trabalho), a relação entre as características intrínsecas e a satisfação no trabalho era mais fraca,[4] o que significa que nossa satisfação no trabalho resulta menos dessas características quando nos preocupamos com os outros. Outro estudo propôs que o grau de controle psicológico que sentimos em relação ao trabalho aumenta nossa motivação, especialmente se os sentimentos de controle forem compartilhados entre os membros de um grupo de trabalho.[5] Outro estudo se voltou a investigar o modelo de características do trabalho em diferentes cenários, como situações de trabalho virtual, e descobriu que, quando as pessoas trabalham em colaboração pela internet, mas não pessoalmente, o modo como elas vivenciam a significância, a responsabilidade e o conhecimento dos resultados pode acabar sendo prejudicado. Por sorte, os gestores podem reduzir esses efeitos negativos para os empregados desenvolvendo ativamente relacionamentos pessoais com eles e aumentando seu senso de significado da tarefa, autonomia e *feedback*.[6]

Podemos combinar as dimensões essenciais do modelo de características do trabalho em um único índice preditivo, chamado de medida de potencial motivador e calculado como se segue:

medida de potencial motivador
Índice preditivo que indica o potencial de motivação de um trabalho.

$$\text{MPM} = \frac{\text{variedade de habilidades} + \text{identidade da tarefa} + \text{significado da tarefa}}{3} \times \text{autonomia} \times \textit{feedback}$$

Para ter alto potencial motivador, os trabalhos devem apresentar um grau elevado em pelo menos um dos três fatores que levam à significância vivenciada e apresentar um grau elevado tanto de autonomia quanto de *feedback*. Se os trabalhos apresentarem alto potencial motivador, o modelo prevê que a motivação, o desempenho e a satisfação melhorarão e que o absenteísmo e a rotatividade serão reduzidos. Pense em seu trabalho. Você tem a chance de realizar tarefas diferentes ou tem uma rotina diária inflexível? Você acha que tem independência no trabalho ou sente que sempre tem um gestor ou colega de olho no que você está fazendo? Suas respostas indicam o potencial motivador de seu trabalho.

Outras pesquisas se voltaram a investigar como a liderança (que discutiremos mais adiante, no Capítulo 12) afeta a percepção dos empregados em relação às características do trabalho. Por exemplo, um estudo descobriu que os líderes éticos aumentam o empenho e melhoram o desempenho dos empregados, reforçando o significado da tarefa.[7] Um estudo conduzido em divisões de pesquisa e desenvolvimento (P&D) de organizações militares, públicas e privadas de Taiwan chegou a uma conclusão semelhante: quando os líderes apresentam comportamentos de suporte, os empregados de P&D sentem que as características de seu trabalho são melhoradas.[8]

8.2 Comparar as principais formas pelas quais funções podem ser redesenhadas.

Redesenho de funções

"Todo dia era a mesma coisa", disse Frank. "Passar horas de pé na frente daquela linha de montagem. Esperar o sistema automatizado posicionar um painel de instrumentos. Liberar o mecanismo e encaixar o painel no carro... enquanto o carro avançava pela linha de montagem. Depois, eu ligava a fiação. Passava oito horas por dia fazendo a mesma coisa. Tudo bem que eu ganhava 24 dólares por hora, mas estava ficando doido. Até que um dia me dei conta de que não queria passar o resto da minha vida daquele jeito. Meu cérebro estava virando gelatina. Então, eu pedi demissão. Agora trabalho em uma gráfica e ganho menos de 15 dólares por hora. Mas, sinceramente, meu novo trabalho é muito mais interessante. Minhas tarefas mudam o tempo todo, estou sempre aprendendo e o trabalho é cheio de desafios! Todo dia eu acordo de manhã e não vejo a hora de ir à gráfica".

As tarefas repetitivas do trabalho de Frank na montadora de automóveis lhe proporcionavam pouca variedade, autonomia e motivação. Por outro lado, seu trabalho na gráfica é desafiador e estimulante. Do ponto de vista organizacional, a incapacidade do primeiro empregador de Frank de redesenhar funções para transformá-las em algo mais satisfatório gerou maior rotatividade. Portanto, o redesenho de funções tem importantes implicações práticas, incluindo redução da rotatividade e maior satisfação no trabalho. Vamos dar uma olhada em algumas maneiras de aplicar o modelo de características do trabalho na prática para aumentar a motivação.

Rotação e enriquecimento de funções

Rotação de funções Caso os empregados estejam sofrendo com o excesso de rotina no trabalho, uma alternativa é utilizar a rotação de funções, ou a transferência periódica de um empregado para outra função no mesmo nível organizacional (um processo também chamado de treinamento multifuncional).[9] Muitas fábricas também adotam a rotação de funções como uma forma de aumentar a flexibilidade da resposta ao volume de encomendas recebidas. Novos gestores também podem

rotação de funções
Transferência periódica dos empregados de uma função para outra.

passar pelo treinamento multifuncional como forma de ter uma ideia da organização como um todo.[10] A rotação de funções pode ser aplicada a qualquer contexto no qual o treinamento multifuncional seja viável, desde linhas de montagem até setores de hospitais. Por exemplo, na Singapore Airlines, um agente de reservas pode exercer as funções de auxiliar de bagagens, tanto para receber um treinamento multifuncional quanto para conhecer diferentes funções na organização. O programa de rotação de funções da empresa é uma das razões pelas quais a Singapore Airlines é considerada como uma das melhores companhias aéreas do mundo.[11]

Estudos constataram que a rotação de funções aumenta a satisfação no trabalho e o comprometimento organizacional.[12] Evidências de estudos conduzidos na Itália, Grã-Bretanha e Turquia mostram que a rotação de funções é associada a níveis mais elevados de desempenho organizacional em ambientes de manufatura.[13] Além de reduzir o tédio, ela aumenta a motivação e ajuda os empregados a verem como seu trabalho contribui para a organização. Também pode aumentar a segurança no trabalho e reduzir acidentes causados pela repetição, apesar de as evidências dos estudos não serem definitivas.[14]

A rotação de funções também tem suas desvantagens: os custos aumentam, já que cada nova tarefa requer uma rodada de treinamento. Além disso, transferir um empregado para uma nova função reduz a produtividade da área ou da própria função. A rotação de funções também pode ter um efeito desestabilizador quando os membros do grupo de trabalho precisam se adaptar ao novo empregado. O supervisor também pode ter de alocar mais tempo para resolver as dúvidas e monitorar o trabalho do empregado recém-chegado.

Enriquecimento de funções   Pense em alguns dos conceitos de motivação que vimos no Capítulo 7, incluindo o desenvolvimento e o cultivo da motivação intrínseca. Esse importante foco da teoria da autodeterminação pode ser colocado em prática pelo enriquecimento de funções. Nesse processo, responsabilidades de nível superior são incluídas a uma função para reforçar o senso de propósito, direção, significado e motivação intrínseca.[15]

Enriquecer uma função dessa maneira é diferente de expandi-la ou incorporar mais tarefas e requisitos. O processo envolve incluir uma nova camada de responsabilidade e significado. O enriquecimento de funções tem origens nas teorias de Herzberg, que propõe incluir fatores higiênicos ou fatores motivacionais ao trabalho a fim de aumentar a motivação. O enriquecimento nem sempre é rigorosamente controlado pela gestão; alguns empregados, especialmente os que atuam em áreas de rápido crescimento, enriquecem as próprias funções (e ficam satisfeitos com o resultado).[16]

enriquecimento de funções
Inclusão de responsabilidades de nível superior a um trabalho para aumentar a motivação intrínseca.

Mito ou ciência?

Dinheiro não traz felicidade

Pode ser que você tenha ouvido falar que dinheiro *traz* felicidade. As duas afirmações podem ser verdadeiras. O economista Richard Easterlin argumentou que, uma vez satisfeitas as necessidades financeiras básicas, mais dinheiro não deixa as pessoas mais felizes.

Pesquisadores constataram que esse limite fica em torno de US$ 75.000 anuais, o que recentemente levou um CEO a doar todo o seu salário acima desse valor a seus empregados! A constatação está longe de ser definitiva e não quer dizer que você só vai ser feliz quando conseguir ganhar US$ 75.000 por ano ou que não vai poder ser mais feliz depois de atingir esse limiar. Um estudo mais recente conduzido ao redor do mundo indica que, na verdade, o que acontece é o contrário: quanto mais dinheiro, melhor. Segundo os autores: "Se houver um ponto de saciedade, ainda não o atingimos".

Dadas essas variadas constatações, podemos inferir que a relação entre felicidade e renda provavelmente não é direta. Tanto que outro estudo sugere que o seu *nível* de renda é menos importante que *o modo como* você gasta a sua renda. Pense no que o motiva em relação ao dinheiro. Você gosta de ficar sentado imaginando o número de zeros aumentando em sua conta bancária? Provavelmente não. Você provavelmente é mais motivado por tudo o que vai poder comprar com o dinheiro do que com o dinheiro em si. Com base em estudos, sabemos que:

- *As pessoas são mais felizes dando dinheiro do que gastando para satisfazer as próprias necessidades.* Em um estudo, os estudantes receberam uma quantia de dinheiro e foram orientados a doá-lo ou gastá-lo consigo mesmos. Então, no prosseguimento do estudo, os pesquisadores orientaram os participantes a doar o próprio dinheiro. De um jeito ou de outro, os participantes ficaram mais felizes doando o dinheiro, mesmo se fossem relativamente pobres. Parece que o que mais importa não é a quantia, mas a extensão na qual você acha que sua doação beneficiará as pessoas.
- *As pessoas são mais felizes quando gastam o dinheiro em experiências do que quando gastam em produtos.* Segundo o professor e pesquisador Thomas Gilovich, tendemos a pensar nos seguintes termos: "Tenho uma quantia limitada de dinheiro e posso fazer uma viagem ou posso trocar de carro. Se eu fizer a viagem, vai ser muito legal, mas a viagem vai terminar em pouco tempo. Se eu comprar o carro, pelo menos ele será meu por um bom tempo. Os fatos são incontestáveis, mas psicologicamente não é o que acontece. Nós nos adaptamos aos nossos bens materiais".
- *As pessoas são mais felizes quando "compram" tempo, mas só se souberem usá-lo bem.* Por exemplo, terceirize as tarefas sempre que puder, "pense nisso como um 'tempo que caiu do céu' e use-o para fazer algo bom", recomenda a pesquisadora Elizabeth Dunn. Dizer que o dinheiro traz mais felicidade quando o gastamos em experiências (e comprando tempo para curtir essas experiências) pode parecer um contrassenso... até pararmos para pensar. O que você achava de seu celular quando o comprou em comparação com o que acha agora? Provavelmente você ficou muito interessado quando o comprou, mas hoje o seu celular não passa de mais um objeto qualquer em sua vida. Agora pense em suas experiências. O que você achou da melhor viagem de sua vida na hora? E o que acha dessa viagem agora? Garantimos que tanto a experiência no momento quanto a lembrança dela agora podem colocar um sorriso em seu rosto.

Fontes: baseado em A. Blackman, "Can Money Buy Happiness?", *The Wall Street Journal*, 10 nov. 2014, R1, R2; D. Kurtzleben, "Finally: Proof That Money Buys Happiness (Sort Of)", *USNews.com*, 29 abr. 2013; e A. Novotney, "Money Can't Buy Happiness", *Monitor on Psychology* (jul.-ago. 2012): 24–26.

Pesquisas sugerem que o enriquecimento de funções pode reduzir a rotatividade e pode ser quase duas vezes mais eficaz do que apresentar aos candidatos uma "ideia realista" do trabalho antes que eles entrem na organização.[17] Em um levantamento com mais de 20.000 empregados britânicos, as práticas de enriquecimento de funções foram associadas ao desempenho financeiro das organizações, à produtividade, ao absenteísmo e à qualidade dos resultados em virtude de uma maior satisfação no trabalho.[18]

Desenho relacional de funções

Embora o redesenho de funções com base na teoria das características do trabalho possa aumentar a motivação intrínseca dos empregados, pesquisas têm se voltado a investigar como os trabalhos podem proporcionar uma motivação mais pró-social para as pessoas. Em outras palavras, como os gestores podem desenhar o trabalho para que os empregados se motivem a promover o bem-estar dos beneficiários da organização (compradores, clientes, pacientes e empregados)? Essa abordagem, chamada de desenho relacional de funções, redireciona o foco do empregado às pessoas cuja vida é afetada pelo trabalho por ele realizado.[19] A abordagem também motiva os empregados a melhorar seu desempenho no trabalho.[20]

Uma maneira de reforçar a motivação pró-social no trabalho é fazer a ponte entre os empregados e os beneficiários de seu trabalho, contando histórias de clientes que se beneficiaram dos produtos ou serviços da empresa. Por exemplo, a fabricante de dispositivos médicos Medtronic convida os pacientes a contar como os produtos da empresa melhoraram ou até salvaram sua vida e compartilha essas histórias com os empregados durante as reuniões anuais, como uma forma de lembrá-los o quanto seu trabalho afeta a vida dos pacientes. Pesquisadores descobriram que, quando angariadores de fundos de universidades interagiam brevemente com os estudantes

---

desenho relacional de funções
Desenho de funções voltado para que os empregados notem a forma como podem beneficiar diretamente a vida de outras pessoas por meio de seu trabalho.

A fabricante de dispositivos médicos Stryker oferece oportunidades para seus empregados se conectarem com pacientes afetados por seu trabalho. Na foto, vemos empregados da empresa com o atleta de *endurance* Daren Wendell (no centro, de chapéu), que tem na perna uma prótese de titânio produzida pela Stryker.

que receberiam bolsas de estudos resultantes dos fundos que eles arrecadavam, eles persistiram por 42% mais tempo e arrecadaram quase duas vezes mais fundos do que os angariadores que não interagiram com os potenciais beneficiários.[21] Bastou os angariadores conversarem rapidamente com apenas um bolsista para os benefícios ficarem claros.

O contato pessoal com os beneficiários pode nem sempre ser necessário. Quando o tratamento de quimioterapia de uma criança chega ao fim em um dos vários centros de oncologia dos Estados Unidos e ela consegue vencer o câncer, tem-se como tradição que a criança toque um sino, cujo som é transmitido em muitas alas do hospital. O simples ato de ouvir o sino serve de inspiração para os empregados do hospital. A dra. ZoAnn Dryer, do Centro de Câncer Infantil do Texas, observa: "A cada vez que o sino toca, você sabe que alguém conseguiu vencer o câncer. E esse é o grande objetivo do programa".[22]

Por que essas conexões têm consequências tão positivas? Conhecer pessoalmente os beneficiários do trabalho — ou simplesmente ver fotos deles — permite que os empregados vejam que suas ações afetam pessoas reais e têm consequências concretas. Os clientes acabam sendo mais memoráveis e emocionalmente vívidos, o que leva os empregados a ponderarem os efeitos de suas ações no trabalho. As conexões permitem que os trabalhadores se coloquem no lugar dos beneficiários, o que reforça o comprometimento.

Você pode estar se perguntando se a ideia de conectar empregados com os beneficiários de seu trabalho já não está incluída no conceito do significado da tarefa, da teoria das características do trabalho. Alguns fatores diferenciam o contato com os beneficiários. Para começar, muitos trabalhos podem ser considerados de alta significância, mas os empregados que realizam esses trabalhos podem nunca ter a chance de conhecer pessoalmente as pessoas afetadas pelo que fazem. Em segundo lugar, o contato com os beneficiários parece ter uma relação especial com comportamentos pró-sociais, como ajudar os outros. Por exemplo, um estudo constatou que salva-vidas que leram histórias sobre como suas ações beneficiaram as pessoas foram considerados mais prestativos pelos superiores; o mesmo não aconteceu com os salva-vidas que leram histórias sobre como eles mesmos se beneficiam de seu trabalho.[23] Podemos concluir que há muitas maneiras de desenhar funções de forma a aumentar a motivação e essa escolha deve ser associada a resultados que se deseja atingir.

O desenho relacional de funções, com foco na motivação pró-social, é um tópico especialmente relevante para organizações com iniciativas de responsabilidade social corporativa. Como vimos nos capítulos anteriores, as iniciativas de responsabilidade social corporativa, não raro, incluem convites aos empregados para trabalharem como voluntários, por vezes aplicando o conhecimento adquirido em sua função (como os empregados da varejista de produtos de construção e reformas Home Depot quando ajudam a reconstruir casas), mas nem sempre (por exemplo, quando empregados de um banco ajudam a construir casas em parceria com organizações sem fins lucrativos como a Habitat for Humanity). Nos dois casos, os empregados podem interagir com os beneficiários de seu trabalho e pesquisas indicam que os programas de voluntariado patrocinados pelas empresas melhoraram as dimensões de sentido e significado da tarefa do modelo de características do trabalho e motivaram empregados a se oferecer como voluntários.[24] Embora essa motivação para o comportamento pró-social seja digna de nota, ela é diferente do desenho relacional de funções. Para começar, as ações de responsabilidade social corporativa são realizadas por meio do voluntariado (fora do trabalho). Além disso, o trabalho voluntário que os empregados realizam é, em geral, diferente de suas funções na organização (os empregados da Home Depot não constroem casas no trabalho). No entanto, o desenho relacional de funções inclui possibilidades intrigantes para as iniciativas de responsabilidade social corporativa.

Arranjos alternativos de trabalho

8.3 Explicar a maneira pela qual certos arranjos alternativos de trabalho podem motivar os empregados.

Você já sabe que há muitas abordagens para motivar as pessoas e já discutimos algumas delas. Outra abordagem de motivação inclui arranjos alternativos de trabalho, como horário flexível, compartilhamento de funções e trabalho a distância. Esses esquemas podem ser especialmente importantes para uma força de trabalho diversificada, composta de casais em que ambos os cônjuges trabalham, pais e mães solteiros ou empregados que cuidam de um parente doente ou idoso.

Horário flexível

Sônia Gonçalves é o típico caso de uma pessoa que "rende mais de manhã". Ela acorda pontualmente às cinco horas da manhã, cheia de energia. Em compensação, ela diz que normalmente já está com sono quando termina o noticiário das 19 horas na TV.

O horário de Sônia na empresa onde ela trabalha é flexível e permite que tenha alguma liberdade para escolher a hora de entrar e sair do trabalho. O escritório abre às seis horas da manhã e fecha às 19 horas. Sônia é quem decide como fará sua jornada de oito horas de trabalho dentro desse expediente de 13 horas. Como ela sabe que é mais produtiva de manhã e, além disso, tem um filho de 7 anos que sai da escola às três da tarde, optou por entrar no trabalho as seis da manhã e sair na mesma hora que seu filho. "Meu horário é perfeito. Fico no trabalho no período em que estou mais alerta mentalmente e posso ficar em casa com meu filho depois que ele sai da escola."

A PricewaterhouseCoopers oferece opções de trabalho flexíveis que possibilitam aos empregados controlar como e quando trabalhar. O pessoal da PwC, como os gerentes de processos e qualidade de mobilidade global, Robin Croft e Shari Alatorre, mostrados na foto, podem escolher planos de trabalho flexíveis que incluem horário flexível, compartilhamento de funções e trabalho a distância.

O horário de Sônia é um exemplo de horário flexível.[25] Os empregados têm certo número de horas que precisam cumprir na semana, mas são livres para distribuir seu horário de trabalho dentro de certos limites. Como mostra a Tabela 8.1, cada dia consiste em um período fixo, geralmente de seis horas, com duas faixas flexíveis nas extremidades. Por exemplo, tirando uma hora para o almoço, o horário fixo poderia ser das nove às três da tarde, sendo que a empresa abre às seis da manhã e fecha às seis da tarde. Todos os empregados devem trabalhar durante o horário fixo, mas são livres para alocar as duas horas excedentes antes, depois ou antes e depois desse período. Alguns programas de horário flexível permitem que o empregado acumule horas extras em um banco de horas, que podem ser trocadas por dias de descanso.

O horário flexível vem ganhando enorme popularidade. De acordo com pesquisas recentes, a maioria (de 54% a 56%) das organizações norte-americanas oferece alguma forma de horário flexível — e também se beneficia disso. Trinta e três por cento das organizações relataram maior participação e 23% relataram aumento de produtividade (por outro lado, apenas 5% ou menos relataram menor participação e produtividade).[26] Parece que o horário flexível se tornou um importante fator do desenho de funções para muitos empregados — 53% disseram que consideram os esquemas flexíveis como um aspecto importantíssimo de sua satisfação no trabalho, 55% disseram que tinham pouco interesse em procurar outro emprego em um ano e 34% declararam que pretendiam permanecer na empresa atual em função dos esquemas de trabalho flexível.[27] Em países como Alemanha, Bélgica, Holanda e França, os empregadores, por lei, não podem recusar a solicitação de um empregado para trabalhar em meio período ou em um esquema de horário flexível, desde que o motivo da solicitação seja cabível, por exemplo, para cuidar de um bebê.[28]

horário flexível
Horários flexíveis de trabalho.

TABELA 8.1 Possíveis cronogramas de horário flexível.

Cronograma 1	
Porcentagem do tempo:	100% = 40 horas por semana
Horário fixo:	das 9 às 17 horas, de segunda a sexta-feira (1 hora de almoço)
Entrada no trabalho:	Entre as 8 e as 9 horas
Saída do trabalho:	Entre as 17 e as 18 horas
Cronograma 2	
Porcentagem do tempo:	100% = 40 horas por semana
Horário de trabalho:	das 8 às 18h30, de segunda a quinta-feira (1/2 hora de almoço); Folga na sexta-feira
Entrada no trabalho:	8 horas
Saída do trabalho:	18h30
Cronograma 3	
Porcentagem do tempo:	90% = 36 horas por semana
Horário de trabalho:	das 8h30 às 17 horas, de segunda a quinta-feira (1/2 hora de almoço); das 8 ao meio-dia na sexta-feira (sem almoço)
Entrada no trabalho:	8h30 (segunda a quinta-feira); 8 horas (sexta-feira)
Saída do trabalho:	17h00 (de segunda a quinta-feira); meio-dia (sexta-feira)
Cronograma 4	
Porcentagem do tempo:	80% = 32 horas por semana
Horário de trabalho:	das 8 às 18 horas, de segunda a quarta-feira (1/2 hora de almoço); das 8 às 11h30 na quinta-feira (sem almoço); Folga na sexta-feira
Entrada no trabalho:	Entre as 8 e as 9 horas
Saída do trabalho:	Entre as 17 e as 18 horas

A maior parte das evidências dos estudos voltados a investigar o horário flexível é favorável. Uma revisão de mais de 40 estudos sugere que o horário flexível está relacionado com resultados positivos no trabalho em geral, embora essa relação seja fraca. Mais especificamente, os efeitos são muito mais fortes se considerarmos reduções no absenteísmo e, em menor grau, se considerarmos o aumento de produtividade e satisfação com o cronograma de trabalho.[29] O horário flexível tende a reduzir o absenteísmo porque os empregados podem programar suas horas de trabalho de acordo com as demandas de sua vida pessoal, reduzindo atrasos e faltas, e podem trabalhar nos períodos em que são mais produtivos. O horário flexível também pode ajudar os empregados a equilibrarem a vida profissional e a pessoal, um critério popular para avaliar se uma organização realmente se importa com a vida pessoal de seus empregados. No entanto, evidências empíricas muito menos promissoras de um estudo com mais de 100.000 empregados sugerem que, embora o horário flexível não seja muito eficaz para reduzir o impacto do trabalho sobre a vida pessoal, ele não afeta as situações nas quais a vida pessoal interfere no trabalho.[30] O problema é que os efeitos do horário flexível sobre o equilíbrio entre a vida profissional e a vida pessoal são mais complexos do que pode parecer. Por exemplo, dois estudos com empregados alemães sugerem que, embora o horário flexível os leve a definir limites mais claros entre a vida profissional e a vida pessoal (o que aumenta sua felicidade), esses limites só são efetivamente "definidos" se os empregados conseguirem atingir suas metas diárias no trabalho.[31] Esses estudos sugerem que, se o horário flexível for exagerado, o esquema pode dificultar o atingimento das metas.

A maior desvantagem do horário flexível é o fato de esse tipo de arranjo não ser aplicável a todos os trabalhos ou a todos os empregados. Gerentes e supervisores já têm muita autonomia no trabalho, de modo que o horário flexível não é tão eficaz para eles quanto para os empregados em geral.[32] Também parece que as pessoas que têm um grande desejo de separar a vida profissional da vida pessoal são menos propensas a usar o horário flexível.[33] Os empregados que pedem para trabalhar em um arranjo de horário flexível, não raro, são estigmatizados, o que poderia ser evitado se a maioria dos líderes da organização adotasse o mesmo esquema para passar a mensagem de que ele é aceitável.[34] À primeira vista, o horário flexível parece ser uma boa prática organizacional e as constatações desses estudos sugerem que pesquisas adicionais são necessárias para identificar diferenças individuais na aplicação de vários aspectos desse arranjo.

Compartilhamento de funções

O compartilhamento de funções permite que duas ou mais pessoas dividam um trabalho tradicional de 40 horas semanais.[35] Um empregado pode trabalhar das oito ao meio-dia enquanto outro trabalha na mesma função da uma às cinco da tarde. Ou os dois podem trabalhar o dia todo, mas em dias alternados. Por exemplo, duas gestoras de engenharia da Ford, Julie Levine e Julie Rocco, entraram no programa de compartilhamento de tarefas da empresa que permitiu que as duas passassem um tempo com a família enquanto trabalhavam no projeto do novo modelo Explorer. Normalmente, uma delas trabalhava no fim da tarde e a outra trabalhava de manhã. As duas concordam que o programa foi eficaz, embora sua viabilidade tenha demandado muito tempo e preparação.[36]

Apenas 18% das organizações norte-americanas ofereciam o compartilhamento de tarefas em 2014, representando uma redução de 29% desde 2008.[37] Algumas razões que impedem uma adoção mais ampla do programa incluem a dificuldade de encontrar colegas compatíveis para compartilhar funções e percepções negativas em relação a pessoas que não parecem 100% comprometidas com seu emprego e com seu empregador. No entanto, pode ser um erro eliminar o compartilhamento de funções com base nessas razões. Ele permite que a organização se beneficie dos talentos de mais de uma pessoa em determinada posição. A abordagem também possibilita a contratação de trabalhadores capacitados que não estariam disponíveis em um arranjo de período integral — como é o caso de mulheres com filhos pequenos ou de aposentados. Do ponto de vista dos empregados, o compartilhamento de tarefas pode aumentar a motivação e melhorar a satisfação se eles tiverem a chance de trabalhar em situações nas quais normalmente não teriam oportunidade. A decisão de um empregador de oferecer arranjos de compartilhamento de tarefas, muitas vezes, baseia-se em razões políticas e financeiras. Dois empregados de meio período que compartilhem as tarefas de uma mesma função podem sair mais baratos em termos de salário e benefícios do que um empregado de período integral, embora os custos de treinamento, coordenação e administrativos possam ser altos. De preferência, os gestores devem considerar cada pessoa e cada trabalho separadamente, buscando combinar os conhecimentos, as habilidades, a personalidade e as necessidades do empregado com as tarefas necessárias para o trabalho e levar em conta os fatores motivadores envolvidos.

compartilhamento de funções
Acordo que permite que duas ou mais pessoas dividam um trabalho tradicional de 40 horas semanais.

Trabalho a distância (teletrabalho)

Muita gente considera o trabalho a distância como o arranjo de trabalho ideal: dessa forma, pode-se evitar a hora do *rush*, trabalhar em horário flexível, vestir-se como bem entender e trabalhar sem ser interrompido pelos colegas. O **trabalho a distância (ou teletrabalho)** envolve trabalhar em casa *(home office)* — ou em qualquer outro lugar que o empregado queira, que não inclua o local de trabalho — pelo menos dois dias por semana por meio de dispositivos virtuais ligados à sede da empresa.[38] Um gerente de vendas que trabalha em casa atua em um arranjo de trabalho a distância, mas o mesmo não pode ser dito de um gerente de vendas que trabalha ocasionalmente em seu carro durante uma viagem de negócios.

O trabalho a distância parece ter sido desenvolvido paralelamente à transição cultural para o trabalho do conhecimento (que normalmente pode ser realizado em qualquer lugar) e, como mostra a Pesquisa de Comportamento Organizacional, as pessoas mais estudadas são mais propensas a trabalhar em casa. No entanto, o trabalho a distância tem sido muito discutido ultimamente não por seu potencial, mas em termos de sua aceitação organizacional ou sua falta de aceitação. Apesar dos benefícios do trabalho a distância, grandes organizações como o Yahoo! e a Best Buy decidiram descontinuar a prática.[39] Marissa Mayer, a CEO do Yahoo!, ao explicar como o trabalho a distância pode desgastar a cultura corporativa, observou: "As pessoas são mais produtivas quando estão sozinhas, mas são mais colaborativas e inovadoras quando estão juntas".[40]

Quais tipos de funções são mais adequadas ao trabalho a distância? Escritores, advogados, analistas e empregados que passam a maior parte do tempo no computador ou ao telefone — incluindo operadores de telemarketing, representantes de atendimento ao cliente, agentes de viagem e especialistas de suporte a produtos — são bons candidatos. Trabalhando a distância, eles podem acessar informações no computador de casa com a mesma facilidade que no escritório da empresa.

O trabalho a distância tem vários benefícios. Esse arranjo apresenta uma correlação positiva com a avaliação de desempenho baseada na opinião dos supervisores, em objetivos e na satisfação no trabalho; em menor grau, o trabalho a distância reduz

---

trabalho a distância (teletrabalho)
Trabalhar em casa (ou em outro local), pelo menos dois dias por semana, por meio de dispositivos virtuais ligados à sede da empresa.

PESQUISA DE COMPORTAMENTO ORGANIZACIONAL Quem trabalha de casa?

Percentual de pessoas que trabalham de casa

Escolaridade	Percentual
Curso superior completo ou acima	39,2%
Curso superior incompleto ou curso de tecnólogo	19,8%
Ensino médio completo	14,0%
Formação inferior ao ensino médio	7,2%

Fonte: Bureau of Labor Statistics, Tabela 6, Economic News Release, "American Time Use Survey Summary", 24 jun. 2016, https://www.bls.gov/news.release/atus.t06.htm.

Objetivos profissionais

Como faço para trabalhar em horário flexível?

Eu adoro meu emprego, mas não entendo por que a gestão de minha empresa não me deixa trabalhar em horário flexível. Afinal de contas, passo grande parte do tempo trabalhando no laptop no escritório! Eu poderia muito bem trabalhar no mesmo laptop só que em casa, sem ser interrompido pelos colegas. Eu sei que seria mais produtiva. Como posso convencê-los a me deixar trabalhar em casa?
— Sophia

Prezada Sophia:

Não podemos deixar de nos perguntar duas coisas: (1) a proibição de trabalhar em casa é uma política da empresa ou uma política de seu gestor? E (2) você quer trabalhar em horário flexível ou quer trabalhar a distância? Se você trabalhar no Yahoo!, por exemplo, muito provavelmente não vai conseguir convencer seu gestor a deixá-la trabalhar em casa depois das famosas declarações da CEO Marissa Mayer contra essa política. Se a proibição for uma política de seu gestor — ou até de sua divisão —, mas sua organização for aberta a esquemas alternativos de trabalho, você até pode conseguir o que quer.

Isso nos leva à segunda pergunta sobre o horário flexível ou o trabalho a distância. Se você, como disse, quer trabalhar em um arranjo de horário flexível e só quer trabalhar em casa em alguns horários não fixos (digamos, trabalhar no escritório 6 horas por dia e trabalhar as outras 2 horas por dia de casa), seu empregador pode ter mais chances de aceitar sua proposta do que se você pedir para trabalhar a distância (trabalhar todas as horas em casa).

Pesquisas indicam que os empregados têm mais chances de receber a concessão de trabalhar em casa como consequência de um relacionamento direto e favorável com seu gestor (e não devido a uma política da empresa). Os empregados também têm mais chances de receber autorização para trabalhar parcialmente a distância do que realizar todo o trabalho por meio desse arranjo (tanto trabalhando em um arranjo de horário flexível quanto alternando os dias). Vai ajudar se você tiver uma boa razão para trabalhar em casa e se o seu trabalho for baseado em conhecimento. Por exemplo, Jared Dalton, um gerente na empresa de contabilidade Ernst & Young, trabalha a distância duas vezes por semana e sua esposa, Christina, trabalha a distância em dois dias diferentes para cuidar do bebê.

Se achar que a concessão do direito de trabalhar em horário flexível depende de algum tipo de favoritismo, você pode ter razão. Mas também é um reflexo do grau de abertura das empresas a esse arranjo de trabalho: só 38% das organizações norte-mericanas permitem que alguns de seus empregados trabalhem em casa regularmente. Para ser um dos poucos sortudos:

- Verifique as políticas de trabalho flexível de sua organização.
- Elabore um plano para trabalhar em casa para submeter ao seu gestor. Inclua o número de horas por semana, os dias da semana e onde você se propõe a trabalhar e explique como seu gestor poderá continuar supervisionando o seu trabalho.
- Reúna evidências de sua produtividade. Você já trabalhou em casa? Se sim, mostre tudo o que conseguiu realizar. Você alega que seria mais produtivo trabalhar em casa. Então, mostre o quanto a sua produtividade aumentaria.
- Descreva suas razões para trabalhar em casa. Você precisa ajudar a cuidar de um parente idoso, por exemplo? Trabalhar em casa lhe pouparia um tempo de transporte que você poderia usar trabalhando?
- Coloque-se no lugar de seu chefe. Pesquisas indicam que as maiores preocupações da gestão são a possibilidade de abuso desse arranjo de trabalho e a possibilidade de a decisão ser considerada injusta pelos outros empregados.
- Considere seu relacionamento com o gestor. Ele se mostrou aberto ou prestativo no passado? Seu gestor é acessível?

Quando estiver pronta, converse sobre a sua solicitação com o seu gestor. Lembre-se de que "vender" a ideia de trabalho a distância é como "vender" qualquer ideia: você precisa pensar no que o seu empregador (e não você) tem a ganhar.

Fontes: baseado em "The 2015 Workplace Flexibility Study", *WorkplaceTrends.com*, 3 fev. 2015, https://workplacetrends.com/the-2015-workplace-flexibility-study/; T. S. Bernard, "For Workers, Less Flexible Companies", *The New York Times*, 20 maio 2014, B1, B7; e C. C. Miller e L. Alderman, "The Flexibility Gap", *The New York Times*, 14 dez. 2014, 1, 5.

As opiniões apresentadas aqui são única e exclusivamente dos autores, os quais não se responsabilizam por quaisquer erros ou omissões nem pelos resultados obtidos com a utilização destas informações. Em circunstância alguma os autores, seus parceiros ou suas organizações serão responsáveis por qualquer decisão ou ação da sua parte ou da parte de qualquer pessoa com base nas opiniões apresentadas aqui.

---

o estresse no trabalho e as intenções de sair da organização.[41] Os empregados que trabalham virtualmente mais de 2,5 dias por semana tendem a se beneficiar de menos conflitos entre a vida pessoal e profissional do que os empregados que passam a maior parte da semana no escritório.[42] Além dos benefícios para as organizações e seus empregados, o trabalho a distância também tem potenciais benefícios para a sociedade. Um estudo estimou que, se os norte-americanos trabalhassem a distância metade dos dias de trabalho, as emissões de carbono seriam reduzidas em aproximadamente 51 toneladas métricas por ano. A economia ambiental poderia resultar de um menor consumo de energia no escritório, menos engarrafamentos emitentes de gases de efeito estufa e menos necessidade de manutenção de ruas e rodovias.[43]

O trabalho a distância também tem várias desvantagens. No local de trabalho de hoje, focado no trabalho em equipe, o trabalho a distância pode levar à indolência social (ou seja, empregados se esquivando da responsabilidade em uma equipe), especialmente quando eles têm muitas responsabilidades na vida pessoal, mas os colegas de equipe não têm tantas demandas fora do trabalho.[44] Se o gestor trabalhar a distância, o desempenho dos empregados pode sair prejudicado.[45] Os gestores também precisarão lidar com a desmotivação dos empregados que se sentem injustiçados por não receber a concessão de trabalhar a distância.[46] Ao contrário das conclusões de Mayer para o Yahoo!, pesquisas indicam que tarefas mais criativas podem ser mais compatíveis com o trabalho a distância, enquanto tarefas repetitivas como digitação reduzem a motivação e, portanto, o desempenho dos trabalhadores a distância é reduzido.[47]

Do ponto de vista dos empregados, o trabalho a distância pode intensificar sentimentos de isolamento, reduzir a satisfação no trabalho e desgastar o relacionamento com os colegas.[48] Pesquisas indicam que, se você for forçado a trabalhar em casa, poderá ter mais conflitos entre a vida profissional e a vida pessoal, talvez porque o arranjo de trabalho, em geral, acabe estendendo as horas de dedicação além da semana de trabalho contratada.[49] Os empregados em arranjos de trabalho a distância também são vulneráveis ao efeito "longe dos olhos, longe do coração". O fato de não estarem dentro da empresa, de não participarem de reuniões e nem das interações informais do dia a dia com os demais empregados pode se transformar em uma desvantagem na hora das promoções e aumentos salariais, uma vez que eles podem ser vistos como empregados que não passam tempo suficiente na empresa.[50]

A eficácia do trabalho a distância sempre depende da qualidade das comunicações para estabelecer bons relacionamentos profissionais, mesmo se o contato não for presencial. O trabalho a distância parece fazer muito sentido, dados os recentes avanços tecnológicos, as mudanças na natureza do trabalho e nas preferências dos trabalhadores mais jovens. Só que, como demonstra a experiência do Yahoo!, alguns líderes não acreditam que os benefícios compensam os custos.

8.4 Descrever como medidas de envolvimento dos empregados podem motivá-los.

envolvimento e participação dos empregados
Processo participativo que usa as opiniões e recomendações dos empregados para aumentar seu comprometimento com o sucesso da organização

Envolvimento dos empregados

O envolvimento e participação dos empregados[51] é um processo participativo que usa as opiniões e recomendações dos empregados para aumentar seu comprometimento com o sucesso da organização. Se os empregados forem incluídos em decisões voltadas a aumentar sua autonomia e controle sobre o próprio trabalho, eles serão mais motivados, mais comprometidos com a organização, mais produtivos e mais satisfeitos com o emprego. Esses benefícios não se limitam aos indivíduos — quando as equipes têm mais controle sobre seu trabalho, o moral e o desempenho também aumentam.[52]

Para serem eficazes, os programas de envolvimento e participação dos empregados devem ser adaptados às normas locais e nacionais.[53] Um estudo conduzido em quatro países, incluindo Índia e Estados Unidos, confirmou a importância de adaptar as práticas para refletir a cultura nacional.[54] Embora os empregados norte-americanos tenham aceitado sem hesitação os programas de envolvimento e participação, os gestores indianos que tentaram empoderar seus empregados receberam uma avaliação inferior dos próprios trabalhadores. Essas reações são compatíveis com a cultura indiana, caracterizada pela alta distância do poder e que aceita e espera diferenças quanto aos níveis de autoridade. A cultura de trabalho na Índia pode não estar em transição como acontece na China, onde alguns empregados estão se voltando menos à distância do poder. Os trabalhadores chineses que aceitavam os valores culturais tradicionais apresentaram poucos benefícios com a tomada de decisão participativa. Os trabalhadores chineses menos tradicionais, no entanto, ficaram mais satisfeitos e apresentaram avaliações de desempenho melhores trabalhando em arranjos de gestão participativa.[55] Outro estudo conduzido na China mostrou que o envolvimento aumentou a sensação de estabilidade no emprego por parte dos empregados, o que, por sua vez, aumentou seu bem-estar.[56] Essas diferenças na China podem refletir o atual momento de transição da cultura chinesa. Por exemplo, uma pesquisa conduzida em áreas urbanas desse país indicou que alguns aspectos dos programas de envolvimento e participação dos empregados, ou seja, aspectos que favorecem a consulta e a expressão das opiniões, mas não a participação no processo decisório, levam a uma maior satisfação no trabalho.[57]

Exemplos de programas de envolvimento de empregados

Nesta seção, vamos analisar em mais detalhes dois esquemas importantes de envolvimento dos empregados: a gestão participativa e a participação por representação.

Gestão participativa Todos os esquemas de gestão participativa incluem a tomada de decisão participativa, na qual os subordinados compartilham um grau significativo de poder de decisão com seus superiores imediatos.[58] Esse compartilhamento pode ocorrer formalmente (em reuniões ou em pesquisas organizacionais) ou informalmente (em conversas diárias), como uma maneira de aumentar a motivação ao reforçar a confiança e o comprometimento.[59] A gestão participativa, não raro, é apontada como um remédio milagroso contra o baixo moral e a baixa produtividade. Com efeito, evidências sugerem que a gestão participativa reduz os efeitos negativos da sensação de falta de estabilidade no emprego sobre a satisfação e as intenções de sair da organização.[60] Uma revisão de estudos constatou que técnicas de gestão participativa, como círculos de qualidade, apresentam um efeito moderado sobre o desempenho no trabalho.[61] Para que a gestão participativa seja eficaz, contudo, os empregados precisam confiar nos líderes e estar preparados para a mudança no estilo de gestão. Os líderes devem evitar técnicas de coerção, esclarecer as consequências organizacionais da tomada de decisão para os empregados e avaliar periodicamente o progresso.[62]

Estudos da relação entre participação e desempenho organizacional produziram resultados variados.[63] As organizações que implementam a gestão participativa podem obter retornos acionários mais elevados, taxas de rotatividade mais baixas e maior produtividade da mão de obra, embora, de forma geral, esses efeitos não sejam tão grandes.[64]

Participação por representação Praticamente todos os países da Europa Ocidental têm alguma legislação que exige que as empresas pratiquem a participação por representação.[65] A participação por representação redistribui o poder na organização de modo a colocar os interesses dos empregados em pé de igualdade com os dos gestores e acionistas da empresa ao permitir a participação de um pequeno

gestão participativa
Processo no qual os subordinados compartilham um grau significativo de poder de decisão com seus superiores imediatos.

participação por representação
Sistema no qual os trabalhadores participam da tomada de decisão organizacional por meio de um pequeno grupo de empregados que os representam.

Bernd Osterloh, presidente do conselho de trabalhadores da Volkswagen, conversa com operários da linha de produção na sede da empresa em Wolfsburg, na Alemanha. A Volkswagen inclui os empregados na tomada de decisão, permitindo-lhes participar de discussões sobre regras de trabalho, finanças e planos de negócios da empresa, bem como produtividade e segurança no local de trabalho.

grupo de empregados no processo decisório da organização. No Reino Unido, Irlanda, Austrália e Nova Zelândia, a participação por representação era o único programa de envolvimento e participação dos empregados e foi implantada para permitir que representantes dos trabalhadores, todos sindicalizados, discutissem questões que iam além dos acordos sindicais. No entanto, atualmente, os grupos de representantes incluem cada vez mais uma mistura de empregados sindicalizados e não sindicalizados, independentemente dos arranjos sindicais.[66]

As duas formas mais comuns de representação são os conselhos de trabalhadores e os representantes do conselho de administração da empresa. Os conselhos de trabalhadores são grupos de empregados, nomeados ou eleitos, que devem ser consultados quando a gestão toma qualquer decisão que envolva a força de trabalho. Os representantes do conselho de administração da empresa são empregados que participam das reuniões do conselho de administração da organização e defendem os interesses dos trabalhadores.

A influência da participação por representação sobre os empregados é variada, mas, de forma geral, para ter sua motivação aumentada, um trabalhador precisaria sentir que seus interesses estão bem representados e fazem diferença para a organização. Pensando assim, métodos de participação mais diretos são ferramentas motivacionais mais eficazes do que a participação por representação.

Em suma, os programas de envolvimento e participação claramente têm o potencial de aumentar a motivação intrínseca dos empregados. A oportunidade de tomar e implementar decisões — e vê-las dando certo — pode contribuir para todos os resultados desejáveis da organização. Dar aos empregados o controle sobre decisões importantes, além de garantir que seus interesses sejam representados no processo decisório, pode reforçar os sentimentos de justiça processual. Mas, como qualquer outra iniciativa, os programas de envolvimento e participação devem ser elaborados com cuidado.

Utilização de recompensas para motivar os empregados

Como vimos no Capítulo 3, a remuneração não é o principal fator de satisfação no trabalho. Mas, mesmo não sendo a principal fonte de motivação, é um importante elemento que as empresas normalmente subestimam. Embora não seja tão importante quanto a satisfação no trabalho e um bom equilíbrio entre a vida profissional e pessoal do empregado, aproximadamente 60% dos respondentes de um levantamento da American Psychological Association disseram que permaneciam no atual emprego pelo salário e pelos benefícios.[67]

Visto que a remuneração é tão importante, os gestores precisam tomar algumas decisões estratégicas. A organização deverá liderar o mercado em termos de remuneração, acompanhar o mercado ou ficar abaixo da média? Como as contribuições individuais serão reconhecidas? Nesta seção, consideraremos: (1) o que pagar aos empregados (decidido pelo estabelecimento de uma estrutura de remuneração); (2) como pagar os empregados individualmente (decidido com planos de remuneração variável).

8.5 Demonstrar como os diferentes tipos de programas de remuneração variável podem aumentar a motivação dos empregados.

O que pagar: estabelecendo uma estrutura de remuneração

Há muitas maneiras de remunerar os empregados. O processo de estabelecer níveis de remuneração envolve equilibrar o valor do trabalho para a organização (geralmente estabelecido por meio de um processo técnico conhecido como avaliação da função) com a competitividade externa da remuneração de uma organização em relação à remuneração média do setor (geralmente determinada por pesquisas de mercado). Naturalmente, o melhor sistema de remuneração paga o que o trabalho vale e, ao mesmo tempo, é competitivo em comparação com o mercado de trabalho.

Algumas organizações preferem ser líderes em remuneração e pagam acima do mercado, ao passo que outras ficam atrás, pois não podem arcar com a média do mercado ou se dispõem a suportar os custos de pagar abaixo do mercado (ou seja, gerando maior rotatividade, uma vez que as pessoas são atraídas por empregos que pagam melhor). Algumas empresas que obtiveram ganhos impressionantes em termos de receita e margens de lucro conseguiram fazer isso, em parte, mantendo baixos os salários dos empregados.[68]

Ao remunerar melhor, as organizações conseguem empregados mais bem qualificados e mais motivados, que ficarão mais tempo na empresa. Um estudo que incluiu 126 organizações de grande porte constatou que os empregados que acreditavam receber uma remuneração competitiva tinham um moral mais elevado e eram mais produtivos, e os clientes também estavam mais satisfeitos.[69] Mas a remuneração costuma ser o maior custo operacional de uma organização, o que significa que pagar muito bem pode aumentar demais o preço de seus produtos ou serviços. Essa é uma decisão estratégica, que deve ser tomada pela empresa e que implica escolhas claras.

No caso do Walmart, parece que a estratégia escolhida para definir a remuneração dos empregados não deu muito certo. Enquanto o crescimento anual das lojas nos Estados Unidos desacelerava para cerca de 1% em 2011, um de seus maiores concorrentes, a Costco, cresceu cerca de 8%. Um empregado da Costco recebia, em média, aproximadamente US$ 45.000 anuais, em comparação com o salário anual de aproximadamente US$ 17.500 de um empregado do Sam's Club, de propriedade do

Cary Chin trabalha na recepção da Gravity Payments, uma empresa de processamento de cartões de crédito de Seattle, uma cidade que tem um custo de vida altíssimo. O CEO da Gravity, Dan Price, estabeleceu uma nova estrutura de remuneração para todos os empregados, instituindo um salário-base de US$ 70.000 anuais para melhorar a qualidade de vida dos trabalhadores e motivá-los a empenhar-se mais para alcançar alta satisfação dos clientes.

Fonte: Ted S. Warren/AP Images

Walmart. A estratégia da Costco era pagar mais para ganhar mais — e os salários mais altos resultaram em empregados mais produtivos e em menor rotatividade. Dada a recente decisão do Walmart de aumentar os salários dos trabalhadores por toda a organização, talvez os executivos da empresa concordem com a abordagem da Costco.[70]

Como remunerar: recompensando empregados individualmente por meio de programas de remuneração variável

"Por que eu me empenharia mais do que eu já me empenho em meu trabalho?", pergunta Anne, professora do quarto ano do ensino fundamental de uma escola de Denver, no Colorado. "Posso me matar ou só fazer o mínimo necessário, não faz a menor diferença. O salário não vai mudar. Por que eu faria qualquer coisa além do mínimo exigido?". Comentários como os de Anne foram comuns entre os professores por décadas, pois os aumentos salariais no setor eram vinculados ao tempo de serviço. Recentemente, entretanto, diversas organizações — desde empresas privadas até escolas públicas e órgãos governamentais — estão revendo seus sistemas de remuneração (normalmente baseados em credenciais ou tempo de serviço) para motivar pessoas como Anne a se empenhar mais no trabalho, aderindo a programas de remuneração variável.[71]

Planos de remuneração por unidade produzida, remuneração com base no mérito, bônus, participação nos lucros e planos de participação acionária para empregados são algumas das formas possíveis de programas de remuneração variável, nos quais uma parte ou o total da remuneração baseia-se em alguma medida de desempenho individual e/ou organizacional.[72] A parcela variável da remuneração pode incluir o pagamento mensal, mas também pode ser paga anualmente ou depois do atingimento de metas específicas. A remuneração variável pode ser opcional para o empregado ou uma condição para trabalhar na organização.[73] Os programas de remuneração variável já são usados há um bom tempo para recompensar vendedores e executivos, mas hoje em dia o escopo dos trabalhos em que é possível adotar esse tipo de remuneração se estendeu.

programa de remuneração variável
Plano que baseia uma parte ou o total da remuneração do empregado em alguma medida individual e/ou organizacional de desempenho.

Ao redor do mundo, cerca de 84% das empresas oferecem algum tipo de plano de remuneração variável.[74] A maioria das organizações (70%) usa uma combinação de prêmios nos níveis da organização como um todo, dos departamentos, da equipe e no nível individual, enquanto menos de um terço delas usa gratificações apenas no nível da organização como um todo, no nível dos departamentos, das equipes ou exclusivamente no nível individual.[75] Nos Estados Unidos, as organizações planejam pagar, com algum método de remuneração variável, em média, 11,6% do salário dos trabalhadores assalariados não cobertos pela Fair Labor Standards Act (Lei de Normas Trabalhistas Justas), uma lei federal que determina o salário mínimo, teto de horas extras e idade mínima para os trabalhadores.[76]

Infelizmente, nem todos os empregados veem grande relação entre remuneração e desempenho, embora, aparentemente, um plano de remuneração variável possa fazer alguma diferença. Como vimos, os planos de remuneração por desempenho de professores estão começando a se popularizar nos Estados Unidos, particularmente os baseados nas notas dos alunos. Uma pesquisa recente que contou com a participação de milhares de professores norte-americanos mostrou que esses programas (1) não estão melhorando a motivação dos professores nem suas práticas de ensino e (2) na verdade levaram a mais estresse, além de comportamentos contraproducentes no trabalho, como trapaça e até intimidação dos alunos para forçá-los a tirar notas mais altas nas provas.[77]

Na prática, os resultados dos planos de remuneração por desempenho são variados; o contexto e a receptividade do trabalhador ao plano fazem uma enorme diferença. Por exemplo, um estudo de 438 pares de supervisores-subordinados chineses e taiwaneses constatou que a criatividade e a motivação intrínseca dos empregados eram reforçadas por planos de remuneração por desempenho, mas só quando os empregados confiavam na chefia e quando o *guanxi* (conexões pessoais específicas entre subordinados, gestores e colegas de trabalho) desempenhava um papel menos importante nas práticas de recursos humanos (RH).[78] A liderança (veja o Capítulo 12) também faz diferença nos planos de remuneração por desempenho, podendo levar a desempenhos mais claros quando os líderes se comportam de forma contingencial e positiva.[79] Pessoas extrovertidas e emocionalmente estáveis têm uma tendência maior a serem receptivas e a apresentarem desempenho melhor se forem remuneradas por ele, ao passo que os empregados conscienciosos não se mostram tão receptivos.[80]

O sigilo desempenha um papel importante no sucesso motivacional dos programas de remuneração variável. Em alguns órgãos públicos e sem fins lucrativos, a remuneração do pessoal é divulgada, mas a maioria das organizações norte-americanas incentiva ou exige que a remuneração seja mantida em sigilo.[81] Será que isso é bom ou ruim? Infelizmente, é ruim. O sigilo relativo à remuneração prejudica o desempenho no trabalho. Pior ainda, afeta negativamente mais os empregados que apresentam desempenho superior do que os outros. É muito provável que o sigilo leve os empregados a achar que a remuneração é subjetiva, o que pode ser desmotivador. Pode ser que não haja necessidade de divulgar a todos os valores pagos individualmente para recuperar o equilíbrio, mas, se a remuneração de categorias gerais for divulgada e os empregados virem que a remuneração variável é objetivamente vinculada a seu desempenho, a organização tem como usá-la para motivar seu pessoal.[82]

É a flutuação da remuneração variável que faz com que esses programas sejam tão atraentes para a gestão. O programa transforma parte dos custos fixos da organização com a força de trabalho em variáveis e, assim, reduz as despesas quando o desempenho cai. Por exemplo, quando a economia dos Estados Unidos entrou em recessão em 2001 e, novamente, em 2008, as empresas que utilizavam a remuneração variável conseguiram reduzir seus custos trabalhistas com muito mais rapidez do que as outras.[83] Com o tempo, os menos esforçados veem sua remuneração estagnar-se, ao passo que os empregados de melhor desempenho desfrutam de uma remuneração melhor, de acordo com sua contribuição. No entanto, parece que o retorno da organização sobre a remuneração pelo desempenho também varia com o tempo. Um estudo dos retornos para os acionistas das 500 empresas norte-americanas da S&P entre 1998 e 2005 sugere que, embora os planos de remuneração por desempenho (incluindo opções de compra de ações e bônus) sejam mais eficazes para os CEOs quando eles entram na empresa, a relação entre os programas de remuneração por desempenho e os retornos para os acionistas cai aos poucos com o tempo, enquanto a relação entre os programas tradicionais e os retornos para os acionistas aumenta com o tempo.[84]

Vamos examinar os diferentes tipos de programas de remuneração variável em detalhes.

Remuneração por unidade produzida Já faz um bom tempo que o plano de remuneração por unidade produzida tem sido popular como forma de pagar empregados da área de produção que recebem uma quantia por cada unidade de produção concluída.[85] Em seu estado mais puro, esses programas não preveem um salário fixo básico, mas só remuneram o que for produzido. As pessoas que trabalham em estádios esportivos vendendo refrigerantes costumam ser remuneradas dessa forma. Se venderem apenas 40 latas de refrigerante, ganham apenas 40 reais. Quanto mais refrigerantes eles conseguirem vender, mais ganharão. Os planos de remuneração por unidade produzida também podem ser distribuídos a equipes de vendas. Em nosso exemplo, um vendedor ganha por uma parcela do número de refrigerantes vendidos pela equipe de vendedores durante um jogo no estádio.

Sabe-se que os planos de remuneração por unidade levam a uma maior produtividade e a salários mais altos, de modo que eles podem ser atraentes para as organizações e podem motivar os trabalhadores.[86] Com efeito, uma das mais importantes universidades chinesas aumentou sua remuneração por artigo publicado pelos professores e viu um aumento de 50% em sua produtividade em relação ao número de artigos publicados.[87] No local de trabalho, os empregados com mais chances de se motivar por um plano de remuneração por unidade produzida são os gestores e os empregados com mais tempo de casa. Trabalhadores de baixo desempenho não costumam se interessar pela remuneração por unidade produzida por motivos óbvios — eles não vão ganhar muito!

O que mais preocupa os trabalhadores em relação ao plano de remuneração por unidade produzida individualmente ou pela equipe é o risco financeiro inerente. Um experimento recente conduzido na Alemanha descobriu que 68% das pessoas avessas ao risco preferem um sistema de remuneração individual por unidade produzida e que as pessoas de desempenho inferior preferem um sistema de remuneração de equipe por unidade produzida. Para explicar esses resultados, os autores sugeriram que pessoas que têm aversão ao risco e têm alto desempenho preferem se arriscar com base em um fator que têm como controlar (seu próprio trabalho), porque se preocupam com a possibilidade de os outros "fazerem corpo mole" se a remuneração for definida pelos resultados da equipe.[88] A preocupação se justifica, como veremos no próximo capítulo. As organizações, por outro lado, devem verificar se o plano de remuneração por unidade produzida está mesmo motivando seu pessoal.

---

plano de remuneração por unidade produzida
Plano de pagamento em que os empregados recebem uma quantia fixa por cada unidade de produção concluída.

Pesquisas conduzidas na Europa sugeriram que, quando o ritmo do trabalho é determinado por fatores externos incontroláveis, como pedidos de clientes, em vez de fatores internos, como colegas de trabalho, metas e equipamentos, um plano de remuneração por unidade produzida não motiva os empregados.[89] De qualquer maneira, os gestores devem se manter cientes da motivação dos trabalhadores de reduzir a qualidade para aumentar a velocidade de produção.

Assim, embora os planos de remuneração por unidade produzida possam motivar os empregados em muitos contextos organizacionais, uma clara limitação é que eles não são viáveis para muitos trabalhos. Um médico e um enfermeiro de um pronto-socorro podem ganhar um bom salário independentemente do número de pacientes que atenderem ou dos resultados de seu atendimento. Seria melhor só pagá-los se os pacientes se recuperarem totalmente? Parece improvável que a maioria aceitasse esse tipo de acordo, que poderia causar consequências imprevistas (como prontos-socorros recusando pacientes com doenças terminais ou risco de vida). Embora os incentivos possam motivar os empregados e sejam relevantes para alguns trabalhos, não é realista achar que eles serão eficazes em todas as situações.

Remuneração com base no mérito Um plano de remuneração com base no mérito remunera os empregados com base em sua avaliação de desempenho individual.[90] Sua principal vantagem é que os empregados que apresentam o melhor desempenho podem receber recompensas melhores. Se esses planos forem bem concebidos e implementados, os empregados verão uma forte relação entre seu desempenho e as recompensas recebidas.[91]

A maioria das organizações de grande porte possui planos de remuneração por desempenho, principalmente para empregados assalariados. E, aos poucos, o sistema de remuneração com base no mérito também está começando a ser adotado no setor público. Por exemplo, a maioria dos empregados do governo dos Estados Unidos é sindicalizada, e os sindicatos que os representam, de modo geral, exigem que os aumentos salariais sejam baseados exclusivamente no tempo de serviço. No entanto, Chris Christie, o governador do estado de Nova Jersey, implementou a remuneração com base no mérito para os professores de seu estado com base na proposta de melhorar a prestação de contas de seu governo. O sindicato dos professores da cidade de Newark, Nova Jersey, aprovou o plano, que incluiu financiamentos por parte do CEO do Facebook, Mark Zuckerberg.[92] Em outra decisão incomum, o sistema de hospitais públicos de Nova York paga os médicos com base em sua eficácia na redução de custos, no aumento da satisfação dos pacientes e na melhoria da qualidade do atendimento.[93]

Por outro lado, algumas empresas estão se afastando da remuneração com base no mérito por acreditar que o sistema não distingue bem os empregados de alto e baixo desempenho. "Acreditamos firmemente e pesquisas acadêmicas demonstram que a remuneração variável tende a fazer com que os empregados foquem demais no desempenho imediato", explicou Ken Abosch, gerente de remuneração da consultoria de recursos humanos Aon Hewitt. Quando ainda faltam meses para a avaliação de desempenho e para o aumento salarial, os empregados de alto desempenho não se sentem muito motivados com esse tipo de remuneração. Até as empresas que mantiveram o sistema de remuneração com base no mérito estão repensando o plano.[94]

Você pode até achar que o nível médio de desempenho de uma pessoa é o principal fator para tomar decisões de remuneração com base no mérito, mas o

plano de remuneração com base no mérito
Plano de pagamento baseado em avaliações de desempenho do empregado.

nível projetado de desempenho futuro também tem seu peso na decisão. Um estudo constatou que os jogadores da Associação Nacional de Basquete dos Estados Unidos (NBA) que apresentavam desempenho em alta ganhavam mais do que se apenas seu desempenho médio atual fosse levado em conta. Gestores de todas as organizações podem, sem perceber, basear suas decisões de remuneração por mérito no desempenho que eles *acham* que os empregados terão, o que pode resultar em decisões de remuneração otimistas (ou pessimistas) demais.[95]

Apesar de fazer sentido à primeira vista, os planos de remuneração com base no mérito têm várias limitações. Uma delas é que esses planos, em geral, se baseiam em uma avaliação anual de desempenho e, portanto, são tão válidos, ou tão inválidos, quanto as avaliações de desempenho nas quais se baseiam. Isso pode envolver questões relativas à discriminação, como discutimos no Capítulo 2. Pesquisas indicam que empregados afro-americanos recebem avaliações de desempenho mais baixas do que os empregados brancos, que as avaliações das mulheres são mais altas do que as dos homens e que há diferenças demográficas na distribuição dos aumentos salariais, mesmo se todos os outros fatores forem iguais.[96] Outra limitação é que a verba alocada aos aumentos salariais varia com a economia ou outros fatores que têm pouca relação com o desempenho individual de um empregado. Por exemplo, um professor de uma universidade renomada que teve um desempenho espetacular em docência e pesquisa recebeu um aumento de apenas US$300. Por quê? Porque a verba alocada para aumentos salariais naquele ano foi muito pequena. Se isso acontecer, o aumento limita-se a acompanhar a inflação e não pode ser considerado um pagamento por desempenho. Por fim, os sindicatos costumam resistir aos planos de remuneração com base no mérito. O que acaba acontecendo é que poucos professores se beneficiam da remuneração com base no mérito. Em vez disso, predomina a remuneração baseada em tempo de serviço, que atribui os mesmos aumentos a todos os empregados.

O conceito e a intenção da remuneração por mérito — pagar os empregados por seu desempenho — fazem muito sentido. Para fins de motivação dos empregados, contudo, a remuneração com base no mérito deve ser apenas mais um elemento de um programa mais amplo de reconhecimento do desempenho.

Bônus O bônus anual é um componente importante da remuneração total para muitos trabalhadores.[97] Antes um benefício exclusivo da alta administração, hoje já é comum ver organizações oferecendo planos de bônus a empregados de todos os níveis. Os efeitos do incentivo de um plano de bônus sobre o desempenho deveriam ser maiores que os da remuneração com base no mérito, pois, mais do que pagar os empregados por seu desempenho de anos atrás (e que foram acrescidos ao salário-base), os bônus só recompensam o desempenho recente (a remuneração com base no mérito é cumulativa, mas os aumentos costumam ser muito mais baixos que os valores dos bônus). Além disso, em momentos de dificuldade, as empresas podem cortar os bônus para reduzir os custos com a remuneração do pessoal. Por exemplo, nos Estados Unidos, os trabalhadores do mercado financeiro viram seu bônus médio despencar em mais de um terço à medida que suas empresas enfrentavam inspeções cada vez mais frequentes.[98]

Os planos de bônus têm uma vantagem clara: a motivação dos empregados aumenta. Por exemplo, um estudo recente conduzido na Índia constatou que, quando uma porcentagem maior da remuneração em geral foi reservada a potenciais bônus para gestores e empregados, a produtividade aumentou.[99] Esse exemplo também

---

bônus
Plano de pagamento que recompensa os empregados por seu desempenho recente, e não por seu desempenho histórico.

A Tencent Holdings, uma empresa on-line chinesa, recompensa os empregados com incentivos atraentes que incluem bônus em dinheiro para os empregados de baixo escalão. Os jovens mostrados na foto estiveram entre os 5.000 empregados que receberam um bônus especial, entregue pessoalmente em envelopes vermelhos por Pony Ma, o CEO e cofundador da organização.

Fonte: Keita Wensz/ICHPL Imaginechina/AP Images

revela o lado negativo dos bônus: o pagamento dos empregados fica mais vulnerável a cortes. Isso é especialmente problemático quando os bônus constituem uma grande porcentagem do pagamento total ou quando os empregados passam a considerá-los um ganho certo. "As pessoas passaram a viver como se o bônus não fosse um pagamento adicional, mas uma parte esperada de sua renda anual", explicou Jay Lorsch, professor da Faculdade de Administração de Harvard. A KeySpan, uma companhia de utilidade pública com 9.700 empregados em Nova York, combinou bônus anuais com uma remuneração mais baixa com base no mérito. Elaine Weinstein, vice-presidente sênior de recursos humanos da KeySpan, atribui ao plano os créditos de transformar a cultura da empresa do "senso de direito adquirido à meritocracia".[100]

A maneira como os bônus e recompensas são categorizados também afeta a motivação das pessoas. Pode ser um pouco manipulador, mas dividir recompensas e bônus em categorias — mesmo que elas não façam sentido — pode aumentar a motivação.[101] Isso acontece porque, se não receberem uma recompensa de cada categoria, as pessoas têm mais chances de achar que estão perdendo uma gratificação à qual têm direito, e acabam se empenhando mais para ganhar recompensas de um número maior de categorias. Os bônus de curto prazo também podem afetar a motivação. Por exemplo, uma fábrica de alta tecnologia implementou bônus em dinheiro, vale-refeição e reconhecimento dos empregados (veja mais adiante neste capítulo); todas essas medidas, em conjunto, aumentaram o desempenho em 5%, sendo que os bônus *não monetários* foram, na verdade, mais eficazes para melhorar o desempenho.[102]

Plano de participação nos lucros Um plano de participação nos lucros distribui um pagamento baseado em alguma fórmula preestabelecida de cálculo da lucratividade da empresa.[103] A remuneração pode incluir pagamentos diretos em dinheiro ou, especialmente para a alta gestão, a concessão de opções de compra de ações da empresa. Ao ler sobre executivos como Mark Zuckerberg, que aceita um modesto salário de apenas US$ 1, é necessário se lembrar que muitos deles recebem generosas opções de compra de ações. Na verdade, Zuckerberg embolsou até US$ 2,3

plano de participação nos lucros
Programa que envolve toda a organização, distribuindo um pagamento baseado em alguma fórmula preestabelecida de cálculo da lucratividade da empresa.

bilhões depois de vender algumas de suas ações da empresa.[104] É claro que a grande maioria dos planos de participação nos lucros não é tão grandiosa. Por exemplo, Jacob Luke abriu seu negócio cortando a grama dos vizinhos quando tinha 13 anos. Ele empregou seu irmão Isaías e seu amigo Marcel e lhes pagou 25% dos lucros que ganhava em cada quintal.

Os estudos, em geral, confirmam a ideia de que organizações que oferecem planos de participação nos lucros têm uma lucratividade maior do que aquelas que não oferecem esse tipo de plano.[105] Esses planos também foram associados a níveis mais elevados de comprometimento dos empregados, especialmente em organizações de pequeno porte.[106] A participação nos lucros no nível organizacional parece afetar positivamente as atitudes dos empregados, que relatam ter mais controle psicológico em relação ao trabalho.[107] Pesquisas recentes conduzidas no Canadá indicam que os planos de participação nos lucros motivam os empregados a melhorar o desempenho no trabalho quando implementados em combinação com outros planos de remuneração por desempenho.[108] Naturalmente, a participação nos lucros não tem como ser eficaz se a empresa não tiver lucros reportados, como no caso de organizações sem fins lucrativos ou, muitas vezes, no setor público. No entanto, a participação nos lucros pode fazer sentido para muitas organizações, de grande ou pequeno porte.

Escolha ética

Trabalhos precários e segurança no trabalho

Os países industrializados avançaram muito em termos de segurança e remuneração dos trabalhadores. O número de acidentes de trabalho caiu muito nas últimas décadas e, hoje em dia, muitos empregados ganham mais do que no passado. Infelizmente, o mesmo não se aplica a todas as regiões do mundo.

Para manter os custos baixos, muitas empresas de países desenvolvidos e seus gestores se voltam a contratar fornecedores de países em desenvolvimento, onde as pessoas têm pouca opção a não ser trabalhar por um baixo salário e nenhum benefício, com estruturas de gestão de cima para baixo (*top down*) sem quaisquer oportunidades de gestão participativa ou sindicatos para representá-los. Condições de trabalho não regulamentadas e até perigosas são comuns, especialmente na indústria de vestuário. Recentemente, três acidentes em Bangladesh estão levantando questionamentos quanto à ética de tolerar condições como essas ou até contribuir para sua perpetuação. A fábrica Tazreen Fashion, que fabricava vestimentas de baixo custo para diversas empresas varejistas norte-americanas, incluindo o Walmart, sofreu, em novembro de 2012, um incêndio que matou 112 trabalhadores. Em abril de 2013, o desabamento do prédio do Rana Plaza, que abrigava várias fábricas de roupas, matou mais de 1.100 pessoas. E, em maio de 2013, um incêndio na Tung Hai Sweater Company matou 8 trabalhadores. Uma investigação do incidente do Rana Plaza revelou que o prédio tinha sido construído sem autorização e com materiais de baixa qualidade. Embora os trabalhadores tivessem relatado ter visto e ouvido rachaduras na estrutura do prédio, foram orientados a voltar ao trabalho. O governo começou a tomar medidas em Bangladesh. Em abril de 2017, mais de 100 curtumes foram desativados devido a incontáveis problemas de saúde pública e segurança.

Diante disso, algumas empresas, como a PVH, proprietária da Tommy Hilfiger e da Calvin Klein, bem como a Tchibo, uma varejista alemã, assinaram o contrato "IndustriALL", que exige que fabricantes estrangeiros realizem regularmente inspeções de construção civil e segurança contra incêndios e que o resultado dessas inspeções seja divulgado. O problema é que muitas outras empresas não assinaram o contrato e nenhuma das 15 empresas varejistas que vendem roupas fabricadas nas fábricas do Rana Plaza fez qualquer doação para os sobreviventes por meio do fundo da Organização Internacional do Trabalho.

Com a popularização de iniciativas de responsabilidade social corporativa, qual é a responsabilidade das organizações no que diz respeito às condições de trabalho de seus terceirizados, tanto em seu próprio país quanto no exterior? A professora Cindi Fukami pergunta: "Será que as empresas norte-americanas deveriam mesmo terceirizar a produção de produtos feitos em condições que jamais seriam aprovadas nos Estados Unidos, mas... que são perfeitamente legais nos países em que eles são [produzidos]?" Fica claro que não existe uma solução fácil para o problema.

Fontes: baseado em B. Kennedy, "The Bangladesh Factory Collapse One Year Later", CBS, 23 abr. 2014, http://www.cbsnews.com/news/the-bangladesh-factory-collap-seone-year--later/; J. Kenny e A. Matthews, "Bangladesh Cuts Power to Leather District After Years of Environmental Violations", *PBS Newshour: The Rundown*, 11 abr. 2017, http://www.pbs.org/newshour/world/ bangladesh-cuts-power-leather-district-years-health-violations/; J. O'Donnell e C. Macleod, "Latest Bangladesh Fire Puts New Pressure on Retailers", *USA Today*, 9 maio 2013, www.usatoday.com; e T. Hayden, "Tom Hayden: Sweatshops Attract Western Investors", *USA Today*, 17 maio 2013, www.usatoday.com.

Plano de participação acionária para empregados Um plano de participação acionária para empregados é um plano de benefícios estabelecido pela empresa no qual os empregados compram ações da empresa, geralmente a preços abaixo dos praticados no mercado, como parte de seu pacote de benefícios.[109] Pesquisas voltadas a analisar esse tipo de plano indicam que eles aumentam a satisfação e melhoram a inovação por parte dos empregados.[110] Os planos de participação acionária para empregados só têm o potencial de aumentar a satisfação dos trabalhadores se eles sentirem que têm algum controle psicológico em relação ao trabalho.[111] Mesmo assim, os planos de participação acionária podem não reduzir o absenteísmo ou aumentar a motivação,[112] talvez porque o benefício monetário só resulte da venda das ações da empresa em uma data posterior. Desse modo, os empregados precisam ser mantidos informados quanto ao progresso da empresa e ter a chance de contribuir para o avanço do negócio para que se motivem a melhorar seu desempenho pessoal.[113]

Os planos de participação acionária para a alta administração podem reduzir o comportamento antiético. Por exemplo, os CEOs são menos propensos a manipular os relatórios de lucros da empresa para impressionar os acionistas em curto prazo se tiverem uma participação acionária na organização.[114] Os planos de participação acionária para empregados também podem ser uma forma de ajudar a comunidade financeiramente, como o modelo de cooperativas de trabalhadores em rede da cidade de Cleveland, no estado norte-americano de Ohio.[115] É claro que nem todas as empresas querem instituir planos de participação acionária para empregados, que não são eficazes em todas as situações. Esses planos, no entanto, podem ser uma parte importante da estratégia motivacional de uma organização.

Avaliação dos programas de remuneração variável Será que os programas de remuneração variável aumentam a motivação e a produtividade? Em geral sim, mas isso não significa que todas as pessoas serão igualmente motivadas por esses programas.[116] Muitas organizações implementam mais de um elemento de remuneração variável, como bônus e um plano de participação acionária, de modo que os gestores devem avaliar a eficácia do plano em termos da motivação dos empregados resultante de cada elemento separadamente e de todos os elementos juntos. Os gestores devem monitorar as expectativas dos empregados no que diz respeito às recompensas pelo desempenho porque a combinação de elementos que os leve a achar que um desempenho melhor lhes renderá mais recompensas será a mais motivadora.[117]

Utilizando benefícios para motivar os empregados

Agora que discutimos quanto e como remunerar os empregados, vamos discutir dois outros fatores motivacionais que as organizações devem decidir: (1) quais benefícios e opções oferecer (como benefícios flexíveis) e (2) como criar programas de reconhecimento de empregados. Tal qual a remuneração, os benefícios são tanto uma fonte de renda quanto um motivador. Enquanto os benefícios oferecidos pelas organizações antigamente faziam parte de um pacote padrão que atingia a todos os empregados, os líderes de hoje sabem que cada um deles atribui um valor diferente a cada benefício oferecido. Um programa flexível transforma o pacote de benefícios em uma ferramenta motivacional.

---

plano de participação acionária para empregados
Plano de benefícios no qual os empregados compram ações da empresa, geralmente a preços abaixo dos praticados no mercado, como parte de seu pacote de benefícios.

8.6 Demonstrar como os benefícios flexíveis podem transformar benefícios em fatores motivadores.

Benefícios flexíveis: criando um pacote de benefícios

Todd E. é casado e tem três filhos pequenos; sua esposa fica em casa cuidando das crianças. Sua colega no Citigroup, Allison M, também é casada, mas seu marido é um funcionário público bem remunerado e eles não têm filhos. Todd quer um plano de saúde familiar e um bom seguro de vida para prover a família caso necessário. O marido de Allison já tem um excelente plano de saúde familiar e o seguro de vida é uma baixa prioridade para o casal. Allison tem um interesse maior em mais dias de férias e benefícios financeiros de longo prazo, como um plano de aposentadoria empresarial.

É pouco provável que um pacote de benefícios padronizado satisfaça às necessidades tanto de Todd quanto de Allison. O Citigroup pode, no entanto, cobrir os dois tipos de necessidades ao implementar um plano de benefícios flexíveis.

Em conformidade com a tese da teoria da expectativa, que afirma que as recompensas organizacionais devem estar vinculadas aos objetivos individuais de cada empregado, os benefícios flexíveis individualizam as recompensas, permitindo que os trabalhadores escolham seu pacote de acordo com as próprias necessidades e situação. Os benefícios flexíveis podem conciliar as diferentes necessidades dos empregados com base na idade, estado civil, benefícios recebidos pelo parceiro, além do número e idade dos dependentes.

Em geral, os benefícios podem motivar uma pessoa a ir ao trabalho e optar por trabalhar em uma organização e não em outra. Mas será que os benefícios flexíveis motivam mais que os planos tradicionais? É difícil dizer. Algumas organizações que adotaram planos flexíveis relatam maior retenção de empregados, mais satisfação no trabalho e produtividade. No entanto, os benefícios flexíveis não podem ser usados como um substituto para salários mais altos quando se trata de motivação, como sugere uma pesquisa conduzida na China.[118] À medida que mais organizações ao redor do mundo adotam os benefícios flexíveis, o nível de motivação individual resultante provavelmente cairá (já que os planos passarão a ser vistos como parte da remuneração normal pelo trabalho). As desvantagens dos planos de benefícios flexíveis podem ser claras: sua administração pode ser mais onerosa e pode ser difícil identificar o impacto motivacional de diferentes benefícios.

Considerando que, à primeira vista, os benefícios flexíveis só podem levar a um aumento da motivação, você pode se surpreender ao saber que nem todos os países adotaram amplamente sua utilização. Na China, só uma pequena parcela das empresas oferece planos flexíveis de benefícios[119], e o mesmo pode ser dito de outros países asiáticos.[120] Quase todas as grandes corporações dos Estados Unidos oferecem esses planos e uma pesquisa recente com 211 organizações canadenses constatou que 60% delas oferecem atualmente benefícios flexíveis, em comparação com 41% em 2005.[121] Um levantamento semelhante conduzido em empresas do Reino Unido descobriu que quase todas as principais organizações desse país oferecem programas de benefícios flexíveis, com opções que incluem assistência médica complementar, troca de férias (com os colegas), descontos em viagens e cobertura de custos de creche.[122]

benefícios flexíveis
Plano de benefícios que permite que os empregados criem seu próprio pacote de benefícios adaptado às suas necessidades pessoais.

8.7 Identificar os benefícios motivacionais das recompensas intrínsecas.

Utilizando recompensas intrínsecas para motivar os empregados

Vimos como as organizações podem motivar os empregados por meio do desenho de funções e de recompensas extrínsecas como remuneração e benefícios. Será que essas são as únicas maneiras de motivá-los no nível organizacional? De jeito nenhum! Não podemos ignorar as recompensas intrínsecas que as organizações podem oferecer, como os programas de reconhecimento de empregados discutidos a seguir.

Programas de reconhecimento de empregados

Laura ganha só US$ 8 por hora em uma lanchonete em Pensacola, na Flórida, e seu trabalho não é muito interessante ou desafiador. Mesmo assim, Laura fala com entusiasmo do emprego, do chefe e da empresa em que trabalha. "O que mais gosto é que o Carlos (seu chefe) dá valor ao meu empenho. Ele vive me elogiando na frente dos colegas e, nos últimos seis meses, fui eleita 'funcionária do mês' duas vezes. Você viu minha foto emoldurada na parede?".

Cada vez mais, as organizações têm reconhecido o que Laura já sabe por experiência própria: os programas de reconhecimento e outras ferramentas para aumentar a motivação intrínseca dos empregados realmente funcionam. Um programa de reconhecimento de empregados é um plano para incentivar comportamentos particulares, reconhecendo formalmente suas contribuições específicas.[123] Os programas de reconhecimento de empregados vão desde um "muito obrigado" espontâneo e em privado até programas formais explícitos, nos quais tipos específicos de comportamento são encorajados e os procedimentos para a conquista do reconhecimento são claramente identificados.

programa de reconhecimento de empregados
Plano para incentivar comportamentos particulares, reconhecendo formalmente as contribuições específicas dos empregados.

À medida que empresas privadas e organizações públicas enfrentam orçamentos cada vez mais apertados, os incentivos não financeiros se tornam cada vez mais atraentes. A Everett Clinic, no estado de Washington, usa uma combinação de iniciativas locais e centralizadas para incentivar os gestores a reconhecer os empregados.[124] Empregados e gestores dão cartões especiais aos colegas por realizações excepcionais no trabalho. Parte do incentivo é apenas ser reconhecido, mas prêmios também são sorteados com base no número impresso nos cartões recebidos pelos empregados. Empresas multinacionais como Symantec Corporation, Intuit e Panduit também aumentaram a utilização de programas de reconhecimento. A Symantec afirma que aumentou o engajamento dos empregados em 14% em menos de um ano em virtude do programa de reconhecimento administrado pela Globoforce, uma empresa especializada em implementar programas desse tipo.[125] Programas centralizados englobando vários escritórios em diferentes países podem ajudar a garantir que todos os empregados, não importa onde trabalhem, possam ser reconhecidos por sua contribuição.[126] Esses programas também são comuns em empresas canadenses e australianas.[127]

Pesquisas sugerem que os incentivos financeiros motivam mais no curto prazo, mas, no longo prazo, os incentivos não financeiros são mais eficazes.[128] Surpreendentemente, poucas pesquisas foram conduzidas para investigar a utilização de programas de reconhecimento de empregados ao redor do mundo ou seu impacto sobre a motivação. No entanto, estudos recentes indicam que os programas de reconhecimento de empregados são associados à autoestima, à autoeficácia e à satisfação no trabalho,[129] e os resultados da motivação intrínseca são bem documentados.

Uma vantagem clara dos programas de reconhecimento é o fato de eles serem baratos: não custa nada elogiar alguém![130] Com ou sem recompensas financeiras, um programa de reconhecimento pode ser extremamente motivador para os empregados. Contudo, apesar da crescente popularidade desses programas, críticos argumentam que eles são muito suscetíveis à manipulação política por parte da gestão. Quando aplicados em áreas em que as medidas de desempenho são relativamente objetivas, como o setor de vendas, esses programas são vistos pelos empregados como muito justos. Entretanto, em muitas outras áreas, os critérios para definir um bom desempenho podem não ser tão claros, o que pode dar margem para os gestores manipularem o programa a fim de beneficiar seus empregados favoritos. A má utilização de programas de reconhecimento pode reduzir seu valor e até comprometer o moral das pessoas. Desse modo, quando programas formais de reconhecimento são utilizados, é preciso ter o cuidado de garantir que eles sejam justos. Quando esses programas não forem utilizados, é importante motivar os empregados, reconhecendo sempre seus esforços para aumentar o desempenho.

RESUMO

Como vimos neste capítulo, saber o que motiva as pessoas é fundamental para o desempenho organizacional. Os empregados que sentem que suas diferenças são reconhecidas, que se sentem valorizados e que têm a chance de trabalhar em funções adaptadas a seus pontos fortes e interesses serão motivados a melhorar seu desempenho ao máximo. A participação dos empregados no processo decisório da empresa também pode aumentar sua produtividade, seu comprometimento com as metas, sua motivação e sua satisfação no trabalho. Mas não podemos ignorar o impacto das recompensas organizacionais sobre a motivação. Remuneração, benefícios e recompensas intrínsecas devem ser pensados com cuidado e atenção para aumentar a motivação dos empregados e melhorar os resultados organizacionais.

IMPLICAÇÕES PARA OS GESTORES

- ▶ Reconheça as diferenças individuais de seus empregados. Dedique o tempo necessário para entender o que mais importa para cada um deles. Desenhe as funções para se alinhar com as necessidades individuais de cada um e para maximizar seu potencial motivacional.
- ▶ Use metas e *feedback*. Dê aos seus empregados metas objetivas e específicas e ofereça *feedback* sobre seu progresso na direção do atingimento dessas metas.
- ▶ Permita que seus empregados participem de decisões que os afetam. Eles podem ajudar a definir metas de trabalho, escolher seus próprios pacotes de benefícios e resolver problemas de produtividade e qualidade.
- ▶ Vincule prêmios ao desempenho. Os prêmios devem depender do desempenho e os empregados devem perceber com clareza a relação entre os dois.
- ▶ Verifique se o sistema é justo. Os empregados devem perceber que as diferenças na remuneração e outras recompensas são justificadas pelo empenho e pelos resultados individuais.

Ponto e contraponto

Trabalhar presencialmente é importante

PONTO

Embora cada vez mais organizações estejam permitindo que as pessoas trabalhem em casa, o trabalho a distância só prejudica as empresas e seus empregados. É bem verdade que os empregados dizem que são mais felizes quando a empresa lhes dá a flexibilidade de trabalhar onde quiserem, mas quem não gostaria de ficar em casa de pijama fingindo trabalhar? Tenho muitos colegas que dizem, com uma piscadela, que estão indo embora para "trabalhar em casa". Quem tem como saber se eles, de fato, estão trabalhando?

O maior problema é a falta de interação presencial entre os empregados. Estudos mostraram que as melhores ideias resultam da interdependência, não da independência. É durante essas interações informais no bebedouro ou durante os intervalos para um cafezinho que surgem algumas das ideias mais criativas. Sem isso, a organização fica sem potencial criativo.

Outro problema é a confiança. Você confia em uma pessoa que nunca viu pessoalmente? Eu também não. Também neste caso, as interações presenciais permitem que as pessoas estabeleçam relações de confiança com mais rapidez, o que promove interações sociais mais harmoniosas e possibilita que a empresa tenha um desempenho melhor.

Mas chega de falar dos empregadores. Os empregados também se beneficiam quando trabalham no escritório. Se você estiver longe dos olhos, pode contar que estará longe do coração. Está querendo ganhar um grande aumento ou promoção? Você não vai conseguir se o seu gestor nem souber quem você é.

Então, pense melhor da próxima vez que quiser sair do escritório mais cedo ou nem chegar a aparecer no escritório alegando "trabalhar em casa".

CONTRAPONTO

As pessoas exageram no valor que atribuem às interações presenciais. Se os gestores se limitarem a recompensar os empregados que passam mais tempo no escritório, eles não estarão fazendo um bom trabalho. Os empregados que se gabam de passar 12 horas por dia no escritório (chegando a ir trabalhar nos fins de semana) não são necessariamente os melhores. Estar presente não é o mesmo que ser eficiente.

Além disso, empregados e empregadores que adotam práticas de trabalho a distância ganham muitos benefícios. Para começar, o trabalho a distância é visto como um privilégio atraente que as empresas podem oferecer. Com tantos casais em que os dois trabalham fora, a flexibilidade de trabalhar em casa em alguns dias pode ajudar muito a atingir um equilíbrio melhor entre a vida profissional e a vida pessoal. O resultado se reflete em processos mais eficientes de recrutamento e de retenção para a empresa. Em outras palavras, você terá e manterá empregados melhores se lhes oferecer a opção de trabalhar em casa.

Além disso, estudos mostraram que a produtividade quando as pessoas trabalham em casa é *maior*, não menor. E o resultado não se restringe aos Estados Unidos. Por exemplo, um estudo revelou que empregados chineses de call center que trabalhavam em casa apresentaram uma produção 13% superior àquela dos colegas que trabalhavam no escritório.

Você diz que a interação entre as pessoas gera ideias contraproducentes. Eu digo que uma das maiores distrações no ambiente de trabalho é o bate-papo entre colegas. Eu até admito que trabalhar no escritório pode ajudar em algumas situações, mas as vantagens do trabalho a distância são muito maiores que as desvantagens.

Fontes: baseado em J. Surowiecki, "Face Time", *The New Yorker*, 18 mar. 2013, www.newyorker.com; e L. Taskin e F. Bridoux, "Telework: A Challenge to Knowledge Transfer in Organizations", *International Journal of Human Resource Management* 21, no. 13 (2010): 2503–20.

REVISÃO DO CAPÍTULO

QUESTÕES PARA REVISÃO

8.1 Como o modelo das características do trabalho motiva as pessoas?

8.2 Quais são as principais maneiras de redesenhar funções?

8.3 Quais são os benefícios motivacionais dos diferentes arranjos alternativos de trabalho?

8.4 Como os programas de envolvimento dos empregados podem motivá-los?

8.5 Como os diferentes tipos de programas de remuneração variável podem aumentar a motivação dos empregados?

8.6 Como os benefícios flexíveis podem motivar os empregados?

8.7 Quais são os benefícios motivacionais das recompensas intrínsecas?

APLICAÇÃO E EMPREGABILIDADE

Organizações e departamentos de recursos humanos podem alterar ou complementar tarefas, deveres e responsabilidades de várias maneiras para reforçar a motivação dos empregados. Este capítulo sobre o desenho e o redesenho de funções, arranjos alternativos de trabalho, envolvimento e participação dos empregados e planos de recompensas e benefícios pode ser diretamente aplicado para entender como o campo do comportamento organizacional pode ajudá-lo a aumentar seu valor no mercado de trabalho. Futuros profissionais de RH e de comportamento organizacional podem usar este kit de ferramentas em seu emprego para reduzir a rotatividade, melhorar a satisfação e a retenção dos empregados e reduzir conflitos no trabalho. Neste capítulo, você desenvolveu seu raciocínio crítico, expandiu seu conhecimento e exercitou suas habilidades de aplicação dos conceitos na prática, ponderando se o dinheiro traz felicidade, considerando se o horário flexível seria viável em seu emprego atual, analisando as questões éticas resultantes de problemas de segurança em trabalhos precários e discutindo se a presença na empresa é importante ao aplicar práticas de trabalho a distância. Nesta seção, você continuará a desenvolver essas habilidades, bem como suas habilidades de comunicação, trabalhando em grupo para criar um plano de desenvolvimento organizacional e remuneração para vendedores de automóveis; considerando os efeitos das "tarefas ilegítimas"; criando um plano de ação para quando os gestores não dão ouvidos à opinião dos empregados; e considerando o valor de pequenos e frequentes aumentos de remuneração.

EXERCÍCIO EXPERIENCIAL Criando um plano de desenvolvimento organizacional e de remuneração para vendedores de automóveis

Divida a turma em grupos de três a cinco alunos.

Vocês trabalham no departamento de recursos humanos de uma nova concessionária especializada em veículos de luxo. Vocês foram encarregados de criar um plano de desenvolvimento organizacional e remuneração para a equipe de vendedores que a concessionária acabou de contratar. Usando o que vocês sabem sobre o trabalho de vendedores de automóveis (se quiserem, é possível consultar a descrição da função de vendedores de varejo na O*NET, em inglês, no site: <https://www.onetonline.org/link/summary/41-2031.00>), respondam em grupo às perguntas a seguir. Presumam um orçamento mediano: nem alto nem baixo demais.

Questões

8.8 Discutam em grupo as cinco características do trabalho (variedade de habilidades, identidade da tarefa, significância da tarefa, autonomia e *feedback*). Em seguida, anotem em que medida essas características são envolvidas no trabalho de um vendedor de carros. Elaborem um plano para melhorar ou manter cada uma delas, a fim de reforçar cada elemento das cinco características do trabalho (melhorando os pontos fracos e mantendo ou reforçando os pontos fortes).

8.9 Até que ponto vocês acham que o envolvimento e a participação dos empregados são importantes para esse trabalho? Desenvolvam um plano para incluir o envolvimento ou a participação no desenho dessa função. Por outro lado, justifiquem a decisão de não implementar um plano como esse.

8.10 Pensem no que pode ser importante (e razoável) em termos de remuneração para os vendedores de automóveis. Que tipos de recompensas vocês dariam aos vendedores? Que tipo de plano vocês escolheriam? Que tipo de pacote de benefícios vocês disponibilizariam?

Dilema ético

Você quer que eu faça o *quê*?

Você é uma brilhante analista de investimentos prestes a apresentar a um grupo de banqueiros os argumentos a favor de uma aquisição corporativa. É uma grande apresentação. Depois de conhecer os banqueiros, antes de iniciar a apresentação, seu gestor lhe pede para "ser uma boa menina e servir um cafezinho". Que situação! Você nunca se sentiu tão ofendida ou tão envergonhada na vida! O que você faz? Você atende o pedido, sacrificando sua dignidade porque não tem como se dar ao luxo de perder o emprego? Ou você se manifesta?

Recentemente um grupo de pesquisadores suíços da área da saúde ocupacional deu início a um programa de pesquisa sobre as *tarefas ilegítimas*, ou tarefas que violam "normas sobre o que se pode razoavelmente esperar de determinada pessoa" em um trabalho. Em outras palavras, as tarefas ilegítimas são antiéticas e violam ou ofendem a identidade profissional e a identidade da tarefa de uma pessoa. O que pode levar gestores de uma organização a designar tarefas ilegítimas? Um estudo aponta para uma variedade de características organizacionais, incluindo competição por recursos entre departamentos ou unidades, procedimentos injustos de alocação de recursos e uma estrutura decisória pouco clara.

Pesquisadores descobriram que essas tarefas ilegítimas podem ter alguns resultados terríveis. Para começar, elas aumentam o estresse e o comportamento contraproducente no trabalho mesmo ao considerar o desequilíbrio entre esforço e recompensa, a justiça organizacional e os traços de personalidade. As tarefas ilegítimas podem literalmente fazer a pessoa perder o sono. Um estudo constatou que, nos dias em que essas tarefas foram executadas, os empregados levaram mais tempo para pegar no sono e acordaram com mais frequência no meio da noite. Outro estudo descobriu que as tarefas ilegítimas levam a um elevado afeto negativo e a um maior distanciamento psicológico no fim do dia de trabalho. Outros estudos revelaram que as tarefas ilegítimas levam a uma redução da autoestima e da satisfação no trabalho, além de intensificarem a raiva e a depressão. As tarefas ilegítimas também podem levar as pessoas a quererem pedir demissão; no entanto, se forem valorizadas pelo gestor, elas têm menos chances de querer deixar o emprego.

Questões

8.11 Como você acha que os empregados devem reagir quando recebem tarefas ilegítimas? Como uma organização pode monitorar as tarefas atribuídas aos empregados e garantir que elas sejam legítimas? Explique sua resposta.

8.12 Você consegue pensar em alguma situação na qual as tarefas ilegítimas deveriam ser toleradas ou justificadamente atribuídas? Explique sua resposta.

8.13 Como determinar o critério de "legitimidade"? Explique sua resposta.

8.14 Você acha que existe alguma maneira de desenhar ou redesenhar um trabalho (ou estruturas de recompensa) para minimizar a alocação de tarefas ilegítimas? Por quê?

Fontes: baseado em E. Apostel, C. J. Syrek e C. H. Antoni, "Turnover Intention as a Response to Illegitimate Tasks: The Moderating Role of Appreciative Leadership", *International Journal of Stress Management* (no prelo); L. Björk, E. Bejerot, N. Jacobshagen e A. Härenstam, "I Shouldn't Have to Do This: Illegitimate Tasks as a Stressor in Relation to Organizational Control and Resource Deficits", *Work & Stress* 27, no. 3 (2013): 262–77; E. M. Eatough, L. L. Meier, I. Igic, A. Elfering, P. E. Spector e N. K. Semmer, "You Want Me to Do What? Two Daily Diary Studies of Illegitimate Tasks and Employee Well-Being", *Journal of Organizational Behavior* 37 (2016): 108–27; D. Pereira, N. K. Semmer e A. Elfering, "Illegitimate Tasks and Sleep Quality: An Ambulatory Study", *Stress and Health* 30 (2014): 209–21; N. K. Semmer, F. Tschan, L. L. Meier, S. Facchin e N. Jacobshagen, "Illegitimate Tasks and Counterproductive Work Behavior", *Applied Psychology: An International Review* 59, no. 1 (2010): 70–96; S. Sonnentag e T. Lischetzke, "Illegitimate Tasks Reach into Afterwork Hours: A Multilevel Study", *Journal of Occupational Health Psychology* (no prelo); e M. Valcour, "How to Know Whether You're Giving Your Team Needless Work", *Harvard Business Review*, 26 ago. 2016, https://hbr.org/2016/08/how-to-know-whether-youre-giving-your-team-needless-work.

Estudo de caso 1

Nós falamos, mas eles não ouvem

Todo mundo gosta quando a empresa pede a nossa opinião e nos dá a chance de participar nas decisões importantes. Mas o que acontece quando os gestores da organização não nos ouvem? A consultora de gestão Liz Ryan explica: "Todo mundo sabe se a empresa não tem interesse em ouvir a nossa opinião. É muito claro. Quando você sabe, sem sombra de dúvida, que o seu gestor não tem interesse algum no que você pensa ou deixa de pensar, que opção você tem a não ser procurar outro emprego?".

Alguns especialistas sugerem que esses gestores deveriam ser demitidos pela organização. Considerando que gestores ruins podem reduzir a satisfação e o engajamento dos empregados, os gestores que exercem essa forma de controle normalmente priorizam a política à produtividade e abusam de seu poder, enquanto os empregados reclamam por não receber apoio suficiente no trabalho. Eles veem o tapete sendo puxado sob seus pés, são excluídos do processo decisório e a comunicação é de uma só via.

Oferecer a oportunidade de os empregados dizerem o que pensam como parte de um processo leva a melhores percepções de justiça e a mais satisfação, de modo que nunca ouvir o que os empregados têm a dizer pode ser um problema. Por exemplo, um estudo descobriu que tanto os empregados como os gestores sabem quando sugestões são pedidas sem que haja a mínima intenção de ouvi-las. Os empregados que perceberam esse interesse dissimulado relutaram em dar sua opinião posteriormente, tiveram mais conflitos com os colegas, apresentaram comportamento de *bullying* no trabalho e recusaram-se a participar de reuniões. Por outro lado, os empregados que tiveram suas ideias implementadas expressaram sua opinião com mais frequência e melhoraram suas relações interpessoais com os colegas.

Questões

8.15 Você acha que, às vezes, os gestores têm razão em não seguir as sugestões de seus empregados? Por quê?

8.16 Como os gestores devem lidar com a insatisfação de seus empregados por não ver suas sugestões implementadas?

8.17 Na sua opinião, qual é a forma mais eficaz de implantar um programa de envolvimento e participação dos empregados: gestão participativa ou gestão por representação? É possível implementar elementos dos dois? Por quê?

Fontes: baseado em G. de Vries, K. A. Jehn e B. W. Terwel, "When Employees Stop Talking and Start Fighting: The Detrimental Effects of Pseudo Voice in Organizations", *Journal of Business Ethics* 105, no. 2 (2012): 221–30; H. R. Huhman, "5 Signs It's Time to Fire a Company Manager", *Entrepreneur*, 28 maio 2014, https://www.entrepreneur.com/article/234184; e L. Ryan, "The Real Reason Good Employees Quit", *Forbes*, 31 mar. 2017, https://www.forbes.com/sites/lizryan/2017/03/31/the-real-reason-good-employees-quit/#1fe3cfa34b4e.

Estudo de caso 2

Um aumento por dia

Como você se sente quando recebe um aumento? Feliz? Recompensado? Pronto para se empenhar mais para receber o próximo aumento? A esperança de um acréscimo na remuneração, quando efetivamente seguida de um aumento, pode incrementar a motivação dos empregados. Esse efeito, no entanto, pode não durar muito. Na verdade, de acordo com um estudo recente, a alegria de receber um aumento dura menos de um mês. Se os aumentos forem concedidos uma vez por ano, a motivação para aumentar o desempenho pode passar vários meses "no chão" entre uma avaliação de desempenho e a próxima.

Algumas organizações tentaram aumentar a frequência dos aumentos para manter a motivação em alta. Hoje em dia, apenas cerca de 5% das organizações dão aumentos com uma frequência mais do que anual, mas algumas empresas maiores, como a Zulily, avaliam a remuneração todo trimestre. Darrell Cavens, o CEO da Zulily, gostaria de aumentar ainda mais a frequência. "Se não desse tanto trabalho, o ideal seria fazer isso toda semana", ele disse. A ideia por trás dessa lógica é que os aumentos melhoram o foco, a felicidade, o engajamento e a retenção dos empregados.

Jeffrey Housenbold, CEO da Shutterfly, um site de armazenamento, compartilhamento e impressão de fotos, também defende avaliações de remuneração frequentes, mas por outro motivo. A empresa distribui bônus quatro vezes ao ano para complementar sua estrutura de aumento bianual como parte da resposta a uma avaliação das preocupações dos empregados. "Você tem duas opções: resolver logo os problemas ou deixar os problemas envenenarem o ambiente", ele explica. Outra razão é aumentar o *feedback*. A Solstice Mobile, uma empresa de aplicativos para celular, oferece promoções e aumentos salariais seis vezes ao ano; com essa estrutura, Kelly O'Reagan saltou de US$ 10 por hora para US$ 47,50 por hora em 4 anos. O CEO da empresa, John Schwan, explicou que os jovens são especialmente motivados por um *feedback* quase constante. O'Reagan disse: "Quando vi o aumento, pensei: 'Uau, isso é muito mais do que eu sonhei'".

Você pode estar se perguntando como as organizações conseguem aumentar a remuneração dos empregados com tal frequência. Elas também estão se fazendo essa mesma pergunta. Uma tática possível é contratar os empregados com um salário inicial baixo. A Ensilon, uma empresa de serviços de marketing, aliou baixos salários iniciais com avaliações salariais semestrais. Os candidatos a emprego começam sem acreditar muito na ideia, mas, depois de 2 anos, a maioria dos novos contratados já está ganhando pelo menos 20% a mais do que ganhariam em uma organização com uma estrutura típica de aumento anual.

Ninguém está dizendo que os aumentos salariais frequentes são baratos ou fáceis de administrar. A remuneração, por si só, já é uma questão complexa. Além disso, também não é fácil manter a equidade salarial. Avaliações de remuneração frequentes, de fato, motivam os empregados, mas só os que recebem o aumento — os demais têm dificuldade em se manter engajados. Se uma pessoa estiver acostumada a ganhar um aumento a cada avaliação da remuneração e de repente parar de recebê-los, ela pode, em vez de ver a redução da frequência dos aumentos como uma consequência natural de atingir um nível mais elevado de remuneração, perder sua identidade como uma pessoa de alto desempenho. A frustração pode levar a um desempenho mais baixo e a maior rotatividade de empregados de alto desempenho. O CEO Schwan admite: "Sem dúvida, é um risco".

Questões

8.18 Você acha que aumentos pequenos e frequentes motivam mais que aumentos maiores e anuais? Por quê?

8.19 Você acha que, se os valores anuais fossem iguais, ficaria mais motivado por aumentos mais frequentes ou por um bônus pelo desempenho?

8.20 Espera-se que os aumentos salariais anuais nos Estados Unidos sejam de cerca de 3% nos próximos anos. Você acha que essa porcentagem pode motivar os empregados? Por quê?

8.21 Como você conceberia um programa de bônus/recompensa para evitar os problemas mencionados no Estudo de Caso 2?

Fontes: baseado em R. Feintzeig, "When the Annual Raise Isn't Enough", *The Wall Street Journal*, 16 jul. 2014, B1, B5; J. C. Marr e S. Thau, "Falling from Great (and Not-So-Great) Heights: How Initial Status Position Influences Performance after Status Loss", *Academy of Management Journal* 57, no. 1 (2014): 223–48; e "Pay Equity & Discrimination", IWPR, http://www.iwpr.org/initiatives/pay-equity-and-discrimination.

NOTAS

1. A. M. Grant, Y. Fried e T. Juillerat, "Work Matters: Job Design in Classic and Contemporary Perspectives", in S. Zedeck (ed.), *APA Handbook of Industrial and Organizational Psychology: Building and Developing the Organization*, Vol. 1 (Washington DC: APA, 2011): 417–53; e S. K. Parker, F. P. Morgeson e G. Johns, "One Hundred Years of Work Design Research: Looking Back and Looking Forward", *Journal of Applied Psychology* 102, no. 3 (2017): 403–20.

2. J. R. Hackman e G. R. Oldham, "Motivation through the Design of Work: Test of a Theory", *Organizational Behavior and Human Performance* 16 (1976): 250–79.

3. S. E. Humphrey, J. D. Nahrgang e F. P. Morgeson, "Integrating Motivational, Social, and Contextual Work Design Features: A Meta-Analytic Summary and Theoretical Extension of the Work Design Literature", *Journal of Applied Psychology* 92, no. 5 (2007): 1332–56.

4. B. M. Meglino e A. M. Korsgaard, "The Role of Other Orientation in Reactions to Job Characteristics", *Journal of Management* 33, no. 1 (2007): 57–83.

5. J. L. Pierce, I. Jussila e A. Cummings, "Psychological Ownership within the Job Design Context: Revision of the Job Characteristics Model", *Journal of Organizational Behavior* 30, no. 4 (2009): 477–96.

6. C. B. Gibson, J. L. Gibbs, T. L. Stanko, P. Tesluk e S. G. Cohen, "Including the 'I' in Virtuality and Modern Job Design: Extending the Job Characteristics Model to Include the Moderating Effect of Individual Experiences of Electronic Dependence and Copresence", *Organization Science* 22, no. 6 (2011): 1481–99.

7. R. F. Piccolo, R. Greenbaum, D. N. Den Hartog e R. Folger, "The Relationship between Ethical Leadership and Core Job Characteristics", *Journal of Organizational Behavior* 31 (2010): 259–78.

8. Q.-J. Yeh, "Leadership, Personal Traits and Job Characteristics in R&D Organizations: A Taiwanese Case", *Leadership & Organization Development Journal* 16, no. 6 (1995): 16–26.

9. M. A. Campion, L. Cheraskin e M. J. Stevens, "Career-Related Antecedents and Outcomes of Job Rotation", *Academy of Management Journal* 37, no. 6 (1994): 1518–42.

10. T. Silver, "Rotate Your Way to Higher Value", *Baseline* (mar.-abr. 2010): 12; e J. J. Salopek, "Coca-Cola Division Refreshes Its Talent with Diversity Push on Campus", *Workforce Management Online*, mar. 2011, www.workforce.com.

11. Análise da Singapore Airlines conduzida pela Skytrax, http://www.airlinequality.com/ratings/singapore-airlines-star-rating/, acessado em 3 abr. 2017.

12. Campion, Cheraskin e Stevens, "Career-Related Antecedents and Outcomes of Job Rotation"; e S.-Y. Chen, W.-C. Wu, C.-S. Chang e C.-T. Lin, "Job Rotation and Internal Marketing for Increased Job Satisfaction and Organisational Commitment in Hospital Nursing Staff", *Journal of Nursing Management* 23, no. 3 (2015): 297–306.

13. A. Christini e D. Pozzoli, "Workplace Practices and Firm Performance in Manufacturing: A Comparative Study of Italy and Britain", *International Journal of Manpower* 31, no. 7 (2010): 818–42; e K. Kaymaz, "The Effects of Job Rotation Practices on Motivation: A Research on Managers in the Automotive Organizations", *Business and Economics Research Journal* 1, no. 3 (2010): 69–86.

14. S.-H. Huang e Y.-C. Pan, "Ergonomic Job Rotation Strategy Baseado em an Automated RGB-D Anthropometric Measuring System", *Journal of Manufacturing Systems* 33, no. 4 (2014): 699–710; e P. C. Leider, J. S. Boschman, M. H. W. Frings-Dresen, et al., "Effects of Job Rotation on Musculoskeletal Complaints and Related Work Exposures: A Systematic Literature Review", *Ergonomics* 58, no. 1 (2015): 18–32.

15. Grant, Fried e Juillerat, "Work Matters."

16. M. T. Ford e J. D. Wooldridge, "Industry Growth, Work Role Characteristics, and Job Satisfaction: A Cross-Level Mediation Model", *Journal of Occupational Health Psychology* 17, no. 4 (2012): 493–504.

17. G. M. McEvoy e W. F. Cascio, "Strategies for Reducing Employee Turnover: A Meta-Analysis", *Journal of Applied Psychology* 70, no. 2 (1985): 342–53.

18. S. Wood, M. Van Veldhoven, M. Croon e L. M. de Menezes, "Enriched Job Design, High Involvement Management and Organizational Performance: The Mediating Roles of Job Satisfaction and Well-Being", *Human Relations* 65, no. 4 (2012): 419–46.

19. A. M. Grant, "Leading with Meaning: Beneficiary Contact, Prosocial Impact, and the Performance Effects of Transformational Leadership", *Academy of Management Journal* 55 (2012): 458–76; e A. M. Grant e S. K. Parker, "Redesigning Work Design Theories: The Rise of Relational and Proactive Perspectives", *Annals of the Academy of Management* 3, no. 1 (2009): 317–75.

20. J. Devaro, "A Theoretical Analysis of Relational Job Design and Compensation", *Journal of Organizational Behavior* 31 (2010): 279–301.

21. A. M. Grant, E. M. Campbell, G. Chen, K. Cottone, D. Lapedis e K. Lee, "Impact and the Art of Motivation Maintenance: The Effects of Contact with Beneficiaries on Persistence Behavior", *Organizational Behavior and Human Decision Processes* 103, no. 1 (2007): 53–67.

22. E. Francis e S. Schwartz, "The Sound of 'Success': Young Patients Ring Bell to Mark End of Cancer Treatment", *ABC News*, 18 nov. 2016, http://abcnews.go.com/Health/sound-successyoung-patients-ring-bell-mark-end/story?id=43645402.

23. A. M. Grant, "The Significance of Task Significance: Job Performance Effects, Relational Mechanisms, and Boundary Conditions", *Journal of Applied Psychology* 93, no. 1 (2008): 108–24.

24. K. Pajo e L. Lee, "Corporate-Sponsored Volunteering: A Work Design Perspective", *Journal of Business Ethics* 99, no. 3 (2011): 467–82.

25. Veja, por exemplo, T. D. Allen, R. C. Johnson, K. M. Kiburz e K. M. Shockley, "Work-Family Conflict and Flexible Work Arrangements: Deconstructing Flexibility", *Personnel Psychology* 66 (2013): 345–76; e B. B. Baltes, T. E. Briggs, J. W. Huff, J. A. Wright e G. A. Neuman, "Flexible and Compressed Workweek Schedules: A Meta-Analysis of Their Effects on Work-Related Criteria", *Journal of Applied Psychology* 84, no. 4 (1999): 496–513.

26. Society for Human Resource Management (SHRM), *2016 Employee Benefits: Looking Back at 20 Years of Employee Benefits Offerings in the U.S.* (Alexandria, VA: SHRM, 2016); e Society for Human Resource Management (SHRM), *2016 Strategic Benefits—Flexible Work Arrangements* (Alexandria, VA: SHRM, 2016).

27. Society for Human Resource Management (SHRM), *Employee Job Satisfaction and Engagement: Revitalizing a Changing Workforce* (Alexandria, Virginia: SHRM, 2016).

28. R. Waring, "Sunday Dialogue: Flexible Work Hours", *The New York Times,* 19 jan. 2013, www.nytimes.com.

29. Baltes, Briggs, Huff, Wright e Neuman, "Flexible and Compressed Workweek Schedules."

30. Allen, Johnson, Kiburz e Shockley, "Work-Family Conflict and Flexible Work Arrangements."

31. I. Spieler, S. Scheibe, C. Stamov-Robnagel e A. Kappas, "Help or Hindrance? Day-Level Relationships between Flextime Use, Work-Nonwork Boundaries, and Affective Well-Being", *Journal of Applied Psychology* 102, no. 1 (2017): 67–87.

32. Baltes, Briggs, Huff, Wright e Neuman, "Flexible and Compressed Workweek Schedules."

33. K. M. Shockley e T. D. Allen, "Investigating the Missing Link in Flexible Work Arrangement Utilization: An Individual Difference Perspective", *Journal of Vocational Behavior* 76, no. 1 (2010): 131–42.

34. C. L. Munsch, C. L. Ridgeway e J. C. Williams, "Pluralistic Ignorance and the Flexibility Bias: Understanding and Mitigating Flextime and Flexplace Bias at Work", *Work and Occupations* 41, no. 1 (2014): 40–62.

35. Veja, por exemplo, B. J. Freeman e K. M. Coll, "Solutions to Faculty Work Overload: A Study of Job Sharing", *The Career Development Quarterly* 58 (2009): 65–70.

36. J. LaReau, "Ford's 2 Julies Share Devotion—and Job", *Automotive News* (25 out. 2010): 4.

37. S. Adams, "Workers Have More Flextime, Less Real Flexibility, Study Shows", *Forbes*, 2 maio 2014, http://www.forbes.com/sites/susanadams/2014/05/02/workers-have-more-flextime-less-real-flexibility-study-shows/.

38. F. Bélanger e R. W. Collins, "Distributed Work Arrangements: A Research Framework", *Information Society* 14 (1998): 137–52; R. S. Gajendran e D. A. Harrison, "The Good, the Bad, and the Unknown about Telecommuting: Meta-Analysis of Psychological Mediators and Individual Consequences", *Journal of Applied Psychology* 92, no. 6 (2007): 1524–41; e B. A. Lautsch e E. E. Kossek, "Managing a Blended Workforce: Telecommuters and Non-Telecommuters", *Organizational Dynamics* 40, no. 1 (2010): 10–17.

39. B. Belton, "Best Buy Copies Yahoo, Reins in Telecommuting", *USA Today*, 6 mar. 2013, www.usatoday.com.

40. C. Tkaczyk, "Marissa Mayer Breaks Her Silence on Yahoo's Telecommuting Policy", *Fortune*, 13 abr. 2013, http://fortune.com/2013/04/19/marissa-mayer-breaks-her-silence-on-yahoos-telecommuting-policy/.

41. Gajendran e Harrison, "The Good, the Bad, and the Unknown about Telecommuting."

42. Ibid.

43. J. Kotkin, "Marissa Mayer's Misstep and the Unstoppable Rise of Telecommuting", *Forbes*, 26 mar. 2013.

44. S. J. Perry, N. M. Lorinkova, E. M. Hunter, A. Hubbard e J. T. McMahon, "When Does Virtuality Really 'Work'? Examining the Role of Work-Family and Virtuality in Social Loafing", *Journal of Management* 42, no. 2 (2016): 449–79.

45. T. D. Golden e A. Fromen, "Does It Matter Where Your Manager Works? Comparing Managerial Work Mode (Traditional, Telework, Virtual) across Subordinate Work Experiences and Outcomes", *Human Relations* 64, no. 11 (2011): 1451–75.

46. C. A. Bartel, A. Wrzesniewski e B. M. Wiesenfeld, "Knowing Where You Stand: Physical Isolation, Perceived Respect, and Organizational Identification among Virtual Employees", *Organization Science* 23, no. 3 (2011): 743–57; e S. M. B. Thatcher e J. Bagger, "Working in Pajamas: Telecommuting, Unfairness Sources, and Unfairness Perceptions", *Negotiation and Conflict Management Research* 4, no. 3 (2011): 248–76.

47. E. G. Dutcher, "The Effects of Telecommuting on Productivity: An Experimental Examination; the Role of Dull and Creative Tasks", *Journal of Economic Behavior & Organization* 84, no. 1 (2014): 355–63.

48. Veja, por exemplo, Bartel, Wrzesniewski e Wiesenfeld, "Knowing Where You Stand"; Gajendran e Harrison, "The Good, the Bad, and the Unknown about Telecommuting"; e M. Virick, N. DaSilva e K. Arrington, "Moderators of the Curvilinear Relation between Extent of Telecommuting and Job and Life Satisfaction: The Role of Performance Outcome Orientation and Worker Type", *Human Relations* 63, no. 1 (2010): 137–54.

49. L. M. Lapierre, E. F. Van Steenbergen, M. C. W. Peeters e E. S. Kluwer, "Juggling Work and Family Responsibilities When Involuntarily Working More from Home: A Multiwave Study of Financial Sales Professionals", *Journal of Organizational Behavior* 37, no. 6 (2016): 804–22; e M. C. Noonan e J. L. Glass, "The Hard Truth about Telecommuting", *Monthly Labor Review* (2012): 1459–78.

50. J. Welch e S. Welch, "The Importance of Being There", *BusinessWeek*, 16 abr. 2007, 92; Z. I. Barsness, K. A. Diekmann e M. L. Seidel, "Motivation and Opportunity: The Role of Remote Work, Demographic Dissimilarity, and Social Network Centrality in Impression Management", *Academy of Management Journal* 48, no. 3 (2005): 401–19.

51. J. Cotton, *Employee Involvement: Methods for Improving Performance and Work Attitudes* (Newbury Park, CA: Sage, 1993); e A. Cox, S. Zagelmeyer e M. Marchington, "Embedding Employee Involvement and Participation at Work", *Human Resource Management Journal* 16, no. 3 (2006): 250–67.

52. Veja, por exemplo, estudos sobre *empowerment*, como S. E. Seibert, S. R. Silver e W. A. Randolph, "Taking Empowerment to the Next Level: A Multiple-Level Model of Empowerment, Performance, and Satisfaction", *Academy of Management Journal* 47, no. 3 (2004): 332–49; M. M. Butts, R. J. Vandenberg, D. M. DeJoy, B. S. Schaffer e M. G. Wilson, "Individual Reactions to High Involvement Work Processes: Investigating the Role of Empowerment and Perceived Organizational Support", *Journal of Occupational Health Psychology* 14, no. 2 (2009): 122–36; e M. T. Maynard, L. L. Gilson e J. E. Mathieu, "Empowerment—Fad or Fab? A Multilevel Review of the Past Two Decades of Research", *Journal of Management* 38, no. 4 (2012): 1231–81.

53. Veja, por exemplo, A. Sagie e Z. Aycan, "A Cross-Cultural Analysis of Participative Decision-Making in Organizations", *Human Relations* 56, no. 4 (2003): 453–73; e J. Brockner, "Unpacking Country Effects: On the Need to Operationalize the Psychological Determinants of Cross-National Differences", in R. M. Kramer e B. M. Staw (eds.), *Research in Organizational Behavior* 25 (Oxford, Reino Unido: Elsevier, 2003), 336–40.

54. C. Robert, T. M. Probst, J. J. Martocchio, R. Drasgow e J. J. Lawler, "Empowerment and Continuous Improvement in the United States, Mexico, Poland, and India: Predicting Fit on the Basis of the Dimensions of Power Distance and Individualism", *Journal of Applied Psychology* 85, no. 5 (2000): 643–58.

55. Z. X. Chen e S. Aryee, "Delegation and Employee Work Outcomes: An Examination of the Cultural Context of Mediating Processes in China", *Academy of Management Journal* 50, no. 1 (2007): 226–38.

56. G. Huang, X. Niu, C. Lee e S. J. Ashford, "Differentiating Cognitive and Affective Job Insecurity: Antecedents and Outcomes", *Journal of Organizational Behavior* 33, no. 6 (2012): 752–69.

57. Z. Cheng, "The Effects of Employee Involvement and Participation on Subjective Wellbeing: Evidence from Urban China", *Social Indicators Research* 118, no. 2 (2014): 457–83.

58. A. Bar-Haim, *Participation Programs in Work Organizations: Past, Present, and Scenarios for the Future* (Westport, CT: Quorum, 2002); e J. S. Black e H. B. Gregersen, "Participative Decision-Making: An Integration of Multiple Dimensions", *Human Relations* 50, no. 7 (1997): 859–78.

59. Black e Gregersen, "Participative Decision-Making."

60. D. Collins, "The Ethical Superiority and Inevitability of Participatory Management as an Organizational System", *Organization Science* 8, no. 5 (1997): 489–507; e T. M. Probst, "Countering the Negative Effects of Job Insecurity through Participative Decision Making: Lessons from the Demand-Control Model", *Journal of*

Occupational Health Psychology 10, no. 4 (2005): 320–9.

61. G. M. Pereira e H. G. Osburn, "Effects of Participation in Decision Making on Performance and Employee Attitudes: A Quality Circle Meta-Analysis", *Journal of Business and Psychology* 22 (2007): 145–53.

62. C. M. Linski, "Transitioning to Participative Management", *Organization Development Journal* 32, no. 3 (2014): 17–26.

63. Veja, por exemplo, A. Pendleton e A. Robinson, "Employee Stock Ownership, Involvement, and Productivity: An Interaction-Based Approach", *Industrial and Labor Relations Review* 64, no. 1 (2010): 3–29.

64. D. K. Datta, J. P. Guthrie e P. M. Wright, "Human Resource Management and Labor Productivity: Does Industry Matter?", *Academy of Management Journal* 48, no. 1 (2005): 135–45; C. M. Riordan, R. J. Vandenberg e H. A. Richardson, "Employee Involvement Climate and Organizational Effectiveness", *Human Resource Management* 44, no. 4 (2005): 471–88; e J. Kim, J. P. MacDuffie e F. K. Pil, "Employee Voice and Organizational Performance: Team versus Representative Influence", *Human Relations* 63, no. 3 (2010): 371–94.

65. C. J. Travers, *Managing the Team: A Guide to Successful Employee Involvement* (Oxford, Reino Unido: Wiley-Blackwell, 1994).

66. Office of the Secretary, United States Department of Labor, "Inspecting Nonunion Models for Employee Voice", *Futurework: Trends and Challenges for Work in the 21st Century*, acessado em 4 abr. 2017, https://www.dol.gov/oasam/programs/history/herman/reports/futurework/conference/relations/nonunion.htm.

67. American Psychological Association and Harris Interactive, *Workforce Retention Survey*, ago. 2012, http://www.apaexcellence.org/assets/general/2012-retention-survey-final.pdf.

68. D. A. McIntyre e S. Weigley, "8 Companies That Most Owe Workers a Raise", *USA Today*, 13 maio 2013, www.usatoday.com/story/money/business/2013/05/12/8-companies-that-most-owe-workers-a-raise/2144013/.

69. M. Sabramony, N. Krause, J. Norton e G. N. Burns, "The Relationship between Human Resource Investments and Organizational Performance: A Firm-Level Examination of Equilibrium Theory", *Journal of Applied Psychology* 93, no. 4 (2008): 778–88.

70. C. Isidore, "Walmart Ups Pay Well above Minimum Wage", *CNN Money*, 19 fev. 2015, http://money.cnn.com/2015/02/19/news/companies/walmart-wages/.

71. Veja, por exemplo, B. Martinez, "Teacher Bonuses Emerge in Newark", *The Wall Street Journal*, 21 abr. 2011, A15; K. Taylor, "Differing Results When Teacher Evaluations Are Tied to Test Scores", *The New York Times*, 23 mar. 2015, A16; e D. Weber, "Seminole Teachers to Get Bonuses Instead of Raises", *Orlando Sentinel*, 19 jan. 2011, www.orlandosentinel.com.

72. G. T. Milkovich, J. M. Newman e B. Gerhart, *Compensation* (11. ed., Nova York: McGraw-Hill, 2013).

73. Veja, por exemplo, M. Damiani e A. Ricci, "Managers' Education and the Choice of Different Variable Pay Schemes: Evidence from Italian Firms", *European Management Journal* 32, no. 6 (2014): 891–902.

74. S. Miller, "Bonus Binge: Variable Pay Outpaces Salary", *Society for Human Resource Management*, 11 ago. 2016, https://www.shrm.org/resourcesandtools/hr-topics/compensation/pages/variable-pay-outpaces-raises.aspx.

75. Ibid.

76. *U.S. Companies Holding the Line on Pay Raises for 2017, Willis Towers Watson Survey Finds*, Willis Towers Watson Press Release, 24 ago. 2016, http://www.globenewswire.com/news-release/2016/08/24/866587/0/en/U-S-companies-holding-the-line-on-pay-raises-for2017-Willis-Towers-Watson-survey-finds.html.

77. A. M. Paul, "Atlanta Teachers Were Offered Bonuses for High Test Scores. Of Course They Cheated", *The Washington Post*, 16 abr. 2015, https://www.washingtonpost.com/posteverything/wp/2015/04/16/atlantateachers-were-offered-bonuses-for-high-testscores-of-course-they-cheated/?utm_term=.e4df48aeb80b; N. P. von der Embse, A. M. Schoemann, S. P. Kilgus, M. Wicoff e M. Bowler, "The Influence of Test-Based Accountability Policies on Teacher Stress and Instructional Practices: A Moderated Mediation Model", *Educational Psychology* 37, no. 3 (2017): 312–31; e K. Yuan, V.-N. Le, D. F. McCaffrey, J. A. Marsh, L. S. Hamilton, B. M. Stecher e M. G. Springer, "Incentive Pay Programs Do Not Affect Teacher Motivation or Reported Practices: Results from Three Randomized Studies", *Educational Evaluation and Policy Analysis* 35, no. 1 (2013): 3–22.

78. Y. Zhang, L. Long, T.-Y. Wu e X. Huang, "When Is Pay for Performance Related to Employee Creativity in the Chinese Context? The Role of Guanxi HRM Practice, Trust in Management, and Intrinsic Motivation", *Journal of Organizational Behavior* 36, no. 5 (2015): 698–719.

79. J. H. Han, K. M. Bartol e S. Kim, "Tightening Up the Performance-Pay Linkage: Roles of Contingent Reward Leadership and ProfitSharing in the Cross-Level Influence of Individual Pay-for-Performance", *Journal of Applied Psychology* 100, no. 2 (2015): 417–430; e D. Pohler e J. A. Schmidt, "Does Pay-for-Performance Strain the Employment Relationship? The Effect of Manager Bonus Eligibility on Nonmanagement Employee Turnover", *Personnel Psychology* 69, no. 2 (2016): 395–429.

80. I. S. Fulmer e W. J. Walker, "More Bang for the Buck? Personality Traits As Moderators of Responsiveness to Pay-for-Performance", *Human Performance* 28 (2015): 40–65.

81. E. Belogolovsky e P. A. Bamberger, "Signaling in Secret: Pay for Performance and the Incentive and Sorting Effects of Pay Secrecy", *Academy of Management Journal* 57, no. 6 (2014): 1706–33.

82. Ibid.

83. B. Wysocki Jr., "Chilling Reality Awaits Even the Employed", *The Wall Street Journal*, 5 nov. 2001, A1; e J. C. Kovac, "Sour Economy Presents Compensation Challenges", *Employee Benefit News*, 1 jul. 2008, 18.

84. W. Hou, R. L. Priem e M. Goranova, "Does One Size Fit All? Investigating Pay–Future Performance Relationships over the 'Seasons' of CEO Tenure", *Journal of Management* 43, no. 3 (2017): 864–91.

85. Veja, por exemplo, M. K. Judiesch e F. L. Schmidt, "Between-Worker Variability in Output under Piece-Rate versus Hourly Pay Systems", *Journal of Business and Psychology* 14, no. 4 (2000): 529–52.

86. P. M. Wright, "An Examination of the Relationships among Monetary Incentives, Goal Level, Goal Commitment, and Performance", *Journal of Management* 18, no. 4 (1992): 677–93.

87. J. S. Heywood, X. Wei e G. Ye, "Piece Rates for Professors", *Economics Letters* 113, no. 3 (2011): 285–87.

88. A. Baker e V. Mertins, "Risk-Sorting and Preference for Team Piece Rates", *Journal of Economic Psychology* 34 (2013): 285–300.

89. A. Clemens, "Pace of Work and Piece Rates", *Economics Letters* 115, no. 3 (2012): 477–79.

90. S. L. Rynes, B. Gerhart e L. Parks, "Personnel Psychology: Performance Evaluation and Pay for Performance", *Annual Review of Psychology* 56, no. 1 (2005): 571–600.

91. Ibid.

92. K. Zernike, "Newark Teachers Approve a Contract with Merit Pay", *The New York Times*, 14 nov. 2012, www.nytimes.com/.

93. "Paying Doctors for Performance", *The New York Times*, 27 jan. 2013, A16.

94. S. Halzack, "Companies Look to Bonuses Instead of Salary Increases in an Uncertain Economy", *Washington Post,* 6 nov. 2012, http://articles.washingtonpost.com/.

95. C. M. Barnes, J. Reb e D. Ang, "More Than Just the Mean: Moving to a Dynamic View of Performance-Based Compensation", *Journal of Applied Psychology* 97, no. 3 (2012): 711–18.

96. E. J. Castillo, "Gender, Race, and the New (Merit-Based) Employment Relationship", *Industrial Relations* 51, no. S1 (2012): 528–62.

97. Rynes, Gerhart e Parks, "Personnel Psychology."

98. P. Furman, "Ouch! Top Honchos on Wall Street See Biggest Cuts to Bonuses", *New York Daily News,* 18 fev. 2013, www.nydailynews.com.

99. N. Chun e S. Lee, "Bonus Compensation and Productivity: Evidence from Indian Manufacturing Plant-Level Data", *Journal of Productivity Analysis* 43, no. 1 (2015): 47–58.

100. E. White, "Employers Increasingly Favor Bonuses to Raises", *The Wall Street Journal,* 28 ago. 2006, B3; e J. S. Lublin, "Boards Tie CEO Pay More Tightly to Performance", *The Wall Street Journal,* 21 fev. 2006, A1, A14.

101. S. S. Wiltermuth e F. Gino, "'I'll Have One of Each': How Separating Rewards into (Meaningless) Categories Increases Motivation", *Journal of Personality and Social Psychology* (jan. 2013): 1–13.

102. L. Bareket-Bojmel, G. Hochman e D. Ariely, "It's (Not) All about the Jacksons: Testing Different Types of Short-Term Bonuses in the Field", *Journal of Management* 43, no. 2 (2017): 534–54.

103. M. J. Roomkin, *Profit Sharing and Gain Sharing* (Metuchen, NJ: Rutgers University Press, 1990).

104. "Mark Zuckerberg Reaped $2.3 Billion on Facebook Stock Options", *Huffington Post,* 26 abr. 2013, www.huffingtonpost.com.

105. D. D'Art e T. Turner, "Profit Sharing, Firm Performance, and Union Influence in Selected European Countries", *Personnel Review* 33, no. 3 (2004): 335–50; e D. Kruse, R. Freeman e J. Blasi, *Shared Capitalism at Work: Employee Ownership, Profit and Gain Sharing, and Broad-Based Stock Options* (Chicago: University of Chicago Press, 2010).

106. A. Bayo-Moriones e M. Larraza-Kintana, "Profit-Sharing Plans and Affective Commitment: Does the Context Matter?", *Human Resource Management* 48, no. 2 (2009): 207–26; e G. W. Florkowski e M. H. Schuster, "Support for Profit Sharing and Organizational Commitment", *Human Relations* 45, no. 5 (1992): 507–23.

107. N. Chi e T. Han, "Exploring the Linkages between Formal Ownership and Psychological Ownership for the Organization: The Mediating Role of Organizational Justice", *Journal of Occupational and Organizational Psychology* 81, no. 4 (2008): 691–711.

108. Han, Barol e Kim, "Tightening Up the Performance-Pay Linkage."

109. ESOP Association, *ESOP Association's Position on President's Panel on Federal Tax Reform Recommendation on Retirement Savings.* Washington, DC: Autor.

110. R. P. Garrett, "Does Employee Ownership Increase Innovation?", *New England Journal of Entrepreneurship* 13, no. 2, (2010): 37–46.

111. D. McCarthy, E. Reeves e T. Turner, "Can Employee Share-Ownership Improve Employee Attitudes and Behaviour?", *Employee Relations* 32, no. 4 (2010): 382–95.

112. A. Pendleton, "Shared Capitalism at Work: Employee Ownership, Profit and Gain Sharing, and Broad-Based Stock Options", *Industrial & Labor Relations Review* 64, no. 3 (2011): 621–22.

113. A. Pendleton e A. Robinson, "Employee Stock Ownership, Involvement, and Productivity: An Interaction-Based Approach", *Industrial and Labor Relations Review* 64, no. 1 (2010): 3–29.

114. X. Zhang, K. M. Bartol, K. G. Smith, M. D. Pfarrer e D. M. Khanin, "CEOs on the Edge: Earnings Manipulation and Stock-Based Incentive Misalignment", *Academy of Management Journal* 51, no. 2 (2008): 241–58.

115. S. Dubb, "Community Wealth Building Forms: What They Are and How to Use Them at the Local Level", *Academy of Management Perspectives* 30, no. 2 (2016): 141–52.

116. C. B. Cadsby, F. Song e F. Tapon, "Sorting and Incentive Effects of Pay for Performance: An Experimental Investigation", *Academy of Management Journal* 50, no. 2 (2007): 387–405.

117. Han, Barol e Kim, "Tightening Up the Performance-Pay Linkage."

118. Z. Lin, J. Kelly e L. Trenberth, "Antecedents and Consequences of the Introduction of Flexible Benefit Plans in China", *The International Journal of Human Resource Management,* 22, no. 5 (2011): 1128–45.

119. Ibid.

120. R. C. Koo, "Global Added Value of Flexible Benefits", *Benefits Quarterly* 27, no. 4 (2011): 17–20.

121. P. Stephens, "Flex Plans Gain in Popularity", *CA Magazine,* jan.-fev. 2010, 10.

122. D. Lovewell, "Flexible Benefits: Benefits on Offer", *Employee Benefits,* 2010 mar. S15.

123. L. E. Tetrick e C. R. Haimann, "Employee Recognition", in A. Day, E. K. Kelloway e J. J. Hurrell Jr. (eds.), *Workplace Well-Being: How to Build Psychologically Healthy Workplaces* (Hoboken, NJ: Wiley, 2014), 161–74.

124. L. Shepherd, "Special Report on Rewards and Recognition: Getting Personal", *Workforce Management,* set. 2010: 24–29.

125. www.globoforce.come/our-clients, acessado em 4 jun. 2015.

126. L. Shepherd, "On Recognition, Multinationals Think Globally", *Workforce Management,* set. 2010, 26.

127. R. J. Long e J. L. Shields, "From Pay to Praise? Non-Case Employee Recognition in Canadian and Australian Firms", *International Journal of Human Resource Management* 21, no. 8 (2010): 1145–72.

128. S. E. Markham, K. D. Scott e G. H. McKee, "Recognizing Good Attendance: A Longitudinal, Quasi-Experimental Field Study", *Personnel Psychology* 55, no. 3 (2002): 641; e S. J. Peterson e F. Luthans, "The Impact of Financial and Nonfinancial Incentives on Business Unit Outcomes over Time", *Journal of Applied Psychology* 91, no. 1 (2006): 156–65.

129. C. Xu e C. Liang, "The Mechanisms Underlying an Employee Recognition Program", in L. Hale e J. Zhang (eds.), *Proceedings of the International Conference on Public Human Resource Management and Innovation* (2013): 28–35.

130. A. D. Stajkovic e F. Luthans, "Differential Effects of Incentive Motivators on Work Performance", *Academy of Management Journal* 4, no. 3 (2001): 587. Veja também F. Luthans e A. D. Stajkovic, "Provide Recognition for Performance Improvement", in E. A. Locke (ed.), *Handbook of Principles of Organizational Behavior* (Malden, MA: Blackwell, 2004): 166–80.

Fundamentos do comportamento dos grupos

Capítulo 9

Objetivos de aprendizagem

Depois de ler este capítulo, você será capaz de:

9.1 Diferenciar os diversos tipos de grupos.

9.2 Descrever o modelo do equilíbrio pontuado do desenvolvimento de grupos.

9.3 Explicar como as exigências do papel mudam em diferentes situações.

9.4 Demonstrar como as normas influenciam o comportamento individual.

9.5 Demonstrar como as diferenças de status e de tamanho afetam o desempenho do grupo.

9.6 Descrever como questões de coesão e de diversidade podem ser integradas para aumentar a eficácia dos grupos.

9.7 Comparar os pontos fortes e fracos da tomada de decisão em grupo.

Fonte: Xu Jing / Xinhua / Alamy Live News / Alamy Stock Photo

MATRIZ DE HABILIDADES PARA A EMPREGABILIDADE

	Mito ou ciência?	Objetivos profissionais	Escolha ética	Ponto e contraponto	Exercício experiencial	Dilema ético	Estudo de caso 1	Estudo de caso 2
Pensamento crítico	✓	✓		✓	✓	✓	✓	✓
Comunicação	✓	✓	✓		✓	✓	✓	✓
Colaboração	✓	✓	✓	✓	✓	✓	✓	✓
Análise e aplicação do conhecimento		✓		✓	✓	✓	✓	✓
Responsabilidade social	✓	✓	✓			✓	✓	✓

UMA HISTÓRIA, DUAS INTERPRETAÇÕES

Imagine ouvir a gravação de uma ligação para a emergência em que a pessoa diz que dois policiais estão sacando as armas durante uma blitz de trânsito e, em seguida, ouvir o som de uma janela sendo quebrada. Se duas pessoas ouvissem a ligação, será que ambas concordariam que o policial deveria ter sacado a arma durante o telefonema? A resposta é talvez.

Lisa Mahon levava seu amigo Jamal e duas crianças em seu carro quando o policial Fucari a mandou parar por não estar usando o cinto de segurança. Lisa achou estranho quando o policial, em vez de verificar seus documentos e a placa, colocou a carteira de motorista e o documento do carro no bolso e pediu para ver a carteira de motorista de Jamal. Jamal não estava com a carteira de motorista e curvou-se para pegar a carteira de identidade em uma bolsa no chão do carro. O policial Fucari e outro policial sacaram as armas e as apontaram para o carro. Nesse momento, Lisa ficou preocupada e ligou para a emergência.

Não se sabe exatamente o que aconteceu em seguida. Depois que os policiais sacaram suas armas, o policial Fucari instruiu Lisa e Jamal a saírem do carro, mas, como Lisa disse ao atendente da emergência, ela e Jamal estavam com medo de sair do carro. Quando eles se recusaram a sair do veículo, os policiais quebraram a janela do lado do passageiro, usaram uma arma de eletrochoque em Jamal e o tiraram do carro à força. Jamal foi detido por recusar-se a atender a uma autoridade policial e por resistir à aplicação da lei e Lisa foi multada por não usar o cinto de segurança.

Um vídeo do incidente também foi divulgado ao público. Depois de ver o vídeo e ouvir a ligação para a emergência, nem todo mundo concorda com o que aconteceu naquele dia. Algumas pessoas acreditam que os policiais tiveram razão de suspeitar que Jamal estava tentando pegar uma arma, o que justificaria sua decisão de sacarem as suas. Essas pessoas também podem acreditar que a situação deu aos policiais razão para usar força contra Jamal, que se recusou a seguir as instruções. Muitas outras pessoas, contudo, acham que os oficiais não tratariam Lisa e Jamal dessa forma se eles fossem brancos (Lisa e Jamal são afro-americanos). Eles acham que os policiais já começaram desconfiando deles, tanto que pediram que Jamal se identificasse mesmo sem ser o condutor do carro. Além disso, muitas pessoas acharam que Lisa e Jamal tiveram razões para não sair do veículo ao verem as armas apontadas para eles.

Fonte: baseado em I. Glass e B. Reed, "Cops See It Differently, Part One", *This American Life*, 6 fev. 2015, https://www.thisamericanlife.org/radio-archives/episode/547/transcript.

Como indivíduos, todos nós pertencemos a grupos baseados em nossa profissão, raça, sexo e muitas outras categorias. Fazer parte de um grupo muda nossa percepção da situação. No exemplo de abertura deste capítulo, nossa identificação com um grupo racial pode aumentar as chances de nos identificarmos com Lisa e Jamal, que se assustaram com as ações dos policiais e com as armas apontadas para eles. Por outro lado, se formos policiais, podemos ser mais propensos a ficar do lado dos policiais, acreditando que eles só estavam fazendo seu trabalho ao usar de força quando um cidadão se recusou a acatar instruções.

Essas discordâncias são muito comuns, especialmente se um policial usa força contra um afro-americano. Ao comentar sobre o relacionamento da polícia com a comunidade afro-americana, Ed Flynn, o chefe de polícia da cidade de Milwaukee, Wisconsin, observou que, em áreas de alta criminalidade, muitos afro-americanos antipatizam com os policiais, em parte porque "a polícia, não raro, está no meio de grandes conflitos e, muitas vezes, atua como agente de controle social para manter a paz".

As tensões entre comunidades afro-americanas e policiais salientam uma das armadilhas da identificação com o grupo. Alguns grupos podem exercer uma grande influência positiva e outros podem criar preconceitos e vieses. Os objetivos deste capítulo e do Capítulo 10 são familiarizá-lo com os conceitos de grupo e equipe, apresentar os fundamentos para entender o funcionamento de um e de outro e mostrar como criar unidades de trabalho eficazes. Vamos começar definindo um grupo.

Definição e classificação de grupos

No comportamento organizacional, um grupo é definido como dois ou mais indivíduos, interdependentes e interativos, que se reúnem visando atingir determinado objetivo. Os grupos podem ser formais ou informais. Um grupo formal é definido pela estrutura da organização, com atribuições específicas que estabelecem as tarefas necessárias para a realização de um trabalho. Nesses grupos, o comportamento das pessoas é estipulado e dirigido em função das metas organizacionais. Os seis membros da tripulação de um voo comercial constituem um grupo formal. Já os grupos informais não são estruturados formalmente nem determinados por uma organização. Esses grupos são formados naturalmente no ambiente de trabalho e surgem em resposta à necessidade de interação social. Três empregados de departamentos diferentes que se encontram regularmente para almoçar ou tomar um café juntos são um grupo informal. Esses tipos de interação entre os indivíduos, mesmo que informais, afetam profundamente seu comportamento e desempenho.

Identidade social

As pessoas costumam ter sentimentos fortes em relação aos grupos aos quais pertencem, em parte porque, como as pesquisas indicam, as experiências compartilhadas intensificam nossa percepção dos eventos.[1] Além disso, de acordo com uma pesquisa conduzida na Austrália, compartilhar experiências, em particular aquelas dolorosas, estreita os vínculos e aumenta nossa confiança nas pessoas.[2] Por que as pessoas formam grupos e têm sentimentos tão intensos em relação a eles? Vejamos, por exemplo, as celebrações que ocorrem quando um time vence um campeonato

---

9.1 Diferenciar os diversos tipos de grupos.

grupo
Dois ou mais indivíduos interdependentes e interativos que se reúnem visando atingir determinado objetivo.

grupo formal
Grupo de trabalho definido pela estrutura da organização.

grupo informal
Grupo não estruturado formalmente e que não é determinado por uma organização, mas que surge em resposta à necessidade de interação social.

nacional. Os torcedores do time vencedor ficam eufóricos e as vendas de camisetas, bandeiras e bonés do time decolam. Os fãs do time perdedor ficam desanimados e até envergonhados. Isso acontece porque, apesar de os torcedores terem pouco controle sobre o desempenho do time, sua autoimagem pode estar vinculada à sua identificação com o grupo. A teoria da identidade social se propõe a investigar a tendência de nos sentirmos pessoalmente orgulhosos ou ofendidos pelas realizações de um grupo.

A teoria da identidade social propõe que as pessoas apresentam reações emocionais ao fracasso ou sucesso de seu grupo porque sua autoestima fica vinculada ao desempenho dele.[3] Quando seu grupo vai bem, você se deleita na glória refletida e sua autoestima sobe. Quando seu grupo vai mal, você pode se sentir mal consigo mesmo ou até chegar ao ponto de rejeitar essa parte de sua identidade, como fazem os "amigos só nas horas fáceis". Se seu grupo for desvalorizado e desrespeitado, sua identidade social pode ser ameaçada e você pode endossar comportamentos desviantes a fim de manter seu grupo "de pé".[4] As identidades sociais podem até levar as pessoas a sentir prazer ao ver o sofrimento de outro grupo. É comum ver esses sentimentos de "alegria com a desgraça alheia" na satisfação que os torcedores sentem quando um time adversário perde um jogo.[5]

As pessoas desenvolvem várias identidades durante a vida. Você pode se definir de acordo com a organização em que trabalha, com a cidade onde mora, com a profissão que tem, com sua religião, etnia e sexo. Com o tempo, alguns grupos aos quais você pertence podem passar a ter mais importância em sua vida do que outros. Um brasileiro que trabalha em Roma pode se tornar muito consciente de sua nacionalidade, mas não pensará nela se for transferido entre duas cidades do Brasil.[6] Desse modo, podemos escolher as identidades sociais mais relevantes para a situação ou podemos descobrir que nossas identidades sociais são conflituantes entre si, como as identidades de um executivo de uma empresa que também é pai de família.[7]

teoria da identidade social
Perspectiva que analisa quando e por que as pessoas se consideram membros de grupos.

Jeffrey Webster, diretor de recursos humanos de uma montadora da Nissan no Mississippi, também atua como diretor do coral gospel da fábrica. O coral é composto de um grupo diversificado de empregados que se identificam entre si porque todos adoram cantar e se apresentar para colegas de trabalho, executivos da empresa, autoridades do governo e em eventos da comunidade.

Fonte: Rogelio V. Solis/AP Images

Nossas identidades sociais ajudam a entender quem somos e onde nos encaixamos nas relações com outras pessoas. Pesquisas indicam que essas identidades podem melhorar nossa saúde e reduzir a depressão porque nos tornam menos propensos a atribuir razões internas ou fora de nosso controle a situações negativas.[8] Para nos beneficiarmos desses resultados positivos, contudo, precisamos sentir que nossas identidades sociais são positivas.[9]

Até o momento, falamos sobre as identidades sociais principalmente em um contexto cultural. No entanto, a identidade que podemos sentir em relação à nossa organização não passa de mais um aspecto de nossas identidades relacionadas ao trabalho (veja a Pesquisa de Comportamento Organizacional). Nas organizações e grupos de trabalho, podemos desenvolver muitas identidades por meio da (1) identificação *relacional*, quando nos conectamos com as pessoas em função dos papéis que desempenhamos na organização e por meio da (2) identificação *coletiva*, quando nos conectamos com as características agregadas de nossos grupos. Podemos nos identificar com grupos dentro de nossa equipe, de nosso grupo de trabalho e de nossa organização. Acontece muito de nossa identificação com nossos grupos de trabalho ser mais forte do que nossa identificação com nossas organizações, mas as duas identidades são importantes e afetam nossas atitudes e comportamentos. A intensidade de nossa identificação pode variar dependendo de o grupo ser visto como especial ou não na organização.[10] Um baixo grau de identificação com o grupo pode causar problemas. Se tivermos baixo grau de identificação com nossa organização, poderemos ficar menos satisfeitos com o trabalho e nos envolvermos em menos comportamentos de cidadania organizacional.[11] Além disso, teremos menos chances de querer trabalhar em organizações que não correspondem às nossas identidades coletivas.[12]

Endogrupos e exogrupos

O favoritismo do endogrupo ou *ingroup* ocorre quando vemos os membros de nosso grupo como melhores que os outros e as pessoas de fora como todas iguais.

favoritismo do endogrupo ou *ingroup*
Perspectiva que considera que enxergamos os membros pertencentes ao nosso grupo como melhores do que as outras pessoas. Já os que não são do nosso grupo são vistos como todos iguais.

PESQUISA DE COMPORTAMENTO ORGANIZACIONAL A maioria das pessoas diz ser aceitável beber com os colegas de trabalho.

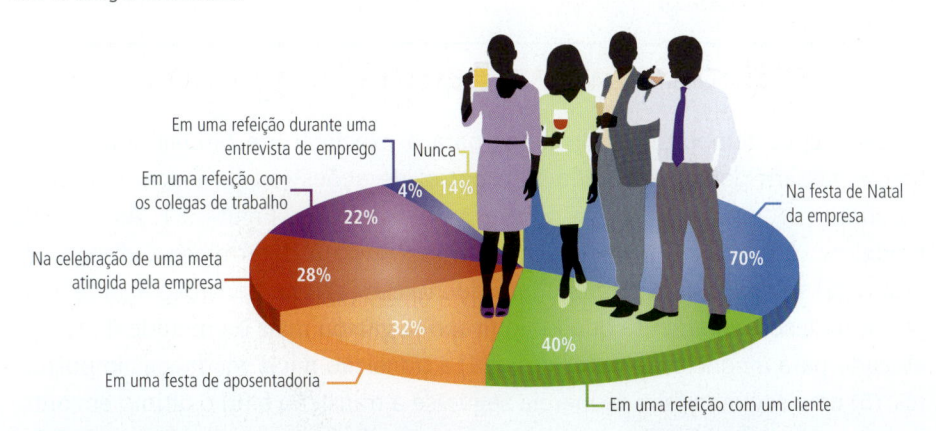

- Em uma refeição durante uma entrevista de emprego: 4%
- Nunca: 14%
- Em uma refeição com os colegas de trabalho: 22%
- Na celebração de uma meta atingida pela empresa: 28%
- Em uma festa de aposentadoria: 32%
- Em uma refeição com um cliente: 40%
- Na festa de Natal da empresa: 70%

Nota: levantamento conduzido pela Society for Human Resources Management (SHRM) com 501 respondentes para investigar como o consumo de bebidas alcoólicas é visto na organização em uma variedade de atividades relacionadas ao trabalho.

Fonte: baseado em S. M. Heathfield, "To Drink or Not to Drink: Does Alcohol Drinking Mix Safely with Work Events?", *About.com Guide*, 2013, http://humanresources.about.com/od/networking/qt/drink_i3.htm.

exogrupo ou *outgroup*
É o contrário de um endogrupo, podendo significar "todas as pessoas que não pertencem ao grupo", mas, geralmente, refere-se a outro grupo específico.

Pesquisas recentes sugerem que pessoas com baixa abertura para novas experiências e/ou baixa agradabilidade são mais suscetíveis ao favoritismo do endogrupo.[13]

A presença de um endogrupo sempre implica um exogrupo ou *outgroup*, que, às vezes, inclui todas as pessoas que não pertencem ao grupo, mas normalmente se restringe a um grupo específico identificado pelos membros do endogrupo. Por exemplo, se meu endogrupo for o Partido Republicano nos Estados Unidos, meu exogrupo pode ser qualquer pessoa do mundo que não seja republicana, mas é mais provável que meu exogrupo inclua apenas os outros partidos políticos dos Estados Unidos, ou talvez apenas os democratas.

Não é raro haver hostilidade ou antipatia entre endogrupos e exogrupos. Uma das maiores fontes de sentimentos endogrupo-exogrupo é a religião, até no local de trabalho. Por exemplo, um estudo global revelou que, quando os grupos se engajavam em rituais e discussões religiosas, eles se mostravam especialmente discriminatórios em relação aos exogrupos e chegavam até mesmo a ser agressivos se os exogrupos tivessem mais recursos.[14] Vejamos o exemplo de outro estudo conduzido em uma organização muçulmana no Reino Unido que apoiou a Al-Qaeda e identificou os muçulmanos moderados do Reino Unido como seu exogrupo. O endogrupo da Al-Qaeda não era neutro em relação ao exogrupo moderado; pelo contrário, denunciavam ativamente os moderados, acusando-os de serem desviantes e chegando a ameaçá-los de agressão.[15]

Ameaça da identidade social

A separação entre endogrupos e exogrupos abre caminho para a ameaça da identidade social, um fenômeno semelhante à ameaça do estereótipo (veja o Capítulo 6). As pessoas que se sentem ameaçadas por conta de sua identidade social acham que serão avaliadas negativamente devido à sua associação com um grupo desvalorizado e podem perder a confiança, afetando negativamente seu desempenho. Um estudo constatou, por exemplo, que, ao colocar pessoas que tiveram alto ou baixo status socioeconômico na infância para fazer um teste de matemática difícil, os participantes de baixo status socioeconômico que se sentiam ameaçados por sua identidade social podiam ser tão confiantes quanto os participantes de alto status socioeconômico, mas só se fossem deliberadamente encorajados sobre sua capacidade.[16]

9.2 Descrever o modelo do equilíbrio pontuado do desenvolvimento de grupos.

modelo do equilíbrio pontuado
Conjunto de fases pelas quais os grupos temporários passam e que envolvem transições entre inércia e atividade.

Etapas do desenvolvimento dos grupos

Os grupos temporários formados para a execução de tarefas com prazos finitos passam por uma sequência especial de ações (ou de inação) conhecida como modelo do equilíbrio pontuado, mostrado na Figura 9.1. As fases do modelo incluem: (1) o primeiro encontro serve para determinar a direção do grupo; (2) segue-se uma primeira fase de inércia; (3) uma transição acontece no fim desta fase, exatamente quando o grupo já gastou mais da metade do tempo alocado para a conclusão do projeto; (4) a transição inicia mudanças importantes; (5) uma segunda fase de inércia segue-se à transição e (6) o último encontro do grupo é caracterizado por atividades marcadamente aceleradas.[17] Modelos alternativos sugerem que as equipes avançam por um estágio de formação, um estágio de resolução de conflitos chamado de "tormenta", um estágio de "normatização", no qual os membros definem papéis e tomam decisões, e um estágio

FIGURA 9.1 Modelo do equilíbrio pontuado.

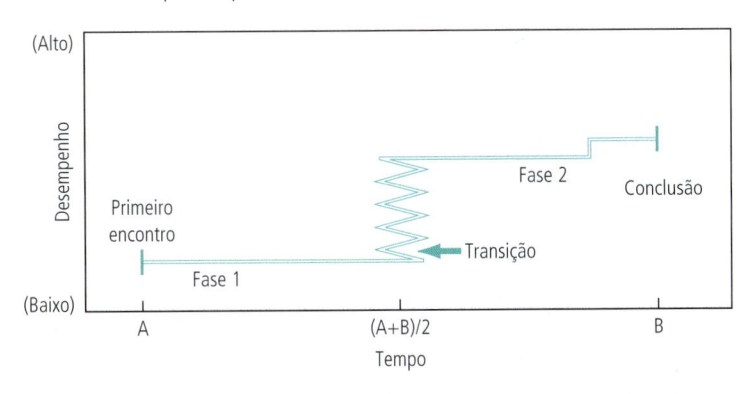

de desempenho, no qual os membros trabalham em colaboração. Os estágios de formação, tormenta, normatização e desempenho ocorrem na primeira fase do modelo do equilíbrio pontuado, enquanto um segundo estágio de desempenho e conformidade pode ocorrer na segunda fase, após um breve período de estabelecimento de normas e expectativas de "reforma" do grupo.[18]

Vamos discutir cada fase do modelo do equilíbrio pontuado. No primeiro encontro, o propósito e a direção do grupo são definidos e surge, por vezes já nos primeiros segundos de existência do grupo, uma estrutura de padrões comportamentais e premissas que serão usadas para uma aproximação com o projeto. Uma vez definida, a direção é consolidada e tem poucas chances de ser reavaliada na primeira metade da vida do grupo. Esse é um período de inércia — mesmo se houver exposição a novas informações que coloquem em dúvida os padrões e as premissas iniciais, o grupo tende a se ater a uma linha fixa de ação.

Uma das descobertas mais interessantes dos estudos foi que os grupos passam por uma transição exatamente a meio caminho entre o primeiro encontro e o prazo final oficial — independente de os membros terem passado uma hora ou 6 meses trabalhando no projeto. O ponto médio parece atuar como um despertador, conscientizando os membros do grupo de que seu tempo é limitado e de que eles precisam se apressar. Essa transição encerra a fase 1 e é caracterizada por uma série concentrada de mudanças, com o grupo abandonando velhos padrões e adotando novas perspectivas. A transição define uma nova direção para a fase 2, um novo equilíbrio ou um novo período de inércia no qual o grupo executa planos elaborados durante o período de transição.

O último encontro do grupo é caracterizado por uma última explosão de atividade para concluir o trabalho. Em resumo, de acordo com o modelo do equilíbrio pontuado, os grupos apresentam longos períodos de inércia intercalados por breves mudanças revolucionárias desencadeadas principalmente pela conscientização, por parte dos membros do grupo, do tempo que eles têm disponível e dos prazos que precisam cumprir. O modelo do equilíbrio pontuado está longe de ser o único modelo de estágios de desenvolvimento do grupo, mas é uma teoria importante que tem recebido muito apoio dos pesquisadores. Mantenha em mente, contudo, que esse modelo não se aplica a todos os grupos, sendo adequado apenas àqueles temporários criados para a execução de tarefas e que trabalham para cumprir o mesmo prazo.[19]

9.3 Explicar como as exigências do papel mudam em diferentes situações.

papel
Conjunto de padrões comportamentais esperados, atribuídos a alguém que ocupa determinada posição em uma unidade social.

Primeira propriedade do grupo: papéis

Os grupos de trabalho afetam o comportamento de seus integrantes e ajudam a explicar o comportamento individual, bem como o desempenho do grupo. Algumas propriedades que definem um grupo incluem *papéis*, *normas*, *status*, *tamanho*, *coesão* e *diversidade*. Discutiremos cada uma dessas propriedades nas seções a seguir. Vamos começar com a primeira propriedade do grupo: os papéis.

Shakespeare disse: "O mundo é um palco e todos os homens e mulheres não passam de atores"*. Utilizando essa mesma metáfora, todos os membros do grupo são atores, cada qual desempenhando um papel. Por esse termo, designamos um conjunto de padrões comportamentais esperados, atribuídos a alguém que ocupa determinada posição em uma unidade social. Temos de desempenhar vários papéis diferentes, tanto no trabalho como fora dele. Como veremos, um dos aspectos para entender o comportamento é saber qual papel a pessoa está desempenhando em dado momento.

Anderson Gomes é gerente de fábrica de uma grande indústria de equipamentos elétricos situada em Criciúma, Santa Catarina. Ele desempenha diversos papéis em seu trabalho: é empregado da empresa, membro da gerência de nível médio, engenheiro elétrico e o principal porta-voz da empresa na comunidade. Fora do trabalho, Anderson desempenha ainda outros papéis: marido, pai, católico, sócio de um clube, jogador de tênis e síndico do condomínio onde mora. Muitos desses papéis são compatíveis entre si; outros geram conflitos. Por exemplo, de que maneira sua postura religiosa afeta suas decisões administrativas em assuntos como demissões, controle de custos ou divulgação de informações para os órgãos governamentais? Uma proposta recente de promoção requer que ele mude de cidade. No entanto, sua família gosta de morar em Criciúma. Como conciliar as demandas de sua carreira profissional com as demandas de seu papel como pai de família?

Diferentes grupos impõem diferentes papéis aos indivíduos. Assim como Anderson Gomes, todos nós desempenhamos diferentes papéis, e nosso comportamento varia de acordo com eles. Mas como saber quais são os requisitos de cada papel? Recorremos às nossas percepções do papel para definir o que consideramos ser comportamentos apropriados e para conhecer as expectativas de nossos grupos.

Les Hatton, gerente de uma loja da Recreational Equipment, Inc. (REI), especializada em roupas, calçados e equipamentos para atividades *outdoor*, em Manhattan, anima os empregados antes da inauguração da loja. Parte do contrato psicológico entre a REI e seus empregados é a expectativa de que os vendedores demonstrem entusiasmo e empolguem os clientes ao mesmo tempo que os acolhem e os atendem bem.

Fonte: Matt Payton/AP Images

---

* William Shakespeare, As You Like It, D. C. Heath & Company, 1904.

Percepção do papel

A visão que temos sobre como devemos agir em determinada situação é a percepção do papel. Tiramos essas percepções dos estímulos que nos rodeiam — amigos, livros, filmes, televisão, por exemplo —, assim como formamos uma impressão dos políticos assistindo à série *House of Cards*. Programas de treinamento que alocam um aprendiz a um mentor permitem que os novatos observem um perito em ação para aprender a agir do modo esperado.

percepção do papel
Visão de uma pessoa sobre a maneira como deve agir em determinada situação.

Expectativas do papel

As expectativas do papel são a forma como os outros acreditam que devemos agir em determinada situação. Um juiz de direito é visto como uma pessoa caracterizada por dignidade e decoro, enquanto um técnico de futebol pode ser visto como agressivo, dinâmico e inspirador para os jogadores.

No trabalho, examinamos as expectativas do papel pela perspectiva do contrato psicológico: um acordo não escrito entre empregados e empregadores que estabelece expectativas mútuas.[20] Espera-se que os gestores tratem os empregados com justiça, proporcionem condições aceitáveis de trabalho, comuniquem com clareza o que desejam e deem *feedback* sobre o desempenho. Espera-se que os empregados demonstrem uma atitude positiva, seguindo as orientações e mostrando lealdade à organização. Quando um contrato psicológico também se concentra nos relacionamentos entre empregadores (ou gestores) e empregados, os trabalhadores também podem ter mais chances de se engajar em comportamentos de cidadania organizacional.[21]

O que acontece quando as expectativas previstas no contrato psicológico não são atendidas? Se os gestores não honrarem sua parte do acordo, podemos esperar uma repercussão negativa sobre o desempenho e a satisfação dos empregados. Um estudo com gerentes de restaurantes descobriu que violações do contrato psicológico foram associadas a maiores intenções de pedir demissão, enquanto outro estudo que englobou uma variedade de setores diferentes constatou que os contratos psicológicos foram associados a menores níveis de produtividade, mais furtos e maior retraimento no trabalho.[22]

Há evidências de que as percepções dos contratos psicológicos variam de uma cultura para a outra. Na França, onde as pessoas são individualistas e o poder é mais assimétrico, considera-se que os contratos sejam voltados aos interesses pessoais, porém, favorecendo o lado mais poderoso. No Canadá, onde, embora as pessoas sejam individualistas, o poder é mais simétrico, os contratos são considerados como voltados aos interesses pessoais, porém, concentrados na reciprocidade equilibrada. Na China, onde as pessoas são coletivistas e o poder é mais assimétrico, os contratos são vistos como normas que se estendem além do contexto do trabalho e incluem também a vida pessoal dos empregados. E na Noruega, onde as pessoas são coletivistas, mas o poder é mais simétrico, os contratos são vistos como mais relacionais e baseados na confiança.[23]

expectativas do papel
Visão que os outros têm de como devemos agir em determinada situação.

contrato psicológico
Acordo não escrito que define o que um empregador espera de um empregado e vice-versa.

Conflito de papéis

Quando o compromisso com um papel tem a possibilidade de dificultar o desempenho de outro papel, o resultado é o conflito de papéis.[24] Em casos extremos, é possível ter uma situação em que duas ou mais expectativas de papel são contraditórias. Por exemplo, se você é um gestor e precisa fazer a avaliação de

conflito de papéis
Situação em que uma pessoa é confrontada por expectativas divergentes quanto a seus papéis.

conflito entre papéis
Situação na qual as expectativas dos diferentes grupos aos quais a pessoa pertence são opostas.

desempenho de um empregado que você orientou, seus papéis como avaliador e mentor podem entrar em conflito. Algumas situações também podem levar ao conflito entre papéis[25], quando as expectativas dos diferentes grupos aos quais pertencemos entram em oposição. Anderson Gomes teve de enfrentar conflitos entre os papéis ao tentar conciliar as expectativas em relação ao seu desempenho como chefe de família e como gestor de sua empresa. Sua esposa e filhos queriam permanecer em Criciúma, ao passo que sua empresa esperava que os empregados fossem receptivos às suas necessidades e demandas. Embora pudesse ser do interesse financeiro e profissional de Anderson aceitar a mudança de cidade, o conflito caracterizou-se como uma escolha entre as expectativas da família e as de sua carreira. De fato, incontáveis pesquisas demonstram que os conflitos entre a vida profissional e a vida pessoal constituem uma das fontes mais importantes de estresse para a maioria dos empregados.[26]

A maioria dos trabalhadores pertence simultaneamente a um grupo de trabalho, a um departamento e a grupos sociais e demográficos, sendo que essas diferentes identidades podem entrar em conflito quando as expectativas de uma delas contradizem as expectativas de outra identidade.[27] Em processos de fusão e aquisição, os empregados podem ficar divididos entre sua identidade como membros da empresa original e como membros da nova controladora.[28] Pesquisas constataram que as organizações multinacionais também levam à dualidade na identificação, pois seus empregados fazem uma distinção entre a filial local e a matriz internacional.[29]

Interpretação de papéis e assimilação

A extensão na qual nos conformamos com nossas percepções e expectativas do papel — mesmo se no começo não concordamos com elas — pode ser surpreendente. Um dos experimentos mais esclarecedores sobre papéis e identidade foi conduzido muitos anos atrás pelo psicólogo Philip Zimbardo e seus colegas.[30] Os pesquisadores montaram uma "prisão" no porão do prédio da faculdade de psicologia da Universidade Stanford. Eles contrataram estudantes emocionalmente estáveis, saudáveis e obedientes à lei, cujo resultado em diversos testes de personalidade foi "normal médio". Atribuíram-lhes, aleatoriamente, os papéis de "guarda" ou de "prisioneiro" e determinaram algumas regras básicas.

Em pouco tempo, os prisioneiros já estavam aceitando a autoridade dos guardas e os guardas se ajustaram ao seu novo papel de autoridade. Em concordância com a teoria da identidade social, os guardas passaram a ver os prisioneiros como um exogrupo negativo e desenvolveram estereótipos sobre o tipo de personalidade de um prisioneiro "típico". Depois que os guardas reprimiram uma rebelião iniciada no segundo dia, os prisioneiros ficaram cada vez mais passivos, passando a acatar qualquer ordem dada pelos guardas. Os prisioneiros realmente começaram a acreditar e a agir como se fossem inferiores e fracos. E todos os guardas, em algum momento, agiram de maneira autoritária e abusiva. Um deles declarou: "Fiquei surpreso comigo mesmo... Eu fiz com que eles chamassem uns aos outros pelos piores nomes e limpassem as latrinas com as mãos. Considerava os prisioneiros como gado e pensava: 'Preciso ficar de olho neles, caso tentem alguma coisa'." Surpreendentemente, durante todo o experimento, mesmo depois de dias de abuso, nenhum prisioneiro disse: "Chega! Sou um estudante como você. Isto aqui não passa de um experimento". Os pesquisadores tiveram de interromper o experimento depois de apenas seis dias diante das reações patológicas que os participantes começaram a demonstrar.

Mito ou ciência?

Fofoca e exclusão são tóxicas para os grupos

A afirmação anterior não é necessariamente verdadeira, mas também não é necessariamente falsa. Vamos dar uma olhada nas condições.

O que seria uma fofoca? A maioria de nós diria que fofocar é falar sobre as pessoas, espalhar boatos e especular sobre o comportamento de alguém; a fofoca afeta a reputação de uma pessoa. Também poderíamos dizer que a fofoca é maliciosa. No entanto, segundo os pesquisadores, ela também pode ter funções sociais positivas. A fofoca pró-social pode expor comportamentos voltados a explorar os outros, podendo levar a mudanças positivas. Por exemplo, se Julie conta a Chris que Alex está fazendo *bullying* contra Summer, Chris fica sabendo do mau comportamento de Alex pela fofoca. Chris pode se recusar a trabalhar com Alex em um projeto no trabalho, o que pode restringir as oportunidades de Alex na organização, impedindo-o de intimidar mais pessoas. À medida que a fofoca se espalha, Alex pode se sentir exposto por seu comportamento e decidir conformar-se às expectativas do grupo, que é contra o *bullying*. Com efeito, de acordo com as pesquisas, Alex provavelmente cooperará com o grupo em resposta às fofocas e as pessoas que ouvirem e espalharem a fofoca provavelmente também cooperarão, refreando seus impulsos de se engajar no mau comportamento.

E o que acontece se Alex for excluído? Há dois tipos de exclusão no local de trabalho: deixar a pessoa de fora de um grupo e submeter a pessoa ao ostracismo. Os dois levam ao mesmo resultado: a pessoa deixa de fazer parte do grupo. Enquanto o simples ato de deixar alguém de fora de um grupo pode não passar uma mensagem de exclusão, o ostracismo, sem dúvida, é eficiente em transmitir tal recado. O ostracismo é visto mais como uma punição do que a fofoca por ser mais direto. Pesquisas indicam que as pessoas submetidas ao ostracismo cooperam mais quando estão perto do grupo para demonstrar sua disposição de se conformar, na esperança de serem convidadas a voltar a ser parte dele.

Será que a fofoca e o ostracismo podem atuar juntos? Sim, de acordo com um estudo recente. Quando os participantes tiveram a chance de fofocar sobre o trabalho de outro participante, este último passou a cooperar mais do que antes; quando a oportunidade de fofocar foi combinada com a oportunidade de submeter esse participante ao ostracismo, ele cooperou muito mais. Desse modo, a fofoca e a exclusão podem beneficiar os grupos, pelo menos quando a fofoca se restringir a conversas relacionadas ao trabalho e não incluir mentiras, quando ainda houver a oportunidade de voltar ao grupo na mesma posição e quando as normas do grupo forem positivas.

Fontes: baseado em M. Cikara e J. J. Van Bavel, "The Neuroscience of Intergroup Relations: An Integrative Review", *Perspectives on Psychological Science* 9, no. 3 (2014): 245–74; M. Feinberg, R. Willer e M. Schultz, "Gossip and Ostracism Promote Cooperation in Groups", *Psychological Science* 25, no. 3 (2014): 656–64; e I. H. Smith, K. Aquino, S. Koleva e J. Graham, "The Moral Ties That Bind... Even to Out-Groups: The Interactive Effect of Moral Identity and the Binding Moral Foundations", *Psychological Science* (2014): 1554–62.

Esse estudo nos leva a concluir que os participantes tinham, como todos nós, algumas concepções estereotipadas dos papéis de guarda e prisioneiro — aprendidas por intermédio dos meios de comunicação e de suas experiências pessoais em casa (pai-filho), na escola (professor-aluno) e em outras situações. Isso permitiu que eles assumissem papéis muito diferentes de sua própria personalidade com facilidade e rapidez. Vimos que pessoas sem qualquer patologia de personalidade ou treinamento anterior foram capazes de desempenhar formas extremas de comportamento, de forma condizente com os papéis a elas designados.

Um experimento parecido com o de Zimbardo foi conduzido pela BBC no formato de um *reality show*.[31] Os resultados foram drasticamente diferentes daqueles do experimento de Zimbardo, em parte porque o programa usou um ambiente de prisão simulada menos intenso. Os "guardas" foram muito mais cuidadosos em seu comportamento e limitaram o tratamento agressivo aos "prisioneiros". Em diversas ocasiões, eles comentaram que se preocupavam com a maneira como o público interpretaria suas ações. Em resumo, eles não assumiram seus papéis por completo, possivelmente porque sabiam que seu comportamento estava sendo observado por milhões de telespectadores. Os resultados sugerem que situações menos intensas evocam comportamentos menos extremos e o abuso de papéis pode ser limitado quando as pessoas se conscientizam de seu comportamento.

9.4 Demonstrar como as normas influenciam o comportamento individual.

normas
Padrões aceitáveis de comportamento compartilhados pelos membros do grupo.

Segunda propriedade do grupo: normas

Você já notou que os jogadores de golfe ficam em silêncio enquanto um deles está preparando uma jogada ou que os empregados não criticam os chefes em público? Por que será? Isso acontece por causa das normas.

Todos os grupos estabelecem normas, ou seja, padrões aceitáveis de comportamento compartilhados por todos os seus membros e que expressam o que eles devem ou não fazer em determinadas circunstâncias. Não basta que os líderes do grupo digam o que pensam. Afinal, mesmo se os membros do grupo adotarem a visão do líder, o efeito pode durar apenas 3 dias![32] Quando aceitas e acordadas pelos membros do grupo, as normas influenciam o comportamento dos indivíduos com um mínimo de controle externo. Todos os grupos têm normas, embora elas sejam diferentes para cada grupo, comunidade ou sociedade.[33] Vamos discutir os níveis de influência que as normas podem exercer sobre nós, começando com nossas emoções.

Normas e emoções

Você já notou que as emoções de um membro de sua família podem afetar toda a família, especialmente quando são emoções fortes? Uma família pode ser um grupo extremamente normativo. E o mesmo pode ser dito de um grupo cujos membros trabalham juntos todos os dias para realizar tarefas, porque a comunicação frequente pode aumentar o poder das normas. Um estudo recente descobriu que, em um grupo criado para a execução de tarefas, as emoções das pessoas afetavam as emoções do grupo e vice-versa. Você pode não se surpreender, mas os pesquisadores também descobriram que as normas ditavam a *vivência* das emoções tanto para os membros individualmente quanto para os grupos em geral — em outras palavras, as pessoas adotaram uma interpretação compartilhada de suas emoções.[34] Como vimos nos capítulos 5 e 6, nossas emoções e sentimentos podem afetar nossa perspectiva, de modo que o efeito normativo dos grupos pode ter enorme influência sobre as atitudes das pessoas e nos resultados do próprio grupo.

Normas e conformidade

conformidade
Ajuste do comportamento de um indivíduo para se alinhar às normas do grupo.

Como membro de um grupo, você deseja ser aceito e, portanto, submete-se às normas impostas. Pesquisas encontraram muitas evidências de que os grupos pressionam seus membros a mudar suas atitudes e comportamentos para se adaptar aos padrões estabelecidos.[35] O modo como as pressões do grupo para atingir a conformidade pode afetar as opiniões e atitudes de seus membros foi demonstrado em estudos conduzidos por Solomon Asch e outros pesquisadores.[36] Em seus experimentos, Asch montou grupos de sete ou oito pessoas que se sentavam ao redor de uma mesa e deviam comparar dois cartões apresentados por um pesquisador. Um cartão trazia uma única linha e o outro trazia três linhas de diferentes tamanhos, uma das quais tinha o mesmo comprimento da linha do primeiro, como mostra a Figura 9.2. A diferença de tamanho das linhas era mais do que clara e, em condições normais, os indivíduos cometiam menos de 1% de erros ao anunciar em voz alta qual das três linhas do segundo cartão era igual àquela do primeiro cartão.

FIGURA 9.2 Exemplos de cartões utilizados no estudo de Asch.

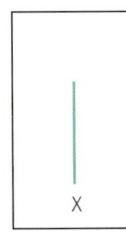

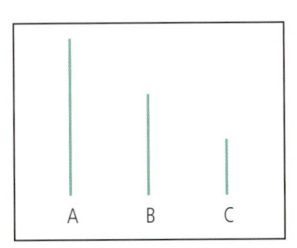

O experimento começava com diversos exercícios de comparação. Todos os participantes davam as respostas corretas. No terceiro exercício, contudo, o primeiro participante, que fazia parte da equipe de pesquisa, dava uma resposta claramente errada — por exemplo, dizendo que a letra C era igual a X. Os demais, também da equipe de pesquisa, foram dando a mesma resposta errada até chegar a vez do participante da pesquisa. A decisão que essa pessoa precisava tomar era a seguinte: sustentar em público uma percepção que diferia da posição assumida por todos os outros membros do grupo ou dar uma resposta que a pessoa acreditava ser errada só para ficar em conformidade com ele?

Os resultados obtidos de muitos experimentos e testes mostraram que 75% dos participantes deram pelo menos uma resposta de conformidade — ou seja, sabiam que era a resposta errada, mas era coerente com as respostas dos outros membros do grupo — e que a média de conformistas era de 37%. Esses resultados sugerem que normas coletivas nos pressionam a nos conformar com o grupo. Outra pesquisa recente para investigar a tomada de decisão moral revelou um efeito ainda mais forte da conformidade quando os participantes consideraram as ideias não conformes não só incorretas como também censuráveis.[37] Será que isso significa que não passamos de robôs? É claro que não. Afinal, se 37% das respostas foram em conformidade com o grupo, 63% das respostas foram independentes. Além disso, 95% dos participantes deram a resposta correta (não conforme) pelo menos uma vez. Portanto, é verdade que nos sentimos pressionados a nos conformar, mas isso não quer dizer que vamos necessariamente optar por nos conformar ao grupo. Além disso, tendemos a não gostar de sermos pressionados a nos conformar. Asch escreveu: "Praticamente todos os participantes que fizeram parte do experimento concordaram que a independência era preferível à conformidade".[38]

Será que as pessoas agem em conformidade com as pressões de todos os grupos aos quais pertencem? É claro que não, porque as pessoas pertencem a muitos grupos cujas normas variam e, por vezes, são até mesmo contraditórias. As pessoas se conformam a seus grupos de referência, nos quais têm consciência umas das outras, dos quais se definem como membros ou dos quais gostariam de ser membros e acreditam que os demais membros são importantes para elas. A implicação disso, portanto, é que nem todos os grupos impõem pressões equivalentes de conformidade sobre seus membros.

grupos de referência
Grupos importantes aos quais as pessoas pertencem ou gostariam de pertencer e a cujas normas estão propensos a cumprir.

Normas e comportamento

As normas podem incluir qualquer aspecto do comportamento do grupo.[39] Como vimos, as normas no local de trabalho afetam consideravelmente o comportamento dos

Escolha ética

Usando a pressão social como tática de influência

Todos nós já sentimos a pressão social. Pode ser difícil ter um comportamento diferente de nossos amigos e colegas de trabalho. À medida que o trabalho em equipe se populariza nas organizações, as vantagens e desvantagens desse tipo de pressão estão se tornando uma questão ética cada vez mais importante para os gestores.

A pressão social pode ter resultados positivos em algumas situações. Nos grupos em que muito empenho e alto desempenho são as normas, a pressão social dos colegas, seja direta ou indireta, pode estimular o alto desempenho por parte dos membros que não estão atendendo às expectativas. Um grupo que tem como norma o comportamento ético também pode usar a pressão social para minimizar o comportamento negativo. Desse modo, a pressão social tem o poder de promover aquilo que é considerado bom comportamento, desde doações à caridade até trabalhar como voluntário distribuindo comida para os destituídos.

Por outro lado, a pressão social também pode ser destrutiva, podendo causar sentimentos de exclusão nas pessoas que não estão em conformidade com as normas do grupo, e pode ser extremamente estressante e prejudicial para as pessoas que não concordam totalmente com o resto do grupo. A pressão social por si só pode ser uma prática antiética para afetar o comportamento e os pensamentos dos trabalhadores. Enquanto os grupos podem pressionar as pessoas a apresentar um bom comportamento, eles podem, com a mesma facilidade, pressioná-las a se comportar mal.

Será que você deveria usar a pressão social? Se você for um líder, pode precisar fazer isso. Um levantamento revelou que apenas 6% dos líderes disseram ser capazes de influenciar sozinhos seus empregados. A pressão social acelera o grupo em direção ao consenso e o nível do controle do líder sobre o grupo varia de acordo com os níveis de pressão social exercidos. Se você usar a pressão social para incentivar os empregados a atingirem os objetivos da equipe e se comportarem de acordo com os valores organizacionais, ela pode levar a uma melhora no desempenho ético. Seu comportamento, no entanto, deve enfatizar a aceitação e a recompensa do comportamento positivo, em vez da rejeição e da exclusão, para fazer com que todos no grupo tenham um comportamento consistente.

Fontes: baseado em E. Estrada e E. Vargas-Estrada, "How Peer Pressure Shapes Consensus, Leadership, and Innovations in Social Groups", *Scientific Reports* 3 (2013), artigo no. 2905; A. Verghese, "The Healing Power of Peer Pressure", *Newsweek*, 14 mar. 2011, www.newsweek.com; J. Meer, "Brother, Can You Spare a Dime? Peer Pressure in Charitable Solicitation", *Journal of Public Economics* 95, no. 7–8 (2011): 926–41; e L. Potter, "Lack Influence at Work? Why Most Leaders Struggle to Lead Positive Change", *Yahoo*, 14 maio 2013, http://finance.yahoo.com/news/lack-influence-whymost-leaders-121500672.html.

---

empregados. Pode parecer óbvio à primeira vista, mas a influência das normas sobre o comportamento dos trabalhadores só foi descoberta com uma série de estudos realizados em Hawthorne, na Western Electric Company, em Chicago, entre 1924 e 1932.[40]

Nos estudos, os pesquisadores começaram analisando a relação entre o ambiente físico e a produtividade. Quando a intensidade da iluminação foi aumentada no grupo experimental de trabalhadores, a produção desse grupo e do grupo de controle também aumentou. Mas, para a surpresa dos pesquisadores, quando a intensidade da luz foi reduzida no grupo experimental, a produtividade continuou aumentando nos dois grupos. Na verdade, a produtividade do grupo experimental só caiu quando a intensidade da luz foi reduzida para uma luminosidade semelhante à do luar, levando os pesquisadores a acreditar que era a dinâmica de grupo, e não o ambiente, que estava afetando o comportamento.

Em seguida, os pesquisadores isolaram um pequeno grupo de mulheres encarregadas de montar aparelhos telefônicos para observar seu comportamento com mais atenção. Nos anos que se seguiram, a produção desse pequeno grupo cresceu sem parar e o número de faltas por doença e motivos pessoais foi de, aproximadamente, um terço da unidade de produção como um todo. Ficou claro que o desempenho do grupo foi consideravelmente afetado pelo status de ser um grupo "especial". As mulheres sentiam-se como uma espécie de elite e acreditavam que os administradores da empresa se preocupavam com os interesses dos empregados por aceitarem realizar esse tipo de experimento na empresa. Em resumo, os trabalhadores envolvidos nas experiências de iluminação e linha de montagem reagiram à maior atenção que estavam recebendo.

Com base em estudos conduzidos com empregados da Hawthorne Works da Western Electric Company em Chicago, pesquisadores obtiveram valiosas informações sobre o modo como o comportamento individual é afetado pelas normas do grupo. Eles também constataram que o dinheiro não era o fator mais importante para determinar a produção dos empregados quando comparado com os padrões do grupo, a segurança e os sentimentos.

Fonte: Hawthorne Museum of Morton College

Um terceiro estudo foi conduzido na unidade de montagem de fiação de equipamentos de monitoramento em bancos para avaliar o efeito de um plano de incentivo salarial. A constatação mais importante desse estudo foi que os empregados não melhoraram sua produtividade individual. O que aconteceu foi que a produtividade passou a ser controlada por uma norma coletiva que ditava o que era satisfatório produzir por dia. Os empregados tinham medo de aumentar demais a produção e, em consequência, fazer com que o incentivo por unidade produzida diminuísse, que a expectativa de produção diária aumentasse, que a empresa resolvesse demitir alguns membros do grupo ou que os operários mais lentos fossem repreendidos. Assim, o grupo estabeleceu seu conceito de produção ideal — nem muito, nem pouco. Eles se apoiavam mutuamente para assegurar que seus relatórios estivessem em níveis próximos e as normas estabelecidas pelo grupo incluíram alguns "nãos". *Não* seja um "caxias", produzindo mais que o previsto. *Não* faça "corpo mole", produzindo menos que os demais. *Não* seja um "dedo-duro", denunciando os colegas. O grupo fez valer essas normas com métodos que incluíam sarcasmo, apelidos ofensivos, ridicularização e até socos nos braços de quem as violasse. Desse modo, o grupo passou a trabalhar bem abaixo de sua capacidade, usando normas bem definidas e impostas com rigor.

Normas positivas e resultados do grupo

Um dos objetivos das organizações que optam por adotar iniciativas de responsabilidade social corporativa é vincular os valores da organização (ou os valores do CEO e dos executivos) a normas para afetar o comportamento dos empregados.[41] Afinal, se os empregados se alinhassem às normas positivas da organização, elas se fortaleceriam e a probabilidade de gerarem um impacto positivo cresceria exponencialmente. Podemos esperar os mesmos resultados de normas de comportamento politicamente correto. Mas como as normas positivas, de fato, afetam os resultados do grupo? Costuma-se pensar que, para aumentar a criatividade nos grupos, por exemplo, as normas deveriam ser flexibilizadas. No entanto, pesquisas para investigar grupos compostos de homens e mulheres indicam que normas rigorosas de comportamento politicamente correto aumentam a criatividade do grupo. Isso acontece porque expectativas claras sobre as interações entre homens e mulheres reduzem a incerteza em relação às expectativas do grupo,[42] permitindo que os membros expressem suas ideias criativas com mais facilidade sem opor-se às normas estereotipadas.

As normas positivas do grupo podem até levar a resultados positivos, mas somente na presença de outros fatores. Por exemplo, um estudo recente constatou que um alto nível de extroversão do grupo levou a mais comportamentos de ajuda mútua na presença de normas de cooperação positivas.[43] No entanto, por mais fortes que as normas possam ser, nem todas as pessoas são igualmente suscetíveis às normas positivas do grupo. As personalidades individuais também devem ser levadas em conta, bem como o nível da identidade social da pessoa em relação ao grupo. Além disso, um estudo recente conduzido na Alemanha indicou que, quanto mais satisfeitas as pessoas estavam com seu grupo, mais elas seguiam suas normas.[44]

Normas negativas e resultados do grupo

Rosane Costa está chateada com um colega que vive espalhando fofocas e boatos maliciosos e infundados a seu respeito. Débora Medeiros está cansada de um dos membros de sua equipe que, ao confrontar-se com algum problema, desconta sua frustração gritando com ela e com os demais. E Alexandra Drontt deixou recentemente seu emprego de higienista dental em uma clínica depois que seu chefe a assediou sexualmente diversas vezes.

O que esses exemplos têm em comum? Eles mostram empregados sendo expostos a comportamentos desviantes no trabalho.[45] Como vimos no Capítulo 3, o comportamento contraproducente no trabalho ou **comportamento desviante no local de trabalho** (também chamado *comportamento antissocial* ou *incivilidade no ambiente de trabalho*) são os comportamentos voluntários que violam intencionalmente as regras estabelecidas e que, ao serem expressos, ameaçam o bem-estar das organizações e de seus membros. A Tabela 9.1 apresenta uma tipologia desse tipo de comportamento, com exemplos de cada um.

Poucas empresas admitem que criam ou permitem condições que encorajam e mantêm os comportamentos desviantes, embora não seja raro que isso aconteça. Como vimos, um grupo de trabalho pode acabar sendo caracterizado por atributos positivos ou negativos. Quando esses atributos são negativos, como no caso em que psicopatia e agressividade são frequentes em um grupo de trabalho, as características de falsidade, amoralidade e intenção de prejudicar os outros são pronunciadas.[46] Além disso, nos últimos anos, empregados têm relatado um aumento na grosseria e desrespeito por parte de chefes e colegas de trabalho. A incivilidade no trabalho, como muitos outros comportamentos desviantes, leva a muitos resultados negativos para as vítimas.[47] Quase metade dos empregados que foram vítimas de incivilidade diz que isso os levou a pensar em mudar de emprego; 12%, de fato, pediram demissão por esse motivo.[48] Um estudo com aproximadamente 1.500 participantes descobriu que, além de aumentar as intenções de desligamento da empresa, a incivilidade no trabalho aumentou o relato de estresse e de doenças físicas.[49] Empregados submetidos repetidamente à incivilidade sentem-se injustiçados e podem descontar na

---

comportamento desviante no local de trabalho
Comportamento voluntário que viola importantes normas organizacionais e, dessa forma, ameaça o bem-estar da organização ou de seus membros. Também chamado comportamento antissocial ou incivilidade do ambiente de trabalho.

TABELA 9.1   Tipologia dos comportamentos desviantes no trabalho.

Categoria	Exemplos
Produção	Sair mais cedo
	Reduzir intencionalmente o ritmo de trabalho
	Desperdiçar recursos
Propriedade	Sabotagem
	Mentir sobre o número de horas trabalhadas
	Roubar a organização
Política	Mostrar favoritismo
	Fofocar e espalhar boatos
	Culpar os colegas de trabalho
Agressões pessoais	Assédio sexual
	Abuso verbal
	Roubar dos colegas de trabalho

Fontes: baseado em S. H. Appelbaum, G. D. Iaconi e A. Matousek, "Positive and Negative Deviant Workplace Behaviors: Causes, Impacts, and Solutions", *Corporate Governance* 7, no. 5 (2007): 586–98; e R. W. Griffin e A. O'Leary-Kelly, *The Dark Side of Organizational Behavior* (Nova York: Wiley, 2004).

organização, envolvendo-se em comportamentos desviantes.[50] Pesquisas sugerem que a falta de sono, muitas vezes causada por exigências excessivas no trabalho que reduzem a capacidade das pessoas de controlar emoções e comportamentos, também pode levar a comportamentos desviantes. Ao tentar fazer mais com cada vez menos recursos, obrigando os empregados a trabalhar mais, as organizações podem estar facilitando indiretamente os comportamentos desviantes.[51]

Da mesma forma que as demais normas, as atitudes antissociais dos empregados são afetadas pelo contexto do grupo de trabalho ao qual pertencem. Evidências demonstram que os comportamentos desviantes no trabalho tendem a aumentar quando têm o apoio das normas do grupo.[52] Os trabalhadores que socializam, dentro ou fora da empresa, com pessoas que costumam faltar ao trabalho, tendem a faltar também.[53] Assim, quando normas desviantes se manifestam no trabalho, a cooperação, o comprometimento e a motivação dos empregados tendem a ser prejudicados.

Quais são as consequências do comportamento desviante no trabalho para os grupos? Algumas pesquisas sugerem que uma reação em cadeia ocorre em grupos com altos níveis de comportamento disfuncional.[54] O processo começa com comportamentos negativos, como negligenciar o trabalho, prejudicar os colegas ou recusar-se a cooperar. O que acaba acontecendo é que, diante desses comportamentos, o grupo começa coletivamente a ter sentimentos negativos, os quais podem resultar em problemas de coordenação do trabalho da equipe e níveis mais baixos de desempenho do grupo.

Normas e cultura

Será que as pessoas de culturas coletivistas têm normas diferentes das pessoas de culturas individualistas? É claro que sim.[55] Entretanto, você sabia que nossa orientação pode mudar mesmo depois de anos vivendo em determinada sociedade? Em um experimento recente, um exercício de interpretação de papéis organizacionais foi atribuído a um grupo neutro de participantes; o exercício enfatizou normas coletivistas ou individualistas. Os participantes puderam escolher uma tarefa ou uma tarefa era atribuída a eles por uma pessoa do mesmo grupo (endogrupo) ou de fora do grupo (exogrupo). Quando os participantes preparados para serem mais individualistas puderam escolher a tarefa ou os participantes preparados para serem mais coletivistas receberam a tarefa de uma pessoa do grupo (endogrupo), mostraram-se mais motivados para realizá-la.[56]

9.5 Demonstrar como as diferenças de *status* e de tamanho afetam o desempenho do grupo.

Terceira propriedade do grupo: *status*
Quarta propriedade do grupo: tamanho e dinâmica

Já vimos como os papéis que desempenhamos e as normas que internalizamos tendem a ditar nosso comportamento em grupo. Mas esses não são os dois únicos fatores que afetam quem somos em um grupo e o funcionamento dele. Você já notou como os grupos tendem a se estratificar em membros de *status* superior e inferior? Algumas vezes, o *status* dos membros pode refletir seu *status* fora do grupo, mas nem sempre é o caso. Além disso, o *status*, muitas vezes, varia entre grupos de tamanhos diferentes. Vamos dar uma olhada em como esses fatores afetam a eficácia de um grupo de trabalho.

Terceira propriedade do grupo: *status*

status
Posição socialmente definida ou classificação atribuída pelas pessoas a grupos ou a membros de grupos.

O *status* — uma posição socialmente definida ou atribuída pelas pessoas a grupos ou a membros de grupos — se faz presente em todas as sociedades. Até o menor dos grupos passa a apresentar diferenças no *status* de seus membros com o tempo. O *status* é um importante motivador e tem grandes consequências comportamentais quando as pessoas percebem uma disparidade entre o que elas acreditam ser seu status e o que os outros percebem ser.

O que determina o *status*?

teoria de características do *status*
Teoria que afirma que as diferenças nas características do *status* geram hierarquias de *status* dentro dos grupos.

De acordo com a teoria de características do *status*, o *status* tende a ter três origens:[57]

1. **O poder que uma pessoa exerce sobre as outras.** Considerando que elas têm mais chances de controlar os recursos do grupo, as pessoas que controlam os resultados do grupo tendem a ser vistas como pessoas de alto *status*.
2. **A capacidade de contribuir para atingir os objetivos do grupo.** As pessoas cujas contribuições são importantes para o sucesso do grupo tendem a deter um *status* mais elevado.
3. **Características pessoais do indivíduo.** Alguém cujas características pessoais são valorizadas positivamente pelo grupo (por exemplo, boa aparência, inteligência, dinheiro ou simpatia), em geral, terá um *status* mais elevado do que aqueles que não possuem os tipos de características desejáveis.

Status e normas O *status* tem alguns efeitos interessantes sobre o poder das normas e das pressões para a conformidade. Os indivíduos de alto *status* costumam ter chances maiores de se desviar das normas quando apresentam baixa identificação (identidade social) com o grupo.[58] Essas pessoas também demonstram mais resistência às pressões de conformidade exercidas por membros de *status* inferior pertencentes a outros grupos. Por exemplo, os médicos resistem ativamente às decisões administrativas tomadas por empregados de empresas de assistência médica, de *status* inferior.[59] Pessoas de *status* elevado também têm maior capacidade de resistir às pressões para a conformidade do que os colegas de *status* inferior. Um indivíduo muito valorizado pelo grupo, mas que não precisa das recompensas sociais desse grupo ou não se interessa por elas, é especialmente capaz de desconsiderar as normas de conformidade.[60] Em geral, incluir membros de *status* elevado a um grupo pode melhorar o desempenho, mas só até certo ponto, talvez porque esses membros também podem introduzir normas contraproducentes.[61]

Status e interação do grupo As pessoas com alto *status* tendem a ser membros mais assertivos do grupo.[62] Elas expressam suas opiniões com mais frequência, fazem mais críticas, dão mais ordens e costumam interromper os demais membros mais vezes. Já os membros de *status* inferior tendem a participar menos ativamente das discussões em grupo; quando eles possuem experiências e conhecimentos que poderiam ajudar o grupo, a falha na inclusão efetiva desses membros reduz o desempenho geral do grupo. Mas isso não significa que seria preferível ter um grupo composto exclusivamente de pessoas de alto *status*. Incluir *algumas* pessoas de *status* elevado a um grupo com pessoas de *status* intermediário pode ser mais vantajoso, uma vez que o desempenho do grupo acaba sendo prejudicado quando a proporção de pessoas de alto *status* no grupo é grande demais.[63]

Iniquidade do *status* É importante que os membros do grupo acreditem que a hierarquia de *status* é justa. A percepção de injustiça na hierarquia cria um desequilíbrio que leva a vários tipos de comportamentos corretivos. Grupos hierárquicos podem causar ressentimentos entre os membros posicionados na base da hierarquia de *status*. Grandes diferenças de *status* dentro de um grupo também são associadas a um desempenho individual mais fraco, a menos saúde e a maiores intenções de sair do grupo por parte dos membros de *status* inferior.[64]

Os grupos, geralmente, têm um consenso interno quanto aos critérios de *status* e, dessa forma, tendem a concordar com a hierarquia de seus membros. Os altos executivos podem usar sua renda pessoal ou a taxa de crescimento da empresa como fator determinante de sucesso. Burocratas de órgãos públicos podem usar suas verbas. Os operários podem usar seu tempo no emprego. Os gestores que ocupam posições centrais em suas redes de relacionamento sociais costumam ser considerados pessoas de *status* mais elevado por seus subordinados, e essa posição acaba se traduzindo em maior influência sobre o funcionamento do grupo.[65]

Aaron Rodgers tem um alto *status* como *quarterback* do time de futebol americano Green Bay Packers. Seu *status* resulta de sua capacidade de ajudar o time a ganhar os jogos. Os colegas de time e treinadores de Rodgers valorizam sua personalidade, habilidades de liderança, capacidade de criar jogadas e de fazer passes precisos em movimento.

Fonte: Matt Ludtke/FR155580/AP Images

Normalmente, os grupos criam uma ordem informal de *status* baseada na hierarquia e no controle dos recursos necessários.[66] As pessoas podem se ver em situações conflitantes quando transitam entre grupos com critérios de *status* diferentes ou quando entram em grupos cujos membros têm formações heterogêneas. As culturas também têm critérios diferentes para conferir *status* aos indivíduos. Quando os grupos são heterogêneos, ou quando os grupos heterogêneos são forçados a ser interdependentes, as diferenças de *status* podem dar origem a conflitos quando se tenta conciliar as hierarquias distintas. Como veremos no Capítulo 10, isso pode ser especialmente problemático quando os gestores criam equipes de trabalho formadas por empregados com diferentes funções dentro da organização.

***Status* e estigmatização** Já deve ter ficado claro que seu *status* afeta a maneira como você é visto pelas pessoas, mas o *status* das pessoas com as quais você se associa também pode afetar o modo como você é visto pelos outros. Estudos mostraram que pessoas estigmatizadas podem "contaminar" os outros com seu estigma. Esse efeito de "estigma por associação" pode resultar em opiniões e avaliações negativas sobre uma pessoa associada ao indivíduo estigmatizado, mesmo se a associação for breve e não passar de mera coincidência. Naturalmente, muitos dos fundamentos que embasam as diferenças culturais de *status* não têm mérito algum. Por exemplo, candidatos a emprego do sexo masculino foram considerados menos qualificados pelo simples fato de estarem sentados ao lado de uma mulher obesa na sala de espera. Outro estudo voltado a analisar os efeitos da associação com uma pessoa com sobrepeso descobriu que, mesmo quando os participantes foram informados que o indivíduo não tinha relação alguma com a pessoa com excesso de peso, o indivíduo continuou sendo desvalorizado pelos participantes. Da mesma forma, líderes de grupos de trabalho compostos predominantemente de afro-americanos também sofrem do estigma por associação, levando os colegas a lhes dar avaliações de desempenho mais baixas.[67]

***Status* do grupo** Aprendemos a pensar em termos de "nós e os outros" desde a infância.[68] Você pode ter suspeitado, corretamente, que, se fizer parte de um exogrupo, o seu grupo será visto como sendo de *status* inferior pelos membros do endogrupo. Em algumas culturas, os endogrupos podem representar as forças dominantes de uma sociedade e recebem *status* elevado, o que pode gerar discriminação contra seu exogrupo. Grupos de baixo *status*, talvez reagindo a essa discriminação, tendem a alavancar o favoritismo do endogrupo na tentativa de atingir um *status* mais elevado.[69] E, quando os grupos de *status* elevado se sentem discriminados pelos grupos de baixo *status*, eles podem intensificar seu preconceito contra os exogrupos.[70] Os grupos se tornam cada vez mais polarizados a cada ciclo.

Quarta propriedade do grupo: tamanho e dinâmica

Será que o tamanho do grupo afeta seu desempenho? Sim, mas o efeito depende das variáveis dependentes analisadas.[71] Grupos com uma dúzia ou mais de membros são bons para obter resultados diversificados.[72] Se o objetivo for a averiguação de fatos ou a geração de ideias, os grupos maiores devem ser mais eficazes.[73] Os grupos menores, com cerca de sete membros, são melhores na realização de tarefas produtivas.[74]

Uma das descobertas mais importantes com relação ao tamanho de um grupo é o que foi rotulado de folga social, nome dado à tendência das pessoas de se empenhar menos ao trabalhar em grupo do que se estivessem trabalhando sozinhas.[75] A

folga social
Tendência das pessoas de se empenhar menos ao trabalhar em grupo do que se estivessem trabalhando sozinhas.

folga social desafia diretamente a ideia de que a produtividade de um grupo deveria ser pelo menos igual à soma da produtividade de cada membro do grupo, não importa qual seja o tamanho dele.

A folga social pode ser causada pela crença de que os outros membros do grupo não estão fazendo sua parte do trabalho. Se você acha que os outros membros do grupo são preguiçosos ou incapazes, pode tentar restabelecer o equilíbrio ao reduzir o próprio esforço. Mas o simples fato de deixar de contribuir pode não bastar para que uma pessoa seja rotulada de "aproveitadora" ou "parasita". O grupo deve acreditar que o "folgado social" está explorando o resto do grupo, ou seja, beneficiando-se à custa dos outros membros da equipe.[76] Outra explicação para a folga social seria o fenômeno da difusão de responsabilidade. Como os resultados do grupo não podem ser atribuídos a uma única pessoa, não é possível saber com certeza a relação entre o empenho de uma pessoa e a produção do grupo. As pessoas podem se sentir tentadas a "se encostar" e deixar o grupo fazer a maior parte do trabalho.[77]

A folga social tem importantes implicações para o comportamento organizacional. Quando os gestores utilizam situações de trabalho coletivo, eles também precisam ser capazes de identificar o empenho individual. Quanto mais diversificado for o desempenho, mais a folga social aumentará no decorrer da existência do grupo, reduzindo a satisfação e o desempenho.[78]

A folga social parece ter um viés ocidental.[79] O conceito é compatível com culturas individualistas, como os Estados Unidos e o Canadá, dominadas pelo interesse pessoal. E não é compatível com sociedades coletivistas, nas quais as pessoas são motivadas pelos objetivos do grupo. Quando resultados de pesquisas de diferentes culturas são comparados, os grupos de culturas orientais apresentaram taxas bem mais baixas de folga social.

Pesquisas indicam que quanto mais empenhada e diligente no trabalho for a pessoa, menores as chances de que ela se engaje na folga social.[80] Além disso, quanto mais conscienciosidade e agradabilidade um grupo apresentar, maiores serão as chances de o desempenho permanecer elevado, com ou sem folga social.[81] Existem maneiras de evitar a folga social: (1) estabeleça metas para o

Jovens empregados do Tmall, um site de compras on-line da Alibaba, comemoram o atingimento da meta do grupo de aumentar o volume de pedidos de vendas no "Dia dos Solteiros" na China. Embora a folga social seja compatível com culturas individualistas, em sociedades coletivistas, como a China, os empregados são motivados por metas de grupo e têm um desempenho melhor trabalhando em grupo do que quando trabalham individualmente.

grupo de maneira que os membros tenham objetivos a atingir e uma motivação para se empenhar; (2) aumente a competitividade entre os grupos, o que também leva o grupo a se concentrar no resultado compartilhado; (3) encarregue-se de criar um sistema de avaliação pelos pares, de modo que cada pessoa possa avaliar a contribuição de cada membro do grupo; (4) selecione membros motivados e que prefiram trabalhar em grupo; e (5) se possível, distribua recompensas aos grupos, baseadas, em parte, na contribuição especial de cada membro.[82] Pesquisas recentes indicam que a folga social pode ser combatida divulgando a todos o desempenho individual dos membros do grupo.[83] Não existe uma "solução mágica" para evitar a folga social, mas essas medidas devem ajudar a reduzir seu efeito.

Quinta propriedade do grupo: coesão
Sexta propriedade do grupo: diversidade

9.6 Descrever como questões de coesão e de diversidade podem ser integradas para aumentar a eficácia dos grupos.

Para que um grupo tenha um funcionamento eficaz, ele deve agir com coesão, como uma unidade, mas não porque todos os membros do grupo pensam e agem da mesma forma. Em alguns aspectos, as propriedades de coesão e diversidade precisam ser valorizadas já no começo, desde o estabelecimento tácito de papéis e normas (por exemplo, o grupo será inclusivo para todos os membros, apesar de suas diferentes formações e experiências?) Vamos começar discutindo a importância da coesão do grupo.

Quinta propriedade do grupo: coesão

coesão
Grau em que os membros são atraídos entre si e permanecem motivados a continuar no grupo.

Os grupos diferem com relação à *coesão*, ou seja, o grau em que os membros são atraídos entre si e permanecem motivados a continuar no grupo. Alguns grupos de trabalho são coesos porque seus membros passam a maior parte do tempo juntos, ou porque seu tamanho reduzido facilita a interação, ou porque ameaças externas resultaram na aproximação dos membros.

A coesão influencia a produtividade do grupo. Vários estudos mostraram que a relação entre a coesão e a produtividade depende das normas de desempenho do grupo.[84] Por exemplo, se as normas de desempenho relativas à qualidade e à cooperação com pessoas de fora do grupo forem exigentes, um grupo coeso será mais produtivo do que outro menos coeso. Mas, se a coesão for grande e as normas de desempenho forem fracas, a produtividade será baixa. Se a coesão for pequena e as normas estabelecerem níveis elevados de desempenho, a produtividade aumentará, mas será menor do que em um grupo coeso com normas exigentes. Quando tanto a coesão quanto as normas de desempenho são fracas, a produtividade fica entre baixa e moderada. Essas constatações estão resumidas na Figura 9.3.

O que pode ser feito para estimular a coesão do grupo? Veja algumas ideias: (1) reduzir o tamanho do grupo; (2) estimular a concordância sobre os objetivos do grupo; (3) aumentar o tempo que os membros do grupo passam juntos; (4) elevar o *status* do grupo e a dificuldade percebida para que os membros sejam admitidos; (5) estimular a competição com outros grupos; (6) dar recompensas ao grupo em vez de recompensar seus membros individualmente; (7) isolar fisicamente o grupo.[85]

FIGURA 9.3 Relação entre coesão, normas de desempenho e produtividade do grupo.

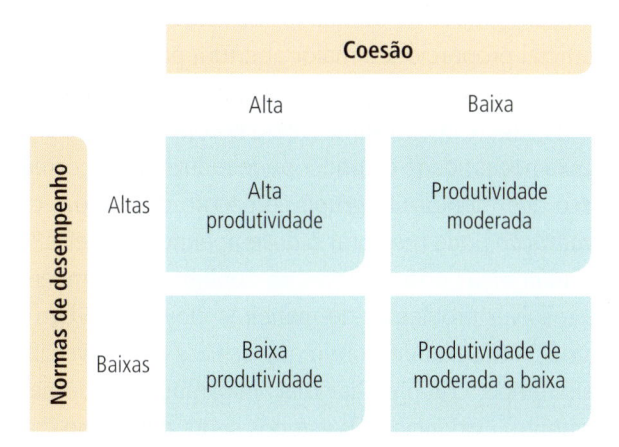

	Coesão	
Normas de desempenho	Alta	Baixa
Altas	Alta produtividade	Produtividade moderada
Baixas	Baixa produtividade	Produtividade de moderada a baixa

Sexta propriedade do grupo: diversidade

A última propriedade dos grupos que vamos analisar é a diversidade dos membros do grupo, ou a extensão na qual os membros de um grupo são semelhantes ou diferentes uns dos outros. Em geral, os estudos mostram que a diversidade do grupo tem tanto benefícios quanto custos.

A diversidade parece aumentar os conflitos, especialmente nos estágios iniciais da existência do grupo, o que, não raro, reduz o moral do grupo e aumenta as taxas de evasão. Um estudo comparou grupos culturalmente diversificados com outros homogêneos (compostos de pessoas provenientes do mesmo país). Em um teste de sobrevivência na selva, os grupos tiveram um desempenho igualmente bom, mas os membros dos grupos diversificados ficaram menos satisfeitos com seu grupo, foram menos coesos e tiveram mais conflitos.[86] Outro estudo analisou o efeito das diferenças de tempo no emprego dos membros do grupo sobre o desempenho de 67 grupos de pesquisa e desenvolvimento na área de engenharia.[87] Quando a maioria dos membros dos grupos tinha mais ou menos o mesmo tempo no emprego, o desempenho foi alto, mas à medida que a diversidade em termos de tempo no emprego aumentava, o desempenho caía. Os pesquisadores apontaram para uma importante ressalva: níveis mais elevados de diversidade de tempo no emprego não foram associados a um desempenho inferior dos grupos quando a organização tinha práticas eficazes de recursos humanos orientadas às equipes. Mais especificamente, os grupos compostos de membros com diferentes valores ou opiniões tendem a enfrentar mais conflitos, mas os líderes que conseguem fazer com que o grupo se concentre na tarefa e conseguem estimular a aprendizagem de seus membros são capazes de reduzir esses conflitos e aumentar o diálogo sobre os problemas do grupo.[88] A diversidade de gênero também pode impor dificuldades a um grupo, mas, se o líder conseguir enfatizar a inclusão, os conflitos e a insatisfação coletiva são reduzidos.[89]

Você pode ter suspeitado, corretamente, que o *tipo* de diversidade do grupo também pode fazer grande diferença. A diversidade no nível superficial — características observáveis, tais como nacionalidade, raça e sexo — alerta as pessoas sobre possíveis diferenças da diversidade no nível profundo — tais como atitudes, valores e opiniões. Um pesquisador argumenta: "Podemos observar que a mera presença de diversidade, como sexo ou raça, indica ao grupo que pode haver diferenças de opi-

diversidade
Extensão em que os membros de um grupo são semelhantes ou diferentes uns dos outros.

nião".⁹⁰ A diversidade em nível superficial pode induzir inconscientemente os membros da equipe a serem mais abertos a outros pontos de vista.⁹¹ Por exemplo, dois estudos realizados com grupos de estudantes de MBA descobriram que a diversidade em nível superficial proporcionou maior abertura para novas experiências. Já os efeitos da diversidade em nível profundo foram menos investigados. Uma pesquisa conduzida na Coreia sugere que misturar pessoas com grande necessidade de *poder* e pessoas com baixa necessidade de poder pode reduzir a concorrência improdutiva no grupo, ao passo que montar um grupo composto de pessoas com necessidade semelhante de *realização* pode melhorar o desempenho de tarefas.⁹²

Embora essas diferenças possam levar ao conflito, elas também oferecem uma oportunidade de resolver problemas de maneiras inovadoras. Um estudo de comportamento de júris de tribunal descobriu que os júris mais diversificados pareciam deliberar por mais tempo, compartilhar mais informações e cometer menos erros concretos ao discutirem evidências. Os estudos sobre o impacto da diversidade cultural sobre os grupos têm produzido conclusões variadas. É difícil ficar em um grupo diversificado em curto prazo. No entanto, se os membros conseguirem superar suas diferenças, a diversidade pode, com o tempo, ajudá-los a ser mais abertos e criativos, permitindo-lhes produzir mais no longo prazo. Por exemplo, constatou-se que a diversidade de gênero melhora o desempenho do grupo em grupos de trabalho chineses.⁹³ Por outro lado, até os efeitos positivos têm poucas chances de ser especialmente fortes. Como um pesquisador declarou: "É difícil justificar a viabilidade financeira a favor da diversidade (em matéria de resultados financeiros demonstráveis) com base nas pesquisas realizadas até o momento".⁹⁴ Outros pesquisadores, contudo, argumentam que não devemos ignorar os efeitos potencialmente prejudiciais da homogeneidade.⁹⁵

Um possível efeito colateral de equipes diversificadas — especialmente as que apresentam diversidade em nível superficial — são as chamadas *faultlines* (ou linhas divisórias), que consistem em divisões perceptíveis que levam à separação dos grupos em dois ou mais subgrupos com base em diferenças individuais, como sexo, raça, idade, experiência profissional e escolaridade.

> *Faultlines* (ou linhas divisórias)
> Divisões perceptíveis que levam à separação de grupos em dois ou mais subgrupos com base em diferenças individuais, como sexo, raça, idade, experiência profissional e escolaridade.

Por exemplo, digamos que o grupo A seja composto de três homens e três mulheres. Os três homens têm, aproximadamente, a mesma experiência profissional e formação em marketing. As três mulheres têm, aproximadamente, a mesma experiência profissional e formação em finanças. O grupo B tem três homens e três mulheres, mas todos diferem em termos de experiência e formação. Dois dos homens são experientes, ao passo que o outro é novo na área. Uma das mulheres já tem vários anos de casa na empresa, enquanto as outras duas acabaram de ser contratadas. Além disso, dois dos homens e uma mulher do grupo B têm formação em marketing, ao passo que o outro homem e as outras duas mulheres têm formação em finanças. Assim, é provável que uma *faultline* resulte em subgrupos de homens e mulheres no grupo A, mas não no grupo B, com base nas características diferenciadoras.

Pesquisas sobre as *faultlines* mostraram que as divisões costumam prejudicar o funcionamento e o desempenho do grupo. Os subgrupos podem acabar competindo entre si, o que os leva a distrair-se das tarefas e prejudica o desempenho do grupo. Os grupos que contêm subgrupos demoram mais para aprender, tomam decisões mais arriscadas, são menos criativos e enfrentam níveis mais elevados de conflito. Os subgrupos podem não confiar uns nos outros. A satisfação com o próprio subgrupo costuma ser alta, mas a satisfação com o grupo como um todo é reduzida na presença da *faultline*.⁹⁶

Será que as *faultlines* podem ter alguma vantagem? Um estudo sugeriu que as *faultlines* baseadas em diferenças em termos de habilidades, conhecimentos e expertise podem beneficiar grupos em culturas organizacionais que dão grande ênfase aos resultados. Isso acontece porque uma cultura orientada aos resultados faz com que as pessoas foquem no que é importante para a empresa e não nos problemas resultantes dos subgrupos.[97] Outro estudo mostrou que os problemas decorrentes de *faultlines* baseadas em sexo e formação acadêmica foram neutralizados quando os papéis dos membros do grupo foram alternados e o grupo como um todo tinha de atingir um objetivo comum. Juntas, essas estratégias forçam a colaboração entre os membros de subgrupos e focam seu empenho em atingir uma meta que transcende os limites impostos pela *faultline*.[98] As *faultlines* que criam uma divisão com base em características relevantes à tarefa podem melhorar o desempenho em algumas organizações, promovendo a divisão do trabalho.[99]

Em geral, embora as pesquisas para investigar as *faultlines* sugiram que a diversidade em grupos possa ser uma faca de dois gumes, estudos recentes indicam que elas podem ser estrategicamente empregadas para melhorar o desempenho.

Tomada de decisão em grupo

9.7 Comparar os pontos fortes e fracos da tomada de decisão em grupo.

A ideia de que duas cabeças pensam melhor que uma é aceita em muitos países (os tribunais de júri são fruto dessa convicção). Hoje em dia, muitas decisões nas organizações são tomadas por grupos, equipes ou comitês. Nesta seção, vamos analisar as vantagens da tomada de decisão em grupo, bem como as dificuldades impostas pela dinâmica dos grupos ao processo de tomada de decisão. Também apresentaremos algumas técnicas para maximizar a oportunidade de tomar decisões em grupo.

Grupos *versus* indivíduos

Os grupos para a tomada de decisões vêm sendo amplamente utilizados nas organizações, mas será que isso gera decisões melhores do que aquelas tomadas por um único indivíduo? A resposta depende de uma série de fatores. Vamos começar discutindo os pontos fortes e fracos do processo decisório em grupo.

Pontos fortes do processo decisório em grupo Os grupos geram *informações e conhecimentos mais completos*. Por agregar recursos de diversos indivíduos, os grupos conseguem mais *inputs*, além de heterogeneidade, para o processo decisório. Eles oferecem *maior diversidade de pontos de vista*. Isso tudo tem o potencial de aumentar o número de abordagens e alternativas a serem levadas em consideração. Por fim, os grupos aumentam a *aceitação de uma solução*. Os membros de um grupo que participam da tomada de uma decisão tendem a apoiar com entusiasmo a solução escolhida e a encorajar os demais a aceitá-la.

Pontos fracos do processo decisório em grupo As decisões em grupo também têm suas desvantagens. Elas *consomem mais tempo*, pois os grupos, em geral, demoram muito mais para chegar a uma solução. Existem *pressões à conformidade*. O desejo dos membros de serem aceitos e valorizados pelo grupo pode reprimir a expressão de qualquer desacordo. As discussões podem ser *dominadas por um indivíduo ou por um pequeno subgrupo*. Se essa coalizão dominante for composta de membros de capacitação baixa ou média, a eficácia do grupo será prejudicada. Por fim, *nem* *sempre é claro quem são os responsáveis pelas decisões tomadas em grupo.* Em uma decisão individual, é claro quem é o responsável pelo resultado. Nas decisões em grupo, porém, a responsabilidade dos membros individuais do grupo acaba sendo diluída.

Eficácia e eficiência O fato de os grupos serem mais ou menos eficazes que os indivíduos depende de nossa definição de eficácia. As decisões tomadas em grupo são, de forma geral, mais *precisas* que aquelas tomadas individualmente, embora sejam menos precisas que a melhor decisão individual.[100] Em termos de *rapidez*, os indivíduos são melhores. Se a *criatividade* for importante, os grupos tendem a ser mais eficazes que os indivíduos. E, se "eficácia" significar o grau de *aceitação* da solução, os grupos também tenderão a ser mais eficazes.[101]

Mas a eficácia não pode ser avaliada sem que também levemos em conta a eficiência. Com raras exceções, a tomada de decisões em grupo consome muito mais horas de trabalho do que o processo individual para resolver o mesmo problema. As exceções são aquelas situações em que, para obter o mesmo número de contribuições diversas, o indivíduo que toma a decisão tem de passar muito tempo fazendo pesquisas em arquivos ou conversando com as pessoas. Ao decidir-se pelo uso dos grupos no processo decisório, portanto, os gestores devem avaliar se os ganhos em eficácia serão suficientes para suplantar as perdas em eficiência.

Em resumo, os grupos oferecem um excelente recurso para a realização de diversas etapas do processo decisório e possibilitam fazer uma coleta mais ampla e profunda de informações. Se o grupo for composto de pessoas com históricos diferentes, as alternativas propostas serão mais extensivas e a análise será mais crítica. Quando a solução final for escolhida, os membros do grupo que tomou a decisão tenderão a apoiá-la e implementá-la. Essas vantagens, contudo, podem ser neutralizadas pelo tempo consumido para tomar decisões em grupo, pelos conflitos internos e pelas pressões à conformidade. Mas precisamos ter cautela para definir os tipos de conflitos. Pesquisas conduzidas na Coreia indicam que conflitos no grupo relativos a tarefas podem melhorar o desempenho do grupo, ao passo que conflitos nos relacionamentos podem reduzi-lo.[102] Em alguns casos, portanto, podemos esperar que os indivíduos tomem decisões melhores que os grupos.

Pensamento de grupo e mudança de posição do grupo

Dois subprodutos da tomada de decisões em grupo têm o potencial de afetar sua capacidade para avaliar objetivamente as alternativas e chegar a soluções de alta qualidade.

O primeiro fenômeno, chamado pensamento de grupo ou *groupthink*, relaciona-se a normas e descreve situações em que as pressões por conformidade impedem que o grupo faça uma avaliação racional e crítica de pontos de vista incomuns, minoritárias ou impopulares. Esse fenômeno atua como uma doença que ataca muitos grupos e pode prejudicar seu desempenho ao extremo.[103] O segundo fenômeno é a mudança de posição do grupo ou *groupshift*, que diz respeito à situação em que, ao discutir um conjunto de alternativas e escolher uma solução, os membros do grupo tendem a exagerar suas posições iniciais. Algumas vezes, o grupo peca pelo excesso e volta-se ao conservadorismo e, em outras situações, pode passar a correr mais riscos.[104]

Vamos examinar cada um desses fenômenos detalhadamente.

pensamento de grupo ou *groupthink*
Fenômeno em que as normas de consenso se sobrepõem à avaliação realista de cursos alternativos de ação.

mudança de posição do grupo ou *groupshift*
Mudança da decisão do grupo para a decisão individual de um de seus membros. Normalmente ocorre em uma direção mais extrema do que a decisão original do grupo e pode tender tanto ao conservadorismo quanto ao risco extremo.

Objetivos profissionais

Posso "maquiar" os números do grupo sem levar a culpa?

Meu grupo no trabalho é excelente, tirando um detalhe: os outros integrantes me obrigam a omitir informações negativas sobre nosso progresso e eu, na qualidade de tesoureiro do grupo, sou o responsável por reportar essas informações à empresa. Eles se juntam para me convencer, insultam-me e ameaçam-me e eu acabo reportando as informações que eles querem. Eles dizem que não tem problema algum omitir informações negativas, já que isso não viola as regras de nossa empresa, mas, se eu pudesse escolher, eu informaria todos os resultados, tanto os bons quanto os ruins. Se eu for expulso do grupo, posso perder meu emprego. Se a empresa descobrir que estou "maquiando" os números, será que posso culpar o grupo todo?

— Jean-Claude

Caro Jean-Claude:
A resposta resumida para sua pergunta é que, como você tem um papel de liderança no grupo, não tem a opção de culpar os outros. Além disso, por ser o líder, você pode ser responsabilizado individualmente pelas consequências da situação.

Mas seu dilema não é raro. Quando começamos a nos ver como parte de um grupo, queremos permanecer nele e ficamos vulneráveis à pressão para nos conformar. Se você for pressionado por vários membros do grupo, vai sentir-se em minoria e as zombarias e provocações podem fazer com que você se sinta excluído ou inferiorizado. Por isso, as ameaças por parte dos outros membros de movê-lo ou expulsá-lo do grupo podem ser muito convincentes.

Você tem uma decisão a tomar: submeter-se à pressão e continuar distorcendo os informes de resultados de seu grupo ou assumir sua responsabilidade como tesoureiro e abrir o jogo para sua empresa. Do ponto de vista ético, esperamos que você não considere a primeira alternativa como uma opção aceitável. Para conseguir fazer a mudança, você pode se beneficiar do conceito da identificação social. Em vez de contestar o grupo como um todo, tente conversar individualmente com cada um dos membros a fim de conquistar a confiança deles, mostrando que o grupo tem valor e que todo mundo pode sair ganhando sem precisar cometer violações éticas. Não tente formar uma coalizão, mas conquiste a confiança das pessoas e direcione o grupo a valorizar o comportamento ético. E, da próxima vez que precisar reportar os resultados, você poderá contar com uma maior conscientização ética do grupo e conquistar o suporte de todos à sua decisão de não maquiar os números.

Fontes: baseado em M. Cikara e J. J. Van Bavel, "The Neuroscience of Intergroup Relations: An Integrative Review", *Perspectives on Psychological Science* 9, no. 3 (2014): 245–74; M. A. Korsgaard, H. H. Brower e S. W. Lester, "It Isn't Always Mutual: A Critical Review of Dyadic Trust", *Journal of Management* 41, no. 1 (2015): 47–70; e R. L. Priem e P. C. Nystrom, "Exploring the Dynamics of Workgroup Fracture: Common Ground, Trust-with-Trepidation, and Warranted Distrust", *Journal of Management* 40, no. 3 (2014): 674–795.

As opiniões apresentadas aqui são única e exclusivamente dos autores, os quais não se responsabilizam por quaisquer erros ou omissões, nem pelos resultados obtidos com a utilização dessas informações. Em circunstância alguma, os autores, seus parceiros ou suas organizações serão responsáveis por qualquer decisão ou ação de sua parte ou da parte de qualquer pessoa com base nas opiniões apresentadas aqui.

Pensamento de grupo (*groupthink*) O pensamento de grupo parece estar intimamente ligado às conclusões do experimento de Solomon Asch com o dissidente solitário. As pessoas que têm um posicionamento diferente da maioria dominante são pressionadas a suprimir, ocultar ou modificar seus verdadeiros sentimentos e convicções. Como membros de um grupo, achamos mais agradável estar em concordância — ser uma parte positiva do grupo — do que ser um agente desestabilizador, mesmo que isso seja necessário para melhorar a eficácia das decisões. Os grupos mais focados no desempenho do que no aprendizado têm mais chances de serem vítimas do pensamento de grupo e a suprimir as opiniões dos membros que não concordam com a maioria.[105]

Nem todos os grupos são vulneráveis ao pensamento de grupo, que parece ocorrer com mais frequência na presença de uma clara identidade conjunta, quando os membros têm uma imagem positiva do grupo que pretendem proteger e quando o grupo como um todo percebe uma ameaça coletiva à sua imagem positiva.[106] Um estudo demonstrou que os grupos afetados pelo pensamento de grupo tinham mais confiança em sua linha de ação no começo;[107] mas os grupos que confiam demais na linha de ação decidida têm chances maiores de reprimir qualquer tipo de discordância e encorajar a conformidade do que os grupos que se mantêm mais céticos em relação à linha de ação escolhida.

Os gestores podem tomar algumas medidas para minimizar o pensamento de grupo.[108] Uma delas é monitorar seu tamanho. As pessoas tendem a ficar mais intimidadas e hesitantes à medida que o grupo aumenta. Embora não haja um número mágico capaz de eliminar esse tipo de pensamento, os membros se sentem menos responsáveis pessoalmente quando o grupo é formado por mais de dez pessoas. Os gestores também devem encorajar os líderes dos grupos a assumir uma postura imparcial. Os líderes devem buscar a contribuição de todos os membros e evitar expressar a própria opinião, especialmente nos primeiros estágios de uma deliberação. Outra coisa a ser feita é indicar um membro do grupo para fazer o papel de "advogado do diabo". Essa pessoa terá a função de questionar abertamente a posição da maioria e apresentar perspectivas divergentes. Outra sugestão é utilizar exercícios que estimulem a discussão ativa de alternativas diferentes sem ameaçar o grupo e sem incitar a proteção de sua identidade. Um desses exercícios seria levar os membros do grupo a postergar a discussão sobre os ganhos potenciais de uma decisão, falando antes sobre os perigos e riscos inerentes às decisões. Ao pedir às pessoas que primeiro se concentrem nos aspectos negativos de uma decisão, o grupo terá chances menores de evitar pontos de vista dissidentes e mais chances de conseguir chegar a uma avaliação mais objetiva.

Mudança de posição do grupo ou polarização do grupo As decisões do grupo são diferentes das decisões individuais dos membros do grupo.[109] Nos grupos, a discussão leva as pessoas a exacerbar suas posições iniciais. Os conservadores ficam ainda mais cautelosos e as pessoas mais ambiciosas assumem mais riscos. Podemos encarar a polarização do grupo como sendo um caso especial de pensamento de grupo. A decisão do grupo reflete a norma dominante de tomada de decisão — tendendo a uma maior cautela ou a um maior risco — que se desenvolve durante a discussão.

Muitos pesquisadores tentaram explicar essa mudança de posição em direção à polarização.[110] Já se argumentou, por exemplo, que a discussão leva os membros do grupo a ficar mais à vontade uns com os outros e, portanto, mais dispostos a expressar versões mais extremas de sua posição original. Outra explicação é a difusão de responsabilidade. As decisões tomadas em grupo isentam individualmente os membros da responsabilidade pela decisão final em conjunto e, dessa forma, eles sentem que podem assumir mais riscos. As pessoas também podem assumir posições extremas ao querer demonstrar que são diferentes do exogrupo.[111] As pessoas que se encontram às margens de movimentos sociais e políticos assumem posições cada vez mais extremas simplesmente para provar que são profundamente comprometidas com a causa, enquanto as mais cautelosas tendem a adotar posições moderadas para demonstrar que são sensatas.

Essas constatações sobre a mudança de posição do grupo têm várias aplicações práticas. Uma delas é reconhecer que as decisões tomadas em grupo tendem a extremar as posições originais de seus membros, que a mudança costuma ser em direção a posturas mais arriscadas e que a direção da mudança, para a cautela ou o risco, vai depender das inclinações pessoais antes da discussão.

Em seguida, vamos apresentar algumas técnicas que os grupos usam para tomar decisões. Essas técnicas reduzem alguns aspectos disfuncionais do processo decisório em grupo.

Técnicas de tomada de decisão em grupo

A forma mais comum de tomada de decisões em grupo ocorre em grupos de interação. Neles, os membros interagem face a face, usando a interação verbal e não verbal como forma de comunicação. Mas, como nossa discussão sobre o pensamento de grupo demonstrou, os grupos de interação, geralmente, fazem uma autocensura e pressionam seus membros à conformidade de opinião. O *brainstorming* e a técnica de grupo nominal podem reduzir os problemas inerentes aos grupos de interação tradicionais.

grupos de interação
Grupos típicos nos quais os membros interagem entre si, face a face.

Brainstorming O *brainstorming* pode neutralizar as pressões à conformidade, que engessa a criatividade[112], encorajando a expressão inidividual de toda e qualquer alternativa ao mesmo tempo em que impede críticas a tais alternativas. Normalmente, em uma sessão de *brainstorming*, aproximadamente entre seis e 12 pessoas se sentam ao redor de uma mesa. O líder apresenta o problema com clareza para que todos os participantes possam compreendê-lo. Os participantes, então, se põem a gerar o maior número possível de alternativas, dentro de um limite de tempo. Para encorajar os participantes a "pensar fora da caixa", não é permitida nenhuma crítica às ideias, incluindo as sugestões mais bizarras, e todas as ideias são anotadas para posterior discussão e análise.

brainstorming
Processo de geração de ideias que estimula as pessoas a expressar toda e qualquer alternativa, ao mesmo tempo em que impede que essas alternativas sejam criticadas.

O *brainstorming*, de fato, pode gerar ideias, mas não é muito eficaz. Incontáveis pesquisas mostram que pessoas trabalhando sozinhas geram mais ideias do que um grupo em uma sessão de *brainstorming*. Uma das razões dessa diferença é o "bloqueio de produção". Quando as pessoas produzem ideias em grupo, muita gente fala ao mesmo tempo, bloqueando o processo de raciocínio individual e acabando por refrear o compartilhamento das ideias.[113]

Técnica de grupo nominal A técnica de grupo nominal pode ser mais eficaz, restringindo a discussão e a comunicação interpessoal durante o processo decisório. Todos os participantes estão fisicamente presentes, como em qualquer reunião, mas cada um trabalha sozinho. Um problema é apresentado aos participantes e o grupo segue as etapas a seguir:

técnica de grupo nominal
Método de tomada de decisão em grupo no qual os membros se reúnem presencialmente para agrupar suas opiniões de maneira sistemática, porém, independente.

1. **Antes do início da discussão**, cada participante anota individualmente suas ideias para resolver o problema.
2. **Depois desse período de silêncio**, cada participante apresenta uma ideia ao grupo. Nenhuma discussão é permitida até que todas as ideias tenham sido apresentadas e registradas.
3. **O grupo discute as ideias** para esclarecê-las e avaliá-las.
4. **Cada participante, discretamente e separadamente dos demais, atribui notas às ideias apresentadas.** A ideia que tirar a maior nota total determina a decisão final.

A principal vantagem da técnica de grupo nominal é que ela permite que o grupo se reúna formalmente, mas sem restringir o pensamento independente, como ocorre com o grupo de interação. Pesquisas, em geral, mostram que os grupos nominais apresentam desempenho melhor que os grupos de *brainstorming*.[114]

Cada grupo de técnicas de decisão tem suas vantagens e desvantagens. A escolha depende dos critérios enfatizados e da relação custo-benefício. Como mostra a Tabela 9.2, um grupo de interação é eficaz para atingir o consenso em relação a uma solução, o *brainstorming* reforça a coesão do grupo e a técnica de grupo nominal é boa para gerar um grande número de ideias.

TABELA 9.2 Avaliação da eficácia dos grupos.

Critério de eficácia	Tipo de grupo		
	Interação	*Brainstorming*	Nominal
Número e qualidade das ideias	Baixos	Moderados	Altos
Pressão social	Alta	Baixa	Moderada
Custos monetários	Baixos	Baixos	Baixos
Velocidade	Moderada	Moderada	Moderada
Orientação para a tarefa	Baixa	Alta	Alta
Potencial de conflitos interpessoais	Alto	Baixo	Moderado
Comprometimento com a solução	Alto	Não aplicável	Moderado
Desenvolvimento da coesão do grupo	Alto	Alto	Moderado

RESUMO

Podemos tirar várias conclusões com base em nossa discussão sobre os grupos. Em primeiro lugar, as normas controlam o comportamento, estabelecendo padrões para definir quais comportamentos são certos e quais são errados. Em segundo lugar, as desigualdades de *status* geram frustração e afetam negativamente a produtividade e a disposição das pessoas de permanecerem na organização. Em terceiro lugar, o impacto do tamanho do grupo sobre seu desempenho depende do tipo de tarefa. Em quarto lugar, a coesão pode afetar o nível de produtividade do grupo, dependendo das normas do grupo relativas ao desempenho. Em quinto lugar, a diversidade parece ter um impacto nem sempre positivo sobre o desempenho do grupo, sendo que alguns estudos sugerem que a diversidade pode melhorar o desempenho e outros estudos sugerem o contrário. Em sexto lugar, o conflito de papéis é associado à tensão provocada pelo trabalho e à insatisfação com o emprego.[115] Os grupos podem ser gerenciados pelo líder na direção de resultados organizacionais positivos e de um processo decisório ideal. No próximo capítulo, exploraremos várias dessas conclusões em mais detalhes.

IMPLICAÇÕES PARA OS GESTORES

- Reconheça que os grupos podem afetar muito o comportamento das pessoas nas empresas, tanto para efeitos positivos quanto para negativos. Desse modo, dê especial atenção aos papéis, às normas e à coesão — se você souber como esses fatores afetam o grupo, também saberá como o grupo tende a se comportar.
- Para reduzir as chances de que ocorram atividades desviantes no trabalho, não permita que o comportamento antissocial seja facilitado pelas normas do grupo.
- Preste atenção ao aspecto do *status* nos grupos. Como as pessoas de *status* inferior são menos propensas a participar das discussões, os grupos que tiverem maiores diferenças de *status* tenderão a inibir as contribuições de membros de *status* inferior e, em consequência, o potencial do grupo ficará reduzido.
- Use grupos maiores para atividades de averiguação de fatos e grupos menores para a realização de tarefas. Ao trabalhar com grupos maiores, proporcione medidas de desempenho individual.

▶ Para melhorar a satisfação dos empregados, é importante que determinadas pessoas tenham uma percepção precisa de seus papéis no trabalho.

Ponto e contraponto

Os grupos de trabalho diversificados são mais competentes e inovadores

PONTO

Leões e cordeiros não se misturam, mas, no mundo dos negócios, pode ser melhor dar um jeito de colocá-los para trabalhar juntos. Os empregados podem até ficar mais à vontade trabalhando com pessoas semelhantes a eles, mas esse bem-estar pode custar o sucesso da equipe.

Incontáveis pesquisas demonstram que as empresas mais diversificadas têm mais sucesso. Uma análise global de 2.400 organizações demonstrou que a presença de pelo menos uma mulher no conselho executivo leva a um maior crescimento do lucro líquido e maior retorno sobre o patrimônio líquido. A diversidade nos escalões mais baixos da organização também pode ajudar no sucesso da empresa: empresas com grupos de trabalho mais diversificados têm maiores retornos financeiros do que empresas com menos empregados mulheres ou empregados pertencentes a minorias.

Os grupos diversificados pensam melhor. Quando as pessoas trabalham em grupos diversificados, com pessoas diferentes delas, elas são forçadas a sair de sua zona de conforto, o que as leva a ter um pensamento mais crítico e a inovar mais. Em estudos com júris simulados, por exemplo, aqueles que eram mais etnicamente heterogêneos tomaram decisões mais precisas e respaldaram suas decisões com mais evidências. Equipes heterogêneas de analistas financeiros também tiveram desempenho melhor na avaliação em uma simulação do mercado de ações. Uma análise recente de equipes de pesquisa e design da Espanha descobriu que as equipes que apresentavam mais diversidade de gênero criaram produtos mais inovadores. Outros tipos de diversidade também podem levar a resultados positivos. Em um exercício para resolver um caso de assassinato, grupos compostos de pessoas com diferentes tempos de serviço na organização tiveram mais chances de identificar o suspeito correto. Um estudo da diversidade cultural de empresas do Reino Unido constatou que equipes de liderança com maior diversidade cultural criaram um número maior de novos produtos.

Então, da próxima vez que você estiver preocupado por ter de trabalhar com uma pessoa com quem você não tem muito em comum, lembre-se das palavras de Maya Angelou: "Há beleza e força na diversidade".

CONTRAPONTO

É verdade que algumas pesquisas sugerem que uma liderança diversificada pode beneficiar as empresas. Mas e o que dizer das pesquisas que mostram que a diversidade é associada a um moral mais baixo e a menos bem-estar dos empregados, a um processo decisório mais demorado e a mais conflitos? Organizações com grupos de trabalho mais diversificados também têm mais chances de serem processadas judicialmente por discriminação.

Grupos mais diversificados podem até reforçar a inovação e o pensamento crítico, mas essas vantagens podem não compensar o custo de forçar os empregados a trabalhar com pessoas com as quais eles não se sentem à vontade. Os empregados podem se estressar ao serem forçados a participar de iniciativas de diversidade. Mais da metade das pessoas diz que teve de mudar muito seu comportamento para se adequar ao grupo. O problema é que, se os empregados tentam agir como os colegas em vez de reconhecer que eles são diferentes, eles não ficam só estressados. Pesquisas demonstram que quaisquer vantagens em termos de criatividade na realização das tarefas são perdidas quando os membros da equipe não têm um diálogo aberto e não reconhecem que têm formações e experiências diferentes.

Mesmo se os empregados sentirem uma abertura para dizer o que pensam, nada garante que eles vão se dar bem. Grupos diversificados em termos de raça, sexo e formação educacional podem ter uma pequena vantagem sobre grupos homogêneos em algumas tarefas. Mas eles podem ser menos eficazes quando os membros do grupo têm valores diferentes devido a, por exemplo, diferentes origens culturais. Nesses casos, pode ser difícil para o grupo superar essas diferenças.

Pode ser tentador achar que uma equipe diversificada é melhor, mas não se esqueça de que os semelhantes também se atraem.

Fontes: baseado em S. Bailey, "Why Diversity Can Bad for Business (and Inclusion Is the Answer)", *Forbes*, 20 maio 2014, https://www.forbes.com/sites/sebastianbailey/2014/05/20/why-we-should-prioritize-the-i-in-d-and-i/#2c6b0e54600d; D. Rock, H. Grant e J. Grey, "Diverse Teams Feel Less Comfortable—and That's Why They Perform Better", *Harvard Business Review*, 22 set. 2016, https://hbr.org/2016/09/diverse-teams-feel-less-comfortable-and-thats-why-they-performbetter; e D. Rock e H. Grant, "Why Diverse Teams Are Smarter", *Harvard Business Review*, 4 nov. 2016, https://hbr.org/2016/11/why-diverse-teams-are-smarter.

REVISÃO DO CAPÍTULO

QUESTÕES PARA REVISÃO

9.1 Quais são os diferentes tipos de grupos?

9.2 Quais são os principais componentes do modelo do equilíbrio pontuado?

9.3 Explique como as exigências do papel mudam em diferentes situações.

9.4 Como as normas do grupo afetam o comportamento individual?

9.5 Como o *status* e o tamanho afetam o desempenho do grupo?

9.6 Como a coesão e a diversidade podem aumentar a eficácia do grupo?

9.7 Quais são os pontos fortes e fracos da tomada de decisão em grupo (em comparação às decisões individuais)?

APLICAÇÃO E EMPREGABILIDADE

Os grupos têm uma enorme influência sobre os indivíduos, levando a consequências positivas e negativas. A pressão social e as normas do grupo podem ser úteis quando ajudam os membros do grupo a ter um desempenho melhor e a se engajar em comportamentos pró-sociais. Mas os grupos também podem exercer influências que prejudicam outros grupos, incentivam a submissão e levam a uma tomada de decisão insatisfatória. Ao entender os comportamentos dos grupos, você poderá saber como estimular resultados positivos e evitar resultados negativos no local de trabalho entre seus colegas, chefes e subordinados. Neste capítulo, você aprendeu lições valiosas sobre comunicação, colaboração e responsabilidade social enfrentando a pressão social dos colegas, ouvindo fofocas sobre um colega e decidindo se a pressão social é ou não uma estratégia ética para motivar os empregados. Você também usou seu pensamento crítico para explorar as vantagens e as desvantagens de grupos de trabalho diversificados. Na próxima seção, você continuará a desenvolver essas habilidades e aplicará seus conhecimentos e capacidade analítica para sobreviver na selva sozinho e em grupo, avaliar se deve ou não violar um contrato psicológico, explorar o problema de esperar um consenso na política norte-americana e analisar como um grupo dividido afetou um treinamento militar na selva.

EXERCÍCIO EXPERIENCIAL   Sobrevivência na selva: é melhor estar em grupo ou sozinho?

Você está fazendo uma caminhada em grupo. Quando chegam ao acampamento no primeiro dia, você decide fazer um rápido passeio sozinho para ver o pôr do sol. Depois de caminhar alguns quilômetros por uma bela paisagem, você decide voltar ao acampamento. No caminho de volta, percebe que está perdido. Você chama os outros, mas sem resposta. A noite caiu e está esfriando.

Sua tarefa

Sem se comunicar com os colegas da classe, leia os cenários a seguir e escolha a melhor resposta. Registre suas respostas em uma folha de papel. Você tem 10 minutos para responder às 10 perguntas.

Questões

9.8 A primeira coisa que você decide fazer é acender uma fogueira. No entanto, você não levou isqueiro nem fósforos e, por isso, decide usar o método do arco e broca. Como é o método do arco e broca?

a. Um graveto seco e macio é esfregado entre as palmas das mãos contra uma tábua de madeira macia verde (que acabou de ser cortada).

b. Um graveto verde e macio é esfregado entre as palmas das mãos contra uma tábua de madeira dura.

c. Um graveto reto é esfregado rapidamente para a frente e para trás contra uma árvore morta.

d. Dois gravetos (um é o arco, o outro, a broca) são esfregados para gerar uma faísca.

9.9 Você lembra que pode usar o fogo como um sinal de socorro. Como é o sinal internacional de socorro com fogo?
a. Fogueiras dispostas em ordem aleatória.
b. Fogueiras dispostas formando um quadrado.
c. Fogueiras dispostas formando uma cruz.
d. Fogueiras dispostas formando uma linha.

9.10 Você está com muita sede. Você vai até um riacho e pega um pouco de água no copinho de metal que achou em sua mochila. Por quanto tempo você deve ferver essa água?
a. 15 minutos.
b. Alguns segundos.
c. 1 minuto.
d. Depende da altitude.

9.11 Você está com muita fome e vê uma árvore com frutinhas que parecem ser comestíveis. O que você deve fazer para testar se realmente pode comer essas frutas?
a. Passar pelo menos 2 horas sem comer antes do teste.
b. Se a fruta arder no lábio, coloque-a debaixo da língua por 15 minutos e veja se a sua língua também arde.
c. Se você não passar mal 2 horas depois de ingerir uma fruta, coma meia xícara da fruta e espere mais 2 horas.
d. Separe a planta em seus componentes básicos e coma cada componente, um de cada vez.

9.12 Você decide construir um abrigo para passar a noite. Ao escolher um local, o que você *não* precisa levar em conta?
a. O local deve ter as matérias-primas para construir o tipo de abrigo de que você precisa.
b. O local deve estar livre de insetos, répteis e plantas venenosas.
c. O local deve ser grande e nivelado o suficiente para você se deitar confortavelmente.
d. O local deve ficar em uma colina para você poder acenar para o resgate e ficar de olho nos arredores.

9.13 No abrigo, você vê uma aranha. Disseram que a região tem viúvas-negras. Você sabe como identificá-la?
a. Sua cabeça e abdome são negros; seu tórax é vermelho.
b. Ela é atraída pela luz.
c. Ela foge da luz.
d. Ela é escura e a fêmea tem uma marca vermelha ou laranja no abdome.

9.14 Depois de dormir um pouco, você nota que está começando a amanhecer e decide tentar achar o caminho para o acampamento. Você acha que pode usar o Cruzeiro do Sul para se orientar. Você sabe como localizá-lo?
a. Coloque sua mão direita para cima o máximo que puder e olhe entre os dedos indicador e médio.
b. Encontre o planeta Vênus e olhe 60 graus para cima e para a direita.
c. Procure uma constelação parecida com uma cruz.
d. Procure a constelação Triângulo Austral e olhe para a esquerda.

9.15 Você se depara com um rio turbulento. Qual é a melhor maneira de cruzá-lo?
a. Caminhe pela margem rio abaixo e encontre um banco de areia, onde as águas estarão menos revoltas.
b. Construa uma ponte.
c. Encontre uma área rochosa, porque a água será mais rasa e você terá pontos de apoio para cruzar a pé.
d. Encontre um trecho nivelado onde o rio se divide em alguns canais.

9.16 Depois de passar mais ou menos uma hora caminhando, você sente várias aranhas em suas roupas. Você não está sentindo dor, mas sabe que as picadas de algumas aranhas são indolores. Qual das aranhas abaixo tem uma picada indolor?
a. Viúva-negra.
b. Aranha-marrom.
c. Armadeira.
d. Tarântulas ornamentais.

9.17 Você decide comer alguns insetos. Quais insetos deve evitar?
a. Adultos que picam ou mordem.
b. Lagartas e insetos com odor pungente.
c. Insetos peludos ou coloridos.
d. Todas as alternativas anteriores.

Tarefa em grupo

Agora, divida a turma em grupos de cinco ou seis pessoas. Quando o grupo chegar a um consenso sobre o que fazer em cada situação, anote a decisão na mesma folha de papel que usou para escrever suas respostas individuais.

Dando notas às suas respostas

O professor informará as respostas corretas, baseadas em opiniões de especialistas nessas situações. Munido das respostas certas, calcule (A) sua nota individual, (B) a nota do seu grupo, (C) a média das notas individuais dos membros do grupo e (D) a melhor nota individual do grupo. Anote essas informações e compare com as anotações de seu grupo para ver se as contas estão certas.
A. Sua nota individual _____
B. Nota de seu grupo _____
C. Média das notas individuais do grupo _____
D. Melhor nota individual do grupo _____

Questões para discussão

9.18 A nota de seu grupo (B) foi mais alta ou mais baixa que sua nota (A)?

9.19 A nota de seu grupo (B) foi mais alta ou mais baixa que a média das notas individuais do grupo (C)?

9.20 A nota de seu grupo (B) foi mais alta ou mais baixa que a melhor nota individual do grupo (D)?

9.21 Compare seus resultados com os resultados dos outros grupos. As notas de alguns grupos foram muito mais altas do que aquelas individuais?

9.22 O que esses resultados dizem sobre a eficácia do processo decisório em grupo?

9.23 O que os grupos podem fazer para aumentar a eficácia do processo decisório em grupo?

9.24 Quais circunstâncias podem levar um grupo a ter um desempenho pior que seu melhor integrante?

Dilema ético

Tudo bem violar um contrato psicológico?

Como vimos neste capítulo, muitas empresas têm um contrato psicológico tácito. Espera-se que os chefes e a alta administração tratem os empregados com respeito, proporcionem boas condições de trabalho e comuniquem as expectativas e o *feedback* com clareza. Em troca, espera-se que os empregados se empenhem no trabalho e sejam fiéis à organização. Essas expectativas mútuas são estabelecidas por meio de contratos psicológicos. No entanto, como o contrato psicológico é um acordo informal, a violação desse contrato por parte de um gestor ou um empregado pode não ter repercussões.

Muitas situações podem levar um gestor ou um empregado a achar que não tem problema violar um contrato psicológico. Os gestores podem tentar economizar proporcionando condições de trabalho pouco desejáveis ou demitindo empregados que foram fiéis à organização. Os empregados podem não se empenhar no trabalho ou sair da organização. Se as expectativas do empregador e dos empregados não forem comunicadas com clareza, as violações do contrato psicológico podem não ficar claras. Mesmo assim, quando um lado não respeita o acordo, ele pode ter de arcar com as consequências. Se os gestores não proporcionarem boas condições aos empregados, eles podem se esquivar de suas responsabilidades no trabalho. Por outro lado, se um empregado não fizer um bom trabalho, os gestores podem se recusar a conceder privilégios a ele.

Questões

9.25 Sempre é ético para um supervisor ou subordinado violar um contrato psicológico? E se violar um contrato psicológico puder ter consequências negativas para alguns empregados, mas beneficiar outros?

9.26 Você consegue pensar em situações nas quais um gestor pode achar que um empregado violou um contrato psicológico, enquanto esse empregado acha que não fez nada de errado? Você consegue pensar em situações nas quais um empregado pode achar que seu empregador violou um contrato psicológico, mas o empregador acha que não fez nada de errado?

9.27 Os empregados podem ter diferentes reações a violações do contrato psicológico. Nem todas essas reações podem ser éticas. Qual seria uma reação ética para um empregado? E qual seria uma reação antiética?

Estudo de caso 1

Quando o consenso leva ao desastre

Quando chega a hora de os grupos tomarem uma decisão, muitos recorrem ao consenso. Esse é definido como uma situação na qual todos concordam com uma solução proposta e que parece ser uma boa ideia. Para chegar ao consenso, os membros do grupo devem cooperar e colaborar, o que acaba gerando mais camaradagem e confiança. Além disso, acredita-se que, se todos concordarem com uma solução proposta, todos ficarão mais comprometidos com a decisão.

O problema é que tentar atingir o consenso pode prejudicar o funcionamento do grupo. Veja o exemplo do "abismo fiscal" enfrentado pelo governo dos Estados Unidos no fim de 2012. A Casa Branca e o Congresso precisavam chegar a um acordo sobre uma solução para reduzir o déficit orçamentário cada vez maior. No entanto, muitos republicanos e democratas se agarraram à posição de seu Partido e simplesmente se recusaram a fazer concessões. Muitas pessoas consideram que a solução que finalmente atingiu o consenso ficou longe de ser a ideal. Os cidadãos deram ao Congresso norte-americano um índice de aprovação de apenas 13%, expressando sua frustração com a incapacidade de fazer concessões. O grupo, entretanto, pode ter tido seu funcionamento prejudicado, em parte, devido à necessidade de atingir o consenso apesar do partidarismo.

Se o consenso for atingido, será que isso significa que a decisão é a melhor? Os críticos dos métodos baseados no consenso argumentam que todas as decisões que o grupo acaba tomando são inferiores às decisões tomadas utilizando outros métodos, como uma votação ou pedir que os membros da equipe informem sua opinião e sugestões ao líder do grupo, que fica encarregado de tomar a decisão final. Os críticos também argumentam que as pressões para a conformidade aumentam muito as chances de gerar um "pensamento de grupo" e as decisões tomadas por consenso não passam das decisões que "menos desagradam" seus membros.

Questões

9.28 O consenso é um bom método para tomar decisões em grupo? Por quê?

9.29 Você consegue pensar em uma situação na qual participou de um grupo que tomou uma decisão pelo consenso? Você diria que a decisão foi boa?

9.30 Martin Luther King Jr. proclamou: "Um verdadeiro líder não busca o consenso, mas o define". O que você acha que ele quis dizer com essa afirmação? Você concorda? Por quê?

9.31 Releia o Estudo de caso 1. Como os grupos podem melhorar a eficácia dos métodos de consenso para tomar decisões?

Fontes: baseado em D. Leonhardt, "When the Crowd Isn't Wise", *The New York Times*, 8 jul. 2012, SR BW 4; e K. Jensen, "Consensus Is Poison! Who's with Me?", 20 maio 2013, https://www.forbes.com/sites/keldjensen/2013/05/20/consensus-is-poison-whos-with-me/#66603a297ce9.

Estudo de caso 2

Confiança e sobrevivência em grupos

Quando 10 soldados do exército britânico que participavam de um treinamento de sobrevivência na selva programado para durar 10 dias desceram por uma fenda estreita que cruza o Monte Kinabalu, em Bornéu, todos conheciam "a regra de ouro desse tipo de expedição: nunca se separar do grupo". Mas o que aconteceu foi que, depois de 19 dias, os três soldados mais fortes saíram da selva cheios de concussões, com malária e feridas infeccionadas; dois outros soldados terrivelmente doentes encontraram um vilarejo no dia seguinte e os cinco soldados restantes, extremamente magros e feridos, foram resgatados em uma caverna por um helicóptero no 33º dia. O que aconteceu?

À primeira vista, a divisão quase trágica do grupo começou com uma divisão de trabalho que parecia fazer muito sentido, de acordo com os líderes do treinamento, o tenente-coronel Neill e o major Foster:

Como o grupo seria composto de pessoas com diferentes habilidades e os jovens e suboficiais britânicos tinham mais chances de ter melhores condições físicas que os soldados de Hong Kong, a equipe se dividiria em dois grupos nos estágios mais difíceis da descida. Os britânicos, beneficiando-se da experiência em escalada de um dos soldados, Mayfield, armariam cordas nos trechos difíceis, enquanto ele [Neill] e Foster se concentrariam em ajudar os soldados de Hong Kong a descer. O grupo de reconhecimento foi instruído a informar seu progresso de tempos em tempos e todos desceriam juntos até que se tornasse necessário montar outro grupo de reconhecimento.

Os homens contaram que, a partir daquele momento, o grupo passou o tempo todo sendo dividido pelas perigosas condições de escalada, doenças debilitantes e chuvas pesadas. Um comitê do exército chegou a uma conclusão diferente, culpando os líderes Neill e Foster e sua decisão de levar soldados menos experientes para o treinamento.

Nenhuma sentença judicial foi dada sobre a decisão quase catastrófica de dividir o grupo, mas investigações mais detalhadas mostram que esse grupo de trabalho temporário composto de integrantes diversificados que não se conheciam começou com um alto nível de confiança no grupo que acabou se dissolvendo com o tempo. As *faultlines* resultantes, baseadas nas semelhanças e diferenças entre os membros e na seleção de líderes improvisados, podem ter sido inevitáveis.

No começo, todos os membros do grupo tinham em comum o treinamento básico do exército, papéis claros e o comprometimento de terem se oferecido como voluntários para a missão. Mas quando os soldados expressaram sua preocupação com o rigor das condições, a falta de preparação e o baixo nível de comunicação e os líderes decidiram ignorar a opinião dos soldados, os problemas de confiança dividiram o grupo em subgrupos. O grupo de reconhecimento inicial conseguiu estabelecer pontos em comum entre seus integrantes e um nível de confiança que lhes possibilitou concluir a missão, ainda que esse grupo também tenha se dividido mais adiante. Enquanto isso, o grupo principal, que ficou com os líderes na caverna, em condições de desconfiança ativa, se dividiu ainda mais.

Não temos como saber se teria sido melhor manter o grupo unido. Mas sabemos que esse pequeno grupo de soldados treinados para sobreviver juntos se dividiu em pelo menos quatro subgrupos por não confiar nem nos líderes e nem no grupo, o que acabou colocando sua vida em risco.

Questões

9.32 Como os pontos em comum estabelecidos pelos subgrupos de reconhecimento diferiram daqueles estabelecidos pelos subgrupos que ficaram na caverna?

9.33 Você acha que o grupo deveria ter se dividido como aconteceu? Por quê?

9.34 Quando o treinamento foi concebido, Neill criou um sistema de pares (*buddy system*, em inglês) baseado na semelhança entre os soldados (escalão, unidade, idade, condicionamento físico, nível de habilidades). O primeiro grupo que conseguiu sair da selva foi composto de um par designado e outro soldado: dois praças e um cabo da mesma unidade (do exército regular), de 24 a 26 anos de idade, com bom nível de condicionamento físico, sendo que os três eram excelentes instrutores de escalada e rapel. O segundo grupo foi composto de um par designado: um sargento e um praça da mesma unidade (exército regular de elite), entre 25 e 37 anos, com bom nível de condicionamento físico, sendo que os dois tinham experiência na brigada de comando. O grupo que ficou na caverna foi dividido em: um tenente-coronel e um major (um par designado), sendo que um era do exército regular e o outro era do exército territorial de meio período, com idades entre 46 e 54 anos, com condicionamento físico moderado, sendo que um era instrutor de escalada e rapel e outro era instrutor de esqui. O segundo subgrupo foi composto dos três integrantes da unidade de Hong Kong (um praça e dois cabos), entre 24 e 32 anos, com condicionamento físico moderado, sendo que um deles tinha treinamento de sobrevivência na selva e dois eram novatos. Você teria criado o sistema de pares que Neill criou? Por quê? Em caso negativo, o que você mudaria?

9.35 Depois de ler o Estudo de caso 2, você acha que os subgrupos aumentam ou reduzem a eficácia da equipe? Explique sua resposta. Qual pode ser a alternativa?

Fontes: baseado em M. A. Korsgaard, H. H. Brower e S. W. Lester, "It Isn't Always Mutual: A Critical Review of Dyadic Trust", *Journal of Management* 41, no. 1 (2014): 47–70; R. L. Priem e P. C. Nystrom, "Exploring the Dynamics of Workgroup Fracture: Common Ground, Trust-with-Trepidation, and Warranted Distrust", *Journal of Management* 40, no. 3 (2014): 764–95; e "The Call of Malaysia's 'Conquerable' Mount Kinabalu", *BBC*, 5 jun. 2015, http://www.bbc.com/news/world-asia-33020356.

NOTAS

1. E. J. Boothby, M. S. Clark e J. A. Bargh, "Shared Experiences Are Amplified", *Psychological Science* 25, no. 12 (2014): 2209–16.

2. B. Bastien, J. Jetten e L. J. Ferris, "Pain as Social Glue: Shared Pain Increases Cooperation", *Psychological Science* 25, no. 11 (2014): 2079–85.

3. Veja H. Tajfel e J. C. Turner, "The Social Identity Theory of Inter Group Behavior", in S. Worchel & W. G. Austin (eds.), *Psychology of Intergroup Relations* (Chicago, IL: Nelson, 1986); e N. Karelaia e L. Guillen, "Me, a Woman and a Leader: Positive Social Identity and Identity Conflict", *Organizational Behavior and Human Decision Processes* 125, no. 2 (2014): 204–19.

4. P. Belmi, R. C. Barragan, M. A. Neale e G. L. Cohen, "Threats to Social Identity Can Trigger Social Deviance", *Personality and Social Psychological Bulletin* 41, no. 4 (2015): 467–84.

5. H. Takahashi, M. Kato, M. Matsuura, D. Mobbs, T. Suhara e Y. Okubo, "When Your Gain Is My Pain and Your Pain Is My Gain: Neural Correlates of Envy and Schadenfreude", *Science* 323, no. 5916 (2009): 937–39; e C. W. Leach, R. Spears, N. R. Branscombe e B. Doosje, "Malicious Pleasure: Schadenfreude at the Suffering of Another Group", *Journal of Personality and Social Psychology* 84, no. 5 (2003): 932–43.

6. O. Yakushko, M. M. Davidson e E. N. Williams, "Identity Salience Model: A Paradigm for Integrating Multiple Identities in Clinical Practice", *Psychotherapy* 46, no. 2 (2009): 180–92; e S. M. Toh e A. S. Denisi, "Host Country Nationals as Socializing Agents: A Social Identity Approach", *Journal of Organizational Behavior* 28, no. 3 (2007): 281–301.

7. Karelaia e Guillen, "Me, a Woman and a Leader."

8. T. Cruwys, E. I. South, K. H. Greenaway e S. A. Haslam, "Social Identity Reduces Depression by Fostering Positive Attributions", *Social Psychological and Personality Science* 6, no. 1. (2015): 65–74.

9. T. Schmader, K. Block e B. Lickel, "Social Identity Threat in Response to Stereotypic Film Portrayals: Effects on Self-Conscious Emotion and Implicit Ingroup Attitudes", *Journal of Social Issues* 71, no. 1 (2015): 54–72.

10. A. S. Leonard, A. Mehra e R. Katerberg, "The Social Identity and Social Networks of Ethnic Minority Groups in Organizations: A Crucial Test of Distinctiveness Theory", *Journal of Organizational Behavior* 29, no. 5 (2008): 573–89.

11. S. Zhang, G. Chen, X.-P. Chen, D. Liu e M. D. Johnson, "Relational versus Collective Identification within Workgroups: Conceptualization, Measurement Development, and Nomological Network Building", *Journal of Management* 40, no. 6 (2014): 1700–31.

12. C. G. Banks, S. Kepes, M. Joshi e A. Seers, "Social Identity and Applicant Attraction: Exploring the Role of Multiple Levels of Self", *Journal of Organizational Behavior* 37, no. 3 (2016): 326–45.

13. G. J. Lewis e T. C. Bates, "Common Heritable Effects Underpin Concerns over Norm Maintenance and In-Group Favoritism: Evidence from Genetic Analyses of Right-Wing Authoritarianism and Traditionalism", *Journal of Personality* 82, no. 4 (2014): 297–309.

14. S. L. Neuberg, C. M. Warner, S. A. Mistler, A. Berlin, E. D. Hill, J. D. Johnson, J. Schober, et al., "Religion and Intergroup Conflict: Findings from the Global Group Relations Project", *Psychological Science* 25, no. 1 (2014): 198–206.

15. W. M. L. Finlay, "Denunciation and the Construction of Norms in Group Conflict: Examples from an Al-Qaeda-Supporting Group", *British Journal of Social Psychology* 53, no. 4 (2014): 691–710.

16. T. C. Dennehy, A. Ben-Zeev e N. Tanigawa, "'Be Prepared': An Implemental Mindset for Alleviating Social-Identity Threat", *British Journal of Social Psychology* 53 (2014): 585–94.

17. M. J. Garfield e A. R. Denis, "Toward an Integrated Model of Group Development: Disruption of Routines by Technology-Induced Change", *Journal of Management Information Systems* 29, no. 3 (2012): 43–86; M. J. Waller, J. M. Conte, C. B. Gibson e M. A. Carpenter, "The Effect of Individual Perceptions of Deadlines on Team Performance", *Academy of Management Review* (out. 2001): 586–600; A. Chang, P. Bordia e J. Duck, "Punctuated Equilibrium and Linear Progression: Toward a New Understanding of Group Development", *Academy of Management Journal* (fev. 2003): 106–17; e C. J. Gersick. "Time and Transition in Work Teams: Toward a New Model of Group Development", *Academy of Management Journal* 31, no. 1 (1988): 1–41.

18. B. B. Morgan, E. Salas e A. S. Glickman, "An Analysis of Team Evolution and Maturation", *The Journal of General Psychology* 120, no. 3 (1993): 277–291; e B. Tuckman, "Some Stages of Development in Groups", *Psychological Bulletin* 63, no. 1 (1965): 384–99.

19. M. M. Kazmer, "Disengaging from a Distributed Research Project: Refining a Model of Group Departures", *Journal of the American Society for Information Science and Technology* (abr. 2010): 758–71.

20. K. Giese e A. Thiel, "The Psychological Contract in Chinese-African Informal Labor Relations", *International Journal of Human Resource Management* 26, no. 14 (2015): 1807–26; L. Sels, M. Janssens e I. Van den Brande, "Assessing the Nature of Psychological Contracts: A Validation of Six Dimensions", *Journal of Organizational Behavior* (jun. 2004): 461–88; C. Hui, C. Lee e D. M. Rousseau, "Psychological Contract and Organizational Citizenship Behavior in China: Investigating Generalizability and Instrumentality", *Journal of Applied Psychology* (abr. 2004): 311–21; e D. M. Rousseau, "Psychological and Implied Contracts in Organizations", *Employee Responsibilities and Rights Journal* 2, no. 2 (1989): 121–39.

21. K. M. Mai, A. J. Ellis, J. S. Christian e C.H. Porter, "Examining the Effects of Turnover Intentions on Organizational Citizenship Behaviors and Deviance Behaviors: A Psychological Contract Approach", *Journal of Applied. Psychology* 101, no. 8 (2016): 1067–81.

22. M. D. Collins, "The Effect of Psychological Contract Fulfillment on Manager Turnover Intentions and Its Role as a Mediator in a. Casual, Limited-Service Restaurant Environment", *International Journal of Hospitality Management* 29, no. 4 (2010): 736–42; e J. M. Jensen, R. A. Opland e A. M. Ryan, "Psychological Contracts and Counterproductive Work Behaviors: Employee Responses to Transactional and Relational Breach", *Journal of Business and Psychology* 25, no. 4 (2010): 555–68.

23. D. C. Thomas, S. R. Fitzsimmons, E. C. Ravlin, K. Y. Au, B. Z. Ekelund e C. Barzantny, "Psychological Contracts across Cultures", *Organization Studies* 31 (2010): 1437–58.

24. R. L. Kahn, D. M. Wolfe, R. P. Quinn, J. D. Snoek e R.A. Rosenthal, *Organizational Stress* (Oxford, Inglaterra: Wiley, 1964); e K. S. Wilson e H. M. Baumann, "Capturing a More Complete View of Employees' Lives outside of Work: The Introduction and Development of New Interrole Conflict Constructs", *Personnel Psychology* 68, no. 2 (2015): 235–82.

25. Ibid.

26. Veja, por exemplo, F. T. Amstad, L L. Meier, U. Fasel, A. Elfering e N. K. Semmer, "A Meta-Analysis of Work-Family Conflict and Various Outcomes with a Special Emphasis on Cross-Domain Versus Matching-Domain Relations", *Journal of Occupational Health Psychology* 16, no. 2 (2011): 151–69.

27. Wilson e Baumann, "Capturing a More Complete View of Employees' Lives outside of Work."

28. D. Vora e T. Kostova, "A Model of Dual Organizational Identification in the Context of the Multinational Enterprise", *Journal of Organizational Behavior* 28 (2007): 327–50.

29. C. Reade, "Dual Identification in Multinational Corporations: Local Managers and Their Psychological Attachment to the Subsidiary versus the Global Organization", *International Journal of Human Resource Management* 12, no. 3 (2001): 405–24.

30. S. Drury, S. A. Hutchens, D. E. Shuttlesworth e C. L. White, "Philip G. Zimbardo on His Career and the Stanford Prison Experiment's 40th Anniversary", *History of Psychology* 15, no. 2 (2012): 161–70; S. A. Haslam e S. D. Reicher, "Contesting the 'Nature' of Conformity: What Milgram and Zimbardo's Studies Really Show", *Plos Biology* 10, no. 11 (2012): e1001426; e C. Haney, W. Banks e P. Zimbardo. "Interpersonal Dynamics in a Simulated Prison", *International Journal of Criminology and Penology* 1, no. 1 (1973): 69–97.

31. S. A. Haslam e S. Reicher, "Stressing the Group: Social Identity and the Unfolding Dynamics of Responses to Stress", *Journal of Applied Psychology* 91, no. 5 (2006): 1037–52; S. Reicher e S. A. Haslam, "Rethinking the Psychology of Tyranny: The BBC Prison Study", *British Journal of Social Psychology* 45, no. 1 (2006): 1–40; e P. G. Zimbardo, "On Rethinking the Psychology of Tyranny: The BBC Prison Study", *British Journal of Social Psychology* 45, no. 1 (2006): 47–53.

32. Y. Huang, K. M. Kendrick e R. Yu, "Conformity to the Opinions of Other People Lasts for No More Than 3 Days", *Psychological Science* 25, no. 7 (2014): 1388–93.

33. M. S. Hagger, P. Rentzelas e N. K. D. Chatzisrantis, "Effects of Individualist and Collectivist Group Norms and Choice on Intrinsic Motivation", *Motivation and Emotion* 38, no. 2 (2014): 215–23; e M. G. Ehrhart e S. E. Naumann, "Organizational Citizenship Behavior in Work Groups: A Group Norms Approach", *Journal of Applied Psychology* (dez. 2004): 960–74.

34. E. Delvaux, N. Vanbeselaere e B. Mesquita, "Dynamic Interplay between Norms and Experiences of Anger and Gratitude in Groups", *Small Group Research* 46, no. 3 (2015): 300–23.

35. R. B. Cialdini e N. J. Goldstein, "Social Influence: Compliance and Conformity", *Annual Review of Psychology* 55 (2004): 591–621.

36. P. Kundu e D. D. Cummins, "Morality and Conformity: The Asch Paradigm Applied to Moral Decisions", *Social Influence* 8, no. 4 (2013): 268–79.

37. Ibid.

38. R. A. Griggs, "The Disappearance of Independence in Textbook Coverage of Asch's Social Pressure Experiments", *Teaching of Psychology* 42, no. 2 (2015): 137–42.

39. S. Sansfacon e C. E. Amiot, "The Impact of Group Norms and Behavioral Congruence on the Internalization of an Illegal Downloading Behavior", *Group Dynamics: Theory Research and Practice* 18, no. 2 (2014): 174–88; L. Rosh, L. R. Offermann e R. Van Diest, "Too Close for Comfort? Distinguishing between Team Intimacy and Team Cohesion", *Human Resource Management Review* (jun. 2012): 116–27; e R. B. Cialdini, R. C. A. Kallgren e R. R. Reno, "A Focus Theory of Normative Conduct: A Theoretical Refinement and Reevaluation of the Role of Norms in Human Behavior", *Advances in Experimental Social Psychology* 24 (1998): 201–34.

40. J. S. Hassard, "Rethinking the Hawthorne Studies: The Western Electric Research in Its Social, Political, and Historical Context", *Human Relations* 65, no. 11 (2012): 1431–61; e E. Mayo, *The Human Problems of an Industrial Civilization* (Nova York: MacMillan, 1933).

41. M. K. Chin, D. C. Hambrick e L .K. Treviño, "Political Ideologies of CEOs: The Influence of Executives' Values on Corporate Social Responsibility", *Administrative Science Quarterly* 58, no. 2 (2013): 197–232; e A. B. Carroll, "Corporate Social Responsibility", *Business & Society* 38, no. 1 (1999): 268–95.

42. J. A. Goncalo, J. A. Chatman, M. M. Duguid e J. A. Kennedy, "Creativity from Constraint? How the Political Correctness Norm Influences Creativity in Mixed-Sex Work Groups", *Administrative Science Quarterly* 60, no. 1 (2015): 1–30.

43. E. Gonzalez-Mule, D. S. DeGeest, B. W. McCormick, et al., "Can We Get Some Cooperation around Here? The Mediating Role of Group Norms on the Relationship between Team Personality and Individual Helping Behaviors", *Journal of Applied Psychology* 99, no. 5 (2014): 988–99.

44. T. Masson e I. Fritsche, "Adherence to Climate Change–Related Ingroup Norms: Do Dimensions of Group Identification Matter?", *European Journal of Social Psychology* 44, no. 5 (2014): 455–65.

45. Veja R. J. Bennett e S. L. Robinson, "The Past, Present, and Future of Workplace Deviance", in J. Greenberg (ed.), *Organizational Behavior: The State of the Science*, 2. ed. (Mahwah, NJ: Erlbaum, 2003): 237–71; e C. M. Berry, D. S. Ones e P. R. Sackett, "Interpersonal Deviance, Organizational Deviance, and Their Common Correlates: A Review and Meta-Analysis", *Journal of Applied Psychology* 92, no. 2 (2007): 410–24.

46. M. A. Baysinger, K. T. Scherer e J. M. LeBreton, "Exploring the Disruptive Effects of Psychopathy and Aggression on Group Processes and Group Effectiveness", *Journal of Applied Psychology* 99, no. 1 (2014): 48–65.

47. T. C. Reich e M. S. Hershcovis, "Observing Workplace Incivility", *Journal of Applied. Psychology* 100, no. 1 (2015): 203–15; e Z. E. Zhou, Y. Yan, X. X. Che e L. L. Meier, "Effect of Workplace Incivility on End-of-Work Negative Affect: Examining Individual and Organizational Moderators in a Daily Diary Study", *Journal of Occupational Health Psychology* 20, no. 1 (2015): 117–30.

48. Veja C. Pearson, L. M. Andersson e C. L. Porath, "Workplace Incivility", in S. Fox e P. E. Spector (eds.), *Counterproductive Work Behavior: Investigations of Actors and Targets* (Washington, DC: American Psychological Association, 2005): 177–200.

49. S. Lim, L. M. Cortina e V. J. Magley, "Personal and Workgroup Incivility: Impact on Work and Health Outcomes", *Journal of Applied Psychology* 93, no. 1 (2008): 95–107.

50. D. L. Ferris, J. R. Spence, D. J. Brown e D. Heller, "Interpersonal Injustice and Workplace Deviance: The Role of Esteem Threat", *Journal of Management* 38 no. 6 (2012): 1788–811.

51. M. S. Christian e A. P. J. Ellis, "Examining the Effects of Sleep Deprivation on Workplace Deviance: A Self-Regulatory Perspective", *Academy of Management Journal* 54, no. 5 (2011): 913–34.

52. S. L. Robinson e A. M. O'Leary-Kelly, "Monkey See, Monkey Do: The Influence of Work Groups on the Antisocial Behavior of Employees", *Academy of Management Journal* 41, no. 6 (1998): 658–72; e T. M. Glomb e H. Liao, "Interpersonal Aggression in Workgroups: Social Influence, Reciprocal, and Individual Effects", *Academy of Management Journal* 46 (2003): 486–96.

53. P. Bamberger e M. Biron, "Group Norms and Excessive Absenteeism: The Role of Peer Referent Others", *Organizational Behavior and Human Decision Processes* 103, no. 2 (2007): 179–96; e A. Väänänen, N. Tordera, M. Kivimäki, A. Kouvonen, J. Pentti, A. Linna e J. Vahtera, "The Role of Work Group in Individual Sickness Absence Behavior", *Journal of Health & Human Behavior* 49, no. 4 (2008): 452–67.

54. M. S. Cole, F. Walter e H. Bruch, "Affective Mechanisms Linking Dysfunctional Behavior to Performance in Work Teams: A Moderated Mediation Study", *Journal of Applied Psychology* 93, no. 5 (2008): 945–58.

55. U. E. Kim, H. C. Triandis, C. E. Kagitçibasi, S. C. E. Choi e G. E. Yoon, *Individualism and Collectivism: Theory, Method, and Applications* (Thousand Oaks, CA: Sage Publications, 1994).

56. Hagger, Rentzelas e Chatzisrantis, "Effects of Individualist and Collectivist Group Norms and Choice on Intrinsic Motivation."

57. J. Dippong e W. Kalkhoff, "Predicting Performance Expectations from Affective Impressions: Linking Affect Control Theory and Status Characteristics Theory", *Social Science Research* 50 (2015): 1–14; A. E. Randel, L. Chay-Hoon e P. C. Earley, "It's Not Just about Differences: An Integration of Role Identity Theory and Status Characteristics Theory", in M. C. T. Hunt (ed.), *Research on Managing Groups and Teams* (Bingley, Reino Unido: Emerald Insight, 2005): 23–42; e B. Anderson, J. Berger, B. Cohen e M. Zelditch, "Status Classes in Organizations", *Administrative Science Quarterly* 11 no. 2 (1966): 264–283.

58. Randel, Chay-Hoon e Earley, "It's Not Just about Differences."

59. R. R. Callister e J. A. Wall Jr., "Conflict across Organizational Boundaries: Managed Care Organizations versus Health Care Providers", *Journal of Applied Psychology* 86, no. 4 (2001): 754–63; e P. Chattopadhyay, W. H. Glick e G. P. Huber, "Organizational Actions in Response to Threats and Opportunities", *Academy of Management Journal* 44, no. 5 (2001): 937–55.

60. P. F. Hewlin, "Wearing the Cloak: Antecedents and Consequences of Creating Facades of Conformity", *Journal of Applied Psychology* 94, no. 3 (2009): 727–41.

61. B. Groysberg, J. T. Polzer e H. A. Elfenbein, "Too Many Cooks Spoil the Broth: How High-Status Individuals Decrease Group Effectiveness", *Organization Science* (maio.-jun. 2011): 722–37.

62. C. Bendersky e N. P. Shah, "The Cost of Status Enhancement: Performance Effects of Individuals' Status Mobility in Task Groups", *Organization Science* 23, no. 2 (2012): 308–22.

63. B. Groysberg, J. T. Polzer e H. A. Elfenbein, "Too Many Cooks Spoil the Broth: How High-Status Individuals Decrease Group Effectiveness", *Organization Science* 22, no. 3 (2011): 722–37.

64. A. M. Christie e J. Barling, "Beyond Status: Relating Status Inequality to Performance and Health in Teams", *Journal of Applied Psychology* 95, no. 5 (2010): 920–34; e L. H. Nishii e D. M. Mayer, "Do Inclusive Leaders Help to Reduce Turnover in Diverse Groups? The Moderating Role of Leader-Member Exchange in the Diversity to Turnover Relationship", *Journal of Applied Psychology* 94, no. 6 (2009): 1412–26.

65. V. Venkataramani, S. G. Green e D. J. Schleicher, "Well-Connected Leaders: The Impact of Leaders' Social Network Ties on LMX and Members' Work Attitudes", *Journal of Applied Psychology* 95, no. 6 (2010): 1071–84.

66. H. van Dijk e M. L. van Engen, "A Status Perspective on the Consequences of Work Group Diversity", *Journal of Occupational and Organizational Psychology* (jun. 2013): 223–41.

67. Baseado em J. B. Pryor, G. D. Reeder e A. E. Monroe, "The Infection of Bad Company: Stigma by Association", *Journal of Personality and Social Psychology* 102, no. 2 (2012): 224–41; E. Goffman, *Stigma: Notes on the Management of Spoiled Identity* (Nova York, NY: Touchstone Digital, 2009); M. R. Hebl e L. M. Mannix, "The Weight of Obesity in Evaluating Others: A Mere Proximity Effect", *Personality and Social Psychology Bulletin* 29 (2003): 28–38; e M. Hernandez, D. R. Avery, S. Tonidandel, M. R. Hebl, A. N. Smith e P. F. McKay, "The Role of Proximal Social Contexts: Assessing Stigma-by-Association Effects on Leader Appraisals", *Journal of Applied Psychology* 101, no. 1 (2016): 68–85.

68. M. Cikara e J. J. Van Bavel, "The Neuroscience of Intergroup Relations: An Integrative Review", *Perspectives on Psychological Science* 9, no. 3 (2014): 245–74; e H. Tajfel, "Social Psychology of Intergroup Relations", *Annual Review of Psychology* 33, no. 1 (1982): 1–39.

69. M. Rubin, C. Badea e J. Jetten, "Low. Status Groups Show In-Group Favoritism to Compensate for Their Low Status and Compete for Higher Status", *Group Processes & Intergroup Relations* 17, no. 5 (2014): 563–76.

70. C. L. Wilkins, J. D. Wellman, L. G. Babbitt, N. R. Toosi e K. D. Schad, "You Can Win but I Can't Lose: Bias against High-Status Groups Increases Their Zero-Sum Beliefs about Discrimination", *Journal of Experimental Social Psychology* 57 (2014): 1–14.

71. T. J. Bouchard, J. Barsaloux e G. Drauden, "Brainstorming Procedure, Group Size, and Sex as Determinants of the Problem-Solving Effectiveness of Groups and Individuals", *Journal of Applied Psychology* 59, no. 2 (1974): 135–8.

72. R. B. Gallupe, A. R. Dennis, W. H. Cooper, J. S. Valacich, L. M. Bastianutti e J. Nunamaker, "Electronic Brainstorming and Group Size", *Academy of Management Journal* 35, no. 2 (2012): 350–69.

73. J. S. Valacich, B. C. Wheeler, B. E. Mennecke e R. Wachter, "The Effects of Numerical and Logical Group Size on Computer-Mediated Idea Generation", *Organizational Behavior and Human Decision Processes* 62, no. 3 (1995): 318–29.

74. R. M. Bray, N. L. Kerr e R. S. Atkin, "Effects of Group Size, Problem Difficulty, and Sex on Group Performance and Member Reactions", *Journal of Personality and Social Psychology* 36 no. 11 (1978): 1224–40.

75. R. B. Lount, Jr. e S. L. Wilk, "Working Harder or Hardly Working? Posting Performance Eliminates Social Loafing and Promotes Social Laboring in Workgroups", *Management Science* 60, no. 5 (2014): 1098–106; S. M. Murphy, S. J. Wayne, R. C. Liden e B. Erdogan, "Understanding Social Loafing: The Role of Justice Perceptions and Exchange Relationships", *Human Relations* (jan. 2003): 61–84; R. C. Liden, S. J. Wayne, R. A. Jaworski e N. Bennett, "Social Loafing: A Field Investigation", *Journal of Management* (abr. 2004): 285–304; e W. Stroebe e B. S. Frey, "Self-Interest and Collective Action: The Economics and Psychology of Public Goods", *British Journal of Social Psychology*. 21, no. 1 (1982): 121–37.

76. A. W. Delton, L. Cosmides, M. Guemo, T. E. Robertson e J. Tooby, "The Psychosemantics of Free Riding: Dissecting the Architecture of a Moral Concept", *Journal of Personality and Social Psychology* 102, no. 6 (2012): 1252–70.

77. S. J. Karau e K. D. Williams, "Social Loafing: A Meta-Analytic Review and Theoretical Integration", *Journal of Personality and Social Psychology* 65 no. 4 (1993): 681–706.

78. C. Rubino, D. R. Avery, S. D. Volpone, et al., "Does Teaming Obscure Low Performance? Exploring the Temporal Effects of Team Performance Diversity", *Human Performance* 27, no. 5 (2014): 416–34.

79. Karau e Williams, "Social Loafing."

80. D. L. Smrt e S. J. Karau, "Protestant Work Ethic Moderates Social Loafing", *Group Dynamics-Theory Research and Practice* (set. 2011): 267–74.

81. M. C. Schippers, "Social Loafing Tendencies and Team Performance: The Compensating Effect of Agreeableness and Conscientiousness", *Academy of Management Learning & Education* 13, no. 1 (2014): 62–81.

82. A. Gunnthorsdottir e A. Rapoport, "Embedding Social Dilemmas in Intergroup Com-

petition Reduces Free-Riding", *Organizational Behavior and Human Decision Processes* 101 (2006): 184–99; e E. M. Stark, J. D. Shaw e M. K. Duffy, "Preference for Group Work, Winning Orientation, and Social Loafing Behavior in Groups", *Group and Organization Management* 32, no. 6 (2007): 699–723.

83. Lount e Wilk, "Working Harder or Hardly Working?"

84. Gunnthorsdottir e Rapoport, "Embedding Social Dilemmas in Intergroup Competition Reduces Free-Riding"; e Stark, Shaw e Duffy, "Preference for Group Work, Winning Orientation, and Social Loafing Behavior in Groups."

85. L. L. Greer, "Group Cohesion: Then and Now", *Small Group Research* (dez. 2012): 655–61.

86. D. S. Staples e L. Zhao, "The Effects of Cultural Diversity in Virtual Teams versus Face-to-Face Teams", *Group Decision and Negotiation* (jul. 2006): 389–406.

87. N. Chi, Y. Huang e S. Lin, "A Double-Edged Sword? Exploring the Curvilinear Relationship between Organizational Tenure Diversity and Team Innovation: The Moderating Role of Team-Oriented HR Practices", *Group and Organization Management* 34, no. 6 (2009): 698–726.

88. K. J. Klein, A. P. Knight, J. C. Ziegert, B. C. Lim e J. L. Saltz, "When Team Members' Values Differ: The Moderating Role of Team Leadership", *Organizational Behavior and Human Decision Processes* 114, no. 1 (2011): 25–36; e G. Park e R. P. DeShon, "A Multilevel Model of Minority Opinion Expression and Team Decision-Making Effectiveness", *Journal of Applied Psychology* 95, no. 5 (2010): 824–33.

89. J. S. Chun e J. N. Choi, "Members' Needs, Intragroup Conflict, and Group Performance", *Journal of Applied Psychology* 99, no. 3 (2014): 437–50.

90. M. Rigoglioso, "Diverse Backgrounds and Personalities Can Strengthen Groups", *Stanford Knowledgebase*, 15 ago. 2006, www.stanford.edu/group/knowledgebase/.

91. K. W. Phillips e D. L. Loyd, "When Surface and Deep-Level Diversity Collide: The Effects on Dissenting Group Members", *Organizational Behavior and Human Decision Processes* 99 (2006): 143–60; e S. R. Sommers, "On Racial Diversity and Group Decision Making: Identifying Multiple Effects of Racial Composition on Jury Deliberations", *Journal of Personality and Social Psychology* (abr. 2006): 597–612.

92. Chun e Choi, "Members' Needs, Intragroup Conflict, and Group Performance."

93. Y. Zhang e L. Hou, "The Romance of Working Together: Benefits of Gender Diversity on Group Performance in China", *Human Relations* 65, no. 11 (2012): 1487–508.

94. E. Mannix e M. A. Neale, "What Differences Make a Difference? The Promise and Reality of Diverse Teams in Organizations", *Psychological Science in the Public Interest* (out. 2005): 31–55.

95. E. P. Apfelbaum, K. W. Phillips e J. A. Richeson, "Rethinking the Baseline in Diversity Research: Should We Be Explaining the Effects of Homogeneity?", *Perspectives on Psychological Science* 9, no. 3 (2014): 235–44.

96. Veja M. B. Thatcher e P. C. Patel, "Group Faultlines: A Review, Integration, and Guide to Future Research", *Journal of Management* 38, no. 4 (2012): 969–1009.

97. K. Bezrukova, S. M. B. Thatcher, K. A. Jehn e C. S. Spell, "The Effects of Alignments: Examining Group Faultlines, Organizational Cultures, and Performance", *Journal of Applied Psychology* 97, no. 1 (2012): 77–92.

98. R. Rico, M. Sanchez-Manzanares, M. Antino e D. Lau, "Bridging Team Faultlines by Combining Task Role Assignment and Goal Structure Strategies", *Journal of Applied Psychology* 97, no. 2 (2012): 407–20. 99. D. Cooper, P. C. Patel e S. B. Thatcher, "It Depends: Environmental Context and the Effects of Faultlines on Top Management Team Performance", *Organization Science* 25, no. 2 (2014): 633–52.

100. B. L. Bonner, S. D. Sillito e M. R. Baumann, "Collective Estimation: Accuracy, Expertise, and Extroversion as Sources of Intra-Group Influence", *Organizational Behavior and Human Decision Processes* 103 (2007): 121–33.

101. J. E. Kammer, W. Gaissmaier, T. Reimer e C. C. Schermuly, "The Adaptive Use of Recognition in Group Decision Making", *Cognitive Science* 38, no. 5 (2014): 911–42.

102. Chun e Choi, "Members' Needs, Intragroup Conflict, and Group Performance."

103. I. L. Janis, "Groupthink", *Psychology Today* 5, no. 6 (1971): 43–6.

104. E. Burnstein, E. L. Miller, A. Vinokur, S. Katz e I. Crowley, "Risky Shift Is Eminently Rational", *Journal of Personality and Social Psychology* 20, no. 1 (1971): 462–71.

105. G. Park e R. P. DeShon, "A Multilevel Model of Minority Opinion Expression and Team Decision-Making Effectiveness", *Journal of Applied Psychology* 95, no. 5 (2010): 824–33.

106. R. Benabou, "Groupthink: Collective Delusions in Organizations and Markets", *Review of Economic Studies* (abr. 2013): 429–62.

107. J. A. Goncalo, E. Polman e C. Maslach, "Can Confidence Come Too Soon? Collective Efficacy, Conflict, and Group Performance over Time", *Organizational Behavior and Human Decision Processes* 113, no. 1 (2010): 13–24.

108. Veja N. Richardson Ahlfinger e J. K. Esser, "Testing the Groupthink Model: Effects of Promotional Leadership and Conformity Predisposition", *Social Behavior. & Personality* 29, no. 1 (2001): 31–41; e S. Schultz-Hardt, F. C. Brodbeck, A. Mojzisch, R. Kerschreiter e D. Frey, "Group Decision Making in Hidden Profile Situations: Dissent as a Facilitator for Decision Quality", *Journal of Personality and Social Psychology* 91, no. 6 (2006): 1080–93.

109. Veja I. Yaniv, "Group Diversity and Decision Quality: Amplification and Attenuation of the Framing Effect", *International Journal of Forecasting* (jan.-mar. 2011): 41–49.

110. M. P. Brady e S. Y. Wu, "The Aggregation of Preferences in Groups: Identity, Responsibility, and Polarization", *Journal of Economic Psychology* 31, no. 6 (2010): 950–63.

111. Z. Krizan e R. S. Baron, "Group Polarization and Choice-Dilemmas: How Important Is Self-Categorization?", *European Journal of Social Psychology* 37, no. 1 (2007): 191–201.

112. Veja R. P. McGlynn, D. McGurk, V. S. Effland, N. L. Johll e D. J. Harding, "Brainstorming and Task Performance in Groups Constrained by Evidence", *Organizational Behavior and Human Decision Processes* (jan. 2004): 75–87; e R. C. Litchfield, "Brainstorming Reconsidered: A Goal-Based View", *Academy of Management Review* 33, no. 3 (2008): 649–68.

113. N. L. Kerr e R. S. Tindale, "Group Performance and Decision-Making", *Annual Review of Psychology* 55 (2004): 623–55.

114. C. Faure, "Beyond Brainstorming: Effects of Different Group Procedures on Selection. of Ideas and Satisfaction with the Process", *Journal of Creative Behavior* 38 (2004): 13–34.

115. P. L. Perrewe, K. L. Zellars, G. R. Ferris, A. M. Rossi, C. J. Kacmar e D. A. Ralston, "Neutralizing Job Stressors: Political Skill As an Antidote to the Dysfunctional Consequences of Role Conflict", *Academy of Management Journal* (fev. 2004): 141–52.

Capítulo 10

Compreendendo as equipes de trabalho

Fonte: Shoja Lack/Alamy Stock Photo

Objetivos de aprendizagem

Depois de ler este capítulo, você será capaz de:

10.1 Analisar a popularidade constante das equipes nas organizações.

10.2 Comparar grupos e equipes.

10.3 Comparar as cinco formas de organizar equipes.

10.4 Identificar as características das equipes eficazes.

10.5 Mostrar como as organizações podem ajudar os empregados a trabalhar em equipe.

10.6 Decidir quando é preferível contar com indivíduos a contar com equipes.

MATRIZ DE HABILIDADES PARA A EMPREGABILIDADE								
	Mito ou ciência?	Objetivos profissionais	Escolha ética	Ponto e contraponto	Exercício experiencial	Dilema ético	Estudo de caso 1	Estudo de caso 2
Pensamento crítico	✓			✓	✓	✓	✓	✓
Comunicação			✓		✓			✓
Colaboração		✓	✓	✓	✓	✓	✓	✓
Análise e aplicação do conhecimento	✓			✓	✓	✓	✓	✓
Responsabilidade social		✓	✓			✓		

UMA SOLUÇÃO PARA AS DORES DO CRESCIMENTO

Em 2015, Aytekin Tank era o CEO da Jotform, uma empresa global especializada em ferramentas de criação de formulários on-line. Depois de uma década trabalhando no crescimento de sua startup, a empresa se expandia rapidamente e ia muito bem, em parte devido ao empenho de Tank em contratar talentos. No entanto, esse crescimento todo teve seu custo, apesar de seu compromisso de contratar os melhores talentos e fomentar uma cultura de trabalho propícia e inovadora. Tank viu sua empresa perdendo o ímpeto e o jovem empreendedor não conseguia entender o que estava desacelerando a empresa. À medida que a Jotform crescia, o CEO se propôs a testar maneiras de voltar a beneficiar-se das vantagens de ter uma equipe menor. "Pensei na época em que tínhamos só umas cinco pessoas. Tentei descobrir o que mudou: como é que conseguíamos avançar tão rápido quando a nossa equipe só tinha cinco pessoas, o que é que dava a sensação de que éramos uma família quando a empresa era pequena".

Tank descobriu que a solução era reestruturar a organização em equipes multifuncionais. Essa abordagem foi lançada no século XXI por Jack Welch (mostrado na foto), na época CEO da General Electric (GE), que acreditava que a divisão dos empregados por função levava a decisões piores e mais demoradas. A organização multifuncional ou "sem fronteiras" de Welch incluía fóruns que possibilitavam que empregados de diferentes funções na empresa conversassem e coordenassem o processo decisório. Welch descobriu que a GE era mais eficiente quando empregados dos departamentos de marketing, finanças, engenharia e muitos outros tinham a chance de trabalhar juntos. Já se passaram mais de vinte anos desde que Welch popularizou as equipes multifuncionais e muitas organizações descobriram que adotar tal estrutura lhes dá uma vantagem competitiva em relação às empresas mais tradicionais.

Ao dividir sua empresa em equipes multifuncionais, Tank foi capaz de recriar a estrutura eficiente e coesa da pequena empresa que a Jotform fora no passado. Nessa nova estrutura, os membros das equipes vinham de vários departamentos diferentes da organização, permitindo uma comunicação melhor entre as diferentes funções. As equipes normalmente incluíam um web designer, um programador e um analista de marketing (ou um cargo similar), todos empenhados em encontrar soluções para os problemas organizacionais. Depois de formar essas equipes, Tank providenciou um espaço para que cada uma delas pudesse se reunir e também uma verba para atividades divertidas da equipe, como almoços semanais. Além de melhorar os ânimos, o líder da Jotform acredita que as equipes multifuncionais possibilitaram que seus membros criassem vínculos entre si e confiassem uns nos outros. A ideia era fomentar a cooperação em vez da competição. Tank também fez de tudo para manter as equipes da empresa pequenas, permitindo que os empregados se responsabilizassem pelos sucessos e fracassos de suas respectivas equipes. Ao trabalhar com colegas de várias funções diferentes, os empregados podiam ver como seu trabalho beneficiava (ou prejudicava) os outros departamentos da empresa. O último ingrediente das equipes multifuncionais de Tank foi a autonomia ou, em outras palavras, a liberdade de tomar decisões que afetam outras partes da organização, resolver problemas como as equipes achassem melhor e trabalhar como quisessem.

A decisão de Tank deu à empresa a mesma vantagem competitiva que a Jotform tinha quando era menor. Depois de reestruturar a empresa, sua produtividade aumentou. Ao misturar diferentes funções nas equipes, os empregados puderam tomar decisões mais rápidas. As equipes tinham conjuntos de habilidades mais diversificados e conseguiam resolver os problemas com criatividade, aplicando perspectivas variadas de diferentes departamentos da empresa.

Apesar do sucesso da mudança, Tank admite que, no começo, ficou com medo de tentar a novidade. Mesmo assim, ele diz que, para garantir o crescimento continuado da empresa, precisou assumir o risco. "As pessoas e as empresas podem ter dificuldade de mudar", Tank explicou ao falar sobre a adoção de equipes multifuncionais. "Mas, se o seu sistema não for eficaz e você não tomar a iniciativa de mudar para melhorar, manter a mesma linha de ação pode ser desastroso."

Fontes: baseado em J. Boss, "5 Reasons Why This CEO Leverages Cross Functional Teams for Better Business Performance", *Forbes*, 13 fev. 2017, https://www.forbes.com/sites/deniserestauri/2017/07/19/how-this-woman-made-the-jump-and-beat-impostorsyndrome/#377b26a46460, acessado em 9 abr. 2017; R. Ashkenas, "Jack Welch's Approach to Breaking Down Silos Still Works", *Harvard Business Review*, 9 set. 2015, www.hbr.com/2015/09/jack-welchs-approach-to-breaking-down-silos-still-works, acessado em 9 abr. 2017; e A. Tank, "How to Scale Your Company with Small Teams", *Entrepreneur*, 9 dez. 2016, www.entrepreneur.com/article/285917, acessado em 9 abr. 2017.

Será que as equipes multifuncionais são mesmo melhores, como sugere a história de Aytekin Tank? Há muitas maneiras diferentes de criar uma boa equipe. Neste capítulo, analisaremos diferentes tipos de equipe e veremos como a composição, o contexto e os processos de uma equipe podem levá-la ao sucesso ou ao fracasso.

Por que as equipes se tornaram tão populares?

10.1 Analisar a popularidade constante das equipes nas organizações.

Por que as equipes são tão populares atualmente? Em resumo, porque achamos que elas são eficazes. "Uma equipe composta de pessoas satisfeitas e comprometidas com o projeto e com os colegas sempre terá um desempenho superior ao de um indivíduo brilhante trabalhando sozinho", escreveu Rich Karlgaard, editor da *Forbes*.[1] De certa forma, ele tem razão. Em algumas situações, as equipes são capazes de fazer proezas que uma pessoa sozinha jamais conseguiria.[2] As equipes são mais flexíveis e receptivas a mudanças do que os departamentos tradicionais ou outras formas de agrupamentos permanentes. Elas podem se estruturar, começar a trabalhar, redefinir o foco e se dissolver rapidamente. Além disso, constituem uma boa maneira de democratizar as organizações e aumentar o envolvimento dos empregados. Pesquisas indicam que nossa participação em equipes afeta positivamente a maneira como pensamos, estimulando uma mentalidade colaborativa sobre nossa tomada de decisão individual.[3]

O fato de as organizações terem adotado o modelo de equipes não significa necessariamente que elas sejam sempre eficazes. Afinal, os membros da equipe são seres humanos e podem ser levados por modismos e pelo que "todo mundo pensa", afastando-se das melhores decisões. Quais condições afetam o potencial das equipes? Como os membros da equipe trabalham em colaboração? Nós gostamos mesmo de trabalhar em equipe? De acordo com o quadro Pesquisa de Comportamento

Organizacional, talvez não. Para responder a essas perguntas, vamos começar traçando uma distinção entre grupos e equipes.

10.2 Comparar grupos e equipes.

Diferenças entre grupos e equipes

Grupos e equipes são duas coisas diferentes. No Capítulo 9, definimos um *grupo* como dois ou mais indivíduos, interdependentes e interativos, que trabalham juntos visando atingir determinado objetivo. Um grupo de trabalho é um grupo de pessoas que interage, principalmente para compartilhar informações, tomar decisões e ajudar cada membro a atuar dentro de sua área de responsabilidade.

Os grupos de trabalho não têm a necessidade nem a oportunidade de se envolver em um trabalho coletivo que requer esforço conjunto. Assim, o desempenho do grupo não passa do somatório das contribuições individuais de seus membros. Não existe uma sinergia positiva capaz de criar desempenho geral maior do que a soma das contribuições individuais. Um grupo de trabalho é uma coletânea de pessoas que fazem seu trabalho, embora com interação e/ou dependência.

Uma equipe de trabalho, por outro lado, gera sinergia positiva por meio do esforço coordenado. Os esforços individuais resultam em um desempenho maior do que a soma das contribuições individuais.

Tanto os grupos de trabalho quanto as equipes de trabalho, não raro, implicam expectativas comportamentais em relação aos membros, ações de normalização coletiva, dinâmicas ativas de grupo e algum nível de tomada de decisão (mesmo que informalmente, para decidir o escopo da atuação dos membros). Tanto os grupos quanto as equipes de trabalho podem gerar ideias, reunir recursos ou coordenar a logística, como cronogramas de trabalho; o grupo de trabalho, no entanto, se limita a coletar informações para tomadores de decisão que não pertencem ao grupo.

Considerando que podemos pensar em uma equipe de trabalho como sendo um subconjunto de um grupo de trabalho, a equipe é criada para gerar um propósito simbiótico na interação entre os membros do grupo. A distinção entre um grupo e uma equipe de trabalho deve ser mantida mesmo quando os termos são usados de maneira intercambiável em diferentes contextos. A Figura 10.1 mostra as diferenças entre eles.

grupo de trabalho
Grupo de pessoas que interage, principalmente para compartilhar informações, tomar decisões e ajudar cada membro a atuar dentro de sua área de responsabilidade.

equipe de trabalho
Grupo em que os esforços individuais resultam em um nível de desempenho maior do que a soma das contribuições individuais.

PESQUISA DE COMPORTAMENTO ORGANIZACIONAL   Vale a pena trabalhar em equipe?

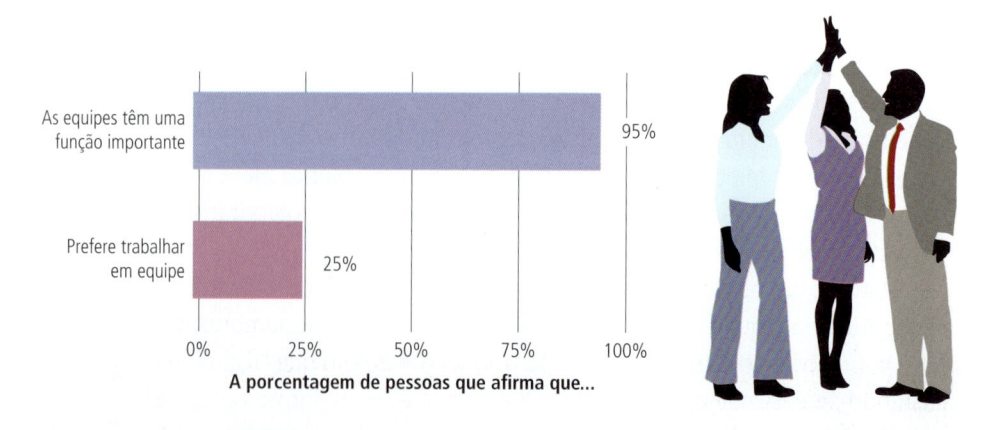

- As equipes têm uma função importante: 95%
- Prefere trabalhar em equipe: 25%

A porcentagem de pessoas que afirma que...

Fonte: baseado em "University of Phoenix Survey Reveals Nearly Seven in Ten Workers Have Been Part of Dysfunctional Teams", acessado em 9 jun. 2013, no site www.prnewswire.com.

FIGURA 10.1 Comparação entre grupos de trabalho e equipes de trabalho.

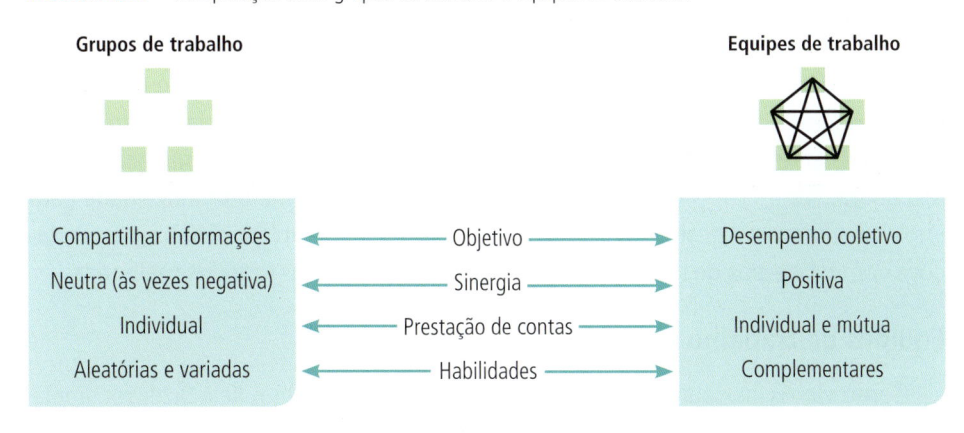

Grupos de trabalho		Equipes de trabalho
Compartilhar informações	←— Objetivo —→	Desempenho coletivo
Neutra (às vezes negativa)	←— Sinergia —→	Positiva
Individual	←— Prestação de contas —→	Individual e mútua
Aleatórias e variadas	←— Habilidades —→	Complementares

Essas definições ajudam a esclarecer por que tantas organizações recentemente reestruturaram seus processos de trabalho em torno de equipes. Os gestores buscam uma sinergia positiva a fim de possibilitar a melhora do desempenho da organização. O uso extensivo de equipes gera o *potencial* para a melhora dos resultados sem que haja a necessidade de aumentar os investimentos. Repare, contudo, que falamos em *potencial*. Não existe nenhuma mágica na criação de equipes que garanta a sinergia positiva. O simples fato de chamar um *grupo* de *equipe* não melhora automaticamente seu desempenho. Como veremos neste capítulo, as equipes eficazes possuem certas características em comum. Se a administração pretende melhorar o desempenho organizacional usando equipes, elas precisam possuir essas características.

Tipos de equipe

10.3 Comparar as cinco formas de organizar equipes.

As equipes podem produzir bens, prestar serviços, negociar acordos, coordenar projetos, oferecer aconselhamento e tomar decisões.[4] Nesta seção, começaremos descrevendo os quatro tipos mais comuns de equipes em uma organização: *equipes de resolução de problemas*, *equipes autogerenciadas*, *equipes multifuncionais* e *equipes virtuais* (veja a Figura 10.2). Em seguida, discutiremos os *sistemas de equipes múltiplas*, que utilizam uma "equipe de equipes" e estão se popularizando à medida que o trabalho fica cada vez mais complexo.

FIGURA 10.2 Os quatro tipos de equipe.

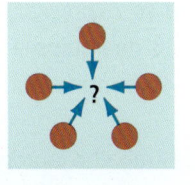

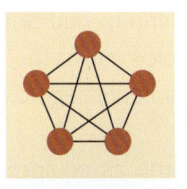

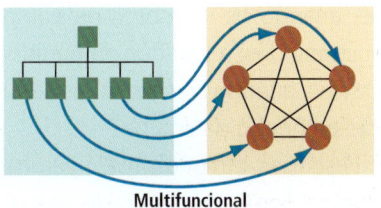

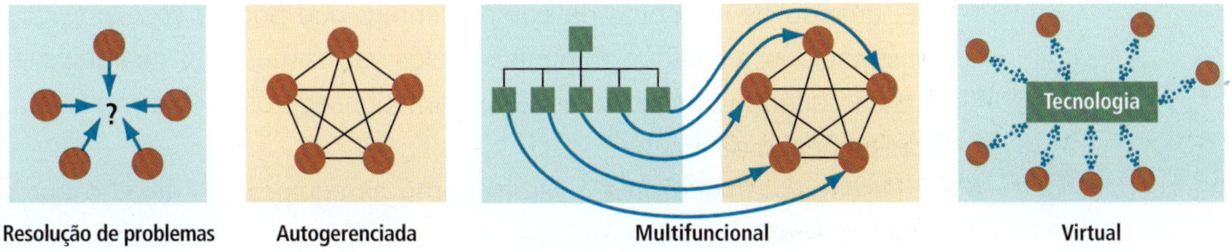

Resolução de problemas | Autogerenciada | Multifuncional | Virtual

Equipes de resolução de problemas

Equipes de controle de qualidade já são utilizadas há muitos anos. Tendo sido vistas com mais frequência em fábricas no passado, essas equipes permanentes normalmente se reuniam em um horário fixo, semanal ou diariamente, para discutir padrões de qualidade e quaisquer problemas com os produtos. A área médica também implementou recentemente equipes de qualidade para melhorar o atendimento aos pacientes. Equipes de resolução de problemas como essas raramente têm autoridade para implementar suas sugestões unilateralmente. Entretanto, combinar suas recomendações com processos de implementação pode levar a algumas grandes melhorias.

equipes de resolução de problemas
Grupos de 5 a 12 empregados do mesmo departamento que se reúnem algumas horas por semana para discutir formas de melhorar a qualidade, a eficiência e o ambiente de trabalho.

Equipes de trabalho autogerenciadas

Como vimos, as equipes de resolução de problemas limitam-se a fazer recomendações. Algumas organizações vão mais longe e criam equipes que não só podem resolver os problemas como também têm a autoridade para implementar as soluções, assumindo toda a responsabilidade pelos resultados.

As equipes de trabalho autogerenciadas são grupos de empregados (geralmente entre 10 e 15 pessoas) que realizam trabalhos muito relacionados ou interdependentes e assumem muitas das responsabilidades que antes eram atribuídas a supervisores.[5] Normalmente, essas responsabilidades incluem o planejamento e o cronograma do trabalho, a delegação de tarefas aos membros da equipe, a tomada de decisões operacionais e a implementação de ações para resolver problemas resultantes do trabalho com fornecedores e clientes. As equipes de trabalho totalmente autogerenciadas chegam a escolher os próprios integrantes, que avaliam o desempenho uns dos outros. Quando equipes como essas são criadas, posições de chefia perdem a importância, podendo ser até mesmo eliminadas.

equipes de trabalho autogerenciadas
Grupos de 10 a 15 empregados que assumem muitas das responsabilidades que antes eram atribuídas a supervisores.

Contudo, os resultados de pesquisas sobre a efetividade das equipes autogerenciadas não têm sido completamente positivos. Algumas pesquisas indicam que as equipes autogerenciadas podem ser mais ou menos eficazes dependendo do grau em que os "comportamentos de equipe" são promovidos e recompensados. Por exemplo, um estudo com 45 equipes autogerenciadas descobriu que, quando os membros da equipe perceberam que recompensas financeiras, como a remuneração, dependiam da contribuição dos colegas de equipe, o desempenho melhorou tanto para os integrantes individuais quanto para a equipe como um todo.[6]

Estudos também têm se voltado a investigar como os conflitos afetam a efetividade das equipes autogerenciadas. Algumas pesquisas sugerem que as equipes autogerenciadas não são eficazes na presença de conflitos. Quando surgem desentendimentos, os membros da equipe muitas vezes deixam de cooperar e surgem lutas de poder, que prejudicam o desempenho e a aprendizagem do grupo, porém, isso depende da estrutura dos papéis na equipe.[7] Contudo, outras pesquisas indicam que, quando os membros da equipe sentem que podem se expressar sem serem constrangidos, rejeitados ou punidos pelos outros membros da equipe — em outras palavras, quando se sentem psicologicamente seguros —, o conflito pode melhorar o desempenho da equipe.[8]

Pesquisas também investigaram como as equipes de trabalho autogerenciadas afetam o comportamento de seus membros, embora os resultados também tenham sido inconclusivos nesse caso. Ainda que as pessoas que atuam em equipe relatem maior satisfação no trabalho, estudos indicam que, às vezes, os membros da equipe apresentam mais absenteísmo e maiores taxas de rotatividade. Um amplo estudo voltado a analisar a produtividade da mão de obra em empresas britânicas descobriu que, embora o uso de equipes melhorasse a produtividade individual (e a produtividade geral) do trabalho, nenhuma evidência confirmou a alegação de que em equipes autogerenciadas havia um desempenho melhor do que em equipes tradicionais nas quais havia menos autoridade na tomada de decisão.[9] Em geral, parece que as equipes autogerenciadas só são vantajosas na presença de determinados fatores.

Equipes multifuncionais

A Starbucks montou uma equipe composta de pessoas do setor de produção, relações públicas globais, comunicações globais e marketing norte-americano para criar a marca de café solúvel Via. As sugestões da equipe resultaram em um produto de produção e distribuição rentável, que foi comercializado e promovido usando uma estratégia multifacetada e extremamente integrada.[10] Esse exemplo ilustra o conceito de equipe multifuncional, formada por empregados do mesmo nível hierárquico, mas de diferentes áreas da empresa, que se reúnem para realizar uma tarefa.

As equipes multifuncionais representam uma excelente maneira de permitir que pessoas de diversas áreas, dentro de uma organização ou até de diferentes organizações, troquem informações, desenvolvam novas ideias, resolvam problemas e coordenem projetos complexos. Seu gerenciamento, entretanto, é dificultado pela grande necessidade de coordenação. Para começar, é natural ocorrer transições de poder ao reunir pessoas de diferentes especialidades, considerando que os membros da equipe são mais ou menos do mesmo nível hierárquico, o que gera incerteza em relação à liderança. Desse modo, é preciso criar um clima de confiança antes de realizar as mudanças, a fim de evitar conflitos desnecessários.[11] Em segundo lugar, os primeiros estágios de desenvolvimento costumam levar mais tempo porque os membros da equipe precisam aprender a trabalhar diante de uma maior diversidade e complexidade. Em terceiro lugar, leva algum tempo até que sejam desenvolvidos a confiança e o espírito de equipe, especialmente entre pessoas com diferentes experiências e pontos de vista.

As organizações passaram décadas usando equipes horizontais e multifuncionais e seria difícil encontrar uma grande organização ou lançamento de produto que não tenha utilizado esse tipo de equipe. As principais fabricantes de automóveis — Toyota, Honda, Nissan, BMW, GM, Ford e Chrysler — usam esse tipo de equipe para coordenar projetos complexos e o mesmo pode ser dito de outros setores. Por exemplo, a Cisco usa equipes multifuncionais específicas para identificar e capitalizar novas tendências em diversas áreas do mercado de software. Suas equipes são o equivalente a grupos de redes sociais que colaboram em tempo real para identificar novas oportunidades de negócio no setor e implementá-las de baixo para cima.[12]

Em suma, o ponto forte das equipes multifuncionais tradicionais está na colaboração de pessoas com diversas habilidades e que atuam em diversas áreas. Os pontos de vista variados dessas pessoas levam à efetividade das equipes multifuncionais.

equipes multifuncionais
Empregados do mesmo nível hierárquico, mas de diferentes áreas da empresa, que se reúnem para cumprir uma tarefa.

Equipes virtuais

As equipes analisadas até agora realizam seu trabalho face a face. Já as equipes virtuais usam a tecnologia computacional para reunir seus membros fisicamente dispersos e atingir um objetivo em comum.[13] Eles colaboram pela internet — usando tecnologias de comunicação, como redes de longa distância, mídias sociais corporativas, videocon-

equipes virtuais
Equipes que usam a tecnologia computacional para reunir seus membros, fisicamente dispersos, e permitir que atinjam um objetivo comum.

A Harley-Davidson Motor Company usa equipes multifuncionais em todos os níveis da organização para criar novos produtos, como sua primeira motocicleta elétrica, mostrada aqui. Desde a concepção do produto até o lançamento, as equipes multifuncionais envolvem os empregados da Harley em atividades tão variadas quanto planejamento de produtos, engenharia, design, marketing, produção e compras.

ferência e e-mail —, quer estejam na sala ao lado, quer estejam em outro continente. Praticamente todas as equipes fazem parte de seu trabalho remotamente.

As equipes virtuais não podem ser gerenciadas do mesmo modo que as equipes presenciais que trabalham fisicamente em um escritório, em parte porque os membros da equipe virtual podem não interagir segundo padrões hierárquicos tradicionais. Devido à complexidade das interações, pesquisas sugerem que a liderança compartilhada de equipes virtuais pode contribuir para a melhora de seu desempenho, embora o conceito ainda esteja em desenvolvimento.[14] Para que as equipes virtuais sejam eficazes, a administração precisa garantir que (1) haja confiança entre os membros (um comentário acalorado no e-mail de um deles pode enfraquecer enormemente a confiança da equipe); (2) o progresso da equipe seja monitorado de perto (de modo que ela não perca de vista seus objetivos e que nenhum membro fique "oculto") e (3) o empenho e os resultados da equipe virtual sejam divulgados para a organização (de modo que a equipe não fique invisível).[15] Os gestores também devem escolher com cuidado os membros de uma equipe virtual, pois esse tipo de trabalho pode exigir diferentes competências.[16]

Seria um erro acreditar que é fácil substituir as equipes presenciais por equipes virtuais. Pode até ser natural achar que tais equipes constituam uma evolução das equipes presenciais devido ao seu alcance geográfico e ao imediatismo da comunicação on-line, mas os gestores devem certificar-se de que a equipe virtual seja a melhor opção para atingir o resultado desejado e também devem assumir um papel ativo de supervisão no decorrer de toda a colaboração.

Sistemas de equipes múltiplas

Os tipos que descrevemos até agora costumam ser compostos de equipes menores e autônomas, embora suas atividades estejam relacionadas aos objetivos mais amplos da organização. As equipes costumam crescer à medida que as tarefas ficam mais complexas. Esse aumento do tamanho da equipe leva a maiores demandas de coordenação até chegar um ponto em que incluir outro membro na equipe mais atrapalha do que ajuda. Para resolver esse problema, as organizações usam sistemas de equipes múltiplas, con-

sistemas de equipes múltiplas
Conjuntos compostos de duas ou mais equipes interdependentes que têm em comum uma meta mais ampla; uma equipe de equipes.

juntos compostos de duas ou mais equipes interdependentes que têm em comum uma meta mais ampla. Em outras palavras, um sistema de equipes múltiplas é uma "equipe de equipes".[17]

Para ter uma ideia de como funciona um sistema de equipes múltiplas, imagine a coordenação necessária depois de um grande acidente de carro. Uma equipe de emergência médica chega primeiro e leva os feridos ao hospital. A equipe do pronto-socorro assume, prestando atendimento médico, seguida de uma equipe de recuperação. Embora a equipe de emergência, a equipe do pronto-socorro e a equipe de recuperação sejam tecnicamente independentes, suas atividades são interdependentes, de modo que o sucesso de uma equipe depende do sucesso das demais. Isso acontece porque todas as equipes têm em comum o objetivo mais amplo de salvar vidas.

Alguns fatores que levam à efetividade das equipes menores e mais tradicionais não se aplicam necessariamente aos sistemas de equipes múltiplas e podem até prejudicar seu desempenho. Um estudo mostrou que os sistemas de equipes múltiplas eram mais eficazes quando contavam com "coordenadores de fronteiras", encarregados de coordenar as ações com os membros de outras subequipes. Essa medida reduziu a necessidade de comunicação entre os membros da equipe, reduzindo, por sua vez, as demandas de coordenação.[18] A liderança dos sistemas de equipes múltiplas também é muito diferente daquela das equipes autônomas. Enquanto a liderança geral das equipes afeta o desempenho de cada uma delas, um líder de equipes múltiplas deve facilitar a coordenação entre as equipes e de cada uma delas separadamente. Uma pesquisa sugeriu que as equipes que receberam mais atenção e envolvimento dos líderes da organização sentiram-se mais empoderadas, o que as levou a tentar resolver os próprios problemas, aumentando sua efetividade.[19] Sistemas de equipes múltiplas podem ter um desempenho melhor se o planejamento for descentralizado, mas também podem ter mais problemas de coordenação.[20]

Escolha ética

O tamanho da "pegada" de carbono daquela sua reunião

Apesar de estarem em países ou até em continentes diferentes, muitas equipes atuando em locais geograficamente dispersos se comunicam sem encontros presenciais regulares, e seus membros podem chegar a nunca se conhecer pessoalmente. Muito se discutiu sobre as vantagens e desvantagens da comunicação presencial e da comunicação eletrônica, mas as equipes virtuais podem contar com um forte argumento ético. Usar equipes virtuais e evitar encontros presenciais podem ser medidas que confirmam as iniciativas de responsabilidade social corporativa (CSR) da organização. Muita gente viaja a negócios usando meios de transporte aéreo, ferroviário e rodoviário, o que contribui para as emissões globais de dióxido de carbono. As equipes que se reúnem virtualmente e não presencialmente reduzem muito sua pegada de carbono. Em um mundo globalmente conectado, como você pode minimizar o impacto ambiental de sua organização resultante de viagens a negócios? Veja algumas dicas para começar a pensar em maneiras de usar as equipes virtuais para ajudar sua empresa a ser mais sustentável:

1. Encoraje todos os membros da equipe a ponderar se uma reunião presencial é realmente necessária. Tente usar métodos de comunicação alternativos sempre que possível.

2. Comunique-se o máximo que puder usando meios de comunicação virtuais. Isso inclui e-mails, telefonemas e videoconferência.

3. Se não for possível evitar reuniões presenciais, escolha os meios de transporte mais ambientalmente responsáveis. Também verifique se o hotel é ambientalmente responsável antes de reservar a hospedagem.

4. Se a economia em termos de pegada de carbono não motivar a redução das viagens por parte da equipe, pense na economia financeira. De acordo com um levantamento, as empresas gastam cerca de 8% a 12% de todo seu orçamento em viagens. A comunicação eletrônica pode levar a dois benefícios: (1) é mais barata e (2) faz bem para o planeta.

Fontes: baseado em P. Tilstone, "Cut Carbon... and Bills", *Director,* maio 2009, 54; L. C. Latimer, "6 Strategies for Sustainable Business Travel", *Greenbiz,* 11 fev. 2011, www.greenbiz.com; e F. Gebhart, "Travel Takes a Big Bite out of Corporate Expenses", *Travel Market Report,* 30 maio 2013, acessado em 9 jun. 2013, no site www.travelmarketreport.com.

Em geral, um sistema de equipes múltiplas é a melhor opção quando uma equipe fica grande demais para ser eficaz ou quando equipes com funções distintas demandam alto grau de coordenação.

10.4 Identificar as características das equipes eficazes.

Criando equipes eficazes

As equipes, muitas vezes, são criadas deliberadamente, mas, em algumas situações, evoluem naturalmente. Um exemplo de evolução natural são as equipes do tipo "colmeia" que se desenvolveram nos últimos cinco anos. Os freelancers são trabalhadores autônomos altamente especializados em sua área de atuação e que podem fornecer expertise para as organizações sob contratos de curto prazo. O problema é que nem sempre os freelancers conseguem se apresentar com eficácia para as organizações e as organizações nem sempre conseguem encontrar freelancers que atendam às suas necessidades. Para resolver essa dificuldade, os freelancers formam equipes com outros freelancers de especialidades complementares para apresentar uma unidade de trabalho coesa — uma colmeia — aos clientes. Essa abordagem baseada em equipe tem se mostrado bastante eficaz.[21]

Muitos pesquisadores estão tentando identificar os fatores associados à eficácia das equipes. Para ajudar nessa tarefa, alguns estudos condensaram o que antes era uma verdadeira "lista de ingredientes de bolo" em um modelo relativamente focado.[22] A Figura 10.3 resume o que sabemos até o momento sobre os fatores que levam à eficácia das equipes. Como você pode perceber, isso se fundamenta em diversos conceitos sobre os grupos que apresentamos no Capítulo 9.

Ao cogitar o modelo de eficácia da equipe, mantenha em mente duas questões. Para começar, tanto a forma quanto a estrutura das equipes sofrem variações. O modelo tenta generalizar recomendações a todas as variedades de equipes, mas é importante evitar aplicá-las a rigor.[23] Use o modelo apenas como referência. Em segundo lugar, o modelo pressupõe que o trabalho em equipe é preferível ao trabalho individual. Criar equipes "eficazes" quando as pessoas têm como fazer melhor o trabalho individualmente é como resolver perfeitamente o problema errado. Em terceiro lugar, vamos analisar o que "*eficácia da equipe*" significa nesse modelo. Normalmente, a eficácia da equipe inclui medidas objetivas de produtividade, avaliações dos gestores sobre o desempenho da equipe e medidas agregadas de satisfação de seus membros.

Podemos organizar os principais componentes das equipes eficazes em três categorias gerais. A primeira categoria é composta pelos recursos e outras influências *contextuais* que ajudam as equipes a serem eficazes. A segunda categoria diz respeito à *composição* da equipe. E, por fim, variáveis relativas ao *processo* são eventos que ocorrem na equipe e afetam sua eficácia. Vamos analisar cada um desses componentes a seguir.

Contexto: quais fatores determinam o sucesso das equipes?

Os quatro fatores contextuais mais associados ao desempenho da equipe são: recursos adequados, liderança eficaz, clima de confiança e sistema de avaliação de desempenho e de recompensas capaz de refletir as contribuições da equipe.

Recursos adequados As equipes fazem parte de um sistema organizacional maior. Dessa forma, todas as equipes de trabalho dependem de recursos externos para sua sustentação. A escassez de recursos reduz diretamente a capacidade que a equipe

FIGURA 10.3 Modelo de eficácia da equipe.

Contexto
- Recursos adequados
- Liderança e estrutura
- Clima de confiança
- Sistemas de avaliação de desempenho e de recompensas

Composição
- Capacidades dos membros
- Personalidade
- Alocação de papéis
- Diversidade
- Diferenças culturais
- Tamanho da equipe
- Preferências dos membros

Processo
- Propósito em comum
- Objetivos específicos
- Efetividade da equipe
- Identidade da equipe
- Coesão da equipe
- Modelos mentais
- Níveis de conflito
- Folga social

→ **Eficácia da equipe**

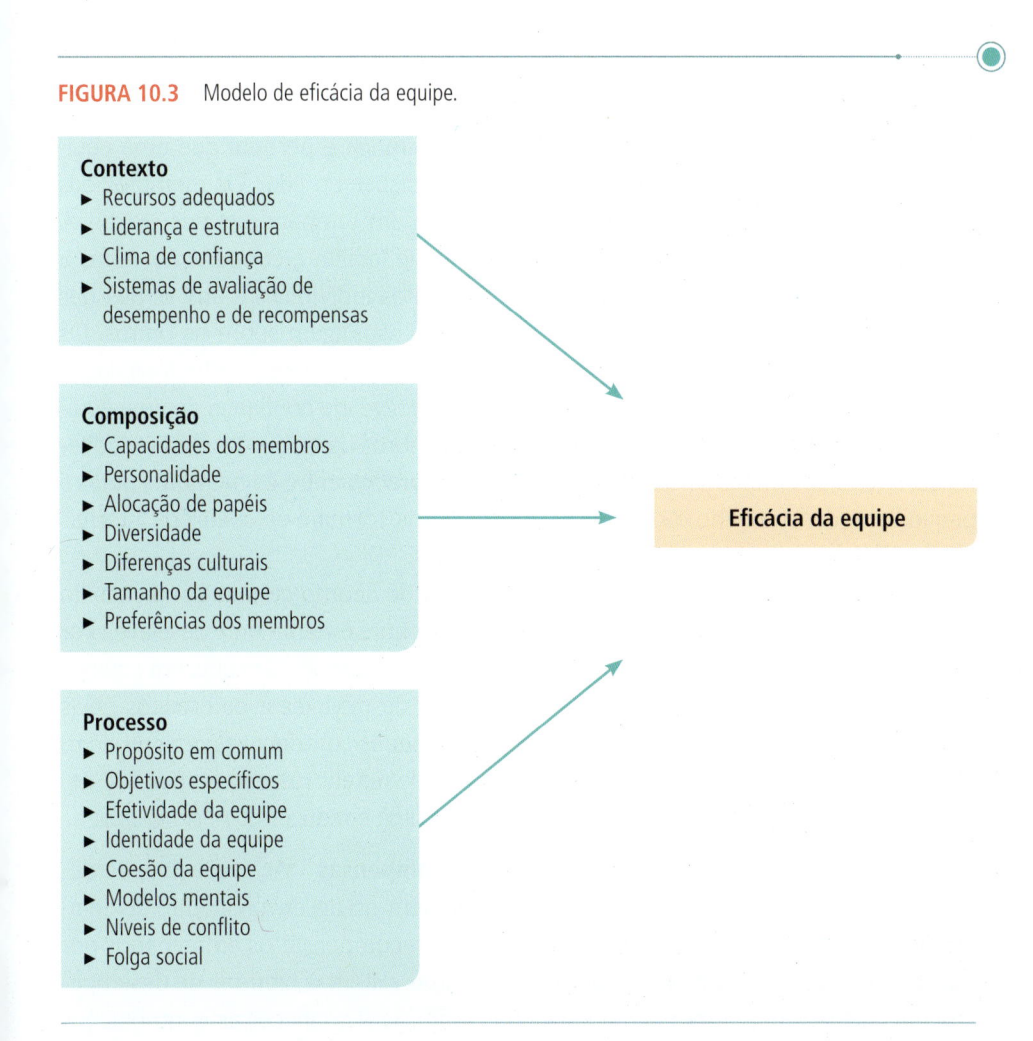

tem de desempenhar seu trabalho com eficácia e de atingir seus objetivos. Como concluiu um estudo que analisou 13 fatores potencialmente relacionados ao desempenho dos grupos, "talvez uma das características mais importantes de um grupo de trabalho eficaz seja o apoio que ele recebe da organização".[24] Isso inclui recursos como disponibilização de informações em tempo hábil, tecnologia apropriada, pessoal adequado, incentivo e apoio administrativo. Equipes compostas de pessoas de raças diversas têm menos chances de receber os recursos necessários para garantir o bom desempenho da equipe.[25]

Liderança e estrutura As equipes não têm como funcionar se seus membros não entrarem em um acordo sobre quem faz o que e se não assegurarem que todos contribuam igualmente. O acordo em relação às especificidades do trabalho e a maneira como as equipes devem ser organizadas para promover a integração das habilidades individuais requer liderança e estrutura para a equipe, seja por parte dos gestores ou dos próprios membros da equipe. Nas equipes autogerenciadas, as pessoas assumem muitas das funções que geralmente ficam a cargo dos supervisores. Assim, a função do gestor consiste em administrar as relações da equipe com pessoas de *fora* dela (e não o trabalho realizado internamente pelos membros). A personalidade, o engajamento e o estilo de liderança do gestor afetam a eficácia da equipe.[26]

Como vimos, a liderança é especialmente importante em sistemas de equipes múltiplas. Nesse caso, os líderes precisam outorgar poderes a suas equipes por meio da delegação de responsabilidade e fazer o papel de facilitadores, assegurando que as equipes trabalharão em conjunto, e não em um ambiente conflituoso.[27]

Clima de confiança A confiança é a base da liderança e permite que uma equipe aceite e se comprometa com as metas e as decisões do líder. Os membros das equipes eficazes confiam em seus líderes[28] e confiam também uns nos outros. A confiança interpessoal entre os membros da equipe facilita a cooperação, reduz a necessidade de monitoramento dos comportamentos individuais e une as pessoas em torno da crença de que ninguém tentará levar vantagem sobre os outros. Os membros da equipe são mais dispostos a assumir riscos e expor vulnerabilidades quando acreditam que podem confiar nos outros. O nível de confiança de uma equipe é importante, mas sua distribuição entre os membros da equipe também faz diferença. Níveis de confiança assimétricos e desequilibrados entre os membros podem prejudicar o desempenho da equipe — nesses casos, formam-se coalizões internas que tendem a prejudicar a equipe como um todo.[29]

A confiança é uma percepção que pode mudar de acordo com as condições do ambiente da equipe. Além disso, a confiança nem sempre é claramente desejável. Por exemplo, pesquisas recentes conduzidas em Singapura descobriram que, em equipes de alta confiança, as pessoas têm menos chances de reivindicar os créditos pelas ideias, e as pessoas que o fazem são consideradas menos contributivas *pelos membros da equipe*.[30] Essa "punição" por parte da equipe pode refletir ressentimentos que geram relacionamentos negativos, aumentam os conflitos e reduzem o desempenho.

Sistemas de avaliação de desempenho e de recompensas As avaliações de desempenho e os incentivos individuais podem interferir no desenvolvimento de equipes de alto desempenho. Assim, além de avaliar e recompensar os empregados por suas contribuições individuais, a gestão deve utilizar sistemas híbridos de desempenho que incluam um componente individual, a fim de reconhecer as contribuições individuais, e uma recompensa de grupo para reconhecer os resultados da equipe.[31] Avaliações baseadas em grupo, participação nos lucros, incentivos para pequenos grupos e outras modificações no sistema podem aumentar o empenho e o comprometimento da equipe.

Composição da equipe

Maria Contreras-Sweet, que atuou como diretora da U.S. Small Business Administration (Administração de Pequenos Negócios dos Estados Unidos), disse: "Quando monto uma equipe, procuro pessoas engenhosas e inventivas. Preciso de pessoas flexíveis e preciso de pessoas discretas… A discrição também é um sinal de integridade".[32] São boas qualidades, mas não devemos nos limitar a elas na hora de selecionar os membros de nossas equipes. A composição da equipe inclui variáveis relacionadas com a forma como as equipes devem ser contratadas: as habilidades e personalidade de seus membros, a alocação de papéis, a diversidade, as diferenças culturais, o tamanho da equipe e as preferências dos membros pelo trabalho em equipe. Como seria de se esperar, nem todo mundo concorda sobre o tipo de pessoa que os líderes querem em suas equipes e algumas evidências sugerem que a composição pode ser mais ou menos importante em diferentes estágios do desenvolvimento da equipe.

Capacidade dos membros É verdade que, de tempos em tempos, lemos sobre times esportivos compostos de atletas medíocres, mas que, graças a um técnico espetacular, à determinação do grupo e à precisão do trabalho em equipe, conseguem derrotar um time muito mais talentoso. Mas esses casos "viram notícia" justamente por serem incomuns. O desempenho de uma equipe depende, em parte, do conhecimento, das habilidades e da capacidade de seus membros individuais.[33] As habilidades definem o que os membros são capazes de fazer e a eficácia de sua atuação na equipe.

Pesquisas têm ajudado a esclarecer aspectos da composição e do desempenho da equipe. Para começar, ao resolver um problema complexo, como alterar a engenharia de uma linha de montagem, as equipes de alta capacidade — compostas principalmente de pessoas consideradas "inteligentes" — têm um desempenho melhor que as equipes de baixa capacidade. As equipes de alta capacidade também são mais adaptáveis às mudanças; elas são capazes de aplicar melhor o conhecimento que já têm aos novos problemas.

Por fim, a capacidade do líder da equipe faz grande diferença. Os líderes vistos como inteligentes ajudam os membros da equipe que apresentam uma capacidade menor quando estes têm dificuldade de realizar alguma tarefa. Um líder menos inteligente pode, por sua vez, neutralizar os efeitos de uma equipe de alta capacidade.[34]

Personalidade dos membros da equipe Como vimos no Capítulo 5, a personalidade exerce influência considerável sobre o comportamento individual dos empregados. Algumas dimensões identificadas no Modelo de Personalidade Big Five mostram-se mais relevantes para determinar a eficácia da equipe.[35] A conscienciosidade é especialmente importante. As pessoas conscienciosas são boas em ajudar os outros membros da equipe e também em saber quando sua ajuda é necessária. As equipes conscienciosas também têm outras vantagens — um estudo descobriu que tendências comportamentais como ser organizado, ter orientação à realização e ser persistente eram relacionadas a níveis mais altos de desempenho da equipe.[36]

A escolha da composição da equipe pode basear-se nas personalidades individuais. Vamos supor que uma organização necessite montar 20 equipes de 4 pessoas cada e tenha 40 pessoas altamente conscienciosas e 40 pessoas com baixo grau de conscienciosidade. A organização se beneficiaria mais se (1) formasse 10 equipes

Fonte: Arnd Wiegmann/Reuters

Membros de uma equipe de pesquisa do laboratório de inovação do banco suíço UBS testam tecnologias digitais, de realidade virtual e outras novas tecnologias para atrair uma nova geração de investidores e ajudar os clientes a visualizar complexos portfólios de investimento. Os membros da equipe possuem o conhecimento técnico especializado e as habilidades necessárias para atuar como uma equipe de alta capacidade.

Mito ou ciência?

Os membros da equipe que estão "em uma maré de sorte" devem fazer a jogada

Antes de revelarmos se essa afirmação é verdadeira ou falsa, vale perguntar: "Será que as pessoas realmente podem entrar em uma 'maré de sorte'?". Nas equipes, especialmente em times esportivos, costumamos ouvir falar de jogadores que estão em uma maré de sorte. O jogador de basquete LeBron James faz cinco cestas em seguida, o golfista Rory McIlroy dá três tacadas espetaculares consecutivas para sua equipe e a tenista Serena Williams marca quatro aces seguidos durante uma partida de duplas com sua irmã, Venus. A maioria das pessoas (cerca de 90%) acredita que LeBron, Rory e Serena jogam bem porque estão em uma onda de sorte, com um desempenho acima da média.

Embora as pessoas acreditem na onda de sorte, as pontuações revelam a verdadeira história. Cerca de metade dos estudos relevantes mostra que a maré de sorte é possível, enquanto a outra metade mostra que não é. Mas a percepção pode afetar a realidade e talvez seja mais importante saber se a crença na onda de sorte afeta as estratégias das equipes. Um estudo com jogadores de vôlei mostrou que técnicos e jogadores passam mais lances aos jogadores que eles acreditam estar em uma onda de sorte. Será que essa pode ser considerada uma boa estratégia? Se o desempenho do jogador que está em uma maré de sorte for, na verdade, inferior ao dos colegas do time, alocar mais lances a esse jogador vai prejudicar a equipe, porque os jogadores melhores não terão chances suficientes de mostrar seu desempenho.

Considerando as pesquisas realizadas até o momento, a afirmação do título deste quadro parece ser falsa.

Fontes: baseado em M. Raab, B. Gula e G. Gigerenzer, "The Hot Hand Exists in Volleyball and Is Used for Allocation Decisions", *Journal of Experimental Psychology: Applied* 18, no. 1 (2012): 81–94; T Gilovich, R. Vallone e A. Tversky, "The Hot Hand in Basketball: On the Misperception of Random Sequences", *Cognitive Psychology* 17 (1985): 295–314; e M. Bar-Eli, S. Avugos e M. Raab, "Twenty Years of 'Hot Hand' Research: The Hot Hand Phenomenon: Review and Critique", *Psychology, Sport, and Exercise* 7 (2006): 525–53.

---

com as pessoas altamente conscienciosas e 10 com as pessoas menos conscienciosas ou (2) se colocasse em cada equipe duas pessoas com alto grau de conscienciosidade e duas pessoas com baixo grau de conscienciosidade? Você pode se surpreender, mas evidências sugerem que a opção (1) é a melhor. O desempenho das equipes será melhor se a organização formar 10 equipes conscienciosas e 10 menos conscienciosas. Isso acontece porque uma equipe com graus diferentes de conscienciosidade não permite que seus membros altamente conscienciosos atinjam o desempenho máximo. Pelo contrário, uma dinâmica de normalização do grupo (ou apenas o ressentimento que se desenvolve com o tempo) complicará as interações e forçará os membros altamente conscienciosos a reduzirem suas expectativas, derrubando, assim, o desempenho do grupo.[37]

E o que dizer das outras características? Equipes com alto grau de abertura a novas experiências tendem a apresentar desempenho melhor, e pesquisas indicam que conflitos construtivos relativos a tarefas *reforçam* esse efeito. Os membros de uma equipe com maior abertura para novas experiências se comunicam melhor uns com os outros e propõem mais ideias, o que aumenta a criatividade e inovação da equipe.[38] Os conflitos relativos a tarefas também melhoram o desempenho de equipes com alto grau de estabilidade emocional.[39] Não é que o conflito em si melhore o desempenho dessas equipes, mas sim que as equipes caracterizadas pela abertura a novas experiências e pela estabilidade emocional lidam melhor com os conflitos e sabem como alavancá-los para melhorar o desempenho. Um mínimo de agradabilidade dos membros da equipe também faz uma boa diferença. As equipes apresentam desempenho reduzido quando têm um ou mais membros extremamente desagradáveis e graus muito variados de agradabilidade individual entre os membros da equipe podem reduzir a produtividade. As pesquisas ainda não revelaram com clareza os resultados da extroversão, mas um estudo recente indicou que alto grau de extroversão média em uma equipe pode incentivar os membros a ajudarem uns aos outros, particularmente se o clima da equipe for de cooperação.[40] Desse modo, os traços de personalidade dos membros da equipe são tão importantes para ela quanto as características gerais de personalidade da equipe.

Alocação de papéis As equipes têm necessidades diferentes e seus membros devem ser selecionados para assegurar que todos os papéis sejam preenchidos. Um estudo com 778 dos principais times de beisebol norte-americanos durante um período de 21 anos destaca a importância de alocar adequadamente os papéis.[41] Como esperado, os times cujos membros eram mais experientes e habilidosos apresentaram desempenho melhor. No entanto, a experiência e as habilidades dos membros que desempenhavam os principais papéis e recebiam o maior fluxo de trabalho do time, além de serem centrais para os processos de trabalho (no caso, os lançadores e apanhadores), foram particularmente importantes. Em outras palavras, coloque seus trabalhadores mais capazes, experientes e conscienciosos nos papéis centrais de uma equipe.

Podemos identificar nove papéis potenciais em uma equipe (veja a Figura 10.4). As equipes de sucesso selecionam pessoas para desempenhar todos esses papéis de acordo com suas habilidades e preferências.[42] (Em muitas equipes, as pessoas desempenharão mais de um papel.) Para aumentar a probabilidade de os membros da equipe trabalharem bem juntos, os gestores precisam conhecer os pontos fortes que cada pessoa pode trazer para a equipe, selecionando-as de acordo com essas forças e alocando atribuições condizentes com as preferências de cada um.

Diversidade dos membros da equipe No Capítulo 9, falamos sobre os efeitos da diversidade nos grupos. Como a diversidade nas equipes afeta seu desempenho? A demografia organizacional estuda o grau em que os membros de uma unidade de trabalho (um grupo, equipe ou departamento) compartilham um atributo demográfico como idade, sexo, raça, grau de escolaridade ou tempo de serviço na organização. A demografia organizacional sugere que atributos como idade ou tempo de casa podem ser fatores preditivos da rotatividade. A lógica é a seguinte: a rotatividade será maior entre pessoas com experiências diferentes porque a comunicação é mais difícil e, dessa forma, as chances de conflito entre elas são maiores. O conflito crescente faz com que a associação ao grupo seja menos atraente, portanto, torna-se mais provável que um empregado deixe seu cargo. Da mesma forma, os perdedores de um conflito são os mais propensos a abandonar o grupo voluntariamente a serem forçados a sair.[43] A conclusão é que a diversidade afeta negativamente o desempenho da equipe.

Tendemos a manter a visão otimista de que a diversidade deve ser uma coisa boa, já que as equipes diversificadas podem se beneficiar de diferentes perspectivas. Contudo, duas revisões de estudos mostram que a diversidade demográfica, basicamente, não tem qualquer relação com o desempenho de uma equipe, enquanto uma terceira revisão de estudos sugere que a diversidade racial e de gênero é, na verdade, associada de forma negativa ao desempenho da equipe.[44] Outras pesquisas tiveram resultados inconclusivos. Um dos argumentos é que a diversidade étnica e de gênero têm mais efeitos negativos em profissões dominadas por empregados brancos ou do sexo masculino. Porém, em profissões mais demograficamente equilibradas ou quando as atitudes em relação à diversidade são mais positivas, a diversidade não chega a ser um problema. Por sua vez, a diversidade em termos de funções, escolaridade e experiência é positivamente relacionada com o desempenho da equipe, mas os efeitos são pequenos e dependem da situação. A diversidade também pode ter efeito negativo se o grau de confiança entre os membros da equipe já estiver baixo.

demografia organizacional
Grau em que os membros de uma unidade de trabalho compartilham um atributo demográfico comum, tais como idade, sexo, raça, nível educacional ou tempo de serviço em uma organização, além do impacto desses atributos na rotatividade.

FIGURA 10.4 Principais papéis na equipe.

Papéis na equipe (Equipe no centro):
- **Articulador** — Coordena e integra
- **Criador** — Lança ideias criativas
- **Promotor** — Defende as ideias depois de serem lançadas
- **Assessor** — Oferece análises criteriosas das opções
- **Organizador** — Fornece a estrutura
- **Produtor** — Fornece direcionamento e acompanhamento
- **Controlador** — Analisa os detalhes e faz com que regras sejam cumpridas
- **Mantenedor** — Defende o grupo externamente
- **Conselheiro** — Estimula a busca de informações adicionais

Uma boa liderança também pode melhorar o desempenho de equipes diversificadas.⁴⁵ Por exemplo, um estudo de 68 equipes da China descobriu que equipes diversificadas em termos de conhecimentos, habilidades e maneiras de abordar os problemas eram mais criativas, mas somente quando seus líderes eram transformacionais (veja a definição no Capítulo 12) e inspiradores.⁴⁶

Diferenças culturais Discutimos pesquisas sobre a diversidade das equipes em relação a várias diferenças. Mas e as diferenças culturais? Evidências indicam que a diversidade cultural afeta os processos da equipe, pelo menos em curto prazo,⁴⁷ mas vamos nos aprofundar um pouco mais: o que dizer sobre as diferenças em termos de status cultural? Embora seja discutível, pessoas com status cultural mais elevado constituem, de forma geral, a maioria do grupo dominante de seus respectivos países. Pesquisadores do Reino Unido descobriram que as diferenças de status cultural afetavam o desempenho da equipe e que os membros de equipes compostas de mais pessoas com alto status cultural do que de baixo status apresentaram desempenho melhor... *todos* os membros da equipe tiveram melhor desempenho.⁴⁸ Isso não quer dizer que equipes diversificadas deveriam ser compostas exclusivamente de pessoas que apresentam elevado status cultural em seus países, mas que devemos nos conscientizar da maneira como as pessoas se identificam com seu status cultural, mesmo em grupos diversificados.

Em geral, a diversidade cultural parece ajudar em tarefas que exigem uma variedade de pontos de vista. Mas as equipes culturalmente heterogêneas têm mais dificuldade de aprender a trabalhar umas com as outras e de resolver problemas. A vantagem é que essas dificuldades parecem diminuir com o tempo.

Tamanho das equipes A maioria dos especialistas concorda que é importantíssimo, para melhorar a eficácia do grupo, não permitir que as equipes cresçam muito.[49] Jeff Bezos, CEO da Amazon, usa a regra das "duas pizzas", explicando: "Se a equipe precisar pedir mais de duas pizzas, isso é um sinal de que está grande demais".[50] O psicólogo George Miller declarou que "o número mágico [é] sete, com dois a mais ou dois a menos" para o tamanho ideal da equipe.[51] Segundo Rich Karlgaard, escritor e editor da *Forbes*: "As equipes maiores quase nunca têm mais chance de sucesso" porque o número de conexões potenciais entre as pessoas aumenta exponencialmente à medida que a equipe cresce, complicando as comunicações.[52]

Objetivos profissionais

Prefiro ter só homens em minha equipe... algum problema com isso?

Por favor, não pensem que digo isso por ser machista. As mulheres são excelentes colegas e gestoras tão eficazes quanto os homens, mas eu prefiro ter homens em minha equipe. Acho mais tranquilo trabalhar com homens e acho que eles também preferem, porque a gente se entende naturalmente e podemos conversar sem precisar ficar nos policiando. Todas as equipes compostas só de homens nas quais trabalhei sempre foram muito produtivas.

— Jorge

Caro Jorge,
Tendo em vista tudo o que se fala sobre a diversidade de gênero nas empresas, apreciamos sua sinceridade. Saiba que sua preferência não é incomum. Pesquisadores que analisaram 8 anos de levantamentos com empregados de uma grande organização dos Estados Unidos descobriram que as pessoas eram mais felizes trabalhando em equipes compostas principalmente de colegas de seu próprio gênero, ao passo que pessoas que trabalhavam em equipes diversificadas relataram menos felicidade, confiança e cooperação. A pesquisadora Sara Fisher Ellison observou: "Ficamos mais à vontade com pessoas parecidas conosco". Em certos aspectos, a preferência por nosso próprio gênero nas equipes é uma verdade que pouca gente tem coragem de admitir. Afinal, sem ações de proteção à diversidade de gênero no trabalho, a maioria das vagas ainda estaria fechada a mulheres em culturas masculinas como Japão, Áustria e Venezuela (veja os valores culturais de Hofstede no Capítulo 5). Por sorte, o sistema de valores em muitos países mudou e o potencial da diversidade das equipes para elevar o moral, reforçar a confiança e aumentar a satisfação tem sido cada vez mais reconhecido. Note que estamos falando de valores, e não da realidade relatada no parágrafo anterior. Ellison concluiu que há um "descompasso entre o tipo de local de trabalho em que as pessoas acham que gostariam de trabalhar e o local de trabalho que, de fato, as deixaria mais felizes".

Mas não pense que essa informação lhe dá carta branca para excluir as mulheres de sua equipe. Além da felicidade, o estudo descobriu que equipes diversificadas levaram a um aumento considerável das receitas, da produtividade e do desempenho. Outra pesquisa, conduzida na Espanha, indicou que as equipes com diversidade de gênero são mais capazes de chegar a novas soluções e a inovações radicais. Ainda outra pesquisa sugeriu que as equipes diversificadas em termos de gênero apresentam mais vendas e lucros que as equipes dominadas por homens. No entanto, também é muito importante levar em consideração o contexto. Uma metanálise descobriu que a igualdade de gênero e o coletivismo foram condições importantes para o desempenho de tarefas em equipes diversificadas. Um estudo dinamarquês indicou que equipes diversificadas da alta gestão só apresentaram desempenho financeiro melhor quando a estrutura encorajava o trabalho de equipes multifuncionais. Um estudo conduzido na Coreia do Sul indicou que as normas cooperativas do grupo podem reduzir os efeitos negativos da diversidade de gênero.

As implicações disso tudo para você é que, embora prefira trabalhar com homens, isso pode não ser bom para os negócios. Seria melhor dedicar sua energia a criar um clima de igualdade e escolher seus colegas de equipe com base em como eles podem contribuir para ela.

Fontes: baseado em C. Diaz-Garcia, A. Gonzalez-Moreno e F. Jose Saez-Martinez, "Gender Diversity within R&D Teams: Its Impact on Radicalness of Innovation", *Innovation Management Policy & Practice* 15, no. 2 (2013): 149–60; S. Hoogedoorn, H. Oosterbeek e M. van Praag, "The Impact of Gender Diversity on the Performance of Business Teams: Evidence from a Field Experiment", *Management Science* 59, no. 7 (2013): 1514–28; N. Opstrup e A. R. Villadsen, "The Right Mix? Gender Diversity in Top Management Teams and Financial Performance", *Public Administration Review* (2015): 291–301; M. Schneid, R. Isidor, C. Li, et al., "The Influence of Cultural Context on the Relationship between Gender Diversity and Team Performance: A Meta-Analysis", *International Journal of Human Resource Management* 26, no. 6 (2015): 733–56; J. Y. Seong e D.-S. Hong, "Gender Diversity: How Can We Facilitate Its Positive Effects on Teams?", *Social Behavior and Personality* 41, no. 3 (2013): 497–508; e R. E. Silverman, "Do Men and Women Like Working Together?", *The Wall Street Journal*, 16 dez. 2014, D2.

As opiniões apresentadas aqui são única e exclusivamente dos autores, os quais não se responsabilizam por quaisquer erros ou omissões nem pelos resultados obtidos com a utilização dessas informações. Em circunstância alguma, os autores, seus parceiros ou suas organizações serão responsáveis por qualquer decisão ou ação de sua parte ou da parte de qualquer pessoa com base nas opiniões apresentadas aqui.

Fonte: KYDPL KYODO/AP Images

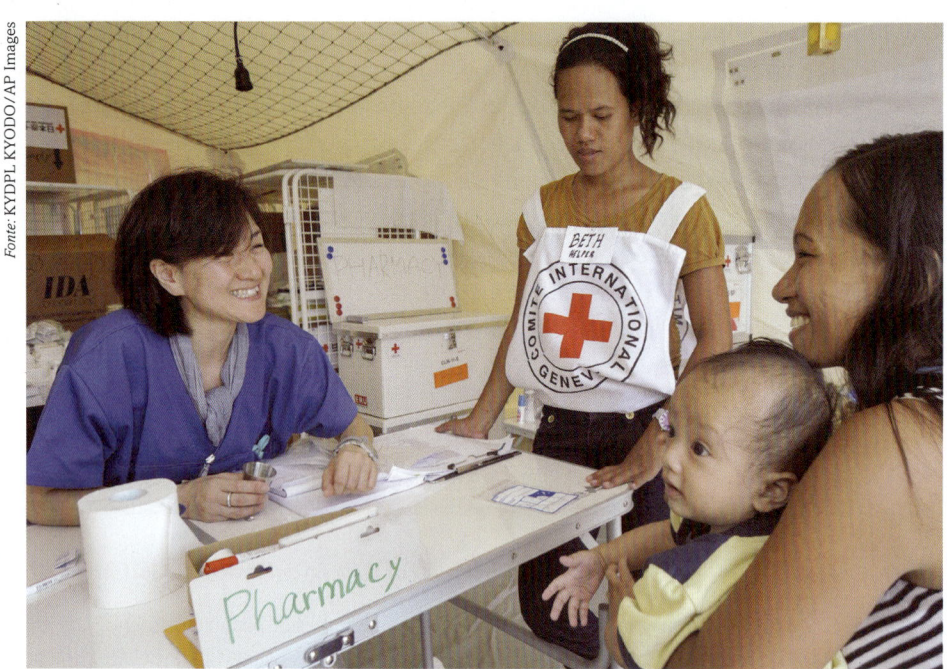

Uma enfermeira japonesa (à esquerda) serviu em uma equipe médica de sete pessoas formada pelo Comitê Internacional da Cruz Vermelha e foi enviada com sua equipe às Filipinas quando um tufão atingiu a Ilha de Mindanau. A pequena equipe de profissionais da área de saúde foi capaz de agir com rapidez e eficácia, prestando atendimento médico de emergência aos pacientes.

De modo geral, as equipes mais eficazes são compostas de cinco a nove membros. Os especialistas sugerem usar o menor número possível de pessoas para a realização de uma tarefa. O problema é que os gestores muitas vezes pecam pelo excesso e montam equipes grandes demais. Pode ser que apenas quatro ou cinco pessoas sejam suficientes para garantir a diversidade de habilidades e pontos de vista e que os problemas de coordenação da equipe aumentem à medida que ela cresce. Quando a equipe tem pessoas demais, seus membros têm dificuldades de desenvolver coesão e comprometimento, e há um aumento da folga social, além do fato de que um número maior de pessoas complica a comunicação. Os membros de equipes grandes têm dificuldade de alinhar-se uns com os outros, principalmente quando precisam cumprir um prazo apertado. Se uma unidade de trabalho que se desenvolveu naturalmente for maior que o ideal e você precise estruturar o trabalho em equipes, cogite a possibilidade de dividir esse grupo em equipes menores.[53]

Preferências dos membros Nem todo empregado sabe ou gosta de trabalhar em equipe. Se tiverem a opção, muitos prefeririam não participar de uma equipe. Quando as pessoas que preferem trabalhar sozinhas são forçadas a trabalhar em equipe, o moral do grupo e a satisfação individual de seus membros podem ficar comprometidos.[54] Isso sugere que, ao selecionar os membros da equipe, os gestores devem considerar as preferências individuais das pessoas, além de suas habilidades, personalidades e capacidades. As equipes de alto desempenho são, de modo geral, compostas de pessoas que preferem trabalhar em grupo.

Processos de equipe

A última categoria relacionada com a eficácia das equipes refere-se às variáveis de processo, como o comprometimento dos membros da equipe com um propósito comum, o estabelecimento de metas específicas para a equipe, a autoconfiança da equipe, o compartilhamento de modelos mentais, um nível controlado de conflitos e a redução da folga social. Todos esses quesitos são especialmente importantes em equipes grandes e naquelas muito interdependentes.[55]

Os processos são importantes para a eficácia, já que as equipes devem gerar resultados melhores que a soma de suas contribuições individuais. A Figura 10.5 mostra como os processos de grupo podem afetar sua eficácia.[56] Os laboratórios de pesquisa costumam usar equipes, porque podem se valer das habilidades diversificadas de diferentes pessoas para gerar pesquisas melhores do que os pesquisadores que trabalham independentemente — ou seja, pessoas trabalhando em equipe geram uma sinergia positiva e os ganhos de processo superam as perdas.

Plano e propósito compartilhados As melhores equipes começam analisando a missão, definindo objetivos para concretizar essa missão e desenvolvendo estratégias para atingir tais objetivos. As equipes que apresentam desempenho repetidamente melhor sabem com clareza o que precisa ser feito e como.[57] Pode parecer óbvio, mas muitas equipes ignoram esse processo básico.

Os membros das melhores equipes dedicam muito tempo e energia discutindo, elaborando e compartilhando um propósito em comum pelo qual todos se responsabilizam tanto coletiva quanto individualmente. Esse propósito comum, quando aceito pela equipe, torna-se o equivalente ao que um mapa celeste de navegação representa para o capitão de um navio: proporciona direcionamento e orientação em toda e qualquer condição. Como em um navio que segue o percurso errado, as equipes que não têm habilidades de planejamento estão condenadas e a execução perfeita do plano errado é uma causa perdida.[58] As equipes devem concordar se seu propósito é aprender e dominar uma tarefa ou se é simplesmente executá-la; evidências sugerem que perspectivas conflitantes relativas a aprendizagem *versus* desempenho prejudicam o desempenho da equipe como um todo. As equipes que enfatizam a aprendizagem também têm chances maiores de concordar com as metas compartilhadas e a identificação com uma equipe também é mais fácil quando os membros se identificam muito com ela.[59]

As melhores equipes também demonstram reflexividade, ou seja, refletem sobre seu propósito e o ajustam quando necessário. Uma equipe deve ter um bom plano, mas também tem de estar disposta a se adaptar de acordo com as condições.[60] A reflexividade é especialmente importante para equipes que tiveram desempenho insatisfatório no passado.[61] Algumas evidências sugerem que as equipes com alto grau de reflexividade são mais capazes de se adaptar a planos e metas conflitantes entre os membros da equipe.[62]

reflexividade
Característica de uma equipe de buscar reflexões e ajustes de seu propósito principal, quando necessário.

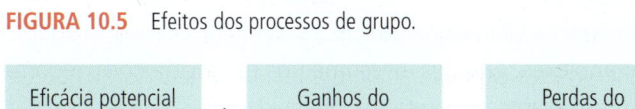

Objetivos específicos As melhores equipes traduzem seu propósito compartilhado em metas de desempenho específicas, mensuráveis e realistas. Essas metas ajudam a tornar a comunicação mais clara e ajudam a equipe a manter o foco a fim de atingir resultados.

De acordo com pesquisas sobre metas individuais, as metas das equipes também devem ser desafiadoras. As metas difíceis, porém, atingíveis, melhoram o desem-

FIGURA 10.5 Efeitos dos processos de grupo.

| Eficácia potencial do grupo | + | Ganhos do processo | − | Perdas do processo | = | **Eficácia real do grupo** |

penho da equipe nos critérios sob os quais elas foram estabelecidas. Dessa forma, metas para aumentar o volume de produção levam ao aumento da produção, metas para aumentar a rapidez aceleram a velocidade, metas para a exatidão aumentam a exatidão e assim por diante.[63]

Efetividade da equipe As equipes eficazes confiam na própria capacidade e acreditam que terão sucesso. Chamamos isso de efetividade da equipe.[64] As equipes que tiveram sucesso no passado tendem a acreditar que terão sucesso no futuro, o que, por sua vez, as motiva a se empenharem mais. Além disso, as equipes que conhecem as competências individuais de seus membros podem reforçar o vínculo entre a autoeficácia das pessoas e sua criatividade individual, uma vez que os membros podem solicitar a opinião dos colegas de equipe que consideram relevantes.[65]

O que os gestores podem fazer para reforçar a efetividade das equipes? A primeira opção pode ser ajudá-las a conquistar pequenas vitórias, que desenvolvem a confiança, e a segunda seria oferecer treinamento para melhorar as habilidades técnicas e interpessoais de seus membros. Quanto melhores forem essas habilidades, maiores condições a equipe terá de desenvolver sua confiança e sua capacidade de contar com essa confiança para obter resultados.

Identidade da equipe No Capítulo 9, discutimos o importante papel da identidade social na vida das pessoas. Quando as pessoas criam vínculos emocionais com os grupos aos quais pertencem, elas são mais propensas a investir nesses relacionamentos. O mesmo ocorre com as equipes. Por exemplo, pesquisas com soldados dos Países Baixos indicaram que os que se sentiam incluídos e respeitados pelos membros da equipe se mostraram mais dispostos a se empenhar por ela, embora seu papel como soldados já exigisse que eles se dedicassem às suas unidades. Da mesma forma, quando a identidade da equipe é forte, os membros mais motivados pelas metas de desempenho são mais propensos a se empenhar para atingir as metas da equipe do que as metas individuais. Assim, ao reconhecer as habilidades e capacidades específicas das pessoas e ao criar um clima de respeito e inclusão, os líderes e os membros da equipe podem cultivar a identidade da equipe, melhorando seus resultados.[66] Os gestores devem prestar atenção especial ao desenvolvimento da identidade em equipes virtuais, uma vez que pode ser mais fraca nesses casos, levando a menos empenho por parte dos membros desse tipo de equipe.[67]

A identidade organizacional também é importante. As equipes raramente atuam no vácuo, sendo que, em geral, interagem com outras equipes, o que requer coordenação entre elas. Pessoas que apresentam uma identidade positiva da equipe, mas não apresentam uma identidade organizacional positiva, podem restringir-se à sua própria equipe e recusar-se a trabalhar de forma coordenada com outras equipes da organização.[68]

Coesão da equipe Você já trabalhou em uma equipe que se dava muito bem e na qual os membros sentiam-se muito unidos? O termo coesão da equipe descreve uma situação em que seus membros têm grande vínculo emocional uns com os outros e têm sua motivação voltada a garantir o bem comum da equipe em função desse vínculo. A coesão da equipe pode ajudar a prever seus resultados. Por exemplo, um grande estudo realizado recentemente na China indicou que, se o grau de coesão da equipe for alto e as tarefas forem complexas, grandes investimentos em promoções, recompensas, treinamento e assim por diante aumentam a criatividade da equipe. Equipes com baixo grau de coesão e encarregadas de realizar tarefas simples, por outro lado, provavelmente não reagirão aos incentivos com maior criatividade.[69]

---

efetividade da equipe
Crença coletiva da equipe de que ela é capaz de realizar tarefas com sucesso.

identidade da equipe
Afinidade e sentimento de pertencimento de um membro a sua equipe.

coesão da equipe
Situação em que os membros estão emocionalmente vinculados uns aos outros e têm sua motivação voltada para a equipe em função desse vínculo.

A coesão da equipe é um fator preditivo de seu desempenho e, quando é prejudicada, o desempenho também pode ser negativamente afetado. Relacionamentos negativos podem levar a menor coesão. Para reduzir esse efeito, as equipes podem promover a interdependência e interações interpessoais de alta qualidade. Quando as equipes são maiores e compostas de membros atuando em funções diversificadas, a coesão é maior nos casos em que a líder é uma mulher. A coesão da equipe também é maior em equipes com liderança compartilhada e quando os líderes são justos.[70]

Modelos mentais Os membros de uma boa equipe compartilham modelos mentais precisos — representações mentais organizadas dos principais elementos do ambiente da equipe compartilhados por seus membros.[71] (Enquanto a missão e as metas da equipe dizem respeito ao que uma equipe precisa fazer para ser eficaz, os modelos mentais dizem respeito a *como* uma equipe deve fazer seu trabalho.) Se os membros da equipe usarem modelos mentais errados, o que é bem provável em equipes muito estressadas, seu desempenho será prejudicado.[72] Uma revisão de 65 estudos independentes descobriu que membros de equipes com modelos mentais compartilhados se envolviam em interações mais frequentes entre si, eram mais motivados, tinham atitudes mais positivas em relação ao trabalho e apresentavam níveis mais elevados de desempenho avaliado objetivamente.[73] Por outro lado, se os membros da equipe tiverem ideias diferentes sobre como as tarefas devem ser realizadas, a equipe ficará atolada em conflitos para decidir os métodos de trabalho em vez de se concentrar no que precisa ser feito.[74]

As pessoas que normalmente atuam nas chamadas "equipes de ação" (*action teams*) — equipes com especialistas envolvidos em tarefas intensas, interdependentes e imprevisíveis — tendem a compartilhar modelos mentais. Embora, não raro, trabalhem em condições de estresse intenso, seus níveis de desempenho podem ser altos, porque o estresse acaba sendo normalizado pelas expectativas do contexto. Essas equipes aprendem que a melhor maneira de compartilhar modelos mentais é anunciando-os a seus membros. Uma equipe de anestesia de um hospital é um

> **modelos mentais**
> Conhecimentos e crenças dos membros sobre como o trabalho deve ser feito pela equipe.

O fundador da Product Hunt, Ryan Hoover (ao computador) e sua equipe empreendedora apresentam alto grau de coesão. A empresa se descreve como uma equipe unida cujos membros compartilham uma paixão por novos produtos tecnológicos, são motivados pelo desejo de ajudar as pessoas e são movidos pela vontade de construir comunidades que celebram as criações tecnológicas.

Fonte: David Paul Morris/Bloomberg/Getty Images

exemplo de uma *action team* com modelos mentais compartilhados. Por exemplo, uma pesquisa conduzida na Suíça descobriu que as equipes de anestesia comunicavam dois tipos distintos de mensagens durante uma cirurgia: seus membros monitoravam vocalmente o desempenho uns dos outros (não para criticar, mas para manter um registro oral dos eventos) e faziam "anúncios gerais" (anúncios voltados a todos, como "A pressão do paciente está caindo"). O estudo descobriu que as equipes de alto e baixo desempenho se comunicavam dessa maneira com a mesma frequência, mas a diferença no desempenho resultava da sequência da comunicação com o objetivo de manter um modelo mental compartilhado. As equipes de alto desempenho acompanhavam o diálogo de monitoramento, expressando assistência e instruções, utilizavam grupos de diálogo e faziam com que os anúncios gerais fossem combinados com uma discussão entre os membros da equipe.[75] A mensagem parece simples: para manter modelos mentais compartilhados, conversem sobre o que está acontecendo enquanto a equipe está em atuação!

Níveis de conflito Os conflitos na equipe não são necessariamente ruins para o seu desempenho. Os *conflitos de relacionamento* — conflitos baseados em incompatibilidades interpessoais, tensões e animosidade entre as pessoas — quase sempre são disfuncionais. No desempenho de tarefas não rotineiras, contudo, o desacordo entre os membros sobre o conteúdo da tarefa — chamado *conflito de tarefas* — estimula o diálogo, promove a avaliação crítica de problemas e opções e pode conduzir a melhores decisões da equipe, mesmo que não leve a produtos mais inovadores. O conflito pode afetar mais ou menos o desempenho e pode ter efeitos positivos ou negativos dependendo de muitos fatores, como o tipo de tarefa, o contexto e o método de avaliação do desempenho.[76] O conflito de tarefas pode melhorar o desempenho se os membros da equipe forem abertos a experiências e emocionalmente estáveis.[77] Esse tipo de conflito também pode ser benéfico quando alguns membros consideram que a equipe tem alto conflito de tarefas, enquanto outros membros o consideram baixo.[78] De acordo com um estudo realizado na China, níveis moderados de conflito de tarefas durante os estágios iniciais da atuação foram positivamente relacionados com a criatividade da equipe, mas níveis muito baixos e muito altos de conflito de tarefas foram negativamente relacionados ao desempenho da equipe.[79] Em outras palavras, desacordos excessivos ou insuficientes sobre a maneira como uma equipe deve começar a realizar uma tarefa criativa podem reduzir o desempenho.

A maneira como os conflitos são resolvidos também pode fazer diferença entre equipes eficazes e ineficazes. Um estudo voltado a avaliar comentários de 37 grupos autônomos de trabalho mostrou que as equipes eficazes resolviam os conflitos conversando explicitamente sobre os problemas, ao passo que as equipes ineficazes apresentavam mais desentendimentos não resolvidos centrados em tipos de personalidade e na maneira como as coisas eram ditas.[80]

Quais equipes têm mais chances de apresentar conflitos? Não existe uma resposta simples para essa pergunta. Embora seja possível presumir que a diversidade aumenta os conflitos, a resposta provavelmente será muito mais sutil que isso. Por exemplo, pesquisas recentes conduzidas na Espanha descobriram que, quando os membros individuais da equipe tinham percepções muito variadas do apoio que recebiam da organização, o conflito de tarefas aumentava, a comunicação diminuía e, em consequência, o desempenho da equipe saía prejudicado.[81] Se os pesquisadores tivessem comparado apenas o nível médio de apoio organizacional recebido pela equipe em vez da percepção desse apoio por parte dos seus membros, eles teriam deixado de identificar as associações causais corretas. Um estudo realizado com equipes chinesas revelou que as equipes com alto capital social apresentavam mais conflito de tarefas e menos conflito de relacionamento, mas só quando o grupo tinha sido criado há vários anos.[82] Dessa forma, precisamos tomar cuidado para não generalizar demais.

Folga social   Como já vimos, as pessoas podem se entregar à folga social e "encostar-se" no grupo quando as contribuições individuais (ou falta de contribuição) não podem ser identificadas. As melhores equipes reduzem essa tendência responsabilizando seus membros, individual e conjuntamente, pelos propósitos, metas e abordagem da equipe.[83] Portanto, os membros da equipe devem deixar claro quais são suas responsabilidades individuais e quais são as responsabilidades do grupo como um todo.

Transformando indivíduos em membros da equipe

10.5 Mostrar como as organizações podem ajudar os empregados a trabalhar em equipe.

Até agora, enfatizamos a crescente popularidade e o valor das equipes de trabalho. Mas muitas pessoas preferem não trabalhar em equipe e muitas organizações têm a tradição de recompensar as realizações individuais. Além disso, as equipes se ajustam melhor a culturas coletivistas. O que acontece se uma organização tenta impor o trabalho em equipe a trabalhadores nascidos e criados em uma sociedade individualista?

Vejamos algumas opções que os gestores têm para transformar os indivíduos em membros das equipes de trabalho.

Seleção: contratando pessoas que sabem trabalhar em equipe

Algumas pessoas já possuem as habilidades interpessoais necessárias para trabalhar bem em equipe. Ao contratar membros de equipes, assegure-se de que, além de apresentar os requisitos técnicos, os candidatos possuam condições de desempenhar seus papéis no grupo.[84]

Criar equipes muitas vezes implica resistir à tentação de contratar o melhor talento a qualquer custo. Por exemplo, o time norte-americano de basquete profissional New York Knicks paga um salário milionário a Carmelo Anthony porque ele converte muitos pontos para o time; no entanto, as estatísticas mostram que ele faz mais arremessos do que outros jogadores bem pagos, o que reduz as chances de seus colegas de equipe arremessarem.[85]

Por fim, características pessoais parecem aumentar as chances de alguns indivíduos serem candidatos melhores para trabalhar em equipes diversificadas. Equipes compostas de pessoas que gostam de resolver difíceis quebra-cabeças mentais também parecem ser mais eficazes e mais capazes de capitalizar os pontos de vista diversificados resultantes de diferentes idades e níveis de escolaridade.[86]

Treinamento: desenvolvendo pessoas que sabem trabalhar em equipe

Os especialistas em treinamento conduzem exercícios que permitem aos empregados sentir a satisfação que o trabalho em equipe pode proporcionar. Workshops podem ajudar as pessoas a aprimorar suas habilidades de resolução de problemas, de comunicação, de negociação, de gerenciamento de conflitos e de participação em processos de *coaching*. A L'Oréal, por exemplo, descobriu que o segredo das melhores equipes de vendas não era só ter vendedores muito habilidosos. "O que não tínhamos levado em conta foi que muitos membros de nossa melhor equipe de vendas foram promovidos por terem excelentes habilidades técnicas e operacionais", explicou o vice-presidente sênior da L'Oréal, David Waldock. Em vista dessa constatação, a empresa lançou um programa de treinamento focado em equipes e, segundo Waldock: "Não somos mais uma equipe só no papel, trabalhando isoladamente. Agora temos uma excelente dinâmica de grupo".[87] Não é possível criar uma equipe eficaz da noite para o dia. O processo leva tempo, mas um bom treinamento da equipe terá efeitos positivos concretos sobre o desempenho, independentemente das características dos empregados e do próprio treinamento, como mostra uma revisão recente de 112 estudos de programas de treinamento de equipes médicas.[88]

Recompensas: oferecendo incentivos para trabalhar bem em equipe

O sistema de recompensas precisa ser ajustado para encorajar o trabalho cooperativo em vez do trabalho competitivo.[89] A Hallmark Cards incluiu em seu sistema de incentivo individual um bônus anual baseado no atingimento das metas da equipe. A Whole Foods direciona ao desempenho da equipe grande parte de suas recompensas baseadas no desempenho. O que acaba acontecendo é que as equipes passam a selecionar os novos membros com mais atenção para que eles contribuam para melhorar sua eficácia (e, portanto, para ganhar os bônus da equipe).[90] Em geral, é melhor estabelecer um tom cooperativo o quanto antes na vida de uma equipe. Como vimos, as equipes que passam de um sistema competitivo a um sistema cooperativo levam um tempo para começar a compartilhar informações e tendem a tomar decisões apressadas e de baixa qualidade.[91] Aparentemente, a baixa confiança típica dos grupos competitivos não pode ser substituída de imediato por alta confiança por meio de uma rápida mudança no sistema de recompensas.

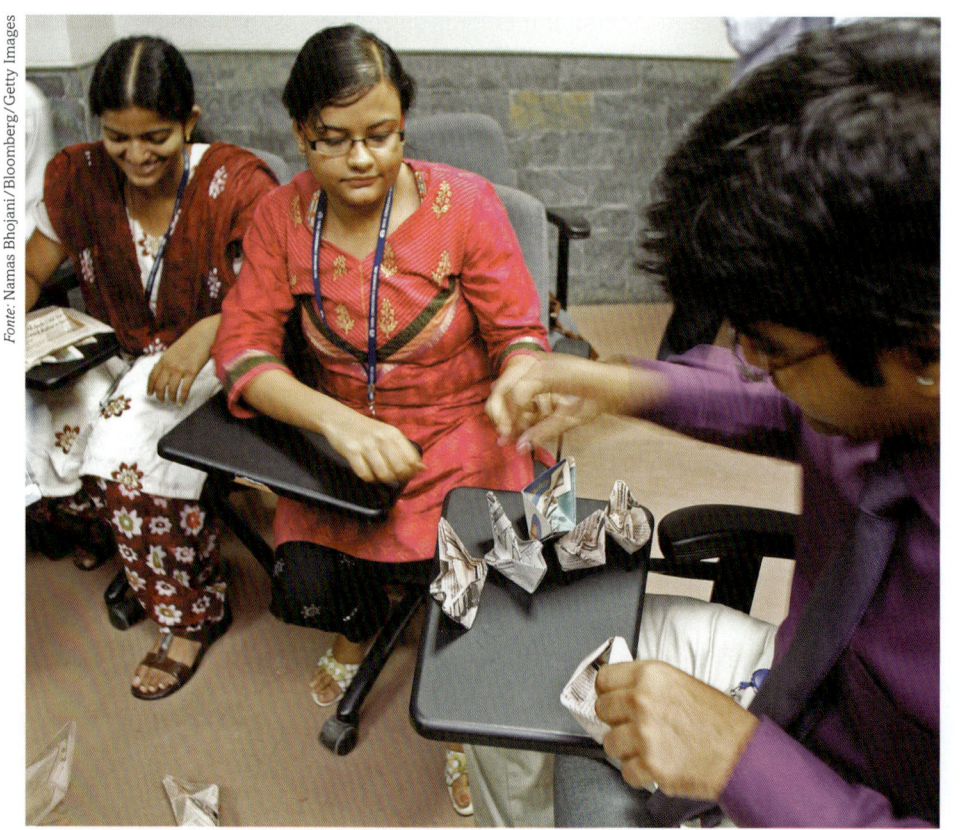

Os novos empregados da Tata Consultancy Services (TCS), na Índia, trabalham em equipes para construir barquinhos de papel durante um exercício de formação de equipes no centro de treinamento da empresa. Ensinar as pessoas a trabalhar em equipe é fundamental para o sucesso da TCS, já que os empregados devem colaborar e trabalhar com coesão para prestar serviços de consultoria em tecnologia da informação (TI) e oferecer soluções de negócios para clientes globais.

Fonte: Namas Bhojani/Bloomberg/Getty Images

Promoções, aumentos de salário e outras formas de reconhecimento devem ser oferecidos aos indivíduos por sua eficácia como membros colaborativos, treinando novos colegas, compartilhando informações, ajudando a resolver conflitos e aperfeiçoando novas habilidades necessárias à equipe. Isso não significa que a organização deve ignorar as contribuições individuais; pelo contrário, elas devem ser equilibradas com as contribuições altruístas para o bem da equipe.

Por fim, não devemos esquecer as recompensas intrínsecas, como a camaradagem, que os empregados podem receber da equipe de trabalho. É empolgante fazer parte de uma equipe de sucesso. A oportunidade de melhorar o próprio desenvolvimento pessoal e ajudar os colegas da equipe pode ser uma experiência muito gratificante.

Cuidado! Nem sempre as equipes são a melhor opção

10.6 Decidir quando é preferível contar com indivíduos a contar com equipes.

O trabalho em equipe costuma tomar mais tempo e consumir mais recursos do que o trabalho individual. As equipes têm maiores demandas de comunicação, mais conflitos para administrar e mais reuniões para realizar. Assim, os benefícios da utilização de equipes precisam exceder seus custos, o que nem sempre é o caso.[92]

Como saber se é melhor fazer o trabalho em equipe? Podemos aplicar três testes para determinar a adequação das equipes ao trabalho.[93] Primeiro, quem faria o trabalho melhor: uma pessoa sozinha ou mais de uma pessoa? Dois bons critérios para responder a essa pergunta são a complexidade da tarefa e a necessidade de incorporar diferentes pontos de vista. Tarefas simples, que não requerem contribuições diversificadas, podem ser mais bem executadas por apenas um indivíduo. Em segundo lugar, a tarefa cria um propósito compartilhado ou um conjunto de objetivos para os membros da equipe maior do que a soma de seus objetivos individuais? Muitos departamentos de serviços de concessionárias de automóveis usam equipes que fazem a interface entre o pessoal de atendimento ao cliente, mecânicos, especialistas em autopeças e representantes de vendas. Essas equipes conseguem administrar melhor a responsabilidade coletiva pelo atendimento às necessidades dos clientes.

O último teste inclui determinar se os membros do grupo são interdependentes. As equipes fazem sentido quando existe interdependência entre as tarefas, quando o sucesso geral depende do sucesso de cada um *e* quando o sucesso de cada um depende do sucesso dos demais. O futebol, por exemplo, é um caso claro de esporte em equipe. A vitória requer boa dose de coordenação entre jogadores interdependentes. Por sua vez, a não ser em competições de revezamento, a natação não é exatamente um esporte de equipe. Os grupos de nadadores são formados por atletas que têm um desempenho individual e o resultado geral do grupo é apenas a soma dos resultados individuais.

RESUMO

Poucas tendências afetaram mais o trabalho que a enorme popularização das equipes. Trabalhar em equipe requer que os empregados cooperem uns com os outros, compartilhem informações, confrontem as diferenças entre si e controlem os interesses pessoais, tendo em vista os interesses da equipe como um todo. Conhecer as distinções entre equipes de solução de problemas, equipes autogerenciadas, equipes multifuncionais e equipes virtuais, bem como sistemas de equipes múltiplas, o ajudará a decidir as melhores aplicações para o sucesso do trabalho em equipe. Conceitos como reflexividade, autoconfiança, identidade e coesão e modelos mentais esclarecem importantes questões relacionadas ao contexto, composição e processos da equipe. Para que elas atinjam o funcionamento ideal, é preciso dar muita atenção à contratação, ao desenvolvimento e a recompensas de seus membros. Mesmo assim, as organizações eficazes sabem que as equipes nem sempre constituem o melhor método para a realização do trabalho. É preciso ter muito discernimento e uma boa compreensão do comportamento organizacional.

IMPLICAÇÕES PARA OS GESTORES

- ▶ As equipes eficazes contam com recursos adequados, liderança eficaz, clima de confiança e um sistema de avaliação de desempenho e de recompensas que refletem as contribuições da equipe. Essas equipes são compostas de pessoas munidas de conhecimento técnico e de traços de personalidade e habilidades adequados.
- ▶ As equipes eficazes tendem a ser pequenas. Seus integrantes suprem as demandas dos diferentes papéis e preferem trabalhar em grupo.
- ▶ As equipes eficazes têm membros que acreditam na capacidade da equipe, são comprometidos com um plano e um propósito comum e têm um modelo mental compartilhado e claro do que devem realizar.
- ▶ Escolha pessoas que tenham as habilidades interpessoais necessárias para trabalhar bem em equipe, forneça treinamento para ensiná-las a trabalhar em equipe e recompense-as pela cooperação.
- ▶ Não presuma que as equipes são sempre necessárias. Quando as tarefas não se beneficiam da interdependência, pode ser melhor deixar as pessoas trabalharem individualmente.

Ponto e contraponto

Para beneficiar-se ao máximo das equipes, empodere-as

PONTO

Se você quiser equipes de alto desempenho compostas de pessoas que se dão bem e gostam do trabalho, eis uma solução simples: afrouxe as rédeas e deixe que elas tomem as próprias decisões. Em outras palavras, empodere suas equipes. Essa tendência foi lançada muito tempo atrás, quando as organizações perceberam que criar camadas e mais camadas de burocracia engessa a inovação, desacelera o progresso e só coloca obstáculos no caminho da realização de qualquer trabalho. Você pode empoderar as equipes de duas maneiras. Uma maneira é estrutural, transferindo a tomada de decisão dos gestores aos membros da equipe e autorizando oficialmente as equipes a criar suas próprias estratégias. Outro caminho é psicológico, refor-

CONTRAPONTO

O *empowerment* pode até ajudar em algumas circunstâncias, mas está longe de ser uma solução milagrosa para todos os problemas.

É verdade que as organizações se tornaram mais niveladas nas últimas décadas, reduzindo camadas hierárquicas e abrindo caminho para que os níveis mais baixos da hierarquia também possam participar do processo decisório. Mas é importante lembrar que muitas equipes são "empoderadas" simplesmente porque as camadas de gestão foram tão reduzidas que não sobrou mais ninguém para tomar as decisões. Pensando assim, o *empowerment* não passa de uma desculpa para forçar as equipes a assumir mais responsabilidades sem melhorar os benefícios tangíveis para elas, como a remuneração.

çando as crenças dos membros da equipe de que eles têm mais autoridade, mesmo se a autoridade oficial continuar nas mãos dos líderes da organização. O *empowerment* (empoderamento) estrutural leva a maiores sentimentos de *empowerment* psicológico, proporcionando às equipes (e às organizações) o melhor dos dois mundos.

Pesquisas sugerem que equipes empoderadas se beneficiam de várias maneiras. Seus integrantes são mais motivados. Eles são mais comprometidos com a equipe e com a organização, além de apresentarem um desempenho muito melhor. O empoderamento mostra à equipe que a organização confia nela e que a equipe não precisa ser microgerenciada o tempo todo pela alta administração. E, quando as equipes têm a liberdade de tomar as próprias decisões, elas assumem mais responsabilidade e prestam mais contas pelos resultados, tanto os positivos quanto os negativos. É bem verdade que, com mais responsabilidades, as equipes empoderadas também precisam tomar a iniciativa de manter-se aprendendo e se desenvolvendo continuamente, mas é exatamente isso que as equipes autorizadas a criar o próprio destino fazem. Então, faça um favor a si mesmo (e à sua empresa) e dê um jeito para que as equipes, e não camadas desnecessárias de gerentes de nível médio, tomem as decisões importantes.

Além disso, a liderança da organização já tem uma boa ideia do que deseja que suas equipes (e os empregados individuais) realizem. Se os gestores derem plena liberdade às equipes, quais são as chances de elas sempre decidirem fazer o que o chefe quer? Nada impede que as equipes empoderadas ignorem os conselhos e sugestões feitos pelo chefe. O que as equipes precisam é que os gestores mostrem com clareza as metas a atingir e como isso deve ser feito. É isso que uma boa liderança faz.

Quando a autoridade de tomada de decisão é distribuída entre os membros da equipe, o papel dos membros fica mais vago e eles não têm um líder para orientá-los. Por fim, quando as equipes são autogerenciadas, elas se transformam em silos, isoladas do resto da organização e de sua própria missão. Limitar-se a entregar a autoridade às pessoas não garante que elas farão bom uso dela. É melhor deixar o poder de tomar decisões nas mãos dos líderes. Afinal, eles são líderes por alguma razão. Eles podem orientar melhor a equipe para não perder o foco e podem atuar nos níveis mais altos da organização para maximizar os resultados organizacionais.

Fontes: baseado em S. I. Tannenbaum, J. Mathieu, E. Salas e D. Cohen, "Teams Are Changing: Are Research and Practice Evolving Fast Enough?", *Industrial and Organizational Psychology* 5 (2012): 2–24; e R. Ashkenas, "How to Empower Your Team for Non-Negotiable Results", *Forbes*, 24 abr. 2013, acessado em 10 jun. 2013, no site www.forbes.com.

REVISÃO DO CAPÍTULO

QUESTÕES PARA REVISÃO

10.1 Como você explicaria a crescente popularidade das equipes nas organizações?

10.2 Qual é a diferença entre um grupo e uma equipe?

10.3 Quais são os cinco tipos de equipes?

10.4 Quais condições ou fatores contextuais determinam a eficácia das equipes?

10.5 Como as organizações podem ajudar os empregados a trabalhar em equipe?

10.6 Quando o trabalho realizado por indivíduos é preferível ao trabalho realizado por equipes?

APLICAÇÃO E EMPREGABILIDADE

O trabalho em equipe é uma parte importantíssima do mundo do trabalho moderno. Ao contrário dos grupos de trabalho, as equipes devem gerar um desempenho maior que a soma das contribuições individuais. Neste capítulo, vimos alguns fatores que levam as empresas a obter ou não sucesso ao atingir esse objetivo, com base no contexto, na composição e em vários processos da equipe. Um bom conhecimento de como formar uma equipe forte e ser um bom membro pode ajudá-lo a melhorar seu desempenho em qualquer tipo de equipe, incluindo as virtuais e as multifuncionais. Neste capítulo, você desenvolveu suas habilidades de colaboração e de responsabilidade social, conscientizando-se do valor de trabalhar com colegas de ambos os sexos e aprendendo como se comunicar com os membros da equipe em termos de custos e benefícios para o meio ambiente. Você também aplicou seu conhecimento e utilizou seu pensamento crítico, analisando o fenômeno da maré de sorte e avaliando as vantagens e desvantagens do *empowerment*. Em seguida, você desenvolverá ainda mais essas habilidades, bem como suas habilidades de comunicação, decidindo se deve ou não contratar uma "estrela" para sua equipe, avaliando como estruturar equipes após uma fusão, tentando desenvolver a confiança entre os membros de uma equipe virtual e aprendendo os fatores que criam uma equipe inteligente.

EXERCÍCIO EXPERIENCIAL   Vale a pena usar equipes autogerenciadas?

Divida a sala em grupos de quatro ou cinco pessoas. Suponha que vocês trabalham em uma grande empresa de tecnologia que acabou de adquirir uma startup da região. Essa startup tem mais experiência em um mercado no qual sua empresa está tentando entrar. Para não precisar demitir nenhum empregado da startup, vocês decidiram montar novas equipes compostas de membros da matriz e membros da empresa recém-adquirida para a divisão de pesquisa e desenvolvimento (P&D). Muitos empregados da startup trabalhavam em equipes autogerenciadas antes da aquisição da empresa. Vocês precisam decidir se devem adotar um estilo de gestão tradicional ou permitir que as equipes sejam autogerenciadas.

10.7 Responda às perguntas a seguir em grupo. Quais problemas poderiam afetar a produtividade de uma equipe autogerenciada? Esses problemas têm mais chances de ocorrer em uma equipe composta de pessoas de empresas diferentes? Como esses problemas se relacionam aos empregados de uma nova empresa? Como esses problemas poderiam ser resolvidos?

10.8 Responda às perguntas a seguir em grupo. Como você mudaria (ou não) a estrutura de recompensas por desempenho se a equipe fosse autogerenciada? Por quê?

10.9 Cada membro do grupo deve explicar quais aspectos da equipe permitiria que fossem autogeridos por seus membros. Em seguida, em grupo, compare suas respostas. Todos concordam sobre quais deveres e responsabilidades devem ser autogeridos ou as respostas são diferentes? Se você pudesse, montaria uma equipe totalmente autogerenciada? Explique sua resposta.

Dilema ético

Vale a pena contratar uma "estrela" em vez de uma pessoa capaz de trabalhar em equipe?

Duzentos anos atrás, o termo *prima donna* só tinha um significado. A prima-dona era a cantora principal de uma ópera, a artista mais talentosa do palco e o foco do espetáculo. Ainda que nos tempos modernos a palavra raramente faça referência a uma cantora de ópera, muitas das características associadas a ela ainda se aplicam às prima-donas no local de trabalho de hoje. As prima-donas adoram ser ouvidas. Um empregado "prima-dona" pode interromper os outros para se fazer ouvir durante uma reunião. As prima-donas também adoram ser o centro das atenções e têm muita dificuldade de trabalhar em equipe. Como as prima-donas de 200 anos atrás, esses empregados podem ser extremamente talentosos. Muitas prima-donas no trabalho são "estrelas", com desempenho individual espetacular. Um empregado narcisista pode ter um ego enorme desenvolvido ao longo de anos de sucesso, apesar de ter dificuldade de trabalhar com os outros.

Pode ser difícil entender por que um gestor decide contratar ou promover um empregado que não sabe trabalhar em equipe. À medida que as equipes se popularizam, os cargos que não requerem uma boa dose de trabalho em equipe estão se tornando cada vez mais raros. Mas ainda há situações em que pode parecer melhor contratar uma estrela a uma pessoa que gosta de trabalhar em equipe. Alguns papéis requerem mais trabalho individual do que em equipe. Algumas equipes podem ter metas em comum, mas tarefas menos interdependentes. Com isso, os membros da equipe poderiam receber os créditos pelas próprias contribuições, apesar de todo o "estrelismo" da prima-dona. Em muitos outros casos, contratar um empregado com excelentes habilidades individuais, mas poucas habilidades de trabalho em equipe, pode ser a melhor decisão para a empresa. Contratar um candidato não muito simpático, mas que tenha uma habilidade rara para uma vaga difícil de preencher pode ser mais fácil do que contratar um candidato que teria de receber muito treinamento. Incluir um vendedor com um excelente desempenho de vendas e muitos contatos pessoais em um departamento de vendas pode ajudar a organização a crescer e ter sucesso. Até mesmo em times esportivos profissionais pode ser tentador contratar um jogador com um desempenho espetacular, ainda que ele tenha uma atitude terrível com os colegas de time.

Contratar um empregado que não sabe trabalhar com os outros, mesmo se todos os outros souberem trabalhar em equipe, também pode ter seus inconvenientes. Como vimos neste capítulo, os conflitos de relacionamento quase sempre são disfuncionais. Os conflitos criados por essas "estrelas" podem levar à perda de produtividade. O moral dos empregados e a satisfação no trabalho dos outros membros da equipe também podem ser afetados se um colega viver prejudicando o empenho da equipe ou viver tentando chamar a atenção do chefe. Se os empregados ficarem descontentes, eles têm chances maiores de querer sair da equipe ou da empresa ou de se envolver em comportamentos contraproducentes no trabalho.

Questões

10.10 Pense em alguns processos que analisamos neste capítulo, como a identidade e a coesão da equipe. Como um membro da equipe que tem dificuldade de trabalhar com os outros pode afetar esses processos?

10.11 No Capítulo 9, falamos de como a incivilidade pode afetar os empregados. Pense em como os comportamentos antissociais de um empregado "prima-dona" podem afetar a organização. Você ainda contrataria um empregado com excelente desempenho individual, mas que não gosta de trabalhar em equipe? Explique sua resposta.

10.12 Como mencionamos anteriormente, o objetivo da maioria dos times esportivos é tentar selecionar os jogadores com melhor desempenho. A ideia por trás dessa estratégia é que as equipes com os jogadores mais talentosos vencem a maioria dos jogos. Evidências recentes sugerem que isso não é verdade. Uma análise recente do desempenho de times de jogadores profissionais de basquete e futebol constatou que os times que tinham mais jogadores "estrela" (com base no fato de eles terem sido escolhidos para jogar em algum campeonato importante) tiveram, na verdade, um desempenho pior do que times que tinham menos jogadores de elite. Por que você acha que ter muitos jogadores "estrela" prejudica o desempenho?

Fontes: baseado em D. Gillaspie, "You Can Turn a Prima Donna into a Performer without Drawbacks", *Entrepreneur*, 12 fev. 2016, https://www.entrepreneur.com/article/270726, acessado em 9 abr. 2016; e M. Weber, "Building a Team That Works: Are Prima Donnas Worth the Risk?", *Forbes*, 16 set. 2013, https://www.forbes.com/sites/netapp/2013/09/16/dont-hire-a-prima-donna/#185a5cc76f77, acessado em 9 abr. 2016.

Estudo de caso 1

Como confiar em uma pessoa que você nunca viu

Um dos principais fatores que determinam o sucesso de uma equipe é a confiança. Para que uma equipe tenha sucesso, os empregados devem acreditar que seus membros são confiáveis e capazes. Eles precisam acreditar que seus colegas se empenharão para atingir as metas da equipe, e não as metas pessoais de cada um. A confiança pode ser desenvolvida nas equipes criando um ambiente no qual seus membros não têm medo de admitir que erraram e não se intimidam em dar sua opinião em vez de limitar-se a concordar com o líder ou com os colegas mais assertivos. É importante criar confiança entre os colegas de equipe. Mas o que acontece se você nunca tiver a chance de vê-los?

A confiança é especialmente importante, mas é mais difícil de desenvolver em equipes virtuais. Em uma análise recente de 52 estudos independentes, os pesquisadores descobriram que a relação entre confiança e desempenho da equipe é mais forte para equipes virtuais do que para equipes presenciais! De acordo com a mesma análise, os gestores podem neutralizar alguns dos efeitos negativos da baixa confiança em equipes virtuais registrando meticulosamente as interações da equipe. Essa prática transmite a mensagem de que os membros são responsáveis pelo trabalho que realizam nas equipes virtuais e garante que os membros da equipe sejam reconhecidos por suas contribuições.

Tentar compensar a falta de confiança pode não passar de uma solução improvisada e provisória para um problema maior, considerando que a confiança é um dos fatores mais importantes para determinar a efetividade de uma equipe. Outra revisão de 112 estudos distintos descobriu que a confiança foi um dos principais indicadores do desempenho da equipe, independentemente do desempenho de seus membros no passado ou da confiança no líder da equipe. Os mesmos pesquisadores descobriram que a confiança pode ser especialmente importante em equipes com habilidades variadas ou papéis interdependentes. A confiança também é importantíssima para as equipes provisórias, porque seus membros não podem contar com o mesmo período de adaptação para conhecer melhor os colegas e acreditar que todos contribuirão para atingir as metas da equipe.

Questões

10.13 Pense em uma ocasião na qual você achou que não podia confiar nos membros de sua equipe. O que o levou a sentir-se assim? Como isso afetou o desempenho da equipe?

10.14 Você consegue pensar em estratégias que poderiam ajudar a desenvolver a confiança entre os membros de uma equipe virtual?

10.15 Imagine que você seja um gestor de uma empresa com escritórios espalhados por todo o território nacional. Você foi encarregado de selecionar empregados para compor uma equipe virtual de resolução de problemas. Quais tipos de empregados você incluiria na equipe e por quê?

10.16 Releia o Estudo de caso 1. Você acha que os gestores sempre se beneficiam de trabalhar com equipes autogerenciadas? Explique sua resposta.

Fontes: baseado em W. Vanderbloemen, "Is Your Staff a High-Trust Team?", *Entrepreneurs*, 21 mar. 2017, https://www.forbes.com/sites/williamvanderbloemen/2017/03/21/is-your-staff-a-high-trust-team/#2997197230cd, acessado em 9 abr. 2016; D. B. Nast, "Trust and Virtual Teams", *The Huffington Post*, 28 mar. 2017, http://www.huffingtonpost.com/entry/trust-and-virtual-teams_us_58da7e2be-4b0e96354656eb5, acessado em 9 abr. 2017; L. L. Gilson, M. T. Maynard, N. C. J. Young, M. Vartiainen e M. Hakonen, "Virtual Teams Research: 10 Years, 10 Themes, and 10 Opportunities", *Journal of Management* 41, no. 4 (2015): 1313–37; e B. A. De Jong, K. T. Dirks e N. Gillespie, "Trust and Team Performance: A Meta-Analysis of Main Effects, Moderators, and Covariates", *Journal of Applied Psychology* 101, no. 8 (2016): 1134–50.

Estudo de caso 2

Equipes inteligentes e equipes improdutivas

Neste capítulo, vimos como algumas das características que usamos para descrever pessoas também podem descrever equipes. Por exemplo, tanto pessoas quanto equipes podem ter uma grande abertura para experiências. Seguindo essa mesma linha, você já notou que algumas equipes parecem ser inteligentes, enquanto outras parecem ser improdutivas? Essa característica, que não tem nada a ver com a média de QI de seus membros, reflete a funcionalidade da equipe como um todo. As equipes sinérgicas destacam-se em análise lógica, *brainstorming*, coordenação, planejamento e raciocínio moral. E as equipes improdutivas? Pense em reuniões intermináveis e prolixas, folga social e conflitos interpessoais.

Você já pode ter visto algumas equipes que pertencem à categoria de improdutivas, mas esperamos que você também se lembre de algumas equipes que se destacaram. As equipes inteligentes tendem a ser inteligentes em tudo e conseguem encontrar uma solução viável para qualquer tarefa. Mas o que as torna inteligentes? Pesquisadores de um estudo do Massachusetts Institute of Technology (MIT) agruparam 697 participantes em equipes de 2 a 5 pessoas para realizar tarefas em busca de características das equipes inteligentes (nem todas as equipes eram inteligentes). Veja as constatações do estudo:

1. As equipes inteligentes não permitiam o domínio de membros individuais da equipe. Pelo contrário, as contribuições dos membros das equipes inteligentes foram mais equilibradas do que em outras equipes.

2. As equipes inteligentes tinham mais membros capazes de ler mentes. É brincadeira! Mas os membros dessas equipes foram capazes de interpretar emoções complexas um olhando nos olhos dos outros. Existe um teste para essa habilidade chamado Reading the Mind in the Eyes (Ler a Mente através dos Olhos).

3. As equipes inteligentes tinham mais mulheres. Não que as equipes inteligentes apresentassem necessariamente mais igualdade entre os sexos, mas essas equipes simplesmente tinham maior número de mulheres. Esse resultado pode ser, em parte, uma consequência do fato de que mais mulheres tiraram notas mais altas no teste Reading the Mind in the Eyes.

Recentemente, pesquisadores replicaram um estudo usando 68 equipes e também constataram que algumas equipes eram mais inteligentes do que outras. Esse estudo incluiu um novo critério de pesquisa: como as equipes presenciais diferem das equipes virtuais? Por incrível que pareça, os pesquisadores não encontraram muita diferença entre os dois tipos de equipe: todas as equipes inteligentes apresentaram uma comunicação mais igualitária entre os membros (e muita comunicação) e eram boas em interpretar emoções. Quando os colaboradores das equipes virtuais não tinham como se ver, eles praticavam a teoria da mente, lembrando-se de sinais tácitos emocionais que conseguiam identificar usando qualquer modo de comunicação e reagindo de acordo. A teoria da mente está relacionada à inteligência emocional, que foi discutida no Capítulo 4.

Quando temos a chance de escolher os membros da equipe, podemos procurar pessoas que evitam falar mais do que ouvem, têm empatia e lembram o que os outros falam sobre si mesmos. Para as equipes às quais somos designados, podemos buscar esses atributos nos outros membros da equipe e ajudar a direcioná-la para ser o melhor possível. E o que dizer do QI? O lado bom é que pesquisas recentes indicam que nossa participação em uma equipe efetivamente faz com que tomemos decisões mais inteligentes!

Questões

10.17 Com base em sua experiência atuando em equipes, você concorda com as constatações dos pesquisadores sobre as características das equipes inteligentes? Explique sua resposta.

10.18 Nas equipes altamente funcionais nas quais você atuou, quais outras características podem ter contribuído para o sucesso?

10.19 Os pesquisadores que sugeriram que a participação em uma equipe faz com que sejamos pessoas mais inteligentes descobriram que as equipes foram mais racionais e levaram menos tempo para resolver problemas de probabilidade difíceis e tarefas de raciocínio do que indivíduos atuando sozinhos. Depois de participar no estudo, os membros das equipes tomaram decisões muito melhores por conta própria até cinco semanas depois. Você acha que esse "efeito de contaminação" também pode ocorrer em equipes improdutivas? Explique a sua resposta.

10.20 Releia o Estudo de caso 2. Você acha que consegue interpretar as emoções nos olhos das pessoas a ponto de essa capacidade melhorar seu desempenho em equipe? Explique sua resposta. (Você pode encontrar testes Reading the Mind from the Eyes na internet, caso queira realizá-los.)

Fontes: baseado em E. E. F. Bradford, I. Jentzsch e J.C. Gomez, "From Self to Cognition: Theory of Mind Mechanisms and Their Relation to Executive Functioning", *Cognition* 138 (2015): 21–34; B. Maciejovsky, M. Sutter, D. V. Budescu, et al., "Teams Make You Smarter: How Exposure to Teams Improves Individual Decisions in Probability and Reasoning Tasks", *Management Science* 59, no. 6 (2013): 1255–70; e A. Woolley, T. W. Malone e C. Chabris, "Why Some Teams Are Smarter Than Others", *The New York Times*, 18 jan. 2015, 5.

NOTAS

1. R. Karlgaard, "Think (Really!) Small", *Forbes*, 13 abr. 2015, 32.

2. J. C. Gorman, "Team Coordination and Dynamics: Two Central Issues", *Current Directions in Psychological Science* 23, no. 5 (2014): 355–60.

3. Ibid.

4. J. Mathieu, M. T. Maynard, T. Rapp e L. Gilson, "Team Effectiveness 1997–2007: A Review of Recent Advancements and a. Glimpse into the Future", *Journal of Management* 34, no. 3 (2008): 410–76.

5. Veja, por exemplo, A. Erez, J. A. LePine e H. Elms, "Effects of Rotated Leadership and Peer Evaluation on the Functioning and Effectiveness of Self-Managed Teams: A Quase-Experiment", *Personnel Psychology* (inverno 2002): 929–48.

6. G. L. Stewart, S. H. Courtright e M. R. Barrick, "Peer-Based Control in Self-Managing Teams: Linking Rational and Normative Influence with Individual and Group Performance", *Journal of Applied Psychology* 97, no. 2 (2012): 435–47.

7. C. W. Langfred, "The Downside of Self-Management: A Longitudinal Study of the Effects of Conflict on Trust, Autonomy, and Task Interdependence in Self- Managing Teams", *Academy of Management Journal* 50, no. 4 (2007): 885–900; e J. S. Bunderson e P. Boumgarden, "Structure and Learning in Self-Managed Teams: Why 'Bureaucratic' Teams Can Be Better Learners", *Organization Science* 21 no. 3 (2010): 609–24.

8. B. H. Bradley, B. E. Postlethwaite, A. C. Klotz, M. R. Hamdani e K. G. Brown, "Reaping the Benefits of Task Conflict in Teams: The Critical Role of Team Psychological Safety Climate", *Journal of Applied Psychology* 97, no. 1 (2012): 151–58.

9. J. Devaro, "The Effects of Self-Managed and Closely Managed Teams on Labor Productivity and Product Quality: An Empirical Analysis of a Cross-Section of Establishments", *Industrial Relations* 47, no. 4 (2008): 659–98.

10. A. Shah, "Starbucks Strives for Instant Gratification with Via Launch", *PRWeek* (dez. 2009): 15.

11. F. Aime, S. Humphrey, D. S. DeRue e J. B. Paul, "The Riddle of Heterarchy: Power Transitions in Cross-Functional Teams", *Academy of Management Journal* 57, no. 2 (2014): 327–52.

12. B. Freyer e T. A. Stewart, "Cisco Sees the Future", *Harvard Business Review* (nov. 2008): 73–79.

13. Veja, por exemplo, L. L. Martins, L. L. Gilson e M. T. Maynard, "Virtual Teams: What Do We Know and Where Do We Go from Here?", *Journal of Management* (nov. 2004): 805–35; e B. Leonard, "Managing Virtual Teams", *HRMagazine*, jun. 2011, 39–42.

14. J. E. Hoch e S. W. J. Kozlowski, "Leading Virtual Teams: Hierarchical Leadership, Structural Supports e Shared Team Leadership", *Journal of Applied Psychology* 99, no. 3 (2014): 390–403.

15. A. Malhotra, A. Majchrzak e B. Rosen, "Leading Virtual Teams", *Academy of Management Perspectives* (fev. 2007): 60–70; J. M. Wilson, S. S. Straus e B. McEvily, "All in Due Time: The Development of Trust in Computer-Mediated and Face-to-Face Teams", *Organizational Behavior and Human Decision Processes* 19 (2006): 16–33; e C. Breuer, J. Hüffmeier e G. Hertel, "Does Trust Matter More in Virtual Teams? A Meta-Analysis of Trust and Team Effectiveness Considering Virtuality and Documentation as Moderators", *Journal of Applied Psychology* 101 no. 8 (2016): 1151–77.

16. P. Balkundi e D. A. Harrison, "Ties, Leaders, and Time in Teams: Strong Inference about Network Structure's Effects on Team Viability and Performance", *Academy of Management Journal* 49, no. 1 (2006): 49–68; G. Chen, B. L. Kirkman, R. Kanfer, D. Allen e B. Rosen, "A Multilevel Study of Leadership, Empowerment, and Performance in Teams", *Journal of Applied Psychology* 92, no. 2 (2007): 331–46; e L. A. DeChurch e M. A. Marks, "Leadership in Multiteam Systems", *Journal of Applied Psychology* 91, no. 2 (2006): 311–29; A. Srivastava, K. M. Bartol e E. A. Locke, "Empowering Leadership in Management Teams: Effects on Knowledge Sharing, Efficacy, and Performance", *Academy of Management Journal* 49, no. 6 (2006): 1239–51; e J. E. Mathieu, K. K. Gilson e T. M. Ruddy, "Empowerment and Team Effectiveness: An Empirical Test of an Integrated Model", *Journal of Applied Psychology* 91, no. 1 (2006): 97–108.

17. K. Lanaj, J. R. Hollenbeck, D. R. Ilgen, C. M. Barnes e S. J. Harmon, "The Double-Edged Sword of Decentralized Planning in Multiteam Systems", *Academy of Management Journal* 56, no. 3 (2013): 735–57.

18. R. B. Davison, J. R. Hollenbeck, C. M. Barnes, D. J. Sleesman e D. R. Ilgen, "Coordinated Action in Multiteam Systems", *Journal of Applied Psychology* 97, no. 4 (2012): 808–24.

19. M. M. Luciano, J. E. Mathieu e T. M. Ruddy, "Leading Multiple Teams: Average and Relative External Leadership Influences on Team Empowerment and Effectiveness", *Journal of Applied Psychology* 99, no. 2 (2014): 322–31.

20. S. Krumm, J. Kanthak, K. Hartmann e G. Hertel. "What Does It Take to Be a Virtual Team Player? The Knowledge, Skills, Abilities, and Other Characteristics Required in Virtual Teams", *Human Performance* 29, no. 2 (2016): 123–42.

21. R. Greenwald, "Freelancing Alone—but. Together", *The Wall Street Journal*, 3 fev. 2014, R5.

22. V. Gonzalez-Roma e A. Hernandez, "Climate Uniformity: Its Influence on Team Communication Quality, Task Conflict, and Team Performance", *Journal of Applied Psychology* 99, no. 6 (2014): 1042–58; C. F. Peralta, P. N. Lopes, L. L. Gilson, P. R. Lourenco e L. Pais, "Innovation Processes and Team Effectiveness: The Role of Goal Clarity and Commitment, and Team Affective Tone", *Journal of Occupational and Organizational Psychology* 88, no. 1 (2015): 80–107; L. Thompson, *Making the Team* (Upper Saddle River, NJ: Prentice Hall, 2000), 18–33; e J. R. Hackman, *Leading Teams: Setting the Stage for Great Performance* (Boston: Harvard Business School Press, 2002).

23. Veja G. L. Stewart e M. R. Barrick, "Team Structure and Performance: Assessing the Mediating Role of Intrateam Process and the Moderating Role of Task Type", *Academy of Management Journal* (abr. 2000): 135–48.

24. D. E. Hyatt e T. M. Ruddy, "An Examination of the Relationship between Work Group Characteristics and Performance: Once More Into the Breech", *Personnel Psychology* 50, no. 3. (1997): 553–85; e A. W. Richter, G. Hirst, G., D. van Knippenberg e M. Baer, "Creative Self-Efficacy and Individual Creativity in Team Contexts: Cross-Level Interactions with Team Informational Resources", *Journal of Applied Psychology* 97, no. 6 (2012): 1282–90.

25. J. Hu e Judge, "Leader-Team Complementarity: Exploring the Interactive Effects of Leader Personality Traits and Team Power Distance Values on Team Processes and Performance", *Journal of Applied Psychology* 102, no. 6 (2017): 935–55; N. Wirtz, T. Rigotti, K. Otto e C. Loeb, "What about the Leader? Crossover of Emotional Exhaustion and Work Engagement from Followers to Leaders", *Journal of Occupational Health Psychology* 22, no. 1 (2016): 86–97; e Y. Dong, K. M. Bartol, Z. Zhang e C. Li, "Enhancing Employee Creativity via Individual Skill Development and Team Knowledge Sharing: Influences of Dual-Focused Transformational Leadership", *Journal of Organizational Behavior* 38, no. 3 (2017): 439–58.

26. R. J. Lount, O. J. Sheldon, F. Rink e K. W. Phillips, "Biased Perceptions of Racially Diverse Teams and Their Consequences for Resource Support", *Organization Science* 26, no. 5 (2015): 1351–64.

27. P. Balkundi e D. A. Harrison, "Ties, Leaders, and Time in Teams: Strong Inference about Network Structure's Effects on Team Viability and Performance", *Academy of Management Journal* 49, no. 1 (2006): 49–68; G. Chen, B. L. Kirkman, R. Kanfer, D. Allen e B. Rosen, "A Multilevel Study of Leadership, Empowerment e Performance in Teams", *Journal of Applied Psychology* 92, no. 2 (2007): 331–46; L. A. DeChurch e M. A. Marks, "Leadership in Multiteam Systems", *Journal of Applied Psychology* 91, no. 2 (2006): 311–29; A. Srivastava, K. M. Bartol e E. A. Locke, "Empowering Leadership in Management Teams: Effects on Knowledge Sharing, Efficacy, and Performance", *Academy of Management Journal* 49, no. 6 (2006): 1239–51; e J. E. Mathieu, K. K. Gilson e T. M. Ruddy, "Empowerment and Team Effectiveness: An Empirical Test of an Integrated Model", *Journal of Applied Psychology* 91, no. 1 (2006): 97–108.

28. K. T. Dirks, "Trust in Leadership and Team Performance: Evidence from NCAA Basketball", *Journal of Applied Psychology* (dez. 2000): 1004–12; M. Williams, "In Whom We Trust: Group Membership as an Affective Context for Trust Development", *Academy of Management Review* (jul. 2001): 377–96; e J. Schaubroeck, S. S. K. Lam e A. C. Peng, "Cognition-Based and Affect-Based Trust as Mediators of Leader Behavior Influences on Team Performance", *Journal of Applied Psychology* 96, no.4 (2011): 863–71.

29. B. A. De Jong e K. T. Dirks, "Beyond Shared Perceptions of Trust and Monitoring in Teams: Implications of Asymmetry and Dissensus", *Journal of Applied Psychology* 97, no. 2 (2012): 391–406; e B. A. De Jong, K. T. Dirks e N. Gillespie, "Trust and Team Performance: A Meta-Analysis of Main Effects, Moderators, and Covariates", *Journal of Applied Psychology* 101, no. 8 (2016): 1134–50.

30. G. Brown, C. Crossley e S. L. Robinson, "Psychological Ownership, Territorial Behavior, and Being Perceived as a Team Contributor: The Critical Role of Trust in the Work Environment", *Personnel Psychology* 67 (2014): 463–85.

31. Veja F. Aime, C. J. Meyer e S. E. Humphrey, "Legitimacy of Team Rewards: Analyzing Legitimacy as a Condition for the Effectiveness of Team Incentive Designs", *Journal of Business Research* 63, no. 1 (2010): 60–66; P. A. Bamberger e R. Levi, "Team-Based Reward Allocation Structures and the Helping Behaviors of Outcome-Interdependent Team Members", *Journal of Managerial Psychology* 24, no. 4 (2009): 300–27; e M. J. Pearsall, M. S. Christian e A. P. J. Ellis, "Motivating Interdependent Teams: Individual Rewards, Shared Rewards, or Something in Between?", *Journal of Applied Psychology* 95, no. 1 (2010): 183–91.

32. A. Bryant, "Taking Your Skills with You", *The New York Times*, 31 maio 2015, 2; e J. E. Mathieu, S. I. Tannenbaum, J. S. Donsbach e G. M. Alliger, "A Review and Integration of Team Composition Models: Moving Toward a Dynamic and Temporal Framework", *Journal of Management* 40, no. 1 (2017): 130–60.

33. R. R. Hirschfeld, M. H. Jordan, H. S. Feild, W. F. Giles e A. A. Armenakis, "Becoming Team Players: Team Members' Mastery of Teamwork Knowledge as a Predictor of Team Task Proficiency and Observed Teamwork Effectiveness", *Journal of Applied Psychology* 91, no. 2 (2006): 467–74; e K. R. Randall, C. J. Resick e L. A. DeChurch, "Building Team Adaptive Capacity: The Roles of Sensegiving and Team Composition", *Journal of Applied. Psychology* 96, no. 3 (2011): 525–40.

34. H. Moon, J. R. Hollenbeck e S. E. Humphrey, "Asymmetric Adaptability: Dynamic Team Structures as One-Way Streets", *Academy of Management Journal* 47, no. 5 (out. 2004): 681–95; A. P. J. Ellis, J. R. Hollenbeck e D. R. Ilgen, "Team Learning: Collectively Connecting the Dots", *Journal of Applied Psychology* 88, no. 5 (out. 2003): 821–35; C. L. Jackson e J. A. LePine, "Peer Responses to a Team's Weakest Link: A Test and Extension of LePine and Van Dyne's Model", *Journal of Applied Psychology* 88, no. 3 (jun. 2003): 459–75; e J. A. LePine, "Team Adaptation and Postchange Performance: Effects of Team Composition in Terms of Members' Cognitive Ability and Personality", *Journal of Applied Psychology* 88, no. 1 (fev. 2003): 27–39.

35. C. C. Cogliser, W. L. Gardner, M. B. Gavin e J. C. Broberg, "Big Five Personality Factors and Leader Emergence in Virtual Teams: Relationships with Team Trustworthiness, Member Performance Contributions, and Team Performance", *Group & Organization Management* 37, no. 6 (2012): 752–84; e S. T. Bell, "Deep-Level Composition Variables as Predictors of Team Performance: A MetaAnalysis", *Journal of Applied Psychology* 92, no. 3 (2007): 595–615.

36. T. A. O'Neill e N. J. Allen, "Personality and the Prediction of Team Performance", *European Journal of Personality* 25, no. 1 (2011): 31–42.

37. S. E. Humphrey, J. R. Hollenbeck, C. J. Meyer e D. R. Ilgen, "Personality Configurations in Self-Managed Teams: A Natural Experiment on the Effects of Maximizing and Minimizing Variance in Traits", *Journal of Applied Psychology* 41, no. 7 (2011): 1701–32.

38. Ellis, Hollenbeck e Ilgen, "Team Learning"; C. O. L. H. Porter, J. R. Hollenbeck e D. R. Ilgen, "Backing Up Behaviors in Teams: The Role of Personality and Legitimacy of Need", *Journal of Applied Psychology* 88, no. 3 (jun. 2003): 391–403; e J. A. Colquitt, J. R. Hollenbeck e D. R. Ilgen, "Computer-Assisted Communication and Team Decision-Making Performance: The Moderating Effect of Openness to Experience", *Journal of Applied Psychology* 87, no. 2 (abr. 2002): 402–10.

39. B. H. Bradley, A. C. Klotz, B. E. Postlethwaite e K. G. Brown, "Ready to Rumble: How Team Personality Composition and Task Conflict Interact to Improve Performance", *Journal of Applied Psychology* 98, no. 2 (2013): 385–92.

40. E. Gonzalez-Mule, D. S. DeGeest, B. W. McCormick, J. Y. Seong e K. G. Brown, "Can We Get Some Cooperation around Here? The Mediating Role of Group Norms on the Relationship between Team Personality and Individual Helping Behaviors", *Journal of Applied Psychology* 99, no. 5 (2014): 988–99.

41. S. E. Humphrey, F. P. Morgeson e M. J. Mannor, "Developing a Theory of the Strategic Core of Teams: A Role Composition Model of Team Performance", *Journal of Applied Psychology* 94, no. 1 (2009): 48–61.

42. C. Margerison e D. McCann, *Team Management: Practical New Approaches* (Londres: Mercury Books, 2000).

43. A. Joshi, "The Influence of Organizational Demography on the External Networking Behavior of Teams", *Academy of Management Review* (jul. 2006): 583–95.

44. A. Joshi e H. Roh, "The Role of Context in Work Team Diversity Research: A Meta-Analytic Review", *Academy of Management Journal* 52, no. 3 (2009): 599–627; S. K. Horwitz e I. B. Horwitz, "The Effects of Team Diversity on Team Outcomes: A Meta-Analytic Review of Team Demography", *Journal of Management* 33, no. 6 (2007): 987–1015; A. C. Homan, C. Buengeler, R. A. Eckhoff, W. P. van Ginkel e S. C. Voelpel, "The Interplay of Diversity Training and Diversity Beliefs on Team Creativity in

Nationality Diverse Teams", *Journal of Applied Psychology* 100, no. 5 (2015): 1456–67; S. T. Bell, A. J. Villado, M. A. Lukasik, L. Belau e A. L. Briggs, "Getting Specific about Demographic Diversity Variable and Team Performance Relationships: A Meta-Analysis", *Journal of Management* 37, no. 3 (2011): 709–43; e S. Y. Cheung, Y. Gong, M. Wang, L. Zhou e J. Shi, "When and How Does Functional Diversity Influence Team Innovation? The Mediating Role of Knowledge Sharing and the Moderation Role of Affect-Based Trust in a Team", *Human Relations* 69, no. 7 (2016): 1507–31.

45. S. J. Shin e J. Zhou, "When Is Educational Specialization Heterogeneity Related to Creativity in Research and Development Teams? Transformational Leadership as a Moderator", *Journal of Applied Psychology* 92, no. 6 (2007): 1709–21; e K. J. Klein, A. P. Knight, J. C. Ziegert, B. C. Lim e J. L. Saltz, "When Team Members' Values Differ: The Moderating Role of Team Leadership", *Organizational Behavior and Human Decision Processes* 114, no. 1 (2011): 25–36.

46. S. J. Shin, T. Kim, J. Lee e L. Bian, "Cognitive Team Diversity and Individual Team Member Creativity: A Cross-Level Interaction", *Academy of Management Journal* 55, no. 1 (2012): 197–212.

47. S. Mohammed e L. C. Angell, "Surface- and Deep-Level Diversity in Workgroups: Examining the Moderating Effects of Team Orientation and Team Process on Relationship Conflict", *Journal of Organizational Behavior* (dez. 2004): 1015–39.

48. Y. F. Guillaume, D. van Knippenberg e F. C. Brodebeck, "Nothing Succeeds Like Moderation: A Social Self-Regulation Perspective on Cultural Dissimilarity and Performance", *Academy of Management Journal* 57, no. 5 (2014): 1284–308.

49. D. Coutu, "Why Teams Don't Work", *Harvard Business Review* (maio 2009): 99–105. As evidências apresentadas nesta seção são descritas em Thompson, *Making the Team*, pp. 65–67. Veja também L. A. Curral, R. H. Forrester e J. F. Dawson, "It's What You Do and the Way That You Do It: Team Task, Team Size, and Innovation-Related Group Processes", *European Journal of Work & Organizational Psychology* 10, no. 2 (jun. 2001): 187–204; e R. C. Liden, S. J. Wayne e R. A. Jaworski, "Social Loafing: A Field Investigation", *Journal of Management* 30, no. 2 (2004): 285–304.

50. R. Karlgaard, "Think (Really!) Small", *Forbes*, 13 abr. 2015, 32.

51. Ibid.

52. Ibid.

53. "Is Your Team Too Big? Too Small? What's the Right Number?", *Knowledge@Wharton*, 14 jun. 2006, http://knowledge.wharton.upenn.edu/article/is-your-team-too-big-too-small-whats-the-right-number-2/; veja também A. M. Carton e J. N. Cummings, "A Theory of Subgroups in Work Teams", *Academy of Management Review* 37, no. 3 (2012): 441–70.

54. Hyatt e Ruddy, "An Examination of the Relationship between Work Group Characteristics and Performance"; J. D. Shaw, M. K. Duffy e E. M. Stark, "Interdependence and Preference for Group Work: Main and Congruence Effects on the Satisfaction and Performance of Group Members", *Journal of Management* 26, no. 2 (2000): 259–79; e S. A. Kiffin-Peterson e J. L. Cordery, "Trust, Individualism, and Job Characteristics of Employee Preference for Teamwork", *International Journal of Human Resource Management* (fev. 2003): 93–116.

55. J. A. LePine, R. F. Piccolo, C. L. Jackson, J. E. Mathieu e J. R. Saul, "A Meta-Analysis of Teamwork Processes: Tests of a Multidimensional Model and Relationships with Team Effectiveness Criteria", *Personnel Psychology* 61 (2008): 273–307.

56. J. F. Dovidio, "Bridging Intragroup Processes and Intergroup Relations: Needing the Twain to Meet", *British Journal of Social Psychology* 52, no. 1 (2013): 1–24; e J. Zhou, J. Dovidio e E. Wang, "How Affectively-Based and Cognitively-Based Attitudes Drive Intergroup Behaviours: The Moderating Role of Affective-Cognitive Consistency", *Plos One* 8, no. 11 (2013): artigo e82150.

57. LePine, Piccolo, Jackson, Mathieu e Saul, "A Meta-Analysis of Teamwork Processes"; e J. E. Mathieu e T. L. Rapp, "Laying the Foundation for Successful Team Performance Trajectories: The Roles of Team Charters and Performance Strategies", *Journal of Applied Psychology* 94, no. 1 (2009): 90–103.

58. J. E. Mathieu e W. Schulze, "The Influence of Team Knowledge and Formal Plans on Episodic Team Process–Performance Relationships", *Academy of Management Journal* 49, no. 3 (2006): 605–19.

59. A. N. Pieterse, D. van Knippenberg e W. P. van Ginkel, "Diversity in Goal Orientation, Team Reflexivity, and Team Performance", *Organizational Behavior and Human Decision Processes* 114, no. 2 (2011): 153–64; e M. J. Pearsall e V. Venkataramani, "Overcoming Asymmetric Goals in Teams: The Interactive Roles of Team Learning Orientation and Team Identification", *Journal of Applied Psychology* 100, no. 3 (2015): 735–48.

60. A. Gurtner, F. Tschan, N. K. Semmer e C. Nagele, "Getting Groups to Develop Good Strategies: Effects of Reflexivity Interventions on Team Process, Team Performance, and Shared Mental Models", *Organizational Behavior and Human Decision Processes* 102 (2007): 127–42; M. C. Schippers, D. N. Den Hartog, e P. L. Koopman, "Reflexivity in Teams: A Measure and Correlates", *Applied Psychology: An International Review* 56, no. 2 (2007): 189–211; e C. S. Burke, K. C. Stagl, E. Salas, L. Pierce e D. Kendall, "Understanding Team Adaptation: A Conceptual Analysis and Model", *Journal of Applied Psychology* 91, no. 6 (2006): 1189–207.

61. M. C. Schippers, A. C. Homan e D. Van Knippenberg, "To Reflect or Not to Reflect: Prior Team Performance as a Boundary Condition of the Effects of Reflexivity on Learning and Final Team Performance", *Journal of Organizational Behavior* 34, no. 1 (2013): 6–23.

62. A. N. Pieterse, D. van Knippenberg e W. P. van Ginkel, "Diversity in Goal Orientation, Team Reflexivity, and Team Performance", *Organizational Behavior and Human Decision Processes* 114, no. 2 (2011): 153–64.

63. Veja R. P. DeShon, S. W. J. Kozlowski, A. M. Schmidt, K. R. Milner e D. Wiechmann, "A Multiple-Goal, Multilevel Model of Feedback Effects on the Regulation of Individual and Team Performance", *Journal of Applied. Psychology* (dez. 2004): 1035–56.

64. K. Tasa, S. Taggar e G. H. Seijts, "The Development of Collective Efficacy in Teams: A Multilevel and Longitudinal Perspective", *Journal of Applied Psychology* 92, no. 1 (2007): 17–27; D. I. Jung e J. J. Sosik, "Group Potency and Collective Efficacy: Examining Their Predictive Validity, Level of Analysis, and Effects of Performance Feedback on Future Group Performance", *Group & Organization Management* (set. 2003): 366–91; e R. R. Hirschfeld e J. B. Bernerth, "Mental Efficacy and Physical Efficacy at the Team Level: Inputs and Outcomes among Newly Formed Action Teams", *Journal of Applied. Psychology* 93, no. 6 (2008): 1429–37.

65. A. W. Richter, G. Hirst, D. van Knippenberg e M. Baer, "Creative Self-Efficacy and Individual Creativity in Team Contexts: Cross-Level Interactions with Team Informational Resources", *Journal of Applied Psychology* 97, no. 6 (2012): 1282–90.

66. N. Ellemers, E. Sleebos, D. Stam e D. de Gilder, "Feeling Included and Valued: How Perceived Respect Affects Positive Team Identity and Willingness to Invest in the Team", *British Journal of Management* 24 (2013): 21–37; e B. Dietz, D. van Knippenberg, G. Hirst e S. D. Restubog, "Outperforming Whom? A Multilevel Study of Performance-Prove Goal Orientation, Performance, and the Moderating Role of Shared Team Identification", *Journal of Applied Psychology* 100, no. 6 (2015): 1811–24.

67. D. L. Shapiro, S. A. Furst, G. M. Spreitzer e M. A. Von Glinow, "Transnational Teams in the Electronic Age: Are Team Identity and High Performance at Risk?", *Journal of Organizational Behavior* 23 (2002): 455–67.

68. T. A. De Vries, F. Walter, G. S. Van Der Vegt e P. J. M. D. Essens, "Antecedents of Individuals' Interteam Coordination: Broad Functional Experiences as a Mixed Blessing", *Academy of Management Journal* 57, no. 5 (2014): 1334–59.

69. S. Chang, L. Jia, R. Takeuchi e Y. Cai, "Do High-Commitment Work Systems Affect Creativity? A Multilevel Combinational Approach to Employee Creativity", *Journal of Applied Psychology* 99, no. 4 (2014): 665–80.

70. C. Post, "When Is Female Leadership an Advantage? Coordination Requirements, Team Cohesion, and Team Interaction Norms", *Journal of Organizational Behavior* 36, no. 8 (2015): 1153–75; J. E. Mathieu, M. R. Kukenberger, L. D'Innocenzo e G. Reilly, "Modeling Reciprocal Team Cohesion–Performance Relationships, as Impacted by Shared Leadership and Members' Competence", *Journal of Applied Psychology* 100, no. 3 (2015): 71–34; e A. C. Stoverink, E. E. Umphress, R. G. Gardner e K. N. Milner, "Misery Loves Company: Team Dissonance and the Influence of Supervisor-Focused Interpersonal Justice Climate on Team Cohesiveness", *Journal of Applied Psychology* 99, no. 6 (2014): 1059–73.

71. S. Mohammed, L. Ferzandi e K. Hamilton, "Metaphor No More: A 15-Year Review of the Team Mental Model Construct", *Journal of Management* 36, no. 4 (2010): 876–910.

72. A. P. J. Ellis, "System Breakdown: The Role of Mental Models and Transactive Memory on the Relationships between Acute Stress and Team Performance", *Academy of Management Journal* 49, no. 3 (2006): 576–89.

73. L. A. DeChurch e J. R. Mesmer-Magnus, "The Cognitive Underpinnings of Effective Teamwork: A Meta-Analysis", *Journal of Applied Psychology* 95, no. 1 (2010): 32–53.

74. S. W. J. Kozlowski e D. R. Ilgen, "Enhancing the Effectiveness of Work Groups and Teams", *Psychological Science in the Public Interest* (dez. 2006): 77–124; e B. D. Edwards, E. A. Day, W. Arthur Jr. e S. T. Bell, "Relationships among Team Ability Composition, Team Mental Models, and Team Performance", *Journal of Applied Psychology* 91, no. 3 (2006): 727–36.

75. M. Kolbe, G. Grote, M. J. Waller, J. Wacker, B. Grande e D. R. Spahn, "Monitoring and Talking to the Room: Autochthonous Coordination Patterns in Team Interaction and Performance", *Journal of Applied Psychology* 99, no. 6 (2014): 1254–67.

76. R. Sinha, N. S. Janardhanan, L. L. Greer, D. E. Conlon e J. R. Edwards, "Skewed Task Conflicts in Teams: What Happens When a Few Members See More Conflict Than the Rest?", *Journal of Applied Psychology* 101, no. 7 (2016): 1045–55.

77. T. A. O'Neill, N. J. Allen e S. E. Hastings, "Examining the 'Pros' and 'Cons' of Team. Conflict: A Team-Level Meta-Analysis of Task, Relationship, and Process Conflict", *Human Performance* 26, no. 3 (2013): 236–60.

78. Bradley, Klotz, Postlethwaite e Brown, "Ready to Rumble."

79. J. Farh, C. Lee e C. I. C. Farh, "Task Conflict and Team Creativity: A Question of How Much and When", *Journal of Applied Psychology* 95, no. 6 (2010): 1173–80.

80. K. J. Behfar, R. S. Peterson, E. A. Mannix e W. M. K. Trochim, "The Critical Role of Conflict Resolution in Teams: A Close Look at the Links between Conflict Type, Conflict Management Strategies, and Team Outcomes", *Journal of Applied Psychology* 93, no. 1 (2008): 170–88.

81. V. Gonzalez-Roma e A. Hernandez, "Climate Uniformity: Its Influence on Team Communication Quality, Task Conflict, and Team Performance", *Journal of Applied Psychology* 99, no. 6 (2014): 1042–58.

82. M. Chang, "On the Relationship between Intragroup Conflict and Social Capital in Teams: A Longitudinal Investigation in Taiwan", *Journal of Organizational Behavior* 38, no. 1 (2017): 3–27.

83. K. H. Price, D. A. Harrison e J. H. Gavin, "Withholding Inputs in Team Contexts: Member Composition, Interaction Processes, Evaluation Structure, and Social Loafing", *Journal of Applied Psychology* 91, no. 6 (2006): 1375–84.

84. G. Hertel, U. Konradt e K. Voss, "Competencies for Virtual Teamwork: Development and Validation of a Web-Based Selection Tool for Members of Distributed Teams", *European Journal of Work and Organizational Psychology* 15, no. 4 (2006): 477–504.

85. T. V. Riper, "The NBA's Most Overpaid Players", *Forbes,* 5 abr. 2013, http://www.forbes.com/sites/tomvanriper/2013/04/05/the-nbas--most-overpaid-players/.

86. E. Kearney, D. Gebert e S. C. Voelpel, "When and How Diversity Benefits Teams: The Importance of Team Members' Need for Cognition", *Academy of Management Journal* 52, no. 3 (2009): 581–98.

87. H. M. Guttman, "The New High-Performance Player", *The Hollywood Reporter,* 27 out. 2008, www.hollywoodreporter.com.

88. A. M. Hughes, M. E. Gregory, D. L. Joseph, S. C. Sonesh, S. L. Marlow, C. N. Lacerenza, L. E. Benishek, H. B. King e E. Salas, "Saving Lives: A Meta-Analysis of Team Training in Healthcare", *Journal of Applied Psychology* 101, no. 9 (2016): 1266–1304.

89. C. H. Chuang, S. Chen e C. W. Chuang, "Human Resource Management Practices and Organizational Social Capital: The Role of Industrial Characteristics", *Journal of Business Research* (maio 2013): 678–87; e L. Prusak e D. Cohen, "How to Invest in Social Capital", *Harvard Business Review* (jun. 2001): 86–93.

90. T. Erickson e L. Gratton, "What It Means to Work Here", *BusinessWeek,* 10 jan. 2008, www.businessweek.com.

91. M. D. Johnson, J. R. Hollenbeck, S. E. Humphrey, D. R. Ilgen, D. Jundt e C. J. Meyer, "Cutthroat Cooperation: Asymmetrical Adaptation to Changes in Team Reward Structures", *Academy of Management Journal* 49, no. 1 (2006): 103–19.

92. C. E. Naquin e R. O. Tynan, "The Team Halo Effect: Why Teams Are Not Blamed for Their Failures", *Journal of Applied Psychology* (abr. 2003): 332–40.

93. E. R. Crawford e J. A. Lepine, "A Configural Theory of Team Processes: Accounting for the Structure of Taskwork and Teamwork", *Academy of Management Review* (jan. 2013): 32–48.

Capítulo

Comunicação

11

Objetivos de aprendizagem

Depois de ler este capítulo, você será capaz de:

11.1 Descrever as funções e o processo de comunicação.

11.2 Comparar a comunicação descendente, ascendente e lateral transmitidas pelas redes de pequenos grupos e pela rede de rumores.

11.3 Distinguir a comunicação oral da escrita e da não verbal.

11.4 Descrever como a riqueza do canal fundamenta a escolha do método de comunicação.

11.5 Diferenciar o processamento automático e o processamento controlado de mensagens persuasivas.

11.6 Identificar as barreiras comuns à comunicação eficaz.

11.7 Descrever como superar os potenciais problemas da comunicação intercultural.

Fonte: Randy Duchaine/Alamy Stock Photo

MATRIZ DE HABILIDADES PARA A EMPREGABILIDADE

	Mito ou ciência?	Objetivos profissionais	Escolha ética	Ponto e contraponto	Exercício experiencial	Dilema ético	Estudo de caso 1	Estudo de caso 2
Pensamento crítico			✓	✓	✓	✓	✓	✓
Comunicação	✓	✓	✓		✓		✓	✓
Colaboração		✓			✓		✓	✓
Análise e aplicação do conhecimento	✓	✓	✓	✓	✓	✓	✓	✓
Responsabilidade social		✓	✓	✓		✓	✓	

QUANTO VALE UMA VÍRGULA?

Se você já jogou Scrabble (jogo de tabuleiro parecido com palavras cruzadas no qual os jogadores marcam pontos formando palavras) sabe que algumas letras valem mais que outras. Mas você já se perguntou quanto vale uma vírgula? Até US$ 10 milhões, de acordo com uma decisão do juiz David Barron, do Tribunal Federal de Apelações dos Estados Unidos.

Em 2017, três motoristas de transporte de leite ainda tentavam, depois de três anos, processar judicialmente seu ex-empregador. De 2009 a 2013, os motoristas faziam, em média, 12 horas extras que não foram pagas de acordo com as leis estaduais e federais. Em 2014, os motoristas entraram com uma ação coletiva contra o empregador, a Oakhurst Dairy of Maine, para cobrar o pagamento das horas extras que não foram recebidas durante quatro anos. Eles já tinham perdido o caso em um tribunal de primeira instância, mas puderam apelar da sentença. O direito dos caminhoneiros ao pagamento das horas extras dependia de uma vírgula.

A Oakhurst Dairy argumentou que a empresa não devia horas extras aos empregados porque a lei do estado norte-americano do Maine relacionava uma série de ocupações que não se qualificavam ao pagamento de horas extras. Leia a seguinte lista de ocupações em voz alta: "Enlatamento, processamento, preservação, congelamento, secagem, comercialização, armazenamento, embalagem para remessa ou distribuição de alimentos perecíveis". Quando leu a frase, você fez uma pausa após a palavra "remessa"? Se foi o caso, ao ler a frase, você provavelmente presumiu que as ocupações listadas incluíam empregados que embalam alimentos perecíveis para remessa e empregados que trabalham na distribuição de alimentos perecíveis. Por outro lado, você pode ter achado que a lista incluía empregados que embalavam alimentos perecíveis para remessa ou distribuição. Para o desgosto da Oakhurst Dairy, o juiz optou pela segunda interpretação. A lei do Maine destinava-se a excluir os empregados que embalavam alimentos perecíveis para remessa ou distribuição, não os empregados que efetivamente distribuíam ou remetiam alimentos em caminhões.

Qual foi a pausa que você pode ter feito ao ler a lista? A vírgula de Oxford, também chamada de vírgula serial, é uma das regras mais controversas da língua inglesa. Trata-se de uma vírgula opcional usada antes do "and", "or" ou "nor" (que significam "e", "ou" e "nem", em inglês). A vírgula de Oxford, quando usada em série, isola um item a fim de esclarecer que este está separado do restante e muitos manuais de estilo omitem essa vírgula. Pode parecer estranho uma única vírgula ter decidido um caso judicial multimilionário, mas você pode se surpreender ao saber que a Oakhurst Dairy não foi a primeira empresa a perder pelo menos um milhão de dólares por conta de uma vírgula. Em 2006, duas empresas canadenses enfrentaram um litígio parecido. A Rogers Communication of Toronto havia negociado o uso de postes telefônicos de propriedade da Bell Aliant. A Bell Aliant queria descontinuar a parceria, mas a Rogers insistia que o contrato não permitia o encerramento do acordo com base na seguinte frase: "Este acordo entrará em vigor a partir da data da assinatura, e continuará em vigor por um período de cinco (5) anos, a menos que seja rescindido com um ano de aviso prévio por escrito por qualquer uma das partes".

Adivinhe como os juízes interpretaram a frase? A Rogers alegava que a Bell Aliant teria de cancelar o acordo dentro de um ano após a renovação automática. Os juízes argumentaram que a vírgula após a palavra "anos" alterava o sentido do contrato e que a Bell Aliant poderia cancelar o contrato a qualquer momento após um ano. Kenneth G. Engelhart, vice-presidente de assuntos jurídicos da Rogers, não concordou com a interpretação do tribunal. "Não me entra na cabeça como eles podem achar que uma vírgula pode de alguma forma anular o sentido claro das palavras."

Esses dois casos exemplificam alguns problemas da comunicação. Para começar, eles nos mostram que a comunicação é complexa e que o significado das palavras nem sempre é claro. As convenções da comunicação escrita e de outras formas de comunicação podem variar muito dependendo do contexto. Por exemplo, a controversa vírgula de Oxford não é usada por muitos meios de comunicação escrita, mas é exigida pelo *Manual de Estilo de Chicago* e pelo *Guia de Estilo da Universidade de Oxford*. Para nos comunicarmos com eficácia, devemos nos conscientizar dessas diferenças e, sempre que possível, verificar se realmente entendemos o que foi dito. Em segundo lugar, os casos apresentados salientam que uma ideia pode ser comunicada com mais clareza dependendo do meio de comunicação. Se a legislação de Maine fosse oral e não escrita, a interpretação da lei poderia ter sido mais clara.

Fontes: baseado em D. Victor, "Lack of Oxford Comma Could Cost Maine Millions in Overtime Dispute", *The New York Times*, 16 mar. 2017, https://www.nytimes.com/2017/03/16/us/oxford-comma-lawsuit.html?_r=0, acessado em 13 abr. 2017; e I. Austen, "The Comma That Costs 1 Million Dollars (Canadian)", *The New York Times*, 25 out. 2006, http://www.nytimes.com/2006/10/25/business/worldbusiness/25comma.html, acessado em 16 abr. 2017.

Como a Rogers Communications e a Oakhurst Dairy descobriram, a falta de clareza na comunicação pode custar milhões à organização. Neste capítulo, analisaremos a comunicação no local de trabalho. Aprenderemos mais sobre o processo de comunicação e veremos como esse processo pode dar errado. Também examinaremos diferentes tipos de comunicação e como são afetados pelas novas tecnologias.

A comunicação deve incluir tanto a *transferência* quanto a *compreensão* do significado. Comunicar é mais do que meramente transmitir um significado, visto que esse significado também precisa ser compreendido. É só assim que podemos transmitir informações e ideias. Se existisse uma forma perfeita de comunicação, um pensamento seria transmitido e o receptor receberia a mesma imagem mental que o emissor pretende comunicar. Pode parecer óbvio, mas, como veremos a seguir, a comunicação perfeita é impossível na prática.

comunicação
Transferência e compreensão de significado.

Funções da comunicação

11.1 Descrever as funções e o processo de comunicação.

A comunicação tem cinco funções básicas em um grupo ou organização: gerenciamento, *feedback*, compartilhamento emocional, persuasão e troca de informações.[1]

A comunicação atua para *gerenciar* o comportamento das pessoas de várias maneiras. As organizações têm hierarquias e diretrizes formais que esperam que os empregados sigam. Quando os empregados respeitam os limites de sua descrição de função ou mesmo quando cumprem as políticas da empresa, a comunicação desempenha uma função de gerenciamento. A comunicação informal também controla o comportamento. Quando membros de um grupo de trabalho hostilizam ou assediam um colega que produz muito (fazendo com que os demais membros do grupo pareçam incompetentes em comparação a ele), eles estão comunicando informalmente, e gerenciando o comportamento do membro produtivo.

A comunicação gera um *feedback*, esclarecendo aos empregados o que eles devem fazer, se estão tendo um bom desempenho e como podem melhorar. Vimos esse conceito em atuação na teoria do estabelecimento de objetivos, no Capítulo 7. A definição de metas, o *feedback* sobre o progresso e as recompensas pelo comportamento desejado requerem comunicação e estimulam a motivação.

Para muitos empregados, o grupo de trabalho é uma importante fonte de interação social. A comunicação no grupo é um mecanismo fundamental para que seus membros expressem suas frustrações ou sua satisfação. A comunicação, portanto, possibilita o *compartilhamento emocional* de sentimentos e a realização de necessidades sociais. Por exemplo, quando um policial branco atirou em um homem negro desarmado na cidade de Ferguson, no estado norte-americano do Missouri, em 2015, o engenheiro de software Carl Jones propôs uma conversa com os colegas da empresa para processar seus sentimentos. A Starbucks, por sua vez, orientou seus baristas a escreverem as palavras "Race Together" ("raças unidas", em tradução livre) nos copos de café para estimular o diálogo sobre as relações raciais. Nos dois casos, as comunicações iniciais foram embaraçosas — tanto que a Starbucks decidiu descontinuar a campanha —, mas Jones e outras pessoas conseguiram nutrir bons relacionamentos usando o compartilhamento emocional.[2]

Tal qual o compartilhamento emocional, a *persuasão* pode ser positiva ou negativa dependendo, por exemplo, de um líder tentar convencer o grupo de trabalho a acreditar no compromisso da organização com a responsabilidade social corporativa ou, por outro lado, tentar convencer o grupo de trabalho a transgredir a lei para atingir uma meta organizacional. Os exemplos podem ser extremos, mas é importante lembrar que a persuasão pode beneficiar ou prejudicar uma organização.

A última função da comunicação é a *troca de informações* para facilitar a tomada de decisões. A comunicação proporciona as informações que pessoas e grupos precisam para tomar decisões ao transmitir os dados necessários para identificar e avaliar alternativas.

Quase todas as interações de comunicação que ocorrem em um grupo ou organização realizam uma ou mais funções, sendo que nenhuma delas é mais importante que as demais. Para apresentar um bom desempenho, os grupos precisam ter algum tipo de controle sobre seus membros, dar *feedback* a fim de estimular as pessoas a se empenhar, permitir o compartilhamento emocional, monitorar as tentativas de persuasão e encorajar a troca de informações.

Antes que a comunicação possa ocorrer, ela precisa de um propósito, de uma mensagem a ser transmitida entre um emissor e um receptor. O emissor codifica a mensagem (convertendo-a em uma forma simbólica) e a transmite por meio de um canal para o receptor, que a decodifica. O resultado é a transferência de significado de uma pessoa à outra.[3]

A Figura 11.1 mostra esse processo de comunicação. Os principais elementos desse modelo são (1) o emissor, (2) a codificação, (3) a mensagem, (4) o canal, (5) a decodificação, (6) o receptor, (7) o ruído e (8) o *feedback*.

O *emissor* inicia a mensagem codificando um pensamento. A *mensagem* é o produto físico *codificado* pelo emissor. Quando falamos, a mensagem é a fala. Quando escrevemos, a mensagem é o texto escrito. Quando gesticulamos, a mensagem são os movimentos de nossos braços e as expressões de nosso rosto. O *canal* é o meio pelo qual a mensagem é transmitida. Ele é selecionado pelo emissor, que decide se vai utilizar um canal formal ou informal. Canais formais são estabelecidos pela

---

processo de comunicação
Etapas entre um emissor e um receptor que resultam na transferência e compreensão de um significado.

canais formais
Canais de comunicação estabelecidos pela organização para transmitir mensagens relacionadas com as atividades profissionais de seus membros.

FIGURA 11.1 O processo de comunicação.

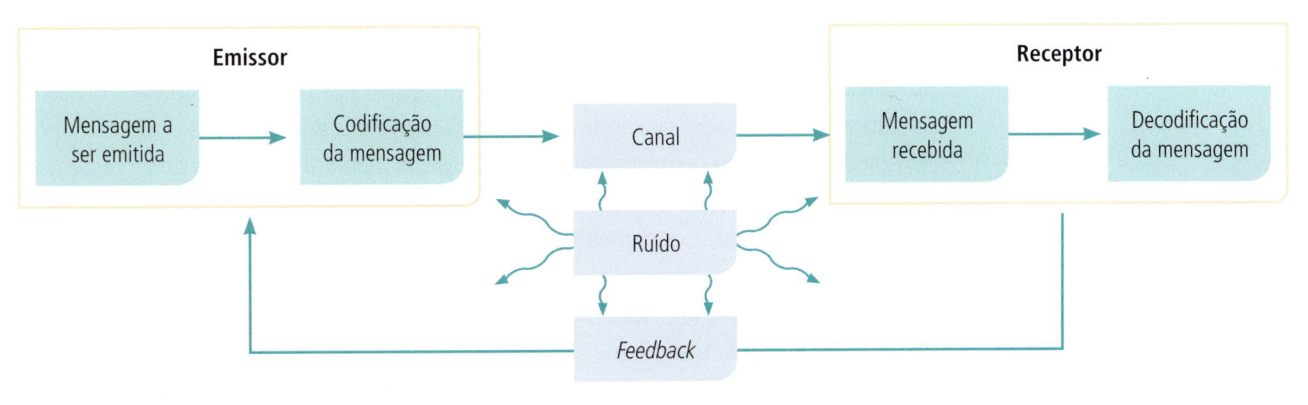

organização para transmitir mensagens referentes às atividades relacionadas com o trabalho de seus membros. Eles normalmente seguem a cadeia de comando da organização. Outras formas de mensagem, como as pessoais ou sociais, seguem os canais informais, que são espontâneos e surgem como resposta às escolhas individuais.[4] O *receptor* é a pessoa (ou pessoas) a quem a mensagem se dirige e que deve traduzir seus símbolos de modo compreensível. Essa etapa é a *decodificação* da mensagem. O *ruído* é composto das barreiras à comunicação que distorcem a clareza da mensagem, como problemas de percepção, excesso de informações, dificuldades semânticas ou diferenças culturais. O último elemento do processo de comunicação é o ciclo de *feedback*. O *feedback* envolve verificar se a mensagem pretendida, de fato, foi transferida e determinar se ela foi realmente compreendida.

canais informais
Canais de comunicação criados espontaneamente e que surgem como resposta às escolhas individuais.

Direção da comunicação

A comunicação pode fluir em sentido vertical ou horizontal, por meio de redes de pequenos grupos ou redes de rumores. A dimensão vertical pode ser subdividida em descendente e ascendente.[5]

11.2 Comparar a comunicação descendente, ascendente e lateral transmitidas pelas redes de pequenos grupos e pela rede de rumores.

Comunicação descendente

A comunicação dentro de um grupo ou organização que flui dos níveis mais altos para os mais baixos é chamada de *comunicação descendente*. Ela é usada pelos gestores e líderes que se comunicam com os empregados para atribuir tarefas, fornecer instruções de trabalho, informar políticas e procedimentos, identificar problemas que requerem atenção e fornecer *feedback* sobre o desempenho.

Na comunicação descendente, os gestores devem explicar *as razões* que levaram a uma decisão. Pode parecer apenas uma questão de bom senso, mas muitos gestores acham que são muito ocupados para explicar suas decisões ou acreditam que as explicações podem levantar questões demais. No entanto, evidências indicam com clareza que as explicações aumentam o comprometimento dos empregados e a adesão às decisões.[6] Os gestores podem achar que basta enviar a mensagem uma vez para que ela chegue aos empregados de nível inferior, mas pesquisas sugerem que, para serem eficazes, as comunicações da gestão devem ser repetidas várias vezes e por meio de uma variedade de mídias diferentes.[7]

Outro problema da comunicação descendente é sua natureza unidirecional. Em outras palavras, os gestores informam os empregados, mas raramente pedem suas opiniões ou recomendações. Uma pesquisa revelou que quase dois terços dos empregados dizem que o chefe raramente ou nunca pede conselhos. Segundo o estudo: "As organizações estão sempre se empenhando para obter maior comprometimento dos empregados, mas as evidências indicam que elas cometem erros básicos desnecessários. As pessoas precisam ser respeitadas e ouvidas". A maneira como os chefes pedem as opiniões dos empregados também faz diferença. Os empregados não revelarão o que pensam, mesmo se as condições forem favoráveis, se isso não for do interesse deles.[8]

Na comunicação descendente, o modo de transmissão e o contexto da troca de informações são importantíssimos. Falaremos mais sobre os métodos de comunicação mais adiante, mas, antes disso, vejamos um exemplo típico de comunicação descendente: a avaliação de desempenho. Alan Buckelew, CEO da Carnival Cruise Lines, diz: "É fundamental fazer uma avaliação de desempenho presencial". O CEO da Samsonite concorda: "Uma teleconferência não tem como substituir as interações face a face". As avaliações automatizadas de desempenho permitiram que os chefes avaliassem seus subordinados sem ter de conversar com eles, o que pode até ser eficiente, mas deixa passar oportunidades importantíssimas de desenvolvimento, motivação e formação de relacionamentos.[9] De modo geral, empregados que são submetidos à comunicação menos direta e menos personalizada têm chances menores de entender corretamente as intenções da mensagem.

Os melhores comunicadores explicam as razões de suas comunicações descendentes e não deixam de pedir a opinião de seus subordinados. Isso nos leva ao próximo ponto: a comunicação ascendente.

Comunicação ascendente

A *comunicação ascendente* é aquela direcionada aos escalões mais altos do grupo ou organização. Esse tipo de comunicação é utilizado para fornecer *feedback* aos gestores, informá-los sobre o progresso no atingimento das metas e relatar problemas. Com a comunicação ascendente, os gestores têm como saber como os empregados se sentem em relação ao trabalho, aos colegas e à organização em geral. Os gestores também usam a comunicação ascendente para coletar ideias para possíveis melhorias. Também é importante que os subordinados deem um *feedback* sincero, porque se os gestores não souberem o que os subordinados realmente pensam sobre a alocação de recursos, eles terão mais chances de tomar decisões visando ao seu próprio interesse, à custa do bem-estar de seus subordinados.[10]

Considerando que a maioria dos gestores e supervisores passou a se encarregar de mais responsabilidades, a comunicação ascendente fica cada vez mais difícil, pois eles estão sobrecarregados e se distraem com facilidade. Para garantir uma boa comunicação ascendente, o subordinado deve procurar abreviar as explicações e resumir os relatórios, propor recomendações viáveis e preparar uma pauta para a reunião, a fim de maximizar o tempo do gestor.[11] E tome cuidado com o que diz, especialmente se souber que o gestor não vai gostar da mensagem que você precisa comunicar. Por exemplo, se quiser recusar uma tarefa, não deixe de mostrar que você estaria disposto a fazer alguma outra coisa, pedindo a opinião de seu gestor sobre suas dificuldades de dar conta da carga de trabalho ou o fato de você não achar que tem os conhecimentos necessários para realizar a tarefa.[12] O modo como você comunica a mensagem pode ser tão importante quanto o conteúdo da comunicação.

O Burger King melhorou a comunicação lateral entre seus executivos ao eliminar salas individuais com portas fechadas, passando a organizar as mesas em um ambiente de espaço aberto. Na foto, da esquerda para a direita, vemos os executivos Jonathan Fitzpatrick, Jose Tomas e Daniel Schwartz se comunicando na nova área de trabalho da sede da empresa, em Miami.

Comunicação lateral

Quando a comunicação se dá entre membros de um mesmo grupo, entre membros do mesmo nível que atuam em diferentes grupos de trabalho ou entre quaisquer pessoas de nível horizontal equivalente na organização, dizemos que isso é uma forma de *comunicação lateral*.[13]

A comunicação lateral poupa tempo e facilita a coordenação. Em alguns casos, essas relações laterais são formalmente estabelecidas. Com frequência, elas são criadas informalmente para provocar um "curto-circuito" na hierarquia vertical e agilizar a ação. Assim, a comunicação lateral pode ser, do ponto de vista da administração da empresa, positiva ou negativa. Considerando que uma adesão rigorosa à estrutura vertical formal em toda a comunicação pode impedir a transferência eficaz e precisa de informações, a comunicação lateral que ocorre com o conhecimento e o apoio da gestão pode beneficiar a organização. No entanto, esse tipo de comunicação pode criar conflitos disfuncionais caso os canais formais verticais sejam violados, caso os membros "atropelem" seus superiores hierárquicos buscando agilizar o processo ou caso os gestores descubram ações ou decisões executadas sem seu conhecimento.

Redes formais de pequenos grupos

As redes organizacionais formais podem ser complexas, incluindo centenas de pessoas e meia dúzia (ou mais) de níveis hierárquicos. Categorizamos essas redes de comunicação em três pequenos grupos de cinco pessoas cada (veja a Figura 11.2): cadeia, roda e todos os canais.

A rede de comunicação do tipo *cadeia* segue com rigor a cadeia de comando formal, aproximando-se dos canais de comunicação que podemos encontrar em uma organização rígida de três níveis. A rede do tipo *roda* depende de uma figura central para atuar como um canal para todas as comunicações do grupo. Ela simula a rede de comunicação que podemos encontrar em uma equipe com um líder forte. A rede de comunicação do tipo *todos os canais* permite que os membros do grupo se comu-

FIGURA 11.2 Três redes comuns de pequenos grupos.

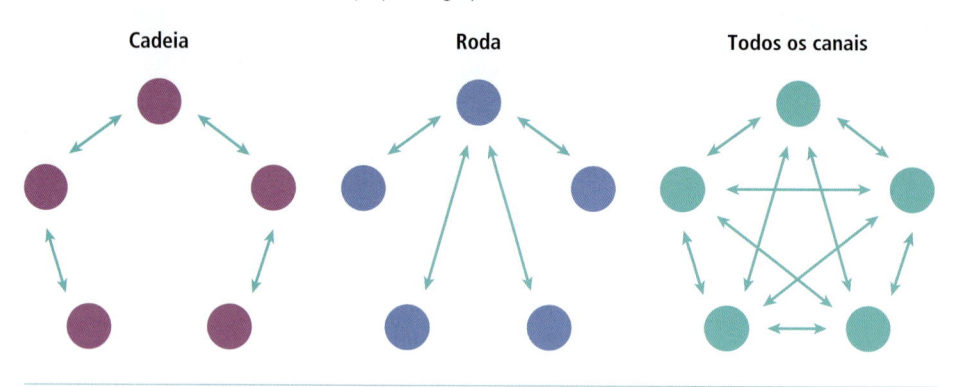

Cadeia — Roda — Todos os canais

niquem ativamente uns com os outros. Esse tipo de rede costuma ser caracterizada por equipes autogerenciadas, nas quais os membros do grupo têm liberdade para contribuir como quiserem e ninguém assume sozinho o papel de liderança. Hoje em dia, muitas organizações gostam de alegar que promovem a comunicação de todos os canais, o que significaria que todos podem se comunicar com todos (o que nem sempre deve ser feito).

Como mostra a Tabela 11.1, a eficácia de cada rede é determinada por uma variável dependente específica. Se você quiser que o grupo tenha um líder forte, é melhor usar a estrutura da roda; se quiser priorizar a satisfação dos empregados, a rede de todos os canais é a melhor; e, se o mais importante for a precisão das comunicações, é melhor usar a estrutura de cadeia. A Tabela 11.1 nos leva a concluir que nenhuma rede específica será a melhor para todas as ocasiões.

A rede de rumores

O sistema de comunicação informal de um grupo ou organização é chamado de rede de rumores (ou boatos).[14] Embora os rumores e as fofocas transmitidos por essa rede sejam informais, esse tipo de comunicação se constitui como uma importante fonte de informações para empregados e candidatos a emprego. As informações da rede de rumores, transmitidas "boca a boca" pelos colegas sobre a empresa, podem determinar a decisão dos candidatos de entrar ou não na organização,[15] chegando a ser mais importantes que avaliações postadas por empregados sobre suas empresas em sites como o Glassdoor.

A rede de rumores constitui uma parte importante da rede de comunicação de qualquer grupo ou organização. Para os empregados, as conversas informais

rede de rumores (ou boatos)
Rede de comunicação informal de uma organização.

TABELA 11.1 Redes de pequenos grupos e critérios para determinar sua eficácia.

	Tipos de rede		
Critério	*Cadeia*	*Roda*	*Todos os canais*
Velocidade	Moderada	Rápida	Rápida
Precisão	Alta	Alta	Moderada
Necessidade de um líder	Moderada	Alta	Nenhuma
Satisfação dos membros	Moderada	Baixa	Alta

geram proximidade e amizade entre as pessoas que trocam informações, embora pesquisas sugiram que isso, não raro, aconteça em detrimento dos membros do exogrupo.[16] Os gestores podem ter uma ideia do ânimo dos empregados na organização, identificar os problemas que os empregados consideram importantes e minimizar sua ansiedade. Evidências indicam que os gestores podem analisar as fofocas transmitidas nas redes sociais dos empregados para saber como as informações positivas e negativas estão fluindo pela organização.[17] Os gestores também podem identificar os "influenciadores" (pessoas com muitas conexões nas redes de relacionamentos e que contam com a confiança dos colegas[18]), observando quais são as pessoas que mais se envolvem em conversas informais (aqueles que se comunicam com frequência sobre temas sem importância). Um estudo descobriu que essas pessoas são tão influentes que têm muito mais chances de manter o emprego em processos de demissão em massa.[19] Outra pesquisa revelou que os empregados conectados pela rede de rumores da empresa tendem a ser mais criativos. Esse efeito deve-se, em parte, ao número de ideias diferentes às quais a pessoa é exposta por meio de sua rede informal.[20] Assim, apesar de a rede de rumores não ser sancionada ou controlada pela organização, é possível analisá-la para alavancar seus benefícios, pelo menos até certo ponto.

Será que os gestores têm como eliminar completamente a rede de rumores se quiserem? De jeito nenhum! E talvez nem deveriam querer fazer isso. Além das oportunidades de aprender com essa rede, alguns tipos de boatos e fofocas podem proporcionar motivação pró-social para que os empregados ajudem uns aos outros a atingir os objetivos organizacionais. Apesar de algumas pessoas considerarem a fofoca um comportamento desviante, nem toda fofoca é mal-intencionada.[21] O que os gestores devem fazer é minimizar suas consequências negativas, restringindo sua abrangência e impacto. A Tabela 11.2 apresenta sugestões práticas para fazer isso.

TABELA 11.2 Como lidar com fofocas e boatos.

1. **Compartilhe** as informações que você tem e as informações que você não tem — os boatos (ou rumores) são desnecessários na presença de boa comunicação e abundância de informações. Se você desconhecer as informações, diga quando planeja obtê-las e mantenha as pessoas informadas do progresso de seu plano.
2. **Explique**, explique e explique um pouco mais. Se você for um gestor, discuta quais decisões foram tomadas e por que foram tomadas, bem como o plano para o futuro.
3. **Responda** aos boatos sem se comprometer e verifique pessoalmente se há alguma verdade envolvida nos rumores. Não deixe de informar-se sobre todos os lados da história.
4. **Convide** os empregados a expressar preocupações, ideias, sugestões, opiniões e sentimentos sobre questões organizacionais. Ajude-os a pensar com mais objetividade.

11.3 Distinguir a comunicação oral da escrita e da não verbal.

Modos de comunicação

Como os membros do grupo comunicam mensagens entre si? Eles usam a comunicação oral, escrita e não verbal. Pode parecer óbvio, mas, como veremos a seguir, a escolha do modo de comunicação pode fazer toda a diferença na reação do receptor à mensagem. Dependendo do tipo de comunicação, é preferível usar um ou outro modo de comunicação. Veremos a seguir as mais recentes pesquisas e aplicações práticas.

Comunicação oral

Um dos principais meios de transmissão de mensagens é a comunicação oral. Palestras, debates formais entre duas pessoas ou em grupo e a rede informal de rumores são algumas formas comuns de comunicação oral.

As vantagens da comunicação oral são a rapidez, o *feedback* e o diálogo. Podemos transmitir uma mensagem e receber a resposta de forma rápida. Como observou um especialista: "A comunicação presencial frequente ainda é a melhor maneira de transmitir informações aos empregados e de obter informações dos empregados".[22] Se o receptor não entender bem a mensagem, o rápido *feedback* permite que o emissor identifique e corrija rapidamente o problema. O *feedback* inclui informações e conteúdo emocional. Mas precisamos manter em mente que costumamos ser maus ouvintes. Pesquisadores indicam que somos predispostos à "estafa do ouvinte", quando ignoramos o que a pessoa está dizendo e nos apressamos a dar conselhos. "Os bons ouvintes refreiam sua tendência natural de resolver os problemas dos outros e de abreviar a conversa", explicou o professor Graham Bodie. A escuta ativa — quando nos livramos das distrações, nos inclinamos na direção da pessoa, fazemos contato visual, parafraseamos o que a pessoa diz e a encorajamos a continuar falando[23] — nos ajuda a entender a situação e conquistar a confiança da pessoa se formos sinceros e não criticarmos o que é dito.[24] A troca de informações por meio da comunicação oral tem componentes sociais, culturais e emocionais. O intercâmbio cultural e social, por meio do qual nos engajamos ativamente em interações sociais que transcendem as fronteiras culturais, pode desenvolver a confiança, a cooperação e um melhor entendimento entre pessoas e equipes.[25]

Uma grande desvantagem da comunicação oral ocorre quando uma mensagem tem de ser transmitida por meio de várias pessoas. Quanto maior for o número de pessoas, maior será a probabilidade de ocorrência de distorções potenciais. Se você conhece a velha brincadeira do "telefone sem fio", está familiarizado com o problema. Cada pessoa interpreta a mensagem à sua maneira, de modo que o conteúdo que chega ao destinatário normalmente é muito diferente do original, mesmo se acharmos que a mensagem é simples e direta. Portanto, as "cadeias" de comunicação oral, em geral, mais atrapalham do que ajudam as organizações. Vamos discutir em mais detalhes algumas aplicações populares da comunicação oral.

Reuniões As reuniões podem ser formais ou informais, podendo envolver duas ou mais pessoas e podendo ser realizadas em praticamente qualquer contexto. Embora 11 milhões de reuniões sejam conduzidas nos Estados Unidos diariamente, algumas pessoas odeiam participar de reuniões. Pensando assim, vale muito a pena encontrar maneiras criativas de aumentar a eficácia das reuniões. O CEO da Amazon, Jeff Bezos, tem o hábito de abrir as reuniões dando 30 minutos para que os participantes possam ler o relatório em silêncio. O Twitter e a Apple só conduzem reuniões às segundas-feiras, o BuzzFeed deixa dois dias livres de reuniões por semana e algumas organizações restringem sua duração.[26]

Estruturar até as interações mais casuais no trabalho na forma de uma reunião nos ajuda a manter o foco no progresso do trabalho. Como explicou Kris Duggan, CEO da BetterWorks, todas as reuniões representam uma oportunidade de "fazer o trabalho" e "brilhar". Ele observou: "Você pode ser um grande especialista na sua área, mas, se não souber se comunicar, não empolgar as pessoas ou não se entusiasmar com as próprias ideias, vai ser difícil fazer o seu trabalho".[27] Outros obstáculos que podem prejudicar a eficácia das reuniões são o uso excessivo de jargões[28] e de qualificadores que só fazem enfraquecer a mensagem (por exemplo, expressões como "para ser sincero" e "para dizer a verdade" implicam que você não é normalmente sincero e não diz a verdade!).[29]

Uma boa comunicação interpessoal é fundamental para garantir a eficácia das reuniões. Alguns especialistas recomendam usar o senso de humor para quebrar o gelo. A empresa de relações públicas Peppercomm chega a oferecer *workshops* de comédia *stand-up* para ajudar as empresas a ensinar seus empregados a usar o humor. O uso do senso de humor nas reuniões chega a ser um fator preditivo do desempenho da equipe até dois anos depois.[30] Mas e se você não tiver voz nas reuniões? Não estamos falando de uma pessoa muda ou surda, como discutiremos no quadro "Objetivos profissionais". *Voz* refere-se à capacidade de contribuir com palavras que tenham valor para a reunião ou para outros fóruns de discussão que ocorrem no local de trabalho.[31] Por definição, uma pessoa que tem "voz" questiona as tradições e convenções, reforça os pontos de vista alheios, dá opiniões construtivas ou é defensiva/destrutiva.[32] Uma pessoa que tem voz é capaz de contribuir e dialogar em uma reunião e, se ninguém tiver voz, as pessoas terão mais dificuldade de contribuir (quando ninguém está falando, poucas pessoas se dispõem a ser uma das primeiras a quebrar o silêncio). Uma pessoa sem voz pode não ter nada a dizer, mas pesquisas indicam que as mulheres, em particular, não se expressam em reuniões mesmo se ocuparem posições de liderança, sugerindo que algumas dinâmicas

O presidente dos Estados Unidos, Donald Trump, no centro, é informado sobre questões urgentes por sua equipe de Segurança Nacional. As reuniões presenciais constituem uma das principais formas de comunicação usadas pelos presidentes dos Estados Unidos.

Fonte: Planetpix/White House Photo/Alamy Stock Photo

de grupo inibem a participação igualitária.[33] Além disso, a voz também pode ser afetada pela autoavaliação, pela iniciativa pessoal, pelo senso de responsabilidade e pelo engajamento dos empregados, bem como pelo clima do local de trabalho e pelas emoções e comportamentos do gestor.[34] Na ausência de uma participação equitativa, os benefícios das reuniões são questionáveis.

Videoconferências e teleconferências A *videoconferência* permite que os empregados de uma empresa realizem reuniões em tempo real com pessoas em lugares diferentes. As imagens e o áudio possibilitam que elas vejam e ouçam umas às outras e conversem entre si sem a necessidade de estar fisicamente no mesmo lugar. Já a *teleconferência,* em geral, limita-se a conversas telefônicas com algumas pessoas reunidas ao redor de um telefone com viva-voz e com outras pessoas em outros lugares falando por meio de uma ligação telefônica. Também é possível compartilhar arquivos ou vídeos que os participantes podem acessar em seus respectivos computadores. Esses dois modos de comunicação são usados de acordo com sua aplicação.

Peter Quirk, diretor de tecnologia da informação da EMC Corporation, usa a videoconferência para conduzir reuniões mensais com empregados de vários locais, poupando tempo e despesas de viagem. Ele observa que é importante deixar os empregados à vontade para que possam fazer perguntas e também é necessário envolver deliberadamente todos os participantes para evitar pessoas desinteressadas na reunião (um problema comum). Outros líderes enfrentam o problema contrário, atuando como um mediador para participantes que interrompem uns aos outros e pedindo silêncio se alguém estiver fazendo muito barulho. Erica Pearce, uma executiva de vendas, teve de dizer a um participante de uma teleconferência: "Tudo bem se você acha que precisa passar o aspirador de pó justo agora e você até pode ir fazer isso em minha casa depois. Mas você precisa botar o seu telefone no mudo".[35]

Você deve achar que as pessoas preferem as videoconferências às teleconferências, considerando que o vídeo proporciona uma experiência mais "ao vivo", mas 65% de todas as reuniões remotas são realizadas somente por áudio. Ninguém descobriu exatamente por que (além da relutância de algumas pessoas de ficar diante de uma câmera), mas o tempo que as pessoas passam em reuniões de áudio e sem vídeo pode estar aumentando quase 10% ao ano.[36] Veja algumas sugestões dos especialistas para lidar com as armadilhas das videoconferências e teleconferências:

1. **Defina pautas mais explícitas e regras mais rigorosas do que definiria para reuniões presenciais.**
2. **Peça que os participantes comecem se apresentando, falando sobre suas funções no projeto e no resultado que eles gostariam que a reunião atingisse.** Eles também devem dizer o próprio nome sempre que se dirigirem ao grupo.
3. **Os líderes devem falar 40% do tempo e ouvir 60% do tempo.**
4. **Antes da reunião, informe os participantes das questões que serão discutidas e anote o que cada participante diz durante a reunião.**
5. **Designe um moderador para a reunião (alguém que não seja o líder) e um secretário (que também não deve ser o líder).**
6. **Antes da reunião, informe-se sobre quem prefere falar por videoconferência e quem prefere teleconferência e certifique-se de que todos estejam familiarizados com a tecnologia utilizada para o encontro.** "Perdi as contas de quantas vezes ouvi as pessoas dizerem: 'Não

consigo fazer minha webcam funcionar, por isso vou participar só por áudio'", quando elas simplesmente preferem uma reunião por teleconferência, disse Laura Stack, autora do livro *Execution Is the Strategy*.[37]

Telefone   Já estamos tão acostumados com o telefone que podemos esquecer que se trata de um modo de comunicação muito eficiente. A comunicação por telefone é rápida, eficaz e mais clara do que por e-mail. Por outro lado, as mensagens transmitidas por telefone podem ser facilmente esquecidas e a limitação de funções tem dificultado o uso desse meio de comunicação sem a adição de algum outro tipo de acompanhamento eletrônico posterior (follow-up). Recentemente, contudo, muitos programas de computador e aplicativos de celular foram criados para aumentar a versatilidade do aparelho. O Switch usa o computador para fazer ligações e os usuários podem mudar de telefone durante as chamadas e visualizar documentos compartilhados. O Voice possibilita que as pessoas usem um único número de telefone ligado a vários telefones. O aplicativo da Talko agrega mensagens de voz, mensagens de texto e fotos. E o Twilio oferece às empresas ligações telefônicas mais baratas e mensagens de texto automatizadas. Os defensores dessas novas tecnologias alegam que esses métodos estendem, mais do que o e-mail, as possibilidades de comunicação das empresas. "Quantas vezes você já participou de uma conversa interminável por e-mail que simplesmente não vai a lugar algum?", pergunta o fundador da Switch. Com as nossas ferramentas, ele disse: "Você tira toda a gordura das conversas telefônicas e fica só com os momentos mais importantes, quando você precisa conversar em tempo real e ter uma ideia do que as pessoas estão sentindo".[38]

Objetivos profissionais

Realmente temos de nos adaptar a certos tipos de deficiência?

Quando meu chefe contratou um cara com deficiência auditiva, achei muito legal da parte dele... mas confesso que estou mudando de ideia. A gente até consegue se comunicar com ele usando e-mails e mensagens de texto. Nós não sabemos falar a língua de sinais, mas, às vezes, soletramos palavras com as mãos. O problema é que o cara faz um monte de barulhos estranhos... gases, arrotos, tosses, gemidos, tudo o que vocês puderem imaginar. Não é demais para termos de aguentar?

— Jackie

Prezada Jackie,
Em resumo: não. O ajuste do local de trabalho aos deficientes é mais do que simplesmente tolerar a presença de um colega com deficiência. Você pode tentar ver a situação do ponto de vista do seu colega deficiente auditivo:
- Quais são as condições de comunicação com as quais ele é forçado a trabalhar? Ele está sendo incluído nas conversas? Por exemplo, vocês estão designando uma pessoa para anotar os pontos importantes para ele saber o que está sendo discutido e estão pedindo a opinião dele nas reuniões? Pense nas questões a seguir para ter uma ideia do que seu colega pode estar pensando.
- *Você sabe o que ele pensa sobre os sinais que vocês fazem para soletrar as palavras com as mãos?* Você pode não saber que a língua de sinais — no Brasil, Língua Brasileira de Sinais ou LIBRAS — não é apenas a linguagem escrita soletrada. Seu colega não deve gostar muito quando vocês soletram as palavras para ele e pode até se ofender com suas tentativas. Ele provavelmente ficaria feliz se vocês se esforçassem para aprender um pouco de LIBRAS e/ou usassem um tradutor. Por exemplo, vocês podem encontrar aplicativos e tradutores na internet que lhes possibilitam digitar uma frase e ver uma pessoa gesticulando as palavras na tela. E novas tecnologias também traduzem a linguagem de sinais para a linguagem escrita.
- *Parece que vocês podem estar atribuindo emoções ao seu colega quando ele faz barulho... emoções que ele pode não estar sentindo.* Você acha que ele não se importa com o bem-estar dos colegas? É muito mais provável que ele simplesmente não saiba que está fazendo barulho ou nem imagine que os ruídos incomodam tanto. Quando está em um ambiente barulhento, você provavelmente não se conscientiza tanto do próprio barulho quanto quando está em uma sala silenciosa com outras pessoas. Se você conseguir transpor a barreira de pensar em maneiras nas quais ele deveria se adaptar ao seu ambiente e passar a mostrar que seu grupo está disposto a se empenhar para se comunicar com ele, vocês poderão começar a se entender melhor. Então, e só então, faria sentido abordar o problema do barulho com respeito

e delicadeza, em uma conversa individual e não ofensiva. Mas, antes disso, procure na internet dicas para se comunicar melhor com os deficientes auditivos e tratá-los com respeito.

Fontes: baseado em C. Swinbourne, "The 10 Annoying Habits of Hearing People", *The Huffington Post*, 17 set. 2013, http://www.huffingtonpost.com/charlie-swinbourne/the-10-annoying-habits-of_b_3618327.html; National Association of the Deaf website, www.nad.org, acessado em 30 jun. 2015; e R. Walker, "An Office Distraction", *The New York Times*, 22 mar. 2015, 8.

As opiniões apresentadas aqui são única e exclusivamente dos autores., os quais não se responsabilizam por quaisquer erros ou omissões nem pelos resultados obtidos com a utilização dessas informações. Em circunstância alguma, os autores, seus parceiros ou suas organizações serão responsáveis por qualquer decisão ou ação da sua parte ou de parte de qualquer pessoa com base nas opiniões apresentadas aqui.

Comunicação escrita

A comunicação escrita inclui cartas, e-mails, mensagens instantâneas, *newsletters* internos e qualquer outro meio que use a linguagem escrita ou simbólica. Hoje em dia, a comunicação escrita nas empresas, em geral, inclui cartas, apresentações de PowerPoint, e-mails, mensagens instantâneas de texto, mídias sociais, aplicativos e blogs. Todo mundo conhece esses métodos, mas vamos analisar suas aplicações específicas para a comunicação organizacional.

Cartas Com toda a tecnologia disponível hoje em dia, por que alguém escreveria e mandaria uma carta? De todas as formas de comunicação escrita, a carta é a mais antiga — e mais duradoura. As cartas podem ser muito úteis no trabalho, dando um toque pessoal a uma comunicação ou criando um documento duradouro para indicar uma comunicação oficial. Pesquisas sugerem que, quando escrevemos à mão, o conteúdo é muito mais memorável para nós do que quando o digitamos.[39]

PowerPoint O PowerPoint e outros formatos de apresentação de slides, como o Prezi, podem ser um excelente modo de comunicação, uma vez que a aplicação combina palavras com elementos visuais para manter o interesse do leitor e ajudar a explicar ideias complexas. O PowerPoint costuma ser usado em apresentações orais, mas seu apelo é tão intuitivo que pode atuar como o principal modo de comunicação. Mas o PowerPoint também tem seus críticos, que argumentam que esse modo de comunicação é muito impessoal, tedioso e difícil de acompanhar.

E-mail O e-mail passou por uma popularização espetacular desde que foi criado, quase 50 anos atrás, e sua utilização é tão difundida que é difícil imaginar a vida sem ele. Há mais de 3,1 bilhões de contas de e-mail ativas ao redor do mundo e os empregados de empresas usam, em média, 105 e-mails por dia.[40] A Figura 11.3 mostra o tempo que gestores e outros profissionais passam diariamente realizando várias tarefas. Muitos gestores dizem que passam muito tempo com o e-mail. E você?

Os benefícios do e-mail para os negócios são claros: eles podem ser escritos, editados, enviados e armazenados de maneira rápida e barata. Mas o e-mail tem seu custo. De acordo com a Messagemind, uma empresa de aplicativos de e-mail, as empresas perdem US$ 650 bilhões por ano em função do tempo gasto com o processamento de e-mails desnecessários.[41] Um estudo também indicou que as pessoas passam mais tempo focadas nas tarefas e ficam menos estressadas quando são impedidas de checar seu e-mail, embora outra pesquisa tenha sugerido que o e-mail só é estressante para aqueles empregados que já estão sobrecarregados.[42]

Apesar dos custos, o e-mail provavelmente chegou para ficar e costuma ser "a primeira impressão que os outros têm de você", segundo Jaqueline Whitmore, especialista em etiqueta e *coach* executiva.[43] Mesmo assim, as pessoas mais experientes podem errar o tom em suas comunicações por e-mail.

FIGURA 11.3 Alocação do tempo no trabalho para gestores e outros profissionais.

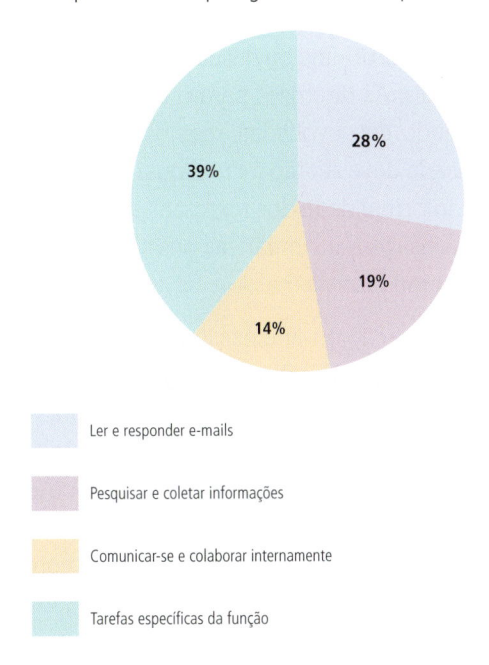

- 28% Ler e responder e-mails
- 19% Pesquisar e coletar informações
- 14% Comunicar-se e colaborar internamente
- 39% Tarefas específicas da função

Fonte: baseado em M. Chui et al., "The Social Economy: Unlocking Value and Productivity through Social Technologies", McKinsey & Company, jul. 2012, http://www.mckinsey.com/insights/high_tech_telecoms_internet/the_social_economy.

Whitmore nos dá os conselhos a seguir:

1. **Nunca deixe o campo do assunto em branco, mas seja breve e relevante.**
2. **Comece com um cumprimento ou saudação.** "Caro Fulano" e "Bom dia/Boa tarde" são bons pontos de partida. Em e-mails posteriores, você pode começar a usar um "Oi", mais informal. Use o nome da pessoa. "Se tiver de pecar pelo excesso, peque sendo mais formal" na saudação e no corpo do e-mail, aconselha Whitmore. O mesmo se aplica à conclusão; "Atenciosamente" é mais formal.
3. **Use frases, parágrafos e raciocínios curtos e objetivos.** Quando possível, use listas com marcadores.
4. **No entanto, não seja curto e grosso.** "A pessoa que recebe seu e-mail não tem como ver suas expressões faciais ou ouvir seu tom de voz e só tem como avaliar suas emoções pelo tom que você usa no e-mail", ela explica.
5. **Evite abreviaturas ou gírias que usaria em um aplicativo de mensagens instantâneas.** "Mesmo se você acabou de se formar e acabou de entrar no mercado de trabalho", observou Whitmore, "não se esqueça de que muitos de seus clientes podem ser mais velhos e mais formais. É importante manter o profissionalismo".
6. **Cheque a ortografia e a gramática de seu e-mail.** E cheque novamente.
7. **Ao receber uma resposta aos seus e-mails, responda em 24 horas.** "Mesmo se você ainda não tiver uma resposta, responda mesmo assim", Whitmore recomenda.[44]

Mensagens instantâneas de texto Assim como o e-mail, as mensagens instantâneas de texto podem ser trocadas por meio do computador ou por outros aparelhos de comunicação móvel, como por exemplo os smartphones. Elas têm seus prós e contras nas interações profissionais. Se você estiver conectado quando receber uma mensagem instantânea, pode responder em tempo real e se engajar em um diálogo on-line, porém se você estiver off-line ou desatento, corre o risco de ver a mensagem só quando for tarde demais. As diretrizes para o uso desse tipo de comunicação no trabalho ainda estão sendo desenvolvidas, mas os especialistas alertam que a linguagem que deve ser usada deve ser tão formal quanto qualquer outra comunicação corporativa. O nível de informalidade dos textos, as abreviaturas, as fotos e as figuras que transmitimos em mensagens instantâneas pessoais normalmente não são aconselháveis em conversas profissionais.[45]

Mídias sociais   A comunicação on-line passou por uma verdadeira revolução com o advento de redes sociais como Facebook e LinkedIn. As empresas estão se beneficiando das oportunidades proporcionadas por essas mídias sociais. Muitas organizações desenvolveram os próprios aplicativos internos de rede social, conhecidos como *software social corporativo*, e a maioria tem a própria página no Facebook e *feeds* do Twitter.[46] As redes sociais passaram a ser usadas como uma ferramenta para candidatos a emprego, profissionais de seleção e contratação, empregados e departamentos de recursos humanos (consulte a Pesquisa de Comportamento Organizacional).

O Facebook tem mais de 1,44 bilhão de usuários ativos por mês,[47] e é importante que as empresas mantenham em mente que os usuários podem enviar mensagens a outros usuários postando em seus murais (mensagens públicas), enviando mensagens ou configurando chats (mensagens privadas). Eles também podem se comunicar com vários outros usuários ("amigos") postando atualizações de status, vídeos e fotos. Alguns modos de comunicação podem ser apropriados para empresas (como a página de uma organização no Facebook), mas muitos não são. Uma pesquisa revelou que nenhum dos CEOs das 50 empresas mais lucrativas do mundo usa o Facebook.[48] Isso representa uma enorme mudança em relação a 2010, quando esses CEOs usavam tanto o Facebook quanto o LinkedIn e o Twitter. Leslie Gaines-Ross,

PESQUISA DE COMPORTAMENTO ORGANIZACIONAL   Você usa sites de redes sociais para se informar sobre os candidatos a emprego?

Ainda não, mas pretendo
37%

Não
52%

Sim
11%

Nota: levantamento da CareerBuilder com mais de 2.000 profissionais de recursos humanos encarregados da seleção e contratação de empregados.

Fonte: baseado em CareerBuilder no site http://www.careerbuilder.com/JobPoster/Resources/page.aspx?pagever=2012SocialMedia&template=none.

uma pesquisadora do estudo, observou: "Acho que os CEOs estão procurando a melhor plataforma para eles".[49] Muitos usuários do Facebook preocupam-se com a questão da privacidade e algumas regiões do mundo não têm acesso à plataforma.[50]

Ao contrário de muitas plataformas de mídias sociais, o LinkedIn foi criado como uma rede empresarial on-line e hoje tem 187 milhões de usuários ativos por mês.[51] Os perfis dos usuários no site são como currículos virtuais. As comunicações podem se restringir a endossos da competência de outros usuários e a fazer contatos profissionais, mas a plataforma permite que os usuários tenham conversas diretas e privadas. Além disso, podem criar novos grupos e entrar em grupos existentes. O LinkedIn tem sido cada vez mais utilizado pelos CEOs das principais empresas e é a rede mais popular entre esse público (22% dos CEOs das 50 principais empresas usam o LinkedIn).[52]

O Twitter é um serviço híbrido de rede social criado para os usuários postarem microblogs de até 280 caracteres para seus seguidores sobre qualquer assunto, incluindo o trabalho. O Twitter tem, em média, 236 milhões de usuários ativos mensais[53] e vem crescendo no mundo corporativo. Enquanto apenas 10% dos CEOs das principais empresas estão no Twitter,[54] alguns têm muitos seguidores, como o presidente Donald Trump, com 29,7 milhões de seguidores, e Richard Branson, do Virgin Group, com 5,99 milhões. Como disse Bill George, que atuou como CEO da Medtronic: "Você consegue pensar em uma maneira mais econômica de se comunicar com os clientes e os empregados?".[55] Ter muitos seguidores pode ser vantajoso para uma empresa ou um gestor, mas uma enorme desvantagem se os posts (*tweets*) forem mal escritos ou negativos.

Aplicativos   O LinkedIn e o Twitter são duas das plataformas de mídia social mais utilizadas pelas empresas, mas não são as únicas. Os aplicativos — plataformas de fácil acesso para dispositivos móveis — estão se popularizando rapidamente. Alguns sites têm um aplicativo, enquanto alguns aplicativos não têm um site. Um dos aplicativos mais populares é o WhatsApp, com 450 milhões de usuários ativos mensais. Os aplicativos são mais populares em regiões onde as pessoas usam mais o celular do que o telefone fixo.[56] A Ásia tem o maior número de usuários de mídias sociais e os aplicativos são um meio de comunicação importante nessa região do mundo, como os aplicativos Line (Japão), WeChat (China) e Kakao (Coreia do Sul).[57]

Blogs   Um *blog* é um site sobre uma pessoa ou empresa. Os especialistas consideram que toda empresa deveria ter um blog, já que podem ser uma forma muito importante de comunicação com empregados e clientes, que podem postar opiniões e sugestões se quiserem.[58] Mas blogs desatualizados passam uma impressão negativa a empregados, clientes e ao público geral e, por isso, a empresa precisa atualizar continuamente suas postagens para manter a relevância do blog.

Mito ou ciência?

Nos dias de hoje, é mais importante saber escrever bem do que saber falar bem

Gestores e empregados nunca tiveram suas habilidades de escrita tão expostas. Não importa se digitamos no computador ou no celular, a comunicação escrita normalmente não é editada. (Ainda bem que existe o corretor ortográfico.) Diante de todos os métodos de comunicação escrita que empregamos atualmente, seria fácil achar que a alta administração valoriza mais as habilidades de escrita do que as habilidades de comunicação oral. Mas evidências sugerem que não é o caso.

Como vimos no Capítulo 1, os empregadores tendem a valorizar mais as habilidades sociais em qualquer setor. De acordo com Nick Schultz, do American Enterprise Institute, "um número considerável de evidências sugere que muitos empregadores ficariam mais do que satisfeitos se encontrassem candidatos com o tipo de habilidades sociais que no passado praticamente todo mundo tinha". Embora as habilidades sociais se refiram a todas as habilidades interpessoais expressadas pela comunicação oral e escrita, elas são mais relevantes em conversas individuais, entrevistas, reuniões e apresentações. A capacidade de falar bem, especialmente em inglês, tornou-se um pré-requisito para trabalhar em muitas empresas multinacionais.

A boa notícia é que a capacidade de falar — saber quando falar, como falar, que tom usar, o que dizer — pode ser desenvolvida com treinamento. De acordo com a *coach* de liderança e autora Kristi Hedges, a maioria das pessoas pode aprender sozinha sem que seja necessário fazer cursos formais de apresentação. Você pode melhorar muito pesquisando técnicas de conversação, vendo vídeos de sessões de prática e praticando novas técnicas nas reuniões. Se você não estiver conseguindo aprender a falar uma segunda língua, pode fazer cursos de imersão e pedir para ser alocado no exterior ou, se essas opções não forem possíveis, pode ouvir e imitar transmissões de rádio e TV no idioma que deseja aprender. Falar bem depende da clareza e da sinceridade de expressão.

Pode ser um erro achar que a comunicação escrita passou a ser mais importante que a comunicação oral, mas todos nós podemos melhorar nossas comunicações verbais com relativa rapidez.

Fontes: baseado em R. J. Aldrick e J. Kasuku, "Escaping from American Intelligence: Culture, Ethnocentrism and the Anglosphere", *International Affairs*, set. 2012, 1009–28; K. Hedges, "Confessions of a Former Public Speaking Trainer: Don't Waste Your Money", *Forbes*, 19 abr. 2012, www.forbes.com/sites/work-in-progress/2012/04/19/public-speaking-trainer-confesses-dont-waste-your-money-on-this/; e N. Schultz, "Hard Unemployment Truths about 'Soft' Skills", *The Wall Street Journal*, 20 set. 2012, A15.

Outros Flickr, Pinterest, Google+, YouTube, Wikis, Jive, Socialtext e Social Cast são apenas algumas das muitas plataformas públicas e específicas de algum setor, sendo que novas plataformas são lançadas diariamente. Algumas foram concebidas para permitir apenas um tipo de postagem: o YouTube, por exemplo, só aceita vídeos, e o Flickr, só vídeos e imagens. Outros sites têm uma cultura específica, como as postagens informais no Pinterest, onde as pessoas compartilham receitas ou dicas de decoração. As aplicações empresariais ainda estão sendo desenvolvidas, mas não deve demorar muito para pelo menos um site de mídia social ser adaptado a cada tipo de comunicação empresarial.

Comunicação não verbal Sempre que transmitimos uma mensagem verbal, também enviamos uma mensagem não verbal.[59] Em algumas situações, o componente não verbal pode não vir acompanhado de um componente verbal e, mesmo assim, pode transmitir uma importante mensagem em nossa comunicação no trabalho. Portanto, nenhuma discussão sobre a comunicação estaria completa sem uma análise da *comunicação não verbal*, que inclui os movimentos corporais, a entonação ou a ênfase dada às palavras, a expressão facial e o distanciamento físico entre o emissor e o receptor.

Poderíamos argumentar que todo e qualquer *movimento corporal* tem um significado, sendo que nenhum deles é acidental (embora alguns sejam inconscientes). Mostramos nosso estado de espírito por meio da linguagem não verbal do corpo. Por exemplo, sorrimos para expressar que somos confiáveis, descruzamos os braços para mostrar que estamos abertos e acessíveis e podemos nos aprumar para sinalizar autoridade.[60]

A linguagem corporal pode comunicar status, nível de engajamento e estado emocional.[61] Essa linguagem se soma à comunicação verbal e muitas vezes a complica. Para você ter uma ideia, estudos sugerem que as pessoas inferem muito mais sobre a atitude e as emoções dos outros com base nos sinais não verbais emitidos do que nas palavras que efetivamente são ditas! O ouvinte pode ter mais chances de acreditar nas pistas não verbais caso elas contradigam a mensagem verbal do emissor.[62]

Se você ler a ata de uma reunião, não sentirá o impacto do que foi dito da mesma forma que sentiria se tivesse participado dela ou se a tivesse visto em vídeo. Isso acontece porque não há registro da comunicação não verbal e ficamos sem informações sobre a ênfase dada às palavras e às frases que foram ditas. Essas informações são importantes para esclarecer o significado pretendido. A Tabela 11.3 mostra como a *entonação* pode alterar o sentido de uma mensagem. As *expressões faciais* também transmitem significado. As expressões faciais, ao lado das entonações de voz, podem mostrar arrogância, agressividade, medo, timidez e outras características.

A *distância física* mantida entre as pessoas também transmite um significado. O que é considerado uma distância adequada entre duas pessoas que conversam depende muito das normas culturais. Uma distância considerada adequada para o ambiente de trabalho em alguns países da Europa pode ser considerada uma expressão de intimidade em algumas regiões da América do Norte. Se alguém se aproxima fisicamente de você além do que é considerado adequado, isso pode indicar agressividade ou interesse sexual. Se a distância mantida for maior do que a esperada, pode significar desinteresse ou insatisfação com o que está sendo dito.

Escolha da comunicação

Já discutimos vários modos de comunicação empresarial. Agora, podemos nos perguntar: por que as pessoas escolhem um canal de comunicação e não outro? O modelo de riqueza de canal ajuda a explicar como os gestores escolhem os canais.[63]

11.4 Descrever como a riqueza do canal fundamenta a escolha do método de comunicação.

Riqueza de canal

Os canais diferem com relação à sua capacidade de transmitir informações. Alguns são considerados *ricos* por sua capacidade de (1) lidar com diferentes sinais ao mesmo tempo, (2) facilitar um *feedback* rápido e (3) ser extremamente pessoais. Outros canais são considerados *pobres*, por serem fracos nesses três fatores. Como ilustra a Figura 11.4, a conversa individual (também chamada de conversa face a face) tem a maior riqueza de canal por oferecer o máximo de informações transmitidas durante um episódio de comunicação — diversas pistas informacionais (palavras, postura, expressão facial, gestos, entonações), *feedback* imediato (tanto verbal como não verbal) e o toque pessoal de "estar presente". As mídias impessoais escritas, como boletins informativos e relatórios, costumam ser os canais menos ricos.

Em resumo, os canais ricos nos dão a chance de observar o emissor da mensagem. Os aspectos inconscientes da comunicação nos ajudam a entender o sig-

riqueza de canal
Quantidade de informações que pode ser transmitida durante um episódio de comunicação.

TABELA 11.3 Entonações: o jeito como você diz as coisas!

Mude seu tom e você mudará o significado do que está dizendo:	
Colocação da ênfase	O que significa
Por que eu não levo **você** para jantar hoje?	Eu tinha a intenção de levar outra pessoa.
Por que **eu** não levo você para jantar hoje?	Em vez daquela pessoa com quem você pretendia ir.
Por que eu **não** levo você para jantar hoje?	Estou tentando encontrar uma razão pela qual eu **não deveria** te levar.
Por que eu não levo você para jantar hoje?	Você tem algum problema comigo?
Por que eu não **levo** você para jantar hoje?	Em vez de você ir por conta própria?
Por que eu não levo você para **jantar** hoje?	Em vez de almoçar.
Por que eu não levo você para jantar **hoje**?	E não amanhã.

Fonte: reproduzido em A. Huczynski e D. Buchanan, *Organizational Behavior*, 4. ed. (Essex, Reino Unido: Pearson Education, 2001), 194.

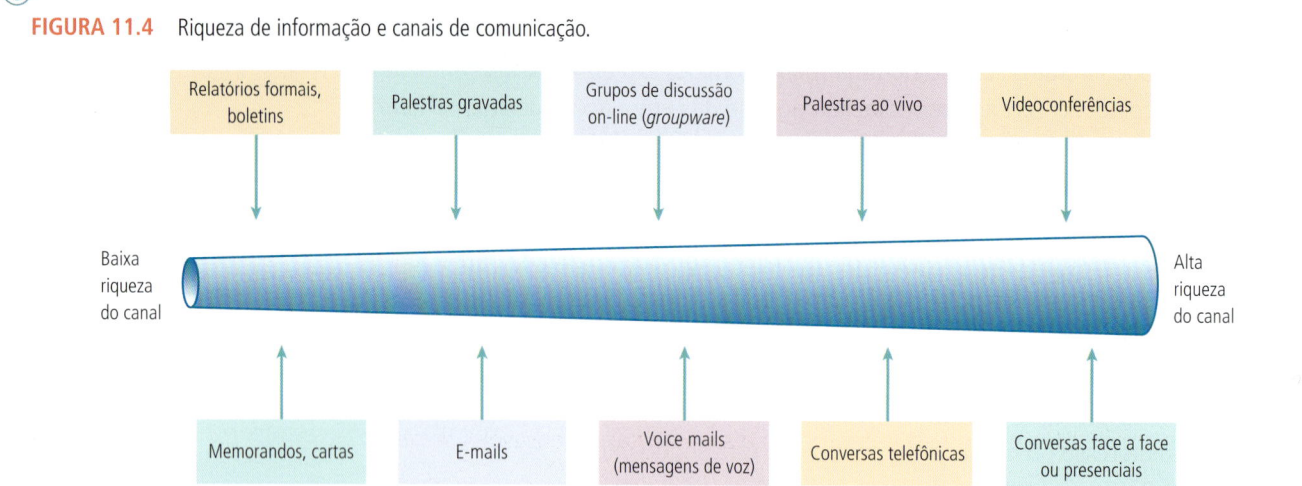

FIGURA 11.4 Riqueza de informação e canais de comunicação.

Baixa riqueza do canal					Alta riqueza do canal
Relatórios formais, boletins	Palestras gravadas	Grupos de discussão on-line (groupware)	Palestras ao vivo	Videoconferências	
Memorandos, cartas	E-mails	Voice mails (mensagens de voz)	Conversas telefônicas	Conversas face a face ou presenciais	

Fonte: reproduzido de R. L. Daft e R. A. Noe, *Organizational Behavior* (Fort Worth, TX: Harcourt, 2001), 311.

nificado de uma mensagem em sua totalidade. Quando não temos acesso a esses aspectos, devemos procurar outras pistas para deduzir as emoções e atitudes do emissor da mensagem.

Escolha dos métodos de comunicação

A escolha de um canal depende de a mensagem ser rotineira ou não. As mensagens rotineiras costumam ser objetivas e diretas e ter pouca ambiguidade, de maneira que os canais pobres possam transmiti-las com eficiência. As comunicações não rotineiras tendem a ser mais complicadas e podem levar a mal-entendidos. Os gestores só têm como comunicá-las com eficácia se escolherem canais ricos.

É interessante usar o modelo da riqueza de canal para escolher o melhor modo de comunicação para os diferentes tipos de mensagem. Nem sempre é fácil saber quando escolher a comunicação oral em vez da escrita, por exemplo. Especialistas dizem que a comunicação oral ou comunicação face a face com os colegas, clientes e a alta administração é fundamental para o sucesso. Entretanto, procurar o CEO de sua empresa apenas para dizer bom dia pode ser visto como um aborrecimento, não como um talento, e oferecer-se para participar de todas as reuniões só para aumentar suas interações face a face não vai ajudar a organização a fazer o que precisa ser feito. Vale muito a pena escolher com cautela o método de comunicação: a mensagem que precisa ser comunicada é mais adequada para uma conversa presencial? Um diagrama? Vamos analisar alguns critérios de decisão.

Sempre que você precisar saber se o receptor está aberto à ideia apresentada, a *comunicação oral* costuma ser a melhor opção. Por exemplo, pode ser interessante apresentar o plano de marketing de um novo produto pessoalmente aos clientes para que você possa ver como eles reagem a cada ideia proposta. Também é importante levar em conta o modo preferencial de comunicação do receptor. Algumas pessoas têm mais facilidade de se concentrar no conteúdo escrito enquanto outras preferem uma conversa. Por exemplo, se o seu chefe chamá-lo para uma reunião, talvez seja melhor você não propor uma conversa por e-mail. O grau de dinamismo de seu local de trabalho também tem influência. Um local de trabalho dinâmico e acelerado pode exigir reuniões improvisadas, e uma equipe forçada a cumprir muitos prazos apertados pode avançar mais rápido agendando videoconferências por Skype.

Muito do que comunicamos face a face depende da maneira como transmitimos a mensagem. Por isso, é importante levar em conta suas habilidades de conversação ao escolher seu método de comunicação. Uma pesquisa sugere que o som da sua voz é duas vezes mais importante do que a mensagem em si. Uma boa voz — clara, moderada — pode ajudá-lo a avançar na carreira, enquanto um tom de voz ruidoso, crítico, irritante, imaturo, estridente, ofegante ou monótono pode ser um obstáculo ao avanço profissional. Se a sua voz for problemática, sua equipe de trabalho pode ajudá-lo a se conscientizar do problema para que você possa fazer ajustes ou até mesmo procurar um fonoaudiólogo.[64]

A *comunicação escrita* costuma ser o modo mais confiável para comunicações complexas e demoradas e pode ser o método mais eficaz para mensagens breves quando, por exemplo, um texto de duas frases tem como substituir um telefonema de 10 minutos. Mas mantenha em mente que a comunicação escrita pode ser limitada em termos de compartilhamento emocional. Escolha a comunicação escrita quando quiser que a informação seja tangível, verificável e documentada. Damos mais atenção ao conteúdo que queremos transmitir em uma mensagem escrita do que em uma mensagem oral. Por esse motivo, esse tipo de comunicação costuma ser mais bem elaborado, mais lógico e mais claro. Contudo, lembre-se de que, assim como na comunicação oral, o modo como a mensagem é transmitida é tão importante quanto o conteúdo da mensagem. Já falamos sobre o nível de formalidade, mas é importante notar que os gestores dizem que erros gramaticais e ortográficos, bem como mensagens informais demais, são considerados pouco profissionais e até inaceitáveis. "As pessoas gostam de ver correção ortográfica e gramatical", observou Jack Appleman, autor e instrutor de redação corporativa. Um estudo constatou que 45% dos empregadores disponibilizavam programas de treinamento para ensinar gramática e habilidades de comunicação a seus empregados.[65] Por outro lado, alguns especialistas argumentam que o uso de abreviaturas e gírias das mídias so-

Fonte: Orlin Wagner/AP Images

Para ajudar seus pacientes a aproveitar ao máximo as consultas presenciais, a pediatra Natasha Burgert se comunica com eles por e-mail, mensagens de texto e blog. A comunicação escrita lhe possibilita compartilhar informações médicas confiáveis e oportunas com a família dos pacientes, para que eles possam cuidar melhor dos filhos.

ciais pode ajudar no trabalho. Em geral, para garantir seu sucesso profissional, saiba quem é o seu público sempre que possível e aprenda a escrever sem erros.

As *cartas* são usadas no trabalho principalmente para fazer *networking* e em documentos que precisam ser assinados. É sempre uma boa ideia para um candidato mandar uma mensagem de agradecimento escrita à mão depois de uma entrevista de emprego, por exemplo. Além disso, assistentes administrativos e secretários costumam entregar os envelopes manuscritos diretamente aos gestores, sem abri-los antes. Embora a comunicação eletrônica escrita possa fornecer algum tipo de autenticação, indicando o remetente e a data e hora do envio da mensagem, uma assinatura manuscrita ainda é preferida, e por vezes exigida, em cartas e contratos.

Em geral, é melhor apenas responder a *mensagens instantâneas* de natureza profissional, deixando para iniciar uma conversa por esse meio somente quando souber que ela será bem-vinda. Lembre-se de que a conversa nem sempre ficará armazenada para referência futura.

As *mensagens instantâneas de texto* podem levar a grandes benefícios no trabalho, mas também podem causar dificuldades. É mais barato enviar e receber mensagens instantâneas e estar disponível para comunicações rápidas pode ser propício para os negócios, além de ser visto com bons olhos por clientes e gerentes. O problema é que algumas pessoas — e alguns gestores — acham que as mensagens de texto são intrusivas e uma grande fonte de distração. As regras de etiqueta no trabalho ainda estão sendo desenvolvidas, resultando em ofensas que vão desde mensagens instantâneas enviadas em horários inconvenientes até uma série de mensagens curtas e consecutivas que irritam o receptor com as constantes notificações do celular. Essa distração contínua também pode tornar mais difícil para os empregados se concentrarem e permanecerem focados. Um levantamento de profissionais chegou às seguintes conclusões:

▶ *Oitenta e quatro por cento dos profissionais consideram inapropriado escrever mensagens instantâneas de texto ou e-mails durante as reuniões formais.*
▶ *Setenta e cinco por cento consideram inapropriado ler mensagens instantâneas de texto ou e-mails durante as reuniões formais.*
▶ *Sessenta e seis por cento consideram inapropriado escrever mensagens instantâneas de texto ou e-mails durante qualquer tipo de reunião.*
▶ *Pelo menos 22% consideram inapropriado usar o celular durante reuniões.*[66]

Como você pode ver, é melhor restringir as mensagens instantâneas de texto pessoais durante o expediente e tomar cuidado ao usar esse tipo de mensagem para assuntos de trabalho. Sugerimos conversar com chefes, colegas ou clientes antes de lhes mandar mensagens de texto pela primeira vez, determinar algumas regras básicas gerais de disponibilidade e ficar atento a sinais de que suas mensagens não são bem-vindas. Para mensagens mais longas, é melhor usar o e-mail. Mesmo se o receptor puder ler a mensagem rolando-a no celular, a opção de visualizar — e salvar — sua mensagem no computador é preferível.

No nível corporativo, os retornos resultantes da utilização das *mídias sociais* são inconclusivos. Alguns dos ganhos mais espetaculares ocorreram na área de vendas, tanto no business-to-consumer (vendas ao consumidor) como nas vendas business-to-business (vendas empresariais). Por exemplo, um representante de vendas da PGi, uma empresa de reuniões virtuais, fechou a venda mais rápida de sua vida ao se conectar imediatamente com um potencial cliente assim que o TweetDeck o alertou que um CEO estava postando *tweets* expressando sua frustração com a webconferência.[67]

As empresas também estão desenvolvendo as próprias plataformas de redes sociais internas para incentivar os empregados a colaborar e a melhorar os programas de treinamento, com um aumento anual de 300% nas atividades das redes corporativas.

Algumas organizações têm políticas para reger o uso de mídias sociais, mas muitas não têm. Não é fácil, para os gestores, controlar o conteúdo publicado pelos empregados, e até mesmo os empregados mais bem-intencionados postam comentários que podem ser considerados prejudiciais à reputação da organização ou que revelam informações confidenciais ou sigilosas. Um software de mineração de dados de sites de mídias sociais pode fazer uma verificação de um candidato a emprego e o campo crescente da análise forense digital ajuda a investigar potenciais problemas com os empregados atuais. O problema é que as investigações cibernéticas podem ser demoradas e dispendiosas.[68] Além disso, é complicado punir violações da política de mídias sociais de uma organização. Então, se você quiser usar as mídias sociais para o trabalho, não deixe de conversar com todos os níveis de gestão envolvidos na iniciativa. E, se você quiser mencionar sua empresa em suas mídias sociais pessoais, informe a empresa de sua intenção, utilizando o potencial retorno para a empresa como justificativa. Pense bem antes de decidir quais plataformas e aplicativos de mídia social pessoais são aceitáveis para a comunicação no trabalho. Conheça as políticas de mídias sociais de sua empresa sobre a confidencialidade corporativa e a posição de sua empresa sobre a privacidade dos empregados.[69]

Nada o impede de postar um texto em seu blog pessoal ou um comentário no blog de outra pessoa criticando sua empresa. Mas as duas opções são mais públicas do que você pode imaginar e é muito fácil encontrar seus posts na internet, bastando procurar seu nome em ferramentas de busca como o Google. Alguma pessoa da empresa que por acaso leia o seu comentário ou o post do blog pode muito bem levar essa informação à administração da empresa, e você pode acabar sendo demitido.

É importante ficar atento aos aspectos *não verbais* da comunicação e, além do sentido literal das palavras do emissor da mensagem, também ficar de olho nesses sinais não verbais. Mantenha-se especialmente atento a contradições nas mensagens. Uma pessoa que olha repetidamente para o relógio, por exemplo, está transmitindo a mensagem de que preferiria encerrar a conversa, mesmo se afirmar o contrário. Nós passamos uma informação contraditória quando transmitimos uma mensagem verbalmente, como confiança, mas comunicamos não verbalmente uma mensagem contraditória, como "Eu não confio em você".

Segurança da informação

Praticamente todas as organizações que lidam com informações privadas ou confidenciais de clientes e empregados se preocupam com a segurança dessas informações. Essa preocupação com informações eletrônicas a serem protegidas incluem, por exemplo, registros médicos e pessoais de pacientes de um hospital, documentos físicos mantidos em arquivos e informações que confiam a seus empregados. A maioria das empresas monitora ativamente o uso da internet e e-mails dos empregados e algumas chegam a usar um sistema de vigilância por vídeo e gravar conversas telefônicas. Mesmo se esses métodos forem necessários, tais práticas de vigilância e monitoramento podem parecer invasivas aos olhos dos empregados. A organização pode apaziguar os empregados envolvendo-os na elaboração de políticas de segurança de informação e dando-lhes algum controle sobre como suas informações pessoais serão usadas.[70]

Escolha ética

Envolvendo os empregados na estratégia organizacional de mídias sociais

As mídias sociais podem ajudar nas comunicações da empresa, mas sua utilização é um verdadeiro campo minado de questionamentos éticos para empregadores e empregados. Em um estudo de 24 setores em 115 países, 63% dos gestores disseram que as mídias sociais seriam importantes para sua empresa em 3 anos. Pesquisas sugerem que a utilização das mídias sociais pode ser um indicador da lucratividade de uma organização. Empresas que saíram na frente nessa tendência incluem o McDonald's, a IBM, a Salesforce, a SAP e a Yammer. As mídias sociais podem transformar clientes em fãs por meio de uma comunicação melhorada e personalizada. Além disso, respostas rápidas e relevantes às comunicações dos clientes podem transformar esses fãs — e empregados — em verdadeiros representantes da marca. A ideia é formar vínculos afetivos ou capitalizar os relacionamentos existentes para espalhar os comentários positivos sobre a empresa aos potenciais clientes.

As mídias sociais implicam uma série de potenciais problemas éticos para as empresas. Os empregados que têm grande presença on-line e usam as mídias sociais para promover a si mesmos e à empresa (*co-branding employees*) podem prejudicar a empresa ao vazarem informações corporativas, apresentarem uma imagem negativa ou ao saírem da empresa.

E tanto a privacidade dos empregados quanto seu direito à liberdade de expressão podem implicar problemas éticos: digamos que uma empregada encarregada de monitorar o *feed* da empresa no Twitter conquiste um cliente. Logo em seguida, ela manda um *tweet* de sua conta pessoal, "Mais um ponto para nós: outro cliente satisfeito". A situação pode não levar a problema algum, mas poderia prejudicar a empresa se a empregada tivesse perdido o cliente e escrito: "Um fracasso estrondoso: pisamos na bola de novo".

Algumas orientações éticas testadas por organizações incluem garantir que os empregados façam bom uso de seu tempo na empresa, remunerá-los pelo tempo que passam promovendo a empresa por meio de suas conexões pessoais nas mídias sociais, esclarecer quem deve ganhar dispositivos pessoais para promover a empresa, definir limites para as expectativas da empresa em relação às iniciativas de promoção por parte dos empregados, lidar com permissões/atribuições e eliminar quaisquer impedimentos legais.

Os especialistas aconselham que, em vez de buscar adiantar-se a todas as possibilidades, pode ser mais eficiente que as organizações elaborem políticas de mídias sociais que reflitam os valores éticos da empresa. Quando, por exemplo, a empresa exige que os candidatos a emprego revelem suas senhas na internet, corre o risco de violar as regras de confiança e privacidade pessoal. Políticas que determinam expectativas éticas para o comportamento dos empregados na internet, esclarecem as diretrizes de monitoramento dos empregados, listam as consequências da não conformidade e justificam as diretrizes serão mais eficazes. Mesmo assim o National Labor Relations Board (Conselho Federal de Relações Trabalhistas dos Estados Unidos) considera que muitas políticas corporativas voltadas a reger o uso das mídias sociais violam a Lei Nacional de Relações Trabalhistas. Uma boa política de mídias sociais consegue esclarecer as expectativas éticas da empresa enquanto reforça a cultura organizacional.

Fontes: baseado em S. F. Gale, "Policies Must Score a Mutual Like", *Workforce Management* (ago. 2012): 18; B. Giamanco e K. Gregoire, "Tweet Me, Friend Me, Make Me Buy", *Harvard Business Review* (jul.–ago. 2012): 88–93; D. Kiron, D. Palmer, A. N Phillips e N. Kruschwitz, "What Managers Really Think about Social Business", *MIT Sloan Management Review* (verão 2012): 51–60; X. Luo, J. Zhang e W. Duan, "Social Media and Firm Equity Value", *Information Systems Research* (mar. 2013): 146–63; C. M. Sashi, "Customer Engagement, Buyer-Seller Relationships, and Social Media", *Management Decision* 50 (2012): 253–72; e A. Smith, "NLRB Finds Social Media Policies Unlawful", *HR Magazine* (ago. 2012): 18.

11.5 Diferenciar o processamento automático e o processamento controlado de mensagens persuasivas.

Comunicação persuasiva

Vimos vários métodos de comunicação até o momento. Agora, vamos voltar nossa atenção a uma das funções da comunicação — a persuasão — e os fatores que podem tornar as mensagens mais ou menos convincentes.

Processamento automático e controlado

Para entender o processo da persuasão, é interessante analisar duas formas diferentes de processar informações.[71] Pense na última vez que você comprou uma lata de refrigerante. Você fez uma pesquisa detalhada das diferentes marcas ou simplesmente pegou a marca que tinha os anúncios mais atraentes? Se formos sinceros, admitiremos que anúncios chamativos e slogans fáceis de lembrar afetam nossa escolha quanto aos produtos que compramos. Não é raro usarmos o **processamento automático**, uma avaliação relativamente superficial de evidências e informações, fazendo uso de heurísticas como as que discutimos no Capítulo 6. O processamento

processamento automático
Avaliação relativamente superficial de evidências e informações com a aplicação de heurísticas.

automático requer pouco tempo e energia e faz sentido usá-lo para processar mensagens persuasivas relacionadas a questões sem grandes consequências em nossa vida. A desvantagem é que esse processo nos deixa vulneráveis a sermos enganados por uma variedade de truques, como um *jingle* que não sai de nossa cabeça ou uma foto espetacular.

Agora, pense na última vez que você escolheu uma casa ou apartamento para morar. Você provavelmente conversou com pessoas que conheciam a região, coletou informações sobre preços e ponderou os custos e benefícios de alugar ou comprar um imóvel. Nesse caso, você dedicou mais tempo e energia e usou o processamento controlado, uma avaliação detalhada de evidências e informações com base em fatos, números e lógica. O processamento controlado requer esforço e energia e, desse modo, é mais difícil enganar uma pessoa que investiu tempo e afinco nesse tipo de avaliação. Então, o que leva uma pessoa a escolher entre o processamento superficial ou o processamento profundo? Vamos dar uma olhada em como podemos saber quais tipos de processamento uma pessoa ou um grupo tenderá a usar.

processamento controlado
Avaliação detalhada de evidências e informações baseada em fatos, números e lógica.

Nível de interesse Um dos melhores fatores preditivos da decisão de utilizar um processo automático ou um processo controlado para avaliar uma mensagem persuasiva é o nível de interesse na mensagem.[72] Os níveis de interesse refletem o impacto que uma decisão terá na vida da pessoa que recebe a mensagem. Quando as pessoas têm muito interesse no resultado de uma decisão, elas tendem a processar as informações com mais atenção. Isso provavelmente acontece porque elas buscam muito mais informações ao tomar uma decisão importante (como onde morar) do que uma decisão relativamente sem importância (como qual camiseta usar).

Conhecimento prévio As pessoas bem informadas sobre um tema têm mais probabilidade de usar estratégias de processamento controlado. Elas já pensaram em vários argumentos a favor ou contra uma decisão específica e só vão mudar de opinião diante de argumentos muito bons e ponderados. Por outro lado, as pessoas mal informadas sobre um assunto podem mudar de ideia com mais facilidade, mesmo diante de argumentos relativamente superficiais apresentados sem muitas evidências. Provavelmente será muito mais difícil persuadir um público bem informado.

Personalidade Você é o tipo de pessoa que lê pelo menos cinco sinopses de um filme antes de decidir ir vê-lo no cinema? Você, talvez, até busque filmes sempre com os mesmos atores e o mesmo diretor. Se for o seu caso, você provavelmente tem uma grande necessidade de cognição, um traço de personalidade característico de pessoas que têm mais chances de ser convencidas por evidências e fatos.[73] As pessoas com menos necessidade de cognição são mais propensas a usar estratégias de processamento automático, confiando na intuição e nas emoções para avaliar as mensagens persuasivas.

necessidade de cognição
Traço de personalidade característico de pessoas que apresentam um desejo contínuo de pensar e aprender.

Características da mensagem Outra influência sobre a decisão de usar uma estratégia de processamento automático ou uma estratégia de processamento controlado é determinada pelas características da própria mensagem. As mensagens transmitidas por meio de canais de comunicação relativamente "pobres", sem dar muita oportunidade para os usuários interagirem com o conteúdo da mensagem, incentivam o processamento automático. Por outro lado, as mensagens fornecidas por meio de canais de comunicação mais "ricos" incentivam um processamento mais ponderado.

Os gestores da construtora alemã Hochtief contaram com o processamento controlado durante uma reunião em que apresentaram argumentos racionais sobre uma oferta de aquisição recebida por outra empresa. Temendo que uma aquisição colocasse seus empregos em risco, os empregados da Hochtief tinham muito interesse em se informar acerca dos planos preventivos dos gestores para evitar tais riscos.

Escolha da mensagem A ação mais importante é combinar sua mensagem persuasiva com o tipo de processamento que seu público tenderá a usar. Se as pessoas não tiverem interesse no tema da mensagem persuasiva, se forem mal informadas, se tiverem pouca necessidade de cognição e se a informação for transmitida por canais relativamente pobres, elas terão mais chances de usar o processamento automático. Nesses casos, use mensagens mais emocionalmente carregadas e associe imagens positivas com o resultado desejado. Por outro lado, quando as pessoas têm interesse no tema da mensagem, quando têm alta necessidade de cognição ou quando a informação é transmitida por canais ricos, é mais interessante concentrar-se em argumentos e evidências racionais para apresentar sua mensagem.

11.6 Identificar as barreiras comuns à comunicação eficaz.

Barreiras à comunicação eficaz

Várias barreiras podem desacelerar ou distorcer a comunicação. É importante saber como reconhecer e como minimizar esses obstáculos. Nesta seção, destacaremos as barreiras mais importantes.

Filtragem

filtragem
Manipulação da informação pelo emissor para que ela seja vista de maneira mais favorável pelo receptor.

A filtragem se refere à manipulação da informação pelo emissor para que o receptor a veja de maneira mais favorável. Quando um empregado diz ao chefe exatamente aquilo que acredita que ele quer ouvir, está filtrando a informação.

Quanto maior o número de níveis verticais na hierarquia da organização, mais oportunidades existem para a ocorrência da filtragem, embora um pouco de filtragem ocorra sempre que há diferenças de *status*. Fatores como o medo de dar más notícias ou o desejo de sempre agradar ao chefe levam os empregados a dizer exatamente aquilo que acreditam que eles querem ouvir, distorcendo, assim, a comunicação ascendente.

Percepção seletiva

A percepção seletiva é importante porque os receptores do processo de comunicação veem e ouvem seletivamente com base em suas necessidades, motivações, experiências, histórico e outras características pessoais. Os receptores também projetam seus interesses e expectativas quando decodificam as mensagens. Por exemplo, um entrevistador que acredita que as mulheres sempre colocam a família antes do trabalho verá essa tendência em todas as candidatas durante o processo seletivo, quer elas pensem dessa forma ou não. Como dissemos no Capítulo 6, não vemos a realidade; interpretamos o que vemos e chamamos isso de realidade.

Sobrecarga de informação

As pessoas têm uma capacidade finita de processar informações. Quando as informações com as quais temos de trabalhar excedem nossa capacidade de processamento, o resultado é a sobrecarga de informação. Vimos que esse fator se tornou um enorme problema para pessoas e organizações. Você pode administrar — até certo ponto — essa barreira à comunicação tomando as medidas sugeridas anteriormente neste capítulo.

O que acontece quando as pessoas têm mais informações do que conseguem organizar e utilizar? A tendência é selecionar, ignorar, não perceber ou esquecer informações. Ou, então, elas podem deixar de processar informações adicionais até resolver essa sobrecarga. De qualquer maneira, o resultado é a perda de informações e uma comunicação menos eficaz. Isso faz com que seja ainda mais importante abordar a sobrecarga de informações.

Um estudo da Intel mostra que, de maneira mais geral, pode fazer sentido usar a tecnologia com menos frequência para, conforme afirmado em um artigo, "evitar deixar que as constantes e intermináveis notificações de mensagens digitais ganhem o poder de reordenar sua lista de tarefas". Uma maneira radical de fazer isso é restringir o número de dispositivos utilizados. Por exemplo, Frits van Paasschen, um executivo da Coors Brewing, livrou-se do computador e passou a usar apenas os dispositivos móveis, e a Eli Lilly & Co. eliminou laptops e outros dispositivos de suas equipes de vendas, que passaram a usar apenas iPads. Essas duas decisões resultaram em maior produtividade.[74]

À medida que as comunicações instantâneas são cada vez mais esperadas no dia a dia do trabalho, os empregados tendem a sentir que precisam ficar disponíveis 24 horas todos os dias. Por exemplo, alguns empregados que viajavam muito a negócios ficaram decepcionados quando as companhias aéreas começaram a oferecer conexões sem fio à internet durante os voos, porque o tempo de voo era, até então, uma rara oportunidade para que eles pudessem relaxar sem um fluxo constante de comunicações organizacionais. Os impactos negativos desses dispositivos de comunicação também podem afetar a vida pessoal dos empregados. Os empregados e sua família dizem que o uso de tecnologias de comunicação eletrônica fora do trabalho leva a mais conflito entre a vida profissional e a vida pessoal, embora algumas pesquisas sugiram que o nível de conflito pode depender das características de personalidade do empregado.[75] Os empregados precisam equilibrar a necessidade de se manter em constante comunicação com o trabalho e de ter um tempo pessoal sem interrupções profissionais. Caso contrário, eles correm o risco de passar 24 horas disponíveis para a organização.

sobrecarga de informação
Condição na qual o volume de informações recebidas excede a capacidade de processamento de uma pessoa.

Emoções

Você pode interpretar a mesma mensagem de uma forma caso esteja aborrecido ou distraído e de outra forma caso esteja feliz. Por exemplo, pessoas com sentimentos positivos têm opiniões mais firmes depois de ler uma mensagem persuasiva, de maneira que argumentos bem elaborados serão mais convincentes.[76] Pessoas que estejam de mau humor são mais propensas a examinar detalhadamente as mensagens, ao passo que pessoas de bom humor tendem a aceitar as comunicações sem questioná-las.[77] Os estados emocionais mais extremos, como euforia ou depressão, aumentam a probabilidade de impedir a comunicação eficaz. Nessas situações, tendemos a deixar de lado nossa racionalidade e objetividade para dar lugar apenas às emoções.

Linguagem

As palavras podem ter significados diferentes para pessoas diferentes, mesmo quando a comunicação é feita na mesma língua. A idade e o contexto cultural são dois dos fatores mais importantes que influenciam tais diferenças. Imagine a situação em que um consultor está conversando com a filha de 15 anos sobre o lugar onde ela vai com seus amigos. De repente, ele diz: "Você precisa determinar os fatores relevantes, ponderá-los e estabelecer uma matriz de prioridades". Ela provavelmente vai olhá-lo como se ele fosse de outro planeta. As pessoas que desconhecem os jargões corporativos podem achar acrônimos como BSC (Balanced Scorecard), palavras como "memo" (memorando) ou expressões como "matriz de prioridades" muito confusos, da mesma forma que os pais desconhecem as gírias de seus filhos adolescentes.[78] O poder de persuasão da linguagem também depende de a pessoa inicialmente concordar ou não com uma mensagem. Por exemplo, a linguagem concreta é mais convincente quando o público tem opiniões políticas divergentes em relação à mensagem, enquanto a linguagem abstrata é mais persuasiva quando as opiniões políticas são semelhantes.[79]

Nosso uso da linguagem está longe de ser homogêneo. Se soubéssemos como cada pessoa modifica a linguagem, poderíamos minimizar as dificuldades da comunicação. Entretanto, normalmente não temos acesso a essa informação. Os emissores tendem a presumir — erroneamente — que as palavras e os termos utilizados têm o mesmo sentido para o receptor.

Fonte: Dondi Tawatao/Getty Images

Barreiras de comunicação se fazem presentes entre esses empregados de um *call center* em Manila, nas Filipinas, e seus clientes norte-americanos e canadenses, embora todos se comuniquem em inglês. Cursos de pronúncia, entonação, vocabulário e gramática ajudam os empregados a transmitir mensagens mais efetivas aos clientes.

Silêncio

É fácil ignorar o silêncio ou a falta de comunicação, precisamente porque o silêncio é definido como ausência de informação. Só que essa forma de pensar costuma ser equivocada, já que o silêncio pode, por si só, ser uma mensagem para comunicar desinteresse ou uma incapacidade de lidar com o assunto em discussão. Os empregados tendem a manter o silêncio se forem maltratados pelos chefes, se tiverem emoções negativas frequentes e entrarem em estado de assimilação ou acharem que não têm muito poder na organização.[80] O silêncio também pode ser um simples resultado da sobrecarga de informação ou apenas sinal da necessidade de tempo para pensar em uma resposta. Não importa qual seja o motivo, pesquisas sugerem que usar o silêncio e abster-se de comunicar-se são comportamentos comuns e problemáticos.[81] Uma pesquisa descobriu que mais de 85% dos gestores disseram ter mantido o silêncio a respeito de pelo menos um assunto de relativa importância.[82] O silêncio pode ser prejudicial para a organização. Quando ocorre por parte dos empregados, pode significar que os gestores não possuem informações sobre problemas operacionais existentes. O silêncio por parte dos gestores pode deixar os empregados desnorteados. E, por fim, o silêncio relacionado à discriminação, ao assédio, à corrupção e à má conduta implica que a alta administração não terá como tomar medidas para eliminar esses comportamentos problemáticos.

Medo da comunicação

Estima-se que 20% dos estudantes universitários sofrem de medo da comunicação, ou ansiedade social, que chega a ser debilitante.[83] Essas pessoas sentem tensão ou ansiedade sem motivo aparente com relação à comunicação oral, escrita ou ambas.[84] Elas podem ter uma enorme dificuldade de conversar face a face com outra pessoa ou podem ficar extremamente ansiosas quando precisam falar ao telefone, lançando mão de memorandos ou e-mails quando um simples telefonema seria muito mais rápido e prático.

As pessoas que temem a comunicação oral procuram evitar profissões como o magistério, para as quais tal tipo de comunicação é um importante requisito.[85] Quase todos os trabalhos, porém, requerem alguma comunicação oral. Um grande problema é que pesquisas indicaram que algumas pessoas portadoras dessa disfunção distorcem as demandas de comunicação oral no trabalho para reduzi-las. É preciso manter em mente, portanto, que algumas pessoas limitam gravemente sua comunicação oral e tendem a racionalizar a questão, dizendo a si mesmas que a comunicação oral não é tão importante para o exercício eficaz de suas funções.

medo da comunicação
Tensão e ansiedade excessivas quanto à comunicação oral, escrita ou ambas.

Mentiras

A última barreira à comunicação eficaz é a deturpação de informações ou, em outras palavras, a mentira. As pessoas podem ter diferentes definições de mentira. Por exemplo, ter ocultado informações deliberadamente sobre um erro é uma mentira ou, para passar do limite, é preciso ter negado explicitamente sua participação no erro? Embora especialistas em ética e cientistas sociais ainda não tenham chegado a uma definição consensual de mentira, não há como negar que ela está por toda parte. As pessoas podem contar entre uma e duas mentiras por dia, sendo que algumas mentem muito mais.[86] Se somarmos todas as mentiras contadas pelos empregados de uma grande organização, estaremos falando de uma montanha de mentiras todos os dias. Evidências demonstram que as pessoas têm mais facilidade de mentir ao telefone do que face a face e têm mais facilidade de mentir por e-mail do que em uma mensagem manuscrita.[87]

Será que é possível identificar os mentirosos? Pesquisas sugerem que a maioria das pessoas não é muito boa em saber quando alguém está mentindo.[88] O problema é que a mentira não é caracterizada por sinais verbais ou não verbais específicos — desviar o olhar, fazer pausas e mudar de posição também podem ser sinais de nervosismo, timidez ou dúvida. A maioria das pessoas que mentem toma providências para evitar ser pega na mentira e pode olhar nos olhos do interlocutor ao mentir por saber que o contato visual direto é (incorretamente) considerado um sinal de veracidade. Por fim, muitas mentiras são misturadas a verdades. Os mentirosos geralmente fazem um relato até certo ponto verídico dos fatos, alterando apenas alguns detalhes para evitar que sejam pegos na mentira.

Em suma, a frequência das mentiras e a dificuldade de detectar os mentirosos fazem da mentira um obstáculo especialmente difícil a uma comunicação eficaz.

11.7 Descrever como superar os potenciais problemas da comunicação intercultural.

Fatores culturais

A comunicação eficaz é difícil até mesmo em condições ideais. Os fatores multiculturais, certamente, têm o potencial de aumentar os problemas de comunicação. Um gesto aceitável e corriqueiro em uma cultura pode não fazer sentido ou até ser considerado ofensivo em outra. Infelizmente, somente 18% das empresas documentaram estratégias de comunicação com os empregados de diferentes culturas e apenas 31% exigem que as mensagens corporativas sejam personalizadas para utilização em outras culturas.

Barreiras culturais

As dificuldades relacionadas à linguagem podem causar vários problemas nas comunicações interculturais. Para começar, temos as *barreiras causadas pela semântica*. As palavras têm significados diferentes para pessoas diferentes, especialmente em se tratando de indivíduos de culturas nacionais diversas. Algumas palavras não se traduzem de uma cultura para a outra. Por exemplo, a palavra finlandesa *sisu* significa algo como "coragem" ou "obstinação persistente", mas, basicamente, não tem tradução para o português. Da mesma forma, os novos capitalistas da Rússia devem ter dificuldades para se comunicar com outros empresários ao redor do mundo, já que termos como "eficácia", "livre mercado" e "regulamentação" não têm tradução direta para o russo.

Em segundo lugar, temos as *barreiras causadas pelas conotações*. As palavras têm implicações diversas em diferentes idiomas. As negociações com gestores japoneses, por exemplo, costumam ter problemas por causa do termo japonês *hai*, que é equivalente ao "sim" em português, mas com a conotação de "sim, estou ouvindo", e não "sim, concordo".

Em terceiro lugar, temos as *barreiras causadas pelas diferenças de entonação*. Em algumas culturas, a linguagem é formal; em outras, informal. Em algumas culturas, a entonação muda de acordo com o contexto — as pessoas mudam o jeito de falar quando estão em casa, em uma festa ou no trabalho. A utilização de um tom pessoal e informal em uma situação que demanda um estilo mais formal pode causar embaraço e até constrangimento.

Em quarto lugar, temos as *barreiras causadas pelas diferenças no nível de tolerância ao conflito e métodos para resolvê-lo*. Pessoas de culturas individualistas têm maior tendência a se sentir mais à vontade com conflitos diretos e a abrir o jogo quanto à causa dos desentendimentos. Os coletivistas tendem a admitir os conflitos apenas de maneira implícita e evitam embates carregados de emoção. Eles podem atribuir os conflitos à situação mais do que aos indivíduos e, em consequência, não exigir desculpas explícitas para retomar as relações, ao passo que os individualistas preferem afirmações explícitas admitindo a responsabilidade pelos conflitos e pedidos públicos de desculpas para restabelecer relações.

Além disso, enquanto todas as culturas identificam determinados comportamentos como excessivamente agressivos, certos tipos de comportamento dependem mais da cultura para serem identificados como negativos. Em Israel, no Paquistão e no Japão, há maior distinção entre agressão verbal e física. Nos Estados Unidos e em Israel, comportamentos que violam os bens pessoais são considerados agressivos, enquanto o Paquistão traça uma diferença entre diferentes graus de ameaça. Diferentes padrões de agressão refletem diferentes maneiras pelas quais determinado país pode interpretar ou responder a um conflito.[89]

Contexto cultural

As culturas tendem a diferir quanto ao grau em que o contexto influencia o significado que as pessoas atribuem à comunicação.[90] Em culturas de alto contexto, como China, Coreia, Japão e Vietnã, as pessoas utilizam fortemente sinais não verbais e sinais situacionais sutis em sua comunicação, e tanto o status oficial de uma pessoa quanto seu lugar na sociedade e sua reputação têm um peso considerável. O que *não* é dito pode ser mais importante do que aquilo que é dito. A Europa e a América do Norte, por sua vez, refletem culturas de baixo contexto. As pessoas dessas culturas contam mais com as palavras orais e escritas para transmitir suas mensagens. A linguagem corporal e o status social são secundários (veja a Figura 11.5).

culturas de alto contexto
Culturas que dependem fortemente de sinais não verbais e sinais situacionais sutis na comunicação.

culturas de baixo contexto
Culturas que dependem fortemente de palavras para transmitir o significado na comunicação.

FIGURA 11.5 Culturas de alto e de baixo contexto.

Alto contexto
- chinesa
- coreana
- japonesa
- vietnamita
- árabe
- grega
- espanhola
- italiana
- inglesa
- norte-americana
- escandinava
- suíça
- alemã

Baixo contexto

Essas diferenças contextuais fazem uma grande diferença em termos de comunicação. A comunicação nas culturas de alto contexto exige consideravelmente mais confiança mútua entre os interlocutores. O que pode parecer apenas uma conversa casual e insignificante reflete, na verdade, o desejo de desenvolver um relacionamento e gerar confiança. Os acordos verbais significam um forte comprometimento entre as partes nessas culturas. E quem você é — sua idade, seu cargo e seu tempo de serviço na organização — são informações muito valorizadas e que afetam muito a sua credibilidade. Desse modo, os gestores podem "fazer sugestões" em vez de dar ordens. Nas culturas de baixo contexto, em comparação, os acordos são feitos por escrito, com uma escolha precisa dos termos e ênfase nos aspectos legais. Essas culturas também valorizam a comunicação objetiva e clara. Os executivos devem ser explícitos e precisos ao transmitir o significado que pretendem comunicar.

Um guia cultural

Temos muito a ganhar com as comunicações organizacionais interculturais. Podemos presumir que cada um de nós, sem exceção, tem pontos de vista diferentes moldados pela cultura. Tendo consciência dessas diferenças, temos a oportunidade de chegar a soluções mais criativas com a ajuda dos outros se soubermos nos comunicar com eficácia.

De acordo com Fred Casmir, um dos mais proeminentes especialistas em pesquisa de comunicação intercultural, de forma geral, não nos comunicamos bem com pessoas de outras culturas porque tendemos a fazer generalizações exclusivamente com base em sua origem cultural. Essa abordagem pode ser insensível e potencialmente desastrosa, especialmente quando fazemos suposições baseadas em características observáveis. Muitos de nós temos origens étnicas variadas e ficaríamos ofendidos se alguém nos abordasse de acordo com a cultura refletida em nossas características físicas, por exemplo. Além disso, tentativas de sermos respeitosos em relação às outras culturas, muitas vezes, baseiam-se em estereótipos propagados pela mídia que, normalmente, são irrelevantes ou obsoletos.

Casmir observou que, como ninguém tem como conhecer todas as culturas em sua totalidade e como as pessoas têm interpretações diferentes para a própria cultura, a comunicação intercultural deve se basear na sensibilidade e na busca de atingir objetivos em comum. Ele constatou que a condição ideal é uma "terceira cultura" improvisada que um grupo pode formar enquanto seus membros buscam incorporar aspectos das preferências culturais de comunicação de cada um. As normas estabelecidas nessa subcultura por meio do reconhecimento das diferenças individuais criam as bases para uma boa comunicação. Grupos interculturais capazes de se comunicar com eficácia podem ser muito produtivos e inovadores.

O que podemos fazer para evitar erros de interpretação ao nos comunicarmos com pessoas de diferentes culturas? Casmir e outros especialistas nos dão as seguintes sugestões:

1. **Conheça a si mesmo.** É importantíssimo reconhecer sua própria identidade cultural e suas tendências e preconceitos para entender o ponto de vista dos outros.

2. **Promova um clima de respeito mútuo, justiça e democracia.** Crie um ambiente claro de igualdade e interesse mútuo. Esse contexto atuará como sua "terceira cultura", que permitirá uma boa comunicação intercultural, transcendendo as normas culturais dos integrantes do grupo.
3. **Exponha os fatos, não a sua interpretação.** A interpretação ou a avaliação do que foi dito ou feito por alguém se baseia mais na cultura e nas experiências do que na situação observada. Se você se restringir aos fatos, terá a chance de se beneficiar da interpretação dos outros. Só dê seu parecer depois de ter tempo suficiente para observar e interpretar a situação com base nos diferentes pontos de vista de todos os envolvidos.
4. **Leve em consideração o ponto de vista dos outros.** Antes de enviar uma mensagem, coloque-se no lugar do destinatário. Quais são os valores, experiências e referências da pessoa? O que você sabe sobre sua educação, criação e formação que poderia ajudá-lo a entender melhor a situação e a pessoa? Tente começar vendo os integrantes do grupo pelo que eles realmente são e adote uma abordagem colaborativa de resolução de problemas sempre que surgirem potenciais conflitos.
5. **Faça de tudo para manter a identidade do grupo.** Como qualquer cultura, leva tempo e esforço para criar e manter uma "terceira cultura" que garanta uma boa comunicação intercultural. Não deixe de lembrar os membros do grupo de seus objetivos em comum, do respeito mútuo e da necessidade de adaptar-se às preferências de comunicação de cada um.[91]

RESUMO

Você deve ter notado a relação entre comunicação e satisfação dos empregados neste capítulo: quanto menor for a incerteza, maior será a satisfação. Distorções, imprecisões e incongruências nas mensagens verbais e não verbais aumentam a incerteza e reduzem a satisfação. Prestar atenção aos métodos e aos modos de cada tipo de comunicação garante que a mensagem seja interpretada corretamente pelo receptor.

IMPLICAÇÕES PARA OS GESTORES

- Lembre-se de que seu modo de comunicação determinará, em parte, a eficácia da sua comunicação.
- Não deixe de pedir *feedback* para certificar-se de que suas mensagens — não importa como foram comunicadas — tenham sido bem compreendidas.
- Lembre-se de que a comunicação escrita gera mais mal-entendidos do que a comunicação oral. Sempre que possível, comunique-se com os empregados por meio de reuniões presenciais.
- Use sempre as estratégias de comunicação mais adequadas ao seu público e ao tipo de mensagem que você deseja enviar.
- Mantenha sempre em mente as barreiras de comunicação, como gênero e cultura.

Ponto e contraponto

É importante aproveitar a presença dos empregados nas mídias sociais

PONTO

Todo mundo usa as mídias sociais. Bem, quase todo mundo. Um estudo do Pew Research Center descobriu que a maior porcentagem de adultos que usam sites de redes sociais fica em Israel, com 53%, seguida de 50% nos Estados Unidos, 43% na Rússia e na Grã-Bretanha e 42% na Espanha.

Fazer negócios é uma atividade social e usar os contatos sociais dos empregados para melhorar os negócios sempre foi um aspecto importante do marketing. As organizações que não monitoram a presença de seus empregados nas mídias sociais estão perdendo a oportunidade de expandir seus negócios e reforçar sua força de trabalho. Por exemplo, um empregado da Honda que no passado podia dizer a 30 amigos que a Honda é a melhor, agora pode falar sobre o modelo mais recente da Honda a 300 amigos do Facebook e 500 seguidores do Twitter. Os empregados ativos nas mídias sociais têm um grande poder de afetar positivamente os resultados da organização.

Monitorar a presença dos empregados nas mídias sociais também pode melhorar a força de trabalho, possibilitando à organização identificar os melhores talentos. Os gestores podem procurar possíveis celebridades on-line — blogueiros ativos e usuários do Twitter com muitos seguidores — para propor parcerias de compartilhamento da marca (*co-branding*). Esse monitoramento também pode ajudar os empregadores a detectar problemas. Por exemplo, imagine um empregado que precisa ser demitido, mas pode ficar violento. Um gestor que venha monitorando as postagens desse empregado nas mídias sociais pode detectar sinais de alerta. Um departamento de recursos humanos que monitora as atividades dos empregados nas mídias sociais pode identificar um problema de vício em drogas e dar assistência ao empregado por meio das políticas de intervenção da empresa.

A presença de um candidato a emprego nas mídias sociais pode fornecer informações importantes para as decisões de contratação e retenção. Muitas organizações já estão se beneficiando disso. Na verdade, não há diferença alguma entre a pessoa no trabalho e a pessoa em casa — eles são a mesma pessoa, dentro ou fora do trabalho.

Os empregadores que monitoram as mídias sociais também podem identificar empregados que usam as plataformas para manchar o nome da empresa ou vazar informações confidenciais. Por essa razão, é possível que um dia os gestores precisem monitorar as postagens dos empregados nas mídias sociais e punir violações das políticas da empresa. Muitos gestores já fazem isso.

CONTRAPONTO

Uma organização tem pouco a ganhar e muito a perder ao monitorar a presença de candidatos e empregados nas redes sociais. Os gestores podem usar o monitoramento das atividades na internet para conhecer melhor seus empregados e as organizações até podem se beneficiar das postagens positivas dos empregados, mas será impossível evitar os riscos resultantes dessa violação de privacidade. Os gestores são despreparados para monitorar, interpretar e punir ou recompensar as postagens dos empregados nas mídias sociais e poucos têm experiência em utilizar tais redes para melhorar os negócios.

Também é fácil que os gestores interpretem mal as informações que encontram. Poucas empresas oferecem treinamento para ensinar o uso adequado das mídias sociais. Apenas 40% das empresas têm algum tipo de política de mídia social e as que têm correm um risco enorme, porque suas políticas de monitoramento podem entrar em conflito com as leis que garantem a privacidade dos empregados.

A imagem de um empregado na internet não revela muitas informações relevantes para o trabalho e, sem dúvida, não revela informações suficientes para justificar o tempo e o dinheiro que uma empresa gastaria com o monitoramento. A maioria dos usuários considera as mídias sociais como um espaço privado e de lazer e sua atuação no Facebook e em outras redes sociais merece o mesmo respeito que suas atividades em um clube. Seguindo essa lógica, monitorar as contas dos empregados nas mídias sociais representa uma violação antiética do direito dos empregados à privacidade. As leis de igualdade de oportunidades no trabalho (vigentes em países como os Estados Unidos) requerem que as empresas contratem sem fazer qualquer distinção em relação à raça, idade, religião, nacionalidade ou deficiência. Mas os gestores que monitoram as postagens dos candidatos nas mídias sociais muitas vezes descobrem mais do que o candidato gostaria de revelar e é impossível impedir que essas informações afetem uma decisão de contratação. Investigar as mídias sociais pode expor a empresa a uma custosa ação judicial de discriminação.

Usar a presença pessoal dos empregados nas mídias sociais como uma ferramenta de marketing, incentivando postagens elogiosas à empresa, pode ser considerado antiético em muitos aspectos. Para começar, é antiético esperar que os empregados aumentem a base de clientes da empresa usando seus contatos pessoais. Em segundo lugar, não é cabível esperar que eles endossem a empresa depois do horário de trabalho. E a prática de exigir que os empregados revelem suas senhas nas redes sociais é uma clara intrusão na vida pessoal deles.

Desse modo, os gestores deveriam conceber políticas para reger o uso das mídias sociais e criar uma infraestrutura corporativa para pesquisar e monitorar regularmente as atividades dos empregados nas mídias sociais. O potencial de melhorar os negócios e reduzir os riscos representa um retorno suficiente para alocar pessoas e horas de trabalho à criação de um bom programa de mídias sociais.

Em suma, as pessoas têm o direito de manter uma imagem profissional e uma imagem privada. A menos que o empregado se ofereça a "adicionar" a empresa em uma parceria nas mídias sociais, o fato de que os empregadores não devem se meter na vida pessoal dos empregados é inquestionável.

Fontes: baseado em S. F. Gale, "Policies Must Score a Mutual Like", *Workforce Management* 91, no. 8 (2012): 18-9; R. Huggins e S. Ward, "Countries with the Highest Percentage of Adults Who Use Social Networking Sites", *USA Today*, 8 fev. 2012, 1A; A. L. Kavanaugh et al., "Social Media Use by Government: From the Routine to the Critical", *Government Information Quarterly* (out. 2012): 480–91; e S. Johnson, "Those Facebook Posts Could Cost You a Job", *San Jose Mercury News*, 16 jan. 2012, www.mercurynews.com/business/ci_19754451.

REVISÃO DO CAPÍTULO

QUESTÕES PARA REVISÃO

11.1 Quais são as funções e o processo de comunicação?

11.2 Quais são as diferenças entre a comunicação descendente, a ascendente e a lateral transmitidas pelas redes de pequenos grupos e pela rede de rumores?

11.3 Quais são os métodos de comunicação oral, comunicação escrita e comunicação não verbal?

11.4 Como a riqueza do canal fundamenta a escolha do método de comunicação?

11.5 Qual é a diferença entre o processamento automático e o processamento controlado de mensagens persuasivas?

11.6 Quais são algumas das barreiras comuns à comunicação eficaz?

11.7 Como é possível superar os potenciais problemas da comunicação intercultural?

APLICAÇÃO E EMPREGABILIDADE

A capacidade de comunicar mensagens para outras pessoas de forma eficaz é fundamental para ter sucesso no trabalho. A comunicação nos possibilita gerenciar pessoas, dar e receber *feedback*, expressar nossas emoções, convencer pessoas e trocar informações. Saber como se comunicar bem pode ajudá-lo a ser um colega de trabalho melhor e possibilita definir metas, atuar de forma coordenada com a equipe e aprender continuamente por meio do *feedback*. Neste capítulo, você aprendeu habilidades de comunicação e análise, ponderando se as organizações ainda valorizam a comunicação oral, aprendendo maneiras de se comunicar com um colega com deficiência auditiva e avaliando os prós e contras do monitoramento das atividades dos empregados nas mídias sociais. Na próxima parte do capítulo, você refletirá sobre as dificuldades do compartilhamento emocional por e-mail, analisará o uso de dispositivos pessoais no trabalho, aprenderá sobre diferenças entre os sexos no estilo de comunicação e verá algumas técnicas para lidar com as fofocas no trabalho.

EXERCÍCIO EXPERIENCIAL   Usando o tom certo no e-mail

Forme uma dupla com um colega de turma com quem você ainda não tenha trabalhado. Neste exercício, vocês vão imaginar que trabalham em uma pequena empresa de ar-condicionado. Volta e meia, um de seus colegas de trabalho, Daniel, pede que você visite os clientes que ligam reclamando de algum problema. Como visitas aos clientes não estão incluídas em sua descrição de cargo, você vê isso como um favor a Daniel e não vê problema algum em recusar os pedidos quando não tem como ajudá-lo. Quando você está prestes a sair para o almoço, recebe o e-mail a seguir.

Assunto: Problema com o ar-condicionado do Canil do Parque Phillips

Bom dia,

Você comentou que vai almoçar hoje naquela lanchonete no Parque Phillips. Acabei de receber uma ligação do Canil do Parque Phillips. O ar-condicionado que acabamos de instalar pifou. Será que você poderia dar uma passadinha lá antes do almoço para acalmar o cliente? Só vamos poder mandar um técnico às 3 da tarde e o cliente está furioso.

Obrigado!

Dan

Você já está com trabalho atrasado, mas sabe que Daniel precisa de sua ajuda. Reservem cinco minutos e escrevam, individualmente, em uma frase uma resposta dizendo a Daniel se vocês aceitam ou não visitar o cliente antes do almoço. Vocês devem escolher um dos três tons a seguir para usar no e-mail: com raiva, sarcástico, pedindo desculpas, empático, entusiasmado ou neutro. Troque de resposta com o colega e adivinhe o tom que ele escolheu.

Questões

11.8 Você conseguiu adivinhar? Explique sua resposta.

11.9 Peça que seu colega leia em voz alta o e-mail que ele(a) escreveu e, depois, leia o mesmo e-mail em voz alta. O tom mudou dependendo de quem leu o e-mail em voz alta? Explique sua resposta.

11.10 Agora, cada um deve expandir o próprio e-mail para três frases. O tom ficou mais claro nesses novos e-mails? Explique sua resposta.

11.11 Com base no Exercício experiencial e no que você aprendeu neste capítulo, quais seriam algumas maneiras de expressar emoções por e-mail? Em que situações seria vantajoso se comunicar por e-mail e não pessoalmente?

Dilema ético

Traga o seu próprio dispositivo (BYOD)

"Qual é o número do seu celular? Ótimo, eu ligo depois para avisar sobre a reunião". Se você for como muitas pessoas ao redor do mundo que usam um smartphone há anos ou, como 1,3 bilhão de outras pessoas, comprou um recentemente, é provável que você já tenha usado o aparelho para o trabalho. Na verdade, sua empresa já pode até ter pedido — ou exigido — que você use seu próprio smartphone, tablet ou laptop para trabalhar. Se isso já aconteceu, você faz parte da nova tendência de levar o próprio dispositivo para o trabalho (em inglês, *bring your own device*, ou BYOD), que começou com uma praticidade cordial, mas passou a ter importantes implicações éticas. Por exemplo:

• *Você sabia que sua empresa pode apagar todos os dados de seus dispositivos pessoais?* Remotamente? Sem avisar antes? Acontece muito, e não só nos 21% das organizações que apagam os dados dos dispositivos quando os empregados saem da empresa. Sempre que uma organização desconfiar de algum problema de privacidade, ela poderá deletar os dados de todos os dispositivos para evitar uma nova invasão de suas defesas cibernéticas. Um dia, sem qualquer aviso, Michael Irvin, um consultor da área da saúde, perdeu suas contas de e-mail, aplicativos, músicas, contatos e fotos pessoais e descobriu que seu iPhone pessoal, que ele também usava no trabalho, tinha sido restaurado para as configurações de fábrica. Outra pessoa perdeu fotos de um parente que tinha falecido.

• *Seu dispositivo está incluído em seu contrato de trabalho, seja explícita ou tacitamente?* Se for o caso, quem paga pelo dispositivo? Bem... Foi você que pagou pelo dispositivo e é você que paga pelos serviços de telefonia e dados. Se o dispositivo quebrar, quem vai pagar por um novo? Você corre o risco de perder o emprego se não puder pagar pelo dispositivo e pelo serviço?

• *Você tem como usar seu dispositivo para todas as comunicações relacionadas ao trabalho?* Os serviços de armazenamento em nuvem criaram oportunidades para as pessoas enviarem informações confidenciais do trabalho a qualquer lugar e a qualquer hora. As organizações querem saber quais aplicativos de mídias sociais, colaboração e compartilhamento de arquivos são utilizados, o que é justo, mas algumas políticas podem restringir a maneira como você usa seu próprio dispositivo.

• *Se você começar a usar seu dispositivo pessoal para o trabalho, como determinar quais são os limites entre a vida pessoal e profissional?* Pesquisas indicam que usuários de smartphone mais ativos, por exemplo, precisam se desligar nas horas de folga para evitar a estafa e o estresse gerado pelo desequilíbrio entre a vida pessoal e profissional. Mas nem todo mundo consegue fazer isso, mesmo se a empresa permitir. Pesquisas indicam que uma parcela considerável dos usuários de smartphone já se sentiu pressionada a acessar seus dispositivos o tempo todo, mesmo que a pressão não fosse justificada.

Desse modo, você se vê diante de um dilema: revelar ou não à empresa que você tem um smartphone, laptop ou tablet e oferecer-se ou não para usar seus dispositivos para trabalhar. Dito dessa forma, parece claro que a melhor resposta é não: por que você correria o risco de perder todos os seus dados pessoais se a empresa quiser? Mas é muito mais prático usar um celular só. Algumas pessoas defendem que é melhor ter dois celulares, um para o trabalho e outro para o uso pessoal. O advogado Luke Cocalis fez essa experiência e concluiu: "Se não fosse por isso, eu teria enlouquecido".

Questões

11.12 Você usa seu smartphone ou outros dispositivos pessoais para trabalhar? Se usar, você acha que isso o deixa mais estressado ou a praticidade de usar só um smartphone compensa qualquer inconveniente?

11.13 Luke Cocalis prefere usar dois celulares e diz que seu chefe tem seu número de telefone pessoal só para emergências. Mas Chloe Ifshin, uma gerente de talentos, diz que o conceito não funciona tão bem na prática. "Eu tenho amigos que são meus clientes e clientes que são meus amigos", ela diz. Assim, seus contatos profissionais acabam em seu telefone pessoal e seus amigos ligam para o número do trabalho. Sabendo disso, você mudaria de ideia sobre usar seu próprio dispositivo tanto para o trabalho quanto para a vida pessoal?

11.14 As organizações estão tomando providências para permitir apenas programas e aplicativos aprovados e impor políticas mais rigorosas para restringir a utilização dos dispositivos por parte dos empregados. No entanto, nenhuma lei federal protege os empregados dessas restrições. Quais iniciativas éticas as organizações podem adotar para garantir a justiça para todos?

Fontes: baseado em S. E. Ante, "Perilous Mix: Cloud, Devices from Home", *The Wall Street Journal*, 20 fev. 2014, B4; D. Derks e A. B. Bakker, "Smartphone Use, Work-Home Interference, and Burnout: A Diary Study on the Role of Recovery", *Applied Psychology: An International Review* 63, no. 3 (2014): 411–40; L. Duxbury, C. Higgins, R. Smart e M. Stevenson, "Mobile Technology and Boundary Permeability", *British Journal of Management* 25 (2014): 570–88; E. Holmes, "When One Phone Isn't Enough", *The Wall Street Journal*, 2 abr. 2014, D1, D2; C. Mims, "2014: The Year of Living Vulnerably", *The Wall Street Journal*, 22 dez. 2014, B1, B2; L. Weber, "Leaving a Job? Better Watch Your Cellphone", *The Wall Street Journal*, 22 jan. 2014; e E. Yost, "Can an Employer Remotely Wipe an Employee's Cellphone?", *HR Magazine* (jul. 2014): 19.

Estudo de caso 1

Homens e mulheres falam a mesma língua?

Já falamos muito sobre como a cultura afeta o estilo de comunicação. Você sabia que dependendo da cultura, homens e mulheres podem ser socializados para ter diferentes estilos de comunicação? Da mesma forma como as barreiras da comunicação podem ser de origem cultural, elas também podem ser baseadas no gênero.

Quando o Boston Consulting Group tentou descobrir por que suas empregadas do sexo feminino estavam menos satisfeitas com os colegas do sexo masculino, as respostas apontaram para as diferenças entre os estilos de comunicação. Muitas mulheres achavam que, para se encaixar na cultura predominantemente masculina da empresa, precisavam adotar um estilo de comunicação mais masculino. Carol Kinsey Goman, autora de *A vantagem não verbal: segredos e ciência da linguagem corporal no trabalho* e fundadora da Kinsey Consulting, encontrou muitas possíveis variações entre o estilo de comunicação masculino e feminino. Goman acredita que a comunicação estereotipada tanto masculina quanto feminina tem suas vantagens e desvantagens. Os estilos femininos de comunicação normalmente envolvem interpretar a linguagem corporal e sinais não verbais, boas habilidades de escuta e demonstrações de empatia. Por outro lado, esses estilos podem ser indiretos e submissos demais. Já os homens são encorajados a impor sua autoridade, ocupando mais espaço, sendo rápidos e concisos e enfatizando o poder. Mas o estilo de comunicação estereotipado masculino também tem suas desvantagens. Em algumas situações, para priorizar a concisão, a comunicação masculina pode parecer rude, insensível e confiante demais.

Será que um estilo de comunicação é melhor que o outro? De acordo com Goman, não. O melhor é usar todo o espectro da comunicação e não adotar um estilo masculino ou feminino demais. O estilo de comunicação masculino é melhor em situações que requerem determinação, enquanto o estilo feminino é mais eficaz em contextos colaborativos. Ao adaptar os estilos de comunicação à situação, os empregados podem ser mais eficazes. E, ao encontrar um bom meio-termo entre os dois estilos, um empregado, não importa se for um homem ou uma mulher, pode parecer, ao mesmo tempo, assertivo e compassivo a seu público.

Seguindo esse conselho, o Boston Consulting Group lançou um programa de treinamento para ensinar a alta gestão a usar os dois estilos de comunicação. Durante o treinamento, muitos executivos perceberam que encorajavam suas empregadas mais jovens a adotar um estilo de comunicação mais masculino, deixando de reconhecer as vantagens dos estilos femininos de comunicação. Um consultor sênior lembrou que disse a uma empregada que ela pareceria mais carismática se "ocupasse mais espaço". Ele também percebeu que, ao adotar uma postura dominadora em suas interações, estava tornando mais difícil para as mulheres expressarem suas opiniões nas conversas e reuniões.

Questões

11.15 Em quais situações pode ser uma vantagem usar um estilo de comunicação mais masculino? Em quais situações pode ser uma vantagem usar um estilo de comunicação mais feminino?

11.16 Como os estilos de comunicação masculinos e femininos podem diferir de uma cultura para a outra?

11.17 Você diria que seu estilo de comunicação corresponde ao seu gênero? Explique sua resposta.

11.18 Com base no Estudo de caso 1 e no que você aprendeu neste capítulo, como você acha que as diferenças nos estilos de comunicação existentes entre os sexos afetam a diversidade no local de trabalho? Quais seriam algumas consequências dessas diferenças?

Fontes: baseado em C. K. Goman, "Is Your Communication Style Dictated By Your Gender?", *Forbes*, 31 mar. 2016, https://www.forbes.com/sites/carolkinseygoman/2016/03/31/is-your-communication-style-dictated-by-your-gender/2/#6832ffe555b9, acessado em 13 abr. 2017; e A. Elejalde-Ruiz, "To Retain Women, Consulting Firms Target Gender Communication Differences", *The Chicago Tribune*, 6 set. 2016, http://www.chicagotribune.com/business/ct-bcg-women-communication-0906-biz-20160906-story.html, acessado em 13 abr. 2017.

Estudo de caso 2

Como lidar com a fofoca?

Ninguém sabe ao certo se as fofocas beneficiam ou não as organizações. Em alguns contextos, a fofoca pode até ajudar. Alguns líderes, como Aviva Leebow Wolmer, CEO da Pacesetter, acreditam que as fofocas podem ser alavancadas pelos gestores para beneficiar a organização. Apesar de Wolmer acreditar que as fofocas, de modo geral, afetam negativamente a organização, ela também acha que as fofocas podem ser usadas como uma maneira de formar vínculos com os colegas e criar um clima de empolgação no trabalho. Além disso, quando os empregados fofocam com os clientes, estes podem se sentir mais valorizados por acreditar que estão tendo a chance de dar uma olhada nos bastidores da empresa.

E quando a fofoca isola um empregado dos outros? Segundo os antropólogos, a fofoca faz parte da evolução dos seres humanos. As fofocas permitiram que nossos ancestrais tribais formassem vínculos e soubessem quais pessoas deveriam evitar. De acordo com pesquisas recentes, as fofocas negativas podem ter sido utilizadas para identificar pessoas que violaram as normas (veja o Capítulo 9) do compartilhamento dos recursos com a tribo. Ao isolar a pessoa que não agiu em prol dos interesses da tribo, o grupo como um todo se beneficiava. Infelizmente, no ambiente de trabalho moderno, as fofocas podem acabar excluindo algumas pessoas. E, ao contrário de nossos ancestrais tribais, as fofocas, em geral, não são direcionadas a empregados que agiram contra os interesses do grupo. Pelo contrário, as fofocas sobre uma pessoa específica, em geral, constituem um tipo de comportamento antissocial ou incivilidade no trabalho (veja o Capítulo 9).

Se um empregado for vítima de fofocas maliciosas no trabalho, ele pode agir de várias maneiras. A Dra. Berit Brogaard, da Universidade de Miami, sugere não confrontar a pessoa que está espalhando os boatos pela rede de rumores da empresa. É melhor falar com um gestor (caso ele não esteja sendo alvo de boatos também) ou com alguém da área de recursos humanos. Por outro lado, falar abertamente sobre a fofoca demonstrando indiferença pode acabar desmotivando o fofoqueiro. Como muitos comportamentos de *bullying*, o fofoqueiro, em geral, usa a fofoca para ferir emocionalmente sua vítima. Ao perceber que não está atingindo esse objetivo, ele pode abandonar o comportamento.

A fofoca também pode prejudicar outras pessoas além da vítima. Uma fofoca direcionada a uma pessoa específica pode dividir o grupo à medida que as pessoas tomam partido. Isso pode reduzir a satisfação no trabalho e minar a confiança, levando a uma diminuição da produtividade, já que as pessoas passam a não cooperar entre si. E, quando o clima do escritório se degrada, os empregados talentosos podem sair para ir trabalhar em uma empresa com um ambiente mais positivo. Os gestores podem tentar evitar essa situação conversando com a equipe sobre o problema ou criando políticas oficiais para restringir as fofocas no local de trabalho.

Questões

11.19 Quais são algumas das táticas que os empregados podem usar para evitar serem vítimas de fofocas no escritório?

11.20 Como vimos neste capítulo, as fofocas podem ter seus benefícios. Como os gestores podem criar políticas para restringir as fofocas negativas e, ao mesmo tempo, manter os benefícios das fofocas positivas?

11.21 Como vimos, a fofoca surgiu como uma maneira de ajudar a identificar uma pessoa que não agia em prol dos interesses do grupo. As fofocas podem servir o mesmo propósito no trabalho? Explique sua resposta.

Fontes: baseado em M. Schwantes, "Head Off Harmful Office Gossip", *Chicago Tribune*, 30 jan. 2017, http://www.chicagotribune.com/business/success/inc/tca-head-off-harmful-office-gossip-20170130-story.html, acessado em 14 abr. 2017; A. L. Wolmer, "Five Ways to Transform Work Gossip into Positive Communication", *Entrepreneur*, 7 abr. 2017, https://www.entrepreneur.com/article/290522, acessado em 14 abr. 2017; L. Dodgson, "Four Ways to Deal with a Coworker Who's Spreading Gossip about You", *Business Insider*, 22 mar. 2017, http://www.businessinsider.com/how-to-deal-with-gossip-at-work-2017-3?r=UK&IR=T, acessado em 14 abr. 2017; e B. Brogaard, "How to Deal with the Gossipmonger at Your Workplace", *Psychology Today* (out. 2016), https://www.psychologytoday.com/blog/the-superhuman-mind/201610/how-deal-the-gossipmonger-your-workplace, acessado em 14 abr. 2016.

NOTAS

1. M. S. Poole, capítulo 7: "Communication", in S. Zedeck (ed.), *Handbook of Industrial and Organizational Psychology*, vol. 3 (Washington, DC: APA Book, 2010): 248-70; e R. Wijn e K. van den Bos, "On the Social-Communicative Function of Justice: The Influence of Communication Goals and Personal Involvement on the Use of Justice Assertions", *Personality and Social Psychology Bulletin* 36, no. 2 (2010): 161-72.

2. R. Swarns, "After Uneasy First Tries, Coworkers Find a Way to Talk about Race", *The New York Times*, 23 mar. 2015, A15.

3. D. C. Barnlund, "A Transactional Model of Communication", in C. D. Mortenson (ed.), *Communication Theory* (New Brunswick, NJ: Transaction, 2008): 47-57; veja K. Byron, "Carrying Too Heavy a Load? The Communication and Miscommunication of Emotion by E-Mail", *Academy of Management Review* 33, no. 2 (2008): 309-27.

4. R. E. Kraut, R. S. Fish, R. W. Root e B. L. Chalfonte, "Informal Communication in Organizations: Form, Function, and Technology", in S. Oskamp e S. Spacapan (eds.), *People's Reactions to Technology* (Beverly Hills, CA: Sage, 1990): 145-99; e A. Tenhiaelae e F. Salvador, "Looking inside Glitch Mitigation Capability: The Effect of Intraorganizational Communication Channels", *Decision Sciences* 45, no. 3 (2014): 437-66.

5. S. Jhun, Z.-T. Bae e S.-Y. Rhee, "Performance Change of Managers in Two Different Uses of Upward Feedback: A Longitudinal Study in Korea", *International Journal of Human Resource Management* 23, no. 20 (2012): 4246-64; J. W. Smither e A. G. Walker, "Are the Characteristics of Narrative Comments Related to Improvement in Multirater Feedback Ratings over Time?", *Journal of Applied Psychology* 89, no. 3 (jun. 2004): 575-81; e J. H. Bernardin e R. W. Beatty, "Can Subordinate Appraisals Enhance Managerial Productivity?", *Sloan Management Review* 28, no. 1 (1987): 63-73.

6. P. Dvorak, "How Understanding the 'Why' of Decisions Matters", *The Wall Street Journal*, 19 mar. 2007, B3.

7. T. Neeley e P. Leonardi, "Effective Managers Say the Same Thing Twice (or More)", *Harvard Business Review* (maio 2011): 38-39.

8. H. A. Richardson e S. G. Taylor, "Understanding Input Events: A Model of Employees' Responses to Requests for Their Input", *Academy of Management Review* 37 (2012): 471-91.

9. J. S. Lublin, "Managers Need to Make Time for Face Time", *The Wall Street Journal*, 18 mar. 2015, B6.

10. B. Oc, M. R. Bashshur e C. Moore, "Speaking Truth to Power: The Effect of Candid Feedback on How Individuals with Power Allocate Resources", *Journal of Applied Psychology* 100, no. 2 (2015): 450-63.

11. E. Nichols, "Hyper-Speed Managers", *HR Magazine* (abr. 2007): 107-10.

12. R. Walker, "Declining an Assignment, with Finesse", *The New York Times*, 24 ago. 2014, 8.

13. D. Cray, G. R. Mallory, R. J. Butler, D. Hickson e D. Wilson, "Sporadic, Fluid, and Constricted Processes: Three Types of Strategic Decision-Making in Organizations", *Journal of Management Studies* 25, no. 1 (1988): 13-39.

14. Veja, por exemplo, N. B. Kurland e L. H. Pelled, "Passing the Word: Toward a Model of Gossip and Power in the Workplace", *Academy of Management Review* (abr. 2000): 428-38; e G. Michelson, A. van Iterson e K. Waddington, "Gossip in Organizations: Contexts, Consequences, and Controversies", *Group and Organization Management* 35, no. 4 (2010): 371-90.

15. G. Van Hoye e F. Lievens, "Tapping the Grapevine: A Closer Look at Word-of-Mouth as a Recruitment Source", *Journal of Applied Psychology* 94, no. 2 (2009): 341-52.

16. J. K. Bosson, A. B. Johnson, K. Niederhoffer e W. B. Swann Jr., "Interpersonal Chemistry through Negativity: Bonding by Sharing Negative Attitudes about Others", *Personal Relationships* 13 (2006): 135-50.

17. T. J. Grosser, V. Lopez-Kidwell e G. Labianca, "A Social Network Analysis of Positive and Negative Gossip in Organizational Life", *Group and Organization Management* 35, no. 2 (2010): 177-212.

18. R. Feintzeig, "The Boss's Next Demand: Make Lots of Friends", *The Wall Street Journal*, 12 fev. 2014, B1, B6.

19. R. E. Silverman, "A Victory for Small Office Talkers", *The Wall Street Journal*, 28 out. 2014, D2.

20. G. Hirst, D. Van Knippenberg, J. Zhou, E. Quintane e C. Zhu, "Heard It through the Grapevine: Indirect Networks and Employee Creativity", *Journal of Applied Psychology* 100, no. 2 (2015): 567-74.

21. M. Feinberg, R. Willer, J. Stellar e D. Keltner, "The Virtues of Gossip: Reputational Information Sharing as Prosocial Behavior", *Journal of Personality and Social Psychology* 102 (2012): 1015-30; D. L. Brady, D. J. Brown e L. H. Liang, "Moving Beyond Assumptions of Deviance: The Reconceptualization and Measurement of Workplace Gossip", *Journal of Applied Psychology* 102, no. 1 (2017): 1-25.

22. L. Dulye, "Get out of Your Office", *HR Magazine* (jul. 2006): 99-101; e T. Gordon, *P.E.T.: Parent Effectiveness Training* (Nova York, NY: New American Library, 1975).

23. E. Bernstein, "How Well Are You Listening?", *The Wall Street Journal*, 13 jan. 2015, D1.

24. S. Shellenbarger, "Work & Family Mailbox", *The Wall Street Journal*, 30 jul. 2014, D2.

25. E. C. Ravlin, A.-K. Ward e D. C. Thomas, "Exchanging Social Information across Cultural Boundaries", *Journal of Management* 40, no. 5 (2014): 1437-65.

26. A. Kessler, "Let's Call off the Meeting and Get Back to Work", *The Wall Street Journal*, 2 jan. 2015, A13.

27. A. Bryant, "Getting Stuff Done: It's a Goal, and a Rating System", *The New York Times*, 9 mar. 2013, www.nytimes.com/2013/03/10/business/kris-duggan-of-badgeville-on-the-getting-stuff-done-index.html?pagewanted=all&_r=0.

28. J. Queenan, "Fire Away!—Military Metaphors", *The Wall Street Journal*, 28-29 mar. 2015, C11.

29. E. Bernstein, "What Verbal Tics May Be Saying about Us", *The Wall Street Journal*, 21 jan. 2014, D3.

30. N. Lehmann-Willenbrock e J. A. Allen, "How Fun Are Your Meetings? Investigating the Relationship between Humor Patterns in Team Interactions and Team Performance", *Journal of Applied Psychology* 99, no. 6 (2014): 1278-87; M. Mihelich, "Bit by Bit: Stand-up Comedy as a Team-Building Exercise", *Workforce Management* (fev. 2013): 16; e "Comedy Experience", Peppercomm, http://peppercomm.com/services/comedy-experience, acessado em 1 jul. 2015.

31. A. Bryant, "Finding, and Owning, Their Voice", *The New York Times*, 16 nov. 2014, 6.

32. T. D. Maynes e P. M. Podsakoff, "Speaking More Broadly: An Examination of the Nature, Antecedents, and Consequences of an Expanded Set of Employee Voice Behaviors", *Journal of Applied Psychology* 99, no. 1 (2014): 87-112.

33. J. Lipman, "A Guide for Men", *The Wall Street Journal*, 13-14 dez. 2014, C1, C2.

34. S. Aryee, F. O. Walumbwa, R. Mondejar e C. L. Chu, "Core Self-Evaluations and Employee Voice Behavior: Test of a DualMotivational Pathway",

Journal of Management 43, no. 3 (2017): 946–66; W. Liu, Z. Song, X. Li e Z. Liao, "Why and When Leaders' Affective States Influence Employee Upward Voice", *Academy of Management Journal* 60, no. 1 (2017): 236–63; e M. Chamberlin, D. W. Newton e J. A. Lepine, "A Meta-Analysis of Voice and Its Promotive and Prohibitive Forms: Identification of Key Associations, Distinctions, and Future Research Directions", *Personnel Psychology* 70, no. 1 (2017): 11–71.

35. S. Shellenbarger, "Help! I'm on a Conference Call", *The Wall Street Journal*, 26 fev. 2014, D1, D2.

36. Ibid.

37. Ibid.

38. S. Ovide, "Office Phone Calls Make a Comeback", *The Wall Street Journal*, 13, mar. 2015, B6.

39. P. A. Mueller e D. M. Oppenheimer, "The Pen Is Mightier Than the Keyboard: Advantages of Longhand over Laptop Note Taking", *Psychological Science* 25, no. 6 (2014): 1159–68.

40. N. Bilton, "Disruptions: Life's Too Short for So Much E-Mail", *The New York Times*, 8 jul. 2012, http://bits.blogs.nytimes.com/2012/07/08/life%E2%80%99s-tooshort-for-so-much-e-mail/.

41. "Executive Summary", *Messagemind* (2012), www.messagemind.com.

42. S. R. Barley, D. E. Meyerson e S. Grodal, "E-Mail as a Source and Symbol of Stress", *Organization Science* 22, no. 4 (2011): 887–906; e G. J. Mark, S. Voida e A. V. Cardello, "'A Pace Not Dictated by Electrons': An Empirical Study of Work without E-Mail", *Proceedings of the SIGCHI Conference on Human Factors in Computing Systems*, 2012, 555–64.

43. C. L.-L. Tan, "Mind Your E-Mail Manners: No 'XOXO' or 'LOL' Allowed", *The Wall Street Journal*, 21 abr. 2015.

44. Ibid.

45. E. Bernstein, "The Miscommunicators", *The Wall Street Journal*, 3 jul. 2012, D1, D3.

46. B. Roberts, "Social Media Gets Strategic", *HR Magazine* (out. 2012): 30–38.

47. "Number of Monthly Active Facebook Users Worldwide as of 1st Quarter 2015 (in Millions)", Statista/Facebook, http://www.statista.com/statistics/264810/number-of-monthly-active-facebook-users-worldwide/, acessado em 1 jul. 2015.

48. K. Wagner, "The World's Top CEOs Are Tweeting More, Facebooking Less", *Re/Code*, 17 maio 2015, http://recode.net/2015/05/17/the-worlds-top-ceos-are-tweeting-more-facebooking-less/.

49. Ibid.

50. P. Mozur, J. Osawa e N. Purnell, "Facebook and WhatsApp a Tough Sell in Asia", *The Wall Street Journal*, 21 fev. 2014, B4.

51. C. Smith, "By the Numbers: 125+ Amazing LinkedIn Statistics", DMR, 6 jun. 2015, http://expandedramblings.com/index.php/by-the-numbers-a-few-important-linkedin-stats/.

52. Wagner, "The World's Top CEOs Are Tweeting More, Facebooking Less."

53. "Number of Monthly Active Twitter Users Worldwide from 1st Quarter 2010 to 1st Quarter 2015 (in Millions)", Statista/Twitter, http://www.statista.com/statistics/282087/number-of-monthly-active-twitter-users/, acessado em 1 jul. 2015.

54. Wagner, "The World's Top CEOs Are Tweeting More, Facebooking Less."

55. L. Kwoh e M. Korn, "140 Characters of Risk: CEOs on Twitter", *The Wall Street Journal*, 26 set. 2012, B1, B8.

56. Mozur, Osawa e Purnell, "Facebook and WhatsApp a Tough Sell in Asia."

57. Ibid.

58. O. Allen, "6 Stats You Should Know about Business Blogging in 2015", HubSpot Blogs, 11 mar. 2015, http://blog.hubspot.com/marketing/business-blogging-in-2015.

59. L. Talley e S. Temple, "How Leaders Influence Followers through the Use of Nonverbal Communication", *Leadership & Organizational Development Journal* 36, no. 1 (2015): 69–80.

60. C. K. Goman, "5 Body Language Tips to Increase Your Curb Appeal", *Forbes*, 4 mar. 2013, www.forbes.com/sites/carolkinseygoman/2013/03/14/5-body-language-tips-to-increase-your-curb-appeal/.

61. A. Metallinou, A. Katsamanis e S. Narayanan, "Tracking Continuous Emotional Trends of Participants During Affective Dyadic Interactions Using Body Language and Speech Information", *Image and Vision Computing*, fev. 2013, 137–52.

62. J. Smith, "10 Nonverbal Cues That Convey Confidence at Work", *Forbes*, 11 mar. 2013, www.forbes.com/sites/jacquelynsmith/2013/03/11/10-nonverbal-cues-that-convey-confidence-at-work/.

63. Veja L. K. Trevino, J. Webster e E. W. Stein, "Making Connections: Complementary Influences on Communication Media Choices, Attitudes, and Use", *Organization Science* (mar.-abr. 2000): 163–82; N. Kock, "The Psychobiological Model: Towards a New Theory of Computer-Mediated Communication Baseado em Darwinian Evolution", *Organization Science* 15, no. 3 (maio-jun. 2004): 327–48; e R. L. Daft e R. H. Lengel, "Organizational Information Requirements, Media Richness and Structural Design", *Management Science* 32, no. 5 (1986): 554–71.

64. S. Shellenbarger, "Is This How You Really Talk?", *The Wall Street Journal*, 24 abr. 2013, D1, D3.

65. S. Shellenbarger, "This Embarrasses You and I: Grammar Gaffes Invade the Office in an Age of Informal Email, Texting, and Twitter", *The Wall Street Journal*, 20 jun. 2012, https://www.wsj.com/articles/SB10001424052702303410404577466662919275448, acessado em 12 abr. 2017.

66. K. Kruse, "Why Successful People Never Bring Smartphones into Meetings", *Forbes*, 26 dez. 2013, http://www.forbes.com/sites/kevinkruse/2013/12/26/why-successful-people-never-bring-smartphones-into-meetings/.

67. B. Giamanco e K. Gregoire, "Tweet Me, Friend Me, Make Me Buy", *Harvard Business Review*, jul.-ago. 2012, 88–93.

68. T. Lytle, "Cybersleuthing", *HR Magazine* (jan. 2012): 55–57.

69. J. Segal, "Widening Web of Social Media", *HR Magazine* (jun. 2012): 117–18.

70. "At Many Companies, Hunt for Leakers Expands Arsenal of Monitoring Tactics", *The Wall Street Journal*, 11 set. 2006, B1, B3; e B. J. Alge, G. A. Ballinger, S. Tangirala e J. L. Oakley, "Information Privacy in Organizations: Empowering Creative and Extrarole Performance", *Journal of Applied Psychology* 91, no. 1 (2006): 221–32.

71. R. E. Petty e P. Briñol, "Persuasion: From Single to Multiple to Metacognitive Processes", *Perspectives on Psychological Science* 3, no. 2 (2008): 137–47; e F. A. White, M. A. Charles e J. K. Nelson, "The Role of Persuasive Arguments in Changing Affirmative Action Attitudes and Expressed Behavior in Higher Education", *Journal of Applied Psychology* 93, no. 6 (2008): 1271–86.

72. K. L. Blankenship e D. T. Wegener, "Opening the Mind to Close It: Considering a Message in Light of Important Values Increases Message Processing and Later Resistance to Change",

Journal of Personality and Social Psychology 94, no. 2 (2008): 196–213.

73. Veja, por exemplo, Y. H. M. See, R. E. Petty e L. R. Fabrigar, "Affective and Cognitive Meta-Bases of Attitudes: Unique Effects of Information Interest and Persuasion", *Journal of Personality and Social Psychology* 94, no. 6 (2008): 938–55; M. S. Key, J. E. Edlund, B. J. Sagarin e G. Y. Bizer, "Individual Differences in Susceptibility to Mindlessness", *Personality and Individual Differences* 46, no. 3 (2009): 261–64; e M. Reinhard e M. Messner, "The Effects of Source Likeability and Need for Cognition on Advertising Effectiveness under Explicit Persuasion", *Journal of Consumer Behavior* 8, no. 4 (2009): 179–91.

74. S. Norton, "A Post-PC CEO: No Desk, No Desktop", *The Wall Street Journal,* 20 nov. 2014, B5.

75. D. Derks, D. van Duin, M. Tims, et al., "Smartphone Use and Work-Home Interference: The Moderating Role of Social Norms and Employee Work Engagement", *Journal of Occupational and Organizational Psychology* 88, no. 1 (2015): 155–77; e D. Derks, A. B. Bakker, P. Pascale e P. van Wingerden, "Work-Related Smartphone Use, Work–Family Conflict and Family Role Performance: The Role of Segmentation Preference", *Human Relations* 96, no. 5 (2016): 1045–68.

76. P. Briñol, R. E. Petty e J. Barden, "Happiness versus Sadness as a Determinant of Thought Confidence in Persuasion: A Self-Validation Analysis", *Journal of Personality and Social Psychology* 93, no. 5 (2007): 711–27.

77. R. C. Sinclair, S. E. Moore, M. M. Mark, A. S. Soldat e C. A. Lavis, "Incidental Moods, Source Likeability, and Persuasion: Liking Motivates Message Elaboration in Happy People", *Cognition and Emotion* 24, no. 6 (2010): 940–61; e V. Griskevicius, M. N. Shiota e S. L. Neufeld, "Influence of Different Positive Emotions on Persuasion Processing: A Functional Evolutionary Approach", *Emotion* 10, no. 2 (2010): 190–206.

78. J. Sandberg, "The Jargon Jumble: Kids Have 'Skeds,' Colleagues, 'Needs'", *The Wall Street Journal,* 24 out. 2006, http://online.wsj.com/article/SB116165746415401680.html.

79. M. Menegatti e M. Rubini, "Convincing Similar and Dissimilar Others: The Power of Language Abstraction in Political Communication", *Personality and Social Psychology Bulletin* 39, no. 5 (2013): 596–607.

80. E. W. Morrison e F. J. Milliken, "Organizational Silence: A Barrier to Change and Development in a Pluralistic World", *Academy of Management Review* 25, no. 4 (2000): 706–25; e B. E. Ashforth e V. Anand, "The Normalization of Corruption in Organizations", *Research in Organizational Behavior* 25 (2003): 1–52.

81. E. W. Morrison, K. E. See e C. Pan, "An Approach–Inhibition Model of Employee Silence: The Joint Effects of Personal Sense of Power and Target Openness", *Personnel Psychology* 68, no. 3 (2015): 547–80; H. P. Madrid, M. G. Patterson e P. I. Leiva, "Negative Core Affect and Employee Silence: How Differences in Activation, Cognitive Rumination, and Problem-Solving Demands Matter", *Journal of Applied Psychology* 100, no. 6 (2015): 1887–98; e C. Kiewitz, S. D. Restubog, M. K. Shoss, P. M. Garcia e R. L. Tang, "Suffering in Silence: Investigating the Role of Fear in the Relationship between Abusive Supervision and Defensive Silence", *Journal of Applied Psychology* 101, no. 5 (2016): 731–42.

82. F. J. Milliken, E. W. Morrison e P. F. Hewlin, "An Exploratory Study of Employee Silence: Issues That Employees Don't Communicate Upward and Why", *Journal of Management Studies* 40, no. 6 (2003): 1453–76.

83. J. C. Pearson e P. E. Nelson, *An Introduction to Human Communication: Understanding and Sharing* (8. ed., Nova York, NY: McGraw-Hill, 2000); L. A. Withers e L. L. Vernon, "To Err Is Human: Embarrassment, Attachment, and Communication Apprehension", *Personality and Individual Differences* 40, no. 1 (2006): 99–110.

84. Veja, por exemplo, S. K. Opt e D. A. Loffredo, "Rethinking Communication Apprehension: A Myers-Briggs Perspective", *Journal of Psychology* (set. 2000): 556–70; e B. D. Blume, G. F. Dreher e T. T. Baldwin, "Examining the Effects of Communication Apprehension within Assessment Centres", *Journal of Occupational and Organizational Psychology* 83, no. 3 (2010): 663–71.

85. Veja, por exemplo, T. L. Rodebaugh, "I Might Look OK, but I'm Still Doubtful, Anxious, and Avoidant: The Mixed Effects of Enhanced Video Feedback on Social Anxiety Symptoms", *Behaviour Research & Therapy* 42, no. 12 (dez. 2004): 1435–51.

86. K. B. Serota, T. R. Levine e F. J. Boster, "The Prevalence of Lying in America: Three Studies of Self-Reported Lies", *Human Communication Research* 36, no. 1 (2010): 2–25.

87. B. M. DePaulo, D. A. Kashy, S. E. Kirkendol, M. M. Wyer e J. A. Epstein, "Lying in Everyday Life", *Journal of Personality and Social Psychology* 70, no. 5 (1996): 979–95; e C. E. Naguin, T. R. Kurtzberg e L. Y. Belkin, "The Finer Points of Lying Online: E-Mail versus Pen and Paper", *Journal of Applied Psychology* 95, no. 2 (2010): 387–94.

88. A. Vrij, P. A. Granhag e S. Porter, "Pitfalls and Opportunities in Nonverbal and Verbal Lie Detection", *Psychological Science in the Public Interest* 11, no. 3 (2010): 89–121.

89. L. Severance, L. Bui-Wrzosinska, M. J. Gelfand, S. Lyons, A. Nowak, W. Borkowski, N. Soomro, N. Soomro, A. Rafaeli, D. E. Treister, C. Lin e S. Tamaguchi, "The Psychological Structure of Aggression across Cultures", *Journal of Organizational Behavior* 34, no. 6 (2013): 835–65.

90. Veja E. T. Hall, *Beyond Culture* (Garden City, NY: Anchor Press/Doubleday, 1976); W. L. Adair, "Integrative Sequences and Negotiation Outcome in Same- and Mixed-Culture Negotiations", *International Journal of Conflict Management* 14, no. 3–4 (2003): 1359–92; W. L. Adair e J. M. Brett, "The Negotiation Dance: Time, Culture, and Behavioral Sequences in Negotiation", *Organization Science* 16, no. 1 (2005): 33–51; E. Giebels e P. J. Taylor, "Interaction Patterns in Crisis Negotiations: Persuasive Arguments and Cultural Differences", *Journal of Applied Psychology* 94, no. 1 (2009): 5–19; e M. G. Kittler, D. Rygl e A. Mackinnon, "Beyond Culture or Beyond Control? Reviewing the Use of Hall's High-/ Low-Context Concept", *International Journal of Cross-Cultural Management* 11, no. 1 (2011): 63–82.

91. M. C. Hopson, T. Hart e G. C. Bell, "Meeting in the Middle: Fred L. Casmir's Contributions to the Field of Intercultural Communication", *International Journal of Intercultural Relations* (nov. 2012): 789–97.

Capítulo 12

Liderança

Fonte: Mike Hutchings/Reuters/Alamy Stock Photo

Objetivos de aprendizagem

Depois de ler este capítulo, você será capaz de:

12.1 Resumir as conclusões das teorias dos traços da liderança.

12.2 Identificar os princípios centrais e as principais limitações das teorias comportamentais de liderança.

12.3 Comparar as teorias contingenciais de liderança.

12.4 Descrever as teorias contemporâneas e sua relação com as teorias clássicas de liderança.

12.5 Discutir o papel dos líderes na criação de organizações éticas.

12.6 Descrever como os líderes podem impactar positivamente a organização por meio do desenvolvimento da confiança e da mentoria.

12.7 Identificar os desafios do entendimento da liderança.

MATRIZ DE HABILIDADES PARA A EMPREGABILIDADE								
	Mito ou ciência?	Objetivos profissionais	Escolha ética	Ponto e contraponto	Exercício experiencial	Dilema ético	Estudo de caso 1	Estudo de caso 2
Pensamento crítico	✓		✓	✓	✓	✓	✓	✓
Comunicação		✓			✓	✓	✓	
Colaboração		✓			✓	✓	✓	
Análise e aplicação do conhecimento	✓	✓	✓	✓	✓	✓	✓	✓
Responsabilidade social			✓		✓	✓		

DE UMA VISÃO MALUCA À TOTAL DISRUPÇÃO DO SETOR HOTELEIRO

Em 2008, Brian Chesky e Joe Gebbia, formados em design no Vale do Silício, tiveram uma ideia maluca. Os colegas de república de Gebbia se mudaram de repente e ele precisou encontrar pessoas para preencher os quartos vagos. Ele e Chesky tiveram a ideia de criar um site de compartilhamento de acomodações quando Gebbia convidou Chesky para ir morar no último quarto disponível. O resultado foi o Air Bed & Breakfast (Airbnb). Apesar da origem modesta (e por vezes tumultuada), o Airbnb cresceu e transformou-se em uma organização de US$ 31 bilhões, quase a mesma cotação no mercado que a Marriott International, sem ser proprietário de um único quarto. A empresa já hospedou acima de 150 milhões de viajantes em mais de 65.000 cidades espalhadas em mais de 191 países, além de disponibilizar mais de 3 milhões de anúncios ao redor do mundo (incluindo mais de 1.400 castelos).

Uma das razões do enorme sucesso do Airbnb é sua liderança executiva e a alta gestão. Chesky, que assumiu o cargo de CEO (na foto, conversando com uma anunciante sul-africana do Airbnb), conduziu a organização por momentos de incrível turbulência ao longo do desenvolvimento do negócio, mesmo sem ter qualquer experiência em administração de empresas. Em 2017, Chesky foi nomeado um dos Melhores Líderes do Mundo pela *Fortune*. O estilo de liderança compassivo de Chesky contrasta com aquele de outras marcas de economia compartilhada, como o Uber, uma empresa criticada por ter uma cultura considerada por muitos agressiva e machista e cujo CEO, Travis Kalanick, foi documentado em vídeo agredindo verbalmente um motorista da companhia.

Por sua vez, o que provavelmente impulsiona o sucesso de Chesky é o carisma, a autenticidade e a ética com que enfrenta os desafios da liderança. Seu mentor, Warren Buffett (CEO da Berkshire Hathaway), observou que Brian "pensa com o coração. Acho que ele continuaria fazendo seu trabalho mesmo se não recebesse nem um tostão por isso". Segundo Chesky, uma característica que é importante para lidar com os problemas da liderança é a humildade. Chesky sabe que é fácil para os líderes ficarem na defensiva quando são questionados, mas, às vezes, eles precisam aprender a não levar tudo para o lado pessoal e encarar as dificuldades com humildade e aceitação.

Os líderes também precisam de orientação e ajuda. Chesky reconhece que "nós, líderes, precisamos de mentores. Desde o começo, eu nunca tive vergonha de pedir ajuda a pessoas muito mais inteligentes e muito mais experientes do que eu... e, com o sucesso, passei a procurar ainda mais líderes, como investidores, ou a Sheryl Sandberg do Facebook ou... Warren Buffett". A ética que Chesky imbui no Airbnb é refletida na nova declaração de visão da empresa: "Belong Anywhere" (algo como "Seu lar em todo e qualquer lugar", em tradução livre). Os novos líderes da organização, como Beth Axelrod, a nova vice-presidente de experiência dos empregados, estão colocando essa missão em prática "para criar esse senso de pertencimento por toda parte" por meio de ações de recrutamento, seleção, engajamento dos empregados e motivação na Airbnb.

Fontes: baseado em Airbnb, *About Us*, <https://www.airbnb.com/about/about-us>, acessado em 12 abr. 2017; L. Gallagher, Airbnb's IPO Runway, *Fortune*, 17 mar. 2017, http://fortune.com/2017/03/17/airbnbs-ipo-runway/; L. Gallagher, Q&A with Brian Chesky: Disruption, Leadership, and Airbnb's Future, *Fortune*, 27 mar. 2017, http://fortune.com/2017/03/27/chesky-airbnb-leadership-uber/; L. Gallagher, *The Airbnb Story: How Three Ordinary Guys Disrupted an Industry, Made Billions ... and Created Plenty of Controversy* (Nova York, NY: Houton Mifflin Harcourt, 2017); L. Gallagher, Why Airbnb CEO Brian Chesky Is Among the World's Greatest Leaders, *Fortune*, 24 mar. 2017, <http://fortune.com/2017/03/24/airbnb-brian-chesky-worlds-greatest-leaders/>; e V. Zarya, Exclusive: Meet the Woman Joining Airbnb's Executive Team, *Fortune*, 13 jan. 2017, <http://fortune.com/2017/01/13/airbnb-executive-beth-axelrod/>.

Líderes como Brian Chesky têm algo de especial que os diferencia. No entanto, a liderança que eles praticam não é o único tipo que pode ser eficaz. Neste capítulo, analisaremos todos os tipos de líderes e o que os diferencia dos não líderes. Começaremos apresentando as teorias dos traços de liderança. Em seguida, veremos por que, às vezes, é difícil entender o significado e a importância da liderança. Mas, antes de começarmos, vamos esclarecer o que queremos dizer com o termo "liderança".

Definimos liderança como a capacidade de influenciar um grupo rumo ao alcance de uma visão ou de um conjunto de objetivos. Mas nem todos os líderes são gestores e nem todos os gestores são líderes. O simples fato de a organização conferir autoridade formal a seus gestores não garante uma liderança eficaz. Os líderes podem surgir naturalmente em um grupo ou podem ser formalmente nomeados. A liderança não sancionada — a capacidade de influenciar as pessoas, que surge independentemente da estrutura formal da organização — pode ser tão importante quanto a influência formalizada.

As organizações precisam de uma liderança e de uma gestão forte para maximizar sua eficácia. Precisam de líderes que desafiem o *status quo*, criem novas visões e inspirem os membros da organização a alcançar essas visões. Por outro lado, também precisam de gestores capazes de elaborar planos detalhados, criar estruturas organizacionais eficientes e administrar as operações diárias.

liderança
Capacidade de influenciar um grupo rumo ao alcance de uma visão ou de um conjunto de objetivos.

Teorias dos traços

Ao longo da história, grandes líderes foram descritos com base em seus traços de personalidade. Há muito tempo os pesquisadores têm buscado identificar os atributos de personalidade que diferenciam os líderes dos não líderes, sejam eles sociais, físicos ou intelectuais. As teorias dos traços da liderança concentram-se nas qualidades e características pessoais dos líderes.[1]

Para investigar a personalidade dos líderes, abrangentes revisões de estudos sobre a liderança baseadas no modelo Big Five constataram que a extroversão é o fator mais preditivo de uma liderança eficaz.[2] É possível, contudo, que a extroversão seja mais relacionada à maneira como os líderes surgem do que à sua eficácia. As pessoas sociáveis e dominantes têm mais chances de expressar suas opiniões em grupo, o que pode ajudar os extrovertidos a serem identificados como líderes. No entanto, os melhores líderes não costumam ser dominadores. Um estudo constatou que os líderes com alto grau de assertividade, um aspecto da extroversão, eram menos eficazes do que aqueles que apresentaram graus moderadamente altos de assertividade.[3] Os líderes extrovertidos podem ser mais eficazes liderando empre-

12.1 Resumir as conclusões das teorias dos traços da liderança.

teorias dos traços da liderança
Teorias que consideram as qualidades e características pessoais que diferenciam os líderes dos não líderes.

gados passivos do que proativos.⁴ A extroversão pode até ser um fator preditivo da liderança eficaz, mas essa relação pode ser explicada por características específicas do traço de personalidade do líder e da situação.

Ao contrário da agradabilidade e da estabilidade emocional, que não parecem ser fatores preditivos da liderança, a conscienciosidade e a abertura a novas experiências se mostraram fortemente associadas à liderança e, especialmente, à eficácia do líder. Por exemplo, dados de várias fontes (como empregados, colegas e chefes) de uma organização da Fortune 500 sugerem que os aspectos da conscienciosidade, como o esforço para atingir a realização e a dedicação, estão relacionados ao surgimento de um líder.⁵ Além disso, verificou-se que o esforço e a confiabilidade são relacionados à eficácia do líder no papel de gestor.⁶ Os líderes que gostam de estar cercados de pessoas, que são assertivos (extrovertidos), disciplinados e que conseguem manter os compromissos que assumem (conscienciosos) parecem levar vantagem quando a questão é liderança.

E o que dizer dos traços de personalidade do Lado Sombrio, como o maquiavelismo, o narcisismo e a psicopatia (veja o Capítulo 5)? Pesquisas indicam que nem todos esses traços prejudicam a capacidade de liderança. Um estudo conduzido na Europa e nos Estados Unidos revelou que o ideal era ter pontuações normativas (medianas) para os traços de personalidade do Lado Sombrio, ao passo que pontuações baixas (e altas) foram associadas a uma liderança ineficaz. O estudo sugeriu que um alto grau de estabilidade emocional pode acentuar comportamentos ineficazes.⁷ Por outro lado, pontuações elevadas em traços do Lado Sombrio e estabilidade emocional podem contribuir para o surgimento da liderança. Por sorte, tanto esse estudo quanto outras pesquisas internacionais indicam que o desenvolvimento da autoconsciência e da autorregulação pode ajudar os líderes a controlar os efeitos de seu Lado Sombrio.⁸

Outro traço que pode indicar uma liderança eficaz é a inteligência emocional, discutida no Capítulo 4. Um importante componente da inteligência emocional é a empatia. Os líderes empáticos são capazes de perceber as necessidades e os sentimentos das pessoas, ouvir o que os liderados têm a dizer (e intuir o que não dizem), além de entender suas reações. Um líder capaz de demonstrar e administrar bem

Tamra Ryan, CEO do Women's Bean Project, lidera uma equipe de profissionais que atuam no empreendimento social que ajuda mulheres a entrar no mercado de trabalho e lhes oferece treinamento para aprimorar habilidades pessoais e profissionais. Parte do sucesso de Ryan deve-se à sua extroversão, conscienciosidade, confiança e estabilidade emocional.

Fonte: David Zalubowski/AP Images

suas emoções terá mais facilidade de influenciar os sentimentos de seus seguidores, expressando uma autêntica simpatia e entusiasmo pelo bom desempenho e demonstrando irritação quando os empregados ficam aquém do esperado.[9] Embora a associação entre a inteligência emocional avaliada pelos próprios líderes (autoavaliada) e a liderança transformacional (que discutiremos mais adiante neste capítulo) seja moderada, ela é muito mais fraca quando são os seguidores que avaliam os comportamentos de liderança de seus líderes.[10] No entanto, pesquisas demonstraram que pessoas com alta inteligência emocional têm mais chances de surgir como líderes, mesmo depois de levar em conta sua capacidade cognitiva e personalidade.[11]

Com base nas mais recentes pesquisas, oferecemos duas conclusões. Para começar, podemos dizer que os traços de personalidade podem ser fatores preditivos da liderança. Em segundo lugar, os traços de personalidade são melhores para prever o surgimento de líderes do que para diferenciar os líderes eficazes dos ineficazes.[12] O fato de uma pessoa apresentar determinados traços e ser considerada uma líder pelos demais não significa, necessariamente, que ela terá sucesso em liderar seu grupo a fim de atingir os objetivos da organização.

As teorias dos traços nos ajudam a *prever* a liderança, mas não *explicam* totalmente a liderança. O que os melhores líderes fazem para serem eficazes? Será que tipos diferentes de comportamentos de liderança são igualmente eficazes? As teorias comportamentais, que discutiremos a seguir, ajudam-nos a definir os parâmetros da liderança.

Teorias comportamentais

Enquanto as teorias dos traços de liderança fornecem uma base para *selecionar* a pessoa certa para exercer uma função de liderança, as teorias comportamentais de liderança sugerem que é possível *treinar* pessoas para serem líderes.

As teorias comportamentais mais abrangentes resultaram de uma pesquisa conduzida pela Universidade Estadual de Ohio,[13] na qual os pesquisadores buscaram identificar dimensões independentes do comportamento dos líderes. Começando com mais de mil dimensões diferentes, os estudos reduziram a lista até chegar a duas categorias que, de acordo com as pesquisas, são responsáveis por boa parte dos comportamentos de liderança descritos pelos empregados: *estrutura inicial* e *consideração*.

A estrutura inicial é o grau em que um líder define e estrutura o próprio papel e o de seus subordinados para facilitar o alcance de objetivos.

12.2 Identificar os princípios centrais e as principais limitações das teorias comportamentais de liderança.

teorias comportamentais de liderança
Teorias que propõem que comportamentos específicos diferenciam líderes de não líderes.

estrutura inicial
Grau em que um líder define e estrutura o próprio papel e o de seus subordinados para facilitar o alcance de objetivos.

Objetivos profissionais

Como posso ajudar minha chefe a ser uma líder melhor?

Minha chefe é a CEO da empresa e ela não somente adora uma fofoca, como também tem a mania de revelar informações pessoais desnecessárias no trabalho. Ela vive perguntando sobre a vida pessoal da equipe de alta gestão e conta o que ouve a quem quiser ouvir. Um dia desses eu a peguei mandando um e-mail a um colega meu falando sobre o meu salário e as minhas perspectivas na empresa! Para mim, esse tipo de coisa reflete um grande problema de liderança. O que devo fazer?

— Phil

Prezado Phil,
Ninguém gosta de fofoqueiros! Sua chefe pode achar que só está sendo simpática e não faz ideia do efeito que seu comportamento pode ter sobre as pessoas. Se for o caso, você pode ajudá-la a refletir antes de revelar alguma informação pessoal. Se ela der esse tipo de espaço, você pode sugerir uma reunião individual para falar a respeito. Você pode levar uma lista dos tipos de informações pessoais — acompanhados de um ou dois exemplos de cada — que ela costuma perguntar e revelar e, se ela se mostrar receptiva, vocês podem pensar em maneiras de reduzir o hábito. Ela

pode perceber que esse comportamento está reduzindo sua eficácia na liderança.

Outra tática pode ser pesquisar as melhores diretrizes de privacidade, leis e manuais de comportamento no trabalho. Procure quaisquer menções de diretrizes relacionadas à privacidade no manual do empregado de sua empresa. Você pode usar essas informações em sua reunião com ela.

Se optar por essas abordagens diretas, você corre o risco de ofender a sua chefe. Ela pode ficar na defensiva e não admitir o problema, argumentando que, na verdade, o que ela faz é uma "fofoca estratégica". Nesse caso, sua intervenção pode acabar afetando negativamente o que ela pensa e diz sobre você!

Pode até valer a pena tentar essas abordagens diretas, mas, pelo que você disse sobre ela, é muito improvável que ela mude. Pesquisas indicam que ela deve manter essas tendências pessoais ao longo do tempo. Por exemplo, parece que ela é uma pessoa extrovertida e você não tem como mudar isso. Ela pode ser sagaz e manipuladora, usando as informações que obtém para se beneficiar sem se preocupar com os sentimentos das pessoas (alto grau de maquiavelismo ou narcisismo). Nesse caso, um pouco de autoconsciência até pode ajudar, mas o comportamento de sua chefe não vai mudar a menos que ela se disponha a exercitar a autorregulação. Percebemos que você parece não gostar muito de sua chefe, o que pode ser um problema sem solução. Como você poderá desenvolver um relacionamento de confiança com ela, uma confiança necessária para continuar motivado a se empenhar no trabalho? Infelizmente, se você acha que o comportamento dela está impedindo seu crescimento profissional na empresa, pode ser melhor procurar outro emprego.

Boa sorte e esperamos que dê tudo certo!

Fontes: baseado em A. E. Colbert, M. R. Barrick e B. H. Bradley, "Personality and Leadership Composition in Top Management Teams: Implications for Organizational Effectiveness", *Personnel Psychology* 67 (2014): 351–87; R. B. Kaiser, J. M. LeBreton e J. Hogan, "The Dark Side of Personality and Extreme Leader Behavior", *Applied Psychology: An International Review* 64, no. 1 (2015): 55–92; e R. Walker, "A Boss Who Shares Too Much", *The New York Times,* 28 dez. 2014, 7.

As opiniões apresentadas aqui são única e exclusivamente dos autores, os quais não se responsabilizam por quaisquer erros ou omissões nem pelos resultados obtidos com a utilização destas informações. Em circunstância alguma os autores, seus parceiros ou suas organizações serão responsáveis por qualquer decisão ou ação de sua parte ou da parte de qualquer pessoa com base nas opiniões apresentadas aqui.

---

consideração
Grau em que um líder mantém relacionamentos profissionais caracterizados por confiança mútua, respeito às ideias de seus subordinados e consideração por seus sentimentos.

Isso inclui um comportamento voltado a organizar o trabalho, as relações profissionais e os objetivos. Um líder com estrutura inicial pode ser descrito como alguém que atribui tarefas específicas aos seguidores, define padrões de desempenho e especifica os prazos.

A consideração é o grau em que um líder mantém relacionamentos profissionais caracterizados por confiança mútua, respeito às ideias de seus subordinados e consideração por seus sentimentos. Um líder com alto grau de consideração pode ser definido como alguém que ajuda os seguidores a resolver problemas pessoais, é amigável e disponível e trata como iguais todos os subordinados, além de expressar apreço e dar apoio (com foco nas pessoas). Todo mundo quer trabalhar com chefes atenciosos. Em um levantamento, 66% dos empregados norte-americanos disseram que o que mais os motivava no trabalho era o sentimento de serem valorizados.[14]

Os resultados dos estudos da teoria comportamental têm sido bastante positivos. Por exemplo, uma revisão de pesquisas descobriu que os empregados com gestores que apresentaram alto grau de consideração (e de estrutura inicial em menor escala) eram mais satisfeitos no trabalho, mais motivados e respeitavam mais os líderes. Tanto a consideração quanto a estrutura inicial se revelaram moderadamente relacionadas com o desempenho do líder e do grupo, bem como outros critérios de eficácia do líder.[15] O problema é que os resultados de testes da teoria comportamental podem variar de uma cultura para outra. Uma pesquisa do programa GLOBE — o estudo de 18.000 líderes de 825 organizações em 62 países que discutimos no Capítulo 5 — sugeriu a existência de diferenças entre países nas preferências pela estrutura inicial e pela consideração.[16] O estudo revelou que os líderes com alto grau de consideração tinham mais sucesso em países onde os valores culturais não favoreciam a tomada de decisão unilateral, como o Brasil. Por outro lado, os franceses têm uma visão mais burocrática dos líderes e não tendem a esperar que eles sejam compassivos e atenciosos. Um líder com alto grau de estrutura inicial (relativamente orientado a tarefas) tenderá a ter mais sucesso na França, sendo capaz de tomar decisões de uma maneira relativamente autocrática. Em outras culturas, as duas dimensões podem ser importantes. Por exemplo, a cultura chinesa enfatiza a gentileza, a atenção e o altruísmo, mas tem grande orientação ao desempenho. Desse modo, tanto a consideração quanto a estrutura inicial podem ser importantes para que um líder seja eficaz na China.

Resumo das teorias dos traços e das teorias comportamentais

Em geral, as pesquisas sugerem que tanto as teorias dos traços quanto as teorias comportamentais têm sua validade. Uma parte das teorias específicas pode ajudar a explicar as diferentes facetas do surgimento e da eficácia dos líderes. No entanto, identificar as relações exatas não é tarefa fácil. A primeira dificuldade está em identificar corretamente se um traço ou comportamento prevê um resultado específico. A segunda dificuldade é investigar as combinações de traços e comportamentos que produzem determinados resultados. O terceiro desafio é determinar a causalidade entre os traços e os comportamentos para fazer previsões relativas aos resultados desejáveis da liderança.

Por mais importantes que os traços e comportamentos possam ser para identificar os líderes eficazes ou ineficazes, essas características não são garantia de sucesso. Alguns líderes podem ter os traços certos ou demonstrar os comportamentos corretos e, ainda assim, fracassar. O contexto também é muito importante, o que nos leva às teorias contingenciais, que discutiremos a seguir.

Teorias contingenciais

12.3 Comparar as teorias contingenciais de liderança.

Alguns líderes parecem conquistar muitos admiradores quando assumem o comando de empresas com dificuldades e ajudam-nas a sair da crise em que se encontram. No entanto, é mais difícil prever o sucesso de um líder do que encontrar alguns "heróis" para ajudar a tirar a organização da lama. Além disso, um estilo de liderança eficaz em momentos de dificuldade não é necessariamente eficaz no longo prazo. De acordo com Fred Fiedler, parece que, na condição *a*, o estilo de liderança *x* seria apropriado, ao passo que o estilo *y* seria mais adequado para a condição *b* e o estilo *z*, para a condição *c*. Mas quais são as condições *a*, *b* e *c*? A seguir, analisaremos o modelo de Fiedler, uma abordagem voltada a isolar variáveis situacionais.

O modelo de Fiedler

O primeiro modelo contingencial abrangente de liderança foi desenvolvido por Fred Fiedler.[17] O **modelo de contingência de Fiedler** propõe que o desempenho do grupo depende da adequação entre o estilo do líder na interação com os subordinados e o grau de controle e influência que a situação lhe proporciona. O modelo presume que o estilo de liderança da pessoa é estável ou permanente. O **questionário do colega de quem menos gosto** (LPC, do inglês *least preferred coworker questionnaire*) identifica se uma pessoa é *orientada a tarefas* ou *a relacionamentos*. O questionário LPC pede que os respondentes pensem em todos os colegas com quem já trabalharam e descrevam a pessoa com quem menos gostaram de trabalhar.[18] Se o respondente descrever o colega de quem menos gosta com termos favoráveis (alta pontuação LPC), ele é orientado a relacionamentos. Se, por outro lado, o respondente descrever o colega de quem menos gosta com termos relativamente desfavoráveis (baixa pontuação LPC), o respondente tem mais interesse no desempenho e será categorizado como orientado a tarefas.

modelo de contingência de Fiedler
Teoria que sustenta que os grupos eficazes dependem da adequação entre o estilo do líder na interação com os subordinados e o grau de controle e influência que a situação lhe proporciona.

questionário do colega de quem menos gosto
Instrumento cujo objetivo é medir se uma pessoa é orientada a relacionamentos ou a tarefas.

relação líder-liderados
Grau de confiança, credibilidade e respeito que os subordinados têm pelo líder.

estrutura da tarefa
Grau em que as atribuições de trabalho são organizadas.

poder da posição
Grau de influência do líder, resultante de sua posição na estrutura formal da organização; inclui o poder de contratar, demitir, disciplinar, promover e conceder aumentos salariais.

Após calcular a pontuação do questionário, deve-se fazer um ajuste entre a situação organizacional e o estilo do líder a fim de prever a eficácia da liderança. Podemos avaliar a situação em termos de três dimensões contingenciais ou situacionais:

1. Relação líder-liderados: grau de confiança, credibilidade e respeito que os membros do grupo têm pelo líder.
2. Estrutura da tarefa: grau em que as atribuições de trabalho são organizadas e formalizadas (ou seja, estruturadas ou não estruturadas).
3. Poder da posição: grau de influência que um líder tem sobre variáveis como poder de contratar, demitir, tomar ações disciplinares, conceder promoções e aumentos salariais.

De acordo com o modelo, quanto mais estruturada for a tarefa, mais procedimentos são adicionados e, quanto maior for o poder da posição, maior será o controle do líder. Uma situação altamente favorável (na qual o líder possui um grande controle) pode ser a de uma gerente de recursos humanos respeitada que conta com a confiança de seus subordinados (boa relação líder-liderados), coordena atividades claras e específicas, como o processamento da folha de pagamento, o preenchimento de cheques e o arquivamento de relatórios (alto grau de estruturação de tarefas) e tem considerável liberdade para recompensar e punir os subordinados (forte poder de posição). As situações favoráveis são mostradas no lado esquerdo do modelo apresentado na Figura 12.1. Uma situação desfavorável, à direita do modelo, pode ser a do chefe de uma equipe de voluntários dedicada a angariar fundos para uma ONG (baixa relação líder-liderados, baixa estrutura da tarefa, baixo poder da posição). Nesse caso, o líder tem pouquíssimo controle sobre a situação. O líder orientado a tarefas tem melhor desempenho diante de situações das categorias I, II, III, VII ou VIII. Já os líderes

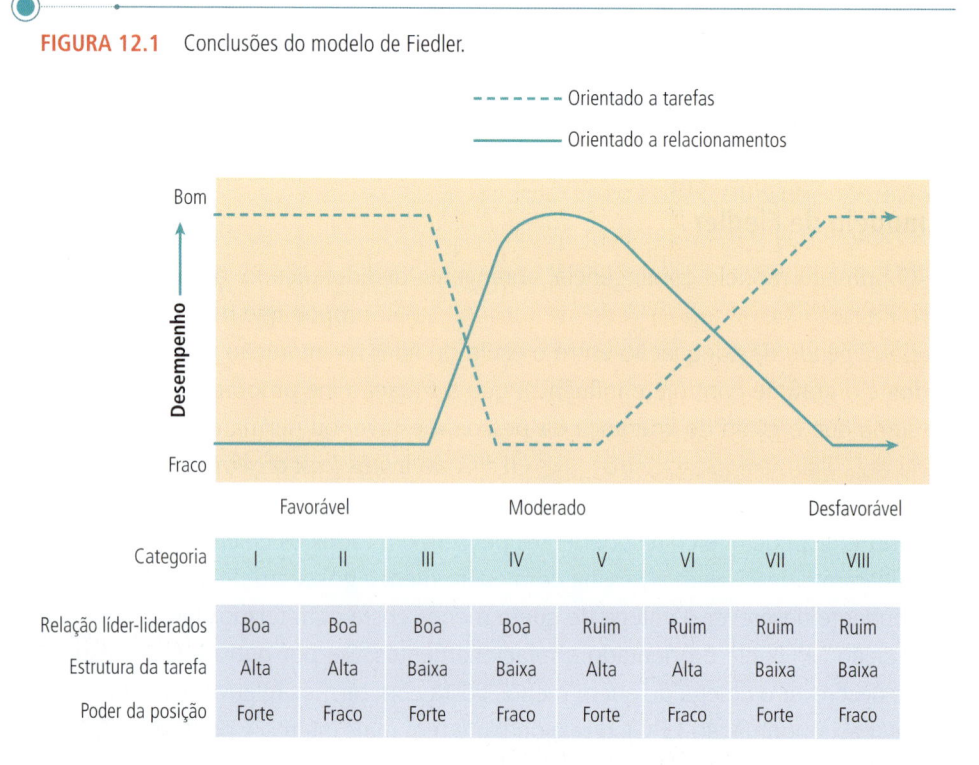

FIGURA 12.1 Conclusões do modelo de Fiedler.

Categoria	I	II	III	IV	V	VI	VII	VIII
Relação líder-liderados	Boa	Boa	Boa	Boa	Ruim	Ruim	Ruim	Ruim
Estrutura da tarefa	Alta	Alta	Baixa	Baixa	Alta	Alta	Baixa	Baixa
Poder da posição	Forte	Fraco	Forte	Fraco	Forte	Fraco	Forte	Fraco

orientados a relacionamentos (representado pela linha contínua) têm desempenho melhor em situações moderadamente favoráveis — categorias IV, V e VI.

Estudos voltados a testar a validade do modelo de Fiedler foram inicialmente favoráveis. O modelo, entretanto, não foi muito estudado nos últimos anos.[19] Embora o modelo nos dê alguns insights sobre os critérios a serem considerados, sua aplicação prática é problemática.

Teoria da liderança situacional

A teoria da liderança situacional concentra-se nos seguidores. Essa teoria diz que o sucesso depende da escolha do estilo certo de liderança, dependendo do nível de *prontidão* dos seguidores, de seu grau de disposição e de sua capacidade para realizar determinada tarefa. Um líder deve escolher um dos quatro comportamentos descritos a seguir de acordo com a prontidão (ou maturidade) dos liderados.[20]

Se os seguidores forem *incapazes* ou estiverem *desmotivados* para realizar uma tarefa, o líder precisará dar instruções claras e específicas; se forem *incapazes*, mas estiverem *motivados*, o líder precisará demonstrar grande orientação a tarefas para compensar a incapacidade e grande orientação a relacionamentos para convencê-los a seguir as instruções. Por outro lado, se os seguidores forem *capazes*, mas estiverem *desmotivados*, o líder precisará oferecer apoio e oportunidades de participação; se os seguidores forem *capazes* e *motivados*, o líder não precisa fazer muita coisa.

À primeira vista, a teoria da liderança situacional faz sentido. Ela reconhece a importância dos seguidores e baseia-se na premissa de que os líderes podem compensar suas limitações em termos de capacidade e motivação. Todavia, os resultados de pesquisas que buscaram testar e validar essa teoria têm sido, em geral, decepcionantes.[21] Algumas explicações possíveis incluem ambiguidades internas e inconsistências no modelo em si, bem como problemas com as metodologias utilizadas nos testes. Portanto, apesar do apelo intuitivo e da grande popularidade dessa teoria, devemos ter cautela em sua aplicação.

teoria da liderança situacional
Teoria contingencial focada na prontidão dos seguidores para realizar uma tarefa específica.

Teoria do caminho-objetivo

Desenvolvida por Robert House, a teoria do caminho-objetivo baseia-se em elementos da pesquisa da Universidade de Ohio sobre estrutura inicial e consideração, bem como em aspectos da teoria da expectativa.[22] Segundo a teoria do caminho-objetivo, cabe ao líder ajudar os subordinados a atingir suas metas, fornecendo informações, apoio ou outros recursos necessários. (A expressão *caminho-objetivo* implica que o líder eficaz deve esclarecer o caminho dos seguidores em direção aos objetivos de trabalho, facilitando essa jornada ao reduzir os obstáculos e barreiras.) De acordo com a teoria:

teoria do caminho-objetivo
Teoria que sustenta que é função do líder ajudar os seguidores a atingirem suas metas, fornecendo a orientação e o apoio necessários para assegurar que tais metas sejam compatíveis com os objetivos do grupo ou da organização.

- ▶ *A liderança diretiva leva a mais satisfação quando as tarefas são desestruturadas ou estressantes do que quando são altamente estruturadas e explicitadas.*
- ▶ *A liderança apoiadora leva a um melhor desempenho e a maior satisfação quando os empregados realizam tarefas estruturadas.*
- ▶ *A liderança diretiva pode ser considerada desnecessária por empregados muito capazes ou com experiência considerável.*

Tal qual a teoria da liderança situacional, a teoria do caminho-objetivo faz sentido à primeira vista, especialmente sob a ótica do cumprimento de metas. E, tal qual a teoria da liderança situacional, a teoria do caminho-objetivo deve ser aplicada com cautela, embora ofereça um bom modelo para analisar o papel da liderança.[23]

Modelo líder-participação

A última teoria contingencial de liderança argumenta que *o modo* como o líder toma decisões é tão importante quanto *o que* ele decide. O modelo líder-participação relaciona o comportamento de liderança com a participação dos liderados no processo decisório.[24] Da mesma forma que a teoria do caminho-objetivo, esse modelo sustenta que o comportamento do líder deve ser ajustado de modo a refletir a estrutura da tarefa (como tarefa rotineira, tarefa não rotineira ou em algum ponto entre esses dois extremos). Ele, no entanto, não inclui todos os comportamentos de liderança e limita-se a recomendar os tipos de decisão que podem ser tomados com mais eficácia com a participação dos subordinados. O modelo se propõe a definir as situações e os comportamentos de liderança que têm mais chances de suscitar a adesão dos subordinados.

Como um estudioso de liderança observou, "os líderes não existem no vácuo". Em outras palavras, a liderança é uma relação simbiótica entre líderes e seguidores.[25] Contudo, as teorias que examinamos até o momento pressupõem que os líderes aplicam basicamente o mesmo estilo a todos os seus seguidores. Pense nas experiências que você já teve atuando em grupos. Os líderes tinham um comportamento diferente de acordo com a pessoa? Antes de nos aprofundarmos nas diferenças entre os líderes, dê uma olhada na Pesquisa de Comportamento Organizacional e reflita sobre sua própria jornada em busca de desenvolver suas habilidades de liderança.

---

modelo líder-participação
Teoria da liderança que fornece um conjunto de regras para determinar a forma e a quantidade de decisões participativas que devem ser tomadas em diferentes situações.

PESQUISA DE COMPORTAMENTO ORGANIZACIONAL Como você está desenvolvendo suas habilidades de liderança?

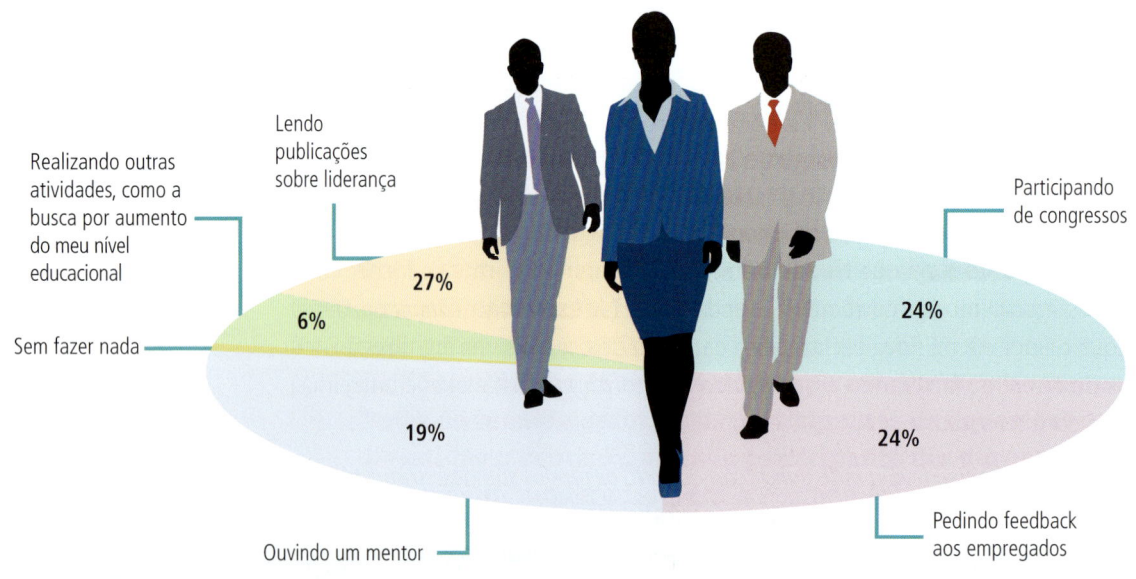

- Realizando outras atividades, como a busca por aumento do meu nível educacional
- Sem fazer nada
- Lendo publicações sobre liderança — 27%
- 6%
- 19% — Ouvindo um mentor
- Participando de congressos — 24%
- 24% — Pedindo feedback aos empregados

Nota: pesquisa com 700 respondentes.

Fonte: baseado em J. Brox, "The Results Are In: How Do You Ensure You're Constantly Developing as a Leader?", 14 maio 2013, http://www.refreshleadership.com/index.php/2013/05/results--ensure-youre-constantly-developing-leader/#more-4732.

Teorias contemporâneas de liderança

Os líderes são importantes tanto para as organizações quanto para os empregados, e a compreensão da liderança é uma ciência em constante evolução. Teorias contemporâneas foram elaboradas com base nos fundamentos que acabamos de explicar, a fim de identificar as maneiras como os líderes surgem, influenciam e orientam tanto seus empregados quanto as organizações. Vamos analisar alguns dos principais conceitos contemporâneos e identificar aspectos das teorias que já discutimos.

12.4 Descrever as teorias contemporâneas e sua relação com as teorias clássicas de liderança.

Teoria da troca entre líder e liderados (LMX)

Pense em um líder que você conhece. Você diria que ele tem seus favoritos, que formam seu grupo de confiança (endogrupo)? Se a sua resposta foi sim, você acaba de reconhecer a premissa da teoria da troca entre líder e liderados (LMX, do inglês *leader-member exchange theory*).[26] A teoria LMX argumenta que, para poupar tempo, os líderes estabelecem um relacionamento especial com um pequeno grupo de liderados. Esses indivíduos constituem o endogrupo e têm toda a confiança do líder, recebem mais atenção e costumam receber também privilégios especiais. Os demais subordinados se enquadram no exogrupo.

A teoria propõe que, logo no início da relação entre um líder e um liderado, o líder categoriza implicitamente o liderado como pertencente ao endogrupo ou ao exogrupo, relacionamento que se mantém relativamente estável com o tempo. Os líderes endossam a teoria da troca entre líder e liderados ao recompensar os empregados com os quais eles querem manter contato mais próximo e ao punir os empregados dos quais não querem se aproximar.[27] No entanto, o relacionamento da troca entre líder e liderado precisa de investimento de ambos para se manter intacto.

Não se sabe ao certo como o líder escolhe quem alocar a qual categoria, mas evidências sugerem que os membros do endogrupo são escolhidos por apresentar atitudes e características de personalidade semelhantes às do líder ou por possuir um nível de competência superior ao dos demais membros[28] (veja a Figura 12.2). Líderes e seguidores do mesmo sexo, por exemplo, tendem a ter relacionamentos mais próximos (mais troca entre líder e liderados) do que aqueles de sexos opos-

teoria da troca entre líder e liderados Teoria que apoia a criação de endogrupos e exogrupos por parte dos líderes, sendo que os subordinados pertencentes ao endogrupo recebem avaliações de desempenho melhores, apresentam menos rotatividade e maior satisfação no trabalho.

FIGURA 12.2 Teoria da troca entre líder e liderados.

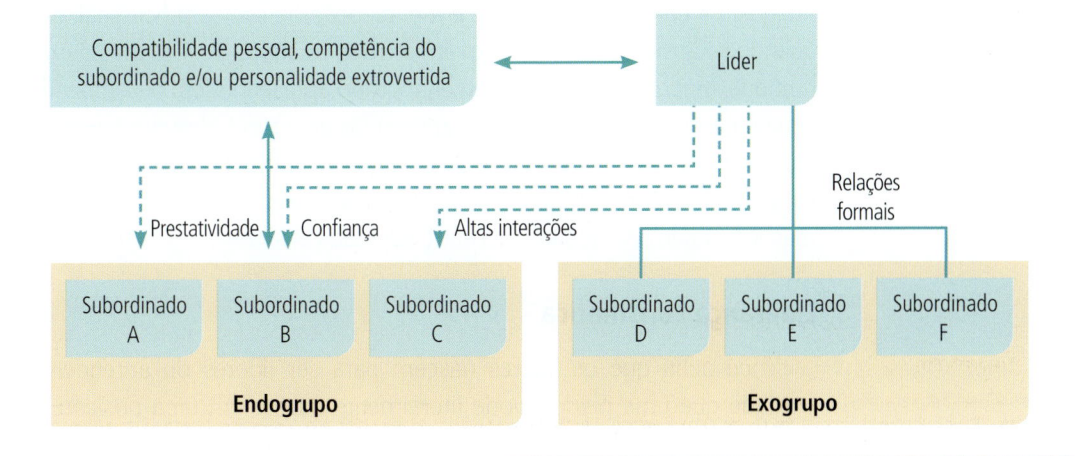

tos.²⁹ Embora quem faça a escolha seja o líder, são as características dos liderados que levam a essa decisão.

Pesquisas voltadas a testar a teoria da troca entre líder e liderados têm sido favoráveis, de modo geral, e apresentam evidências de que os líderes, de fato, diferenciam alguns seguidores de outros. Além disso, essas distinções estão longe de ser aleatórias. Os membros do endogrupo, geralmente, recebem avaliações de desempenho melhores, são mais prestativos ou apresentam mais comportamentos de cidadania no trabalho. Eles também apresentam menos comportamentos desviantes ou contraproducentes e se dizem mais satisfeitos com o gestor.³⁰ A troca entre líder e liderados afeta esses resultados no trabalho de modo a reforçar a confiança, a motivação, o empowerment e a satisfação dos empregados (embora o maior efeito resulte da confiança no líder).³¹ Um estudo conduzido em uma empresa do sudeste da China descobriu que a troca entre líder e liderados está relacionada ao comportamento criativo e inovador.³²

Pesquisas recentes, que também esclareceram como a troca entre líder e liderados muda com o tempo, explicitaram o que acontece quando um empregado tem mais de um chefe e investigaram se os efeitos da troca entre líder e liderados se estendem além do local de trabalho. Parece que tal troca se desenvolve de maneira diferente, dependendo do tempo na empresa que os subordinados têm (a justiça tende a ser mais importante para os empregados mais novos).³³ Quando os empregados têm dois chefes, o grau de troca com ambos faz diferença. Se um empregado tiver alto grau de troca com um dos chefes e baixo grau de troca com o outro, isso fará mais diferença se o grau de troca entre o liderado e o líder "primário" for baixo.³⁴ Por fim, uma pesquisa recente realizada na Índia sugere que, quando os empregados que saem da empresa têm uma boa troca com o chefe anterior, eles tendem a ter um salário mais alto, a receber mais responsabilidades e ser mais positivos no que diz respeito à empresa anterior.³⁵

Quando o líder atribui um tratamento completamente diferente para o endogrupo em comparação com o exogrupo (por exemplo, quando o líder age com favoritismo), pesquisas indicam que tanto o endogrupo quanto o exogrupo são negativamente afetados pela troca entre líder e liderados. Por exemplo, um estudo conduzido na Turquia mostrou que quando os líderes diferenciavam seus seguidores em termos de relacionamento (alguns tinham uma troca muito positiva entre líder e liderados, ao passo que outros tinham uma troca muito baixa), os empregados dos dois grupos reagiam com atitudes negativas e maior comportamento de retraimento.³⁶ Um estudo realizado na China e nos Estados Unidos indicou que o tratamento diferenciado por parte do líder prejudica a confiança da equipe e a percepção de justiça processual, especialmente quando seus membros trabalham em estreita colaboração.³⁷ Outras pesquisas indicaram que, embora os membros do endogrupo apresentassem desempenho superior, a equipe como um todo passava a apresentar uma troca descoordenada entre líder e liderados e o desempenho geral caía.³⁸ Equipes unidas podem ajudar os membros do exogrupo a manter a confiança e a autoeficácia oferecendo um ambiente favorável,³⁹ mas à custa do relacionamento entre liderados e líderes.

Liderança carismática

Você acha que os líderes nascem para ser líderes ou aprendem a sê-lo? É verdade que uma pessoa pode literalmente nascer em uma posição de liderança (como herdeiros de famílias com sobrenomes como Ford e Hilton), ser nomeada a uma posição de liderança em virtude de suas realizações (como os CEOs que subiram pela hierarquia da organização) ou ser informalmente reconhecida como um líder (como um empregado do Twitter que sabe tudo porque trabalha lá "desde o começo"). Entretanto, não estamos falando de como as pessoas atingem uma posição de liderança, mas sim dos fatores que fazem com que uma pessoa seja um líder extraordinário. Duas teorias contemporâneas da liderança — a liderança carismática e a liderança transformacional — apresentam um tema em comum: elas veem os líderes como indivíduos que inspiram seus seguidores por meio de palavras, ideias e comportamentos.

O que é a liderança carismática? O sociólogo Max Weber definiu *carisma* (palavra grega para "dom") há mais de um século como "determinada qualidade da personalidade de um indivíduo, por meio da qual ele se distingue das pessoas comuns e que o faz ser tratado como se fosse dotado de poderes ou qualidades sobrenaturais, sobre-humanas ou pelo menos particularmente excepcionais. Essas qualidades não são acessíveis às pessoas comuns, sendo vistas como se fossem de origem divina e, com base nelas, os indivíduos em questão são tratados como líderes".[40]

O primeiro pesquisador a examinar a liderança carismática e sua relação com o comportamento organizacional foi Robert House. De acordo com a teoria da liderança carismática de House, os liderados atribuem capacidades heroicas ou extraordinárias de liderança a seus líderes quando observam neles determinados comportamentos e tendem a atribuir poder a eles.[41] Diversos estudos tentaram identificar as características pessoais dos líderes carismáticos: eles têm uma visão, têm uma missão, se dispõem a correr riscos pessoais, são sensíveis às necessidades de seus liderados, têm confiança de que sua visão pode ser concretizada e exibem comportamentos não convencionais (como "nadar contra a corrente")[42] (veja a Tabela 12.1).

teoria da liderança carismática
Teoria que afirma que os seguidores atribuem capacidades heroicas ou extraordinárias a seus líderes quando observam determinados comportamentos.

Os líderes carismáticos já nascem prontos ou podem ser desenvolvidos? Os líderes carismáticos já nascem com suas qualidades? Ou será que podemos aprender a ser um líder carismático? A resposta é sim para as duas perguntas.

Fonte: Victor J. Blue/Bloomberg/Getty Images

Nick Woodman, fundador e CEO da GoPro, uma empresa de câmeras esportivas digitais, é um líder carismático — dinâmico, empolgado, otimista, autoconfiante e extrovertido. O carisma de Woodman inspira seus empregados a se empenhar para concretizar a visão da GoPro de permitir que as pessoas compartilhem sua vida usando fotos e vídeos.

TABELA 12.1 Principais características de um líder carismático.

1. *Visão e articulação.* Eles têm uma visão — expressa como uma meta idealizada — que propõe um futuro melhor que a situação atual. São capazes de esclarecer a importância da visão em termos que as pessoas conseguem entender.
2. *Risco pessoal.* Eles se dispõem a correr riscos pessoais, assumem os custos de suas atitudes e se sacrificam para concretizar sua visão.
3. *Sensibilidade às necessidades dos seguidores.* São observadores em relação às capacidades de seus liderados e sensíveis às suas necessidades e sentimentos.
4. *Comportamentos não convencionais.* Apresentam comportamentos vistos como inovadores e que contestam as normas.

Fonte: baseado em J. A. Conger e R. N. Kanungo, *Charismatic Leadership in Organizations* (Thousand Oaks, CA: Sage, 1998), 94.

As pessoas nascem com traços de personalidade que as levam a ser, em média, mais carismáticas. A personalidade também está relacionada à liderança carismática. Os líderes carismáticos tendem a ser emocionalmente estáveis e extrovertidos, embora essas características também tenham a probabilidade de afetar o comportamento carismático do líder em ambientes estressantes e em contextos de rápida mudança.[43] Alguns exemplos são as famosas qualidades dos presidentes norte-americanos Barack Obama, Bill Clinton e Ronald Reagan e da primeira-ministra do Reino Unido Margaret Thatcher, quando ocuparam o cargo. Independente de você gostar ou não deles, provavelmente deve saber que eles costumam ser comparados por apresentarem as qualidades de líderes carismáticos.

Pesquisas indicam que a liderança carismática não é exclusividade dos líderes de grandes nações. Todos nós podemos desenvolver, dentro de nossas próprias limitações, um estilo de liderança mais carismático. Um estudo conduzido com gestores alemães mostrou que treinar gestores para serem inspiradores em suas comunicações com os seguidores aumentou os comportamentos carismáticos.[44] Para desenvolver uma aura de carisma, use a sua paixão como um catalisador para gerar entusiasmo. Fale com empolgação, reforce a sua mensagem com expressões faciais e contato visual e gesticule para dar ênfase às palavras. Mobilize as emoções de seus seguidores para trazer à tona seu potencial e crie um vínculo com eles para inspirá-los. Lembre-se de que o entusiasmo é contagiante!

Como líderes carismáticos influenciam seus seguidores? Articulando uma visão atraente, uma estratégia de longo prazo para atingir um objetivo, traçando um caminho entre o presente e um futuro melhor para a organização ou o grupo.[45] As visões desejáveis ajustam-se às circunstâncias organizacionais e refletem o caráter especial da organização. Desse modo, os seguidores são inspirados não somente pela empolgação imbuída na mensagem do líder, mas por uma visão concebida por ele que também empolga os seguidores.

Uma visão precisa ser acompanhada de uma declaração de visão, uma enunciação formal da visão ou da missão de uma organização.[46] Os líderes carismáticos sabem usar as declarações de visão para "gravar" o propósito da organização na mente dos seguidores. Usando palavras e ações, o líder comunica um novo conjunto de valores e atua como um modelo a ser imitado pelos seguidores.

---

visão
Estratégia de longo prazo para atingir um ou mais objetivos.

declaração de visão
Enunciação formal da visão ou missão de uma organização.

Pesquisas sugerem que a liderança carismática é eficaz na medida em que os seguidores percebem as emoções que o líder está tentando transmitir, o que os leva a se identificar afetivamente com a organização.[47] Um estudo que analisou dados das eleições presidenciais nos Estados Unidos descobriu que os seguidores tendem a atribuir qualidades de liderança carismática ao candidato quando ele tem um histórico de comportamentos característicos de líderes carismáticos; quando o histórico de liderança não é claro, os seguidores comparam o candidato com um protótipo mental, ou um modelo, de um líder carismático.[48] É interessante notar que os líderes carismáticos podem aparentar ter uma aura de mistério e magnetismo: essas percepções surgem quando razões misteriosas parecem ter levado esses líderes ao sucesso e quando os efeitos de seu carisma se propagam entre os seguidores.[49]

Alguns tipos de personalidade são especialmente suscetíveis à liderança carismática.[50] Por exemplo, uma pessoa com baixa autoestima e que duvida do próprio valor tem mais chances de seguir a orientação estabelecida por um líder do que de desenvolver seu próprio estilo individual de liderar ou pensar. Para essas pessoas, a situação pode fazer muito menos diferença que as qualidades carismáticas do líder.

A liderança carismática eficaz depende da situação? A liderança carismática leva a efeitos positivos em muitos contextos diferentes. No entanto, algumas características dos seguidores e da situação podem reforçar ou restringir esses efeitos.

O estresse é um fator que reforça a liderança carismática. As pessoas são especialmente receptivas a ela quando se veem diante de uma crise ou quando estão em uma situação de estresse, talvez porque tendemos a achar que o líder precisa ser ousado nessas situações. Parte da explicação, contudo, pode ser mais instintiva. Quando as pessoas são psicologicamente estimuladas, mesmo em estudos de laboratório, elas têm mais chances de reagir a líderes carismáticos.[51] Isso pode explicar por que os líderes carismáticos tendem a surgir nos âmbitos da política ou da religião, em tempos de guerra, no início de uma empreitada ou diante de uma crise. Por exemplo, Donald J. Trump, o presidente dos Estados Unidos, apresentou a visão carismática de "tornar a América grande novamente", propondo-se a reduzir a instabilidade de emprego para os cidadãos norte-americanos e a reforçar a segurança pública e as fronteiras do país.[52] A privação do sono pode ter um grande impacto, tanto para líderes quanto para seguidores e pode enfraquecer a liderança carismática, reduzindo seu efeito (veja o Capítulo 4).[53]

Você pode se perguntar se a posição da pessoa na hierarquia da organização pode ser um fator situacional capaz de restringir seu carisma. Afinal, quem elabora a visão são os altos executivos. Você pode presumir que seria mais difícil para pessoas em cargos de gerência de nível inferior aplicar as qualidades da liderança carismática ou alinhar sua visão aos objetivos específicos da alta administração. É verdade que a liderança carismática pode ser mais importante nos altos escalões das organizações, mas esse tipo de liderança pode ser eficaz tanto em situações de distância hierárquica, quanto em situações de proximidade funcional.

O lado negro da liderança carismática Infelizmente, os líderes carismáticos exuberantes não agem necessariamente de acordo com os interesses da organização.[54] Pesquisas mostraram que pessoas narcisistas também apresentam alguns comportamentos associados à liderança carismática com maior frequência.[55] Muitos líderes carismáticos — porém, corruptos — colocaram seus objetivos pessoais à frente dos objetivos da organização. Líderes da Enron, Tyco, WorldCom e HealthSouth foram imprudentes ao usar os recursos da organização em benefício próprio e cruzaram os limites das leis e da ética para inflacionar temporariamente os preços das ações e embolsar milhões de dólares vendendo sua participação na empresa. Alguns líderes carismáticos, como Hitler, conseguem convencer seus seguidores a concretizar uma visão que pode ser desastrosa. Se carisma é poder, então ele pode ser usado para o bem ou para o mal.

Não que a liderança carismática não seja eficaz; em geral, é. Mas um líder carismático nem sempre é a melhor solução para os problemas de uma organização. O sucesso depende, até certo ponto, da situação e da visão do líder, bem como dos controles implementados na organização para monitorar os resultados da liderança.

Liderança transacional e transformacional

A teoria da liderança carismática se fundamenta na capacidade de os líderes inspirarem os seguidores a confiar neles. Por outro lado, o modelo de Fiedler, a teoria da liderança situacional e a teoria do caminho-objetivo descrevem líderes transacionais, que orientam seus seguidores a atingir metas estabelecidas, esclarecendo os requisitos do papel e da tarefa. Uma corrente de pesquisa tem buscado diferenciar os líderes transacionais dos líderes transformacionais,[56] que inspiram seus seguidores a transcender os próprios interesses pelo bem da organização ou do grupo. Os líderes transformacionais e suas equipes e organizações têm um bom desempenho e podem ter um efeito extraordinário sobre seus seguidores, que reagem com um desempenho melhor, mais comportamentos de cidadania organizacional, criatividade, satisfação no trabalho, saúde mental e motivação.[57] Richard Branson, do Virgin Group, é um bom exemplo de um líder transformacional. Ele se mantém atento aos interesses e necessidades pessoais de seus liderados, muda a percepção dos seguidores, ajudando-os a ver os problemas de maneiras inovadoras, e estimula e inspira os liderados a se empenhar a fim de atingir as metas do grupo. Pesquisas sugerem que os líderes transformacionais são mais eficazes quando seus seguidores têm como perceber a maneira como seu trabalho melhora a vida dos clientes ou de outros beneficiários.[58] A Tabela 12.2 identifica e define as características que diferenciam os líderes transacionais dos líderes transformacionais.

líderes transacionais
Líderes que orientam ou motivam seus seguidores em direção às metas estabelecidas, esclarecendo os requisitos do papel e das tarefas.

líderes transformacionais
Líderes que inspiram, agem como modelos e estimulam intelectualmente, desenvolvem ou orientam seus seguidores e são capazes de causar um impacto profundo e extraordinário em seus liderados.

TABELA 12.2 Características dos líderes transacionais e dos líderes transformacionais.

Líder transacional
Recompensa contingente: negocia a troca de recompensas por esforço, promete recompensas pelo bom desempenho, reconhece as realizações.
Gerenciamento por exceção (ativo): procura e observa desvios de regras e padrões, executando ações corretivas.
Gerenciamento por exceção (passivo): intervém somente quando os padrões estabelecidos não são atingidos.
Laissez-faire: abdica das responsabilidades, evita tomar decisões.
Líder transformacional
Influência idealizada: fornece visão e senso de missão, estimula o orgulho, conquista respeito e confiança.
Motivação inspiracional: comunica expectativas elevadas, utiliza símbolos para concentrar o empenho dos subordinados, expressa propósitos importantes com simplicidade.
Estímulo intelectual: promove a inteligência, a racionalidade e a resolução ponderada de problemas.
Consideração individualizada: dá atenção personalizada, trata cada empregado individualmente, aconselha, orienta.

Fontes: baseado em B. M. Bass, *Leadership and Performance Beyond Expectations* (Nova York, NY: Free Press, 1990); e T. A. Judge e R. F. Piccolo, "Transformational and Transactional Leadership: A Meta-Analytic Test of Their Relative Validity", *Journal of Applied Psychology* 89, no. 5 (2004): 755–68.

A liderança transacional e a liderança transformacional são abordagens complementares, não opostas.⁵⁹ Os melhores líderes são, ao mesmo tempo, transacionais e transformacionais. A liderança transformacional *baseia-se* na liderança transacional e leva a mais esforço e a um melhor desempenho do que os obtidos apenas com a abordagem transacional. Uma revisão de pesquisas sugere que a liderança transformacional e a liderança transacional podem ser mais ou menos importantes dependendo do resultado esperado. Embora as duas tendam a ser importantes, parece que a liderança transformacional tem papel de destaque para o desempenho do grupo e a satisfação com o líder, ao passo que a liderança transacional (principalmente a recompensa contingente) é mais importante para a eficácia do líder e para a satisfação dos seguidores.⁶⁰

Modelo completo de liderança A Figura 12.3 mostra o modelo completo de liderança. O *laissez-faire*, que literalmente significa "deixar fazer" (ou, em outras palavras, não fazer nada), é o estilo de liderança mais passivo e, portanto, o menos eficaz.⁶¹ O gerenciamento por exceção — ativo ou passivo — é um pouco melhor que o *laissez-faire*, embora ainda seja considerado um estilo de liderança ineficaz. Os líderes que gerenciam por exceção tendem a agir apenas quando se veem diante de uma crise (apagar incêndios) e não voltam sua atenção aos procedimentos operacionais normais, de modo que, não raro, só agem quando já é tarde demais para serem eficazes. A liderança por recompensa contingente, que oferece recompensas predeterminadas pelo empenho dos empregados, pode ser um estilo eficaz de liderança, mas não levará os empregados a fazer mais que o esperado.

modelo completo de liderança
Modelo que descreve sete estilos de gestão em uma escala progressiva: *laissez-faire*, gerenciamento por exceção, liderança por recompensa contingente, consideração individualizada, estímulo intelectual, motivação inspiracional e influência idealizada.

FIGURA 12.3 Modelo completo de liderança.

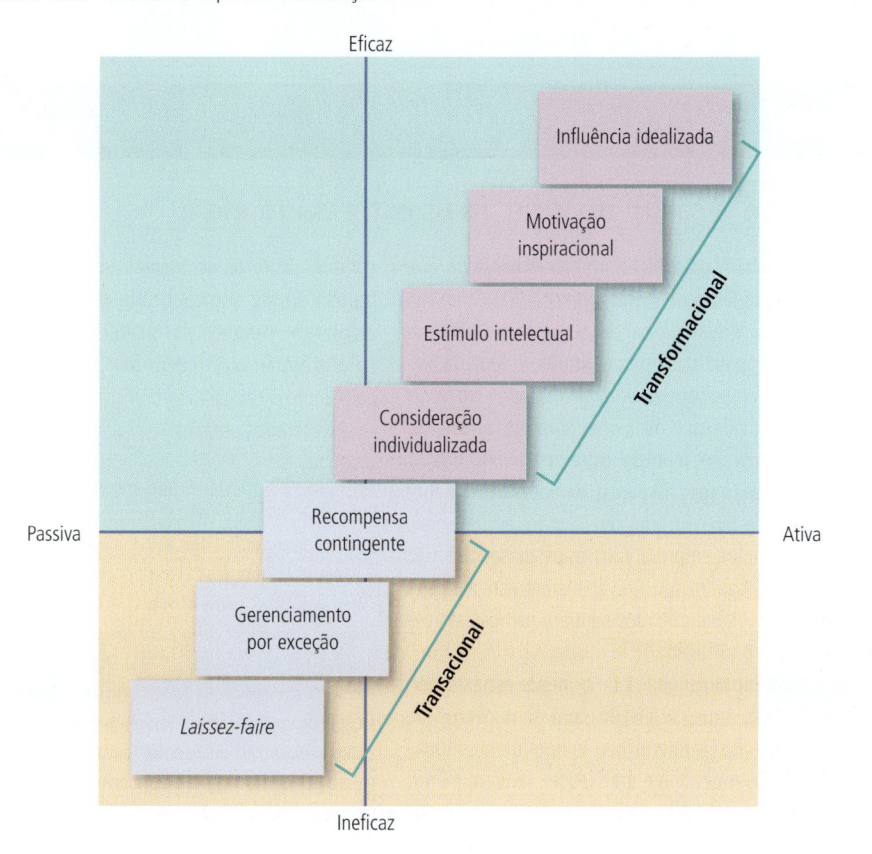

Somente com os quatro estilos restantes — todas dimensões da liderança transformacional — os líderes podem motivar os seguidores a ter um desempenho acima das expectativas e transcender seus interesses pessoais em prol da organização. A consideração individualizada, o estímulo intelectual, a motivação inspiracional e a influência idealizada (conhecidos como os "4 Is") levam a excelentes resultados organizacionais.

Como funciona a liderança transformacional Em geral, a maioria das pesquisas sugere que a liderança transformacional é eficaz porque o líder inspira e motiva os seguidores. Por exemplo, pesquisas conduzidas na Alemanha e na Suíça revelaram que a liderança transformacional melhora a satisfação dos seguidores no trabalho, a autoeficácia e o compromisso com o líder, satisfazendo as necessidades de autonomia, competência e qualidade dos relacionamentos dos seguidores (veja a discussão sobre a teoria da autodeterminação no Capítulo 7).[62] Um estudo constatou que a liderança transformacional leva a um melhor desempenho no trabalho e mais comportamento de cidadania organizacional ao dotar os empregados de *empowerment* (veja o Capítulo 3), especialmente em organizações mais "orgânicas" (por exemplo, organizações com grande capacidade de adaptação, com papéis flexíveis, valores compartilhados e comunicação mútua).[63] Outra pesquisa conduzida na China descobriu que a liderança transformacional afetou positivamente os comportamentos de "ajuda" dos trabalhadores ao reforçar a confiança dos empregados nos líderes, bem como a motivação pró-social.[64] Estudos realizados em Israel e no Reino Unido sugerem que a liderança transformacional pode melhorar a segurança no local de trabalho aumentando a motivação intrínseca e o foco na prevenção (veja o Capítulo 7).[65]

Nas empresas que possuem líderes transformacionais, os gestores de alto escalão, de forma geral, concordam com os objetivos da organização, levando a um de-

Mito ou ciência?

Quanto mais alto é o cargo do líder, mais estressado ele é

Os líderes das empresas são pressionados de todos os lados: pelo conselho de administração, por clientes, gestores e empregados. Não faria sentido achar que eles são as pessoas mais estressadas da organização? Parece que não. De acordo com estudos da Universidade de Harvard, da Universidade da Califórnia, em San Diego, e da Universidade de Stanford, os líderes não sentem todo o estresse que os empregados que não exercem funções gerenciais sentem. Os líderes não somente relataram sentir menos ansiedade do que os não líderes, como seus níveis de cortisol (o hormônio do estresse) também foram mais baixos, indicando que eles eram biologicamente menos propensos a se estressar. Outro estudo descobriu que pessoas de status elevado nas organizações percebiam sentir menos estresse e tinham pressão arterial mais baixa do que empregados de status inferior.

Se você está pensando que essa é mais uma razão para galgar uma posição no topo da hierarquia, você pode estar certo, mas só em parte. É verdade que os líderes parecem apresentar menos sintomas do estresse só por ocupar posições de liderança, independentemente de ter ou não uma renda mais alta ou mais tempo na empresa. Mas os pesquisadores não encontraram um "nível hierárquico mágico" onde os empregados sentiam menos estresse na organização.

Um estudo sugeriu que o menor estresse percebido tem correlação com sentimentos de controle. Os líderes que tinham mais subordinados e detinham mais poder sentiam menos estresse do que pessoas que tinham menos controle sobre os acontecimentos. Os líderes da alta gestão que controlam os recursos da empresa e contam com muitos empregados para executar suas ordens têm condições de combater os causadores do estresse antes de serem afetados por eles.

Fontes: baseado em M. Korn, Top-Level Leaders Have Less Stress Than Others, *The Wall Street Journal,* 3 out. 2012, B6; G. D. Sherman, J. J. Lee, A. J. C. Cuddy, J. Renshon, C. Oveis, J. J. Gross e J. S. Lerner, "Leadership Is Associated with Lower Levels of Stress", *Proceedings of the National Academy of Sciences of the United States of America* 109, no. 44 (2012): 17903–7; e E. Wiernik, B. Pannier, S. Czernichow, H. Nabi, O. Hanon, T. Simon, … e C. Lemogne, "Occupational Status Moderates the Association between Current Perceived Stress and High Blood Pressure: Evidence from the IPC Cohort Study", *Hypertension* 61 (2013): 571–77.

sempenho organizacional superior.[66] O exército israelense teve resultados consistentes, demonstrando que os líderes transformacionais melhoram o desempenho criando um consenso entre os membros do grupo.[67] Pesquisas conduzidas em organizações de alta tecnologia do noroeste da China sugerem que empresas com uma liderança transformacional dedicada a liderar simultaneamente cada empregado de forma individual e a equipe como um todo podem ajudar a melhorar características dos empregados, como a criatividade, desenvolvendo as habilidades dos seguidores e facilitando o compartilhamento de conhecimento por toda a equipe.[68] A liderança transformacional focada nos indivíduos capacita os seguidores a ter ideias próprias, a aprimorar suas habilidades e a melhorar sua autoeficácia. Já a liderança transformacional focada na equipe enfatiza as metas do grupo, os valores e as crenças compartilhadas e a união dos esforços. No entanto, outra pesquisa conduzida na China sugeriu que, em situações de equipe, a identificação das pessoas com o grupo pode neutralizar os efeitos da liderança transformacional.[69]

Avaliação da liderança transformacional A validade da teoria da liderança transformacional tem sido corroborada em diferentes níveis organizacionais e em diversas profissões (diretores de escolas, professores, oficiais da marinha, ministros, presidentes de empresas, representantes sindicais, representantes de vendas, entre outros). Em geral, as organizações apresentam desempenho melhor quando têm líderes transformacionais.

O efeito da liderança transformacional sobre o desempenho pode variar de acordo com a situação. Em geral, a liderança transformacional afeta mais os resultados financeiros em empresas menores e de capital fechado do que os de organizações mais complexas.[70] A liderança transformacional pode melhorar a saúde e aumentar o engajamento dos empregados no trabalho (veja o Capítulo 3), mas muitas pesquisas sugerem que isso pode depender do estresse e das demandas resultantes do contexto. Mais especificamente, um estudo com professores holandeses do ensino fundamental revelou que os comportamentos transformacionais dos diretores das escolas reforçaram mais o engajamento dos professores quando as situações

Fonte: Bernd Van Jutrczenka/DPA Picture Alliance/Alamy Stock Photo

A liderança transformacional de Reed Hastings, CEO da Netflix, ajudou a empresa a crescer de um pequeno serviço de locação de DVDs para uma plataforma de *streaming* pela internet com 93 milhões de clientes em mais de 190 países. Hastings incentiva os empregados a assumir riscos, oferece a eles poder de decisão, liberdade e a responsabilidade de ter ideias e criar produtos inovadores.

exigiam muita capacidade cognitiva e quando esses profissionais tinham grande carga de trabalho.[71] Os líderes transformacionais ajudaram a reduzir o esgotamento emocional e a melhorar as percepções de equilíbrio entre a vida profissional e a vida pessoal de técnicos alemães de tecnologia da informação (TI) em situações de grande carga de trabalho e de prazos apertados.[72]

A liderança transformacional também pode ser mais eficaz quando os líderes têm como interagir diretamente com seus empregados a fim de tomar decisões (quando têm um alto grau de autonomia de tarefas) do que quando reportam a um conselho de administração externo ou precisam enfrentar uma estrutura burocrática complexa. Um estudo demonstrou que os líderes transformacionais conseguiram reforçar a autoridade do grupo em equipes com um grau mais elevado de distância do poder e de coletivismo.[73]

As características do líder e dos seguidores também podem afetar a eficácia da liderança transformacional. Por exemplo, a liderança transformacional pode inspirar os empregados a aprender e a ter sucesso no trabalho, especialmente se eles tiverem grande abertura a novas experiências.[74] Outro estudo sugere que o QI afeta as percepções em relação à liderança transformacional — os líderes "inteligentes demais" podem ser menos transformacionais, porque suas soluções podem ser "sofisticadas" demais para que os subordinados entendam; eles podem tender a usar formas complexas de comunicação que reduzem sua influência; e podem ser vistos como "crânios" demais.[75] Isso não significa que um líder transformacional não possa ser inteligente, mas que existe um "ponto ideal" de inteligência no que diz respeito aos comportamentos de liderança.

Outro estudo com empregados holandeses de diferentes profissões descobriu que tanto a situação quanto as características do indivíduo podem ser importantes para a liderança transformacional. Para os empregados que ocupam cargos com muita autonomia, a liderança transformacional foi relacionada ao comportamento proativo — mas só quando eles apresentavam alto grau de autoeficácia.[76]

Liderança transformacional *versus* liderança transacional Ao comparar a liderança transformacional com a liderança transacional, as pesquisas sugerem que a primeira é mais correlacionada com uma variedade de resultados no trabalho do que a segunda.[77] Mas a teoria da liderança transformacional não é perfeita. A extensão total do modelo de liderança mostra uma clara divisão entre a liderança transacional e a liderança transformacional que pode não existir na prática, especialmente considerando que pesquisas sugerem que a liderança transformacional é altamente relacionada com a liderança por recompensa contingente, a ponto de tornar-se desnecessária.[78] Ao contrário do modelo completo de liderança, os 4 Is da liderança transformacional (consideração individualizada, estímulo intelectual, motivação inspiracional e influência idealizada) nem sempre são mais eficazes que a liderança transacional. A liderança por recompensa contingente, quando os líderes alocam recompensas de acordo com o atingimento de determinados objetivos, pode ser tão eficaz quanto a liderança transformacional.[79] Mais pesquisas precisam ser realizadas para esclarecer a questão, mas, em geral, a conclusão é que a liderança transformacional é desejável e eficaz se for bem aplicada.

Liderança transformacional *versus* liderança carismática Não é difícil ver as semelhanças entre a liderança transformacional e a liderança carismática. Mas também há diferenças entre as duas. A liderança carismática enfatiza um pouco mais o estilo de comunicação dos líderes (Eles são empolgados e dinâmicos?), ao passo que a liderança transformacional se concentra mais na mensagem (A visão é convincente?). Mesmo assim, essas teorias são mais semelhantes do que diferentes. Em sua essência, as duas se concentram na capacidade do líder de inspirar os seguidores e, às vezes, isso é feito da mesma forma nos dois tipos de liderança. Essa constatação leva alguns pesquisadores a considerar que os dois conceitos são, até certo ponto, intercambiáveis.[80]

Liderança responsável

As teorias que discutimos até o momento se voltam a esclarecer a liderança eficaz, mas não abordam explicitamente as questões da ética e da confiança, fatores importantíssimos para qualquer líder. Essas e as teorias que já discutimos não são ideias mutuamente excludentes (um líder transformacional também pode ser um líder responsável), mas, nesta seção, analisaremos conceitos contemporâneos que abordam explicitamente o papel dos líderes na criação de organizações éticas.

12.5 Discutir o papel dos líderes na criação de organizações éticas.

Liderança autêntica

O lema do CEO da SAP, Bill McDermott, é "Seja ambicioso, mas sempre com humildade". Ele parece colocar o discurso em prática. Já Mark Zuckerberg, fundador e CEO do Facebook, resolveu impedir a disseminação de *fake news* implementando recursos de verificação de fatos e sinalização de posts na plataforma por ser a coisa certa a fazer. McDermott e Zuckerberg parecem ser bons exemplos de liderança autêntica.[81]

A liderança autêntica enfoca os aspectos morais de ser um líder. Os <u>líderes autênticos</u> sabem quem são, no que acreditam e valorizam e agem conforme seus valores e crenças, de forma aberta e franca.[82] Seus seguidores os consideram pessoas éticas e, como consequência disso, confiam neles. Os líderes autênticos compartilham informações, incentivam a comunicação aberta e defendem seus ideais. Eles também são humildes, e pesquisas indicam que os líderes que exercem a humildade

líderes autênticos
Líderes que sabem quem são, no que acreditam e valorizam e agem conforme seus valores e crenças, de forma aberta e franca.

Brad Smith é um líder autêntico. Como CEO da Intuit (uma das maiores e mais lucrativas empresas de software financeiro do mundo), ele é um dos líderes empresariais mais influentes da atualidade, de acordo com o colaborador da *Forbes* e CEO da Fishbowl, David K. Williams. Brad é conhecido por suas práticas de empreendedorismo ético e criou uma cultura na qual correr riscos e aprender com os erros não são atitudes apenas toleradas, mas encorajadas.

Fonte: Christopher Victorio/The Photo Access/Alamy Stock Photo

de forma exemplar ajudam os seguidores a entender o processo de crescimento para o seu próprio desenvolvimento.[83]

A liderança autêntica, especialmente entre membros da equipe de alta gestão, empolga a força de trabalho, reforçando o trabalho em equipe, a produtividade da equipe e o desempenho da empresa.[84] Quando os líderes fazem o que dizem e colocam em prática seus valores de forma aberta e franca, os seguidores tendem a desenvolver forte compromisso afetivo e grande confiança no líder e, em menor grau, a melhorar seu desempenho e aumentar seus comportamentos de cidadania organizacional.[85] A autenticidade é importante não somente para os líderes, mas também para os seguidores. Um estudo de empresas belgas do setor de serviços mostrou que a autenticidade de líderes e seguidores leva à satisfação de necessidades básicas (veja a discussão da teoria da autodeterminação no Capítulo 7), o que, por sua vez, leva a um melhor desempenho.[86] De maneira bastante similar às constatações sobre liderança transformacional focada no grupo e nos indivíduos que discutimos na seção anterior, tanto as percepções individuais quanto do grupo em relação à autenticidade afetam o desempenho dos seguidores.[87]

Liderança ética

Os valores são importantíssimos para uma boa liderança. Ao avaliar a eficácia da liderança, precisamos analisar os *meios* que um líder usa para atingir os objetivos, bem como seu conteúdo. O líder tem papel crucial na criação de expectativas éticas para todos os membros de uma organização.[88] A ética na alta gestão afeta não somente os subordinados diretos como também toda a cadeia de comando, porque a alta administração estabelece expectativas éticas e espera que os líderes de nível inferior se comportem de acordo com diretrizes éticas.[89]

Os líderes avaliados como altamente éticos tendem a receber avaliações muito positivas de seus subordinados, que também se mostram mais satisfeitos e comprometidos com o trabalho, além de sentirem menos pressão e terem intenções menores de rotatividade.[90] Os seguidores desses líderes também são mais motivados, têm desempenho melhor e se engajam em mais comportamentos de cidadania organizacional e menos comportamentos contraproducentes no trabalho.[91] Os líderes éticos têm o poder de mudar as normas: os empregados se envolvem em mais comportamentos de cidadania organizacional e menos comportamentos contraproducentes no trabalho por razões variadas. Uma dessas razões é que as percepções dos empregados em relação à equidade (veja a discussão sobre a teoria da equidade, no Capítulo 7) se alteram para que os comportamentos de cidadania organizacional sejam percebidos como mais equitativos.[92] Os líderes éticos também reforçam a conscientização do grupo sobre questões morais, aumentam a disposição de seus membros de se manifestarem sobre questões éticas e intensificam a empatia.[93] Pesquisas também descobriram que a liderança ética reduz os conflitos interpessoais.[94] Esse tipo de liderança também pode ser importante para o desempenho no atendimento ao cliente. Um estudo com caixas de banco de Hong Kong descobriu que, quando os caixas exibem comportamentos éticos de liderança, seus colegas, ao verem e reconhecerem tais comportamentos, tendem a aderir mais às diretrizes de atendimento ao cliente porque suas crenças sobre o que é adequado e inadequado mudam.[95]

A liderança ética e a liderança carismática têm vários pontos em comum. Tendo em vista o objetivo de integrar ambas, os pesquisadores desenvolveram a ideia da **liderança carismática socializada**, com base na qual o líder transmite valores centrados nos outros (e não centrados em si mesmo) e atua como um exemplo de

---

liderança carismática socializada
Conceito de liderança que afirma que o líder deve transmitir valores centrados nos outros e não em si mesmo e deve ser exemplo de conduta ética.

conduta ética.⁹⁶ Esses líderes conseguem alinhar os valores dos empregados com os próprios valores por meio de suas palavras e ações.⁹⁷

Os membros de uma organização devem ser individualmente responsáveis pela manutenção de um comportamento ético, mas muitas iniciativas para reforçar o comportamento organizacional ético são voltadas especificamente aos líderes. Considerando que os altos executivos estabelecem o tom moral de uma organização, eles precisam estabelecer padrões éticos elevados, exemplificá-los pelo próprio comportamento e incentivar e recompensar a integridade dos empregados, evitando abusos de poder.⁹⁸ Treinamentos de liderança cobrindo os valores culturais devem ser obrigatórios para líderes que assumem cargos no exterior ou gerenciam equipes multiculturais.⁹⁹ Apesar do foco no líder, também é importante analisar os efeitos da liderança ética sobre os seguidores: um estudo sobre líderes éticos na Alemanha descobriu que o efeito da liderança ética nos comportamentos de cidadania organizacional por parte dos seguidores foi maior para os seguidores que apresentam mais *mindfulness* (veja o Capítulo 4), sugerindo que os líderes éticos podem ser mais eficazes se os empregados desenvolverem o *mindfulness* por meio de cursos ou técnicas de meditação.¹⁰⁰

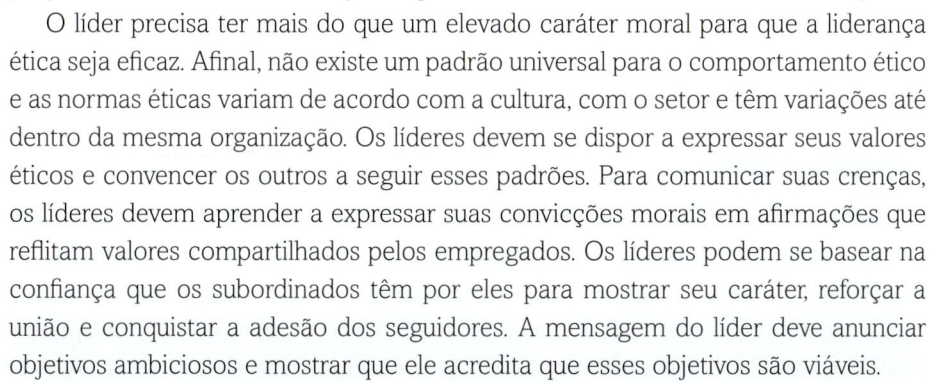

O líder precisa ter mais do que um elevado caráter moral para que a liderança ética seja eficaz. Afinal, não existe um padrão universal para o comportamento ético e as normas éticas variam de acordo com a cultura, com o setor e têm variações até dentro da mesma organização. Os líderes devem se dispor a expressar seus valores éticos e convencer os outros a seguir esses padrões. Para comunicar suas crenças, os líderes devem aprender a expressar suas convicções morais em afirmações que reflitam valores compartilhados pelos empregados. Os líderes podem se basear na confiança que os subordinados têm por eles para mostrar seu caráter, reforçar a união e conquistar a adesão dos seguidores. A mensagem do líder deve anunciar objetivos ambiciosos e mostrar que ele acredita que esses objetivos são viáveis.

As declarações dos líderes éticos costumam ser mensagens positivas, como a abertura de Winston Churchill em seu discurso anunciando a vitória na Segunda Guerra Mundial: "Este momento pertence a vocês. Esta não foi uma vitória de um partido ou de uma classe social. Foi uma vitória da grande nação britânica como um todo". Um exemplo de mensagem negativa de um líder ético foi o discurso de Gandhi: "Mesmo se todas as Nações Unidas se opuserem a mim, mesmo se a Índia inteira me abandonar, eu direi: 'Vocês estão errados. A Índia vai arrancar sua liberdade de mãos que se recusam a cedê-la, sem apelar para a violência'".

As declarações positivas e negativas de líderes éticos podem ser igualmente eficazes quando transmitem, de maneira convincente, mensagens claras, morais, inclusivas e que estabelecem objetivos. Elas podem motivar os empregados a atingir até os objetivos que sejam aparentemente impossíveis.¹⁰¹

Escolha ética

A responsabilização ética dos líderes

A maioria das pessoas acha que os líderes devem responder por suas ações e decisões. Os líderes precisam equilibrar diversas demandas por parte de diferentes stakeholders, sendo que muitas dessas demandas são conflitantes. A primeira demanda é garantir um robusto desempenho financeiro, sendo que provavelmente os líderes são mais demitidos por deixar de atingir essa meta do que por todos os outros fatores combinados. Os líderes equilibram a enorme pressão para atingir um desempenho financeiro satisfatório com seu desejo de tomar decisões éticas, mesmo se não precisarem prestar contas formalmente por isso. Considerando esses objetivos conflitantes, a liderança ética pode não ser recompensada e pode depender exclusivamente da honestidade do líder. A liderança ética é uma área relativamente nova de pesquisa. Apresentar um comportamento justo e socialmente responsável chega a contrariar muitos modelos antigos de liderança. Vejamos, por exemplo, o conselho dado pelo famoso guru da administração, Peter Drucker, em 1967: "É dever do executivo afastar impiedosamente qualquer pessoa — especialmente qualquer gestor — que não consiga manter um desempenho excepcional. Manter essa pessoa na organização acaba corrompendo os outros". Segundo as diretrizes modernas de liderança ética, essa abordagem implacável não leva em consideração as implicações morais de tratar as pessoas como objetos.

Poucas organizações ainda exigem "um desempenho espetacular a todo custo", mas investidores, acionistas e conselhos de administração têm o poder de recompensar (ou deixar de recompensar) os resultados desejados. A liderança ética tem implicações positivas em todos os níveis organizacionais, resultando em decisões responsáveis e com grande potencial de lucro, mas o movimento ético mais importante ocorre quando os acionistas — e os líderes — mostram que são capazes de equilibrar essas responsabilidades por iniciativa própria.

Fontes: baseado em T. E. Ricks, "What Ever Happened to Accountability?", *Harvard Business Review*, out. 2012, 93–100; J. M. Schaubroeck et al., "Embedding Ethical Leadership within and across Organizational Levels", *Academy of Management Journal* 55 (2012): 1053–78; e J. Stouten, M. van Dijke, and D. De Cremer, "Ethical Leadership", *Journal of Personnel Psychology* 11 (2012): 1–6.

A liderança ética tem muitos resultados positivos, mas também pode ter seu lado negativo. Por exemplo, um estudo recente constatou que a liderança ética levou à supervisão abusiva (que discutiremos na próxima seção). Às vezes, o comportamento ético pode nos esgotar — podemos até achar que, como nos comportamos bem no dia anterior, temos carta branca para nos comportar mal no dia seguinte.[102]

Supervisão abusiva

Pode acontecer com qualquer um: todos nós somos capazes de ser chefes abusivos.[103] Algumas pesquisas sugerem que, quando isso acontece, as consequências podem ser grandes. Estimativas atuais sugerem que a supervisão abusiva custa às organizações norte-americanas cerca de US$ 23,8 bilhões por ano.[104] Os Estados Unidos reportaram níveis relativamente baixos de supervisão abusiva em pesquisas recentes. Na verdade, as pontuações mais altas de supervisão abusiva foram encontradas no hemisfério oriental, incluindo China, Filipinas e Taiwan, com pontuações mais baixas nos Estados Unidos, Canadá e Índia.[105] A supervisão abusiva não pode ser considerada uma forma de liderança em todos os casos, mas se refere à percepção de que um chefe é hostil em seu comportamento verbal e não verbal.[106]

Uma recente revisão de pesquisas sugere que vários fatores são relacionados à supervisão abusiva.[107] Para começar, quase todas as formas de justiça foram negativamente correlacionadas com a supervisão abusiva, sugerindo que ela tem como base um sentimento de injustiça (especialmente no que diz respeito à justiça interpessoal). Embora alguns traços de personalidade, como a agradabilidade e a conscienciosidade, pareçam ser negativamente (mas fracamente) associados a percepções de supervisão abusiva, o afeto negativo é fortemente associado a esse tipo de comportamento abusivo por parte da gestão. Constatou-se que um histórico familiar de agressão está relacionado ao engajamento na supervisão abusiva em diferentes contextos nas Filipinas.[108]

Essa mesma revisão de pesquisas também sugere que a supervisão abusiva pode levar a consequências terríveis.[109] Para começar, a supervisão abusiva faz mal à saúde, levando à depressão, à exaustão emocional e a percepções de tensão no trabalho. Em segundo lugar, também reduz o comprometimento organizacional, a satisfação no trabalho e a percepção de suporte organizacional, bem como aumenta os conflitos entre a vida profissional e a vida pessoal. A supervisão abusiva pode ter efeitos adversos sobre o desempenho e outros comportamentos dos emprega-

---

supervisão abusiva
Uma supervisão hostil, tanto verbalmente quanto não verbalmente.

dos. As vítimas da supervisão abusiva têm mais chances de se envolver em comportamentos contraproducentes no trabalho e outros comportamentos desviantes (especialmente os comportamentos retaliativos dirigidos aos chefes) e são menos propensas a se engajar em comportamentos de cidadania organizacional.

A supervisão abusiva, muitas vezes, ocorre em ciclos. Quando os empregados são vítimas da supervisão abusiva, eles tendem a se vingar da organização e do supervisor se envolvendo em comportamentos contraproducentes no trabalho e em comportamentos desviantes e, também para se vingar, o supervisor mantém o comportamento abusivo contra os empregados.[110] Você pode estar se perguntando por que o empregado também atacaria a organização se quem é abusivo é o gestor. Pesquisas adicionais sugerem que os empregados, não raro, culpam a organização quando são vítimas de abuso por parte da chefia e veem o chefe como um representante da organização como um todo.[111] A personalidade e as estratégias de enfrentamento de um empregado fazem uma grande diferença se ele for vítima de abuso por parte do gestor. Os empregados conscienciosos tendem a lidar melhor com o comportamento abusivo, bem como os empregados que tendem a evitar problemas.[112]

Liderança servidora

Recentemente os pesquisadores começaram a analisar a liderança ética sob um novo ângulo, examinando a liderança servidora.[113] Os líderes servidores transcendem os próprios interesses e se concentram em oportunidades de ajudar os seguidores a crescer e se desenvolver. Comportamentos característicos incluem ouvir, agir com empatia, convencer, orientar e desenvolver ativamente o potencial dos seguidores. Como voltam-se às necessidades dos outros, as pesquisas concentraram-se nas consequências da liderança servidora para o bem-estar dos seguidores. Não é surpreendente que um estudo realizado com 126 CEOs tenha revelado que a liderança servidora é negativamente correlacionada com o narcisismo.[114]

liderança servidora
Estilo de liderança caracterizado por ir além dos próprios interesses e concentrar-se em oportunidades de ajudar os seguidores a crescer e se desenvolver.

Quais são os efeitos da liderança servidora? Um estudo com 71 gerentes gerais de restaurantes dos Estados Unidos e mais de 1.000 empregados descobriu que os líderes servidores tendem a criar uma cultura voltada a ajudar uns aos outros (veja o Capítulo 16), o que, por sua vez, melhora o desempenho dos restaurantes e melhora as atitudes e o desempenho dos empregados, reforçando a identificação dos profissionais com o próprio restaurante.[115] Um estudo com cabelereiros chineses encontrou resultados similares, sendo que a liderança servidora foi um fator preditivo da satisfação do cliente e do desempenho dos cabelereiros no atendimento ao cliente.[116] Em segundo lugar, a relação entre a liderança servidora e os comportamentos de cidadania organizacional dos seguidores parece ser mais forte quando os seguidores são encorajados a se concentrar em ser dedicados e responsáveis.[117] Em terceiro lugar, a liderança servidora aumenta a potência da equipe (a crença de que a equipe tem competências e habilidades acima da média), o que, por sua vez, aumenta seu desempenho.[118] Em quarto lugar, um estudo com uma amostra altamente representativa descobriu que níveis mais elevados de liderança servidora foram associados a um foco no crescimento e no avanço, o que, por sua vez, foi associado a níveis superiores de desempenho criativo.[119]

A liderança servidora pode ser mais comum e eficaz em algumas culturas.[120] Por exemplo, quando solicitados a desenhar líderes, os participantes norte-americanos tenderam a desenhá-los diante de um grupo, dando ordens aos seguidores. Já os participantes de Singapura tenderam a desenhar os líderes atrás do grupo, coletando as opiniões do grupo e unindo as pessoas. Esses resultados sugerem que o protótipo de líder na Ásia Oriental se encaixa mais no conceito de liderança servidora, abordagem considerada mais eficaz nessas culturas.

Liderança positiva

12.6 Descrever como os líderes podem impactar positivamente a organização por meio do desenvolvimento da confiança e da mentoria.

Todas as teorias que discutimos apresentam oportunidades de exercer uma liderança boa, medíocre ou ruim. Agora, vamos analisar o desenvolvimento intencional de ambientes de liderança positiva.

Confiança

confiança
Expectativa positiva de que o outro não agirá de forma oportunista.

A confiança é um estado psicológico que ocorre quando a pessoa concorda em se mostrar vulnerável a alguém por ter expectativas positivas sobre o modo como as coisas vão acontecer.[121] Ao ter confiança, em vez de controlar a situação, você se permite correr o risco de que outra pessoa a controle. A confiança é um atributo primário associado à liderança e trair a confiança pode ter graves efeitos adversos sobre o desempenho do grupo.[122]

Os seguidores que confiam no líder acreditam que seus direitos e interesses não serão prejudicados e que o líder não abusará de sua confiança.[123] Os líderes transformacionais convencem os seguidores a apoiar suas ideias em parte por argumentarem que o direcionamento proposto será para o bem de todos. As pessoas não seguem um líder nem buscam sua orientação se acharem que esse líder pode ser desonesto ou capaz de levar vantagem sobre elas. Desse modo, como seria de se esperar, os líderes transformacionais geram mais confiança por parte de seus seguidores, o que, por sua vez, é relacionado a mais confiança por parte da equipe e, por fim, a um nível mais alto de desempenho.[124]

Em uma simples relação contratual de troca, seu empregador é legalmente obrigado a lhe pagar pelo desempenho das funções descritas em seu cargo. Mas, atualmente, o ambiente de trabalho é caracterizado por rápidas reestruturações, pela difusão de responsabilidade e pelo trabalho colaborativo, o que significa que as relações empregatícias não são definidas por contratos estáveis de longo prazo, com termos explícitos. Em vez disso, essas relações se baseiam, mais do que nunca, na confiança. Você tem de acreditar que, se apresentar a seu supervisor um trabalho criativo, ele não vai tentar receber os créditos em seu lugar. Você tem de confiar que o trabalho extra que está fazendo será reconhecido em sua avaliação de desempenho. Nas empresas de hoje em dia, nas quais o trabalho não é documentado e especificado com tanto rigor, essa contribuição voluntária dos empregados, baseada na confiança, é absolutamente necessária. E só um líder confiável será capaz de encorajar os empregados a fazer mais do que o esperado para atingirem objetivos transformacionais.

As consequências da confiança A confiança entre chefes e empregados tem muitas vantagens específicas. Vejamos apenas algumas delas, identificadas pelos pesquisadores:

▶ *A confiança encoraja a assumir riscos.* Sempre que os empregados decidem questionar o modo como as coisas costumam ser feitas ou as fazem de maneira diferente da orientação do supervisor, eles estão correndo um risco. Em ambos os casos, uma relação de confiança pode facilitar essa evolução.[125]

▶ *A confiança facilita o compartilhamento de informações.* Uma grande razão pela qual os empregados têm dificuldade de expressar suas opiniões no trabalho é o fato de eles não se sentirem psicologicamente seguros para revelar o que realmente pensam. Quando os gestores demonstram aos empregados que suas ideias serão ouvidas e mostram que têm bastante interesse em realizar ativamente as mudanças, os empregados sentem-se mais dispostos a expressar livremente suas opiniões.[126]

▶ *Grupos confiáveis são mais eficazes.* Quando um líder estabelece um ambiente de confiança em um grupo, os membros ficam mais motivados a ajudar uns aos outros e a se empenhar mais, o que reforça ainda mais a confiança. No sentido inverso, membros de grupos com baixa confiança tendem a desconfiar uns dos outros, mantêm-se na defensiva para evitar ser explorados e restringem a comunicação com outros membros do grupo. Essas atitudes tendem a comprometer e, com o tempo, destruir o grupo.[127]

▶ *A confiança melhora a produtividade.* O principal interesse das empresas — os resultados financeiros — também parece ser beneficiado pela confiança. Os empregados que confiam em seus supervisores tendem a receber avaliações de desempenho melhores, o que sugere maior produtividade. As pessoas reagem à falta de confiança ocultando informações e perseguindo secretamente somente seus próprios interesses.[128]

Desenvolvimento da confiança Quais são as principais características que nos levam a acreditar que um líder é confiável? Os pesquisadores identificaram três: integridade, benevolência e capacidade (veja a Figura 12.4).[129]

A *integridade* refere-se à honestidade e à sinceridade. Quando 570 executivos receberam uma lista de 28 atributos relacionados à liderança, eles avaliaram a honestidade como sendo, de longe, a mais importante.[130] Integridade também significa manter a coerência entre o discurso e as ações.

Benevolência significa que uma pessoa de confiança, de fato, leva em consideração os interesses alheios, mesmo se não estiverem necessariamente alinhados com os seus próprios interesses. Os comportamentos que refletem atenção e apoio ajudam a formar um vínculo emocional entre líderes e liderados.

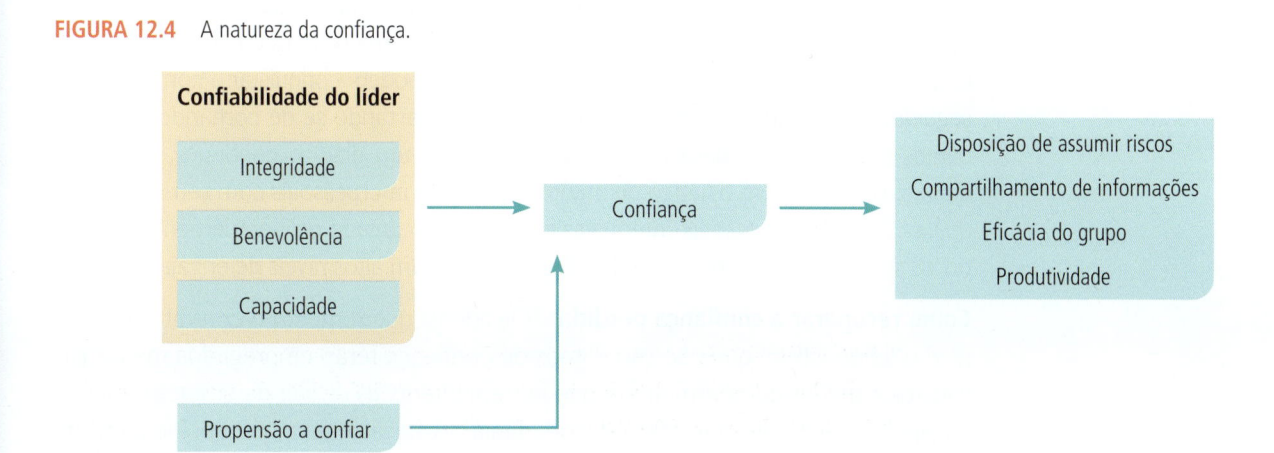

FIGURA 12.4 A natureza da confiança.

Confiabilidade do líder
- Integridade
- Benevolência
- Capacidade

→ Confiança →
- Disposição de assumir riscos
- Compartilhamento de informações
- Eficácia do grupo
- Produtividade

Propensão a confiar →

A *capacidade* inclui as habilidades e os conhecimentos técnicos e interpessoais de uma pessoa. Temos poucas chances de confiar em uma pessoa se não confiamos em sua capacidade, por mais que ela tenha os princípios mais elevados e as melhores intenções.

Propensão à confiança Uma boa liderança é construída pela confiança entre líderes e seguidores. A propensão à confiança refere-se à predisposição de determinado empregado de confiar em um líder. Algumas pessoas simplesmente são mais propensas a acreditar que os outros são dignos de confiança, ao passo que outras tendem a desconfiar de todos.[131] As pessoas que documentam cada promessa ou conversa com seus gestores não são muito propensas à confiança e provavelmente não acreditarão na palavra de seu gestor em qualquer circunstância. Por sua vez, os empregados que pensam que a maioria das pessoas é honesta e de confiança muito provavelmente procurarão evidências de que seus líderes são confiáveis. A propensão à confiança está fortemente associada à agradabilidade. Pessoas com baixa autoestima são menos propensas a confiar nos outros.[132]

---

propensão à confiança
A predisposição de um empregado de confiar em um líder.

Confiança e cultura Será que a confiança varia de acordo com as culturas? Se pensarmos na definição básica de confiança, a resposta é sim, sem dúvida. Mas, no contexto de trabalho, a confiança em um gestor pode basear-se em percepções que diferem muito de uma cultura para a outra. Por exemplo, um estudo recente conduzido em Taiwan sugeriu que os empregados reagiram bem a uma liderança paternalista quando o líder era benevolente e ético e apresentaram um aumento do desempenho baseado na confiança.[133] Essa reação positiva ao paternalismo pode ser exclusiva de um contexto coletivista, no qual os valores confucionistas de hierarquia são imbuídos nos relacionamentos. Em sociedades individualistas, seria possível esperar que muitos empregados se incomodassem com a liderança paternalista, preferindo não se ver como parte de um grupo de trabalho hierárquico e familiar. A confiança dos empregados de culturas individualistas pode basear-se nas dimensões de apoio e coerência dos líderes, por exemplo.

O papel do tempo O tempo é o último ingrediente da receita da confiança. Passamos a confiar nas pessoas com base na observação de seu comportamento ao longo do tempo.[134] Em situações nas quais a confiança é importante, os líderes precisam demonstrar que são íntegros, benevolentes e capazes. Isso inclui, por exemplo, situações nas quais eles poderiam ser oportunistas ou decepcionar os empregados, mas não o fazem. Em segundo lugar, se o líder for incapaz de fazer algo, a confiança pode ser conquistada se ele demonstrar sua capacidade de simplesmente se desculpar por essa incapacidade, sem tentar negá-la.[135] Em terceiro lugar, uma pesquisa realizada com 100 empresas ao redor do mundo sugere que os líderes podem conquistar a confiança dos seguidores alterando seu estilo de comunicação, afastando-se de comandos descendentes (de cima para baixo) e aproximando-se de um diálogo contínuo.[136] Por fim, quando os líderes têm o hábito de manter interações interpessoais com seus empregados, em conversas pessoais, interativas e inclusivas, seguindo deliberadamente um plano, os seguidores passam a confiar neles e apresentam altos níveis de engajamento.[137]

Como recuperar a confiança perdida Os líderes que rompem o contrato psicológico e demonstram que não são dignos de confiança terão empregados menos satisfeitos e menos comprometidos, que nutrem intenções de sair da empresa, menos engajados em comportamentos de cidadania organizacional e que apresentam um desempenho insatisfatório.[138]

A confiança perdida pode até ser reconquistada, mas isso depende da situação e do tipo de violação do contrato psicológico.[139] Se a causa for incapacidade, costuma ser melhor se desculpar e reconhecer que você poderia ter feito um trabalho melhor. Mas, se o problema for falta de integridade, não adianta muito pedir desculpas. Não importa qual tenha sido a violação, simplesmente não dizer nada ou recusar-se a admitir a culpa nunca é uma boa estratégia para reconquistar a confiança. A confiança pode ser recuperada quando observamos um padrão de comportamento confiável por parte do transgressor. Todavia, se o transgressor enganou seus subordinados ou mentiu para eles, a confiança jamais será totalmente restaurada, nem com pedidos de desculpas, promessas ou nem mesmo passando a assumir um padrão consistente de ações que inspirem confiança.[140]

Mentoria (ou *Mentoring*)

Os líderes, não raro, assumem a responsabilidade de desenvolver futuros líderes. Um mentor é um empregado sênior que patrocina e apoia um empregado menos experiente, seu protegido (ou *protégé*).[141] Os melhores mentores são bons professores. Eles apresentam ideias com clareza, são bons ouvintes e demonstram empatia para com os problemas e sentimentos de seus protegidos. Os relacionamentos de mentoria (ou *mentoring*) ajudam no desenvolvimento profissional e psicossocial do protegido (veja a Tabela 12.3).[142]

mentor
Empregado sênior que patrocina e apoia um empregado menos experiente, chamado de "protegido" (ou protégé).

Nos relacionamentos formais de mentoria, os candidatos a protegido são identificados de acordo com seu potencial de liderança e alocados a líderes que atuam no mesmo departamento ou unidade da organização. Já os relacionamentos informais de mentoria desenvolvem-se quando os líderes identificam um empregado menos experiente e de um nível hierárquico inferior que aparenta ter potencial de desenvolvimento.[143] O mentor costuma testar o protegido atribuindo-lhe tarefas desafiadoras. Se o desempenho for aceitável, o mentor se encarregará de desenvolver o relacionamento. Tanto na mentoria formal quanto na informal, o objetivo é mostrar ao protegido como a organização *de fato* funciona fora dos procedimentos e das estruturas formais.

Será que todos os empregados de uma empresa têm a possibilidade de participar de um programa de mentoria? Infelizmente não.[144] No entanto, pesquisas continuam a sugerir que as organizações deveriam implementar programas de mentoria, pois eles beneficiam tanto os mentores quanto os protegidos.[145]

TABELA 12.3 Carreira e funções psicológicas da relação de mentoria.

Funções de carreira	Funções psicossociais
▶ Intercede na organização para conseguir atribuições desafiadoras e de alta visibilidade para seu protegido.	▶ Aconselha o protegido a fim de melhorar sua autoconfiança.
▶ Orienta o protegido para ajudá-lo a desenvolver suas habilidades e atingir seus objetivos no trabalho.	▶ Compartilha experiências pessoais com o protegido.
▶ Promove a exposição do protegido a pessoas influentes na organização.	▶ Oferece amizade e aceitação.
▶ Defende o protegido de possíveis riscos à sua reputação.	▶ Atua como um modelo, um exemplo a ser seguido.
▶ Patrocina o protegido ao indicá-lo para possíveis avanços ou promoções.	
▶ Opina sobre ideias que o protegido pode hesitar em revelar a seu supervisor direto.	

Embora comecem com as melhores intenções, esses programas formais não são tão eficazes quanto os informais,[146] talvez devido a problemas de planejamento, concepção e comunicação. Os mentores precisam ver o relacionamento como algo que pode ser benéfico tanto para eles quanto para o protegido e este também precisa sentir que contribui para o relacionamento.[147] Os programas formais de mentoria também têm mais chances de sucesso se conseguirem corresponder bem ao estilo, às necessidades e à experiência do mentor e do protegido.[148]

Os mentores podem ser eficazes não por conta da função que desempenham, mas em virtude dos recursos que são capazes de obter. Um mentor com uma boa rede de contatos pode desenvolver relacionamentos que ajudarão no progresso de seu protegido. As redes de relacionamento, independentemente do fato de serem ou não desenvolvidas pelo mentor, constituem um importante fator preditivo do sucesso profissional do protegido.[149] Se o mentor não for bem relacionado ou não tiver um bom desempenho, nem os melhores conselhos do mundo poderão beneficiar seu protegido.

Você pode achar que a mentoria pode ser um grande auxílio para atingir resultados objetivos como remuneração e desempenho no trabalho, mas pesquisas sugerem que os benefícios são principalmente psicológicos. A mentoria pode ajudar o protegido a avançar na carreira, mas suas habilidades e sua personalidade são fatores muito mais importantes. Pode até ser bom para o ego ter um mentor, mas seu sucesso profissional não vai depender disso. O mentor atua mais como uma injeção de autoconfiança.

12.7 Identificar os desafios do entendimento da liderança.

Desafios do entendimento da liderança

"No século 16, as pessoas atribuíam a Deus a responsabilidade por todos os eventos que não tinham como explicar. Por que a colheita não foi boa? Foi porque Deus quis assim. Por que alguém morreu? Foi Deus quem decidiu. Hoje em dia, nossa explicação para tudo é a liderança."[150] Essa afirmação pode ser impactante, mas muitos fatores que determinam o sucesso ou o fracasso de uma organização estão fora do controle do líder. Algumas vezes, o sucesso ou o fracasso só dependem de estar no lugar certo ou errado em determinado momento. Nesta seção, apresentaremos alguns questionamentos a crenças amplamente aceitas sobre a importância da liderança.

Liderança como uma atribuição

teoria da atribuição da liderança
Teoria que afirma que a liderança não passa de uma atribuição que as pessoas concedem a outros indivíduos.

Como vimos no Capítulo 6, a teoria da atribuição analisa como as pessoas tentam entender as relações de causa e efeito. A teoria da atribuição da liderança diz que ela não passa de uma atribuição que as pessoas concedem a outros indivíduos.[151] Atribuímos aos líderes inteligência, personalidade extrovertida, grande poder de retórica, agressividade, compreensão e engenhosidade.[152] No nível da organização, tendemos a ver o líder como responsável por um desempenho extremamente negativo ou extremamente positivo, quer essa visão esteja correta ou não.[153]

As percepções dos seguidores em relação aos líderes afetam enormemente sua eficácia. Para começar, um estudo longitudinal conduzido com 128 importantes empresas norte-americanas descobriu que as percepções de carisma do CEO não levaram a um melhor desempenho da empresa, mas, pelo contrário, o desempenho da empresa levou às percepções de carisma do líder.[154] Em segundo lugar, as percepções dos empregados em relação aos comportamentos dos líderes são importantes fatores preditivos da propensão desses empregados de culpá-los pelos fracassos, independentemente da autoavaliação dos líderes.[155] Em terceiro lugar, um estudo realizado com mais de 3 mil empregados de empresas da Europa Ocidental, dos Estados Unidos e do Oriente Médio revelou que as pessoas que tendiam a "romantizar" a liderança acreditavam que os líderes eram transformacionais.[156]

Também fazemos suposições demográficas com relação aos líderes. Empregados de uma empresa que responderam a um levantamento presumiram que um líder cuja descrição não incluiu informações de identificação racial era branco em um percentual maior que o de empregados brancos da empresa.[157] Em cenários que descrevem situações idênticas de liderança, mas manipulando a raça do líder, os líderes brancos são avaliados como mais eficazes do que os líderes de outros grupos raciais.[158] Uma ampla revisão de pesquisas revelou que muitas pessoas nutrem o estereótipo de que os homens possuem mais características de liderança do que as mulheres, embora, como seria de se esperar, essa tendência de associar a liderança com a masculinidade tenha diminuído com o tempo.[159] Outras pesquisas sugerem que o modo como as pessoas veem o sucesso das mulheres na liderança transformacional pode depender da situação. Os grupos preferem ser liderados por homens em um contexto de competição agressiva contra outros grupos, mas preferem ser liderados por mulheres quando há uma competição interna no grupo e quando é necessário melhorar os relacionamentos entre os membros.[160]

A teoria da atribuição sugere que é mais importante *aparentar* ser um líder eficaz do que focar em *realizações concretas*. Os aspirantes a líder que conseguem se apresentar como inteligentes, atraentes, bons oradores, agressivos, dedicados e coerentes podem aumentar suas chances de serem vistos como bons líderes por chefes, colegas e subordinados.

Substitutos e neutralizadores da liderança

Uma teoria de liderança sugere que as ações dos líderes são irrelevantes em muitas situações.[161] Experiência e treinamento são alguns dos substitutos para a necessidade de ter um líder para dar apoio ou criar uma estrutura. Organizações como a Valve Corporation, produtora de videogames; a WL Gore, fabricante do Gore-Tex, uma membrana impermeável que permite a evaporação do suor; e a GitHub, empresa de software de colaboração, fizeram testes eliminando líderes e gestores. A governança no ambiente de trabalho "sem chefe" é obtida por meio da prestação de contas aos colegas, que decidem a composição da equipe e, às vezes, até a remuneração.[162] Características organizacionais como objetivos formais, regras e procedimentos rígidos, além de grupos de trabalho coesos, também podem substituir a liderança formal, ao passo que a indiferença às recompensas organizacionais pode neutralizar esses efeitos. Os neutralizadores impossibilitam que o comportamento do líder faça qualquer diferença para seus subordinados (veja a Tabela 12.4).

A diferença entre substitutos e neutralizadores nem sempre é clara. De acordo com a teoria, se você estiver trabalhando em uma tarefa intrinsecamente agradável, ela será suficiente para que você se motive, fazendo com que a liderança seja menos importante. Mas será que isso significa que tarefas intrinsecamente agradáveis neutralizam os efeitos da liderança, substituem os líderes ou ambos? Outro problema é que, apesar de os substitutos da liderança (como características dos empregados, natureza da tarefa, entre outros fatores) serem importantes para o desempenho, isso

---

substitutos
Atributos como experiência e treinamento, que podem substituir a necessidade de ter um líder para dar apoio ou criar uma estrutura.

neutralizadores
Atributos que impossibilitam que o comportamento do líder faça diferença para os resultados de seus subordinados.

TABELA 12.4   Substitutos e neutralizadores da liderança.

Características definidoras	Liderança orientada a relacionamentos	Liderança orientada a tarefas
Indivíduo		
Experiência/treinamento	Sem efeito	Substituto
Profissionalismo	Substituto	Substituto
Indiferença às recompensas	Neutralizador	Neutralizador
Função		
Tarefa altamente estruturada	Sem efeito	Substituto
Fornece seu próprio feedback	Sem efeito	Substituto
Intrinsecamente satisfatório	Substituto	Sem efeito
Organização		
Metas explicitamente formalizadas	Sem efeito	Substituto
Regras e procedimentos rígidos	Sem efeito	Substituto
Grupos de trabalho coesos	Substituto	Substituto

Fonte: baseado em K. B. Lowe e W. L. Gardner, "Ten Years of the Leadership Quarterly: Contributions and Challenges for the Future", *Leadership Quarterly* 11, no. 4 (2000): 459–514.

não significa necessariamente que a liderança não faz diferença alguma.[163] É simplista achar que as ações dos líderes são o suficiente para que os empregados se motivem a atingir uma meta. Introduzimos diversas variáveis, como atitudes, personalidade, capacidade e normas do grupo que afetam o desempenho e a satisfação dos empregados. A liderança se apresentou apenas como mais uma variável independente em nosso modelo de comportamento organizacional.

Seleção de líderes

O processo pelo qual uma organização passa para preencher os cargos de gestão é basicamente um exercício de identificação de bons líderes. Essa busca pode começar pela análise de conhecimentos, habilidades e capacidades necessárias para liderar com eficácia. A organização pode utilizar testes de personalidade para detectar traços associados à liderança — extroversão, conscienciosidade e abertura a novas experiências. Também é importante testar o grau de automonitoramento (veja o Capítulo 5) do candidato a líder. Quanto mais automonitorado ele for, mais indicado será para o cargo, pois essa característica o torna capaz de entender melhor as situações e de ajustar seu comportamento a elas. Candidatos com elevada inteligência emocional podem levar vantagem, especialmente em situações que requerem liderança transformacional.[164] Sabe-se que a experiência não é um bom indicador da eficácia de um líder, embora possa ser relevante em situações específicas.

Como nada dura para sempre, o evento mais importante para o qual as empresas precisam se planejar são as mudanças na liderança. A JCPenney contratou um CEO sem experiência em lojas de departamentos, e as mudanças rápidas de estratégia que ele fez na empresa foram uma manobra tão desastrosa que as ações da JCPenney despencaram 69% em mais ou menos um ano (logo depois a JCPenney recontratou o antigo CEO e ele ocupou o cargo até a empresa se recuperar). Depois do desastre, a JCPenney pareceu ter aprendido a lição e contratou Marvin Ellison, um executivo da Home Depot com 15 anos de experiência na Target. O comunicado à imprensa da empresa descreveu repeti-

A decisão de nomear Satya Nadella (centro) como o novo CEO da Microsoft baseou-se em grande parte em suas experiências específicas à situação. Para reforçar sua posição no campo crescente da computação em nuvem, a Microsoft escolheu Nadella, que tinha liderado o Cloud and Enterprise Group da Microsoft e cuja liderança foi fundamental na transformação da cultura de tecnologia da empresa que era voltada a serviços aos clientes e passou a ter foco em infraestrutura e serviços em nuvem.

damente Ellison como "um executivo de varejo extremamente capacitado com um amplo conhecimento de operações de lojas".[165]

Outras organizações parecem não dedicar muito tempo à sucessão da liderança e se surpreendem quando selecionam líderes pouco capacitados. A HP teve nada menos que quatro CEOs em menos de 10 anos, sendo que um deles só durou alguns meses, levando os analistas do setor a se perguntarem se o conselho de administração, de fato, fez a lição de casa no que diz respeito à sucessão da liderança. A seleção de Meg Whitman, a atual CEO, baseou-se em sua atuação como CEO do eBay, onde foi considerada uma líder de alto desempenho. Ela também tinha importantes articulações políticas, tendo concorrido a governadora da Califórnia. Não muito tempo atrás, ela foi nomeada a "CEO com os resultados mais fracos" por sua liderança na HP, embora as ações da empresa tenham decolado durante sua gestão enquanto ela tentava consertar os erros de seus predecessores.[166]

Treinamento de líderes

As organizações investem bilhões de dólares no treinamento e desenvolvimento de lideranças.[167] Essas iniciativas podem assumir várias formas, desde programas de liderança para executivos que chegam a custar mais de US$ 50 mil e são oferecidos por universidades como Harvard a experiências de viagens de barco, com o programa Outward Bound. A Goldman Sachs é famosa por seus programas de desenvolvimento de líderes e a *BusinessWeek* chegou a chamar a empresa de "Fábrica de Líderes".[168] As faculdades de administração também vêm dando cada vez mais importância ao desenvolvimento de lideranças.

Como os gestores podem otimizar sua verba para o treinamento de líderes? Para começar, o treinamento de lideranças tende a ser mais bem-sucedido se o líder tiver uma grande capacidade de automonitoramento. Pessoas com essa característica têm a flexibilidade necessária para mudar seu comportamento. Em segundo lugar, as organizações podem ensinar habilidades de implementação a seus líderes. Em terceiro lugar, é possível ensinar aos líderes habilidades de conquistar a confiança e de atuar como mentores. Eles podem aprender a realizar análise situacional, a avaliar situações, modificá-las para corresponder ao seu estilo e avaliar quais comportamentos de liderança podem ser mais eficazes em determinadas situações. A BHP Billiton, a Best Buy, a Nokia e a Adobe contrataram treinadores (*coaches*) para ajudar seus principais executivos a melhorar suas habilidades interpessoais e a agir de maneira menos autocrática.[169] A eficácia do treinamento da liderança parece depender muito mais de características externas, de contexto, em comparação com treinamentos mais fechados ou técnicos, como a capacitação para o uso de *softwares*, por exemplo.[170] Em quarto lugar, o treinamento comportamental usando exercícios de dramatização pode melhorar a capacidade dos líderes de exibir características da liderança carismática. Pesquisas também sugerem que, para continuar se desenvolvendo, os líderes devem avaliar regularmente sua liderança após importantes eventos organizacionais. Essas avaliações pós-evento são especialmente eficazes para líderes com alto grau de conscienciosidade e abertura a novas experiências e que sejam emocionalmente estáveis (com baixo grau de neuroticismo).[171] Por fim, os líderes podem aprender habilidades de liderança transformacional para melhorar os resultados financeiros da organização.

RESUMO

A liderança é importantíssima para entender o comportamento do grupo, pois é o líder que, em geral, orienta as pessoas a fim de atingir metas. Saber o que define um bom líder pode ser muito útil para melhorar o desempenho do grupo. O modelo de personalidade Big Five mostra relações fortes e constantes entre personalidade e liderança. A principal contribuição da abordagem comportamental foi a classificação da liderança em duas categorias: a orientada a tarefas (estrutura inicial) e a orientada a pessoas (consideração). Ao levar em consideração a situação na qual o líder está inserido, as teorias contingenciais acenaram com a promessa de melhorar o comportamento dos líderes. Teorias contemporâneas têm sido muito úteis para identificar os fatores que levam à eficácia da liderança e estudos nos campos da ética e da liderança positiva são bastante promissores.

IMPLICAÇÕES PARA OS GESTORES

- ▶ Para maximizar a eficácia de sua liderança, verifique se as suas preferências nas dimensões de estrutura inicial e consideração correspondem à cultura e à dinâmica de seu ambiente de trabalho.
- ▶ Contrate candidatos que demonstrem qualidades de liderança transformacional e que tenham tido sucesso comprovado ao liderar seguidores para concretizar uma visão de longo prazo. Testes de personalidade podem revelar candidatos com graus mais elevados de extroversão, conscienciosidade e abertura a experiências, o que pode indicar uma prontidão a assumir cargos de liderança.
- ▶ Contrate candidatos que você acredita serem éticos e confiáveis para assumir cargos de gestão e treine os gestores atuais nos padrões éticos de sua organização para aumentar a eficácia da liderança e reduzir a supervisão abusiva.
- ▶ Procure desenvolver relações de confiança com seus seguidores, porque à medida que as empresas vão se tornando menos estáveis e previsíveis, fortes laços de confiança passam a substituir diretrizes burocráticas na definição de expectativas e relacionamentos.
- ▶ Pense em investir em programas de treinamento de lideranças, como cursos formais, workshops e mentoria.

Ponto e contraponto

Os CEOs começam cedo

PONTO

Se você parar para analisar os detalhes, verá que os CEOs assumiram papéis de liderança desde a infância. Tanto as origens quanto as dificuldades que enfrentaram na infância e juventude são semelhantes, e as estratégias de enfrentamento por eles desenvolvidas também apresentam similaridades. Na verdade, é fácil ver um futuro CEO vendendo limonada ou cortando a grama dos vizinhos do bairro.

Qual é o perfil dos futuros CEOs? Tudo começa com os pais, que atingiram o sucesso pelo trabalho duro. Por exemplo, o pai de Linda Zecher, ex-CEO da editora Houghton Mifflin Harcourt, administrava vários negócios. Brent Frei, CEO da empresa de software Smartsheet.com, passou a infância na fazenda de 800 acres da qual seu pai era proprietário e administrador. A mãe de Michelle Munson, CEO da Aspera, foi professora e seu pai administrava a fazenda da família.

Em segundo lugar, os futuros CEOs crescem tendo de assumir responsabilidades. Susan Story, CEO da companhia de utilidade pública American Water, aprendeu desde a infância que "mesmo se a situação parecer sem saída, o importante é trabalhar duro e assumir a responsabilidade pela situação, porque ninguém vai assumir essa responsabilidade ou fazer o trabalho por você". Brent Frei "teve a chance de assumir grandes responsabilidades desde a infância. Quando eu tinha 6 anos, meu pai me botou ao volante da picape, engatou na primeira marcha e eu fui dirigindo para casa com a minha irmã de 5 anos no banco do passageiro". Muitos CEOs crescem trabalhando na fazenda da família ou cuidando dos irmãos.

Em terceiro lugar, os futuros CEOs são bons líderes desde cedo. Ruth Rathblott, CEO do Harlem Educational Activities Fund, foi presidente de sua turma da sétima série e presidente do ensino médio; Brad Jefferson, CEO do serviço de apresentações animadas de slides Animoto, jogou no time de futebol americano do ensino médio e foi capitão do time de futebol e presidente da última série do ensino médio; e Hannah Paramore, fundadora da agência digital Paramore, sempre foi uma líder: "sempre fui capitã disso e capitã daquilo".

Fica claro que os CEOs começam cedo.

CONTRAPONTO

Os CEOs que começam cedo têm boas histórias para contar quando conquistam o sucesso, mas isso não significa necessariamente que representam a maioria. Vamos dar uma olhada em alguns outros aspectos das origens dos CEOs.

Para começar, sabemos que grande parte de nossa personalidade pode ser atribuída a fatores genéticos, mas é incorreto inferir: (a) que um traço de personalidade é transmitido geneticamente dos ancestrais ao CEO ou (b) que podemos prever os resultados dos traços de personalidade de uma criança ou adolescente. Também não é possível dizer que, se os pais tiveram sucesso porque trabalharam duro, os filhos também terão sucesso. Os pais de Story trabalharam em uma algodoaria e em uma estação de tratamento de águas residuais e "não tinham muito dinheiro". A fazenda da família de Frei "mal saía do vermelho". Mitch Rothschild, CEO do site Vitals, observou: "Nós somos influenciados pelos nossos pais por dois motivos: ou queremos ser como eles ou não queremos ser como eles".

Em segundo lugar, qual criança é criada sem responsabilidades? Nenhuma, mesmo se tudo o que elas precisam fazer é ir à escola. Muitos CEOs tiveram muitas responsabilidades na infância, mas outros não. Os pais de Munson "enfatizavam duas coisas. Uma era estudar e a outra era participar de um grupo de jovens". Zecher "foi uma entregadora de jornais. Ela foi uma bandeirante e participou de muitos clubes e esportes no ensino médio".

Em terceiro lugar, seria um erro concluir que os CEOs são líderes desde a infância. Os que não foram líderes-mirins simplesmente não falam a respeito. Ron Kaplan, CEO da fabricante Trex, participava de competições de tiro ao alvo. Zecher só teve um plano ou assumiu um papel de liderança depois de se formar na faculdade.

Todo mundo gosta de uma boa história de CEOs que começam cedo, mas por definição, os CEOs não começam cedo. O que podemos dizer é que tanto os fatores genéticos quanto as experiências afetam as crianças e adolescentes e que não é fácil decifrar a relação entre esses fatores e o sucesso de um CEO.

Fontes: baseado em A. Bryant, "A Good Excuse Doesn't Fix a Problem", *The New York Times*, 28 dez. 2014, 2; A. Bryant, "Always Respect the Opportunity", *The New York Times*, 19 out. 2014, 2; A. Bryant, "Don't Let Your Strengths Run Amok", *The New York Times*, 18 maio 2014, 2; A. Bryant, "Knowing Your Company's Heartbeat", *The New York Times*, 30 maio 2014, B2; A. Bryant, "The Danger of 'One Size Fits All'", *The New York Times*, 29 mar. 2015, 2; A. Bryant, "The Job Description Is Just the Start", *The New York Times*, 14 set. 2014, 2; A. Bryant, "Making Judgments, Instead of Decisions", *The New York Times*, 4 maio 2014, 2; A. Bryant, "Pushing Beyond Comfort Zones", *The New York Times*, January 25, 2015, 2; A. Bryant, "Tell Me What's Behind Your Title", *The New York Times*, April 11, 2014, B2; and C. Crossland, J. Zyung, N. J. Hiller, and D. C. Hambrick, "CEO Career Variety: Effects on Firm-Level Strategic and Social Novelty", *Academy of Management Journal* 57, no. 3 (2014): 652–74.

REVISÃO DO CAPÍTULO

QUESTÕES PARA REVISÃO

12.1 Quais são as conclusões das teorias dos traços da liderança?

12.2 Quais são as principais premissas e limitações das teorias comportamentais de liderança?

12.3 Quais são as teorias contingenciais de liderança?

12.4 Qual é a relação entre as teorias contemporâneas e as teorias clássicas de liderança?

12.5 Como os líderes podem criar organizações éticas?

12.6 Como os líderes podem conseguir um impacto positivo em sua organização por meio do desenvolvimento da confiança e pela mentoria?

12.7 Quais são os desafios do entendimento da liderança?

APLICAÇÃO E EMPREGABILIDADE

É importantíssimo saber como os líderes surgem, o que os leva à eficácia e como liderar e influenciar as pessoas para concretizar uma visão e atingir as metas organizacionais. Essas habilidades vão ajudá-lo a aumentar seu valor no mercado de trabalho e até melhorar suas chances de ser promovido. Essas informações são importantes não somente para saber como liderar, mas também para saber como interagir e se comunicar com seus gestores. Aprendemos, neste capítulo, que a liderança é um conceito multifacetado. Nossos traços de personalidade podem decidir se assumiremos ou não papéis de liderança (e se tendemos a ser bons líderes). Esse conhecimento pode ser importante se você estiver na posição de escolher um líder para sua equipe ou departamento. Agora você tem uma ideia melhor do que os líderes fazem e como as situações restringem sua atuação. Você também aprendeu como novos conceitos de liderança se concentram nos relacionamentos específicos entre os líderes e seus seguidores e como os estilos carismático, autêntico, ético e transformacional de liderança tendem a ser mais eficazes. Deve ter ficado claro que ser um líder e ser um gestor são duas coisas diferentes — ao inspirar e atribuir tarefas desafiadoras aos seus subordinados, você conquista sua confiança e os desenvolve para que eles cresçam profissionalmente e ajudem a organização a atingir seus objetivos. Neste capítulo, você exercitou seu pensamento crítico e suas habilidades de análise e aplicação de conhecimentos, contestando o mito de que os líderes sentem mais estresse, aprendendo a confrontar um chefe que tende a revelar informações pessoais demais, refletindo sobre a tensão entre a liderança ética e as linhas mais tradicionais de liderança e ponderando se os CEOs assumem papéis de liderança já na infância. A seguir, você desenvolverá essas habilidades, bem como suas habilidades de comunicação e colaboração, identificando exemplos de líderes em vários contextos diferentes, ponderando as obrigações éticas dos CEOs para com seus empregados mesmo quando os próprios CEOs estão pensando em sair da empresa, analisando a eficácia da liderança compartilhada e refletindo sobre as vantagens e desvantagens de usar algoritmos de liderança em programas de desenvolvimento de líderes.

EXERCÍCIO EXPERIENCIAL   O que um líder tem que os outros não têm?

Divida a turma nos cinco grupos a seguir (ou deixe os alunos escolherem os grupos):

GRUPO A: Líderes do governo (presidente, governador, senador, deputado federal, deputado estadual)

GRUPO B: Líderes empresariais (presidente, diretor executivo, líder de empresa)
GRUPO C: Líderes acadêmicos (reitor de universidade, diretor de faculdade, diretor de escola, professor)
GRUPO D: Líderes esportivos (técnico, treinador, líder informal do time, capitão do time)
GRUPO E: Líderes de ideias/líderes sociais (ativistas, denunciantes, autores)

Questões

12.8 Cada grupo deve escolher um líder da cultura popular ou da história para servir como um bom exemplo para os outros. O grupo fala sobre o líder, identificando suas características, não só fazendo um brainstorming, mas se baseando em exemplos de características definidoras da pessoa.

12.9 Reúna a turma toda. O professor traça no quadro uma coluna para cada grupo e relaciona o líder escolhido e suas características em cada coluna. Para cada pessoa selecionada pelos grupos, decida se os traços ou atribuições do líder levariam à sua eficácia ou ineficácia, levando em conta o tipo de líder do grupo. Explique sua resposta. Quais seriam os resultados de estratégias *opostas* ou *alternativas* nesses contextos e por quê? Quais semelhanças você consegue identificar entre as listas? Com base nas respostas deste exercício, você diria que os fatores que levam a uma boa liderança variam dependendo do contexto? Para cada contexto, você diria que os fatores que levam ao surgimento de um líder diferem dos fatores que levam à eficácia de um líder?

Dilema ético

É melhor sair ou ficar?

Muitos CEOs são demitidos por razões políticas e por lutas de poder. Outros são demitidos por comportamento antiético. Muitos, no entanto, optam por sair da organização. Não é uma decisão fácil, porque os líderes não só precisam tomar a melhor decisão para si mesmos como sabem que muitas pessoas da organização dependem deles e de suas habilidades de liderança para continuar tendo sucesso. A saída de um líder pode levar os subordinados apegados a ele a se desapegarem da organização e pensarem em sair também. Mas dá para entender por que os CEOs podem querer sair ou seguir uma trajetória profissional diferente. Por exemplo, Mohamed El-Erian, CEO da Pimco, saiu da empresa em 2014 quando sua filha lhe entregou uma lista incluindo todos os eventos e atividades importantes de sua vida que ele deixou de participar porque estava ocupado no trabalho.

Não somente o CEO tem uma obrigação com a empresa; a empresa também tem uma obrigação para com o CEO. Erika Andersen, uma colunista da *Forbes*, observa: "Os melhores talentos saem de uma empresa quando ela é mal administrada, confusa e pouco inspiradora". E essas mesmas razões também podem ser aplicadas aos líderes.

Uma abordagem mais recente sugere que a rotatividade é inevitável, até para os melhores talentos. Como observa o professor Finkelstein, da Dartmouth College, "Os chefes que analisei também se beneficiavam de um paradoxo maravilhoso: quando você para de tentar prender seu pessoal e se concentra em criar um fluxo de talentos, descobre que as melhores pessoas acabam decidindo ficar". Além disso, quando esses CEOs saem da empresa, eles integram uma "rede de relacionamentos de ex-empregados" e podem acabar se tornando grandes aliados da organização.

Questões

12.10 O que você acha que um CEO ou líder deve fazer antes de decidir sair da organização? Quais são as obrigações de um CEO ou líder para com os empregados? Por quê?

12.11 Você acha que existe um momento certo para o CEO ou líder considerar sair da organização ou anunciar sua saída? Quais seriam alguns exemplos de momentos em que ele não deveria sair? E quais seriam alguns exemplos dos melhores momentos para um CEO sair?

12.12 O que as organizações podem fazer para reter seus CEOs e líderes? Será que isso não passaria de um exercício de futilidade (ou, em outras palavras, não seria inútil tentar fazer alguma coisa para impedir os CEOs ou líderes de sair)? Explique sua resposta.

Fontes: baseado em E. Andersen, "Why Top Talent Leaves: Top 10 Reasons Boiled Down to 1", *Forbes*, 18 jan. 2012, https://www.forbes.com/sites/erikaandersen/2012/01/18/why-top-talent-leavestop-10-reasons-boiled-down-to-1/#5eef38a04e43; N. Bozionelos and S. Mukhuty, "Why CEOs Resign: Poor Performance or Better Opportunities?", *Academy of Management Perspectives* 29, no. 1 (2015): 4–6; R. Derousseau, "5 CEOs Who Quit for the Right Reasons", *Fortune*, 21 out. 2014, http://fortune.com/2014/10/21/ceos-quit-right-reasons/; M. N. Desai, A. Lockett, and D. Paton, "The Effects of Leader Succession and Prior Leader Experience on Postsuccession Organizational Performance", *Human Resource Management* 55, no. 6 (2016): 967–84; S. Finkelstein, "Why the Best Leaders Want Their Superstar Employees to Leave", *The Wall Street Journal*, 3 out. 2016, https://www.wsj.com/articles/why-the-best-leaders-want-their-superstar-employees-to-leave-1475460841; and D. L. Shapiro, P. Hom, W. Shen, and R. Agarwal, "How Do Leader Departures Affect Subordinates Organizational Attachment? A 360-Degree Relational Perspective", *Academy of Management Review* 41, no. 3 (2016): 479–502.

Estudo de caso 1

Compartilhe a liderança para melhorar o desempenho

Assim que substituiu Nicholas Dirks no cargo de reitor da Universidade da Califórnia em Berkeley, Carol T. Christ adotou uma estratégia que nenhum de seus predecessores tinha utilizado: compartilhar a liderança. Para você ter uma ideia, quando propôs simplesmente eliminar a Faculdade de Química, o reitor anterior nunca chegou a consultar outros tomadores de decisão e grupos interessados. Christ, por sua vez, convocou uma reunião com Frances McGinley, a vice-presidente estudantil de assuntos acadêmicos, para "ter uma ideia do que [a liderança estudantil] estava fazendo e como [Christ] poderia ajudar". O convite foi recebido com surpresa, porque antes McGinley era forçada a praticamente assediar os gestores da universidade para conseguir uma reunião. Em outro acordo desse tipo entre Jill Martin e David Barrs, em uma escola de ensino médio de Essex, na Inglaterra, são designadas áreas de interesse onde cada um assume a liderança e os dois compartilham uma filosofia pedagógica, reúnem-se diariamente, têm autoridade para tomar decisões imediatamente e questionar um ao outro. Como Declan Fitzsimons sugere em um artigo da *Harvard Business Review*, o século XXI é rápido e dinâmico demais para uma pessoa dar conta sozinha. Ao compartilhar a liderança com várias pessoas, a organização pode ser mais flexível e se adaptar melhor aos problemas, conciliar pontos de vista que, embora discordantes, sejam complementares, e reduzir o fardo da figura tradicional do líder carismático. No entanto, compartilhar a liderança também leva a problemas e obstáculos, que se revelam nos vários relacionamentos entre os membros da equipe, subordinados e outros empregados. Os relacionamentos passam a envolver não somente as identidades individuais, como também as identidades coletivas do grupo. Também é importante saber que compartilhar a liderança não quer dizer delegar, mas se empenhar para coordenar e colaborar, além de equilibrar os objetivos individuais com os coletivos.

Revisões recentes de pesquisas sobre a liderança compartilhada sugerem que, em geral, ela ajuda a melhorar o desempenho, as atitudes e os comportamentos da equipe, especialmente quando a liderança é transformacional ou carismática e quando as tarefas da equipe são complexas.

Questões

12.13 Que tipo de problemas você acha que a liderança compartilhada pode causar? Como eles podem ser superados (se é que podem)?

12.14 Se você fosse o CEO de uma empresa, como implementaria uma iniciativa de liderança compartilhada em sua empresa? Que elementos de desenho e redesenho de funções você aplicaria para aumentar a eficácia da iniciativa de liderança compartilhada?

12.15 Você consegue pensar em exemplos nos quais abordagens tradicionais de liderança não compartilhada seriam preferíveis a uma abordagem de liderança compartilhada? Quais seriam essas abordagens e como elas seriam preferíveis? Que tipo de fatores situacionais ou individuais levaria a abordagem tradicional a ser mais eficaz nesses casos?

Fontes: baseado em J. Bell, P. Cubías, and B. Johnson, "Five Insights from Directors Sharing Power", *Nonprofit Quarterly*, 28 mar. 2017, https://nonprofitquarterly.org/2017/03/28/five-insightsdirectors-sharing-power/; D. Fitzsimons, "How Shared Leadership Changes Our Relationships at Work", *Harvard Business Review*, 12 mar. 2016, https://hbr.org/2016/05/how-shared-leadershipchanges-our-relationships-at-work; N. Morrison, "Two Heads Are Better Than One: A Model of Shared Leadership", *Forbes*, 21 dez. 2013, https://www.forbes.com/sites/nickmorrison/2013/12/21/two-heads-are-better-than-one-a-model-of-shared-leadership/#d3bfeec540ac; D. Wang, D. A. Waldman, and Z. Zhang, "A Meta-Analysis of Shared Leadership and Team Effectiveness", *Journal of Applied Psychology* 99, no. 2 (2014): 181–98; and T. Watanabe and R. Xia, "UC Berkeley's new Chancellor Is Hailed as a 'Brilliant Choice'", *Los Angeles Times*, 13 mar. 2017, http://www.latimes.com/local/lanow/la-me-ln-uc-berkeley-new-chancellor-20170313-story.html.

Estudo de caso 2

Liderança por algoritmo

Será que existe somente um jeito certo de liderar? As pesquisas e os métodos que analisamos neste capítulo sugerem que não, e o bom senso sugere que uma abordagem do tipo "receita de bolo" pode ser desastrosa, porque as organizações têm propósitos diferentes e desenvolvem culturas específicas. De modo geral, os programas de desenvolvimento de lideranças se concentram em ensinar melhores práticas. Os especialistas, no entanto, sugerem que pessoas treinadas em técnicas de liderança que não se adequam às suas tendências naturais correm o risco de perder a autenticidade, um fator crucial para uma boa liderança. Uma solução promissora para a liderança pode ser encontrada nos algoritmos.

Se você já fez uma avaliação baseada em pontos fortes, como o Harrison Assessment ou o Clifton StrengthsFinder da Gallup, sabe que os questionários voltados para identificar seus traços de personalidade, habilidades e preferências resultam em um perfil pessoal. Esse tipo de ferramenta pode ajudar, mas os algoritmos podem incluir muito mais possibilidades de personalização e aplicação no desenvolvimento de sua liderança. Por exemplo, eles podem pegar os resultados de todos os seus questionários e usá-los para criar um programa de liderança de acordo com as suas necessidades e habilidades específicas.

Marcus Buckingham, fundador da organização de coaching de gestão TMBC e autor de *Destaque-se* (*StandOut*), é especialista na criação de programas de liderança. Ele recomenda os passos a seguir:

Passo 1. Encontre ou desenvolva ferramentas de avaliação. As ferramentas podem incluir um componente de personalidade, como o questionário Big Five, e outros testes que as empresas podem adquirir ou criar de acordo com as características de liderança que desejam monitorar.

Passo 2. Identifique os melhores líderes da organização e peça que eles façam os testes. A ideia não é ver o que todos os líderes têm em comum, mas agrupar os melhores líderes em categorias de acordo com perfis semelhantes.

Passo 3. Entreviste os líderes de cada categoria de perfil para identificar as técnicas que eles usam no trabalho. Em geral, as técnicas serão personalizadas, improvisadas e se correlacionarão com os pontos fortes do perfil de avaliação de cada líder, de maneira que deverão ser muito reveladoras. Compile as técnicas de acordo com cada categoria de perfil.

Passo 4. Os resultados das categorias de perfil dos melhores líderes e as técnicas utilizadas por eles podem ser aplicados para criar um algoritmo — um método customizado — para desenvolver os líderes. Aplique os testes de avaliação para desenvolver líderes e identificar suas categorias de perfil. As técnicas utilizadas pelos melhores líderes poderão ser compartilhadas com os líderes em desenvolvimento pertencentes à mesma categoria.

Com essas medidas, os melhores líderes poderão transmitir técnicas aos líderes em desenvolvimento com perfis semelhantes, e eles terão facilidade de aplicá-las, o que estimulará sua criatividade. As técnicas podem ser ensinadas em um processo contínuo na forma de dicas e conselhos rápidos, personalizados, interativos e rapidamente aplicáveis capazes de gerar resultados que nenhum curso de desenvolvimento de lideranças de duas semanas poderia atingir.

Questões

12.16 Se já participou de algum programa de desenvolvimento de lideranças, você acha que o programa foi eficaz em: (a) ensinar técnicas de liderança e (b) apresentar estratégias práticas facilmente aplicáveis? Como esses programas poderiam melhorar?

12.17 Quais seriam alguns possíveis pontos negativos ao usar a abordagem de Marcus Buckingham para o desenvolvimento das lideranças?

12.18 Você sugeriria aplicar as medidas propostas por Buckingham em sua organização? Explique sua resposta.

12.19 Releia o Estudo de caso 2. Por que um programa personalizado de desenvolvimento de lideranças seria preferível a um programa voltado a ensinar melhores práticas?

12.20 Você acha que os líderes são mais éticos atualmente do que no passado? Explique sua resposta.

Fontes: baseado em M. Buckingham, "Leadership Development in the Age of the Algorithm", *Harvard Business Review* (jun. 2012): 86–94; M. D. Watkins, "How Managers Become Leaders", *Harvard Business Review* (jun. 2012): 64–72; and J. M. Podolny, "A Conversation with James G. March on Learning about Leadership", *Academy of Management Learning & Education* 10 (2011): 502–6.

NOTAS

1. Para uma revisão, veja D. S. Derue, J. D. Nahrgang, N. Wellman e S. E. Humphrey, "Trait and Behavioral Theories of Leadership: An Integration and Meta-Analytic Test of Their Relative Validity", *Personnel Psychology* 64 (2011): 7–52.

2. Derue, Nahrgang, Wellman e Humphrey, "Trait and Behavioral Theories of Leadership"; e T. A. Judge, J. E. Bono, R. Ilies e M. W. Gerhardt, "Personality and Leadership: A Qualitative and Quantitative Review", *Journal of Applied Psychology* (ago. 2002): 765–80.

3. D. R. Ames e F. J. Flynn, "What Breaks a Leader: The Curvilinear Relation between Assertiveness and Leadership", *Journal of Personality and Social Psychology* 92, no. 2 (2007): 307–24.

4. A. M. Grant, F. Gino e D. A. Hofmann, "Reversing the Extraverted Leadership Advantage: The Role of Employee Proactivity", *Academy of Management Journal* 54, no. 3 (2011): 528–50.

5. S. V. Marinova, H. Moon e D. Kamdar, "Getting Ahead or Getting Along? The Two-Facet Conceptualization of Conscientiousness and Leadership Emergence", *Organization Science* 24, no. 4 (2012): 1257–76.

6. Y. Wang, C.-H. Wu e W. H. Mobley, "The Two Facets of Conscientiousness: Interaction of Achievement Orientation and Dependability in Predicting Managerial Execution Effectiveness", *Human Performance* 26 (2013): 275–96.

7. R. B. Kaiser, J. M. LeBreton e J. Hogan, "The Dark Side of Personality and Extreme Leader Behavior", *Applied Psychology: An International Review* 64, no. 1 (2015): 55–92.

8. B. H. Gaddis e J. L. Foster, "Meta- Analysis of Dark Side Personality Characteristics and Critical Work Behaviors among Leaders across the Globe: Findings and Implications for Leadership Development and Executive Coaching", *Applied Psychology: An International Review* 64, no. 1 (2015): 25–54.

9. R. H. Humphrey, J. M. Pollack e T. H. Hawver, "Leading with Emotional Labor", *Journal of Managerial Psychology* 23 (2008): 151–68; e S. Melwani, J. S. Mueller e J. R. Overbeck, "Looking Down: The Influence of Contempt and Compassion on Emergent Leadership Categorizations", *Journal of Applied Psychology* 97, no. 6 (2012): 1171–85.

10. P. D. Harms e M. Credé, "Emotional Intelligence and Transformational and Transactional Leadership: A Meta-Analysis", *Journal of Leadership & Organizational Studies* 17, no. 1 (2010): 5–17.

11. S. Côté, P. N. Lopez, P. Salovey e C. T. H. Miners, "Emotional Intelligence and Leadership Emergence in Small Groups", *Leadership Quarterly* 21 (2010): 496–508.

12. N. Ensari, R. E. Riggio, J. Christian e G. Carslaw, "Who Emerges as a Leader? Meta-Analyses of Individual Differences as Predictors of Leadership Emergence", *Personality and Individual Differences* 51, no. 4 (2011): 532–36.

13. T. A. Judge, R. F. Piccolo e R. Ilies, "The Forgotten Ones? The Validity of Consideration and Initiating Structure in Leadership Research", *Journal of Applied Psychology* 89, no. 1 (2004): 36–51.

14. D. Akst, "The Rewards of Recognizing a Job Well Done", *The Wall Street Journal*, 31 jan. 2007, D9.

15. Judge, Piccolo e Ilies, "The Forgotten Ones?".

16. M. Javidan, P. W. Dorfman, M. S. de Luque e R. J. House, "In the Eye of the Beholder: Cross Cultural Lessons in Leadership from Project GLOBE", *Academy of Management Perspectives* 20, no. 1 (2006): 67–90.

17. F. E. Fiedler, "A Contingency Model of Leadership Effectiveness", *Advances in Experimental Social Psychology* 1 (1964): 149–90; para uma análise mais atual do modelo, veja R. G. Lord, D. V. Day, S. J. Zaccaro, B. J. Avolio e A. H. Eagly, "Leadership in Applied Psychology: Three Waves of Theory and Research", *Journal of Applied Psychology* 102, no. 3 (2017): 434–51.

18. Ibid.

19. L. H. Peters, D. D. Hartke e J. T. Pohlmann, "Fiedler's Contingency Theory of Leadership: An Application of the MetaAnalysis Procedures of Schmidt and Hunter", *Psychological Bulletin* 97, no. 2 (1985): 274–85; e C. A. Schriesheim, B. J. Tepper e L. A. Tetrault, "Least Preferred Co-Worker Score, Situational Control, and Leadership Effectiveness: A Meta-Analysis of Contingency Model Performance Predictions", *Journal of Applied Psychology* 79, no. 4 (1994): 561–73.

20. R. P. Vecchio, "Situational Leadership Theory: An Examination of a Prescriptive Theory", *Journal of Applied Psychology* 72, no. 3 (1987): 444–51; e V. H. Vroom e A. G. Jago, "The Role of the Situation in Leadership", *American Psychologist* 62, no. 1 (2007): 17–24.

21. Veja, por exemplo, G. Thompson e R. P. Vecchio, "Situational Leadership Theory: A Test of Three Versions", *Leadership Quarterly* 20, no. 5 (2009): 837–48; e R. P. Vecchio, C. R. Bullis e D. M. Brazil, "The Utility of Situational Leadership Theory—a Replication in a Military Setting", *Small Group Research* 37, no. 5 (2006): 407–24.

22. R. J. House, "A Path-Goal Theory of Leader Effectiveness", *Administrative Science Quarterly* 16 (1971): 321–38; e R. J. House e G. Dessler, "The Path-Goal Theory of Leadership: Some Post Hoc and A Priori Tests", in J. G. Hunt e L. L. Larson (eds.), *Contingency Approaches to Leadership* (Carbondale, IL: Southern Illinois University Press, 1974): 29–55.

23. S. H. Malik, H. Sikandar, H. Hassan e S. Aziz, "Path Goal Theory: A Study of Job Satisfaction in the Telecom Sector", in C. Dan (ed.), *Management and Service Science* 8 (2001): 127–34; e R. R. Vecchio, J. E. Justin e C. L. Pearce, "The Utility of Transactional and Transformational Leadership for Predicting Performance and Satisfaction within a Path-Goal Theory Framework", *Journal of Occupational and Organizational Psychology* 81 (2008): 71–82.

24. Para uma revisão, veja Vroom e Jago, "The Role of the Situation in Leadership."

25. W. Bennis, "The Challenges of Leadership in the Modern World", *American Psychologist* 62, no. 1 (2007): 2–5.

26. F. Dansereau, G. B. Graen e W. Haga, "A Vertical Dyad Linkage Approach to Leadership in Formal Organizations", *Organizational Behavior and Human Performance* 13 (1975): 46–78; e R. Martin, Y. Guillaume, G. Thomas, A. Lee e O. Epitropaki, "Leader-Member Exchange (LMX) and Performance: A Meta-Analytic Review", *Personnel Psychology* 69 (2016): 67–121.

27. S. J. Wayne, L. M. Shore, W. H. Bommer e L. E. Tetrick, "The Role of Fair Treatment and Rewards in Perceptions of Organizational Support and Leader–Member Exchange", *Journal of Applied Psychology* 87, no. 3 (2002): 590–98.

28. M. Uhl-Bien, "Relationship Development as a Key Ingredient for Leadership Development", in S. E. Murphy e R. E. Riggio (eds.), *Future of Leadership Development* (Mahwah, NJ: Lawrence Erlbaum, 2003): 129–47.

29. R. Vecchio e D. M. Brazil, "Leadership and Sex-Similarity: A Comparison in a Military Setting", *Personnel Psychology* 60 (2007): 303–35.

30. Z. Chen, W. Lam e J. A. Zhong, "Leader–Member Exchange and Member Performance: A New Look at Individual-Level Negative Feedback-Seeking Behavior and Team-Level Empowerment Culture", *Journal of Applied Psychology* 92, no. 1 (2007): 202–12; R. Ilies, J. D. Nahrgang e F. P. Morgeson, "Leader–Member

Exchange and Citizenship Behaviors: A Meta-Analysis", *Journal of Applied Psychology* 92, no. 1 (2007): 269–77; e Martin, Guillaume, Thomas, Lee e Epitropaki, "Leader-Member Exchange (LMX) and Performance."

31. Martin, Guillaume, Thomas, Lee e Epitropaki, "Leader-Member Exchange (LMX) and Performance."

32. X.-H. Wang, Y. Fang, I. Qureshi e O. Janssen, "Understanding Employee Innovative Behavior: Integrating the Social Network and Leader-Member Exchange Perspectives", *Journal of Organizational Behavior* 36, no. 3 (2015): 403–20.

33. S. Park, M. C. Sturman, C. Vanderpool e E. Chan, "Only Time Will Tell: The Changing Relationships between LMX, Job Performance, and Justice", *Journal of Applied Psychology* 100, no. 3 (2015): 660–80.

34. P. R. Vidyarthi, B. Erdogan, S. Anand, R. C. Liden e A. Chaudhry, "One Member, Two Leaders: Extending Leader-Member Exchange Theory to a Dual Leadership Context", *Journal of Applied Psychology* 99, no. 3 (2014): 468–83.

35. S. Raghuram, R. S. Gajendran, X. Liu e D. Somaya, "Boundaryless LMX: Examining LMX's Impact on External Career Outcomes and Alumni Goodwill", *Personnel Psychology* 70, no. 2 (2017): 399-428.

36. B. Erdogan e T. N. Bauer, "Differentiated Leader-Member Exchanges: The Buffering Role of Justice Climate", *Journal of Applied Psychology* 95, no. 6 (2010): 1104–20.

37. D. Liu, M. Hernandez e L. Wang, "The Role of Leadership and Trust in Creating Structural Patterns of Team Procedural Justice: A Social Network Investigation", *Personnel Psychology* 67 (2014): 801–45.

38. A. N. Li e H. Liao, "How Do Leader-Member Exchange Quality and Differentiation Affect Performance in Teams? An Integrated Multilevel Dual Process Model", *Journal of Applied Psychology* 99, no. 5 (2014): 847–66.

39. J. Hu e R. C. Liden, "Relative Leader-Member Exchange within Team Contexts: How and When Social Comparison Impacts Individual Effectiveness", *Personnel Psychology* 66 (2013): 127–72.

40. M. Weber, *The Theory of Social and Economic Organization*, A. M. Henderson e T. Parsons (trad.), (Eastford, CT: Martino Fine Books, 2012).

41. R. J. House, "A 1976 Theory of Charismatic Leadership", in J. G. Hunt e L. L. Larson (eds.), *The Cutting Edge* (Carbondale, IL: Southern Illinois University Press, 1977): 189–207; veja também J. Antonakis, N. Bastardoz, P. Jacquart e B. Shamir, "Charisma: An Ill-Defined and Ill-Measured Gift", *Annual Review of Organizational Psychology and Organizational Behavior* 3 (2016): 293–319.

42. Antonakis, Bastardoz, Jacquart e Shamir, "Charisma"; e J. A. Conger e R. N. Kanungo, *Charismatic Leadership in Organizations* (Thousand Oaks, CA: Sage, 1998).

43. A. H. B. De Hoogh e D. N. Den Hartog, "Neuroticism and Locus of Control as Moderators of the Relationships of Charismatic and Autocratic Leadership with Burnout", *Journal of Applied Psychology* 94, no. 4 (2009): 1058–68; A. H. B. De Hoogh, D. N. Den Hartog e P. L. Koopman, "Linking the Big-Five Factors of Personality to Charismatic and Transactional Leadership; Perceived Dynamic Work Environment as a Moderator", *Journal of Organizational Behavior* 26 (2005): 839–65; e S. Oreg e Y. Berson, "Personality and Charismatic Leadership in Context: The Moderating Role of Situational Stress", *Personnel Psychology* 68 (2015): 49–77.

44. M. Frese, S. Beimel e S. Schoenborn, "Action Training for Charismatic Leadership: Two Evaluations of Studies of a Commercial Training Module on Inspirational Communication of a Vision", *Personnel Psychology* 56 (2003): 671–97.

45. Antonakis, Bastardoz, Jacquart e Shamir, "Charisma"; e Conger e Kanungo, *Charismatic Leadership in Organizations*.

46. Y. Berson, D. A. Waldman e C. L. Pearce, "Enhancing Our Understanding of Vision in Organizations: Toward an Integration of Leader and Follower Processes", *Organizational Psychology Review* 6, no. 2 (2016): 171–91. Para revisões de estudos sobre o papel da visão na liderança, veja S. J. Zaccaro, "Visionary and Inspirational Models of Executive Leadership: Empirical Review and Evaluation", in S. J. Zaccaro (ed.), *The Nature of Executive Leadership: A Conceptual and Empirical Analysis of Success* (Washington, DC: American Psychological Association, 2001): 259–78; e M. Hauser e R. J. House, "Lead Through Vision and Values", in E. A. Locke (ed.), *Handbook of Principles of Organizational Behavior* (Malden, MA: Blackwell, 2004): 257–73.

47. A. Erez, V. F. Misangyi, D. E. Johnson, M. A. LePine e K. C. Halverson, "Stirring the Hearts of Followers: Charismatic Leadership as the Transferal of Affect", *Journal of Applied Psychology* 93, no. 3 (2008): 602–15; e A. Xenikou, "The Cognitive and Affective Components of Organisational Identification: The Role of Perceived Support Values and Charismatic Leadership", *Applied Psychology: An International Review* 63, no. 4 (2014): 567–88.

48. P. Jacquart e J. Antonakis, "When Does Charisma Matter for Top-Level Leaders? Effect of Attributional Ambiguity", *Academy of Management Journal* 58, no. 4 (2015): 1051–74.

49. M. J. Young, M. W. Morris e V. M. Scherwin, "Managerial Mystique: Magical Thinking in Judgments of Managers' Vision, Charisma e Magnetism", *Journal of Management* 39, no. 4 (2013): 1044–61.

50. F. Cohen, S. Solomon, M. Maxfield, T. Pyszczynski e J. Greenberg, "Fatal Attraction: The Effects of Mortality Salience on Evaluations of Charismatic, Task-Oriented, and Relationship-Oriented Leaders", *Psychological Science* 15, no. 12 (2004): 846–51; e M. G. Ehrhart e K. J. Klein, "Predicting Followers' Preferences for Charismatic Leadership: The Influence of Follower Values and Personality", *Leadership Quarterly* 12, no. 2 (2001): 153–79.

51. J. C. Pastor, M. Mayo e B. Shamir, "Adding Fuel to Fire: The Impact of Followers' Arousal on Ratings of Charisma", *Journal of Applied Psychology* 92, no. 6 (2007): 1584–96.

52. K. Tumulty, "How Donald Trump Came up with 'Make America Great Again',", *The Washington Post*, 18 jan. 2017, https://www.washingtonpost.com/politics/how-donald-trump-came-up-with-make-america-great-again/2017/01/17/fb6ac-f5e-dbf7-11e6-ad42-f3375f271c9c_story.html?utm_term=1ebc873fec9d.

53. C. M. Barnes, C. L. Guarana, S. Nauman e D. T. Kong, "Too Tired to Inspire or Be Inspired: Sleep Deprivation and Charismatic Leadership", *Journal of Applied Psychology* 101, no. 8 (2016): 1191–9. 54. Veja, por exemplo, R. Khurana, *Searching for a Corporate Savior: The Irrational Quest for Charismatic CEOs* (Princeton, NJ: Princeton University Press, 2002); e J. A. Raelin, "The Myth of Charismatic Leaders", *Training & Development* (mar. 2003): 47–54.

55. B. M. Galvin, D. A. Waldmane P. Balthazard, "Visionary Communication Qualities as Mediators of the Relationship between Narcissism and Attributions of Leader Charisma", *Personnel Psychology* 63, no. 3 (2010): 509–37.

56. Veja, por exemplo, B. M. Bass, *Leadership and Performance Beyond Expectations* (Nova York, NY: Free Press, 1990); B. M. Bass, "Two Decades of Research and Development in

Transformational Leadership", *European Journal of Work and Organizational Psychology* 8 (1999): 9–32; e B. M. Bass e R. E. Riggio, *Transformational Leadership*, 2. ed. (Mahwah, NJ: Lawrence Erlbaum, 2006).

57. T. A. Judge e R. F. Piccolo, "Transformational and Transactional Leadership: A Meta-Analytic Test of Their Relative Validity", *Journal of Applied Psychology* 89, no. 5 (2004): 755–68; D. Montano, A. Reeske, F. Franke e J. Hüffmeier, "Leadership, Followers' Mental Health and Job Performance in Organizations: A Comprehensive Meta-Analysis from an Occupational Health Perspective", *Journal of Organizational Behavior* 38 (2017): 32–50; e G. Wang, I.-S. Oh, S. H. Courtright e A. E. Colbert, "Transformational Leadership and Performance across Criteria and Levels: A Meta-Analytic Review of 25 Years of Research", *Group & Organization Management* 36, no. 2 (2011): 223–70.

58. A. M. Grant, "Leading with Meaning: Beneficiary Contact, Prosocial Impact, and the Performance Effects of Transformational Leadership", *Academy of Management Journal* 55 (2012): 458–76.

59. M. A. Robinson e K. Boies, "Different Ways to Get the Job Done: Comparing the Effects of Intellectual Stimulation and Contingent Reward Leadership on Task-Related Outcomes", *Journal of Applied Social Psychology* 46 (2016): 336–53.

60. Derue, Nahrgang, Wellman e Humphrey, "Trait and Behavioral Theories of Leadership."

61. Ibid.

62. S. Kovjanic, S. C. Schuh, K. Jonas, N. Van Quauqebeke e R. van Dick, "How Do Transformational Leaders Foster Positive Employee Outcomes? A Self-DeterminationBased Analysis of Employees' Needs as Mediating Links", *Journal of Organizational Behavior* 33, no. 8 (2012): 1031–52.

63. S. B. Dust, C. J. Resick e M. B. Mawritz, "Transformational Leadership, Psychological Empowerment, and the Moderating Role of Mechanistic-Organic Contexts", *Journal of Organizational Behavior* 35, no. 3 (2014): 413–33.

64. Y. Zhu e S. Akhtar, "How Transformational Leadership Influences Follower Helping Behavior: The Role of Trust and Prosocial Motivation", *Journal of Organizational Behavior* 35, no. 3 (2014): 373–92.

65. S. M. Conchie, "Transformational Leadership, Intrinsic Motivation, and Trust: A Moderated-Mediated Model of Workplace Safety", *Journal of Occupational Health Psychology* 18, no. 2 (2013): 198–210; e R. Kark, T. KatzNavon e M. Delegach, "The Dual Effects of Leading for Safety: The Mediating Role of Employee Regulatory Focus", *Journal of Applied Psychology* 100, no. 5 (2015): 1332–48.

66. A. E. Colbert, A. E. Kristof-Brown, B. H. Bradley e M. R. Barrick, "CEO Transformational Leadership: The Role of Goal Importance Congruence in Top Management Teams", *Academy of Management Journal* 51, no. 1 (2008): 81–96.

67. D. Zohar e O. Tenne-Gazit, "Transformational Leadership and Group Interaction as Climate Antecedents: A Social Network Analysis", *Journal of Applied Psychology* 93, no. 4 (2008): 744–57.

68. Y. Dong, K. M. Bartol, Z.-X. Zhang e C. Li, "Enhancing Employee Creativity via Individual Skill Development and Team Knowledge Sharing: Influences of Dual-Focused Transformational Leadership", *Journal of Organizational Behavior* 38, no. 3 (2017): 439–58.

69. N. Li, D. S. Chiaburu, B. L. Kirkman e Z. Xie, "Spotlight on the Followers: An Examination of Moderators of Relationships between Transformational Leadership and Subordinates' Citizenship and Taking Charge", *Personnel Psychology* 66 (2013): 225–60; e X. Wang e J. M. Howell, "Exploring the Dual-Level Effects of Transformational Leadership on Followers", *Journal of Applied Psychology* 95, no. 6 (2010): 1134–44.

70. Y. Ling, Z. Simsek, M. H. Lubatkin e J. F. Veiga, "The Impact of Transformational CEOs on the Performance of Small-to Medium-Sized Firms: Does Organizational Context Matter?", *Journal of Applied Psychology* 93, no. 4 (2008): 923–34.

71. K. Breevaart e A. B. Bakker, "Daily Job Demands and Employee Work Engagement: The Role of Daily Transformational Leadership Behavior", *Journal of Occupational Health Psychology* (no prelo).

72. C. J. Syrek, E. Apostel e C. H. Antoni, "Stress in Highly Demanding IT Jobs: Transformational Leadership Moderates the Impact of Time Pressure on Exhaustion and WorkLife Balance", *Journal of Occupational Health Psychology* 18, no. 3 (2013): 252–61.

73. J. Schaubroeck, S. S. K. Lam e S. E. Cha, "Embracing Transformational Leadership: Team Values and the Impact of Leader Behavior on Team Performance", *Journal of Applied Psychology* 92, no. 4 (2007): 1020–30.

74. K. Hildenbrand, C. A. Sacramento e C. Binnewies, "Transformational Leadership and Burnout: The Role of Thriving and Followers' Openness to Experience", *Journal of Occupational Health Psychology* (no prelo).

75. J. Antonakis, R. J. House e D. K. Simonton, "Can Super Smart Leaders Suffer from Too Much of a Good Thing? The Curvilinear Effect of Intelligence on Perceived Leadership Behavior", *Journal of Applied Psychology* 102, no. 7 (2017): 1003–21.

76. D. N. Den Hartog e F. D. Belschak, "When Does Transformational Leadership Enhance Employee Proactive Behavior? The Role of Autonomy and Role Breadth Self-Efficacy", *Journal of Applied Psychology* 97, no. 1 (2012): 194–202.

77. Judge e Piccolo, "Transformational and Transactional Leadership"; Montano, Reeske, Franke e Hüffmeier, "Leadership, Followers' Mental Health and Job Performance in Organizations"; e Wang, Oh, Courtright e Colbert, "Transformational Leadership and Performance across Criteria and Levels."

78. Judge e Piccolo, "Transformational and Transactional Leadership."

79. Derue, Nahrgang, Wellman e Humphrey, "Trait and Behavioral Theories of Leadership."

80. Lord, Day, Zaccaro, Avolio e Eagly, "Leadership in Applied Psychology."

81. R. Safian, "Facebook, Airbnb, Uber, and the Struggle to Do the Right Thing", *Fast Company*, 11 abr. 2017, https://www.fastcompany.com/40397294/facebook-airbnb-uber-and-the-struggle-to-do-the-right-thing; e C. Tan, "CEO Pinching Penney in a Slowing Economy", *The Wall Street Journal*, 31 jan. 2008, 1–2.

82. F. Luthans e B. J. Avolio, "Authentic Leadership Development", in K. S. Cameron, J. E. Dutton e R. Quinn (eds.), *Positive Organizational Scholarship: Foundations of a New Discipline* (São Francisco, CA: Barrett-Koehler, 2003): 241–61; e F. O. Walumbwa, B. J. Avolio, W. L. Gardner, T. S. Wernsing e S. J. Peterson, "Authentic Leadership: Development and Validation of a Theory-Based Measure?", *Journal of Management* 34 (2008): 89–126.

83. B. P. Owens e D. R. Hekman, "Modeling How to Grow: An Inductive Examination of Humble Leader Behaviors, Contingencies, and Outcomes", *Academy of Management Journal* 55 (2012): 787–818.

84. S. T. Hannah, F. O. Walumbwa e L. W. Fry, "Leadership in Action Teams: Team Leader and

Members' Authenticity, Authenticity Strength, and Team Outcomes", *Personnel Psychology* 64 (2011): 771–802; e K. M. Hmieleski, M. S. Cole e R. A. Baron, "Shared Authentic Leadership and New Venture Performance", *Journal of Management,* 2012, 1476–99.

85. T. Simons, H. Leroy, V. Collewaert e S. Masschelein, "How Leader Alignment of Words and Deeds Affects Followers: A Meta-Analysis of Behavioral Integrity Research", *Journal of Business Ethics* 132 (2015): 831–44

86. H. Leroy, F. Anseel, W. L. Gardner e L. Sels, "Authentic Leadership, Authentic Followership, Basic Need Satisfaction, and Work Role Performance", *Journal of Management* 41, no. 6 (2015): 1677–97.

87. C. Gill e A. Caza, "An Investigation of Authentic Leadership's Individual and Group Influences on Follower Responses", *Journal of Management* (no prelo).

88. J. Stouten, M. van Dijke e D. De Cremer, "Ethical Leadership: An Overview and Future Perspectives", *Journal of Personnel Psychology* 11 (2012): 1–6.

89. J. M. Schaubroeck, S. T. Hannah, B. J. Avolio, S. W. J. Kozlowski, R. G. Lord, L. K. Treviño... e A. C. Peng, "Embedding Ethical Leadership within and across Organization Levels", *Academy of Management Journal* 55, no. 5 (2012): 1053–78.

90. T. W. H. Ng e D. C. Feldman, "Ethical Leadership: Meta-Analytic Evidence of Criterion-Related and Incremental Validity", *Journal of Applied Psychology* 100, no. 3 (2015): 948–65.

91. Ibid.

92. C. J. Resick, M. B. Hargis, P. Shao e S. B. Dust, "Ethical Leadership, Moral Equity Judgments, and Discretionary Workplace Behavior", *Human Relations* 66, no. 7 (2013): 951–72.

93. L. Huang e T. A. Paterson, "Group Ethical Voice: Influence of Ethical Leadership and Impact on Ethical Performance", *Journal of Management* 43, no. 4 (2017): 1157–84; e K. Kalshoven, D. N. Den Hartog e A. H. B. De Hoogh, "Ethical Leadership and Follower Helping and Courtesy: Moral Awareness and Empathic Concern as Moderators", *Applied Psychology: An International Review* 62, no. 2 (2013): 211–35.

94. D. M. Mayer, K. Aquino, R. L. Greenbaum e M. Kuenzi, "Who Displays Ethical Leadership, and Why Does It Matter? An Examination of Antecedents and Consequences of Ethical Leadership", *Academy of Management Journal* 55 (2012): 151–71.

95. M. Schaubroeck, S. S. K. Lam e A. C. Peng, "Can Peers' Ethical and Transformational Leadership Improve Coworkers' Service Quality? A Latent Growth Analysis", *Organizational Behavior and Human Decision Processes* 133 (2016): 45–68.

96. M. E. Brown e L. K. Treviño, "Socialized Charismatic Leadership, Values Congruence, and Deviance in Work Groups", *Journal of Applied Psychology* 91, no. 4 (2006): 954–62.

97. M. E. Brown e L. K. Treviño, "Leader-Follower Values Congruence: Are Socialized Charismatic Leaders Better Able to Achieve It?", *Journal of Applied Psychology* 94, no. 2 (2009): 478–90.

98. B. Ogunfowora, "It's All a Matter of Consensus: Leader Role Modeling Strength as a Moderator of the Links between Ethical Leadership and Employee Outcomes", *Human Relations* 67, no. 12 (2014): 1467–90.

99. S. A. Eisenbeiss e S. R. Giessner, "The Emergence and Maintenance of Ethical Leadership in Organizations", *Journal of Personnel Psychology* 11 (2012): 7–19.

100. S. A. Eisenbeiss e D. van Knippenberg, "On Ethical Leadership Impact: The Role of Follower Mindfulness and Moral Emotions", *Journal of Organizational Behavior* 36, no. 2 (2015): 182–95.

101. J. Antonakis, M. Fenley e S. Liechti, "Learning Charisma", *Harvard Business Review* (jun. 2012): 127–30.

102. S.-H. Lin, J. Ma e R. E. Johnson, "When Ethical Leader Behavior Breaks Bad: How Ethical Leader Behavior Can Turn Abusive via Ego Depletion and Moral Licensing", *Journal of Applied Psychology* 101, no. 6 (2016): 815–30.

103. M. Mawritz, R. L. Greenbaum, M. Butts e K. Graham, "We're All Capable of Being an Abusive Boss", *Harvard Business Review,* 14 out. 2016, https://hbr.org/2016/10/were-all-capable-of-being-an-abusive-boss.

104. B. J. Tepper, M. K. Duffy, C. A. Henle e L. S. Lambert, "Procedural Injustice, Victim Precipitation, and Abusive Supervision", *Personnel Psychology* 59, no. 1 (2006): 101–23.

105. J. D. Mackey, R. E. Frieder, J. R. Brees e M. J. Martinko, "Abusive Supervision: A Meta-Analysis and Empirical Review", *Journal of. Management* 43, no. 6 (2017): 1940–65.

106. B. J. Tepper, "Consequences of Abusive Supervision", *Academy of Management Journal* 43 (2000): 178–90.

107. Mackey, Frieder, Brees e Martinko, "Abusive Supervision."

108. P. Raymund, J. M. Garcia, S. L. D. Restuborg, C. Kiewitz, K. L. Scott e R. L. Tang, "Roots Run Deep: Investigating Psychological Mechanisms between History of Family Aggression and Abusive Supervision", *Journal of Applied Psychology* 99, no. 5 (2014): 883–97.

109. Mackey, Frieder, Brees e Martinko, "Abusive Supervision."

110. L. S. Simon, C. Hurst, K. Kelley e T. A. Judge, "Understanding Cycles of Abuse: A Multimotive Approach", *Journal of Applied Psychology* 100, no. 6 (2015): 1798–810.

111. M. K. Shoss, R. Eisenberger, S. L. D. Restubog e T. J. Zagenczyk, "Blaming the Organization for Abusive Supervision: The Roles of Perceived Organizational Support and Supervisor's Organizational Embodiment", *Journal of Applied Psychology* 98, no. 1 (2013): 158–68.

112. A. K. Nandkeolyar, J. A. Shaffer, A. Li, S. Ekkirala e J. Bagger, "Surviving an Abusive Supervisor: The Joint Roles of Conscientiousness and Coping Strategies", *Journal of Applied Psychology* 99, no. 1 (2014): 138–50.

113. D. van Dierendonck, "Servant Leadership: A Review and Synthesis", *Journal of Management* 37, no. 4 (2011): 1228–61.

114. S. J. Peterson, F. M. Galvin e D. Lange, "CEO Servant Leadership: Exploring Executive Characteristics and Firm Performance", *Personnel Psychology* 65 (2012): 565–96.

115. R. C. Liden, S. J. Wayne, C. Liao e J. D. Meuser, "Servant Leadership and Serving Culture: Influence of Individual and Unit Performance", *Academy of Management Journal* 57, no. 5 (2014): 1434–52.

116. Z. Chen, J. Zhu e M. Zhou, "How Does a Servant Leader Fuel the Service Fire? A Multilevel Model of Servant Leadership, Individual Self Identity, Group Competition Climate e Customer Service Performance", *Journal of Applied Psychology* 100, no. 2 (2015): 511–21.

117. D. De Cremer, D. M. Mayer, M. van Dijke, B. C. Schouten e M. Bardes, "When Does Self-Sacrificial Leadership Motivate Prosocial Behavior? It Depends on Followers' Prevention Focus", *Journal of Applied Psychology* 94, no. 4 (2009): 887–99.

118. J. Hu e R. C. Liden, "Antecedents of Team Potency and Team Effectiveness: An Examination of Goal and Process Clarity and Servant Leadership", *Journal of Applied Psychology* 96, no. 4 (jul. 2011): 851–62.

119. M. J. Neubert, K. M. Kacmar, D. S. Carlson, L. B. Chonko e J. A. Roberts, "Regulatory Focus

as a Mediator of the Influence of Initiating Structure and Servant Leadership on Employee Behavior", *Journal of Applied Psychology* 93, no. 6 (2008): 1220–33.

120. T. Menon, J. Sim, J. Ho-Ying Fu, C. Chiu e Y. Hong, "Blazing the Trail versus Trailing the Group: Culture and Perceptions of the Leader's Position", *Organizational Behavior and Human Decision Processes* 113, no. 1 (2010): 51–61.

121. D. M. Rousseau, S. B. Sitkin, R. S. Burt e C. Camerer, "Not So Different after All: A Cross-Discipline View of Trust", *Academy of Management Review* 23, no. 3 (1998): 393–404; e J. A. Simpson, "Psychological Foundations of Trust", *Current Directions in Psychological Science* 16, no. 5 (2007): 264–68.

122. Veja, por exemplo, K. T. Dirks e D. L. Ferrin, "Trust in Leadership: Meta-Analytic Findings and Implications for Research and Practice", *Journal of Applied Psychology* 87, no. 4 (2002): 611–28; Martin, Guillaume, Thomas, Lee e Epitropaki, "Leader-Member Exchange (LMX) and Performance."

123. R. C. Mayer, J. H. Davis e F. D. Schoorman, "An Integrative Model of Organizational Trust: Past, Present, and Future", *Academy of Management Review* 32, no. 2 (2007): 344–54.

124. J. Schaubroeck, S. S. K. Lam e A. C. Peng, "Cognition-Based and Affect-Based Trust as Mediators of Leader Behavior Influences on Team Performance", *Journal of Applied Psychology* 96, no. 4 (2011): 863–71.

125. J. A. Colquitt, B. A. Scott e J. A. LePine, "Trust, Trustworthiness, and Trust Propensity: A Meta-Analytic Test of Their Unique Relationships with Risk Taking and Job Performance", *Journal of Applied Psychology* 92, no. 4 (2007): 909–27; e S. R. Giessner e D. van Knippenberg, "'License to Fail': Goal Definition, Leader Group Prototypicality, and Perceptions of Leadership Effectiveness after Leader Failure", *Organizational Behavior and Human Decision Processes* 105, no. 1 (2008): 14–35.

126. S. M. Conchie, P. J. Taylor e I. J. Donald, "Promoting Safety Voice with Safety-Specific Transformational Leadership: The Mediating Role of Two Dimensions of Trust", *Journal of Occupational Health Psychology* 17, no. 1 (2012): 105–15; e J. R. Detert e E. R. Burris, "Leadership Behavior and Employee Voice: Is the Door Really Open?", *Academy of Management Journal* 50, no. 4 (2007): 869–84.

127. B. A. De Jong, K. T. Dirks e N. Gillespie, "Trust and Team Performance: A Meta-Analysis of Main Effects, Moderators, and Covariates", *Journal of Applied Psychology* 101, no. 8 (2016): 1134–50.

128. Colquitt, Scott e LePine, "Trust, Trustworthiness, and Trust Propensity."

129. Colquitt, Scott e LePine, "Trust, Trustworthiness, and Trust Propensity"; e Mayer, Davis e Schoorman, "An Integrative Model of Organizational Trust."

130. Citado em C. Jones, "Do You Trust Your CEO?", *USA Today*, 12 fev. 2003, 7B.

131. Mayer, Davis e Schoorman, "An Integrative Model of Organizational Trust."

132. J. A. Simpson, "Foundations of Interpersonal Trust", in A. W. Kruglanski e E. T. Higgins (eds.), *Social Psychology: Handbook of Basic Principles*, 2. ed. (Nova York: Guilford, 2007): 587–607.

133. X.-P. Chen, M. B. Eberly, T.-J. Chiang, J.-L. Farh e B.-Shiuan Cheng, "Affective Trust in Chinese Leaders: Linking Paternalistic Leadership to Employee Performance", *Journal of Management* 40, no. 3 (2014): 796–819.

134. J. A. Simpson, "Foundations of Interpersonal Trust."

135. P. H. Kim, C. D. Cooper, K. T. Dirks e D. L. Ferrin, "Repairing Trust with Individuals vs. Groups", *Organizational Behavior and Human Decision Processes* 120, no. 1 (2013): 1–14.

136. B. Groysberg e M. Slind, "Leadership Is a Conversation", *Harvard Business Review* (jun. 2012): 76–84.

137. Ibid.

138. H. Zhao, S. J. Wayne, B. C. Glibkowski e J. Bravo, "The Impact of Psychological Contract Breach on Work-Related Outcomes: A Meta-Analysis", *Personnel Psychology* 60 (2007): 647–80.

139. D. L. Ferrin, P. H. Kim, C. D. Cooper e K. T. Dirks, "Silence Speaks Volumes: The Effectiveness of Reticence in Comparison to Apology and Denial for Responding to Integrity-and Competence-Based Trust Violations", *Journal of Applied Psychology* 92, no. 4 (2007): 893–908; e Kim, Cooper, Dirks e Ferrin, "Reparing Trust with Individuals vs. Groups."

140. M. E. Schweitzer, J. C. Hershey e E. T. Bradlow, "Promises and Lies: Restoring Violated Trust", *Organizational Behavior and Human Decision Processes* 101, no. 1 (2006): 1–19.

141. K. E. Kram, "Phases of the Mentor Relationship", *Academy of Management Journal* 26 (1983): 608–25; e K. E. Kram, *Mentoring at Work: Developmental Relationships in Organizational Life* (Glenview, IL: Foresman, 1985).

142. T. A. Scandura, "Mentorship and Career Mobility: An Empirical Investigation", *Journal of Organizational Behavior* 13 (1992): 169–74.

143. C. R. Wanberg, E. T. Welsh e S. A. Hezlett, "Mentoring Research: A Review and Dynamic Process Model", in G. R. Ferris e J. J. Martocchio (eds.), *Research in Personnel and Human Resources Management*, vol. 22 (Greenwich, CT: Elsevier Science, 2003): 39–124; e T. D. Allen, "Protégé Selection by Mentors: Contributing Individual and Organizational Factors", *Journal of Vocational Behavior* 65, no. 3 (2004): 469–83.

144. Veja, por exemplo, R. Ghosh, "Antecedents of Mentoring Support: A Meta-Analysis of Individual, Relational, and Structural or Organizational Factors", *Journal of Vocational Behavior* 84, no. 3 (2014): 367–84; e K. E. O'Brien, A. Biga, S. R. Kessler e T. D. Allen, "A Meta-Analytic Investigation of Gender Differences in Mentoring", *Journal of Management* 36, no. 2 (2010): 537–54.

145. Veja, por exemplo, T. D. Allen, L. T. Eby, M. L. Poteet, E. Lentz e L. Lima, "Career Benefits Associated with Mentoring for Proté- gés: A Meta-Analysis", *Journal of Applied Psychology* 89, no. 1 (2004): 127–36; L. T. D. Eby, T. D. Allen, S. C. Evans, T. Ng e D. L. DuBois, "Does Mentoring Matter? A Multidisciplinary Meta-Analysis Comparing Mentored and NonMentored Individuals", *Journal of Vocational Behavior* 72, no. 2 (2008): 254–67; L. T. D. Eby, T. D. Allen, B. J. Hoffman, L. E. Baranik, J. B. Sauer, S. Baldwin, ... e S. C. Evans, "An Interdisciplinary Meta-Analysis of the Potential Antecedents, Correlates, and Consequences of Protégé Perceptions of Mentoring", *Psychological Bulletin* 139, no. 2 (2013): 441–76; R. Ghosh e T. G. Reio Jr., "Career Benefits Associated with Mentoring for Mentors: A Meta-Analysis", *Journal of Vocational Behavior* 83, no. 1 (2013): 106–16; e C. M. Underhill, "The Effectiveness of Mentoring Programs in Corporate Settings: A Meta-Analytical Review of the Literature", *Journal of Vocational Behavior* 68, no. 2 (2006): 292–307.

146. Underhill, "The Effectiveness of Mentoring Programs in Corporate Settings."

147. T. D. Allen, E. T. Eby e E. Lentz, "The Relationship between Formal Mentoring Program Characteristics and Perceived Program Effectiveness", *Personnel Psychology* 59 (2006): 125–53; T. D. Allen, L. T. Eby e E. Lentz, "Mentorship Behaviors and Mentorship Quality Associated with Formal Mentoring Programs: Closing the Gap between Research and Practice", *Journal of Applied Psychology* 91, no. 3 (2006): 567–78; e M. R. Parise e M. L. Forret, "Formal Mentoring

Programs: The Relationship of Program Design and Support to Mentors' Perceptions of Benefits and Costs", *Journal of Vocational Behavior* 72, no. 2 (2008): 225–40.

148. L. T. Eby e A. Lockwood, "Protégés' and Mentors' Reactions to Participating in Formal Mentoring Programs: A Qualitative Investigation", *Journal of Vocational Behavior* 67, no. 3 (2005): 441–58; G. T. Chao, "Formal Mentoring: Lessons Learned from Past Practice", *Professional Psychology: Research and Practice* 40, no. 3 (2009): 314–20; e C. R. Wanberg, J. D. Kammeyer-Mueller e M. Marchese, "Mentor and Protégé Predictors and Outcomes of Mentoring in a Formal Mentoring Program", *Journal of Vocational Behavior* 69 (2006): 410–23.

149. M. K. Feeney e B. Bozeman, "Mentoring and Network Ties", *Human Relations* 61, no. 12. (2008): 1651–76; N. Bozionelos, "Intra-Organizational Network Resources: How They Relate to Career Success and Organizational Commitment", *Personnel Review* 37, no. 3 (2008): 249–63; e S. A. Hezlett e S. K. Gibson, "Linking Mentoring and Social Capital: Implications for Career and Organization Development", *Advances in Developing Human Resources* 9, no. 3 (2007): 384–412.

150. Comentário de Jim Collins, citado em J. Useem, "Conquering Vertical Limits", *Fortune*, 19 fev. 2001, 94.

151. Veja, por exemplo, S. G. Green e T. R. Mitchell, "Attributional Processes of Leaders in Leader-Member Interactions", *Organizational Behavior & Human Performance* 23, no. 3 (1979): 429–58; e B. Schyns, J. Felfe e H. Blank, "Is Charisma Hyper-Romanticism? Empirical Evidence from New Data and a Meta-Analysis", *Applied Psychology: An International Review* 56, no. 4 (2007): 505–27.

152. J. H. Gray e I. L. Densten, "How Leaders Woo Followers in the Romance of Leadership", *Applied Psychology: An International Review* 56, no. 4 (2007): 558–81; M. J. Martinko, P. Harvey, D. Sikora e S. C. Douglas, "Perceptions of Abusive Supervision: The Role of Subordinates' Attribution Styles", *Leadership Quarterly* 22, no. 4 (2011): 751–64; J. R. Meindl e S. B. Ehrlich, "The Romance of Leadership and the Evaluation of Organizational Performance", *Academy of Management Journal* 30, no. 1 (1987): 91–109; e J. R. Meindl, S. B. Ehrlich e J. M. Dukerich, "The Romance of Leadership", *Administrative Science Quarterly* 30 (1985): 78–102.

153. M. C. Bligh, J. C. Kohles, C. L. Pearce, J. E. Justin e J. F. Stovall, "When the Romance Is Over: Follower Perspectives of Aversive Leadership", *Applied Psychology: An International Review* 56, no. 4 (2007): 528–57.

154. B. R. Agle, N. J. Nagarajan, J. A. Sonnenfeld e D. Srinivasan, "Does CEO Charisma Matter?", *Academy of Management Journal* 49, no. 1 (2006): 161–74.

155. Bligh, Kohles, Pearce, Justin e Stovall, "When the Romance Is Over."

156. Schyns, Felfe e Blank, "Is Charisma Hyper-Romanticism?".

157. A. S. Rosette, G. J. Leonardelli e K. W. Phillips, "The White Standard: Racial Bias in Leader Categorization", *Journal of Applied Psychology* 93, no. 4 (2008): 758–77.

158. Ibid.

159. A. M. Koenig, A. H. Eagly, A. A. Mitchell e T. Ristikari, "Are Leader Stereotypes Masculine? A Meta-Analysis of Three Research Paradigms", *Psychological Bulletin* 137, no. 4 (2011): 616–42.

160. M. Van Vugt e B. R. Spisak, "Sex. Differences in the Emergence of Leadership during Competitions within and between Groups", *Psychological Science* 19, no. 9 (2008): 854–58.

161. S. Kerr e J. M. Jermier, "Substitutes for Leadership: Their Meaning and Measurement", *Organizational Behavior & Human Performance* 22, no. 3 (1978): 375–403.

162. R. E. Silverman, "Who's the Boss? There Isn't One", *The Wall Street Journal*, 20 jun. 2012, B1, B8.

163. S. D. Dionne, F. J. Yammarino, L. E. Atwater e L. R. James, "Neutralizing Substitutes for Leadership Theory: Leadership Effects. and Common-Source Bias", *Journal of Applied Psychology* 87 (2002): 454–64; e J. R. Villa, J. P. Howell, P. W. Dorfman e D. L. Daniel, "Problems with Detecting Moderators in Leadership Research Using Moderated Multiple Regression", *Leadership Quarterly* 14 (2002): 3–23.

164. B. M. Bass, "Cognitive, Social, and Emotional Intelligence of Transformational Leaders", in R. E. Riggio, S. E. Murphy e F. J. Pirozzolo (eds.), *Multiple Intelligences and Leadership* (Mahwah, NJ: Lawrence Erlbaum, 2002): 113–14.

165. "JCPenney Names Marvin Ellison President and CEO-Designee," JCPenney Press Release, Agosto 1, 2015, http://ir.jcpenney.com/phoenix.zhtml?c=70528&p=irolnewsArticle&ID=1976923.

166. "Most Underachieving: CEOs," *Bloomberg*, 2013, http://www.bloomberg.com/visualdata/best-and-worst//most-underachievingceos;and B. Darrow, "Meg Whitman and HPFive Years Later: Mission Accomplished?," *Fortune*, September 27, 2016, http://fortune.com/2016/09/27/whitman-hp-five-year/.

167. Veja, por exemplo, P. Dvorak, "M.B.A. Programs Hone 'Soft Skills,'" *The Wall Street Journal*, February 12, 2007, B3.

168. J. Weber, "The Leadership Factory," *BusinessWeek* (June 12, 2006): 60–64.

169. D. Brady, "The Rising Star of CEO Consulting," *Bloomberg Businessweek*, November 24, 2010, www.businessweek.com.

170. B. D. Blume, J. K. Ford, T. T. Baldwin e J. L. Huang, "Transfer of Training: A Meta-Analytic Review," *Journal of Management* 36, no. 4 (2010): 1065–105.

171. D. S. DeRue, J. D. Nahrgang, J. R. Hollenbeck e K. Workman, "A Quasi-Experimental Study of After- Event Reviews and Leadership Development," *Journal of Applied Psychology* 97 (2012): 997–1015.

Poder e política

Capítulo 13

Objetivos de aprendizagem

Depois de ler este capítulo, você será capaz de:

13.1 Apontar as diferenças entre liderança e poder.

13.2 Explicar as três bases do poder formal e as duas bases do poder pessoal.

13.3 Explicar o papel da dependência nas relações de poder.

13.4 Identificar as táticas de poder ou de influência e suas contingências.

13.5 Identificar as causas e as consequências do abuso de poder.

13.6 Descrever o funcionamento da política nas organizações.

13.7 Identificar as causas, as consequências e as implicações éticas do comportamento político.

Fonte: Kim Hong-Ji/Reuters/Alamy Stock Photo

MATRIZ DE HABILIDADES PARA A EMPREGABILIDADE								
	Mito ou ciência?	Objetivos profissionais	Escolha ética	Ponto e contraponto	Exercício experiencial	Dilema ético	Estudo de caso 1	Estudo de caso 2
Pensamento crítico	✓	✓		✓	✓	✓	✓	✓
Comunicação			✓		✓			✓
Colaboração		✓			✓			
Análise e aplicação do conhecimento	✓		✓	✓	✓	✓	✓	✓
Responsabilidade social		✓					✓	✓

UM CASO DE CORRUPÇÃO PRESIDENCIAL

Responda rápido: você acha que uma pessoa se aproveitaria da oportunidade de se beneficiar à custa dos outros se pudesse?

No dia 19 de dezembro de 2012, Park Guen-hye se tornou a primeira presidente mulher da Coreia do Sul. Park era considerada uma pioneira da política sul-coreana. Filha do ex-presidente sul-coreano Park Chung-hee, Guen-hye era herdeira de um longo legado político. Ela estreou na política aos 22 anos, quando assumiu as funções de primeira-dama, após sua mãe ser morta por um assassino norte-coreano. Quando se tornou presidente da Coreia do Sul, ela fez muitas promessas para revitalizar o crescimento econômico do país, incluindo lutar pela regulamentação de algumas das maiores empresas da Coreia do Sul, como a Samsung e a Hyundai. Park venceu as eleições com base em promessas de apoio para pequenas e médias empresas e de incentivo às exportações.

Em quatro anos, Park Guen-hye sofreu impeachment e foi a julgamento acusada de corrupção. Park sempre foi próxima de Choi Soon-sil, filha de outra figura pública. O pai de Soon-sil era o chefe da Igreja da Vida Eterna e um amigo íntimo da família do ex-presidente Park Chung-hee. Aparentemente, Choi usou sua amizade com a presidente para forçar a Samsung e muitas outras grandes empresas a fazer doações para suas instituições de caridade. Mas o escândalo não se limitou a subornos. Choi tinha muito poder sobre a líder da Coreia do Sul e, além de usar seu relacionamento com a presidente para embolsar US$ 70 milhões em doações para suas fundações sem fins lucrativos, também recebeu acesso ilegal a documentos confidenciais e chegou a editar discursos presidenciais.

Park Guen-hye foi eleita, em parte, por ser considerada menos corrupta que seus predecessores. Nos últimos 30 anos de regime democrático na Coreia do Sul, dois presidentes já haviam sido presos. O ex-presidente Lee Myung-bak também tinha sido acusado de participar de um escândalo envolvendo subornos antes de deixar o cargo. Como aconteceu com Park, Sang-deuk, irmão do presidente, havia usado sua influência para cobrar propinas de dois bancos coreanos. Vários assessores de Lee também foram acusados de receber subornos.

O que será que levou Park a se transformar da política aparentemente menos corrupta da Coreia do Sul a uma ex-presidente acusada de corrupção? Alguns sul-coreanos acreditam que a culpa foi de Choi, que usou sua influência como líder religiosa e amiga da família. Será que a nova presidente se deixou influenciar tanto por Choi por acreditar que ela detinha as chaves para sua salvação? Ou será que Park foi corrompida quando se viu com tanto poder nas mãos?

Esse tipo de caso não se restringe à Coreia do Sul. Os partidos políticos são considerados a mais corrupta das instituições públicas, de acordo com um levantamento conduzido pela Transparency International em 2013 para investigar a corrupção ao redor do mundo. A Transparency International descobriu que um quarto dos respondentes havia pago propina a algum político no ano anterior. Casos de líderes políticos que usam seu poder em benefício próprio são encontrados no mundo todo, da Índia aos Estados Unidos, passando pelo sul da

Europa. E o fenômeno ocorre em todos os níveis. Nos Estados Unidos, Luis Santiago usou seu cargo de vereador da cidade de Opa-Locka, no estado da Flórida, para embolsar US$ 40.000 em propinas. No estado norte-americano de Maryland, o senador estadual Nathaniel T. Oaks foi pego tentando aprovar um projeto-fantasma de desenvolvimento imobiliário em troca de US$ 15.000 em propinas.

Em todos esses casos, políticos que foram eleitos para servir os interesses dos cidadãos usaram seu poder em benefício próprio. Muitos desses políticos foram eleitos com base em promessas de combater a corrupção. No entanto, quando chegaram ao poder, usaram sua influência para promover seus próprios interesses pessoais. Como podemos ver na história de Park Guen-hye, contudo, nem sempre é preciso atingir uma posição de liderança na política para deter o poder. Choi Soon-sil obteve o poder por meio de instituições religiosas e relações pessoais. Muitos dos escândalos de suborno descritos foram possíveis porque alguém controlava recursos como riqueza ou poder econômico.

Fontes: baseado em M. Park, P. Hancocks e K. J. Kwon, "Park Guen-hye Claims South Korea Presidential Victory", *CNN*, 19 dez. 2012, http://www.cnn.com/2012/12/18/world/asia/south-korea-presidential-election/; K. J. Kwon e M. Park, "South Korean President Apologizes for Bribery Scandals in His Inner Circle", *CNN*, 24 jul. 2012, http://www.cnn.com/2012/07/24/world/asia/south-korean-president-apology/index.html; Associated Press, "Impeached South Korean President Indicted, Faces Trial", *New York Post*, 17 abr. 2017, http://nypostcom/2017/04/17/impeached-south-korean-president-indicted/; BBC Profiles, "Profile: South Korean President Park Guen-hye", *BBC News*, 10 mar. 2017, http://www.bbc.com/news/world-asia-20787271; A. E. Marimow e O. Wiggins, "Code Word 'Lollipop': That Was Bribe Cue for Maryland State Senator, Investigators Charge", *The Washington Post*, 7 abr. 2017; J. Weaver, "Opa-locka Politician Pleads Guilty to Bribery, as FBI Continues Corruption Probe", *Miami Herald*, 10 jan. 2017, http://www.miamiherald.com/news/local/article125617409.html; R. Jennings, "Five Things to Know about South Korea's Presidential Scandal", *Forbes*, 9 nov. 2016, https://www.forbes.com/sites/ralphjennings/2016/11/09/5-sad-and-creepy-things-you-should-know-about-south-koreas-presidential-scandal/#59a510541556; e K. Rapoza, "Transparency International Spells It Out: Politicians Are the Most Corrupt", *Forbes*, 9 jul. 2013, https://www.forbes.com/sites/kenrapoza/2013/07/09/transparency-international-spells-it-out-politicians-are-the-most-corrupt/#7497bca21c33.

Neste capítulo, aprenderemos sobre poder, incluindo as formas de obtê-lo e as táticas que os empregados usam para exercer sua vontade sobre os outros. Também veremos como o comportamento político ajuda uma pessoa a manter seu poder em uma organização. É irrefutável que o poder tem enorme influência nas organizações. As pessoas que têm poder negam que o tenham; aquelas que o desejam tentam parecer que não estão à sua procura e aquelas que sabem obtê-lo não revelam como o conseguem.[1] Começaremos analisando nossa tendência natural de associar poder com liderança.

Poder e liderança

No comportamento organizacional, poder refere-se à capacidade que *A* tem de influenciar o comportamento de *B* para que *B* aja de acordo com a vontade de *A*.[2] Uma pessoa pode ter poder sem necessariamente usá-lo; ou seja, o poder é uma capacidade ou potencial. Provavelmente, o aspecto mais importante do poder é sua função de dependência. Quanto maior for a dependência de *B* em relação a *A*, maior é o poder de *A* no relacionamento. A dependência, por sua vez, baseia-se no conjunto de alternativas percebidas por *B* e na importância que este dá às alternativas controladas por *A*. Uma pessoa só pode ter poder sobre você se ela controlar algo que você deseja. Se você quer tirar seu diploma e, para tanto, precisa ser aprovado em uma disciplina ministrada por apenas um professor em sua faculdade, esse professor tem poder sobre você. Nesse caso, suas alternativas são muito limitadas e você considera importante tirar uma boa nota para passar nessa disciplina. Da mesma forma, se os seus pais é que pagam sua faculdade, você, com certeza, reconhece

13.1 Apontar as diferenças entre liderança e poder.

poder
Capacidade que *A* tem de influenciar o comportamento de *B* para que *B* aja de acordo com a vontade de *A*.

dependência
Relacionamento de *B* com *A*, quando *A* possui algo que *B* deseja.

o poder que eles têm sobre você pelo fato de ser dependente financeiramente deles. Depois de se formar, arrumar um emprego e começar a ganhar seu próprio dinheiro, o poder deles será bastante reduzido.

O dinheiro é uma variável importante da dependência. Quem nunca ouviu histórias de pessoas muito ricas que controlam o comportamento de todos os membros da família fazendo ameaças, veladas ou explícitas, de "excluí-los do testamento"? Outro exemplo pode ser encontrado no mercado financeiro. O gerente de portfólio Ping Jiang supostamente conseguiu coagir um subordinado, o analista Andrew Tong, a tomar hormônios femininos e usar batom e maquiagem. O que explicaria tamanho poder? Jiang controlava o acesso de Tong às operações diárias de compra e venda de ações e, em consequência, o quanto podia ganhar para se sustentar.[3]

Uma comparação cuidadosa entre nossas descrições de poder e de liderança apresentadas no Capítulo 12 revela que os dois conceitos estão inter-relacionados. Os *líderes* utilizam o *poder* como forma de atingir os objetivos do grupo. Mas quais são as diferenças entre *liderança* e *poder*? O poder não requer a compatibilidade de objetivos, apenas uma relação de dependência. Já a liderança requer alguma congruência entre os objetivos do líder e dos liderados. Uma segunda diferença relaciona-se à direção em que a influência é exercida. As pesquisas voltadas a investigar a liderança concentram-se na influência descendente do líder sobre o liderado, minimizando a importância dos padrões ascendente e lateral de influência. Já as pesquisas sobre poder levam em consideração todas as direções. Uma terceira diferença é que as pesquisas sobre liderança muitas vezes enfatizam o estilo do líder e buscam respostas para perguntas como: "Quanto apoio um líder deve dar a seus subordinados?" ou "Até que ponto o processo decisório deve ser compartilhado com os liderados?". Já as pesquisas sobre poder se concentram em táticas para conquistar a conformidade. A liderança se concentra na influência do líder individual, ao passo que os estudos sobre poder reconhecem que tanto grupos quanto indivíduos podem usar o poder para controlar outros grupos ou indivíduos.

Você pode ter notado que, para viabilizar uma situação de poder, uma pessoa ou grupo precisa ter controle sobre recursos valorizados por outra pessoa ou grupo. De modo geral, é isso que ocorre em situações consolidadas de liderança. Contudo, as relações de poder são possíveis em todas as áreas da vida e o poder pode ser obtido de várias maneiras. Vamos dar uma olhada nas diferentes fontes de poder.

13.2 Explicar as três bases do poder formal e as duas bases do poder pessoal.

As bases do poder

De onde vem o poder? O que possibilita que um indivíduo ou grupo exerça sua influência sobre os outros? Essas perguntas podem ser respondidas classificando as bases ou fontes de poder em dois grupos genéricos — formal e pessoal —, cada qual subdividido em categorias mais específicas.[4]

Poder formal

O poder formal baseia-se na posição ocupada por uma pessoa na organização. Pode resultar da capacidade de coagir, de recompensar ou da própria autoridade formal.

Poder coercitivo O poder coercitivo depende do medo das consequências negativas da desobediência. No nível físico, o poder coercitivo baseia-se na aplicação, ou na ameaça de aplicação, de sofrimento corporal causando dor, restrição

poder coercitivo
Base de poder que depende do medo das consequências negativas da desobediência.

de movimentos ou impedimento de necessidades fisiológicas ou de necessidades básicas de segurança.

No nível organizacional, A possui poder coercitivo sobre B quando pode demitir, suspender ou rebaixar B, presumindo que este valoriza seu emprego. Se A pode impor a B tarefas que este considera desagradáveis ou tratá-lo de maneira que este considera vergonhosa, A possui poder coercitivo sobre B. O poder coercitivo em uma organização também pode resultar da retenção, por parte de A, de importantes informações ou conhecimentos dos quais B precisa para fazer seu trabalho, levando B a ser dependente de A. Em geral, subordinados abusados pelos supervisores preferem não praticar retaliações, movidos pelo poder coercitivo.[5]

Poder de recompensa O oposto do poder coercitivo é o poder de recompensa, por meio do qual uma pessoa é obediente porque isso lhe traz algum benefício. Portanto, uma pessoa que pode distribuir recompensas consideradas valiosas pelos outros tem poder sobre eles. Essas recompensas podem ser financeiras (como o controle de comissões, aumentos salariais e bônus) ou não financeiras (como reconhecimento, promoções, tarefas mais interessantes, colegas mais solícitos ou a possibilidade de escolher turnos de trabalho ou territórios de vendas mais atraentes).[6]

poder de recompensa
Conformidade obtida por meio da capacidade de distribuir recompensas consideradas valiosas.

Poder legítimo Em grupos formais e organizações, provavelmente o acesso mais comum a uma ou mais bases de poder ocorre por meio do poder legítimo. Ele representa a autoridade formal que uma pessoa tem para usar e controlar os recursos da organização com base em sua posição na estrutura organizacional.

O poder legítimo é mais amplo que o poder de coerção e o de recompensa, incluindo, mais especificamente, a aceitação da autoridade de uma posição hierárquica pelos demais membros da organização. De modo geral, o poder está tão intimamente associado ao conceito de hierarquia que o próprio desenho do organograma, no qual os líderes costumam ocupar posições marcadas por linhas mais longas, levam-nos a supor que eles são especialmente poderosos.[7] Em geral, quando os diretores de escolas, presidentes de bancos ou capitães do exército falam, professores, gerentes e oficiais escutam e, em geral, obedecem.

poder legítimo
Poder recebido por uma pessoa como resultado de sua posição na hierarquia formal de uma organização.

Poder pessoal

Muitos dos engenheiros mais competentes e produtivos da Intel têm poder, mas não ocupam cargos de chefia nem detêm autoridade formal na organização. O que eles têm é *poder pessoal*, resultante de características únicas e específicas de um indivíduo.[8] Nesta seção, analisaremos as duas bases do poder pessoal: o poder de especialista e a admiração dos outros. O poder pessoal e o poder formal não são mutuamente excludentes, embora possam ser independentes.

Poder de especialista O poder de especialista é a influência exercida como resultado de alguma especialidade (expertise), de habilidades específicas ou de determinados conhecimentos.[9] À medida que as tarefas vão se tornando cada vez mais especializadas, ficamos mais dependentes dos peritos para atingir nossos objetivos. Geralmente, reconhecemos que os médicos têm conhecimentos especializados e, portanto, detêm o poder de especialista — a maioria das pessoas segue as orientações dos médicos sem questionamento. Especialistas em informática, peritos em tributação, economistas, psicólogos industriais e outros especialistas também exercem o poder resultante de suas competências específicas.

poder de especialista
Influência baseada em habilidades ou conhecimentos específicos.

O empresário Mark Zuckerberg, cofundador e CEO do Facebook, detém o poder de especialista. Mostrado na foto conversando com seus empregados, Zuckerberg conquistou o título de "o cara do software" na faculdade em virtude de seus conhecimentos em programação de computadores. Hoje, para atingir os objetivos da empresa, o Facebook depende dos conhecimentos técnicos de Mark.

Fonte: Tony Avelar/FR155217/AP Images

poder de referência
Influência baseada na identificação com uma pessoa que possui recursos ou características pessoais desejáveis.

Poder de referência O poder de referência é aquele associado à identificação com um indivíduo que possui recursos ou características pessoais desejáveis.[10] Se eu gosto, respeito e admiro uma pessoa, ela pode exercer poder sobre mim porque vou querer agradá-la.

O poder de referência resulta da admiração pelo outro e do desejo de ser como ele. Esse tipo de poder explica por que as celebridades ganham milhões de dólares para endossar produtos em anúncios. Pesquisas de marketing mostram que certas celebridades têm o poder de influenciar nossas preferências por calçados esportivos e cartões de crédito, por exemplo. Com um pouco de prática, qualquer pessoa poderia tentar anunciar um produto. O problema, no entanto, é que os consumidores não se identificam com qualquer um. Mesmo se uma pessoa não tiver autoridade formal, nada a impede de ter poder de referência, em virtude do dinamismo, do carisma, da atração e dos efeitos emocionais que exerce sobre os outros.[11]

Quais bases de poder são mais eficazes?

Dentre as três bases de poder formal (coercitivo, de recompensa e legítimo) e as duas bases de poder pessoal (de especialista e de referência), quais são as mais interessantes de se ter? Pesquisas sugerem que as fontes de poder pessoal são as mais eficazes. Tanto o poder de especialista quanto o de referência são positivamente relacionados à satisfação dos empregados com a gestão, com seu compromisso com a organização e com seu desempenho, ao passo que o poder de recompensa e o poder legítimo não parecem ser relacionados com esses resultados. Uma das fontes de poder formal — o poder coercitivo — pode até ser prejudicial, ao passo que o poder de referência pode ser um grande motivador. Veja o caso da empresa norte-americana de Steve Stoute, a Translation, que faz a ponte entre empresários de celebridades da indústria fonográfica e empresas que buscam promover suas marcas. Para que você possa entender, a Translation intermediou parcerias entre Justin Timberlake e o McDonald's, entre Beyoncé e a Tommy Hilfiger e entre Jay-Z e a Reebok. O negócio de Stoute parece se basear no poder de referência. O objetivo da Translation é usar a credibilidade das celebridades para atingir o público jovem.[12]

O sucesso das empresas que usam seus serviços confirma que os consumidores compram produtos associados às celebridades porque se identificam com elas e querem imitá-las.

Dependência: a chave para o poder

13.3 Explicar o papel da dependência nas relações de poder.

O aspecto mais importante do poder é a sua função de dependência. Nesta seção, demonstraremos a importância da dependência para entender os diferentes graus de poder.

O postulado geral da dependência

Vamos começar com um postulado geral: *quanto maior for a dependência de B em relação a A, maior é o poder de A sobre B*. Quando você tem alguma coisa que os outros precisam, mas só você controla, você os transforma em seus dependentes e, por isso, tem poder sobre eles.[13] Como diz o ditado, "Em terra de cego, quem tem um olho é rei". Mas, se um recurso for abundante, possuí-lo não aumentará seu poder. Portanto, quanto mais você expandir suas opções, menos poder vai deixar nas mãos dos outros. Isso explica por que a maioria das empresas trabalha com diversos fornecedores em vez de concentrar todos os negócios em apenas um. E explica também por que a maioria de nós deseja a independência financeira, que reduz o poder dos outros de restringirem nosso acesso a oportunidades e recursos.

O que cria a dependência?

A dependência aumenta quando o recurso controlado por alguém é importante, escasso e insubstituível.[14]

Importância Se ninguém quiser o que você tem, não haverá dependência. Mas é importante notar que existem muitos graus de importância, desde precisar do recurso para sobreviver até querer um recurso só porque está na moda ou porque é mais prático.

Fonte: David Paul Morris/Bloomberg/Getty Images

A cientista Maria Kovalenko ocupa uma posição de poder na Gilead Sciences, empresa biofarmacêutica. Os cientistas fazem parte de um poderoso grupo ocupacional nessa empresa por serem responsáveis por descobrir e desenvolver medicamentos que melhoram a vida dos pacientes e contribuem para o crescimento e para o sucesso da organização.

Escassez Ferruccio Lamborghini, o homem que criou os exóticos supercarros que até hoje ostentam seu sobrenome, percebeu desde cedo a importância da escassez e a usou em proveito próprio durante a Segunda Guerra Mundial. Quando Lamborghini serviu no exército italiano na ilha grega de Rhodes, seus superiores ficaram impressionados com seu conhecimento de mecânica e seu incrível talento para consertar tanques e outros veículos que ninguém mais conseguia reparar. Terminada a guerra, ele admitiu que seu talento devia-se, em grande parte, ao fato de ter sido o primeiro da ilha a receber os manuais de conserto desses veículos, que ele decorou e depois destruiu, com a intenção de se tornar indispensável.[15]

A relação entre escassez e dependência também pode ser observada no contexto do poder em diferentes categorias ocupacionais. Pessoas que atuam em ocupações em que a oferta de profissionais é menor do que a demanda podem negociar acordos salariais e benefícios melhores do que aquelas que atuam em categorias com abundância de candidatos. Os diretores de escolas, por exemplo, não têm muita dificuldade de encontrar bons professores de português, porque a oferta é alta e a demanda é baixa. Já o mercado de analistas de sistemas de redes é extremamente escasso, com alta demanda e baixa oferta. Em consequência, o poder de barganha destes últimos lhes possibilita negociar maiores salários, menores cargas horárias e outros benefícios.

Dificuldade de substituição Quanto menos substitutos viáveis um recurso tiver, maior será o poder proporcionado à pessoa que o controlar. Por exemplo, nas universidades que valorizam publicações de trabalhos acadêmicos de seu corpo docente, quanto maior for o reconhecimento obtido pelos professores por suas publicações, maior será seu controle sobre o empregador, pois as outras universidades também querem profissionais que publiquem e que tenham alta visibilidade acadêmica.

Análise de redes sociais: uma ferramenta para avaliar recursos

Uma ferramenta para avaliar o intercâmbio de recursos e as relações de dependência em uma organização é a *análise de redes sociais*.[16] Esse método analisa os padrões de comunicação entre os membros da organização para descobrir como a informação flui entre eles. Em uma rede social, ou conexões entre pessoas com interesses profissionais em comum, cada indivíduo ou grupo é chamado de "nó", e os links entre os nós são chamados de vínculos. Quando os nós se comunicam ou trocam recursos com frequência, diz-se que eles têm ligações muito fortes. Os nós que não se comunicam diretamente entre si obtêm fluxos de recursos por meio de nós intermediários. Em outras palavras, alguns nós atuam como intermediários entre nós que, de outra forma, não estariam conectados. Uma representação gráfica das associações entre indivíduos de uma rede social é chamada de *sociograma* e atua como uma versão informal de um organograma. A diferença é que um organograma formal mostra o fluxo *teórico* de autoridade, ao passo que um sociograma mostra como os recursos, *de fato*, fluem em uma organização. Um exemplo de sociograma é mostrado na Figura 13.1.

As redes têm a capacidade de criar importantes dinâmicas de poder, como impor normas (veja o Capítulo 9) ou promover mudanças em uma organização. Desse modo, os empregados que têm muitas conexões em uma rede social organizacional são menos propensos a se envolver em atividades de corrupção.[17]

FIGURA 13.1 Um sociograma organizacional.

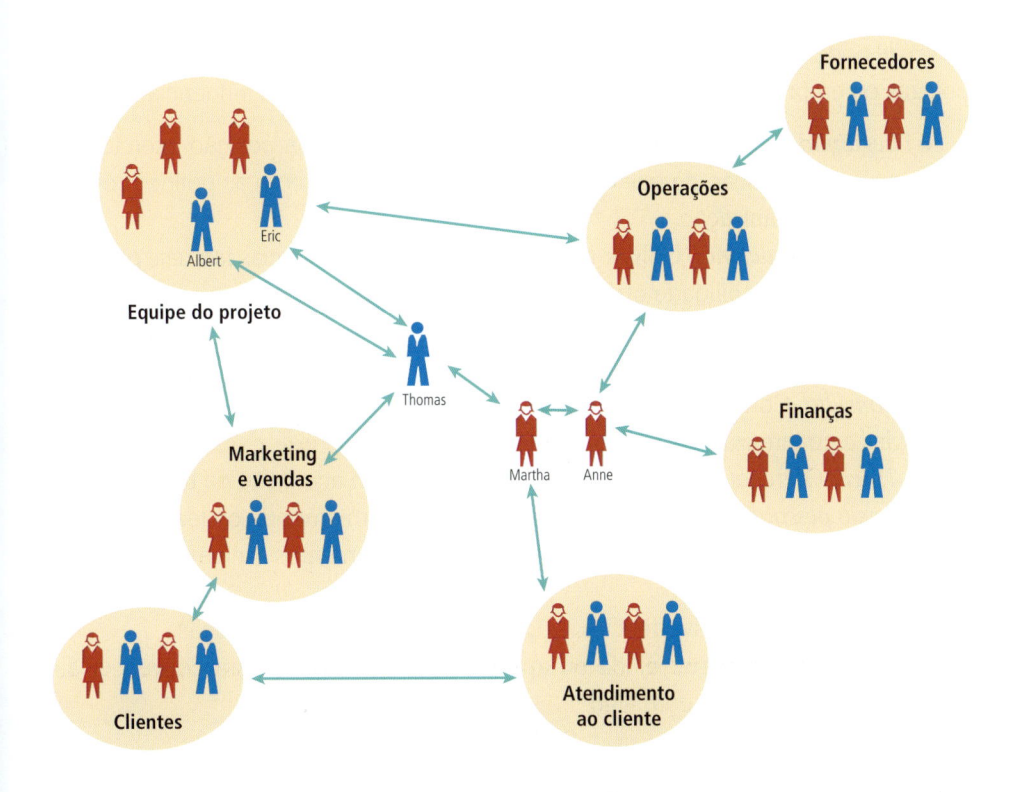

Os que atuam como intermediários tendem a deter mais poder porque podem se beneficiar de recursos obtidos de diferentes grupos. Em outras palavras, o fato de muitas pessoas dependerem deles dá mais poder aos intermediários. Por exemplo, mudanças na cultura organizacional, como a conscientização da responsabilidade social corporativa, por exemplo, geralmente começam com um único grupo de indivíduos conectados e vão ganhando força até serem adotadas por outros grupos conectados por meio de intermediários.[18] Dados do Serviço Nacional de Saúde do Reino Unido mostram que os agentes de mudança — pessoas encarregadas de ajudar uma organização a fazer uma grande mudança — têm mais sucesso se forem intermediários de informações.[19] O problema é que essas funções também têm seu custo. Um estudo descobriu que as pessoas identificadas como vitais em redes de aconselhamento tinham mais chances de pedir demissão do emprego, talvez por todo o trabalho adicional que faziam sem ser recompensadas.[20]

É possível analisar as redes sociais de uma organização de várias maneiras.[21] Algumas organizações monitoram o fluxo das comunicações por e-mail ou o compartilhamento de documentos entre departamentos. Essas ferramentas de big data constituem um jeito fácil de coletar dados objetivos para ver como as pessoas trocam informações. Outras organizações analisam dados de sistemas de informação dos recursos humanos, examinando as interações entre supervisores e subordinados. Essas fontes de dados podem gerar sociogramas mostrando os fluxos de recursos e de poder. Com base nisso, os líderes podem identificar intermediários poderosos e influentes em vários grupos e abordar essas pessoas.

13.4 Identificar as táticas de poder ou de influência e suas contingências.

táticas de poder (ou de influência)
Maneiras pelas quais as pessoas transformam suas bases de poder em ações específicas.

Táticas de poder

Quais táticas de poder (ou de influência) as pessoas usam para transformar suas bases de poder em ações específicas? Quais opções elas têm para influenciar chefes, colegas ou empregados? Pesquisas identificaram nove táticas de influência:[22]

- *Legitimidade*. Basear uma solicitação na autoridade da posição exercida ou na argumentação de que esse pedido está de acordo com as políticas ou regras da organização.
- *Persuasão racional*. Utilizar argumentos lógicos e evidências factuais para demonstrar a viabilidade ou relevância de um pedido.
- *Apelo inspiracional*. Desenvolver um compromisso emocional ao apelar para valores centrais, necessidades, esperanças e aspirações.
- *Consulta*. Conseguir apoio ao envolver alguém na tomada de decisões voltadas à concretização do plano almejado.
- *Troca*. Oferecer benefícios ou favores em troca da aceitação de um pedido.
- *Apelo pessoal*. Buscar conformidade com base em amizade ou lealdade.
- *Adulação*. Utilizar bajulação, elogios e comportamentos amigáveis antes de fazer um pedido.
- *Pressão*. Utilizar advertências, exigências persistentes ou ameaças.
- *Coalizões*. Conseguir ajuda ou apoio de outras pessoas para convencer alguém a concordar com algo.

Utilização das táticas de poder

Algumas táticas são mais eficazes que outras. A persuasão racional, o apelo inspiracional e a consulta tendem a ser as táticas mais eficazes, especialmente quando direcionadas a indivíduos com grande interesse nos resultados do processo decisório. A tática da pressão tende a "sair pela culatra" e costuma ser a menos eficaz.[23] Contudo, uma pessoa também pode aumentar suas chances de sucesso usando táticas diversas, simultânea ou sequencialmente, desde que elas sejam compatíveis entre si.[24] Por exemplo, o uso combinado da legitimidade com a adulação pode minimizar as reações negativas que costumam acompanhar essas táticas, mas só quando os subordinados não se importam com os resultados de uma decisão ou quando a política faz parte da rotina.[25]

Vamos dar uma olhada, por exemplo, na maneira mais eficaz de conseguir um aumento de salário. Você pode começar com a persuasão racional. Faça bem o seu trabalho e pondere uma maneira de justificá-lo ou, em outras palavras, descubra a relação entre a sua remuneração e a de seus colegas, obtenha uma proposta alternativa de emprego ou mostre resultados objetivos que atestem seu bom desempenho. Ao fazer isso, você poderá justificar um pedido de aumento. Você também pode utilizar ferramentas públicas de cálculo de salário para comparar o que ganha com o que outros ganham. Tenha em mente que a eficácia de algumas táticas depende da direção da influência. Os resultados podem ser impressionantes. Kitty Dunning, vice-presidente da Don Jagoda Associates, conseguiu um aumento de 16% quando enviou a seu chefe um e-mail com dados mostrando que ela aumentou as vendas da empresa.[26]

Embora a persuasão racional possa ser eficaz nessa situação, a eficácia de algumas táticas de poder depende da direção da influência[27] e, naturalmente, do público. Como podemos ver na Tabela 13.1, a persuasão racional é a única boa

TABELA 13.1 Táticas de poder preferidas de acordo com a direção da influência.

Influência ascendente	Influência descendente	Influência lateral
Persuasão racional	Persuasão racional	Persuasão racional
	Apelo inspiracional	Consulta
	Pressão	Adulação
	Consulta	Troca
	Adulação	Legitimidade
	Troca	Apelo pessoal
	Legitimidade	Coalizões

tática para todos os níveis organizacionais. O apelo inspiracional funciona melhor quando utilizado como tática de influência descendente, do líder aos subordinados. A pressão, no entanto, costuma ser eficaz apenas em relacionamentos descendentes. O apelo pessoal e as coalizões são mais eficazes quando utilizados como forma de influência lateral. Outros fatores relacionados à eficácia da influência incluem o sequenciamento de táticas, a capacidade de aplicá-las e a cultura da organização.

Em geral, é melhor começar com táticas mais "*soft*" (ou mais brandas) baseadas no poder pessoal, como o apelo pessoal e o apelo inspiracional, a persuasão racional e a consulta. Se elas falharem, pode-se passar para as táticas mais "*hard*"(ou mais diretas), como a troca, a coalizão e a pressão, que enfatizam o poder formal e envolvem maiores riscos e custos.[28] O uso de uma única tática *soft* é mais eficaz do que o uso de uma única tática *hard* e a combinação de duas táticas *soft* ou de uma tática *soft* combinada com a persuasão racional é mais eficaz do que qualquer tática sozinha (*hard* ou *soft*) ou do que a combinação de táticas *hard*.[29]

Como vimos, a eficácia das táticas depende do público.[30] As pessoas que cedem às táticas de poder mais *soft* tendem a ser mais reflexivas, intrinsecamente motivadas, com elevada autoestima e maior desejo de controle; já as pessoas que aceitam as táticas *hard* são mais orientadas à ação e extrinsecamente motivadas, além de serem mais focadas em se dar bem com outras pessoas do que agir por conta própria.

Preferências culturais pelas táticas de poder

A preferência pelas táticas de poder varia de uma cultura para a outra.[31] Pessoas de países individualistas tendem a ver o poder em termos pessoais e como um meio legítimo de atingir seus próprios interesses, ao passo que as pessoas de países coletivistas veem o poder em termos sociais e como um meio legítimo de ajudar os outros.[32] Um estudo que comparou executivos dos Estados Unidos e da China revelou que os norte-americanos preferem a persuasão racional, ao passo que os chineses preferem as táticas de coalizão.[33]

As táticas baseadas na racionalidade estão alinhadas com a preferência dos norte-americanos pelo confronto direto e pela persuasão racional para influenciar as pessoas e resolver as diferenças, enquanto as táticas de coalizão se alinham com a preferência chinesa de aplicar abordagens indiretas a pedidos e propostas difíceis ou controversas.

habilidades políticas
Capacidade de influenciar outras pessoas para que seus próprios objetivos sejam alcançados.

Aplicação das táticas de poder

As pessoas diferem umas das outras em suas habilidades políticas, ou seja, na capacidade de influenciar os outros de maneira a atingir seus próprios objetivos. As pessoas que têm habilidade política são mais eficazes na utilização de qualquer uma das táticas de poder, gerando muitos resultados positivos no trabalho. Pessoas politicamente habilidosas parecem ter mais autoeficácia, mais satisfação e maior produtividade no trabalho e mais sucesso profissional. Elas têm menos chances de serem vítimas de agressões no local de trabalho. As habilidades políticas também parecem ser mais eficazes quando os riscos são altos — por exemplo, quando a pessoa é responsável por importantes resultados organizacionais. Por fim, as pessoas que têm habilidade política sabem exercer seu poder sem que os outros percebam, o que é essencial para ser eficaz (considerando que não é muito bom ser rotulado de "político").[34] Essas pessoas conseguem exercer sua influência política em ambientes com baixos níveis de justiça distributiva e de justiça processual. Indivíduos politicamente qualificados tendem a receber avaliações de desempenho melhores quando solicitam feedbacks de forma estratégica com o intuito de melhorar sua imagem na organização.[35] Quando, entretanto, uma organização tem regras justas, livres de favoritismo ou preconceito, as habilidades políticas acabam tendo uma correlação negativa com as avaliações de desempenho no trabalho.[36]

Sabemos que as culturas nas organizações podem variar muito. Algumas são cordiais, descontraídas e solidárias e outras são formais e conservadoras. Algumas culturas estimulam a participação e a consulta; outras encorajam o uso da racionalidade; e outras ainda são baseadas na pressão. As pessoas que se adaptam à cultura de uma organização tendem a obter mais influência.[37] Mais especificamente, os extrovertidos tendem a ser mais influentes em organizações que valorizam o trabalho em equipe, enquanto pessoas com alto grau de conscienciosidade são mais influentes em organizações que valorizam o trabalho individual ou tarefas técnicas. Os indivíduos que se adaptam à cultura são influentes porque são capazes de apresentar um desempenho especialmente bom nas áreas consideradas mais importantes para que uma pessoa seja bem-sucedida naquela organização. Dessa forma, a própria organização influencia o uso do subconjunto de táticas de poder visto como mais aceitável.

13.5 Identificar as causas e as consequências do abuso de poder.

Como o poder afeta as pessoas

Até este ponto, discutimos o que é o poder e como ele pode ser obtido, mas ainda não tocamos em uma questão importante: "O poder corrompe?".

Não faltam evidências de que o poder tem o seu lado corruptor. Ele leva as pessoas a colocarem seus próprios interesses à frente das necessidades ou interesses dos outros. O poder não só leva as pessoas a se concentrarem nos próprios interesses simplesmente porque elas têm a chance de fazê-lo, mas também as libera para se concentrarem em si mesmas e, em consequência, darem mais peso aos próprios objetivos e interesses. O poder também parece levar as pessoas a "objetificarem" os outros (em outras palavras, ver os outros como meros instrumentos para atingir os próprios objetivos) e a ver os relacionamentos como algo mais periférico.[38]

E não é só isso. As pessoas com poder reagem — em geral, negativamente — a qualquer ameaça à sua competência. Essas pessoas se agarram ao poder sempre que podem e quando acham que seu poder está sendo ameaçado, mostram-se incrivelmente dispostas a fazer de tudo para manter sua posição, mesmo que isso possa prejudicar os outros. Pessoas que detêm o poder são mais propensas a tomar decisões em benefício próprio diante de um risco moral, como acontece quando gestores de fundo de *hedge* correm mais riscos com o dinheiro alheio por serem mais recompensados pelos ganhos do que punidos pelas perdas. Tais pessoas se mostram mais dispostas a denegrir os outros. O poder também leva as pessoas a serem excessivamente confiantes ao tomar decisões.[39]

Frank Lloyd Wright, um dos mais proeminentes arquitetos dos Estados Unidos, é um bom exemplo dos efeitos corruptores do poder. No início de sua carreira, Wright trabalhou para um renomado arquiteto, Louis Sullivan (também conhecido como o pai do arranha-céu), que colocou Wright sob suas asas. Wright sempre foi muito elogioso a Sullivan, mas, à medida que ganhava fama e sua carreira avançava, parou de elogiá-lo e chegou a tentar assumir os créditos por um dos projetos mais famosos de seu mentor. Wright nunca foi um homem conhecido por sua generosidade, mas, quanto mais poder ele acumulou, mais "monstruoso" passou a ser seu comportamento em relação aos outros.[40]

Variáveis do poder

Como vimos, o poder parece ter alguns efeitos muito negativos nas pessoas. Mas a história não termina por aí, já que o poder é muito mais complexo do que isso. Cada pessoa é afetada de um jeito pelo poder, que pode até ter alguns efeitos positivos. Vamos analisar cada um deles.

Para começar, os efeitos tóxicos do poder dependem da personalidade de quem o detém. Pesquisas sugerem que, se tivermos uma personalidade ansiosa, o poder não nos corrompe, porque somos menos propensos a achar que podemos usá-lo em nosso benefício.[41] Em segundo lugar, o efeito corrosivo do poder pode ser refreado por sistemas organizacionais. Um estudo descobriu, por exemplo, que, embora o poder levasse as pessoas a serem egoístas, elas paravam de agir em causa própria quando eram obrigadas a prestar contas quanto a esse comportamento. Em terceiro lugar, nós mesmos podemos neutralizar os efeitos negativos do poder. Um estudo mostrou que o simples ato de expressar gratidão aos detentores do poder reduz a propensão dessas pessoas a nos agredirem. Por fim, você já ouviu dizer que as pessoas que quase não detêm poder abusam do pouco poder que têm? Parece que essa afirmação tem um fundo de verdade, pois as pessoas mais propensas a cometer abusos são aquelas que começam com baixo status e vão ganhando poder. Isso acontece porque parece que elas veem seu baixo status como uma ameaça, e o medo que isso cria é usado de forma negativa no momento em que a pessoa passa a ter poder.[42]

Como podemos ver, alguns fatores podem reduzir os efeitos negativos do poder, que também pode ter efeitos positivos. O poder nos enche de energia, aumenta nossa motivação para atingir metas e também pode nos motivar a ajudar os outros. Por exemplo, um estudo constatou que o desejo de ajudar os outros era concretizado no trabalho quando as pessoas sentiam que tinham poder.[43]

O mesmo estudo faz uma importante observação sobre o poder. Não é exatamente que o poder corrompa. Na verdade, o poder *revela o que valorizamos*. Confirmando essa linha de raciocínio, outro estudo descobriu que o poder levou a comportamentos voltados aos próprios interesses só para as pessoas que tinham uma identidade moral fraca (considerando que a identidade moral é o grau em que a moral é essencial para a identidade da pessoa). Já para as pessoas que apresentavam forte identidade moral, o poder aumentou sua consciência moral e reforçou sua vontade de agir.⁴⁴

Assédio sexual: desigualdade de poder no local de trabalho

O assédio sexual é definido como qualquer atividade indesejada de caráter sexual que afete o emprego de uma pessoa e crie um ambiente de trabalho hostil. No Brasil, a Lei n.10.224, de 2001, definiu assédio sexual como o comportamento que visa a "constranger alguém com o intuito de obter vantagem ou favorecimento sexual, prevalecendo-se o agente de sua condição de superior hierárquico ou ascendência inerentes ao exercício de emprego, cargo ou função".⁴⁵ Embora a definição seja variável de um país para o outro, a maioria das nações tem pelo menos algumas políticas para proteger os trabalhadores do assédio sexual. Contudo, essas políticas ou leis podem não ser cumpridas em todos os países. Por exemplo, Paquistão, Bangladesh e Omã até têm leis que regulam a igualdade de oportunidades de emprego, porém, estudos sugerem que essas leis podem não ser bem implementadas.⁴⁶

Em geral, o assédio sexual é mais comum em sociedades dominadas por homens. Por exemplo, um estudo conduzido no Paquistão descobriu que até 93% das mulheres eram assediadas sexualmente no trabalho.⁴⁷ Em Singapura, até 54% dos trabalhadores (mulheres e homens) disseram ter sido vítimas de assédio sexual.⁴⁸ O percentual nos Estados Unidos e em alguns outros países, em geral, é muito mais baixo, embora ainda seja preocupante. Pesquisas indicam que, nos Estados Unidos, cerca de um quarto das mulheres e 10% dos homens foram assediados sexualmente.⁴⁹ Dados da Comissão de Igualdade de Oportunidades de Emprego dos Estados Unidos sugerem que o assédio sexual está diminuindo: hoje, as acusações de assédio sexual representam 10% de todas as acusações de discriminação, em comparação com 20% em meados dos anos 1990. O problema é que, dessa porcentagem, as acusações dos homens aumentaram de 11%, em 1997, para 17,5%, hoje, do total de acusações.⁵⁰ O assédio sexual é desproporcionalmente comum para mulheres que atuam em determinados tipos de ocupação. No setor de restaurantes, por exemplo, 80% da equipe de garçonetes relatou ter sido sexualmente assediada por colegas ou clientes, em comparação com 70% dos garçons.⁵¹

assédio sexual
Qualquer atividade indesejada de caráter sexual que afete o emprego de uma pessoa e crie um ambiente de trabalho hostil.

Nos Estados Unidos, esta mulher venceu um processo judicial federal de US$ 95 milhões contra seu empregador por assédio sexual que incluiu contato físico indesejado. O júri considerou o gestor culpado pela agressão e a empresa foi responsabilizada por permitir uma supervisão negligente e o assédio sexual.

Fonte: Bill Greenblatt/UPI/Newscom

A maioria dos estudos confirma que o poder é importantíssimo para entender o assédio sexual.[52] Isso parece ser verdade independentemente de o assediador ser um chefe, um colega de trabalho ou um subordinado. E o assédio sexual tem mais chances de ocorrer na presença de grandes diferenças de poder. A combinação gestor-subordinado é caracterizada como uma relação de poder desigual, na qual o poder formal dá ao gestor a possibilidade de recompensar e coagir o subordinado. Como os subordinados querem receber avaliações favoráveis de desempenho, aumentos salariais e outras coisas do gênero, os gestores controlam os recursos que a maioria dos empregados considera importantes e escassos. Na ausência de bons controles para detectar e impedir o assédio sexual, os assediadores têm mais chances de agir. Por exemplo, em um estudo conduzido na Suíça, homens que apresentaram alto grau de machismo hostil reportaram maiores intenções de se engajar em assédio sexual em organizações que apresentavam baixos níveis de justiça, sugerindo que a ausência de políticas e procedimentos uniformes para todos os empregados pode aumentar os níveis de assédio sexual.[53]

O assédio sexual pode ter efeitos negativos tanto sobre as pessoas quanto sobre as organizações, mas é um problema que pode ser evitado. Para fazê-lo, o papel do gestor é fundamental. Se você for um gestor, você deve:

1. *Certificar-se de que exista, em sua organização, uma política em vigor que defina o que constitui assédio sexual, informando os empregados que eles podem ser demitidos por comportamentos inadequados e estabelecendo procedimentos para a realização de denúncias e reclamações.*
2. *Assegurar aos empregados que eles não sofrerão retaliações se apresentarem uma denúncia ou reclamação.*
3. *Investigar todas as reclamações e notificar o departamento jurídico e o de recursos humanos.*
4. *Certificar-se de que os assediadores sejam punidos ou demitidos.*
5. *Organizar cursos e seminários internos para conscientizar os empregados sobre as questões que envolvem o assédio sexual.*

Os gestores têm a responsabilidade de proteger seus empregados de ambientes de trabalho hostis. Eles podem não saber que um de seus empregados está sendo assediado sexualmente, mas o simples fato de não saber não protege nem a eles nem à sua organização. Se os investigadores acreditarem que um gestor pode ter tido conhecimento do assédio, tanto o executivo quanto a empresa serão responsabilizados.

Política: o poder em ação

13.6 Descrever o funcionamento da política nas organizações.

O poder é exercido sempre que as pessoas se reúnem em grupos. Nas organizações, as pessoas procuram conquistar um território para exercer sua influência, receber recompensas e promover seu avanço profissional. Quando os empregados traduzem seu poder em ações concretas, dizemos que estão "fazendo *política*". Como já vimos, os empregados que possuem boas habilidades políticas sabem usar suas bases de poder.[54] A política não só é inevitável como também pode ser essencial (veja a Pesquisa de Comportamento Organizacional).

Definição de política organizacional

Não faltam definições de *política organizacional*. Basicamente, esse tipo de política se concentra no uso do poder como um meio de influenciar as decisões organiza-

PESQUISA DE COMPORTAMENTO ORGANIZACIONAL A importância da política organizacional.

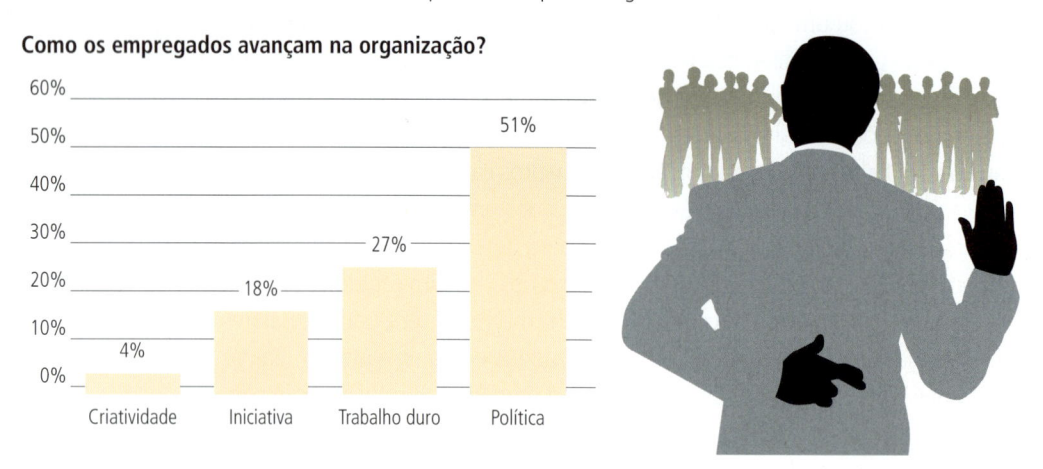

Como os empregados avançam na organização?

- Criatividade: 4%
- Iniciativa: 18%
- Trabalho duro: 27%
- Política: 51%

Fonte: baseado em D. Crampton, "Is How Americans Feel about Their Jobs Changing?" (28 set. 2012), http://corevalues.com/employee-motivation/is-how-americans-feel-about-their-jobs-changing.

---

comportamento político
Atividades que não são exigidas como parte do papel formal de uma pessoa, mas que influenciam, ou tentam influenciar, a distribuição de vantagens e desvantagens dentro da organização.

cionais, muitas vezes por meio de comportamentos egoístas e não sancionados pela organização.[55] Para os propósitos deste texto, o comportamento político consiste em atividades que não são exigidas como parte do papel formal de uma pessoa, mas que influenciam, ou tentam influenciar, a distribuição de vantagens e desvantagens dentro da organização.[56]

Essa definição engloba o que a maioria das pessoas quer dizer quando fala de política organizacional. O comportamento político está fora dos requisitos específicos da função da pessoa. Ele requer alguma tentativa de utilizar as bases de poder e inclui esforços para influenciar os objetivos, critérios ou processos usados na tomada de decisão. Nossa definição é ampla o suficiente para incluir vários comportamentos políticos, como, por exemplo, omitir informações importantes dos tomadores de decisão; participar de uma coalizão; denunciar a organização; espalhar boatos; vazar informações confidenciais sobre as atividades da empresa para a mídia; trocar favores para se beneficiar; e fazer lobby a favor ou contra uma pessoa ou uma decisão específica. O comportamento político muitas vezes pode ser negativo, mas nem sempre é o caso.

A realidade da política

Entrevistas com gestores experientes mostram que a maioria acredita que o comportamento político constitui uma parte importante da vida organizacional.[57] Muitos deles disseram que o comportamento político é não somente ético como necessário, desde que não prejudique ninguém. Eles descrevem a política como um mal necessário e acreditam que uma pessoa que nunca faz uso do comportamento político terá muita dificuldade de fazer bem seu trabalho. A maioria dos gestores também disse que nunca fez um treinamento formal para aprender a aplicar tal comportamento. Mas, você pode se perguntar, por que a política tem de existir? Uma organização não tem como funcionar sem a política? Pode até ser possível, mas é muito pouco provável.

As organizações têm pessoas e grupos com valores, objetivos e interesses diferentes.[58] Essa situação pode gerar conflitos quanto a decisões de alocação de recursos limitados, como verbas, espaço físico, salários e bônus. Se os recursos fos-

Michael Woodford foi afastado de seu cargo de CEO da fabricante japonesa de câmeras Olympus depois de denunciar irregularidades contábeis cometidas por alguns executivos da empresa. Apesar de não fazer parte de seu trabalho, Woodford expôs uma fraude contábil que vinha se estendendo há 13 anos na Olympus.

sem abundantes, todos os membros da organização poderiam satisfazer os próprios interesses. Mas, como tais recursos são limitados, nem todos os interesses podem ser satisfeitos. Além disso, os ganhos de uma pessoa ou de um grupo muitas vezes são *percebidos* pelos demais como vantagens de uns em detrimento de outros, independentemente de isso ser ou não verdade. Essas forças criam uma concorrência interna pelos recursos limitados entre os membros da organização.

Talvez o fator mais importante que leva à política na organização seja a percepção de que a maioria dos "fatos" utilizados para alocar os recursos limitados são passíveis de diferentes interpretações. Por exemplo, nos casos em que os empregados são remunerados por um bom desempenho, o que exatamente constitui um *bom* desempenho? O que, exatamente, a organização considera uma melhoria *adequada*? O que constitui um trabalho *satisfatório*? O técnico de qualquer grande time de futebol sabe que um goleiro que defende, em média, 25% das cobranças de pênalti é melhor do que um que só defende 5%. Não é preciso ser um gênio nesse esporte para escalar o primeiro jogador para sua equipe. Mas o que aconteceria se você tivesse de escolher entre dois goleiros que defendem, em média, 17% e 18%? Nesse caso, outros fatores — menos objetivos — pesariam: os reflexos, a altura, o potencial, o desempenho sob pressão, a lealdade ao time e assim por diante. Muitas das decisões administrativas lembram mais essa escolha entre médias de 17% ou de 18% do que aquela entre uma média de 25% e outra de 5%. É nessa ampla e vaga zona cinzenta da vida organizacional — onde os fatos não falam por si mesmos — que a política se desenvolve.

Como a maioria das decisões precisa ser tomada em um clima de ambiguidade — em que os fatos raramente são objetivos, sendo, portanto, passíveis de diferentes interpretações —, as pessoas nas organizações usam toda e qualquer influência a seu alcance para distorcer tais fatos em prol de suas metas e interesses. Isso naturalmente gera atividades que chamamos de *politicagem*. "Uma tentativa abnegada de beneficiar a organização" por parte de uma pessoa é vista por outra pessoa como "uma tentativa desavergonhada de atingir os próprios objetivos".[59]

Desse modo, poderíamos dizer que sim, uma organização pode existir sem política, se todos os membros da organização compartilharem os mesmos objetivos e interesses, se os recursos organizacionais não forem escassos e se os resultados dos desempenhos forem totalmente claros e objetivos. No entanto, isso não se aplica ao mundo organizacional em que vivemos.

Causas e consequências do comportamento político

13.7 Identificar as causas, as consequências e as implicações éticas do comportamento político.

Agora que já falamos sobre a presença inevitável do comportamento político nas organizações, vamos discutir as causas e as consequências desses comportamentos.

Fatores que contribuem para o comportamento político

Nem todos os grupos e organizações são igualmente políticos. Em algumas organizações, por exemplo, a política corre solta, enquanto em outras a política não tem tanta influência. O que você acha que explica essa variação? Pesquisas recentes identificaram vários fatores que parecem incentivar o comportamento político. Alguns são relativos a características individuais, originadas das qualidades únicas das pessoas que trabalham na organização; outros resultam da cultura organizacional ou do ambiente interno da empresa. A Figura 13.2 ilustra como os fatores individuais e organizacionais podem estimular o comportamento político de modo a criar resultados favoráveis (aumento das recompensas e redução das punições), tanto para os indivíduos como para os grupos dentro da organização.

Fatores individuais No nível individual, os pesquisadores identificaram certos traços de personalidade, necessidades e outros fatores que parecem estar relacionados com o comportamento político. Com relação aos traços de per-

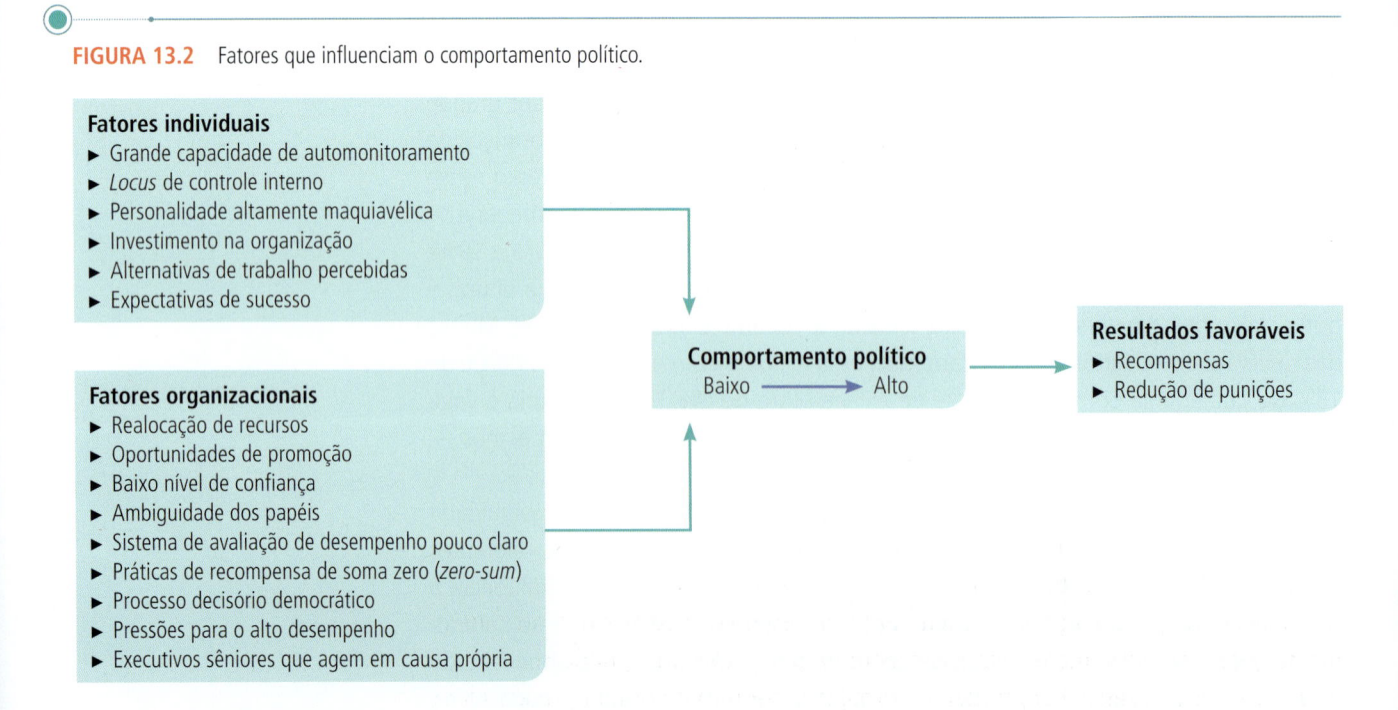

FIGURA 13.2 Fatores que influenciam o comportamento político.

Fatores individuais
- Grande capacidade de automonitoramento
- *Locus* de controle interno
- Personalidade altamente maquiavélica
- Investimento na organização
- Alternativas de trabalho percebidas
- Expectativas de sucesso

Fatores organizacionais
- Realocação de recursos
- Oportunidades de promoção
- Baixo nível de confiança
- Ambiguidade dos papéis
- Sistema de avaliação de desempenho pouco claro
- Práticas de recompensa de soma zero (*zero-sum*)
- Processo decisório democrático
- Pressões para o alto desempenho
- Executivos sêniores que agem em causa própria

Comportamento político
Baixo → Alto

Resultados favoráveis
- Recompensas
- Redução de punições

sonalidade, descobriu-se que os empregados com grande capacidade de automonitoramento, com *locus* de controle interno e com grande necessidade de poder são mais propensos a fazer política. Aqueles com elevada capacidade de automonitoramento são mais sensíveis às sugestões sociais, exibem níveis maiores de conformidade social e costumam ser mais habilidosos que os demais no comportamento político. Por acreditarem que podem controlar seu ambiente, os indivíduos com *locus* de controle interno tendem a assumir uma postura proativa e a tentar manipular as situações a seu favor. Mas não é de surpreender que personalidades maquiavélicas — caracterizadas pelo desejo de manipulação e de poder — não vejam problema algum em utilizar a política como um meio de promover os próprios interesses.

O investimento de uma pessoa na organização e as alternativas percebidas influenciam o grau em que ela buscará meios ilegítimos de ação política.[60] Quanto mais a pessoa esperar receber benefícios futuros da organização e quanto mais tiver a perder caso seja demitida, menor será a probabilidade de ela se envolver em ações políticas com meios ilegítimos. Por outro lado, quanto mais oportunidades de trabalho uma pessoa tiver — seja pelo mercado de trabalho favorável, seja por possuir talentos ou conhecimentos raros, uma boa reputação ou contatos influentes fora da organização —, maior será a probabilidade de ela se arriscar em ações políticas ilegítimas.

Uma pessoa que tiver baixas expectativas de sucesso resultante de ações políticas tem poucas chances de recorrer a esse tipo de atividade. Provavelmente, apenas pessoas experientes e poderosas, com grande habilidade política e, por outro lado, empregados inexperientes e ingênuos que não têm ideia de suas verdadeiras chances nutrem altas expectativas de sucesso resultante de ações políticas.

Algumas pessoas apresentam mais comportamentos políticos simplesmente porque são boas nisso. Essas pessoas sabem interpretar as interações interpessoais, ajustam seu comportamento de acordo com a situação e se destacam em networking.[61] Elas, não raro, são indiretamente recompensadas por suas ações políticas. Por exemplo, uma pesquisa conduzida em uma empresa de construção civil no sul da China descobriu que os subordinados politicamente habilidosos tinham mais chances de serem recomendados para receber recompensas de seus supervisores e que os supervisores politicamente orientados tinham muito mais chances de reagir bem a subordinados politicamente habilidosos.[62] Outros estudos conduzidos em países ao redor do mundo também demonstraram que níveis mais elevados de habilidades políticas são associados a altos níveis de desempenho percebido no trabalho.[63]

Fatores organizacionais Embora reconheçamos o papel que as diferenças individuais podem desempenhar, as evidências sugerem fortemente que certas situações e culturas promovem a política. Mais especificamente, quando os recursos de uma organização estão em queda, quando o padrão de recursos está mudando e quando existem oportunidades de promoções, é mais provável que a politicagem venha à tona.[64] Quando os recursos são reduzidos, as pessoas podem se engajar em ações políticas para proteger os recursos que têm. Além disso, quaisquer mudanças, especialmente as que implicam grande realocação de recursos na organização, podem estimular o conflito e aumentar a atividade política.

Objetivos profissionais

Devo me engajar na política da empresa?

Parece que tudo em minha empresa é movido a política! Em vez de simplesmente fazer seu trabalho, as pessoas se envolvem em conspirações e maquinações para subir de cargo. Será que é melhor eu entrar na onda e criar minha própria estratégia política?

— Julia

Cara Julia:

É uma grande tentação entrar na onda quando todo mundo está engajado em atividades políticas na empresa. Se você quer avançar profissionalmente, precisa levar em conta os seus relacionamentos e ser diplomática no trato com as pessoas no trabalho. Mas isso não significa que você precisa ceder à pressão social e mergulhar na política organizacional.

É verdade que, em muitos locais de trabalho, o empenho e as realizações não são reconhecidos, o que reforça a politicagem e reduz o desempenho. Mas não é só a empresa que sai prejudicada com essa cultura de atividades políticas. As pessoas vistas como políticas podem ser excluídas aos poucos das redes sociais e da comunicação informal. Colegas podem sabotar uma pessoa desonesta ou manipuladora para não ter de lidar com ela. E uma pessoa política tem grandes chances de ser alvo de vingança por parte dos que se consideram injustiçados.

Se a ideia for apresentar uma opção positiva ao comportamento político em seu trabalho, você pode tomar as seguintes medidas:

- *Documente seu trabalho e encontre dados para dar respaldo às suas realizações.* Um ambiente desestruturado, onde os padrões de sucesso são subjetivos e abertos à manipulação, promove o comportamento político. A melhor maneira de contornar a politicagem na empresa é redirecionando o foco no sentido de métricas claras e objetivas de desempenho no trabalho.
- *Denuncie o comportamento político quando o vir.* O comportamento político é, pela própria natureza, secreto e dissimulado. Denunciando a politicagem, você pode restringir a capacidade dos políticos da empresa de jogar as pessoas umas contra as outras.
- *Tente criar uma rede de relacionamentos composta só de pessoas interessadas em trabalhar bem juntas.* Com isso, vocês estarão criando obstáculos às ações políticas na empresa. Além disso, outras pessoas confiáveis e cooperativas terão a chance de encontrar aliados que possam se ajudar mutuamente. Essas redes de apoio resultarão em um desempenho que um político sozinho simplesmente não teria como atingir.

Lembre-se de que, com o tempo, uma boa reputação pode ser seu maior trunfo!

Fontes: baseado em A. Lavoie "How to Get Rid of Toxic Office Politics", *Fast Company*, 10 abr. 2014, http://www.fastcompany.com/3028856/work-smart/how-to-make-office-politicking-a-lame-duck; C. Conner, "Office Politics: Must You Play?", *Forbes*, 14 abr. 2013, http://www.forbes.com/sites/herylsnappconner/2013/04/14/office-politics-must-you-play-a-handbook-for-survival-success/; e J. A. Colquitt e J. B. Rodell, "Justice, Trust e Trustworthiness: A Longitudinal Analysis Integrating Three Theoretical Perspectives", *Academy of Management Journal* 54 (2011): 1183–206.

As opiniões apresentadas aqui são única e exclusivamente dos autores, os quais não se responsabilizam por quaisquer erros ou omissões nem pelos resultados obtidos com a utilização destas informações. Em circunstância alguma os autores, seus parceiros ou suas organizações serão responsáveis por qualquer decisão ou ação de sua parte ou da parte de qualquer pessoa com base nas opiniões apresentadas aqui.

Culturas caracterizadas por baixa confiança, ambiguidade dos papéis, sistemas vagos e subjetivos de avaliação de desempenho, práticas de soma zero (zero-sum) para a alocação de recompensas, processo decisório democrático, alta pressão por desempenho e gestores seniores que atuam em causa própria também promovem a politicagem na organização.[65] Como as atividades políticas não são incluídas na descrição de cargo dos empregados, quanto maior for a ambiguidade dos papéis, mais as pessoas poderão se engajar em atividades políticas sem serem detectadas. Em um ambiente marcado pela ambiguidade dos papéis, os comportamentos esperados dos empregados não são claros, portanto, há menos limites para o escopo e as funções das ações políticas do empregado.

Quanto mais uma cultura organizacional enfatizar a abordagem de soma zero ou de ganho e perda nas alocações de recompensas, mais os empregados serão motivados a se envolver em politicagem. A abordagem de soma zero (zero-sum) trata o tamanho do "bolo" das recompensas como algo fixo, de modo que qualquer ganho de uma pessoa ou grupo implicaria em perdas para outra pessoa ou grupo. Se eu ganho, você perde! Se 15 mil reais em aumentos salariais devem ser distribuídos entre cinco empregados, qualquer um que receber mais de 3 mil reais estará tirando dinheiro dos outros colegas. Essa prática estimula as pessoas a tentar comprometer a imagem dos colegas e a aumentar a própria visibilidade na organização.

---

abordagem de soma zero (zero-sum)
Uma abordagem que trata o tamanho do "bolo" das recompensas como fixo, de modo que qualquer ganho de um indivíduo ou grupo implicaria em perdas para os demais.

Ao reduzir os recursos, as organizações acabam promovendo a politicagem. Ao anunciar planos de redução da sua força de trabalho global de 100.000 empregados na tentativa de melhorar sua competitividade, a companhia farmacêutica francesa Sanofi acabou estimulando a atividade política entre os empregados, que organizaram manifestações contra as demissões.

Mito ou ciência?

Os melhores líderes mantêm os inimigos (e os amigos) por perto

Essa afirmação parece ser verdadeira.

Você já deve ter ouvido falar do termo *aminimigo* (*frenemies*) para se referir a amigos que também são rivais ou pessoas que agem como se fossem amigas, mas no fundo não se gostam. Alguns observadores argumentaram que é cada vez mais comum ter *aminimigos* no trabalho devido à "abundância de relacionamentos muito próximos e entrelaçados que também se estendem para a vida pessoal".

Manter os inimigos por perto pode ser uma das razões que levou Barack Obama a nomear Hillary Clinton como secretária de Estado após a amarga batalha travada por ambos pela presidência dos Estados Unidos. No contexto dos negócios, é possível pensar nos motivos que levam um empresário a decidir não processar judicialmente um antigo colega de faculdade que, depois de trabalhar como consultor em sua startup, se apropriou do conhecimento acumulado para fundar sua própria empresa e concorrer com o amigo.

Será que faz mesmo sentido manter os inimigos por perto? E, se for o caso, por quê?

Pesquisas recentes se propuseram a apresentar sugestões para responder a essas questões. Três estudos experimentais descobriram que as pessoas escolheram trabalhar na mesma sala que seus rivais mesmo quando foram informadas de que provavelmente teriam um desempenho melhor trabalhando em salas diferentes; preferiram sentar-se mais perto dos rivais ao trabalhar juntos; e expressaram clara preferência a ficar mais perto do rival. Os pesquisadores também constataram que a principal razão para o efeito do "ficar mais perto" foi o desejo de monitorar o comportamento e o desempenho do rival.

Os pesquisadores também descobriram que o efeito de "manter os inimigos ainda mais perto" foi forte em determinadas condições — quando a pessoa era socialmente dominante, quando achava que o outro membro da equipe concorria mais com ela e quando as recompensas e a capacidade de atuar na liderança dependiam do desempenho.

Esses resultados sugerem que o conceito de *aminimigos* é bastante concreto e que escolhemos manter nossos rivais por perto a fim de ficar de olho neles.

Fontes: baseado em M. Thompson, "How to Work with Your Startup Frenemies", *VentureBeat*, 22 dez. 2012, http://venturebeat.com/2012/12/22/frenemies/; e N. L. Mead e J. K. Maner, "On Keeping Your Enemies Close: Powerful Leaders Seek Proximity to Ingroup Power Threats", *Journal of Personality and Social Psychology* 102 (2012): 576–91.

As forças políticas também atuam nas relações *entre* organizações, nas quais a política tem um funcionamento diferente dependendo das culturas organizacionais.[66] Um estudo mostrou que, quando duas organizações com ambientes extremamente políticos interagiam entre si, as interações políticas entre elas reduziam o desempenho em projetos colaborativos. Por outro lado, quando empresas que apresentavam um comportamento interno menos político interagiam entre si, nem as discordâncias políticas entre elas levaram a uma queda do desempenho nesse tipo de projeto. O estudo mostra que as empresas devem ser cautelosas ao firmar alianças com outras empresas que apresentem altos níveis de comportamento político interno.

Como as pessoas reagem à política na organização?

Fátima Lins adora seu trabalho de roteirista de um programa humorístico semanal de TV, mas odeia toda a política que tem de enfrentar na empresa. "Alguns roteiristas passam mais tempo bajulando o produtor do que trabalhando. Além disso, o chefe da equipe de roteiristas não esconde que tem seus favoritos. É verdade que eles me pagam bem e eu tenho a chance de exercitar minha criatividade, mas estou cansada de ser forçada a ficar sempre de olho em ataques pelas costas e ficar promovendo meu trabalho na empresa. Estou cansada de fazer a maior parte do trabalho e receber só uma parte dos créditos." Todo mundo conhece pelo menos uma pessoa descontente com a política de sua empresa. Mas como será que as pessoas, em geral, reagem à política organizacional? Vamos dar uma olhada no que as pesquisas dizem.

Para a maioria das pessoas que não têm muitas habilidades políticas ou que não se dispõem a participar, os resultados do jogo político tendem a ser predominantemente negativos. Veja, na Figura 13.3, um diagrama da situação. No entanto, muitas evidências indicam que a percepção de comportamento político na organização é negativamente relacionada com a satisfação no trabalho.[67] Os empregados podem achar que seu desempenho cai em um ambiente político por considerarem, talvez, esses ambientes de trabalho injustos e acabarem ficando desmotivados.[68] Não é de surpreender, portanto, que, quando a política se torna excessiva, ela pode levar o

FIGURA 13.3 Reações dos empregados à política na organização.

A política organizacional pode ameaçar os empregados
- Redução da satisfação no trabalho
- Aumento da ansiedade e do estresse
- Aumento da rotatividade
- Redução do desempenho

empregado a preferir sair da organização.⁶⁹ Em um estudo, quando os empregados de duas agências nigerianas disseram acreditar que seu ambiente de trabalho era político, eles relataram níveis mais elevados de angústia no trabalho e se mostraram menos propensos a ajudar os colegas. Desse modo, embora os países em desenvolvimento, como a Nigéria, possam apresentar ambientes de trabalho menos estruturados e mais incertos e, portanto, mais políticos, as consequências negativas da política parecem ser as mesmas que nos Estados Unidos.⁷⁰

Por outro lado, é importante conscientizar-se de algumas ressalvas. Primeiro, a relação entre política e desempenho parece ser moderada pelo entendimento que a pessoa tem de "como" e "por que" a política é praticada na organização. Segundo pesquisadores: "Uma pessoa que sabe com clareza quem é o responsável por tomar as decisões e por que essa pessoa foi selecionada para a função tem mais condições de entender como e por que as coisas acontecem desse jeito, quando comparado com um empregado que não tem essa compreensão do processo decisório".⁷¹ Quando a política e sua compreensão são intensas, o desempenho tende a melhorar, pois a pessoa verá a atividade política como uma oportunidade. Esses resultados estão de acordo com o que geralmente se espera de pessoas com grande habilidade política. Mas, quando a compreensão é baixa, a política tende a ser encarada como uma ameaça, levando a um efeito negativo sobre o desempenho no trabalho.⁷²

Em segundo lugar, o comportamento político no trabalho minimiza os efeitos da liderança ética.⁷³ Um estudo constatou que os empregados do sexo masculino foram mais receptivos à liderança ética e demonstraram o grau mais elevado de comportamento de cidadania quando os níveis de política e liderança ética eram altos. As mulheres, por outro lado, pareceram mais propensas a se engajar no comportamento de cidadania em ambientes éticos e *apolíticos*.

Em terceiro lugar, quando os empregados veem a política como uma ameaça, eles costumam reagir apresentando comportamentos defensivos — comportamentos reativos e protetivos que buscam evitar ações, culpas ou mudanças.⁷⁴ (A Tabela 13.2 mostra alguns exemplos desse tipo de comportamento.) No curto prazo, os empregados podem até achar que o comportamento defensivo protege seus interesses pessoais, mas, no longo prazo, esses interesses podem acabar desgastados por conta desse comportamento. As pessoas que tendem a ser defensivas podem desconhecer outras formas de comportamento e acabam perdendo a confiança e o apoio de colegas, chefes, subordinados e clientes.

comportamentos defensivos
Comportamentos reativos e protetivos que buscam evitar ações, culpas ou mudanças.

Gerenciamento da impressão

Sabemos que as pessoas sempre querem descobrir como são percebidas e avaliadas pelos outros. Por exemplo, os norte-americanos gastam bilhões de dólares em dietas, academias de ginástica, cosméticos e cirurgias plásticas só para serem considerados mais atraentes. Ser visto de maneira positiva pelos outros pode trazer benefícios para as pessoas nas organizações. Pode, por exemplo, ajudar uma pessoa a conseguir o emprego que deseja em uma empresa e, uma vez contratada, obter avaliações favoráveis, maiores aumentos salariais e promoções mais rápidas. O processo pelo qual as pessoas tentam controlar as impressões que os outros formam a seu respeito é chamado de gerenciamento da impressão.⁷⁵

Que tipo de pessoa você acha que mais se preocupa com o gerenciamento da impressão? As pessoas com grande capacidade de automonitoramento.⁷⁶ Já as pessoas com baixo nível de automonitoramento tendem a apresentar uma imagem

gerenciamento da impressão
Processo pelo qual uma pessoa tenta controlar as impressões que os outros formam a seu respeito.

TABELA 13.2 Comportamentos defensivos.

Evitar a ação

Usando excessivamente a conformidade. Seguir uma interpretação estrita das próprias responsabilidades, dizendo coisas como "Está mais do que claro nas regras da empresa que...", ou "É assim que sempre fazemos".

Transferindo a responsabilidade. Transferir para outra pessoa a responsabilidade pela execução de uma tarefa ou pela tomada de uma decisão.

Fazendo-se de bobo. Evitar uma tarefa indesejada, fingindo ignorância ou incapacidade.

Estendendo os prazos. Prolongar uma tarefa para parecer sempre ocupado — transformando, por exemplo, uma tarefa de duas semanas em um trabalho de quatro meses.

Protelando. Oferecer-se em público para ajudar os outros, mas, no fim, fazer pouco ou nada.

Evitar a culpa

Jogando na defensiva. Uma forma delicada de dizer "defender a retaguarda". Refere-se à prática de documentar rigorosamente as atividades para projetar uma imagem de competência e seriedade.

Evitando riscos. Evitar situações que possam prejudicar a imagem da pessoa. Inclui só aceitar projetos com grandes chances de sucesso, obter a aprovação dos superiores sempre que uma decisão implicar riscos, fazer ressalvas a possíveis críticas e ficar "em cima do muro" diante de conflitos.

Dando justificativas. Elaborar explicações para reduzir sua responsabilidade por um resultado negativo e/ou pedir desculpas por demonstrar arrependimento, remorso ou ambos.

Encontrando um bode expiatório. Colocar a culpa por um resultado negativo em fatores externos que, na verdade, não são totalmente responsáveis pelo evento.

Deturpando a situação. Refere-se à prática de manipular informações por meio de distorção, embelezamento, fingimento, omissão ou confusão.

Evitar a mudança

Prevenindo-se. Tentar impedir que uma mudança ameaçadora ocorra.

Protegendo-se. Agir de maneira a proteger seus próprios interesses durante um processo de mudança, retendo informações ou outros recursos.

---

coerente com sua personalidade, independentemente dos efeitos benéficos ou prejudiciais que isso possa causar. Em comparação, os indivíduos com grande capacidade de automonitoramento sabem interpretar as situações e ajustar as aparências e seu comportamento para se adequar às circunstâncias. Se quisesse controlar a impressão que os outros formam a seu respeito, quais técnicas de gerenciamento da impressão você usaria? A Tabela 13.3 resume algumas das mais populares e apresenta um exemplo de cada uma delas.

Tenha em mente que o gerenciamento da impressão significa que as pessoas estão transmitindo mensagens falsas, mas que poderiam ser verdadeiras em outras circunstâncias.[77] As desculpas, por exemplo, podem ser sinceras. Pensando no exemplo da Tabela 13.3, até é possível acreditar que os anúncios não melhoram muito as vendas em sua região. Contudo, declarações falsas podem custar caro. Se você gritar "fogo" a todo momento, ninguém vai acreditar quando houver um incêndio. Assim, tome muito cuidado ao empregar táticas de gerenciamento da impressão para não acabar sendo visto como mentiroso ou manipulador.[78]

Um estudo descobriu que, quando os gestores atribuíam os comportamentos de cidadania de um empregado ao gerenciamento da impressão, eles se ressentiam (provavelmente por acharem que estavam sendo manipulados) e atribuíam avaliações de desempenho mais baixas a esse empregado. Quando os gestores atribuíram

TABELA 13.3 Técnicas de gerenciamento da impressão.

Conformidade

Forma de adulação que envolve concordar com a opinião de alguém para conquistar sua aprovação.

Exemplo: um empregado diz ao chefe: "O senhor está absolutamente certo em seu plano para a reorganização do escritório regional do Nordeste. Concordo plenamente com a sua opinião".

Favores

Forma de adulação que envolve fazer alguma gentileza a alguém para conquistar sua aprovação.

Exemplo: um vendedor diz a um cliente potencial: "Tenho dois ingressos para uma peça de teatro hoje e não vou poder ir. Pode ficar com eles. Considere como um agradecimento por ter passado esse tempo comigo ouvindo o que tenho a oferecer".

Pretextos

Técnica defensiva de gerenciamento da impressão que envolve apresentar explicações para algo desagradável com o objetivo de minimizar a gravidade da situação.

Exemplo: um gerente de vendas diz a seu chefe: "Nós nos esquecemos de publicar o anúncio no jornal a tempo, mas ninguém lê essas coisas mesmo!".

Desculpas

Técnica defensiva de gerenciamento da impressão que envolve admitir a responsabilidade por um evento indesejado enquanto procura obter o perdão.

Exemplo: um empregado diz a seu chefe: "Sinto muito pelo erro que cometi no relatório. Peço mil desculpas".

Autopromoção

Técnica autofocada de gerenciamento da impressão que envolve dar destaque às próprias qualidades, minimizando os defeitos, e chamar a atenção para suas conquistas.

Exemplo: um vendedor diz a seu chefe: "Mateus passou três anos tentando fechar com aquele cliente e não conseguiu. Eu fechei em seis semanas. Sou o melhor negociador desta empresa".

Intensificação

Técnica autofocada de gerenciamento da impressão que envolve alegar que algo que você fez tem mais valor do que maioria dos membros da organização pensaria ter.

Exemplo: um jornalista diz a seu editor: "Foi meu trabalho na matéria sobre o divórcio daquelas celebridades que impulsionou nossas vendas" (mesmo que a matéria só tenha saído na página 3 do caderno de entretenimento).

Bajulação

Técnica assertiva de gerenciamento da impressão que envolve elogiar alguém por suas virtudes na tentativa de aparentar ser observador e gentil.

Exemplo: novo estagiário de vendas ao colega: "Você lidou tão bem com a reclamação daquele cliente! Eu jamais saberia sair daquela situação tão bem quanto você".

Exemplificação

Técnica assertiva de gerenciamento da impressão que envolve fazer mais do que o necessário na tentativa de mostrar que você é dedicado e trabalhador.

Exemplo: um empregado manda e-mails de seu endereço do trabalho quando fica no escritório até tarde para mostrar ao chefe por quanto tempo ele está trabalhando.

Fonte: baseado em M. C. Bolino, K. M. Kacmar, W. H. Turnley e J. B. Gilstrap, "A Multi-Level Review of Impression Management Motives and Behaviors", *Journal of Management* 34, no. 6 (2008): 1080–109.

os mesmos comportamentos a valores pró-sociais e interesse pela organização, eles ficavam satisfeitos e atribuíam avaliações de desempenho mais altas.[79] Em suma, as pessoas não gostam de achar que estão sendo manipuladas por meio do gerenciamento da impressão, de maneira que essas táticas devem ser empregadas com cautela. Mas nem todo gerenciamento da impressão envolve se vangloriar. Pesquisas recentes sugerem que a modéstia, que envolve ser generoso ao dar os créditos aos outros e subestimar as próprias contribuições para o sucesso, pode levar a uma impressão mais positiva.[80]

A maioria dos estudos voltados a testar a eficácia de técnicas de gerenciamento da impressão a associa a entrevistas de emprego e a avaliações de desempenho.

Entrevistas de emprego e gerenciamento da impressão Evidências indicam que a maioria dos candidatos a emprego utiliza técnicas de gerenciamento da impressão nas entrevistas e que essas técnicas funcionam.[81] Os entrevistadores raramente conseguem saber quando estão sendo usadas técnicas de gerenciamento da impressão, especialmente quando o candidato usa a dissimulação.[82] Para ter uma ideia da eficácia das diferentes técnicas de gerenciamento da impressão em entrevistas de emprego, um estudo agrupou dados de milhares de entrevistas de recrutamento e seleção nas seguintes categorias: táticas orientadas à aparência (como apresentar uma aparência profissional), táticas explícitas (como elogiar o entrevistador ou ostentar as próprias realizações) e sinais verbais (como usar palavras e expressões positivas e demonstrar entusiasmo).[83] Em todas as dimensões, ficou claro que o gerenciamento da impressão é um grande fator preditivo do desempenho dos candidatos na entrevista. Mas os resultados também incluíram uma surpresa. No caso de entrevistas muito estruturadas, ou seja, quando as perguntas do entrevistador foram elaboradas com antecedência e se concentraram nas qualificações do candidato, os efeitos do gerenciamento da impressão foram consideravelmente mais fracos. Comportamentos manipuladores como o gerenciamento da impressão têm mais chances de funcionar em entrevistas desestruturadas. Além disso, a eficácia do gerenciamento da impressão depende da capacidade do candidato de identificar as características ou habilidades que o entrevistador está procurando.[84]

Avaliações de desempenho e gerenciamento da impressão Em termos de avaliações de desempenho, o quadro é bem diferente. Estudos demonstram que a bajulação é positivamente relacionada à avaliação de desempenho, o que significa que os empregados que a praticam com seus supervisores recebem avaliações mais favoráveis. Já a técnica da autopromoção parece ter efeito contrário, e empregados que a praticam acabam recebendo avaliações de desempenho mais baixas.[85] Esse estudo inclui uma ressalva importante, mostrando que pessoas com grande habilidade política são capazes de traduzir o gerenciamento da impressão em avaliações de desempenho favoráveis, ao passo que aqueles com pouca habilidade política têm mais chances de serem prejudicados em suas tentativas de gerenciamento da impressão.[86] Outro estudo, voltado a analisar 760 conselhos de administração, descobriu que as pessoas que bajulavam os atuais membros do conselho (por exemplo, elogiavam o presidente do conselho, concordavam com ele e apontavam atitudes e opiniões em comum) aumentavam suas chances de serem convidadas para participar.[87] Em geral, estagiários que tentaram usar a bajulação com os supervisores em um estudo foram objeto de antipatia — a menos que tivessem grande habilidade política. Para os estagiários que tinham essa habilidade, a bajulação levou a uma maior simpatia por parte dos supervisores e a avaliações de desempenho melhores.[88]

Escolha ética

Como não passar do ponto ao tentar gerenciar a impressão do entrevistador?

Quase todo mundo concorda que usar roupas profissionais, dar ênfase às conquistas e realizações e demonstrar interesse pelo emprego são táticas válidas de gerenciamento da impressão que podem melhorar sua imagem em uma entrevista de emprego. Estratégias como elogiar o entrevistador e usar sinais não verbais positivos, como sorrir e concordar acenando com a cabeça, também costumam ser aconselhadas. Pesquisas demonstram que, em geral, esse tipo de gerenciamento da impressão tem suas vantagens. Quanto mais o candidato se empenhar em apontar seus conhecimentos, motivação e admiração pela organização, maiores serão suas chances de ser contratado. Um estudo recente conduzido em Taiwan examinou essa relação e constatou que os entrevistadores consideraram que os candidatos que falavam com confiança sobre suas qualificações eram mais adequados para o cargo. Candidatos que elogiavam a organização também eram considerados mais adequados. Sinais não verbais positivos melhoraram os sentimentos dos entrevistadores, o que também melhorou as avaliações do candidato.

Apesar das evidências de que pode valer a pena tentar impressionar um entrevistador, é possível passar dos limites. Evidências de que uma pessoa mentiu sobre suas qualificações no processo de seleção podem justificar a demissão imediata. Até as chamadas "mentirinhas inofensivas" podem ser problemáticas, caso criem expectativas infundadas. Por exemplo, se disse que gerenciava orçamentos em um emprego no passado quando, na verdade, só controlava as despesas, você não tem os conhecimentos que seu chefe espera. Se você não tiver como dar conta do recado, vai se ver em uma péssima situação. Por outro lado, se você fizer uma descrição mais precisa de sua experiência profissional, mostrando que se dispõe a aprender, a empresa saberá que você precisa de treinamento e de um pouco de tempo para aprendizado.

Desse modo, a chave para uma estratégia ética e eficaz de entrevista de emprego é encontrar uma maneira positiva, mas verdadeira, de gerenciar impressões. Não hesite em falar sobre seus conhecimentos e realizações e mostrar seu entusiasmo pelo emprego. Ao mesmo tempo, seja preciso em suas afirmações e tome cuidado para não exagerar na descrição de seus conhecimentos. Com isso, você terá muito mais chances de ser feliz e de ter sucesso em um emprego adequado para você.

Fontes: baseado em C. Chen e M. Lin, "The Effect of Applicant Impression Management Tactics on Hiring Recommendations: Cognitive and Affective Processes", *Applied Psychology: An International Review* 63, no. 4, (2014): 698–724; J. Levashina, C. J. Hartwell, F. P. Morgeson e M. A. Campion "The Structured Employment Interview: Narrative and Quantitative Review of the Research Literature", *Personnel Psychology* (primavera 2014): 241–93; e M. Nemko, "The Effective, Ethical e Less Stressful Job Interview", *Psychology Today*, 25 mar. 2014, https://www.psychologytoday.com/blog/how-do-life/201503/the-effective-ethical-and-less-stressful-job-interview.

O que explica todos esses resultados parecidos em diferentes estudos e contextos? Se pararmos para pensar, veremos que eles fazem muito sentido. A adulação sempre funciona porque todo mundo — entrevistadores e supervisores — gosta de ser bem tratado. Mas é possível que a autopromoção só funcione em entrevistas e não no dia a dia do trabalho porque, embora o entrevistador não tenha como saber se você está mentindo com relação às suas realizações, o gestor sabe, já que o trabalho dele é observar o seu trabalho.

Será que nossas constatações sobre as reações à política no trabalho são igualmente válidas em todo o mundo? Será que os empregados israelenses, por exemplo, têm a mesma reação às políticas no ambiente de trabalho que os norte-americanos? Quase todas as nossas conclusões sobre as reações dos empregados à política organizacional baseiam-se em estudos realizados na América do Norte. Os poucos estudos que incluíram outros países sugerem algumas pequenas diferenças.[89] Um estudo com gestores da cultura norte-americana e de três culturas chinesas (República Popular da China, Hong Kong e Taiwan) constatou que os gestores norte-americanos, mais do que os gestores chineses, consideravam as táticas de "persuasão branda", como a consulta e o apelo inspiracional, mais eficazes.[90] Outra pesquisa sugere que bons líderes norte-americanos conquistam influência na organização concentrando-se nos objetivos pessoais dos membros do grupo e nas tarefas a serem realizadas (uma abordagem analítica), ao passo que os líderes influentes da Ásia Oriental focam nas relações entre os membros do grupo e em satisfazer as demandas das pessoas próximas (uma abordagem holística).[91] Outro estudo de supervisores e subordinados chineses constatou que os subordinados foram considerados mais cordatos e conscienciosos quando eram modestos, mas só se essa postura não os levasse a parecer que estavam se humilhando.[92]

A ética do comportamento político

Embora não existam critérios absolutos para diferenciar as ações políticas éticas das antiéticas, algumas questões merecem ser consideradas. Por exemplo, qual é a utilidade de se envolver com a política na organização? Às vezes nos envolvemos em comportamentos políticos sem ter uma boa razão. Al Martin, jogador norte-americano de beisebol profissional, alegou ter jogado futebol americano na Universidade do Sul da Califórnia, quando, na verdade, isso nunca aconteceu. E, considerando que ele é um jogador de beisebol, não de futebol americano, ele tinha muito pouco a ganhar com a mentira! As mentiras podem ser um exemplo extremo de gerenciamento da impressão, embora não seja raro distorcermos um pouco os fatos para transformá-los em uma impressão favorável. É importante ponderar se mentir de fato vale o risco. Outra pergunta a ser feita é: será que a utilidade de se envolver em atividades políticas compensa qualquer dano (ou dano potencial) infligido aos outros? Bajular o chefe elogiando sua aparência provavelmente é muito menos prejudicial do que assumir os créditos pelo trabalho dos colegas.

Por fim, a atividade política está de acordo com os padrões de equidade e de justiça? Nem sempre é fácil ponderar os custos e benefícios de uma ação política, mas as consequências éticas sempre são muito claras. O chefe de departamento que atribui uma avaliação de desempenho favorável ao empregado preferido e uma avaliação de desempenho desfavorável a um empregado com quem ele antipatiza — utilizando essas avaliações para justificar um aumento de salário para o primeiro e nenhum aumento para o segundo — claramente está cometendo uma injustiça.

Infelizmente, as pessoas poderosas podem se tornar mestres em discursos que expliquem seus comportamentos e interesses pessoais como sendo favoráveis à organização. Elas conseguem convencer os outros de que ações injustas, na verdade, são justas e corretas. Os poderosos, articulados e persuasivos são mais propensos a deslizes éticos, pois conseguem sair ilesos de suas práticas antiéticas. Quando se vir diante de um dilema ético com relação à política organizacional, procure considerar se o envolvimento no jogo político vale a pena e se ninguém sairá prejudicado no processo. Se você tem uma boa base de poder, reconheça que ele pode corromper. Não esqueça que é muito mais fácil para as pessoas que detêm pouco poder apresentar um comportamento ético, no mínimo pelo fato de não terem muita influência política para alavancar.

Mapeando sua carreira política

Como vimos, as atividades políticas não são exclusividade dos políticos profissionais. Há maneiras bastante concretas de usar os conceitos apresentados neste capítulo em sua organização. Além disso, esses conceitos também podem ser aplicados a você.

Uma das maneiras mais interessantes de pensar sobre poder e política é em termos de sua carreira profissional. Quais são suas ambições? Quem tem o poder de ajudá-lo a atingir suas metas? Qual é o seu relacionamento com essas pessoas? A melhor maneira de responder a essas perguntas é traçando um mapa político para visualizar seus relacionamentos com as pessoas capazes de ajudá-lo a avançar profissionalmente (ou impedir seu avanço). A Figura 13.4 apresenta um exemplo de mapa político.[93]

Vamos presumir que sua promoção dependa de cinco pessoas, incluindo Jamie, seu supervisor imediato. Como podemos ver no diagrama, você tem um relacionamento próximo com Jamie (caso contrário, você estaria em uma situação difícil). Você também tem um relacionamento próximo com Zack, das finanças. Mas com os outros, ou você tem um relacionamento distante (Lane) ou nenhum relacionamento (Jia, Marty). Uma clara implicação desse mapa é que você precisa de um plano para conquistar mais influência sobre essas pessoas e estreitar seu relacionamento com elas. Como isso pode ser feito?

O mapa também apresenta uma maneira interessante de entender a rede de relacionamentos de poder. Vamos supor que todas as cinco pessoas tenham suas próprias redes de relacionamento. Neste caso, vamos supor que essas redes não sejam, como a sua, tão pautadas pelo poder, mais sim pela influência, ou seja, são compostas de pessoas com poder de influência sobre os que ocupam posições de poder.

Uma das melhores maneiras de influenciar as pessoas é indiretamente. E se você jogasse tênis com Mark, o ex-colega de trabalho de Jamie, sabendo que os dois ainda são amigos? Se você influenciar Mark, de alguma forma, também poderá influenciar Marty. E por que não postar um comentário no blog de CJ? Você pode fazer uma análise como essa para os outros quatro tomadores de decisão e suas respectivas redes de relacionamento.

FIGURA 13.4 Desenhando seu mapa político.

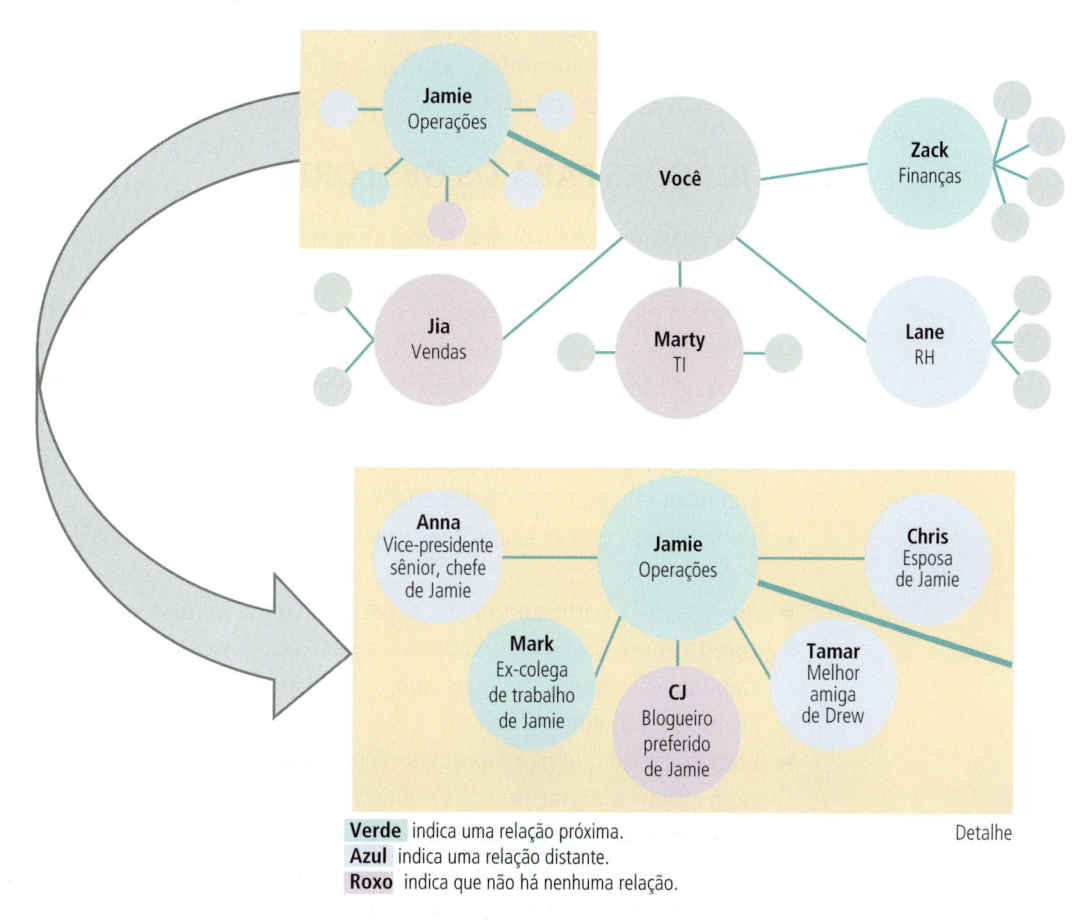

Verde indica uma relação próxima.
Azul indica uma relação distante.
Roxo indica que não há nenhuma relação.

Detalhe

Fonte: baseado em D. Clark, "A Campaign Strategy for Your Career", *Harvard Business Review* (nov. 2012): 131–4.

É claro que o mapa não vai mostrar tudo o que você precisa saber — nenhum mapa mostra. Por exemplo, raramente todas as cinco pessoas terão o mesmo nível de poder. Esta nossa era de redes sociais gigantescas também dificulta elaborar mapas de relacionamentos. Tente restringir o seu mapa às pessoas que, de fato, podem fazer diferença em sua carreira.

Isso tudo pode soar um pouco maquiavélico, mas não esqueça que só uma pessoa vai conseguir aquela promoção e seus concorrentes podem estar alavancando os próprios mapas. Como observamos no começo do capítulo, poder e política fazem parte da vida organizacional. Decidir não entrar no jogo é decidir não ser eficaz. É melhor se beneficiar do mapa político do que fingir que poder e política não existem ou são irrelevantes.

RESUMO

Poucos empregados gostam de se sentir impotentes no trabalho e nas organizações. As pessoas têm reações diferentes às várias bases de poder. O poder de especialista e o poder de referência resultam de qualidades pessoais. Por sua vez, o poder coercitivo, o poder de recompensa e o poder legítimo são basicamente concedidos pela organização. A competência parece ter um grande apelo e sua utilização como base de poder aumenta o desempenho dos membros do grupo.

Um bom gestor aceita a natureza política das organizações. Algumas pessoas são mais politicamente capazes do que outras, identificando as tendências políticas da organização e gerenciando as impressões. As pessoas que são boas no jogo político tendem a receber avaliações de desempenho melhores e, em consequência, maiores aumentos salariais e mais promoções do que as pessoas politicamente ingênuas ou ineptas. As pessoas politicamente astutas também tendem a ser mais satisfeitas no trabalho e mais capazes de neutralizar as potenciais fontes de estresse.

IMPLICAÇÕES PARA OS GESTORES

- ▶ Para maximizar seu poder, aumente a dependência que as pessoas têm de você. Por exemplo, para aumentar seu poder em relação a seu chefe, desenvolva algum conhecimento ou habilidade necessária para a qual ele terá dificuldade de achar um substituto.
- ▶ Você não será o único a tentar desenvolver suas bases de poder. Outras pessoas em sua organização, especialmente empregados e colegas, estão tentando aumentar a dependência que você tem deles enquanto você está tentando minimizá-la e aumentar a dependência que eles têm de você.
- ▶ Tente evitar colocar as pessoas em uma posição na qual elas sintam que não têm poder.
- ▶ Ao avaliar o comportamento a partir de uma estrutura política, você terá como prever melhor as ações das pessoas e usar essas informações para elaborar estratégias políticas que proporcionarão vantagens para você e seu grupo de trabalho.
- ▶ Lembre-se de que os empregados com pouca habilidade política ou que não se dispõem a entrar no jogo político geralmente relacionam a política organizacional com menor satisfação no trabalho, acham que têm desempenho menor, sentem mais ansiedade e têm mais chances de sair da empresa. Se você for adepto da política organizacional, ajude os outros a entender a importância de ser tornar mais experiente politicamente.

Ponto e contraponto

Todo mundo quer poder

PONTO

Tendemos a não admitir abertamente tudo o que queremos. Por exemplo, um psicólogo descobriu que as pessoas raramente admitem que querem dinheiro, apesar de acharem que todos os outros querem. E, em parte, elas têm motivo para isso, já que, de fato, todo mundo quer dinheiro. E todo mundo quer poder.

David McClelland, psicólogo da Harvard, ficou famoso (e com razão) por seu estudo das necessidades (ou motivações) dos seres humanos. McClelland mensurou a necessidade de poder das pessoas com base na maneira como elas descreveram imagens (esse método é chamado de teste de apercepção temática [TAT]). Por que ele não se limitou a perguntar às pessoas se elas queriam ou não ter poder e o quanto queriam isso? Porque ele acreditava que muitas pessoas hesitam em admitir que desejam poder ou nem chegam a ter consciência desse desejo. E foi exatamente o que ele constatou em seu estudo.

Por que queremos poder? Porque o poder nos beneficia. Temos mais controle sobre nossa vida. Temos mais liberdade para fazer o que quisermos. Poucas coisas na vida são piores do que se sentir impotente e poucas coisas na vida são melhores do que sentir ser dono do próprio destino. A pesquisa mostrou que as pessoas com poder e status são mais respeitadas, têm autoestima maior (o que não deve surpreender ninguém) e desfrutam de mais saúde do que as pessoas com menos poder e status.

Vejamos o exemplo de Steve Cohen, fundador da SAC Capital Advisors e um dos homens mais poderosos do mercado financeiro nos Estados Unidos. Com nada menos que US$ 11,1 bilhões na conta bancária, Cohen compra obras de Picasso, mora em uma mansão, tem um exército de mordomos e serventes e viaja pelo mundo em voos de primeira classe. As pessoas fazem praticamente qualquer coisa para agradá-lo — ou apenas se aproximar dele. Um escritor observa: "Dentro da empresa dele, ganham-se e perdem-se enormes fortunas. Carreiras decolam e despencam. Profissionais ambiciosos são bajulados e menosprezados, às vezes em questão de horas". E como esse poder todo poderia ser ruim para Steve Cohen? Normalmente, as pessoas que alegam que não se importam com o poder não têm esperança alguma de obtê-lo. Querer o poder, bem como ter inveja, pode ser um daqueles segredos que as pessoas simplesmente não admitem.

CONTRAPONTO

Ninguém duvida que algumas pessoas desejam o poder — e muitas vezes chegam a ser implacáveis na tentativa de obtê-lo. Para a maioria de nós, contudo, o poder não é prioridade e, para algumas pessoas, chega a ser indesejável. Pesquisas demonstram que a maioria das pessoas não gosta de atuar em posições de poder. Um estudo pediu que os participantes, antes de começar a trabalhar em um grupo de quatro pessoas, atribuíssem "uma nota de 1 [mais alta] a 4 [mais baixa] para o status e a influência que eles gostariam de atingir no grupo". Somente cerca de um terço (34%) dos participantes deu nota 1 ao poder desejado. Em um segundo estudo, os pesquisadores se concentraram em pessoas que trabalham no mercado on-line de serviços Mechanical Turk da Amazon. Eles constataram que a principal motivação para obter poder era conquistar o respeito. Se as pessoas pudessem conquistar o respeito sem precisar obter poder, elas preferiam esse caminho. Em um terceiro estudo, os pesquisadores constataram que as pessoas só desejavam o poder quando tinham como usar sua influência para ajudar seu grupo.

Esses estudos sugerem que, não raro, confundimos o desejo de poder com outras coisas, como o desejo de sermos respeitados e de ajudar nossos grupos e organizações a ter sucesso. Nesses casos, o poder é algo que a maioria de nós busca tendo em vista objetivos mais benevolentes... e só quando achamos que podemos usar nosso poder para fazer o bem.

Outro estudo confirmou que a maioria das pessoas quer ser respeitada e não necessariamente deseja o poder. Cameron Anderson, o autor do estudo, resume bem a ideia: "As pessoas não precisam ser ricas para serem felizes, mas precisam ser valorizadas por suas contribuições a seus grupos. O que leva uma pessoa a conquistar um status privilegiado em um grupo é uma atitude de engajamento, generosidade e a disposição de se sacrificar pelo bem de todos".

Ah, e sobre Steve Cohen... você está sabendo que ele se declarou culpado, pagando uma multa de US$ 1,2 bilhão por não ter impedido o uso de informações privilegiadas e teve de fechar a SAC, não é?

Fontes: baseado em B. Burrough e B. McLean, "The Hunt for Steve Cohen", *Vanity Fair*, jun. 2013, http://www.vanityfair.com/news/business/2013/06/steve-cohen-insider-trading-case; C. Anderson, R. Willer, G. J. Kilduff e C. E. Brown, "The Origins of Deference: When Do People Prefer Lower Status?", *Journal of Personality and Social Psychology* 102 (2012): 1077–88; C. Anderson, M. W Kraus, A. D. Galinsky e D. Keltner, "The Local-Ladder Effect: Social Status and Subjective Well-Being", *Psychological Science 23*(7) (2012): 764–71; S. Kennelly, "Happiness Is about Respect, Not Riches", *Greater Good,* 13 jul. 2012, http://greatergood.berkeley.edu/article/item/happiness_is_about_respect_not_riches; e P. Lattman e B. Protess, "$1.2 Billion Fine for Hedge Fund SAC Capital in Insider Case", *The New York Times Dealbook*, 4 nov. 2013, http://dealbook.nytimes.com/2013/11/04/sac-capital-agrees-to-plead-guilty-to-insider-trading/?_r=0.

REVISÃO DO CAPÍTULO

QUESTÕES PARA REVISÃO

13.1 Qual é a diferença entre liderança e poder?

13.2 Quais são as semelhanças e as diferenças entre as cinco bases de poder?

13.3 Qual é o papel da dependência nas relações de poder?

13.4 Quais são as táticas de poder ou influência e suas contingências mais comuns?

13.5 Quais são as causas e as consequências do abuso de poder?

13.6 Como a política funciona nas organizações?

13.7 Quais são as causas, as consequências e a ética do comportamento político?

APLICAÇÃO E EMPREGABILIDADE

O poder é um importante fator do comportamento organizacional. O nível de poder detido por um empregado ajuda a determinar se ele será ou não escolhido para tomar decisões e se terá mais ou menos chances de avançar profissionalmente. As pessoas podem usar muitas táticas para conquistar o poder e influenciar pessoas que ocupam cargos de poder. Também é possível influenciar as pessoas por meio de comportamentos políticos. Neste capítulo, você usou várias habilidades que serão importantes em sua carreira e aprendeu sobre o poder e a política nas organizações. Você desenvolveu seu pensamento crítico ponderando se a maioria das pessoas deseja o poder, lendo as conclusões de pesquisas voltadas a investigar como manter os inimigos por perto e aprendendo a evitar a politicagem. Você também viu como aplicar técnicas de gerenciamento da impressão em entrevistas de emprego. Na próxima seção, você terá ainda mais chances de aplicar seus conhecimentos e habilidades de pensamento crítico para ponderar sobre os romances no trabalho, verá como promover a diversidade de gêneros na alta administração das organizações e conhecerá as desvantagens de bajular o chefe.

EXERCÍCIO EXPERIENCIAL — Comparação de táticas de influência

Formem grupos de três pessoas. Uma pessoa será o influenciador, outra será o influenciado e a última será o observador. Vocês podem atribuir esses papéis aleatoriamente.

Para começar, faça um cartão para cada uma das sete *táticas* a serem utilizadas no exercício. As táticas são: legitimidade, persuasão racional, apelo inspiracional, consulta, troca, bajulação e pressão (todas as táticas foram definidas neste capítulo). Só o influenciador pode tirar as cartas e ninguém mais pode ver a carta que foi tirada.

O influenciador tira uma carta e rapidamente elabora e representa uma estratégia para aplicar a tática ao influenciado. O influenciador e o influenciado passam um tempo representando um diálogo fictício e o influenciado diz se acha que a tática foi ou não eficaz. O observador tenta adivinhar a tática utilizada e qual base de poder (coercitivo, de recompensa, legítimo, de especialista ou de referência) a reforçaria. O influenciador diz se o observador acertou ou não a abordagem usada.

Troquem os papéis e os cartões e façam várias rodadas. Depois, discutam as perguntas a seguir.

Questões

13.8 Com base no que vocês observaram, qual situação de influência provavelmente teria levado ao melhor resultado para o influenciador?

13.9 Vocês acham que houve uma boa adequação entre as táticas representadas e o papel específico do influenciador e do influenciado? Em outras palavras, a tática beneficiou o influenciador ao levar em conta sua base de poder em relação ao influenciado?

13.10 Quais lições vocês aprenderam com o exercício sobre poder e influência?

Dilema ético

Assédio sexual e romances no escritório

Neste capítulo, falamos sobre assédio sexual e como as dinâmicas de poder desigual podem contribuir para que ele aconteça. Muitas vezes, o assédio sexual ocorre nas organizações porque um empregado tem como usar seu controle sobre os recursos para recompensar ou coagir outro empregado. Por exemplo, quando um chefe pede a uma subordinada para sair com ele depois do horário de trabalho, a subordinada tem mais chances de aceitar o pedido porque ele tem controle sobre os recursos da organização. Se ela recusar o pedido, ele poderia praticar alguma retaliação, recusando-se a lhe conceder privilégios.

Muitas empresas tentam evitar o assédio sexual proibindo os empregados de namorar entre si. Algumas empresas têm regras um pouco menos rigorosas, proibindo os empregados de namorar gestores diretos ou colegas do mesmo departamento, supostamente para que os empregados não possam usar seu poder para perpetrar o assédio sexual. Essas políticas menos rigorosas não levam em conta o poder informal que pode existir nas organizações. Até um empregado de nível júnior pode negar o acesso a recursos ou pode ter habilidade política para prejudicar a carreira de outro empregado, mais sênior.

Por outro lado, pode ser impraticável tentar impor uma política proibindo os romances no escritório. Hoje em dia, os norte-americanos passam um terço de sua vida no trabalho e, por isso, é bem provável que um empregado conheça seu futuro parceiro romântico nesse ambiente. De acordo com um levantamento conduzido em 2015 pela Careerbuilder.com, mais de um terço dos empregados namorou um colega de trabalho. Muitos desses romances também envolveram uma diferença de poder: 15% admitiram que namoraram um supervisor.

Vale a pena desencorajar romances no escritório? O mesmo levantamento revelou que quase um terço dos relacionamentos nesse local de trabalho resultou em casamento. E o que você pode fazer se a "flecha de Cupido" atingi-lo no corredor do escritório? A especialista norte-americana em ambientes de trabalho, Lynn Taylor, oferece o seguinte conselho: "Nenhuma política organizacional vai impedir o amor. Então, na ausência de regras escritas... use o bom senso".

Questões

13.11 Você acha que as empresas deveriam incluir regras para os romances de escritório em suas políticas de assédio sexual? Explique sua resposta.

13.12 Você acha que um gestor pode namorar um subordinado? E se alguém for promovido a gestor de seu parceiro romântico depois que eles começarem a se relacionar?

13.13 Por que 36% dos entrevistados disseram que esconderam seu relacionamento romântico dos colegas de trabalho? Como isso se relaciona com o que aprendemos no Capítulo 9 sobre a fofoca no escritório?

Fontes: baseado em J. Smith, "Eight Questions to Ask Yourself before You Start Dating a Coworker", Business Insider, 29 maio 2016, http://www.businessinsider.com/questions-to-ask-before-you-start-dating-a-coworker-2016-5/#-1; J. Grasz, "Workers Name Their Top Office Romance Deal Breakers in New CareerBuilder Survey", CareerBuilder, 11 fev. 2015, http://www.careerbuilder.com/share/aboutus/pressreleasesdetail.aspx?sd=2%2F11%2F2015&id=pr868&ed=12%2F31%2F2015.

Estudo de caso 1

As mulheres devem ter mais poder?

Vimos neste capítulo que as mulheres tendem a ter menos poder do que os homens nas organizações. Para constatar as diferenças entre os sexos no que se refere ao poder, basta dar uma olhada na composição de gênero dos conselhos executivos das empresas de melhor desempenho. Em 2015, apenas 18,8% das vagas do conselho de administração das empresas da Fortune 1000 eram ocupadas por mulheres. No caso da empresa Fortune 500, as mulheres ocupavam apenas 20,6% das vagas do conselho de administração de empresas. Essa disparidade não só ressalta a discriminação e as barreiras à ascensão que muitas mulheres enfrentam, como também pode prejudicar os negócios.

No Capítulo 9, aprendemos que os grupos diversificados podem ser mais criativos e inovadores e que as decisões tomadas são melhores quando um grupo tem a chance de contar com uma variedade de pontos de vista. Esse princípio também parece se aplicar a conselhos executivos diversificados. Uma recente revisão de 140 estudos descobriu que a presença de mulheres em um conselho executivo aumentou os retornos das empresas, especialmente em países em que as proteções aos acionistas são mais fortes. A mesma análise constatou que ter mulheres no conselho melhorou o desempenho no mercado de empresas que atuam em países com maior igualdade entre os sexos. Além disso, os conselhos com maior diversidade de gênero monitoram melhor o desempenho da empresa e têm um envolvimento mais estratégico com a empresa. Outras pesquisas sugerem que as empresas nem sempre se beneficiam de conselhos executivos diversificados. Na maioria dos casos, ter mulheres com mais poder em um conselho levou a mudanças mais estratégicas na organização. No entanto, isso só acontece quando a empresa não enfrenta problemas associados ao baixo desempenho.

Muitos países estão tentando melhorar a economia nacional criando cotas para promover conselhos de administração com maior diversidade de gênero. Em 2008, a Noruega passou a exigir que 36% das vagas dos conselhos fossem ocupadas por mulheres. Em 2011, a França aprovou uma legislação voltada a promover conselhos de administração diversificados em termos de gênero e, em 2013, 48% das novas vagas nos conselhos foram ocupadas por mulheres.

Questões

13.14 Por que você acha que ter mulheres com mais poder em um conselho de administração afeta o desempenho da empresa?

13.15 Você acha que é uma boa ideia usar um sistema de cotas para promover a diversidade de gênero? Explique sua resposta.

13.16 Por que você acha que alguns países têm conselhos de administração mais diversificados em termos de gênero do que outros?

13.17 Releia o Estudo de caso 1. Como você incentivaria as empresas a nomear mais mulheres para integrar o conselho de administração em curto prazo? E em longo prazo?

Fontes: baseado em M. Farber, "Justin Trudeau Perfectly Sums up Why We Need More Women in Power", *Fortune*, 7 abr. 2017, http://fortune.com/2017/04/07/justin-trudeau--women-in-the-world-summit-2017/; S. H. Jeong e D. Harrison, "Glass Breaking, Strategy Making e Value Creating: Meta-Analytic Outcomes of Females as CEOs and TMT members", *Academy of Management Journal*, no prelo; C. Post e C. J. Byron, "Women on Boards and Firm Financial Performance: A Meta-Analysis", *Academy of Management Journal* 58, no. 5 (2015): 1546–71; T. M. del Carmen, T. L. Miller e T. M. Trzebiatowski, "The Double-Edged Nature of Board Gender Diversity: Diversity, Firm Performance e the Power of Women Directors as Predictors of Strategic Change", *Organization Science* 25, no. 2 (2014): 609–32; e M. Liautaud, "Breaking Through: Stories and Best Practices from Companies That Help Women Succeed", *Huffington Post*, 29 abr. 2016, http://www.huffingtonpost.com/martine-liautaud/stories-and-best-practices-from-companies-that-help--women-succeed_b_9722518.html.

Estudo de caso 2

Os limites da bajulação

Uma das várias técnicas de gerenciamento da impressão utilizadas no trabalho é o elogio ou a bajulação. Muitas pessoas acreditam que a bajulação pode melhorar as perspectivas profissionais. Vicky Oliver, autora de *301 Smart Answers to Tough Interview Questions*, sugere usá-la para pedir um aumento. Oliver aconselha usar outras técnicas de gerenciamento da impressão no trabalho, como a autopromoção (por exemplo, ressaltar suas contribuições) e a intensificação (por exemplo, mostrar que o seu trabalho é superior ao dos colegas), mas também sugere elogiar ou "bajular" estrategicamente o chefe antes de pedir um aumento salarial.

Será que a bajulação sempre funciona? A resposta é sim e não. Ela pode afetar um detentor de poder apenas se ele achar que o elogio foi sincero. No entanto, pode ser difícil soar sincero, já que pessoas com mais poder normalmente são as mais difíceis de enganar, por terem mais experiência sendo bajuladas. Uma pesquisa recente sugere que pode ser possível aumentar a eficácia da bajulação. A dica é tentar se convencer de que você realmente gosta da pessoa a quem está bajulando. Nesse estudo, os empregados que passaram mais tempo pensando no que tinham em comum com o chefe aumentaram suas chances de atingir seu objetivo usando a bajulação.

Mesmo se o empregado conseguir o que quiser usando a bajulação, ele terá de encarar uma grande desvantagem. Outro estudo recente descobriu que os executivos que bajulam o CEO têm mais chances de ressentir-se dele no futuro. Embora os CEOs não exijam que os executivos os bajulem, muitos executivos sentem-se humilhados quando se empenham em bajular estrategicamente o chefe. Os executivos que bajularam o CEO também apresentaram maior tendência a reclamar do chefe a terceiros. Alguns chegaram a se queixar a jornalistas.

Questões

13.18 Quais seriam outras consequências de utilizar a bajulação no trabalho? O que você acha que leva a essas consequências?

13.19 O estudo também descobriu que os executivos se ressentiram mais de bajular CEOs mulheres e pertencentes a grupos minoritários do que de bajular homens brancos. Por que você acha que isso acontece?

13.20 Você acha que algumas técnicas de gerenciamento da impressão poderiam ser mais eficazes que a bajulação?

13.21 Com base no que vimos neste capítulo e no Estudo de caso 2, como os empregados podem usar as técnicas de gerenciamento de impressão com eficácia?

Fontes: baseado em V. Oliver, "How to Suck Up to Your Boss and Get a Raise", *Fortune*, 9 jan. 2017, http://fortune.com/2017/01/09/pay-raise-career-advice-leadership-self-promotion-boss/; C. Romm, "How to Suck Up Without Being Obvious About It", *NY Magazine*, 5 jul. 2016, http://nymag.com/scienceofus/2016/07/how-to-suck-up-without-being-obvious-about-it.html; e J. McGregor, "Bosses Be Warned: Your Biggest Kiss-Up Could Be Your Biggest Backstabber", *Daily Herald*, 19 abr. 2017, http://www.dailyherald.com/business/20170416/bosses-be-warned-your-biggest-kiss-up-could-be-your-biggest-backstabber; M. G. McIntyre, "Disgruntlement Won't Advance Your Career", *Pittsburgh Post-Gazette*, 23 set. 2012.

NOTAS

1. D. A. Buchanan, "You Stab My Back, I'll Stab Yours: Management Experience and Perceptions of Organization Political Behavior", *British Journal of Management* 19, no. 1 (2008): 49–64.

2. B. Oc, M. R. Bashshur e C. Moore, "Speaking Truth to Power: The Effect of Candid Feedback on How Individuals with Power Allocate Resources", *Journal of Applied Psychology* 100, no. 2 (2015): 450–63; e R. E. Sturm e J. Antonakis, "Interpersonal Power: A Review, Critique e Research Agenda", *Journal of Management* 41, no. 1 (2015): 136–63.

3. M. Gongloff, "Steve Cohen, Super-Rich and Secretive Trader, Faces Possible SEC Investigation", *Huffington Post,* 28 nov. 2012, http://www.huffingtonpost.com/2012/11/28/steven-cohen-sac-capital_n_2205544.html.

4. E. Landells e S. L. Albrecht, "Organizational Political Climate: Shared Perceptions about the Building and Use of Power Bases", *Human Resource Management Review* 23, no. 4 (2013): 357–65; P. Rylander, "Coaches' Bases of Power: Developing Some Initial Knowledge of Athletes' Compliance with Coaches in Team Sports", *Journal of Applied Sport Psychology* 27, no. 1 (2015): 110–21; e G. Yukl, "Use Power Effectively", in E. A. Locke (ed.), *Handbook of Principles of Organizational Behavior* (Malden, MA: Blackwell, 2004): 242–47.

5. H. Lian, D. J. Brown, D. L. Ferris, L. H. Liang, L. M. Keeping e R. Morrison, "Abusive Supervision and Retaliation: A Self-Control Framework", *Academy of Management Journal* 57, no. 1 (2014): 116–39.

6. E. A. Ward, "Social Power Bases of Managers: Emergence of a New Factor", *Journal of Social Psychology* (fev. 2001): 144–47; e J. French e B. Raven, "The Bases of Social Power", in D. Cartwright (ed.), *Studies in Social Power* (Ann Arbor: University of Michigan Press, 1959): 150–67.

7. French e Raven, "The Bases of Social Power"; e S. R. Giessner e T. W. Schubert, "High in the Hierarchy: How Vertical Location and Judgments of Leaders' Power Are Interrelated", *Organizational Behavior and Human Decision Processes* 104, no. 1 (2007): 30–44; Ward, "Social Power Bases of Managers."

8. M. Van Djike e M. Poppe, "Striving for Personal Power as a Basis for Social Power Dynamics", *European Journal of Social Psychology* 27, no. 1 (2006): 537–56.

9. French e Raven, "The Bases of Social Power."

10. Ibid.

11. J. D. Kudisch, M. L. Poteet, G. H. Dobbins, M. C. Rush e J. A. Russell, "Expert Power, Referent Power e Charisma: Toward the Resolution of a Theoretical Debate", *Journal of Business and Psychology* 10, no. 1 (1995): 177–95.

12. S. Perman, "Translation Advertising: Where Shop Meets Hip Hop", *Time,* 30 ago. 2010, http://content.time.com/time/magazine/article/0,9171,2011574,00.html.

13. Sturm e Antonakis, "Interpersonal Power."

14. M. C. J. Caniels e A. Roeleveld, "Power and Dependence Perspectives on Outsourcing Decisions", *European Management Journal* 27, no. 6 (2009): 402–17; R.-J. Bryan, D. Kim e R. S. Sinkovics, "Drivers and Performance Outcomes of Supplier Innovation Generation in Customer-Supplier Relationships: The Role of Power-Dependence", *Decision Sciences* 43, no. 6 (2012): 1003–38; e R. M. Emerson, "Power-Dependence Relations", *American Sociological Review* 27, no. 1 (1962): 31–40.

15. N. Foulkes, "Tractor Boy", *High Life* (out. 2002): 90.

16. R. S. Burt, M. Kilduff e S. Tasselli, "Social Network Analysis: Foundations and Frontiers on Advantage", *Annual Review of Psychology* 64 (2013): 527–47; M. A. Carpenter, M. Li e H. Jiang, "Social Network Research in Organizational Contexts: A Systematic Review of Methodological Issues and Choices", *Journal of Management* (1 jul. 2012): 1328–61; e M. Kilduff e D. J. Brass, "Organizational Social Network Research: Core Ideas and Key Debates." *Academy of Management Annals* (1 jan. 2010): 317–57.

17. B. L. Aven, "The Paradox of Corrupt Networks: An Analysis of Organizational Crime at Enron", *Organization Science* 26, no. 4 (2015): 980–96.

18. J. Gehman, L. K. Treviño e R. Garud, "Values Work: A Process Study of the Emergence and Performance of Organizational Values Practices", *Academy of Management Journal.* (1 fev. 2013): 84–112.

19. J. Battilana e T. Casciaro, "Change Agents, Networks e Institutions: A Contingency Theory of Organizational Change", *Academy of Management Journal* (1 abr. 2012): 381–98.

20. S. M. Soltis, F. Agneessens, Z. Sasovova e G. Labianca, "A Social Network Perspective on Turnover Intentions: The Role of Distributive Justice and Social Support", *Human Resource Management* (1 jul. 2013): 561–84.

21. R. Kaše, Z. King e D. Minbaeva, "Using Social Network Research in HRM: Scratching the Surface of a Fundamental Basis of HRM", *Human Resource Management* (1 jul. 2013): 473–83; e R. Cross e L. Prusak, "The People Who Make Organizations Go—or Stop", *Harvard Business Review* (jun. 2002): https://hbr.org/2002/06/the-people-who-make-organizations-go-or-stop.

22. Veja, por exemplo, D. M. Cable e T. A. Judge, "Managers' Upward Influence Tactic Strategies: The Roll of Manager Personality and Supervisor Leadership Style", *Journal of Organizational Behavior* 24, no. 2 (2003): 197–214; M. P. M. Chong, "Influence Behaviors and Organizational Commitment: A Comparative Study", *Leadership and Organization Development Journal* 35, no. 1 (2014): 54–78; e G. Blickle, "Influence Tactics Used by Subordinates: An Empirical Analysis of the Kipnis and Schmidt Subscales", *Psychological Reports* (fev. 2000): 143–54.

23. G. R. Ferris, W. A. Hochwarter, C. Douglas, F. R. Blass, R. W. Kolodinksy e D. C. Treadway, "Social Influence Processes in Organizations and Human Resource Systems", in G. R. Ferris e J. J. Martocchio (eds.), *Research in Personnel and Human Resources Management,* vol. 21 (Oxford, Reino Unido: JAI Press/Elsevier, 2003): 65–127; C. A. Higgins, T. A. Judge e G. R. Ferris, "Influence Tactics and Work Outcomes: A Meta-Analysis", *Journal of Organizational Behavior* (mar. 2003): 89–106; e M. Uhl-Bien, R. E. Riggio, K. B. Lowe e M. K. Carsten. "Followership Theory: A Review and Research Agenda", *The Leadership Quarterly* (fev. 2014): 83–104.

24. Chong, "Influence Behaviors e Organizational Commitment."

25. R. E. Petty e P. Briñol, "Persuasion: From Single to Multiple to Metacognitive Processes", *Perspectives on Psychological Science* 3, no. 2 (2008): 137–47.

26. J. Badal, "Getting a Raise from the Boss", *The Wall Street Journal,* 8 jul. 2006, B1, B5.

27. Chong, "Influence Behaviors and Organizational Commitment."

28. Ibid.

29. O. Epitropaki e R. Martin, "Transformational-Transactional Leadership and Upward Influence: The Role of Relative Leader-Member Exchanges (RLMX) and Perceived Organizational Support (POS), *Leadership Quarterly* 24, no. 2 (2013): 299–315.

30. A. W. Kruglanski, A. Pierro e E. T. Higgins, "Regulatory Mode and Preferred Leadership Styles: How Fit Increases Job Satisfaction", *Basic and Applied Social Psychology* 29, no. 2

(2007): 137–49; e A. Pierro, L. Cicero e B. H. Raven, "Motivated Compliance with Bases of Social Power", *Journal of Applied Social Psychology* 38, no. 7 (2008): 1921–44.

31. P. P. Fu e G. Yukl, "Perceived Effectiveness of Influence Tactics in the United States and China", *Leadership Quarterly* (verão 2000): 251–66; O. Branzei, "Cultural Explanations of Individual Preferences for Influence Tactics in Cross-Cultural Encounters", *International Journal of Cross Cultural Management* (ago. 2002): 203–18; G. Yukl, P. P. Fu e R. McDonald, "Cross-Cultural Differences in Perceived Effectiveness of Influence Tactics for Initiating or Resisting Change", *Applied Psychology: An International Review* (jan. 2003): 66–82; P. P. Fu, T. K. Peng, J. C. Kennedy e G. Yukl, "Examining the Preferences of Influence Tactics in Chinese Societies: A Comparison of Chinese Managers in Hong Kong, Taiwan e Mainland China", *Organizational Dynamics* 33, no. 1 (2004): 32–46; e S. Aslani, J. Ramirez-Marin, J. Brett, J. Yao, Z. Semnani-Azad, Z.-X. Zhang... e W. Adair, "Dignity, Face e Honor Cultures: A Study of Negotiation Strategy and Outcomes in Three Cultures", *Journal of Organizational Behavior* 37, no. 8 (2016): 1178–201.

32. C. J. Torelli e S. Shavitt, "Culture and Concepts of Power", *Journal of Personality and Social Psychology* 99, no. 4 (2010): 703–23.

33. Fu e Yukl, "Perceived Effectiveness of Influence Tactics in the United States and China."

34. T. P. Munyon, J. K. Summers, K. M. Thompson e G. R. Ferris, "Political Skill and Work Outcomes: A Theoretical Extension, Meta-Analytic Investigation and Agenda for the Future", *Personnel Psychology* 68, no. 1 (2015): 143–84; G. R. Ferris, D. C. Treadway, P. L. Perrewé, R. L. Brouer, C. Douglas e S. Lux, "Political Skill in Organizations", *Journal of Management* (jun. 2007): 290–320; K. J. Harris, K. M. Kacmar, S. Zivnuska e J. D. Shaw, "The Impact of Political Skill on Impression Management Effectiveness", *Journal of Applied Psychology* 92, no. 1 (2007): 278–85; W. A. Hochwarter, G. R. Ferris, M. B. Gavin, P. L. Perrewé, A. T. Hall e D. D. Frink, "Political Skill as Neutralizer of Felt Accountability–Job Tension Effects on Job Performance Ratings: A Longitudinal Investigation", *Organizational Behavior and Human Decision Processes* 102 (2007): 226–39; D. C. Treadway, G. R. Ferris, A. B. Duke, G. L. Adams e J. B. Tatcher, "The Moderating Role of Subordinate Political Skill on Supervisors' Impressions of Subordinate Ingratiation and Ratings of Subordinate Interpersonal Facilitation", *Journal of Applied Psychology* 92, no. 3 (2007): 848–55; e Z. E. Zhou, L. Yang e P. E. Spector, "Political Skill: A Proactive Inhibitor of Workplace Aggression Exposure and an Active Buffer of the Aggression-Strain Relationship", *Journal of Occupational Health Psychology* 20, no. 4 (2015): 405–19.

35. J. J. Dahling e B. G. Whitaker, "When Can Feedback-Seeking Behavior Result in a Better Performance Rating? Investigating the Moderating Role of Political Skill", *Human Performance* 29, no. 2 (2016): 73–88.

36. M. C. Andrews, K. M. Kacmar e K. J. Harris, "Got Political Skill? The Impact of Justice on the Importance of Political Skills for Job Performance", *Journal of Applied Psychology* 94, no. 6 (2009): 1427–37.

37. C. Anderson, S. E. Spataro e F. J. Flynn, "Personality and Organizational Culture as Determinants of Influence", *Journal of Applied Psychology* 93, no. 3 (2008): 702–10.

38. Y. Cho e N. J. Fast, "Power, Defensive Denigration e the Assuaging Effect of Gratitude Expression", *Journal of Experimental Social Psychology* 48 (2012): 778–82.

39. M. Pitesa e S. Thau, "Masters of the Universe: How Power and Accountability Influence Self-Serving Decisions under Moral Hazard", *Journal of Applied Psychology* 98 (2013): 550–58; N. J. Fast, N. Sivanathan, D. D. Mayer e A. D. Galinsky, "Power and Overconfident Decision-Making", *Organizational Behavior and Human Decision Processes* 117 (2012): 249–60; e M. J. Williams, "Serving the Self from the Seat of Power: Goals and Threats Predict Leaders' Self-Interested Behavior", *Journal of Management* 40 (2014): 1365–95.

40. A. Grant, "Yes, Power Corrupts, but Power Also Reveals", *Government Executive*, 23 maio 2013, http://www.huffingtonpost.com/adam-grant/yes-power-corrupts-but-po_b_3085291.html.

41. J. K. Maner, M. T. Gaillot, A. J. Menzel e J. W. Kunstman, "Dispositional Anxiety Blocks the Psychological Effects of Power", *Personality and Social Psychology Bulletin* 38 (2012): 1383–95.

42. N. J. Fast, N. Halevy e A. D. Galinsky, "The Destructive Nature of Power without Status", *Journal of Experimental Social Psychology* 48 (2012): 391–94.

43. T. Seppälä, J. Lipponen, A. Bardi e A. Pirttilä-Backman, "Change-Oriented Organizational Citizenship Behaviour: An Interactive Product of Openness to Change Values, Work Unit Identification e Sense of Power", *Journal of Occupational and Organizational Psychology* 85 (2012): 136–55.

44. K. A. DeCelles, D. S. DeRue, J. D. Margolis e T. L. Ceranic, "Does Power Corrupt or Enable? When and Why Power Facilitates Self-Interested Behavior", *Journal of Applied Psychology* 97 (2012): 681–89.

45. Disponível em: http://www.planalto.gov.br/ccivil_03/LEIS/LEIS_2001/L10224.htm

46. F. Ali e R. Kramar, "An Exploratory Study of Sexual Harassment in Pakistani Organizations", *Asia Pacific Journal of Management* 32, no. 1 (2014): 229–49.

47. Ibid.

48. Workplace Sexual Harassment Statistics, Association of Women for Action and Research, 2015, http://www.aware.org.sg/ati/wsh-site/14-statistics/.

49. R. Ilies, N. Hauserman, S. Schwochau e J. Stibal, "Reported Incidence Rates of Work-Related Sexual Harassment in the United States: Using Meta-Analysis to Explain Reported Rate Disparities", *Personnel Psychology* (outono 2003): 607–31; e G. Langer, "One in Four U.S. Women Reports Workplace Harassment", *ABC News*, 16 nov. 2011, http://abcnews.go.com/blogs/politics/2011/11/one-in-four-u-s-women-reports-workplace-harassment/.

50. "Sexual Harassment Charges", Equal Employment Opportunity Commission, www.eeoc.gov/eeoc/statistics/, acessado em 20 ago. 2015.

51. B. Popken, "Report: 80% of Waitresses Report Being Sexually Harassed", *USA Today*, 7 out. 2014, http://www.today.com/money/report-80-waitresses-report-being-sexually-harassed-2D80199724.

52. L. M. Cortina e S. A. Wasti, "Profiles in Coping: Responses to Sexual Harassment across Persons, Organizations e Cultures", *Journal of Applied Psychology* (fev. 2005): 182–92; K. Jiang, Y. Hong, P. F. McKay, D. R. Avery, D. C. Wilson e S. D. Volpone, "Retaining Employees through Anti-Sexual Harassment Practices: Exploring the Mediating Role of Psychological Distress and Employee Engagement", *Human Resource Management* 54, no. 1 (2015): 1–21; e J. W. Kunstman, "Sexual Overperception: Power, Mating Motives e Biases in Social Judgment", *Journal of Personality and Social Psychology* 100, no. 2 (2011): 282–94.

53. F. Krings e S. Facchin, "Organizational Justice and Men's Likelihood to Sexually Harass: The Moderating Role of Sexism and Perso-

nality", *Journal of Applied Psychology* 94, no. 2 (2009): 501–10.

54. G. R. Ferris, D. C. Treadway, R. W. Kolokinsky, W. A. Hochwarter, C. J. Kacmar e D. D. Frink, "Development and Validation of the Political Skill Inventory", *Journal of Management* (fev. 2005): 126–52.

55. A. Pullen e C. Rhodes, "Corporeal Ethics and the Politics of Resistance in Organizations", *Organization* 21, no. 6 (2014): 782–96.

56. G. R. Ferris e W. A. Hochwarter, "Organizational Politics", in S. Zedeck (ed.), *APA Handbook of Industrial and Organizational Psychology*, vol. 3 (Washington, DC: American Psychological Association, 2011): 435–59.

57. D. A. Buchanan, "You Stab My Back, I'll Stab Yours: Management Experience and Perceptions of Organization Political Behavior", *British Journal of Management* 19, no. 1 (2008): 49–64.

58. J. Pfeffer, *Power: Why Some People Have It—And Others Don't* (Nova York: Harper Collins, 2010).

59. S. M. Rioux e L. A. Penner, "The Causes of Organizational Citizenship Behavior: A Motivational Analysis", *Journal of Applied Psychology* (dez. 2001): 1306–14; M. A. Finkelstein e L. A. Penner, "Predicting Organizational Citizenship Behavior: Integrating the Functional and Role Identity Approaches", *Social Behavior & Personality* 32, no. 4 (2004): 383–98; e J. Schwarzwald, M. Koslowsky e M. Allouf, "Group Membership, Status e Social Power Preference", *Journal of Applied Social Psychology* 35, no. 3 (2005): 644–65.

60. Veja, por exemplo, J. Walter, F. W. Kellermans e C. Lechner, "Decision Making within and between Organizations: Rationality, Politics e Alliance Performance", *Journal of Management* 38, no. 5 (2012): 1582–610.

61. G. R. Ferris, D. C. Treadway, P. L. Perrewe, R. L. Grouer, C. Douglas e S. Lux, "Political Skill in Organizations", *Journal of Management* 33 (2007): 290–320.

62. J. Shi, R. E. Johnson, Y. Liu e M. Wang, "Linking Subordinate Political Skill to Supervisor Dependence and Reward Recommendations: A Moderated Mediation Model", *Journal of Applied Psychology* 98 (2013): 374–84.

63. W. A. Gentry, D. C. Gimore, M. L. Shuffler e J. B. Leslie, "Political Skill as an Indicator of Promotability among Multiple Rater Sources", *Journal of Organizational Behavior* 33 (2012): 89–104; I. Kapoutsis, A. Paplexandris, A. Nikolopoulous, W. A. Hochwarter e G. R. Ferris, "Politics Perceptions as a Moderator of the Political Skill-Job Performance Relationship: A Two-Study, Cross-National, Constructive Replication", *Journal of Vocational Behavior* 78 (2011): 123–35.

64. M. Abbas, U. Raja, W. Darr e D. Bouckenooghe, "Combined Effects of Perceived Politics and Psychological Capital on Job Satisfaction, Turnover Intentions e Performance", *Journal of Management* 40, no. 7 (2014): 1813–30; e C. C. Rosen, D. L. Ferris, D. J. Brown e W-W. Yen, "Relationships among Perceptions of Organizational Politics (POPs), Work Motivation e Salesperson Performance", *Journal of Management and Organization* 21, no. 2 (2015): 203–16.

65. Veja, por exemplo, M. D. Laird, P. Harvey e J. Lancaster, "Accountability, Entitlement, Tenure e Satisfaction in Generation Y", *Journal of Managerial Psychology* 30, no. 1 (2015): 87–100; J. M. L. Poon, "Situational Antecedents and Outcomes of Organizational Politics Perceptions", *Journal of Managerial Psychology* 18, no. 2 (2003): 138–55; e K. L. Zellars, W. A. Hochwarter, S. E. Lanivich, P. L. Perrewe e G. R. Ferris, "Accountability for Others, Perceived Resources e Well Being: Convergent Restricted Non-Linear Results in Two Samples", *Journal of Occupational and Organizational Psychology* 84, no. 1 (2011): 95–115.

66. J. Walter, F. W. Kellermanns e C. Lechner, "Decision Making within and between Organizations: Rationality, Politics e Alliance Performance", *Journal of Management* 38 (2012): 1582–610.

67. W. A. Hochwarter, C. Kiewitz, S. L. Castro, P. L. Perrewe e G. R. Ferris, "Positive Affectivity and Collective Efficacy as Moderators of the Relationship between Perceived Politics and Job Satisfaction", *Journal of Applied Social Psychology* (maio 2003): 1009–35; C. C. Rosen, P. E. Levy e R. J. Hall, "Placing Perceptions of Politics in the Context of Feedback Environment, Employee Attitudes e Job Performance", *Journal of Applied Psychology* 91, no. 1 (2006): 211–30; e Abbas, Raja, Darr e Bouckenooghe, "Combined Effects of Perceived Politics and Psychological Capital on Job Satisfaction, Turnover Intentions e Performance."

68. S. Aryee, Z. Chen e P. S. Budhwar, "Exchange Fairness and Employee Performance: An Examination of the Relationship between Organizational Politics and Procedural Justice", *Organizational Behavior & Human Decision Processes* (maio 2004): 1–14.

69. C. Kiewitz, W. A. Hochwarter, G. R. Ferris e S. L. Castro, "The Role of Psychological Climate in Neutralizing the Effects of Organizational Politics on Work Outcomes", *Journal of Applied Social Psychology* (jun. 2002): 1189–207; M. C. Andrews, L. A. Witt e K. M. Kacmar, "The Interactive Effects of Organizational Politics and Exchange Ideology on Manager Ratings of Retention", *Journal of Vocational Behavior*, abr. 2003, 357–69; e C. Chang, C. C. Rosen e P. E. Levy, "The Relationship between Perceptions of Organizational Politics and Employee Attitudes, Strain e Behavior: A Meta-Analytic Examination", *Academy of Management Journal* 52, no. 4 (2009): 779–801.

70. O. J. Labedo, "Perceptions of Organisational Politics: Examination of the Situational Antecedent and Consequences among Nigeria's Extension Personnel", *Applied Psychology: An International Review* 55, no. 2 (2006): 255–81.

71. K. M. Kacmar, M. C. Andrews, K. J. Harris e B. Tepper, "Ethical Leadership and Subordinate Outcomes: The Mediating Role of Organizational Politics and the Moderating Role of Political Skill", *Journal of Business Ethics* 115, no. 1 (2013): 33–44.

72. Ibid.

73. K. M. Kacmar, D. G. Bachrach, K. J. Harris e S. Zivnuska, "Fostering Good Citizenship through Ethical Leadership: Exploring the Moderating Role of Gender and Organizational Politics", *Journal of Applied Psychology* 96. (2011): 633–42.

74. C. Homburg e A. Fuerst, "See No Evil, Hear No Evil, Speak No Evil: A Study of Defensive Organizational Behavior towards Customer Complaints", *Journal of the Academy of Marketing Science* 35, no. 4 (2007): 523–36.

75. Veja, por exemplo, M. C. Bolino e W. H. Turnley, "More Than One Way to Make an Impression: Exploring Profiles of Impression Management", *Journal of Management* 29, no. 2 (2003): 141–60; S. Zivnuska, K. M. Kacmar, L. A. Witt, D. S. Carlson e V. K. Bratton, "Interactive Effects of Impression Management and Organizational Politics on Job Performance", *Journal of Organizational Behavior* (ago. 2004): 627–40; e M. C. Bolino, K. M. Kacmar, W. H. Turnley e J. B. Gilstrap, "A Multi-Level Review of Impression Management Motives and Behaviors", *Journal of Management* 34, no. 6 (2008): 1080–109.

76. D. J. Howard e R. A. Kerin, "Individual Differences in the Name Similarity Effect: The Role of Self-Monitoring", *Journal of Individual Differences* 35, no. 2 (2014): 111–18.

77. D. H. M. Chng, M. S. Rodgers, E. Shih e X.-B. Song, "Leaders' Impression Management during Organizational Decline: The Roles of Publicity, Image Concerns e Incentive Compensation", *The Leadership Quarterly* 26, no. 2 (2015): 270–85; e L. Uziel, "Life Seems Different with You Around: Differential Shifts in Cognitive Appraisal in the Mere Presence of Others for Neuroticism and Impression Management", *Personality and Individual Differences* 73 (2015): 39–43.

78. J. Ham e R. Vonk, "Impressions of Impression Management: Evidence of Spontaneous Suspicion of Ulterior Motivation", *Journal of Experimental Social Psychology* 47, no. 2 (2011): 466–71; e W. M. Bowler, J. R. B. Halbesleben e J. R. B. Paul, "If You're Close with the Leader, You Must Be a Brownnose: The Role of Leader–Member Relationships in Follower, Leader e Coworker Attributions of Organizational Citizenship Behavior Motives", *Human Resource Management Review* 20, no. 4 (2010): 309–16.

79. J. R. B. Halbesleben, W. M. Bowler, M. C. Bolino e W. H Turnley, "Organizational Concern, Prosocial Values, or Impression Management? How Supervisors Attribute Motives to Organizational Citizenship Behavior", *Journal of Applied Social Psychology* 40, no. 6 (2010): 1450–89.

80. G. Blickle, C. Diekmann, P. B. Schneider, Y. Kalthöfer e J. K. Summers, "When Modesty Wins: Impression Management through Modesty, Political Skill e Career Success—A Two-Study Investigation", *European Journal of Work and Organizational Psychology* (1 dez. 2012): 899–922.

81. L. A. McFarland, A. M. Ryan e S. D. Kriska, "Impression Management Use and Effectiveness across Assessment Methods", *Journal of Management* 29, no. 5 (2003): 641– 61; C. A. Higgins e T. A. Judge, "The Effect of Applicant Influence Tactics on Recruiter Perceptions of Fit and Hiring Recommendations: A Field Study", *Journal of Applied Psychology* 89, no. 4 (2004): 622–32; e W. C. Tsai, C.-C. Chen e S. F. Chiu, "Exploring Boundaries of the Effects of Applicant Impression Management Tactics in Job Interviews", *Journal of Management* (fev. 2005): 108–25.

82. N. Roulin, A. Bangerter e J. Levashina, "Honest and Deceptive Impression Management in the Employment Interview: Can It Be Detected and How Does It Impact Evaluations?", *Personnel Psychology* 68, no. 2 (2015): 395–444.

83. M. R. Barrick, J. A. Shaffer e S. W. DeGrassi. "What You See May Not Be What You Get: Relationships among Self-Presentation Tactics and Ratings of Interview and Job Performance", *Journal of Applied Psychology* 94, no. 6 (2009): 1394–411.

84. B. Griffin, "The Ability to Identify Criteria: Its Relationship with Social Understanding, Preparation e Impression Management in Affecting Predictor Performance in a High-Stakes Selection Context", *Human Performance* 27, no. 4 (2014): 147–64.

85. E. Molleman, B. Emans e N. Turusbekova, "How to Control Self-Promotion among Performance-Oriented Employees: The Roles of Task Clarity and Personalized Responsibility", *Personnel Review* 41 (2012): 88–105.

86. K. J. Harris, K. M. Kacmar, S. Zivnuska e J. D. Shaw, "The Impact of Political Skill on Impression Management Effectiveness", *Journal of Applied Psychology* 92, no. 1 (2007): 278–85; e D. C. Treadway, G. R. Ferris, A. B. Duke, G. L. Adams e J. B. Thatcher, "The Moderating Role of Subordinate Political Skill on Supervisors' Impressions of Subordinate Ingratiation and Ratings of Subordinate Interpersonal Facilitation", *Journal of Applied Psychology* 92, no. 3 (2007): 848–55.

87. J. D. Westphal e I. Stern, "Flattery Will Get You Everywhere (Especially if You Are a Male Caucasian): How Ingratiation, Boardroom Behavior e Demographic Minority Status Affect Additional Board Appointments of U.S. Companies", *Academy of Management Journal* 50, no. 2 (2007): 267–88.

88. Y. Liu, G. R. Ferris, J. Xu, B. A. Weitz e P. L. Perrewé, "When Ingratiation Backfires: The Role of Political Skill in the Ingratiation-Internship Performance Relationship", *Academy of Management Learning and Education* 13 (2014): 569–86.

89. Veja, por exemplo, E. Vigoda, "Reactions to Organizational Politics: A Cross-Cultural Examination in Israel and Britain", *Human Relations* (nov. 2001): 1483–1518; e Y. Zhu e D. Li, "Negative Spillover Impact of Perceptions of Organizational Politics on Work-Family Conflict in China", *Social Behavior and Personality* 43, no. 5 (2015): 705–14.

90. J. L. T. Leong, M. H. Bond e P. P. Fu, "Perceived Effectiveness of Influence Strategies in the United States and Three Chinese Societies", *International Journal of Cross Cultural Management* (maio 2006): 101–20.

91. Y. Miyamoto e B. Wilken, "Culturally Contingent Situated Cognition: Influencing Other People Fosters Analytic Perception in the United States but Not in Japan", *Psychological Science* 21, no. 11 (2010): 1616–22.

92. Y. Wang e S. Highhouse, "Different Consequences of Supplication and Modesty: Self-Effacing Impression Management Behaviors and Supervisory Perceptions of Subordinate Personality", *Human Performance* 29, no. 5 (2016): 394–407.

93. D. Clark, "A Campaign Strategy for Your Career", *Harvard Business Review* (nov. 2012): 131–34.

Conflito e negociação

Capítulo 14

Objetivos de aprendizagem

Depois de ler este capítulo, você será capaz de:

14.1 Descrever os três tipos de conflito e os três *loci* de conflito.

14.2 Descrever o processo de conflito.

14.3 Comparar a negociação distributiva com a negociação integrativa.

14.4 Aplicar os cinco passos do processo de negociação.

14.5 Demonstrar como as diferenças individuais influenciam as negociações.

14.6 Avaliar os papéis e as funções das negociações com terceiros.

Fonte: Ronen Zvullan/Reuters/Alamy Stock Photo

MATRIZ DE HABILIDADES PARA A EMPREGABILIDADE								
	Mito ou ciência?	Objetivos profissionais	Escolha ética	Ponto e contraponto	Exercício experiencial	Dilema ético	Estudo de caso 1	Estudo de caso 2
Pensamento crítico				✓	✓	✓	✓	✓
Comunicação	✓	✓			✓		✓	
Colaboração	✓	✓	✓		✓	✓	✓	
Análise e aplicação do conhecimento		✓		✓	✓	✓	✓	✓
Responsabilidade social			✓			✓		✓

PODER DE NEGOCIAÇÃO

O que dá a uma pessoa a capacidade de negociar? Poder? Dinheiro? Contatos? Será que uma pessoa aparentemente sem poder, com pouco acesso ao mundo externo e quase nenhum recurso financeiro tem como negociar? Sim.

Derrick Houston parecia não ter nada para negociar. O detento cumpria uma sentença por assalto à mão armada em uma prisão estadual na cidade de Leakesville, Mississippi, em abril de 2017. Ele ainda tinha duas décadas a serem cumpridas, mas sabia que não teria como sobreviver às condições desumanas da prisão diante de uma sentença tão longa. As autoridades estaduais alegavam que as condições das prisões visavam a reforçar a segurança devido às atividades de gangues, mas muitos detentos consideravam-se submetidos a um tratamento cruel. Muitos eram mantidos em suas celas por dias a fio, apesar de as leis exigirem ao menos cinco horas de atividades recreativas por semana. Além disso, o presídio impunha restrições a visitantes e muitos presos raramente viam parentes e amigos.

As condições de saúde também precisavam ser melhoradas. Muitos detentos tinham graves problemas de saúde mental e jogavam fezes e urina nas celas. Isso levava a condições insalubres, incluindo infestações de baratas, ratos, aranhas e moscas. Como se tudo isso não bastasse, a prisão não tinha ar-condicionado, o que podia ser perigoso para os detentos no calor do verão.

Um detento comentou: "Se uma pessoa abandonasse um cachorro ou outro animal de estimação em uma casa caindo aos pedaços a uma temperatura de 38 graus, ela seria presa por crueldade contra animais e o animal seria resgatado. Por que seres humanos podem receber um tratamento pior do que os animais?". Os detentos tentaram negociar usando a única moeda que tinham: seu estômago. Eles se recusaram a comer, sabendo que os problemas de saúde resultantes da greve de fome atrairiam a atenção da mídia e das autoridades estaduais. A tática teve sucesso. Em um mês, Houston e os outros detentos que aderiram ao protesto foram transferidos a uma prisão que oferecia condições melhores.

Wendy, a esposa de Derrick Houston, ficou aliviada. "Passamos mais de um ano tentando transferir meu marido daquele presídio. Se soubéssemos que ele seria transferido se fizesse uma greve de fome, ele teria feito isso um ano atrás", ela escreveu em um e-mail para um repórter.

Uma greve de fome pode parecer uma medida extrema, mas é uma estratégia relativamente comum para detentos que desejam negociar condições melhores. Essa forma de manifestação é frequente em prisões norte-americanas. No mesmo mês em que Houston e muitos outros detentos fizeram a greve no Mississippi, centenas de presos também participaram de uma greve de fome em um presídio de Tacoma, no estado de Washington. Os detentos da prisão de Washington eram particularmente vulneráveis por serem imigrantes ilegais, sem os mesmos direitos legais que os prisioneiros do Mississippi. Como Houston, eles reclamavam das condições e dos salários baixíssimos que recebiam por seu trabalho na prisão que, segundo eles, beirava à escravidão.

Ao mesmo tempo, essa tática também estava sendo usada por prisioneiros palestinos em prisões israelenses. Ao contrário dos protestos nas prisões norte-americanas, a greve de fome dos palestinos tinha natureza principalmente política. Liderado por um proeminente líder militante palestino, Marwan Barghouti, o objetivo da greve era chamar atenção à perseguição de cidadãos palestinos em Israel. Além de liderar a greve de fome, Barghouti também foi punido por contrabandear textos sobre a resistência palestina ao *New York Times*.

As greves de fome demonstram muitos dos conceitos que abordaremos neste capítulo. Para começar, elas são uma resposta ao conflito. Nos casos citados, os conflitos entre os detentos e os agentes penitenciários eram disfuncionais. Como você verá neste capítulo, contudo, alguns conflitos são úteis e até necessários, uma vez que reforçam a criatividade e promovem mudanças nas organizações. Em segundo lugar, o processo de negociação possibilitou a redução do conflito. Ao usar a própria saúde como moeda de negociação, os presos do Mississippi conquistaram condições melhores. Será que essa mesma tática teria sucesso em todos os contextos? Não necessariamente. Também explicaremos muitos fatores, como emoções e personalidade, que afetam o sucesso das técnicas de negociação em diferentes situações.

Fontes: baseado em I. Fisher, "Over 1,000 Palestinian Prisoners in Israel Stage Hunger Strike", *New York Times*, 17 abr. 2017, https://www.nytimes.com/2017/04/17/world/middleeast/marwan-barghouti-hunger-strike-israel.html; J. Amy, "Mississippi Corrections Says Prison Hunger Strike Over", *The Clarion-Ledger*, 12 abr. 2017, http://www.clarionledger.com/story/news/2017/04/12/mississippi-prison-hunger-strike/100365860/; J. Mitchell, "Inmates Say They're On Hunger Strike to Protest Leakesville Prison Conditions", *USA Today*, 4 abr. 2017, https://www.usatoday.com/story/news/2017/04/04/hunger-strike-enters-third-dayat-leakesville-prison/100026768/; e S. Bernard, "Detainees Launch New Hunger Strike at Northwest Detention Center", *Seattle Weekly*, 10 abr. 2017, http://www.seattleweekly.com/news/detainees-launch-new-hunger-strike-at-northwest-detention-center/.

Uma definição de conflito

14.1 Descrever os três tipos de conflito e os três *loci* de conflito.

Embora não faltem definições para a palavra *conflito*,[1] a mais comum é a ideia de que essa é uma questão de percepção. Se ninguém estiver ciente de um conflito, geralmente há um consenso de que ele não existe. Uma oposição ou incompatibilidade, além de alguma forma de interação, também é necessária para dar início a um processo de conflito.

Em termos gerais, definimos conflito como um processo que tem início quando alguém percebe que a outra parte afeta ou pode vir a afetar negativamente algo considerado importante. O conflito diz respeito ao momento, em qualquer atividade, quando a interação passa dos limites e se transforma em uma discordância entre as partes envolvidas. As pessoas podem vivenciar uma grande variedade de conflitos nas organizações, como incompatibilidade de objetivos, diferenças nas interpretações de fatos, divergências sobre expectativas comportamentais, entre outros. Nossa definição abrange toda a gama de níveis de conflito, desde atos explícitos e violentos até formas mais sutis de desacordo.

conflito
Processo que tem início quando alguém percebe que a outra parte afeta ou pode vir a afetar negativamente algo considerado importante.

Ainda não se chegou a um consenso sobre o papel do conflito em grupos e organizações. No passado, os pesquisadores discutiam se o conflito era bom ou ruim. Essa visão simplista acabou dando lugar a abordagens que reconhecem que nem todos os conflitos são iguais e que tipos de conflito variados têm efeitos diferentes.[2]

Hoje em dia, os estudos diferenciam os tipos de conflito com base em seus efeitos. O conflito funcional dá suporte aos objetivos do grupo e contribui para melhorar seu desempenho, sendo, portanto, uma forma funcional e construtiva de conflito.[3] Por exemplo, uma discussão entre membros de uma equipe de trabalho sobre a maneira mais eficiente de melhorar a produção pode ser funcional se diferentes pontos de vista forem discutidos e comparados abertamente. Já um conflito que atrapalha o desempenho do grupo é um conflito destrutivo, também chamado de

conflito funcional
Conflito que dá suporte aos objetivos do grupo e contribui para melhorar seu desempenho.

conflito disfuncional
Conflito que atrapalha o desempenho do grupo.

conflito de tarefas
Conflito quanto ao conteúdo e aos objetivos do trabalho.

conflito de relacionamento
Conflito baseado nas relações interpessoais.

conflito de processo
Conflito sobre a maneira como o trabalho é realizado.

conflito disfuncional.[4] Quando uma batalha pessoal pela liderança de uma equipe distrai as pessoas da tarefa em questão, tem-se um exemplo de conflito disfuncional. A Figura 14.1 mostra uma visão geral dos efeitos dos níveis de conflito. A seguir, discutiremos os *tipos* de conflito, a fim de entender sua diferença, e os *loci* de conflito.

Tipos de conflito

Uma maneira de entender o conflito é identificar o *tipo* de desacordo ou a razão do conflito. As pessoas estão discordando sobre metas? Ou elas simplesmente não estão se dando bem? Ou será que as pessoas não conseguem decidir a melhor maneira de fazer as coisas? Nenhum conflito é igual ao outro, mas os pesquisadores classificaram-nos em três categorias: de tarefas, de relacionamento ou de processo. O conflito de tarefas relaciona-se ao conteúdo e aos objetivos do trabalho. O conflito de relacionamento diz respeito às relações interpessoais. O conflito de processo envolve a maneira como o trabalho é realizado.[5]

Estudos demonstram que os conflitos de relacionamento quase sempre são disfuncionais[6], pelo menos no ambiente de trabalho (embora possam melhorar a criatividade em algumas circunstâncias).[7] Tudo indica que o atrito e as hostilidades

FIGURA 14.1 Conflito e desempenho da unidade de trabalho.

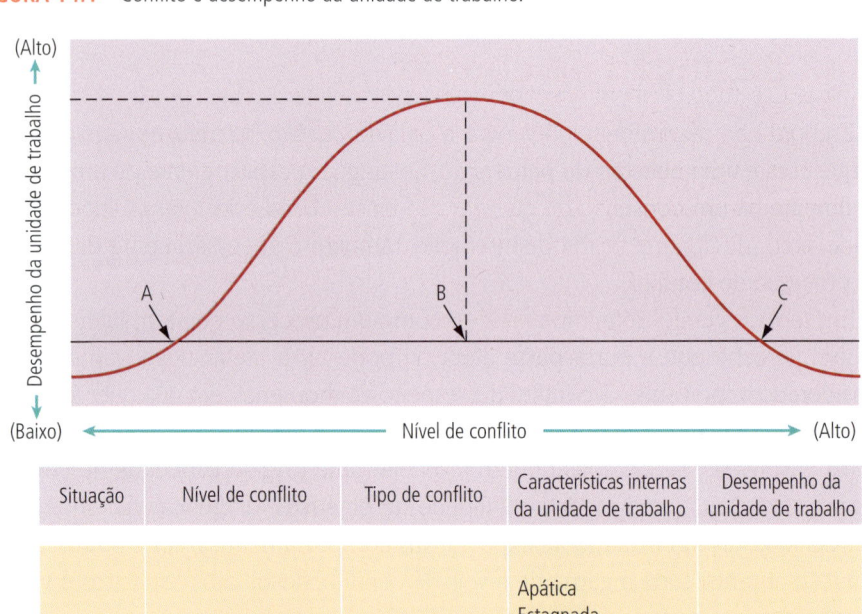

Situação	Nível de conflito	Tipo de conflito	Características internas da unidade de trabalho	Desempenho da unidade de trabalho
A	Baixo ou nenhum	Disfuncional	Apática Estagnada Indiferente a mudanças Sem novas ideias	Baixo
B	Ideal	Funcional	Viável Com autocrítica Inovadora	Alto
C	Alto	Disfuncional	Disruptiva Caótica Não cooperativa	Baixo

interpessoais inerentes aos conflitos de relacionamento intensificam os conflitos de personalidade e reduzem o entendimento mútuo, o que dificulta a conclusão das tarefas organizacionais. Dos três tipos, os conflitos de relacionamento também parecem ser os mais psicologicamente exaustivos para as pessoas.[8] Esse tipo de conflito também pode ser bastante problemático para os empregados que acabaram de entrar na empresa, uma vez que eles dependem dos colegas para aprender sobre o trabalho.[9] Como tendem a girar em torno de personalidades, não é difícil ver como os conflitos de relacionamento podem se tornar destrutivos. Afinal, não temos como mudar a personalidade de nossos colegas e geralmente nos ofendemos com críticas a *quem somos*, em oposição a como nos comportamos.

Os pesquisadores concordam que o conflito de relacionamento é disfuncional, mas não se sabe ao certo se os conflitos de tarefas e de processo são funcionais. Pesquisas iniciais sugeriram que o conflito de tarefas se correlacionava com um desempenho melhor do grupo, mas uma revisão de 116 estudos descobriu que, quando generalizado, esse conflito basicamente não tinha relação alguma com o desempenho do grupo. No entanto, foram encontrados alguns fatores que podem levar a uma relação entre conflito e desempenho.[10] Um desses fatores foi o fato de o conflito incluir a alta gestão ou ocorrer mais abaixo na hierarquia da organização. O conflito de tarefas entre as equipes da alta gestão foi positivamente associado ao desempenho, enquanto o conflito ocorrido em níveis mais baixos da hierarquia organizacional foi negativamente associado ao desempenho do grupo, talvez porque as pessoas que ocupam cargos mais altos podem não se sentir tão ameaçadas pela existência de conflitos. O estudo também descobriu que a ocorrência simultânea de outros tipos de conflito também faz diferença. Quando os conflitos de tarefas e relacionamento ocorreram juntos, o primeiro teve mais chances de ser negativo, ao passo que, quando o conflito de tarefas ocorreu isoladamente, apresentou mais chances de ser positivo. Além disso, alguns pesquisadores argumentaram que a intensidade do conflito também é importante. Por exemplo, se o conflito de tarefas for muito baixo, as pessoas não estão muito envolvidas com o trabalho e nem lidando com questões importantes. Se o conflito de tarefas for muito alto, contudo, as lutas internas transformam-se rapidamente em conflitos de relacionamento. Níveis moderados de conflito de tarefas podem, portanto, ser ideais. Confirmando esse argumento, um estudo conduzido na China descobriu que níveis moderados de conflito de tarefas no estágio inicial de desenvolvimento da organização reforçaram a criatividade dos grupos, mas altos níveis desse tipo de conflito reduziram o desempenho da equipe.[11]

A personalidade dos membros da equipe também parece ser relevante. Um estudo demonstrou que equipes compostas de pessoas, em geral, abertas a novas experiências e emocionalmente estáveis são mais capazes de transformar o conflito de tarefas em um melhor desempenho do grupo.[12] Isso pode acontecer porque equipes abertas e emocionalmente estáveis são capazes de colocar o conflito de tarefas em perspectiva de modo a se concentrar na maneira pela qual a variação de ideias pode ajudar a resolver o problema, em vez de permitir que a situação se transforme em conflitos de relacionamento.

E o conflito de processo? Pesquisadores descobriram que os conflitos de processo se referem à delegação e a papéis. Os conflitos baseados na delegação geralmente giram em torno da percepção de que alguns membros do grupo não estão se empenhando o suficiente e os conflitos baseados nos papéis podem levar alguns membros do grupo a se sentirem marginalizados. Desse modo, não é raro os conflitos de processo acabarem se transformando rapidamente em conflitos de relacionamento. Naturalmente, também é verdade que extensas discussões sobre como realizar uma tarefa deixam menos tempo para efetivamente trabalhar na tarefa. Todo mundo já participou de um grupo que passava tempo demais discutindo sobre papéis e responsabilidades sem chegar a lugar algum.

Loci de conflito

Outra maneira de entender o conflito é considerar seu *locus*, ou a estrutura na qual o conflito ocorre. Também neste caso, os *loci* (plural de *locus*) são classificados em três tipos básicos. O conflito diádico se dá entre duas pessoas. O conflito intragrupal ocorre *dentro* um grupo ou equipe. O conflito intergrupal ocorre *entre* grupos ou equipes.[13]

Praticamente todos os estudos sobre conflitos de tarefas, de relacionamento e de processo analisam o conflito intragrupal (dentro do grupo). Faz sentido, já que grupos e equipes normalmente só existem para realizar uma tarefa específica. Mas isso não necessariamente nos dá todas as informações que precisamos sobre o contexto e as consequências do conflito. Por exemplo, pesquisas revelaram que, para que o conflito de tarefas intragrupal melhore o desempenho, é importante que a equipe tenha uma cultura de apoio, na qual os erros não sejam penalizados e todos os membros da equipe cuidem uns dos outros.[14] Da mesma forma, as necessidades pessoais dos membros do grupo podem decidir o impacto positivo ou negativo do conflito de tarefas sobre o desempenho do grupo. Em um estudo de grupos de trabalho coreanos, o conflito de tarefas melhorou o desempenho quando os membros das equipes tinham uma grande necessidade de realização.[15]

Mas será que esse resultado também se aplica aos efeitos do conflito intergrupal? Pense, por exemplo, nos times da NFL (Liga Nacional de Futebol Americano, do inglês National Football League). Como vimos, para uma equipe se adaptar e melhorar, um pouco de conflito intragrupal (mas não muito) pode até ser bom para o desempenho, especialmente quando os jogadores podem contar com o apoio uns dos outros. Mas será que valeria a pena analisar o que aconteceria se os jogadores de um time

conflito diádico
Conflito que ocorre entre duas pessoas.

conflito intragrupal
Conflito que ocorre dentro de um grupo ou equipe.

conflito intergrupal
Conflito que ocorre entre diferentes grupos ou equipes.

Fonte: Patrick Fallon/Bloomberg/Getty Images

Sob a liderança de George Zimmer, fundador, CEO e porta-voz da Men's Warehouse (MW), a varejista se transformou em uma empresa multimilionária, com 1.143 lojas. Depois de se aposentar do cargo de CEO, Zimmer atuou como presidente executivo do conselho da MW até que um conflito intragrupal entre ele e outros membros do conselho resultou em seu afastamento.

ajudassem os jogadores de outro time? Provavelmente não. Afinal, se os grupos estão competindo entre si para que só um time possa "vencer", o conflito entre os times parece quase inevitável. Mesmo assim, é importante administrar esse conflito. Um intenso conflito intergrupal pode ser muito estressante para os membros do grupo e pode muito bem afetar a interação entre eles. Um estudo descobriu, por exemplo, que altos níveis de conflito entre equipes leva as pessoas a se concentrarem em seguir as normas de sua própria equipe.[16]

Você pode se surpreender ao saber que os indivíduos são mais importantes que os próprios grupos nos conflitos intergrupais. Um estudo voltado a investigar esse tipo de conflito encontrou uma relação entre a posição de um indivíduo dentro de um grupo e a maneira como esse indivíduo administrava o conflito entre grupos. Os membros que ocupavam posições relativamente periféricas em seu próprio grupo foram melhores na resolução de conflitos entre o seu grupo e outros grupos. Isso, no entanto, só aconteceu quando esses indivíduos ainda prestavam contas a seu grupo.[17] Assim, ocupar uma posição central em seu grupo de trabalho não necessariamente faz com que você seja a melhor pessoa para administrar conflitos com outros grupos.

Outra questão intrigante sobre o *loci* é saber se os conflitos interagem uns com os outros ou se eles se neutralizam mutuamente. Vamos supor, por exemplo, que Lia e Marcos trabalhem na mesma equipe. O que acontece se eles não se dão bem interpessoalmente (conflito diádico) e, ao mesmo tempo, a equipe tem um grande conflito de tarefas? Pode ser difícil progredir nessas condições. O que acontece com a equipe se dois outros membros, Lúcia e Gilson, se dão bem? A equipe pode continuar disfuncional ou o relacionamento positivo pode prevalecer.

Assim, para entender o conflito funcional e disfuncional, é preciso não somente identificar o tipo de conflito, mas também saber onde ele ocorre. Os conceitos de conflito de tarefas, de relacionamento e de processo podem até nos ajudar a entender o conflito intragrupal ou o conflito diádico, mas não ajudam muito a explicar os efeitos do conflito intergrupal. Então, como fazer com que o conflito seja o mais produtivo possível? Como veremos em seguida, ao entender melhor o processo de conflito, teremos mais informações sobre as possíveis variáveis controláveis.

O processo de conflito

O processo de conflito tem cinco estágios: incompatibilidade ou oposição potencial, cognição e personalização, intenções, comportamento e consequências (veja a Figura 14.2).[18]

Estágio I: incompatibilidade ou oposição potencial

O primeiro estágio do processo de conflito é o surgimento de condições (causas ou fontes) que criam oportunidades para sua ocorrência. Essas condições podem não levar diretamente ao conflito, mas uma delas precisa existir para que ele ocorra. Agrupamos as condições em três categorias: comunicação, estrutura e variáveis pessoais.

Comunicação Marina já trabalhava há três anos em gestão da cadeia de suprimentos em uma companhia farmacêutica. Ela adorava seu trabalho porque tinha um chefe excelente, o Sérgio. Só que Sérgio foi promovido e Alexandre ficou em seu lugar. Seis meses depois, Marina está frustrada no trabalho. "Sérgio e eu nos enten-

14.2 Descrever o processo de conflito.

processo de conflito
Processo de cinco estágios: incompatibilidade ou oposição potencial, cognição e personalização, intenções, comportamento e consequências.

FIGURA 14.2 O processo de conflito.

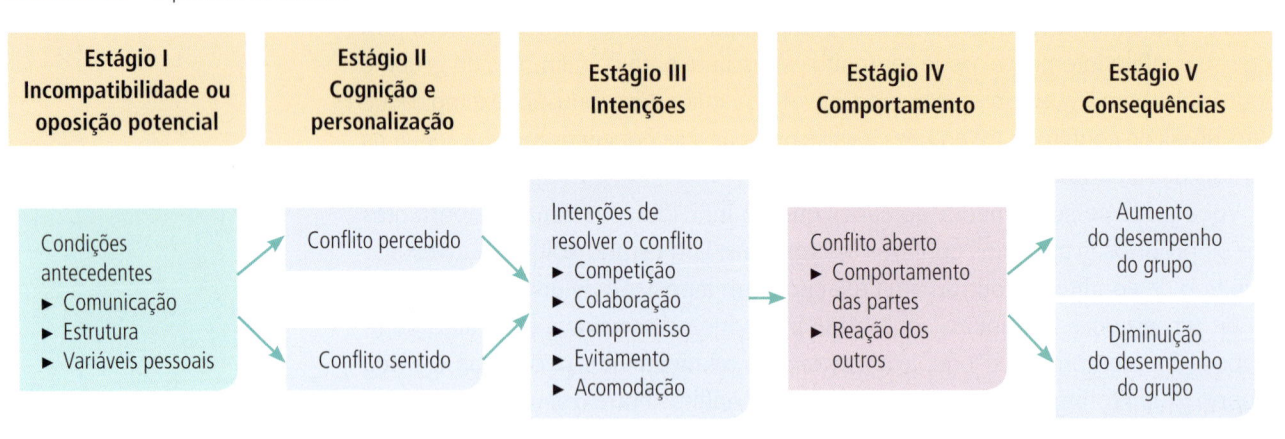

Estágio I Incompatibilidade ou oposição potencial	Estágio II Cognição e personalização	Estágio III Intenções	Estágio IV Comportamento	Estágio V Consequências
Condições antecedentes ▶ Comunicação ▶ Estrutura ▶ Variáveis pessoais	Conflito percebido Conflito sentido	Intenções de resolver o conflito ▶ Competição ▶ Colaboração ▶ Compromisso ▶ Evitamento ▶ Acomodação	Conflito aberto ▶ Comportamento das partes ▶ Reação dos outros	Aumento do desempenho do grupo Diminuição do desempenho do grupo

díamos muito bem. Com o Alexandre é diferente. Ele me manda fazer alguma coisa e eu faço do jeito que ele mandou. Só que, depois, ele vem dizer que eu fiz errado. Acho que ele pensa uma coisa, mas acaba dizendo outra. É assim desde o começo. Todo dia ele me dá alguma bronca. Com algumas pessoas, é mais fácil se comunicar. Mas Alexandre definitivamente não é uma delas!".

O relato de Marina mostra como a comunicação pode ser uma fonte de conflito.[19] A experiência dela representa as forças opostas que surgem de dificuldades semânticas, mal-entendidos e "ruídos" no canal de comunicação (veja o Capítulo 11). Esses fatores, aliados ao uso de jargões e informações insuficientes, podem se configurar em barreiras à comunicação, tornando-se condições que podem levar ao conflito. Também foi constatado que o potencial para o conflito aumentou com comunicação insuficiente ou *excessiva*. A comunicação é funcional até certo ponto, depois do qual é possível se comunicar mais do que o necessário, aumentando o potencial para o conflito.

Estrutura Milene e Fátima trabalham na Beleza Mobiliária, uma loja de móveis de Sorocaba, no interior de São Paulo. Milene é vendedora da loja e Fátima, gerente de crédito. As duas se conhecem há muitos anos e têm muitas coisas em comum. Elas são vizinhas de bairro e suas filhas mais velhas são colegas de escola e melhores amigas. Se Milene e Fátima tivessem empregos diferentes, até poderiam ser amigas, mas elas vivem em guerra uma com a outra. O trabalho de Milene é vender móveis e ela é excelente nisso. Mas a maioria de suas vendas é feita a crédito. Como a função de Fátima é minimizar as possíveis perdas da empresa com os crediários, ela, muitas vezes, recusa os pedidos de crédito dos clientes de Milene. Não há nada pessoal nisso; são as exigências dos cargos que se tornam fontes de conflitos.

Os conflitos entre Milene e Fátima são de natureza estrutural. A *estrutura* final, neste contexto, inclui variáveis como o tamanho do grupo, o grau de especialização em tarefas atribuídas a membros do grupo, clareza na definição de responsabilidades, compatibilidade entre os membros do grupo e seus objetivos, estilos de liderança, sistemas de recompensa e grau de dependência entre os grupos. Quanto maior for o grupo e quanto mais especializadas forem suas atividades, maior a probabilidade de conflito. O tempo no emprego e o conflito são inversamente relacionados, o que significa que, quanto mais tempo uma pessoa trabalha em uma organização, menos provável é o conflito. Portanto, o potencial de conflito é maior quando os membros do grupo são mais jovens e quando a rotatividade é alta.

Variáveis pessoais Você já conheceu alguém de quem não gostou logo de cara? Você provavelmente discordou da maioria das opiniões dessa pessoa. Tudo nela o desagradou, até detalhes insignificantes como o som da voz, o jeito de sorrir e a personalidade. Todo mundo já passou por isso. Quando temos de trabalhar com alguém assim, o potencial de conflitos aumenta.

Nossa última categoria de fontes potenciais de conflito são as variáveis pessoais, que incluem personalidade, emoções e valores. No que diz respeito a traços de personalidade, pessoas com alto grau de neuroticismo, automonitoramento e com baixa agradabilidade (veja o Capítulo 5) tendem a se envolver com outras pessoas com mais frequência e a reagir mal diante de conflitos.[20] As emoções podem causar conflitos mesmo quando não são direcionadas a outras pessoas. Um empregado que chega ao escritório irritado com uma greve do metrô pode levar essa irritação ao trabalho, resultando em possíveis interações tensas com os colegas.[21] Diferentes preferências e valores podem gerar níveis mais altos de conflito. Por exemplo, um estudo conduzido na Coreia descobriu que, quando os membros do grupo não concordavam com os níveis de desempenho desejados, o nível de conflito de tarefas foi mais alto; quando os membros do grupo não concordavam com a proximidade interpessoal desejada, o conflito de relacionamento foi maior; e, quando os membros do grupo não tinham desejos de poder semelhantes, houve mais conflitos em relação ao status.[22]

Estágio II: cognição e personalização

Se as condições do Estágio I afetarem negativamente os interesses das partes, o potencial de oposição ou incompatibilidade se concretizará no segundo estágio.

Como observamos em nossa definição de conflito, uma ou mais partes devem estar cientes da existência de condições antecedentes (condições potenciais de gerar conflito). Mas o simples fato de um conflito ser percebido não significa que ele será personalizado. É no nível do conflito sentido que as pessoas se envolvem emocionalmente e vivenciam ansiedade, tensão, frustração ou hostilidade.

O Estágio II é importante por ser neste ponto que as questões do conflito tendem a ser definidas, onde as partes decidem o que é o conflito.[23] A definição do conflito é importante por delinear os possíveis acordos. A maioria dos estudos sugere que as pessoas tendem a optar por estratégias cooperativas nas interações interpessoais, a menos que haja um sinal claro de que elas estão diante de uma pessoa competitiva. Se eu decidir que nosso desacordo é uma situação de soma-zero (ou seja, se você ganhar o aumento salarial que deseja, a quantia não estará disponível para mim), estarei muito menos disposto a colaborar do que se eu considerar que o conflito é uma potencial situação de ganha-ganha (ou seja, o total de recursos para os salários pode ser ampliado para que nós dois possamos ganhar o aumento desejado).

Em segundo lugar, as emoções desempenham um importante papel na formação das percepções.[24] As emoções negativas nos levam a simplificar demais as questões, perder a confiança e interpretar negativamente o comportamento do outro.[25] Já os sentimentos positivos aumentam nossa tendência de enxergar as possíveis relações entre os elementos de um problema, a ter uma visão mais ampla da situação e a chegar a soluções mais inovadoras.[26]

---

conflito percebido
Consciência de uma ou mais partes envolvidas quanto à existência de condições que criam oportunidades para o surgimento de conflitos.

conflito sentido
Envolvimento emocional em um conflito que gera ansiedade, tensão, frustração ou hostilidade.

Estágio III: intenções

As intenções intermediam as percepções e emoções das pessoas e seu comportamento manifesto. Elas são decisões de agir de determinada maneira.[27]

As intenções constituem um estágio distinto porque temos de inferir no intento do outro a fim de decidir como agir em resposta ao seu comportamento. Muitos conflitos se intensificam simplesmente porque uma das partes atribui intenções erradas à outra parte. O problema é que o comportamento nem sempre reflete com precisão as intenções de uma pessoa.

Podemos classificar a maneira de lidar com conflitos em duas dimensões. São elas o grau de *assertividade* (o grau em que uma das partes tenta satisfazer os próprios interesses) e o grau de *cooperação* (o grau em que uma das partes tenta satisfazer os interesses da outra). Essas dimensões podem nos ajudar a identificar cinco maneiras de lidar com conflitos: *competição* (assertiva e não cooperativa), *colaboração* (assertiva e cooperativa), *evitamento* (não assertiva e não cooperativa), *acomodação* (não assertiva e cooperativa) e *compromisso* (posição intermediária entre as duas dimensões).[28]

Competição Quando uma pessoa procura satisfazer seus próprios interesses, independentemente do impacto sobre as outras partes envolvidas no conflito, essa pessoa está competindo. Somos mais propensos a competir quando os recursos são escassos.

Colaboração Quando as partes de um conflito desejam satisfazer plenamente as preocupações de todas as partes, cooperando no sentido de atingir um resultado mutuamente benéfico. No caso, colaborar significa que a intenção das partes é solucionar o problema esclarecendo as diferenças, em vez de tentar acomodar os diversos pontos de vista. Ao tentar encontrar uma solução ganha-ganha, que permite que ambas as partes satisfaçam seus interesses, você está colaborando.

Evitamento Quando uma pessoa reconhece a existência do conflito, mas, em vez de procurar resolvê-lo, busca suprimi-lo ou ignorá-lo, ela está evitando o conflito. Alguns exemplos de evitamento incluem simplesmente tentar ignorar um conflito e ficar longe de pessoas de quem se discorda.

Acomodação Quando uma das partes procura apaziguar a outra parte, mostrando-se disposta a colocar os interesses do oponente acima dos seus e sacrificando-se para manter o relacionamento. Essa intenção pode ser chamada de acomodação e tem como exemplo apoiar a opinião de alguém mesmo sem concordar totalmente com ela.

Compromisso Quando há o compromisso, ninguém ganha e ninguém perde. Em vez disso, existe disposição de racionalizar o objeto do conflito e de aceitar uma solução que satisfaz parcialmente os interesses de ambas as partes. A característica mais importante dessa estratégia é, portanto, a disposição de cada uma das partes de abrir mão de algo para resolver o conflito.

Estágio IV: comportamento

Quando a maioria das pessoas pensa em conflito, tende a focar no Estágio IV, pois é aqui que os conflitos se tornam visíveis. O estágio do comportamento inclui as declarações, ações e reações das partes envolvidas no conflito, geralmente como em tentativas explícitas de cada uma das partes conflitantes de implementar suas estratégias. Como resultado de erros de cálculo ou de ações inábeis, os comportamentos manifestos, às vezes, desviam-se de suas intenções originais.[29]

Intenções
Decisões de agir de determinada maneira.

competição
Desejo de satisfazer os próprios interesses, independentemente do impacto sobre a outra parte do conflito.

colaboração
Situação em que as partes do conflito buscam satisfazer plenamente os desejos de todas as partes.

evitamento
Desejo de uma pessoa de se retirar de um conflito ou de suprimi-lo.

acomodação
Disposição de uma das partes em conflito de colocar os interesses do oponente acima dos seus.

compromisso
Situação na qual as partes se dispõem a abrir mão de algo para solucionar um conflito.

Podemos pensar no Estágio IV como um processo dinâmico de interação. Por exemplo, você me faz uma exigência; eu reajo discutindo; você me ameaça; eu o ameaço de volta; e assim por diante. A Figura 14.3 apresenta uma gradação do comportamento conflitante. Todos os conflitos ocorrem em algum ponto dessa escala progressiva. Na parte de baixo, temos conflitos caracterizados por formas de tensão sutis, indiretas e controladas, como um aluno que, durante a aula, questiona um comentário que o professor acabou de fazer. A intensidade dos conflitos vai crescendo à medida que subimos no *continuum*, até chegar às formas altamente destrutivas. Greves, revoltas e guerras enquadram-se claramente nesse patamar. De maneira geral, podemos dizer que os conflitos que atingem o patamar mais alto quase sempre são disfuncionais. Os conflitos funcionais costumam ficar limitados aos patamares mais baixos.

Intenções que são levadas a um conflito acabam sendo traduzidas em comportamentos. A *competição* leva a tentativas de combater os membros da equipe e a maior empenho individual para atingir os objetivos sem trabalhar em colaboração. A *colaboração* leva à exploração de diferentes soluções com outros membros da equipe e à tentativa de encontrar uma solução que satisfaça ao máximo todas as partes envolvidas. O *evitamento* revela-se em comportamentos como o de recusar-se a falar sobre os problemas e o de reduzir o empenho para atingir os objetivos do grupo. As pessoas que se *acomodam* priorizam mais os relacionamentos do que as questões envolvidas no conflito, aceitando as opiniões dos outros e, às vezes, agindo com eles como um subgrupo. Quando as pessoas assumem um *compromisso*, elas sacrificam parte de seus interesses na esperança de que, se todos fizerem o mesmo, o grupo chegue a um acordo.

Uma revisão de estudos voltada a analisar os efeitos dos quatro tipos de comportamentos constatou que a abertura a novas experiências e a colaboração foram associadas a um melhor desempenho do grupo, ao passo que estratégias de evitamento e de competição foram associadas a um desempenho significativamente pior do grupo.[30] Esses efeitos foram quase tão intensos quanto aqueles do conflito de relacionamento. A colaboração pode ser especialmente eficaz em tarefas em que a inovação é necessária, mas pode levar à desconfiança e a conflitos quando os grupos são divididos em outros grupos menores de duas ou três pessoas para realizar

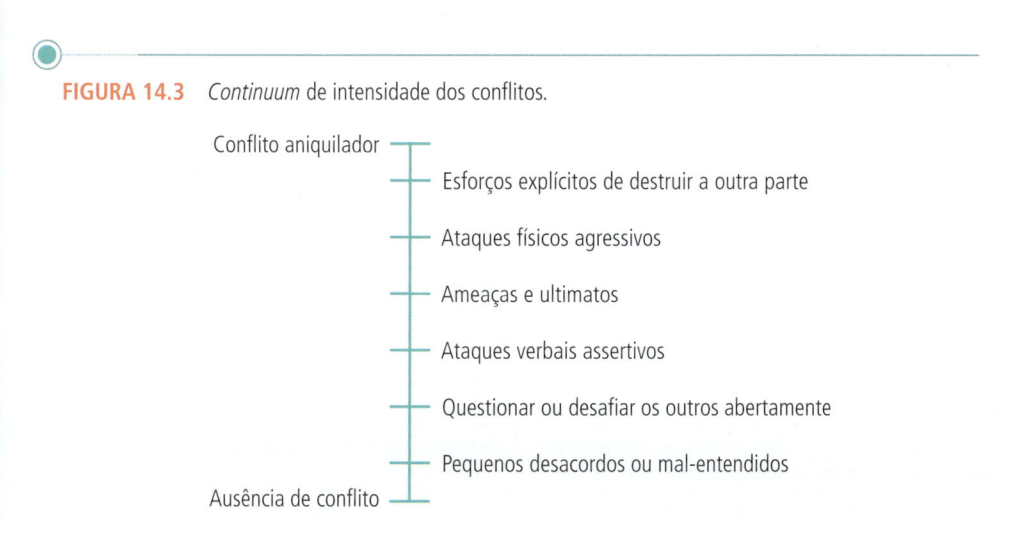

FIGURA 14.3 *Continuum* de intensidade dos conflitos.

Conflito aniquilador
— Esforços explícitos de destruir a outra parte
— Ataques físicos agressivos
— Ameaças e ultimatos
— Ataques verbais assertivos
— Questionar ou desafiar os outros abertamente
— Pequenos desacordos ou mal-entendidos
Ausência de conflito

Fontes: baseado em S. P. Robbins, *Managing Organizational Conflict: A Nontraditional Approach* (Upper Saddle River, NJ: Prentice Hall, 1974): 93–97; e F. Glasi, "The Process of Conflict Escalation and the Roles of Third Parties", in G. B. J. Bomers e R. Peterson (eds.), *Conflict Management and Industrial Relations* (Boston: Kluwer-Nijhoff, 1982): 119–40.

tarefas específicas.³¹ Pessoas alocadas em posições de poder tendem a ter mais dificuldade em aplicar estratégias colaborativas.³² Esses resultados demonstram que não é só a existência de conflitos ou o tipo de conflito que criam problemas, mas sim as maneiras como as pessoas reagem e administram o processo quando os conflitos surgem.

Se um conflito for disfuncional, o que as partes podem fazer para reduzi-lo? Ou, inversamente, quais são as opções se o conflito for insuficiente para ser funcional e precisar ser intensificado? Nesses casos, é preciso aplicar técnicas de gestão de conflitos. A Tabela 14.1 mostra as principais técnicas de resolução e de estimulação que os gestores podem utilizar para controlar os níveis de conflito. Já descrevemos várias delas como maneiras de lidar com conflitos. Em condições ideais, as intenções de uma pessoa deveriam se traduzir em comportamentos compatíveis.

gestão de conflitos
Utilização de técnicas de resolução e de estímulo para atingir o nível desejado de conflito.

Estágio V: consequências

O jogo de ação e reação entre as partes de um conflito resulta em consequências. Como demonstra nosso modelo (veja a Figura 14.1), essas consequências podem ser funcionais quando resultam em melhoria do desempenho do grupo, ou podem ser disfuncionais, quando prejudicam seu desempenho.

Consequências funcionais   De que maneira o conflito pode atuar como uma força para melhorar o desempenho do grupo? É difícil imaginar uma situação em que a agressividade explícita ou violenta possa ser funcional. No entanto, níveis baixos ou moderados de conflito podem melhorar a eficácia do grupo. Note como todos os

TABELA 14.1   Técnicas de gestão de conflitos.

Técnicas de resolução de conflitos	
Resolução de problemas	Reuniões presenciais com o propósito de identificar o problema e resolvê-lo por meio de uma discussão aberta.
Objetivos superordenados	Criar um objetivo compartilhado que não possa ser atingido sem a cooperação de cada uma das partes conflitantes.
Expansão de recursos	Expandir a oferta de um recurso escasso (por exemplo, dinheiro, promoções, oportunidades, espaço no escritório).
Evitamento	Retirar-se ou suprimir o conflito.
Suavização	Reduzir as diferenças e enfatizar os interesses comuns das partes em conflito.
Compromisso	Fazer com que cada uma das partes do conflito abra mão de algo valioso.
Comando autoritário	Deixar que a gestão use sua autoridade formal para resolver o conflito e depois comunique seus desejos às partes envolvidas.
Alteração de variáveis humanas	Usar técnicas de mudança comportamental, como treinamentos em relações humanas, para alterar atitudes e comportamentos causadores de conflitos.
Alteração de variáveis estruturais	Alterar a estrutura formal da organização e os padrões de interação das partes conflitantes por meio do redesenho de funções, transferências, criação de posições de coordenação etc.
Técnicas de estimulação de conflitos	
Comunicação	Usar mensagens ambíguas ou ameaçadoras para aumentar os níveis de conflito.
Trazer pessoas estranhas	Incluir em um grupo de trabalho empregados cujas origens, valores, atitudes ou estilos gerenciais sejam diferentes daqueles dos membros atuais.
Reestruturação da organização	Realinhar grupos de trabalho, alterar regras e regulamentos, aumentar a interdependência e fazer outras mudanças estruturais similares com o objetivo de romper com o *status quo*.
Nomeação de um "advogado do diabo"	Designar uma pessoa para o papel de crítico, encarregada de argumentar, propositadamente, contra as posições majoritárias do grupo.

Fonte: baseado em S. P. Robbins, *Managing Organizational Conflict: A Nontraditional Approach* (Upper Saddle River, NJ: Prentice Hall, 1974): 59–89.

nossos exemplos concentram-se em conflitos de tarefas ou de processo e excluem a variável de relacionamento.

Os conflitos são construtivos quando melhoram a qualidade das decisões, estimulam a criatividade e a inovação, encorajam o interesse e a curiosidade dos membros do grupo, oferecem um canal para arejar os problemas e liberar as tensões e fomentam um ambiente de autoavaliação e de mudança. Conflitos leves também podem revitalizar os membros do grupo, de modo que eles se tornem mais ativos, energizados e engajados no trabalho.[33]

Consequências disfuncionais As consequências destrutivas dos conflitos sobre o desempenho de um grupo ou organização são bem conhecidas: a oposição acirrada leva ao descontentamento, que dissolve os vínculos entre as pessoas, o que, por sua vez, acaba levando à destruição do grupo. E, como seria de se esperar, muitos estudos documentam como os conflitos disfuncionais podem reduzir a eficácia dos grupos.[34] Entre as consequências mais indesejáveis estão problemas de comunicação, redução da coesão do grupo e subordinação das metas do grupo às prioridades das rivalidades entre seus membros. Todas as formas de conflito, até mesmo as funcionais, parecem reduzir a satisfação e a confiança dos membros do grupo.[35] Quando as discussões ativas se transformam em conflitos abertos entre os membros, a troca de informações entre eles é consideravelmente reduzida.[36] Em situações extremas, o conflito pode paralisar o grupo e até ameaçar sua sobrevivência.

Gerenciando os conflitos funcionais O que os gestores podem fazer para gerenciar o conflito nas organizações caso percebam que, em algumas situações, ele pode beneficiar o grupo? Além de conhecer os princípios que acabamos de discutir, eles também podem seguir algumas diretrizes práticas.

A IBM incentiva os empregados a se envolver em conflitos funcionais que resultam em inovações, como o supercomputador Watson, projetado para aprender por meio do mesmo processo do cérebro humano. Para fomentar a inovação, a IBM mobiliza a tensão criativa das diferentes ideias e habilidades dos empregados, fornece um ambiente de trabalho que promove a possibilidade de correr riscos e também o pensamento "fora da caixa".

Fonte: Jon Simon/Feature Photo Service/Newscom

Para começar, uma das soluções para minimizar os conflitos contraproducentes é reconhecer quando realmente há discordância. Muitos conflitos percebidos se devem a pessoas que usam jargões diferentes para sugerir o mesmo plano de ação. Por exemplo, um profissional do marketing pode se concentrar em "problemas de distribuição", enquanto o de operações falará sobre "gestão da cadeia de suprimento" para descrever basicamente a mesma questão. Os gestores que sabem administrar os conflitos funcionais reconhecem essas diferenças e tentam resolvê-las ao incentivar um diálogo franco e aberto focado nos interesses e não nos problemas.

Outra abordagem é pedir para grupos opostos escolherem partes da solução que consideram mais importantes e focarem em como cada lado pode satisfazer suas principais prioridades. Pode acontecer de nenhum dos lados conseguir exatamente o que quer, mas os grupos poderão satisfazer os interesses que mais valorizam.[37]

Em terceiro lugar, os grupos que sabem resolver os conflitos discutem abertamente as diferenças de opinião e se dispõem a administrar os conflitos assim que eles surgem.[38] Os conflitos mais desestabilizadores são os que nunca são abordados diretamente. Um diálogo aberto facilita chegar a uma percepção compartilhada dos problemas e permite que os grupos trabalhem para chegar a uma solução aceitável para todos.

Em quarto lugar, os gestores precisam enfatizar os interesses em comum na resolução de conflitos, para que os grupos que discordam uns dos outros não se apeguem demais aos próprios pontos de vista e não comecem a levar os conflitos para o lado pessoal. Grupos com estilos de conflitos cooperativos e com uma grande identificação com seus objetivos são mais eficazes do que grupos com estilo competitivo.[39]

As diferenças entre países na resolução de conflitos podem se basear em tendências e motivações coletivistas.[40] As culturas coletivistas consideram que as pessoas são integradas em situações sociais, enquanto as culturas individualistas consideram que as pessoas são autônomas. Como resultado, os coletivistas são mais propensos a buscar preservar os relacionamentos e promover o bem-estar do grupo como um todo. Evitam expressões diretas dos conflitos, preferindo métodos indiretos para resolver as diferenças de opinião. Os coletivistas também podem ter mais interesse em manifestações de preocupação e em trabalhar com terceiros para resolver discordâncias, ao passo que os individualistas são mais propensos a confrontar as diferenças de opinião de modo direto e aberto.

Algumas pesquisas confirmam essa teoria. Em comparação com os negociadores japoneses, mais coletivistas, os norte-americanos, mais individualistas, são mais propensos a considerar as ofertas como injustas e rejeitá-las. Outro estudo revelou que, enquanto os gestores norte-americanos apresentavam uma tendência maior a usar táticas de competição diante de conflitos, a concessão e o evitamento foram os métodos preferenciais para administrar conflitos na China.[41] Contudo, dados de entrevistas sugerem que as equipes da alta gestão de empresas de tecnologia chinesas preferem a colaboração ainda mais que o compromisso e o evitamento.[42]

As negociações interculturais também podem gerar problemas de confiança.[43] Em um estudo com negociadores indianos e norte-americanos, os respondentes relataram confiar menos nos negociadores da outra cultura. O nível mais baixo de confiança foi associado a menor capacidade de encontrar interesses em comum entre as partes, o que ocorreu porque os negociadores da outra cultura se mostraram menos dispostos a revelar e a solicitar informações. Outro estudo descobriu que tanto os negociadores norte-americanos quanto os chineses tendem a apresentar um viés endogrupo, o que os leva a favorecer parceiros de negociação da própria cultura. Para os negociadores chineses, esse efeito foi mais intenso quando os requisitos de responsabilidade eram altos.

Agora que analisamos os conflitos — sua natureza, causas e consequências —, vamos nos voltar à negociação, que, muitas vezes, pode resolver um conflito.

Negociação

14.3 Comparar a negociação distributiva com a negociação integrativa.

A negociação permeia todas as interações em grupos e organizações. Algumas são óbvias, como sindicatos de trabalhadores negociando com a gestão de uma empresa. Outras não são tão óbvias, como gestores negociando com empregados, colegas e chefes; vendedores negociando com clientes; e representantes de compras negociando com fornecedores. Outras são sutis, como um empregado que aceita fazer o trabalho do colega por alguns minutos em troca de algum benefício. Nas organizações de hoje, em que a estruturação é fluida, onde os membros precisam trabalhar com colegas sobre os quais não têm qualquer autoridade e com quem podem não ter um chefe em comum, as habilidades de negociação são ainda mais importantes.

Definiremos negociação como o processo pelo qual duas ou mais partes decidem como alocar recursos escassos.[44] Apesar de estarmos acostumados a pensar nos resultados de uma negociação em termos financeiros isolados, como negociar o preço de um carro, todas as negociações também afetam o relacionamento entre os negociadores e a maneira como eles se sentem a respeito de si mesmos.[45] Dependendo de como as partes interagem, às vezes manter o relacionamento social e apresentar um comportamento ético pode ser tão importante quanto o resultado imediato da barganha. Note que usaremos os termos *negociação* e *barganha* como sinônimos, de forma alternada.

negociação
Processo pelo qual duas ou mais partes trocam bens ou serviços e tentam concordar sobre o valor que essa troca representa para elas.

Estratégias de negociação

Em geral, podemos classificar as negociações em duas abordagens: a *negociação distributiva* e a *negociação integrativa*.[46] Como mostra a Tabela 14.2, elas diferem em seus objetivos, na motivação dos negociadores, no foco, nos interesses das partes, na troca de informações e na duração do relacionamento. Vamos definir cada um desses fatores e ilustrar suas diferenças.

Negociação distributiva Você vê na internet um anúncio de venda de um carro usado. Parece ser exatamente o que você está procurando. Quando você vai ver o carro, ele é perfeito e você quer ficar com ele. O proprietário lhe diz o preço, mas você não quer pagar tudo isso. Então, vocês dois negociam. Essa estratégia de negociação é chamada negociação distributiva. Sua principal característica é operar em condições de soma-zero, ou seja, tudo o que eu conseguir ganhar será à sua custa, e vice-versa. Com referência ao exemplo do carro usado, cada real que o vendedor tirar do preço será um real que o comprador poupará, e cada real a mais no preço será um real de prejuízo para o comprador. Assim, a essência da negociação distributiva é a barganha sobre o tamanho da parcela que cada um consegue obter de um montante fixo. Por montante fixo queremos dizer que as partes que barganham acreditam que há somente uma quantidade fixa de bens ou serviços a serem divididos. Quando as quantidades são fixas, ou quando as partes acreditam que assim o seja, elas tendem a barganhar de maneira distributiva.

negociação distributiva
Negociação que busca dividir uma quantia fixa de recursos; situação de ganha-perde.

montante fixo
A crença de que existe somente uma quantidade fixa de bens ou serviços a serem divididos entre as partes.

TABELA 14.2 Negociação distributiva *versus* negociação integrativa.

Característica da negociação	Negociação distributiva	Negociação integrativa
Objetivo	Conseguir o máximo possível do montante em disputa	Aumentar o montante em disputa para que ambas as partes fiquem satisfeitas
Motivação	Se uma parte ganha, a outra perde (ganha-perde)	As duas partes saem ganhando (ganha-ganha)
Foco	Posições ("Não posso ir além deste ponto nesta questão")	Interesses ("Você pode me explicar por que essa questão é tão importante para você?")
Interesses	Opostos	Congruentes
Compartilhamento de informações	Baixo (compartilhar informações só fará com que a outra parte fique em vantagem)	Alto (compartilhar informações permitirá que cada parte encontre maneiras de satisfazer os interesses de cada uma delas)
Duração do relacionamento	Curto prazo	Longo prazo

A essência da negociação distributiva é apresentada na Figura 14.4. As partes *A* e *B* representam dois negociadores. Cada um possui um *ponto-alvo*, que define o que se pretende conseguir na negociação. Cada um tem também um *ponto de resistência*, que marca o pior resultado aceitável, ou seja, o ponto abaixo do qual é melhor abandonar a negociação do que aceitar um acordo menos favorável. A área entre esses dois pontos define a *zona de aspiração* de cada um. Se houver alguma sobreposição entre as zonas de aspiração de *A* e *B*, há uma *zona de possível acordo*, na qual os interesses de cada parte podem ser satisfeitos.

Quando se está envolvido em uma negociação distributiva, um dos melhores procedimentos é fazer uma primeira oferta agressiva. Fazer a primeira oferta demonstra poder, já que as pessoas em posições de poder têm muito mais chances de fazer as ofertas iniciais, de ser os primeiros a falar nas reuniões e, desse modo, ficar em posição de vantagem. Outra razão é o viés de ancoragem, que vimos no Capítulo 6. As pessoas tendem a "se ancorar" nas informações iniciais. Uma vez que essa âncora é estabelecida, elas não conseguem se ajustar adequadamente com base em informações subsequentes. Os negociadores experientes lançam uma âncora com a oferta inicial e as pesquisas demonstram que essas âncoras favorecem muito quem as lança.[47]

FIGURA 14.4 Estabelecendo a zona de negociação.

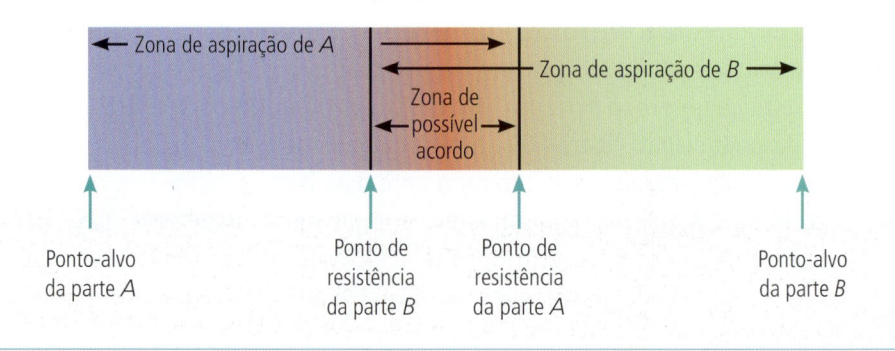

CAPÍTULO 14 – CONFLITO E NEGOCIAÇÃO

535

Digamos que você receba uma oferta de emprego e seu provável empregador lhe pergunte qual é o valor esperado de seu salário inicial. Você acabou de receber um grande presente: a chance de lançar a âncora, significando que você deve pedir o maior salário razoável dentro do que julga que o empregador pode oferecer. Pedir um milhão de reais soará ridículo, e por isso sugerimos o máximo que você julgar *razoável*. Acontece muito de errarmos por excesso de precaução e, com medo de assustar o empregador, acabamos concordando com pouco. De fato, é possível espantar um empregador e é verdade que eles não gostam de candidatos muito assertivos nas negociações salariais, mas gostar não é o mesmo que respeitar ou fazer o que for necessário para contratar ou reter alguém.[48] É muito mais frequente pedirmos menos do que poderíamos conseguir.

Negociação integrativa Jim Wetzel e Lance Lawson eram proprietários da Jake, uma boutique de luxo de Chicago. No começo da empreitada, Wetzel e Lawson movimentaram milhões de dólares em mercadorias de muitos designers promissores. Eles desenvolveram um relacionamento tão bom que muitos designers mandavam produtos para a Jake sem exigir pagamento antecipado. Quando a economia entrou em recessão no ano de 2008, a empresa teve dificuldade de vender os produtos que tinha em estoque e de pagar os designers. Embora muitos designers estivessem dispostos a trabalhar com a loja mesmo com os pagamentos atrasados, Wetzel e Lawson pararam de retornar suas ligações. A designer Doo-Ri Chung lamentou: "A gente meio que cria um laço de amizade com pessoas que passaram tanto tempo nos ajudando. Quando eles estão com problemas de fluxo de caixa, a gente também quer ajudar".[49] A atitude de Chung ilustra a promessa da negociação integrativa. Ao contrário da negociação distributiva, a negociação integrativa opera sob a premissa de que há um ou mais acordos capazes de levar a uma solução ganha-ganha. Mas,

negociação integrativa
Negociação que busca um ou mais acordos que possam gerar uma solução ganha-ganha.

Fonte: Paul Sancya/AP Images

Empregados da General Motors e representantes do sindicato United Auto Workers dão o aperto de mão cerimonial ao abrir novas negociações contratuais. Eles estão comprometidos com negociações integrativas e trabalham para negociar acordos ganha-ganha para melhorar a competitividade da GM. Da esquerda para a direita: Mary Barra, CEO da GM, Dennis Williams, presidente do UAW, Cathy Clegg, vice-presidente da GM, e Cindy Estrada, vice-presidente do UAW.

como o exemplo da Jake mostra, essa negociação requer o envolvimento de ambas as partes para funcionar.

A Figura 14.5 ilustra como as duas estratégias podem ser utilizadas no mesmo episódio de negociação. No início, podem ser usadas estratégias integrativas e, mais adiante, as estratégias distributivas. Voltando ao exemplo anterior, se Wetzel e Lawson tivessem concordado em trabalhar com Chung para resolver o problema do estoque não vendido, Chung poderia começar esclarecendo suas necessidades para Wetzel e Lawson e depois articular seus interesses de manter o relacionamento enquanto evita chegar a um acordo nesse momento. Uma vez estabelecidas todas as necessidades e interesses de ambas as partes, Chung poderia passar para uma estratégia distributiva, estabelecendo objetivos alinhados com suas necessidades e interesses e tentando maximizar o escopo do atingimento desses objetivos.

Em termos de comportamento intraorganizacional, a negociação integrativa é preferível à distributiva porque a primeira forma relacionamentos de longo prazo. Essa abordagem cria vínculos entre os negociadores e todos saem da mesa de negociação se sentindo vitoriosos. A negociação distributiva, por sua vez, deixa uma das partes sentindo que saiu perdendo, acaba gerando animosidade e aprofunda as divisões entre pessoas que precisam trabalhar juntas por mais tempo. Pesquisas demonstram que, em repetidos episódios de negociação, o lado "perdedor", ao sentir-se bem com o resultado, tem muito mais chances de ser cooperativo nas próximas negociações.

Então por que não vemos mais negociações integrativas nas organizações? A resposta está nas condições necessárias para que esse tipo de barganha aconteça. As partes envolvidas precisam revelar abertamente as informações e serem francas no que diz respeito a seus interesses, ter sensibilidade com relação às necessidades mútuas, ter capacidade de confiar umas nas outras e mostrar disposição para manter certa flexibilidade.[50] Como essas condições raramente são encontradas nas organizações, as negociações, em geral, seguem uma dinâmica do tipo "ganhar a qualquer custo". As características pessoais dos empregados e a percepção da necessidade de prestar contas também afetam a possibilidade de que os negociadores cheguem a uma solução integrativa. A utilização e a eficácia das estratégias de negociação podem depender do foco que regula o envolvimento das partes (por exemplo, foco na promoção ou na prevenção; veja o Capítulo 7) e a necessidade de prestar contas a terceiros, como um gestor. As pessoas também têm mais chances de usar a negociação integrativa quando a outra parte demonstra ambivalência emocional.[51]

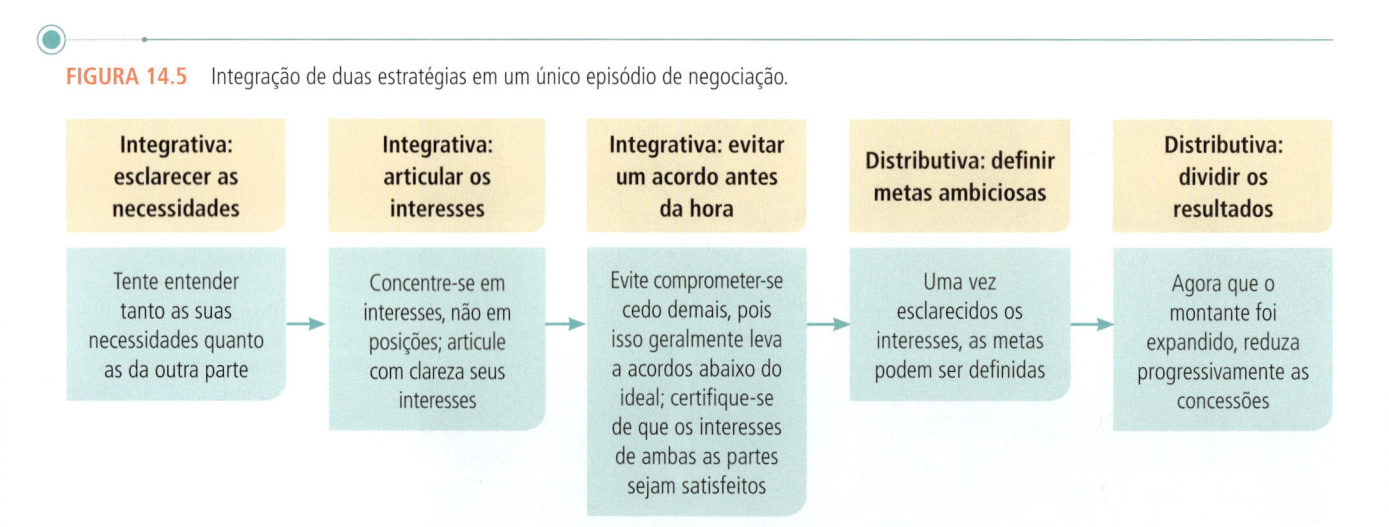

FIGURA 14.5 Integração de duas estratégias em um único episódio de negociação.

Integrativa: esclarecer as necessidades	Integrativa: articular os interesses	Integrativa: evitar um acordo antes da hora	Distributiva: definir metas ambiciosas	Distributiva: dividir os resultados
Tente entender tanto as suas necessidades quanto as da outra parte	Concentre-se em interesses, não em posições; articule com clareza seus interesses	Evite comprometer-se cedo demais, pois isso geralmente leva a acordos abaixo do ideal; certifique-se de que os interesses de ambas as partes sejam satisfeitos	Uma vez esclarecidos os interesses, as metas podem ser definidas	Agora que o montante foi expandido, reduza progressivamente as concessões

Mito ou ciência?

Em culturas coletivistas, equipes negociam melhor do que indivíduos

De acordo com um estudo recente, essa afirmação parece ser falsa.

Em geral, estudos sugerem que equipes negociam melhor do que indivíduos negociando sozinhos. Algumas evidências indicam que as negociações em equipe levam a metas mais ambiciosas e que equipes se comunicam mais entre si do que os negociadores individuais.

Tendemos a achar que, se esse for realmente o caso, isso é especialmente verdadeiro em culturas coletivistas, nas quais as pessoas têm mais chances de pensar nos objetivos coletivos e ficam mais à vontade trabalhando em equipes. Um estudo para investigar negociações feitas por equipes nos Estados Unidos e em Taiwan, no entanto, sugere que isso não é verdade. Os pesquisadores conduziram dois estudos comparando equipes de duas pessoas com negociadores individuais. Eles definiram a eficácia da negociação como a eficácia em produzir um resultado ideal para os dois lados. Equipes norte-americanas foram mais eficazes do que os indivíduos nos dois estudos. Em Taiwan, os indivíduos sozinhos se saíram melhor do que as equipes.

Segundo os pesquisadores, isso aconteceu porque, em Taiwan, já existem normas para respeitar a harmonia, tendência que é aumentada pela negociação em equipe. Isso pode ser um problema porque as equipes podem acabar se contentando com uma solução satisfatória, mas não ideal, para evitar conflitos quando as normas de cooperação são excepcionalmente rigorosas. Quando os taiwaneses negociam sozinhos, pelo menos eles têm como expressar com clareza seus próprios interesses. Por outro lado, como os Estados Unidos têm uma cultura individualista, os negociadores individuais podem se focar nos próprios interesses, o que dificulta que soluções integrativas sejam atingidas. Quando os norte-americanos negociam em equipe, eles tendem a focar menos nos interesses individuais e, portanto, podem chegar a soluções melhores.

Em geral, essas descobertas sugerem que negociar individualmente é mais eficaz em culturas coletivistas e que negociar em equipe funciona melhor em culturas individualistas.

Fontes: baseado em M. J. Gelfand, et al., "Toward a Culture-by-Context Perspective on Negotiation: Negotiating Teams in the United States and Taiwan", *Journal of Applied Psychology* 98 (2013): 504–13; e A. Graf, S. T. Koeszegi e E. M. Pesendorfer, "Electronic Negotiations in Intercultural Interfirm Relationships", *Journal of Managerial Psychology* 25 (2010): 495–512.

Fazer concessões para chegar a um meio-termo pode ser seu pior inimigo em uma negociação ganha-ganha, já que uma concessão reduz a pressão para negociar de forma integrativa. Afinal, se você ou seu oponente se submetem facilmente às exigências, ninguém é forçado a ser criativo para conseguir um acordo que maximize os interesses dos dois. Dessa forma, as pessoas acabam se contentando com menos do que poderiam ter obtido se fossem forçadas a considerar os interesses da outra parte, conciliar os problemas e serem criativas.[52] Pense no exemplo de duas irmãs que estão discutindo sobre quem fica com uma laranja. Sem que elas saibam, uma delas queria a laranja para tomar o suco, ao passo que a outra queria a casca para fazer um bolo. Se uma delas desistir e der a laranja para a outra, elas não serão forçadas a explorar os motivos para querer a laranja e nunca encontrarão a solução ganha-ganha: *ambas* poderiam ter a laranja porque querem partes diferentes dela!

O processo de negociação

14.4 Aplicar os cinco passos do processo de negociação.

A Figura 14.6 apresenta um modelo simplificado do processo de negociação. Podemos dividir o processo em cinco passos: (1) preparação e planejamento; (2) definição de regras básicas; (3) esclarecimentos e justificativas; (4) barganha e solução de problemas e (5) conclusão e implementação.[53]

Preparação e planejamento Antes de começar a negociação, você precisa fazer a lição de casa. Qual é a natureza do conflito? Quais eventos levaram a essa negociação? Quem está envolvido e quais são suas percepções sobre o conflito? O que você pretende com essa negociação? Quais são as *suas* metas? Se você, por exemplo, for um gerente de compras da Dell e sua meta for conseguir um bom desconto de um fornecedor de teclados, você precisa assegurar que essa meta seja uma prioridade

FIGURA 14.6 A negociação.

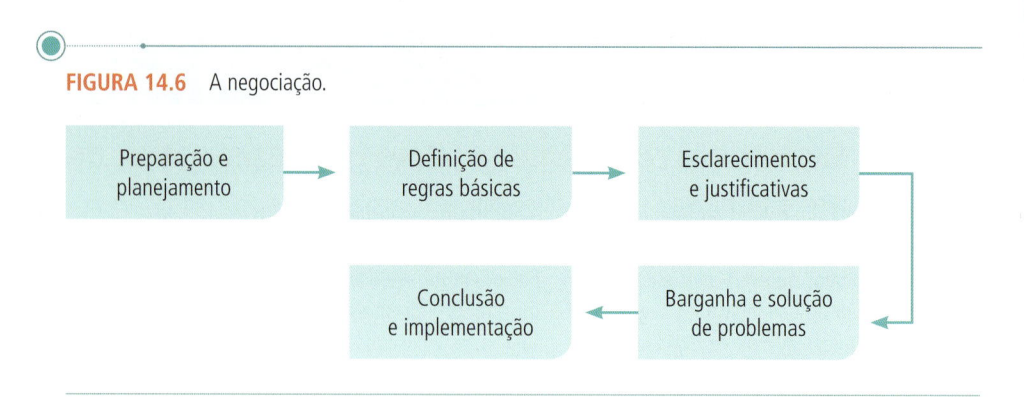

```
Preparação e        Definição de         Esclarecimentos
planejamento    →   regras básicas   →   e justificativas
                                                │
                                                ↓
Conclusão       ←   Barganha e solução
e implementação     de problemas
```

nas discussões e não permitir que outras questões ganhem mais importância. Ajuda muito colocar no papel as metas e seus resultados possíveis (do "mais desejável" ao "mínimo aceitável") para manter o foco.

Você também pode fazer uma avaliação do que acredita ser as metas da outra parte. O que eles provavelmente querem? Até que ponto a posição deles é firme? Quais interesses intangíveis ou não revelados podem ser importantes para eles? Quais seriam os acordos aceitáveis para eles? Quando você consegue se adiantar à posição de seu oponente, fica mais bem preparado para contra-argumentar com fatos ou dados que embasem sua posição.

Os relacionamentos mudam como resultado da negociação e isso deve ser levado em consideração. Se você pode "ganhar" uma negociação, deixando o outro lado com um sentimento de animosidade e ressentimento, seria mais sensato adotar um estilo mais concessivo. No entanto, se preservar o relacionamento o leva a se sentir impotente e vulnerável a ser explorado, seria interessante considerar o uso de um estilo mais agressivo. Do mesmo modo como o tom de um relacionamento estabelecido nas negociações é importante, leve em conta que as pessoas que se sentem bem com o *processo* de uma negociação de oferta de emprego ficam mais satisfeitas com seu trabalho e são menos propensas a deixar a empresa um ano depois, independentemente do verdadeiro *resultado* da negociação.[54]

Depois de reunir as informações necessárias, você deve utilizá-las para elaborar uma estratégia. Como parte de sua estratégia, você precisa decidir a melhor alternativa sem acordo — MASA (do inglês *best alternative to a negotiated agreement* — BATNA). Sua MASA determina o menor valor aceitável para negociar um acordo. Qualquer oferta acima de sua MASA é melhor que o impasse.

Em praticamente todos os casos, a parte que tiver alternativas superiores terá resultados melhores em uma negociação, de modo que os especialistas recomendam que os negociadores reforcem sua MASA antes de qualquer interação. Essa regra tem uma exceção interessante: os negociadores que não têm absolutamente qualquer alternativa a um acordo negociado às vezes arriscam tudo porque nem chegam a considerar o que aconteceria se a negociação fosse um fracasso.[55] Pense bem no que o outro lado está disposto a abrir mão. As pessoas que subestimam a disposição dos oponentes a fazer concessões em questões importantes antes mesmo do início da negociação acabam obtendo os piores resultados.[56] Por outro lado, você não deve esperar ter sucesso na negociação se não conseguir oferecer à outra parte uma proposta mais atraente que a MASA dela.

Definição das regras básicas Depois de ter feito seu planejamento e elaborado sua estratégia, você está pronto para definir, em conjunto com seu oponente, as regras

---

MASA – Melhor alternativa sem acordo
Melhor alternativa para um acordo negociado; o mínimo que uma parte deve aceitar durante uma negociação.

e procedimentos que orientarão a negociação. Quem serão os negociadores? Onde a negociação será realizada? Qual é o prazo, se for o caso? A quais questões a negociação estará limitada? O que fazer caso vocês cheguem a um impasse? Durante essa etapa, as partes também devem expor suas primeiras propostas ou demandas.

Esclarecimentos e justificativas   Depois que as posições iniciais forem estabelecidas, ambas as partes explicam, estendem, esclarecem, reforçam e justificam suas demandas originais. Não é preciso haver confronto. Pelo contrário, essa é uma oportunidade de explicar e informar a outra parte sobre as questões envolvidas, as razões de sua importância e como você chegou às propostas iniciais. Apresente à outra parte qualquer documentação que ajude a embasar sua posição.

Barganha e solução de problemas   A base do processo de negociação é o "toma lá dá cá", na tentativa de se chegar a um acordo. Nessa etapa, ambas as partes deverão fazer algumas concessões.

Conclusão e implementação   A última etapa do processo de negociação é formalizar o acordo firmado e desenvolver os procedimentos necessários para sua implementação e monitoramento. Em grandes negociações (como acordos trabalhistas, negociações de aluguéis, compras de imóveis ou discussão dos termos de uma oferta de emprego em uma empresa), o acordo deve ser fechado com todos os detalhes documentados em um contrato formal. Em muitos casos, entretanto, o fechamento da negociação é marcado apenas por um aperto de mãos.

Diferenças individuais na eficácia da negociação

14.5 Demonstrar como as diferenças individuais influenciam as negociações.

Será que algumas pessoas negociam melhor do que outras? A resposta é mais complexa do que você pode imaginar. Quatro fatores afetam a eficácia da negociação: personalidade, humor/emoções, cultura e gênero.

Traços de personalidade nas negociações   Será que é possível prever as táticas de negociação de seu oponente se souber alguma coisa sobre a personalidade dele? Como a personalidade do negociador e os resultados das negociações têm uma relação fraca, a resposta é, no máximo, "mais ou menos".[57] A maior parte dos estudos se concentrou no traço de personalidade da agradabilidade do modelo dos Big Five, por razões claras. Pessoas com alto grau de agradabilidade tendem a ser cooperativas, complacentes, gentis e avessas ao conflito. Seria possível pensar que essas características fazem com que tais pessoas sejam presas fáceis nas negociações, especialmente nas distributivas. Entretanto, estudos sugerem que a agradabilidade tem baixa correlação com os resultados das negociações. Isso acontece porque o grau no qual a agradabilidade (e, em termos mais gerais, a personalidade) afeta os resultados da negociação depende da situação. A importância de ser extrovertido nas negociações, por exemplo, depende muito de como a outra parte reage a pessoas assertivas e entusiastas. O problema da agradabilidade é que esse traço de personalidade tem dois lados: a tendência de ser cooperativo e complacente, mas também cordial e empático.[58] Embora a primeira tendência possa ser um obstáculo à obtenção de resultados favoráveis, a segunda pode ajudar. Afinal, a empatia é a capacidade de ver a situação do ponto de vista do outro e buscar entendê-lo melhor. Sabemos que a capacidade de ver a situação de diferentes perspectivas leva a vantagens nas negociações integrativas, de modo que o efeito nulo da agradabilidade pode resultar da neutralização de ambas as tendências, pois uma pode se contrapor à outra. Se isso estiver correto, o melhor negociador é competitivo e ao mesmo tempo empático, e o pior negociador é gentil, mas também é empático. Pesquisas recentes também sugerem que traços de personalidade como agradabilidade e extroversão, de fato, influenciam a negociação, mas esse efeito depende da similaridade de personalidade entre as partes, e não da intensidade dessas características. Por exemplo, se ambas as partes forem desagradáveis, elas negociarão uma com a outra com mais eficácia do que se uma das partes for desagradável e a outra for agradável.[59]

O tipo de negociação também pode fazer diferença. Em um estudo, pessoas com alto grau de agradabilidade reagiram mais positivamente e ficaram menos estressadas (de acordo com a mensuração de seus níveis de cortisol) em negociações integrativas do que distributivas. Os níveis mais baixos de estresse, por sua vez, levaram a melhores resultados da negociação.[60] Da mesma forma, em negociações distributivas difíceis, nas quais revelar informações leva a uma desvantagem, os negociadores extrovertidos são menos eficazes porque tendem a revelar mais informações do que deveriam.[61]

A autoeficácia é uma variável individual que parece ser correlacionada com os resultados da negociação.[62] Essa constatação faz sentido e você não se surpreenderia ao saber que as pessoas que acreditam que terão mais sucesso em situações de negociação tendem a ter um desempenho melhor. Pode ser que as pessoas mais confiantes exijam mais, sejam menos propensas a abrir mão de suas posições e intimidem o oponente com sua confiança. Embora o mecanismo exato ainda não esteja claro, parece que os negociadores podem se beneficiar da tentativa de aumentar sua confiança antes de entrar em uma negociação.

As pesquisas sugerem que a inteligência pode ser um fator preditivo da eficácia nas negociações, mas, assim como no caso da personalidade, os efeitos não são particularmente intensos.[63] De certo modo, essas correlações fracas podem ser uma boa notícia, pois significam que você não estará em grande desvantagem nas negociações mesmo se for extrovertido e tiver alto grau de agradabilidade. Todos nós podemos aprender a ser melhores negociadores.[64]

Humor e emoções nas negociações O humor e as emoções afetam uma negociação, mas a forma como isso acontece depende tanto da emoção quanto do contexto. Por exemplo, um negociador que demonstra raiva pode levar a concessões porque o outro negociador pode achar que o oponente irado não fará qualquer outra concessão. Um fator que leva a esse resultado, contudo, é o poder. Você só deve demonstrar raiva nas negociações se tiver pelo menos o mesmo poder que seu oponente. Se você tiver menos poder, demonstrar raiva parece provocar reações inflexíveis da outra parte.[65] Evocar emoções como simpatia ou expressar outras emoções como tristeza também pode ser uma tática usada para persuadir os outros.[66]

Outro fator que afeta a negociação é a autenticidade da sua raiva. Uma raiva "fingida" ou a raiva resultante da ação em nível superficial (veja o Capítulo 4) não é eficaz, mas demonstrar que a raiva é autêntica (ação em nível profundo) pode levar a bons resultados.[67] Também parece que ter um histórico de demonstrar raiva, em vez de nutrir sentimentos de vingança, produz mais concessões porque leva a outra parte a considerar o negociador como inflexível.[68] Por fim, a cultura também parece fazer diferença nos resultados das negociações. Por exemplo, um estudo descobriu que, quando participantes do leste asiático demonstravam raiva, isso induzia a mais concessões de um negociador norte-americano ou europeu, talvez devido ao estereótipo de que as pessoas do leste asiático não costumam demonstrar raiva.[69]

Objetivos profissionais

Como posso conseguir uma função melhor?

Parece que estou estagnado em minha carreira e quero pedir ao meu chefe tarefas que ajudem em meu desenvolvimento profissional. Como posso negociar uma função melhor?

— Pedro

Caro Pedro,
Parabéns! Você está começando com o pé direito. Muita gente foca no salário como uma forma de atingir o sucesso e também para negociar a melhor oferta imediata. Essa estratégia tem suas vantagens no curto prazo, mas, para garantir benefícios no futuro, é melhor se concentrar no crescimento profissional. O desenvolvimento de habilidades pode ajudá-lo a ganhar muitos aumentos salariais. Um robusto conjunto de habilidades resultantes de tarefas que lhe permitam se desenvolver profissionalmente também lhe dará uma posição melhor em futuras negociações, porque você terá mais opções de carreira.

Também é mais fácil negociar com o chefe para conseguir tarefas para se desenvolver no trabalho. Isso acontece porque as negociações salariais não raro são uma situação de soma-zero, mas as negociações de desenvolvimento de carreira podem beneficiar os dois lados.

Quando for negociar com seu chefe, não deixe de esclarecer algumas questões:

• *No caso de uma negociação salarial, ou você ou a empresa ficaria com o dinheiro.* Nesse caso, os seus interesses e os interesses da empresa seriam diretamente opostos. Por outro lado, negociar para receber tarefas que lhe permitam se desenvolver geralmente implica encontrar maneiras de reforçar não só as suas habilidades, mas também aumentar sua contribuição para os resultados financeiros da empresa. Você pode estruturar a conversa em torno desses benefícios mútuos.

• *Mostre a seu chefe que você tem interesse em melhorar em seu trabalho e que estará mais motivado para isso se receber tarefas mais desafiadoras.* Pedir a seu chefe oportunidades de crescer é um sinal claro de que vale a pena investir em você.

• *Mantenha-se aberto a soluções criativas.* É possível que existam algumas soluções "fora da caixa" para promover seus interesses e os de seu chefe. Uma das maiores vantagens de uma negociação integrativa como essa é que você e seu parceiro de negociação podem encontrar novas soluções que nenhum dos dois poderiam imaginar separadamente.

Pense estrategicamente sobre a sua carreira e você provavelmente verá que pode negociar para obter não somente um salário melhor amanhã, mas fazer com que seus ganhos continuem aumentando nos próximos anos.

Fontes: baseado em Y. Rofcanin, T. Kiefer e K. Strauss, "How I-Deals Build Resources to Facilitate Reciprocation: Mediating Role of Positive Affective States", *Academy of Management Proceedings* (ago. 2014), doi:10.5465/AMBPP.2014.16096abstract; C. Liao, S. J. Wayne e D. M. Rousseau, "Idiosyncratic Deals in Contemporary Organizations: A Qualitative and Meta-Analytical Review", *Journal of Organizational Behavior* (16 out. 2014), doi:10.1002/job.1959; e V. Brenninkmeijer e M. Hekkert-Koning, "To Craft or Not to Craft", *Career Development International* 20 (2015): 147–62.

As opiniões apresentadas aqui são única e exclusivamente dos autores, os quais não se responsabilizam por quaisquer erros ou omissões nem pelos resultados obtidos com a utilização destas informações. Em circunstância alguma os autores, seus parceiros ou suas organizações serão responsáveis por qualquer decisão ou ação de sua parte ou da parte de qualquer pessoa com base nas opiniões apresentadas aqui.

Outra emoção relevante é a decepção, ou desapontamento. Em geral, um negociador que acredita que a outra parte está decepcionada tende a fazer mais concessões. Em uma pesquisa, estudantes holandeses receberam 100 fichas para negociar. Os negociadores que expressaram decepção receberam 14 fichas a mais do que os que não o fizeram. Em um segundo estudo, a decepção resultou na concessão de, em média, 12 fichas. Ao contrário da demonstração de raiva, o poder dos negociadores não fez qualquer diferença nesses dois estudos.[70]

Escolha ética

Usando a empatia para negociar de forma mais ética

Você deve ter notado que muitas recomendações que fizemos para uma boa negociação dependem de conhecer o ponto de vista e os objetivos da pessoa com quem você está negociando. Constatou-se que fazer listas para verificar os interesses de seus parceiros de negociação, as táticas que eles podem usar e a MASA dos oponentes melhoram os resultados da negociação. Será que essas medidas também podem levá-lo a ser um negociador mais ético? Estudos sugerem que sim.

Pesquisadores pediram aos entrevistados que dissessem o quanto eles tendiam a pensar sobre os sentimentos e emoções dos outros e descrevessem as táticas que usaram em um exercício de negociação. As pessoas mais empáticas invariavelmente apresentaram menos comportamentos antiéticos na negociação, como fazer promessas enganosas e manipular informações e emoções.

Para ser ético nas negociações, siga as diretrizes a seguir:

1. **Tente entender o ponto de vista de seu parceiro de negociação.** Não basta entender racionalmente o que o outro quer. É preciso ter empatia com a reação emocional que ele poderá ter com os possíveis resultados.
2. **Conheça suas próprias emoções, porque muitas das reações morais são basicamente emocionais.** Um estudo descobriu que usar estratégias de negociação antiéticas aumentava os sentimentos de culpa, de modo que, por consequência, sentir-se culpado em uma negociação pode significar que você está tendo um comportamento do qual se arrependerá mais tarde.
3. **Tome cuidado para não exagerar na empatia a ponto de atuar contra seus próprios interesses.** Tentar entender os motivos e as reações emocionais do outro lado não significa que você deva presumir que a outra pessoa também será honesta e justa. Fique atento.

Fontes: baseado em T. R. Cohen, "Moral Emotions and Unethical Bargaining: The Differential Effects of Empathy and Perspective Taking in Deterring Deceitful Negotiation", *Journal of Business Ethics* 94, no. 4 (2010): 569–79; e R. Volkema, D. Fleck e A. Hofmeister, "Predicting Competitive Unethical Negotiating Behavior and Its Consequences", *Negotiation Journal* 26, no. 3 (2010): 263–86.

A ansiedade também parece afetar as negociações. Por exemplo, um estudo descobriu que as pessoas que ficavam mais ansiosas com uma negociação costumavam se decepcionar mais ao lidar com os outros.[71] Outro estudo descobriu que os negociadores ansiosos esperam resultados piores, respondem com mais rapidez às ofertas e abandonam o processo de barganha antes, o que os leva a obter resultados piores.[72]

Como você pode ver, as emoções, especialmente as negativas, são importantes nas negociações. A imprevisibilidade emocional também afeta os resultados. Pesquisadores descobriram que os negociadores que expressam emoções positivas e negativas de forma imprevisível obtêm mais concessões, porque esse comportamento reduz o senso de controle da outra parte.[73] Como disse um negociador: "Você está trabalhando de um jeito e, de repente, do nada, um fator completamente novo é introduzido e você é forçado a mudar seu foco".[74]

Cultura nas negociações Será que pessoas de culturas diferentes têm estilos diferentes de negociação? Em geral, sim. No entanto, não é possível dizer que os negociadores de uma cultura são melhores que outros. Na verdade, o sucesso nas negociações depende do contexto.

Fonte: */Kyodo/Newscom

As pessoas tendem a negociar melhor com membros da mesma cultura do que com pessoas de culturas diferentes. A polidez e a positividade caracterizam as negociações típicas no Japão, nas quais as pessoas tendem a evitar conflitos. Na foto, o líder sindical Hidekazu Kitagawa (à direita) apresenta as demandas de salários e benefícios dos empregados a Ikuo Mori, presidente da Fuji Heavy Industries, fabricante de automóveis da Subaru.

Então, o que podemos dizer sobre a influência da cultura nas negociações? Para começar, parece que as pessoas tendem a negociar melhor com membros da mesma cultura do que com pessoas de culturas diferentes. Por exemplo, um colombiano deve negociar melhor com outro colombiano do que com um cingalês. Em segundo lugar, parece que, em negociações interculturais, é especialmente importante que os negociadores tenham um alto grau de abertura para novas experiências. Isso sugere que uma boa estratégia é escolher os negociadores interculturais que apresentem tal característica e evitar fatores como prazos apertados, que tendem a dificultar o aprendizado sobre a outra parte.[75] Em terceiro lugar, as pessoas tendem mais a usar determinadas estratégias de negociação dependendo da cultura à qual pertencem. Por exemplo, as pessoas da China e do Qatar são mais propensas a usar uma estratégia de negociação competitiva do que as pessoas dos Estados Unidos.[76]

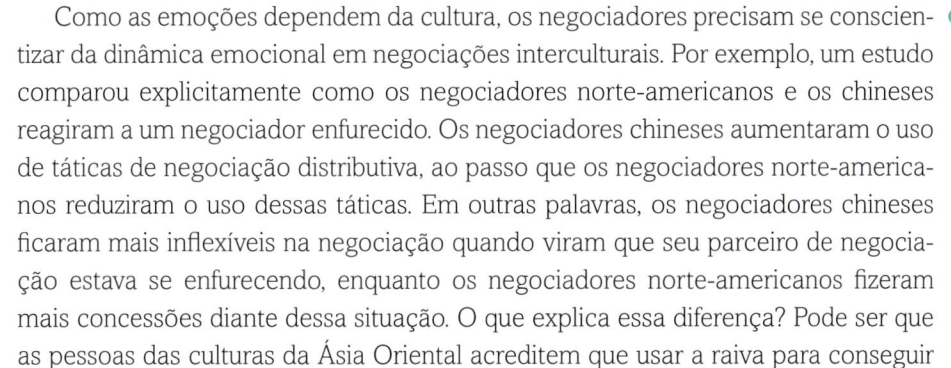

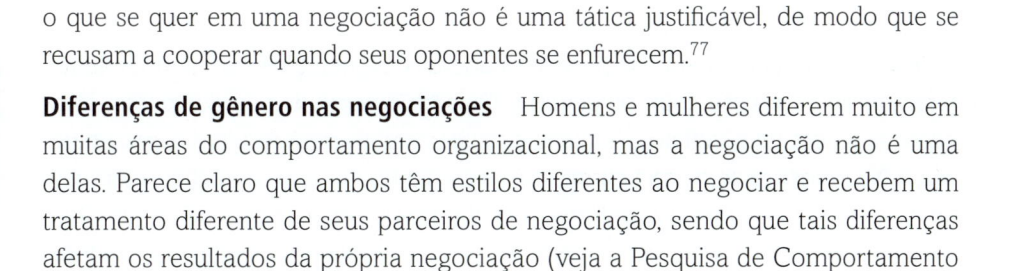

Como as emoções dependem da cultura, os negociadores precisam se conscientizar da dinâmica emocional em negociações interculturais. Por exemplo, um estudo comparou explicitamente como os negociadores norte-americanos e os chineses reagiram a um negociador enfurecido. Os negociadores chineses aumentaram o uso de táticas de negociação distributiva, ao passo que os negociadores norte-americanos reduziram o uso dessas táticas. Em outras palavras, os negociadores chineses ficaram mais inflexíveis na negociação quando viram que seu parceiro de negociação estava se enfurecendo, enquanto os negociadores norte-americanos fizeram mais concessões diante dessa situação. O que explica essa diferença? Pode ser que as pessoas das culturas da Ásia Oriental acreditem que usar a raiva para conseguir o que se quer em uma negociação não é uma tática justificável, de modo que se recusam a cooperar quando seus oponentes se enfurecem.[77]

Diferenças de gênero nas negociações Homens e mulheres diferem muito em muitas áreas do comportamento organizacional, mas a negociação não é uma delas. Parece claro que ambos têm estilos diferentes ao negociar e recebem um tratamento diferente de seus parceiros de negociação, sendo que tais diferenças afetam os resultados da própria negociação (veja a Pesquisa de Comportamento Organizacional).

Segundo um estereótipo comum, as mulheres são mais cooperativas, agradáveis e voltadas ao relacionamento nas negociações quando comparadas aos homens. Embora essa crença seja controversa, ela tem um fundo de verdade. Os homens tendem a valorizar mais o status, o poder e o reconhecimento, enquanto as mulheres tendem a dar mais valor à compaixão e ao altruísmo. Além disso, as mulheres tendem a dar mais valor aos relacionamentos do que os homens, e os homens tendem a valorizar mais os resultados financeiros do que as mulheres.[78]

Essas diferenças afetam tanto o comportamento quanto os resultados da negociação. Em comparação com os homens, as mulheres tendem a ser menos assertivas, defender menos os próprios interesses e a fazer mais concessões. Uma revisão de estudos concluiu que as mulheres "são mais relutantes em iniciar negociações e, quando as iniciam, exigem menos, são mais dispostas a aceitar a oferta oferecida pela outra parte e fazem ofertas mais generosas aos seus parceiros de negociação do que os homens".[79] Um estudo com estudantes de MBA da Universidade Carnegie Mellon constatou que os estudantes do sexo masculino fizeram a primeira oferta em 57% das vezes, em comparação com os 4% das estudantes do sexo feminino. O resultado foi uma diferença de US$ 4.000 no salário inicial.[80]

PESQUISA DE COMPORTAMENTO ORGANIZACIONAL Os homens pedem mais.

Você sempre negocia o salário ao receber uma oferta de emprego?

Mulheres: Não 70% / Sim 30%

Homens: Não 54% / Sim 46%

Fonte: baseado em A. Gouveia, "Why Americans Are Too Scared to Negotiate Salary", *San Francisco Chronicle*, 3 abr. 2013, acessado em 30 maio 2013 no site http://www.sfgate.com/jobs/.

Uma ampla revisão de estudos sugere que a tendência dos homens de obter resultados melhores nas negociações não inclui *todas* as situações.[81] Na verdade, as evidências sugeriram que mulheres e homens negociavam de forma mais igualitária em certas situações e que, em certos casos, as mulheres superavam os homens. Quando negociavam em nome de outras pessoas, homens e mulheres obtiveram praticamente os mesmos resultados. Em outras palavras, todos foram melhores defendendo os interesses alheios do que defendendo os próprios interesses. Outra revisão de 123 estudos descobriu que as diferenças de gênero são menores quando os negociadores têm experiência em negociação. As mulheres também apresentam um desempenho melhor em situações com baixa incongruência de papéis.[82]

Fatores que aumentaram a previsibilidade das negociações também tenderam a reduzir as diferenças entre os gêneros. Quando a gama de acordos possíveis na negociação era bem definida, homens e mulheres obtiveram resultados mais parecidos. Na presença de negociadores mais experientes, homens e mulheres também foram mais equivalentes. Os autores do estudo propuseram que, quando as situações não são muito claras, com termos não muito bem definidos e os negociadores são menos experientes, os estereótipos podem ter efeitos mais intensos, levando a maiores diferenças de gênero nos resultados.

O que pode ser feito para mudar essa situação? Para começar, é possível mudar a cultura organizacional. Se uma organização, mesmo sem saber, reforça comportamentos estereotipados de gênero (homens negociando competitivamente e mulheres negociando cooperativamente), isso afetará negativamente as negociações quando alguém romper esse estereótipo. Homens e mulheres precisam saber que é aceitável demonstrar uma gama completa de comportamentos de negociação. Assim, uma mulher que apresenta um comportamento competitivo em uma negociação e um homem que apresenta um comportamento cooperativo precisam saber que não estão violando as expectativas. Garantir que as negociações sejam estruturadas para possibilitar o foco em termos bem definidos e relacionados ao trabalho também pode reduzir as diferenças de gênero, minimizando a força dos estereótipos. Esse foco na estrutura e na relevância do trabalho também ajuda a concentrar as negociações em questões voltadas a melhorar o desempenho da organização.

Os pesquisadores ainda não chegaram a uma conclusão sobre a possibilidade de as mulheres melhorarem seus resultados demonstrando alguns comportamentos estereotipados de gênero. Laura Kray e seus colegas sugeriram que as negociadoras mulheres que foram instruídas a se comportar utilizando o "charme feminino" (movimentos corporais animados, contato visual frequente com os parceiros, sorrisos, risadas, brincadeiras e muitos elogios aos parceiros) se saíram melhor nas negociações do que as mulheres que não receberam essas instruções. Esses mesmos comportamentos não funcionaram para os homens.[83]

Outros pesquisadores discordam e argumentam que as mulheres se beneficiariam mais ao quebrar os estereótipos de gênero diante de pessoas que os alimentam.[84] É possível que essa seja uma situação do tipo "curto prazo/longo prazo": no curto prazo, as mulheres podem obter vantagens nas negociações sendo tanto assertivas quanto charmosas, mas, no longo prazo, elas se beneficiariam mais se eliminassem esses tipos de estereótipos de gênero.

Pesquisas sugerem que as atitudes e comportamentos das próprias mulheres as prejudicam em negociações. Mulheres em cargos de gestão demonstram menos confiança do que os homens antes de uma negociação e saem menos satisfeitas com seu desempenho depois dela, mesmo quando seu desempenho e os resultados atingidos são semelhantes aos dos homens.[85] As mulheres também são menos propensas a ver uma situação incerta como uma oportunidade de negociação. As mulheres podem se penalizar excessivamente por não se engajarem em negociações que sejam de seu interesse. Algumas pesquisas sugerem que as mulheres são menos agressivas nas negociações porque se preocupam com as possíveis reações negativas das outras pessoas.

Negociando em um contexto social

14.6 Avaliar os papéis e as funções das negociações com terceiros.

Até este ponto, discutimos principalmente negociações entre partes que se encontram apenas uma vez e isoladamente de outras pessoas. Contudo, nas organizações, muitas negociações são contínuas e públicas. Tentar decidir quem vai se encarregar de uma tarefa chata, negociar com o chefe para fazer uma viagem internacional ou pedir mais verba para um projeto são negociações que incluem um componente social. Em muitos casos, você já deve estar negociando com alguém que conhece e com quem voltará a trabalhar, e as pessoas provavelmente falarão sobre a negociação e seus resultados. Assim, para entender as negociações na prática, devemos levar em consideração os fatores sociais de reputação e de relacionamentos.

Reputação

A sua reputação é o que as pessoas pensam e falam sobre você. Quando se trata de negociações, é importante ter uma boa reputação e ser considerado uma pessoa confiável. A confiança abre as portas em um processo de negociação, possibilitando muitas formas de estratégias de negociação integrativa que beneficiam ambas as partes.[86] A melhor maneira de desenvolver a confiança é ser honesto em interações repetidas. Com isso, as pessoas ficarão mais à vontade para fazer ofertas abertas que possam levar a resultados diferentes. Isso ajuda a atingir resultados ganha-ganha, porque os dois lados podem trabalhar para satisfazer seus interesses mais importantes ao mesmo tempo em que beneficiam o outro lado.

Pode acontecer de confiarmos ou desconfiarmos das pessoas com base no que ouvimos falar sobre suas características. Que tipos de características ajudam uma pessoa a ter a reputação de ser confiável? Uma combinação de competência e integridade.[87] Os negociadores mais autoconfiantes e com maior capacidade cognitiva são considerados mais competentes por seus parceiros de negociação.[88] Eles também são considerados mais capazes de descrever com precisão uma situação e seus próprios recursos, fazendo com que as pessoas confiem mais quando eles sugerem soluções criativas para impasses. As pessoas conhecidas por sua integridade também podem ser mais eficazes nas negociações.[89] Elas são vistas como mais propensas a cumprir o que prometem e a apresentar informações precisas, de modo que os outros são mais dispostos a aceitar suas promessas como parte de uma barganha. Isso abre muitas opções para o negociador que não estariam disponíveis para uma pessoa que não é considerada confiável. Por fim, as pessoas que contam com uma reputação melhor são mais populares e têm mais amigos e aliados. Em outras palavras, elas contam com mais recursos sociais, o que pode lhes dar mais poder implícito nas negociações.

Relacionamentos

O sucesso nas negociações que se repetem requer mais que uma boa reputação. O componente social e interpessoal dos relacionamentos nessas negociações leva as pessoas a valorizarem algo mais do que seus próprios interesses e começar a pensar nos interesses da outra parte e do relacionamento como um todo.[90] As negociações repetidas que são construídas com base na confiança também ampliam o leque de opções, porque um favor ou concessão oferecido hoje poderá ser retribuído mais adiante.[91] Essas negociações também facilitam a solução integrativa de problemas. Isso acontece, em parte, porque, com o tempo, as pessoas começam a ver seus parceiros de negociação de maneira mais pessoal e passam a compartilhar com eles vínculos emocionais.[92] As negociações repetidas viabilizam as abordagens integrativas, porque o relacionamento se desenvolveu com base na confiança e na confiabilidade entre as partes.[93]

Em suma, fica claro que um bom negociador não pode se limitar a pensar nos resultados de uma única interação. Os negociadores que agem de forma consistente e que demonstram competência, honestidade e integridade geralmente obtêm resultados melhores no longo prazo.

Negociações com uma terceira parte

Até agora, discutimos a barganha em termos de negociações diretas. Entretanto, pode acontecer de as partes chegarem a um impasse, quando são incapazes de resolver suas diferenças por meio da negociação direta. Nesses casos, elas podem recorrer a uma terceira parte para ajudá-las a encontrar uma solução. A terceira parte pode assumir três papéis básicos em uma negociação: mediador, árbitro e conciliador.

Um mediador é uma terceira parte neutra que facilita uma solução negociada por meio da utilização da razão, da persuasão, de sugestões de alternativas e assim por diante. Os mediadores são muito utilizados em negociações trabalhistas e em disputas jurídicas cíveis. Em geral, a eficácia dos mediadores é bastante expressiva. Por exemplo, a EEOC (Comissão de Oportunidades Iguais de Emprego, do inglês Equal Employment Opportunity Commission) relatou uma taxa de acordos por mediação de 72,1%.[94] O sucesso da mediação, no entanto, depende da situação. As partes envolvidas precisam querer negociar e resolver o conflito. Além disso, a intensidade do conflito não pode ser muito alta, pois a mediação é mais eficaz quando os níveis de conflito são moderados. Por fim, as percepções em relação ao mediador também fazem grande diferença. Para ser eficaz, ele precisa ser visto como uma pessoa neutra e não coercitiva.

---

mediador
Uma terceira parte neutra que facilita uma solução negociada por meio da utilização da razão, da persuasão e de sugestões de alternativas.

Um árbitro é uma terceira parte com autoridade para ordenar que um acordo aconteça. A arbitragem do árbitro pode ser voluntária (solicitada pelas partes) ou compulsória (imposta por lei ou por contrato). O principal benefício da arbitragem com relação à mediação é que ela sempre resulta em um acordo. A existência de um lado negativo depende do "peso da mão" do árbitro. Se uma das partes se sentir completamente derrotada, é claro que, ao ficar insatisfeita, provavelmente não aceitará de bom grado a decisão do árbitro. Dessa forma, o conflito poderá ressurgir mais adiante.

árbitro
Uma terceira parte que tem autoridade para ordenar a realização de um acordo.

Um conciliador é uma terceira parte que estabelece uma comunicação informal entre o negociador e seu oponente. Um excelente exemplo da atuação de um conciliador é o personagem que ficou famoso na interpretação de Robert Duval no primeiro filme da saga *O Poderoso Chefão*. Filho adotivo de Don Corleone e advogado de formação, o personagem de Duval atuava como um intermediário entre a família Corleone e outros mafiosos. É difícil comparar a conciliação e a mediação, pois as duas têm muitos aspectos em comum. Na prática, os conciliadores têm um papel que vai além do simples elemento de ligação da comunicação. Eles também se dedicam a levantar informações, interpretar as mensagens e a persuadir os oponentes a chegarem a um acordo.

conciliador
Uma terceira parte que estabelece uma comunicação informal entre o negociador e seu oponente.

RESUMO

Muitas pessoas presumem que o conflito reduz o desempenho do grupo e da organização, o que nem sempre é verdade. O conflito pode ser construtivo ou destrutivo para o funcionamento de um grupo ou de uma unidade de trabalho. Os níveis de conflito podem ser altos ou baixos demais para serem construtivos. Qualquer um desses extremos prejudica o desempenho. O nível ideal de conflito impede a estagnação, estimula a criatividade, permite que as tensões sejam liberadas e planta as sementes da mudança sem atrapalhar ou impedir a coordenação das atividades.

IMPLICAÇÕES PARA OS GESTORES

- ▶ Use um estilo de gestão autoritário em emergências, quando ações impopulares precisam ser implementadas (como redução de custos, aplicação de regras impopulares, disciplina) e quando a questão é vital para o bem-estar da organização. Certifique-se de, sempre que possível, informar sua lógica, de forma a garantir que as pessoas permaneçam engajadas e produtivas.
- ▶ Busque soluções integrativas quando seu objetivo for aprender, quando quiser combinar ideias de pessoas que apresentam diferentes perspectivas, quando precisar estabelecer compromissos incorporando diferentes preocupações a um consenso e quando precisar trabalhar com sentimentos que estão interferindo em um relacionamento.
- ▶ Você pode criar confiança se for aberto às sugestões das pessoas quando achar que está errado, quando precisa demonstrar que tem um comportamento razoável, quando diferentes opiniões precisarem ser ouvidas, quando as questões forem mais importantes para os outros do que para você mesmo, quando quiser satisfazer as pessoas e manter a cooperação, quando precisar acumular créditos sociais para resolver outros problemas no futuro, quando quiser minimizar as perdas quando você estiver em uma posição de inferiori-

dade na negociação e quando as pessoas precisarem aprender com os erros que você cometeu.

▶ Considere a possibilidade de estabelecer um compromisso quando os objetivos são importantes, mas não justificam os potenciais conflitos, quando oponentes com o mesmo poder que você tem estão comprometidos com metas mutuamente excludentes e quando você precisa chegar a acordos temporários para questões complexas.

▶ As negociações distributivas podem resolver disputas, mas, não raro, reduzem a satisfação de um ou mais negociadores por serem confrontadoras e imediatistas. Já as negociações integrativas tendem a obter resultados que satisfazem a todas as partes e constroem relacionamentos duradouros.

Ponto e contraponto

O trabalho não sindicalizado e a economia dos bicos (Gig Economy) prejudicam os trabalhadores

PONTO

O que Uber, Etsy e Amazon Turk têm em comum? Todas essas plataformas promovem o trabalho *freelancer* temporário e refletem o que os economistas chamaram de "economia dos bicos" (Gig Economy). Meia década atrás, os empregadores esperavam que os trabalhadores ficassem 30 anos na empresa. Em troca de sua lealdade, os empregados recebiam mais oportunidades profissionais e um pacote de aposentadoria. Ao contrário do mercado de trabalho dos dias de hoje, as empresas promoviam os próprios empregados, sem recorrer a pessoas de fora. Essa prática, contudo, foi caindo no esquecimento e os empregadores passaram a contratar pessoas por períodos cada vez mais curtos. Hoje em dia, muitos novos empregos não são nem de longo nem de curto prazo: eles são "bicos". Os empregados trabalham como *freelancers* independentes, usando plataformas terceirizadas que fazem a ponte com os clientes. Como esses empregados não têm um contrato de trabalho tradicional, eles têm toda a flexibilidade do mundo, podendo trabalhar o tempo que quiserem.

O problema é que muitas dessas plataformas têm um segredo sórdido. As pessoas cujo principal trabalho consiste em fazer bicos não usufruem de um emprego tradicional, que siga as leis trabalhistas. Por serem considerados autônomos, não são pagos por horas extras, não recebem benefícios e não têm qualquer poder de negociação coletiva. Evidências demonstram que eles estão substituindo em vez de complementar empregos mais estáveis. Por exemplo, o número de motoristas do Uber e do Lyft triplicou no Vale do Silício entre 2012 e 2014, enquanto os empregos remunerados de motoristas de táxi e limusine caíram 31% no mesmo período.

CONTRAPONTO

É verdade que a economia dos bicos tem suas desvantagens, mas essas plataformas existem por uma razão. Empregadores e empregados estão fartos do modelo tradicional de emprego. Sim, algumas pessoas que trabalham com plataformas de trabalho *freelance* têm os bicos como sua principal fonte de renda. Mas muitas pessoas só querem um segundo emprego flexível para ganhar um dinheirinho a mais. Se esses trabalhos fossem como os serviços que estão sendo substituídos (como empresas de táxi), essas pessoas teriam de concordar com políticas específicas relativas a faltas por licença médica e precisariam seguir uma programação fixa de trabalho.

Além disso, não acredito muito na ideia de que o trabalho *freelancer* esteja substituindo o emprego tradicional. É verdade que dados de algumas metrópoles mostram que os bicos aumentaram enquanto os empregos assalariados diminuíram. Mas dados referentes a esse mesmo período, de 2010 a 2014, também sugerem que o número de empregos terceirizados e tradicionais aumentou na maioria dos setores que oferecem suporte a plataformas autônomas. Por exemplo, apesar de a utilização de plataformas *freelance* como o Airbnb ter aumentado nesses quatro anos, o número de empregos formais no setor de hotelaria também aumentou. O mesmo vale para o setor de transporte no mesmo período. Na verdade, essas plataformas *freelance* fazem tanto sucesso porque os setores estão crescendo. Não é que elas estejam substituindo os serviços tradicionais. Elas estão atendendo a uma demanda que os serviços tradicionais não têm como atender.

Os benefícios de contar com um poder de negociação coletiva também podem ser exagerados. Sempre que um grupo tenta criar um acordo de negociação coletiva, isso

Sem a possibilidade de negociação coletiva, o mercado de trabalho vira uma terra de ninguém. É por isso que muitos *freelancers* que trabalham nessas plataformas estão tentando se sindicalizar. Em Nova York e Seattle, sindicatos estão tentando criar unidades de negociação coletiva para pessoas que fazem bicos como motoristas de plataformas de transporte, limpeza doméstica e entrega em domicílio. Isso permitirá que essas pessoas exijam benefícios como assistência médica e pagamento de horas extras. Também garantirá que eles recebam um salário que possibilite seu sustento, algo que, de acordo com pesquisas recentes, é raro para pessoas que sobrevivem fazendo bicos. Muitas dessas pessoas, apesar de trabalharem 60 horas por semana, não conseguem ganhar tanto quanto um empregado tradicional.

É excelente para as gerações mais jovens contar com a flexibilidade dos bicos oferecidos por essas plataformas. Mas, em troca da flexibilidade, eles também estão perdendo o poder de negociar condições justas de trabalho. Vamos parar de fingir que as plataformas de trabalho *freelance*, como o Uber, beneficiam a economia e deixar a tendência da economia dos bicos para trás.

resulta em conflitos. Um levantamento de 2016 indica que a maioria dos empregados (80%) acredita que os líderes trabalhistas não protegerão os interesses do grupo. Em vez disso, esses líderes costumam usar o poder coletivo para promover os próprios interesses nas negociações.

A negociação coletiva não só prejudica as empresas como também prejudica a população. Por exemplo, a Organização Internacional de Aviação Civil vem tentando instalar câmeras nas cabines de companhias aéreas comerciais. Essas câmeras permitiriam que autoridades e empregadores monitorassem os pilotos durante o trabalho. Os vídeos podem ajudar a esclarecer as causas de acidentes de avião. Mas os pilotos usam técnicas de negociação coletiva para combater a iniciativa, alegando que ela viola sua privacidade no trabalho. Eles também insistem que os vídeos poderiam ser usados para "desviar os investigadores de conclusões precisas" sobre o desempenho dos empregados.

É verdade que o emprego tradicional permite que os empregados negociem seus direitos coletivamente, mas também leva a concessões e conflitos que não beneficiam nem os empregados nem seus empregadores.

Fontes: baseado em A. Nunes, "Unions Are Hurting Public Safety", *Forbes*, 10 abr. 2017, https://www.forbes.com/sites/ashleynunes/2017/04/10/unions-are-hurting-public-safety/2/#396682da516e; Rasmussen Polling, "Most Say Union Leaders Out of Touch with Members", *Rasmussen Reports*, 10 ago. 2016, http://www.rasmussenreports.com/public_content/politics/general_politics/august_2016/most_say_union_leaders_out_of_touch_with_members; D. DeMay, "Driver Union, for Lyft, Uber, Forces Seattle to Ask Tough Questions about 'Gig' Economy", *Seattle Post-Intelligencer*, 19 dez. 2016, http://www.seattlepi.com/local/transportation/article/Driver-union-for-Lyft-Uber-forces-Seattle-to-10797019.php; M. Murro, "The Gig Economy: Complement or Cannibal?", *Brookings*, 17 nov. 2016, https://www.brookings.edu/blog/the-avenue/2016/11/17/the-gig-economy-complement-or-cannibal/; Reuters, "Unions and the Gig Economy Are Gearing Up for Battle in This State", *Fortune*, 28 nov. 2016, http://fortune.com/2016/11/28/unions-gig-economy-new-york/; e K. Kokalitcheva, "Uber Lost Hundreds of Millions in the Most Recent Quarter", *Fortune*, 19 dez. 2016, http://fortune.com/2016/12/19/uber-financials-2016/.

REVISÃO DO CAPÍTULO

QUESTÕES PARA REVISÃO

14.1 Quais são os três tipos e os três *loci* de conflito?

14.2 Quais são os estágios do processo de conflito?

14.3 Quais são as diferenças entre a negociação distributiva e a integrativa?

14.4 Quais são os cinco estágios do processo de negociação?

14.5 Como as diferenças individuais afetam as negociações?

14.6 Quais são os papéis e as funções das negociações com terceiros?

APLICAÇÃO E EMPREGABILIDADE

O conflito é inevitável em todos os locais de trabalho. Como você aprendeu neste capítulo, ele também pode ser útil em determinados contextos. Você também aprendeu sobre a negociação, além de ter aprendido como e quando certas estratégias de negociação e resolução de conflitos podem ser utilizadas. Ao explorar esses temas, você usou muitas habilidades que podem ajudá-lo a aumentar seu valor no mercado de trabalho. Você aprendeu sobre a colaboração explorando o motivo pelo qual as equipes coletivistas não são necessariamente melhores nas negociações, aprendeu a usar os conceitos do capítulo para avançar na carreira e viu como ser um negociador mais empático. Você também aplicou o que sabe sobre as negociações à crescente economia dos bicos. Na próxima seção, você desenvolverá ainda mais essas habilidades ao usar seu pensamento crítico para avaliar os prós e contras dos sindicatos, resolver um conflito entre colegas de trabalho, lidar com um empregado assertivo demais e participar de um exercício de interpretação de papéis envolvendo uma negociação.

EXERCÍCIO EXPERIENCIAL Interpretação de papéis em uma negociação

Neste exercício, você deve levar em consideração dois cenários: um é mais distributivo e o outro, mais integrativo. A turma deve ser dividida em pares e uma pessoa assumirá o papel de diretor de engenharia e a outra de diretor de marketing. Leia só as informações específicas para o papel que você desempenhará nos dois processos de negociação. A situação é praticamente a mesma para os dois cenários, mas as prioridades e as perspectivas das partes envolvidas mudam dependendo de você estar negociando no cenário da "competição por recursos" ou no cenário do "futuro compartilhado".

O contexto

A Cytrix cria sistemas integrados de monitoramento de desempenho para o ciclismo e a corrida. Corredores e ciclistas usam o relógio Cytrix, que usa o GPS para identificar a localização e a distância percorrida. Essas informações podem ser transferidas para o site Cytrix Challenge, onde os usuários registram seu desempenho ao longo do tempo. Ferramentas de mídia social também permitem que eles comparem seu desempenho com o dos amigos. A maioria dos usuários é composta de jovens atletas amadores ou adultos dedicados ao hobby, como maratonistas.

A empresa precisa decidir como alocar recursos entre o departamento de marketing e o de engenharia. Em vez de decidir sobre a alocação de recursos, a alta administração pediu às respectivas equipes para alocar US$ 30 milhões ao desenvolvimento futuro e decidir quem executará diferentes partes do projeto.

Informações específicas para o departamento de marketing

Só o diretor de marketing deve ler esta seção.

O departamento de marketing vem monitorando as principais áreas de vendas e concluiu que a Cytrix saturou o mercado. Para garantir o crescimento futuro, será necessário considerar novos grupos de clientes, especialmente o público geral, que gostaria de melhorar a saúde, mas não são atletas comprometidos. É preciso fazer pesquisas para identificar as vendas dos produtos concorrentes e as áreas onde os concorrentes não estão conseguindo atender às demandas dos consumidores. O principal objetivo do departamento de marketing é alocar recursos suficientes para financiar as pesquisas. O marketing também quer decidir os produtos que serão desenvolvidos e preferiria que a engenharia atuasse em uma função de consultoria, decidindo a melhor maneira de produzir os dispositivos que atendessem às necessidades identificadas.

Informações específicas para o departamento de engenharia

Só o diretor de engenharia deve ler esta seção.

O departamento de engenharia ficou sabendo de um novo hardware que melhorará a precisão das estimativas de distância e velocidade em áreas remotas. Várias outras empresas já estão testando designs semelhantes. Para incorporar essa melhoria aos produtos da empresa, o departamento de engenharia acredita que será necessário desenvolver ainda mais a tecnologia a fim de criar um produto leve e reduzir os custos de produção. O principal objetivo do departamento de engenharia é alocar recursos suficientes para desenvolver essas novas tecnologias. Os engenheiros prefeririam que o marketing atuasse em uma função de consultoria, determinando a melhor maneira de anunciar e distribuir os novos dispositivos.

Cenário da competição por recursos

Os departamentos de marketing e engenharia estão presos em uma luta por poder. O seu lado (o marketing ou a engenharia) deve tentar canalizar a maior parcela possível de dinheiro e de autoridade para o programa proposto. Você também precisa pensar em uma solução na qual o outro lado concorde em ajudá-lo a implementar o programa. Se vocês não conseguirem chegar a um acordo para dividir os recursos, o

CEO nomeará novos diretores para ambos os departamentos.

Cenário do futuro compartilhado

Os departamentos de marketing e engenharia têm muito interesse em encontrar uma solução positiva. Os dois lados devem trabalhar para atender às necessidades futuras da empresa. Como você sabe que, para ter sucesso, todos precisam trabalhar juntos, seria interessante encontrar uma maneira de dividir o dinheiro e os recursos de modo a beneficiar tanto o marketing quanto a engenharia. Os planos podem incorporar várias técnicas para compartilhar os recursos e trabalhar de forma colaborativa.

A negociação

No início da negociação, o instrutor deve dividir aleatoriamente metade dos grupos entre o cenário da competição por recursos e o cenário do futuro compartilhado. Comece o processo definindo, em termos gerais, as metas e os recursos para o seu lado da negociação. Em seguida, negocie os termos descritos em seu cenário, tentando defender uma solução que corresponda à sua perspectiva.

Considerações finais

Em seguida, reúna-se com os outros alunos para discutir os processos utilizados. Concentre-se nos diferentes resultados entre os cenários da competição por recursos e do futuro compartilhado. Como qualquer um desses cenários pode surgir em um ambiente de trabalho real, considere como diferentes situações de negociação podem levar a diferentes estratégias, táticas e resultados.

Dilema ético

O caso do empregado assertivo demais

Neste capítulo, vimos várias estratégias para lidar com os conflitos. Todas essas estratégias envolvem duas dimensões: assertividade (a extensão na qual uma parte tenta satisfazer seus próprios interesses) e cooperação (a extensão na qual uma parte tenta satisfazer os interesses da outra parte). Considerando essas dimensões, coloque-se no lugar do gerente descrito a seguir.

Tom é o gerente de uma pequena gráfica. A equipe de marketing da empresa é composta de dois empregados: Janna e Jim. Jim é extremamente assertivo, enquanto Janna é incrivelmente cooperativa. Embora Tom seja o chefe deles, ambos têm a liberdade de negociar entre si para decidir quem será o responsável por cada tarefa em um projeto. Ele nota que Janna parece sempre ficar com as tarefas mais chatas. Certa vez, ele perguntou à Janna se ela estava satisfeita com seu trabalho nos projetos e ela respondeu, submissa: "Eu não me importo. Não quero causar problema".

Tom acredita que Janna esteja descontente, mas teme um confronto com Jim. Jim vem sendo reconhecido e elogiado pelo CEO porque seu trabalho tem mais destaque na empresa. Ele sabe que isso coloca Janna em desvantagem quanto ao seu avanço profissional. Por outro lado, Jim é muito assertivo. Tom sabe que, se pedir para ele ser mais cooperativo, pode causar mais conflitos no trabalho.

Como aprendemos, o conflito de relacionamento quase nunca é bom. Pode ser injusto para Janna, mas Tom também não quer desestabilizar a equipe com conflitos. Ele também sabe que os conflitos tendem a se espalhar pelo escritório. Se Jim e Janna não se derem bem, as outras equipes podem se distrair em relação ao trabalho.

Questões

14.7 Seria ético por parte de Tom não fazer nada? Ele é responsável por proteger os interesses de Janna?

14.8 Neste capítulo, você aprendeu sobre mediadores, árbitros e conciliadores. Será que Tom poderia exercer um desses papéis? Explique sua resposta.

14.9 Se Tom não fizer nada, o que você acha que vai acontecer com Janna e Jim? Você acha que os conflitos causarão problemas?

Estudo de caso 1

Perturbação da ordem

Todo mundo está acostumado com a gritaria de Matt e Peter quando os dois discutem no escritório. Para aproveitar melhor o espaço e garantir um fluxo livre de comunicação e ideias, o fundador da Markay Design decidiu converter o escritório da empresa em um espaço sem divisórias. O objetivo desse *layout* era eliminar fronteiras e estimular a criatividade, mas essa mudança trouxe como resultado a intensificação das tensões entre Matt e Peter.

Eles discutem sobre a ordem e a organização do espaço de trabalho. Peter prefere manter sua mesa totalmente limpa e livre de bagunça e sempre tem um pacote de lenços umedecidos na gaveta para limpar qualquer poeira ou sujeira. Matt, por outro lado, gosta de manter todo seu trabalho visível na mesa, deixando esboços, planos, revistas e fotos espalhados por toda parte, ao lado de pacotes de bolacha e xícaras de café. Peter tem dificuldade de se concentrar vendo a bagunça da mesa de Matt, enquanto Matt acha que pode ser mais criativo e trabalhar com mais liberdade quando não é forçado a passar o tempo todo limpando e organizando sua mesa. Os colegas de Matt e Peter não aguentam mais as brigas entre eles. Os dois trabalharam bem no passado, com a atenção de Peter aos detalhes e ao planejamento atuando para conter algumas das fantasias mais malucas de Matt. Ultimamente, no entanto, o trabalho entre eles sempre acaba em discussão.

Todo mundo sabe que não é produtivo se envolver em conflitos sobre cada pequena chateação no trabalho, mas evitar completamente o conflito também pode ser contraproducente. Novas pesquisas têm analisado as culturas de conflito nas organizações. Evidências sugerem que uma cultura que evita e suprime ativamente os conflitos é associada a níveis mais baixos de criatividade. Empresas que empurram os conflitos para "debaixo do tapete", mas não conseguem reduzir as tensões, podem tornar-se passivas-agressivas, marcadas por comportamentos dissimulados entre os empregados.

A melhor maneira de resolver a briga entre os dois provavelmente será por meio de um processo contínuo de busca de equilíbrio entre as duas perspectivas. Matt e Peter se preocupam com o fato de que, se não conseguirem encontrar uma solução, a relação de trabalho entre eles, que antes era positiva, acabará ficando conflituosa a ponto de ser insuportável. Isso acabaria sendo um grande problema para a equipe e para a empresa.

Questões

14.10 Descreva alguns fatores que levaram a situação a se transformar em conflito aberto.

14.11 Você acha que o problema entre os dois justifica o conflito? Quais são os custos e os potenciais benefícios de promover um diálogo aberto entre Matt e Peter sobre esses problemas?

14.12 Como Matt e Peter poderiam conversar ativamente para resolver o conflito? O que poderia ser mudado na prática e o que provavelmente continuará sendo um problema?

14.13 Releia o Estudo de caso 1. Como você acha que espaços de trabalho modernos, com *layout* aberto e sem divisórias, estimulam ou inibem os conflitos entre os empregados?

Fontes: baseado em S. Shellenbarger, "Clashing over Office Clutter", *Wall Street Journal*, 19 mar. 2014, http://www.wsj.com/articles/SB10001424052702304747404579447331212245004; S. Shellenbarger, "To Fight or Not to Fight? When to Pick Workplace Battles", *Wall Street Journal*, 17 dez. 2014, http://www.wsj.com/articles/picking-your-workplace-battles-1418772621; e M. J. Gelfand, J. R. Harrington e L. M. Leslie, "Conflict Cultures: A New Frontier for Conflict Management Research and Practice", in N. M. Ashkanasy, O. B. Ayoko e K. A. Jehn (eds.), *Handbook of Conflict Management Research* (Northampton, MA: Edward Elgar, 2014): 109–35.

Estudo de caso 2

Salas de inatividade e negociação coletiva

Os sindicatos nos Estados Unidos perderam muitos membros do setor privado, em que apenas 6,5% dos empregados são sindicalizados. Mas a situação é bem diferente no setor público, no qual 40% dos empregados públicos são sindicalizados. Esses números resultam de tendências muito diferentes. Na década de 1950, a situação era inversa, com aproximadamente 35% dos empregados do setor privado e 12% dos empregados do setor público participando de sindicatos.

Pesquisas sugerem duas razões para o crescimento dos sindicatos no setor público norte-americano. Em primeiro lugar, mudanças nas leis trabalhistas estaduais e federais facilitaram a organização de sindicatos no setor público. Argumenta-se também que os órgãos reguladores toleram ações antissindicais no setor privado. Em segundo lugar, os empregos no setor privado migraram. Os empregos sindicalizados bem remunerados no setor manufatureiro, na indústria siderúrgica e em outros antigos bastiões da sindicalização do setor privado foram, em grande parte, transferidos para o exterior ou para o sul do país, onde é mais difícil para os trabalhadores se organizar. Por outro lado, é difícil afastar os empregos do governo das comunidades atendidas por esses funcionários públicos. Uma escola da Filadélfia, por exemplo, não conseguiu transferir seus professores para Atlanta, em outro estado. Além disso, a força de trabalho do setor público tende a ser mais estática do que no setor privado. Por exemplo, mais fábricas do que agências dos correios fecharam as portas.

Será que essas tendências são problemáticas? Sabemos que, em parte, essa é uma questão política, mas vamos examinar a questão objetivamente em termos de vantagens e desvantagens.

Pelo lado positivo, ao negociar coletivamente, os trabalhadores sindicalizados conseguem ganhar, em média, cerca de 15% a mais do que seus colegas não sindicalizados. Os sindicatos também podem proteger os trabalhadores de ações arbitrárias dos empregadores. Vejamos o exemplo a seguir:

Lídia criticou o trabalho de cinco de seus colegas. Eles não gostaram muito das críticas e postaram mensagens furiosas no Facebook. Lídia prestou queixa ao seu chefe alegando que os posts violavam a política de tolerância zero do empregador contra intimidação e assédio. A empresa investigou a questão, concordou que sua política tinha sido violada e demitiu os cinco empregados. No entanto, o Conselho Nacional de Relações Trabalhistas decidiu que a decisão foi injusta e exigiu que eles fossem recontratados.

Ninguém gostaria de ser demitido por opiniões postadas no Facebook. Esse é um exemplo de uma proteção que os sindicatos podem fornecer.

Pelo lado negativo, os sindicatos do setor público, às vezes, conseguem negociar acordos trabalhistas não muito viáveis. Por mais de 25 anos, o sindicato que representa os agentes penitenciários da Califórnia (a Associação dos Agentes do Sistema Correcional da Califórnia) vem pressionando o governo do estado (principalmente por meio de greves) a aumentar o número de prisões e a estender as sentenças. A pressão funcionou e novas prisões foram construídas, a população carcerária foi às alturas e milhares de novos funcionários foram contratados. Com quase 30.000 associados e contando com milhões de dólares para atividades de *lobby*, o sindicato passou a deter enorme poder. Em consequência, um agente penitenciário pode começar com um salário de até US$ 65.000 anuais com generosos benefícios, além de mais de US$ 100.000 em horas extras e bônus depois de apenas 4 meses de treinamento gratuito. Isso tudo foi feito à custa dos contribuintes em um estado onde o orçamento "tem um equilíbrio precário e pode ficar no vermelho nos próximos anos".

Costuma ser dificílimo demitir um membro de um sindicato do setor público, mesmo se ele for um péssimo funcionário. Aryeh Eller, ex-professor de música da Escola de Ensino Médio Hillcrest, no bairro do Queens, Nova York, foi afastado da sala de aula devido a repetidos casos de assédio sexual às alunas, o que ele admitiu ter feito. Como "punição", ele foi transferido para uma "sala de inatividade", onde professores sindicalizados sem condições de trabalhar recebem o salário integral para não fazer nada. Além disso, o salário de Eller aumentou para US$ 85.000 em função dos aumentos automáticos por tempo de casa, estabelecidos no contrato do sindicato dos professores. Os professores de praticamente todos os estados norte-americanos contam com esse tipo de proteção, inclusive os que foram presos por fazer sexo e dar drogas a menores de idade. Além disso, os professores não são a única classe a contar com esses benefícios. Muitos tipos de trabalhos sindicalizados usufruem dos benefícios da sala de inatividade.

Nem todo mundo concorda sobre os prós e os contras dos sindicatos e se eles ajudam ou prejudicam a capacidade de uma organização de ter sucesso. Mas ninguém discute que essas questões são importantíssimas no estudo das estratégias de resolução de conflitos e negociação no trabalho.

Questões

14.14 As negociações entre trabalhadores e organizações podem ser caracterizadas como mais distributivas do que integrativas. Você concorda? Por quê? O que você faria a respeito dessas negociações?

14.15 Se os sindicatos negociarem acordos inviáveis, a administração precisa concordar com os termos desses acordos? Por que você acha que as organizações concordam com esses termos?

14.16 Suponha que você esteja ajudando os representantes sindicais e os da administração a negociar um acordo. Com base nos conceitos deste capítulo, o que você recomendaria?

14.17 Com base no Estudo de caso 2 e no que aprendeu neste capítulo, como você acha que os sindicatos vêm mudando suas práticas de negociação organizacional?

Fontes: baseado em L. Apple, "Spoiled California Prison Guards Have It Easy", *Gawker Media*, 30 abr. 2011, http://gawker.com/5797381/spoiled-california-prison-guards-have-it-easy; "Aryeh Eller, New York Teacher Removed from Classroom for Sexual Harassment, Paid Nearly $1 Million to Do Nothing", *Huffington Post*, 28 jan. 2013, acessado em 20 maio 2013, de www.huffingtonpost.com; "Hispanics United of Buffalo, Inc. and Carlos Ortiz", Case 03–CA–027872, *National Labor Relations Board*, 14 dez. 2012, www.nlrb.gov/cases-decisions/board-decisions; E. G. Brown, "2015–16 May Revision to the California State Budget", http://www.ebudget.ca.gov/2015-16/pdf/Revised/Budget Summary/Introduction.pdf; S. Soriano, "CCPOA's Clout High, but Profile Low", *Capitol Weekly*, 19 nov. 2014, http://capitolweekly.net/ccpoa-transition-powerful-low-profilecampaign-spending/; e J. Weissmann, "Who's to Blame for the Hostess Bankruptcy: Wall Street, Unions, or Carbs?", *The Atlantic*, 16 nov. 2012, acessado em 29 maio 2013, de www.theatlantic.com/.

NOTAS

1. Veja, por exemplo, D. Tjosvold, A. S. H. Wong e N. Y. F. Chen, "Constructively Managing Conflicts in Organizations", *Annual Review of Organizational Psychology and Organizational Behavior* 1 (mar. 2014): 545–68; e M. A. Korsgaard, S. S. Jeong, D. M. Mahony e A. H. Pitariu, "A Multilevel View of Intragroup Conflict", *Journal of Management* 34, no. 6 (2008): 1222–52.

2. C. K. W. De Dreu, "Conflict at Work: Basic Principles and Applied Issues", in S. Zedeck (ed.), *APA Handbook of Industrial and Organizational Psychology* (Washington, DC: APA Press, 2012): 461–493.

3. B. Brehmer, "Social Judgment Theory and the Analysis of Interpersonal Conflict", *Psychological Bulletin* 83, no. 1 (1976): 985–1003.

4. Ibid.

5. K. A. Jehn, "A Qualitative Analysis of Conflict Types and Dimensions in Organizational Groups", *Administrative Science Quarterly* 42, no. 1 (1997): 530–557.

6. F. R. C. de Wit, L. L. Greer e K. A. Jehn, "The Paradox of Intragroup Conflict: A MetaAnalysis", *Journal of Applied Psychology* 97, no. 2 (2012): 360–90; e N. Gamero, V. GonzálezRomá e J. M. Peiró, "The Influence of Intra-Team Conflict on Work Teams' Affective Climate: A Longitudinal Study", *Journal of Occupational and Organizational Psychology* 81, no. 1 (2008): 47–69.

7. E. J. Jung e S. Lee, "The Combined Effects of Relationship Conflict and the Relational Self on Creativity", *Organizational Behavior and Human Decision Processes* 130, no. 1 (2016): 44–57.

8. N. Halevy, E. Y. Chou e A. D. Galinsky, "Exhausting or Exhilarating? Conflict as Threat to Interests, Relationships and Identities", *Journal of Experimental Social Psychology* 48 (2012): 530–37.

9. S. S. Nifadkar e T. N. Bauer, "Breach of Belongingness: Newcomer Relationship Conflict, Information, and Task-Related Outcomes during Organizational Socialization", *Journal of Applied Psychology* 101, no. 1 (2016): 1–13.

10. F. R. C. de Wit, L. L. Greer e K. A. Jehn, "The Paradox of Intragroup Conflict: A Meta-Analysis", *Journal of Applied Psychology* 97 (2012): 360–90.

11. J. Farh, C. Lee e C. I. C. Farh, "Task Conflict and Team Creativity: A Question of How Much and When", *Journal of Applied Psychology* 95, no. 6 (2010): 1173–80.

12. B. H. Bradley, A. C. Klotz, B. F. Postlethwaite e K. G. Brown, "Ready to Rumble: How Team Personality Composition and Task Conflict Interact to Improve Performance", *Journal of Applied Psychology* 98 (2013): 385–92.

13. K. A. Jehn e C. Bendersky, "Intragroup Conflict in Organizations: A Contingency Perspective on the Conflict-Outcome Relationship", *Research in Organizational Behavior* 25, no. 1 (2003): 187–242.

14. B. H. Bradley, B. F. Postlethwaite, A. C. Klotz, M. R. Hamdani e K. G. Brown, "Reaping the Benefits of Task Conflict in Teams: The Critical Role of Team Psychological Safety Climate", *Journal of Applied Psychology* 97 (2012): 151–58.

15. J. S. Chun, S. Jinseok e J. N. Choi, "Members' Needs, Intragroup Conflict, and Group Performance", *Journal of Applied Psychology* 99, no. 3 (2014): 437–50.

16. S. Benard, "Cohesion from Conflict: Does Intergroup Conflict Motivate Intragroup Norm Enforcement and Support for Centralized Leadership?", *Social Psychology Quarterly* 75 (2012): 107–30.

17. G. A. Van Kleef, W. Steinel e A. C. Homan, "On Being Peripheral and Paying Attention: Prototypicality and Information Processing in Intergroup Conflict", *Journal of Applied Psychology* 98 (2013): 63–79.

18. K. W. Thomas, "Conflict and Negotiation Processes in Organizations", in M. D. Dunnette e L. M. Hough (eds.), *Handbook of Industrial and Organizational Psychology* (Palo Alto, CA: Consulting Psychologist's Press, 1992): 651–717.

19. R. S. Peterson e K. J. Behfar, "The Dynamic Relationship between Performance Feedback, Trust, and Conflict in Groups: A Longitudinal Study", *Organizational Behavior & Human Decision Processes* (set.–nov. 2003): 102–12.

20. T. M. Glomb e H. Liao, "Interpersonal Aggression in Work Groups: Social Influence, Reciprocal, and Individual Effects", *Academy of Management Journal* 46, no. 4 (2003): 486–96; e V. Venkataramani e R. S. Dalal, "Who Helps and Harms Whom? Relational Aspects of Interpersonal Helping and Harming in Organizations", *Journal of Applied Psychology* 92, no. 4 (2007): 952–66.

21. R. Friedman, C. Anderson, J. Brett, M. Olekalns, N. Goates e C. C. Lisco, "The Positive and Negative Effects of Anger on Dispute Resolution: Evidence from Electronically Mediated Disputes", *Journal of Applied Psychology* (abr. 2004): 369–76.

22. J. S. Chun e J. N. Choi, "Members' Needs, Intragroup Conflict, and Group Performance", *Journal of Applied Psychology* 99 (2014): 437–50.

23. Veja, por exemplo, J. R. Curhan, "What Do People Value When They Negotiate? Mapping the Domain of Subjective Value in Negotiation", *Journal of Personality and Social Psychology* (set. 2006): 117–26; e N. Halevy, E. Chou e J. K. Murnighan, "Mind Games: The Mental Representation of Conflict", *Journal of Personality and Social Psychology* 102 (2012): 132–48.

24. A. M. Isen, A. A. Labroo e P. Durlach, "An Influence of Product and Brand Name on Positive Affect: Implicit and Explicit Measures", *Motivation & Emotion* (mar. 2004): 43–63.

25. Ibid.

26. C. Montes, D. Rodriguez e G. Serrano, "Affective Choice of Conflict Management Styles", *International Journal of Conflict Management* 23 (2012): 6–18.

27. M. A. Rahim, *Managing Conflict in Organizations*, 4th ed. (New Brunswick, NJ: Transaction Publishers, 2011).

28. Ibid.

29. Ibid.

30. L. A. DeChurch, J. R. Mesmer-Magnus e D. Doty, "Moving beyond Relationship and Task Conflict: Toward a Process-State Perspective", *Journal of Applied Psychology* 98 (2013): 559–78.

31. J. P. Davis, "The Group Dynamics of Interorganizational Relationships: Collaborating with Multiple Partners in Innovation Ecosystems", *Administrative Science Quarterly* 61, no. 4 (2016): 621–61.

32. J. D. Hildreth e C. Anderson, "Failure at the Top: How Power Undermines Collaborative Performance", *Journal of Personality and Social Psychology* 110, no. 2 (2016): 261–86.

33. G. Todorova, J. B. Bear e L. R. Weingart, "Can Conflict Be Energizing? A Study of Task Conflict, Positive Emotions, and Job Satisfaction", *Journal of Applied Psychology* 99 (2014): 451–67.

34. P. J. Hinds e D. E. Bailey, "Out of Sight, Out of Sync: Understanding Conflict in Distributed Teams", *Organization Science* (nov.–dez. 2003): 615–32.

35. K. A. Jehn, L. Greer, S. Levine e G. Szulanski, "The Effects of Conflict Types, Dimensions, and Emergent States on Group Outcomes", *Group Decision and Negotiation* 17, no. 6 (2005): 777–96.

36. M. E. Zellmer-Bruhn, M. M. Maloney, A. D. Bhappu e R. B. Salvador, "When and How Do Differences Matter? An Exploration of Perceived Similarity in Teams", *Organizational Behavior and Human Decision Processes* 107, no. 1 (2008): 41–59.

37. J. Fried, "I Know You Are, but What Am I?", *Inc.* (jul./ago. 2010): 39–40.

38. K. J. Behfar, R. S. Peterson, E. A. Mannix e W. M. K. Trochim, "The Critical Role of Conflict Resolution in Teams: A Close Look at the Links between Conflict Type, Conflict Management Strategies, and Team Outcomes", *Journal of Applied Psychology* 93, no. 1 (2008): 170–88; e A. G. Tekleab, N. R. Quigley e P. E. Tesluk, "A Longitudinal Study of Team Conflict, Conflict Management, Cohesion, and Team Effectiveness", *Group and Organization Management* 34, no. 2 (2009): 170–205.

39. A. Somech, H. S. Desivilya e H. Lidogoster, "Team Conflict Management and Team Effectiveness: The Effects of Task Interdependence and Team Identification", *Journal of Organizational Behavior* 30, no. 3 (2009): 359–78.

40. H. Ren e B. Gray, "Repairing Relationship Conflict: How Violation Types and Culture Influence the Effectiveness of Restoration Rituals", *Academy of Management Review* 34, no. 1 (2009): 105–26.

41. M. J. Gelfand, M. Higgins, L. H. Nishii, J. L. Raver, A. Dominguez, F. Murakami, S. Yamaguchi e M. Toyama, "Culture and Egocentric Perceptions of Fairness in Conflict and Negotiation", *Journal of Applied Psychology* (out. 2002): 833–45; e Z. Ma, "Chinese Conflict Management Styles and Negotiation Behaviours: An Empirical Test", *International Journal of Cross Cultural Management* (abr. 2007): 101–19.

42. P. P. Fu, X. H. Yan, Y. Li, E. Wang e S. Peng, "Examining Conflict-Handling Approaches by Chinese Top Management Teams in IT Firms", *International Journal of Conflict Management* 19, no. 3 (2008): 188–209.

43. W. Liu, R. Friedman e Y. Hong, "Culture and Accountability in Negotiation: Recognizing the Importance of In-Group Relations", *Organizational Behavior and Human Decision Processes* 117 (2012): 221–34; e B. C. Gunia, J. M. Brett, A. K. Nandkeolyar e D. Kamdar "Paying a Price: Culture, Trust, and Negotiation Consequences", *Journal of Applied Psychology* 96, no. 4 (2010): 774–89.

44. M. H. Bazerman, J. R. Curhan, D. A. Moore e K. L. Valley, "Negotiation", *Annual Review of Psychology* 51 (2000): 279–314.

45. Veja, por exemplo, D. R. Ames, "Assertiveness Expectancies: How Hard People Push Depends on the Consequences They Predict,*Journal of Personality and Social Psychology* 95, no. 6 (2008): 1541–57; e J. R. Curhan, H. A. Elfenbein e H. Xu, "What Do People Value When They Negotiate? Mapping the Domain of Subjective Value in Negotiation", *Journal of Personality and Social Psychology* 91, no. 3 (2006): 493–512.

46. R. Lewicki, D. Saunders e B. Barry, *Negotiation*, 6th ed. (Nova York: McGraw-Hill/Irwin, 2009).

47. J. C. Magee, A. D. Galinsky e D. H. Gruenfeld, "Power, Propensity to Negotiate, and Moving First in Competitive Interactions", *Pesonality and Social Psychology Bulletin* (fev. 2007): 200–12.

48. H. R. Bowles, L. Babcock e L. Lei, "Social Incentives for Gender Differences in the Propensity to Initiative Negotiations: Sometimes It Does Hurt to Ask", *Organizational Behavior and Human Decision Processes* 103 (2007): 84–103.

49. E. Wilson, "The Trouble with Jake", *The New York Times*, 15 jul. 2009, www.nytimes.com.

50. Rahim, *Managing Conflict in Organizations*.

51. A. C. Peng, J. Dunn e D. E. Conlon, "When Vigilance Prevails: The Effect of Regulatory Focus and Accountability on Integrative Negotiation Outcomes", *Organizational Behavior and Human Decision Processes* 126, no. 1 (2016): 77–87; N. B. Rothman e G. B. Northcraft, "Unlocking Integrative Potential: Expressed Emotional Ambivalence and Negotiation Outcomes", *Organizational Behavior and Human Decision Processes* 126, no. 1 (2015): 65–76; e C. K. W. De Dreu, L. R. Weingart e S. Kwon, "Influence of Social Motives on Integrative Negotiation: A Meta-Analytic Review and Test of Two Theories", *Journal of Personality & Social Psychology* (maio 2000): 889–905.

52. Este modelo baseia-se em R. J. Lewicki, D. Saunders e B. Barry, *Negotiation,* 7. ed. (Nova York: McGraw Hill, 2014).

53. J. R. Curhan, H. A. Elfenbein e G. J. Kilduff, "Getting off on the Right Foot: Subjective Value versus Economic Value in Predicting Longitudinal Job Outcomes from Job Offer Negotiations", *Journal of Applied Psychology* 94, no. 2 (2009): 524–34.

54. L. L. Thompson, J. Wang e B. C. Gunia. "Negotiation", *Annual Review of Psychology* 61, (2010): 491–515.

55. Michael Schaerer, Roderick I. Swaab e Adam D. Galinsky, "Anchors Weigh More Than Power: Why Absolute Powerlessness Liberates Negotiators to Achieve Better Outcomes", *Psychological Science* (dez. 2014), doi:10.1177/0956797614558718.

56. R. P. Larrick e G. Wu, "Claiming a Large Slice of a Small Pie: Asymmetric Disconfirmation in Negotiation", *Journal of Personality and Social Psychology* 93, no. 2 (2007): 212–33.

57. H. A. Elfenbein, "Individual Difference in Negotiation: A Nearly Abandoned Pursuit Revived", *Current Directions in Psychological Science* 24 (2015): 131–36.

58. T. A. Judge, B. A. Livingston e C. Hurst, "Do Nice Guys—and Gals—Really Finish Last? The Joint Effects of Sex and Agreeableness on Income", *Journal of Personality and Social Psychology* 102 (2012): 390–407.

59. K. S. Wilson, D. S. DeRue, F. K. Matta, M. Howe e D. E. Conlon, "Personality Similarity in Negotiations: Testing the Dyadic Effects of Similarity in Interpersonal Traits and the Use of Emotional Displays on Negotiation Outcomes", *Journal of Applied Psychology* 101, no. 10 (2016): 1405–21.

60. N. Dimotakis, D. E. Conlon e R. Ilies, "The Mind and Heart (Literally) of the Negotiator: Personality and Contextual Determinants of Experiential Reactions and Economic Outcomes in Negotiation", *Journal of Applied Psychology* 97 (2012): 183–93.

61. E. T. Amanatullah, M. W. Morris e J. R. Curhan, "Negotiators Who Give Too Much: Unmitigated Communion, Relational Anxieties, and Economic Costs in Distributive and Integrative Bargaining", *Journal of Personality and Social Psychology* 95, no. 3 (2008): 723–38;. e D. S. DeRue, D. E. Conlon, H. Moon e H. W. Willaby, "When Is Straightforwardness a Liability in Negotiations? The Role of Integrative Potential and Structural Power", *Journal of Applied Psychology* 94, no. 4 (2009): 1032–47.

62. S. Sharma, W. Bottom e H. A. Elfenbein, "On the Role of Personality, Cognitive Ability, and Emotional Intelligence in Predicting Negotiation Outcomes: A Meta-Analysis", *Organizational Psychology Review* 3 (2013): 293–336.

63. H. A. Elfenbein, J. R. Curhan, N. Eisenkraft, A. Shirako e L. Baccaro, "Are Some Negotiators Better Than Others? Individual Differences in Bargaining Outcomes", *Journal of Research in Personality* (dez. 2008): 1463–75.

64. A. Zerres, J. Hüffmeier, P. A. Freund, K. Backhaus e G. Hertel, "Does It Take Two to Tango? Longitudinal Effects of Unilateral and

Bilateral Integrative Negotiation Training", *Journal of Applied Psychology* 98 (2013): 478–91.

65. G. Lelieveld, E. Van Dijk, I. Van Beest e G. A. Van Kleef, "Why Anger and Disappointment Affect Other's Bargaining Behavior Differently: The Moderating Role of Power and the Mediating Role of Reciprocal Complementary Emotions", *Personality and Social Psychology Bulletin* 38 (2012): 1209–21.

66. A. Shirako, G. J. Kilduff e L. J. Kray, "Is There a Place for Sympathy in Negotiation? Finding Strength in Weakness", *Organizational Behavior and Human Decision Processes* 131, no. 1 (2015): 95–109; e M. Sinaceur, S. Kopelman, D. Vasiljevic e C. Haag, "Weep and Get More: When and Why Sadness Expression Is Effective in Negotiations", *Journal of Applied Psychology* 100, no. 6 (2016): 1847–71.

67. S. Côté, I. Hideg e G. A. van Kleef, "The Consequences of Faking Anger in Negotiations", *Journal of Experimental Social Psychology* 49 (2013): 453–63.

68. G. A. Van Kleef e C. K. W. De Dreu, "Longer-Term Consequences of Anger Expression in Negotiation: Retaliation or Spillover?", *Journal of Experimental Social Psychology* 46, no. 5 (2010): 753–60.

69. H. Adam e A. Shirako, "Not All Anger Is Created Equal: The Impact of the Expresser's Culture on the Social Effects of Anger in Negotiations", *Journal of Applied Psychology* 98, no. 5 (2013): 785–98.

70. Lelieveld, Van Dijk, Van Beest e Van Kleef, "Why Anger and Disappointment Affect Other's Bargaining Behavior Differently."

71. M. Olekalns e P. L. Smith, "Mutually Dependent: Power, Trust, Affect, and the Use of Deception in Negotiation", *Journal of Business Ethics* 85, no. 3 (2009): 347–65.

72. A. W. Brooks e M. E. Schweitzer, "Can Nervous Nellie Negotiate? How Anxiety Causes Negotiators to Make Low First Offers, Exit Early, and Earn Less Profit", *Organizational Behavior and Human Decision Processes* 115, no. 1 (2011): 43–54.

73. M. Sinaceur, H. Adam, G. A. Van Kleef e. A. D. Galinsky, "The Advantages of Being Unpredictable: How Emotional Inconsistency Extracts Concessions in Negotiation", *Journal of Experimental Social Psychology* 49 (2013): 498–508.

74. K. Leary, J. Pillemer e M. Wheeler, "Negotiating with Emotion", *Harvard Business Review* (jan.-fev-2013): 96–103. 75. L. A. Liu, R. Friedman, B. Barry, M. J. Gelfand e Z. Zhang, "The Dynamics of Consensus Building in Intracultural and Intercultural Negotiations", *Administrative Science Quarterly* 57 (2012): 269–304.

76. S. Aslani, J. Ramirez-Marin, J. Brett, J. Yao, Z. Semnani-Azad, Z. Zhang… e W. Adair, "Dignity, Face, and Honor Cultures: A Study of Negotiation Strategy and Outcomes in Three Cultures", *Journal of Organizational Behavior* 37, no. 8 (2016): 1178–201.

77. M. Liu, "The Intrapersonal and Interpersonal Effects of Anger on Negotiation Strategies: A Cross-Cultural Investigation", *Human Communication Research* 35, no. 1 (2009): 148– 69; e H. Adam, A. Shirako e W. W. Maddux, "Cultural Variance in the Interpersonal Effects of Anger in Negotiations", *Psychological Science* 21, no. 6 (2010): 882–89.

78. P. D. Trapnell and D. L. Paulhus, "Agentic and Communal Values: Their Scope and Measurement", *Journal of Personality Assessment* 94 (2012): 39–52.

79. C. T. Kulik e M. Olekalns, "Negotiating the Gender Divide: Lessons from the Negotiation and Organizational Behavior Literatures", *Journal of Management* 38 (2012): 1387–415.

80. C. Suddath, "The Art of Haggling", *Bloomberg Businessweek* (26 nov. 2012): 98.

81. J. Mazei, J. Hüffmeier, P. A. Freund, A. F. Stuhlmacher, L. Bilke e G. Hertel, "A Meta-Analysis on Gender Differences in Negotiation Outcomes and Their Moderators", *Psychological Bulletin* 141, no. 1 (2015): 85–104.

82. Ibid.

83. L. J. Kray, C. C. Locke e A B. Van Zant, "Feminine Charm: An Experimental Analysis of Its Costs and Benefits in Negotiations", *Personality and Social Psychology Bulletin* 38 (2012): 1343–57.

84. S. de Lemus, R. Spears, M. Bukowski, M. Moya e J. Lupiáñez, "Reversing Implicit Gender Stereotype Activation as a Function of Exposure to Traditional Gender Roles", *Social Psychology* 44 (2013): 109–16.

85. D. A. Small, M. Gelfand, L. Babcock e H. Gettman, "Who Goes to the Bargaining Table? The Influence of Gender and Framing on the Initiation of Negotiation", *Journal of Personality and Social Psychology* 93, no. 4 (2007): 600–13.

86. D. T. Kong, K. T. Dirks e D. L. Ferrin, "Interpersonal Trust within Negotiations: Meta-Analytic Evidence, Critical Contingencies, and Directions for Future Research", *Academy of Management Journal* 57 (2014): 1235–55.

87. G. R. Ferris, J. N. Harris, Z. A. Russell, B. P. Ellen, A. D. Martinez e F. R. Blass, "The Role of Reputation in the Organizational Sciences: A Multilevel Review, Construct Assessment, and Research Directions", *Research in Personnel and Human Resources Management* 32 (2014): 241–303.

88. R. Zinko, G. R. Ferris, S. E. Humphrey, C. J. Meyer e F. Aime, "Personal Reputation in Organizations: Two-Study Constructive Replication and Extension of Antecedents and Consequences", *Journal of Occupational and Organizational Psychology* 85 (2012): 156–80.

89. A. Hinshaw, P. Reilly e A. Kupfer Schneider, "Attorneys and Negotiation Ethics: A Material Misunderstanding?", *Negotiation Journal* 29 (2013): 265–87; e N. A. Welsh, "The Reputational Advantages of Demonstrating Trustworthiness: Using the Reputation Index with Law Students", *Negotiation Journal* 28 (2012): 117–45.

90. J. R. Curhan, H. A. Elfenbein e X. Heng, "What Do People Value When They Negotiate? Mapping the Domain of Subjective Value in Negotiation", *Journal of Personality and Social Psychology* 91 (2006): 493–512.

91. W. E. Baker e N. Bulkley, "Paying It Forward vs. Rewarding Reputation: Mechanisms of Generalized Reciprocity", *Organization Science* 25 (June 17, 2014): 1493–510.

92. G. A. Van Kleef, C. K. W. De Dreu e A. S. R. Manstead, "An Interpersonal Approach to Emotion in Social Decision Making: The Emotions as Social Information Model", *Advances in Experimental Social Psychology* 42 (2010): 45–96.

93. F. Lumineau e J. E. Henderson, "The Influence of Relational Experience and Contractual Governance on the Negotiation Strategy in Buyer–Supplier Disputes", *Journal of. Operations Management* 30 (2012): 382–95.

94. U.S. Equal Employment Opportunity. Commission, http://www.eeoc.gov/eeoc/mediation/qanda.cfm, acessado em 9 jun. 2015.

Capítulo 15

Fundamentos da estrutura organizacional

Objetivos de aprendizagem

Depois de ler este capítulo, você será capaz de:

15.1 Identificar os sete elementos da estrutura de uma organização.

15.2 Identificar as características da estrutura funcional, da burocracia e da estrutura matricial.

15.3 Identificar as características das estruturas virtual, de equipe e circular.

15.4 Descrever os efeitos do *downsizing* sobre as estruturas organizacionais e sobre os empregados.

15.5 Comparar as razões da escolha entre o uso dos modelos estruturais mecânicos e o dos orgânicos.

15.6 Analisar as implicações comportamentais dos diferentes tipos de desenho organizacional.

MATRIZ DE HABILIDADES PARA A EMPREGABILIDADE								
	Mito ou ciência?	Objetivos profissionais	Escolha ética	Ponto e contraponto	Exercício experiencial	Dilema ético	Estudo de caso 1	Estudo de caso 2
Pensamento crítico	✓	✓	✓	✓	✓	✓	✓	✓
Comunicação					✓			
Colaboração	✓		✓	✓	✓		✓	
Análise e aplicação do conhecimento	✓	✓	✓	✓	✓	✓	✓	✓
Responsabilidade social			✓			✓	✓	✓

UMA ESTRUTURA HORIZONTALIZADA DEMAIS?

A GitHub, uma empresa de desenvolvimento de software avaliada em US$ 2 bilhões e fundada pelo CEO Chris Wanstrath (foto) e por Tom Preston-Werner em 2007, revolucionou a maneira como programas de software são desenvolvidos e produzidos. A GitHub passou de uma pequena startup com apenas alguns empregados em São Francisco para uma empresa muito maior, com mais de 600 empregados (tendo praticamente dobrado de tamanho entre 2016 e 2017). Em 2017, a GitHub já tinha mais de 22 milhões de usuários e mais de 59 milhões de projetos hospedados. Por ter começado como uma organização menor, a estrutura simples e horizontal da GitHub era inovadora, o que ajudou muito a empresa nos primeiros anos. A GitHub começou sem gerentes de nível médio e muitos empregados nem chegavam a ter cargos formais, organizando-se naturalmente para trabalhar em equipes, com todos se responsabilizando pelo gerenciamento dos projetos. Um dos benefícios dessa estrutura para a empresa foi que as pessoas não eram arbitrariamente divididas ou restritas por divisões, como produtos, especialidades, entre outras. A estrutura de "código aberto" da empresa refletia a natureza de código aberto de seu produto.

Contudo, as necessidades estruturais das empresas podem mudar com seu crescimento. Foi o que aconteceu com a GitHub em 2014, quando a programadora Julie Ann Horvath anunciou ter sido vítima de assédio. Horvath foi assediada sexualmente por um engenheiro da GitHub, que, ao ser rejeitado por ela, barrou sua participação em vários produtos. Uma organização com uma estrutura menos horizontalizada e não tão simplificada poderia ter mais canais de prestação de contas e mais autoridade para resolver o problema prontamente, mas o que acabou acontecendo é que a empresa deixou o problema se arrastar por dois anos.

As limitações dessas organizações horizontais são apontadas por Jo Freeman em seu artigo "A tirania da falta de estrutura", no qual ela escreve que "todo grupo tem algum tipo de estrutura... qualquer grupo de pessoas de qualquer natureza que se reúna por qualquer período, para qualquer finalidade, inevitavelmente se estruturará de alguma forma". O problema é que, sem mecanismos formais de controle, a autoridade e a influência não são visíveis devido à ausência de canais explícitos. Por exemplo, Horvath relatou uma conversa com a esposa de Preston-Werner na qual ela foi informalmente ameaçada e coagida a não postar um comentário negativo sobre a empresa. Ela foi informada da presença de "espiões" na organização que, aparentemente, tinham acesso às comunicações privadas dos empregados. Outro problema é que os papéis não são muito claros em uma organização como essa. Julio Avalos, um dos 100 primeiros empregados contratados em 2012 e atual diretor de negócios da empresa, observa: "Sem uma camada mínima de gerenciamento, era difícil ter esse tipo de conversa, informar às pessoas o que a empresa esperava delas e mostrar que a empresa lhes daria todo o apoio necessário para elas fazerem um bom trabalho".

Wanstrath e os líderes da GitHub aprenderam a lição: "Recomendo que todas as startups se estruturem à medida que crescem... Muitas empresas acham que podem deixar isso para depois, mas acabam com uma bomba-relógio no colo. Essa foi a maior lição para nós". Com base no que aprenderam, Wanstrath e o conselho de administração da GitHub transformaram a cultura da empresa de uma organização horizontalizada, flexível e meritocrática em uma empresa com uma gerência de nível médio que deve estar presente no escritório e não trabalhando remotamente.

Fontes: baseado em J. Bort e M. Weinberger, "GitHub Is Undergoing a Full-Blown Overhaul as Execs and Employees Depart", *Business Insider*, 6 fev. 2016, http://www.businessinsider.com/github-the-full-inside-story-2016-2/; K. Finley, "GitHub Swaps CEOs, Proves It Doesn't Need No Stinking Bosses", *Wired*, 22 jan. 2014, https://www.wired.com/2014/01/github-ceo/; K. Finley, "Why Workers Can Suffer in Bossless Companies Like GitHub", *Wired*, 20 mar. 2014, https://www.wired.com/2014/03/tyranny-flatness/; J. Freeman, *The Tyranny of Structurelessness*, maio 1970, http://www.jofreeman.com/joreen/tyranny.htm; GitHub, About Page, acessado em 16 abr. 2017, https://github.com/about; M. Mittelman, "Why GitHub Finally Abandoned Its Bossless Workplace", *Bloomberg*, 6 set. 2016, https://www.bloomberg.com/news/articles/2016-09-06/why-github-finally-abandoned-its-bossless-workplace; D. Roberts, "GitHub CEO: What I Learned from Our Harassment Scandal", *Forbes*, 29 set. 2015, http://fortune.com/2015/09/29/github-ceo-40-under-40/; e A. Wilhelm e A. Tsotsis, "Julie Ann Horvath Describes Sexism and Intimidation behind Her GitHub Exit", *Tech Crunch*, 15 mar. 2014, https://techcrunch.com/2014/03/15/julie-ann-horvath-describes-sexism-and-intimidation-behind-her-github-exit/.

Escolher uma estrutura organizacional requer muito mais do que simplesmente decidir quem manda em quem e quantas pessoas são necessárias, até mesmo para startups com apenas alguns empregados. A estrutura da organização determina os relacionamentos que serão formados, o grau de formalidade desses relacionamentos e muitos resultados do trabalho. A estrutura também pode mudar à medida que as organizações crescem e diminuem, de acordo com as tendências do campo da administração e à medida que estudos revelam maneiras melhores de maximizar a produtividade.

As decisões estruturais são, indiscutivelmente, as mais importantes que um líder deve tomar para garantir o crescimento organizacional.[1] Neste capítulo, exploraremos como a estrutura afeta o comportamento dos empregados e a organização como um todo.

O que é estrutura organizacional?

15.1 Identificar os sete elementos da estrutura de uma organização.

Uma *estrutura organizacional* define como as tarefas do trabalho são formalmente distribuídas, agrupadas e coordenadas.[2] Ao projetar a estrutura de suas organizações, os gestores precisam ter em mente sete elementos básicos: a especialização do trabalho, a departamentalização, a cadeia de comando, a amplitude de controle, a centralização e descentralização, a formalização e a superação de fronteiras.[3] A Tabela 15.1 mostra como cada um deles pode resolver importantes questões estruturais e as próximas seções deste capítulo descrevem esses sete elementos da estrutura.

estrutura organizacional
Maneira pela qual as tarefas do trabalho são formalmente divididas, agrupadas e coordenadas.

Especialização do trabalho

No início do século XX, Henry Ford ficou rico e famoso por usar uma linha de montagem para fabricar automóveis. Cada empregado recebia uma tarefa específica e repetitiva, como instalar a roda traseira direita ou a porta dianteira esquerda. Ao dividir o trabalho em pequenas tarefas padronizadas, que podiam ser repetidas muitas vezes, Ford foi capaz de produzir um carro a cada 10 segundos, mesmo empregando trabalhadores com habilidades relativamente limitadas.[4]

TABELA 15.1 Principais perguntas e respostas para o desenho da estrutura organizacional mais apropriada.

Pergunta principal	A resposta é dada por...
1. Até que ponto as atividades são subdivididas em tarefas separadas?	Especialização do trabalho
2. O que é usado como base para que as tarefas sejam agrupadas?	Departamentalização
3. A quem as pessoas e grupos se reportam?	Cadeia de comando
4. Quantas pessoas um gestor consegue gerenciar com eficiência e eficácia?	Amplitude de controle
5. Onde se localiza a autoridade para tomar as decisões?	Centralização e descentralização
6. Em que extensão a atuação dos empregados e gestores será direcionada por regras e regulamentações?	Formalização
7. Pessoas de áreas diferentes precisam interagir regularmente?	Superação de fronteiras

especialização do trabalho
Grau em que as funções na organização são subdivididas em tarefas distintas.

A especialização do trabalho, ou *divisão do trabalho*, descreve o grau em que as funções na organização são divididas em tarefas distintas.[5] A especialização do trabalho consiste em, basicamente, dividir um trabalho em várias etapas, cada uma realizada por uma pessoa diferente. Basicamente, ela faz com que os indivíduos se especializem em realizar parte de uma atividade em vez de fazer a atividade inteira. A especialização é uma maneira de fazer o uso mais eficiente possível das habilidades dos empregados e até melhorá-las por meio da repetição. Gasta-se, assim, menos tempo alterando tarefas, afastando ferramentas e equipamentos de uma etapa anterior e preparando-se para outra.

Na década de 1960, foi ficando cada vez mais claro que mesmo os benefícios da especialização tinham seus limites. As deseconomias humanas decorrentes da especialização passaram a se manifestar na forma de tédio, fadiga, estresse, baixa produtividade, perda de qualidade, aumento do absenteísmo e alta rotatividade, que superavam muito suas vantagens econômicas (veja a Figura 15.1).[6] Concluiu-se que os gestores poderiam aumentar a produtividade ampliando o escopo das tarefas em vez de reduzi-lo. Atribuir aos empregados uma variedade de tarefas, permitindo-lhes realizar uma atividade completa, e colocá-los em equipes com habilidades intercambiáveis, em geral, levava a resultados muito melhores e a maior satisfação profissional.[7]

Ford demonstrou que o trabalho pode ser feito com mais eficiência se for especializado, prática que continua sendo aplicada em muitos setores. Por exemplo, você saberia montar um carro sozinho? É pouco provável! Além disso, é mais fácil e ba-

FIGURA 15.1 Economias e deseconomias da especialização do trabalho.

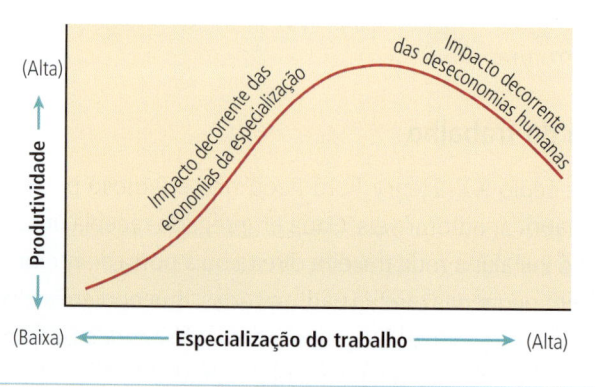

rato encontrar e treinar trabalhadores para realizar tarefas específicas e repetitivas, especialmente quando se trata de operações complexas e sofisticadas. A especialização do trabalho aumenta a eficiência e a produtividade, estimulando a criação de maquinário e as invenções customizadas.

Hoje em dia, a maioria dos gestores reconhece que a especialização pode gerar economias em certos tipos de trabalho, mas, se for levada longe demais, pode criar problemas. Um alto grau de especialização ajuda restaurantes de fast-food a fazer e vender sanduíches e batatas fritas com eficiência e auxilia especialistas da área da saúde em muitos hospitais e centros de atendimento médico. A especialização é possível sempre que as funções puderem ser divididas em tarefas ou projetos específicos. A especialização também pode conferir vantagens em outros setores além da indústria manufatureira, especialmente naqueles nos quais o compartilhamento de tarefas e o trabalho em regime de tempo parcial são preponderantes.[8] O Mechanical Turk da Amazon, o TopCoder e outras plataformas facilitaram uma nova tendência de microespecialização, *e-lancing* ou *crowdsourcing*, na qual pequenas tarefas de programação, processamento de dados ou avaliação são delegadas a uma rede global de pessoas por um gerente de programa que depois reúne os resultados.[9] Com isso, os empregadores podem usar plataformas on-line para alocar vários empregados a tarefas com uma função mais ampla, como o marketing.[10] A automação e o uso de computadores e sistemas informatizados nas organizações estão criando uma nova modalidade de especialização do trabalho na qual os computadores encarregam-se do trabalho especializado.[11]

Assim, enquanto no passado a especialização se concentrava principalmente em dividir as atividades de manufatura em tarefas específicas na mesma fábrica, hoje em dia a especialização divide criteriosamente tarefas complexas em elementos específicos, de acordo com fatores como tecnologia, conhecimento especializado e região. No entanto, o princípio é o mesmo.

Departamentalização

Depois de dividir as atividades por meio da especialização do trabalho, é preciso agrupá-las para que as tarefas possam ser coordenadas. A base para agrupar as atividades é chamada de departamentalização.[12]

departamentalização
Base pela qual as atividades existentes em uma organização são agrupadas.

Uma das formas mais populares de agrupamento de atividades se dá pelas *funções* desempenhadas. Por exemplo, o gestor de uma fábrica pode organizar sua unidade em departamentos de engenharia, contabilidade, produção, recursos humanos e compras. Um hospital pode ter departamentos voltados para pesquisa, cirurgia, terapia intensiva, contabilidade e assim por diante. Um time profissional de futebol pode ter departamentos para cuidar da saúde dos atletas, da venda de ingressos e das passagens e acomodações em viagens. A principal vantagem da departamentalização funcional é a eficiência resultante de reunir especialistas para trabalhar em áreas semelhantes.

As atividades também podem ser departamentalizadas de acordo com o *produto* ou o *serviço* oferecido pela organização. A Procter & Gamble aloca a cada importante linha de produto (como Ariel, Pampers, Always e Pringles) um executivo global que se torna responsável por ela. Neste caso, a principal vantagem é uma maior prestação de contas pelo desempenho do produto ou serviço, já que todas as atividades relacionadas ficam sob a direção de um único gestor.[13]

Quando uma empresa é departamentalizada com base em critérios *geográficos* ou territoriais, a função de vendas, por exemplo, pode ter regionais Sul, Sudeste, Centro-Oeste, Norte e Nordeste. Se a clientela de uma empresa estiver dispersa em uma área muito grande e possuir interesses parecidos em função de sua localização, essa forma de departamentalização pode ser muito válida. Foi por isso que a Toyota mudou sua estrutura de gestão para regiões geográficas: de acordo com o CEO Akio Toyoda, "para poder desenvolver e entregar produtos cada vez melhores".[14]

A departamentalização por *processo* também pode ser utilizada para o processamento tanto dos clientes quanto dos produtos. Se você já esteve em um agência do Detran para tirar sua carteira de motorista, provavelmente teve de passar por vários departamentos antes de receber sua licença. Os candidatos podem passar por três etapas, cada uma administrada por um departamento separado: (1) validação pela divisão de veículos motorizados, (2) processamento pelo departamento de licenciamento e (3) recebimento do pagamento pelo departamento de tesouraria. A última categoria de departamentalização tem como foco o tipo específico de *cliente* que a organização deseja atrair.

As organizações nem sempre mantêm o tipo de departamentalização adotado inicialmente. Por exemplo, a Microsoft passou anos utilizando a departamentalização por cliente, organizando-se em torno de suas próprias bases de clientes: consumidores, grandes empresas, desenvolvedores de software e pequenas empresas. Contudo, em um memorando de junho de 2013 para todos os empregados, o CEO Steve Ballmer anunciou uma reestruturação voltada à departamentalização funcional, mencionando a necessidade de promover a inovação contínua. Os novos departamentos passaram a agrupar as tarefas por funções tradicionais, como engenharia, marketing, desenvolvimento de negócios, estratégia e pesquisa, finanças, RH e jurídico.[15]

A proposta de Ballmer era mudar a estrutura organizacional da Microsoft para "redefinir nossa interação com nossos clientes, desenvolvedores e principais parceiros de inovação, padronizando a mensagem e os produtos oferecidos".[16] Como veremos neste capítulo, mudanças feitas deliberadamente nas organizações para alinhar as práticas aos objetivos organizacionais, em especial à visão de líderes fortes, aumentam muito as chances de promover melhorias nas empresas. Ballmer, um líder forte, anunciou sua aposentadoria dois meses depois (ele deixou oficialmente a Microsoft em 2014) e outras mudanças se seguiram. A Microsoft continuou tendo dificuldades com

Fonte: Kim Kyung-Hoon/Reuters

Uma empresa global com operações em escala regional em mais de 200 países, a The Coca-Cola Company está organizada em cinco regiões geográficas: América do Norte, América Latina, Europa, Oriente Médio e África e Ásia-Pacífico. Essa estrutura possibilita à empresa adaptar sua estratégia a mercados em diferentes estágios de desenvolvimento econômico e a consumidores com diferentes preferências e comportamentos de compra.

a reorganização e, menos de um ano depois, anunciou mudanças adicionais em seu quadro de liderança e estrutura da equipe. Algumas dessas mudanças incluíram, por exemplo, a especialização por produto e a especialização funcional e a reorganização das equipes do PowerPoint, Excel e Access em equipes de criação de conteúdo e visualização de dados.[17]

Cadeia de comando

Apesar de o conceito de cadeia de comando ter sido uma referência importante para estruturar as organizações, sua relevância vem diminuindo ao longo do tempo. Porém, os gestores ainda devem considerar suas implicações, especialmente em setores que lidam com possíveis situações de "vida ou morte", nas quais as pessoas precisam agir repentinamente, de forma rápida, com confiança nas pessoas que tomam as decisões. A cadeia de comando é uma linha contínua de autoridade que vai do topo da organização até o escalão mais baixo, determinando quem se reporta a quem dentro da empresa.

Não é possível falar sobre cadeia de comando sem abordar também dois conceitos complementares: a *autoridade* e a *unidade de comando*. A autoridade diz respeito aos direitos inerentes a uma posição gerencial de dar ordens e esperar que elas sejam cumpridas. Para facilitar a coordenação, cada posição gerencial é alocada a uma posição na cadeia de comando e cada gestor recebe um grau de autoridade para cumprir suas responsabilidades. O princípio da unidade de comando ajuda a preservar o conceito da linha contínua de autoridade. Ele determina que cada pessoa só deve ter um superior a quem deve se reportar diretamente. Se a unidade de comando for quebrada, o empregado pode ter de lidar com demandas ou prioridades conflitantes vindas de diferentes chefias, o que, não raro, acontece nas relações de subordinação representadas por linhas pontilhadas nos organogramas, indicando que um empregado se reporta a vários gestores.[18]

Os tempos mudam, bem como os dogmas do planejamento organizacional. Hoje, um empregado dos escalões mais baixos pode acessar em segundos informações que antes só eram disponibilizadas à cúpula da empresa. Além disso, muitos empregados têm autonomia para tomar decisões antes reservadas somente à gestão.[19] Some a isso a popularidade das equipes autogerenciadas e multifuncionais (veja o Capítulo 10) e a criação de novos modelos estruturais que incluem chefias múltiplas, e você perceberá por que parece que o conceito de unidade de comando está perdendo relevância. No entanto, muitas organizações ainda acreditam que são mais produtivas quando reforçam sua cadeia de comando. Com efeito, um levantamento com mais de 1.000 gestores revelou que 59% deles concordaram com a seguinte afirmação: "Há uma linha imaginária no organograma de minha empresa. A estratégia é definida por pessoas acima dessa linha, ao passo que a estratégia é executada por pessoas abaixo da linha". Contudo, esse mesmo levantamento constatou que a adesão dos empregados de nível inferior (em termos de concordância e de apoio ativo) à estratégia da organização acabava sendo inibida por conta da confiança de que a hierarquia determina a tomada de decisões.[20]

Amplitude de controle

Quantos empregados um gestor consegue dirigir de forma eficiente e eficaz? A amplitude de controle determina o número de níveis e de gestores de uma organização.[21] Caso todos os outros fatores permaneçam inalterados, quanto maior a amplitude de controle, menor será o número de níveis hierárquicos e mais empregados serão alocados a cada nível, levando a organização a uma maior eficiência.[22]

---

cadeia de comando
Linha contínua de autoridade que vai do topo da organização até o escalão mais baixo, determinando quem se reporta a quem na empresa.

autoridade
Os direitos inerentes a uma posição gerencial de dar ordens e esperar que elas sejam obedecidas.

unidade de comando
A ideia de que cada subordinado deve ter apenas um superior a quem deve se reportar diretamente.

amplitude de controle
Número de subordinados que um gestor consegue dirigir de forma eficiente e eficaz.

Vamos imaginar duas organizações, cada qual com cerca de 4.100 empregados operacionais. Uma delas tem uma amplitude uniforme de 4 e a outra, de 8. Como mostra a Figura 15.2, a amplitude maior (de 8) levará a dois níveis a menos e a quase 800 gerentes a menos. Se o salário médio de cada gerente for de R$ 4.000 por mês, a maior amplitude resultará em uma economia de cerca de R$ 40 milhões por ano! Fica claro que as amplitudes maiores são mais eficientes em matéria de custos. Só que, depois de certo ponto, quando os chefes não têm mais tempo para oferecer o apoio e a liderança necessários a todos os seus subordinados, sua eficácia é reduzida e o desempenho dos empregados cai.[23]

Muitos defendem amplitudes de controle menores. Um gestor pode garantir mais controle ao manter a amplitude em cinco ou seis empregados.[24] Contudo, uma amplitude pequena tem três grandes desvantagens.[25] Para começar, ela é onerosa por aumentar o número de níveis de gestão. Em segundo lugar, ela complica a comunicação vertical da empresa. Os níveis hierárquicos intermediários retardam o processo decisório e tendem a isolar a cúpula da empresa. Em terceiro lugar, uma pequena amplitude de controle promove uma supervisão muito rígida, desestimulando a autonomia dos empregados.

A tendência nos últimos anos tem seguido na direção de aumentar a amplitude de controle.[26] Essa tendência condiz com as tentativas das empresas de reduzir custos, cortar despesas indiretas, agilizar o processo decisório, aumentar a flexibilidade, aproximar-se dos clientes e empoderar os empregados. Entretanto, para assegurar que o desempenho não seja prejudicado por essa amplitude maior, as empresas têm feito investimentos consideráveis em treinamento. Essa ação se deve ao reconhecimento dos gestores de que podem gerenciar um número maior de pessoas quando seus subordinados conhecem bem o próprio trabalho ou podem pedir ajuda aos colegas quando têm dúvidas.

Centralização e descentralização

centralização
Grau de concentração do processo decisório em um único ponto da organização.

O termo centralização se refere ao grau em que o processo decisório está concentrado em um único ponto na organização.[27] Nas organizações *centralizadas*, os altos executivos tomam todas as decisões e os escalões inferiores simplesmente

FIGURA 15.2 Comparação entre amplitudes de controle.

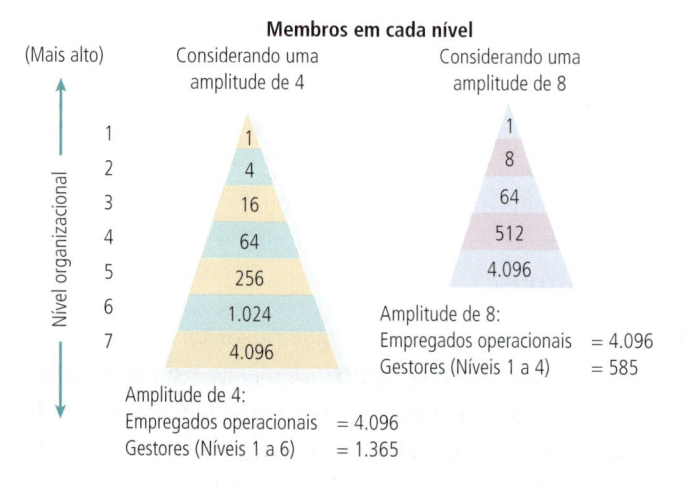

Membros em cada nível

Nível organizacional (Mais alto)	Considerando uma amplitude de 4	Considerando uma amplitude de 8
1	1	1
2	4	8
3	16	64
4	64	512
5	256	4.096
6	1.024	
7	4.096	

Amplitude de 4:
Empregados operacionais = 4.096
Gestores (Níveis 1 a 6) = 1.365

Amplitude de 8:
Empregados operacionais = 4.096
Gestores (Níveis 1 a 4) = 585

cumprem as ordens. No outro extremo, as decisões *descentralizadas* ficam a cargo dos gestores de escalões mais baixos, que estão mais próximos da ação.[28] O conceito de centralização inclui apenas a autoridade formal, ou seja, os direitos inerentes a uma posição.

Uma organização caracterizada pela centralização é estruturalmente diferente daquela caracterizada pela descentralização. Em uma organização descentralizada, ações para resolver problemas podem ser mais rápidas, mais pessoas podem contribuir para as decisões e os empregados se sentem menos distantes daqueles que tomam as decisões que afetam sua vida profissional.[29] É possível prever os efeitos da centralização e da descentralização: as organizações centralizadas são melhores em evitar erros de incumbência (decisões ruins), ao passo que as organizações descentralizadas são melhores em evitar erros de omissão (oportunidades perdidas).[30]

Os esforços gerenciais de aumentar a flexibilidade e a prontidão das organizações criaram a tendência de descentralizar as decisões, as quais passaram a ser tomadas por gestores de níveis mais baixos, que estão mais próximos da operação e normalmente têm um conhecimento mais detalhado sobre determinados problemas do que os gerentes que se encontram no topo da hierarquia. Quando a Procter & Gamble autorizou pequenos grupos de empregados a tomarem decisões referentes ao desenvolvimento de novos produtos, independentemente da hierarquia formal, a empresa conseguiu aumentar rapidamente a proporção de novos produtos prontos para serem inseridos no mercado.[31] No que diz respeito à criatividade, um estudo voltado a investigar um grande número de organizações finlandesas demonstrou que as empresas com instalações descentralizadas de pesquisa e desenvolvimento (P&D) em diferentes localizações foram melhores em produzir inovações do que as empresas que centralizavam toda a P&D em um único local.[32] O problema é que, às vezes, a descentralização pode ser uma faca de dois gumes. Um estudo que contou com a participação de quase 3.000 oficiais da Força Aérea norte-americana sugere que a descentralização pode ter efeitos negativos em organizações com sistemas de múltiplas equipes, incluindo riscos excessivos e falhas de coordenação.[33]

A descentralização muitas vezes é necessária em empresas com instalações ou escritórios no exterior, que precisam garantir que decisões específicas sejam tomadas de acordo com as oportunidades de lucros, a base de clientes e as leis específicas de cada região, ao passo que a supervisão centralizada é necessária para garantir a prestação de contas por parte dos gestores regionais. A incapacidade de equilibrar essas prioridades pode prejudicar não só a organização como também suas relações com os governos estrangeiros.[34]

Formalização

A formalização se refere ao grau de padronização das tarefas em uma organização.[35] Quando uma tarefa é muito padronizada, os empregados têm pouca autonomia para decidir o que, quando e como fazer. Nesse caso, espera-se que eles produzam resultados constantes e uniformes. As organizações muito formalizadas possuem descrições explícitas de cargos, muitas regras organizacionais e procedimentos claramente definidos para os processos de trabalho. A formalização não só elimina a possibilidade de os empregados adotarem comportamentos alternativos como também elimina essa necessidade. Por outro lado, quando a formalização é baixa, os comportamentos no trabalho são relativamente flexíveis e os empregados têm uma boa dose de liberdade para decidir sobre seu trabalho.

formalização
Grau de padronização das tarefas em uma organização.

Com mais de 7.000 agências de bairro e de aeroportos espalhadas por toda a América do Norte e Europa, a Enterprise Rent-A-Car possibilita que seus empregados de todas as localidades tomem decisões que afetam seu trabalho. A descentralização dá à Enterprise uma vantagem competitiva ao permitir que seus profissionais prestem serviços personalizados que resultam em alta satisfação dos clientes.

O grau de formalização pode variar tanto de uma organização a outra quanto dentro de uma única organização. Uma pesquisa com 94 empresas chinesas de alta tecnologia indicou que a formalização reduz a flexibilidade das equipes em estruturas organizacionais descentralizadas, sugerindo que essa abordagem não é tão eficaz com tarefas inerentemente interativas ou com trabalhos que requerem flexibilidade e inovação.[36] Por exemplo, divulgadores de editoras que fazem visitas a professores universitários para apresentar os novos lançamentos da empresa têm muita liberdade no trabalho. Eles têm uma apresentação de vendas padronizada que pode ser adaptada de acordo com as necessidades, e as únicas regras que governam seu comportamento vão pouco além da obrigação de apresentar um relatório semanal de vendas e algumas sugestões sobre o que enfatizar nos novos lançamentos. No outro extremo, empregados administrativos e editoriais das mesmas editoras podem precisar chegar ao escritório pontualmente às 8 da manhã seguindo estritamente as regras ditadas pela gestão.

Superação de fronteiras

Descrevemos maneiras pelas quais as organizações criam estruturas de tarefas, e cadeias de comando bem definidas. Esses sistemas facilitam o controle e a coordenação de tarefas específicas, mas, se houver excesso de divisão em uma organização, as tentativas de coordenar os diferentes grupos podem ser desastrosas. Uma maneira de contornar esse senso de compartimentalização e de manter os benefícios da estrutura é incentivar ou criar papéis que atuam como interfaces entre os grupos, transpondo as fronteiras entre eles.

Em uma organização, a superação de fronteiras ocorre quando as pessoas formam relacionamentos com outras que não pertencem a seus grupos formalmente designados.[37] Um executivo de RH que trabalha com frequência com o grupo de TI se engaja na superação de fronteiras, assim como um integrante de uma equipe de P&D que implementa as ideias em uma equipe de produção. Essas atividades ajudam a impedir que as estruturas formais se tornem rígidas demais e, como seria de

superação de fronteiras
Pessoas formando relacionamentos fora de seus grupos formalmente designados.

A BMW incentiva todos os empregados, incluindo este operário de uma montadora em Jacarta, na Indonésia, a desenvolver relacionamentos por toda a empresa global. A superação de fronteiras na BMW vincula pessoas de P&D, design, produção e marketing para acelerar a solução de problemas e a inovação e para se adaptar às flutuações do mercado.

se esperar, estimulam a criatividade, a tomada de decisão, o compartilhamento de conhecimento e o desempenho da equipe e da organização como um todo.[38]

As atividades de superação de fronteiras ocorrem não somente dentro de uma organização, mas também entre organizações. Os resultados são especialmente positivos em organizações que incentivam a comunicação interna. Em outras palavras, a superação de fronteiras externa é mais eficaz quando acompanhada da interna.[39] Além disso, uma pesquisa com 225 pares de empresas fabricantes-distribuidores na China sugere que os vínculos entre vendedores e compradores das duas organizações são mais associados a um relacionamento melhor entre elas do que os vínculos entre seus executivos. No entanto, a cooperação e a resolução de conflitos podem ser melhores na presença de fortes vínculos entre executivos e empregados.[40]

As organizações podem usar mecanismos formais para facilitar as atividades de superação de fronteiras. Um método possível é atribuir funções formais para que essa superação aconteça ou criar comitês compostos de pessoas de diferentes áreas da organização.[41] Iniciativas de desenvolvimento de empregados também podem facilitar a superação de fronteiras, na qual empregados com experiência em diferentes funções, como contabilidade e marketing, têm mais probabilidade de se engajar.[42] Muitas organizações tentam incentivar esses tipos de relacionamentos positivos criando programas de rodízio de funções para que os novos contratados tenham uma ideia do trabalho realizado em diferentes áreas da organização. Outro método para incentivar a superação de fronteiras é enfatizar os objetivos da organização como um todo, como eficiência e inovação, bem como conceitos de identidade compartilhada.[43]

Você já deve ter alguma experiência pessoal com pelo menos alguns resultados das decisões que os líderes tomaram em sua faculdade ou trabalho relacionadas aos elementos da estrutura organizacional. Essa estrutura, que pode ser representada por um organograma, pode ajudá-lo a entender as decisões desses líderes. Discutiremos os diferentes tipos de estruturas organizacionais a seguir.

15.2 Identificar as características da estrutura funcional, da burocracia e da estrutura matricial.

Estruturas e desenhos organizacionais mais comuns

Os desenhos organizacionais são conhecidos por muitos nomes e estão em constante evolução para se adaptar às mudanças no modo como o trabalho é realizado. Começaremos com os três desenhos organizacionais mais comuns: a *estrutura simples*, a *burocracia* e a *estrutura matricial*.

A estrutura simples

O que têm em comum uma pequena loja de varejo, uma empresa de eletrônicos dirigida por um empresário muito exigente e a sala de crise de uma companhia aérea durante uma greve de pilotos? Provavelmente todas elas adotam a estrutura simples.[44] A estrutura simples é caracterizada por baixo grau de departamentalização, grande amplitude de controle, autoridade centralizada em uma única pessoa e pouca formalização. Trata-se de uma organização horizontalizada, geralmente com apenas dois ou três níveis verticais, com um grupo pouco ordenado de empregados e com uma pessoa que concentra toda a autoridade do processo decisório. A maioria das empresas começa com uma estrutura simples e muitas empresas de tecnologia inovadoras, com expectativa de vida curta, como empresas de desenvolvimento de aplicativos para celular, mantêm esse tipo de estrutura.[45]

A Figura 15.3 mostra o organograma de uma loja de roupas masculinas. João Dourado é o proprietário e dirigente da empresa. Embora empregue cinco vendedores em tempo integral, um caixa e empregados temporários para os fins de semana e feriados, é ele quem "comanda o espetáculo". Embora esse tipo de organização seja característico de pequenas empresas, não raro as grandes empresas, em tempos de crise, simplificam suas estruturas (embora não até esse ponto) como um meio de concentrar seus recursos.

O ponto forte da estrutura simples está justamente em sua simplicidade. Ela é ágil, flexível, com uma operação de baixo custo e responsabilidades claras. A estrutura simples vai se tornando cada vez mais inadequada à medida que a empresa cresce, porque sua baixa formalização e sua alta centralização tendem a gerar uma sobrecarga de informações no topo da estrutura. O processo decisório se torna mais lento à medida que a empresa cresce, podendo até ser paralisado se o dirigente insistir em tomar todas as decisões sozinho. Como resultado, muitas pequenas empresas não conseguem se manter. Se a estrutura não for modificada e não se tornar mais elaborada, a empresa pode perder seu impulso e pode até fracassar.[46] Outro ponto fraco da estrutura simples é que ela apresenta riscos, já que tudo depende

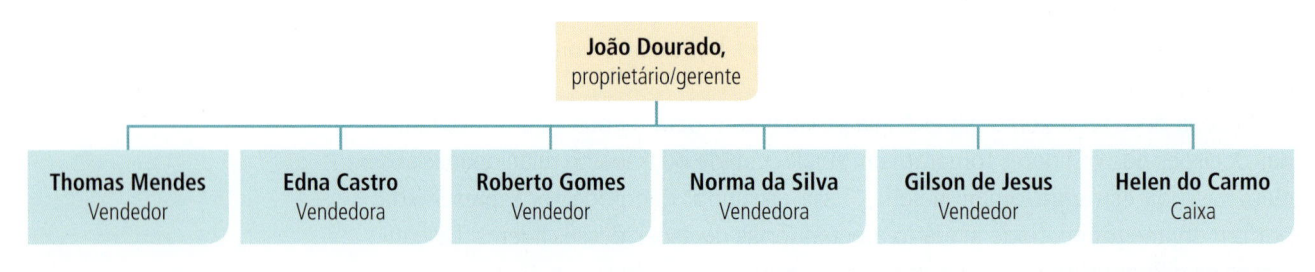

estrutura simples
Estrutura organizacional caracterizada pelo baixo grau de departamentalização, grande amplitude de controle, autoridade centralizada em uma única pessoa e pouca formalização.

FIGURA 15.3 Uma estrutura simples (João Dourado Roupas Masculinas).

- João Dourado, proprietário/gerente
  - Thomas Mendes — Vendedor
  - Edna Castro — Vendedora
  - Roberto Gomes — Vendedor
  - Norma da Silva — Vendedora
  - Gilson de Jesus — Vendedor
  - Helen do Carmo — Caixa

apenas de uma única pessoa. Um ataque cardíaco pode, literalmente, destruir o centro de informações e de decisões da empresa.⁴⁷

A burocracia

Padronização! Esse é o conceito básico que sustenta a burocracia. Pense no banco em que você tem uma conta, na loja de departamentos onde faz compras ou nos órgãos governamentais que cobram seus impostos ou fiscalizam as normas de saúde. Todos eles adotam processos padronizados de trabalho para a coordenação e o controle.

A burocracia é caracterizada por tarefas operacionais rotineiras realizadas pela especialização, regras e normas altamente formalizadas, tarefas agrupadas em departamentos funcionais, autoridade centralizada, amplitude de controle reduzida e um processo decisório que segue a cadeia de comando.⁴⁸ A burocracia incorpora todos os graus mais elevados de departamentalização descritos anteriormente neste capítulo.

Burocracia é uma palavra ofensiva para muitas pessoas. No entanto, essa abordagem também tem suas vantagens, sendo a principal delas a capacidade de realizar atividades padronizadas de maneira muito eficiente. Reunir as especializações afins em departamentos funcionais traz economia de escala, duplicação mínima de pessoal e de equipamentos e ainda dá a todos os empregados a oportunidade de "falar a mesma língua". A burocracia consegue se sair bem com gestores menos talentosos (e, portanto, menos onerosos) nos níveis médio e inferior de gerência. As regras e regulamentos substituem as decisões dos gestores. Nesse tipo de estrutura, há pouca necessidade de ter tomadores de decisões experientes e inovadores em níveis inferiores ao da alta administração e, de modo geral, os empregados inovadores não se adequam à burocracia.⁴⁹

Um dos principais pontos fracos da burocracia pode ser ilustrado pelo seguinte diálogo entre quatro executivos de uma empresa: "Vocês sabem que nada acontece nesta empresa até que a gente *produza* alguma coisa", diz o gerente de produção. "Errado", diz o gerente de pesquisa e desenvolvimento, "nada acontece até que a gente *projete* alguma coisa!". "Do que vocês estão falando?", pergunta o gerente de marketing, "nada acontece até que a gente *venda* alguma coisa". Finalmente, o

burocracia
Estrutura organizacional caracterizada por tarefas operacionais altamente rotineiras, alcançadas por meio da especialização, regras e regulamentos altamente formalizados, tarefas agrupadas em departamentos funcionais, autoridade centralizada, amplitude de controle reduzida e um processo decisório que segue a cadeia de comando.

Os hospitais se beneficiam de processos e procedimentos de trabalho padronizados, característicos de uma estrutura burocrática, porque ajudam os empregados a desempenhar suas tarefas com eficiência. No Christchurch Women's Hospital na Nova Zelândia, a enfermeira Megan Coleman (à direita) e a parteira Sally Strathdee seguem regras e regulamentos formais para cuidar de mães e recém-nascidos.

gerente financeiro, exasperado, responde: "Não interessa o que vocês produzem, projetam ou vendem. Ninguém sabe o que está acontecendo até que nós *mostremos os resultados finais*!". Essa conversa mostra os conflitos que a especialização pode gerar entre as unidades. As metas das unidades funcionais podem se sobrepor às da organização como um todo.

Outro ponto fraco da burocracia é algo que todos nós já vivenciamos quando tivemos de lidar com pessoas que trabalham nesse tipo de organização: a preocupação obsessiva com a obediência às regras. Quando surgem casos que não se ajustam exatamente a elas, não há espaço para manobras. A burocracia só é eficiente quando seus empregados enfrentam problemas já conhecidos e para os quais já tenham estabelecido regras programadas de decisão.[50] Vamos explorar dois tipos de burocracias mais comuns: as estruturas funcionais e as estruturas divisionais.

A estrutura funcional

estrutura funcional
Estrutura organizacional que agrupa empregados pelas similaridades de suas especialidades, funções ou tarefas.

A estrutura funcional agrupa empregados pela similaridade de suas especialidades, funções ou tarefas.[51] Um exemplo é uma empresa organizada em departamentos de produção, marketing, RH e contabilidade. Muitas grandes organizações utilizam essa estrutura, embora isso esteja evoluindo para permitir rápidas mudanças em resposta a oportunidades de negócios. Uma vantagem da estrutura funcional é que os especialistas podem ser capazes de se especializar com uma facilidade maior do que se trabalhassem em unidades diversificadas. Os empregados também podem ser motivados por um plano de carreira mais claro que os leve ao topo da hierarquia relativa à sua especialidade.

A estrutura funcional tem um bom desempenho se a organização estiver focada em um produto ou serviço. O problema é que esse tipo de estrutura cria comunicações rígidas e formais porque a hierarquia acaba ditando o protocolo das comunicações. A coordenação entre as várias unidades é um problema e as lutas internas dentro das unidades e entre unidades podem reduzir a motivação das pessoas.

A estrutura divisional

estrutura divisional
Estrutura organizacional que agrupa empregados em unidades por produto, serviço, cliente ou área geográfica de mercado.

A estrutura divisional agrupa os empregados em unidades por produto, serviço, cliente ou área geográfica de mercado.[52] Trata-se de uma estrutura altamente departamentalizada que pode receber vários nomes, a depender do tipo de estrutura divisional utilizada: *estrutura organizacional por produto/serviço* (por exemplo, unidades de ração para gatos, para cachorros e para pássaros que se reportam a um único produtor de alimentos para animais), *estrutura organizacional por cliente* (por exemplo, unidades de atendimento ambulatorial, hospitalar e farmacêutico que se reportam à administração do hospital) ou *estrutura organizacional geográfica* (por exemplo, unidades para a Europa, Ásia e América do Sul que reportam à sede da empresa).

A estrutura divisional tem benefícios e desvantagens opostos aos da estrutura funcional. Uma empresa que utiliza esse tipo de estrutura faz com que a coordenação nas unidades seja facilitada a fim de que seus objetivos sejam atingidos e, ao mesmo tempo, trabalha em prol dos interesses de cada uma das unidades. Ela proporciona responsabilidades claras por todas as atividades relacionadas a um produto, mas com duplicação de funções e de custos. Esse tipo de estrutura pode ser útil quando, por exemplo, a organização tem uma unidade na Espanha e outra na China, dois mercados muito diferentes, e uma estratégia de marketing é necessária para um novo produto. O pessoal de marketing dos dois países pode incorporar as especificidades culturais apropriadas à campanha de marketing de sua região. No entanto, ter empregados na função de marketing da mesma organização, nos dois países, pode representar um custo mais alto, porque eles fazem basicamente a mesma tarefa em dois países diferentes. É possível notar que as organizações podem passar de uma estrutura divisional para uma funcional e vice-versa. No entanto, as que mudam de uma estrutura funcional para uma divisional tendem a apresentar o melhor desempenho.[53]

A estrutura matricial

A estrutura matricial combina as estruturas funcional e por produto e é encontrada em agências de publicidade, empresas aeroespaciais, laboratórios de pesquisa e desenvolvimento, empresas de construção civil, hospitais, órgão governamentais, universidades, empresas de consultoria e empresas de entretenimento.[54] Empresas que usam estruturas matriciais incluem a ABB, a Boeing, a BMW, a IBM e a P&G.

A característica estrutural mais clara da matriz é romper com o conceito de unidade de comando. Os empregados da estrutura matricial têm dois chefes: o gerente do departamento funcional e o gerente do departamento de produto. A Tabela 15.2 mostra o modelo matricial utilizado em uma faculdade de administração. Os departamentos acadêmicos de contabilidade, economia, marketing e outros são unidades funcionais. Os programas específicos (os "produtos") são combinados com as funções. Dessa forma, os membros da estrutura matricial têm uma dupla cadeia de comando: a de seu departamento funcional e a de seus grupos de produto. Um professor de contabilidade que dá um curso na graduação é subordinado ao coordenador da graduação, bem como ao chefe do departamento de contabilidade.

O ponto forte da estrutura matricial está em sua capacidade de facilitar a coordenação quando a organização realiza uma multiplicidade de tarefas complexas e interdependentes.[55] No modelo matricial, o contato direto e frequente entre os diferentes especialistas permite que as informações fluam pela organização e cheguem mais rapidamente às pessoas que delas necessitam. A estrutura matricial minimiza as chamadas "buropatologias", pois a linha de autoridade dupla reduz a tendência das pessoas de protegerem seu território em detrimento dos objetivos da organização.[56] Uma matriz também proporciona economias de escala e facilita a alocação de especialistas, fornecendo os melhores recursos e garantindo que eles sejam utilizados de forma eficiente.[57]

As principais desvantagens da estrutura matricial são a confusão que ela provoca, sua propensão a estimular lutas pelo poder e o estresse que causa nas pessoas.[58] Esse tipo de ambiente de trabalho pode ser estressante para pessoas que desejam segurança e gostam de evitar incertezas. Reportar-se a mais de um chefe causa conflito de papéis e expectativas pouco claras geram ambiguidade de papéis. Sem o conceito de unidade de comando, a incerteza sobre quem se reporta a quem aumenta e, muitas vezes, leva a conflitos e lutas de poder entre gestores funcionais e gestores de produto.

> **estrutura matricial**
> Estrutura organizacional que cria uma dupla linha de autoridade, combinando as departamentalizações funcional e por produto.

TABELA 15.2 Estrutura matricial de uma faculdade de administração.

Departamentos acadêmicos \ Programas	Graduação	Mestrado	Doutorado	Pesquisa	Educação executiva	Serviço comunitário
Contabilidade						
Finanças						
Administração						
Sistemas de decisão e informação						
Marketing						

15.3 Identificar as características das estruturas virtual, de equipe e circular.

Opções de desenhos alternativos

Seguindo a tendência cada vez maior de usar estruturas mais horizontais, muitas organizações estão desenvolvendo novas opções de estrutura, com menos camadas hierárquicas e com ênfase maior na abertura das fronteiras da organização.[59] Nesta seção, descrevemos três desses modelos: a *estrutura virtual*, a *estrutura de equipe* e a *estrutura circular*.

A estrutura virtual

Para que comprar se você pode alugar? Essa questão reflete a essência da estrutura virtual (algumas vezes chamada organização *em rede* ou *modular*), geralmente uma organização pequena, com papel central e com foco nas atividades essenciais de seu negócio, que terceiriza a maior parte de suas funções.[60] A organização virtual é altamente centralizada e com pouca ou nenhuma departamentalização.

O protótipo da estrutura virtual são os estúdios de cinema de hoje. Nos anos dourados de Hollywood, os filmes eram produzidos por corporações gigantescas, integradas verticalmente. Metro-Goldwyn-Mayer (MGM), Warner Bros. e 20th Century Fox eram proprietárias de enormes estúdios e empregavam milhares de especialistas em tempo integral, como cenógrafos, câmeras, editores, diretores e até atores. Hoje em dia, a maioria dos filmes é feita por um grupo de pessoas e por pequenas empresas que se unem para realizar um único projeto de cada vez. Esse formato estrutural permite que cada projeto conte com os talentos mais adequados às suas demandas, e não apenas com empregados do estúdio. Isso minimiza as despesas burocráticas, já que não existe uma organização fixa a ser mantida. Além disso, esse tipo de estrutura diminui os riscos de longo prazo e os custos, pois uma equipe é montada por um período definido e depois é dissolvida.

A Figura 15.4 mostra uma estrutura virtual na qual a gestão terceiriza todas as funções principais do negócio. O núcleo da organização é composto de um pequeno grupo de executivos, cujo trabalho é supervisionar diretamente as atividades realizadas internamente e coordenar as relações com as organizações que fabricam, distribuem e executam outras funções cruciais. As linhas tracejadas representam essas relações, geralmente contratuais. Os gestores das organizações virtuais passam a maior parte do tempo coordenando e controlando as relações externas.

As organizações em rede podem assumir vários formatos.[61] Uma modalidade tradicional é o *formato de franquias*, que inclui gestores, sistemas e outros especialistas no núcleo (ou seja, no grupo executivo), sendo que as vendas e o atendimento ao cliente são executados por unidades franqueadas. Esse formato popular de organização em rede é muito comum em modelos de negócio como a rede de lojas de conveniência 7-Eleven, o McDonald's e a Dunkin' Donuts. No entanto, nesse formato, os franqueados não tendem a colaborar ou a se organizar entre si e até podem entrar em concorrência direta por recursos do grupo executivo. Outro exemplo é o *formato de explosão estrelar*, no qual uma empresa-mãe desmembra uma de suas funções para formar uma empresa independente (*spin-off*).[62] Por exemplo, em 2012, a Netflix dividiu sua unidade de DVDs para formar uma empresa separada, a DVD.com.[63]

A maior vantagem da estrutura virtual é sua flexibilidade, que permite que pessoas com uma ideia inovadora e pouco dinheiro concorram com organizações

estrutura virtual
Uma organização pequena e central, que terceiriza as principais funções de seu negócio.

FIGURA 15.4 Uma estrutura virtual.

```
    Empresa independente de                          Agência de publicidade
    consultoria em pesquisa e
       desenvolvimento


                            Grupo executivo


    Fábricas na Coreia do Sul                     Representantes de vendas
                                                       comissionados
```

maiores e mais consolidadas. A estrutura também poupa muito dinheiro ao eliminar escritórios permanentes e substituir funções hierárquicas por funções terceirizadas (*outsourced functions*).[64] Por outro lado, as desvantagens foram ficando mais claras com o aumento da popularidade desse modelo.[65] As organizações virtuais vivem em um estado perpétuo de mudança e reorganização, o que significa que papéis, objetivos e responsabilidades não são claros, abrindo caminho para o aumento do comportamento político.

A estrutura de equipe

A estrutura de equipe busca eliminar a cadeia de comando e substituir departamentos por equipes empoderadas.[66] Essa estrutura remove as fronteiras verticais e horizontais, além de derrubar barreiras externas entre a empresa e seus clientes e fornecedores.

Ao remover as fronteiras verticais, a gestão horizontaliza a hierarquia e minimiza a importância do status e dos cargos na organização. Podem ser utilizadas equipes multi-hierárquicas (que incluem altos executivos, gerentes de nível médio, supervisores e empregados operacionais), além de práticas de tomada de decisão participativa e de avaliações de desempenho de 360 graus (nas quais colegas e outras pessoas avaliam o desempenho de empregados e gestores). Por exemplo, todos os traços de hierarquia foram eliminados da empresa dinamarquesa Oticon A/S, a maior fabricante de aparelhos auditivos do mundo.[67] Todos trabalham em estações de trabalho móveis e padronizadas, sendo que quem coordena o trabalho são as equipes de projeto e não as funções ou os departamentos.

estrutura de equipe
Estrutura organizacional que substitui os departamentos por equipes empoderadas e que elimina fronteiras horizontais e barreiras externas entre clientes e fornecedores.

Objetivos profissionais

Qual estrutura devo escolher?

Meu trabalho é administrar uma empresa pequena, mas em crescimento. Preciso de ajuda para saber como fazer com que as posições continuem flexíveis à medida que expandimos o negócio. Que estrutura devo usar para combinar nosso sucesso de hoje com o crescimento de amanhã?

— Maria

Prezada Maria,

Um número surpreendente de pequenas empresas é forçado a fechar as portas assim que começa a crescer. Isso acontece por muitas razões, inclusive devido ao financiamento de déficits e ao fato de concorrentes copiarem suas ideias. Mas um problema frequente é que a estrutura original da empresa simplesmente não é adequada para uma empresa maior.

Existem maneiras de resolver esse problema. Comece analisando as funções individuais e suas respectivas responsabilidades. Faça uma lista para cada função. Quando as funções e responsabilidades do trabalho não forem bem definidas, você pode optar pela flexibilidade, alocando empregados às tarefas somente quando necessário. O problema é que essa flexibilidade também dificulta determinar quais competências estão disponíveis na empresa ou identificar as lacunas entre a estratégia planejada e os recursos humanos disponíveis. Em segundo lugar, pode ser interessante definir papéis com base em amplos conjuntos de competências que cubram vários níveis necessários ao funcionamento organizacional. Nesse *modelo de competência estratégica*, os papéis e incentivos são definidos com base em uma estrutura clara. Você pode se orientar pelas etapas a seguir:

- *Analise o nível hierárquico mais alto e pense no futuro.* No modelo de competência, você deve usar a declaração da missão e as estratégias da organização para avaliar as necessidades futuras de sua organização.
- *Uma vez identificadas as necessidades futuras da organização, encontre um bom jeito de atribuir responsabilidades às pessoas.* Você vai precisar de alguma especialização, mas também leve em consideração as competências generalistas que serão úteis tanto para o crescimento quanto para a sustentabilidade em longo prazo.
- *À medida que sua empresa cresce, identifique os candidatos com potencial para atender as necessidades futuras e crie incentivos aos empregados para encorajar o desenvolvimento de amplos perfis de competências.* A ideia é estruturar seu plano de modo que os empregados expandam suas competências à medida que sobem no organograma.

Lembre-se de que você não está criando uma estrutura de trabalho só para hoje. Não deixe de preparar sua estrutura para crescer e mudar com sua empresa. Bom crescimento!

Fontes: baseado em G. W. Stevens, "A Critical Review of the Science and Practice of Competency Modeling", *Human Resource Development Review* 12 (mar. 2013): 86–107; P. Capelli e J. R. Keller, "Talent Management: Conceptual Approaches and Practical Challenges", *Annual Review of Organizational Psychology and Organizational Behavior* 1 (mar. 2014): 305–31; e C. Fernández-Aráoz, "21st Century Talent Spotting", *Harvard Business Review*, jun. 2014, https://hbr.org/2014/06/21st-century-talent-spotting.

As opiniões apresentadas aqui são única e exclusivamente dos autores, os quais não se responsabilizam por quaisquer erros ou omissões nem pelos resultados obtidos com a utilização destas informações. Em circunstância alguma os autores, seus parceiros ou suas organizações serão responsáveis por qualquer decisão ou ação da sua parte ou de parte de qualquer pessoa com base nas opiniões apresentadas aqui.

Como vimos, os departamentos funcionais criam fronteiras horizontais entre funções, linhas de produto e unidades. É possível reduzir essas fronteiras ao substituir os departamentos funcionais por equipes multifuncionais e organizar as atividades em torno dos processos. A Xerox, por exemplo, desenvolve novos produtos usando equipes multidisciplinares que trabalham em um único processo e não em tarefas funcionais restritas.[68]

Quando plenamente operacional, a estrutura de equipe pode derrubar as barreiras geográficas. Hoje, a maioria das grandes empresas norte-americanas se consideram corporações globais orientadas a equipes. Muitas, como a Coca-Cola e o McDonald's, têm negócios tanto no exterior quanto nos Estados Unidos e algumas estão tentando incorporar novas regiões geográficas à sua estrutura. Em outros casos, a abordagem de equipe baseia-se em necessidades. Esse é o caso das empresas chinesas, que fizeram 93 aquisições na indústria de petróleo e gás em cinco anos, incorporando cada aquisição como uma nova unidade estruturada em equipe, para atender à previsão de demanda que seus recursos na China não teriam como atender.[69] Nesse caso, a estrutura de equipe é uma solução interessante porque considera os fatores geográficos mais como uma questão tática e logística do que estrutural. Em suma, o objetivo pode ser derrubar barreiras culturais e abrir oportunidades.

Escolha ética

Estruturas flexíveis, locais de trabalho sem mesa

No passado, estudantes de administração recém-formados não viam a hora de ganhar o primeiro "cubículo" para chamar de lar, gerentes de nível médio ambicionavam ter a própria sala e executivos cobiçavam a sala envidraçada de canto em um andar alto. Hoje, as paredes estão sendo derrubadas. À medida que as estruturas organizacionais mudam, o mesmo acontece com os ambientes físicos. Muitas organizações tentam fazer com que o ambiente físico reflita as estruturas organizacionais que adotam.

Na varejista on-line Zappos, nem mesmo o CEO quer uma sala e os 1.500 empregados podem usar todos os espaços abertos. Empresas como o Google têm ambientes de trabalho públicos, com amplos espaços de descanso e grandes mesas para comportar várias pessoas. De acordo com Edward Danyo, diretor de estratégia de local de trabalho da companhia farmacêutica GlaxoSmithKline, os ambientes compartilhados geram mais eficiência no trabalho, incluindo um aumento estimado de 45% na velocidade da tomada de decisão. No entanto, o desmantelamento da estrutura organizacional física e mental pode ter algumas implicações éticas:

• *Onde as pessoas podem ter conversas confidenciais?* Em alguns ambientes de trabalho contemporâneos, salas de reunião improvisadas são usadas para reuniões. Essa solução pode não ser ideal se as paredes forem de vidro, se os empregados se sentirem estigmatizados quando chamados para uma sala de reunião ou se, preocupados com a privacidade, relutarem em compartilhar os problemas com o RH.

• *Como as diferenças de personalidade podem ser superadas?* Os empregados mais extrovertidos podem não ter dificuldade de criar relacionamentos colaborativos mesmo na ausência de atribuição de espaços de trabalho, ao passo que as pessoas mais introvertidas podem se incomodar com a ausência de uma estrutura física fixa, onde elas possam conhecer os colegas aos poucos.

• *Como a privacidade pessoal pode ser mantida?* A Zappos disponibiliza aos empregados armários pessoais, recomenda que eles posicionem as telas dos notebooks de modo a evitar que os vizinhos a vejam e tenta reforçar a privacidade dos espaços abertos incentivando a utilização de tampões de ouvido para os empregados não serem incomodados com o barulho dos colegas.

• *Como garantir a confidencialidade aos clientes?* Mesmo usando salas com paredes e isolamento acústico para conduzir reuniões virtuais ou presenciais, os clientes podem sentir que a empresa não está fornecendo o nível desejado de confidencialidade.

• *Como as expectativas e responsabilidades serão impostas?* Em um ambiente de trabalho aberto e, por vezes, até sem cargos definidos, há uma necessidade ainda maior de atribuir claramente as metas, funções e expectativas. Caso contrário, estruturas colaborativas abertas podem fomentar a difusão de responsabilidade e a confusão.

Fontes: baseado em S. Henn, "'Serendipitous Interaction' Key to Tech Firm's Workplace Design", NPR, 13 mar. 2013, www.npr.org/blogs/alltechconsidered/2013/03/13/174195695/serendipitous-interaction-key-to-tech-firmsworkplace-design; H. El Nasser, "What Office? Laptops Are Workspace", *USA Today*, 6 jun. 2012, 1B–2B; R. W. Huppke, "Thinking Outside the Cubicle", *Chicago Tribune*, 29 out. 2012, 2-1, 2-3; "Inside the New Deskless Office", *Forbes*, 16 jul. 2012, 34; e E. Maltby, "My Space Is Our Space", *The Wall Street Journal*, 21 maio 2012, R9.

Algumas organizações criam equipes que incorporam seus empregados, clientes ou fornecedores. Por exemplo, para garantir que peças importantes sejam produzidas de forma confiável e de acordo com as rigorosas especificações de seus fornecedores, a Honeywell International viabiliza a parceria entre alguns de seus engenheiros e os gerentes que trabalham nessas empresas fornecedoras.

A estrutura circular

Pense nos anéis concêntricos de um alvo de arco e flecha. No centro do alvo estão os executivos e, irradiando-se para fora em círculos agrupados por função, estão os gerentes, seguidos pelos especialistas e, depois, pelos empregados operacionais. Essa é a estrutura circular.[70] A proposta soa como uma anarquia organizacional? A hierarquia ainda está presente, mas a alta administração ocupa o centro da organização e sua visão se espalha de dentro para fora.

A estrutura circular faz muito sentido para empreendedores criativos e foi adotada por algumas pequenas empresas inovadoras. Mas, como acontece com muitas abordagens híbridas, os empregados tendem a não saber ao certo a quem se reportar ou quem está no comando. Ainda estamos para ver o aumento da popularidade da estrutura circular. O conceito pode ser interessante, por exemplo, para disseminar uma visão de responsabilidade social corporativa pela organização.

estrutura circular
Estrutura organizacional na qual os executivos ocupam o centro, disseminando sua visão de dentro para fora em círculos (ou anéis) agrupados por função (gerentes, seguidos de especialistas, seguidos de trabalhadores).

15.4 Descrever os efeitos do *downsizing* sobre as estruturas organizacionais e sobre os empregados.

A organização mais enxuta: o *downsizing*

O objetivo de algumas estruturas organizacionais que descrevemos é aumentar a agilidade ao criar uma organização enxuta, focada e flexível. O *downsizing* (ou redução de tamanho) é uma tentativa sistemática de "enxugar" a organização por meio do fechamento de filiais, redução de pessoal ou venda de unidades de negócios que não estão agregando valor.[71] O *downsizing* não implica necessariamente reduzir o espaço físico dos escritórios, apesar de isso também estar acontecendo (veja a Pesquisa de Comportamento Organizacional).

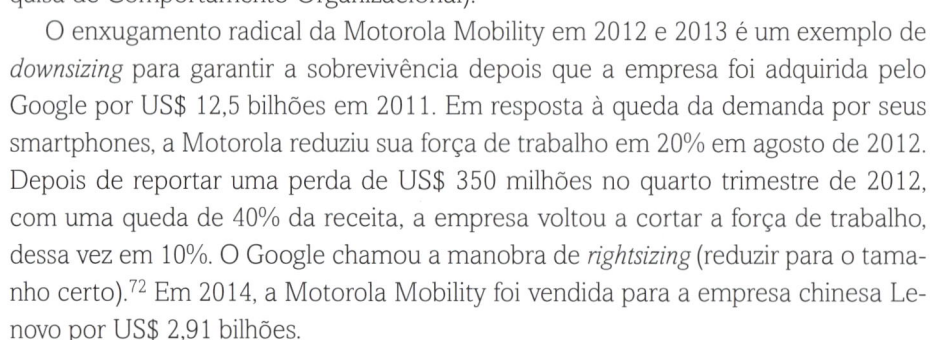

O enxugamento radical da Motorola Mobility em 2012 e 2013 é um exemplo de *downsizing* para garantir a sobrevivência depois que a empresa foi adquirida pelo Google por US$ 12,5 bilhões em 2011. Em resposta à queda da demanda por seus smartphones, a Motorola reduziu sua força de trabalho em 20% em agosto de 2012. Depois de reportar uma perda de US$ 350 milhões no quarto trimestre de 2012, com uma queda de 40% da receita, a empresa voltou a cortar a força de trabalho, dessa vez em 10%. O Google chamou a manobra de *rightsizing* (reduzir para o tamanho certo).[72] Em 2014, a Motorola Mobility foi vendida para a empresa chinesa Lenovo por US$ 2,91 bilhões.

Outras empresas promovem o *downsizing* para focar em suas competências essenciais. É o que a American Express declarou ter feito com uma série de demissões no decorrer de mais de uma década: 7.700 empregos em 2001, 6.500 empregos em 2002, 7.000 empregos (10% de sua força de trabalho) em 2008 e 4.000 empregos em 2009. O corte de 5.400 empregos em 2013 (8,5% da força de trabalho restante) representou "sua maior redução em uma década", seguido de uma considerável onda adicional de demissões de cerca de 4.000 empregos em 2015. Cada onda de demissões foi acompanhada de uma reestruturação para refletir as mudanças nas preferências dos consumidores, distanciando a empresa do atendimento presencial ao cliente e aproximando-a do atendimento on-line. De acordo com o CEO Ken Chennault, "Nosso negócio e nosso setor são marcados por constantes transformações resultantes das novas tecnologias. Devido a essas mudanças, temos a necessidade e a oportunidade de melhorar nossa organização e estrutura de custos".[73]

PESQUISA DE COMPORTAMENTO ORGANIZACIONAL A drástica redução do espaço dos escritórios.

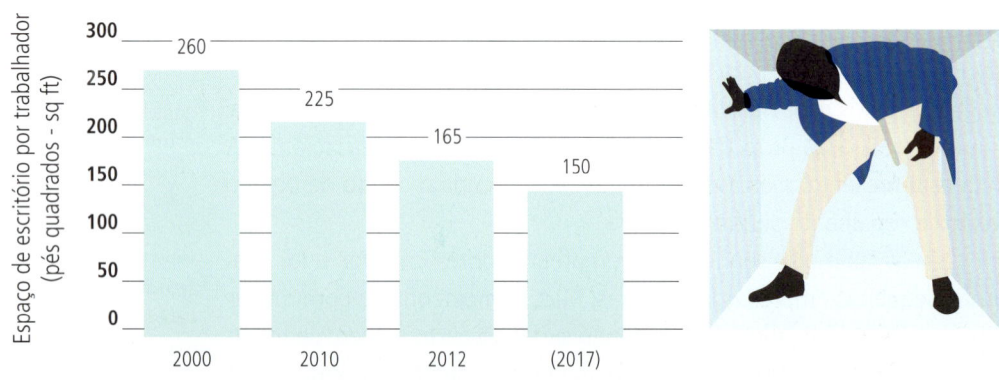

Espaço de escritório por trabalhador (pés quadrados - sq ft):
- 2000: 260
- 2010: 225
- 2012: 165
- (2017): 150

Fonte: baseado em comunicado à imprensa, 28 fev. 2012, "Office Space per Worker Will Drop to 100 Square Feet or Below", http://www.corenetglobal.org/files/home/info_center/global_press_releases/pdf/pr120227_officespace.pdf.

Algumas empresas se concentram em técnicas de gestão enxuta (*lean management techniques*) para reduzir a burocracia e acelerar o processo decisório.[74] A Starbucks adotou iniciativas enxutas em 2009, que incluíram todos os níveis de gestão e se concentraram em técnicas mais rápidas de preparação de bebidas e em melhores processos de fabricação.[75] A maioria dos clientes aplaudiu a redução dos tempos de espera e a maior uniformidade dos produtos.

Apesar das vantagens de uma organização enxuta, o impacto do *downsizing* sobre o desempenho organizacional não está livre de controvérsias. Reduzir a força de trabalho pode até levar a resultados positivos no longo prazo, apesar de a maioria das evidências sugerir que o *downsizing* afeta negativamente os retornos sobre as ações no mercado financeiro em seu ano de ocorrência (o que, no entanto, depende dos objetivos que a organização estiver tentando atingir com o *downsizing*, bem como de outros fatores contextuais).[76] Um exemplo dessas contingências é o caso da montadora russa Gorky Automobile Factory, que obteve lucro pela primeira vez em muitos anos depois que o presidente Bo Andersson demitiu 50.000 trabalhadores, metade da força de trabalho.[77] Entretanto, essa política de *downsizing* desenfreado acabou atingindo Andersson fortemente quando ele assumiu o cargo de CEO da maior fabricante de automóveis da Rússia, a AvtoVAZ. De 2014 a 2016, a onda de *downsizing* na montadora da empresa em Togliatti levou dezenas de milhares de trabalhadores a perderem seus empregos. Na ocasião, Sergei Chemezov, um aliado do presidente Vladimir Putin, advertiu Andersson que ele estava "brincando com fogo".[78] Andersson acabou sendo afastado do cargo por suas táticas em 2016. A prática de *downsizing*, que tendia a ser padrão no Ocidente, era desaprovada na Rússia, onde a indústria automobilística é reverenciada com orgulho nacionalista e os empregos tendem a ser preservados, não cortados.[79]

Parte do problema é o efeito do *downsizing* sobre as atitudes dos empregados.[80] Os que escapam da onda de demissões muitas vezes se preocupam com futuras demissões e podem ficar menos comprometidos com a organização, mais estressados e mais tensos.[81] O *downsizing* também pode levar ao retraimento psicológico e a maior rotatividade voluntária, resultando na perda de um valioso capital humano.[82] O resultado é uma empresa mais anêmica que enxuta. Pode parecer uma grande contradição, mas algumas pesquisas sugerem que as vítimas podem até se sair melhor do que os sobreviventes, com uma maior percepção de controle e menos estresse.[83]

As empresas podem reduzir os resultados negativos ao se preparar com antecedência para o ambiente pós-*downsizing*, aliviando, assim, o estresse de alguns empregados e fortalecendo sua adesão à nova direção estratégica. Veja a seguir algumas estratégias eficazes para promover o *downsizing*:

- ▶ *Investimento*. As empresas que recorrem ao *downsizing* como forma de se concentrar em suas competências essenciais são mais eficazes quando posteriormente investem em práticas de trabalho que requerem grande envolvimento.
- ▶ *Comunicação*. Quando os empregadores se esforçam para discutir o *downsizing* com os empregados desde o início, estes ficam menos preocupados com os resultados e sentem que a empresa leva em conta seu ponto de vista.
- ▶ *Participação*. Os empregados ficam menos preocupados quando podem participar do processo de alguma maneira. Programas de antecipação voluntária da aposentadoria ou planos de demissão voluntária podem ajudar a enxugar a estrutura sem a necessidade de realizar demissões.

▶ *Assistência.* Disponibilizar indenizações por desligamento, estender o plano de saúde e criar programas de auxílio à recolocação profissional são ações que demonstram que a empresa realmente se importa com seus empregados e que honra suas contribuições.

Em suma, as empresas que se tornam enxutas podem ser mais ágeis, eficientes e produtivas, mas só se forem criteriosas ao fazer os cortes e se ajudarem os empregados durante o processo de *downsizing*.

Por que as estruturas diferem entre si?

15.5 Comparar as razões da escolha entre o uso dos modelos estruturais mecânicos e o dos orgânicos.

modelo mecanicista
Estrutura caracterizada por extensa departamentalização, alto grau de formalização, rede de informações limitada e centralização.

modelo orgânico
Estrutura horizontalizada, que utiliza equipes multi-hierárquicas e multifuncionais, tem baixo grau de formalização, possui rede de informações abrangente e depende da tomada de decisão participativa.

Descrevemos uma variedade de opções de desenhos organizacionais. A Figura 15.5 resume o que discutimos até agora e apresenta dois modelos extremos de estrutura organizacional.[84] Vamos chamar um dos extremos de modelo mecanicista. Ele, geralmente, é sinônimo de burocracia, pois possui processos de trabalho altamente padronizados, elevada formalização e uma hierarquia mais gerencial. No outro extremo está o modelo orgânico. Ele é horizontalizado, utiliza menos procedimentos formais no processo decisório, conta com vários tomadores de decisão e favorece as práticas flexíveis.[85]

Com esses dois modelos em mente, estamos preparados para responder a algumas perguntas. Por que algumas organizações adotam modelos mecanicistas e outras seguem modelos orgânicos? Quais são os fatores que influenciam essas decisões? A seguir, apresentaremos as principais causas ou fatores determinantes da escolha de uma estrutura organizacional.[86]

Estratégias organizacionais

Como a estrutura não passa de um meio para atingir objetivos resultantes da estratégia geral da organização, é lógico que a estrutura deve seguir a estratégia. Se a administração fizer uma mudança considerável na estratégia ou nos valores da empresa, sua estrutura precisará ser modificada para acomodar e sustentar a mudança.

FIGURA 15.5 Modelo mecanicista *versus* modelo orgânico.

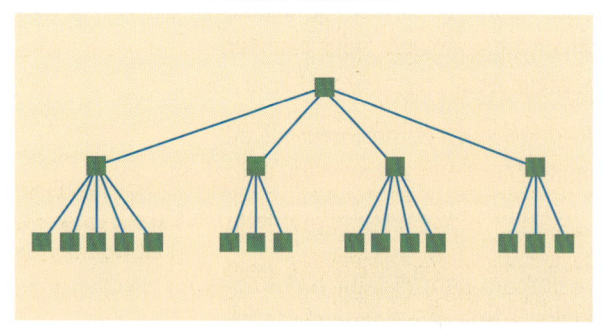

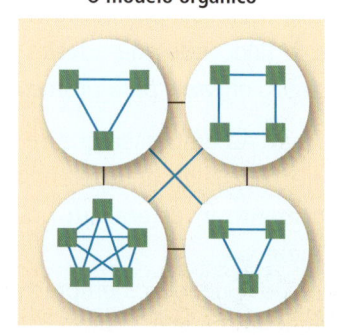

O modelo mecanicista
- Alto grau de especialização
- Departamentalização rígida
- Cadeia de comando clara
- Amplitude de controle limitada
- Centralização
- Alto grau de formalização

O modelo orgânico
- Equipes multifuncionais
- Equipes multi-hierárquicas
- Livre fluxo de informações
- Amplitude de controle abrangente
- Descentralização
- Baixo grau de formalização

Por exemplo, pesquisas recentes indicam que aspectos da cultura organizacional podem afetar o sucesso de iniciativas de responsabilidade social corporativa.[87] Se a cultura tiver o apoio da estrutura, é mais provável que essas iniciativas sejam aplicadas com mais facilidade. Hoje em dia, a maioria dos modelos estratégicos se concentra em três dimensões da estratégia — inovação, minimização de custos e imitação — e na estrutura organizacional mais adequada para cada uma delas.[88]

Até que ponto uma organização procura lançar importantes novidades em matéria de produtos ou serviços? Uma estratégia de inovação busca chegar a inovações importantes e diferenciadas.[89] É claro que nem todas as empresas buscam tal inovação. Essa estratégia pode caracterizar a Apple e a 3M, mas não uma empresa tradicional como a Companhia Siderúrgica Nacional. As empresas inovadoras usam remunerações e benefícios competitivos para atrair os melhores candidatos e para motivar seus empregados a correr riscos. No entanto, certo grau de mecanicismo pode até beneficiar a inovação. Canais de comunicação bem definidos, políticas para intensificar o comprometimento no longo prazo e canais de autoridade claros podem ajudar a promover mudanças rápidas com mais facilidade.

Uma organização que busca uma estratégia de minimização de custos procura controlá-los rigorosamente, evitando despesas desnecessárias e reduzindo o preço de venda de seus produtos básicos.[90] Essa é a descrição da estratégia da rede de supermercados Walmart e de fabricantes de produtos genéricos ou de marca própria. As organizações que minimizam os custos normalmente adotam menos políticas para desenvolver o comprometimento de sua força de trabalho.

As organizações que adotam uma estratégia de imitação tentam minimizar os riscos e maximizar suas oportunidades de lucro. Sua estratégia é entrar em novos mercados ou lançar produtos só depois que sua viabilidade tiver sido comprovada pelos inovadores.[91] Fabricantes de roupas voltadas ao mercado de massa que copiam roupas de estilistas seguem essa estratégia, assim como empresas como a Hewlett-Packard e a Caterpillar. Essas empresas seguem os concorrentes menores e mais inovadores e lançam produtos melhores após os concorrentes demonstrarem que há mercado para tais produtos. A Moleskine SpA, da Itália, uma pequena fabri-

estratégia de inovação
Estratégia que enfatiza a introdução de importantes novos produtos ou serviços.

estratégia de minimização de custos
Estratégia que enfatiza o controle rigoroso dos custos, evita despesas desnecessárias com inovações ou com marketing e se volta à redução de preços.

estratégia de imitação
Estratégia que procura lançar produtos ou ingressar em novos mercados só depois de sua viabilidade ser comprovada.

Fonte: Alessandro Garofalo/Reuters/Alamy Stock Photo

Imitando a estratégia bem-sucedida de crescimento de várias grandes empresas de moda, a varejista italiana Moleskine planeja aumentar as vendas de sua popular linha de cadernos de anotação e de acessórios de viagem abrindo cerca de 20 novas lojas por ano em todo o mundo. O plano de expansão se concentra na abertura de lojas em centros metropolitanos e empresariais, como Nova York, Londres e Pequim.

cante de elegantes cadernos de anotação representa outro exemplo de estratégia de imitação, mas de uma maneira diferente. Com o objetivo de abrir mais lojas em todo o mundo, a empresa imita as estratégias de expansão de empresas maiores e mais bem-sucedidas, como a Salvatore Ferragamo SpA e a Brunello Cucinelli.[92]

A Tabela 15.3 descreve a opção estrutural mais adequada a cada estratégia. Os inovadores precisam da flexibilidade da estrutura orgânica (embora, como vimos, eles também possam usar alguns elementos da estrutura mecanicista), ao passo que os minimizadores de custos buscam a eficiência e a estabilidade da estrutura mecanicista. Os imitadores combinam as duas estruturas. Eles adotam um modelo mecanicista para manter controles rígidos e custos baixos em suas atividades atuais, mas criam subunidades orgânicas voltadas a novas empreitadas.

Tamanho da organização

O tamanho da organização afeta consideravelmente sua estrutura.[93] As organizações que empregam duas mil pessoas ou mais tendem a ter mais especialização, maior departamentalização, mais níveis verticais e mais regras e regulamentos do que as empresas pequenas. Contudo, o impacto do tamanho diminui à medida que a organização se expande. Isso acontece porque quando uma empresa chega a dois mil empregados, ela já deve ser bastante mecanicista e um adicional de 500 empregados não vai fazer muita diferença. Contudo, acrescentar 500 empregados a uma empresa que só tem 300 provavelmente resultará na necessidade de adotar uma estrutura mais mecanicista.

Tecnologia

O termo tecnologia refere-se aos meios pelos quais uma empresa transforma insumos em resultados. Toda organização tem pelo menos uma tecnologia para converter seus recursos financeiros, humanos e físicos em produtos ou serviços. Por exemplo, a Haier, empresa chinesa de eletroeletrônicos de consumo e proprietária da GE Appliances, usa um processo de linha de montagem para produtos fabricados em massa, complementado por estruturas mais flexíveis e inovadoras para adequar os produtos às preferências dos consumidores e também para criar novos produtos.[94] Seja qual for o método escolhido ou o processo de produção, as estruturas organizacionais têm de se adaptar à sua tecnologia e vice-versa. A estrutura organizacional e a cultura podem ser refletidas na estrutura de dados, no *software* e no *hardware* utilizados por uma organização.[95]

tecnologia
Meios pelos quais uma empresa transforma insumos em resultados.

TABELA 15.3 A relação estratégia-estrutura.

Estratégia	Opção de estrutura
Inovação	**Orgânica:** estrutura pouco rígida; baixa especialização, baixa formalização, descentralizada.
Minimização de custos	**Mecanicista:** controle rígido; extensa especialização do trabalho, alta formalização, alta centralização.
Imitação	**Mecanicista e orgânica:** misto de características de rigidez e de informalidade; controle rígido sobre as atividades atuais e controle informal para novas empreitadas.

Ambiente

O ambiente de uma organização inclui as instituições ou forças externas que têm o potencial de afetar sua estrutura, como fornecedores, clientes, concorrentes e grupos de pressão pública.[96] Os ambientes dinâmicos geram muito mais incerteza para os gestores do que os estáticos. Para minimizar a incerteza, os gestores podem ampliar a estrutura para identificar e reagir às ameaças. A maioria das empresas, como a Pepsi e a Southwest Airlines, incluiu departamentos de mídias sociais para combater informações negativas publicadas em blogs.

O ambiente de qualquer organização possui três dimensões que devem ser consideradas na escolha do modelo estrutural mais adequado: capacidade, volatilidade e complexidade.[97] A *capacidade* refere-se ao grau em que o ambiente consegue sustentar o crescimento. Ambientes ricos e em crescimento geram recursos abundantes, que podem ajudar a organização em tempos de relativa escassez.

A *volatilidade* descreve o grau de instabilidade do ambiente. Um ambiente dinâmico marcado por mudanças imprevisíveis faz com que a administração tenha dificuldade de fazer projeções exatas. Com a rápida evolução da tecnologia da informação, cada vez mais ambientes corporativos estão se tornando voláteis.

Por fim, a *complexidade* é o grau de heterogeneidade e de concentração dos fatores do ambiente. Os ambientes simples (como a indústria do tabaco, na qual os métodos de produção, pressões competitivas e regulamentares, entre outros fatores, não mudam por algum espaço de tempo) são homogêneos e concentrados. Já os ambientes caracterizados pela heterogeneidade e dispersão (como as empresas do setor de telecomunicações) são complexos e diversos, com inúmeros concorrentes.

A Figura 15.6 resume nossa definição de ambiente ao longo de suas três dimensões. As setas indicam o movimento em direção a uma maior incerteza. Assim, as empresas que atuam em ambientes caracterizados pela escassez, dinamismo e complexidade enfrentam mais incerteza por terem pouco espaço para erros, e lidam com alto grau de imprevisibilidade, além de possuir um conjunto de elementos muito diversos para monitorar o tempo todo.

Com base nessa definição tridimensional de ambiente, podemos chegar a algumas conclusões sobre a incerteza ambiental e sobre os arranjos estruturais. Quanto mais escasso, dinâmico e complexo for o ambiente, mais orgânica a estrutura deve ser. Mas, quanto mais abundante, estável e simples for o ambiente, mais adequado será o modelo mecanicista.

> **ambiente**
> Forças externas à organização que têm o potencial de afetar sua estrutura.

FIGURA 15.6 Modelo tridimensional do ambiente.

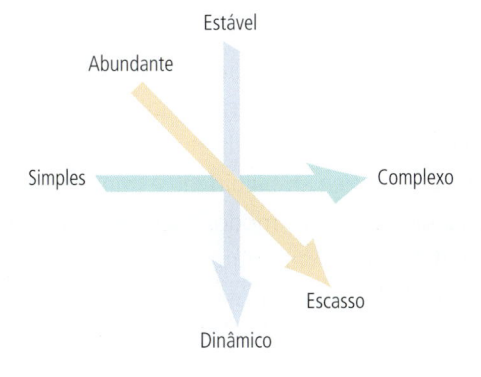

Instituições

Outro aspecto que afeta a estrutura organizacional são as *instituições*. Esses fatores culturais atuam como diretrizes para indicar o comportamento apropriado.[98] A teoria institucional descreve algumas forças que levam muitas organizações a ter estruturas semelhantes e, ao contrário das teorias que descrevemos até agora, concentra-se em pressões que não são necessariamente adaptativas. De fato, muitos teóricos institucionais buscam destacar a maneira como os comportamentos corporativos podem *parecer* orientados ao desempenho, mas, na verdade, são guiados por normas sociais incontestadas e por conformidade às regras.

Os fatores institucionais mais claros provêm de pressões regulamentares. Algumas indústrias que trabalham sob contratos com o governo, por exemplo, devem ter relacionamentos de subordinação claros e controles de informações rigorosos. Em algumas situações, a pura inércia define um formato organizacional. Em outras palavras, as empresas podem ser estruturadas de determinada maneira simplesmente porque é assim que as coisas sempre foram feitas. Organizações em países com alto grau de distância de poder podem ter uma estrutura com relações de autoridade rígidas, que são consideradas mais válidas nesse tipo de cultura. Por exemplo, alguns estudiosos atribuíram as dificuldades de adaptabilidade das organizações japonesas à pressão institucional de manter as relações de autoridade.

As organizações podem seguir modismos ou tendências para adotar uma estrutura específica. Elas podem tentar copiar outras empresas de sucesso só para impressionar os investidores e não porque precisam dessa estrutura para melhorar seu desempenho. Recentemente, muitas organizações tentaram copiar a estrutura orgânica de empresas como o Google, mas acabaram descobrindo que esse tipo de estrutura não é adequado para seu ambiente operacional. Costuma ser difícil identificar as pressões institucionais porque acabamos nos acostumando com elas, mas isso não significa que elas não tenham grande influência.

instituições
Fatores culturais, especialmente os que podem não levar a consequências adaptativas, que fazem com que muitas organizações tenham estruturas semelhantes.

15.6 Analisar as implicações comportamentais dos diferentes tipos de desenho organizacional.

Desenhos organizacionais e comportamento dos empregados

Começamos este capítulo afirmando que a estrutura da organização pode ter grandes efeitos sobre seus integrantes. Mas quais são esses efeitos?

Uma revisão de estudos nos conduz a uma conclusão bastante clara: é impossível generalizar esses impactos! Nem todo mundo prefere a liberdade e a flexibilidade das estruturas orgânicas. Além disso, diferentes fatores se destacam em estruturas diferentes. Em organizações altamente formalizadas, estruturadas e mecanicistas, o nível de justiça das políticas e procedimentos formais é um fator preditivo importantíssimo da satisfação dos empregados. Em organizações mais pessoais, mais adaptáveis ao indivíduo e orgânicas, os empregados valorizam mais a justiça interpessoal.[99] Algumas pessoas ficam mais satisfeitas e são mais produtivas quando seu trabalho é padronizado e quando a ambiguidade é minimizada, ou seja, trabalhando sob uma estrutura mecanicista. Desse modo, qualquer discussão relativa aos efeitos do modelo organizacional sobre comportamento dos empregados precisa levar em conta as diferenças individuais. Para ilustrar esse ponto, vamos considerar as preferências dos empregados pela especialização do trabalho, amplitude de controle e centralização.[100]

Mito ou ciência?

Não faz diferença se os empregados trabalham em casa ou no escritório

Essa afirmação é verdadeira, embora haja ressalvas. Os empregados que trabalham em casa, mesmo se for só por parte do tempo, relatam ser mais felizes e, como vimos no Capítulo 3, empregados mais felizes provavelmente são mais produtivos do que os colegas insatisfeitos. Do ponto de vista de uma organização, as empresas obtêm ganhos de 5 a 7 horas extras de trabalho por semana para cada pessoa que trabalha em casa. Além disso, as empresas também podem reduzir os custos, tendo menos despesas com instalações físicas e serviços como água, luz e gás, além de eliminar o tempo improdutivo que os empregados passam socializando. Os empregadores de pessoas que trabalham em casa podem criar equipes de trabalho e relações de subordinação organizacionais sem se preocupar muito com a politicagem no escritório, possibilitando atribuir papéis e responsabilidades com mais objetividade. Essas e outras razões podem ter levado as organizações a adotar cada vez mais o conceito do trabalho a distância e, atualmente, 3,1 milhões de trabalhadores remunerados norte-americanos trabalham em casa.

É bem verdade que alguns trabalhos não podem ser feitos a distância (como muitos do setor de serviços), mas o simples fato de um trabalho poder ser feito em casa não quer dizer que isso necessariamente deva acontecer. Pesquisas sugerem que o sucesso do trabalho em casa depende mais da estrutura do trabalho do que das tarefas envolvidas. A interdependência necessária entre os empregados de uma equipe ou em uma relação de subordinação pode demandar uma *interdependência epistêmica*, que é a capacidade dos empregados de prever o que os outros farão. Os consultores organizacionais analisam como as funções dos empregados se encaixam na *arquitetura* do organograma, sabendo que é fundamental estruturar sistematicamente os relacionamentos. Desse modo, mesmo se uma pessoa realizar bem as tarefas trabalhando sozinha em casa, os benefícios do trabalho em equipe podem ser perdidos. Ainda não se sabe exatamente como o trabalho a distância, sem compartilhar tempo ou espaço com outras pessoas, afeta o trabalho e pode ser por isso que empresas como Yahoo! e Best Buy decidiram levar seus empregados de volta ao escritório.

O sucesso de um programa de trabalho a distância depende da pessoa, do trabalho e da cultura da organização. Trabalhar em casa pode ser satisfatório para os empregados e eficiente para as organizações, mas estamos descobrindo que essa abordagem tem seus limites.

Fontes: baseado em M. Mercer, "Shirk Work? Working at Home Can Mean Longer Hours", *TriCities.com*, 4 mar. 2013, www.tricities.com/news/opinion_columns/article_d04355b8-83cb11e2-bc31-0019bb30f31a.html; P. Puranam, M. Raveendran e T. Knudsen, "Organization Design: The Epistemic Interdependence Perspective", *Academy of Management Review* 37, no. 3 (2012): 419–40; N. Shah, "More Americans Working Remotely", *The Wall Street Journal*, 6 mar. 2013, A3; e R. E. Silverman e Q. Fottrell, "The Home Office in the Spotlight", *The Wall Street Journal*, 27 fev. 2013, B6.

A maioria dos estudos indica que a *especialização do trabalho* contribui para maior produtividade do empregado, mas o preço é a redução de sua satisfação no trabalho. Além disso, a especialização do trabalho não é uma fonte inesgotável de produtividade crescente. Quando as deseconomias resultantes de realizar tarefas repetitivas e limitadas excedem as economias resultantes da especialização, os problemas começam a surgir e a produtividade a cair. Com a força de trabalho cada vez mais instruída e desejosa de trabalhos inerentemente gratificantes, parece que chegamos ao ponto em que a produtividade começa a cair mais rapidamente do que em décadas passadas. Embora a produtividade reduzida, em geral, leve as empresas a incluir funções de supervisão e de inspeção, uma solução melhor pode ser reorganizar as funções do trabalho e a prestação de contas.[101]

No entanto, ainda há um segmento da força de trabalho que prefere a rotina e a repetição de trabalhos altamente especializados. Algumas pessoas querem um serviço que exija o mínimo de sua capacidade intelectual e que ofereça a segurança da rotina. Para elas, a alta especialização é fonte de satisfação. A questão que se coloca é se essas pessoas representam 2% ou 52% da força de trabalho. Como existe certa autosseleção na escolha das carreiras, podemos concluir que os resultados comportamentais negativos da alta especialização têm maior probabilidade de se concretizar em funções ocupadas por profissionais com grande necessidade de crescimento pessoal e de diversidade.

Acreditamos ser seguro afirmar que não há evidências suficientes para confirmar uma relação entre a *amplitude de controle* e a satisfação ou o desempenho do empregado. Apesar de, à primeira vista, poder fazer sentido argumentar que uma grande amplitude de controle possa levar a um desempenho melhor do empregado por permitir uma distância maior da supervisão e por oferecer mais oportunidade para a iniciativa pessoal, as pesquisas não confirmam essa posição. Algumas pessoas preferem trabalhar sozinhas, enquanto outras preferem a segurança de um chefe sempre presente. Como vimos em várias teorias contingenciais da liderança no Capítulo 12, podemos esperar que fatores como a experiência e a capacidade dos empregados, bem como a estrutura de suas tarefas, possam explicar quando uma amplitude de controle (grande ou pequena) contribuirá para seu desempenho e satisfação no trabalho. No entanto, alguns estudos indicam que altos graus de amplitude de controle são relacionados a comportamentos menos seguros e mais acidentes no trabalho.[102]

Também encontramos evidências associando a *centralização* com a satisfação no trabalho.[103] De maneira geral, as organizações menos centralizadas possibilitam mais autonomia. Mas, como vimos, enquanto um empregado valoriza sua liberdade, outro pode se frustrar com a desestruturação característica dos ambientes autônomos.

Pode parecer óbvio, mas as pessoas não escolhem seus empregadores aleatoriamente. Elas são atraídas, selecionadas e permanecem em organizações que se ajustam às suas características pessoais.[104] Os candidatos que preferem a previsibilidade provavelmente buscarão empregos em estruturas mecanicistas, ao passo que os que gostam de autonomia serão mais atraídos pelos modelos orgânicos. Dessa forma, os efeitos da estrutura sobre o comportamento do empregado, sem dúvida, são reduzidos quando o processo de seleção facilita a adequação das características individuais às características da organização. As empresas devem tentar consolidar, promover e manter a identidade de suas estruturas porque os empregados qualificados podem querer sair da empresa diante de mudanças drásticas.[105]

Pesquisas sugerem que a cultura nacional influencia a preferência pela estrutura.[106] As organizações que trabalham com pessoas oriundas de países com culturas que apresentam alto grau de distância de poder (como é o caso da Grécia, da França e da maioria dos países latino-americanos, onde se inclui o Brasil) terão empregados muito mais propensos a aceitar o modelo mecanicista do que as que empregam pessoas de países com baixo grau de distância de poder. Portanto, é preciso considerar as diferenças culturais juntamente com as individuais ao fazer previsões sobre como a estrutura afetará o desempenho e a satisfação dos empregados.

O cenário em constante mudança dos modelos de estrutura organizacional tem implicações para o avanço profissional dos empregados. Pesquisas com gestores do Japão, Reino Unido e Estados Unidos indicaram que os empregados que sobreviveram ao *downsizing* e às estruturas organizacionais híbridas resultantes do processo de redução achavam que suas perspectivas profissionais pioraram. Isso pode ou não ser verdade, mas esse raciocínio mostra que a estrutura organizacional, de fato, afeta os empregados e, portanto, deve ser projetada com cuidado.[107]

RESUMO

Neste capítulo, vimos que a estrutura interna de uma organização contribui para explicar e prever o comportamento. Ou seja, além dos fatores individuais e de grupo, as relações estruturais por meio das quais as pessoas trabalham afetam as atitudes e o comportamento dos empregados. Mas quais são as bases para fazer tal afirmação? À medida que a estrutura organizacional reduz a ambiguidade para os empregados (esclarecendo questões como "O que devo fazer?", "Como devo fazê-lo?", "A quem devo me reportar?" e "Quem devo procurar se tiver um problema?"), afeta suas atitudes, motiva-os e facilita o atingimento de um desempenho melhor. A Figura 15.7 resume o que discutimos.

IMPLICAÇÕES PARA OS GESTORES

- A especialização aumenta a eficiência das operações, mas não esqueça que, quando em excesso, pode resultar em insatisfação e reduzir a motivação.
- Evite criar hierarquias rígidas que restrinjam demais o poder e a autonomia dos empregados.
- Equilibre as vantagens do trabalho a distância com as potenciais desvantagens antes de disponibilizar opções flexíveis de local de trabalho na estrutura da organização.
- Promova o *downsizing* em sua organização para obter uma grande economia de custos e para que o foco da empresa se volte às competências essenciais, mas somente quando essa ação, de fato, for necessária, porque o *downsizing* pode ter um grande impacto negativo sobre os empregados.
- Leve em consideração a escassez, o dinamismo e a complexidade do ambiente e equilibre os elementos orgânicos e mecanicistas ao projetar uma estrutura organizacional.

FIGURA 15.7 Estrutura organizacional: determinantes e resultados.

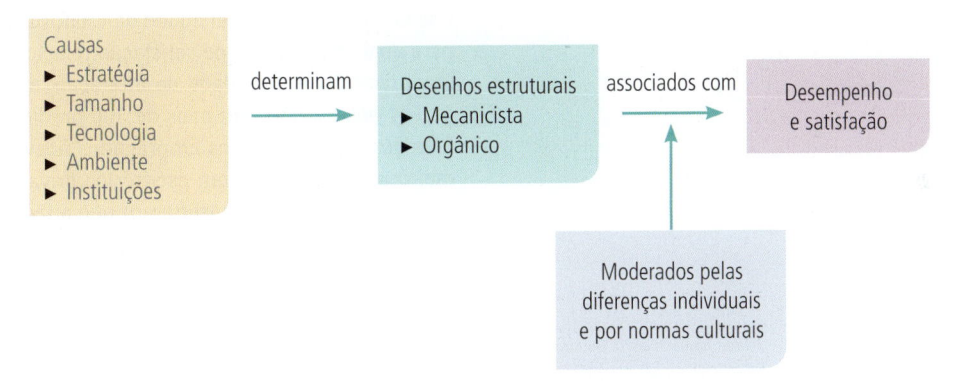

Causas
- Estratégia
- Tamanho
- Tecnologia
- Ambiente
- Instituições

determinam →

Desenhos estruturais
- Mecanicista
- Orgânico

associados com →

Desempenho e satisfação

Moderados pelas diferenças individuais e por normas culturais

Ponto e contraponto

Os escritórios de layout aberto estimulam a criatividade e aumentam a produtividade

PONTO
Eric Prum, cofundador da W&P Design, no Brooklyn, Nova York, e seus doze colegas de trabalho dividem um escritório sem divisórias no quarto andar de um armazém adaptado. O ambiente pode ser barulhento, mas o layout do escritório levou a algumas sessões de brainstorming

CONTRAPONTO
"Nosso escritório em Manhatthan, Nova York, era novo, moderno, lindo e aberto, mas absurdamente opressivo. Tudo ficava exposto aos olhos de todos. No primeiro dia, sentei-me à mesa alocada ao nosso departamento de criação, ao lado de uma mulher que suspeito ter sido um mega-

muito produtivas. Por exemplo, o último projeto da equipe, a ¡Buenos Nachos!, foi resultado direto do escritório sem divisórias. Os cofundadores conversavam sobre a ideia de um livro descolado de receitas de *nacho* e os colegas escutaram a conversa. Uma simples ideia rapidamente se transformou em uma sessão produtiva de brainstorming. O resultado foi um livro com mais de 75 receitas de chefs famosos e celebridades, incluindo Bill Hader, Andrew Zimmern e Rachael Ray.

Além de reduzir os custos, a proposta do layout aberto inclui derrubar as barreiras físicas entre as pessoas no trabalho. A comunicação entre empregados de diferentes funções é maximizada quando essas barreiras são removidas. Com os objetivos funcionais da organização em mente, um escritório sem divisórias pode ser adaptado para atingir esses objetivos, adequando determinados espaços para funções específicas (como uma área de reunião, uma área de leitura etc.). Por exemplo, a Collins, uma empresa nova-iorquina de branding, adaptou aspectos do ambiente para contornar as limitações de um escritório de layout aberto, inclusive organizando as mesas de modo que nenhuma pessoa fique de frente para a outra. Um levantamento interno da Collins revelou que o layout aberto, em geral, melhora o senso de visão compartilhada e as percepções de missão, espírito comunitário e criatividade. Outras pesquisas também sugerem que os escritórios sem divisórias podem reduzir o tempo gasto em reuniões.

fone em alguma vida passada. Passei o dia inteiro tentando trabalhar com o ruído constante de papéis sendo revirados, gritos e risadas, além da música alta tocando no sistema de alto-falantes do escritório". O cenário descrito por Lindsey Kaufman, uma publicitária do Brooklyn, mostra a tensão e a insatisfação que os empregados podem sentir em ambientes de layout aberto, mesmo na presença de baias que garantam ao menos alguma privacidade. O criador da baia, Robert Probst, idealizou algo muito diferente em 1964: um espaço livre onde os empregados poderiam personalizar seu local de trabalho acomodando seus níveis de privacidade, necessidades de espaço e de flexibilidade, oferecendo-lhes uma sensação de autonomia em um escritório aberto. O problema é que esse sistema modular flexível passou a ser produzido em massa, com restrições de tamanho, de qualidade e de capacidade de personalização, levando ao que hoje chamaríamos de baia moderna.

Estudos sobre o layout aberto e as baias confinadas dos escritórios modernos mostram um quadro desanimador de sua eficácia. Um estudo que analisou centenas de ambientes profissionais descobriu que, apesar de seus benefícios em termos de coesão, os escritórios abertos reduziam a atenção, a produtividade, o pensamento criativo e a satisfação dos trabalhadores. Um dos principais fatores responsáveis por esse resultado é o nível de ruído, que reduz a motivação e leva a possíveis problemas de atitude. Pesquisadores usaram o banco de dados da Avaliação Pós-Ocupação da Universidade da Califórnia, em Berkeley, para analisar os níveis de satisfação relacionados ao barulho, privacidade, facilidade de interação, entre outros, em 42.764 observações em mais de 300 prédios de escritório. Eles descobriram que os empregados ficavam claramente muito mais satisfeitos em escritórios privados do que em escritórios abertos e constataram que a facilidade de interação (um dos objetivos dos layouts abertos) não era maior em escritórios abertos do que em escritórios privados.

Fontes: baseado em D. Burkus, "Why Your Open Office Workspace Doesn't Work", *Forbes*, 21 jun. 2016, https://www.forbes.com/sites/davidburkus/2016/06/21/why-your-open-office-workspace-doesnt-work/#336a42f6435f; G. W. Evans e D. Johnson, "Stress and Open-Office Noise", *Journal of Applied Psychology* 85, no. 5 (2000): 779–83; L. Kaufman, "Google Got It Wrong. The Open-Office Trend Is Destroying the Workplace", *The Washington Post*, 30 dez. 2014, https://www.washingtonpost.com/posteverything/wp/2014/12/30/google-got-it-wrong-the-open-office-trend-is-destroying-the-workplace/?utm_term=.d716ef9fe41a; S. Khetarpal, "The Popular 'Open Office' Design Has Many Disadvantages, but Some Employers Are Going Beyond It to Create an Empowering Environment at the Workplace", *Business Today*, 12 mar. 2017, 100–6; M. Konnikova, "The Open-Office Trap", *The New Yorker*, 7 jan. 2014, http://www.newyorker.com/business/currency/the-open-office-trap; P. Rosenberg and K. Campbell, "An Open Office Experiment That Actually Worked", *Harvard Business Review* (3 out. 2014); R. Saunderson, "Learning in an Open Office Environment", *Training*, 1 jan. 2016, 134–5; D. Ward, "Beyond the Open Office", *HR Magazine*, 1 abr. 2015, 30–5; e M. D. Zalesny e R. V. Farace, "Traditional versus Open Offices: A Comparison of Sociotechnical, Social Relations, and Symbolic Meaning Perspectives", *Academy of Management Journal* 30, no. 2 (1987): 240–59.

REVISÃO DO CAPÍTULO

QUESTÕES PARA REVISÃO

15.1 Quais são os sete elementos que definem a estrutura de uma organização?

15.2 Quais são as características das estruturas funcional, burocracia e matricial?

15.3 Quais são as características da estrutura virtual, de equipe e circular?

15.4 Como o *downsizing* pode afetar estruturas organizacionais e empregados?

15.5 Quais são as semelhanças e diferenças dos modelos estruturais mecanicistas e orgânicos?

15.6 Quais são as implicações dos diferentes tipos de desenho organizacional sobre o comportamento?

APLICAÇÃO E EMPREGABILIDADE

Conhecer os detalhes da estrutura de sua organização pode melhorar sua empregabilidade no futuro, ajudando-o a tomar decisões estratégicas e éticas melhores e também a colaborar e se comunicar melhor com as pessoas no trabalho. Diferentes formas de estrutura organizacional têm diferentes consequências sobre o comportamento de empregados, gestores e clientes. Reconhecer esses efeitos pode ajudá-lo a ajustar melhor seu próprio comportamento. Você pode abrir seu próprio negócio do zero ou colaborar na restruturação do trabalho em uma organização. Conhecer as diferentes formas de estrutura será de grande ajuda nessas situações. Neste capítulo, você exercitou seu pensamento crítico, bem como suas habilidades de análise e aplicação do conhecimento, decidindo se faz alguma diferença para os empregados trabalhar em casa ou no escritório, pensando no tipo de estrutura que escolheria para uma empresa pequena em crescimento, refletindo sobre as implicações éticas das mudanças estruturais e da flexibilidade no trabalho e debatendo a eficácia dos escritórios de layout aberto.

Na próxima seção, você desenvolverá ainda mais essas habilidades, bem como seus conhecimentos de responsabilidade social, participando do Exercício experiencial, examinando os fatores éticos da fluidez de empregos no mercado de trabalho dos dias de hoje, considerando o desvio criativo e seus benefícios anti-hierárquicos para as organizações e questionando a eficácia da estrutura burocrática de uma grande companhia aérea.

EXERCÍCIO EXPERIENCIAL   A lanchonete

Forme grupos de pelo menos quatro pessoas. Use as informações a seguir para fazer o exercício.

Os gestores de uma nova cadeia de lanchonetes precisam decidir quais tipos de sanduíche os consumidores querem e encontrar receitas e ingredientes. Será preciso escolher fornecedores de ingredientes, decidir os preços dos insumos e outros requisitos logísticos (como refrigeração), tomar decisões de compra continuamente, além de realizar compras e de gerenciar os relacionamentos com os fornecedores. Neste estágio inicial do negócio também será preciso providenciar um financiamento. Com base nesse trabalho, a empresa passará para o estágio do marketing, incluindo determinação de preços dos produtos oferecidos e o desenvolvimento de anúncios. Por fim, será necessário realizar a seleção e o treinamento dos empregados. Cada grupo deve criar e discutir as estruturas organizacionais a seguir.

Uma estrutura simples

Determine uma estrutura simples para essa organização. Lembre-se de que esse tipo de estrutura tem pouca hierarquia, grande amplitude de controle e processo decisório centralizado. A quem seriam atribuídas as várias tarefas descritas neste cenário? Que tipo de delegação pode ocorrer? Quem coordenaria as diversas operações? Mais ou menos quantas pessoas atuariam em funções administrativas e que tipo de amplitude de controle elas teriam? Quais serão os desafios que a organização enfrentará à medida que for crescendo?

Uma burocracia

Determine uma burocracia para essa organização. As burocracias são marcadas por mais hierarquia, baixo grau de amplitude de controle e tomada de decisão especializada. Defina as atribuições de tarefas, delegação, coordenação e o número de pessoas necessárias. Considere também as possibilidades de crescimento futuro para o sistema burocrático.

Uma estrutura virtual

Determine como seria uma estrutura virtual para essa organização, terceirizando vários aspectos do negócio. Considere as tarefas que poderiam ser desempenhadas por pessoas que não trabalham na cadeia de restaurantes e quais tarefas deverão ser realizadas internamente.

Considerações finais

Depois de todos os grupos decidirem as diferentes estruturas, reúna a turma para que os grupos descrevam como atribuíram as responsabilidades para diferentes indivíduos. Em seguida, discuta qual sistema de organização parece mais adequado para esse negócio.

Dilema ético

Tensões atuais na organização flexível

A imprensa especializada em negócios concorda: não se iluda achando que vai ficar muito tempo em um emprego. Os candidatos a emprego passaram anos sendo advertidos sobre a necessidade de assumir a responsabilidade pela própria carreira e de se preparar para a possibilidade de mudar de emprego com frequência. Uma simples passada de olhos nas tendências do mercado de trabalho confirma que o número de empregos altamente rotineiros e bem definidos está caindo.

Essa mudança costuma ser descrita em termos positivos. Os gestores se empenham para criar organizações com características louváveis, como adaptabilidade, flexibilidade e criatividade. O autor Micha Kaufman observa que, para se dar bem no mercado de trabalho dos dias de hoje, é preciso "ter flexibilidade para desapegar-se de ideias obsoletas, coragem para reavaliar constantemente os planos para o futuro e presença de espírito para se adaptar à vida como ela é, no presente momento". Essa possibilidade de criar o próprio futuro profissional parece muito sedutora.

Ao mesmo tempo, muitos trabalhadores acabam em empregos precários. Os pesquisadores descobriram que pessoas inseguras ou incertas sobre seu futuro profissional sentem mais tensão psicológica e preocupação. Trabalhadores inseguros também adoecem mais. Ao contrário da imagem positiva do trabalhador *freelancer*, com energia e criatividade ilimitadas, as evidências demonstram que, para muitas pessoas, a falta de segurança no emprego pode resultar em exaustão e uma abordagem apreensiva quanto aos problemas no trabalho.

Os líderes corporativos se perguntam até que ponto deveriam criar mais segurança no emprego para seus empregados. Alguns gestores argumentam que as empresas estruturadas com base na estabilidade e na segurança têm menos chances de competir e podem ser forçadas a fechar suas portas. Muitas organizações tentam manter a flexibilidade e, ao mesmo tempo, certo nível de segurança. Por exemplo, a Scripps Health mantém um *pool* de oportunidades internas de transferência e disponibiliza programas de treinamento para pessoas cujas funções deixaram de ser necessárias. Como resultado, mesmo atuando no setor da saúde, marcado pela volatilidade, a empresa tem conseguido evitar demissões. Por outro lado, sistemas que oferecem segurança no emprego são custosos e não são viáveis para todas as empresas.

Questões

15.7 Você acha que a estabilidade beneficia ou prejudica os empregados? Explique sua resposta.

15.8 Os empregadores têm uma responsabilidade ética de fornecer segurança no emprego ou bastaria advertir os empregados de que eles podem perder o emprego a qualquer momento?

15.9 Se não for possível proporcionar segurança no emprego no longo prazo, quais alternativas os empregadores podem oferecer para ajudar os empregados a fazer a transição de forma mais leve?

Fontes: baseado em M. Kaufman, "The Wisdom of Job Insecurity", *Forbes*, 3 out. 2014, http://www.forbes.com/sites/michakaufman/2014/10/03/the-wisdom-of-job-insecurity-dont-be-lulled-by-falling-unemployment/; C. Van Gorder, "A No-Layoffs Policy Can Work, Even in an Unpredictable Economy", *Harvard Business Review*, 26 jan. 2015, https://hbr.org/2015/01/a-no-layoffs-policy-can-work-even-in-an-unpredictable-economy; J. Zumbrun, "Is Your Job 'Routine'? If So, It's Probably Disappearing", *Wall Street Journal*, 8 abr. 2015, http://blogs.wsj.com/economics/2015/04/08/is-your-job-routine-if-so-its-probably-disappearing/; e U. Kinnunen, A. Mäkikangas, S. Mauno, N. De Cuyper e H. De Witte, "Development of Perceived Job Insecurity across Two Years: Associations with Antecedents and Employee Outcomes", *Journal of Occupational Health Psychology* 19 (2014): 243–58.

Estudo de caso 1

Desvio criativo: resistência à hierarquia?

Uma das principais funções de uma hierarquia organizacional é reforçar a padronização e o controle da alta administração. Usando a cadeia de comando, os gestores podem direcionar as atividades dos subordinados a um propósito compartilhado. Quando a pessoa certa supervisiona uma hierarquia com uma visão criativa, os resultados podem ser fenomenais. Por exemplo, até o falecimento de Steve Jobs, em outubro de 2011, a Apple usou um robusto processo criativo de cima para baixo, no qual a maioria das decisões e inovações mais importantes passava por Jobs e era posteriormente delegada às equipes na forma de atribuições específicas a serem concluídas.

Outra abordagem possível é o desvio criativo, quando as pessoas criam produtos de grande sucesso apesar de terem sido instruídas pela alta administração a não trabalhar mais neles. As telas eletrostáticas utilizadas em mais da metade dos instrumentos da Hewlett-Packard, o equipamento de corte de fitas adesivas, uma das inovações de processo mais importantes da história da 3M, e o desenvolvimento da tecnologia multibilionária de iluminação por LED pela Nichia são exemplos de produtos oficialmente rejeitados pela hierarquia gerencial. Nesses casos, uma abordagem como a da Apple teria impossibilitado alguns dos produtos de maior sucesso que as empresas já produziram. Seguir a rotina pode se tornar algo tão enraizado em uma organização hierárquica que as ideias inovadoras passam a ser vistas como ameaças e não como oportunidades de desenvolvimento.

Não se sabe ao certo por que a tomada de decisões de cima para baixo é tão eficaz para uma empresa extremamente criativa como a Apple enquanto a hierarquia quase arruinou inovações em várias outras organizações. Pode ser que a estrutura da Apple seja bastante simples, com relativamente poucas camadas e grande responsabilidade individual pelos resultados. Ou pode ser que a Apple simplesmente tivesse um líder especial, capaz de superar as restrições convencionais de um CEO para criar uma cultura de inovação contínua.

Questões

15.10 Você acha que é possível para uma organização criar uma anti-hierarquia para incentivar o desvio criativo por parte dos empregados? Quais medidas uma empresa poderia adotar para que esse incentivo ocorra?

15.11 Por que você acha que uma empresa como a Apple é capaz de ser criativa com uma robusta estrutura hierárquica, enquanto outras empresas acham a hierarquia limitadora?

15.12 Você acha que o sucesso da Apple dependia totalmente do papel de Steve Jobs no comando da hierarquia? Quais são as possíveis desvantagens de uma empresa que depende das decisões de uma única pessoa?

Fontes: baseado em C. Mainemelis, "Stealing Fire: Creative Deviance in the Evolution of New Ideas", *Academy of Management Review* 35, no. 4 (2010): 558–78; e A. Lashinsky, "Inside Apple", *Fortune*, 23 maio 2011, 125–34.

Estudo de caso 2

Turbulência na United Airlines

O início de 2017 não foi uma boa época para a United Airlines. Vários incidentes causaram protestos ao redor do mundo, envolvendo empregados da empresa que seguiram rigorosamente uma série de regras, regulamentos e protocolos nas interações com os clientes. O primeiro incidente envolveu duas adolescentes que tentaram embarcar usando calças *legging* em um voo de Minneapolis para Denver. Elas foram impedidas de embarcar por violar o programa de vantagens para parentes de empregados da United Airlines. Para se beneficiar do programa, os passageiros são solicitados a vestir-se de modo a representar bem a companhia aérea. A United defendeu sua decisão no Twitter: "Calças *legging* só são consideradas roupas apropriadas para passageiros pagantes". O comediante Seth Rogan twittou: "Nós, da @United, só estamos tentando policiar as roupas das filhas de nossos empregados! É só isso! Não tem nada além disso!"

Um segundo incidente, mais grave, ocorreu quando David Dao, um médico que precisava ver seus pacientes na manhã seguinte, embarcou em um voo de Chicago a Louisville. Quatro empregados da United precisavam chegar a Louisville com urgência e o piloto anunciou que quatro passageiros precisariam abrir mão de seus lugares ou o voo seria cancelado. Quando nenhum passageiro se ofereceu, os comissários de bordo chamaram a polícia, que abordou Dao e o tirou do avião à força. A violência foi tamanha que Dao saiu com o nariz quebrado e uma concussão quando sua cabeça bateu no braço de uma poltrona. A política da United permitia a remoção involuntária de passageiros dos voos; no entanto, dessa vez a empresa não tentou se defender em público. Dao entrou com uma ação judicial contra a United.

Um terceiro incidente, em Houston, envolveu um casal, Michael e Amber, a caminho da Costa Rica para se casar. Ao embarcar no avião, eles viram um homem dormindo em seus lugares. Para evitar acordá-lo, eles ocuparam assentos livres três fileiras à frente. Um comissário pediu para eles voltarem a seus lugares e eles atenderam o pedido. Pouco depois, um policial os abordou e os expulsou do avião. De acordo com as declarações da United, o casal tentou "repetidamente" ocupar a classe executiva e se recusou a seguir as instruções dos comissários, de modo que a empresa se viu no direito de remover os passageiros.

Esses incidentes sugerem que, a começar pela estrutura criada pelo CEO, os empregados da United não têm muita liberdade ou flexibilidade para lidar com as violações de suas políticas no dia a dia. A empresa também pode ter pecado ao levar estratégias de redução de custos e melhoria de eficiência ao extremo, já que o foco se distanciou dos clientes para se aproximar à conformidade com as regras. Muitos analistas atribuem essa inflexibilidade à burocracia rigorosa e normativa imposta pela administração da United. Nessa burocracia, os 85.000 empregados da empresa podem relutar em se desviar das regras, uma vez que precedentes na empresa sugerem que os empregados podem ser demitidos se violarem as regras.

Questões

15.13 Como você acha que a United Airlines deveria ter lidado com os incidentes? Você acha que a empresa tinha o direito de expulsar esses passageiros dos voos? Explique sua resposta.

15.14 Quais são os prós e os contras de ter uma estrutura organizacional burocrática para uma companhia aérea? Considerando esses prós e contras, você acha que a United Airlines deveria manter sua estrutura burocrática? Explique sua resposta.

15.15 O que você acha que a United Airlines deveria fazer no futuro? Você tem alguma sugestão para melhorar a estrutura organizacional da empresa? Você consideraria uma reestruturação? Explique sua resposta.

15.16 Depois de ler o Estudo de caso 2, você acha que é possível que as organizações misturem mais de um tipo de estrutura organizacional e retenham elementos de cada tipo? Seria possível para a United Airlines ter uma estrutura burocrática e mais flexível ao mesmo tempo? Como isso funcionaria?

15.17 Com base no que você descobriu sobre seus traços de personalidade no modelo Big Five no Capítulo 5, em quais estruturas organizacionais você acha que se adequaria melhor?

Fontes: baseado em S. Carey, "Behind United Airlines' Fateful Decision to Call Police; Airline's Rules-Based Culture in Spotlight after Man Was Dragged off Flight by Law Enforcement", *The Wall Street Journal*, 17 abr. 2017; J. Disis e J. Ostrower, "United Airlines in Twitter Trouble over Leggings Rule", *CNN Money*, 27 mar. 2017, money.cnn.com/2017/03/26/news/united-airlines-twitter-dress-code/; A. Hartung, "Why United Airlines Abuses Customers: The Risks of Operational Excellence", *Forbes*, 10 abr. 2017, https://www.forbes.com/sites/adamhartung/2017/04/10/why-united-airlines-abuses-customers-the-risks-of-operational-excellence/#78a1af3fbb10; M. Hiltzik, "At United Airlines and Wells Fargo, Toxic Corporate Culture Starts with the CEO", *Los Angeles Times*, 17 abr. 2017, http://www.latimes.com/business/hiltzik/la-fi-hiltzik-toxic-united-wells-20170411-story.html; e E. C. McLaughlin, "Man Dragged off United Flight Has Concussion, Will File Suit, Lawyer Says". *CNN*, 14 abr. 2017, http://www.cnn.com/2017/04/13/travel/united-passenger-pulled-off-flight-lawsuit-family-attorney-speak/.

NOTAS

1. F. A. Csaszar, "An Efficient Frontier in Organization Design: Organizational Structure as a Determinant of Exploration and Exploitation", *Organization Science* 24, no. 4 (2013): 1083–101; G. P. Huber, "Organizations: Theory, Design, Future", in S. Zedeck (ed.), *APA Handbook of Industrial and Organizational Psychology: Vol. 1, Pt. II: Perspectives on Designing Organizations and Human Resource Systems* (Washington, DC: APA, 2011): 117–60; e B. McEvily, G. Soda e M. Tortoriello, "More Formally: Rediscovering the Missing Link between Formal Organization and Informal Social Structure", *The Academy of Management Annals* 8, no. 1 (2014): 299–345.

2. Huber, "Organizations".

3. Veja, por exemplo, R. L. Daft, *Organization Theory and Design,* 12. ed. (Boston, MA: Cengage, 2015).

4. T. Hindle, *Guide to Management Ideas and Gurus* (Londres: Profile Books/The Economist Newspaper, 2008).

5. Veja, por exemplo, E. Penrose, *The Theory of the Growth of the Firm*, 4. ed. (Oxford, Reino Unido: Oxford, 2009); e D. G. Ross, "An Agency Theory of the Division of Managerial Labor", *Organization Science* 25, no. 2 (2013): 494–508.

6. Para uma revisão, veja J. A. Häusser, S. Schulz-Hardt, T. Schultze, A. Tomaschek e A. Mojzisch, "Experimental Evidence for the Effects of Task Repetitiveness on Mental Strain and Objective Work Performance", *Journal of Organizational Behavior* 35, no. 5 (2014): 705–21.

7. J. R. Hackman e G. R. Oldham, "Motivation through the Design of Work: Test of a Theory", *Organizational Behavior and Human Performance* 16 (1976): 250–79.

8. J. G. Miller, "The Real Women's Issue: Time", *The Wall Street Journal*, 9–10 mar. 2013, C3.

9. P. Hitlin, "Research in the Crowdsourcing Age, a Case Study", *Pew Research Center: Internet, Science & Technology*, 11 jul. 2016, http://www.pewinternet.org/2016/07/11/research-in-the-crowdsourcing-age-a-casestudy/; e T. W. Malone, R. J. Laubacher e T. Johns, "The Age of Hyperspecialization", *Harvard Business Review* (jul.–ago. 2011): 56–65.

10. J. Schramm, "A Cloud of Workers", *HR Magazine* (mar. 2013): 80.

11. F. Levy e R. J. Murnane, *The New Division of Labor: How Computers Are Creating the Next Job Market* (Nova York, NY: Sage, 2004).

12. Veja, por exemplo, J. L. Price, "The Impact of Departmentalization on Interoccupational Cooperation", *Human Organization* 27, no. 4. (1968): 362–8.

13. N. Kumar, "Kill a Brand, Keep a Customer", *Harvard Business Review*, dez. 2003, https://hbr.org/2003/12/kill-a-brand-keep-a-customer.

14. C. Woodyard, "Toyota Brass Shakeup Aims to Give Regions More Control", *USA Today*, 6 mar. 2013, www.usatoday.com/story/money/cars/2013/03/06/toyota-shakeup/1966489/.

15. S. Ballmer, "One Microsoft: Company Realigns to Enable Innovation at Greater Speed,Efficiency", Microsoft, 11 jul. 2013, http://blogs.microsoft.com/firehose/2013/07/11/one-microsoft-company-realigns-to-enable-innovation-at-greater-speed-efficiency/.

16. Ibid.

17. M. Weinberger, "Why This Microsoft Exec Totally Shook up the Team That Makes One of Its Most Important Products", *Business Insider*, 14 jun. 2016, http://www.businessinsider.com/microsoft-office-team-reorganization-2016-6; e A. Wilhelm, "Microsoft Shakes Up Its Leadership and Internal Structure as Its Fiscal Year Comes to a Close", *TechCrunch*, 17 jun. 2015, http://techcrunch.com/2015/06/17/microsoft-shakes-up-its-leadership-and-internal-structure-as-its-fiscal-year-comes-to-a-close.

18. Veja, por exemplo, S. Finkelstein e R. A. D'Aveni, "CEO Duality as a Double-Edged Sword: How Boards of Directors Balance Entrenchment Avoidance and Unity of Command", *Academy of Management Journal* 37, no. 5 (1994): 1079–1108; e J. Pfeffer, "Management as Symbolic Action: The Creation and Maintenance of Organizational Paradigms", in L. L. Cummings and B. M. Staw (eds.), *Research in Organizational Behavior*, Vol. 3 (Greenwich, CT: JAI, 1981):1–52.

19. P. Hinds e S. Kiesler, "Communication across Boundaries: Work, Structure, and Use of Communication Technologies in a Large Organization", *Organization Science* 6, no. 4 (1995): 373–93.

20. Veja, por exemplo, "How Hierarchy Can Hurt Strategy Execution", *Harvard Business Review* (jul.–ago. 2010): 74–75.

21. Para uma revisão, veja D. D. Van Fleet and A. G. Bedeian, "A History of the Span of Management", *Academy of Management Review* 2, no. 3 (1977): 356–72.

22. E. Appelbaum e R. Batt, *The New American Workplace* (Ithaca, NY: ILR, 1994); e C. Heckscher and A. Dornellor (eds.), *The Post-Bureaucratic Organization* (Thousand Oaks, CA: Sage, 1994).

23. B. Brady, "It's Time to Stop Trying to Do It All", *Fortune*, 26 maio 2016, http://fortune.com/2016/05/26/fortune-500-principal-financial-time-management/.

24. Veja, por exemplo, J. H. Gittell, "Supervisory Span, Relational Coordination, and Flight. Departure Performance: A Reassessment of Postbureaucracy Theory", *Organization Science* 12, no. 4: (2001): 468–83.

25. Society for Human Resource Management (SHRM), "Span of Control: What Factors Should Determine How Many Direct Reports a Manager Has?", *SHRM: HR Q&S*, 25 abr. 2013, https://www.shrm.org/resourcesandtools/tools-and-samples/hr-qa/pages/whatfactorsshoulddetermine howmanydirectreportsamanagerhas.aspx.

26. J. Morgan, *The Future of Work: Attract. New Talent, Build Better Leaders, and Create. a Competitive Organization* (Hoboken, NJ: Wiley, 2014); e J. Morgan, "The. 5 Types of Organizational Structures:. Part 3, Flat Organizations", *Forbes*, 13 jul. 2015, https://www.forbes.com/sites/jacobmorgan/2015/07/13/the-5-types-of-organizational-structures-part-3-flat-organizations.

27. Huber, "Organizations".

28. Ibid.

29. Huber, "Organizations"; e Society for Human Resource Management (SHRM), "Understanding Organizational Structures", *SHRM: Toolkits*, 30 nov. 2015, https://www.shrm.org/resourcesandtools/toolsand-samples/toolkits/pages/understandingorganizationalstructures.aspx.

30. F. A. Csaszar, "Organizational Structure as a Determinant of Performance: Evidence from Mutual Funds", *Strategic Management Journal* 33, no. 6 (2012): 611–32.

31. B. Brown e S. D. Anthony, "How P&G Tripled Its Innovation Success Rate", *Harvard Business Review* (jun. 2011): 64–72.

32. A. Leiponen e C. E. Helfat, "Location, Decentralization, and Knowledge Sources for Innovation", *Organization Science* 22, no. 3 (2011): 641–58.

33. K. Lanaj, J. R. Hollenbeck, D. R. Ilgen, C. M. Barnes e S. J. Harmon, "The DoubleEdged Sword of Decentralized Planning in Multiteam Systems", *Academy of Management Journal* 56, no. 3 (2013): 735–57.

34. K. Parks, "HSBC Unit Charged in Argentine Tax Case", *The Wall Street Journal*, 19 mar. 2013, C2.

35. Huber, "Organizations"; e McEvily, Soda e Tortoriello, "More Formally".

36. P. Hempel, Z.-X. Zhang e Y. Han, "Team Empowerment and the Organizational Context: Decentralization and the Contrasting Effects of Formalization", *Journal of Management* 38, no. 2 (2012): 475–501.

37. M. L. Tushman e T. J. Scanlan, "Characteristics and External Orientations of Boundary Spanning Individuals", *Academy. of Management Journal* 24 (1981): 83–98.

38. J. E. Perry-Smith e C. E. Shalley, "A Social Composition View of Team Creativity: The Role of Member NationalityHeterogeneous Ties outside of the Team", *Organization Science* 25 (2014): 1434–52; J. Han, J. Han e D. J. Brass, "Human Capital Diversity in the Creation of Social Capital for Team Creativity", *Journal of Organizational Behavior* 35 (2014): 54–71; M. Tortoriello, R. Reagans e B. McEvily, "Bridging the Knowledge Gap: The Influence of Strong Ties, Network Cohesion, and Network Range on the Transfer of Knowledge between Organizational Units", *Organization Science* 23, no. 4 (2012): 1024–39; e X. Zou and P. Ingram, "Bonds and Boundaries: Network Structure, Organizational Boundaries, and Job Performance", *Organizational Behavior and Human Decision Processes* 120, no. 1 (2013): 98–109.

39. N. J. Foss, K. Laursen e T. Pedersen, "Linking Customer Interaction and Innovation: The Mediating Role of New Organizational Practices", *Organization Science* 22 (2011): 980–99; N. J. Foss, J. Lyngsie e S. A. Zahra, "The Role of External Knowledge Sources and Organizational Design in the Process of Opportunity Exploitation", *Strategic Management Journal* 34 (2013): 1453–71; e A. Salter, P. Crisuolo e A. L. J. Ter Wal, "Coping with Open Innovation: Responding to the Challenges of External Engagement in R&D", *California Management Review* 56 (inverno 2014): 77–94.

40. Y. Huang, Y. Luo, Y. Liu e Q. Yang, "An Investigation of Interpersonal Ties in Interorganizational Exchanges in Emerging Markets", *Journal of Management* 42, no. 6 (2016): 1557–87.

41. H. Aldrich e D. Herker, "Boundary Spanning Roles and Organization Structure", *Academy of Management Review* 2, no. 2 (1977): 217–30.

42. T. A. de Vries, F. Walter, G. S. Van der Vegt e P. J. M. D. Essens, "Antecedents of Individuals' Interteam Coordination: Broad Functional Experiences as a Mixed Blessing", *Academy of Management Journal* 57 (2014): 1334–59.

43. R. Cross, C. Ernst, D. Assimakopoulos e D. Ranta, "Investing in Boundary-Spanning Collaboration to Drive Efficiency and Innovation", *Organizational Dynamics* 44, no. 3 (2015): 204–16.

44. Huber, "Organizations"; e H. Mintzberg, *Structure in Fives: Designing Effective Organizations* (Englewood Cliffs, NJ: Prentice Hall, 1983).

45. A. Murray, "Built Not to Last", *The Wall Street Journal*, 18 mar. 2013, A11.

46. B. Sugarman, "Stages in the Lives of Organizations", *Administration and Policy in Mental Health* 1, no. 2 (1989): 59–66.

47. Veja, por exemplo, M. Myatt, "Businesses Don't Fail—Leaders Do", *Forbes*, 12 jan. 2012, https://www.forbes.com/sites/mikemyatt/2012/01/12/businesses-dont-fail-leaders-do/#7ad1d7596c97.

48. Huber, "Organizations"; e Mintzberg, *Structure in Fives*.

49. J.-F. Harvey, P. Cohendet, L. Simon e L.-E. Dubois, "Another Cog in the Machine: Designing Communities of Practice in Professional Bureaucracies", *European Management Journal* 31, no. 1 (2013): 27–40.

50. D. Graeber, *The Utopia of Rules: On Technology, Stupidity, and the Secret Joys of Bureaucracy* (Nova York, NY: Melville House, 2015).

51. J. H. Gittell e A. Douglass, "Relational Bureaucracy: Structuring Reciprocal Relationships into Roles", *Academy of Management Review* 37, no. 4 (2012): 709–33.

52. Para uma visão geral, veja J. Davoren, "Functional Structure Organization Strength and Weakness", *Small Business Chronicle*, http://small-business.chron.com/functional-structure-organization-strength-weakness-60111.html, acessado em 25 jun. 2015; e Huber, "Organization".

53. H. Moon, J. R. Hollenbeck, S. E. Humphrey, D. R. Ilgen, B. West, A. P. J. Ellis e C. O. L. H. Porter, "Asymmetric Adaptability: Dynamic Team Structures as One-Way Streets", *Academy of Management Journal* 47, no. 5 (2004): 681–95.

54. J. R. Galbraith, *Designing Matrix Organizations That Actually Work: How IBM, Procter & Gamble, and Others Design for Success* (São Francisco: Jossey Bass, 2009); Huber, "Organization"; e E. Krell, "Managing the Matrix", *HRMagazine* (abr. 2011): 69–71.

55. R. C. Ford, "Cross-Functional Structures: A Review and Integration of Matrix Organization and Project Management", *Journal of Management* 18, no. 2 (1992): 267–94.

56. Veja, por exemplo, M. Bidwell, "Politics and Firm Boundaries: How Organizational Structure, Group Interests, and Resources Affect Outsourcing", *Organization Science* (nov.– dez. 2012): 1622–42.

57. Ford, "Cross-Functional Structures".

58. Veja, por exemplo, T. Sy e L. S. D'Annunzio, "Challenges and Strategies of Matrix Organizations: Top-Level and Mid-Level Managers' Perspectives", *Human Resource Planning* 28, no. 1 (2005): 39–48; e T. Sy and S. Côté, "Emotional Intelligence: A Key Ability to Succeed in the Matrix Organization", *Journal of Management Development* 23, no. 5 (2004): 437–55.

59. N. Anand e R. L. Daft, "What Is the Right Organization Design?", *Organizational Dynamics* 36, no. 4 (2007): 329–44.

60. Huber, "Organizations".

61. Ibid.

62. Huber, "Organizations"; e J. B. Quinn e P. Anderson, "Leveraging Intellect", *Academy of Management Executive* 10 (1996): 7– 27.

63. E. Steel, "Netflix Refines Its DVD Business, Even as Streaming Unit Booms", *The New York Times*, 26 jun. 2015, https://www.nytimes.com/2015/07/27/business/while-its-streaming-service-booms-netflix-streamlines-old-business.html?_r=0.

64. J. Schramm, "At Work in a Virtual World", *HR Magazine* (jun. 2010): 152.

65. Veja, por exemplo, C. B. Gibson e J. L. Gibbs, "Unpacking the Concept of Virtuality: The Effects of Geographic Dispersion, Electronic Dependence, Dynamic Structure, and National Diversity on Team Innovation", *Administrative Science Quarterly* 51, no. 3 (2006): 451–95; H. M. Latapie e V. N. Tran, "Subculture Formation, Evolution, and Conflict between Regional Teams in Virtual Organizations", *The Business Review* (verão 2007): 189–93; e S. Davenport and U. Daellenbach, "'Belonging' to a Virtual Research Center: Exploring the Influence of Social Capital Formation Processes on Member Identification in a Virtual Organization", *British Journal of Management* 22, no. 1 (2011): 54–76.

66. Veja, por exemplo, M. A. West e L. Markiewicz, *Building Team-Based Working:. A Practical Guide to Organizational Transformation* (Malden, MA: Blackwell, 2004).

67. D. Herath, "Mess Is Good for Business: Some Companies Would Do Better if They Embraced Disorganization", *Newsweek*, 28 fev. 2017, http://www.newsweek.com/organization--skills-business-efficiency-561985; S. Stevenson,

"Who's the Boss? No one", *Slate*, 2 jun. 2014, http://www.slate.com/articles/business/psychology_of_management/2014/06/the_bossless_office_how_well_do_workplaces_without_managers_function.html; e Schumpeter, "The Holes in Holacracy", *The Economist*, 5 jul. 2014, http://www.economist.com/news/business/21606267-latest-big-ideamanagement-deserves-some-scepticism-holesholacracy.

68. A. Grasso, Y. Hoppenot e C. Privault, "Experience Design: The Path from Research to Business", *Xerox Research Centre Europe* (comunicado à imprensa), 2013, http://www.xrce.xerox.com/About-XRCE/History/20-Years-ofInnovation-in-Europe/Articles/ExperienceDesign-the-path-from-research-to-business.

69. J. Scheck, L. Moloney e A. Flynn, "Eni, CNPC Link Up in Mozambique", *The Wall Street Journal*, 15 mar. 2013, B3.

70. A. G. L. Romme, "Domination, Self-Determination and Circular Organizing", *Organization Studies* 20, no. 5 (1999): 801–31.

71. D. K. Datta, J. P. Guthrie, D. Basuil e A. Pandey, "Causes and Effects of Employee Downsizing: A Review and Synthesis", *Journal of Management* 36, no. 1 (2010): 281–348.

72. S. Ghosh, "Google's Motorola Mobility. Layoffs: Sweeping Changes Axe 4,000 Jobs", *Reuters*, 13 ago. 2012, http://www.huffingtonpost.com/2012/08/13/google-motorola-mobility-layoffs-cutsemployees_n_1771692.html.

73. L. Gensler, "American Express to Slash 4,000 Jobs on Heels of Strong Quarter", *Forbes*, 21 jan. 2015, http://www.forbes.com/sites/laurengensler/2015/01/21/american-express-earnings-rise-11-on-increased-cardholder-spending/.

74. B. Fotsch e J. Case, "Transforming Your Service Business with Lean Management", *Forbes*, 7 mar. 2017, https://www.forbes.com/sites/fotschcase/2017/03/07/transforming-your-service-business-with-leanmanagement/#66b5134254e8; e L. McCann, J. S. Hassard, E. Granter e P. J. Hyde, "Casting the Lean Spell: The Promotion, Dilution and Erosion of Lean Management in the NHS", *Human Relations* 68, no. 10 (2015): 1557–77.

75. J. Jargon, "Latest Starbucks Buzzword: 'Lean' Japanese Techniques", *The Wall Street Journal*, 4 ago. 2009, https://www.wsj.com/articles/SB124933474023402611.

76. Datta, Guthrie, Basuil e Pandey, "Causes and Effects of Employee Downsizing".

77. L. I. Alpert, "Can Imported CEO Fix. Russian Cars?", *The Wall Street Journal*, 20 mar. 2013, http://www.wsj.com/articles/SB10001424127887323639604578370121394214736.

78. R. Handfield, "Bo Andersson's Supply Strategy Collides with Vladmir Putin's Russia: The Performance Triangle Collapses", *Supply Chain View From the Field*, NC State Poole College of Management, Supply Chain Resource Cooperative, 11 abr. 2016, https://scm.ncsu.edu/blog/2016/04/11/bo-anderssons-supplystrategy-collides-with-vladimir-putins-russiathe-performance-triangle-collapses/.

79. G. Stolyarov e C. Lowe, "In Russia's Detroit, Layoffs Are Blamed on Foreign Interlopers", *Reuters: Business News*, 27 abr. 2016, http://www.reuters.com/article/us-russia-avtovaz-idUSKCN0XO0EE.

80. D. Van Dierendonck e G. Jacobs, "Survivors and Victims: A Meta-Analytical Review of Fairness and Organizational Commitment after Downsizing", *British Journal of Management* 23 (2012): 96–109.

81. J. R. B. Halbesleben, A. R. Wheeler e S. C. Paustian-Underdahl, "The Impact of Furloughs on Emotional Exhaustion, Self-Rated Performance, and Recovery Experiences", *Journal of Applied Psychology* 98, no. 3 (2013): 492–503; R. Kalimo, T. W. Taris e W. B. Schaufeli, "The Effects of Past and Anticipated Future Downsizing on Survivor Well-Being: An Equity Perspective", *Journal of Occupational Health Psychology* 8, no. 2 (2003): 91–109; e Van Dierendonck and Jacobs, "Survivors and Victims".

82. G. M. Spreitzer e A. K. Mishra, "To Stay or Go: Voluntary Survivor Turnover Following an Organizational Downsizing", *Journal of Organizational Behavior* 23, no. 6 (2002): 707–29; C. O. Trevor e A. J. Nyberg, "Keeping Your Headcount When All About You Are Losing Theirs: Downsizing, Voluntary Turnover Rates, and the Moderating Role of HR Practices", *Academy of Management Journal* 51, no. 2 (2008): 259–76.

83. K. Devine, T. Reay, L. Stainton e R. Collins-Nakai, "Downsizing Outcomes: Better a Victim Than a Survivor?", *Human Resources Management* 42, no. 2 (2003): 109–24.

84. T. Burns e G. M. Stalker, *The Management of Innovation* (Londres: Tavistock, 1961).

85. K. Walker, N. Ni e B. Dyck, "Recipes for Successful Sustainability: Empirical Organizational Configurations for Strong Corporate Environmental Performance", *Business Strategy and the Environment* 24, no. 1 (2015): 40–57.

86. Veja, por exemplo, A. Drach-Zahavy e A. Freund, "Team Effectiveness under Stress:. A Structural Contingency Approach", *Journal of Organizational Behavior* 28, no. 4 (2007): 423–50.

87. K. Walker, N. Ni e B. Dyck, "Recipes for Successful Sustainability: Empirical Organizational Configurations for Strong Corporate Environmental Performance", *Business Strategy and the Environment* 24, no. 1 (2015): 40–57.

88. Veja, por exemplo, S. M. Toh, F. P. Morgeson e M. A. Campion, "Human Resource Configurations: Investigating Fit with the Organizational Context", *Journal of Applied Psychology* 93, no. 4 (2008): 864–82.

89. G. P. Pisano, "You Need an Innovation Strategy", *Harvard Business Review*, jun. 2015, https://hbr.org/2015/06/you-needan-innovation-strategy.

90. Veja, por exemplo, R. Robinson, "Costs and Cost-Minimisation Analysis", *British Medical Journal* 307 (1993): 726–8.

91. Veja, por exemplo, J. C. Naranjo-Valencia,. D. Jiménez-Jiménez e R. Sanz-Valle, "Innovation or Imitation? The Role of Organizational Culture", *Management Decision* 49, no. 1 (2011): 55–72.

92. M. Mesco, "Moleskine Tests Appetite. for IPOs", *The Wall Street Journal*, 19 mar. 2013, B8.

93. M. Josefy, S. Kuban, R. D. Ireland e M. A. Hitt, "All Things Great and Small: Organizational Size, Boundaries of the Firm, and a Changing Environment", *The Academy of Management Annals* 9, no. 1 (2015): 715–802.

94. J. Backaler, "Haier: A Chinese Company That Innovates", *Forbes*, 17 jun. 2010, http://www.forbes.com/sites/china/2010/06/17/haier-a-chinese-company-that-innovates/.

95. A. Mutch, "Technology, Organization, and Structure—a Morphogenetic Approach", *Organization Science* 21, no. 2 (2010): 507–20.

96. Huber, "Organizations".

97. Veja, por exemplo, J. A. Cogin e I. O. Williamson, "Standardize or Customize: The Interactive Effects of HRM and Environment Uncertainty on MNC Subsidiary Performance", *Human Resource Management* 53, no. 5 (2014): 701–21; e G. Kim e M.-G. Huh, "Exploration and Organizational Longevity: The Moderating Role of Strategy and Environment", *Asia Pacific. Journal of Management* 32, no. 2 (2015): 389–414.

98. R. Greenwood, C. R. Hinings e D. Whetten, "Rethinking Institutions and Organizations", *Journal of Management Studies,* 51 (2014): 1206–20; D. Chandler e H. Hwang, "Learning from Learning Theory: A Model of Organizational Adoption Strategies at the Microfoundations

of Institutional Theory", *Journal of Management* 41 (2015): 1446–76.

99. C. S. Spell e T. J. Arnold, "A MultiLevel Analysis of Organizational Justice and Climate, Structure, and Employee Mental Health", *Journal of Management* 33, no. 5 (2007): 724–51; e M. L. Ambrose e M. Schminke, "Organization Structure as a Moderator of the Relationship between Procedural Justice, Interactional Justice, Perceived Organizational Support, and Supervisory Trust", *Journal of Applied Psychology* 88, no. 2 (2003): 295–305.

100. Veja, por exemplo, Spell e Arnold. "A Multi-Level Analysis of Organizational Justice Climate, Structure, and Employee Mental Health"; J. D. Shaw e N. Gupta, "Job Complexity, Performance, and Well-Being: When Does Supplies-Values Fit Matter?", *Personnel Psychology* 57, no. 4 (2004): 847–79; e C. Anderson e C. E. Brown, "The Functions and Dysfunctions of Hierarchy", *Research in Organizational Behavior* 30 (2010): 55–89.

101. Veja, por exemplo, T. Martin, "Pharmacies Feel More Heat", *The Wall Street Journal*, 16–17 mar. 2013, A3.

102. R. Hechanova-Alampay e T. A. Beehr, "Empowerment, Span of Control, and Safety Performance in Work Teams after Workforce Reduction", *Journal of Occupational Health Psychology* 6, no. 4 (2001): 275–82.

103. S. Bhargava e A. Kelkar, "Prediction of Job Involvement, Job Satisfaction, and Empowerment from Organizational Structure and Corporate Culture", *Psychological Studies* 45, nos. 1–2 (2000): 43–50; A. P. Kakabadse e R. Worrall, "Job Satisfaction and Organizational Structure: A Comparative Study of. Nine Social Service Departments", *The British. Journal of Social Work* 8, no. 1 (1978): 51–70; E. G. Lambert, E. A. Paoline III e N. L. Hogan, "The Impact of Centralization and Formalization on Correctional Staff Job Satisfaction and Organizational Commitment: An Exploratory Study", *Criminal Justice Studies* 19, no. 1 (23–44); e G. S. Rai, "Job Satisfaction among Long-Term Care Staff: Bureaucracy Isn't Always Bad", *Administration in Social Work* 37, no. 1 (2013): 90–9.

104. Veja, por exemplo, R. E. Ployhart, J. A. Weekley e K. Baughman, "The Structure and Function of Human Capital Emergence: A Multilevel Examination of the AttractionSelection-Attrition Model", *Academy Of Management Journal* 49, no. 4 (2006): 661–77; e B. Schneider, "The People Make the Place", *Personnel Psychology* 40, no. 3 (1987): 437–53.

105. J. B. Stewart, "A Place to Play for Google Staff", *The New York Times*, 16 mar. 2013, B1.

106. Veja, por exemplo, B. K. Park, J. A. Choi, M. Koo, S. Sul e I. Choi, "Culture, Self, and Preference Structure: Transitivity and Context Independence Are Violated More by Interdependent People", *Social Cognition* 31, no. 1 (2013): 106–18.

107. J. Hassard, J. Morris e L. McCann, "'My Brilliant Career?' New Organizational Forms and Changing Managerial Careers in Japan, the UK, and USA", *Journal of Management Studies* 49, no. 3 (2012): 571–99.

Capítulo 16

Cultura organizacional

Objetivos de aprendizagem

Depois de ler este capítulo, você será capaz de:

16.1 Descrever as características habituais da cultura organizacional.

16.2 Comparar os efeitos funcionais e disfuncionais da cultura organizacional sobre as pessoas e a organização.

16.3 Identificar os fatores que criam e sustentam uma cultura organizacional.

16.4 Mostrar como a cultura é transmitida aos empregados.

16.5 Descrever as semelhanças e as diferenças da criação das culturas ética, positiva e espiritual.

16.6 Mostrar como a cultura nacional pode afetar a maneira como a cultura organizacional é levada para um país diferente.

Fonte: Richard R Handley / Alamy Stock Photo

MATRIZ DE HABILIDADES PARA A EMPREGABILIDADE								
	Mito ou ciência?	Objetivos profissionais	Escolha ética	Ponto e contraponto	Exercício experiencial	Dilema ético	Estudo de caso 1	Estudo de caso 2
Pensamento crítico	✓			✓	✓	✓	✓	✓
Comunicação	✓	✓	✓		✓	✓	✓	
Colaboração	✓	✓			✓		✓	
Análise e aplicação do conhecimento	✓			✓	✓	✓	✓	✓
Responsabilidade social			✓			✓		✓

O ESTILO CHEVRON

Quando você pensa na cultura de uma empresa, o que lhe vem à mente? Você pensa em pets no escritório? Móveis modernos e excêntricos? Mesas de pebolim? Outras regalias estranhas, como um auxiliar pessoal de planejamento de refeições? Parece que, na visão de muitas pessoas, o termo *cultura organizacional* está se transformando em uma obsessão da empresa em ser especial, badalada e inovadora e se distanciando de um entendimento mais geral do sistema de significado compartilhado que o conceito deveria representar. Vejamos o exemplo da Chevron. Os empregados da Chevron, como os mostrados na foto no prédio da Chevron House em Singapura, avaliaram favoravelmente a empresa e elogiaram "O Estilo Chevron": sua missão dedicada à segurança, à saúde e ao apoio mútuo, uma filosofia que remonta à época da fundação da empresa. Para uma indústria como a petrolífera e de gás que, em geral, conta com uma má reputação, Scott Dobroski, analista de tendências profissionais da Glassdoor, observa: "Ao contrário de outras empresas do setor, eles realmente valorizam 'O Estilo Chevron'... que foi incorporado à cultura da empresa e é específico ao setor".

A Chevron conseguiu criar uma cultura organizacional positiva e oferece várias mordomias relacionadas à sua missão, como academias de ginástica na empresa e direito a frequentar gratuitamente outras academias. A empresa também oferece uma variedade de programas para melhorar a saúde de seus empregados, incluindo massagens e exercícios com personal trainers. A missão da empresa foi incorporada à infraestrutura e as regras que requerem que os empregados façam intervalos regulares no trabalho são seguidas à risca. Como Jamie Hooker, um ex-empregado, comentou: "Eu adoro trabalhar na Chevron... o que mais gosto é que eles exigem que façamos intervalos a cada 45 minutos. Eles até instalaram um programa que trava o nosso computador para nos obrigar a fazer uma pausa de 5 minutos". A Chevron também tem muitas políticas de apoio à família, enfatizando o apoio mútuo. A empresa oferece salas de amamentação, orientação educacional para a família e os filhos dos empregados e um programa de ajuda financeira para filhos adotivos. Como Sujan Patel, cofundador da ContentMarketer.io, observa: "A cultura de sua empresa não precisa incluir mesas de pingue-pongue e cerveja grátis. Basta dar aos empregados um senso de segurança e bem-estar e criar uma política de ajuda mútua".

Os líderes que criaram O Estilo Chevron articularam com clareza uma simples missão: "Ser a empresa global de energia mais admirada por seu pessoal, por sua parceria e por seu desempenho". Juntamente com essa declaração de missão, eles articularam muitos valores, incluindo (1) diversidade e inclusão, (2) alto desempenho, (3) integridade e confiança, (4) parceria e (5) proteção das pessoas e do meio ambiente. A liderança continua a promover os valores da Chevron e a esclarecer a missão da organização, postando discursos e comunicados à imprensa em seu site. Por exemplo, o vice-presidente Ian McDonald, na Conferência de Petróleo e Gás do Curdistão-Iraque em 2012, esclareceu os Três Pilares da Parceria (persistência, colaboração e integridade), valores que a Chevron empregou para firmar uma parceria com o povo e o governo do Cazaquistão. O CEO John Watson também enfatiza o importantíssimo papel da liderança em estabelecer o tom ético a ser usado com os empregados e para o desenvolvimento de líderes, de forma que eles atuem como exemplos do Estilo Chevron.

Fontes: baseado em Chevron, *The Chevron Way: Getting Results the Right Way* (San Ramon, CA: Self, 2016); J. Demers, "Why a 'Living and Breathing' Company Culture Isn't Always a Good Thing", *Entrepreneur*, 3 abr. 2017, https://www.entrepreneur.com/article/292095; K. T. Derr, "Managing Knowledge the Chevron Way" [palestra] (São Francisco, CA: Knowledge Management World Summit, 1999); K. Dill, "The Top Companies for Culture and Values", *Forbes*, 22 ago. 2014, https://www.forbes.com/sites/kathryndill/2014/08/22/the-top-companies-for-culture-and-values/#2a74e4d03b7c; I. MacDonald, "Three Pillars of Partnership" palestra (Erbil, Kurdistan Region of Iraq: Kurdistan-Iraq Oil & Gas Conference, 2012); B. O'Keefe, "How Chevron Creates Leaders", *Fortune Video*, 25 mar. 2015, http://fortune.com/video/2015/03/25/how-chevron-creates-leaders/; S. Patel, "10 Examples of Companies with Fantastic Cultures", *Entrepreneur*, 6 ago. 2015, https://www.entrepreneur.com/article/249174; e R. Wile, "Chevron Is the Best Employer in a Red Hot Industry", *Business Insider*, 5 fev. 2013, http://www.businessinsider.com/chevron-best-oil-company-to-work-for-2013-2.

As organizações têm valores, crenças, premissas e normas que orientam o comportamento de seus integrantes. Chamamos essas expectativas de *cultura organizacional*. Toda organização tem uma cultura que, dependendo de sua força, pode ter uma influência considerável nas atitudes e comportamentos de seus membros. No entanto, esse efeito pode não ser facilmente medido com precisão. Neste capítulo, discutiremos o que é a cultura organizacional, como ela afeta as atitudes e o comportamento dos empregados, de onde vem e se pode ser alterada.

O que é cultura organizacional?

16.1 Descrever as características habituais da cultura organizacional.

Uma vez perguntaram a um gestor o que ele achava que *cultura organizacional* significava. Ele respondeu usando a mesma declaração que Potter Stewart, juiz da Corte Suprema dos Estados Unidos, utilizou para definir a pornografia: "Não sei definir o que é, mas a reconheço quando a vejo". Nesta seção, propomos uma definição e analisamos vários conceitos relacionados.

Uma definição de cultura organizacional

A cultura organizacional se refere a um sistema de significado compartilhado, mantido pelos membros de uma organização, que a diferencia das outras.[1] Esse sistema de significado compartilhado inclui valores, crenças e premissas que caracterizam a organização. Seis características parecem representar a essência da cultura de uma organização:[2]

cultura organizacional
Sistema de significado compartilhado, mantido pelos membros de uma organização, que a diferencia das outras.

1. **Adaptabilidade.** Grau em que os empregados são incentivados a ser inovadores e flexíveis, além de assumir riscos e realizar experimentos.
2. **Orientação aos detalhes.** Grau em que se espera que os empregados demonstrem precisão, análise e atenção aos detalhes.
3. **Orientação para resultados.** Grau em que a gestão se concentra mais nos resultados do que nas técnicas e processos empregados para atingi-los.
4. **Orientação para pessoas/clientes.** Grau em que as decisões dos gestores levam em consideração o efeito dos resultados sobre as pessoas de dentro e de fora da organização.
5. **Orientação para a colaboração/equipe.** Grau em que as atividades no trabalho são organizadas em torno de equipes e não de indivíduos.
6. **Integridade.** Grau em que as pessoas demonstram integridade e elevados padrões éticos em seu trabalho.

Cada uma dessas características ocorre em escala progressiva, de um grau baixo para um grau elevado. Avaliar uma organização em termos dessas seis características ajuda a revelar o que seus integrantes pensam da organização, como as coisas são feitas e como se espera que as pessoas se comportem. A Tabela 16.1 compara duas empresas com grandes diferenças nessas seis dimensões.

Outro modelo bastante utilizado para avaliar a cultura organizacional divide as organizações em quatro tipos diferentes, cada um com suas próprias premissas, crenças, valores, artefatos e até critérios de eficácia:[3]

1. **"O Clã"**. Cultura baseada na afiliação humana. Os empregados valorizam os vínculos, a colaboração, a confiança e o suporte.
2. **"A Adhocracia"**. Cultura baseada na mudança. Os empregados valorizam o crescimento, a variedade, a atenção aos detalhes, o estímulo e a autonomia.
3. **"O Mercado"**. Cultura baseada em conquistas. Os empregados valorizam a comunicação, a competência e a competição.
4. **"A Hierarquia"**. Cultura baseada na estabilidade. Os empregados valorizam a comunicação, a formalização e a rotina.

As diferenças entre essas culturas são refletidas em seu foco interno *versus* foco externo e em sua flexibilidade *versus* estabilidade.[4] Por exemplo, os "clãs" são focados internamente e são flexíveis, as "adhocracias" são focadas externamente e também são flexíveis, os "mercados" são focados externamente e são estáveis e as "hierarquias" são focadas internamente e estáveis. Uma revisão de estudos con-

TABELA 16.1 Culturas organizacionais contrastantes.

Organização A
Essa organização é uma empresa de manufatura. Espera-se que os gestores documentem todas as suas decisões. Os "bons gestores" são aqueles capazes de oferecer dados detalhados para sustentar suas recomendações. As decisões criativas não são encorajadas, pois implicam grandes mudanças ou riscos. Como os responsáveis por projetos fracassados são abertamente criticados e punidos, os gestores procuram não implementar ideias que se desviem muito das convenções. Um gerente de nível hierárquico mais baixo citou uma expressão usada com frequência na empresa: "Não mexa em time que está ganhando".
A empresa tem regulamentos e regras detalhadas que devem ser obedecidos pelos empregados. Os chefes supervisionam os subordinados com atenção, para garantir que não haja desvios. O maior interesse da gestão está na produtividade, independentemente de como isso pode afetar o moral ou a rotatividade dos empregados.
As atividades de trabalho são projetadas para os indivíduos. A empresa é organizada em departamentos e linhas de autoridade distintas e é esperado que os empregados minimizem o contato formal com colegas de outras áreas funcionais ou fora de sua linha de comando. As avaliações de desempenho e as recompensas enfatizam o empenho individual, mas o tempo de casa tende a ser o principal fator para decidir aumentos salariais e promoções.

Organização B
Essa organização também é uma empresa de manufatura. Aqui, no entanto, os gestores estimulam e recompensam mudanças e riscos. As decisões baseadas na intuição têm o mesmo valor que aquelas justificadas com dados racionais. A gestão se orgulha de seu histórico de experimentar novas tecnologias e do sucesso da introdução regular de produtos inovadores. Gestores ou empregados que têm uma boa ideia são encorajados a "seguir em frente". Os fracassos são tratados como "experiências de aprendizagem". A empresa se orgulha de ser orientada para o mercado e de reagir rapidamente às mudanças nas necessidades dos clientes.
Existem poucas regras e regulamentos para seguir e a supervisão é pouco rígida, pois os gestores acreditam que seus empregados são empenhados e confiáveis. A gestão se preocupa com a alta produtividade, mas acredita que ela ocorre por meio do tratamento correto que é dispensado ao seu pessoal. A empresa se orgulha da reputação de ser um bom lugar para trabalhar. As atividades de trabalho são planejadas em torno de grupos e os membros das equipes são incentivados a interagir com pessoas de outros departamentos e de diversos níveis de autoridade. Os empregados falam positivamente sobre a competição saudável entre as equipes. Indivíduos e equipes têm metas a atingir e os bônus são baseados no fato desses resultados serem ou não atingidos. Os empregados desfrutam de considerável autonomia para decidir como atingir suas metas.

duzidos em clãs, adhocracias e mercados (as pesquisas sobre hierarquias são insuficientes para serem conclusivas) descobriu que os empregados tendem a ser mais satisfeitos e mais comprometidos nas culturas do tipo clã. Mercados e clãs tendem a ser os mais inovadores, embora os três tipos (clã, adhocracia e mercado) tendam a produzir produtos e serviços de alta qualidade.[5]

"Cultura" é um termo descritivo

Se já esteve em uma organização (e, sem dúvida, já esteve em muitas!), você provavelmente deve ter notado uma cultura predominante entre os membros. A *cultura organizacional* descreve a maneira como os empregados percebem as características da cultura de uma organização e não o fato de eles gostarem ou não dessas características. Em outras palavras, *cultura* é um termo descritivo. As pesquisas sobre cultura organizacional têm buscado avaliar como os empregados veem sua organização: Ela estimula o trabalho em equipe? Recompensa a inovação? Reprime a iniciativa das pessoas e grupos? Por outro lado, as medidas de satisfação no trabalho buscam analisar o sentimento dos empregados com relação às expectativas da organização, as práticas de recompensas e outros aspectos. Embora os dois conceitos tenham alguns pontos em comum, é importante manter em mente que o conceito de *cultura organizacional* é descritivo, no sentido de que descreve a organização, mais ou menos como os traços de personalidade descrevem os empregados. Por outro lado, uma avaliação de *satisfação no trabalho* é avaliativa porque pode ser positiva ou negativa (como é o caso da insatisfação no trabalho).

As organizações têm culturas uniformes?

A cultura organizacional representa uma percepção compartilhada pelos membros da organização. Afirmações sobre tal cultura só serão válidas se pessoas com formações diversas ou de diferentes níveis da organização descreverem a cultura em termos semelhantes.[6] Por exemplo, o departamento de compras pode ter uma subcultura que inclui os valores essenciais da cultura dominante, como a agressividade, além de valores adicionais exclusivos aos membros desse departamento, como assumir riscos.

A cultura dominante expressa os valores essenciais compartilhados pela maioria dos membros e que conferem à organização uma personalidade distinta.[7] As subculturas tendem a se desenvolver nas grandes organizações em resposta a problemas, situações ou experiências comuns a pessoas pertencentes a determinados departamentos ou regiões geográficas.[8] A maioria das empresas possui uma cultura dominante e várias subculturas.[9] No entanto, as subculturas podem ser tão fortes que acabam rejeitando sutilmente a cultura "oficial" e não se adequam a ela.[10]

Se as organizações fossem compostas apenas de subculturas, a cultura organizacional dominante perderia muito a sua força. É o aspecto do "valor compartilhado" que faz da cultura organizacional um instrumento eficaz para orientar o comportamento das pessoas. É o que nos permite dizer, por exemplo, que a cultura da Zappos valoriza mais o atendimento ao cliente e a dedicação do que a velocidade e a eficiência, o que explica o comportamento dos executivos e empregados dessa empresa.[11]

cultura dominante
Cultura que expressa os valores essenciais compartilhados pela maioria dos membros da organização.

valores essenciais
Valores básicos ou dominantes aceitos por toda a organização.

subculturas
"Miniculturas" que se formam dentro de uma organização, geralmente definidas pelas atribuições dos departamentos e pela separação geográfica.

Mito ou ciência?

A cultura de uma organização é para sempre

Essa afirmação não é verdadeira. Tudo bem que é difícil mudar uma cultura organizacional e uma mudança notável pode levar muito tempo, mas isso pode ser feito. Às vezes é indispensável mudar a cultura para garantir a sobrevivência da organização. Por exemplo, o sistema Wellspring de casas de repouso do estado norte-americano do Wisconsin passou anos dando a seus clientes poucas chances de apresentar opiniões e sugestões sobre o atendimento recebido, e a cultura organizacional permitia a prevalência de padrões negligentes. Em vista disso, a rede, composta de onze casas de repouso, lançou uma iniciativa de mudança cultural. A gestão concentrou-se na colaboração, formação, responsabilização e empoderamento dos cuidadores. Os resultados foram excelentes. A Wellspring passou a cometer menos infrações aos padrões estaduais e aumentou a retenção de empregados. Além disso, os resultados para os pacientes foram ainda melhores: menos idosos acamados, menos uso de medidas de restrição e de medicamentos psicoativos, menos incontinência e menos alimentação enteral por tubos em comparação com outras casas de repouso.

O programa da Wellspring demonstra os grandes efeitos que uma mudança positiva na cultura organizacional pode obter. Bob Flexon, CEO da Dynegy, uma gigante da energia elétrica que conseguiu se recuperar da falência iminente e que é sediada em Houston, no estado do Texas, salvou a empresa mudando sua cultura organizacional. Ele começou abrindo mão de seu confortável escritório, que incluía uma mesa de mármore de US$ 15.000 e tapetes orientais, e foi trabalhar em uma pequena baia em um andar de layout aberto com todos os 235 empregados da matriz. Em seguida, ele visitou as instalações da empresa, treinou "defensores da nova cultura", restabeleceu as avaliações anuais de desempenho e reforçou a colaboração dos empregados. Mandou fazer plaquetas com os dizeres "Esteja Aqui, Agora" para desestimular a multitarefa e proibiu celulares nas reuniões. Flexon explica: "A ideia foi promover um espírito vencedor". Ele usou a visibilidade de seu cargo para disseminar a mudança cultural de cima até os níveis mais baixos da enorme organização.

Os resultados positivos obtidos pela Dynegy incluíram uma redução da taxa de rotatividade de 8% em 2011 para 5,8% em 2012. Flexon conta que "as pessoas estão começando a acreditar que podemos voltar a vencer". A empresa continua com enormes perdas de receita, mas Flexon está otimista em relação à recuperação da Dynegy. Ele diz: "Nosso foco contínuo na cultura é o que vai fazer a diferença". Tendo passado por um grande crescimento depois da falência, a Dynegy teve um faturamento anual de cerca de US$ 5,5 bilhões em 2017.

Fontes: baseado em J. Bellot, "Nursing Home Culture Change: What Does It Mean to Nurses?", *Research in Gerontological Nursing* (out. 2012): 264–73; T. Linquist, "Interview with Bob Flexon, CEO of Dynegy in Houston", *Leadership Lyceum: A CEO's Virtual Mentor* [podcast], https://www.linkedin.com/pulse/part-1-2-interview-bob-flexon-ceo-dynegy-houston-thomas-linquist; J. S. Lublin, "This CEO Used to Have an Office", *The Wall Street Journal*, 13 mar. 2013, B1, B8; e J. Molineux, "Enabling Organizational Cultural Change Using Systemic Strategic Human Resource Management— A Longitudinal Case Study", *International Journal of Human Resource Management* (1 abr. 2013): 1588–612.

Culturas fortes *versus* culturas fracas

cultura forte
Cultura na qual os valores essenciais são intensamente mantidos e amplamente compartilhados.

É possível diferenciar as culturas fortes das fracas.[12] Se a maioria dos empregados tiver as mesmas opiniões sobre a missão e os valores da organização, a cultura é forte. Se as opiniões variarem muito, a cultura é fraca.

Em uma cultura forte, os valores essenciais da organização são intensamente acatados e amplamente compartilhados.[13] Quanto mais pessoas aceitarem os valores essenciais e quanto maior for seu comprometimento com eles, mais forte será a cultura e maior será sua influência sobre o comportamento dos membros da organização. Por exemplo, os empregados da Nordstrom sabem exatamente o que se espera deles e essas expectativas ajudam bastante a orientar seu comportamento.

Uma cultura forte deve ter um efeito mais direto sobre os resultados organizacionais porque demonstra alto grau de concordância sobre o que a organização representa. Essa unanimidade de propósitos leva à coesão, lealdade e comprometimento organizacional. Por exemplo, com alto grau de consenso cultural e intensidade em torno da dimensão cultural da adaptabilidade, as organizações participantes de um estudo obtiveram ganhos na receita líquida, receita e fluxo de caixa operacional.[14] Um estudo realizado com cerca de 90.000 empregados de 137 organizações descobriu que a força ou a uniformidade da cultura estavam relacionadas a vários resultados financeiros quando havia forte senso de missão e alto grau de engajamento dos empregados.[15]

O que fazem as culturas?

Vamos discutir o papel desempenhado pela cultura e avaliar se ela pode ser um "passivo" para uma organização.

16.2 Comparar os efeitos funcionais e disfuncionais da cultura organizacional sobre as pessoas e a organização.

As funções da cultura

A cultura define "as regras do jogo" em uma organização. Em primeiro lugar, a cultura tem o papel de definir fronteiras, ou seja, criar distinções entre uma organização e as outras. Em segundo lugar, ela proporciona um senso de identidade aos membros da organização. Em terceiro lugar, facilita o comprometimento com algo maior do que os interesses individuais de cada um. Em quarto lugar, reforça a estabilidade do sistema social. A cultura é a "cola" social que ajuda a manter a organização coesa, fornecendo padrões para ditar o que os empregados devem fazer ou dizer. Por fim, ela serve também como um sinalizador de sentido e como mecanismo de controle para orientar as atitudes e os comportamentos dos empregados. É esta última função que mais nos interessa.[16]

Uma cultura forte sustentada por regras e regulamentos formais (ou seja, uma infraestrutura organizacional) garante que os empregados atuem de maneira relativamente uniforme e previsível. Hoje em dia, a tendência em direção a organizações descentralizadas (veja o Capítulo 15) faz com que a cultura seja mais importante do que nunca, mas ironicamente também dificulta estabelecer uma cultura forte. Quando a autoridade formal e os sistemas de controle são reduzidos pela descentralização, o *significado compartilhado* da cultura pode orientar todos a seguirem em uma mesma direção. No entanto, os empregados organizados em equipes podem ser mais leais a elas e aos seus valores do que à própria organização. Uma liderança forte, que promova uma cultura forte e comunique com frequência as metas e as prioridades compartilhadas, pode ser especialmente importante para as organizações. Pesquisas com centenas de CEOs e membros da alta gestão sugerem que resultados organizacionais mais positivos são obtidos quando a cultura e os estilos de liderança *são complementares em termos de conteúdo* e *não são redundantes*.[17] Quando os comportamentos de liderança e os valores culturais de uma organização são redundantes, os líderes não afetam tanto os resultados organizacionais. No entanto, quando os líderes proporcionam algum elemento que falta à cultura da organização, eles podem substituir ou incluir esse elemento. Por exemplo, um líder transformacional em uma cultura hierárquica e burocrática seria mais eficaz do que um líder transacional no mesmo tipo de cultura.

A "adequação" entre indivíduo e organização (ou seja, a compatibilidade das atitudes e comportamentos do candidato ou do empregado com a cultura) tem grande influência sobre quem é contratado, quem recebe uma avaliação de desempenho favorável ou sobre quem é promovido na organização.[18] Não é coincidência que os empregados dos parques temáticos da Disney pareçam quase universalmente atraentes, bem arrumados, saudáveis e estejam sempre com um sorriso estampado no rosto. A empresa seleciona empregados que mantêm essa imagem.

A cultura cria o clima

Se já trabalhou com alguém cujas atitudes positivas o inspiraram a dar o seu melhor ou com um grupo medíocre que destruiu a sua motivação, você já sentiu

Empregados da desenvolvedora francesa de videogames Ubisoft Entertainment trabalham no game "Just Dance 3", no estúdio da empresa, localizado perto de Paris. Os 26 estúdios da Ubisoft ao redor do mundo compartilham um clima de colaboração criativa que reflete a diversidade dos membros da equipe.

Fonte: Charles Platiau/Reuters

clima organizacional
Percepções compartilhadas que os membros têm sobre sua organização e seu ambiente de trabalho.

os efeitos do clima organizacional. O clima organizacional refere-se às percepções compartilhadas que os membros têm sobre sua organização e seu ambiente de trabalho.[19] Essas percepções referem-se a políticas, práticas e procedimentos vivenciados pelos empregados. Quando todos têm o mesmo sentimento geral sobre o que é importante ou se as coisas estão ou não indo bem, o efeito dessas atitudes será maior do que a soma das partes individuais. Uma metanálise constatou, em dezenas de amostras diferentes, que o clima psicológico estava fortemente relacionado ao nível individual de satisfação no trabalho, envolvimento, comprometimento e motivação.[20] Um clima organizacional positivo no trabalho também está associado a um alto grau de satisfação do cliente e a um bom desempenho financeiro.[21]

Teorias recentes também sugerem que há uma diferença entre valores, crenças e premissas *declaradas* (ou seja, adotadas só pelas aparências) e as *aplicadas* (ou seja, efetivamente colocadas em prática) e que essa diferença afeta a maneira como o clima organizacional surge.[22] Ao interpretar o ambiente, os empregados fazem uma distinção entre o que "ouvem" ou "veem" os líderes organizacionais defenderem em reuniões, memorandos, políticas e assim por diante, e o que eles "de fato" veem sendo aplicado. Desse modo, o clima é uma função da percepção dos empregados sobre o que é recompensado na organização. Pesquisas realizadas na Austrália sugerem que, quando há alinhamento entre os valores organizacionais declarados e aplicados, os empregados são mais comprometidos com a organização.[23]

Dezenas de dimensões do clima organizacional têm sido estudadas, incluindo inovação, criatividade, comunicação, cordialidade e apoio, envolvimento, segurança, justiça, diversidade e atendimento ao cliente.[24] Por exemplo, uma pessoa que atua em um clima de segurança ficará mais satisfeita no trabalho e será mais comprometida com a organização, terá uma saúde melhor e terá mais chances de se engajar em comportamentos seguros.[25] O clima organizacional também afeta os hábitos adotados pelas pessoas. Na presença de um clima de segurança, todos utilizam os equipamentos e seguem os procedimentos necessários para garanti-la, mesmo se, individualmente, essas pessoas não estiverem acostumadas a pensar sobre a própria segurança com frequência. Com efeito, muitos estudos demonstraram que um clima de segurança reduz o número de lesões documentadas no trabalho.[26] Os climas organizacionais também podem interagir uns com os outros para produzir vários resultados. Por exemplo, um clima de empoderamento dos empregados pode levar a níveis mais altos de desempenho em organizações que também têm um clima de responsabilização pessoal.[27]

A dimensão ética da cultura

As culturas organizacionais não são neutras em sua orientação ética, mesmo quando não buscam abertamente atingir objetivos éticos. A cultura ética se desenvolve com o tempo, na forma de um conceito compartilhado de comportamento certo e errado no local de trabalho. A cultura ética reflete os verdadeiros valores da organização e molda a tomada de decisão ética de seus membros.[28] Pesquisas indicam que as culturas éticas adotam padrões éticos claros, com os líderes atuando como exemplos de comportamento ético e empregados capazes e comprometidos com tal comportamento. Empregados e gestores falam abertamente sobre questões éticas e o discurso é reforçado por seu comportamento ético.[29]

Pesquisadores desenvolveram a *teoria do clima ético* e o *índice de clima ético* para categorizar e medir as percepções compartilhadas do contexto e do ambiente de trabalho ético refletidos nas políticas, práticas e procedimentos de uma organização.[30] Das nove categorias identificadas na teoria do clima ético, cinco são mais comuns nas organizações: clima *instrumental*, clima de *cuidado*, clima de *independência*, clima de *leis e códigos* e clima de *regras*. Cada categoria explica a mentalidade, as expectativas e os valores gerais dos gestores e empregados em relação à organização. Por exemplo, em um clima ético *instrumental*, os gestores podem enquadrar suas decisões em torno da premissa de que empregados (e empresas) são motivados pelo interesse próprio (egoísta). Por outro lado, em um clima de *cuidado*, os gestores podem atuar com base na expectativa de que suas decisões terão um efeito positivo sobre o maior número possível de interessados (empregados, clientes, fornecedores).

O clima ético de *independência* conta com as ideias morais pessoais de todos para ditar o comportamento de cada pessoa no trabalho. O clima de *leis e códigos* requer que gestores e empregados usem uma "bússola moral" externa e padronizada, como um código de conduta profissional, enquanto o clima de *regras* tende a ser orientado por expectativas internas padronizadas, como um manual de políticas da organização. De forma geral, as organizações percorrem várias categorias à medida que avançam por seu ciclo de vida.

O clima ético de uma organização tem grande impacto na maneira como seus integrantes sentem que devem se comportar, tanto que os pesquisadores têm conseguido prever resultados organizacionais com base nas categorias de clima.[31] Os climas instrumentais são negativamente associados à satisfação no trabalho e ao comprometimento organizacional dos empregados, mesmo tendo um apelo ao interesse próprio (do empregado e da empresa). Eles estão positivamente associados à intenção de sair da empresa, ao assédio moral no trabalho e a comportamentos desviantes. Os climas de cuidado e de regras podem levar a uma maior satisfação no trabalho. Os climas de cuidado, de independência e de regras, além do de leis e códigos, também reduzem as intenções de sair da empresa, o assédio moral no trabalho e o comportamento disfuncional. Pesquisas recentes também sugerem que os climas éticos têm grande influência sobre o crescimento das vendas ao longo do tempo, caso haja um clima de atendimento ao cliente para sustentá-lo.[32]

> **cultura ética**
> Conceito compartilhado de comportamento certo e errado no local de trabalho que reflete os verdadeiros valores da organização e molda a tomada de decisão ética de seus membros.

Estudos sobre climas éticos e resultados do local de trabalho sugerem que há uma chance maior de encontrar algumas categorias desse clima em determinadas organizações.[33] Organizações que atuam em setores com padrões rigorosos, como engenharia, contabilidade e direito, tendem a ter um clima de regras ou de leis e códigos. Setores mais competitivos, como os de negociação financeira (*financial trading*), geralmente apresentam um clima instrumental. Setores com missões de benevolência podem ter um clima de cuidado, mesmo se as organizações tiverem fins lucrativos, como em uma organização de proteção ambiental. No entanto, não podemos concluir que os climas instrumentais sejam ruins ou que os climas de cuidado sejam bons. Por exemplo, os climas instrumentais podem promover as vitórias individuais das quais a empresa precisa para ter sucesso e podem ajudar os empregados de baixo desempenho a reconhecer que seus interesses pessoais seriam mais beneficiados se eles saíssem da organização. Por outro lado, gestores que atuam em climas de cuidado podem ser impedidos de tomar as melhores decisões quando só as opções que beneficiam o maior número de empregados são aceitáveis.[34] Apresentado em 2010, o índice de clima ético é uma das ferramentas que os pesquisadores usam para entender o contexto dos fatores éticos nas organizações. Ao avaliar os níveis coletivos de sensibilidade moral, julgamento, motivação e caráter em nossas organizações, seria possível saber em que extensão somos influenciados por nossos climas éticos.[35]

Embora a teoria do clima ético tenha sido introduzida há mais de 25 anos, os pesquisadores continuam analisando a ética nas organizações para descobrir não só como os climas éticos se comportam, mas também como podem ser reforçados ou até modificados.[36] No futuro, poderemos ser capazes de fornecer aos líderes orientações claras para criar climas éticos eficazes.

Cultura e sustentabilidade

sustentabilidade
Manter práticas organizacionais por um longo período, evitando que as ferramentas e estruturas que as sustentam sejam prejudicadas por certos processos.

Sustentabilidade refere-se a manter práticas organizacionais por um longo período,[37] evitando que as ferramentas ou estruturas que as sustentam sejam prejudicadas por certos processos. Uma pesquisa descobriu que a grande maioria dos executivos acreditava que a sustentabilidade era importante para o sucesso da organização no futuro.[38] Os conceitos de gestão sustentável têm suas origens no movimento ambiental, de modo que processos em harmonia com o ambiente natural são incentivados. As práticas de *sustentabilidade social* abordam as maneiras como os sistemas sociais são afetados pelas ações de uma organização ao longo do tempo e como as mudanças nos sistemas sociais podem afetar a organização.

Por exemplo, agricultores australianos vêm trabalhando em colaboração para aumentar a eficiência da utilização de água, minimizar a erosão do solo e implementar métodos de cultivo e colheita que garantam a viabilidade do negócio para o futuro.[39] Em um contexto bem diferente, a 3M tem um programa inovador de prevenção da poluição baseado em princípios culturais de conservação de recursos ao criar produtos que visam a reduzir o efeito sobre o meio ambiente e colaborar com órgãos do governo para melhorar os efeitos ambientais.[40]

A gestão sustentável não precisa ser puramente altruísta. Revisões sistemáticas de pesquisas mostram uma relação, em geral, positiva entre sustentabilidade e desempenho financeiro.[41] Mas costuma haver um forte componente moral e ético influenciando a cultura organizacional e que deve ser um valor autêntico para a relação existir.

Visitantes do "The Crystal" em Londres, a maior exposição existente sobre o futuro das cidades do mundo e um dos prédios mais sustentáveis que existem. O The Crystal foi criado pela Siemens, um conglomerado internacional que se orgulha de ser a empresa com maior eficiência energética em seu setor e que conquistou o primeiro lugar na lista Global 100 – Organizações Mais Sustentáveis do Mundo em 2017.

Para criar um negócio verdadeiramente sustentável, uma organização deve desenvolver uma cultura de longo prazo e colocar seus valores em prática.[42] Em outras palavras, para criar sustentabilidade é preciso ter um sistema sustentável! Em um estudo sobre o local de trabalho, uma empresa que buscava reduzir o consumo de energia descobriu que pedir feedback ao grupo reduziu muito mais o consumo de energia do que simplesmente emitir materiais de leitura sobre a importância da conservação.[43] Em outras palavras, falar sobre a conservação de energia e incorporar o valor na cultura organizacional resultou em mudanças comportamentais positivas por parte dos empregados. Como outras práticas culturais que discutimos, a sustentabilidade precisa de tempo e esforço para crescer.

Cultura e inovação

As empresas mais inovadoras frequentemente são caracterizadas por suas culturas abertas, não convencionais, colaborativas, orientadas pela visão e aceleradas.[44] As startups, em geral, têm culturas inovadoras porque costumam ser pequenas, ágeis e focadas na solução de problemas para sobreviver e crescer. Vejamos o exemplo da líder de música digital Echo Nest, adquirida recentemente pela Spotify. A startup era pouco convencional, flexível e aberta, promovendo Music Hack Days (eventos para reunir usuários com a proposta de criar tecnologias de música, ou "hacks", em apenas 24 horas) e fomentando uma cultura musical.[45] Todos esses elementos também caracterizam a cultura do Spotify, o que facilitou o ajuste entre as duas empresas.[46] Em virtude das culturas organizacionais semelhantes, a Echo Nest e o Spotify puderam manter a cultura de inovação.

No outro extremo do espectro das startups temos o exemplo da Intuit, organização de trinta anos e uma das 100 Empresas Mais Inovadoras do Mundo segundo a *Forbes*. Os empregados da Intuit participam de workshops para aprender a pensar de maneira criativa e não convencional. As sessões levaram os gestores a conversar

Fundada em 1969, a Samsung Electronics, da Coreia do Sul, já passou pelo estágio usual do ciclo de vida da inovação, mas continua a fomentar um clima de criatividade e de geração de ideias. A Samsung estimula uma cultura de startup por meio de seus Creative Labs, onde empregados como a engenheira Ki Yuhoon, mostrada na foto, podem se afastar de suas funções regulares por até um ano para trabalhar em projetos inovadores.

Fonte: Lee Jin-man/AP Images

por meio de fantoches e a realizar vendas de bolos para simular a venda de protótipos de aplicativos com seus cupcakes. A cultura enfatiza a prestação aberta de contas. "Certa vez, vi um alto executivo que tinha passado nove meses trabalhando em uma ideia com sua equipe sendo preterido porque alguém encontrou uma solução melhor. Ele se levantou na frente de todo mundo e disse: 'A culpa foi minha. Eu devia ter verificado antes a minha hipótese", conta Eric Ries, autor de *A startup enxuta* (*The Lean Startup*). Ries, que atua como consultor para empreendedores, diz que apesar de a Intuit ser mais "velha", sua cultura faz com que ela seja tão inovadora quanto as startups.[47]

A Alexion Pharmaceuticals também foi considerada uma das empresas mais inovadoras pela *Forbes* e, assim como a Intuit, também já passou há muito tempo pelo estágio usual do ciclo de vida da inovação. No entanto, ao contrário da Intuit, a fabricante de medicamentos capazes de salvar a vida dos consumidores não é famosa por suas práticas de gestão não convencionais. O segredo da inovação contínua da empresa é uma cultura de cuidado, que a leva a desenvolver medicamentos que salvam vítimas de doenças raras, mesmo quando o número de pacientes afetados é baixo, quando o custo de desenvolvimento dos medicamentos é proibitivamente alto e a probabilidade de sucesso também é baixa.[48]

Uma pesquisa israelense sugere que os CEOs que valorizam a autodireção podem levar ao desenvolvimento de uma cultura criativa, que, por sua vez, está associada ao comportamento inovador dos empregados, que identificam soluções criativas com mais rapidez.[49]

A cultura como um ativo

Como vimos, a cultura organizacional pode fornecer um ambiente ético positivo e promover a inovação. A cultura também pode contribuir significativamente para os resultados de uma organização de várias maneiras. Um bom exemplo é o caso da ChildNet,[50] uma agência de assistência infantil sem fins lucrativos da Flórida, cuja cultura organizacional foi descrita como "sombria" de 2000 (quando uma criança adotiva desapareceu) até 2007 (quando o CEO foi demitido ao ser acusado de fraude e falsificação pelo FBI). "Ficamos sem saber se seríamos demitidos nem quem assumiria o comando", contou a funcionária Maggie Tilelli. Mas, depois de intensas iniciativas de revitalização destinadas a mudar a cultura organizacional, a ChildNet conquistou o primeiro lugar de melhor agência da Flórida por quatro anos e foi agraciada com o prêmio de excelência da *Workforce Management* em 2012. O presidente e CEO Emilio Benitez assumiu o comando em 2008 e possibilitou a transformação ao mudar a equipe executiva, empregando tecnologias inovadoras para ajudar os assistentes sociais em campo e os novos gestores da matriz, estabelecendo um programa de reconhecimento para reduzir o estresse ao qual empregados e gestores eram submetidos e criando mesas-redondas interdepartamentais (grupos de trabalho) para fomentar a solução criativa de problemas. As mesas-redondas se dedicam a encontrar soluções para casos difíceis, resultando em uma melhor alocação de crianças adotivas a lares permanentes. "Do ponto de vista dos negócios, [a nova abordagem de solução de problemas] representou uma enorme economia de custos", Benitez explicou. "Mas, no fim das contas, o que mais importa são as famílias que servimos."

Enquanto a ChildNet demonstra como uma cultura pode ter um efeito positivo em resultados organizacionais, a Dish Network ilustra a possibilidade de ser ilusório o fato de a empresa pertencer a uma cultura ou a um setor.[51] Em todos os aspectos, a Dish Network representa uma história de sucesso como a segunda maior provedora de TV via satélite dos Estados Unidos, fazendo de seu fundador, Charlie Ergen, um dos homens mais ricos do mundo. No entanto, a Dish foi eleita uma das piores empresas norte-americanas para trabalhar em quase todos os anos desde 2012 pela 24/7 Wall Street, e os empregados dizem que a culpa é da cultura de microgerenciamento criada e imposta por Ergen. Os empregados relatam a obrigatoriedade de fazer pesadas horas extras, scanners biométricos para registrar as horas de trabalho minuto a minuto, severas repreensões em público (principalmente por parte de Ergen), condescendência e desconfiança por parte da gestão, grandes ondas de demissão trimestrais e nenhuma possibilidade de trabalhar em casa. Um empregado advertiu outro na internet: "Você faz parte de um ambiente tóxico... É melhor encontrar um emprego onde você vai pode usar seus talentos para o bem e não para o mal".

Na ChildNet, as mudanças positivas no desempenho da organização foram claramente atribuídas à transformação de sua cultura organizacional. A Dish, por outro lado, pode ter tido sucesso *apesar* de sua cultura. Só podemos imaginar todo o sucesso que a empresa poderia ter se eliminasse essa cultura tóxica. Há muito mais casos de histórias de sucesso resultantes de excelentes culturas organizacionais do que histórias de sucesso *apesar* de culturas ruins e quase nenhuma história de sucesso resultante de culturas ruins. Pesquisas sugerem que a satisfação do cliente é uma das razões pelas quais a cultura afeta o desempenho de uma organização. Um estudo com quase 100 concessionárias de automóveis cobrindo um período de seis anos descobriu que uma cultura positiva leva a um melhor desempenho de vendas, porque aumenta a satisfação do cliente.[52]

A cultura como um passivo

A cultura pode aumentar o comprometimento organizacional e sistematizar o comportamento dos empregados, o que claramente beneficia a organização. A cultura também ajuda os empregados porque explica claramente como as coisas devem ser feitas e o que é importante para a organização. No entanto, não podemos ignorar os aspectos potencialmente disfuncionais da cultura sobre a eficácia de uma organização. A Hewlett-Packard, que já foi famosa por ser uma fabricante de computadores de primeira linha, perdeu rapidamente sua participação de mercado e seus lucros à medida que a disfunção de sua equipe de alta gestão se espalhou pela empresa, deixando os empregados desmotivados, sem criatividade, sentindo-se desvalorizados ou forçados a trabalhar em um ambiente polarizado.[53] Vamos analisar alguns dos principais fatores que indicam uma cultura organizacional negativa, a começar pela institucionalização.

institucionalização
Condição que ocorre quando uma organização adquire vida própria, independentemente de qualquer um de seus membros.

Institucionalização   Quando uma organização passa pela institucionalização, ou seja, quando passa a ser valorizada por si só e não pelos bens e serviços que produz, ela passa a adquirir vida própria, independentemente de seus fundadores ou membros.[54] Em geral, as organizações institucionalizadas não fecham as portas mesmo quando seus objetivos originais deixam de ser relevantes. O comportamento aceitável fica claro para seus membros e, embora isso não seja de todo ruim, comportamentos e hábitos que deveriam ser questionados e analisados passam a ser naturais, o que pode engessar a inovação e transformar a manutenção da cultura organizacional em um fim e não um meio para atingir um objetivo.

Barreiras à mudança   A cultura passa a ser um passivo quando os valores compartilhados não estão em concordância com aqueles que poderiam melhorar a eficácia da organização. Isso tem mais chances de ocorrer quando a organização passa por rápidas mudanças para as quais a cultura arraigada pode não ser mais adequada.[55] A uniformidade do comportamento, uma vantagem em um ambiente estável, pode tornar-se um fardo e dificultar a resposta às mudanças.

Barreiras à diversidade   A princípio, a contratação de novos empregados que diferem da maioria em termos de raça, gênero, deficiências ou outras características cria um paradoxo.[56] A administração quer apoiar as diferenças que esses trabalhadores levam para o local de trabalho, mas os novos empregados que quiserem se ajustar à organização devem aceitar a institucionalização. Em segundo lugar, como os comportamentos diversificados e os pontos fortes específicos das pessoas tendem a diminuir conforme elas tentam se adaptar, as culturas fortes podem se tornar um passivo quando, de fato, eliminam as vantagens da diversidade. Em terceiro lugar, uma cultura forte que tolera o preconceito, apoia a tendenciosidade, torna-se insensível ou dá ênfase demais às diferenças pode minar as políticas formais de diversidade corporativa ou os efeitos positivos da diversidade demográfica.[57] Aparentemente essas barreiras à diversidade podem começar no nível da comunidade. Um estudo com cerca de 150 agências bancárias nos Estados Unidos descobriu que a composição demográfica da comunidade é um importante fator na determinação das normas de diversidade que são adotadas e incorporadas à cultura e ao clima de uma organização.[58]

Toxicidade e disfunções   Em geral, falamos sobre culturas que aderem a um conjunto positivo de valores e atitudes. Esse consenso pode criar um grande impulso para o avanço. Contudo, a coerência em torno da negatividade e de sistemas de gestão disfuncionais em uma organização pode produzir forças descendentes igualmente intensas, embora tóxicas. Por exemplo, uma pesquisa com 862 bancários de cerca de 150 agências de um grande banco norte-americano sugeriu que os gerentes das agências criavam seus próprios estilos de gestão de conflitos que, por sua vez, modelavam as culturas de conflito formadas dentro de cada uma das agências.[59] Culturas colaborativas (ou seja, que incentivam a resolução proativa, construtiva e colaborativa de conflitos) tenderam a aumentar a coesão e a satisfação nas agências e a reduzir os níveis de estafa. As culturas dominantes (ou seja, que encorajam o confronto ativo e a competição agressiva entre os empregados na presença de conflitos) tenderam a reduzir a coesão nas filiais e o desempenho do atendimento ao cliente. As culturas de evasão (ou seja, que evitam passivamente os conflitos) tenderam a ser menos criativas.

Barreiras às aquisições e fusões Tradicionalmente, quando a gestão de uma empresa avaliava as possibilidades de realizar fusões e aquisições, os principais fatores de decisão eram a potencial vantagem financeira e a sinergia de produtos. Nos últimos anos, a compatibilidade cultural passou a ser a principal preocupação.[60] Se todos os outros fatores permanecerem inalterados, a possibilidade de sucesso da aquisição ou fusão está mais relacionada à compatibilidade entre as duas culturas. Quando as culturas não são compatíveis, elas se tornam um passivo para a nova organização como um todo. Um estudo conduzido pela Bain and Company descobriu que 70% das fusões não aumentaram o valor para os acionistas e o Hay Group descobriu que mais de 90% das fusões na Europa não atingiram suas metas financeiras.[61] Considerando essa taxa de sucesso desanimadora, Lawrence Chia, da Deloitte Consulting, observou: "Um dos maiores problemas são as pessoas. As pessoas da Empresa A têm um jeito diferente de fazer as coisas em relação às pessoas da Empresa B... é impossível encontrar objetivos em comum".

O choque cultural foi apontado por muitos especialistas como uma das causas dos problemas da AOL Time Warner. A fusão de US$ 183 bilhões entre a America Online (AOL) e a Time Warner, em 2001, a maior da história corporativa dos Estados Unidos, foi um desastre. Em apenas dois anos, as ações despencaram nada menos que 90% e a nova empresa registrou o que foi, na época, a maior perda financeira da história dos Estados Unidos. Depois disso, ela foi adquirida pela Verizon e está passando por outro processo de fusão, desta vez com o Yahoo.[62]

Uma pesquisa recente voltada a investigar aquisições na indústria taiwanesa de eletrônicos sugere que o sucesso de fusões e aquisições depende de *como* a aquisição é feita, da estrutura organizacional (por exemplo, centralização e integração divisional) *e* da cultura organizacional.[63]

Criando e sustentando a cultura

16.3 Identificar os fatores que criam e sustentam uma cultura organizacional.

A cultura organizacional não surge do nada e, uma vez estabelecida, ela raramente se desfaz. Quais forças influenciam a criação de uma cultura? Após essa cultura ter sido estabelecida, o que sustenta e reforça esses fatores?

Como uma cultura começa

Os costumes, as tradições e o modo geral de fazer as coisas em uma organização se devem às ações do passado e ao sucesso que tiveram. Isso nos leva à principal origem da cultura organizacional: os fundadores da empresa.[64] Eles têm uma visão do que a organização deve se transformar e o fato de a empresa começar pequena facilita a imposição dessa visão a todos os membros.

Uma cultura é criada de três maneiras.[65] Na primeira, os fundadores contratam e mantêm apenas empregados parecidos com eles em termos de mentalidade e de sentimentos. Na segunda, eles doutrinam e socializam esses empregados de acordo com sua forma de pensar e de sentir. Por fim, o comportamento dos fundadores encoraja os empregados a se identificar com eles e a internalizar seus valores, convicções e premissas. Quando a empresa tem sucesso, a personalidade dos fundadores passa a ser uma parte integrante da cultura da organização. O estilo agressivo e competitivo da Hyundai, o gigantesco conglomerado coreano, e sua natureza disciplinada e autoritária são as mesmas características usadas para descrever seu fundador, Chung Ju-Yung.[66] Outros fundadores que tiveram enorme impacto na cultura de sua organização incluem Bill Gates, da Microsoft, Ingvar Kamprad, da IKEA, Herb Kelleher, da Southwest Airlines, Fred Smith, da FedEx, e Richard Branson, do Virgin Group.

Mantendo a cultura viva

Uma vez estabelecida a cultura, a organização passa a adotar práticas que visam a mantê-la, proporcionando aos empregados um conjunto de experiências semelhantes.[67] O processo de seleção, os critérios de avaliação de desempenho, as atividades de treinamento e desenvolvimento profissional e os procedimentos de promoção (todos discutidos no Capítulo 17) asseguram que os contratados se ajustem à cultura, recompensam quem a adota e penalizam (ou até expulsam) os que a contestam.[68] Três fatores têm um papel particularmente importante na manutenção da cultura: práticas de seleção ou contratação, ações da alta administração e métodos de socialização ou integração (por exemplo, treinamento e inclusão de novos empregados). Vamos examiná-los em mais detalhes.

Seleção O objetivo explícito do processo de seleção é identificar e contratar pessoas que tenham o conhecimento, as habilidades e as competências necessárias para apresentar um bom desempenho na organização. A decisão final sobre quem será contratado tem grande influência sobre quem o selecionador considera mais compatível com a organização, identificando pessoas cujos valores condizem com pelo menos parte dos valores organizacionais.[69] Além disso, o processo de seleção também fornece informações sobre a organização para os candidatos. Aqueles que percebem algum conflito entre seus valores pessoais e os da empresa podem se retirar voluntariamente do processo.[70] Dessa forma, a seleção é uma via de mão dupla, em que tanto a empresa quanto os candidatos podem evitar certas incompatibilidades e sustentar a cultura organizacional, removendo pessoas que podem atacar ou minar seus valores essenciais.

A W. L. Gore & Associates, fabricante do Gore-Tex, um tecido impermeável que permite a evaporação do suor, orgulha-se de sua cultura democrática e do trabalho conjunto. Na Gore, não há cargos, chefes, nem cadeias de comando. Todo o trabalho é feito em equipes que, no processo de seleção, submetem os candidatos a extensas entrevistas para garantir que eles sejam capazes de lidar com o nível de incerteza, flexibilidade e trabalho em equipe que caracteriza o ambiente da empresa. Não é de surpreender que a W. L. Gore seja regularmente incluída na lista das 100 Melhores Empresas para Trabalhar da *Fortune* (52º lugar em 2017), em parte, em virtude da ênfase na adequação à cultura, que é algo central no processo de seleção.[71]

Alta administração As ações da alta administração também têm grande impacto sobre a cultura organizacional.[72] Com suas palavras e comportamentos, os altos executivos estabelecem normas que se difundem pela organização sobre aspectos como: quais riscos devem ser assumidos, quanta liberdade deve ser concedida aos empregados, qual a forma correta de se vestir no trabalho, quais ações podem levar a recompensas e assim por diante.

A cultura da cadeia de supermercados Wegmans – que acredita que empregados motivados, felizes e leais são mais propensos a ajudar uns aos outros e a prestar um excelente atendimento ao cliente – é resultado direto das convicções da família Wegman. O foco em alimentos gourmet distingue a Wegmans de outros supermercados, e esse foco é mantido pelos empregados da empresa, muitos dos quais são contratados com base em seu interesse pela gastronomia. A alta administração da empresa acredita que o cuidado com os empregados aumenta sua satisfação e lealdade. Por exemplo, a Wegmans pagou mais de US$ 105 milhões em bolsas de estudo para mais de 33.000 empregados desde 1984. A alta administração também paga salários acima da média, o que resulta em uma rotatividade anual de apenas 5% (a média do setor é de 27%). A Wegmans é incluída regularmente na lista das 100 Melhores Empresas para Trabalhar da *Fortune* (2º lugar em 2017), em grande parte porque a alta administração mantém a cultura organizacional positiva iniciada por seus fundadores.[73]

Socialização Independentemente da qualidade do processo de recrutamento e seleção, os novos empregados precisam de ajuda para se adaptar à cultura da organização por meio de práticas de socialização.[74] A socialização pode ajudar a reduzir o problema que muitos empregados relatam quando o novo emprego é diferente do esperado (veja a Pesquisa de Comportamento Organizacional). Por exemplo, a empresa de consultoria Booz Allen Hamilton dá início ao processo de integração dos novos empregados antes mesmo do primeiro dia de trabalho. As pessoas recrutadas são orientadas a navegar por um website interno para aprender sobre a empresa e conhecer sua cultura. Quando começam a trabalhar, um aplicativo de redes sociais

> **socialização**
> Processo que adapta os empregados à cultura organizacional.

PESQUISA DE COMPORTAMENTO ORGANIZACIONAL   O emprego não é tão bom quanto o anunciado.

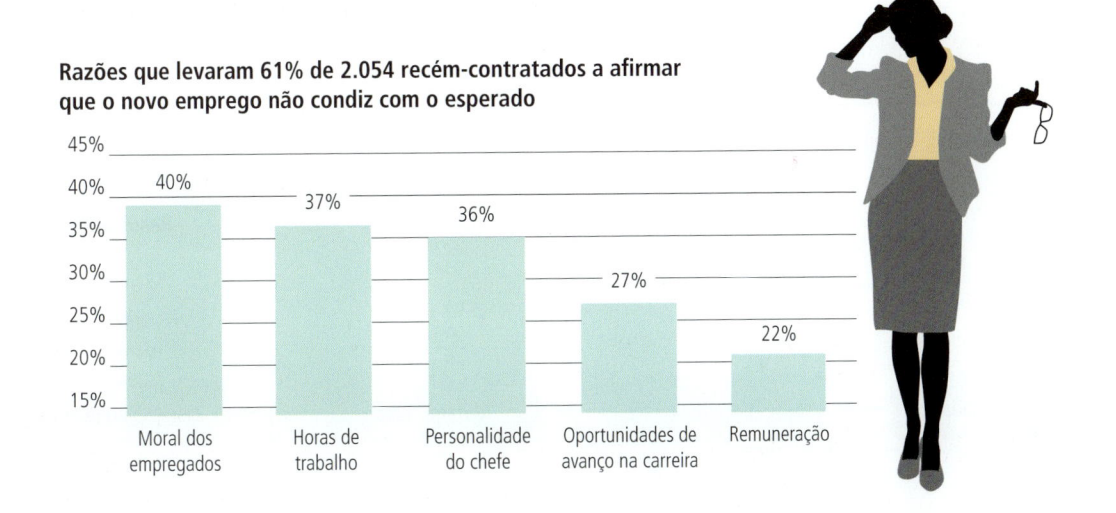

Razões que levaram 61% de 2.054 recém-contratados a afirmar que o novo emprego não condiz com o esperado

Categoria	Percentual
Moral dos empregados	40%
Horas de trabalho	37%
Personalidade do chefe	36%
Oportunidades de avanço na carreira	27%
Remuneração	22%

Fonte: baseado em S. Bates, "Majority of New Hires Say Job Is Not What They Expected", *Society for Human Resource Management*, 28 maio 2012, http://www.shrm.org/hrdisciplines/employee-relations/articles/pages/newhiresfeelmisled.aspx.

as coloca em contato com empregados mais antigos, o que ajuda a garantir que a cultura seja reforçada ao longo do tempo.[75] A Clear Channel Communications, o Facebook, o Google e outras empresas estão adotando novos procedimentos de integração (aclimatação de novos contratados), incluindo a alocação de colegas para atuar como mentores, eventos de socialização, personalização de programas de orientação e atribuição imediata de tarefas. "Quando enfatizamos a identidade pessoal das pessoas e as deixamos mais livres para se expressar no trabalho, elas ficam mais satisfeitas e obtêm resultados melhores", explicou a pesquisadora Francesca Gino, da Harvard.[76]

Podemos pensar na socialização como um processo composto de três estágios: pré-chegada, encontro e metamorfose.[77] Esse processo, mostrado na Figura 16.1, afeta a produtividade do novo empregado, bem como seu comprometimento com os objetivos da organização e sua decisão de permanecer no emprego.

O estágio de pré-chegada reconhece explicitamente que cada pessoa chega com um conjunto de valores, atitudes e expectativas tanto sobre o trabalho a ser realizado como sobre a organização propriamente dita. Um dos principais objetivos dos cursos de administração, por exemplo, é socializar os alunos com as atitudes e os comportamentos que as empresas desejam dos futuros empregados. Pessoas que acabam de entrar em organizações famosas e bem posicionadas no mercado têm as próprias premissas sobre como deve ser trabalhar lá.[78] Por exemplo, a maioria das pessoas recém-recrutadas espera que a Nike seja uma empresa dinâmica e vibrante e que escritórios de advocacia prestigiados exijam que os empregados sejam capazes de trabalhar sob pressão e ofereçam grandes recompensas pelo empenho. O que os recém-contratados sabem em relação à cultura da organização antes de entrar no emprego, seu grau de proatividade e o "contrato psicológico" esperado são importantes fatores preditivos de seu ajuste na organização.[79]

O processo de seleção pode ajudar a informar os candidatos sobre a organização como um todo. Quando entra na organização, o novo empregado passa para o estágio do encontro e confronta a possível divergência entre suas expectativas — sobre o trabalho, os colegas, o chefe e a organização de maneira geral — e a realidade. Quando as expectativas são mais ou menos precisas, o estágio do encontro serve apenas para reafirmar as percepções já existentes. No entanto, nem sempre é isso que acontece. Em casos extremos, o novo empregado pode ficar totalmente desilu-

estágio de pré-chegada
Período de aprendizagem do processo de socialização que ocorre antes de o novo empregado ingressar na organização.

estágio do encontro
Estágio do processo de socialização no qual um novo empregado vê a organização como realmente é e se depara com possíveis divergências entre suas expectativas e a realidade.

FIGURA 16.1 Um modelo de socialização.

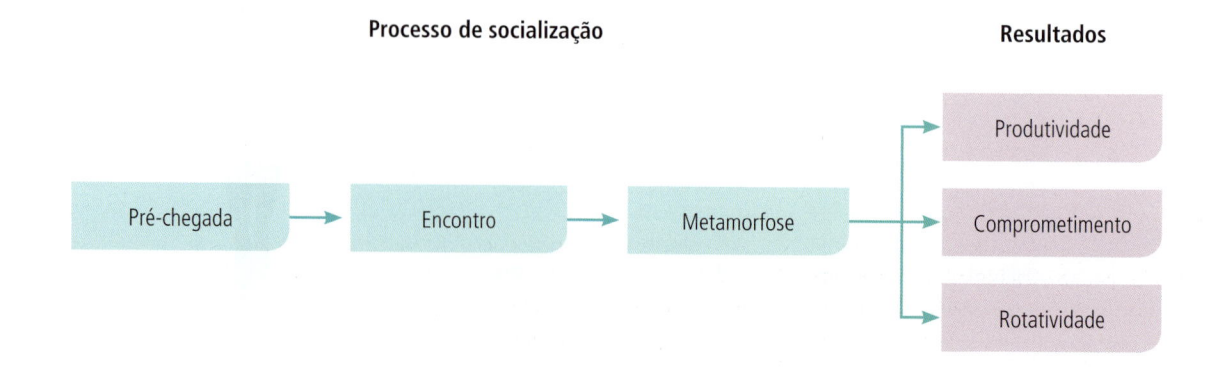

Processo de socialização: Pré-chegada → Encontro → Metamorfose

Resultados: Produtividade, Comprometimento, Rotatividade

dido com a realidade de seu trabalho e desistir do emprego. Um bom processo de recrutamento, seleção e socialização (ou seja, a apresentação realista do emprego) deve reduzir as chances dessa situação ocorrer. Além disso, os novatos se mostram mais comprometidos com a organização quando recebem ajuda dos colegas para aprender o "caminho das pedras".[80]

Por fim, para resolver os possíveis problemas que possam ter surgido no estágio do encontro, o novo empregado se ajusta ou, em outras palavras, passa pelo chamado *estágio de metamorfose*.[81] As opções apresentadas na Tabela 16.2 são alternativas criadas para levar à metamorfose desejada. A maioria das pesquisas recomenda dois grandes "pacotes" de práticas de socialização.[82] Quanto mais a administração usar programas de socialização formais, coletivos, fixos, em série e, ao mesmo tempo, promover certo desprendimento, maiores são as chances de as diferenças dos recém-chegados serem removidas e substituídas por comportamentos previsíveis e padronizados. Essas práticas *institucionais* são comuns na polícia, no corpo de bombeiros e em outras organizações que valorizam a obediência às regras e à ordem. Programas informais, individuais, aleatórios, variáveis e que enfatizam a iniciação tendem a dar aos recém-chegados uma nova concepção de seu papel e dos métodos de trabalho. Áreas criativas como pesquisa e desenvolvimento, propaganda e cinema se utilizam dessas práticas *individuais*. A maior parte das pesquisas sugere que um alto nível de práticas institucionais incentiva a adequação da pessoa à organização e um alto grau de comprometimento, ao passo que as práticas individuais produzem maior inovação nos papéis.[83]

estágio de metamorfose
Estágio do processo de socialização em que o novo empregado muda e se ajusta às funções, ao grupo de trabalho e à organização.

TABELA 16.2 Opções de práticas de socialização.

Formais *versus* informais   Quanto mais o novo empregado for segregado do ambiente normal do trabalho e, de alguma maneira, for diferenciado para explicitar seu papel de recém-chegado, mais formal será a socialização. Programas de treinamento e de orientação específicos são exemplos dessas práticas. A socialização informal coloca o novo empregado diretamente no trabalho, sem lhe dar muita atenção especial.

Individuais *versus* coletivas   Os novos membros podem ser socializados individualmente, prática que é adotada por muitas empresas. Eles também podem ser agrupados e expostos às mesmas experiências simultaneamente, como em campos de treinamento militar ou programas de trainees.

Fixas *versus* variáveis   Refere-se à programação na qual os recém-chegados devem fazer a transição de *outsider* (uma pessoa "de fora" da organização) para *insider* (uma pessoa "de dentro"). Uma programação fixa estabelece estágios padronizados de transição, como em programas de treinamento rotativo. Essa abordagem também inclui os períodos probatórios, como o período de oito a dez anos em que uma pessoa fica no estágio de "associada" antes de ser aceita como sócia, como é comum em escritórios de advocacia e contabilidade. Já no sistema variável, as transições no cronograma não são anunciadas. Elas são um exemplo do sistema típico de promoções em que o indivíduo não é promovido para o próximo estágio até que esteja "pronto" para ele.

Seriadas *versus* aleatória   A socialização seriada é caracterizada pela utilização de colegas que servem como modelos e que treinam e incentivam o novato. Os programas de aprendizes e de mentores são exemplos disso. Na socialização aleatória, o novo empregado é levado a aprender sozinho seguindo o exemplo dos colegas.

Investimento *versus* desinvestimento   A socialização do tipo investimento parte do princípio de que as qualidades e qualificações dos novatos são fatores necessários para o sucesso, de modo que são confirmadas e reforçadas. A socialização por desinvestimento, por sua vez, tenta eliminar algumas características dos novos contratados. Por intermédio dos compromissos de socialização por desinvestimento, os grupos enquadram os novatos nos papéis esperados.

O processo de socialização de três etapas está completo quando o novo empregado internaliza e aceita as normas da organização e de seu grupo de trabalho, confia em sua capacidade de fazer o trabalho e sente-se aceito e valorizado pelos colegas. Ele já conhece o sistema, que inclui não somente as próprias tarefas, mas também as regras, procedimentos e práticas aceitas informalmente. Por fim, ele já sabe o que se espera dele e os critérios que serão usados para mensurar e avaliar seu trabalho. Como mostra a Figura 16.1, o sucesso no estágio de metamorfose deve aumentar a produtividade e reforçar o comprometimento do novo empregado com a organização, além de reduzir sua propensão de deixar a empresa (rotatividade).

Pesquisadores se voltaram a avaliar as atitudes dos empregados em vários momentos no decorrer dos primeiros meses de organização a fim de analisar como elas mudam durante a socialização. Vários estudos documentaram que os novos empregados passam por padrões de "lua de mel" e "ressaca", mostrando que o período de ajuste inicial muitas vezes é marcado por reduções da satisfação no trabalho, à medida que as esperanças idealizadas são confrontadas com a realidade da vida organizacional.[84] Os recém-chegados podem descobrir que o nível de apoio social que recebem dos chefes e colegas de trabalho vai caindo aos poucos nas primeiras semanas de trabalho, à medida que todos voltam à rotina do dia a dia.[85] Com o tempo, o conflito e a sobrecarga de papéis podem se intensificar para os recém-chegados, reduzindo seu comprometimento e sua satisfação.[86] O período inicial de adaptação para os recém-chegados pode apresentar demandas e dificuldades crescentes, pelo menos no curto prazo.

Resumo: como se formam as culturas

A Figura 16.2 resume como uma cultura organizacional é estabelecida e sustentada. A cultura original resulta da filosofia do fundador da empresa e tem enorme influência sobre os critérios utilizados nas contratações à medida que a organização cresce. O sucesso da socialização depende da capacidade da empresa de adequar os valores dos novos empregados aos da organização no processo seletivo e do comprometimento da alta administração com os programas de socialização. As ações dos altos executivos estabelecem o clima geral, que inclui a definição dos comportamentos aceitáveis e inaceitáveis. Se a socialização tiver sucesso, essa cultura é sustentada e perpetuada pelos empregados.

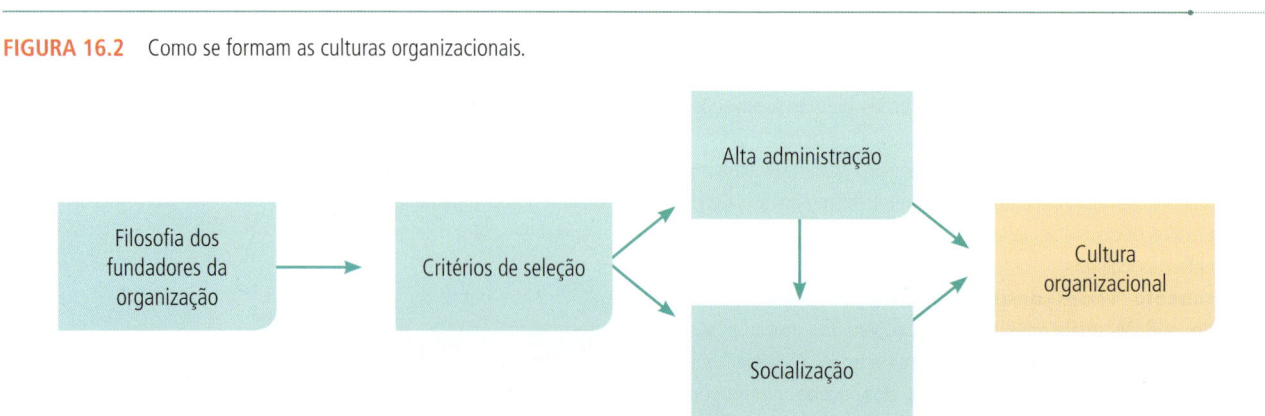

FIGURA 16.2 Como se formam as culturas organizacionais.

Como os empregados aprendem a cultura

16.4 Mostrar como a cultura é transmitida aos empregados.

A cultura é transmitida aos empregados de várias maneiras, sendo que as mais eficazes são as histórias, os rituais, os símbolos materiais e a linguagem.

Histórias

Quando Henry Ford II ocupava a presidência do conselho da Ford, era praticamente impossível encontrar um gestor que não conhecesse a história que relatava o que ele dizia quando achava que os executivos estavam ficando arrogantes demais: "É o meu nome que está no prédio". A mensagem era clara: Henry Ford II era quem comandava a empresa.

A Nike tem alguns executivos que passam boa parte do tempo contando histórias da empresa.[87] Quando eles contam a história sobre como um dos fundadores da empresa, o treinador de atletismo Bill Bowerman, derramou borracha derretida na máquina de fazer waffles de sua mulher para fazer um sapato mais apropriado para corrida, eles estão falando do espírito inovador da Nike. Quando os novatos ouvem as histórias de Steve Prefontaine, atleta carismático que lutou por equipamentos melhores e para fazer da corrida um esporte profissional, eles aprendem sobre o comprometimento da Nike em ajudar os atletas.

Histórias desse tipo circulam em diversas organizações, vinculando o presente ao passado e explicando e justificando as práticas vigentes.[88] Elas geralmente incluem narrativas sobre os fundadores da empresa, regras que foram quebradas, sucessos estrondosos, reduções da força de trabalho, recolocações de empregados, reações a erros e estratégias de enfrentamento da organização.[89] Os empregados também criam as próprias narrativas sobre como eles se ajustaram (ou não) à organização durante o processo de socialização, incluindo os primeiros dias no trabalho, as primeiras interações com os colegas e as primeiras impressões sobre a vida na organização.[90]

Rituais

Os rituais são sequências repetitivas de atividades que expressam e reforçam os principais valores da organização, quais metas e pessoas são mais importantes e quais são dispensáveis.[91] Algumas empresas têm rituais não tradicionais para ajudar a sustentar os valores de sua cultura. A Kimpton Hotels & Restaurants, uma das 100 Melhores Empresas para Trabalhar da *Fortune*, mantém sua cultura orientada para o cliente com tradições como uma Olimpíada da Faxina, que inclui corridas para fazer camas e passar aspirador de pó com os olhos vendados.[92] Na empresa de marketing United Entertainment Group, os empregados trabalham em horários incomuns algumas vezes durante o ano, chegando no fim da tarde e trabalhando até o início da manhã. O CEO Jarrod Moses faz isso para sustentar a cultura de criatividade. Segundo ele: "Você mexe com o relógio interno da pessoa e surgem algumas ideias interessantes".[93]

rituais
Sequências repetitivas de atividades que expressam e reforçam os principais valores da organização, quais objetivos e pessoas são mais importantes e quais são dispensáveis.

Símbolos

O layout do escritório da matriz, os tipos de carro disponibilizados aos altos executivos e a presença ou ausência de jatinhos corporativos são alguns exemplos de símbolos materiais, também conhecidos como artefatos.[94] Outros exemplos incluem o tamanho dos escritórios, a elegância da mobília, mordomias e vestuário.[95] Os símbolos comunicam aos empregados quem é importante, o grau de igualitarismo

símbolos materiais
Comunicam aos empregados quem é importante, o grau de igualitarismo desejado pela alta administração e os tipos de comportamentos mais apropriados.

desejado e os comportamentos considerados apropriados, como comportamentos conservadores, autoritários, participativos, individualistas ou sociais ou tolerância a riscos. Os símbolos materiais também dão maior senso de conexão e fazem uso das emoções dos empregados para interpretar os símbolos.[96]

A Dynegy, uma companhia de eletricidade do Texas, é um bom exemplo do uso intencional de símbolos materiais. A sede da Dynegy tem poucas salas individuais, até para os executivos seniores. O layout é composto basicamente de baias, áreas comuns e salas de reunião. Essa informalidade comunica aos empregados que a Dynegy valoriza a abertura, a igualdade, a criatividade e a flexibilidade. Enquanto algumas empresas disponibilizam a seus altos executivos limusines com motorista e jatos corporativos para as viagens, os CEOs de outras empresas não têm motorista e viajam na classe turística de companhias aéreas comerciais. Em algumas empresas, como a Threadless, uma empresa de design de camisetas de Chicago, um clima do tipo "vale tudo" ajuda a enfatizar a cultura criativa. Na Threadless, as reuniões são realizadas em um trailer estacionado dentro do armazém adaptado da empresa, enquanto os empregados, vestindo bermudas e chinelos, trabalham em espaços decorados com globos espelhados de discoteca e outros detalhes espalhafatosos escolhidos pelas equipes.[97]

Algumas culturas são conhecidas pelas mordomias oferecidas, como as canchas de bocha do Google, os *foodtrucks* de tortas, queijos e cupcakes da Factset Research os dias "leve seu pet para o trabalho" da designer de software Autodesk, a clínica de saúde gratuita da SAS, o spa orgânico da Microsoft e a locação gratuita de equipamentos da especialista em equipamentos de aventura REI. Outras empresas comunicam os valores de sua cultura dando a seus empregados um tempo livre para usar a criatividade, na presença dos líderes ou fora do escritório. Por exemplo, a Genentech, uma líder do setor de biotecnologia, e muitas outras grandes empresas oferecem licenças sabáticas remuneradas. A Genentech disponibiliza 7 semanas de licença remunerada para cada empregado, a cada 5 anos de serviço para sustentar sua cultura de equidade e pensamento inovador.[98]

Fonte: Lou Linwei/Alamy Stock Photo

A Baidu, empresa chinesa de serviços na internet, descreve sua cultura como "simples", ou seja, direta, aberta e descomplicada, e "confiável", ou seja, que confia na competência dos colegas. Os ambientes de trabalho informais da Baidu refletem essa confiança, disponibilizando salas de estar, academias de ginástica, estúdios de ioga e salas de cochilo que os empregados podem usar a qualquer momento.

Escolha ética

Uma cultura de compaixão

No setor bancário, o sucesso e a cultura ética não andam necessariamente de mãos dadas. Os líderes que desejam uma cultura ética na organização devem incorporar a ética na definição de sucesso da empresa, de maneira a traduzi-la em ações éticas por parte de gestores e empregados.

Compare duas histórias de sucesso financeiro, a Goldman Sachs e a JP Morgan Chase & Company. Os dois megabancos estão na lista de empresas da Fortune 100 (as maiores empresas dos Estados Unidos em termos de receita). Eles também são duas das Empresas Mais Admiradas do Mundo da Fortune, uma lista que inclui as maiores empresas em termos de receita de acordo com nove critérios, incluindo a responsabilidade social. Mas suas culturas organizacionais são muito diferentes. A Goldman Sachs parece ter dificuldade de fomentar uma cultura ética para seus empregados e clientes, ao passo que a JP Morgan Chase parece irradiar uma cultura de compaixão. Veja algumas manchetes:

- Mefit "Mike" Mecevic era um zelador leal da Goldman Sachs quando o Furacão Sandy atingiu Nova York em 2012. Mecevic e seus colegas de trabalho enfrentaram a tempestade no arranha-céu da empresa em Manhattan e passaram dias trabalhando sem parar para impedir que a água entrasse. De repente, um gerente da Goldman Sachs os expulsou sem dar qualquer explicação. Mecevic conta: "Eu expliquei ao gerente: 'Eu moro longe daqui, a cidade está em estado de emergência, não tenho como chamar um táxi, os trens não estão funcionando, os semáforos estão desligados. Estamos com água até o pescoço'. Eu implorei para ficar. Mas ele disse: 'Saia do prédio'". Mecevic saiu, mas mesmo assim foi posteriormente demitido. "Trabalhei dia e noite", disse Mecevic. "Eles destruíram a minha vida por nada. Absolutamente nada".
- Jamie Dimon, CEO da JP Morgan Chase & Company, proclama: "As pessoas são o nosso ativo mais importante. O crescimento e o sucesso da JP Morgan Chase dependem de nossa capacidade de atrair e reter nossos empregados. Manter um local de trabalho diversificado e inclusivo, onde todos possam ter sucesso, não é só a coisa mais inteligente a fazer... é a coisa certa a fazer". A cultura da JP Morgan Chase baseia-se em desempenho, mérito, parceria, inclusão e objetividade. A empresa oferece programas para promover o sucesso de mulheres e de grupos minoritários.

É na cultura organizacional que os líderes demonstram, por meio de suas decisões éticas, suas expectativas em relação às ações dos empregados da empresa como um todo. Esses exemplos sugerem que as duas culturas podem estar tomando decisões éticas muito diferentes.

Fontes: baseado em JP Morgan Chase & Co.,"People and Culture", https://www.jpmorganchase.com/corporate/About-JPMC/ab-people-culture.htm, acessado em 18 abr. 2017; B. Ross, A. Ng, e C. Siemaszko, "Ex-Goldman Sachs Janitor Sues for Being Forced into Post-Hurricane Sandy Destruction", *New York Daily News*, 7 jun. 2013, www.nydailynews.com/new-york/janitor-sues-tossed-aftermath-hurricane-sandy-article-1.1366334; e M. Schifrin e H. Touryalai, "The Bank That Works", *Forbes*, 13 fev. 2012, 66–74.

Linguagem

Muitas organizações e suas unidades utilizam a linguagem para ajudar os empregados a se identificar com a cultura, comprovar que a aceitam e ajudar a preservá-la.[99] A empresa usa termos próprios para referir-se a equipamentos, executivos, pessoas, fornecedores, clientes ou produtos relacionados ao negócio. No início, os novos empregados podem ter dificuldade de entender siglas e jargões que, uma vez assimilados, atuam como um denominador comum para unir os membros de determinada cultura ou subcultura.

Influenciando uma cultura organizacional

16.5 Descrever as semelhanças e as diferenças da criação das culturas ética, positiva e espiritual.

Como vimos, a cultura de uma organização é determinada por seus fundadores e costuma ser difícil mudá-la posteriormente. É verdade que o cenário ideal inclui fundadores fortes que planejam meticulosamente a cultura da organização. Entretanto, isso raramente acontece. A cultura organizacional em geral se desenvolve naturalmente com o tempo. Quando pensamos no desenvolvimento da cultura como um processo contínuo e perpetuado por todos os empregados, podemos encontrar maneiras de reforçar os aspectos éticos, positivos e/ou espirituais do ambiente, que discutiremos a seguir.

Desenvolvendo uma cultura ética

Apesar das diferenças entre setores e culturas nacionais, as culturas organizacionais éticas têm alguns valores e processos em comum.[100] Desse modo, os gestores podem criar uma cultura mais ética aderindo aos seguintes princípios:[101]

- *Seja um modelo visível*. Os empregados consideram as ações da alta gestão como uma referência para o comportamento adequado, mas qualquer pessoa pode ser um exemplo para influenciar positivamente a atmosfera ética. Transmita uma mensagem positiva.
- *Comunique expectativas éticas*. Sempre que você atuar em um papel de liderança, deixe bem claras as suas expectativas compartilhando um código de ética em que sejam declarados os principais valores da organização e as regras de julgamento que os empregados devem seguir.
- *Disponibilize treinamentos éticos*. Organize seminários, workshops e programas de treinamento para reforçar os padrões de conduta da organização, esclarecer quais são as práticas permitidas e abordar possíveis dilemas éticos.
- *Recompense claramente ações éticas e puna ações antiéticas*. Avalie os empregados quanto à compatibilidade de suas decisões com o código de ética da organização. Não deixe de avaliar tanto os meios quanto os fins empreendidos. Recompense publicamente os que agem de forma ética e puna explicitamente os que agem de forma antiética.
- *Forneça mecanismos de proteção*. Forneça mecanismos formais para que todos possam discutir os dilemas éticos e reportar comportamentos antiéticos sem temer punições. Esses mecanismos podem incluir a identificação de conselheiros éticos, *ombudsman* ou supervisores éticos para fazer a ponte entre os empregados e a gestão.

Um clima ético positivo deve começar no topo da organização.[102] Quando a alta administração enfatiza fortes valores éticos, os gestores têm mais chances de praticar a liderança ética. Essa atitude ética positiva é transferida de cima para baixo, estendendo-se para todos os empregados, que passam a apresentar menos desvios comportamentais e mais comportamentos de cooperação e ajuda mútua. Vários estudos chegaram à mesma conclusão: os valores da alta administração são bons fatores preditivos do comportamento ético dos empregados. Por exemplo, um estudo envolvendo auditores descobriu que, quando eles se sentiam pressionados pelos líderes organizacionais a se comportar de maneira antiética, tendiam a ter mais intenções de se envolver em práticas antiéticas.[103] Os estudos deixam claro que o tipo errado de cultura organizacional pode afetar negativamente o comportamento ético dos empregados. Por outro lado, constatou-se, por meio de melhorias na cultura ética, que a liderança ética pode melhorar a "voz ética" do grupo, que é a extensão na qual os empregados sentem-se à vontade para expressar-se sobre questões que consideram antiéticas.[104] Por fim, os empregados cujos valores éticos são semelhantes aos de seu departamento são mais propensos a serem promovidos, de modo que podemos pensar na cultura ética como um processo que também flui de baixo para cima.[105]

Desenvolvendo uma cultura positiva

À primeira vista, a proposta de criar uma cultura positiva pode soar ingênua ou como uma conspiração ao estilo dos quadrinhos Dilbert, que satirizam o dia a dia no escritório. Contudo, o que nos leva a acreditar que essa tendência chegou para ficar

O Google promove um clima positivo. Essa empresa de tecnologia recompensa os empregados com muitas mordomias, incluindo comida grátis, salas de recreação (mostradas aqui), caronas gratuitas para o trabalho, suporte técnico, massagens e creches, entre outras. O Google também enfatiza fortemente o aprendizado e o reforço de pontos fortes e disponibiliza uma variedade de programas de desenvolvimento de empregados.

são sinais de que a prática gerencial e as pesquisas do comportamento organizacional estão finalmente se alinhando. Uma cultura organizacional positiva enfatiza os pontos fortes dos empregados, recompensando mais do que punindo e reforçando o crescimento e a vitalidade individual.[106] Vamos analisar cada uma dessas áreas.

cultura organizacional positiva
Cultura que enfatiza os pontos fortes dos empregados, recompensa mais do que pune e reforça o crescimento e a vitalidade individual.

Enfatizar os pontos fortes dos empregados Embora uma cultura organizacional positiva não ignore os problemas, ela faz questão de mostrar aos empregados como eles podem se beneficiar de seus pontos fortes. Como declarou o guru da administração Peter Drucker: "Muitos norte-americanos desconhecem seus pontos fortes. Quando você os questiona, eles ficam confusos ou respondem em termos de conhecimento especializado, que é a resposta errada".[107] Você sabe quais são seus pontos fortes? Não seria melhor trabalhar em uma cultura organizacional que o ajude a identificá-los e aprender maneiras de aproveitá-los ao máximo?

Larry Hammond, CEO da Auglaize Provico, um agronegócio sediado no estado norte-americano de Ohio, usou essa abordagem para enfrentar as maiores dificuldades financeiras da história da empresa. Quando a organização teve de demitir um quarto de sua força de trabalho, ele se concentrou nos pontos fortes da empresa, em vez de perder tempo pensando no que deu errado. "Se você realmente quiser [se destacar], precisa conhecer a si mesmo, saber o que faz bem e o que não faz tão bem", ele explicou. Com a ajuda do consultor Barry Conchie, da Gallup, Hammond se concentrou em identificar e usar os pontos fortes dos empregados para ajudar a empresa a se recuperar. "Se você perguntar a Larry [Hammond] qual é o diferencial da empresa, ele dirá que são pessoas usando seus talentos naturais", diz Conchie.[108]

Recompensar mais do que punir Embora a maioria das organizações seja suficientemente focada em recompensas extrínsecas, como remuneração e promoções, elas, não raro, esquecem da eficácia das recompensas menores (e mais baratas), como um elogio. Parte do processo de criar uma cultura organizacional positiva é "'pegar' os empregados fazendo algo certo". Muitos gestores restringem os elogios por temer que os empregados diminuam seu ritmo de trabalho ou porque acham que o elogio não será valorizado. Os empregados, geralmente, não pedem elogios e os gestores não costumam se dar conta dos custos de deixar de elogiá-los.

Vejamos o exemplo de El'zbieta Górska-Kolodziejczyk, gerente de fábrica da International Paper em Kwidzyn, na Polônia. Os empregados trabalhavam em um porão sombrio e sem janelas. O número de empregados era de aproximadamente um terço do que era antes, apesar de a produção ter triplicado. Os três gestores anteriores desistiram do trabalho diante dessas dificuldades. Quando El'zbieta assumiu a gerência, sua maior prioridade foi reconhecer e elogiar os empregados. No começo, foi difícil elogiar pessoas que não estavam acostumadas com elogios, especialmente os homens. "No começo, eles eram frios como gelo", ela conta. Mas, com o tempo, ela percebeu que eles valorizavam os elogios e até os retribuíam. Um dia, um supervisor a puxou de lado e disse que ela estava fazendo um bom trabalho. "Nunca vou me esquecer disso", ela disse.[109]

Incentivar a vitalidade e o crescimento Nenhuma organização obterá o melhor de empregados que se consideram meras engrenagens de uma máquina. Uma cultura positiva reconhece a diferença entre um emprego e uma carreira, além de apoiar não somente aquilo que o empregado faz para contribuir com a eficácia organizacional, mas o que a organização pode fazer para aumentar a eficácia do próprio empregado, tanto pessoal quanto profissionalmente. As melhores empresas sabem que vale a pena ajudar as pessoas a crescer. A Safelite AutoGlass, vencedora do prêmio Optima da *Workforce Management,* em 2012, pela Vantagem Competitiva, atribui seu sucesso em parte à sua iniciativa de desenvolver talentos. "O único jeito de nos destacar é tendo as melhores pessoas", afirma o vice-presidente sênior, Steve Miggo.[110]

Pode ser necessário usar mais criatividade para incentivar o crescimento dos empregados em alguns setores. Trabalhando na sede da Masterfoods, uma fabricante de alimentos, em Bruxelas, Philippe Lescornez liderou uma equipe de promotores de vendas, incluindo Didier Brynaert, que trabalhava em Luxemburgo, a quase 240 quilômetros de distância. Lescornez decidiu que Brynaert poderia expandir seu papel na empresa se atuasse como especialista nas características específicas do mercado luxemburguês. Em vista disso, ele solicitou que Brynaert compartilhasse informações com a matriz. "Passei a conversar muito mais com ele sobre o que ele fazia internamente com as pessoas [da empresa] devido à distância entre o escritório de Bruxelas e a região dele. Comecei a me comunicar sem parar com ele, que começou a me passar informações", disse Philippe. Como resultado, "hoje Brynaert é reconhecido na empresa como o 'especialista em Luxemburgo', o cara que é capaz de desenvolver um forte relacionamento com os clientes da região", explica ele. Naturalmente, o crescimento de Brynaert também beneficiou Lescornez, que recebeu os créditos por ajudá-lo a crescer e a se desenvolver.[111]

Limites da cultura positiva Será que a cultura positiva é a cura para tudo? Embora muitas empresas tenham adotado aspectos de uma cultura organizacional positiva, o conceito ainda é novo e não sabemos exatamente como e em quais situações ela é mais eficaz.

Nem todas as culturas nacionais valorizam tanto ser positivas como a cultura dos Estados Unidos e, mesmo nesse país, há limites quanto até onde as organizações devem ir em termos de cultura positiva. Os limites podem precisar ser ditados pelo setor de atuação e pela sociedade. Por exemplo, a Admiral, uma seguradora britânica, criou um Ministério de Diversão em seus *call centers* para organizar dias de recitação de poemas, pebolim, *conkers* (brincadeira infantil britânica envolvendo castanhas) e dias de fantasias, que podem entrar em conflito com um setor que tradicionalmente valoriza culturas mais sérias. Quando a promoção de uma cultura positiva começa a parecer obrigatória e coercitiva? Como um crítico observa, "promover a ortodoxia social da positividade concentra-se em um conjunto específico de circunstâncias e características desejáveis, mas, por outro lado, pode estigmatizar as pessoas que não se encaixam no modelo".[112] Estabelecer uma cultura positiva pode ter seus benefícios, mas uma organização também precisa ser objetiva e evitar ir além do ponto de eficácia.

A cultura espiritual

O que as empresas Southwest Airlines, Hewlett-Packard, Ford, The Men's Wearhouse, Tyson Foods, Wetherill Associates e Tom's of Maine têm em comum? Elas estão entre um número crescente de organizações que adotam a espiritualidade no local de trabalho.

O que é espiritualidade? A espiritualidade no ambiente de trabalho nada tem a ver com práticas religiosas, além de também não ter nada de místico ou teológico. A espiritualidade no ambiente de trabalho apenas reconhece que as pessoas têm uma vida interior, que nutre e que é nutrida por um trabalho que tenha um significado e que seja realizado dentro do contexto de uma comunidade.[113] As organizações que promovem uma cultura espiritual reconhecem que as pessoas buscam um sentido e um senso de propósito no trabalho, que realizam e procuram se conectar com outros seres humanos, fazendo parte de uma comunidade. Muitos tópicos que discutimos, desde o desenho de cargos até a responsabilidade social corporativa, encaixam-se no conceito de espiritualidade organizacional. Quando uma empresa enfatiza seu compromisso de pagar aos fornecedores do Terceiro Mundo um preço justo (acima do mercado) por seus produtos com o objetivo de ajudar no desenvolvimento da comunidade (como fez a rede Starbucks), ou incentiva os empregados a enviar orações e mensagens de inspiração por e-mail (como fez a Interstate Batteries), ela está incentivando uma cultura mais espiritualizada.[114]

> **espiritualidade no ambiente de trabalho**
> Reconhecimento de que as pessoas têm uma vida interior, que nutre e é nutrida por um trabalho que tenha significado e que ocorra no contexto de uma comunidade.

Por que falar de espiritualidade agora? Como vimos em nossa discussão sobre as emoções, no Capítulo 4, o mito da racionalidade presumia que uma organização bem administrada deve eliminar os sentimentos. O interesse pela vida interior dos empregados não tinha lugar no modelo absolutamente racional. No entanto, assim como percebemos que o estudo das emoções melhora nossa compreensão do comportamento organizacional, o reconhecimento da espiritualidade poderá nos ajudar a entender o comportamento dos empregados.

É claro que os empregados sempre tiveram uma vida interior. Por que, então, essa busca de sentido e propósito no trabalho só surgiu agora? Resumimos as razões na Tabela 16.3.

Características de uma organização espiritual O conceito de espiritualidade no ambiente de trabalho remete às nossas discussões sobre valores, ética, motivação e liderança. Embora as pesquisas ainda sejam preliminares, várias características culturais tendem a se destacar nas organizações espirituais:[115]

- *Benevolência*. As organizações espirituais valorizam a gentileza e a felicidade dos empregados e de outros stakeholders.
- *Forte senso de propósito*. As organizações espirituais baseiam sua cultura em um senso de propósito. Embora os lucros possam ser importantes, eles não são o principal valor.
- *Confiança e respeito*. As organizações espirituais são caracterizadas pela confiança mútua, honestidade e abertura. Os empregados são tratados com estima e são valorizados de forma consistente com a dignidade de cada indivíduo.
- *Mente aberta*. As organizações espirituais valorizam a flexibilidade de pensamento e a criatividade dos empregados.

TABELA 16.3 Razões para o crescente interesse na espiritualidade.

▶ A espiritualidade pode contrabalançar as pressões e o estresse de uma vida agitada. Os estilos de vida contemporâneos — famílias monoparentais, a mobilidade geográfica, a natureza temporária do trabalho, as novas tecnologias que distanciam as pessoas — acentuam a falta que muitas pessoas sentem de laços comunitários e aumentam a necessidade de envolvimento e de conexão.

▶ As religiões institucionalizadas não dão conta das necessidades de muitas pessoas, que continuam buscando outras "âncoras" para substituir a falta de fé e para preencher o sentimento de crescente vazio.

▶ As demandas profissionais transformaram a atividade profissional em algo dominante na vida das pessoas, que, muitas vezes, questionam o sentido de seu trabalho.

▶ As pessoas querem integrar os valores da vida pessoal às suas vidas profissionais.

▶ Cada vez mais pessoas estão descobrindo que a busca por bens materiais não lhes traz satisfação.

Promovendo a espiritualidade nas organizações Muitas organizações passaram a se interessar pela espiritualidade, mas estão tendo dificuldade de aplicar seus princípios. Vários tipos de práticas podem ajudar a criar um local de trabalho espiritual,[116] incluindo as que buscam promover o equilíbrio entre a vida pessoal e a profissional. Os líderes podem exemplificar valores, atitudes e comportamentos que incitam a motivação intrínseca dos empregados e um sentimento de cumprir uma missão por meio do trabalho. Incentivar os empregados a pensar em como seu trabalho lhes dá um senso de propósito pode ajudar a promover um local de trabalho espiritual. Isso pode ser feito em sessões de orientação em grupo e desenvolvimento organizacional (abordaremos este último método no Capítulo 18).

Um número cada vez maior de empresas, incluindo a Taco Bell e a Sturdisteel, disponibiliza aos empregados serviços de aconselhamento de capelães corporativos. Muitos capelães são terceirizados por meio de agências, como a Marketplace Chaplains USA, enquanto algumas empresas, como a R.J. Reynolds Tobacco e a Tyson Foods, empregam capelães diretamente. A presença de capelães corporativos no local de trabalho, em geral ministros cristãos ordenados, é obviamente controversa, ainda que seu papel não seja o de aumentar a espiritualidade e sim de ajudar os departamentos de recursos humanos a ajudar os empregados que

Objetivos profissionais

Como posso aprender a liderar?

Vou entrar em um novo emprego em algumas semanas. Vai ser minha primeira vez trabalhando em um cargo de liderança e sei que tenho muito a aprender. Como posso garantir que serei um bom líder?

— João

Caro João,

É sempre complicado começar em um novo emprego. Aprender a ser um líder é uma tarefa duplamente complicada. Espera-se que você seja capaz de dar orientação e fornecer um senso de propósito aos empregados e que respeite a cultura já existente do grupo, bem como as capacidades de cada membro da equipe. Veja algumas dicas para fazer a transição para a liderança:

• *Faça perguntas*. Os novos líderes costumam evitar fazer perguntas aos subordinados diretos por temerem ser considerados incompetentes ou fracos. Contudo, querer saber como as coisas são feitas e quais são as metas individuais de seu pessoal demonstra que você se interessa pelos membros da equipe. Familiarizar-se com a cultura e com as práticas do grupo também pode ajudá-lo a criar técnicas para mobilizar os pontos fortes da equipe e a superar as dificuldades.

• *Desenvolva relacionamentos com outros líderes*. Lembre-se de que você foi alocado a esse cargo por uma razão e a empresa quer que você tenha sucesso. Portanto, beneficie-se ao máximo do que as pessoas têm a oferecer. Faça anotações detalhadas sobre atividades e estratégias específicas que tiveram sucesso no passado e agende reuniões de acompanhamento para constatar se essas estratégias continuam funcionando. Se você puder demonstrar seu desejo de aprender, verá que as pessoas passarão a ajudá-lo e a dar conselhos.

• *Comece pequeno*. Muito já foi escrito sobre a importância de conquistar pequenas vitórias imediatas para criar uma boa reputação. O velho ditado "você nunca tem uma segunda chance de deixar uma boa primeira impressão" definitivamente se aplica ao ambiente de trabalho. Tente criar novas iniciativas com resultados claros que lhe possibilitem demonstrar suas habilidades de liderança. As melhores transições para a liderança incluem descobrir o que a situação requer e preparar sua equipe para o sucesso desde o início.

Seja proativo!

Fontes: baseado em T. B. Harris, N. Li, W. R. Boswell, X. Zhang e Z. Xie, "Getting What's New from Newcomers: Empowering Leadership, Creativity, and Adjustment in the Socialization Context", *Personnel Psychology* 67 (2014): 567–604; Y. H. Ji, N. A. Cohen, A. Daly, K. Finnigan e K. Klein, "The Dynamics of Voice Behavior and Leaders' Network Ties in Times of Leadership Successions", *Academy of Management Proceedings* (2014): 16324; e B. Eckfeldt, "5 Things New CEOS Should Focus On", *Business Insider*, 1 jun. 2015, http://www.businessinsider.com/5-things-new-ceos-should-focus-on-2015-6.

As opiniões apresentadas aqui são única e exclusivamente dos autores, os quais não se responsabilizam por quaisquer erros ou omissões nem pelos resultados obtidos com a utilização destas informações. Em circunstância alguma os autores, seus parceiros ou suas organizações serão responsáveis por qualquer decisão ou ação de sua parte ou da parte de qualquer pessoa com base nas opiniões apresentadas aqui.

---

já têm crenças cristãs.[117] Funções similares para líderes de outras religiões certamente devem ser encorajadas.

Críticas à espiritualidade Os críticos do movimento da espiritualidade nas organizações[118] se concentram em três questões. A primeira é a questão da fundamentação científica. O que vem a ser exatamente a espiritualidade no ambiente de trabalho? Seria apenas mais um modismo da administração? Em segundo lugar, as organizações espirituais são legítimas? Mais especificamente, as empresas têm o direito de impor valores espirituais a seus empregados? A terceira é uma questão econômica. Será que a espiritualidade e a lucratividade são compatíveis?

Em primeiro lugar, poucas pesquisas foram realizadas para investigar a espiritualidade no local de trabalho. A definição de espiritualidade é tão ampla que alguns estudos caracterizam como abordagens espirituais práticas que vão desde o rodízio de tarefas a retiros corporativos em centros de meditação. Ainda precisamos de respostas a muitas perguntas antes desse conceito ganhar credibilidade.

Em segundo lugar, a ênfase na espiritualidade pode deixar alguns empregados pouco à vontade. Alguns críticos argumentam que instituições laicas, especialmente empresas comerciais, não devem tentar impor valores espirituais aos seus empregados.[119] Essa crítica tem uma validade indiscutível quando se entende a espiritualidade como a prática de alguma religião específica no local de trabalho. No entanto, ela perde força quando o objetivo é apenas ajudar as pessoas a encontrar um senso de propósito no trabalho. Se as questões citadas na Tabela 16.3 realmente caracterizam um segmento crescente da força de trabalho, talvez as organizações possam ajudar.

Por fim, a questão da compatibilidade entre espiritualidade e lucro, sem dúvida, é relevante para gestores e investidores. As evidências, ainda que limitadas, indicam que os dois objetivos podem ser perfeitamente compatíveis. Um estudo revelou que as organizações que disponibilizaram a seus empregados oportunidades de desenvolvimento espiritual apresentaram um desempenho melhor que aquelas que não ofereceram esse tipo de oportunidade a seu pessoal.[120] Outros estudos constataram que a espiritualidade nas organizações foi positivamente relacionada com a criatividade, satisfação dos empregados, envolvimento com o trabalho e comprometimento organizacional.[121]

16.6 Mostrar como a cultura nacional pode afetar a maneira como a cultura organizacional é levada para um país diferente.

O contexto global

No Capítulo 5, consideramos os valores culturais globais (coletivismo/individualismo, distância do poder e assim por diante). Aqui, nosso foco é um pouco mais restrito: como a cultura organizacional é afetada pelo contexto global? As culturas organizacionais são tão influentes que, não raro, transcendem as fronteiras nacionais. Isso, no entanto, não significa que as organizações deveriam ou poderiam negligenciar a cultura local.

As culturas organizacionais geralmente refletem a cultura nacional.[122] A cultura da AirAsia, uma companhia aérea sediada na Malásia, enfatiza a abertura a novas experiências e às amizades. A empresa promove muitas festas e a gestão participativa. Seus escritórios não têm salas individuais, refletindo a cultura relativamente coletivista da Malásia. A cultura de muitas companhias aéreas dos Estados Unidos não reflete o mesmo grau de informalidade. Se uma companhia aérea norte-americana viesse a se instalar na Malásia ou se fundir à AirAsia, seria necessário levar em conta essas diferenças culturais. No entanto, as diferenças nas culturas organizacionais nem sempre se devem às diferenças culturais entre os países. Uma das maiores dificuldades na fusão da US Airways com a American Airlines foi a integração da cultura informal da US Airways com a cultura formal da American.[123]

Uma das coisas mais importantes que os gestores dos Estados Unidos podem fazer é ser culturalmente sensíveis. Esse país é uma força dominante nos negócios e na cultura e essa influência cria uma reputação. "De modo geral, somos vistos como pessoas arrogantes, completamente egocêntricas e barulhentas", disse um executivo norte-americano. Algumas medidas que os gestores norte-americanos podem tomar para ser culturalmente sensíveis incluem falar mais baixo e devagar, ouvir mais e evitar discussões sobre religião e política.

A gestão do comportamento ético é uma área na qual a cultura nacional pode atrapalhar a cultura corporativa.[124] Os executivos norte-americanos defendem a supremacia de forças de mercado anônimas como uma obrigação moral para as organizações empresariais. Essa visão de mundo considera o pagamento de propinas, o nepotismo e o favorecimento de pessoas conhecidas como ações altamente antiéticas. Eles também valorizam a maximização de lucros, de modo que qualquer ação que se desvie disso pode indicar um comportamento não adequado ou corrupto. Por sua vez, os executivos de países em desenvolvimento tendem a analisar as decisões éticas como incorporadas ao contexto do ambiente social. Isso significa que fazer favores especiais a familiares e amigos não somente é apropriado como pode chegar a ser uma responsabilidade ética. Gestores de muitas nações veem o capitalismo com ceticismo e acreditam que os interesses dos trabalhadores devem ser colocados lado a lado com os dos acionistas, o que pode restringir a maximização dos lucros.

Criar uma cultura organizacional multinacional pode causar conflitos entre empregados de países que possuem uma tradição de rivalidade. Quando bancos suecos, noruegueses, finlandeses e dinamarqueses se uniram para formar a Nordea Bank AB, os estereótipos que alguns empregados tinham, baseados nas relações históricas entre os países, provocaram tensões entre eles. A Finlândia foi uma colônia da Suécia e a Noruega fez parte da Dinamarca e depois da Suécia. O fato de nenhum dos empregados ter vivido a época em que seus países eram colônias não fez muita diferença e complexas alianças nacionalistas acabaram se formando na

Nordea. Para resolver esse problema, a Nordea usou o *storytelling* (técnica de contar histórias) como forma de ajudar os empregados a se identificar com os aspectos positivos de sua *região* geográfica compartilhada. A organização reforçou a identidade comum por meio de comunicados à imprensa, memorandos corporativos, representação igualitária dos países na equipe da alta administração e promoção dos valores compartilhados. Embora a organização continue tendo dificuldades com a cultura multinacional, os sucessos atingidos podem ser atribuídos à cuidadosa atenção às diferenças nacionais.[125]

Quando organizações nacionais buscam empregar trabalhadores em operações no exterior, a gestão deve decidir sobre a pertinência de padronizar certos aspectos da cultura organizacional. Por exemplo, as organizações deveriam simplesmente oferecer os mesmos planos de saúde e programas de equilíbrio entre a vida pessoal e profissional do país de origem ou deveriam adequar os planos às normas de cada sociedade? Qualquer uma dessas soluções pode ser problemática. Por exemplo, ao apresentar um plano de combate ao alcoolismo a empregados russos como parte de seu programa de assistência aos empregados, a empresa norte-americana Rothenberg International nunca imaginou que os russos resistiriam ao conceito de "assistência", preferindo a ideia de "apoio". A Rothenberg conseguiu se ajustar, mas, em algumas ocasiões, as leis locais podem interceder (ajudando ou dificultando) quando os empregadores tentam implementar planos de seu país de origem. Por exemplo, o Brasil tem um plano federal de prevenção e controle do HIV que os empregadores podem usar e o Serviço Nacional de Saúde do Reino Unido paga por programas de combate ao tabagismo, ao passo que, na Alemanha, esse tipo de iniciativa deve contar com o financiamento de planos de saúde privados.[126] Os pesquisadores ainda não chegaram a um consenso sobre as ações que devem ser empreendidas, mas o primeiro passo é que as empresas passem a ser sensíveis às diferenças de padrões e critérios.

RESUMO

A Figura 16.3 mostra o impacto da cultura organizacional. Os empregados formam uma percepção geral subjetiva sobre a organização com base em fatores como o grau de tolerância ao risco, a ênfase nas equipes e o apoio prestado aos empregados de forma individual. Essa percepção genérica representa, na prática, a cultura ou "personalidade" da organização e afeta o desempenho e a satisfação dos empregados, sendo que, quanto mais forte for a cultura, maior será o seu impacto.

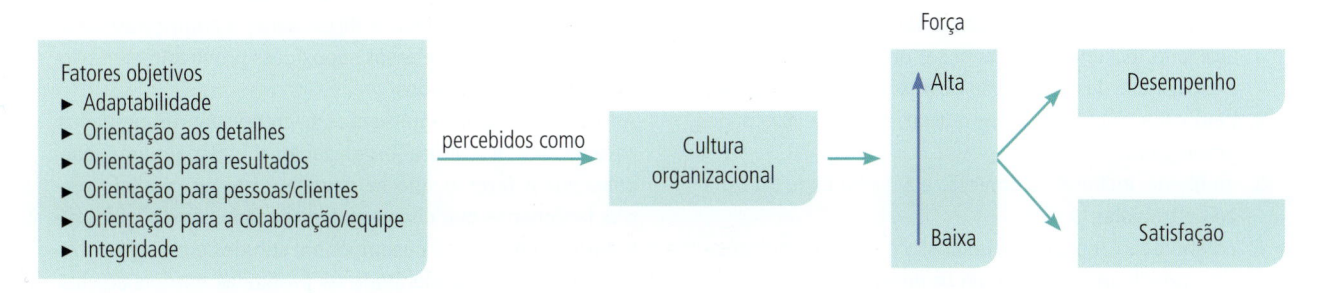

FIGURA 16.3 Como as culturas organizacionais afetam o desempenho e a satisfação dos empregados.

Fatores objetivos
- Adaptabilidade
- Orientação aos detalhes
- Orientação para resultados
- Orientação para pessoas/clientes
- Orientação para a colaboração/equipe
- Integridade

percebidos como → Cultura organizacional → Força (Alta/Baixa) → Desempenho / Satisfação

IMPLICAÇÕES PARA OS GESTORES

▶ Reconheça que a cultura de uma organização é relativamente fixa no curto prazo. Para fazer qualquer mudança, envolva a alta gestão e desenvolva estratégias para um plano de longo prazo.

▶ Contrate pessoas cujos valores estejam alinhados aos da organização. Esses empregados tendem a permanecer comprometidos e satisfeitos. Já os empregados que não se encaixam bem na cultura organizacional apresentam taxas de rotatividade consideravelmente mais altas.

▶ Entenda que o desempenho e a socialização dos empregados dependem, em grande parte, de saberem o que devem ou não fazer. Treine bem os empregados e mantenha-os informados sobre eventuais mudanças em suas funções.

▶ Em algumas situações, você pode moldar a cultura do seu ambiente de trabalho tanto quanto esse ambiente pode moldar você. Todos os gestores podem ajudar a criar uma cultura ética e considerar a espiritualidade e seu papel na criação de uma cultura organizacional positiva.

▶ Esteja ciente de que a cultura organizacional de sua empresa pode não ser facilmente "transportada" para outros países. Entenda a relevância cultural das normas de sua organização antes de introduzir novos planos ou iniciativas no exterior.

Ponto e contraponto

A cultura organizacional pode ser "mensurada"

PONTO

Greg Besner, CEO da CultureIQ, tem quinze anos de experiência como empreendedor e líder, acompanhando centenas de empresas para conseguir mensurar com precisão a cultura organizacional. A CultureIQ se concentra em mensurar e administrar a cultura organizacional usando um programa de computador. Eles descobriram o que acreditam ser dez indicadores que ajudam uma empresa a avaliar sua cultura (especialmente o aspecto da missão e valores). Besner sugere que as empresas deveriam avaliar todos os itens a seguir:

1. comunicação, incluindo o poder de expressão dos empregados e a comunicação descendente dos líderes;
2. inovação, incluindo a criatividade dos empregados e a receptividade da organização a novas ideias;
3. agilidade, incluindo as percepções dos empregados sobre a capacidade da organização de se adaptar às mudanças;
4. bem-estar, incluindo o bem-estar mental e físico dos empregados;
5. ambiente, incluindo o conforto e a usabilidade do espaço de trabalho;
6. colaboração, incluindo a extensão na qual os empregados trabalham bem uns com os outros;

CONTRAPONTO

Será que algo tão complexo, profundo e tão difícil de definir pode ser claramente mensurado ao fazer perguntas a uma pessoa sobre a cultura de sua organização por meio de uma entrevista ou questionário? De acordo com alguns pesquisadores, provavelmente não. Como o professor John Traphagan observa: "O problema do termo 'cultura' é que ele tende a 'essencializar' os grupos, ou seja, fazer uma representação simplista de um grupo de pessoas como se fosse um todo unificado que compartilha valores, ideias, práticas e crenças simples e em comum". Além de reduzir sistemas complexos a conjuntos unificados, a cultura organizacional também é determinista, o que significa que ela é uma entidade completa e determinada, que muda lentamente, e tende a ter um efeito intenso e direto sobre o comportamento. Mas a realidade é que essas suposições provavelmente não são bem fundamentadas.

As métricas de levantamentos e entrevistas empregadas para avaliar a cultura organizacional normalmente não conseguem fazer o que se propõem porque avaliam outros fenômenos que chamamos erroneamente de "cultura" (como comunicação, desempenho, atitudes etc.) ou não representam em sua plenitude as profundas complexidades

7. apoio, incluindo a assistência que os empregados recebem de seus supervisores, de colegas e da organização como um todo;
8. orientação ao desempenho, incluindo a clareza das funções, recompensas e reconhecimento de empregados;
9. responsabilidade, incluindo a prestação de contas (*accountability*) e a autonomia dos empregados;
10. missão e valores, incluindo a conscientização e a implementação.

Além da abordagem de Besner, vários outros pesquisadores e profissionais de mercado afirmaram ser capazes de avaliar a cultura organizacional com precisão. De forma geral, eles aplicaram questionários e realizaram entrevistas para avaliar a cultura e acumularam evidências de que tais investigações são capazes de medir os fatores necessários, de forma consistente. Um exemplo é um levantamento no qual os empregados devem responder a perguntas relacionadas às dimensões da cultura organizacional discutidas no início deste capítulo (os mesmos "fatores objetivos" relacionados na Figura 16.3) e comparar a maneira como sua posição em relação a esses valores se alinha com a posição da organização.

da cultura organizacional. Por exemplo, as avaliações da cultura organizacional deveriam se concentrar em mitos? Em histórias? Em valores? Em comportamento? Em artefatos? Em crenças? Em premissas básicas? Pode até ser fácil ver como valores, comportamentos e crenças podem ser avaliados por meio de levantamentos, mas é muito mais difícil conhecer as histórias, os artefatos e as premissas básicas da organização. Além disso, como podemos distinguir o efeito das subculturas ou da cultura nacional e o efeito da cultura como um todo?

O último problema é decidir o que deve ser mensurado. Como vimos neste capítulo, muitas formas diferentes de cultura e dimensões organizacionais foram propostas por pesquisadores do comportamento organizacional no decorrer de muitas décadas. Quais delas são corretas? A resposta a essa pergunta nos leva à questão quanto à maneira de mensurar a cultura organizacional. Fica claro que, embora as culturas organizacionais pareçam reais e influenciem as pessoas, é incrivelmente difícil "mensurá-las".

Fontes: baseado em N. M. Ashkanasy, L. E. Broadfoot e S. Falkus, "Questionnaire Measures of Organizational Culture", in N. M. Ashkanasy, C. P. M. Wilderom e M. F. Peterson (eds.), *Handbook of Organizational Culture and Climate* (Thousand Oaks, CA: Sage, 2000): 131–46; G. Besner, "The 10 Company Culture Metrics You Should Be Tracking Right Now", *Entrepreneur*, 3 jun. 2015, https://www.entrepreneur.com/article/246899; C. Ostroff, A. J. Kinicki e R. S. Muhammad, "Organizational Culture and Climate", in I. B. Weiner (ed.), *Handbook of Psychology*, 2. ed. (Hoboken, NJ: Wiley, 2012): 643–76; B. Schneider, M. G. Ehrhart e W. H. Macey, "Organizational Climate and Culture", *Annual Review of Psychology* 64 (2013): 361–88; e J. Traphagan, "Why 'Company Culture' Is a Misleading Term", *Harvard Business Review*, 21 abr. 2015, https://hbr.org/2015/04/why-company-culture-is-a-misleading-term.

REVISÃO DO CAPÍTULO

QUESTÕES PARA REVISÃO

16.1 O que é a cultura organizacional e quais são suas principais características?

16.2 Quais são os efeitos funcionais e disfuncionais da cultura organizacional?

16.3 Quais fatores criam e sustentam a cultura de uma organização?

16.4 Como a cultura é transmitida aos empregados?

16.5 Quais são as semelhanças e as diferenças da criação das culturas ética, positiva e espiritual?

16.6 Como a cultura nacional pode afetar a maneira como a cultura organizacional é levada para um país diferente?

APLICAÇÃO E EMPREGABILIDADE

Neste capítulo, você foi apresentado à cultura e ao clima organizacional, bem como a suas características diferenciadoras. Você aprendeu que a cultura é importantíssima, tendo o poder de levar a organização ao sucesso ou ao fracasso. A cultura organizacional costuma ser levada muito a sério pelas organizações. Ao aprender sobre as culturas organizacionais e seu funcionamento, você melhorou sua empregabilidade por meio do desenvolvimento de sua capacidade de se adaptar a diferentes tipos de culturas, de criar culturas organizacionais positivas quando ocupar uma posição de liderança e de demonstrar sua adequação aos valores de uma empresa na qual você gostaria de trabalhar. Com o que aprendeu sobre os aspectos negativos da cultura organizacional, você poderá evitar ou contornar situações potencialmente problemáticas que podem ocorrer em seu ambiente de trabalho ou quando você participa como candidato em processos seletivos de organizações que tenham uma cultura organizacional negativa. Neste capítulo, você reforçou suas habilidades de comunicação ao refletir sobre as forças da mudança cultural na organização, aprendendo a ser um líder melhor, lendo sobre a diferença entre culturas compassivas no setor bancário e ponderando se é possível "mensurar" a cultura organizacional. Na próxima seção, você reforçará seu pensamento crítico e suas habilidades de análise e aplicação do conhecimento projetando sua própria cultura organizacional, analisando como as culturas podem encorajar a desonestidade ou a corrupção, discutindo como os aspectos da estrutura organizacional e do layout do escritório contribuem para a cultura organizacional e questionando os prós e os contras de uma cultura ativa.

EXERCÍCIO EXPERIENCIAL Arquitetos da cultura

Forme grupos de três a quatro alunos. Cada grupo representará os fundadores de uma nova organização. Os membros de cada grupo se basearão no que aprenderam neste capítulo e em outros materiais para estabelecer as bases de uma cultura organizacional eficaz para a nova empresa. Cada grupo precisará apresentar as seguintes informações sobre sua nova cultura e justificar suas respostas:

Nome da organização
Produto ou serviço fornecido
Membros fundadores
Declaração de visão ou missão
Os três principais valores que orientam a organização
Cinco crenças essenciais que orientam a condução dos negócios da organização
Três exemplos de políticas, práticas ou procedimentos organizacionais que promovem a visão ou reforçam os valores da organização
Um ou mais artefatos ou símbolos que representam a missão ou os valores da organização (pode ser um logotipo, descrição de vestuário, uso da linguagem ou jargões e assim por diante)

Questões

16.7 Foi difícil chegar a um consenso sobre esses elementos ao criar a cultura? Quais tipos de desentendimentos surgiram e como vocês os resolveram?

16.8 Você acha que essas bases definitivamente levarão à cultura pretendida? Explique sua resposta. Que tipo de mudanças, obstáculos ou outros eventos poderiam mudar a cultura ou fazer com que ela se desvie da cultura planejada?

16.9 Que tipos de práticas de socialização específicas você poderia usar para que os novos empregados possam se adaptar melhor à cultura organizacional?

Dilema ético

Cultura da desonestidade

Vimos, ao longo do texto, que a honestidade costuma ser a melhor política para administrar o comportamento organizacional. Mas isso não significa que a honestidade seja sempre a regra nos negócios.

Na verdade, estudos descobriram que setores inteiros podem incentivar a desonestidade. Em um experimento, os participantes foram solicitados a pensar sobre sua identidade profissional ou responder a um questionário genérico. Em seguida, eles foram solicitados a registrar uma série de rodadas de cara ou coroa. Eles foram informados que, quanto mais caras tirassem, mais dinheiro ganhariam. Bancários que responderam à pesquisa genérica foram tão honestos nos registros dos jogos de cara ou coroa quanto as pessoas que trabalhavam em outros setores. No entanto, bancários que pensaram sobre sua identidade profissional registraram mais caras do que realmente tiraram. Não foi o que aconteceu com pessoas de outras profissões. A associação entre a identidade profissional e a desonestidade só ocorreu entre as pessoas que trabalhavam no setor bancário. No entanto, sem dúvida, esses resultados não se restringem a esse setor. Muitas outras maneiras de estimular as pessoas a pensar em transações financeiras parecem levar a uma maior desonestidade. Estudos também descobriram que muitas pessoas se sentem pressionadas a se engajar em comportamentos desonestos para atingir uma meta financeira. O dinheiro é uma grande motivação para a desonestidade.

O dinheiro também é um grande motivador nos esportes profissionais. Por exemplo, o número de altos executivos da FIFA que foram indiciados em 2015 sugere que o comportamento desonesto é aceito na organização e encobrir a desonestidade dos outros é um comportamento encorajado. Domenico Scala, presidente do comitê de auditoria e conformidade da FIFA, observou: "Para apoiar a mudança, precisamos de uma cultura que censure o comportamento inadequado e aplique as regras de maneira vigorosa, justa e responsiva". Para vencer a corrupção, as pessoas em posições de autoridade devem demonstrar seu comprometimento com uma cultura ética. Como Scala observou, "É a mensagem dos líderes que garante que a cultura ética seja incorporada em todos os níveis da organização. Ela deve ser honesta e comunicada com sinceridade tanto nas palavras quanto nas ações dos líderes". Quando as pessoas veem a chance de ganhar dinheiro, os líderes, diante da tendência à desonestidade, precisam se manter especialmente atentos e comunicar com clareza que esperam um comportamento ético dos empregados.

Felizmente, evidências demonstram que orientar as pessoas para se concentrar nos relacionamentos e na maneira como alocam seu tempo pode levá-las a ser mais honestas e prestativas. Isso sugere que o foco nas consequências sociais de nossas ações pode ajudar a vencer a corrupção.

Questões

16.10 Quais são os efeitos negativos de uma cultura que incentiva a desonestidade e a corrupção sobre a reputação de uma organização e de seus empregados?

16.11 Por que algumas organizações podem levar os empregados a se comportar de maneira desonesta ou corrupta? Quais são os benefícios pessoais da corrupção que a cultura organizacional pode combater?

16.12 Se você acabou de entrar em uma empresa, quais medidas pode tomar se for pressionado a violar seus próprios padrões éticos no trabalho? Como as respostas dos empregados de nível médio a essa questão se difeririam das respostas dos altos executivos?

Fontes: baseado em F. Gino, "Banking Culture Encourages Dishonesty", *Scientific American*, 30 dez. 2014, http://www.scientificamerican.com/article/banking-culture-encourages-dishonesty/; A. Cohn, E. Fehr e M. A. Maréchal, "Business Culture and Dishonesty in the Banking Industry", *Nature*, 2014, doi:10.1038/nature13977; L. Geggel, "FIFA Scandal: The Complicated Science of Corruption", *Scientific American*, 31 maio 2015, http://www.scientificamerican.com/article/fifa-scandal-the-complicated-science-of-corruption/; e K. Radnedge, "Culture Change Required if FIFA Is to Eliminate Wrongdoing", *World Soccer*, 29 maio 2015, http://www.worldsoccer.com/columnists/keir-radnedge/culture-change-required-if-fifa-is-to-eliminate-wrongdoing-362278.

Estudo de caso 1

O lugar faz as pessoas

No Gerson Lehrman Group você não encontrará empregados trabalhando em baias dia após dia. Você também não encontrará, contudo, empregados trabalhando dia após dia em um escritório de layout aberto. Isso porque a Gerson Lehrman está comprometida com o que a empresa chama de "trabalho baseado em atividades". Nesse sistema, os empregados têm acesso a baias se quiserem mais privacidade, salas de conferência para reuniões de grupo, bancadas para trabalhar com um laptop e espaços totalmente abertos. Você é quem decide onde quer trabalhar.

Até pouco tempo atrás, o local alocado para uma pessoa trabalhar no escritório constituía um sinal claro de status hierárquico e fazia parte da cultura organizacional. À medida que as organizações se tornaram mais horizontalizadas e a necessidade de criatividade e flexibilidade aumentou, o layout aberto passou a ser cada vez mais adotado. O objetivo é encorajar um diálogo livre e aberto, estimular a criatividade e minimizar hierarquia ou, em outras palavras, fomentar uma cultura criativa e colaborativa e eliminar a associação entre o status e os lugares alocados nos escritórios.

No entanto, pesquisas sobre os layouts abertos revelam uma desvantagem. Os escritórios de layout aberto reduzem o senso de privacidade e a sensação de que a pessoa tem seu próprio espaço, além de gerar distrações. Como a escritora e psicóloga Maria Konnikova observou: "Quando somos expostos a muitos *inputs* de uma só vez, como a tela do computador, música, a conversa de um colega, o alerta de uma mensagem instantânea, nossos sentidos ficam sobrecarregados e precisamos nos esforçar mais para atingir um resultado".

Pensando assim, será que a combinação de espaços baseados em atividades descrita pode ser uma boa solução? Com os empregados passando de um espaço de trabalho ao outro, esse tipo de ambiente pode ser ainda menos controlado que um escritório de layout aberto. Essa abordagem, no entanto, sinaliza uma cultura que valoriza a autonomia de cada empregado para escolher o melhor ambiente em determinado momento.

Por outro lado, a falta de regularidade cria outros problemas. Os empregados não têm qualquer controle pessoal sobre qualquer espaço de trabalho, o que poderiam ter com um layout aberto. O especialista em design Louis Lhoest observa que os gerentes de um escritório baseado em atividades "precisam aprender a lidar com a dificuldade de não ter mais seu pessoal em sua linha de visão". Pode ser uma transição difícil para muitos gerentes, especialmente se estiverem acostumados a uma cultura de comando e controle.

Não é fácil saber qual é o melhor: um design tradicional, um layout aberto ou o baseado em atividades. Talvez a pergunta que deva ser feita é: "Qual tipo será mais apropriado para cada organização?".

Questões

16.13 Como diferentes tipos de design de escritório podem afetar a interação social, a colaboração e a criatividade dos empregados? Esses designs deveriam ser encorajados até mesmo em organizações que não tenham uma cultura inovadora?

16.14 É possível avaliar objetivamente os efeitos de um novo design de escritório? Como você avaliaria se o novo layout do escritório está melhorando a cultura organizacional?

16.15 Você acha que certos tipos de design de escritório podem ser utilizados para criar uma cultura mais ética ou espiritual? Explique sua resposta. Se você acha que sim, como o design do escritório pode ser utilizado para criar uma cultura ética?

16.16 Releia o Estudo de caso 1. De que maneiras o design do escritório pode influenciar a cultura?

Fontes: baseado em B. Lanks, "Don't Get Too Cozy," *Bloomberg Businessweek*, 30 out. 2014, http://www.businessweekme.com/Bloomberg/newsmid/190/newsid/271; M. Konnikova, "The Open-Office Trap", *New Yorker*, 7 jan. 2014, http://www.newyorker.com/business/currency/the-open-office-trap; e N. Ashkanasy, O. B. Ayoko e K. A. Jehn, "Understanding the Physical Environment of Work and Employee Behavior: An Affective Events Perspective", *Journal of Organizational Behavior* 35 (2014): 1169–84.

Estudo de caso 2

Culturas ativas

Os empregados de muitas empresas de sucesso começam o dia checando as projeções econômicas. Já os empregados da Ventura, uma empresa do grupo Patagonia, na Califórnia, começam o dia checando a previsão do tempo para ver se o dia estará bom para surfar. A empresa de roupas de atividades ao ar livre encoraja seu pessoal a dedicar parte do dia de trabalho para sair do escritório e fazer alguma atividade. Para a Patagonia, ligar os empregados ao ambiente natural é uma parte importante de sua cultura.

Os novos empregados são rapidamente apresentados a essa mentalidade. Pouco depois de entrar na Patagonia, a executiva de marketing Joy Howard foi imediatamente encorajada a viajar pelo mundo praticando pesca com mosca (*fly fishing*), surfe e escalada.

Ela observa que essas viagens todas não são só para o lazer e constituem uma parte importante de seu trabalho. "Eu precisava conhecer os produtos que comercializamos", ela explicou. Outras práticas da empresa servem para apoiar essa cultura saudável orientada a atividades ao ar livre. Por exemplo, a organização tem um café no escritório que serve produtos orgânicos cultivados na região. Empregados de todos os níveis são incentivados por meio de um programa de descontos a testar os produtos da empresa em campo. E horários flexíveis garantem que eles possam tirar uma tarde de folga para pegar uma onda ou sair da cidade para fazer uma caminhada.

Será que essa cultura organizacional gera benefícios financeiros? Alguns líderes corporativos acham que sim. Como Neil Blumenthal, um dos fundadores da fabricante de óculos Warby Parker, observa: "Eles demonstraram que é possível ter um negócio lucrativo e ao mesmo tempo valorizar o meio ambiente, seu pessoal e sua comunidade". Como a CEO da Patagonia, Rose Marcario, diz: "As pessoas reconhecem a Patagonia como uma empresa que vê os negócios através de uma lente mais holística, que não tem um foco só nos lucros". Mas ela acrescenta: "Os lucros são importantes. Se não fossem, vocês não estariam falando comigo".

A cultura da Patagonia claramente cria um local de trabalho ideal para algumas pessoas, mas não para as que não compartilham seus valores. As pessoas que não gostam de atividades ao ar livre provavelmente se sentiriam excluídas. A missão e os valores da Patagonia podem não ser para todos, mas, para aqueles que se inserem em seu nicho específico no mercado de trabalho e para seus produtos, tal cultura é perfeita.

Questões

16.17 Quais você acha que são as principais dimensões da cultura que levam a Patagonia ao sucesso? Como a organização ajuda a fomentar essa cultura?

16.18 Em sua opinião, a Patagonia usa estratégias na construção de sua cultura que poderiam funcionar para outras empresas? Ela seria um bom modelo para empresas que não são tão associadas a um estilo de vida? Explique sua resposta.

16.19 Quais são as desvantagens da cultura da Patagonia? Essa cultura pode ser um problema? Em caso afirmativo, em quais situações?

16.20 Releia o Estudo de caso 2. O que a Patagonia pode fazer para reforçar ainda mais sua cultura?

Fontes: baseado em J. Murphy, "At Patagonia, Trying New Outdoor Adventures Is a Job Requirement", *Wall Street Journal*, 10 mar. 2015, http://www.wsj.com/articles/at-patagonia-trying-new-outdoor-adventures-is-a-job-requirement-1425918931; B. Schulte, "A Company That Profits as It Pampers Workers", *Washington Post*, 25 out. 2014, http://www.washingtonpost.com/business/a-company-that-profits-as-it-pampers-workers/2014/10/22/d3321b34-4818-11e4-b72e-d60a9229cc10_story.html; e D. Baer, "Patagonia CEO: 'There's No Way I Should Make One Decision Baseado em Quarterly Results'", *Business Insider*, 19 nov. 2014, http://www.businessinsider.com/patagonia-ceo-interview-2014-11.

NOTAS

1. Veja, por exemplo, B. Schneider, M. G. Ehrhart e W. H. Macey, "Organizational Climate and Culture", *Annual Review of Psychology* 64 (2013): 361–88.

2. J. A. Chatman, D. F. Caldwell, C. A. O'Reilly e B. Doerr, "Parsing Organizational Culture: How the Norm for Adaptability Influences the Relationship between Culture Consensus and Financial Performance in High Technology Firms", *Journal of Organizational Behavior* 35, no. 6 (2014): 785–808.

3. C. A. Hartnell, A. Y. Ou e A. Kinicki, "Organizational Culture and Organizational Effectiveness: A Meta-Analytic Investigation of the Competing Values Framework", *Journal of Applied Psychology* 96 (2011): 677–94; e R. E. Quinn e J. Rohrbaugh, "A Special Model of Effectiveness Criteria: Toward a Competing Values Approach to Organizational Analysis", *Management Science* 29 (1983): 363–77.

4. Schneider, Ehrhart e Macey, "Organizational Climate and Culture".

5. Hartnell, Ou e Kinicki, "Organizational. Culture and Organizational Effectiveness".

6. Veja, por exemplo, C. Ostroff, A. J. Kinicki e R. S. Muhammad, "Organizational Culture and Climate", in I. B. Weiner (ed.), *Handbook of Psychology*, 2. ed. (Hoboken, NJ: Wiley, 2012): 643–76.

7. D. A. Hoffman e L. M. Jones, "Leadership, Collective Personality, and Performance", *Journal of Applied Psychology* 90, no. 3 (2005): 509–22.

8. J. Martin, *Organizational Culture: Mapping the Terrain* (Thousand Oaks, CA: Sage, 2002).

9. P. Lok, R. Westwood e J. Crawford, "Perceptions of Organisational Subculture and Their Significance for Organisational Commitment", *Applied Psychology: An International Review* 54, no. 4 (2005): 490–514; e B. E. Ashforth, K. M. Rogers e K. G. Corley, "Identity in Organizations: Exploring CrossLevel Dynamics", *Organization Science* 22. (2011): 1144–56.

10. J. M. Jermier, J. W. Slocum Jr., L. W. Fry e J. Gaines, "Organizational Subcultures in a Soft Bureaucracy: Resistance behind the Myth and Façade of an Official Culture", *Organization Science* 2, no. 2 (1991): 170–94.

11. T. Hsieh, "Zappos's CEO on Going to Extremes for Customers", *Harvard Business Review* (jul.-ago. 2010): 41–45.

12. Para discussões sobre como a cultura pode ser avaliada como uma percepção compartilhada, veja D. Chan, "Multilevel and Aggregation Issues in Climate and Culture Research", in B. Schneider e K. M. Barbera (eds.), *The Oxford Handbook of Organizational Climate and Culture* (Nova York: Oxford University Press, 2014): 484–95; e J. B. Sorensen, "The Strength of Corporate Culture and the Reliability of Firm Performance", *Administrative Science Quarterly* (mar. 2002): 70–91.

13. B. Schneider, A. N. Salvaggio e M. Subirats, "Climate Strength: A New Direction for Climate Research", *Journal of Applied Psychology* 87 (2002): 220–29; L. M. Kotrba, M. A. Gillespie, A. M. Schmidt, R. E. Smerek, S. A. Ritchie e D. R. Denison, "Do Consistent Corporate Cultures Have Better Business Performance: Exploring the Interaction Effects", *Human Relations* 65 (2012): 241–62; e M. W. Dickson, C. J. Resick e P. J. Hanges, "When Organizational Climate Is Unambiguous, It Is Also Strong", *Journal of Applied Psychology* 91 (2006): 351–64.

14. Chatman, Caldwell, O'Reilly e Doerr, "Parsing Organizational Culture".

15. L. M. Kotrba, M. A. Gillespie, A. M. Schmidt, R. E. Smerek, S. A. Ritchie e D. R. Denison, "Do Consistent Corporate Cultures Have Better Business Performance? Exploring the Interaction Effects", *Human Relations* 65, no. 2 (2012): 241–62.

16. Veja S. Maitlis e M. Christianson, "Sensemaking in Organizations: Taking Stock and Moving Forward", *The Academy of Management Annals* 8 (2014): 57–125; e K. Weber e M. T. Dacin, "The Cultural Construction of Organizational Life", *Organization Science* 22 (2011): 287–98.

17. C. A. Hartnell, A. J. Kinicki, L. S. Lambert, M. Fugate e P. D. Corner, "Do Similarities or Differences between CEO Leadership and Organizational Culture Have a More Positive Effect on Firm Performance? A Test of Competing Predictions", *Journal of Applied Psychology* 101, no. 6 (2016): 846–61.

18. A. L. Kristof-Brown, R. D. Zimmerman e E. C. Johnson, "Consequences of Individuals' Fit at Work: A Meta-Analysis of Person-Job, Person-Organization, Person-Group, and Person-Supervisor Fit", *Personnel Psychology* 58 (2005): 281–342.

19. Schneider, Ehrhart e Macey, "Organizational Climate and Culture".

20. J. Z. Carr, A. M. Schmidt, J. K. Ford e R. P. DeShon, "Climate Perceptions Matter: A Meta-Analytic Path Analysis Relating Molar Climate, Cognitive and Affective States, and Individual Level Work Outcomes", *Journal of Applied Psychology* 88, no. 4 (2003): 605–19.

21. M. Schulte, C. Ostroff, S. Shmulyian e A. Kinicki, "Organizational Climate Configurations: Relationships to Collective Attitudes, Customer Satisfaction, and Financial Performance", *Journal of Applied Psychology* 94, no. 3 (2009): 618–34.

22. D. Zohar e D. A. Hofmann, "Organizational Culture and Climate", in S. W. J. Kozlowski (ed.), *The Oxford Handbook of Organizational Psychology*, Vol. 1 (Oxford, Reino Unido: Oxford University Press, 2012): 317–34.

23. A. Howell, A. Kirk-Brown e B. K. Cooper, "Does Congruence between Espoused and Enacted Organizational Values Predict Affective Commitment in Australian Organizations?", *The International Journal of Human Resource Management* 23, no. 4 (2012): 731–47.

24. M. Kuenzi e M. Schminke, "Assembling Fragments into a Lens: A Review, Critique, and Proposed Research Agenda for the Organizational Work Climate Literature", *Journal of Management* 35, no. 3 (2009): 634–717; e Schneider, Ehrhart e Macey, "Organizational Climate and Culture".

25. S. Clarke, "The Relationship between Safety Climate and Safety Performance: A Meta-Analytic Review", *Journal of Occupational Health Psychology* 11, no. 4 (2006): 315–27; e S. Clarke, "An Integrative Model of Safety Climate: Linking Psychological Climate and Work Attitudes to Individual Safety Outcomes Using MetaAnalysis", *Journal of Occupational and Organizational Psychology* 83 (2010): 553–78.

26. J. M. Beus, S. C. Payne, M. E. Bergman e W. Arthur, "Safety Climate and Injuries: An Examination of Theoretical and Empirical Relationships", *Journal of Applied Psychology* 95, no. 4 (2010): 713–27.

27. J. C. Wallace, P. D. Johnson, K. Mathe e J. Paul, "Structural and Psychological Empowerment Climates, Performance, and the Moderating Role of Shared Felt Accountability: A Managerial Perspective", *Journal of Applied Psychology* 96, no. 3 (2011): 840–50.

28. M. Kaptein, "Developing and Testing a Measure for the Ethical Culture of Organizations: The Corporate Ethical Virtues Model", *Journal of Business Ethics* 29 (2008): 923–47; e L. K. Trevino e G. R. Weaver, *Managing Ethics in Business Organizations: Social Scientific Perspectives* (Stanford, CA: Stanford University Press, 2003).

29. Kaptein, "Developing and Testing a Measure for the Ethical Culture of Organizations".

30. A. Arnaud e M. Schminke, "The Ethical Climate and Context of Organizations", *Organization Science* 23, no. 6 (2012): 1767–80; A. Simha e J. B. Cullen, "Ethical Climates and Their Effects on Organizational Outcomes: Implications from the Past and Prophecies for the Future", *Academy of Management Perspectives* 26, no. 4 (2012): 20–34; e B. Victor e J. B. Cullen, "The Organizational Bases of. Ethical Work Climates", *Administrative Science Quarterly* 33, no. 1 (1988): 101–25.

31. Ibid.

32. A. T. Myer, C. N. Thoroughgood e S. Mohammed, "Complementary or Competing Climates? Examining the Interactive Effect of Service and Ethical Climates on Company-Level Financial Performance", *Journal of Applied Psychology* 101, no. 8 (2016): 1178–90.

33. Simha e Cullen, "Ethical Climates and Their Effects on Organizational Outcomes"; e Victor e Cullen, "The Organizational Bases of Ethical Work Climates".

34. Simha e Cullen, "Ethical Climates and Their Effects on Organizational Outcomes".

35. A. Arnaud, "Conceptualizing and Measuring Ethical Work Climate Development and Validation of the Ethical Climate Index", *Business & Society*, jun. 2010, 345–458.

36. Arnaud e Schminke, "The Ethical Climate and Context of Organizations".

37. J. Howard-Greenville, S. Bertels e B. Lahneman, "Sustainability: How It Shapes Organizational Culture and Climate", in B. Schneider e K. M. Barbera (eds.), *The Oxford Handbook of Organizational Climate and Culture* (Nova York: Oxford University Press, 2014): 257–75.

38. P. Lacy, T. Cooper, R. Hayward e L. Neuberger, "A New Era of Sustainability: UN Global Compact–Accenture CEO Study 2010", jun. 2010, www.uncsd2012.org/content/documents/Accenture_A_New_Era_of_Sustainability_CEO_study.pdf.

39. B. Fitzgerald, "Sustainable Farming Will Be Next 'Revolution in Agriculture'", *Australian Broadcasting Company*, 29 maio 2015, http://www.abc.net.au/news/2015-05-29/state-of-tomorrow-sustainable-farming/6504842.

40. A. A. Marcus e A. R. Fremeth, "Green Management Matters Regardless", *Academy of Management Perspectives* 23 (2009): 17–26.

41. H. R. Dixon-Fowler, D. J. Slater, J. L. Johnson, A. E. Ellstrand e A. M. Romi, "Beyond 'Does It Pay to Be Green?' A Meta-Analysis of Moderators of the CEP-CFP Relationship", *Journal of Business Ethics* 112 (2013): 353–66.

42. P. Bansal, "From Issues to Actions: The Importance of Individual Concerns and Organizational Values in Responding to Natural Environmental Issues", *Organization Science* 14 (2003): 510–27; P. Bansal, "Evolving Sustainably: A Longitudinal Study of Corporate Sustainable Development", *Strategic Management Journal* 26 (2005): 197–218; e J. Howard-Grenville e A. J. Hoffman, "The Importance of Cultural Framing to the Success of Social Initiatives in Business", *Academy of Management Executive* 17 (2003): 70–84.

43. A. R. Carrico e M. Riemer, "Motivating Energy Conservation in the Workplace: An Evaluation of the Use of Group-Level Feedback and Peer Education", *Journal of Environmental Psychology* 31 (2011): 1–13.

44. J. P. Kotter, "Change Management: Accelerate!", *Harvard Business Review* (nov. 2012): 44–58.

45. R. Walker, "Behind the Music", *Fortune*, 29 out. 2012, 57–58.

46. J. P. Titlow, "How Spotify's Music-Obsessed Culture Keeps Employees Hooked", *Fast Company*, 20 out. 2014, http://www.fastcompany.com/3034617/how-spotifys-musicobsessed-culture-makes-the-company-rock.

47. E. Ries, *The Lean Startup* (Nova York: Crown Business, 2011).

48. M. Herper, "Niche Pharma", *Forbes*, 24 set. 2012, 80–89.

49. Y. Berson, S. Oreg e T. Dvir, "CEO Values, Organizational Culture and Firm Outcomes", *Journal of Organizational Behavior* 29 (2008): 615–33; e J. Zhou, X. M. Wang, L. J. Song e J. Wu, "Is It New? Personal and Contextual Influences on Perceptions of Novelty and Creativity", *Journal of Applied Psychology* 102, no. 2 (2017): 180–202.

50. R. Pyrillis, "ChildNet: Optimas Award Winner for General Excellence", *Workforce Management*, 1 nov. 2012, http://www.workforce.com/2012/11/01/childnetoptimas-award-winner-for-general-excellence/.

51. E. Comen, S. Stebbins e T. C. Frohlich, "The Worst Companies to Work For", *24/7 Wall ST*, 10 jun. 2016, http://247wallst.com/special-report/2016/06/10/the-worst-companies-to-work-for-2/; e C. Hannan, "Dish Network, the Meanest Company in America", *Bloomberg*, 3 jan. 2013, https://www.bloomberg.com/news/articles/2013-01-02/dish-network-the-meanest-company-in-america.

52. A. S. Boyce, L. R. G. Nieminen, M. A. Gillespie, A. M. Ryan e D. R. Denison, "Which Comes First, Organizational Culture or Performance? A Longitudinal Study of Causal Priority with Automobile Dealerships", *Journal of Organizational Behavior* 36 (2015): 339–59.

53. J. Bandler e D. Burke, "How HP Lost Its Way", *Fortune*, 21 maio 2012, 147–64.

54. G. F. Lanzara e G. Patriotta, "The Institutionalization of Knowledge in an Automotive Factory: Templates, Inscriptions, and the Problems of Durability", *Organization Studies* 28, no. 5 (2007): 635–60; e J. W. Meyer e B. Rowan, "Institutionalized Organizations: Formal Structure as Myth and Ceremony", *American Journal of Sociology* 83, no. 2 (1977): 340–63.

55. Veja, por exemplo, P. Bate, R. Khan e A. Pye, "Towards a Culturally Sensitive Approach to Organizational Structuring: Where Organizational Design Meets Organizational Development", *Organization Science* 11, no. 2 (2000): 197–211; e G. F. Latta, "Modeling the Cultural Dynamics of Resistance and Facilitation: Interaction Effects in the OC 3 Model of Organizational Change", *Journal of Organizational Change Management* 28, no. 6 (2015): 1013–37.

56. Veja D. L. Stone, E. F. Stone-Romero e K. M. Lukaszewski, "The Impact of Cultural Values on the Acceptance and Effectiveness of Human Resource Management Policies and Practices", *Human Resource Management Review* 17, no. 2 (2007): 152–65; D. R. Avery, "Support for Diversity in Organizations: A Theoretical Exploration of Its Origins and Offshoots", *Organizational Psychology Review* 1 (2011): 239–56; e A. Groggins e A. M. Ryan, "Embracing Uniqueness: The Underpinnings of a Positive Climate for Diversity", *Journal of Occupational and Organizational Psychology* 86 (2013): 264–82.

57. J. A. Chatman, J. T. Polzer, S. G. Barsade e M. A. Neale, "Being Different yet Feeling Similar: The Influence of Demographic Composition and Organizational Culture on Work Processes and Outcomes", *Administrative Science Quarterly* 43 (1998): 749–80.

58. S. D. Pugh, J. Dietz, A. P. Brief e J. W. Wiley, "Looking Inside and Out: The Impact of Employee and Community Demographic Composition on Organizational Diversity Climate", *Journal of Applied Psychology* 93, no. 6 (2008): 1422–28.

59. M. J. Gelfand, L. M. Leslie, K. Keller e C. de Dreu, "Conflict Cultures in Organizations: How Leaders Shape Conflict Cultures and Their Organizational-Level Consequences", *Journal of Applied Psychology* 97, no. 6 (2012): 1131–47.

60. Veja, por exemplo, F. Bauer e K. Matzler, "Antecedents of M&A Success: The Role of Strategic Complementarity, Cultural Fit, and Degree and Speed of Integration", *Strategic Management Journal* 35 (2014): 269–91; I. H. Gleibs, A. Mummendey e P. Noack, "Predictors of Change in Postmerger Identification during a Merger Process: A Longitudinal Study", *Journal of Personality and Social Psychology* 95, no. 5 (2008): 1095–112; C. Pike, *Mergers and Acquisitions: Managing Culture and Human Resources* (Stanford, CA: Stanford University Press, 2005); e R. A. Weber e C. F. Camerer, "Cultural Conflict and Merger Failure: An Experimental Approach", *Management Science* (abr. 2003): 400–12.

61. K. Voigt, "Mergers Fail More Often Than Marriages", CNN, 22 maio 2009, http://edition.cnn.com/2009/BUSINESS/05/21/merger.marriage/.

62. Y. Chen, "Will it Blend? Oath Will Combine Disparate AOL-Yahoo Ad Tech Assets", *Digiday*, 13 abr. 2017, https://digiday.com/media/will-blend-oath-will-combine-disparate-aol-yahoo-ad-tech-assets/; R. G. McGrath, "15 Years Later, Lessons from the Failed AOL–Time Warner Merger", *Fortune*, 10 jan. 2015, http://fortune.com/2015/01/10/15-years-later-lessons-from-the-failed-aol-time-warner-merger/.

63. L.-H. Lin, "Organizational Structure and Acculturation in Acquisitions: Perspectives of Congruence Theory and Task Interdependence", *Journal of Management* 40, no. 7 (2014): 1831–56.

64. Para uma revisão, veja Schneider, Ehrhart e Macey, "Organizational Climate and Culture".

65. E. H. Schein, *Organizational Culture and Leadership*, Vol. 2 (Nova York: John Wiley & Sons, 2010).

66. R. M. Steers, *Made in Korea: Chung Ju Yung and the Rise of Hyundai* (Nova York, NY: Routledge, 1999).

67. Veja, por exemplo, D. E. Bowen e C. Ostroff, "The 'Strength' of the HRM System, Organizational Climate Formation, and Firm Performance", *Academy of Management Review* 29 (2004): 203–21.

68. D. D. Warrick, J. F. Milliman e J. M. Ferguson, "Building High Performance Cultures", *Organizational Dynamics* 45 (2016): 64–70.

69. W. Arthur Jr., S. T. Bell, A. J. Villado e D. Doverspike, "The Use of Person-Organization Fit in Employment Decision Making: An Assessment of Its Criterion-Related Validity", *Journal of Applied Psychology* 91, no. 4 (2006): 786–801; W. Li, Y. Wang, P. Taylor, K. Shi e D. He, "The Influence of Organizational Culture on Work-Related Personality Requirement Ratings: A Multilevel Analysis", *International Journal of Selection and Assessment* 16, no. 4 (2008): 366–84; e A. M. Saks e B. E. Ashforth, "Is Job Search Related to Employment Quality? It All Depends on the Fit", *Journal of Applied Psychology* 87, no. 4 (2002): 646–54.

70. Veja, por exemplo, B. R. Dineen, S. R. Ash e R. A. Noe, "A Web of Applicant Attraction: Person-Organization Fit in the Context of Web-Based Recruitment", *Journal of Applied Psychology* 87, no. 4 (2002): 723–34.

71. G. Hamel, "W. L. Gore: Lessons from a Management Revolutionary", *The Wall Street Journal* [Blog], 18 mar. 2010, https://blogs.wsj.com/management/2010/03/18/wl-gore-lessons-from-a-management-revolutionary/; e J. Kell, "Meet the Culture Warriors: 3 Companies Changing the Game", *Fortune*, 14 mar. 2017, http://fortune.com/2017/03/14/best-companies-to-work-for-culture/.

72. D. C. Hambrick, "Upper Echelons Theory: An Update", *Academy of Management Review* 32 (2007): 334–43; M. A. Carpenter, M. A. Geletkanycz e W. G. Sanders, "Upper Echelons Research Revisited: Antecedents, Elements, and Consequences of Top Management Team Composition", *Journal of Management* 30, no. 6 (2004): 749–78; e H. Wang, A. S. Tsui e K. R. Xin, "CEO Leadership Behaviors, Organizational Performance, and Employees' Attitudes", *The Leadership Quarterly* 22, no. 1 (2011): 92–105.

73. J. Chew, "The 20 Best Workplaces in Retail", *Fortune*, 24 nov. 2015, http://fortune.com/2015/11/24/best-workplaces-retail/; Great Place to Work, "Wegmans Food Markets, INC", http://reviews.greatplacetowork.com/wegmans-food-markets-inc, acessado em 18 abr. 2017; M. Nisen, "Wegmans Is a Great Grocery Store Because It's a Great Employer", *Quartz*, 13 maio 2015, https://qz.com/404063/new-york-city-is-getting-a-great-grocery-store-in-wegmans-and-an-even-better-employer/; e D. Owens, "Treating Employees Like Customers: Longtime Grocer Has Helped Make Wegmans an Employer of Choice", *HR Magazine*, 1 out. 2009, https://www.shrm.org/hr-today/news/hr-magazine/pages/1009owens.aspx.

74. T. D. Allen, L. T. Eby, G. T. Chao e T. N. Bauer, "Taking Stock of Two Relational Aspects of Organizational Life: Tracing the History and Shaping the Future of Socialization and Mentoring Research", *Journal of Applied Psychology* 102, no. 3 (2017): 324–37; e T. N. Bauer, T. Bodner, B. Erdogan, D. M. Truxillo e J. S. Tucker, "Newcomer Adjustment during Organizational Socialization: A Meta-Analytic Review of Antecedents, Outcomes, and Methods", *Journal of Applied Psychology* 92, no. 3 (2007): 707–21.

75. G. Kranz, "Training That Starts before the Job Begins", *Workforce Management*, jul. 2009, www.workforce.com.

76. R. E. Silverman, "Companies Try to Make the First Day for New Hires More Fun", *The Wall Street Journal*, 28 maio 2013, http://online.wsj.com/article/SB10001424127887323336104578501631475934850.html.

77. D. M. Cable, F. Gino e B. R. Staats, "Breaking Them in or Eliciting Their Best? Reframing Socialization around Newcomers' Authentic Self-Expression", *Administrative Science Quarterly* 58 (2013): 1–36; e M. Tuttle, "A Review and Critique of Van Maanen and Schein's 'Toward a Theory of Organizational Socialization' and Implications for Human Resource Development", *Human Resource Development Review* 1 (2002): 66–90.

78. C. J. Collins, "The Interactive Effects of Recruitment Practices and Product Awareness on Job Seekers' Employer Knowledge and Application Behaviors", *Journal of Applied Psychology* 92, no. 1 (2007): 180–90.

79. N. Delobbe, H. D. Cooper-Thomas e R. De Hoe, "A New Look at the Psychological Contract during Organizational Socialization: The Role of Newcomers' Obligations at Entry", *Journal of Organizational Behavior* 37, no. 6 (2016): 845–67; J. D. Kammeyer-Mueller e C. R. Wanberg, "Unwrapping the Organizational Entry Process: Disentangling Multiple Antecedents and Their Pathways to Adjustment", *Journal of Applied Psychology* 88 (2003): 779–94; E. W. Morrison, "Longitudinal Study of the Effects of Information Seeking on Newcomer Socialization", *Journal of Applied Psychology* 78 (2003): 173–83; e M. Wang, Y. Zhan, E. McCune e D. Truxillo, "Understanding Newcomers' Adaptability and Work-Related Outcomes: Testing the Mediating Roles of Perceived P-E Fit Variables", *Personnel Psychology* 64, no. 1 (2011): 163–89.

80. Bauer, Bodner, Erdogan, Truxillo e Tucker, "Newcomer Adjustment during. Organizational Socialization"; E. W. Morrison, "Newcomers' Relationships: The Role of Social Network Ties during Socialization", *Academy of Management Journal* 45 (2002): 1149–60; e A. M. Saks, K. L. Uggerslev e N. E. Fassina, "Socialization Tactics

and Newcomer Adjustment: A Meta-Analytic Review and Test of a Model", *Journal of Vocational Behavior* 70 (2007): 413–46.

81. B. Schneider, H. W. Goldstein e D. B. Smith, "The ASA Framework: An Update", *Personnel Psychology* 48 (1995): 747–73.

82. Saks, Uggerslev e Fassina, "Socialization Tactics and Newcomer Adjustment"; e J. Van Maanen e E. Schein, "Toward a Theory of Organizational Socialization", in B. M. Staw (ed.), *Research in Organizational Behavior*, Vol. 1 (Greenwich, CT: JAI, 1979).

83. Bauer, Bodner, Erdogan, Truxillo e Tucker, "Newcomer Adjustment during Organizational Socialization"; e Saks, Uggerslev e Fassina, "Socialization Tactics and Newcomer Adjustment".

84. W. R. Boswell, A. J. Shipp, S. C., Payne e S. S. Culbertson, "Changes in Newcomer Job Satisfaction over Time: Examining the Pattern of Honeymoons and Hangovers", *Journal of Applied Psychology* 94, no. 4 (2009): 844–58; W. R. Boswell, J. W. Boudreau e J. Tichy, "The Relationship between Employee Job Change and Job Satisfaction: The Honeymoon-Hangover Effect", *Journal of Applied Psychology* 90 (2005): 882–92; e Y. Zhou, M. Zou, M. Williams e V. Tabvuma, "Is the Grass Greener on the Other Side? A Longitudinal Study of the Impact of Employer Change and Occupational Change on Job Satisfaction", *Journal of Vocational Behavior* 99 (2017): 66–78.

85. J. D. Kammeyer-Mueller, C. R. Wanberg, A. L. Rubenstein e Z. Song, "Support, Undermining, and Newcomer Socialization: Fitting in during the First 90 Days", *Academy of Management Journal* 56 (2013): 1104–24; e M. Jokisaari e J. Nurmi, "Change in Newcomers' Supervisor Support and Socialization Outcomes after Organizational Entry", *Academy of Management Journal* 52 (2009): 527–44.

86. C. Vandenberghe, A. Panaccio, K. Bentein, K. Mignonac e P. Roussel, "Assessing Longitudinal Change of and Dynamic Relationships among Role Stressors, Job Attitudes, Turnover Intention, and Well-Being in Neophyte Newcomers", *Journal of Organizational Behavior* 32, no. 4 (2011): 652–71.

87. E. Ransdell, "The Nike Story? Just Tell It!", *Fast Company* (jan.-fev. 2000): 44–46; e A. Muccino, "Exclusive Interview with Chuck Eichten", *Liquid Brand Summit Blog*, 4 fev. 2011, http://blog.liquidbrandsummit.com/.

88. R. Garud, H. A. Schildt e T. K. Lant, "Entrepreneurial Storytelling, Future Expectations, and the Paradox of Legitimacy", *Organization Science* 25, no. 5 (2014): 1479–92; e G. A. Rosile, D. M. Carlon, S. Downs e R. Saylors, "Storytelling Diamond: An Antenarrative Integration of the Six Facets of Storytelling in Organization Research Design", *Organizational Research Methods* 16, no. 4 (2013): 557–80.

89. S. L. Dailey e L. Browning, "Retelling Stories in Organizations: Understanding the Functions of Narrative Repetition", *Academy of Management Review* 39 (2014): 22–43.

90. A. J. Shipp e K. J. Jansen, "Reinterpreting Time in Fit Theory: Crafting and Recrafting Narratives of Fit in Medias Res", *Academy of Management Review* 36, no. 1 (2011): 76–101.

91. Veja G. Islam e M. J. Zyphur, "Rituals in Organizations: A Review and Expansion of Current Theory", *Group and Organization Management* 34, no. 1 (2009): 114–39; e M. J. Rossano, "The Essential Role of Ritual in the Transmission and Reinforcement of Social Norms", *Psychological Bulletin* 138, no. 3 (2012): 529–49.

92. Great Place to Work, "Kimpton Hotels & Restaurants", http://reviews.greatplacetowork.com/kimpton-hotels-restaurants, acessado em 18 abr. 2017; e S. Halzack, "At Kimpton Hotels, Employees Bond through Housekeeping Olympics", *The Washington Post*, January 6, 2013, https://www.washingtonpost.com/business/capitalbusiness/at-kimpton-hotels-employees-bond-through-housekeeping-olympics/2013/01/04/3a212b2c-535c11e-2-bf3e-76c0a789346f_story.html?utm_term=.c3e004bef157.

93. A. Bryant, "Take the Bus, and Watch the Ideas Flow", *The New York Times*, 16 set. 2012, 2.

94. C. Jones, *How Matter Matters: Objects, Artifacts, and Materiality in Organization Studies* (Oxford, Reino Unido: Oxford University Press, 2013); e E. H. Schein, *Organizational Culture and Leadership*, 4. ed. (São Francisco, CA: Jossey-Bass, 2010).

95. M. G. Pratt e A. Rafaeli, "Artifacts and Organizations: Understanding Our Objective Reality", in A. Rafaeli e M. G. Pratt (eds.), *Artifacts and Organizations: Beyond Mere Symbolism* (Mahwah, NJ: Lawrence Erlbaum, 2006): 279–88.

96. A. Rafaeli e I. Vilnai-Yavetz, "Emotion as a Connection of Physical Artifacts and Organizations", *Organization Science* 15, no. 6 (2004): 671–86.

97. B. Gruley, "Relaxed Fit", *Bloomberg Businessweek*, 17–23 set. 2012, 98–99.

98. Great Place to Work, "Genentech", http://reviews.greatplacetowork.com/genentech, acessado em 18 abr. 2017.

99. Z. Kalou e E. Sadler-Smith, "Using Ethnography of Communication in Organizational Research", *Organizational Research Methods* 18, no. 4 (2015): 629–55; e H. M. Trice e J. M. Beyer, *The Cultures of Work Organizations* (Englewood Cliffs, NJ: Prentice Hall, 1993).

100. A. Ardichvilli, J. A. Mitchell e D. Jondle, "Characteristics of Ethical Business Cultures", *Journal of Business Ethics* 85, no. 4 (2009): 445–51; D. M. Mayer, "A Review of the Literature on Ethical Climate and Culture", in B. Schneider e K. M. Barbera (eds.), *The Oxford Handbook of Organizational Climate and Culture* (Nova York: Oxford University Press, 2014): 415–40.

101. J. P. Mulki, J. F. Jaramillo e W. B. Locander, "Critical Role of Leadership on Ethical Climate and Salesperson Behaviors", *Journal of Business Ethics* 86, no. 2 (2009): 125–41; M. Schminke, M. L. Ambrose e D. O. Neubaum, "The Effect of Leader Moral Development on Ethical Climate and Employee Attitudes", *Organizational Behavior and Human Decision Processes* 97, no. 2 (2005): 135–51; e M. E. Brown, L. K. Treviño e D. A. Harrison, "Ethical Leadership: A Social Learning Perspective for Construct Development and Testing", *Organizational Behavior and Human Decision Processes* 97, no. 2 (2005): 117–34.

102. D. M. Mayer, M. Kuenzi, R. Greenbaum, M. Bardes e S. Salvador, "How Low Does Ethical Leadership Flow? Test of a TrickleDown Model", *Organizational Behavior and Human Decision Processes* 108, no. 1 (2009): 1–13; L. J. Christensen, A. Mackey e D. Whetten, "Taking Responsibility for Corporate Social Responsibility: The Role of Leaders in Creating, Implementing, Sustaining, or Avoiding Socially Responsible Firm Behaviors", *Academy of Management Perspectives* 28 (2014): 164–78; e J. M. Schaubroeck, S. T. Hannah, B. J. Avolio, S. W. J. Kozlowski, R. G. Lord, L. K. Treviño... e A. C. Peng, "Embedding Ethical Leadership within and across Organization Levels", *Academy of Management Journal* 55, no. 5 (2012): 1053–78.

103. B. Sweeney, D. Arnold e B. Pierce, "The Impact of Perceived Ethical Culture of the Firm and Demographic Variables on Auditors' Ethical Evaluation and Intention to Act Decisions", *Journal of Business Ethics* 93, no. 4 (2010): 531–51.

104. L. Huang e T. A. Paterson, "Group Ethical Voice: Influence of Ethical Leadership and

Impact on Ethical Performance", *Journal of Management* 43, no. 4 (2017): 1157–84.

105. M. L. Gruys, S. M. Stewart, J. Goodstein, M. N. Bing e A. C. Wicks, "Values Enactment in Organizations: A Multi-Level Examination", *Journal of Management* 34, no. 4 (2008): 806–43.

106. D. L. Nelson e C. L. Cooper (eds.), *Positive Organizational Behavior* (Londres: Sage, 2007); K. S. Cameron, J. E. Dutton e R. E. Quinn (eds.), *Positive Organizational Scholarship: Foundations of a New Discipline* (São Francisco: Berrett-Koehler, 2003); e F. Luthans e C. M. Youssef, "Emerging Positive Organizational Behavior", *Journal of Management* 33, no. 3 (2007): 321–49.

107. M. Buckingham e D. O. Clifton, *Now, Discover Your Strengths* (Washington, D. C.: Gallup, 2001).

108. J. Robison, "Great Leadership under Fire", *Gallup Leadership Journal*, 8 mar. 2007, 1–3.

109. R. Wagner e J. K. Harter, *12: The Elements of Great Managing* (Nova York: Gallup Press, 2006).

110. M. Mihelich, "2012 Optimas Award Winners: Safelite AutoGlass", *Workforce Management*, nov. 2012, 27.

111. R. Wagner e J. K. Harter, "Performance Reviews without the Anxiety", *Gallup Leadership Journal*, 12 jul. 2007, 1–4; e Wagner e Harter, *12: The Elements of Great Managing*.

112. S. Fineman, "On Being Positive: Concerns and Counterpoints", *Academy of Management Review* 31, no. 2 (2006): 270–91.

113. E. Poole, "Organisational Spirituality: A Literature Review", *Journal of Business Ethics* 84, no. 4 (2009): 577–88.

114. L. W. Fry e J. W. Slocum, "Managing the Triple Bottom Line through Spiritual Leadership", *Organizational Dynamics* 37, no. 1 (2008): 86–96.

115. Veja, por exemplo, C. L. Jurkiewicz e R. A. Giacalone, "A Values Framework for Measuring the Impact of Workplace Spirituality on Organizational Performance", *Journal of Business Ethics* 49, no. 2 (2004): 129–42.

116. Veja, por exemplo, B. S. Pawar, "Workplace Spirituality Facilitation: A Comprehensive Model", *Journal of Business Ethics* 90, no. 3 (2009): 375–86; e L. Lambert, *Spirituality Inc.: Religion in the American Workplace* (Nova York: New York University Press, 2009).

117. M. Oppenheimer, "The Rise of the Corporate Chaplain", *Bloomberg Businessweek*, 23 ago. 2012, 58–61.

118. Veja, por exemplo, S. Chan-Serafin, A. P. Brief e J. M. George, "How Does Religion Matter and Why? Religion and the Organizational Sciences", *Organization Science* 24, no. 5 (2013): 1585–600.

119. M. Lips-Miersma, K. L. Dean e C. J. Fornaciari, "Theorizing the Dark Side of the Workplace Spirituality Movement", *Journal of Management Inquiry* 18, no. 4 (2009): 288–300.

120. J.-C. Garcia-Zamor, "Workplace Spirituality and Organizational Performance", *Public Administration Review* 63, no. 3 (2003): 355–63; e L. W. Fry, S. T. Hannah, M. Noel e F. O. Walumbwa, "Impact of Spiritual Leadership on Unit Performance", *Leadership Quarterly* 22, no. 2 (2011): 259–70.

121. A. Rego e M. Pina e Cunha, "Workplace Spirituality and Organizational Commitment: An Empirical Study", *Journal of Organizational Change Management* 21, no. 1 (2008): 53–75; R. W. Kolodinsky, R. A. Giacalone e C. L. Jurkiewicz, "Workplace Values and Outcomes: Exploring Personal, Organizational, and Interactive Workplace Spirituality", *Journal of Business Ethics* 81, no. 2 (2008): 465–80; M. Gupta, V. Kumar e M. Singh, "Creating Satisfied Employees through Workplace Spirituality: A Study of the Private Insurance Sector in Punjab India", *Journal of Business Ethics* 122 (2014): 79–88.

122. Para uma revisão, veja Schneider, Ehrhart e Macey, "Organizational Climate and Culture".

123. J. Nicas, "American, US Airways Face Challenges in Integration", *The Wall Street Journal*, 14 fev. 2013, http://online.wsj.com/article/SB10001424127887324432004578304192162931544.html.

124. D. J. McCarthy e S. M. Puffer, "Interpreting the Ethicality of Corporate Governance Decision in Russia: Utilizing Integrative Social Contracts Theory to Evaluate the Relevance of Agency Theory Norms", *Academy of Management Review* 33, no. 1 (2008): 11–31.

125. P. Monin, N. Noorderhavin, E. Vaara e D. Kroon, "Giving Sense to and Making Sense of Justice in Postmerger Integration", *Academy of Management Journal* (fev. 2013): 256–84; A. Simha e J. B. Cullen, "Ethical Climates and Their Effects on Organizational Outcomes: Implications from the Past and Prophecies for the Future", *Academy of Management Perspectives* (nov. 2011): 20–34; e E. Vaara e J. Tienari, "On the Narrative Construction of Multinational Corporations: An Antenarrative Analysis of Legitimation and Resistance in a Cross-Border Merger", *Organization Science* (mar.-abr. 2011): 370–90.

126. R. Vesely, "Seven Seas Change", *Workforce Management* (set. 2012): 20–21.

Políticas e práticas de recursos humanos

Capítulo 17

Objetivos de aprendizagem

Depois de ler este capítulo, você será capaz de:

17.1 Descrever o valor de métodos de recrutamento.

17.2 Especificar os métodos de seleção inicial.

17.3 Identificar os métodos mais úteis de seleção substantiva.

17.4 Comparar os principais tipos de treinamento.

17.5 Listar os métodos de avaliação de desempenho.

17.6 Descrever o papel de liderança dos recursos humanos (RH) nas organizações.

MATRIZ DE HABILIDADES PARA A EMPREGABILIDADE

	Mito ou ciência?	Objetivos profissionais	Escolha ética	Ponto e contraponto	Exercício experiencial	Dilema ético	Estudo de caso 1	Estudo de caso 2
Pensamento crítico		✓	✓		✓	✓	✓	✓
Comunicação		✓			✓			
Colaboração					✓			
Análise e aplicação do conhecimento	✓	✓		✓	✓	✓	✓	✓
Responsabilidade social			✓	✓		✓	✓	✓

UMA MORDOMIA INCOMUM

Qual benefício poderia ajudar as empresas de tecnologia a atrair mulheres para o seu quadro de empregados? Ampliar o tempo da licença-maternidade? Creches no local de trabalho? E o que dizer da possibilidade de adiar o nascimento dos filhos?

Uma das maiores dificuldades das empresas de tecnologia é atrair e reter pessoas do sexo feminino. Em uma área que requer criatividade, muitas empresas do Vale do Silício estão tentando se beneficiar da vantagem resultante de ter uma força de trabalho mais diversificada em termos de gênero. O problema é que, mesmo com uma boa política de licença-maternidade, grande parte da força de trabalho feminina inserida em um mercado tão competitivo pode ter dificuldades em ter filhos entre os 20 e os 30 anos. Isso pode impor um dilema às mulheres porque o período mais importante de sua carreira também pode ser seu período mais fértil.

O CEO Mark Zuckerberg (foto), do Facebook, quer dar mais opções às mulheres. Em 2014, o Facebook oferecia um dos pacotes de benefícios mais generosos para os pais, mesmo para os padrões do Vale do Silício. Os novos pais recebiam quatro meses de licença-maternidade remunerada, além de um bônus de US$ 4.000. Mulheres grávidas também podiam usar as clínicas médicas oferecidas pela empresa no local de trabalho. Mesmo assim, Zuckerberg achou que podia oferecer mais. O fundador do Facebook expandiu os benefícios de saúde das mulheres que trabalham na empresa cobrindo o custo de extração e congelamento de óvulos. Ao congelar seus óvulos, elas teriam como adiar a decisão de ter filhos até suas carreiras desacelerarem sem correr o risco de infertilidade depois dos 30.

Como muitas outras novidades relacionadas ao Facebook, o anúncio de Zuckerberg lançou uma tendência. O Facebook continua pagando pelo congelamento de óvulos para suas funcionárias, assim como a Apple e muitas outras empresas de tecnologia do Vale do Silício. Em 2017, a moda do congelamento de óvulos já tinha cruzado o oceano. A CARE Fertility, uma das maiores empresas de fertilidade do Reino Unido, anunciou ter sido procurada por várias empresas britânicas para oferecer o congelamento de óvulos às suas funcionárias.

O congelamento de óvulos é só uma das muitas mordomias incomuns que as empresas do Vale do Silício oferecem a seus empregados. A Apple disponibiliza concertos musicais gratuitos, transporte, um centro de saúde on-line e até um suprimento ilimitado de maçãs, a fruta que dá nome à empresa, para seus empregados. A Asana, uma startup de tecnologia, oferece US$ 10.000 aos empregados para personalizar o mobiliário de seus escritórios. Os empregados do Dropbox têm acesso a um serviço de lavanderia gratuito e jantares com bebidas incluídas, custando à empresa até US$ 25.000 por empregado. O Google, no entanto, reina supremo em termos de benefícios aos empregados, oferecendo "cápsulas do sono" (para tirar um cochilo), um serviço de concierge (para afazeres como compras de supermercado, levar ou buscar roupas na lavanderia etc.), uma lanchonete gratuita e mais de 30 cafés.

Por que as empresas dedicariam parte de seus lucros para pagar benefícios aos empregados? Afinal, o congelamento de óvulos custa cerca de U$ 20.000 para cada funcionária que se beneficia do programa. Muitas empresas usam mordomias incomuns para atrair talentos. Em áreas com escassez de mão de obra, como no Vale do Silício, oferecer essas vantagens aumenta as chances de fazer com que um candidato considerado excelente aceite uma oferta de emprego. De uma perspectiva mais ampla, esses benefícios podem melhorar a cultura de uma organização. Oferecer jantares gratuitos pode criar camaradagem. Os serviços de concierge e cápsulas do sono podem reduzir o estresse dos empregados. Alguns desses benefícios não essenciais (refeições gratuitas, escritórios personalizados) também podem aumentar a satisfação. E, quando os empregados estão satisfeitos no trabalho, eles têm mais chances de ficar na empresa, reduzindo os custos da rotatividade.

Fontes: baseado em B. Molina e E. Weise, "Apple, Facebook to Pay for Women to Freeze Eggs", *USA Today*, 14 out. 2014, https://www.usatoday.com/story/tech/2014/10/14/apple-facebook-eggs/17240953/; C. Purtill, "Silicon Valley's Newest Trend Is Realizing Its Most Insane Perks Aren't Sustainable", *Quartz Media*, 10 maio 2016, https://qz.com/679889/silicon-valleys-newest-trend-is-realizing-its-most-insane-perks-arent-sustainable/; A. Robinson, "Egg Freezing Offered as Perk to Female Employees", *Sky News*, 24 abr. 2017, http://news.sky.com/story/egg-freezing-offered-as-perk-to-female-employees-10848413; e L. Bradford, "13 Tech Companies That Offer Cool Work Perks", *Forbes*, 27 jul. 2016, https://www.forbes.com/sites/laurencebradford/2016/07/27/13-tech-companies-that-offer-insanely-cool-perks/#165aa9c679d1.

A mensagem deste capítulo é que as políticas e práticas de recursos humanos (RH), tais como recrutamento, seleção, treinamento e avaliação do desempenho dos empregados, afetam a eficácia de uma empresa.[1] No entanto, estudos demonstram que a maioria dos gestores, inclusive gerentes de RH, muitas vezes desconhecem quais práticas de RH são eficazes e desperdiçam recursos fazendo experimentos com técnicas que variam de bolsas de estudo a questionários de mensuração do estresse. Vamos analisar tanto métodos novos quanto os já comprovados, verificando seu efeito sobre o comportamento organizacional, começando com a função de recrutamento.

Práticas de recrutamento

O primeiro estágio em qualquer programa de RH é o recrutamento, seguido de perto pela seleção. Um sistema de seleção pode simplesmente ser tão bom quanto as pessoas que se candidatam às vagas.[2] O recrutamento estratégico tornou-se um elemento fundamental para muitas empresas, nas quais as práticas de recrutamento devem ser desenvolvidas em alinhamento com os objetivos estratégicos de longo prazo. Quanto à definição de "sucesso" no recrutamento, a maioria das pesquisas sugere que o melhor sistema atrai candidatos com grande conhecimento sobre o trabalho e sobre a organização.[3] Esses candidatos provavelmente apresentarão um melhor ajuste entre suas habilidades e as demandas e terão maior satisfação no trabalho. De acordo com essas descobertas, algumas das técnicas de recrutamento mais eficazes incluem indicações de empregados, programas de estágio e outros métodos que fornecem aos candidatos informações suficientes para avaliar as funções que podem vir a realizar na organização.

As empresas estão cada vez mais se afastando de agências de recrutamento externas e usando os próprios executivos e profissionais de RH para procurar talentos.[4] Os melhores recrutadores, tanto internos quanto externos, são bem informados sobre o trabalho em questão, eficientes na comunicação com os candidatos e os tratam com consideração e respeito.[5] Além disso, é muito importante que os recru-

17.1 Descrever o valor de métodos de recrutamento.

tadores internos usem práticas justas e íntegras, porque as percepções de justiça aumentam as chances de o candidato aceitar a oferta de emprego.[6] Os recrutadores também usam uma variedade de ferramentas on-line para atrair candidatos, incluindo sites de emprego e mídias sociais. O recrutamento on-line aumentou exponencialmente o número de candidatos, apesar de as melhores maneiras de identificar as fontes mais eficientes de recrutamento on-line ainda não terem sido definidas.[7] As redes sociais facilitaram muitas conexões. Algumas organizações estão criando seus próprios métodos, como concursos de programação on-line disfarçados de jogos, para identificar talentos que podem ser atraídos para se candidatar a empregos. Esses concursos têm o poder de recrutar candidatos do mundo todo.[8]

17.2 Especificar os métodos de seleção inicial.

Práticas de seleção

Uma das funções mais importantes do RH é contratar as pessoas certas, pois, quando isso ocorre, as empresas aumentam seus recursos de capital humano. Os recursos de capital humano são as capacidades disponíveis a uma organização por meio de seus empregados.[9] Esses recursos incluem habilidades especializadas, conhecimento coletivo, competências e outros recursos disponíveis por meio da força de trabalho de uma organização.

recursos de capital humano
A capacidade de uma unidade de trabalho resultante de conhecimentos coletivos, habilidades, competências e outros recursos da força de trabalho da organização.

Como saber, dentre todos os candidatos, quem são as pessoas certas? Identificar os melhores candidatos é o objetivo do processo de seleção, que combina características individuais (habilidades, experiência e assim por diante) com os requisitos do cargo.[10] Quando a empresa não consegue garantir uma boa "combinação", o desempenho e a satisfação dos empregados saem prejudicados. Com um número cada vez maior de pessoas se candidatando às diversas funções, é importantíssimo garantir que sua organização tenha um método eficaz para identificar aqueles mais qualificados. A tecnologia avançou rapidamente, mas suas aplicações no recrutamento ainda não foram otimizadas. Não basta ter uma tecnologia capaz de analisar os candidatos para encontrar as combinações necessárias de características e experiência para o trabalho. O objetivo é identificar os melhores talentos. Além disso, ainda não temos uma tecnologia adequada para informar os candidatos sobre seu status no processo de contratação.[11]

Como funciona o processo de seleção

A Figura 17.1 mostra como funciona o processo de seleção na maioria das organizações. Após decidir se candidatar a um emprego, os candidatos passam por vários estágios (três deles são mostrados nessa figura), no decorrer dos quais eles podem ser rejeitados a qualquer momento.

Na prática, algumas organizações tendem a pular algumas dessas etapas a fim de ganhar tempo. Por exemplo, uma indústria frigorífica pode contratar qualquer pessoa que bata à sua porta simplesmente porque não tem uma longa fila de pessoas dispostas a ganhar a vida fazendo linguiça com intestinos de porco. A maioria das organizações, contudo, segue um processo parecido com o que descreveremos. Vejamos em mais detalhes cada um desses estágios.

Seleção inicial

Técnicas de seleção inicial são utilizadas nas triagens preliminares com o objetivo de decidir se um candidato possui as qualificações básicas para um traba-

FIGURA 17.1 Modelo de processo seletivo nas organizações.

A pessoa se candidata a uma vaga.

Seleção inicial
Objetivo: utilizada nas triagens preliminares para decidir se um candidato possui as qualificações básicas para um trabalho.
Exemplos: formulários de inscrição, currículos, verificação de antecedentes

→ Os candidatos que não atendem às qualificações básicas são rejeitados.

O candidato atende às qualificações básicas.

Seleção substantiva
Objetivo: identificar os candidatos mais qualificados dentre os que possuem as qualificações básicas.
Exemplos: provas escritas, testes de desempenho, entrevistas

→ Os candidatos que, embora atendam às qualificações básicas, sejam considerados menos qualificados do que outros, são rejeitados.

O candidato está entre os mais qualificados.

Seleção contingente
Objetivo: fazer a verificação final antes de propor uma oferta de emprego aos candidatos.
Exemplos: exames toxicológicos, exames médicos

→ Os candidatos que estão entre os mais qualificados, mas não são aprovados na seleção contingente, são rejeitados.

O candidato recebe uma oferta de emprego.

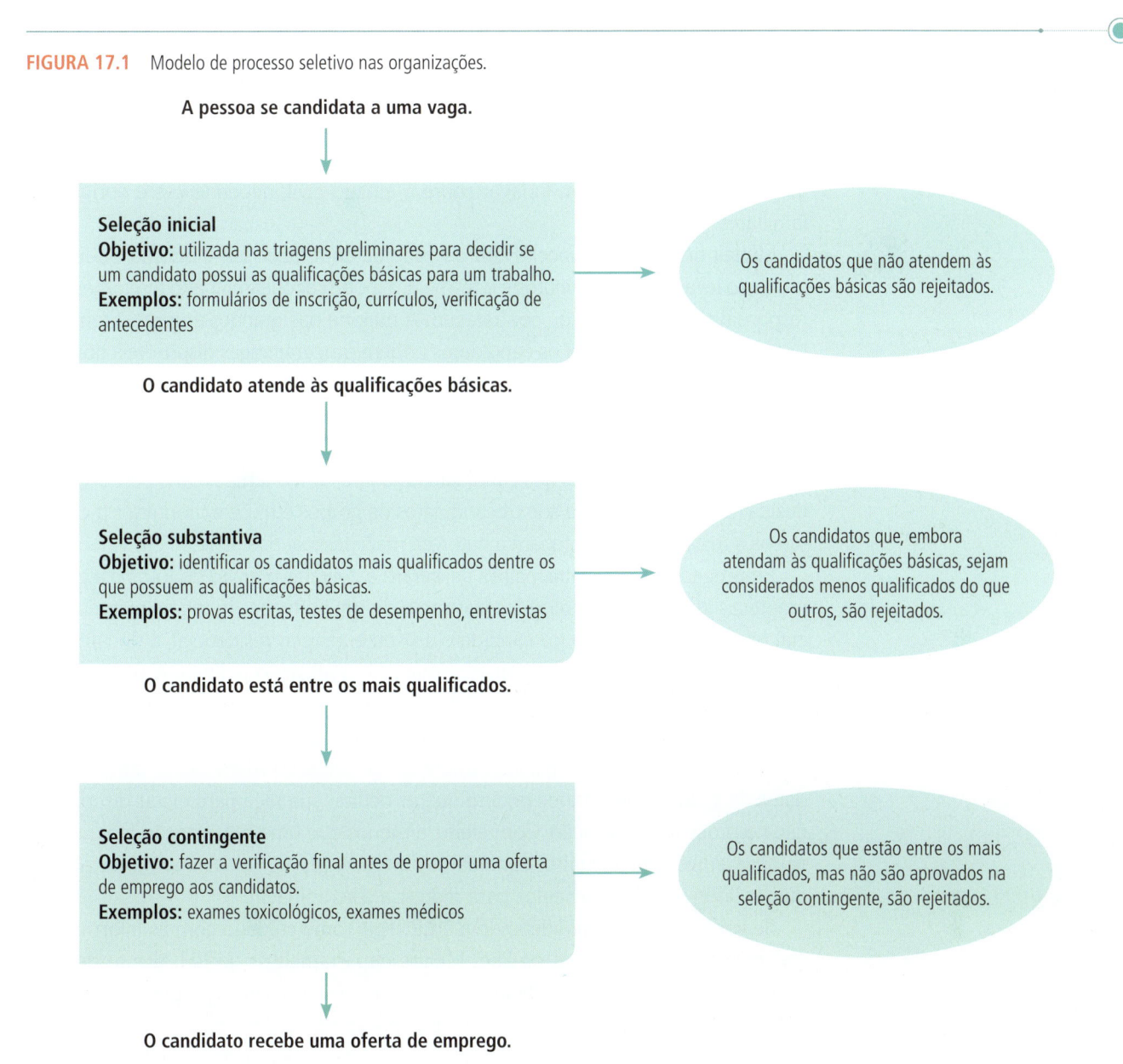

lho. Formulários de inscrição e currículos (incluindo cartas de recomendação) são exemplos dessas técnicas. A verificação de antecedentes pode ser utilizada como um instrumento de seleção inicial ou como instrumento de seleção contingente, dependendo da maneira como a organização a utiliza. Algumas organizações preferem investigar os antecedentes de um candidato logo no início. Outras preferem esperar até que ele esteja pronto para ser contratado, dependendo de uma série de outras informações coletadas. Outras ainda mal verificam qualquer informação, preferindo contratar amigos e familiares. Essa prática é, em parte, controversa, porque restringe a diversidade no trabalho que poderia melhorar o desempenho organizacional.[12]

Fichas de inscrição Você já deve ter submetido um bom número de fichas de inscrição. Por si só, as informações submetidas em uma ficha (ou formulário) de inscrição não são um bom indicativo de desempenho, embora possam ser um bom começo. Por exemplo, não faz sentido perder tempo entrevistando um candidato para uma vaga de enfermeiro se ele não tiver as qualificações necessárias (formação acadêmica ou experiência profissional relevante). No entanto, os gestores devem tomar cuidado com as perguntas que fazem nessas fichas. Naturalmente, questões sobre raça, gênero e nacionalidade não são aconselhadas. Contudo, outras perguntas também podem colocar as empresas em risco de processos judiciais. Por exemplo, os formulários não devem indagar sobre o estado civil, dependentes e obrigações familiares.

Muitas organizações incentivam os candidatos a fazer sua inscrição on-line. O processo leva só alguns minutos e o formulário pode ser encaminhado diretamente ao responsável pela decisão de contratação. A maioria das grandes empresas tem uma página em seu site na qual os candidatos podem procurar vagas disponíveis por local ou tipo de emprego e se inscreverem on-line. Hoje em dia, é mais provável que você seja solicitado a enviar por e-mail ou fazer o upload de seu currículo em um site, em vez de enviá-lo impresso pelo correio, e os candidatos, às vezes, fazem vídeos para se apresentar. As preferências dos candidatos mudam com o tempo. Uma pesquisa conduzida na Holanda sugeriu que os candidatos de grupos étnicos minoritários (no caso, turcos e marroquinos) preferiam a natureza mais pessoal do currículo em vídeo.[13]

Empregadores de alguns países passaram a solicitar o envio de fotos e algumas empresas chegam a digitalizá-las por meio de um software de reconhecimento facial para associar o rosto do candidato ao seu endereço residencial, a documentos similares ao RG ou CPF, a registros criminais e à afiliação política. A prática pode parecer fazer sentido, mas os especialistas não a recomendam a menos que a empresa opere em um ambiente de alta segurança, porque os candidatos podem alegar discriminação com base em suas características faciais.[14] Além disso, muitos candidatos de grupos minoritários podem querer ocultar sua raça para evitar discriminação no processo de seleção. Com efeito, a menos que uma organização indique que valoriza a diversidade, muitos candidatos pertencentes a grupos minoritários podem querer disfarçar seus currículos para reduzir a discriminação.[15]

Se você estiver se candidatando a uma vaga, tome cuidado com as informações que revela nos formulários on-line. Muitos departamentos de RH, diante de uma montanha de inscrições recebidas pela internet, estão usando programas de computador para pré-selecionar os candidatos por meio da procura automática de palavras-chave que acreditam indicar que os candidatos possuam as qualificações necessárias para o trabalho. Esses programas, em geral, buscam excluir candidatos que não se enquadram nos requisitos em vez de selecionar os potencialmente bons. Ao incluir todas as palavras-chave que descrevem sua experiência, incluindo trabalhos remunerados e voluntários,[16] e usar todas as oportunidades de destacar as características pessoais que o qualificam para a vaga, tome cuidado para não exagerar.[17]

Verificação de antecedentes Mais de 80% dos empregadores verificam referências profissionais e pessoais dos candidatos em algum ponto do processo de contratação. A razão é clara: eles querem conhecer o desempenho do candidato em empregos anteriores e saber se os antigos empregadores recomendariam a contratação da pessoa. O problema é que os outros empregadores raramente fornecem informações úteis. Na verdade, quase dois terços deles se recusam a fornecer informações detalhadas de referência dos candidatos por temerem ser processados ao "falar mal" de um ex-empregado. Embora essa preocupação, em geral, seja infundada (os empregadores estarão seguros desde que se atenham a fatos documentados), em nossa sociedade litigiosa, muitos empregadores preferem se precaver. O resultado é um paradoxo: a maioria dos empregadores quer obter referências, mas poucos as fornecem. Os empregadores pedem referências pessoais para ter uma ideia melhor do candidato, mas uma pesquisa descobriu que 30% dos gerentes responsáveis pela contratação regularmente encontram referências falsas ou enganosas.[18] Algumas organizações recorrem a programas de verificação que enviam automaticamente questionários de 10 minutos a conhecidos ou antigos empregadores do candidato para coletar referências. Pesquisas indicam que essa nova tecnologia pode resultar em melhores informações (mais objetivas).[19]

As cartas de recomendação são outra forma de verificação de antecedentes, embora não sejam tão úteis quanto parecem. Os próprios candidatos escolhem quem dará boas referências e, assim, quase todas as cartas de recomendação são positivas. No fim, ou os recrutadores as ignoram por completo ou leem "nas entrelinhas" na tentativa de encontrar significados ocultos.

Muitos empregadores procuram candidatos fazendo uma busca na internet ou uma pesquisa direcionada em sites de redes sociais. Ainda não se sabe ao certo se essa prática é legalmente aceitável, mas não há dúvidas de que muitos empregadores fazem uma busca eletrônica para ver se os candidatos têm algum histórico que faça com que eles sejam uma opção questionável para a vaga. Para alguns empregados em potencial, uma foto embaraçosa ou incriminadora postada no Facebook pode dificultar a contratação. Um estudo descobriu que avaliadores independentes que visualizaram perfis de candidatos no Facebook conseguiram determinar com exatidão o grau de conscienciosidade, agradabilidade e inteligência do candidato, que, mais adiante, coincidiram com indicadores de desempenho no trabalho, de acordo com a avaliação dos chefes.[20] Pesquisas recentes descobriram que as avaliações dos recrutadores não preveem o desempenho no trabalho nem a rotatividade mais do que as métricas normais de seleção (como medidas tradicionais de personalidade). Avaliações que utilizavam mídias sociais também refletiram o viés a favor da preferência a candidatos brancos e do sexo feminino.[21]

Alguns empregadores verificam o histórico de crédito dos candidatos. Um banco que estiver contratando caixas, por exemplo, provavelmente vai querer conhecer o histórico de crédito do candidato, mas as verificações de crédito têm sido cada vez mais usadas em outros setores além do bancário. Algumas evidências confirmam o valor dessa prática. O desempenho de tarefas, o comportamento de cidadania organizacional e a conscienciosidade (que é um fator preditivo do desempenho no trabalho, como vimos no Capítulo 5) revelaram-se positivamente relacionados às avaliações de crédito.[22] No entanto, pesquisas constataram que pertencer a grupos minoritários também foi negativamente correlacionado à pontuação de crédito, enquanto a idade e a escolaridade foram positivamente correlacionadas.[23] Para evitar acusações de discriminação e devido à natureza invasiva das avaliações de crédito, os empregadores devem se certificar de que informações desse tipo são, de fato, necessárias.

Alguns empregadores realizam verificações de antecedentes criminais. Atualmente, 65 milhões de adultos nos Estados Unidos (um em cada quatro) têm algum antecedente criminal e, para muitos, é difícil ou até impossível encontrar trabalho.[24] O EEOC (Comitê de Oportunidades Iguais de Emprego, do inglês Equal Employment Opportunity Commission) afirma que os candidatos não podem ser impedidos de trabalhar com base apenas nos resultados das verificações de antecedentes criminais e especialistas observam que essas verificações costumam ser imprecisas. Além disso, como os candidatos a emprego raramente são informados das razões pelas quais não conseguiram a vaga, eles podem ser prejudicados pela ausência da oportunidade de retificar as informações.[25] Quando recebem a oportunidade de explicar uma condenação, muitos candidatos conseguem se redimir aos olhos dos recrutadores.[26] Para complicar ainda mais as coisas, um antecedente criminal só pode ser legalmente utilizado para rejeitar um candidato se a violação for relacionada ao emprego (um fraudador poderia ser desqualificado para uma vaga no setor de finanças, mas não na área da saúde, por exemplo).[27] Um movimento pelos direitos civis busca impedir os empregadores de até mesmo perguntar aos candidatos se eles têm condenações criminais.

Verificações de antecedentes são necessárias de modo geral, mas nem sempre levam a resultados interessantes. Algumas empresas buscam deliberadamente contratar candidatos que não passariam por uma verificação desse tipo, como pessoas com antecedentes criminais. Essas organizações consideram importante dar uma segunda chance a essas pessoas e afirmam que muitos desses trabalhadores se tornam valiosos para suas organizações e para a sociedade. Essa prática, entretanto, tem seus riscos, e deve ser administrada com cuidado.[28] Por outro lado, deixar de conduzir verificações de antecedentes criminais pode levar a um custo legal se o empregado cometer um crime no trabalho.

17.3 Identificar os métodos mais úteis de seleção substantiva.

Seleção substantiva e contingente

Se um candidato passar nas primeiras etapas, a fase seguinte envolve os métodos de seleção substantiva. Esses métodos ocupam o centro do processo de seleção e incluem testes escritos, testes de simulação de desempenho e entrevistas. Discutiremos esses testes e os de seleção contingente, que, geralmente, são propostos aos aprovados nos testes substantivos.

Testes escritos

Os testes escritos (atualmente disponíveis também on-line) foram utilizados por muito tempo, mas sua utilização foi reduzida a partir do fim da década de 1960 até

Neste restaurante de fast-food da rede Sarku Japan, os empregados que se candidatam a cargos de gerência devem fazer testes escritos como parte do processo de seleção substantiva da empresa. Testes escritos de inteligência, integridade, personalidade e de interesses são métodos de seleção muito populares, que ajudam a prever quais são os candidatos que serão bem--sucedidos no trabalho.

meados dos anos 1980. Eles eram frequentemente caracterizados como discriminatórios, e muitas organizações não os validavam por não considerá-los relacionados ao trabalho. Nos últimos anos, contudo, verificou-se uma retomada desse instrumento e a maior parte das empresas pelo menos considera a aplicação de um ou mais testes do tipo.[29] Os gestores sabem que testes validados podem ajudar a identificar os candidatos que terão sucesso no trabalho.[30] Os candidatos, no entanto, tendem a considerar os testes escritos menos válidos e justos do que as entrevistas ou os testes de desempenho.[31] Os testes mais utilizados incluem os de (1) inteligência ou capacidade cognitiva, (2) personalidade e (3) integridade.

Testes de inteligência ou capacidade cognitiva Testes de capacidade intelectual/capacidade cognitiva (esses termos, às vezes, são usados como sinônimos), de capacidade espacial e mecânica, de precisão perceptiva e de capacidade motora são indicadores comprovadamente válidos para o desempenho em muitas funções operacionais, especializadas, semiespecializadas ou não especializadas.[32] De modo geral, constatou-se que os testes de inteligência são fatores preditivos particularmente eficazes para trabalhos que incluem tarefas cognitivamente complexas (como aprender os manuais de estratégia cada vez mais complicados do futebol americano profissional).[33] Muitos especialistas afirmam que tais testes são *a melhor* medida de seleção para diferentes trabalhos e que seus resultados são pelo menos tão válidos na União Europeia quanto nos Estados Unidos.[34] Embora há muito tempo se considere que os testes de capacidade cognitiva só medem uma única capacidade cognitiva, de forma unificada, alguns estudos recentes sugerem que, a depender dos requisitos do trabalho, eles podem ser úteis para avaliar diferentes capacidades específicas.[35] Por exemplo, diferenciar habilidades matemáticas, verbais e técnicas nos processos de contratação pode levar a melhores previsões de desempenho no trabalho do que usar uma única pontuação geral de habilidades cognitivas.

Testes de personalidade Os testes de personalidade, que são baratos e simples de aplicar, têm tido sua utilização aumentada. O problema é que permanecem as preocupações quanto às respostas falsas dos candidatos, em parte porque é relativamente fácil afirmar ser empenhado no trabalho, motivado e confiável em uma situação de procura de emprego, mesmo que essas informações não sejam precisas e, em parte, porque os candidatos nem sempre sabem que estão mentindo.[36] Um estudo com estudantes universitários croatas sugeriu que as pessoas podem obter pelo menos um sucesso parcial fingindo ter um perfil desejável.[37] Outro estudo, realizado na China, indicou que incluir advertências relativas a possíveis fraudes nas respostas pode ajudar a conter esse tipo de comportamento.[38] Duas revisões comparando a personalidade autorrelatada com a personalidade avaliada por observadores descobriram que as avaliações dos observadores são indicativos melhores do desempenho e de outros comportamentos no trabalho.[39] Desse modo, pode ser interessante para os empregadores incluir mensagens sobre a necessidade de ser honesto nos testes de personalidade e solicitar referências sobre a personalidade de um candidato como parte do processo de triagem.

Testes de integridade Com o aumento dos problemas éticos nas organizações, os testes de integridade ganharam popularidade. Esses testes escritos avaliam fatores como confiabilidade, cuidado com as pessoas, responsabilidade e honestidade. Eles são fatores preditivos eficazes do desempenho no trabalho (se forem objetivamente mensurados pelos supervisores) e do potencial de roubo, problemas disciplinares e absenteísmo excessivo.⁴⁰ No entanto, nem todos os testes disponíveis têm a mesma capacidade de prever o desempenho no trabalho. Os gestores devem escolher um teste que mensure critérios éticos compatíveis com as responsabilidades do cargo.⁴¹

Testes de simulação de desempenho

Existe maneira melhor de descobrir se os candidatos farão bem o trabalho do que colocá-los para trabalhar? É essa a ideia dos testes de simulação de desempenho. Embora sejam mais complicados de desenvolver e administrar do que testes padronizados, os testes de simulação de desempenho têm mais "*validade aparente*" (mede a percepção que os candidatos têm do quão precisas são as medidas) e sua popularidade tem aumentado nas últimas décadas. As simulações preditivas são mais comumente disponíveis na forma de testes de amostra do trabalho, centros de avaliação, testes de julgamento situacional e apresentações realistas do trabalho.

Testes de amostra do trabalho Os testes de amostra do trabalho são simulações práticas de uma parte ou de toda a função que candidatos a trabalhos de natureza rotineira devem desempenhar. Cada amostra de trabalho é combinada com uma métrica de desempenho correspondente para avaliar o conhecimento, as habilidades e os talentos dos candidatos de maneira mais específica do que os testes escritos de aptidão e de personalidade.⁴² Esse tipo de teste é muito utilizado na contratação de mão de obra especializada, como soldadores, operadores de maquinário, carpinteiros e eletricistas. Os testes de amostra do trabalho estão sendo cada vez mais utilizados para todos os níveis de emprego.

Centros de avaliação *(assessment centers)* Um conjunto mais elaborado de testes de simulação do desempenho, projetado especificamente para avaliar o potencial gerencial de um candidato, é ministrado em centros de avaliação. Neles, os candidatos devem realizar, durante um período de um ou mais dias, exercícios que simulam os problemas reais que poderão enfrentar no trabalho, sendo avaliados por executivos, supervisores e/ou psicólogos.⁴³ Um candidato pode fazer o papel de um executivo que precisa decidir como responder a dez memorandos em um prazo de duas horas. Os centros de avaliação são bons indicadores de desempenho, mas alguns estudiosos questionam sua validade devido ao fato de que as avaliações podem variar de acordo com muitos fatores. Por exemplo, os resultados dos exercícios de centro de avaliação podem ser afetados pela facilidade de os candidatos adivinharem as características necessárias para um bom desempenho no trabalho ou pela disposição dos candidatos.⁴⁴

Testes de julgamento situacional Para reduzir os custos das simulações de desempenho, muitas organizações começaram a usar testes de julgamento situacional, que solicitam que os candidatos digam o que fariam em várias situações no trabalho para que as respostas sejam comparadas com as dos empregados de alto desempenho.⁴⁵ O coaching pode melhorar o desempenho nesses testes, o que leva alguns estudiosos a questionar se esse tipo de avaliação de fato reflete boas decisões de acordo com a situação ou se meramente demonstra que os candidatos se prepararam bem para o teste.⁴⁶ Um estudo comparando testes de julgamento situacional com centros de avaliação constatou que testes de centros de avaliação foram indicadores melhores do desempenho no trabalho, embora a diferença não tenha sido grande.⁴⁷ Em suma, o custo mais baixo dos testes de julgamento situacional pode fazer com

---

testes de amostra do trabalho
Simulações práticas de uma parte ou de toda a função que candidatos a trabalhos de natureza rotineira devem desempenhar.

centros de avaliação *(assessment centers)*
Locais fora do trabalho onde os candidatos fazem uma série de testes de simulação de desempenho elaborados para avaliar seu potencial gerencial.

testes de julgamento situacional
Testes de seleção substantiva projetados para questionar a maneira como os candidatos se comportariam em uma variedade de situações de trabalho; as respostas dos candidatos são comparadas com as fornecidas por empregados de alto desempenho.

que eles sejam uma opção melhor para algumas organizações do que um teste de amostra do trabalho mais elaborado ou uma experiência em um centro de avaliação.

Demonstrações realistas do trabalho   Cada vez mais empregadores estão usando métodos de amostra do trabalho, que vão além dos testes de avaliação e entram no campo do trabalho real realizado e avaliado. Essa abordagem é conhecida como demonstrações realistas do trabalho ou períodos de experiência e é uma maneira de avaliar o talento *versus* a experiência dos candidatos. Os especialistas estão descobrindo que essa prática de seleção também reduz a rotatividade, porque tanto os empregadores quanto os novos empregados têm como saber antecipadamente o que esperar.[48] Quando George McAfee se candidatou a um cargo de vice-presidente no setor de tecnologia, solicitaram-lhe que fizesse apresentações, conduzisse pesquisas e conversasse com executivos sobre os problemas que eles estavam enfrentando no trabalho no decorrer de mais de uma semana, tudo sem remuneração. Ele achou que o empregador estava se aproveitando do trabalho não remunerado, mas disse: "Você só precisa engolir e não se ofender com isso".[49] Os gestores de RH correm o risco de perder candidatos qualificados que se opõem a esse prolongado teste prático e se retiram do processo. Os candidatos que se identificam com a missão, com as pessoas ou com os produtos de uma organização terão menos chances de abandonar o processo, o que sugere que os gestores de RH devem procurar incluir os candidatos na organização já no início do processo de seleção.[50]

demonstrações realistas do trabalho
Testes de seleção substantiva que consistem em períodos de experiência no trabalho para avaliar o talento *versus* a experiência do candidato.

Entrevistas

De todos os métodos de seleção que as organizações ao redor do mundo usam para diferenciar os candidatos, a entrevista sempre foi uma prática padrão. Essa abordagem também tende a ter uma influência desproporcional nas decisões de contratação. O excesso de confiança nas entrevistas pode ser um problema porque evidências demonstram que técnicas de gerenciamento de impressão (veja o Capítulo 13), como a autopromoção, têm um grande efeito sobre as preferências do entrevistador, mesmo quando as características apresentadas não são relacionadas ao trabalho.[51] Por outro lado, um candidato que apresenta um desempenho insatisfatório na entrevista de emprego provavelmente será eliminado do processo independentemente de sua experiência, resultados nos testes ou cartas de recomendação. E, infelizmente, de acordo com um estudo, os candidatos podem sair-se mal nas entrevistas por um detalhe tão trivial quanto uma mancha no rosto.[52]

As entrevistas podem ser estruturadas ou não estruturadas. As entrevistas não estruturadas — entrevistas breves e casuais compostas de perguntas aleatórias —, apesar de populares, simplesmente não são uma ferramenta de seleção muito eficaz[53] e podem facilmente se transformar em conversas improdutivas (veja a Pesquisa de Comportamento Organizacional). Os dados coletados nesse tipo de entrevista costumam ser tendenciosos e com frequência não têm muita relação com o que futuramente será desempenhado na função. Mesmo assim, os gestores relutam em usar entrevistas estruturadas — entrevistas planejadas desenvolvidas para coletar informações relacionadas ao trabalho — no lugar de suas perguntas preferidas, como: "Se você fosse um animal, qual animal seria e por quê?". As entrevistas estruturadas restringem ao máximo a subjetividade e, portanto, podem fornecer respostas mais confiáveis. Harry West, CEO da empresa de design inovador Continuum, faz a todos os candidatos as mesmas perguntas básicas: "O que você quer fazer? O que você faz bem? O que você não faz bem? Fale um pouco sobre algumas coisas que você fez".

entrevistas não estruturadas
Entrevistas breves e casuais compostas de perguntas aleatórias.

entrevistas estruturadas
Entrevistas planejadas, desenvolvidas para coletar informações relacionadas ao trabalho.

PESQUISA DE COMPORTAMENTO ORGANIZACIONAL   Desvios nas entrevistas.*

Quando o entrevistador se desvia da entrevista, o que você faz?

- Redireciono educadamente: 53%
- Ouço: 37%
- Manifesto-me: 10%

Nota: baseado em um levantamento com 150 candidatos a emprego.

Fonte: baseado em J. Yang e P. Trap, *USA Today*, 13 nov. 2012, 1B.

Esse é um excelente ponto de partida, pois as perguntas são objetivas por natureza, induzem respostas abertas e são padronizadas para todos os candidatos.[54]

Se a abordagem não for estruturada, os entrevistadores tendem a favorecer os candidatos que têm as mesmas atitudes que eles, além de atribuírem um peso indevido a informações negativas e de permitirem que a ordem na qual os candidatos são entrevistados afete suas avaliações.[55] Já as entrevistas estruturadas reduzem o grau em que os entrevistadores são influenciados pela aparência do candidato e por suas táticas de gerenciamento de impressão, como lisonja e autopromoção.[56] Para reduzir a tendenciosidade e aumentar a validade das entrevistas, os gestores devem adotar um conjunto padronizado de perguntas e um método uniforme para registrar as informações e classificações padronizadas das qualificações dos candidatos. Treinar os entrevistadores para que mantenham o foco em dimensões específicas do desempenho no trabalho, colocar em prática os diversos procedimentos de avaliação dos candidatos e dar aos entrevistadores feedback sobre como eles vêm se concentrando nas características relevantes ao trabalho são ações que aumentam consideravelmente a precisão de suas avaliações sobre os candidatos.[57] Essas ações, porém, não eliminam a influência das impressões iniciais em conversas não estruturadas, que se formam logo no início de uma entrevista e que podem influenciar as avaliações de candidatos realizadas pelo entrevistador.[58] As entrevistas também são mais eficazes quando os empregadores usam *entrevistas estruturadas comportamentais*, provavelmente porque essas avaliações são menos afetadas por vieses do entrevistador.[59] Essas entrevistas requerem que os candidatos descrevam como lidaram com problemas e situações específicas em empregos anteriores, com base na premissa de que o comportamento passado é o melhor fator preditivo do comportamento futuro. As entrevistas em painel — entrevistas estruturadas realizadas com um candidato por membros de um comitê de seleção, em uma mesma reunião — também minimizam a influência de vieses individuais e têm mais validade.

Na prática, a maioria das organizações usa entrevistas por várias razões. Empresas tão diversas como a Southwest Airlines, a Disney, o Bank of America, a Microsoft, a Procter & Gamble e a Harrah's Entertainment usam entrevistas para avaliar o ajuste entre os candidatos e a organização. Além de avaliar habilidades

---

Entrevistas em painel
Entrevistas estruturadas, realizadas com um candidato por membros de um comitê de seleção, em uma mesma reunião.

Arcadio Cruz (à esquerda) usa uma abordagem de entrevistas estruturadas para coletar informações de candidatos na loja de jardinagem e materiais de construção Orchard Hardware Supply, de Los Angeles. As perguntas feitas em entrevistas estruturadas são objetivas e padronizadas para todos os candidatos e incentivam respostas abertas.

específicas relacionadas ao trabalho, os gestores analisam características da personalidade e os valores pessoais dos candidatos a fim de identificar pessoas que se encaixam na cultura e na imagem da organização. Algumas empresas também usam entrevistas de emprego como uma ferramenta de recrutamento, para convencer os candidatos do valor de trabalhar na organização. Essa estratégia pode ser necessária em setores que sofrem de escassez de mão de obra, mas também pode ser problemática. Um estudo mostrou que entrevistadores que tentaram promover a organização durante as entrevistas foram muito menos precisos na identificação de traços de personalidade e na seleção dos melhores candidatos que os entrevistadores que se concentraram exclusivamente em avaliar as qualificações dos candidatos.[60]

Testes de seleção contingente

Quando os candidatos são aprovados nos métodos de seleção substantiva, eles estão prontos para ser contratados, dependendo de uma última verificação. Um exemplo de teste contingente é um exame toxicológico. A rede de supermercados Publix, dentre muitas outras organizações, exige que os candidatos passem por um exame toxicológico ao fazer ofertas de emprego.

Os exames toxicológicos são polêmicos. Muitos candidatos consideram injusto e invasivo serem examinados sem uma suspeita cabível, alegando que deveriam ser testados em relação a fatores que afetam diretamente o trabalho, e não questões de estilo de vida que podem ou não ser relevantes. Os empregadores podem argumentar que o uso e o abuso de drogas são altamente custosos, não somente em termos de recursos financeiros, mas de segurança pessoal. Nos Estados Unidos, a lei se posiciona do lado dos empregadores. A Corte Suprema concluiu que os exames toxicológicos são procedimentos de seleção "minimamente invasivos" que, via de regra, não violam os direitos dos candidatos.

Sob a Lei dos Americanos Portadores de Deficiência (ADA, na sigla em inglês), as empresas norte-americanas não podem exigir que os candidatos passem em um exame médico antes de fazer uma oferta de emprego. No entanto, exames médicos podem ser solicitados *depois* que uma oferta contingente é feita, mas só para determinar se um candidato é física ou mentalmente capaz de realizar o trabalho. Muitos empregadores também usam exames médicos para descobrir se podem acomodar empregados com deficiências e como isso pode ser feito. Para trabalhos que requerem exposição a grandes demandas físicas ou psicológicas, como controladores de tráfego aéreo ou bombeiros, os exames médicos são obviamente um importante indicador da capacidade de realizar o trabalho.

17.4 Comparar os principais tipos de treinamento.

Programas de treinamento e desenvolvimento

Os empregados competentes não são competentes para sempre. As habilidades se deterioram e podem se tornar obsoletas. Novas habilidades precisam ser aprendidas. É por isso que as empresas norte-americanas gastam mais de US$ 70 bilhões por ano em treinamento. Organizações ao redor do mundo gastam um valor superior a US$ 130 bilhões anualmente para esse fim.[61]

Tipos de treinamento

Os programas de treinamento e desenvolvimento costumam ser da alçada dos departamentos de RH. O treinamento pode incluir de tudo, inclusive ensinar aos empregados habilidades básicas de leitura e compreensão de textos, melhorar a liderança dos executivos, ajudar os empregados a aceitar mais a diversidade e melhorar o equilíbrio entre a vida profissional e pessoal (que discutiremos mais adiante neste capítulo).[62]

Nesta seção, discutiremos quatro categorias de habilidades — habilidades básicas, habilidades técnicas, habilidades de resolução de problemas e habilidades interpessoais — bem como treinamentos de civilidade e ética.

Habilidades básicas Um levantamento conduzido com mais de 400 profissionais de RH descobriu que 40% dos empregadores acreditam que os alunos de ensino médio não possuem habilidades básicas suficientes de leitura e compreensão de textos, redação e matemática.[63] Com o aumento da complexidade do trabalho, a necessidade dessas habilidades básicas cresceu muito, levando a uma lacuna entre as demandas do empregador e as habilidades disponíveis na força de trabalho.[64] O mundo todo enfrenta esse problema, desde os países mais desenvolvidos aos menos desenvolvidos.[65] Em muitos países subdesenvolvidos, o analfabetismo generalizado praticamente acaba com qualquer esperança de competir em uma economia globalizada.

Cada vez mais as organizações precisam ensinar aos empregados habilidades básicas de matemática e leitura e compreensão de textos. Pode valer a pena promover esse tipo de intervenção. Em um exemplo clássico, uma auditoria de alfabetização mostrou que os empregados da fabricante de armas Smith & Wesson precisavam de um nível de leitura e compreensão de textos que fosse equivalente, no mínimo, à oitava série para realizar suas tarefas no trabalho.[66] No entanto, 30% dos 676 trabalhadores da empresa que tinham baixa formação educacional tiraram notas abaixo da oitava série nessas disciplinas. Depois da primeira rodada do curso de habilidades básicas, paga pela empresa e conduzida no horário de trabalho, 70% dos participantes elevaram suas habilidades ao nível desejado, o que lhes possibilitou fazer um trabalho melhor. Eles melhoraram suas habilidades de usar frações e decimais; melhoraram sua capacidade de comunicação; apresentaram maior facilidade de elaborar e interpretar gráficos, diagramas e quadros de avisos; e melhoraram significativamente a autoconfiança.

Habilidades técnicas A maioria dos treinamentos visa à atualização e ao aperfeiçoamento das habilidades técnicas dos empregados, cada vez mais importantes por duas razões: as novas tecnologias e os novos modelos de estruturas organizacionais.

À medida que as organizações horizontalizam suas estruturas, intensificam o uso de equipes e derrubam barreiras departamentais tradicionais, os empregados precisam dominar uma variedade maior de tarefas e expandir seu conhecimento das operações. Empresas indianas, entre outras, têm enfrentado um aumento expressivo da demanda por trabalhadores qualificados em áreas como a de engenharia para tecnologias emergentes. No entanto, muitos recém-formados em engenharia não possuem o conhecimento atualizado necessário para executar essas tarefas técnicas.[67] Muitas organizações oferecem treinamento técnico para combater esse problema. Empresas como a Tata e a Wipro oferecem aos novos contratados até três meses de treinamento para garantir que eles tenham o conhecimento necessário para realizar o trabalho técnico exigido. Além disso, essas organizações estão tentando firmar parcerias com faculdades de engenharia para garantir que os currículos acadêmicos atendam às necessidades atuais dos empregadores.

Habilidades de resolução de problemas Treinamentos de resolução de problemas para gestores e outros empregados podem incluir atividades para desenvolver a lógica, o raciocínio e a habilidade de definir problemas, além da capacidade de identificar causas, desenvolver e analisar alternativas e selecionar soluções. Quase todas as organizações oferecem esse tipo de treinamento a fim de adotar equipes autogerenciadas ou de implementar a gestão pela qualidade total.

Habilidades interpessoais Praticamente todos os empregados pertencem a uma unidade de trabalho e seu desempenho depende de sua capacidade de interagir com eficácia com seus colegas e chefes. Alguns empregados possuem excelentes habilidades interpessoais, mas outros precisam de treinamento para melhorar sua capacidade de ouvir, de comunicar-se com mais clareza e de serem membros mais eficazes da equipe. Embora muitos profissionais tenham muito interesse no treinamento de habilidades interpessoais, a maioria das evidências sugere que as habilidades aprendidas nesses treinamentos não são transferidas de imediato ao local de trabalho.[68] Isso, no entanto, pode depender do tipo de habilidades ensinadas no treinamento. Por exemplo, uma revisão recente de treinamentos projetados especificamente para melhorar as interações interpessoais entre os membros de equipes de hospitais sugere que o treinamento da equipe melhorou os resultados associados às interações com pacientes.[69]

Treinamento de civilidade À medida que os gestores de RH tomaram consciência dos efeitos do comportamento social no local de trabalho, eles passaram a dar mais atenção aos problemas de incivilidade, *bullying* e supervisão abusiva nas organizações. Exemplos de incivilidade incluem ser ignorado, levar a culpa por erros de outras pessoas, não receber os créditos pelas próprias conquistas, ter a reputação prejudicada em público e vivenciar outras situações destinadas a rebaixar ou a depreciar um empregado ou outras pessoas.[70] Pesquisadores demonstraram que essas formas de comportamento negativo podem reduzir a satisfação, prejudicar o desempenho, aumentar a percepção de tratamento injusto, intensificar a depressão e levar

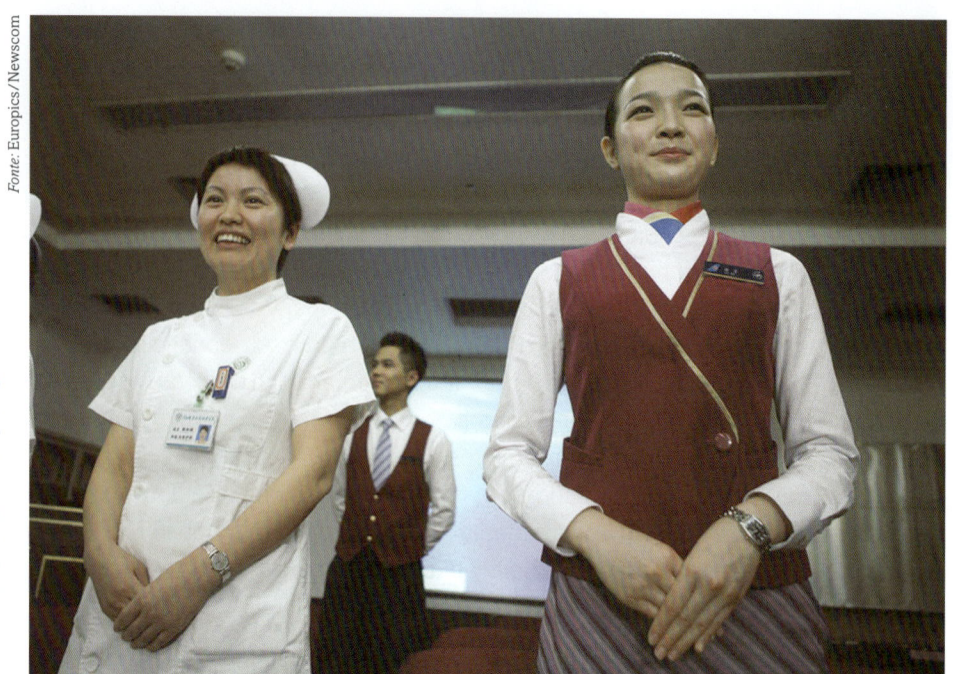

Depois de receber muitas reclamações de pacientes sobre o comportamento grosseiro e ofensivo de sua equipe de enfermagem, os empregados de uma clínica do sul da China contrataram comissários de bordo para dar treinamentos de civilidade aos enfermeiros. Durante uma das sessões de treinamento, os enfermeiros aprenderam a cumprimentar educadamente os pacientes e a cuidar deles com polidez, gentileza e paciência.

ao retraimento psicológico no local de trabalho.[71] Em vista disso, as organizações estão se empenhando para reduzir a taxa de incidência desse tipo de comportamento, visando a melhorar o local de trabalho e a limitar sua vulnerabilidade.

Será que os departamentos de RH podem fazer alguma coisa para reduzir a incivilidade, o *bullying* e a supervisão abusiva? Uma possibilidade é oferecer um treinamento especificamente direcionado a desenvolver a civilidade, conversando com os empregados a respeito desse assunto e apoiando continuamente a redução da incivilidade no local de trabalho. Após uma intervenção de treinamento, a civilidade, o respeito, a satisfação no trabalho e a confiança tendem a aumentar, enquanto a incivilidade, o ceticismo e as ausências tendem a diminuir.[72] Assim, evidências sugerem que intervenções deliberadas para melhorar o clima no local de trabalho e para promover comportamentos positivos podem, de fato, minimizar os problemas de incivilidade.

Treinamento de ética   É comum que empregados recebam orientações sobre a ética e os valores da organização em materiais de orientações a novos empregados, em programas de desenvolvimento ou em outras formas de reforços periódicos de princípios éticos.[73] No entanto, ainda não se chegou a um consenso sobre a possibilidade de efetivamente ensinar a ética.[74] Os críticos argumentam que ela se baseia em valores e que sistemas de valores são aprendidos pelo exemplo, desde a infância. Eles dizem que, quando os empregados são contratados, os valores éticos já foram fixados e não podem ser mudados. Por exemplo, algumas pesquisas sugerem que o treinamento em ética não tem um efeito significativo de longo prazo sobre os valores dos participantes e que até mesmo a participação em cursos superiores de administração e de direito *reduzem* o nível de valores éticos pró-sociais dos alunos.[75]

Já os defensores do treinamento em ética alegam que os valores, de fato, podem ser aprendidos e transformados depois da primeira infância. E, mesmo se os valores de uma pessoa não puderem ser mudados, o treinamento em ética ajuda os empregados a identificar dilemas éticos e a se conscientizar mais das implicações éticas de suas ações. Esse tipo de treinamento também reforça as expectativas de uma organização de que os empregados ajam de maneira ética. Pesquisas constataram que pessoas expostas a códigos de ética organizacional e a treinamentos de ética tendem a ser mais satisfeitas e a considerar que sua organização é mais socialmente responsável, de modo que o treinamento em ética, de fato, tem alguns efeitos positivos.[76]

Métodos de treinamento

No passado, o significado da palavra *treinamento* se restringia ao "treinamento formal", planejado com antecedência e com formato estruturado. Os departamentos de RH têm um papel importante nesse tipo treinamento. Mesmo quando programas formais de treinamento e desenvolvimento são utilizados, grande parte da aprendizagem no trabalho ocorre por meio do *treinamento informal* — não estruturado, não planejado e facilmente adaptável a diferentes situações e pessoas. Na verdade, a maior parte desse treinamento consiste em empregados ajudando uns aos outros, compartilhando informações e resolvendo juntos problemas relacionados ao trabalho. Desse modo, muitos gestores passaram a apoiar o que costumava ser considerado "conversas de corredor".

Treinamento no local de trabalho   O treinamento no local de trabalho (*on-the-job training*) inclui rodízio de tarefas, programas de aprendizagem, preparação de substitutos e programas formais de *mentoring*. Cada vez mais empresas norte-americanas têm usado rodízios de tarefas mais prolongados voltados ao treinamento de gestores para cargos mais elevados e à promoção da colaboração.[77] Contudo, como esses métodos muitas vezes desestabilizam o ambiente de trabalho, as organizações também investem em *treinamento fora do local de trabalho* (*off-the-job training*). A cifra mencionada anteriormente neste capítulo, de US$ 130 bilhões alocados a treinamentos, foi, em grande parte, gasta em diversos programas aplicados fora do local de trabalho, sendo o método mais popular o de palestras presenciais. Mas esses treinamentos também incluem seminários abertos ao público, programas de estudo individual, cursos na internet, webinars, podcasts e atividades em grupo usando dramatizações e estudos de caso. As organizações maiores estão criando universidades corporativas para realizar programas formais de treinamento. A instrução formal

Fonte: Jim West/Alamy Stock Photo

O treinamento fora do local de trabalho oferecido na World Class Manufacturing Academy da Chrysler inclui aprendizado prático e em sala de aula para engenheiros e operários, ensinando como reduzir o desperdício e aumentar a produtividade e a qualidade. Na foto, vemos uma funcionária usando um sistema de captura de movimento humano para aprender a analisar os movimentos dos trabalhadores da linha de montagem.

oferecida nas universidades corporativas costuma ser complementada com treinamento informal pela internet.[78]

Treinamentos por meio de computadores A mídia de treinamento de crescimento mais rápido é o treinamento por meio de computadores, também conhecido como *e-learning* ou *e-training*.[79] Os sistemas de *e-learning* permitem que os alunos controlem a velocidade e o conteúdo da instrução, interajam em comunidades on-line e incorporem outras técnicas, como simulações e discussões em grupo. O treinamento por meio de computadores que permite que os alunos participem ativamente de exercícios e questionários pode ser mais eficaz do que o ensino em uma sala de aula tradicional.[80] Os empregadores podem melhorar o *e-learning* ao fornecer aos alunos lembretes regulares para estabelecerem metas de aprendizado, estratégias de estudo eficazes e medidas de progresso em relação aos objetivos de aprendizagem.[81] Algumas organizações estão fornecendo *e-learning* por meio de microlições, dicas sobre o trabalho e jogos de aprendizagem enviados a dispositivos móveis.[82]

Avaliando a eficácia do treinamento

A *eficácia* de um programa de treinamento pode estar relacionada com o nível de satisfação dos participantes, com o volume de aprendizado, com a medida que os participantes conseguem aplicar o conteúdo do treinamento ao seu trabalho e/ou com o retorno financeiro sobre os investimentos em treinamento.[83] Esses resultados nem sempre são inter-relacionados. Algumas pessoas podem ter uma experiência positiva em uma aula divertida e animada e, ainda assim, aprender pouco; outras que aprendem muito podem ter dificuldade de saber como aplicar o que aprenderam ao seu trabalho, e as mudanças no comportamento dos empregados muitas vezes não são profundas o suficiente para justificar o custo do treinamento. Isso significa que todo treinamento deve incluir uma avaliação rigorosa de seus vários resultados.

O sucesso do treinamento também depende da pessoa. As pessoas aprenderão pouco se estiverem desmotivadas ou não estiverem engajadas. O que motiva as pessoas a aprender com um treinamento? A personalidade é um fator importante: pessoas com *locus* de controle interno, alta conscienciosidade, alta capacidade cognitiva e alto grau de autoeficácia aprendem mais. Outros fatores pessoais, como a ameaça do estereótipo, podem afetar o desempenho do treinamento, como acontece quando um membro de um grupo minoritário faz um exercício pela primeira vez e tem um desempenho ruim por estar ciente do estereótipo de que membros de seu grupo étnico não costumam ser bons nesse tipo de tarefa. O clima do treinamento também é importante: as pessoas precisam saber como o aprendizado será diretamente aplicável a seu trabalho. Por fim, o apoio pós-treinamento por parte de gestores e de colegas afeta muito a conversão do aprendizado em um novo comportamento.[84] Para que um programa de treinamento seja eficaz, ele não só deve ensinar as habilidades como também deve mudar o ambiente de trabalho para dar suporte aos participantes.

Quais foram as evidências encontradas sobre treinamento, práticas de desenvolvimento e desempenho organizacional? Vários estudos demonstram que investimentos em treinamento no local de trabalho levam a um aumento da produtividade, representando um retorno muito maior do que o custo do treinamento.[85] Pesquisas também indicam que o treinamento intercultural foi eficaz em melhorar o desempenho quando realizado depois que a pessoa começou a trabalhar em outro país, mas não quando o treinamento foi conduzido antes disso.[86] A constituição de um clima voltado ao desenvolvimento dos empregados também tem sido relacionada ao desempenho da unidade de negócio.[87] Por exemplo, um estudo com 260 empresas coreanas constatou que os gastos com treinamento foram positivamente relacionados à inovação corporativa.[88] Em geral, a maioria dos estudos demonstrou que os investimentos em treinamento podem, de fato, ter efeitos positivos quando analisados de forma agregada.

Avaliação de desempenho

Você mudaria seu jeito de estudar ou se empenharia mais em um curso cujo critério de avaliação fosse da letra A até a F do que em outro curso cujo critério fosse apenas "aprovado" ou "reprovado"? Os estudantes costumam responder afirmativamente a essa pergunta. Quando a questão é apenas ser aprovado ou reprovado, eles tendem a estudar só o suficiente para conseguir a aprovação.

O que se aplica no contexto de um curso também se aplica aos empregados em seu contexto de trabalho. Nesta seção, mostraremos como a escolha de um sistema de avaliação de desempenho e a maneira como ele é aplicado podem afetar o comportamento.

17.5 Listar os métodos de avaliação de desempenho.

O que é desempenho?

No passado, a maioria das organizações só avaliava o desempenho de seus empregados em relação a uma série de tarefas listadas na descrição de determinado cargo. Contudo, as organizações de hoje, menos hierárquicas e mais orientadas para o serviço, são mais exigentes. Os pesquisadores atualmente reconhecem três comportamentos principais que constituem o desempenho profissional:

1. *Desempenho de tarefas.* É o desempenho dos deveres e responsabilidades que contribuem para a produção de um bem ou serviço, ou para tarefas administrativas. Inclui a maior parte das atribuições listadas na descrição de um trabalho convencional.
2. *Cidadania.* São as ações que contribuem para o ambiente psicológico da organização, tais como ajudar os outros mesmo quando isso não é exigido, ajudar no atingimento dos objetivos organizacionais, tratar os colegas com respeito, oferecer sugestões construtivas e dizer coisas positivas sobre o local de trabalho.
3. *Contraprodutividade.* São as ações que prejudicam ativamente a organização. Esses comportamentos incluem roubar, danificar as instalações da empresa, comportar-se agressivamente com os colegas e faltar ao trabalho sem necessidade.

A maioria dos gestores acredita que um bom desempenho significa apresentar os dois primeiros comportamentos e evitar o terceiro.[89] Alguém que, ainda que realize muito bem suas principais atribuições no trabalho, seja grosseiro e agressivo com os colegas, não será considerado um bom empregado na maioria das organizações, e até o trabalhador mais animado e agradável, se não souber realizar bem as principais tarefas profissionais, não será considerado um bom empregado.

desempenho de tarefas
A combinação de eficácia e eficiência na execução das principais tarefas do trabalho.

cidadania
Ações que contribuem para o ambiente psicológico da organização, como ajudar os outros mesmo quando isso não é exigido.

contraprodutividade
Ações que prejudicam ativamente a organização, incluindo roubo, comportamento agressivo em relação aos colegas de trabalho ou impontualidade e absenteísmo.

Objetivos da avaliação de desempenho

A avaliação de desempenho tem diversos propósitos.[90] Um deles é o de ajudar os gestores a tomar diversas *decisões de recursos humanos*, como promoções, transferências e demissões. As avaliações também ajudam as organizações a *identificar necessidades de treinamento e desenvolvimento*. Elas *identificam as habilidades e competências* dos empregados para as quais podem ser desenvolvidos programas de aprimoramento. Por fim, *fornecem feedback aos empregados* sobre como a organização vê seu trabalho e são usadas como *base para a alocação de recompensas*, incluindo aumentos salariais.

Como nosso interesse é o comportamento organizacional, vamos enfatizar a avaliação de desempenho como um mecanismo para oferecer feedback e determinar alocações de recompensas.

O que avaliamos?

Os critérios que a administração escolhe para avaliar o desempenho dos empregados terão muita influência sobre seu comportamento. Os três conjuntos de critérios mais populares são os resultados individuais da tarefa, os comportamentos e os traços pessoais.

Resultados individuais da tarefa Se os fins justificam os meios, isso significa que os gestores devem avaliar os resultados das tarefas dos empregados, como por exemplo o volume de produção, a quantidade de resíduos e o custo unitário de produção. Da mesma forma, um vendedor seria avaliado pelo volume geral de vendas de sua região, pelo aumento da receita de vendas e pelo número de novos clientes.

Comportamentos Não é fácil atribuir resultados específicos às ações de empregados administrativos ou daqueles cujas atribuições constituem uma parte integrante das iniciativas de um grupo. O desempenho do grupo pode ser prontamente avaliado, mas talvez seja difícil determinar a contribuição de cada um dos membros. No caso de um gerente da fábrica, os comportamentos avaliados poderiam incluir a rapidez na entrega dos relatórios mensais ou seu estilo de liderança. No caso de um vendedor, pode-se avaliar o número de contatos com os clientes feitos por dia ou a ajuda oferecida aos colegas.

Esses comportamentos não precisam ser diretamente relacionados à produtividade individual. Como mencionamos em nossa discussão sobre a cidadania organizacional (veja os capítulos 1 e 3), ajudar as pessoas, fazer sugestões de melhoria e oferecer-se voluntariamente para atribuições adicionais são ações que aumentam a eficácia de grupos de trabalho e de organizações e, em geral, são incorporadas às avaliações de desempenho do empregado.

Comportamentos como ajudar as crianças, apoiar os colegas de trabalho e desenvolver relações de confiança com os pais são fatores importantes na avaliação do desempenho dos empregados desta creche em Leipzig, na Alemanha. Esses fatores subjetivos adicionam ao centro a reputação de ser uma organização de alta qualidade, segura e respeitosa.

Fonte: Waltraud Grubitzsch/dpa picture alliance/Alamy Stock Photo

Traços pessoais Ter uma boa postura no trabalho, demonstrar confiança e ser confiável, manter-se ocupado ou ter muita experiência são características desejáveis no trabalho, mas é importante lembrar que esses traços pessoais podem não ser altamente correlacionados com resultados positivos. Por outro lado, seria ingênuo ignorar a realidade de que as empresas ainda utilizam esses traços como critérios de avaliação de desempenho.

Quem deve fazer a avaliação?

Quem deve avaliar o desempenho dos empregados? Essa tarefa cabe, tradicionalmente, aos gestores, pois são eles os responsáveis pelo desempenho de seus subordinados. No entanto, outras pessoas podem ser mais habilitadas para realizar melhor essa tarefa, especialmente com a ajuda do departamento de RH.

Considerando que hoje em dia muitas empresas utilizam equipes autogerenciadas, trabalho a distância e outros formatos que distanciam os chefes dos subordinados, o superior imediato de um empregado pode não ser o juiz mais confiável para avaliar seu desempenho. Atualmente, os colegas de trabalho e até os subordinados são chamados a participar do processo de avaliação de desempenho e as pessoas têm participado de suas próprias avaliações. Mas, como você pode imaginar, esse processo de autoavaliação corre o risco de ter resultados inflados, e o viés da autoconveniência faz com que seus resultados raramente correspondam com a avaliação dos superiores.[91] A autoavaliação é mais indicada para fins de desenvolvimento do que de avaliação propriamente.

Na maioria das situações, é recomendável usar várias fontes de avaliação, já que qualquer avaliação individual de desempenho pode revelar tanto sobre o avaliador quanto sobre a pessoa que está sendo avaliada. Calculando a média entre os avaliadores, é possível obter uma avaliação de desempenho mais confiável, imparcial e precisa.

Outra abordagem popular de avaliação de desempenho é a avaliação 360 graus.[92] Essa abordagem fornece um feedback de desempenho por parte de todas as pessoas que compõem o círculo de contatos diários do empregado, incluindo subordinados, clientes, chefes e colegas (veja a Figura 17.2). O número de avaliações pode ir de apenas três ou quatro a até mais de 25. Na maioria das organizações, esse número fica entre cinco e dez por empregado.

Qual é o apelo das avaliações 360 graus? Ao contar com o feedback de pessoas que conhecem bem o empregado em uma variedade de contextos, as organizações esperam reforçar, em cada indivíduo, o sentimento de participação no processo de avaliação e obter informações mais precisas sobre o desempenho.

As evidências sobre a eficácia das avaliações 360 graus são inconclusivas.[93] Por um lado, elas oferecem aos empregados uma perspectiva mais ampla do próprio desempenho. Entretanto, muitas organizações não alocam os recursos necessários para ensinar os avaliadores a fazer críticas construtivas. Outras permitem que o empregado escolha os colegas e subordinados que farão sua avaliação, o que pode aumentar artificialmente os resultados positivos. Essa abordagem também vem acompanhada do risco de dar muito peso a pessoas que não conhecem bem o desempenho real do empregado. Também é difícil conciliar divergências entre grupos de avaliadores. Há evidências claras de que os colegas tendem a fazer avaliações muito mais indulgentes do que os superiores ou subordinados e são levados a cometer mais erros nesse tipo de avaliação. Desse modo, essa abordagem pode complementar informações sobre o desempenho de um empregado, mas não deve substituir as avaliações objetivas de

FIGURA 17.2 Avaliação 360 graus.

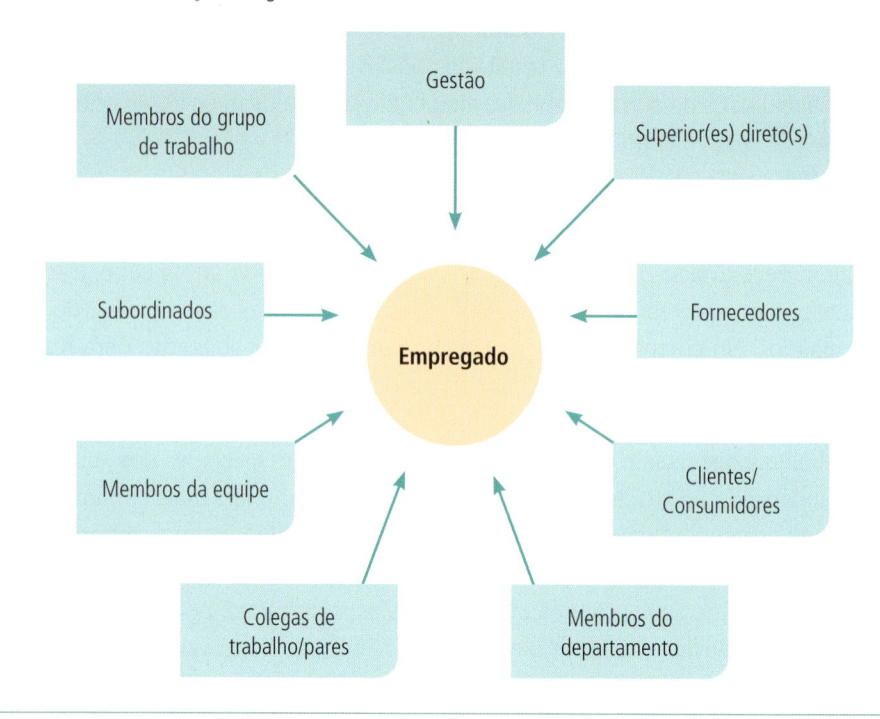

```
                    Gestão
   Membros do grupo          Superior(es) direto(s)
   de trabalho

   Subordinados      Empregado      Fornecedores

   Membros da equipe            Clientes/
                                Consumidores

      Colegas de        Membros do
      trabalho/pares    departamento
```

desempenho. Os sistemas de feedback 360 graus podem aumentar os comportamentos negativos. Por exemplo, em um estudo com empregados norte-americanos e chineses, aqueles considerados "isolados" tiveram chances maiores de apresentar baixa autoestima em empresas que usavam o feedback 360 graus. Nessas empresas, os empregados isolados também foram mais propensos a apresentar comportamentos mais desviantes e menos comportamentos voltados a ajudar os colegas de trabalho.[94]

Métodos de avaliação de desempenho

Vimos *o que* deve ser avaliado e *quem* deve fazer a avaliação. Agora, as perguntas a serem respondidas são: *Como* avaliar o desempenho dos empregados? Quais são as técnicas específicas de avaliação?

Relatórios escritos Provavelmente, o método mais simples de avaliação é fazer um relato descrevendo os pontos fortes e fracos do empregado, seu desempenho anterior, seu potencial e sugestões de melhoria. O relatório escrito não requer formulários complexos nem treinamento intensivo, porém, com esse método, uma avaliação pode depender tanto das habilidades de escrita do avaliador quanto do nível real do desempenho da pessoa avaliada. Também é difícil comparar relatórios para diferentes empregados (ou para os mesmos empregados, porém, escritos por diferentes gestores) por não haver um gabarito padronizado de pontuação.

Incidentes críticos Os incidentes críticos focam a atenção do avaliador na diferença entre um desempenho eficaz e um desempenho ineficaz no trabalho. O avaliador descreve o que o empregado fez em determinada situação e que foi particularmente eficaz ou ineficaz, mencionando apenas comportamentos específicos. Uma lista de incidentes críticos oferece um rico conjunto de exemplos para mostrar aos empregados quais são os comportamentos desejáveis e quais precisam ser melhorados.

---

incidentes críticos
Maneira de avaliar comportamentos de um empregado que diferenciam um desempenho eficaz de um desempenho ineficaz na execução de determinada tarefa.

Escalas gráficas de classificação Um dos métodos mais antigos e populares de avaliação é o uso das escalas gráficas de classificação. Nesse método, o avaliador percorre uma série de fatores considerados relevantes para o desempenho, como qualidade e quantidade do trabalho, conhecimento, cooperação, lealdade, assiduidade e iniciativa, e avalia o empregado em cada fator, de acordo com uma escala incremental. As escalas geralmente têm cinco pontos e um fator como *conhecimento da tarefa* pode receber de 1 ("pouco informado sobre suas atribuições") até 5 pontos ("domínio completo de todas as etapas da tarefa"). Embora não produza informações tão aprofundadas quanto as do relatório escrito e dos incidentes críticos, esse método permite menor consumo de tempo em sua elaboração e administração, além da análise e comparação quantitativas.

> **escalas gráficas de classificação**
> Método de avaliação no qual o avaliador classifica os fatores considerados relevantes para o desempenho em uma escala incremental.

Escalas de classificação ancoradas em comportamentos As escalas de classificação ancoradas em comportamentos combinam os principais elementos dos incidentes críticos e das escalas gráficas de classificação. O avaliador posiciona o empregado com base em uma série de itens que refletem o comportamento real no trabalho, e não os traços pessoais. Os participantes contribuem com descrições específicas de comportamentos eficazes e ineficazes que são, então, traduzidos em uma série de dimensões de desempenho, cada uma com diversos níveis de qualidade.

> **escalas de classificação ancoradas em comportamentos**
> Escalas que combinam os principais elementos dos incidentes críticos e das escalas gráficas de classificação. O avaliador posiciona os empregados ao longo de uma escala progressiva (*continuum*), com base em uma série de itens que refletem o comportamento real no trabalho e não descrições ou características gerais.

Comparações forçadas As comparações forçadas avaliam o desempenho de um indivíduo em relação ao desempenho de uma ou mais pessoas. Trata-se de um instrumento de medição relativo, e não absoluto como os anteriores. As duas comparações mais populares são a classificação por ranking do grupo e a classificação individual.

A classificação por ranking do grupo (também chamada de distribuição forçada) requer que o avaliador distribua os empregados em determinadas faixas de desempenho, para as quais são estabelecidas porcentagens de empregados que devem integrá-las. Se a classificação cobrir vinte empregados e o desempenho excelente só puder ser atribuído a 20% deles, apenas quatro receberão essa avaliação. Esse método é muito utilizado para recomendar estudantes para programas de pós-graduação.

> **comparação forçada**
> Método de avaliação em que o desempenho de um empregado é comparado de forma explícita com o de outros (por exemplo, um empregado pode ser classificado em terceiro lugar entre os 10 que trabalham em uma área da empresa).

A classificação individual (também chamada de ordenação simples) ordena os empregados do melhor para o pior. Se um gestor precisa avaliar trinta empregados, essa abordagem supõe que a diferença existente entre o primeiro e o segundo colocados será a mesma existente entre o vigésimo primeiro e o vigésimo segundo. Mesmo se alguns deles ficarem bem próximos entre si, esse método não permite o empate. O resultado é uma classificação clara dos empregados, indo do melhor até o pior desempenho.

> **classificação por ranking do grupo**
> Método de avaliação que coloca os empregados em uma classificação específica de desempenho, como em quartis, por exemplo.

Um paralelo com a classificação forçada é a distribuição forçada das notas na faculdade. Como mostra a Figura 17.3, as médias gerais das pontuações (GPAs, na sigla em inglês) aumentaram.[95] Não se sabe exatamente por que isso aconteceu, mas muitos atribuem o aumento à crença de que as avaliações das faculdades pelos alunos sejam um meio de avaliar o desempenho dos professores (notas generosas atribuídas pelos professores podem levar a avaliações mais positivas por parte dos estudantes). Há também a suposição de que notas mais altas das faculdades podem ajudar os alunos a se tornarem candidatos mais competitivos a programas de pós-graduação no mercado de trabalho.

> **classificação individual**
> Método de avaliação que classifica os empregados do melhor para o pior.

Diante dessa situação, algumas faculdades instituíram distribuições forçadas de notas, nas quais os professores devem atribuir determinada porcentagem de notas As, Bs e Cs. Na Universidade de Princeton, por exemplo, cada departamento só pode atribuir notas As a não mais que 35% dos alunos.

FIGURA 17.3 Médias gerais das pontuações por ano acadêmico e grau de escolaridade.*

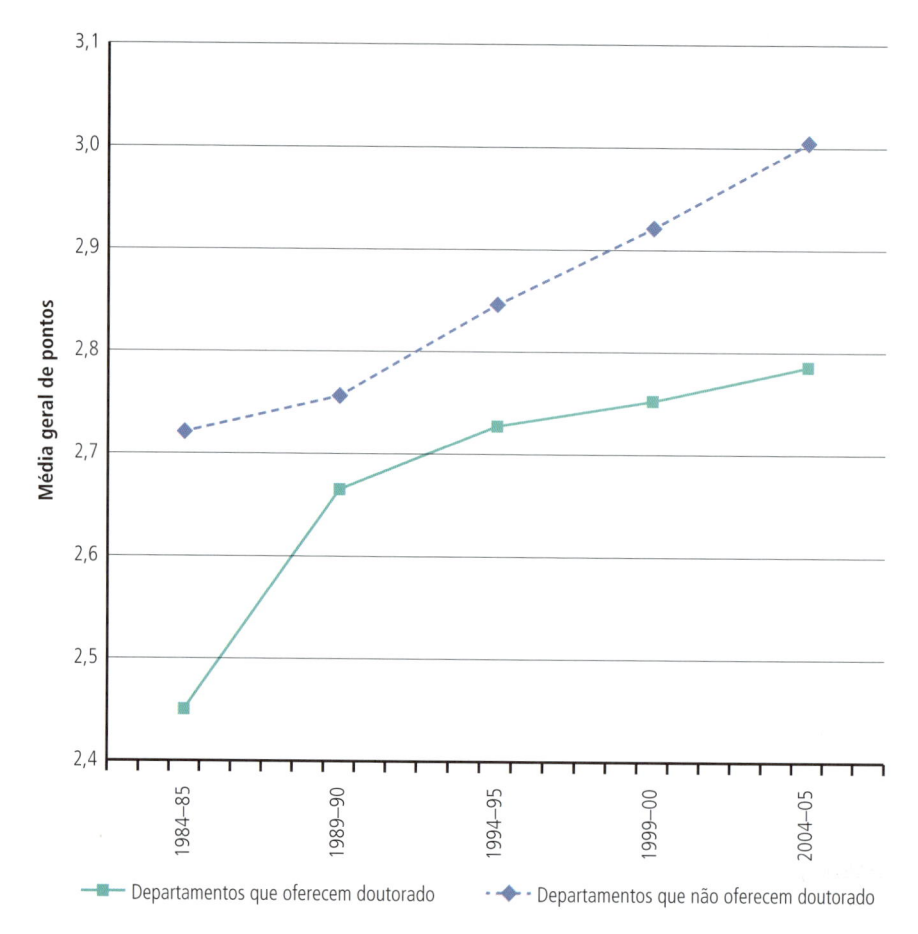

Nota: estudo dos GPAs (Median Grade Point Average) de 1.683 cursos, 28 departamentos e 3.176 professores de uma grande universidade pública.

Fonte: baseado em R. Todd Jewell, M. A. McPherson e M. A. Tieslau, "Whose Fault Is It? Assigning Blame for Grade Inflation in Higher Education", *Applied Economics* 45 (2013): 1185-200.

Melhorando as avaliações de desempenho

O processo de avaliação de desempenho é um campo minado em potencial. Os avaliadores podem, sem perceber, superestimar a avaliação (leniência positiva), subestimar o desempenho (leniência negativa) ou permitir que a avaliação de uma característica afete indevidamente a avaliação de outra (efeito halo). Alguns avaliadores fazem avaliações tendenciosas ao favorecer, inconscientemente, pessoas que têm qualidades ou traços semelhantes aos seus (erro de similaridade). Por exemplo, os introvertidos podem dar avaliações de desempenho mais negativas aos extrovertidos. Além disso, alguns avaliadores podem enxergar no processo de avaliação uma oportunidade política para abertamente recompensar empregados dos quais eles gostam ou punir as pessoas das quais não gostam. Uma revisão de avaliações de desempenho demonstra que muitos gestores distorcem deliberadamente as pontuações a fim de manter um relacionamento positivo com seus subordinados ou para conquistar uma imagem positiva, mostrando que todos os seus empregados estão tendo bom desempenho.[96] Nada *garante* a precisão das avaliações, mas as sugestões a seguir podem ajudar a tornar o processo mais objetivo e justo.

Utilize múltiplos avaliadores À medida que o número de avaliadores aumenta, a probabilidade de coletar informações mais precisas também aumenta, bem como as chances de o empregado considerar o feedback válido.[97] Essa abordagem é utilizada em competições esportivas, como saltos ornamentais e ginástica. Um grupo de avaliadores julga as apresentações, a nota mais alta e a mais baixa são descartadas e a pontuação final resulta da média da soma das notas dos outros juízes. A lógica dos múltiplos avaliadores também se aplica às organizações. Se um empregado que tem dez supervisores é considerado excelente por nove deles e fraco pelo outro, esta última avaliação pode ser descartada. Portanto, ao possibilitar que o empregado receba diversas avaliações dentro da organização, ou ao utilizar diversos avaliadores (como no método da avaliação 360 graus), aumenta-se a probabilidade de obter avaliações mais válidas e confiáveis.

Avalie seletivamente Os avaliadores só devem fazer julgamentos nas áreas em que tiverem um bom conhecimento. Quando isso acontece, as avaliações são mais alinhadas e o processo se torna mais válido.[98] Desse modo, recomenda-se que os avaliadores estejam o mais próximo possível do avaliado em relação ao nível organizacional. Quanto maior for o número de camadas hierárquicas que separam o avaliador do empregado, menores serão as oportunidades de o avaliador observar o comportamento do avaliado e, em consequência, maior será a probabilidade de erros.

Treine os avaliadores Se você não conseguir *encontrar* bons avaliadores, a alternativa é *criá-los*. O treinamento pode produzir avaliadores mais precisos.[99] A maioria dos workshops para avaliadores enfatiza uma mudança das referências existentes de avaliação ao ensiná-los o que observar, para que todos na organização tenham o mesmo conceito de *bom desempenho*. Outra técnica eficaz de treinamento é incentivar os avaliadores a descrever o comportamento dos empregados o mais detalhadamente possível. Solicitar mais detalhes ajuda os avaliadores a se lembrar dos fatores que afetam o desempenho, em vez de só levar em consideração como se sentem em relação aos empregados naquele dado momento.

Ofereça aos empregados o processo adequado O conceito de *processo adequado* pode ser aplicado à avaliação para aumentar a percepção dos empregados de que são tratados com justiça.[100] Três fatores caracterizam os processos adequados: (1) as pessoas são informadas a tempo sobre o que se espera delas; (2) qualquer evidência de violação é divulgada de maneira justa, para que todos os envolvidos possam se manifestar e (3) a decisão final é baseada nas evidências e é livre de tendências e vieses.

Uma técnica que as organizações podem levar em consideração para aprimorar a adequação do processo de avaliação é postar as avaliações on-line para que os empregados possam ver suas próprias pontuações de desempenho no momento em que seu gestor as insere. Uma empresa que usou essa abordagem descobriu que as pessoas acreditavam que a reponsabilidade dos avaliadores e a participação dos empregados eram maiores quando as informações sobre a avaliação estavam disponíveis on-line antes das entrevistas.[101] Pode ser que o sistema tenha incentivado os avaliadores a fazer avaliações mais precisas por saber que os empregados teriam acesso direto às próprias informações.

Oferecendo feedback de desempenho

Para muitos gestores, poucas atividades são mais desagradáveis do que dar feedback de desempenho aos empregados. Na realidade, a menos que sejam pressionados pela política e por controles organizacionais, a maioria prefere ignorar essa responsabilidade. Isso acontece por várias razões.

Em primeiro lugar, apesar de quase todos os empregados terem capacidade de melhorar em algumas áreas, os gestores temem um confronto ao apresentar um feedback negativo. Em segundo lugar, muitos empregados tendem a ficar na defensiva quando seus pontos fracos são apontados. Em vez de aceitar o feedback como construtivo e importante para melhorar seu desempenho, alguns criticam o superior ou culpam alguma outra pessoa. Por fim, os empregados tendem a superestimar o próprio desempenho. Estatisticamente falando, metade da força de trabalho provavelmente é composta de pessoas com desempenho abaixo da média. Mas os empregados, em geral, acreditam que seu desempenho é muito melhor do que a média. Assim, mesmo diante de uma avaliação positiva, eles tendem a não considerá-la suficientemente boa.

A solução para esse problema não é ignorar o feedback, mas sim treinar os gestores para conduzir sessões de avaliação construtivas. Um bom processo de avaliação — que leva o empregado a considerar a avaliação justa e a sentir que o chefe está sendo sincero e que o clima é construtivo — pode elevar o moral do empregado, que sairá informado dos pontos de melhoria e decidido a corrigir suas deficiências.[102] Esse seria um resultado perfeito se a avaliação fosse sempre justa e completa, mas, infelizmente, um empregado pode sair do processo com esses mesmos sentimentos se o avaliador tiver uma sensação de interdependência com ele e, em consequência, for indulgente na avaliação.[103]

Não deve ser nenhuma surpresa saber que, quando os empregados estão de mau humor, eles têm menos chances de aceitar as recomendações do que quando estão de bom humor.[104] Além disso, as avaliações devem ser o mais específicas possível. As pessoas tendem a superestimar o próprio desempenho geral, mas podem ser mais objetivas quando são solicitadas a avaliá-lo apenas em uma área específica.[105] Também é difícil saber como melhorar o desempenho em geral, sendo muito mais fácil melhorar em áreas específicas. A avaliação de desempenho deve ser mais uma atividade de aconselhamento do que um processo para distribuição de críticas e será mais eficaz ao se basear na autoavaliação do empregado.

Objetivos profissionais

Como posso demitir uma pessoa?

Um de meus subordinados diretos não está conseguindo se manter à altura de suas responsabilidades no trabalho e infelizmente terei de demiti-lo. Não faço ideia do que dizer. Qual é a melhor maneira de fazer isso?

— Ariana

Prezada Ariana,

A maioria dos gestores concorda que afastar um empregado problemático pode ser uma das coisas mais difíceis que um líder precisa fazer. Em geral, a melhor maneira de reduzir o estresse de uma demissão é evitar surpresas. Um empregado problemático precisa ser informado o quanto antes de que seu desempenho está sendo insuficiente. Não deixe de documentar antecipadamente os problemas de desempenho e informe o empregado das consequências de não melhorar. Pode até acontecer de a identificação dos problemas eliminar a necessidade de demissão se você o ajudar a elaborar e executar estratégias de desenvolvimento e disponibilizar treinamentos para melhorar seu desempenho.

Se você já se decidiu pela demissão, comece a planejar a reunião demissional. Uma boa orientação do RH pode ajudar muito nesse processo. É natural se preocupar com a reação do empregado, mas veja algumas estratégias que podem ajudá-la a encerrar o vínculo empregatício de maneira a minimizar os conflitos:

- *Veja com o pessoal de RH as alternativas e técnicas que eles recomendariam.* Muitas empresas têm políticas e procedimentos que a ajudarão a conduzir essa reunião de maneira profissional.
- *Pratique.* Praticar a conversa com uma pessoa neutra (que não tenha vínculos com o empregado ou a organização) ajudará a reduzir o estresse e se adiantar às possibilidades.
- *Respeite o empregado durante o processo.* Quando possível, conduza a reunião de demissão em privado. Deixe claro que ele está sendo afastado da empresa. A última coisa que você quer é que ele não entenda a mensagem ou ache que você está indecisa e tente convencê-la a não demiti-lo. Tentativas de "atenuar o golpe", dando feedback positivo ou dando as más notícias aos poucos, costumam ser confusas e podem dar abertura a uma discussão prolongada, desagradável e improdutiva.
- *Evite repassar em detalhes os erros cometidos pelo empregado.* No momento da demissão, você não tem por que "requentar" problemas antigos que vocês já discutiram. É melhor dizer com clareza que a situação está insustentável e entregar um relatório contendo os detalhes caso ele queira consultar depois. Repassar as razões da demissão fará com que o empregado se sinta insultado ou ofendido.
- *Prepare um plano para depois da reunião.* Quais são as políticas de sua organização? Por exemplo, o empregado precisará sair escoltado imediatamente do prédio? Quais são as políticas para a devolução de propriedades da empresa? Não se desvie do plano e certifique-se de que o processo de demissão seja objetivo. É claro que seguir esses conselhos pode não eliminar todo o estresse da demissão, mas uma combinação de preparação, respeito e clareza pode ajudar a melhorar a situação.

Fontes: baseado em S. R. McDonnell, "10 Steps Needed to Properly Fire Someone", *Entrepreneur*, 26 maio 2015, http://www.entrepreneur.com/article/246573; E. Frauenheim, "Employee Crisis Communications 101", *Workforce*, 13 nov. 2013, http://www.workforce.com/articles/20036-employee-crisis-communications-101; e R. A. Mueller-Hanson e E. D. Pulakos, "Putting the 'Performance' Back in Performance Management", *SHRM-SIOP Science of HR White Paper Series*, 2015, http://www.shrm.org/Research/Documents/SHRM-SIOP%20Performance%20Management.pdf.

As opiniões apresentadas aqui são única e exclusivamente dos autores, os quais não se responsabilizam por quaisquer erros ou omissões nem pelos resultados obtidos com a utilização destas informações. Em circunstância alguma os autores, seus parceiros ou suas organizações serão responsáveis por qualquer decisão ou ação de sua parte ou da parte de qualquer pessoa com base nas opiniões apresentadas aqui.

Variações internacionais na avaliação de desempenho

Vamos analisar a avaliação de desempenho ao redor do mundo no contexto das dimensões culturais, particularmente o individualismo em oposição ao coletivismo.

Culturas individualistas, como a norte-americana, dão mais ênfase aos sistemas formais de avaliação de desempenho do que aos informais. Essas culturas defendem avaliações escritas realizadas em intervalos regulares, cujos resultados são compartilhados com os empregados e utilizados para decidir recompensas. Por outro lado, as culturas coletivistas que dominam a Ásia e grande parte da América Latina são caracterizadas por sistemas mais informais, dando menos ênfase ao feedback formal e desvinculando as alocações de recompensas das avaliações de desempenho. No entanto, algumas dessas diferenças podem estar diminuindo. Na Coreia, em Singapura e no Japão, o uso de avaliações de desempenho aumentou muito na última década, embora nem sempre de forma fácil ou livre de controvérsias. Um levantamento com empregados coreanos revelou que a maioria questionava a validade dos resultados de sua avaliação de desempenho.[106]

Um estudo que se concentrou no setor bancário encontrou diferenças expressivas entre os países nas práticas de avaliação de desempenho.[107] As avaliações formais de desempenho foram usadas com mais frequência em países com alto grau de assertividade, alto grau de evitamento da incerteza e baixo grau de coletivismo do endogrupo. Em outras palavras, países assertivos, que veem o desempenho como uma responsabilidade individual e que preferem saber com clareza o nível de desempenho dos empregados tendem a usar sistemas formais de avaliação. Por outro lado, em culturas com alto grau de evitamento da incerteza, as avaliações de desempenho também foram utilizadas com mais frequência para fins de comunicação e de desenvolvimento (em vez de serem usadas para determinar recompensas e promoções). Outro estudo constatou que pessoas que vivenciam alto grau de distância do poder e de coletivismo tendem a fazer avaliações de desempenho mais indulgentes.[108]

17.6 Descrever o papel de liderança dos recursos humanos (RH) nas organizações.

O papel de liderança dos recursos humanos (RH)

Discutimos as importantes funções que os departamentos de RH desempenham no recrutamento, seleção, treinamento e desenvolvimento, bem como no processo de avaliação de desempenho. Essas são as tarefas mais importantes de uma organização para administrar seu ativo mais valioso: as pessoas. O RH também desempenha um papel de liderança importantíssimo em quase todas as esferas do ambiente de trabalho, desde a elaboração e execução de programas de benefícios até a condução de levantamentos de atitudes, além da elaboração e execução de políticas empregatícias. Ele atua na linha de frente da administração de condições adversas no trabalho, tais como conflitos entre a vida pessoal e profissional, mediações, demissões e *downsizing* (redução de pessoal). A atuação do RH se faz presente quando um empregado entra na organização, quando ele sai e também ao longo de sua permanência no emprego. Os departamentos de RH são especiais porque representam, conforme necessário, tanto os empregados quanto a empresa. Desse modo, discutiremos a importância da comunicação do RH antes de analisarmos cada uma de suas facetas de liderança.

Apenas recentemente as empresas começaram a reconhecer o potencial que o RH tem de influenciar o desempenho dos empregados. Pesquisadores se dedicam a analisar os efeitos de um sistema de trabalho de alto desempenho, um grupo de práticas de recursos humanos que algumas organizações estão implementando. Essas práticas atuam em conjunto e se reforçam mutuamente para melhorar os resultados organizacionais. Essa abordagem pode incluir práticas voltadas a aumentar a motivação dos empregados, como programas de participação nos lucros e outros sistemas de recompensas, bem como práticas voltadas a melhorar habilidades, como programas de treinamento e desenvolvimento. Um sistema de trabalho de alto desempenho pode aumentar o engajamento dos empregados. Além disso, um estudo com 163 empresas espanholas sugere que esse sistema pode melhorar o desempenho, especialmente quando a organização tiver uma cultura de aprendizado.[109] Pesquisas mais recentes demonstraram que ter um sistema de trabalho de alto desempenho pode melhorar o desempenho organizacional que, por sua vez, também pode reforçar as práticas de alto desempenho, fornecendo mais recursos ao próprio sistema de trabalho de alto desempenho. Esse sistema também pode ter mais efeito sobre o desempenho organizacional quando a liderança não é orientada às metas organizacionais (como melhorar o atendimento ao cliente).[110]

sistema de trabalho de alto desempenho
Grupo de práticas de recursos humanos que atuam em conjunto e se reforçam mutuamente para melhorar os resultados organizacionais.

Comunicação das práticas de RH

A liderança do RH começa informando os empregados sobre as práticas de RH e explicando as implicações das decisões que podem ser tomadas com base nessas práticas. Não basta implementar uma prática: o RH precisa informar os empregados a respeito delas. Quando uma empresa consegue comunicar como o sistema de práticas de RH foi desenvolvido e qual é a função desse sistema, os empregados sentem que podem controlar e administrar as recompensas obtidas no trabalho.[111] Como já vimos em outros capítulos, saber que você tem como influenciar os resultados de seu trabalho é um importante fator motivacional. Os empregados podem considerar a filosofia e o sistema de RH como uma expressão de preocupação por parte do empregador. Foi constatado que os sentimentos positivos resultantes dessa filosofia podem aumentar o comprometimento, a retenção e o engajamento dos empregados.[112]

Muitas evidências confirmam ser considerável a contribuição da comunicação e da percepção para a eficácia do RH. Por exemplo, um estudo de diferentes unidades de negócios de uma grande rede de restaurantes descobriu que as percepções dos empregados em relação às práticas de RH, avaliadas no nível de grupos de trabalho, foram importantes fatores preditivos do comportamento de cidadania organizacional, do comprometimento e da intenção de permanecer na empresa,[113] mas as práticas de RH só levaram a esses resultados positivos quando os empregados foram informados sobre elas. Outros estudos constataram que as práticas de RH têm efeitos diferentes, dependendo de como os empregados percebem as razões de sua existência.[114] Os empregados que acham que as práticas de RH foram estabelecidas para melhorar o desempenho e beneficiar os trabalhadores retribuem com mais comprometimento e desempenho melhor. Aqueles que acham que essas práticas foram estabelecidas para explorar os trabalhadores não têm as mesmas reações positivas.

A eficácia das práticas de RH também depende das atitudes dos empregados. Uma revisão de estudos descobriu que as práticas de RH tinham mais chances de levar a resultados positivos quando os empregados se sentiam motivados.[115] Outra pesquisa indicou que empregados mais bem informados sobre o propósito de um sistema de gestão de desempenho faziam uso mais eficaz desse sistema para realizar um trabalho melhor.[116] Juntos, esses resultados sugerem que os empregadores não podem se limitar a criar práticas, eles precisam mostrar que elas consistem em tentativas de aumentar o sucesso da empresa e de ajudar os empregados a atingir resultados melhores. A comunicação pode ajudar a influenciar as atitudes e as percepções dos empregados em relação às práticas de RH.

Diferentes culturas organizacionais tendem a ver as práticas de maneiras diferentes. Por exemplo, é evidente que organizações do mundo inteiro usam qualificações acadêmicas na seleção de candidatos, mas, fora isso, diferentes países têm preferência por diferentes técnicas de seleção. Entrevistas estruturadas são populares em alguns países e simplesmente não são utilizadas em outros. Pesquisas mostram que na Holanda, Estados Unidos, França, Espanha, Portugal e Singapura, a maioria dos candidatos prefere entrevistas e testes de amostra do trabalho e não gosta de usar contatos pessoais nem de fazer testes de integridade.[117] Foi constatada pouca variação nas preferências entre todos esses países. Em outras palavras, parece que, mesmo que haja diferenças internacionais nas práticas utilizadas, não existem tantas diferenças no que os empregados consideram justo. A comunicação é a ponte que o RH usa para demonstrar que as intenções da empresa são justas.

Criação e administração de programas de benefícios

Como vimos ao longo deste texto, os empregadores estão mais dispostos do que nunca a considerar uma variedade infinita de benefícios para oferecer aos empregados na tentativa de recrutar e de reter os melhores talentos. Para cada problema enfrentado pelos trabalhadores — saúde, cuidar dos filhos e de pais idosos, educação, condições do local de trabalho, entre outros — as organizações podem considerar um benefício. A responsabilidade de criar e administrar um programa de benefícios de uma organização cabe ao departamento de RH, com a orientação da alta gestão.

De preferência, um programa de benefícios deve ser customizado para a cultura organizacional, refletir os valores da organização, demonstrar viabilidade econômica e ser sustentável no longo prazo. Os benefícios oferecidos podem aumentar o bem-estar psicológico dos empregados e, em consequência, melhorar o desempenho organizacional.[118]

Vejamos o exemplo de mães de filhos pequenos. As opções do RH para essas mulheres podem variar desde o apoio até a intolerância. A empresa deveria dar folga remunerada às mães para amamentarem os bebês em casa? Deveria disponibilizar uma sala de descanso para as mães amamentarem seus bebês no trabalho? Deveria deixar que as mães tirassem o leite no trabalho para dar aos bebês em casa? E as mães que alimentam os bebês com mamadeiras? Nos Estados Unidos, nenhuma lei federal requer que as empresas disponibilizem qualquer tipo de acomodação para as mães amamentarem seus bebês além de um "intervalo razoável" indefinido. Um tribunal do Texas decidiu contra uma mulher que foi demitida por pedir para usar uma sala do escritório para bombear leite para o filho.[119] Embora esse caso tenha sido resolvido amigavelmente entre as partes depois que o tribunal de recursos reverteu a decisão, afirmando que se tratava de um caso de discriminação sexual e de um problema médico, ainda não se chegou a um consenso sobre a questão.[120] Um gestor de RH de uma empresa que produz bombas de lactação, que apoia a ONG La Leche League International e que emprega mulheres em idade fértil, pode querer oferecer alguns benefícios porque essas políticas estariam alinhadas com os princípios da empresa. Um gerente de RH de uma empresa cuja missão não tem qualquer relação com a questão pode levar em consideração disponibilizar alguns benefícios mediante a solicitação dos empregados. Cada gestor pode fazer uma análise dos custos associados a diferentes níveis de benefícios e dos resultados organizacionais positivos de cada um para decidir quais benefícios seriam sustentáveis para a empresa no longo prazo. É claro que esse é só um exemplo de possíveis benefícios a serem considerados e só se aplica a um pequeno grupo de trabalhadores. Outros benefícios podem afetar uma população mais ampla da força de trabalho da organização, como opções de assistência médica e férias.

Elaboração e aplicação de políticas empregatícias

Os benefícios vêm acompanhados de responsabilidades e os empregados precisam saber o que a organização espera deles. Políticas empregatícias que cumprem as leis em vigor, mas vão além dos requisitos mínimos, ajudam a definir uma cultura organizacional positiva. As políticas diferem dos benefícios, pois fornecem diretrizes para orientar não apenas as condições de trabalho, mas também o comportamento. Uma empresa pode dar o benefício de uma sala de descanso especial para mães de crianças pequenas, mas é preciso instituir uma política para esclarecer a expectativa de conduta. As mães podem amamentar em outros locais da empresa ou só na sala de descanso especial? Qual horário é aceitável? Onde o leite materno coletado pode ser armazenado? Criar políticas para esclarecer possíveis dúvidas pode ajudar a reduzir a confusão e evitar situações embaraçosas para todos os empregados.

Escolha ética

HIV/AIDS e a organização multinacional

Não faz muito tempo que um diagnóstico de AIDS equivalia a uma sentença de morte e as decisões éticas por parte dos departamentos de RH se restringiam a oferecer cuidados paliativos e seguro de vida. Esses dias já fazem parte do passado, pelo menos para a maioria das pessoas. Hoje, a decisão ética diz respeito aos padrões de tratamento e apoio que as organizações desejam disponibilizar, para quais empregados ao redor do mundo e por quanto tempo. "O número de empregados portadores de HIV/AIDS aumentou" à medida que a doença se tornou mais crônica do que fatal, explicou Randy Vogenberg, do Instituto de Saúde Integrada, nos EUA. Mas a possibilidade de a pessoa continuar trabalhando ainda depende de tratamento medicamentoso, acomodações no local de trabalho e orientação aos empregados. Na maioria dos países, os padrões não são especificamente obrigatórios, deixando a cargo dos empregadores decidir o nível de apoio que desejam proporcionar. "A questão não é saber se as empresas serão confrontadas com o problema", afirma o advogado de direito trabalhista Peter Petesch. "A questão é quando isso vai acontecer."

De acordo com estimativas atuais, mais de 1,1 milhão de pessoas nos Estados Unidos e 36,7 milhões de pessoas no mundo vivem com o HIV. Mais de dois terços dos contágios HIV ocorrem na África Subsaariana e 70% dos novos casos ocorrem nessa região. Ao redor do mundo, a maneira como o problema é abordado varia muito. Por exemplo, poucas empresas norte-americanas têm políticas específicas para portadores de HIV/AIDS e, embora os planos de benefícios cubram a doença, os custos adicionais que os empregados precisam bancar pela dispendiosa terapia medicamentosa podem variar muito. Na Europa, os sistemas nacionais de saúde disponibilizam o tratamento do HIV/AIDS a seus cidadãos. Algumas empresas africanas maiores têm clínicas em locais onde os seguros ou os sistemas de saúde nacionais são insuficientes, mas nem todas as empresas oferecem seguros médicos. Na Índia e na China, as seguradoras não cobrem o HIV/AIDS, de modo que as empresas precisam considerar um reembolso adicional a esses empregados. Quando se trata de HIV/AIDS, um segundo de prevenção vale anos de cura ou literalmente uma enorme economia para as empresas. Pesquisas descobriram que os investimentos das empresas na prevenção e no tratamento da doença para seus empregados pouparam dinheiro e vidas. Iniciativas de RH, como dar cursos para ensinar os empregados sobre a prevenção e a acomodação de portadores da doença, tratamento psicológico, exames voluntários gratuitos e monitoramento do bem-estar, têm se mostrado eficazes ao redor do mundo.

"Ninguém mais precisa morrer dessa doença", disse Jenni Gillies, diretora de desenvolvimento de negócios da cervejaria SABMiller, que tem 70.000 empregados em 75 países e está empenhada em ajudar a erradicar o HIV/AIDS por meio da educação e do apoio aos empregados. Mas cada decisão sobre o nível de apoio proporcionado vem acompanhada de custos e responsabilidades e cabe a cada empresa decidir até onde estará disposta a ir para atender às necessidades desse grupo de empregados em detrimento de outros grupos de sua força de trabalho. Algumas organizações podem concluir que os governos é que deveriam se responsabilizar por cuidar dos cidadãos. Não é uma decisão fácil. Enquanto isso, cada gestor pode ajudar na prevenção da discriminação e no incentivo à educação.

Fontes: baseado em "HIV/AIDS Basic Statistics", Center for Disease Control, http://www.cdc.gov/hiv/statistics/basics.html, acessado em 21 jul. 2015; "U. S. Statistics", HIV.gov, https://www.hiv.gov/hiv-basics/overview/dataand-trends/statistics, acessado em jun. 2017; J. Mooney, "People with HIV and AIDS: Living and Working Longer", *HR Magazine*, jun. 2012, 41–44; SABMiller, site corporativo, página "Inside View", www.inside-view.com/directory/sabmiller-plc, acessado em 18 jun. 2013; e Organização Mundial da Saúde, página de informações sobre "HIV/AIDS", http://www.who.int/mediacentre/factsheets/fs360/en/, atualizado em 2017.

O caso da amamentação é um exemplo de um possível benefício e de uma combinação de políticas que garantem que as funcionárias reconheçam que o empregador se preocupa com seu bem-estar ao mesmo tempo em que são informadas de como e onde podem usufruir do benefício. Mas, para ser eficaz, qualquer política deve ser cumprida. Cabe aos gestores de RH decidir as consequências organizacionais das infrações e, muitas vezes, garantir o cumprimento das políticas.

Em algumas situações, os gestores de RH precisam agir mesmo à revelia do superior direto do empregado, especialmente se o cumprimento de uma política estiver em questão. Por exemplo, muitas organizações sem fins lucrativos, além de empresas dos setores de entretenimento, editorial e marketing usam estagiários formados cuja única remuneração é a experiência profissional. O Departamento do Trabalho dos Estados Unidos estipula que os estagiários não remunerados devem receber uma experiência de formação profissional e que seu trabalho não pode gerar lucros ao empregador. Os estagiários reclamam de receber apenas tarefas subalternas que um empregador teria de pagar alguém para fazer. Se essas empresas quiserem continuar usando estagiários não remunerados, os gestores de RH precisam criar políticas para esclarecer as atribuições que os gestores podem dar e, em seguida, garantir que as políticas sejam cumpridas. Caso contrário, a organização corre o risco de enfrentar processos judiciais como o caso de Eric Glatt, estagiário que trabalhou no filme *Cisne Negro*, que processou o estúdio por violações da lei do salário mínimo.[121] Um juiz de corte distrital dos Estados Unidos determinou que Glatt foi indevidamente classificado como estagiário.[122] A decisão judicial baseou-se em critérios do Departamento do Trabalho que determinam que um estagiário não remunerado deve fazer um trabalho semelhante ao treinamento que a pessoa receberia em uma instituição de ensino, beneficiar o estagiário e não o empregador e não ocupar a vaga de outros empregados.[123] O veredicto levou a processos judiciais semelhantes contra a NBC Universal, a Fox, a Viacom e outras grandes organizações, muitas vezes terminando em acordos extrajudiciais. A questão ainda está longe de uma conclusão, e fica a cargo dos estagiários abrir um processo litigioso em caso de tratamento injusto por parte das empresas. Veja no Estudo de caso 1 uma discussão sobre o papel dos estagiários de um ponto vista diferente: o seu.

Gerenciando conflitos entre a vida pessoal e a vida profissional

No Capítulo 1, falamos do equilíbrio entre a vida profissional e a pessoal e discutimos os fatores que vêm diluindo as fronteiras entre as duas. Nesta seção, vamos nos concentrar no que as empresas podem fazer para ajudar os empregados a resolver esses conflitos.

Os conflitos entre a vida profissional e a pessoal começaram a chamar a atenção dos gestores na década de 1980, principalmente devido ao aumento do número de mulheres com filhos entrando no mercado de trabalho. Em resposta, a maioria das grandes empresas promoveu iniciativas para tornar seus ambientes de trabalho mais receptivos às famílias.[124] Foram introduzidas creches no local de trabalho, acampamentos de férias para as crianças, horários flexíveis, compartilhamento de funções, abonos para comparecimento à escola dos filhos, trabalho a distância e empregos de meio período. Mas as empresas logo perceberam que esses conflitos não eram exclusivos às mulheres com filhos. A carga de trabalho excessiva e a grande demanda por viagens de trabalho, por exemplo, dificultavam cada vez mais o ajuste entre as exigências profissionais e as responsabilidades pessoais para muitos trabalhadores. Uma pesquisa da Boston College com quase mil pais de família com carreiras profissionais mostrou que os participantes davam mais importância à segurança no emprego e a horários de trabalho flexíveis e propícios a atividades familiares do que a oportunidades de aumentar sua renda e de serem promovidos.[125]

Mito ou ciência?

Manter-se disponível 24 horas para o trabalho não faz bem a ninguém

Essa afirmação parece ser verdadeira em muitos casos. Embora a tecnologia possibilite que os empregados passem o tempo todo conectados e em constante contato com chefes e colegas ao redor do mundo, pesquisas sugerem que os empregadores que obrigam os empregados a marcarem presença a qualquer hora do dia e a permanecerem conectados podem estar prestando um desserviço a si próprios.

Um número crescente de pesquisas descobriu graves consequências para a saúde decorrentes de sono insuficiente. Práticas de trabalho que encorajam os empregados a ficarem conectados 24 horas por dia podem estar agravando a situação. Um estudo analisou como trabalhar tarde da noite afetava os resultados do trabalho ao exigir que os empregados respondessem a questionários diários sobre a quantidade e a qualidade de seu sono e o engajamento no trabalho no decorrer de vários dias. Entre outras tecnologias, as pessoas que usaram smartphones à noite para trabalhar ficaram menos envolvidas com suas tarefas de trabalho no dia seguinte.

Pesquisadores também analisaram as consequências pessoais do *workaholism*, que é a tendência de pensar constantemente no trabalho fora do horário laboral e de se sentir compelido a trabalhar por muito tempo. Esse hábito está associado a níveis mais elevados de fadiga, estresse e problemas familiares. O *workaholism* é, em parte, uma consequência de fatores de personalidade, mas pesquisas sugerem que características do local de trabalho podem intensificar as tendências dos *workaholics*, incluindo cargas de trabalho excessivas, prioridades de trabalho conflitantes e prazos apertados. Os *workaholics* podem não perceber imediatamente esses efeitos porque, em geral, são muito comprometidos com seu trabalho e seus hábitos são prazerosos em curto prazo, até eles ficarem fatigados.

A melhor coisa a fazer para manter um bom desempenho ao longo do tempo pode ser desenvolver um distanciamento psicológico do trabalho. Além dos estudos que mostram os efeitos negativos da exposição excessiva às demandas de trabalho, outros estudos demonstram que intervalos curtos e regulares, evitando as responsabilidades do trabalho, podem recarregar as baterias de uma pessoa. Desconectar-se das constantes demandas do trabalho por períodos curtos realmente pode aumentar a nossa produtividade em longo prazo. As evidências são claras: desconecte-se para recarregar-se. O RH pode auxiliar apresentando os resultados das pesquisas aos gestores e ajudando a estabelecer práticas e limites que beneficiem a todos.

Fontes: baseado em K. Lanaj, R. E. Johnson e C. M. Barnes, "Beginning the Workday yet Already Deprived? Consequences of Late-Night Smartphone Use and Sleep", *Organizational Behavior and Human Decision Processes* 124 (maio 2014): 11–23; M. A. Clark, J. S. Michel, L. Zhdanova, S. Y. Pui e B. B. Baltes, "All Work and No Play? A Meta-Analytic Examination of the Correlates and Outcomes of Workaholism", *Journal of Management*, fev. 2014, doi:10.1177/0149206314522301; e S. Sonnentag e C. Fritz, "Recovery from Job Stress: The Stressor-Detachment Model as an Integrative Framework", *Journal of Organizational Behavior* 36 (2015): S72–S103.

As organizações estão adaptando seu ambiente para acomodar as diferentes necessidades de uma força de trabalho diversificada. Por exemplo, os empregados da NestléPurina podem levar seus cães ao escritório; o SAS Institute conta com creches, um centro de saúde e uma academia de ginástica no local de trabalho; e outras empresas oferecem benefícios que vão desde lavanderia no local de trabalho, serviços de alimentação e creches gratuitas.[126] A Colgate-Palmolive, que ficou em primeiro lugar na lista de Melhores Empresas para o Equilíbrio entre Trabalho e Vida da *Forbes* em 2015, oferece atendimento domiciliar de emergência para dependentes e serviços de aconselhamento profissional para ajudar os empregados a permanecerem no trabalho.[127] A Tabela 17.1 relaciona algumas outras iniciativas para ajudar os empregados a reduzir os conflitos entre a vida profissional e a pessoal.

A falta de tempo não constitui o maior problema por trás dos conflitos entre a vida profissional e a vida pessoal.[128] O problema é a que interferência psicológica da vida profissional na familiar (e vice-versa) faz com que as pessoas se preocupem com problemas pessoais durante o trabalho e pensem no trabalho quando estão em casa, o que gera conflito. Isso sugere que as empresas não devem se preocupar tanto com a questão da administração do tempo, mas sim em ajudar seus empregados a compartimentalizarem melhor sua vida. Manter cargas de trabalho razoáveis, diminuir o número de viagens de trabalho e oferecer creche de qualidade na empresa são algumas práticas que podem ajudar. Os empregados também podem reduzir a interferência entre o trabalho e a casa melhorando seu planejamento.[129]

Além disso, como seria de se esperar, as pessoas diferem em suas preferências quanto a opções de horários e de agenda.[130] Algumas preferem iniciativas organizacionais que separem melhor o trabalho de sua vida pessoal, como horários flexíveis, compartilhamento de funções e trabalho de meio período. Isso permite aos empregados agendar suas horas de trabalho reduzindo a probabilidade de conflito com as responsabilidades pessoais. Outras pessoas preferem iniciativas que integrem o trabalho com a vida pessoal, como creches, academias de ginástica e atividades de lazer com a família. Em geral, a maioria das pessoas prefere uma organização que lhes ajude a equilibrar a vida pessoal e a profissional. Um estudo descobriu que os candidatos a emprego, especialmente as mulheres, são mais atraídos por organizações famosas por ajudar os empregados a atingir um equilíbrio melhor entre a vida profissional e pessoal.[131]

Mediações, rescisões e demissões

Os departamentos de RH geralmente ocupam o centro do palco quando ocorrem eventos desagradáveis, como disputas, desempenho abaixo do esperado e redução de pessoal (*downsizing*). Os empregados precisam confiar que o RH manterá o grau adequado de confidencialidade e uma perspectiva equilibrada. Os gestores

TABELA 17.1 Iniciativas voltadas ao equilíbrio entre a vida profissional e a pessoal.

Estratégias com base no tempo	▶ Horário flexível ▶ Compartilhamento de funções ▶ Licença-maternidade ou paternidade ▶ Teletrabalho ▶ Folgas remuneradas	A empresa de consultoria de gestão A. T. Kearney tem um programa que possibilita horário flexível, trabalho a distância e "cargos híbridos". Na companhia biofarmacêutica AbbVie, 98% dos empregados trabalham em esquema de horário flexível. A Cisco disponibiliza instalações de compartilhamento de funções e videoconferência para reduzir as necessidades de viagens de trabalho e o tempo longe da família. A Deloitte oferece aos empregados de 3 a 6 meses sabáticos, com remuneração de 40% do salário. Eles têm 40 dias de folgas remuneradas por ano.
Estratégias com base na informação	▶ Suporte ao equilíbrio entre a vida profissional e a vida pessoal ▶ Assistência para recolocação ▶ Programas de assistência a idosos ▶ Serviços de aconselhamento (*counseling*)	A Blue Cross Blue Shield, da Carolina do Norte, oferece oportunidades de *networking* para os trabalhadores a distância. A Hallmark oferece aos empregados reuniões mensais para que as mulheres possam conversar sobre o gerenciamento de carreira. A Johnson & Johnson promove finais de semana livres de e-mail. A Hewlett-Packard disponibiliza psicólogos, mentores e bolsas de estudo no valor de US$ 5.000 anuais.
Estratégias financeiras	▶ Subsídios para seguros ▶ Benefícios flexíveis ▶ Assistência à adoção de filhos ▶ Descontos em creches ▶ Assistência financeira direta ▶ Benefícios para os cônjuges ▶ Bolsas de estudo	A Accenture oferece um benefício de assistência à adoção de US$ 5.000. A Carlson oferece aos empregados bolsas de estudo de até US$ 20.000 para estudar na Faculdade de Administração Carlson, da Universidade de Minnesota. Os empregados do Citi podem poupar até US$ 5.000 por ano em despesas com dependentes, com uma participação de até 30% por parte da empresa. A Colgate-Palmolive disponibiliza até US$ 10.000 anuais para pagar cursos relacionados com o trabalho. Os empregados da Prudential podem usar 100 horas de assistência a dependentes e seis horas de serviços de atendimento geriátrico anualmente.
Serviços diretos	▶ Creche no local de trabalho ▶ Academia de ginástica ▶ Assistência de férias para as crianças ▶ Conveniências no local de trabalho ▶ Serviços de concierge ▶ Produtos da empresa gratuitos ou com desconto	A Abbott oferece uma creche que atende 800 crianças e disponibiliza descontos em 2.800 creches. Empresas como a AOL e a Verizon têm academias de ginástica no local de trabalho e descontos em academias em todo o país. A Bristol-Myers Squibb oferece creches de período integral e de meio período, assistência para crianças de até 5 anos e acampamentos de férias para crianças mais velhas. A Turner Broadcasting oferece um serviço de concierge para providenciar babás, passear com cães e acompanhantes para dependentes da terceira idade. Os empregados da REI, varejista de roupas e equipamentos para atividades ao ar livre, podem participar de um programa que oferece grandes descontos para produtos da empresa.
Estratégias de mudança de cultura	▶ Estabelecer uma cultura de equilíbrio entre trabalho e vida pessoal; treinamentos que capacitem os gestores para ajudar os empregados a lidar com os conflitos entre a vida profissional e a pessoal ▶ Remuneração dos gestores vinculada à satisfação dos empregados ▶ Foco no desempenho real dos empregados e não no cumprimento de horários	Na American Express, redes sociais de empregados foram criadas para resolver problemas diretamente. Paul Purcell, o CEO da empresa de investimentos Robert W. Baird, tem uma regra: respeito aos empregados. O slogan da W. L. Gore & Associates é: "Não gerenciamos as pessoas. Esperamos que as pessoas gerenciem a si mesmas". A Pearson criou um Guia de Responsabilidade de Opções de Trabalho Flexível para treinar os gestores sobre a aplicação do horário flexível para seus empregados.

Fontes: baseado em "2014 100 Best Companies", *Working Mother*, http://www.workingmother.com/best-company-list/156592, acessado em 21 jul. 2015; "100 Best Companies to Work For", *CNNMoney*, www.money.cnn.com, acessado em 18 jun. 2013.

também precisam confiar no RH, conhecer as leis e representar a perspectiva da empresa. Os profissionais de RH devem ser bem treinados em técnicas de mediação e no uso das políticas da empresa para buscar soluções positivas para problemas relativos ao pessoal. Os gestores de RH podem precisar interferir no processo de rescisão quando os empregados não conseguem resolver os problemas com a administração. Os processos de rescisão estão sujeitos a contratos de trabalho e leis sindicais, o que pode complicar a situação. Na Espanha, por exemplo, as leis trabalhistas tendem a proteger os trabalhadores mais velhos, praticamente garantindo o emprego a esse segmento da força de trabalho.[132]

O departamento de RH costuma ser a última parada para os empregados em processos de afastamento da empresa. Desse modo, os gestores de RH são responsáveis por deixar uma impressão favorável na mente do empregado e por coletar dados úteis para a empresa na entrevista de desligamento. Isso é ainda mais importante quando as organizações afastam os empregados em processos de *downsizing*. Os empregados que consideram que o processo de *downsizing* foi justo têm chances maiores de recomendar a empresa ou voltarem a trabalhar nela no futuro.[133] Os empregados que sobrevivem ao *downsizing* e permanecem empregados na empresa também avaliam a justiça do processo, de acordo com outro estudo, especialmente em países individualistas. Desse modo, as organizações que conseguem demonstrar justiça em um processo de *downsizing* têm mais chances de obter os ganhos financeiros esperados.[134]

Em resumo, o papel do RH está aumentando em organizações do mundo todo e a alta administração está percebendo que uma boa liderança de recursos humanos é necessária para criar as culturas e os resultados positivos dos quais as melhores organizações precisam para se manterem competitivas.

RESUMO

As políticas e práticas de recursos humanos (RH) de uma organização criam forças importantes que em muito influenciam o comportamento organizacional e os resultados do trabalho. Os departamentos de RH são cada vez mais importantes para determinar a composição da força de trabalho da organização. Para começar, à medida que mais organizações passam a recorrer a métodos de recrutamento interno, os departamentos de RH se encarregam de criar portais on-line e outros métodos de fácil acesso para atrair candidatos e para disponibilizar informações sobre a organização. Em segundo lugar, os departamentos de RH participam de todas as fases da seleção: a seleção inicial, a seleção substantiva e a seleção contingente. O RH tem se envolvido cada vez mais no estágio inicial de seleção, quando os profissionais de RH desenvolvem, monitoram e selecionam um grande número de candidatos. Mas o envolvimento do RH aumentou em todas as áreas da seleção, uma vez que os profissionais de RH são responsáveis por se manter informados das leis e diretrizes aplicáveis para ajudar os gestores nesse processo.

Nas melhores organizações, o RH tem uma participação ativa no decorrer de todo o tempo que um empregado passa trabalhando na organização. Os departamentos de RH desenvolvem e ministram programas de treinamento e desenvolvimento e estabelecem, com a alta administração, políticas e práticas de avaliação de desempenho. O RH atua em uma função de liderança com responsabilidades que incluem comunicar práticas aos empregados regularmente; desenvolver e executar programas de benefícios; gerenciar conflitos entre a vida profissional e a vida pessoal; e realizar mediações, demissões e processos de *downsizing*. O RH deve conscientizar os empregados das questões éticas envolvidas em todos os estágios de sua experiência com a organização. Desse modo, bons profissionais de RH são de grande utilidade para todos os níveis da organização, desde a alta administração até gerentes e empregados.

IMPLICAÇÕES PARA OS GESTORES

- ▶ As práticas de seleção de uma organização podem identificar candidatos competentes e garantir um ajuste preciso de seu trabalho com o da organização. Considere os métodos de avaliação que têm mais chances de avaliar as habilidades diretamente necessárias para as vagas que você precisa preencher.
- ▶ Use programas de treinamento para que seus empregados possam melhorar diretamente as habilidades necessárias para fazer bem o trabalho. Os empregados motivados usarão essas habilidades para serem mais produtivos.
- ▶ Os programas de treinamento e desenvolvimento ajudam os empregados a melhorar suas habilidades e, em consequência, agregar valor à organização. Bons programas de treinamento e desenvolvimento devem incluir um componente ético.
- ▶ Use avaliações de desempenho para avaliar com precisão o desempenho de um empregado e para alocar recompensas. Certifique-se de que tais avaliações sejam justas. Como vimos no Capítulo 7 sobre a teoria da equidade, as avaliações consideradas injustas pelos empregados podem resultar em redução do esforço no trabalho, em maior absenteísmo ou até na procura por outro emprego.
- ▶ Dê a seus empregados a chance de participar em suas próprias avaliações para que eles entendam os critérios de desempenho e se envolvam no processo de melhoria.

Ponto e contraponto

Os empregadores devem verificar os antecedentes criminais dos candidatos

PONTO

Dependendo de onde você mora, as empresas às quais você se candidata podem perguntar se você tem algum antecedente criminal. Mesmo se a empresa não perguntar diretamente, ela pode usar uma empresa terceirizada a fim de fazer essa verificação. Pesquisas sugerem que quase 70% das empresas fazem algum tipo de verificação de antecedentes criminais para selecionar candidatos a emprego, e elas provavelmente têm um bom motivo para usar essa estratégia.

Muitas finalidades podem levar empresas a verificar antecedentes criminais. Para começar, não existe um indicativo melhor de comportamento criminoso no futuro do que um comportamento criminoso no passado. Muitos empregados usam o acesso e os privilégios de um emprego para cometer crimes como furtos, assaltos ou até assassinatos.

CONTRAPONTO

De acordo com o sociólogo Devah Pager, a alta taxa de encarceramento nos Estados Unidos pode levar a grandes implicações trabalhistas e sociais se as decisões de contratação dos empregadores se basearem nos antecedentes criminais dos candidatos. A Koch Industries deixou de investigar tais antecedentes. De acordo com o CEO, Charles Koch: "Se um transgressor não conseguir arranjar trabalho, educação ou moradia, como podemos esperar que eles tenham uma vida produtiva?". O argumento de Koch é justificável. Um estudo vinculou o registro de prisão de jovens adultos a menores rendimentos e a um grau de escolaridade mais baixo no futuro, sendo que um registro de condenação levou a níveis ainda mais baixos.

As taxas de detenção também apresentam grandes diferenças entre grupos raciais e étnicos e os homens têm muito

Uma verificação de antecedentes criminais pode ajudar a eliminar esses candidatos do processo de seleção.

Como explica Lucia Bone, fundadora da organização sem fins lucrativos Sue Weaver Cause, "cabe ao empregador proteger... sua empresa, seus empregados e seus clientes". Essa questão tem uma grande importância pessoal para Bone. O nome da organização fundada por ela é uma homenagem à sua irmã, Sue Weaver, assassinada por um homem com antecedentes criminais que teve acesso à sua casa para limpar os dutos de ar. Muitos gestores responsáveis pela contratação de novos empregados verificam os antecedentes criminais especificamente para evitar que qualquer negligência de sua parte leve a consequências igualmente trágicas.

Além de ser um indicativo do risco direto de atividades criminosas no trabalho, os registros criminais podem ser bons indicadores de outros comportamentos desviantes no ambiente de trabalho. Pessoas que se dispõem a violar as convenções sociais em uma área têm muitas chances de transgredir as leis em outras áreas. Quando os empregadores verificam o uso de drogas ilegais ou prisões por furto em lojas, eles estão tentando identificar pessoas que podem mentir para os supervisores ou desviar dinheiro. As informações de antecedentes criminais podem ser mais objetivas e precisas do que a intuição de um gestor sobre qual candidato pode representar um problema no futuro.

mais chances de ter um histórico de detenção e condenação do que as mulheres. A Comissão de Oportunidades Iguais de Emprego (EEOC, na sigla em inglês) concluiu que excluir indivíduos com antecedentes criminais do processo de seleção discrimina especialmente os homens afro-americanos.

As verificações de antecedentes criminais não garantem aos empregadores as informações que eles procuram. Um princípio fundamental da justiça criminal moderna sustenta que todos somos inocentes até que se prove o contrário. No entanto, alguns processos de seleção revelam registros de condenação e detenção. O problema é que menos da metade das detenções acabam em condenação. Embora o uso de registros de detenção seja proibido em muitos lugares, essa regra está longe de ser universal. Outras investigações descobriram que as verificações de antecedentes criminais pela internet tendem a resultar em falsos positivos, informando que um candidato tem um passado criminoso quando, na verdade, ele nunca cometeu um crime.

Outro problema é a falta de relevância. Embora muitas pessoas concordem que uma pessoa condenada por agressão não seja um bom candidato a um emprego que inclua o porte de armas ou o convívio com populações vulneráveis, não é tão claro se uma condenação por um pequeno furto justificaria a mesma preocupação. O sociólogo Christopher Uggen resume a situação: "Ainda não sabemos exatamente qual ofensa deveria ser um critério de desqualificação para atividades específicas".

Fontes: baseado em B. Appelbaum, "Out of Trouble, but Criminal Records Keep Men out of Work", *New York Times*, 28 fev. 2015, http://www.nytimes.com/2015/03/01/business/out-of-trouble-but-criminal-records-keep-men-out-of-work.html?_r=0; C. Zillman, "Koch Industries Stops Asking Job Candidates about Their Criminal Records", *Fortune*, 27 abr. 2015, http://fortune.com/2015/04/27/koch-industries-stops-asking-job-candidates-about-their-criminal-records/; e G. Fields e J. R. Emshwiller, "As Arrest Records Rise, Americans Find Consequences Can Last a Lifetime," *Wall Street Journal*, 18 ago. 2014, http://www.wsj.com/articles/as-arrest-records-rise-americans-find-consequences-can-last-a-lifetime-1408415402.

REVISÃO DO CAPÍTULO

QUESTÕES PARA REVISÃO

17.1 Qual é o valor do uso de vários métodos de recrutamento?

17.2 Quais são os métodos de seleção inicial?

17.3 Quais são os melhores métodos de seleção substantiva?

17.4 Quais são as semelhanças e diferenças entre os principais tipos de treinamento?

17.5 Quais são os métodos de avaliação de desempenho?

17.6 Quais são os vários papéis do RH na liderança das organizações?

APLICAÇÃO E EMPREGABILIDADE

As políticas e práticas de recursos humanos têm enorme influência sobre a cultura e, em consequência, sobre o sucesso de uma organização. O recrutamento e a seleção possibilitam às organizações aumentarem seus recursos de capital humano. O treinamento também pode reforçar os conhecimentos, as habilidades e as competências dos empregados para melhorar o desempenho organizacional. As práticas e políticas de RH também determinam como o desempenho é avaliado, orientando muitas decisões importantes da organização. Neste capítulo, você desenvolveu muitas habilidades úteis no local de trabalho.

Você também aprendeu como aplicar seu conhecimento analisando como se manter disponível para o trabalho 24 horas por dia pode fazer mal aos empregados e refletindo sobre a melhor maneira de demitir um empregado. Você também aprendeu lições valiosas sobre a responsabilidade social no que diz respeito a portadores de HIV/AIDS e à contratação de candidatos com antecedentes criminais. Na próxima seção, você continuará a desenvolver essas habilidades e aplicará seu pensamento crítico ao planejamento de um exercício de centro de avaliação, decidindo se contrata ou não um amigo, analisando problemas com estágios e refletindo sobre o problema da escravidão moderna nos Estados Unidos.

EXERCÍCIO EXPERIENCIAL   Planejando um exercício do centro de avaliação virtual

Neste exercício, você criará um teste de simulação de desempenho para selecionar um novo diretor de design de personagens para um estúdio de animação digital. O trabalho será totalmente virtual. Candidatos de Brasília a Dubai estão sendo avaliados. A fim de avaliar candidatos de regiões geográficas tão variadas e selecionar o novo empregado, o gestor de contratação quer usar um centro de avaliação. Como vimos neste capítulo, os exercícios do centro de avaliação são destinados a simular problemas que os empregados podem encontrar no trabalho. Como os testes dos centros de avaliação são conduzidos fora do local de trabalho, os empregadores podem criar testes virtuais que os candidatos podem fazer pelo computador. Por exemplo, os candidatos a um cargo de gerência podem ser solicitados a entrar em um site para acessar uma caixa de entrada de e-mail. As respostas enviadas por esse e-mail podem ser usadas para avaliar como um candidato responde a e-mails ou memorandos dentro de determinado período.

O cargo em questão tem algumas características especiais. Ao contrário de muitos outros cargos que podem ser selecionados usando centros de avaliação, o diretor de design de personagens deve ser muito criativo, dominar a parte técnica e ter habilidades artísticas. Um candidato competitivo deve ser um bom artista, mas também deve saber gerenciar outros artistas. Testes mais típicos de centros de avaliação não seriam adequados para esse cargo.

Passo 1: Forme grupos de duas ou três pessoas. Pense nas tarefas rotineiras que uma pessoa ocupando esse cargo encontraria. Quais habilidades a pessoa deve demonstrar para gerenciar bem outros artistas? Para ajudar nessa etapa, pode ser interessante consultar descrições de cargo para diretores criativos, diretores de animação e designers de personagens de grandes empresas como a Pixar e a Dreamworks. Relacione de 5 a 10 tarefas essenciais para uma pessoa que deseja ocupar esse cargo.

Passo 2: Em seguida, escolha uma tarefa que possa ser simulada em um centro de avaliação virtual. Elabore uma breve descrição do cargo. Não deixe de levar em consideração os itens a seguir: o objetivo da tarefa, as instruções que os candidatos receberiam e o tempo que os candidatos teriam para concluir a tarefa.

Passo 3: Depois de criar o teste do centro de avaliação, defina como pontuar as respostas dos candidatos. Para ter uma boa referência de pontuação, comece decidindo quais resultados refletiriam um desempenho bom ou ruim. Em seguida, decida quais características seriam necessárias para ter sucesso no exercício. Cada característica deve ser avaliada por algum fator que pode ser visto enquanto o candidato realiza a tarefa ou analisando seus resultados. Crie uma escala de pontuação para avaliar os candidatos.

Depois que todos os grupos criaram o exercício do centro de avaliação e a escala de avaliação, compartilhem o que foi feito com toda a turma.

Questões

17.7 Quais foram as dificuldades que vocês encontraram ao criar um exercício de centro de avaliação para esse tipo de cargo?

17.8 Como você decidiu as principais tarefas que seriam necessárias para esse tipo de trabalho?

17.9 Seria possível usar o modelo do centro de avaliação para decidir se um candidato possui todas as características necessárias para concluir o trabalho?

17.10 Foi fácil criar uma tarefa que pudesse ser usada em um centro de avaliação virtual e não presencial? Seria mais fácil usar outro meio de seleção de candidatos (entrevista estruturada, amostra do trabalho)?

Dilema ético

Posso usar *network* para recrutar candidatos?

Neste capítulo, você aprendeu sobre o processo de recrutamento de uma organização, que pode ser demorado e difícil. Se você já precisou encontrar pessoas para preencher uma vaga, provavelmente tentou usar qualquer atalho possível. Um processo tradicional de recrutamento pode envolver visitas a universidades, postagem de vagas em sites e contato com organizações profissionais do setor. Mas, às vezes, os responsáveis pela contratação podem complementar ou pular esses processos e usar sua rede social pessoal para recrutar candidatos. Por exemplo, em vez de anunciar uma vaga de emprego, o dono de um restaurante pode perguntar aos amigos se eles não têm, por exemplo, um filho interessado em trabalhar como garçom.

Recorrer a amigos e parentes para recrutar candidatos pode ter muitos benefícios. Provavelmente será mais fácil, mais rápido e mais barato do que métodos mais formais de recrutamento. Usar conhecidos para contratar novos empregados pode ser interessante porque o responsável pela contratação tende a ter mais informações sobre o candidato do que teria sobre um candidato qualquer. Mas usar a própria rede social também tem suas desvantagens. Pode ser difícil ser objetivo ao lidar com um empregado que também é um amigo (ou amigo de um amigo). Você acha que conseguiria ser objetivo para decidir a quem dar uma promoção? E na avaliação de desempenho? Se contratar o filho do vizinho, você acha que vai ser fácil dizer que ele não está fazendo um bom trabalho?

Questões

17.11 Com que frequência as relações pessoais afetam o recrutamento e a seleção? Você acha certo usar a recomendação de um empregado no processo de seleção?

17.12 É justo contratar um amigo ou conhecido? Como usar a própria rede social para encontrar candidatos a emprego afetaria a diversidade no local de trabalho?

17.13 Você acha que um empregado que é amigo do chefe será tão motivado no trabalho quanto um empregado que não é? Explique sua resposta.

Fontes: baseado em P. LeSaffre, "Why You Should Never Hire Your Friends", *Fortune*, 29 jun. 2016, http://fortune.com/2016/06/29/startup-entrepreneur-hire-friends/; e S. Tobak, "5 Things to Consider When Hiring Friends", *Entrepreneur*, 27 jun. 2014, https://www.entrepreneur.com/article/235194.

Estudo de caso 1

Fazer estágio é um bom jeito de entrar na empresa?

Muitos estudantes de administração são pressionados a conseguir estágios ou empregos de meio período na área antes de se formar. O caminho profissional mais seguro para muitos estudantes é aceitar esses trabalhos temporários. Os estágios proporcionam aos empregadores uma maneira fácil de avaliar possíveis candidatos enquanto eles realizam o trabalho. E, ao contrário dos empregados, é fácil afastar estagiários se eles não se mostrarem à altura das exigências do cargo. O mesmo se aplica a trabalhadores temporários, que podem ser dispensados sem aviso prévio.

Os estágios são uma maneira tão eficaz de encontrar emprego que alguns estudantes estão aceitando trabalhos mal remunerados ou até não remunerados. Esses estágios costumavam ser associados principalmente a grandes organizações, mas muitas startups também começaram a contratar estudantes. Por exemplo, Remy Agamy aceitou um estágio em uma startup de design que só tinha três empregados, mesmo sabendo que suas chances de ser efetivada eram poucas. No entanto, ela descobriu que outros possíveis empregadores no mercado de trabalho tinham muito interesse em saber o que ela aprendeu no estágio. "Eles perguntam mais sobre meu estágio de oito semanas do que sobre meus quatro anos de experiência em consultoria", ela conta.

No entanto, muitos questionam a utilidade dos estágios para estudantes. Apesar da promessa de uma chance de aprender, muitos alunos reclamam de trabalhar de graça fazendo tarefas não qualificadas. A estudante Christina Isnardi diz que se sentiu explorada pelo sistema. Ela disse que trabalhava 16 ou 17 horas por dia na Lions Gate Entertainment, fazendo tarefas como servir café aos empregados ou trabalhar em locais distantes do set de filmagem. Segundo ela, "parecia que nossos sonhos nos faziam reféns dessa prática trabalhista injusta e antiética". A experiência de Isnardi não é incomum. Estagiários que trabalham em organizações tão diversas como a MTV, a Warner Music Group e a Madison Square Garden descrevem experiências semelhantes e todas essas organizações foram judicialmente processadas por ex-estagiários.

Outros estudantes negociaram estágios aparentemente espetaculares em organizações que possuem programas de estágio remunerado, mas, depois, as organizações ficam sem saber o que fazer com esses empregados temporários. Um estudante foi contratado para um estágio de férias e a organização o encorajou a aproveitar as férias ao máximo na cidade onde a empresa estava instalada, inclusive aceitando um emprego remunerado em outro lugar, mantendo contato apenas por telefone quando os horários de trabalho coincidissem! Por conta de sua ingenuidade, as férias foram muito produtivas, mas o estágio não lhe deu a oportunidade de aprendizado que ele esperava. Ainda não se sabe ao certo se vale ou não a pena fazer um estágio. É importante que os estudantes se informem sobre os detalhes do trabalho antes de concordar com um estágio, já que nem todos proporcionam um pagamento digno ou uma boa experiência profissional. Os departamentos de RH são responsáveis por monitorar e criar programas de estágio.

Questões

17.14 Se você trabalhasse no RH da Lions Gate Entertainment, como avaliaria a alegação de Isnardi de que ela foi explorada pela empresa? Quais mudanças você sugeriria à alta administração e aos gestores?

17.15 Quais características específicas você procuraria em um estágio?

17.16 Você acha que os estagiários que se sentem explorados pela empresa deveriam entrar com ações judiciais? Explique sua resposta. Quais ações por parte de uma empresa o levariam a achar que uma ação judicial é justificada?

17.17 Releia o Estudo de caso 1. Em sua opinião, qual é a responsabilidade do RH na criação, suporte e informação aos candidatos sobre o programa de estágio da organização?

Fontes: baseado em R. Feintzeig e M. Korn, "Internships Go under the Microscope", *Wall Street Journal*, 23 abr. 2014, B7; L. Gellman, "Diving into the Intern Pool before Starting at B-School", *Wall Street Journal*, 5 fev. 2014, B7; e C. Zillman, "Unpaid Interns Have Their Day In Court— Again", *Fortune*, 29 jan. 2015, http://fortune.com/2015/01/29/unpaid-internships-legal-battle/.

Estudo de caso 2

Você pode estar contribuindo para o trabalho escravo

Hoje é seu aniversário e você vai sair para tomar um drinque no clube e comemorar em seu restaurante favorito. Como sempre, você é muito bem recebido pelos atendentes do clube e o prato de frutos do mar no restaurante está maravilhoso. Você já é um cliente frequente desse estabelecimento. É sócio do clube e costuma levar os clientes da empresa ao restaurante. Como você não sabia que você e a sua empresa estão contribuindo para o trabalho escravo?

De acordo com especialistas, pode ser um caso de preferir tapar o sol com a peneira. Alberto Pozzi, administrador do Miami Shores Country Club, alegou que não sabia que os 39 trabalhadores filipinos que ele empregava por meio de uma agência de recrutamento eram escravos. As taxas que a agência, Quality Staffing Services, cobrava dos imigrantes, alegando serem referentes à alimentação, hospedagem, luz e água, praticamente esgotavam tudo o que eles ganhavam e os impossibilitavam de quitar a taxa inicial de recrutamento de US$ 5 mil. As condições de vida eram tenebrosas, eles não recebiam cuidados médicos e eram submetidos a ofensas e agressões. Os passaportes eram retidos na agência, de modo que os trabalhadores não tinham como fugir. Mesmo assim, Pozzi se defendeu: "Eles nunca disseram nada nem deram qualquer sinal de que estavam descontentes".

Os clientes da cadeia de restaurantes P.F. Chang também não sabem que os pratos são servidos por escravos. Pescadores neozelandeses da United Fisheries podem reclamar das condições de escravidão impostas por uma agência de trabalho — obrigados a trabalhar sem equipamento de segurança durante 16 horas por dia em condições terríveis e a pagar taxas que lhes deixam endividados —, mas ninguém fica sabendo disso do outro lado do mundo, onde grande parte da receita da empresa é gerada.

Os casos do Miami Shores Country Club e da United Fisheries estão longe de ser os únicos. Há mais de 27 milhões de vítimas de tráfico humano ao redor do mundo. A crescente demanda por mão de obra barata tem feito esse número aumentar, especialmente nos Estados Unidos e em outras democracias ocidentais. Diante dessa situação, a legislação norte-americana passou a responsabilizar as empresas por violações, mesmo se não forem empregadoras diretas. De acordo com a Lei Federal de Proteção a Vítimas do Tráfico, os empregadores são responsáveis se tiverem conhecimento ou lucrarem com o tráfico de pessoas. Estados norte-americanos estão seguindo o exemplo, promulgando leis como a Lei de Transparência na Cadeia de Suprimentos da Califórnia, que exige que grandes empresas multinacionais combatam ativamente a escravidão em toda a sua cadeia de suprimento.

Os departamentos de RH atuam na linha de frente quando se trata do uso de trabalho escravo na própria organização ou em fornecedores. "Assim como você tem de saber de onde vêm as matérias-primas, você precisa saber de onde vêm as pessoas. Acho que o pessoal de RH está começando a abrir os olhos para o problema", disse a vice-presidente executiva da ManpowerGroup, Mara Swan. Os especialistas exortam os profissionais de RH para se informarem das leis aplicáveis às suas organizações, implementarem políticas de tolerância zero, treinarem os empregados para que possam identificar infrações, monitorarem terceiros e fornecedores e participarem de organizações do setor para trocar informações.

Recusando-se a comprar itens produzidos em regime de escravidão, os consumidores podem ajudar a combatê-la. Os profissionais de RH podem desempenhar um papel importantíssimo na eliminação da viabilidade econômica dos infratores.

Questões

17.18 Quais são as duas maneiras pelas quais os trabalhadores modernos são escravizados? Quem você consideraria eticamente responsável pelo regime de escravidão?

17.19 Como um empregador pode saber se as pessoas contratadas por meio de agências trabalham em regime de escravidão?

17.20 Por que uma pessoa submetida ao trabalho escravo ficaria nessa situação?

17.21 Releia o Estudo de caso 2. O que você faria se trabalhasse no RH e descobrisse que colaboradores de sua organização são escravos de agências de emprego?

Fontes: baseado em B. DiPietro, "The Morning Risk Report: Coming to Grips with Thailand's Slave Labor Seafood", *The Wall Street Journal*, 11 jun. 2014, http://blogs.wsj.com/riskandcompliance/tag/p-f-chang/; D. Meinert, "Modern-Day Slavery", *HR Magazine* (maio 2012): 22–27; e E. B. Skinner, "The Cruelest Catch", *Bloomberg Businessweek* (27 fev.–4 mar. 2012): 70–76.

NOTAS

1. Veja C. J. Collins e K. D. Clark, "Strategic Human Resource Practices, Top Management Team Social Networks, and Firm Performance: The Role of Human Resource Practices in Creating Organizational Competitive Advantage", *Academy of Management Journal* (dez. 2003): 740–51; D. E. Bowen e C. Ostroff, "Understanding HRM–Firm Performance Linkages: The Role of the 'Strength' of the HRM System", *Academy of Management Review* (abr. 2004): 203–21; e K. Birdi, C. Clegg, M. Patterson, A. Robinson, C. B. Stride, T. D. Wall e S. J. Wood, "The Impact of Human Resource and Operational Management Practices on Company Productivity: A Longitudinal Study", *Personnel Psychology* 61, no. 3 (2008): 467–501.

2. J. M. Phillips e S. M. Gully, "Multilevel and Strategic Recruiting: Where Have We Been, Where Can We Go from Here?", *Journal of Management* 41 (2015): 1416–45.

3. J. A. Breaugh, "Employee Recruitment", *Annual Review of Psychology* 64 (2013): 389–416; D. R. Earnest, D. G. Allen e R. S. Landis, "A Meta-Analytic Path Analysis of the Mechanisms Linking Realistic Job Previews and Turnover", *Personnel Psychology* 64 (2011): 865–97; e J. E. Slaughter, D. M. Cable e D. B. Turban, "Changing Job Seekers' Image Perceptions during Recruitment Visits: The Moderating Role of Belief Confidence", *Journal of Applied Psychology* 99 (2014): 1146–58.

4. C. Hymowitz e J. Green, "Executive Headhunters Squeezed by In-House Recruiters", *Bloomberg Businessweek*, 17 jan. 2013, www.businessweek.com/articles/2013-01-17/executive--headhunters-squeezed-by-in-house-recruiters.

5. H. J. Walker, T. Bauer, M. Cole, J. Bernerth, H. Feild e J. Short, "Is This How I Will Be Treated? Reducing Uncertainty through Recruitment Interactions", *Academy of Management Journal* 56 (2013): 1325–47.

6. C. M. Harold, B. C. Holtz, B. K. Griepentrog, L. M. Brewer e S. M. Marsh, "Investigating the Effects of Applicant Justice Perceptions on Job Offer Acceptance", *Personnel Psychology* 69. (2016): 199–227.

7. D. Zielinski, "Get to the Source", *HR Magazine* (nov. 2012): 67–70.

8. G. Anders, "Solve Puzzle, Get Job", *Forbes*, 6 maio 2013, 46–48; e S. Sengupta, "Waiting and Waiting for Green Cards", *The Wall Street Journal*, 12 abr. 2013, B1, B6.

9. R. E. Ployhart, A. J. Nyberg, G. Reilly e M. A. Maltarich, "Human Capital Is Dead; Long Live Human Capital Resources!", *Journal of Management* 40, no. 2 (2014): 371–98.

10. Veja, por exemplo, A. L. Kristof-Brown, R. D. Zimmerman e E. C. Johnson, "Consequences of Individual's Fit at Work: A Meta- Analysis of Person-Job, Person-Organization, Person-Group, and Person-Supervisor Fit", *Personnel Psychology* 58, no. 2 (2005): 281–342; e D. S. DeRue e F. P. Morgeson, "Stability and Change in Person--Team and Person-Role Fit over Time: The Effects of Growth Satisfaction, Performance, and General Self-Efficacy", *Journal of Applied Psychology* 92, no. 5 (2007): 1242–53.

11. L. Weber, "Seeking Software Fix for Job-Search Game", *The Wall Street Journal*, 6 jun. 2012, B8.

12. L. Hill, "Only BFFs Need Apply", *Bloomberg Businessweek*, 7–13 jan. 2013, 63–65; L. Petrecca, "Entrepreneurs Hire Close to Home: Their Moms", *USA Today*, 20 ago. 2012, 4B; e B. R. Dineen e S. M. Soltis, "Recruitment: A Review of Research and Emerging Directions", in S. Zedeck (ed.), *The Handbook of Industrial-Organizational Psychology*, Vol. 2, (Washington, DC: APA Press, 2010): 43–66.

13. A. M. F. Hiemstra, E. Derous, A. W. Serlie e M. P. Born, "Fairness Perceptions of Video Résumés among Ethnically Diverse Applicants", *International Journal of Selection and Assessment* (dez. 2012): 423–33.

14. S. K. Kang, K. A. DeCelles, A. Tilcsik e S. Jun, "Whitened Résumés: Race and Self-Presentation in the Labor Market", *Administrative Science Quarterly* 61, no. 3 (2016): 469–502.

15. K. Gray, "Facial-Recognition Technology Might Get Employers in Trouble", *HR Magazine* (abr. 2012): 17.

16. C. L. Wilkin e C. E. Connelly, "Do I Look Like Someone Who Cares? Recruiters' Ratings of Applicants' Paid and Volunteer Experience", *International Journal of Selection and Assessment* (set. 2012): 308–16.

17. M. M. Breslin, "Can You Handle Rejection?", *Workforce Management* (out. 2012): 32–36.

18. C. Suddath, "Imaginary Friends", *Bloomberg Businessweek*, 21–27 jan. 2013, 68.

19. M. Goodman, "Reference Checks Go Tech", *Workforce Management* (maio 2012): 26–28.

20. L. Kwoh, "Workplace Crystal Ball, Courtesy of Facebook", *The Wall Street Journal*, 21 fev. 2012, B8.

21. C. H. Van Iddekinge, S. E. Lanivich, P. L. Roth e E. Junco, "Social Media for Selection? Validity and Adverse Impact Potential of a Facebook-Based Assessment", *Journal of Management* 42, no. 7 (2016): 1811–35.

22. J. B. Bernerth, S. G. Taylor, H. J. Walker e D. S. Whitman, "An Empirical Investigation of Dispositional Antecedents and PerformanceRelated Outcomes of Credit Scores", *Journal of Applied Psychology* 97 (2012): 469–78.

23. H. B. Bernerth, "Demographic Variables and Credit Scores: An Empirical Study of a Controversial Selection Tool", *International Journal of Selection and Assessment* (jun. 2012): 242–50.

24. H. O'Neill, "Thinking Outside the Box", *Workforce Management* (jan. 2012): 24–26.

25. L. Weber, "Didn't Get the Job? You'll Never Know Why", *The Wall Street Journal*, 4 jun. 2013, www.online.wsj.com/article/SB10001424127887324423904578523683173841190.html?mod=wsj_valettop_email; e D. Meinert, "Search and Verify", *HR Magazine* (dez. 2012): 37–41.

26. A. A. Ali, B. J. Lyons e A. M. Ryan, "Managing a Perilous Stigma: Ex-Offenders' Use of Reparative Impression Management Tactics in Hiring Contexts", *Journal of Applied Psychology* 102, no.9 (2017): 1271–85.

27. E. J. Hirst, "Business Risks Rise in Criminal History Discrimination", *The Chicago. Tribune*, 21 out 2012, http://articles.chicagotribune.com/2012-10-21/business/ct-biz-1021-eeoc--felony-20121021_1_criminal-records-eeoc-s--chicago-district-office-courtcase.

28. H. Husock, "From Prison to a Paycheck", *The Wall Street Journal*, 4 ago. 2012, C3; E. Krell, "Criminal Background", *HR Magazine* (fev. 2012): 45–54; e M. Waldo, "Second Chances: Employing Convicted Felons", *HR Magazine* (mar. 2012): 36–41.

29. E. Frauenheim, "Personality Tests Adapt to the Times", *Workforce Management* (fev. 2010): 4.

30. E. Maltby, "To Find Best Hires, Firms Become Creative", *The Wall Street Journal*, 17 nov. 2009, B6.

31. J. P. Hausknecht, D. V. Day e S. C. Thomas, "Applicant Reactions to Selection Procedures: An Updated Model and Meta-Analysis", *Personnel Psychology* (set. 2004): 639–83.

32. F. L. Schmidt, "Cognitive Tests Used in Selection Can Have Content Validity as Well as Criterion Validity: A Broader Research Review and Implications for Practice", *International Journal of Selection and Assessment* (mar. 2012): 1–13; e N. Schmitt, "Personality and Cognitive Ability as Predictors of Effective Performance at Work", *Annual Review of Organizational Psychology and Organizational Behavior* 1 (2014): 45–65.

33. F. L. Schmidt e J. Hunter, "General Mental Ability in the World of Work: Occupational. Attainment and Job Performance", *Journal of Personality and Social Psychology* 86, no. 1 (2004): 162–73; e F. L. Schmidt, J. A. Shaffer e I. Oh, "Increased Accuracy for Range Restriction Corrections: Implications for the Role of Personality and General Mental Ability in Job and Training Performance", *Personnel Psychology* 61, no. 4 (2008): 827–68.

34. J. F. Salgado, N. Anderson, S. Moscoso, C. Bertua, F. de Fruyt e J. P. Rolland, "A Meta-Analytic Study of General Mental Ability Validity for Different Occupations in the European Community", *Journal of Applied Psychology*. (dez. 2003): 1068–81.

35. S. Wee, D. A. Newman e D. L. Joseph, "More Than g: Selection Quality and Adverse Impact Implications of Considering Second Stratum Cognitive Abilities", *Journal of Applied Psychology* 99 (2014): 547–63; e P. D. G. Steel e J. D. Kammeyer-Mueller, "Using a Meta-Analytic Perspective to Enhance Job Component Validation", *Personnel Psychology* 62 (2009): 533–52.

36. C. J. König, A.-S. Merz e N. Trauffer, "What Is in Applicants' Minds When They Fill Out a Personality Test? Insights from a Qualitative Study", *International Journal of Selection and Assessment* (dez. 2012): 442–50; R. N. Landers, P. R. Sackett e K. A. Tuzinski, "Retesting after Initial Failure, Coaching Rumors, and Warnings against Faking in Online Personality Measures for Selection", *Journal of Applied Psychology* 96, no. 1 (2011): 202–10; e J. P. Hausknecht, "Candidate Persistence and Personality Test Practice Effects: Implications for Staffing System Management", *Personnel Psychology* 63, no. 2 (2010): 299–324.

37. Z. Galic, Z. Jerneic e M. P. Kovacic, "Do Applicants Fake Their Personality Questionnaire Responses and How Successful Are Their Attempts? A Case of Military Pilot Cadet Selection", *International Journal of Selection and Assessment* (jun. 2012): 229–41.

38. J. Fan, D. Gao, S. A. Carroll, F. J. Lopen, T. S. Tian e H. Meng, "Testing the Efficacy of a New Procedure for Reducing Faking on Personality Tests within Selection Contexts", *Journal of Applied Psychology* 97 (2012): 866–80.

39. I. Oh, G. Wang e M. K. Mount, "Validity of Observer Ratings of the Five-Factor Model of Personality Traits: A Meta-Analysis", *Journal of Applied Psychology* 96, no. 4 (2011): 762–73; e B. S. Connelly e D. S. Ones, "An Other Perspective on Personality: Meta-Analytic Integration of Observers' Accuracy and Predictive Validity", *Psychological Bulletin* 136, no. 6 (2010): 1092–122.

40. C. M. Berry, P. R. Sackett e S. Wiemann, "A Review of Recent Developments in Integrity Test Research", *Personnel Psychology* 60, no. 2 (2007): 271–301.

41. C. H. Van Iddekinge, P. L. Roth, P. H. Raymark e H. N. Odle-Dusseau, "The Criterion-Related Validity of Integrity Tests: An Updated Meta-Analysis", *Journal of Applied. Psychology* 97 (2012): 499–530.

42. P. L. Roth, P. Bobko e L. A. McFarland, "A Meta-Analysis of Work Sample Test Validity: Updating and Integrating Some Classic Literature", *Personnel Psychology* 58, no. 4 (2005): 1009–37.

43. Veja, por exemplo, N. R. Kuncel e P. R. Sackett, "Resolving the Assessment Center Construct Validity Problem (As We Know It)", *Journal of Applied Psychology* 99 (2014): 38–47; e J. Schettler, "Building Bench Strength", *Training* (jun. 2002): 55–58.

44. N. Merkulova, K. G. Melchers, M. Kleinmann, H. Annen e T. S. Tresch, "A Test of the Generalizability of a Recently Suggested Conceptual Model for Assessment Center Ratings", *Human Performance* 29, no. 3 (2017): 226–50; D. R. Jackson, G. Michaelides, C. Dewberry e Y. Kim, "Everything That You Have Ever Been Told about Assessment Center Ratings Is Confounded", *Journal of Applied Psychology* 101, no. 7 (2016): 976–94; T. Oliver, P. Hausdorf, F. Lievens e P. Conlon, "Interpersonal Dynamics in Assessment Center Exercises: Effects of Role Player Portrayed Disposition", *Journal of Management* 42, no. 7 (2016): 1992–2017; e P. V. Ingold, M. Kleinmann, C. J. König e K. G. Melchers, "Transparency of Assessment Centers: Lower Criterion-Related Validity but Greater Opportunity to Perform?", *Personnel Psychology* 69, no. 2 (2016): 467–97.

45. F. Lievens, H. Peeters e E. Schollaert, "Situational Judgment Tests: A Review of Recent Research", *Personnel Review* 37, no. 4 (2008): 426–41.

46. F. Lievens, T. Buyse, P. R. Sackett e B. S. Connelly, "The Effects of Coaching on Situational Judgment Tests in High-Stakes Selection", *International Journal of Selection and Assessment* (set. 2012): 272–82.

47. F. Lievens e F. Patterson, "The Validity and Incremental Validity of Knowledge Tests, Low-Fidelity Simulations, and High-Fidelity Simulations for Predicting Job Performance in Advanced-Level High-Stakes Selection", *Journal of Applied Psychology*, Online First Publication, 11 abr. 2011, doi:10.1037/a0023496.

48. M. A. Tucker, "Show and Tell", *HR Magazine* (jan. 2012): 51–53.

49. J. Alsever, "How to Get a Job: Show, Don't Tell", *Fortune*, 19 mar. 2012, 29–31.

50. B. K. Griepentrog, C. M. Harold, B. C. Holtz, R. J. Kimoski e S. M. Marsh, "Integrating Social Identity and the Theory of Planned Behavior: Predicting Withdrawal from an Organizational Recruitment Process", *Personnel Psychology* 65 (2012): 723–53.

51. B. W. Swider, M. R. Barrick, T. B. Harris e A. C. Stoverink, "Managing and Creating an Image in the Interview: The Role of Interviewee Initial Impressions", *Journal of Applied Psychology*, Online First Publication, 30 maio 2011, doi:10.1037/a0024005.

52. J. M. Madera e M. R. Hebl, "Discrimination against Facially Stigmatized Applicants in Interviews: An Eye-Tracking and Face-to-Face Investigation", *Journal of Applied Psychology* 97 (2012): 317–30.

53. Veja J. Levashina, C. J. Hartwell, F. P. Morgeson e M. A. Campion, "The Structured Employment Interview: Narrative and Quantitative Review of the Research Literature", *Personnel Psychology* 67 (2014): 241–93.

54. A. Bryant, "You Can't Find the Future in the Archives", *The New York Times*, 29 jan. 2012, 2.

55. M. R. Barrick, B. W. Swider e G. L. Stewart, "Initial Evaluations in the Interview: Relationships with Subsequent Interviewer Evaluations and Employment Offers", *Journal of Applied Psychology* 95, no. 6 (2010): 1163–72.

56. M. R. Barrick, J. A. Shaffer e S. W. DeGrassi, "What You See May Not Be What You Get: Relationships among Self-Presentation Tactics and Ratings of Interview and Job Performance", *Journal of Applied Psychology* 94 (2009): 1394–411.

57. K. G. Melchers, N. Lienhardt, M. von Aarburg e M. Kleinmann, "Is More Structure Really Better? A Comparison of Frame-of-Reference Training and Descriptively Anchored Rating Scales to Improve Interviewers' Rating Quality", *Personnel Psychology* 64, no. 1 (2011): 53–87.

58. B. W. Swider, M. R. Barrick e T. B. Harris, "Initial Impressions: What They Are, What They Are Not, and How They Influence Structured Interview Outcomes", *Journal of Applied Psychology* 101, no. 5 (2017): 625–38.

59. F. L. Schmidt e R. D. Zimmerman, "A Counterintuitive Hypothesis about Employ-

ment Interview Validity and Some Supporting Evidence", *Journal of Applied Psychology* 89, no. 3 (2004): 553–61.

60. J. C. Marr e D. M. Cable, "Do Interviewers Sell Themselves Short? The Effects of Selling Orientation on Interviewers' Judgments", *Academy of Management Journal* 57 (2014): 624–51.

61. J. Bersin, "Spending on Corporate Training Soars: Employee Capabilities Now a Priority", *Forbes*, 4 fev. 2014, http://www.forbes.com/sites/joshbersin/2014/02/04/the-recovery-arrives-corporate-training-spend-sky-rockets/; e Association for Training Development, "2015 Training Industry Report", nov. 2015, http://pubs.royle.com/publication/?i=278428&p=22.

62. H. N. Odle-Dusseau, L. B. Hammer, T. L. Crain e T. E. Bodner, "The Influence of Family-Supportive Supervisor Training on Employee Job Performance and Attitudes: An Organizational Work–Family Intervention", *Journal of Occupational Health Psychology* 21, no. 3 (2016): 296–308; e K. Bezrukova, C. S. Spell, J. L. Perry e K. A. Jehn, "A Meta-Analytical Integration of over 40 Years of Research on Diversity Training Evaluation", *Psychological Bulletin* 142, no. 11 (2016): 1227–74.

63. T. Minton-Eversole e K. Gurchiek, "New Workers Not Ready for Prime Time", *HR Magazine* (dez. 2006): 28–34. 64. P. Galagan, "Bridging the Skills Gap: New Factors Compound the Growing Skills Shortage", *Talent Development* (fev. 2010): 44–49.

65. M. Smulian, "England Fails on Numeracy and Literacy", *Public Finance*, 6 fev. 2009, 13; E. K. Sharma, "Growing a New Crop of Talent: India Inc. Is Increasingly Going Rural", *Business Today*, 28 jun. 2009; Paton, "Almost Half of Employers Forced to Teach Teenagers Basic Literacy and Numeracy Skills", *Telegraph*, 9 maio 2011, www.telegraph.com.

66. D. Baynton, "America's $60 Billion Problem", *Training* (maio 2001): 52.

67. G. Anand, "India Graduates Millions, but Few Are Fit to Hire", *The Wall Street Journal*, 5 abr. 2011, www.online.wsj.com.

68. Veja, por exemplo, P. J. Taylor, D. F. Russ-Eft e H. Taylor, "Transfer of Management Training from Alternative Perspectives", *Journal of Applied Psychology* 94, no. 1 (2009): 104–21.

69. A. M Hughes, M. E. Gregory, D. L. Joseph, S. C. Sonesh, S. L. Marlow, C. N. Lacerenza, L. E. Benishek, H. B. King e E. Salas, "Saving Lives: A Meta-Analysis of Team Training in Healthcare", *Journal of Applied Psychology* 101, no. 6 (2016): 1266–1304.

70. C. Porath, "No Time to Be Nice at Work", *The New York Times*, 19 jun. 2015, http://www.nytimes.com/2015/06/21/opinion/sunday/is-your-boss-mean.html?_r=1.

71. Veja, por exemplo, S. Lim e A. Lee, "Work and Nonwork Outcomes of Workplace Incivility: Does Family Support Help?", *Journal of Occupational Health Psychology* 16, no. 1 (2011): 95–111; C. L. Porath e C. M. Pearson, "The Cost of Bad Behavior", *Organizational Dynamics* 39, no. 1 (2010): 64–71; e B. Estes e J. Wang, "Workplace Incivility: Impacts on Individual and Organizational Performance", *Human Resource Development Review* 7, no. 2 (2008): 218–40.

72. M. P. Leiter, H. K. S. Laschinger, A. Day e D. G. Oore, "The Impact of Civility Interventions on Employee Social Behavior, Distress, and Attitudes", *Journal of Applied Psychology*, Advance Online Publication, 11 jul. 2011, doi:10.1037/a0024442.

73. M. B. Wood, *Business Ethics in Uncertain Times* (Upper Saddle River, NJ: Prentice Hall, 2004): 61.

74. Veja, por exemplo, A. Becker, "Can You Teach Ethics to MBAs?", *BNet*, 19 out. 2009, www.bnet.com.

75. W. R. Allen, P. Bacdayan, K. B. Kowalski e M. H. Roy, "Examining the Impact of Ethics Training on Business Student Values", *Education and Training* 47, no. 3 (2005): 170–82; A. Lämsä, M. Vehkaperä, T. Puttonen e H. Pesonen, "Effect of Business Education on Women and Men Students' Attitudes on Corporate Responsibility in Society", *Journal of Business Ethics* 82, no. 1 (2008): 45–58; e K. M. Sheldon e L. S. Krieger, "Understanding the Negative Effects of Legal Education on Law Students: A Longitudinal Test of Self-Determination Theory", *Personality and Social Psychology Bulletin* 33, no. 6 (2007): 883–97.

76. S. Valentine e G. Fleischman, "Ethics Programs, Perceived Corporate Social Responsibility, and Job Satisfaction", *Journal of Business Ethics* 77, no. 2 (2008): 159–72.

77. L. Weber e L. Kwoh, "Co-Workers Change Places", *The Wall Street Journal*, 21 fev. 2012, B8.

78. K. Tyler, "A New U", *HR Magazine* (abr. 2012): 27–34.

79. Veja, por exemplo, R. E. Derouin, B. A. Fritzsche e E. Salas, "E-Learning in Organizations", *Journal of Management* 31, no. 3 (2005): 920–40; e K. A. Orvis, S. L. Fisher e M. E. Wasserman, "Power to the People: Using Learner Control to Improve Trainee Reactions and Learning in Web-Based Instructional Environments", *Journal of Applied Psychology* 94, no 4 (2009): 960–71.

80. T. Sitzmann, K. Kraiger, D. Stewart e R. Wisher, "The Comparative Effectiveness of Web-Based and Classroom Instruction: A Meta-Analysis", *Personnel Psychology* 59, no. 3 (2006): 623–64.

81. T. Sitzmann, B. S. Bell, K. Kraiger e A. M. Kanar, "A Multilevel Analysis of the Effect of Prompting Self-Regulation in Technology-Delivered Instruction", *Personnel Psychology* 62, no. 4 (2009): 697–734.

82. B. Roberts, "From E-Learning to Mobile Learning", *HR Magazine* (ago. 2012): 61–65.

83. J. P. Santos, A. Caetano e S. M. Tavares, "Is Training Leaders in Functional Leadership a Useful Tool for Improving the Performance of Leadership Functions and Team Effectiveness?", *Leadership Quarterly* 26, no. 3 (2015): 470–84; e T. Sitzmann, K. G. Brown, W. J. Casper, K. Ely e R. D. Zimmerman, "A Review and Meta-Analysis of the Nomological Network of Trainee Reactions", *Journal of Applied Psychology* 93, no. 2 (2008): 280–95.

84. Veja L. A. Burke e H. S. Hutchins, "Training Transfer: An Integrative Literature Review", *Human Resource Development Review* 6 (2007): 263–96; e D. S. Chiaburu e S. V. Marinova, "What Predicts Skill Transfer? An Exploratory Study of Goal Orientation, Training Self-Efficacy, and Organizational Supports", *International Journal of Training and Development* 9, no. 2 (2005): 110–23; M. J. Mills e C. J. Fullagar, "Engagement within Occupational Trainees: Individual Difference Predictors and Commitment Outcome", *Journal of Vocational Behavior* 98, (2017): 35-45; e J. A. Grand, "Brain Drain? An Examination of Stereotype Threat Effects during Training on Knowledge Acquisition and Organizational Effectiveness", *Journal of Applied Psychology* 102, no. 2 (2016): 115–50.

85. Y. Kim e R. E. Ployhart, "The Effects of Staffing and Training on Firm Productivity and Profit Growth before, during, and after the Great Recession", *Journal of Applied Psychology* 99 (2014): 361–89; J. Konings e S. Vanormelingen, "The Impact of Training on Productivity and Wages: Firm-Level Evidence", *Review of Economics and Statistics* 97 (2014): 485–97; e T. Zwick, "The Impact of Training Intensity on Establishment Productivity", *Industrial Relations* 45 (2006): 26–46.

86. O. Wurtz, "An Empirical Investigation of the Effectiveness of Pre-Departure and In-Country Cross-Cultural Training", *International Journal*

of Human Resource Management 25, no. 14 (2014): 2088–101.

87. A. Dysvik e B. Kuvaas, "Perceived Supervisor Support Climate, Perceived Investment in Employee Development Climate, and Business-Unit Performance", Human Resource Management 51 (2012): 651–64.

88. S. Y. Sung e J. N. Choi, "Do Organizations Spend Wisely on Employees? Effects of Training and Development Investments on Learning and Innovation in Organizations", Journal of Organizational Behavior 35 (2014): 393–412.

89. M. Rotundo e P. R. Sackett, "The Relative Importance of Task, Citizenship, and Counterproductive Performance to Global Ratings of Job Performance: A Policy Capturing Approach", Journal of Applied Psychology 87, no. 1 (2002): 66–80; e S. W. Whiting, P. M. Podsakoff e J. R. Pierce, "Effects of Task Performance, Helping, Voice, and Organizational Loyalty on Performance Appraisal Ratings", Journal of Applied Psychology 93, no. 1 (2008): 125–39.

90. W. F. Cascio e H. Aguinis, Applied Psychology in Human Resource Management, 7. ed. (Upper Saddle River, NJ: Prentice Hall, 2010).

91. D. J. Woehr, M. K. Sheehan e W. Bennett, "Assessing Measurement Equivalence across Rating Sources: A Multitrait-Multirater Approach", Journal of Applied Psychology 90, no. 3 (2005): 592–600; e H. Heidemeier e K. Moser, "Self–Other Agreement in Job Performance Ratings: A Meta-Analytic Test of a Process Model", Journal of Applied Psychology 94, no. 2 (mar. 2009): 353–70.

92. Veja, por exemplo, F. Luthans e S. J. Peterson, "360 Degree Feedback with Systematic Coaching: Empirical Analysis Suggests a Winning Combination", Human Resource Management (outono 2003): 243–56; R. Ladyshewsky e R. Taplin, "Evaluation of Curriculum and Student Learning Needs Using 360 Degree Assessment", Assessment & Evaluation in Higher Education 40, no. 5 (2015): 698–711; e B. I. J. M. van der Heijden e A. H. J. Nijhof, "The Value of Subjectivity: Problems and Prospects for 360-Degree Appraisal Systems", International Journal of Human Resource Management (maio 2004): 493–511.

93. M. K. Mount e S. E. Scullen, "Multisource Feedback Ratings: What Do They Really Measure?", in M. London (ed.), How People Evaluate Others in Organizations (Mahwah, NJ: Lawrence Erlbaum, 2001): 155–76; e K.-Y. Ng, C. Koh, S. Ang, J. C. Kennedy e K. Chan, "Rating Leniency and Halo in Multisource Feedback Ratings: Testing Cultural Assumptions of Power Distance and Individualism-Collectivism", Journal of Applied Psychology, Online First Publication, 11 abr. 2011, doi:10.1037/a0023368.

94. A. C. Peng e W. Zeng, "Workplace Ostracism and Deviant and Helping Behaviors: The Moderating Role of 360 Degree Feedback", Journal of Organizational Behavior 38, no. 6 (2017): 833–55.

95. C. Rampbell, "A History of College Grade Inflation", The New York Times, 14 jul 2011, http://economix.blogs.nytimes.com/2011/07/14/the-history-of-college-grade-inflation/?scp51&sq5grade%20 inflation&st5cse.

96. X. M. Wang, K. F. E. Wong e J. Y. Y. Kwong, "The Roles of Rater Goals and Ratee Performance Levels in the Distortion of Performance Ratings", Journal of Applied Psychology 95, no. 3 (2010): 546–61; A. Erez, P. Schilpzand, A. Leavitt, A. H. Woolum e T. A. Judge, "Inherently Relational: Interactions between Peers' and Individuals' Personalities Impact Reward Giving and Appraisal of Individual Performance", Academy of Management Journal 58, no. 6 (2015): 1761–84; J. R. Spence e L. M. Keeping, "The Impact of Non-Performance Information on Ratings of Job Performance: A Policy-Capturing Approach", Journal of Organizational Behavior 31 (2010): 587–608; e J. R. Spence e L. Keeping, "Conscious Rating Distortion in Performance Appraisal: A Review, Commentary, and Proposed Framework for Research", Human Resource Management Review 21, no. 2 (2011): 85–95.

97. L. E. Atwater, J. F. Brett e A. C. Charles, "Multisource Feedback: Lessons Learned and Implications for Practice", Human Resource Management 46, no. 2 (2007): 285–307; e R. Hensel, F. Meijers, R. van der Leeden e J. Kessels, "360 Degree Feedback: How Many Raters Are Needed for Reliable Ratings on the Capacity to Develop Competences, with Personal Qualities as Developmental Goals?", International Journal of Human Resource Management 21, no. 15 (2010): 2813–30.

98. I. Hussain, "Subjective Performance Evaluation in the Public Sector: Evidence from School Inspections", Journal of Human Resources 50, no. 1 (2015): 189–221; G. van. Helden, A Johnsen e J. Vakkuri, "The Life-Cycle Approach to Performance Management: Implications for Public Management and Evaluation", Evaluation 18, no. 2 (2012): 169–75; W. C. Borman, "Job Behavior, Performance e Effectiveness", in M. D. Dunnette e L. M. Hough (eds.), Handbook of Industrial and Organizational Psychology (Palo Alto, CA: Consulting Psychologists Press, 1991): 271–326.

99. Veja, por exemplo, K. L. Uggerslev e L. M. Sulsky, "Using Frame-of-Reference Training to Understand the Implications of Rater Idiosyncrasy for Rating Accuracy", Journal of Applied Psychology 93, no. 3 (2008): 711–19; e R. F. Martell e D. P. Evans, "Source-Monitoring Training: Toward Reducing Rater Expectancy Effects in Behavioral Measurement", Journal of Applied Psychology 90, no. 5 (2005): 956–63.

100. B. Erdogan, "Antecedents and Consequences of Justice Perceptions in Performance Appraisals", Human Resource Management Review 12, no. 4 (2002): 555–78; e I. M. Jawahar, "The Mediating Role of Appraisal Feedback Reactions on the Relationship between Rater Feedback-Related Behaviors and Ratee Performance", Group and Organization Management 35, no. 4 (2010): 494–526.

101. S. C. Payne, M. T. Horner, W. R. Boswell, A. N. Schroeder e K. J. Stine-Cheyne, "Comparison of Online and Traditional Performance Appraisal Systems", Journal of Managerial Psychology 24, no. 6 (2009): 526–44.

102. P. E. Levy e J. R. Williams, "The Social Context of Performance Appraisal: A Review and Framework for the Future", Journal of Management 30, no. 6 (2004): 881–905.

103. M. C. Saffie-Robertson e S. Brutus, "The Impact of Interdependence on Performance Evaluations: The Mediating Role of Discomfort with Performance Appraisal", International Journal of Human Resource Management 25, no. 3 (2014): 459–73.

104. F. Gino e M. E. Schweitzer, "Blinded by Anger or Feeling the Love: How Emotions Influence Advice Taking", Journal of Applied Psychology 93, no. 3 (2008): 1165–73.

105. Heidemeier e Moser, "Self–Other Agreement in Job Performance Ratings".

106. J. Han, "Does Performance-Based Salary System Suit Korea?", The Korea Times, 15 jan. 2008, www.koreatimes.co.kr.

107. F. F. T. Chiang e T. A. Birtch, "Appraising Performance across Borders: An Empirical Examination of the Purposes and Practices of Performance Appraisal in a Multi-Country Context", Journal of Management Studies 47, no. 7 (2010): 1365–93.

108. K.-Y. Ng, C. Koh, S. Ang, J. C. Kennedy e K. Chan, "Rating Leniency and Halo in Multisource Feedback Ratings: Testing Cultural Assump-

tions of Power Distance and Individualism-Collectivism", *Journal of Applied Psychology*, Online First Publication, 11 abr. 2011, doi:10.1037/a0023368.

109. J. Camps e R. Luna-Arocas, "A Matter of Learning: How Human Resources Affect Organizational Performance", *British Journal of Management* 23 (2012): 1–21; e L. Zhong, S. J. Wayne e R. C. Liden, "Job Engagement, Perceived Organizational Support, HighPerformance Human Resource Practices, and Cultural Value Orientations: A Cross-Level Investigation", *Journal of Organizational Behavior* 37, no. 6 (2016): 823–44.

110. D. Shin e A. M. Konrad, "Causality between High-Performance Work Systems and Organizational Performance", *Journal of Management* 43, no. 2 (2017): 973–997; e K. Jiang, C. Chuang e Y. Chao, "Developing Collective Customer Knowledge and Service Climate: The Interaction between Service-Oriented High-Performance Work Systems and Service Leadership", *Journal of Applied Psychology* 100, no. 4 (2015): 1089–106.

111. G. C. Banks e S. Kepes, "The Influence of Internal HRM Activity Fit on the Dynamics within the 'Black Box,'" *Human Resource Management Review* 25, no. 4 (2015): 352–367; e E. P. Piening, A. M. Baluch e H. Ridder, "Mind the Intended-Implemented Gap: Understanding Employees' Perceptions of HRM", *Human Resource Management* 53 (2014): 545–67.

112. D. S. Whitman, D. L. Van Rooy e C. Viswesvaran, "Satisfaction, Citizenship Behaviors, and Performance in Work Units: A MetaAnalysis of Collective Construct Relations", *Personnel Psychology* 63 (2010): 41–81; K. W. Mossholder, H. A. Richardson e R. P. Settoon, "Human Resource Systems and Helping in Organizations: A Relational Perspective", *Academy of Management Review* 36 (2011): 33–52.

113. R. R. Kehoe e P. M. Wright, "The Impact of High-Performance Human Resource Practices on Employees' Attitudes and Behaviors", *Journal of Management* 39 (2013): 366–91.

114. L. H. Nishii, D. P. Lepak e B. Schneider, "Employee Attributions of the 'Why' of HR Practices: Their Effects on Employee Attitudes and Behaviors, and Customer Satisfaction", *Personnel Psychology* 61 (2008): 503–45; e K. Sanders e H. Yang, "The HRM Process Approach: The Influence of Employees' Attribution to Explain the HRM-Performance Relationship", *Human Resource Management* 55, no. 2 (2016): 201–17.

115. K. Jiang, D. P. Lepak, J. Hu e J. C. Baer, "How Does Human Resource Management Influence Organizational Outcomes? A Meta-Analytic Investigation of Mediating Mechanisms", *Academy of Management Journal* 55 (2012): 1264–94.

116. T. C. Bednall, K. Sanders e P. Runhaar, "Stimulating Informal Learning Activities through Perceptions of Performance Appraisal Quality and Human Resource Management System Strength: A Two-Wave Study", *Academy of Management Learning & Education* 13 (2014): 45–61.

117. N. Anderson e C. Witvliet, "Fairness Reactions to Personnel Selection Methods: An International Comparison between the Netherlands, the United States, France, Spain, Portugal, and Singapore", *International Journal of Selection and Assessment* 16, no. 1 (2008): 1–13.

118. K. Van De Voorde, J. Paauwe e M. Van Veldhoven, "Employee Well-Being and the HRM-Organizational Performance Relationship: A Review of Quantitative Studies", *International Journal of Management Reviews* 14 (2012): 391–407.

119. M. Heller, "Title VII Protections Debated in 'Great Texas Lactation Case'", *Workforce Management* (out. 2012): 6.

120. F. Rothschild, "The 'Great Texas Lactation' Case Settles!", *Employment Discrimination Report*, 12 maio 2014, http://employmentdiscrimination.foxrothschild.com/2014/05/articles/another-category/gender-discrimination/the-great-texas-lactation-case-settles/.

121. S. Greenhouse, "With Jobs Few, Internships Lure More Graduates to Unpaid Work", *The New York Times*, 6 maio 2012, 1, 4.

122. J.-A. B. Casuga, "Judge Rules Fox Searchlight Interns Are FLSA Employees, Certifies Class Action", *Bloomberg BNA*, 19 jun. 2013, http://www.bna.com/judge-rules-fox-n17179874627/.

123. N. Scheiber, "Employers Have Greater Leeway on Unpaid Internships, Court Rules", *The New York Times*, 2 jul. 2015, http://www.nytimes.com/2015/07/03/business/unpaid-internships-allowed-if-they-serve-educational-purpose-court-rules.html.

124. Veja, por exemplo, *Harvard Business Review on Work and Life Balance* (Boston: Harvard Business School Press, 2000); R. Rapoport, L. Bailyn, J. K. Fletcher e B. H. Pruitt, *Beyond Work-Family Balance* (São Francisco: Jossey-Bass, 2002); e E. E. Kossek, S. Pichler, T. Bodner e L. B. Hammer, "Workplace Social Support and Work-Family Conflict: A Meta-Analysis Clarifying the Influence of General and Work-Family Specific Supervisor and Organizational Support", *Personnel Psychology* 64, no. 2 (2011): 289–313.

125. B. Harrington, F. Van Deusen e B. Humberd, *The New Dad: Caring Committed and Conflicted* (Boston: Boston College Center for Work and Family, 2011).

126. A. Grant, "Top 25 Companies for Work-Life Balance", *US News and World Report*, 11 maio 2011, www.money.usnews.com.

127. K. Dill, "The Best Companies for Work-Life Balance", *Forbes*, 17 jul. 2015, http://www.forbes.com/sites/kathryndill/2015/07/17/the-best-companies-for-work-life-balance-2/.

128. C. P. Maertz e S. L. Boyar, "Work-Family Conflict, Enrichment, and Balance under 'Levels' and 'Episodes' Approaches", *Journal of Management* 37, no. 1 (2011): 68–98.

129. L. M. Lapierre e T. D. Allen, "Control at Work, Control at Home, and Planning Behavior: Implications for Work-Family Conflict", *Journal of Management* (set. 2012): 1500–16.

130. J. S. Michel e M. B. Hargis, "Linking Mechanisms of Work-Family Conflict and Segmentation", *Journal of Vocational Behavior* 73, no. 3 (2008): 509–22; G. E. Kreiner, "Consequences of Work-Home Segmentation or Integration: A Person-Environment Fit Perspective", *Journal of Organizational Behavior* 27, no. 4 (2006): 485–507; e C. A. Bulger, R. A. Matthews e M. E. Hoffman, "Work and Personal Life Boundary Management: Boundary Strength, Work/Personal Life Balance, and the Segmentation-Integration Continuum", *Journal of Occupational Health Psychology* 12, no. 4 (2007): 365–75.

131. D. Catanzaro, H. Moore e T. R. Marshall, "The Impact of Organizational Culture on Attraction and Recruitment of Job Applicants", *Journal of Business and Psychology* 25 (2010): 649–62.

132. E. O'Regan, "Spain Hampered by Rigid Labor Laws", *The Wall Street Journal*, 11 jun. 2012, 4A.

133. D. Meinert, "Layoff Victims Won't Hold a Grudge If Treated Fairly", *HR Magazine* (nov. 2012): 24.

134. D. van Dierendonck e G. Jacobs, "Survivors and Victims, a Meta-Analytical Review of Fairness and Organizational Commitment after Downsizing", *British Journal of Management* 23 (2012): 96–109.

Capítulo 18

Mudança organizacional e gestão do estresse

Objetivos de aprendizagem

Depois de ler este capítulo, você será capaz de:

18.1 Comparar as forças que estimulam mudanças planejadas.

18.2 Descrever maneiras de superar a resistência à mudança.

18.3 Comparar as quatro principais abordagens para gerenciar mudanças organizacionais.

18.4 Demonstrar três maneiras de criar uma cultura de mudança.

18.5 Identificar as possíveis fontes ambientais, organizacionais e pessoais de estresse no trabalho e o papel das diferenças individuais e culturais.

18.6 Identificar os sintomas fisiológicos, psicológicos e comportamentais do estresse no trabalho.

18.7 Descrever abordagens individuais e organizacionais para gerenciar o estresse no trabalho.

MATRIZ DE HABILIDADES PARA A EMPREGABILIDADE								
	Mito ou ciência?	Objetivos profissionais	Escolha ética	Ponto e contraponto	Exercício experiencial	Dilema ético	Estudo de caso 1	Estudo de caso 2
Pensamento crítico			✓	✓	✓	✓	✓	✓
Comunicação		✓			✓			✓
Colaboração		✓	✓		✓			✓
Análise e aplicação do conhecimento	✓			✓	✓	✓	✓	✓
Responsabilidade social		✓	✓	✓		✓	✓	✓

TRANSITANDO PELO MERCADO DE TRABALHO E CONSTRUINDO UMA CARREIRA

Ben Carpenter, coCEO da Greenwich Capital, ficou nas nuvens quando ele e sua esposa ficaram sabendo que sua filha, Avery, tinha recebido uma oferta para atuar como assistente do produtor do *talk show* de Katie Couric. Mas essa felicidade toda rapidamente se transformou em pânico quando ele recebeu uma mensagem de e-mail de Avery que tinha como assunto: "Tudo bem mandar isto?". Na mensagem, ela perguntava ao novo chefe se poderia começar a trabalhar uma semana depois do combinado para poder encontrar um apartamento em Manhattan (uma proposta que não deixaria uma boa primeira impressão em qualquer novo empregador). Ben enviou imediatamente uma mensagem à filha com os dizeres: "NÃO MANDE! AGUARDE INSTRUÇÕES" e anotou no celular 22 coisas que Avery precisava saber para ter sucesso no mundo do trabalho. Não muito tempo depois, Ben transformou as recomendações no best-seller *The Bigs Project*.

O livro se baseia em várias experiências de Ben no mundo do trabalho, explicando as reviravoltas que ele teve de enfrentar e como lidou com elas. Ben aprendeu a conviver com muitas mudanças desde a infância. Quando estava na quarta série, seu pai perdeu o emprego na Harris Trust. A partir de então, seu pai perdia o emprego todos os anos e a família era forçada a se mudar. Eles se mudaram de Illinois para New Hampshire, de New Hampshire para o Missouri e assim por diante, até chegar a Massachusetts quando Ben estava no ensino médio. Apesar do estresse e da tensão resultantes de todas essas mudanças, a família de Ben permaneceu unida e resistiu a todas as dificuldades. É interessante notar que o pai de Ben era um trabalhador muito empenhado. O problema foi que a carreira que ele escolheu não se ajustava muito bem a seus pontos fortes. Com base nessas experiências, Ben aprendeu a importância de apaixonar-se por algo que se faz bem e de fazer as coisas certas para avançar na carreira. Ele também aprendeu que era importantíssimo ser resiliente em momentos de grandes mudanças.

Outra guinada em sua vida ocorreu quando Ben, então na faixa dos 30, era um vendedor de apólices da Greenwich Capital. Ted Knetzger, o fundador da empresa, convidou Ben para jantar e perguntou se ele não gostaria de trabalhar em negociações (*trading*), algo que Ben sempre quis fazer. Infelizmente, depois de dois anos atuando na área, Ben percebeu que não tinha nascido para aquele trabalho e que perder dinheiro da empresa em negociações o deixava emocionalmente esgotado. Por sorte, Ted nunca deixou de apoiar Ben e chegou a lhe oferecer o cargo de diretor financeiro da empresa. Neste ponto, Ben tomou a melhor decisão de sua carreira: ele refletiu sobre o que fazia bem e, ao recusar a oferta, decidiu voltar a vender apólices (em vez de assumir um cargo cujo trabalho ele desconhecia).

Enquanto Ben tomava sua decisão, algo inesperado aconteceu. Enquanto trabalhava, Ben sentiu dores terríveis no peito e teve de ser levado às pressas ao hospital. Descobriu-se que ele sofria de um problema raro chamado dissecção da aorta, que levou à súbita ruptura de uma grande artéria. Graças à sua esposa, Leigh, que chamava freneticamente médicos e enfermeiros sempre que Ben precisava de atendimento no hospital e, depois de várias cirurgias, Ben conseguiu se recuperar. Ele ficou consternado quando o cirurgião informou que ele não poderia correr nem levantar objetos pesados pelo resto da vida, mas com o tempo foi tomado por uma onda de otimismo e bem-estar e pensou: "vai dar tudo certo". Depois dessa experiência, Ben decidiu voltar a vender apólices em vez de assumir o cargo de diretor financeiro. A partir daí, ele subiu pela hierarquia da empresa, tornando-se gerente de vendas, diretor operacional até, eventualmente, chegar ao cargo de CEO.

Fontes: baseado em B. Carpenter, *The Bigs: The Secrets Nobody Tells Students and Young Professionals About How to: Choose a Career, Find a Great Job, Do a Great Job, Be a Leader, Start a Business, Manage Your Money, Stay out of Trouble, and Live a Happy Life* (Hoboken, NJ: Wiley, 2014); B. Carpenter, "Is Your Student Prepared for Life?", *The New York Times*, 31 ago. 2014, https://www.nytimes.com/2014/09/01/opinion/is-your-student-prepared-for-life.html?_r=0; M. Gordon, "Q&A With Greenwich's Ben Carpenter", *Greenwich Time*, 6 nov. 2014, http://www.greenwichtime.com/business/article/Q-A-with-Greenwich-s-Ben-Carpenter-5876838.php; e *The Bigs Project*, https://www.thebigsproject.net/, acessado em 23 abr. 2017.

As mudanças podem provocar muito estresse. Como as experiências de Ben demonstram, é importantíssimo exercitar o pensamento crítico para tomar decisões sobre sua carreira. Seja estratégico ao escolher uma carreira, busque oportunidades de aprendizado e desenvolvimento que possam aprimorar suas habilidades profissionais, empenhe-se no trabalho e seja resiliente e adaptável ao lidar com os vários fatores estressantes que encontrará pelo caminho. Neste capítulo, descreveremos os fatores ambientais que exigem que as empresas e as pessoas mudem, as razões que levam pessoas e organizações a resistir a mudanças e a maneira pela qual essa resistência pode ser superada. Também analisaremos diversos processos para gerenciar as mudanças organizacionais. Em seguida, falaremos do estresse, suas fontes e consequências. Por fim, discutiremos o que pessoas e organizações podem fazer para gerenciar melhor os níveis de estresse e para obter resultados positivos em relação ao comportamento organizacional, que é o objetivo deste livro.

Mudança

18.1 Comparar as forças que estimulam mudanças planejadas.

Hoje em dia, nenhuma empresa pode dizer que se encontra em uma situação particularmente estável. Até as organizações que conquistaram uma participação de mercado dominante precisam mudar, muitas vezes radicalmente. Por exemplo, o mercado de smartphones tem se mostrado especialmente volátil.[1] No quarto trimestre de 2016, 77 milhões de iPhones foram vendidos, em comparação com 76,8 milhões de celulares da Samsung.[2] Compare isso com o quarto trimestre de 2015, quando foram vendidos muito menos iPhones (71,5 milhões) em comparação com um número considerável de celulares da Samsung (83,4 milhões).[3] Ao mesmo tempo, a fabricante chinesa de celulares Oppo e sua controladora, a BBK Electronics, estão entrando rapidamente no mercado: juntas, elas detêm uma participação de mercado de apenas 6% a menos que a Samsung ou a Apple.[4] Apenas alguns anos atrás, empresas antes dominantes, como a Nokia, a Xiaomi ou a Research in Motion (fabricante do Blackberry) perderam uma enorme participação de mercado. Concorrentes entram e saem constantemente nesse e em muitos outros mercados, conquistando e perdendo terreno rapidamente.

Forças da mudança

Nos dias de hoje, "Mudar ou morrer!" é o grito de guerra dos gestores ao redor do mundo.[5] A Tabela 18.1 resume seis fatores específicos que estimulam a mudança.

No decorrer deste livro, falamos sobre a *natureza mutável da força de trabalho*. Quase todas as organizações devem se ajustar a um ambiente multicultural, às mudanças demográficas, à imigração e à terceirização da força de trabalho. A *tecnologia* também muda continuamente a natureza do trabalho e as próprias organizações. Não é difícil imaginar que trabalhar em um escritório pode se tornar um conceito antiquado em um futuro próximo.

Os *choques econômicos* também afetam enormemente as organizações. Na grande recessão de 2007 a 2009, milhões de empregos foram perdidos ao redor do mundo, o valor dos imóveis despencou e grandes e renomadas corporações, como a Merrill Lynch, a Countrywide Financial e a Ameriquest, desapareceram ou foram adquiridas.[6] Muitos países conseguiram se recuperar, gerando novas perspectivas de emprego e de investimento. Outros países, como a Grécia, enfrentam dificuldades de recuperar sua economia, reduzindo a viabilidade econômica de muitas organizações gregas.[7]

A *concorrência* também está mudando. Os concorrentes podem estar na mesma cidade ou do outro lado do mundo. As organizações de sucesso serão aquelas capazes de serem ágeis, desenvolver novos produtos rapidamente e colocá-los prontamente no mercado. Em outras palavras, elas terão de ser flexíveis e deverão ter uma força de trabalho igualmente flexível e responsiva.[8]

As *tendências sociais* também não permanecem estáticas. As organizações devem ajustar continuamente seus produtos e estratégias de marketing de acordo com as tendências sociais, como o Instagram fez quando lançou o "Instagram Stories" — mídias (fotos, vídeos, texto) que desaparecem algum tempo depois do envio, basicamente recriando os Stories do Snapchat.[9] Consumidores, empregados e lí-

TABELA 18.1 Forças da mudança.

Força	Exemplos
Natureza da força de trabalho	Maior diversidade cultural Envelhecimento da população Imigração e terceirização crescentes
Tecnologia	Dispositivos mais rápidos, mais baratos e mais portáteis Surgimento e crescimento de redes sociais Código genético humano sendo decifrado
Choques econômicos	Ascensão e queda do mercado imobiliário internacional Colapso do setor financeiro Recessão global
Concorrência	Concorrentes globais Fusões e consolidações Maior regulamentação governamental do comércio
Tendências sociais	Crescente consciência ambiental Liberalização de atitudes em relação a empregados gays, lésbicas e transexuais Mais multitarefa e conectividade
Política mundial	Custos de cuidados médicos em alta Atitudes sociais negativas em relação a empresas e executivos Abertura de novos mercados ao redor do mundo

deres organizacionais também são cada vez mais sensíveis a questões relativas ao meio ambiente. Hoje em dia, as práticas ecológicas são cada vez mais esperadas, em vez de opcionais.[10]

Nem os mais exaltados defensores da globalização poderiam ter imaginado as mudanças na *política internacional* que testemunhamos nos últimos anos. Vimos uma série de crises financeiras que abalaram os mercados globais, um enorme aumento do poder e da influência da China, movimentos populistas e nacionalistas ganhando terreno na Europa e nos Estados Unidos e intensas mudanças nos governos em todo o mundo árabe. Empresas do mundo industrializado, especialmente nos setores bancário e financeiro, passaram a ser submetidas a novas formas de escrutínio.

Mudança planejada

Um grupo de empregados de limpeza que trabalha em um pequeno hotel confrontou seu empregador: "Estamos tendo muita dificuldade de manter o esquema rígido de trabalho das 7 às 16 horas", disse o porta-voz. "Todos nós temos importantes responsabilidades familiares e pessoais. Esse horário rígido de trabalho não nos convém. Se vocês não nos derem a opção de trabalhar em horário flexível, vamos procurar outro emprego." O proprietário ouviu atentamente esse ultimato e concordou com a reivindicação. No dia seguinte, um plano de horários flexíveis foi apresentado aos empregados.

Uma grande montadora de automóveis investiu bilhões de dólares em um sistema robotizado ultramoderno. Uma das áreas que deveria receber o novo equipamento era o controle de qualidade, onde um sofisticado equipamento controlado por computador melhoraria muito a capacidade da empresa de detectar e corrigir defeitos. Como o novo equipamento mudaria drasticamente o trabalho das pessoas do setor de controle de qualidade e como a administração sabia que os empregados resistiriam a isso, os executivos desenvolveram um programa para ajudar as pessoas a se familiarizar com a nova tecnologia e a lidar com a eventual ansiedade causada pela situação.

As duas situações descritas são exemplos de mudança, ou seja, referem-se a uma alteração no modo de fazer as coisas. Contudo, só a segunda situação descreve uma mudança planejada.[11] Muitas mudanças são como a ocorrida no hotel: elas só acontecem. Algumas organizações tratam todas as mudanças como ocorrências acidentais. Neste capítulo, vamos falar da mudança como uma atividade intencional e orientada para resultados.

Quais são os objetivos da mudança planejada? Para começar, ela busca melhorar a capacidade da organização de adaptar-se às mudanças em seu ambiente. Em segundo lugar, visa a mudar o comportamento dos empregados.

Os responsáveis por administrar as atividades de mudança na organização são os agentes de mudança.[12] Eles vislumbram um futuro para a organização que os outros não conseguem ver e são capazes de motivar, inventar e implementar essa visão. Os agentes de mudança podem ser gestores, empregados novos ou antigos ou consultores externos.

Alguns agentes de mudança buscam transformar velhos setores para se adequarem a novas possibilidades e demandas. Por exemplo, Sandy Jen, Cameron Ring, Monica Lo e Seth Sternberg estão trabalhando em colaboração para aplicar conceitos do mercado social aos negócios on-line, um conceito exemplificado pela plataforma de transporte

mudança
Fazer as coisas de formas diferentes.

mudança planejada
Mudar atividades de forma intencional e orientada a objetivos.

agentes de mudança
Pessoas que atuam como catalisadoras e assumem a responsabilidade de gerenciar as atividades de mudança.

Uber e pela empresa de crowdfunding Kickstarter. O grupo criou um serviço inovador para o atendimento a idosos chamado Honor.[13] Ao contrário dos métodos antigos que envolviam prestar atendimento aos idosos e seus familiares por meio de casas de repouso ou empresas de cuidadores, a Honor usa um mercado on-line. Os cuidadores listam suas qualificações e as características desejadas do trabalho e os idosos especificam o tipo de serviço que precisam. A Honor entra fazendo a ponte entre os dois e ajudando a satisfazer às necessidades de ambos. Esse novo modelo tem o poder de revolucionar todo o setor de cuidados a idosos com base na visão de um pequeno grupo de líderes.

Pode ser difícil encontrar verdadeiros agentes de mudança em organizações tradicionais e consolidadas. A General Motors (GM) espera que seus diretores de recursos humanos (RH) sejam agentes de mudança e que o presidente de RH dê o exemplo a todos. Especialistas atribuíram o fracasso de algumas iniciativas de mudança da GM à breve permanência de Kathleen Barclay no cargo de vice-presidente global de RH. Depois disso, a GM contratou Mary Barra, uma executiva de produção que a alta administração acreditava ser capaz de promover mudanças melhores. Barra parecia ser uma agente de mudança, mas até o então CEO Dan Akerson lastimou: "Foi a pior aplicação de talento que já vi". Posteriormente, Barra foi nomeada a nova CEO da GM, tomando o lugar de Akerson.[14] Para comandar o RH, a GM escolheu Cynthia Brinkley, que aparentemente tinha a combinação certa de habilidades para ser uma agente de mudança. No entanto, ela não tinha experiência alguma em RH[15] e foi substituída pouco tempo depois por John Quattrone, que tinha mais de 25 anos de experiência em RH (e mais de 40 anos na GM).[16]

Muitos agentes de mudança fracassam porque os membros da organização resistem às mudanças. Na próxima seção, discutiremos a resistência à mudança e o que os gestores podem fazer a respeito.

18.2 Descrever maneiras de superar a resistência à mudança.

Resistência à mudança

Nosso ego é frágil e, muitas vezes, vemos as mudanças como ameaças. Mesmo quando a gestão apresenta dados aos empregados sugerindo que uma mudança é necessária, eles se apegam a qualquer informação que sugira que eles estão bem e que não precisam mudar.[17] Os empregados que resistem a uma mudança tendem a evitar pensar sobre o assunto, a ter mais ausências por doença ou até a sair da organização. Todas essas reações podem reduzir a energia da organização justamente quando ela é mais necessária.[18] A resistência à mudança não ocorre apenas nos níveis mais baixos da organização. Em muitos casos, os membros da alta gestão resistem às mudanças propostas pelos subordinados, especialmente se esses líderes estiverem focados no desempenho imediato. Por outro lado, quando os líderes estão mais focados em desenvolver as competências da empresa e em encontrar oportunidades, eles se mostram mais dispostos a ouvir e a implementar as sugestões de mudança dos subordinados.[19] A resistência à mudança pode ser positiva se gerar discussões e diálogo aberto.[20] Em geral, essas reações são preferíveis à apatia ou ao silêncio e podem indicar que os membros da organização estão engajados no processo, proporcionando aos agentes uma chance de explicar a iniciativa de mudança. Os agentes de mudança também podem monitorar a resistência para adequar a mudança às preferências dos membros da organização.

A resistência não necessariamente ocorre de maneira padronizada. Ela pode ser aberta, implícita, imediata ou postergada.[21] É mais fácil para a administração lidar com a resistência aberta e imediata, como protestos, redução do ritmo do trabalho ou ameaças de greve. Por outro lado, a resistência implícita ou postergada é mais difícil de administrar porque essas reações (menos lealdade à organização, menos motivação para o trabalho, mais erros ou absenteísmo) são mais sutis e mais difíceis de identificar. As ações postergadas também podem dificultar a percepção da relação entre a mudança e a reação a ela, podendo aparecer semanas, meses ou até anos depois. Uma única mudança de baixo impacto pode acabar sendo a "gota d'água" porque a resistência a mudanças anteriores foi postergada e acumulada.

A Tabela 18.2 resume os principais fatores de resistência à mudança, categorizados de acordo com suas fontes. As fontes individuais envolvem características humanas, como percepções, personalidades e necessidades. As fontes organizacionais envolvem a composição estrutural das próprias organizações.

É importante observar que nem todas as mudanças são positivas. Uma mudança rápida e transformadora é arriscada, e é necessário que os agentes de mudança ponderem todas as implicações. A pressa pode levar a más decisões e, às vezes, as pessoas que dão início ao processo não se dão conta de toda a magnitude de seus efeitos e de seus verdadeiros custos.

Superando a resistência à mudança

Oito táticas podem ajudar os agentes de mudança a lidar com as resistências.[22] Vamos examiná-las resumidamente.

Comunicação   Em tempos de mudança, a comunicação se faz mais importante do que nunca. Um estudo com empresas alemãs revelou que as mudanças são mais eficazes quando a empresa comunica as razões, equilibrando os interesses de dife-

TABELA 18.2   Fontes de resistência à mudança.

Fontes individuais
Hábitos: Para lidar com as complexidades da vida, usamos hábitos ou respostas programadas. Entretanto, diante de uma mudança, essa tendência a reagir de maneira habitual se torna uma fonte de resistência.
Segurança: As pessoas com grande necessidade de segurança provavelmente resistirão à mudança por acreditarem que são uma ameaça.
Fatores econômicos: Mudanças nas tarefas ou nas rotinas de trabalho estabelecidas podem suscitar temores econômicos se as pessoas acharem que não serão capazes de executar as novas tarefas ou rotinas de acordo com seus padrões anteriores, especialmente quando a remuneração for diretamente vinculada à produtividade.
Medo do desconhecido: A mudança substitui o que as pessoas já conhecem por insegurança e incerteza.
Processamento seletivo de informações: As pessoas processam seletivamente as informações para manter suas percepções intactas. Elas ouvem o que querem ouvir e ignoram informações que possam questionar o mundo que criaram.
Fontes organizacionais
Inércia estrutural: Para produzir estabilidade, as organizações possuem mecanismos internos, como seus processos de seleção e regras formais. Quando uma organização se vê diante de mudanças, essa inércia estrutural atua como um contrapeso para sustentar a estabilidade.
Foco limitado da mudança: As organizações são compostas de vários subsistemas interdependentes. É impossível mudar um deles sem afetar os demais. Portanto, mudanças restritas a subsistemas tendem a ser neutralizadas pelo sistema como um todo.
Inércia do grupo: Mesmo se as pessoas estiverem dispostas a mudar seu comportamento individual, as normas do grupo podem atuar como uma restrição.
Ameaça à especialização (expertise): Mudanças nos padrões organizacionais podem ameaçar a exclusividade da detenção do conhecimento de alguns grupos especializados.
Ameaça às relações de poder estabelecidas: Qualquer redistribuição da autoridade no processo decisório pode ameaçar as relações de poder já consolidadas na organização.

rentes grupos (acionistas, empregados, comunidade, clientes), e não somente os dos acionistas.[23] Outro estudo sobre uma organização em mudança nas Filipinas descobriu que sessões formais de comunicação reduziram a ansiedade dos empregados em relação à mudança e que disponibilizar informações de qualidade aumentou o comprometimento com a mudança.[24]

Participação   É difícil resistir a uma decisão de mudança da qual participamos. Partindo do pressuposto de que as pessoas atingidas pela mudança têm a competência necessária para fazer uma contribuição expressiva, seu envolvimento na decisão pode reduzir a resistência, aumentar o comprometimento e melhorar a qualidade da decisão de mudança.[25] No entanto, essas vantagens podem vir acompanhadas de potenciais desvantagens: a solução pode não ser eficaz e pode levar muito tempo para ser tomada.

Construção de apoio e comprometimento   Quando gestores ou empregados não estão emocionalmente comprometidos com a mudança, eles resistem a ela e favorecem o *status quo*.[26] Os empregados também são mais propensos a aceitar as mudanças quando estão comprometidos com a organização como um todo.[27] Motivar os empregados e enfatizar seu compromisso com a organização como um todo pode ajudá-los a se comprometer emocionalmente com a mudança, diminuindo sua preferência pelo *status quo*. Quando os empregados demonstram muito medo e ansiedade, sessões de orientação e terapia, treinamento de novas habilidades ou uma breve licença remunerada podem facilitar o ajuste à mudança.

Desenvolvimento de relacionamentos positivos   As pessoas são mais propensas a aceitar as mudanças se confiarem nos gestores encarregados de implementá-las e se as considerarem legítimas.[28] Um estudo fez um levantamento com 235 empregados de uma grande empresa de construção civil na Holanda que passava por uma fusão. Os empregados que tinham um relacionamento mais positivo com seu gestor e que achavam que o ambiente de trabalho era propício ao seu desenvolvimento foram muito mais positivos em relação ao processo de mudança.[29] Ressaltando a importância do contexto social, outro estudo mostrou que até pessoas normalmente resistentes à mudança são mais abertas a aceitarem ideias novas e diferentes (podendo até sentir menos estresse) se acharem que podem contar com o apoio dos

O Departamento de Recursos Naturais de Ohio usou a participação como uma tática eficaz para superar a resistência à mudança. Diante da difícil tarefa de otimizar o uso do tempo e dos recursos, o departamento, que enfrentava dificuldades financeiras, envolveu os empregados em um processo de melhoria contínua para encontrar maneiras de trabalhar com mais eficiência.

Fonte: Kilchiro Sato/AP Images

colegas e se acreditarem que o ambiente lhes dá segurança para assumir riscos.[30] Outra série de estudos descobriu que pessoas que geralmente resistiam à mudança eram mais positivas em relação a ela quando confiavam no agente de mudança.[31] Esses estudos sugerem que, se os gestores desenvolverem relacionamentos positivos com os empregados, até as pessoas que normalmente não gostam de mudanças podem superar sua resistência.

Implementação das mudanças de forma justa As organizações podem reduzir o impacto negativo ao garantir que a mudança seja implementada de forma justa. Como vimos no Capítulo 7, a imparcialidade do processo de mudança é especialmente importante quando os empregados percebem um resultado como negativo. Desse modo, é importantíssimo que os empregados entendam as razões para a mudança, sejam informados de seu progresso e considerem que sua implementação é sistemática e justa.[32] No entanto, um estudo de 26 projetos de mudança planejada em grande escala na Holanda revelou que as pessoas que são submetidas às mudanças nem sempre focam apenas os próprios interesses: elas também consideram o impacto da mudança sobre seus colegas, sobre a organização e outros grupos de interesse.[33] Alguma resistência pode ser inevitável, especialmente se a mudança afetar a liberdade dos empregados; entretanto, as percepções de justiça podem ajudar a reduzir essa resistência.[34]

Manipulação e cooptação A *manipulação* se refere às tentativas veladas de exercer influência.[35] Distorcer os fatos para torná-los mais atraentes, reter informações e espalhar falsos rumores para que os empregados aceitem a mudança são exemplos de manipulação. Se a administração ameaçar fechar uma fábrica caso os empregados resistam a um corte salarial e se a ameaça for infundada, a administração está usando de manipulação. A *cooptação*, por outro lado, combina manipulação e participação.[36] Essa abordagem busca "subornar" os líderes dos grupos de resistência, oferecendo-lhes a chance de participar do processo decisório e pedindo opiniões e sugestões não para chegar a uma solução melhor, mas para garantir seu apoio. Tanto a manipulação quanto a cooptação são formas relativamente baratas de obter o apoio dos adversários, mas podem ter o efeito contrário se eles perceberem que estão sendo ludibriados ou usados. Se isso acontecer, o agente de mudança pode perder toda a credibilidade.

Seleção de pessoas abertas a mudanças Pesquisas sugerem que a capacidade de aceitar e se adaptar facilmente a mudanças está relacionada à personalidade. Em outras palavras, algumas pessoas são simplesmente mais receptivas a mudanças.[37] Os melhores candidatos são pessoas emocionalmente estáveis, que possuem altos graus de autoavaliação básica, que têm disposição para correr riscos e que apresentam comportamentos flexíveis.[38] Isso parece se aplicar a todos os países do mundo. Um estudo com gestores nos Estados Unidos, Europa e Ásia descobriu que as pessoas que apresentavam autoconceito positivo e alta tolerância ao risco lidaram melhor com mudanças organizacionais.[39] Indivíduos com habilidade mental geral mais elevada também são mais capazes de aprender e de se adaptar às mudanças no ambiente de trabalho.[40] Em suma, as evidências sugerem que as organizações podem facilitar a mudança selecionando pessoas predispostas a aceitá-las.

Além de selecionar pessoas abertas a aceitar mudanças, também é possível selecionar equipes mais adaptáveis. Em geral, as equipes motivadas a aprender e dominar as tarefas, que possuem um alto grau de habilidade cognitiva e têm valores coletivistas, são mais capazes de se adaptar às mudanças no ambiente.⁴¹ Desse modo, pode ser necessário considerar não somente a motivação individual, mas também a motivação do grupo ao tentar implementar mudanças. Uma revisão meta-analítica de centenas de equipes sugere que as equipes cujos membros possuem alto grau de habilidades cognitivas e são motivados a exercer suas tarefas com excelência tendem a ser as mais adaptáveis.⁴²

Coerção A última tática é a *coerção* ou, em outras palavras, o uso de ameaças diretas ou de força sobre os resistentes.⁴³ Se a gestão estiver determinada a fechar uma fábrica cujos empregados não concordam com um corte salarial, a empresa está usando de coerção. Outros exemplos são ameaças de transferência, perda de promoções, avaliações negativas de desempenho e cartas de recomendação desabonadoras. A coerção é mais eficaz quando alguma força ou pressão é exercida sobre pelo menos alguns resistentes. Por exemplo, se um empregado for preterido de forma explícita a uma promoção, a ameaça de perda de promoções passará a ser uma possibilidade concreta para os outros empregados. As vantagens e desvantagens da coerção são semelhantes às citadas no caso da manipulação e da cooptação.

As políticas da mudança

Nenhuma discussão sobre resistência estaria completa sem uma breve menção às políticas da mudança.⁴⁴ Como uma mudança invariavelmente ameaça o *status quo*, ela implica atividades políticas.

Atividades políticas sugerem que o ímpeto para a mudança tem mais chances de se originar de agentes de mudança externos, novos empregados (menos comprometidos com o *status quo*) ou gestores um pouco distantes da estrutura central de poder. Por sua vez, gestores que passaram muito tempo na organização e que atingiram uma posição de poder na hierarquia costumam ser grandes obstáculos à mudança. Para eles, a mudança pode representar uma ameaça concreta a seu status e posição. No entanto, é possível que eles implementem mudanças a fim de demonstrar que não são meros guardiões do *status quo*. Ao agir como agentes de mudança, eles podem mostrar aos acionistas, fornecedores, empregados e clientes que estão lidando com os problemas e se adaptando a um ambiente dinâmico. Naturalmente, como você pode imaginar, quando são forçados a fazê-las, esses detentores de poder de longa data tendem a implementar mudanças incrementais. Uma mudança radical costuma ser considerada uma grande ameaça. Isso explica por que os conselhos de administração que reconhecem a necessidade de mudanças rápidas e radicais costumam recorrer a candidatos externos para compor uma nova liderança na organização.⁴⁵

18.3 Comparar as quatro principais abordagens para gerenciar mudanças organizacionais.

Abordagens para gerenciar mudanças organizacionais

Vamos examinar algumas abordagens para gerenciar a mudança: o modelo clássico de três etapas de Lewin, o plano de oito passos de Kotter, a pesquisa-ação e o desenvolvimento organizacional.

Modelo de Lewin das três etapas do processo de mudança

Kurt Lewin argumentou que, para realizar mudanças nas organizações, é preciso seguir três etapas: *descongelamento* do *status quo*, *movimento* na direção de uma nova condição desejada e *recongelamento* da mudança para torná-la permanente[46] (veja a Figura 18.1).

O *status quo* é, por definição, um estado de equilíbrio. Para sair do equilíbrio — ou seja, para superar as pressões da resistência individual e da conformidade do grupo —, o descongelamento deve ocorrer de três maneiras (veja a Figura 18.2). Por um lado, as forças propulsoras, que direcionam o comportamento no sentido contrário ao do *status quo*, podem ser intensificadas. Por outro lado, as forças restritivas, que impedem o afastamento do equilíbrio, podem ser reduzidas. Uma terceira alternativa é combinar as duas primeiras abordagens. As empresas que tiveram sucesso no passado provavelmente enfrentarão forças restritivas porque as pessoas tenderão a questionar a necessidade da mudança.[47]

Uma vez iniciado o estágio de movimento, é importante manter o ímpeto. As organizações que se preparam demais para a mudança se saem pior do que as que passam rapidamente pela etapa do movimento. Uma vez implementada a mudança, a nova situação deve ser recongelada para poder se sustentar a longo prazo. Se esta última etapa for pulada, a mudança provavelmente será de curta duração e os empregados tentarão voltar ao estado de equilíbrio anterior. Desse modo, o objetivo do recongelamento é estabilizar a nova situação ao equilibrar as forças propulsoras e as restritivas.

forças propulsoras
Forças que direcionam o comportamento no sentido contrário ao do *status quo*.

forças restritivas
Forças que impedem o afastamento do equilíbrio já existente.

Plano de oito passos de Kotter

John Kotter, da Faculdade de Administração de Harvard, baseou-se no modelo de três etapas de Lewin para criar uma abordagem mais detalhada de implementação da mudança.[48] Kotter começou listando os erros mais comuns cometidos pelos gestores ao tentar iniciar um processo de mudança. Eles podem: não conseguir criar um senso de urgência para a necessidade da mudança, deixar de criar uma coalizão para gerenciar o processo de mudança, não desenvolver uma visão que direcione a mudança e não comunicar com eficácia a mudança e/ou deixar de ancorar as mudanças na

FIGURA 18.1 Modelo de mudança em três etapas de Lewin.

Descongelamento → Movimento → Recongelamento

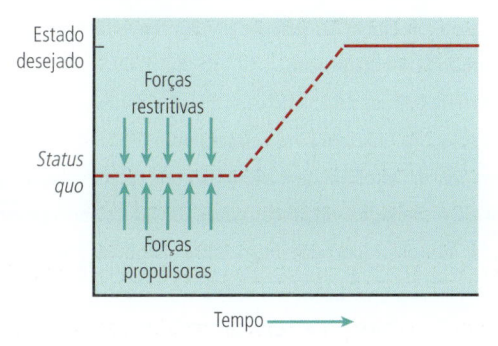

FIGURA 18.2 Descongelamento do *status quo*.

cultura da organização. Eles também podem não conseguir remover obstáculos que impeçam a concretização da visão e/ou deixar de estabelecer metas de curto prazo que sejam viáveis. Por fim, eles podem declarar a vitória cedo demais.

Em vista disso, Kotter estabeleceu oito passos sequenciais para combater esses problemas, listados na Tabela 18.3.

Note como os quatro primeiros passos de Kotter são basicamente uma extensão da etapa do descongelamento de Lewin. Os passos 5, 6 e 7 representam o movimento e o último passo constitui o recongelamento. Desse modo, Kotter disponibilizou aos gestores e agentes de mudança orientações mais detalhadas para que as mudanças fossem implementadas.

Pesquisa-ação

A pesquisa-ação é um processo de mudança baseado na coleta sistemática de dados, seguida da seleção de uma ação de mudança baseada no que os dados analisados sugerem.[49] Seu valor está em fornecer uma metodologia científica para gerenciar a mudança planejada. A pesquisa-ação consiste em cinco etapas (note como elas se assemelham ao método científico): diagnóstico, análise, *feedback*, ação e avaliação.

O agente de mudança, geralmente um consultor externo especializado em pesquisa-ação, começa coletando informações sobre os problemas, preocupações e sobre mudanças que os membros da organização consideram necessárias. Esse *diagnóstico* é semelhante àquele que um médico faz para descobrir especificamente o que aflige um paciente. Na pesquisa-ação, o agente de mudança faz perguntas, examina registros e entrevista empregados, ouvindo ativamente suas preocupações.

O diagnóstico é seguido da *análise*. Em quais problemas as pessoas se concentram? Quais padrões esses problemas parecem ter? O agente de mudança sintetiza essas informações em questões básicas, áreas problemáticas e possíveis ações.

A pesquisa-ação requer que as pessoas que participarão de um programa de mudança ajudem a identificar o problema e a determinar sua solução. Desse modo, a terceira etapa — o *feedback* — requer informar os empregados sobre as constatações do primeiro e do segundo passos. Com base nessas informações, os empregados, com a ajuda do agente de mudança, elaboram planos de ação para realizar as mudanças necessárias.

pesquisa-ação
Processo de mudança baseado na coleta sistemática de dados, seguida da seleção de uma ação de mudança com base no que os dados analisados sugerem.

TABELA 18.3 Plano de oito passos de Kotter para a implementação da mudança.

1. Estabelecer um senso de urgência ao criar uma razão convincente para a necessidade da mudança.
2. Formar uma coalizão com poder suficiente para liderar a mudança.
3. Criar uma nova visão para direcionar a mudança e elaborar estratégias para concretizar essa visão.
4. Comunicar a visão para toda a organização.
5. Empoderar as pessoas para agirem de acordo com a visão, removendo barreiras à mudança e incentivando os riscos e as soluções criativas para os problemas.
6. Criar, planejar e recompensar "vitórias" de curto prazo que direcionem a organização à nova visão.
7. Consolidar as melhorias, reavaliar as mudanças e fazer os ajustes necessários nos novos programas.
8. Reforçar as mudanças, demonstrando a relação entre os novos comportamentos e o sucesso da organização.

Fonte: baseado em J. Kotter, *Leading Change* (Boston, MA: Harvard Business School, 1996).

Neste ponto, inicia-se a etapa da *ação*. Os empregados e o agente de mudança executam as ações específicas que identificaram para corrigir o problema.

A etapa final, alinhada com o formato científico da pesquisa-ação, é a *avaliação* da eficácia do plano de ação, usando como referência os dados iniciais coletados.

A pesquisa-ação proporciona pelo menos dois benefícios específicos. Para começar, a abordagem é centrada nos problemas. O agente de mudança procura os problemas objetivamente e o tipo de problema identificado determina o tipo de ação de mudança. Esse processo parece fazer muito sentido, mas, infelizmente, na prática, as atividades de mudança podem se tornar centradas na solução e, em consequência, erroneamente predeterminadas. O agente de mudança tem uma solução preferida — como implementar um programa de horário flexível, trabalho em equipe ou um programa de reengenharia de processos — e sai em busca de problemas que justifiquem a adoção dessa solução.

Um segundo benefício da pesquisa-ação é a redução da resistência. Como a pesquisa-ação envolve intensamente os empregados no processo, a abordagem reduz a resistência à mudança. Uma vez que os empregados participam ativamente da etapa de *feedback*, o processo de mudança normalmente se mantém por conta própria.

Desenvolvimento organizacional

O desenvolvimento organizacional engloba uma série de intervenções de mudanças planejadas que buscam melhorar a eficácia organizacional e aumentar o bem-estar dos empregados.[50] Os métodos de desenvolvimento organizacional valorizam o crescimento humano e organizacional, processos colaborativos e participativos e um espírito investigativo.[51] Os métodos contemporâneos de desenvolvimento organizacional adotam muitos conceitos da filosofia pós-moderna ao dar grande ênfase nas maneiras subjetivas pelas quais as pessoas veem e interpretam seu ambiente de trabalho. O agente de mudança pode orientar o desenvolvimento organizacional, mas a abordagem requer grande ênfase na colaboração.

Vamos analisar seis técnicas ou intervenções de desenvolvimento organizacional para provocar mudanças.

Treinamento de sensibilidade Diversos nomes — como treinamento de sensibilidade, treinamento em laboratório, grupos de encontro ou grupos de treinamento (T-*groups*) — referem-se a um antigo método de mudança de comportamento por meio de interações não estruturadas em grupo.[52] Intervenções organizacionais contemporâneas, como treinamento em diversidade, coaching de executivos e exercícios de desenvolvimento de equipes, evoluíram com base nessa técnica preliminar de desenvolvimento organizacional.

No treinamento clássico de sensibilidade, os participantes eram reunidos em um ambiente livre e aberto para falar mais sobre si mesmos e sobre seus processos interativos. Um psicólogo atuava como um facilitador (sem, no entanto, assumir um papel de liderança), criando oportunidades para que as pessoas expressassem ideias, crenças e atitudes. O grupo era orientado ao processo, o que significa que os participantes aprendiam por meio da observação e da participação, não por meio de instruções recebidas. É preciso tomar cuidado, em todas as formas de desenvolvimento organizacional, para que os grupos não estruturados não acabem sendo intimidadores, caóticos e prejudiciais às relações de trabalho.

---

desenvolvimento organizacional
Conjunto de intervenções de mudanças planejadas, baseadas em valores humanísticos e democráticos, que buscam melhorar a eficácia organizacional e o bem-estar dos empregados.

treinamento de sensibilidade
Treinamento que busca mudar comportamentos por meio da interação em grupo, de forma não estruturada.

---

feedback de pesquisa
Uso de questionários para identificar discrepâncias entre as percepções dos membros da organização, seguido de discussões e sugestões de soluções para os problemas.

Feedback de pesquisa Uma ferramenta para avaliar as atitudes dos membros da organização, identificar discrepâncias entre suas percepções e resolver as diferenças é a abordagem do *feedback* de pesquisa.[53]

Todas as pessoas de uma organização podem participar do feedback de pesquisa, mas o mais importante é a participação da "família" organizacional, ou seja, o gestor de determinada unidade e os empregados que se reportam diretamente a ele. Em geral, todos preenchem um questionário sobre suas percepções e atitudes em relação a uma variedade de tópicos, incluindo práticas de tomada de decisão; eficácia da comunicação; coordenação entre unidades; e satisfação com a organização, com o trabalho, com os colegas e com o superior imediato.

Os dados coletados nos questionários referentes à organização como um todo e à "família" organizacional específica de cada pessoa são tabulados e posteriormente distribuídos aos empregados. Esses dados são usados como ponto de partida para identificar problemas e para esclarecer questões que podem estar causando dificuldades para as pessoas. Especial atenção é dada a incentivar o diálogo e garantir que as discussões se concentrem em problemas e ideias, não em ataques pessoais. Por exemplo, as pessoas estão ouvindo? Novas ideias estão sendo geradas? O processo decisório, as relações interpessoais ou as atribuições de tarefa podem ser melhorados? As respostas devem levar o grupo a se comprometer com várias soluções para os problemas.

A abordagem do *feedback* de pesquisa pode ajudar a manter os tomadores de decisão informados sobre as atitudes dos empregados em relação à organização. No entanto, as pessoas são influenciadas por muitos fatores quando respondem a questionários, o que pode reduzir a confiabilidade de alguns resultados. Desse modo, os gestores que se decidirem por usar a abordagem do *feedback* de pesquisa devem monitorar os acontecimentos e as taxas de resposta dos empregados da organização.

---

consultoria de processo
Técnica por meio da qual um consultor ajuda seu cliente a compreender e a lidar com eventos de processos e a identificar os processos que precisam de aperfeiçoamento.

Consultoria de processo Os gestores, muitas vezes, sentem que o desempenho de sua unidade pode ser melhorado, mas não conseguem identificar o que melhorar e nem como. O objetivo da consultoria de processo é recorrer a um consultor externo para ajudar um cliente (normalmente um gestor) por meio do desenvolvimento de "um relacionamento através de um esforço contínuo para 'decifrar juntos o que está acontecendo'... e tomar decisões conjuntas sobre como proceder".[54] Os eventos podem incluir fluxo de trabalho, relações informais entre os membros da unidade e os canais formais de comunicação.

A consultoria de processo é semelhante ao treinamento de sensibilidade por presumir que é possível melhorar a eficácia da organização ao resolver problemas interpessoais e ao enfatizar o engajamento. No entanto, a consultoria de processo é mais orientada às tarefas e os consultores não resolvem os problemas da organização, mas instruem ou orientam o cliente para que resolva os próprios problemas depois de diagnosticarem juntos o que precisa ser melhorado. O cliente desenvolve a capacidade de analisar processos de sua unidade e pode continuar aplicando essa habilidade sem a ajuda do consultor. Como o cliente participa ativamente tanto do diagnóstico quanto do desenvolvimento de alternativas, ele obtém uma maior compreensão do processo e das soluções e torna-se menos resistente ao plano de ação escolhido.

---

team building
Atividades coletivas de alta interatividade para aumentar a abertura e a confiança entre os membros da equipe.

Team building Como vimos ao longo deste texto, cada vez mais organizações usam equipes para executar as tarefas. *Team building* (ou desenvolvimento de equipes) usa atividades coletivas de alta interatividade para aumentar a abertura e a confiança entre os membros, para melhorar os esforços de coordenação e para aumentar o desempenho da equipe.⁵⁵ Essa abordagem se volta ao nível intragrupo, ou seja, dentro das "famílias" organizacionais (grupos de comando), bem como comitês, equipes de projeto, equipes autogerenciadas e grupos de tarefas.

Team building normalmente inclui o estabelecimento de objetivos, o desenvolvimento de relações interpessoais entre os membros, a análise de funções para esclarecer o papel e as responsabilidades de cada membro, além da análise de processos da equipe. A abordagem pode enfatizar ou excluir determinadas atividades, dependendo do esforço de desenvolvimento e dos problemas específicos que a equipe está enfrentando. No entanto, são usadas, basicamente, atividades de alta interatividade entre os membros para aumentar a abertura e a confiança. Nos dias de hoje, com as organizações dependendo cada vez mais das equipes, *team building* é um assunto importante.

Desenvolvimento intergrupos   No desenvolvimento organizacional, uma das principais áreas de atenção é o conflito disfuncional que pode ocorrer entre os grupos. O desenvolvimento intergrupos busca mudar as atitudes, estereótipos e percepções que os grupos têm uns com relação aos outros.⁵⁶ Nessa abordagem, as sessões de treinamento lembram muito o treinamento em diversidade, exceto pelo fato de que, em vez de enfocar as diferenças demográficas, eles se concentram nas diferenças entre profissões, departamentos ou divisões de uma organização.

Por exemplo, os engenheiros em uma empresa podem ver o departamento de contabilidade como um lugar onde se concentram os tímidos e conservadores, e o departamento de recursos humanos como um "bando de ultraliberais, mais preocupados em não ferir os sentimentos de um grupo protegido de empregados do que com a lucratividade da empresa". Esse tipo de estereótipo pode afetar negativamente a coordenação do trabalho entre os departamentos.

Dentre as várias abordagens para melhorar as relações intergrupais, um dos métodos mais populares enfatiza a resolução de problemas.⁵⁷ Cada grupo se reúne de forma independente para listar as percepções que tem de si mesmo e do outro grupo e como acredita que é visto pelo outro grupo. Em seguida, os grupos comparam as

desenvolvimento intergrupos
Esforços de desenvolvimento organizacional para promover mudanças em atitudes, estereótipos e percepções que os grupos têm uns dos outros.

Fonte: PJF Military Collection/Alamy Stock Photo

Uma equipe de fuzileiros navais norte-americanos da Companhia C, do 6º Batalhão de Suporte de Engenheiros, participa de uma atividade de *team building* com comandos britânicos do 131º Esquadrão de Comando de Engenheiros Reais durante a simulação de uma invasão a um complexo urbano na região do Fort Indiantown Gap, nos Estados Unidos. Exercícios de treinamento como esses dão aos fuzileiros navais e aos comandos uma oportunidade de compartilhar táticas e de desenvolver relações de trabalho.

listas, discutem as semelhanças e diferenças e identificam as causas das disparidades. Os objetivos dos grupos estão em desacordo? As percepções são distorcidas? Qual é a base dos estereótipos? Um mal-entendido em relação às intenções do outro grupo causou diferenças? Conceitos e termos têm definições diferentes para cada grupo? As respostas a perguntas como essas esclarecem a natureza exata do conflito.

Uma vez identificadas as causas das discrepâncias, os grupos passam para a fase da integração, desenvolvendo soluções para melhorar as relações entre eles. Subgrupos compostos de membros de cada um dos grupos em conflito podem conduzir mais diagnósticos e formular soluções alternativas.

Investigação apreciativa A maioria das abordagens de desenvolvimento organizacional é centrada no problema. Elas identificam um problema ou conjunto de problemas e, em seguida, buscam uma solução. Já a investigação apreciativa enfatiza os pontos positivos. Em vez de procurar problemas que precisam ser corrigidos, essa abordagem busca identificar as qualidades únicas e as forças especiais de uma organização, nas quais seus membros podem se concentrar para melhorar o desempenho.[58] Em outras palavras, a investigação apreciativa se concentra nos sucessos da organização e não em suas dificuldades.

> **investigação apreciativa**
> Abordagem que busca identificar as qualidades únicas e as forças especiais de uma organização, nas quais seus membros podem se concentrar para melhorar o desempenho.

O processo da investigação apreciativa consiste em quatro passos — descoberta, sonho, desenho e destino —, geralmente conduzidos em um encontro geral de dois ou três dias de duração e supervisionados por um agente de mudança treinado. O objetivo da *descoberta* é identificar o que as pessoas acreditam ser os pontos fortes da organização. Os empregados devem citar as ocasiões em que a empresa teve o melhor desempenho ou nas quais eles sentiram maior satisfação no trabalho. Na etapa do *sonho*, os empregados utilizam as informações da etapa anterior para especular sobre futuros possíveis, dizendo como imaginam a empresa em cinco anos. Na fase do *desenho*, os participantes buscam uma visão compartilhada para a organização e chegam a um acordo sobre suas qualidades específicas. No quarto passo, os participantes procuram definir o *destino* da organização, ou como transformar o sonho em realidade. Normalmente, elaboram planos de ação e desenvolvem estratégias de implementação.

A investigação apreciativa provou ser uma boa estratégia de mudança para organizações como a GTE, a Roadway Express, a American Express e a Marinha dos Estados Unidos.[59] A American Express utilizou essa abordagem para revitalizar sua cultura durante a crise econômica. Nos workshops, os empregados falaram sobre seu orgulho de trabalhar na empresa e foram incentivados a criar uma visão de mudança, descrevendo como a American Express poderia ser melhor no futuro. A iniciativa levou a algumas melhorias bastante concretas. A alta administração pôde usar as informações dos empregados para incrementar seus métodos de projeções financeiras, aumentar a eficácia de seus investimentos em tecnologia da informação (TI) e criar novas ferramentas de gestão de desempenho para os gestores. O resultado final foi uma cultura renovada, centrada em posturas e comportamentos vencedores.[60]

18.4 Demonstrar três maneiras de criar uma cultura de mudança.

Criando uma cultura de mudança

Vimos como as organizações podem se *adaptar* às mudanças. No entanto, hoje em dia, alguns estudiosos do comportamento organizacional estão se voltando a uma abordagem mais proativa com relação à mudança: Como as organizações podem *aceitar* as mudanças transformando sua cultura? Nesta seção, discutiremos três dessas abordagens: o paradoxo da gestão, o estímulo à cultura de inovação e a criação de uma organização que aprende. Também abordaremos a questão da mudança organizacional e do estresse.

Gerenciando o paradoxo

Em uma situação *paradoxal*, somos obrigados a equilibrar as tensões resultantes de várias linhas de ação possíveis. Administramos um processo constante de encontrar um ponto de equilíbrio, um equilíbrio dinâmico, entre prioridades que vão mudando com o tempo.[61] É como andar de bicicleta: você precisa continuar avançando para não cair. Desse ponto de vista, podemos dizer que não existe uma disciplina separada de "gestão de mudanças" porque todos os gestores devem lidar com mudanças e adaptações constantes.

A ideia de paradoxo pode soar abstrata, mas um número crescente de pesquisas vem propondo conceitos mais específicos.[62] Diversos paradoxos foram identificados. *Aprender* é um paradoxo porque requer, ao mesmo tempo, usar e rejeitar o que foi aprendido no passado. *Organizar* é um paradoxo porque requer definir um direcionamento e liderar ao mesmo tempo que empodera e dá mais flexibilidade às pessoas. *Desempenhar* é um paradoxo entre a definição de objetivos para a organização como um todo para concentrar os esforços e o reconhecimento dos diversos objetivos das partes interessadas dentro e fora da organização. Por fim, *pertencer* é um paradoxo entre estabelecer um senso de identidade coletiva e reconhecer nosso desejo de ser reconhecido e aceito como indivíduos únicos.

Os gestores podem aprender algumas lições com a teoria do paradoxo,[63] que afirma que o maior paradoxo da gestão é a inexistência de um status ideal definitivo para uma organização.[64] A primeira lição é que, à medida que o ambiente e os membros da organização mudam, diferentes elementos passam a assumir uma importância maior ou menor. Por exemplo, em algumas situações, uma empresa precisa reconhecer um sucesso conquistado no passado e aprender como isso foi feito, enquanto, em outras situações, olhar para o passado só dificulta o progresso. Os pesquisadores encontraram algumas evidências de que os gestores que pensam holisticamente e reconhecem a importância de equilibrar fatores paradoxais são mais eficazes, especialmente na tarefa de estimular comportamentos adaptativos e criativos nos subordinados.[65]

> **teoria do paradoxo**
> Teoria segundo a qual o maior paradoxo da gestão é a inexistência de um status final ótimo para uma organização.

Estimulando uma cultura de inovação

Como uma organização pode se tornar mais inovadora? Um excelente modelo é a WL Gore & Associates, a empresa de US$ 2,9 bilhões anuais mais conhecida por ser a fabricante do Gore-Tex, um tecido impermeável que permite a evaporação do suor.[66] A Gore conseguiu criar uma reputação como uma das empresas mais inovadoras dos Estados Unidos ao desenvolver uma série diversificada de produtos, incluindo cordas de violão, filtros de aspirador de pó, selantes industriais e componentes de células de combustível.

Qual é o segredo do sucesso da Gore? O que as outras empresas podem fazer para seguir o mesmo caminho de inovação? Ela foi uma das primeiras empresas a adotar uma estrutura organizacional horizontalizada, unificada e em rede (hoje denominada estrutura de alocação aberta),[67] gerenciada por empregados (que eles chamam de associados) trabalhando em grupos de projetos autogeridos.[68] A Gore também aloca 10% do dia de trabalho de cada empregado a tarefas criativas e geração de ideias.[69]

Com base em seu lema "Pense diferente", a Apple criou uma cultura de inovação na qual os empregados compartilham sua paixão por criar produtos fáceis de usar, como o Apple Watch, mostrado na foto por um cliente em uma loja da Apple em Toronto, Canadá. A cultura da Apple promove o intercâmbio de ideias, a colaboração, a experimentação e a aceitação dos riscos.

Fonte: Ryan Emberley/Invision/AP Images

Embora não exista uma fórmula garantida, algumas características costumam ser encontradas repetidamente quando os pesquisadores estudam organizações inovadoras. Agrupamos essas características nas categorias estrutural, cultural e de recursos humanos. Os agentes de mudança devem introduzir essas características em suas organizações para criar uma cultura e um clima de inovação e criatividade. Antes de analisar essas características, vamos esclarecer o que entendemos por inovação.

Definição de inovação   Dissemos que a mudança se refere a fazer as coisas de maneira diferente. A inovação é um tipo mais especializado de mudança: é uma ideia nova aplicada para criar ou melhorar um produto, processo ou serviço.[70] Assim, toda inovação envolve mudança, mas nem toda mudança envolve ideias novas ou conduz a melhorias significativas. As inovações podem variar de melhorias incrementais, como os tablets, até avanços revolucionários, como o Leaf, carro elétrico da Nissan.

inovação
Uma nova ideia aplicada para iniciar ou aprimorar um produto, processo ou serviço.

Fontes de inovação   As *variáveis estruturais* são uma fonte potencial de inovação.[71] Uma ampla revisão de estudos sobre a relação entre estrutura e inovação levou às conclusões a seguir.

1. **As estruturas orgânicas influenciam positivamente a inovação.** Como essas estruturas apresentam menor diferenciação vertical, formalização e centralização, as organizações orgânicas propiciam a flexibilidade, a adaptação e o intercâmbio de ideias, que facilitam a adoção de inovações.[72]
2. **Recompensas à inovação influenciam positivamente a inovação.** Quando a criatividade é recompensada, as empresas tendem a se tornar mais inovadoras, especialmente quando os empregados recebem feedback sobre seu desempenho, além de autonomia para fazer seu trabalho.[73]
3. **A inovação é estimulada quando há abundância de recursos.** A abundância de recursos, incluindo uma distribuição igualitária da riqueza, permite que a organização adquira ou desenvolva inovações, arque com os custos de instituí-las e absorva os fracassos.[74]

4. **A comunicação entre as unidades é alta em organizações inovadoras.** Essas organizações fazem amplo uso de comitês, forças-tarefa, equipes multifuncionais e outros mecanismos que facilitam a interação cruzando as fronteiras departamentais.[75]

Contexto e inovação As organizações inovadoras tendem a ter *culturas* semelhantes. Elas estimulam a experimentação, recompensam tanto o sucesso quanto o fracasso e celebram os erros.[76] Infelizmente, em muitas organizações, as pessoas são recompensadas mais pela ausência de fracassos do que pelo atingimento de sucessos. Tais culturas eliminam os riscos, mas também a inovação.[77] Já as organizações inovadoras tendem a ter uma visão e metas compartilhadas. Em outras palavras, elas têm um senso de propósito compartilhado.[78] As organizações inovadoras também tendem a ser coesas, a ter empregados que ajudam uns aos outros e a incentivar a inovação.[79]

No que diz respeito aos *recursos humanos*, as organizações inovadoras promovem ativamente o treinamento e o desenvolvimento de seu pessoal para que eles se mantenham atualizados, oferecem segurança no emprego para que os empregados não tenham medo de serem demitidos por cometer erros e incentivam as pessoas a se tornarem defensores da mudança.[80] Essas práticas também devem ser aplicadas aos grupos de trabalho. Um estudo com 1.059 pessoas atuando em mais de 200 equipes diferentes em uma empresa chinesa de alta tecnologia descobriu que sistemas de trabalho que enfatizam o comprometimento da organização com os empregados aumentam a criatividade das equipes.[81] Esses efeitos foram ainda maiores em equipes que apresentavam coesão entre os colegas.

Campeões de ideias e inovação Uma vez que uma nova ideia é desenvolvida, os campeões de ideias a promovem de forma ativa e com entusiasmo, conseguem apoio, vencem as resistências e asseguram que a ideia seja implementada.[82] Essas pessoas normalmente apresentam traços de personalidade em comum:[83] extrema autoconfiança, persistência, energia e uma tendência a correr riscos. De forma geral, os campeões de ideias também apresentam características associadas à liderança transformacional. Eles inspiram e energizam os outros por meio de sua visão do potencial de uma inovação e pela forte convicção que têm sobre sua missão. As situações também podem afetar a extensão na qual os campeões de ideias conseguem promover a mudança. Por exemplo, os empreendedores são mais entusiasmados com a mudança quando seus papéis no trabalho e o ambiente social os estimulam a expressar suas identidades criativas. Por outro lado, papéis que forçam os indivíduos criativos a realizar tarefas rotineiras de gestão e administração reduzem o entusiasmo pela mudança e dificultam sua implementação.[84] Os campeões de ideias são bons em conquistar a adesão das pessoas e seu trabalho deve lhes proporcionar uma autonomia considerável. Essa autonomia ajuda a lançar e implementar inovações[85] quando o contexto é favorável.

Será que o comportamento dos campeões de ideias varia de acordo com a cultura? Pesquisas indicam que sim.[86] Em geral, as pessoas de culturas coletivistas preferem o "apelo" dos campeões de ideias ao apoio multifuncional aos esforços de inovação; já as pessoas de culturas que apresentam alto grau de distância de poder preferem que os campeões de ideias trabalhem em estreito contato com pessoas em posição de autoridade para aprovar atividades inovadoras antes de começar o trabalho; e, quanto maior for o evitamento da incerteza de uma sociedade, mais os defensores devem

campeões de ideias
Indivíduos que adotam uma inovação e promovem uma ideia de forma ativa e com entusiasmo, conseguem apoio, superam as resistências e asseguram que a ideia seja implementada.

seguir as regras e procedimentos da organização para promover a inovação. Essas descobertas sugerem que os melhores gestores adaptam as estratégias de inovação de sua organização a fim de que elas reflitam os valores culturais. Por exemplo, embora os campeões de ideias da Rússia possam ter sucesso ignorando as limitações orçamentárias e contornando procedimentos restritivos, os campeões de ideias da Áustria, Dinamarca, Alemanha ou outras culturas com alto grau de evitamento da incerteza serão mais eficazes atuando em conformidade com os orçamentos e procedimentos.

Sergio Marchionne, CEO da Fiat-Chrysler, atuou como um campeão de ideias com o objetivo de atualizar o pipeline de produtos da empresa. Para promover a mudança, ele desmantelou radicalmente a burocracia, repensando o organograma da Chrysler e introduzindo uma estrutura mais horizontalizada sob sua liderança. Como resultado, a empresa introduziu uma linha mais inovadora de veículos e planejou redesenhar ou atualizar cerca de 75% de seu pipeline de produtos, isso só em 2010.[87] Em 2014, Marchionne anunciou um plano ambicioso para aumentar consideravelmente as vendas de automóveis nos Estados Unidos por meio de inovações na linha de produtos. Em 2018, a organização lutava para concretizar seus sonhos, mas permanecia comprometida com os objetivos de seu CEO. "Sempre tivemos de enfrentar situações inesperadas que nos deixaram pouco à vontade", disse Marchionne — o grito de guerra de qualquer campeão de ideias.[88]

Criando uma organização de aprendizagem

Outra maneira pela qual as organizações podem ser proativas ao administrar as mudanças é incorporar o crescimento contínuo à sua cultura ou, em outras palavras, transformar-se em uma organização que aprende.[89]

O que é uma organização de aprendizagem? Da mesma forma como as pessoas aprendem, as organizações também podem aprender. Uma organização de aprendizagem é uma organização que desenvolveu a capacidade contínua de se adaptar e de mudar. O Questionário das Dimensões da Organização de Aprendizagem foi adotado e adaptado internacionalmente para avaliar o grau de comprometimento com os princípios da organização de aprendizagem.[90]

A Tabela 18.4 resume as cinco características básicas de uma organização de aprendizagem. Trata-se de uma organização na qual as pessoas abrem mão de suas ideias antigas, aprendem a ser abertas umas com as outras, sabem como sua organização realmente funciona, elaboram um plano ou visão com a qual todos concordam e, depois, trabalham em colaboração para concretizá-la.[91]

organização de aprendizagem
Organização que desenvolveu a capacidade contínua de se adaptar e de mudar.

TABELA 18.4 Características de uma organização de aprendizagem.

1. Há uma visão compartilhada com a qual todos concordam.
2. As pessoas abrem mão de suas antigas formas de pensar e das rotinas padronizadas que utilizam para resolver os problemas ou para realizar seu trabalho.
3. As pessoas pensam em todos os processos, atividades, funções e interações organizacionais com o ambiente como parte de um sistema de inter-relações.
4. As pessoas se comunicam abertamente entre si (cruzando fronteiras verticais e horizontais) sem medo de críticas ou punições.
5. As pessoas sublimam seus interesses pessoais e os interesses departamentais fragmentados em prol do trabalho conjunto, a fim de alcançar a visão compartilhada da organização.

Fonte: baseado em P. M. Senge, *The Fifth Discipline: The Art and Practice of the Learning Organization*, 2. ed. (Nova York: Random House, 2006).

Os defensores da organização de aprendizagem argumentam que ela é uma solução para três problemas básicos inerentes às organizações tradicionais: fragmentação, competição e reatividade.[92] Para começar, a *fragmentação* baseada na especialização cria "muros" e "chaminés" que separam as diferentes funções em territórios independentes e, muitas vezes, inimigos. Em segundo lugar, uma ênfase excessiva na *competição* costuma prejudicar a colaboração. Os gestores competem para mostrar quem está certo, quem sabe mais ou quem é mais persuasivo. As divisões competem entre si quando deveriam estar cooperando para compartilhar o conhecimento. Os líderes de projeto competem para provar quem é o melhor. E, em terceiro lugar, a *reatividade*, em vez de buscar a criatividade, muda o foco da atenção da administração para a resolução de problemas. Uma pessoa focada em resolver um problema tenta fazer algo desaparecer, ao passo que uma pessoa criativa tenta criar alguma coisa. A ênfase na reatividade aos problemas impede a inovação e a melhoria contínua e, em seu lugar, coloca as pessoas para "apagar incêndios", resolvendo os problemas com "quebra-galhos" à medida que eles surgem.

Gestão do aprendizado O que os gestores podem fazer para transformar suas empresas em organizações de aprendizagem? Veja algumas sugestões:

- ▶ *Estabeleça uma estratégia.* A gestão precisa explicitar seu compromisso com a mudança, com a inovação e com a melhoria contínua.
- ▶ *Redesenhe a estrutura da organização.* A estrutura formal pode ser um grande obstáculo ao aprendizado. Ao horizontalizar a estrutura, eliminar ou combinar departamentos e aumentar o uso de equipes multifuncionais, a interdependência é reforçada e os limites são reduzidos.
- ▶ *Remodele a cultura da organização.* Os gestores precisam demonstrar, por meio de suas ações, que correr riscos e admitir os fracassos são comportamentos desejáveis. Essa abordagem implica recompensar as pessoas que se arriscam e cometem erros. Os gestores também precisam incentivar os conflitos funcionais.

Mudança organizacional e estresse

Pense nas ocasiões em que você ficou estressado no trabalho. Observe os fatores de estresse cotidiano que podem ser transportados para o seu local de trabalho, como um engarrafamento que o leva a chegar atrasado ou a máquina de café quebrada que o impede de tomar seu café de manhã como você sempre faz. Quais foram os momentos estressantes mais memoráveis e prolongados no trabalho? Para muitas pessoas, esses momentos são provocados pela mudança organizacional.

Os pesquisadores estão cada vez mais se voltando a investigar como a mudança organizacional afeta os empregados. Nosso interesse neste texto é em determinar as causas específicas e os fatores atenuantes do estresse para aprender como administrar as mudanças organizacionais.[93] Em geral, os pesquisadores descobriram que as mudanças organizacionais que consideram os conhecimentos do campo do comportamento organizacional sobre a forma como as pessoas reagem a estressores podem gerar resultados mais efetivos do que as mudanças organizacionais que são gerenciadas apenas em termos objetivos, por meio de planos de estabelecimento de metas.[94]

Como seria de se esperar, os pesquisadores também constataram que o papel da liderança é fundamental. Um estudo indicou que os líderes transformacionais podem ajudar a influenciar o afeto dos empregados para que se mantenham comprometidos com a mudança e não se estressem com ela.[95] Outra pesquisa mostrou que uma orientação positiva em relação à mudança *antes* do planejamento de novas iniciativas reduz o estresse dos empregados e aumenta suas atitudes positivas.[96] Os gestores podem trabalhar continuamente para aumentar a autoeficácia dos empregados, para melhorar as atitudes relacionadas à mudança e ao controle percebido sobre a situação a fim de criar essa orientação positiva em relação à mudança. Por exemplo, eles podem usar o esclarecimento de papéis e recompensas contínuas para aumentar a autoeficácia e podem reforçar o controle percebido pelos empregados e as atitudes positivas em relação à mudança incluindo-os desde as etapas de planejamento até a implementação dos novos processos. Outro estudo demonstrou a necessidade de intensificar a comunicação com os empregados durante a mudança, avaliando e reforçando sua resiliência psicológica ao disponibilizar suporte social e treinamento em técnicas de autorregulação emocional.[97] Ao aplicar esses métodos, os gestores podem ajudar os empregados a reduzir os níveis de estresse e a aumentar o comprometimento.

Acontece muito de as mudanças organizacionais serem estressantes porque alguns empregados se veem ameaçados por determinados aspectos da mudança. Esses empregados são mais propensos a afastar-se da organização, em parte em reação ao estresse. Para reduzir a percepção de ameaça, os empregados precisam considerar que as mudanças organizacionais são justas. Pesquisas indicam que empregados que têm uma orientação positiva em relação à mudança antes que elas sejam planejadas têm menor probabilidade de considerá-las como injustas ou ameaçadoras.

Estresse no trabalho

18.5 Identificar as possíveis fontes ambientais, organizacionais e pessoais de estresse no trabalho e o papel das diferenças individuais e culturais.

Nossos amigos se queixam que, devido ao "enxugamento" de suas empresas, estão trabalhando muito mais, com horários e cargas de trabalho cada vez maiores. Os mais velhos se preocupam com a falta de estabilidade, saudosos do tempo em que um emprego em uma grande empresa significava segurança para toda a vida. Os empregados reclamam do estresse de tentar equilibrar as responsabilidades profissionais e familiares. A Harris, Rothenberg International, uma das maiores fornecedoras de programas de assistência a empregados, constatou que os trabalhadores de empresas estão apresentando problemas mentais e precisando de ajuda profissional a taxas mais elevadas do que nunca.[98] Com efeito, como mostra a Tabela 18.5, o trabalho é uma fonte importante de estresse na vida da maioria das pessoas. Quais são as causas e as consequências do estresse e como as pessoas e as organizações podem reduzi-lo?

O que é estresse?

estresse
Processo psicológico desagradável que ocorre em resposta a pressões ambientais.

Você está estressado? Se estiver, saiba que você não está sozinho (veja a Pesquisa de Comportamento Organizacional). O estresse é uma condição dinâmica na qual um indivíduo é confrontado com uma oportunidade, demanda ou recurso relacionado a algo que ele deseja e cujo resultado é percebido, simultaneamente, como importante e incerto.[99] Essa é uma definição complexa. Vamos analisar seus componentes em mais detalhes.

Embora, de forma geral, o estresse seja discutido em um contexto negativo, ele também tem um propósito positivo.[100] Em resposta ao estresse, o sistema nervoso, o hipotálamo, a hipófise e as glândulas suprarrenais nos fornecem hormônios do

TABELA 18.5 O trabalho é uma das principais fontes de estresse.

Qual é a área da sua vida que causa mais estresse?	
Área	Causa mais estresse
Preocupações financeiras	64%
Trabalho	60%
Responsabilidades familiares	47%
Preocupações com a saúde	46%

Fonte: baseado em "Stress in America: Paying with Our Health", American Psychological Association, 4 fev. 2015, http://www.apa.org/news/press/releases/stress/2014/stress-report.pdf.

PESQUISA DE COMPORTAMENTO ORGANIZACIONAL   Muitos empregados sentem estresse extremo.

Qual é o seu nível de estresse?

- Gerenciável 31%
- Baixo 5%
- Extremo, acompanhado de sintomas 64%

Fonte: baseado em J. Hudson, "High Stress Has Employees Seeking Both Wellness and Employee Assistance Help", comunicado à imprensa da ComPsych Corporation, 12 nov. 2014, http://www.compsych.com/press-room/press-releases-2014/818-nov-12-2014.

estresse para lidar com a situação. Nosso batimento cardíaco e respiração aceleram para aumentar o nível de oxigênio, enquanto nossos músculos se tensionam para preparar o corpo para a ação.[101] Nesse momento, o estresse nos oferece um ganho potencial. Considere, por exemplo, o desempenho superior demonstrado por um atleta ou por um ator quando são expostos a uma "situação-limite". Essas pessoas costumam utilizar o estresse para dar o máximo de si. Da mesma forma, muitos profissionais veem as pressões do excesso de carga de trabalho e do cumprimento de prazos como um desafio positivo que melhora a qualidade de seu trabalho e aumenta sua satisfação profissional. No entanto, quando a situação é negativa, o estresse é prejudicial e pode impedir nosso progresso, elevando a pressão arterial e levando a um ritmo cardíaco errático, enquanto você tenta, com dificuldade e em meio ao desconforto, falar e pensar de maneira lógica.[102]

Fatores estressores   Os pesquisadores têm argumentado que os *estressores por desafio* — estressores associados à carga de trabalho, à pressão para a conclusão das tarefas e à urgência — operam de maneira muito diferente dos *estressores por obstáculo* — estressores que impedem a pessoa de atingir seus objetivos (como burocracia, politicagem na empresa e confusão quanto às responsabilidades no trabalho).[103] Evidências sugerem que tanto os estressores por desafio quanto aqueles por

estressores por desafio
Estressores associados à carga de trabalho, à pressão para concluir as tarefas e à urgência de tempo.

estressores por obstáculo
Estressores que impedem que a pessoa atinja seus objetivos (por exemplo, burocracia, politicagem na empresa e confusão quanto às responsabilidades no trabalho).

obstáculo resultam em tensão, embora os estressores por obstáculo levem a níveis mais altos de tensão.[104] Os estressores por desafio levam a mais motivação, mais engajamento e a um desempenho melhor do que os estressores por obstáculo.[105] Por outro lado, os estressores por obstáculo parecem ter um efeito mais negativo do que os estressores por desafio sobre os seguintes aspectos: participação e conformidade às regras de segurança, engajamento, satisfação no trabalho, comprometimento organizacional, desempenho e retraimento.[106]

Os pesquisadores estão tentando esclarecer as condições que levam a cada tipo de estresse. Parece que a urgências e as demandas de aprendizado agem como estressores por desafio que podem ajudar os empregados a aprender e a crescer nas organizações.[107] Os obstáculos (como recursos insuficientes para concluir o trabalho) servem para impedir o atingimento de objetivos e devem ser diferenciados das ameaças, que podem resultar em danos pessoais (como agentes penitenciários que temem ser atacados por detentos).[108]

Demandas e recursos É mais comum o estresse ser associado a demandas ou a recursos. Demandas são responsabilidades, pressões, obrigações e até incertezas que as pessoas enfrentam no local de trabalho. Recursos são fatores que estão sob o controle de uma pessoa e que podem ser usados para resolver demandas. Vamos discutir em mais detalhes esse modelo de demandas e recursos.[109]

Quando você faz uma prova na faculdade ou quando seu desempenho é avaliado no trabalho, você fica estressado por se ver diante de oportunidades e de pressões para que ele melhore. Um bom desempenho pode levar a uma promoção, a mais responsabilidades e a um salário melhor. Um desempenho insatisfatório pode impedi-lo de conseguir a promoção. Se o desempenho for muito ruim, você pode até ser demitido. À medida que você consegue aplicar recursos às suas demandas — como preparar-se para a avaliação, colocar a avaliação em perspectiva (não é o fim do mundo) ou obter suporte social — você sentirá menos estresse. Com efeito, este último recurso — o suporte social — pode ser mais importante em uma base contínua do que qualquer outro fator. Segundo uma pesquisa recente com professores holandeses do ensino fundamental, quando os diretores das escolas exibem comportamentos de liderança transformacional (veja o Capítulo 12), o engajamento dos professores é mantido mesmo na presença de estressores por desafio e é protegido dos efeitos negativos mesmo na presença de estressores por obstáculo.[110] Em geral, sob a perspectiva do modelo de demandas e recursos, ter recursos para lidar com o estresse é tão importante para compensá-lo quanto as demandas são importantes para aumentá-lo.[111]

Alostase Até este ponto, pode ser que nossa discussão lhe dê a impressão de que as pessoas buscam um estado de estabilidade, no qual as demandas correspondem perfeitamente aos recursos. Embora as pesquisas iniciais tendessem a enfatizar essa perspectiva de equilíbrio *homeostático*, ou balanceado, agora ficou claro que não existe um único estado ideal. Em vez disso, faz mais sentido falar de modelos *alostáticos*, nos quais as demandas mudam, os recursos mudam e os sistemas para lidar com os desequilíbrios mudam.[112] Por meio da alostase, esforçamo-nos para atingir a estabilidade mudando nossos comportamentos e atitudes. Tudo depende da carga alostática, ou do efeito cumulativo dos fatores estressores sobre nós, dados os recursos dos quais dispomos.[113] Por exemplo, quando você se sente especialmente confiante em suas habilidades e pode contar com o apoio das pessoas, pode ficar mais aberto à tensão e ser mais capaz de mobilizar recursos de enfrentamento. Essa

---

demandas
Responsabilidades, pressões, obrigações e até incertezas que as pessoas enfrentam no local de trabalho.

recursos
Fatores que estão sob o controle de uma pessoa e que podem ser usados para resolver demandas.

alostase
Esforço para mudar comportamentos e atitudes a fim de encontrar a estabilidade.

seria uma situação na qual a carga alostática não é grande demais. Em casos em que a carga alostática é grande e prolongada demais, podemos sentir os sintomas psicológicos ou fisiológicos do estresse.

As preferências em relação ao estresse mudam em ciclos. Por exemplo, às vezes você tem vontade de relaxar e de recarregar as baterias, enquanto em outras situações você sai à caça de mais estímulos e desafios. Assim como as organizações estão em constante estado de mudança e fluxo, reagimos aos processos de estresse nos adaptando continuamente a fatores internos e externos e nossa estabilidade é constantemente redefinida.

Fontes potenciais de estresse no trabalho

O que causa o estresse? Vamos examinar o modelo apresentado na Figura 18.3.

Fatores ambientais Da mesma forma como as incertezas ambientais influenciam o modelo da estrutura organizacional, elas também afetam os níveis de estresse dos empregados da organização. De fato, a incerteza é o principal fator que leva as pessoas a terem dificuldade de lidar com as mudanças organizacionais.[114] São três os principais tipos de incertezas ambientais: econômica, política e tecnológica.

As mudanças no ciclo de negócios geram *incertezas econômicas*. Quando a economia entra em recessão, por exemplo, as pessoas ficam mais ansiosas com relação à sua segurança no emprego. As *incertezas políticas* não costumam atingir as pessoas de países com sistemas políticos estabilizados, como os Estados Unidos e o Canadá,

FIGURA 18.3 Um modelo de estresse.

Fontes potenciais

Fatores ambientais
- Incerteza econômica
- Incerteza política
- Mudanças tecnológicas

Fatores organizacionais
- Demandas de tarefas
- Demandas de papéis
- Demandas interpessoais

Fatores pessoais
- Problemas familiares
- Problemas econômicos

Diferenças individuais
- Percepção
- Experiência de trabalho
- Suporte social
- Traços de personalidade

Estresse vivenciado

Diferenças culturais

Consequências

Sintomas fisiológicos
- Efeitos imediatos
- Doenças
- Condições crônicas de saúde

Sintomas psicológicos
- Ansiedade
- Diminuição do bem-estar emocional
- Diminuição da satisfação no trabalho

Sintomas comportamentais
- Redução do desempenho no trabalho
- Aumento do absenteísmo
- Aumento da rotatividade

tanto quanto as pessoas de países que sofreram golpes de Estado ou que não têm uma estrutura burocrática consolidada, como o Haiti ou a Venezuela. A razão é que os Estados Unidos e o Canadá possuem sistemas políticos estáveis nos quais as mudanças são implementadas de maneira ordenada. De qualquer forma, mudanças ou ameaças políticas podem induzir ao estresse em qualquer país, dos desenvolvidos aos em desenvolvimento. Como as inovações podem rapidamente tornar as habilidades e a experiência de um empregado obsoletas, manter-se atualizado sobre novos programas de computador, robótica, automação e outras formas de *mudanças tecnológicas* representa um desafio adicional para muitas pessoas, podendo causar estresse.

Fatores organizacionais Não são poucos os fatores de uma organização que podem causar estresse. Alguns exemplos são as pressões para evitar erros ou cumprir prazos apertados, a sobrecarga de trabalho, um chefe exigente e insensível e colegas desagradáveis. Categorizamos esses fatores em demandas de tarefas, demandas de papéis e demandas interpessoais.

As *demandas de tarefas* são fatores relacionados ao trabalho das pessoas. Elas incluem as características do trabalho (como o grau de autonomia, a variedade de tarefas e a automação), as condições de trabalho e o ambiente físico. Um fator que foi repetidamente relacionado ao estresse profissional é o volume de trabalho que precisa ser feito, seguido de perto por prazos apertados.[115] Trabalhar em uma sala superlotada ou em um local onde o ruído e as interrupções são constantes também pode aumentar a ansiedade e o estresse.[116]

As *demandas de papéis* se relacionam à pressão sofrida por uma pessoa em função do papel desempenhado na organização.[117] Os conflitos entre papéis diferentes criam expectativas que podem ser difíceis de serem conciliadas ou satisfeitas. A sobrecarga de papéis ocorre quando se espera que um empregado realize mais tarefas do que o tempo lhe permite. A ambiguidade dos papéis ocorre quando as expectativas do papel não são claramente compreendidas pelo empregado e ele não tem certeza do que deve fazer. Infelizmente, pessoas que são forçadas a trabalhar com grandes restrições situacionais (como horário de trabalho fixo ou responsabilidades profissionais muito exigentes) também têm menos possibilidades de apresentar comportamentos proativos de enfrentamento, como fazer um intervalo, o que poderia ajudá-las a reduzir seu nível de estresse.[118] Diante de problemas no trabalho, essas pessoas não somente ficam mais nervosas quando contratempos ocorrem, mas também têm menores chances de eliminar os estressores futuros.

As *demandas interpessoais* são as pressões criadas por outras pessoas no trabalho. Algumas pressões são esperadas, mas um número cada vez maior de pesquisas demonstra que comportamentos negativos por parte de colegas e chefes, incluindo brigas, *bullying*, incivilidade, supervisão abusiva e assédio racial/sexual, são fortemente relacionados ao estresse no trabalho.[119] Os maltratos interpessoais podem ter efeitos no nível fisiológico, sendo que um estudo descobriu que o tratamento injusto em um ambiente controlado desencadeou a liberação de cortisol, um hormônio envolvido no processo de reação ao estresse.[120]

Indivíduos que acreditam estar enfrentando um clima social de discriminação de várias fontes ao longo do tempo têm níveis mais altos de tensão psicológica, mesmo depois de considerar os diferentes níveis basais de bem-estar.[121] A exclusão social, talvez por ser uma forma de maltrato interpessoal, também pode ser uma grande fonte de tensão psicológica. Um estudo descobriu que experiências de ostracismo podem ter efeitos ainda mais negativos do que experiências de conflito interpessoal.[122]

Objetivos profissionais

Como posso reduzir o estresse da minha equipe?

Meus colegas e eu estamos trabalhando sob uma enorme pressão porque nosso prazo está acabando e estamos longe de terminar o trabalho. Estamos fazendo muitas horas extras e as tensões estão começando a causar brigas. Tem algum jeito de eu ajudar a minha equipe a relaxar um pouco?

– Hakim

Caro Hakim,

Parece que você está enfrentando alguns dos maiores problemas que levam ao estresse no trabalho: altas demandas, resultados importantes e prazos urgentes. É natural que a equipe comece a se irritar nessas condições. Fazer a sua equipe "relaxar", como você diz, pode não ser a melhor solução, mas sim reduzir o nível de estresse de sua equipe, o que com certeza vai aumentar a eficácia do grupo. Felizmente, existem algumas maneiras comprovadas para ajudar a reduzir o estresse em grupos. Entre as mais eficazes estão as diretamente relacionadas a aumentar o comprometimento das pessoas com a equipe:

• *Para ajudar a reduzir as brigas, leve o grupo a se concentrar em um objetivo em comum*. Os objetivos compartilhados são uma das melhores maneiras de reduzir conflitos em momentos de estresse e ajudam as pessoas a se lembrar que a cooperação é fundamental.

• *Repasse o que a equipe já fez e quais são os passos necessários para atingir o objetivo*. Quando as pessoas virem todo o trabalho que já fizeram, elas imediatamente se sentirão melhor.

• *Quando sentir que a equipe está muito tensa, faça um intervalo coletivo*. Pode ser difícil se afastar de um projeto cujo prazo seja apertado, mas trabalhar com muita tensão e conflito costuma ser contraproducente. Dar uma chance de fazer uma pausa e ver a situação de uma perspectiva mais ampla vai ajudar a equipe a recarregar as baterias e a se concentrar.

Lembre-se de que minimizar o estresse da equipe não implica reduzir os padrões e aceitar um trabalho de qualidade inferior, mas sim reduzir o comportamento organizacional contraproducente. Um ambiente de trabalho positivo com alto grau de engajamento dos membros da equipe ajudará as pessoas a avançar.

Uma combinação de foco, progresso e perspectiva será a melhor abordagem para reduzir o estresse.

Fontes: baseado em P. M. Poortvliet, F. Anseel e F. Theuwis, "Mastery-Approach and Mastery-Avoidance Goals and Their Relation with Exhaustion and Engagement at Work: The Roles of Emotional and Instrumental Support", *Work & Stress* 29 (abr. 2015): 150–70; J. P. Trougakos, D. J. Beal, B. H. Cheng, I. Hideg e D. Zweig, "Too Drained to Help: A Resource Depletion Perspective on Daily Interpersonal Citizenship Behaviors", *Journal of Applied Psychology* 100 (2015): 227–36; e J. P. Trougakos, I. Hideg, B. H. Cheng e D. J. Beal, "Lunch Breaks Unpacked: The Role of Autonomy as a Moderator of Recovery during Lunch", *Academy of Management Journal* 57 (2014): 405–21.

As opiniões apresentadas aqui são única e exclusivamente dos autores, os quais não se responsabilizam por quaisquer erros ou omissões nem pelos resultados obtidos com a utilização destas informações. Em circunstância alguma os autores, seus parceiros ou suas organizações serão responsáveis por qualquer decisão ou ação de sua parte ou da parte de qualquer pessoa com base nas opiniões apresentadas aqui.

Fatores pessoais As pessoas trabalham, em média, entre 40 e 50 horas por semana. Contudo, as experiências e os problemas vivenciados fora do trabalho também podem afetar o desempenho das pessoas. Nossa última categoria de fontes de estresse no trabalho inclui fatores da vida pessoal dos empregados: problemas familiares e financeiros.

Pesquisas mostram repetidamente que as pessoas dão muita importância a seus relacionamentos familiares e pessoais.[123] Acontece muito de os *problemas familiares* afetarem o equilíbrio entre a vida profissional e a pessoal.[124] A relação se torna um ciclo vicioso: o conflito entre a vida profissional e a vida pessoal afeta os níveis de estresse, o que, por sua vez, afeta o conflito entre a vida profissional e a pessoal.[125]

Independentemente da faixa salarial, algumas pessoas são péssimas gestoras de seu dinheiro ou sempre querem ter o que não podem pagar. Pessoas que ganham US$ 100 mil por ano parecem ter tanta dificuldade de lidar com suas finanças quanto as que ganham US$ 20 mil por ano, embora pesquisas recentes indiquem que as pessoas que ganham menos de US$ 50 mil por ano sofrem mais estresse.[126] Os *problemas financeiros* enfrentados por pessoas que sempre gastam mais do que têm são outra fonte de dificuldade que pode gerar estresse e desviar a atenção do trabalho.

Os estressores são cumulativos Ao analisar os estressores individualmente, é fácil esquecer que o estresse é um fenômeno cumulativo.[127] Cada estressor novo e contínuo aumenta o nível de estresse de uma pessoa. Desse modo, determinado fator estressante pode não ser muito importante quando observado isoladamente, mas pode virar a "gota d'água" quando somado a um nível de estresse que já é alto. Para avaliar o nível real de estresse enfrentado por uma pessoa, é preciso somar todas as fontes e os graus de intensidade. Como não é fácil quantificar ou observar essas métricas, os gestores devem se manter cientes das potenciais cargas de estresse provenientes principalmente dos fatores organizacionais. Muitos empregados se dispõem a revelar que estão estressados no trabalho a um chefe atencioso.

Diferenças individuais

Algumas pessoas adoram situações estressantes, enquanto outras parecem se deixar abater por elas. O que diferencia as pessoas no que diz respeito à capacidade de lidar com o estresse? Quais são as variáveis individuais que afetam a relação entre o estresse *potencial* e o estresse *vivenciado*? Pelo menos quatro variáveis são relevantes: percepção, experiência de trabalho, suporte social e traços de personalidade.

Percepção No Capítulo 6, vimos que os empregados reagem às suas percepções da realidade e não necessariamente à realidade em si. A *percepção* modera a relação entre uma condição potencial de estresse e a reação de um empregado a essa condição. Quando uma empresa está demitindo muita gente, uma pessoa pode ter medo de perder o emprego e outra pode ver uma oportunidade de receber uma boa indenização e abrir o próprio negócio. As pessoas que veem um evento estressante como um "piscar de olhos" em comparação com toda sua vida (e que se orientam por frases como "tudo passa" e "o tempo cura tudo") tendem a lidar melhor com o evento do que pessoas que se concentram nas circunstâncias imediatas.[128] Desse modo, o estresse potencial não depende das condições objetivas, mas de como o empregado interpreta essas condições.

Experiência de trabalho A *experiência* de trabalho tende a ser negativamente relacionada com o estresse. Os pesquisadores propõem duas razões para isso.[129] A

Kristen Reineke, funcionária da DentalPlans.com, comemora depois de marcar um gol jogando pebolim na sala de recreação dos empregados. Ao dar a seus empregados a oportunidade de formar vínculos de coleguismo jogando pebolim e videogames, a DentalPlans.com lhes proporciona o suporte social do qual eles podem precisar para reduzir o impacto do estresse no trabalho.

Fonte: Charles Trainor Jr./MCT/Newscom

primeira é o retraimento seletivo. A rotatividade voluntária é mais provável entre pessoas que sofrem mais com o estresse. Assim, as pessoas que ficam mais tempo na empresa são as que têm mais traços de resistência ao estresse ou que resistem melhor aos fatores estressantes da organização. A segunda explicação é que as pessoas acabam desenvolvendo mecanismos de enfrentamento para lidar com o estresse. Como isso leva algum tempo, os empregados mais antigos tendem a ser mais bem adaptados e a sofrer menos com o estresse.

Suporte social   O *suporte social*, ou seja, as relações amigáveis com colegas e chefes, pode reduzir o impacto do estresse.[130] Esse fenômeno está entre os mais documentados nos estudos sobre o estresse. O suporte social atua como um paliativo, minimizando os efeitos negativos até mesmo dos trabalhos mais estressantes.

Traços de personalidade   Os sintomas de estresse vivenciados no trabalho podem resultar da personalidade da pessoa.[131] Um dos traços de *personalidade* mais estudados em pesquisas sobre o estresse é o neuroticismo, que discutimos no Capítulo 5. Como seria de se esperar, os neuróticos têm chances maiores de sentir tensão psicológica.[132] Evidências sugerem que as pessoas neuróticas têm mais probabilidade de encontrar estressores no ambiente de trabalho, o que as leva a acreditar que o ambiente é mais ameaçador. Essas pessoas também tendem a usar mecanismos de enfrentamento menos adaptativos, evitando os problemas em vez de tentar resolvê-los.[133]

A compulsão pelo trabalho é outra característica relacionada ao nível de estresse.[134] Os *workaholics* são pessoas obcecadas pelo trabalho: elas passam muito tempo trabalhando, pensam no trabalho mesmo quando não estão trabalhando e criam responsabilidades profissionais adicionais para satisfazer sua compulsão interna de trabalhar mais. De certo modo, essas pessoas podem dar a impressão de serem os empregados ideais. Talvez seja por isso que, em entrevistas de emprego, quando as pessoas são solicitadas a dizer qual é seu maior defeito, a maioria responde que "trabalha demais". Entretanto, trabalhar duro e trabalhar compulsivamente são duas coisas diferentes. Os *workaholics* não são necessariamente mais produtivos que os outros empregados, apesar de fazerem esforços extremos nesse sentido. O desgaste de dedicar tanta energia ao trabalho acaba por exaurir o *workaholic*, levando-o a mais conflitos entre a vida profissional e a pessoal e ao *burnout* psicológico.[135]

Diferenças culturais

Pesquisas sugerem que as condições de trabalho causadoras de estresse apresentam algumas diferenças entre uma cultura e outra. Um estudo revelou que, enquanto os empregados norte-americanos ficavam estressados com a falta de controle, os empregados chineses se estressavam com avaliações do trabalho e com a insuficiência de treinamento.[136] No entanto, não parece que os efeitos da personalidade sobre o estresse sejam diferentes entre culturas. Um estudo com empregados na Hungria, Itália, Reino Unido, Israel e Estados Unidos descobriu que certos traços de personalidade foram fatores igualmente preditivos do estresse nesses diferentes países.[137] Um estudo com mais de 5.000 gestores de 20 países descobriu que pessoas de países individualistas, como Estados Unidos, Canadá e Reino Unido, ficavam mais estressadas com a interferência do trabalho na vida familiar do que pessoas de países coletivistas da Ásia e da América Latina.[138] Os autores sugeriram que isso pode ocorrer porque, nas culturas coletivistas, fazer horas extras é visto como um sacrifício para ajudar a família, ao passo que, nas culturas individualistas, o trabalho é visto como um meio de realização pessoal que afasta as pessoas da família.

18.6 Identificar os sintomas fisiológicos, psicológicos e comportamentais do estresse no trabalho.

Consequências do estresse no trabalho

O estresse se manifesta de várias maneiras, como pressão alta, úlceras, irritabilidade, dificuldade de tomar decisões rotineiras, alterações no apetite, propensão a acidentes, entre outros sintomas. Na Figura 18.3, classificamos esses sintomas em três categorias gerais: sintomas fisiológicos, psicológicos e comportamentais.

Sintomas fisiológicos Os primeiros estudos sobre estresse se concentraram nos sintomas fisiológicos, porque a maioria dos pesquisadores era especializada em medicina e saúde. Esses primeiros estudos levaram à conclusão de que o estresse poderia levar a alterações no metabolismo, aumentar os ritmos cardíaco e respiratório, elevar a pressão sanguínea, causar dores de cabeça e induzir ataques cardíacos.[139]

Evidências atuais sugerem que o estresse claramente pode ter outros efeitos fisiológicos danosos, incluindo dores nas costas, dores de cabeça, fadiga ocular, distúrbios do sono, tontura, fadiga, perda de apetite e problemas gastrointestinais.[140] Um estudo com trabalhadores temporários do setor de saúde mostrou que interações negativas com seus chefes levaram ao aumento da pressão arterial e a dificuldades de recuperar-se do trabalho (em outras palavras, a incapacidade de "recarregar as baterias" após trabalhar).[141] Outro estudo, conduzido com trabalhadores canadenses que trabalhavam no turno diurno, descobriu que níveis mais elevados de demandas psicológicas e excesso de comprometimento foram relacionados a uma variação consideravelmente maior nos níveis de cortisol.[142] Muitos outros estudos mostraram resultados semelhantes relacionando o estresse no trabalho a uma série de indicadores de problemas de saúde.

Os efeitos do estresse e da tensão sobre o sono (veja o quadro Mito ou ciência) chamaram a atenção dos pesquisadores. A maioria dos estudos sugeriu que a tensão exerce um impacto moderado sobre as atitudes no trabalho (especialmente quando se trata da qualidade do sono em relação à quantidade).[143] Constatou-se que uma série de estressores relacionados ao trabalho prejudica a qualidade do sono, como tarefas inacabadas no trabalho. Estressores sociais e conflitos entre demandas de um emprego de meio período e demandas acadêmicas podem ter um grande impacto no sono de estudantes universitários.[144] Outras pesquisas sugerem que, além da solução óbvia de aumentar a quantidade e a qualidade do sono, pode ser interessante fazer atividades físicas e também pode ser útil a experiência de recuperar-se do trabalho por meio do suporte de grupos de apoio social.[145]

Sintomas psicológicos Todo mundo sabe que a insatisfação no trabalho pode provocar estresse. O estresse, no entanto, também resulta de outros estados psicológicos, como tensão, ansiedade, irritabilidade, tédio e procrastinação. Um estudo que monitorou as reações fisiológicas de empregados ao longo do tempo descobriu que o estresse resultante da sobrecarga de trabalho estava relacionado a um menor bem-estar emocional.[146]

Trabalhos que incluem demandas múltiplas e conflitantes ou que deixam os empregados sem saber ao certo quais são seus deveres e seu nível de autoridade e de responsabilidade aumentam tanto o estresse quanto a insatisfação.[147] Da mesma forma, quanto menos controle as pessoas tiverem sobre o ritmo de seu trabalho, mais elas ficarão estressadas e insatisfeitas. Esse resultado foi replicado em 63 países.[148] Empregos que proporcionam baixo grau de variedade, significância, autonomia, feedback e identidade parecem causar estresse e reduzir a satisfação e o engajamento no trabalho.[149] Mas nem todo mundo reage à autonomia do mesmo jeito. Para pessoas que apresentam *locus* de controle externo, ter mais controle sobre o trabalho aumenta a tendência a sentir estresse e exaustão.[150]

Sintomas comportamentais   Pesquisas foram conduzidas em vários países e, ao longo do tempo, as relações entre o comportamento e o estresse parecem relativamente consistentes. Os sintomas de estresse relacionados ao comportamento incluem reduções da produtividade; aumento do absenteísmo, mais incidentes associados a segurança e maior rotatividade; mudanças nos hábitos alimentares; aumento do tabagismo ou consumo de álcool; fala rápida; inquietação; e distúrbios do sono.[151]

Mito ou ciência?

Quando você tem muito trabalho a fazer, o sono é opcional

Essa afirmação é falsa. Pessoas que não dormem o suficiente não conseguem apresentar um bom desempenho no trabalho. Um estudo descobriu que a falta de sono custa aos empregadores norte-americanos US$ 63,2 bilhões por ano, quase US$ 2.300 por empregado, em parte devido à redução da produtividade e ao aumento dos incidentes de segurança. A falta de sono tem sido apontada como um fator que contribui para a incidência de doenças cardíacas, obesidade, derrame e câncer. A privação de sono também pode levar a acidentes desastrosos. Por exemplo, pesquisadores das forças armadas dos Estados Unidos relatam que a falta de sono é uma das principais causas de "fogo amigo" (quando os soldados se enganam e atiram nos colegas) e 20% dos acidentes de automóvel são causados por motoristas sonolentos. Mais de 160 pessoas do voo 812 da Air India, de Dubai a Mangalore, morreram quando o piloto Zlatko Glusica acordou de um cochilo e, sofrendo de inércia do sono, não conseguiu pousar na pista, provocando um dos acidentes aéreos mais letais da Índia.

A falta de sono afeta o desempenho de milhões de trabalhadores. De acordo com pesquisas, um terço dos empregados dos Estados Unidos da maioria dos setores e mais de um quarto dos trabalhadores do setor financeiro e de seguros sofrem de privação de sono, dormindo menos de 6 horas por noite (o recomendado é dormir entre 7 e 9 horas). Mais de 50% dos adultos norte-americanos entre 19 e 29 anos, 43% entre 30 e 45 anos e 38% entre 46 e 64 anos relatam que raramente ou nunca dormem bem durante a semana.

Pesquisas mostraram que a falta de sono prejudica nossa capacidade de aprender habilidades e de encontrar soluções, o que pode ser uma das razões pelas quais organizações de segurança pública, times profissionais de futebol americano e metade das empresas da Fortune 500 empregam especialistas em "gerenciamento de fadiga" para atuar como consultores de desempenho.

Além das horas de sono insuficientes, a insônia é um problema crescente. Uma pesquisa recente conduzida na Noruega indicou que até 34% das mortes por acidentes de veículos motorizados durante o período de 14 anos do estudo poderiam ter sido evitadas se as pessoas envolvidas nos acidentes não apresentassem sintomas de insônia. Cada vez mais gestores e empregados tomam remédios de venda controlada para dormir, fazem tratamentos para distúrbios do sono e consomem cafeína na tentativa de dormir melhor ou de reduzir os efeitos da falta de sono sobre seu desempenho. Não é raro esses métodos terem o efeito contrário. Estudos indicam que remédios controlados para dormir só aumentam o tempo de sono em 11 minutos e levam à perda da memória de curto prazo. Os efeitos dos tratamentos para distúrbios do sono podem não perdurar depois do término das sessões. E os retornos decrescentes da cafeína, talvez o método mais popular de combate à privação do sono (74% dos adultos norte-americanos consomem cafeína todos os dias), requerem a ingestão de quantidades cada vez maiores para deixar as pessoas em alerta, o que pode levar os usuários a ficarem irrequietos antes de o efeito passar e, posteriormente, esgotados.

Se você tiver muito trabalho a fazer, é fácil pensar em usar o tempo de sono para dar conta do recado e achar que o estresse e a adrenalina do trabalho vão ajudá-lo a se manter alerta. Também é fácil pensar em métodos artificiais para tentar neutralizar os efeitos negativos da privação de sono. Mas pesquisas indicam que, quando se trata de maximizar o desempenho e reduzir os acidentes, não somos muito bons em avaliar até que ponto nossa capacidade é prejudicada quando estamos privados de sono. No fim das contas, nada substitui uma noite bem dormida.

Fontes: baseado em M. J. Breus, "Insomnia Could Kill You—By Accident", *The Huffington Post*, 9 maio 2015, http://www.huffingtonpost.com/dr-michael-j-breus/insomnia-could-kill-you-by-accident_b_7235264.html; D. K. Randall, "Decoding the Science of Sleep", *The Wall Street Journal*, 4–5 ago 2012, C1–C2; M. Sallinen, J. Onninen, K. Tirkkonen, M.L. Haavisto, M. Harma, T. Kubo, et al., "Effects of Cumulative Sleep Restriction on Self-Perceptions While Multitasking", *Journal of Sleep Research* (jun. 2012): 273–81; e P. Walker, "Pilot Was Snoring before Air India Crash", *The Guardian*, 17 nov. 2010, www.guardian.co.uk/world/2010/nov/17/sleepy-pilot-blamed--air-india-crash.

Um número considerável de pesquisas voltou-se a investigar a relação entre estresse e desempenho. Um padrão proposto dessa relação é o U invertido, mostrado na Figura 18.4.[152] A lógica que fundamenta o U invertido é que níveis baixos a moderados de estresse estimulam o corpo e aumentam sua capacidade de reagir. As pessoas são capazes de realizar melhor as tarefas, com mais intensidade e rapidez. Contudo, estresse demais impõe demandas excessivas a uma pessoa, resultando em queda do desempenho. Apesar de sua popularidade e de seu apelo intuitivo, não foram encontradas muitas evidências empíricas para confirmar o modelo do U invertido.[153] Pode ser que o modelo exclua relações entre estressores, o estresse sentido e o desempenho no trabalho, o que significa que, às vezes, temos razões para nos sentirmos estressados, mas nos sentimos bem em virtude de fatores positivos moderadores. É possível evitar que o estresse afete nosso desempenho no trabalho.[154] Por exemplo, um estudo indicou que pessoas com alto grau de inteligência emocional (discutido no Capítulo 4) podem ser capazes de mitigar os efeitos do estresse sobre o desempenho.[155] Portanto, esse modelo pode ser um bom ponto de partida para estudar as diferenças.

Como já vimos, os pesquisadores começaram a diferenciar os estressores por desafio e os estressores por obstáculo, mostrando que essas duas formas de estresse têm efeitos opostos sobre os comportamentos profissionais, especialmente sobre o desempenho no trabalho. Uma metanálise com respostas de mais de 35.000 pessoas revelou que a ambiguidade, o conflito e a sobrecarga de papéis, além da insegurança no emprego, da incerteza ambiental e das restrições situacionais, foram relacionados negativamente e de forma consistente com o desempenho no trabalho.[156]

Também foram encontradas evidências de que o estresse por desafio melhora o desempenho em um ambiente de trabalho que apoia os empregados, ao passo que o estresse por obstáculo reduz o desempenho em todos os ambientes de trabalho.[157]

18.7 Descrever abordagens individuais e organizacionais para gerenciar o estresse no trabalho.

Gerenciando o estresse

O que deveríamos fazer com o estresse? Será que deveríamos fazer alguma coisa? Considerando que níveis baixos e moderados de estresse podem ser funcionais e levar a um desempenho melhor, a administração pode não se preocupar quando os empregados se estressam. O problema é que os empregados provavel-

FIGURA 18.4 Modelo do U invertido da relação entre estresse e desempenho no trabalho.

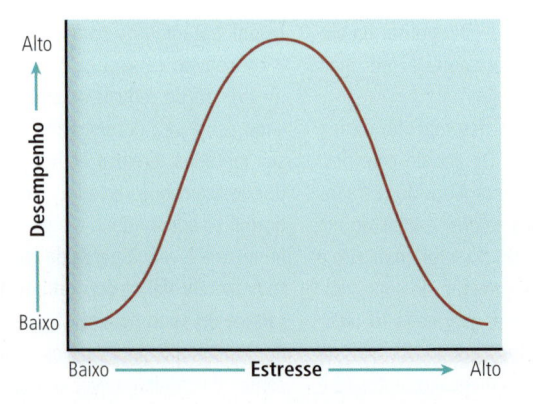

mente considerarão até mesmo os níveis mais baixos de estresse como indesejáveis. Desse modo, não é improvável que os empregados e a gestão tenham noções diferentes do que constitui um nível aceitável de estresse no trabalho. O que a administração pode considerar "um estímulo positivo que mantém a adrenalina fluindo" tem grandes chances de ser visto como "pressão excessiva" pelos empregados. De qualquer maneira, o estresse pode levar a resultados negativos que os gestores devem manter em mente. Por exemplo, pesquisas com mais de 4.000 cuidadores de 35 hospitais diferentes sugeriram que, durante um turno típico de 12 horas sem interrupções, a lavagem de mãos e a conformidade com as normas de segurança foram reduzidas em 8,7%.[158] Mantenha isso em mente durante nossa discussão sobre as abordagens individuais e organizacionais para a administração do estresse.[159]

Abordagens individuais

Um empregado pode e deve assumir a responsabilidade pela redução de seus níveis de estresse. Estratégias individuais que se mostraram eficazes incluem técnicas de gerenciamento do tempo, exercícios físicos, técnicas de relaxamento e redes de suporte social.[160]

Muitas pessoas gerenciam mal seu tempo. Um empregado bem organizado, assim como um estudante bem organizado, pode muito bem fazer o dobro de coisas que uma pessoa mal organizada. Algumas técnicas de *gerenciamento de tempo* mais conhecidas são: (1) usar listas de tarefas; (2) programar atividades com base em prioridades, não no que você consegue fazer; (3) fazer as tarefas difíceis primeiro; e (4) reservar um tempo livre de distrações para realizar as tarefas. Essas habilidades de gerenciamento do tempo podem ajudar a minimizar a procrastinação, concentrando esforços em metas imediatas e aumentando a motivação, mesmo diante de tarefas menos agradáveis.[161]

Os médicos recomendam *exercícios físicos* não competitivos, como exercícios aeróbicos, caminhada, corrida, natação e andar de bicicleta, como uma maneira de lidar com níveis excessivos de estresse. Essas atividades reduzem as reações fisiológicas prejudiciais e possibilitam uma recuperação mais rápida do estresse.[162]

As pessoas podem aprender a reduzir a tensão por meio de *técnicas de relaxamento*, como meditação, atenção plena (*mindfulness*) e respiração profunda.[163] A ideia é atingir um estado de profundo relaxamento físico no qual você concentra toda a sua energia na liberação da tensão muscular.[164] Sessões de relaxamento profundo de 20 minutos feitas duas vezes por dia aliviam a tensão; proporcionam uma profunda sensação de tranquilidade; e produzem mudanças consideráveis na frequência cardíaca, na pressão arterial e em outros fatores fisiológicos.[165]

Um número crescente de pesquisas mostra que o simples ato de fazer pausas no trabalho em intervalos regulares (como intervalos para o almoço e passeios no parque) pode facilitar a recuperação psicológica, reduzir consideravelmente o estresse e melhorar o desempenho no trabalho. Esses efeitos são ainda maiores se técnicas de relaxamento forem empregadas.[166] Foi constatado que até *microintervalos* breves ajudam a aliviar o estresse e energizar os empregados.[167] Você pode achar interessante impor um distanciamento completo do trabalho ou delimitar fronteiras rígidas entre o trabalho e o lazer. No entanto, pesquisas sugerem que os *ponderadores de recuperação*, ou pessoas que não se desligam totalmente e refletem sobre os problemas que precisam resolver no trabalho (mas também fazem atividades de relaxamento), tendem a ser engajados e, ao mesmo tempo, a reduzir consideravelmente o estresse.[168]

Como observamos, amigos, parentes ou colegas de trabalho podem ser uma válvula de escape quando os níveis de estresse se tornam excessivos.[169] A expansão de sua *rede de suporte social* pode ser uma boa maneira de reduzir a tensão e pode lhe oferecer uma perspectiva mais objetiva de uma situação estressante. Entretanto, às vezes essas redes produzem o efeito oposto: se você não tentar expandir a sua rede e, em vez disso, só conviver com amigos igualmente estressados, pode ficar preso em um ciclo vicioso.[170] É por isso que é tão importante ser proativo e tentar, de fato, lidar com seu estresse. O apoio da família, amigos ou cônjuges ajuda na recuperação de experiências estressantes no trabalho e pode beneficiar os dois lados.[171]

Abordagens organizacionais

Vários fatores organizacionais causadores de estresse (particularmente demandas de tarefas e de papéis) podem ser controlados pela gestão. As estratégias a serem consideradas incluem melhor seleção de empregados e de alocação de tarefas, treinamento, estabelecimento de objetivos, redesenho de tarefas, melhora da comunicação organizacional, envolvimento dos empregados, períodos sabáticos para os empregados e programas de bem-estar corporativo.

Seleção, colocação e treinamento Alguns trabalhos são mais estressantes que outros, mas, como vimos, a reação a situações de estresse difere de uma pessoa à outra. Sabemos que pessoas com pouca experiência ou com *locus* de controle externo tendem a ser mais propensas ao estresse. As decisões de *seleção e colocação* devem levar em conta esses fatores. É claro que a gestão não deve contratar só pessoas experientes com *locus* interno, mas essas pessoas podem se adaptar melhor a trabalhos estressantes e realizá-los com mais eficácia. Infelizmente, os empregados temporários que têm a possibilidade de serem efetivados na organização, não raro, correm o risco de sentirem níveis elevados de estresse associados à incerteza e à ambiguidade de papéis, o que, por sua vez, pode afetar suas chances de serem efetivados.[172] Pessoas nessa situação se beneficiariam de administrar suas impressões e de desenvolver maior tolerância à ambiguidade. Da mesma forma, o *treinamento* pode aumentar a autoeficácia das pessoas e, desse modo, reduzir a tensão no trabalho nessas situações.

Escolha ética

O papel dos gestores e o estresse dos empregados durante uma mudança organizacional

Os empregados ficam estressados quando as organizações passam por um processo de mudança. Com efeito, um estudo recente indicou que as pressões no trabalho, muitas vezes resultantes do *downsizing* e de outras mudanças organizacionais, são a segunda maior causa de estresse. Antes, cabia aos empregados lidar com esse estresse usando mecanismos de enfrentamento construtivos (terapeutas, profissionais da saúde, redes de apoio) ou destrutivos (consumo de álcool, fofocas, comportamentos contraproducentes). Os empregados que não conseguiam lidar com o estresse acabavam com sintomas de *burnout* e perdiam o emprego.

Empregadores mais generosos passaram a disponibilizar programas de assistência por meio de psicólogos terceirizados ou de departamentos internos de RH para orientar os empregados estressados. Os gestores se limitavam a encaminhar os empregados a esses recursos quando os problemas no trabalho sugeriam a necessidade de uma intervenção. A ajuda muitas vezes chegava tarde demais para mitigar os resultados negativos do estresse, como a perda de produtividade e o *burnout*. Às vezes, era tarde demais até mesmo para salvar o emprego da pessoa. Pesquisas sugerem que estressores contínuos no trabalho, como quando as organizações estão em meio a um processo de mudança, reduzem o engajamento dos empregados por privá-los de períodos de recuperação. Os gestores, para serem eficazes, precisam ser proativos ao lidar com o estresse dos empregados antes que os resultados negativos comecem a afetar o trabalho.

Será que os gestores têm a obrigação ética de reduzir o estresse dos empregados? Por um lado, eles são responsáveis por maximizar a produtividade, tendo em mente que as organizações são mais lucrativas quando um maior número de empregados apresenta desempenho melhor e produz mais. Por outro lado, a sobrecarga de trabalho aumentará o estresse dos empregados, especialmente quando a organização estiver em um estado de mudança devido a um *downsizing* ou em rápido crescimento. Os gestores que mantêm poucos empregados sobrecarregados podem até obter ganhos imediatos economizando em custos com pessoal, mas a situação vai acabar revertendo em perdas em longo prazo devido às consequências negativas do estresse, como maior rotatividade e baixa produtividade. Os especialistas recomendam que os gestores considerem contratar o número necessário de empregados para manter as cargas de trabalho das pessoas em um nível razoável, implementando programas de recompensas que visem a manter os melhores empregados engajados e cortando custos não relacionados à força de trabalho para manter a lucratividade. Métodos menos ostensivos, como ensinar os empregados a reduzir o estresse e criar um jardim de inverno para relaxar, também podem ajudar. Os gestores devem tomar uma decisão ética entre gastar mais dinheiro agora com os custos de mão de obra e com métodos de redução de estresse ou gastar mais dinheiro depois com os custos menos evidentes, porém mais graves, do estresse dos empregados.

Como um número crescente de estudos indica, quando os empregados ficam estressados, eles e suas organizações sofrem as consequências. Desse modo, os gestores devem ponderar se não vale a pena aproveitar a oportunidade de ajudar a aliviar o estresse antes que seja tarde demais.

Fontes: baseado em E. Frauenheim, "Stressed & Pressed", *Workforce Management* (jan. 2012): 18–22; J. B. Oldroyd e S. S. Morris, "Catching Falling Stars: A Human Resource Response to Social Capital's Detrimental Effect of Information Overload on Star Employees", *Academy of Management Review* 37 (2012): 396–418; e S. Sonnentag, E. J. Mojza, E. Demerouti e A. B. Bakker, "Reciprocal Relations between Recovery and Work Engagement: The Moderating Role of Job Stressors", *Journal of Applied Psychology* 97 (2012): 842–53.

Estabelecimento de objetivos Discutimos o *estabelecimento de objetivos* no Capítulo 7. As pessoas apresentam desempenho melhor quando têm metas específicas e desafiadoras para atingir e quando recebem feedback sobre seu progresso. Os objetivos podem reduzir o estresse e motivar os empregados.[173] Aqueles altamente comprometidos com suas metas e que têm um senso de propósito no trabalho ficam menos estressados, porque têm mais chances de ver os estressores como desafios do que como obstáculos. O tipo de objetivo também faz diferença: quando recebem uma meta de aprendizado e de desenvolvimento profissional depois de um feedback negativo, os empregados tendem a sentir menos tensão e a apresentar um desempenho melhor do que quando recebem uma meta de desempenho.[174] A personalidade dos empregados também é importante: o estabelecimento de objetivos e uma liderança focada em metas tendem a reduzir mais o estresse de empregados conscienciosos, mas não de empregados que têm baixa estabilidade emocional.[175]

Redesenho de funções *Redesenhar funções* para dar aos empregados mais responsabilidade, um trabalho com mais senso de propósito, mais autonomia e mais feedback pode reduzir o estresse, pois esses fatores dão a eles maior controle sobre as atividades de trabalho e reduzem sua dependência dos outros. Mas, como vimos em nossa discussão sobre o desenho de cargos, as preferências dos empregados podem variar. O redesenho certo para empregados com baixa necessidade de crescimento pode incluir menos responsabilidade e mais especialização. Se as pessoas preferirem estrutura e rotina, a menor variedade de habilidades deve reduzir as incertezas e os níveis de estresse. As organizações devem tomar cuidado ao decidir estruturar o trabalho a fim de exigir que os empregados se mantenham disponíveis 24 horas por dia. Pesquisas sugerem que esse tipo de pressão continuada pode impedir a eficácia das tentativas de recuperação dos empregados e aumentar o estresse.[176]

Envolvimento dos empregados O estresse relacionado aos papéis é, em grande parte, prejudicial, porque os empregados ficam sem saber ao certo quais são seus objetivos, as expectativas em relação a seu trabalho, como serão avaliados, entre outros fatores. Ao dar aos empregados o poder de se expressar sobre as decisões que afetam diretamente seu desempenho, a gestão pode aumentar o controle por parte das pessoas e reduzir o estresse relacionado aos papéis. Desse modo, os gestores devem considerar aumentar o *envolvimento dos empregados* no processo decisório, uma vez que as evidências mostram claramente que maior envolvimento e práticas de empoderamento reduzem a tensão psicológica.[177]

Comunicação organizacional   Melhorar a *comunicação organizacional* formal com os empregados reduz a incerteza, diminuindo a ambiguidade e o conflito de papéis.[178] Dada a importância das percepções na moderação da relação entre o estresse e as reações que ele provoca, a administração também pode usar comunicações eficazes para influenciar as percepções dos empregados. Lembre-se de que os fatores que os empregados classificam como demandas, ameaças ou oportunidades no trabalho não passam de interpretações que podem ser afetadas pelos símbolos e ações comunicadas pela administração.

Períodos sabáticos para os empregados   Alguns empregados precisam de um afastamento ocasional do ritmo frenético do trabalho. Empresas como a Genentech, Container Store, Recreational Equipment Inc. (REI), PricewaterhouseCoopers (PwC), Goldman Sachs, Cheesecake Factory, VMware e Adobe Systems começaram a disponibilizar licenças voluntárias estendidas.[179] Esses *períodos sabáticos* (variando de algumas semanas a vários meses) permitem que os empregados saiam para viajar, relaxar ou para se dedicar a projetos pessoais que consumiriam mais tempo que o período normal de férias. Um estudo com membros do corpo docente de universidades sugere que os períodos sabáticos aumentam os recursos de trabalho e o bem-estar, especialmente quando as pessoas têm autonomia para decidir a maneira como gastam seu tempo durante esses períodos.[180]

Programas de bem-estar corporativo podem ajudar os empregados a gerenciar o estresse. Como parte de suas iniciativas de bem-estar e condicionamento físico (*fitness*), o escritório de advocacia Buchanan Ingersoll & Rooney (ex-Fowler White Boggs) disponibiliza aos empregados aulas de ioga na hora do almoço, para que sejam orientados a fazer exercícios de alongamento e respiração que ajudam a aliviar o estresse e a promover uma sensação de bem-estar.

Fonte: ZUMA Press, Inc/Alamy Stock Photo

Programas de bem-estar Nossa última sugestão é oferecer programas de bem-estar patrocinados pela empresa. Esses programas normalmente incluem workshops para ajudar as pessoas a parar de fumar, a controlar o consumo de álcool, a perder peso, a melhorar os hábitos alimentares e a manter um programa de exercícios regulares, tendo em vista a melhoria da saúde física e mental dos empregados.[181] Alguns programas também ajudam os empregados a melhorar sua saúde psicológica. Uma metanálise de 36 programas desenvolvidos para reduzir o estresse (incluindo programas de bem-estar) mostrou que intervenções para ajudar os empregados a mudar sua perspectiva em relação a situações estressantes e ao uso de estratégias de enfrentamento reduziram significativamente os níveis de estresse.[182] Também foram criados programas de bem-estar para ajudar os empregados a se concentrarem no desenvolvimento do estresse "bom" e a se sentirem desafiados no trabalho.[183] A maioria dos programas de bem-estar pressupõe que os empregados precisam se responsabilizar pela sua própria saúde física e mental e que a organização não passa de um meio para esse fim.

A maioria das empresas que implementou programas de bem-estar obteve benefícios consideráveis. Segundo a Johnson & Johnson, seu programa de bem-estar poupou US$ 250 milhões em custos com saúde em 10 anos e pesquisas indicaram que programas eficazes de bem-estar reduziram significativamente as taxas de rotatividade na maioria das organizações.[184] Outras pesquisas patrocinadas pelo Departamento do Trabalho e pelo Departamento de Saúde e Serviços Humanos dos Estados Unidos indicaram que os programas de bem-estar disponibilizados pelas organizações "geram" empregados mais saudáveis e reduzem os fatores de risco para a saúde.[185]

> **programas de bem-estar**
> Programas apoiados pela organização que se concentram na condição física e mental dos empregados.

RESUMO

A necessidade de mudança ficou implícita ao longo de todo este texto. Por exemplo, pense em atitudes, motivação, equipes de trabalho, comunicação, liderança, estruturas organizacionais, práticas de RH e culturas organizacionais. A mudança foi uma parte integrante de nossa discussão sobre cada um desses temas. Se os ambientes fossem perfeitamente estáticos, se as habilidades e os conhecimentos dos empregados fossem sempre atualizados e nunca se deteriorassem e se o amanhã fosse sempre exatamente igual a hoje, a mudança organizacional teria pouca ou nenhuma relevância para os gestores. Mas o mundo real é turbulento, e tanto a organização quanto seus integrantes devem passar por mudanças dinâmicas se quiserem ser competitivos. Lidar com todas essas mudanças pode ser uma fonte de estresse, mas, se bem administrado, o desafio pode aumentar o engajamento e o senso de realização, levando ao alto desempenho, que, como vimos, é um dos principais objetivos do estudo do comportamento organizacional.

IMPLICAÇÕES PARA OS GESTORES

- ▶ Lembre-se de que, como gestor, você é um agente de mudanças em sua organização. As decisões que você toma e os comportamentos que você exemplifica ajudarão a moldar a cultura de mudança da organização.
- ▶ Suas políticas e práticas de gestão determinarão o grau em que a organização aprende e se adapta às mudanças nos fatores ambientais.

- Um pouco de estresse pode até ser bom. Desafios crescentes resultantes da autonomia e da responsabilidade no trabalho causarão algum estresse, mas também intensificarão os sentimentos de realização e de satisfação. Por outro lado, estressores por obstáculo como burocracia e conflitos interpessoais são totalmente negativos e devem ser eliminados.
- Você pode ajudar a aliviar o estresse prejudicial no local de trabalho ao alocar com precisão as cargas de trabalho de cada um dos empregados, além de fornecer recursos para que eles possam gerenciar o estresse, de forma condizente com as preocupações dessas pessoas.
- Você pode identificar o estresse extremo em seus empregados quando o desempenho cai, a rotatividade aumenta, o absenteísmo relacionado à saúde aumenta e o engajamento diminui. Contudo, quando esses sintomas ficam visíveis, pode ser tarde demais para fazer qualquer coisa. Por isso, fique atento aos primeiros sinais e seja proativo.

Ponto e contraponto

As empresas devem encorajar a redução do estresse

PONTO

As empresas investem muito em seus empregados, de modo que a saúde e o bem-estar da força de trabalho são questões importantes para qualquer organização. Uma das maneiras mais diretas de ajudar as pessoas é implementando intervenções de redução do estresse.

Um importante benefício financeiro dos programas de redução do estresse é a redução dos custos relacionados à saúde. O estresse no trabalho leva a dezenas de consequências negativas e dispendiosas relacionadas à saúde. O estresse enfraquece o sistema imunológico, causando mais doenças e levando a ausências por problemas de saúde. Se os empregados estiverem extremamente estressados no trabalho, há chances maiores de que compareçam à empresa com uma doença contagiosa e acabem contaminando outros empregados. A longo prazo, altos níveis de estresse também podem contribuir para doenças cardíacas, que acabam resultando em tratamentos médicos dispendiosos. Esses tratamentos médicos aumentam as despesas do empregador com seguros de saúde.

Ajudar os empregados a reduzir o estresse pode melhorar o desempenho no trabalho. Os empregados sobrecarregados têm dificuldade de se concentrar, podem perder a energia e a motivação no trabalho e podem não conseguir pensar em ideias novas e criativas. O estresse também pode criar conflitos com os colegas e levar a um tratamento grosseiro ou hostil de clientes. Por fim, os empregados estressados podem sair da empresa, que precisa arcar com todos os custos da rotatividade.

Os programas de redução de estresse também têm um componente ético. Alguns empregados podem ficar mui-

CONTRAPONTO

É verdade que os empregadores podem ter interesse financeiro direto em alguns resultados da redução do estresse, mas cabe questionar se investir em programas de redução do estresse é uma boa ideia.

O primeiro problema é operacional. Algumas intervenções de redução do estresse são dispendiosas, implicando custos com facilitadores profissionais ou equipamentos de exercício físico. Os retornos financeiros podem levar um bom tempo para serem concretizados e os custos iniciais de pesquisa, concepção e implementação são altos. Um número crescente de organizações relata que os retornos esperados sobre o investimento em programas de bem-estar não se materializaram. Além disso, o tempo que os empregados gastam em intervenções de redução de estresse é um tempo que eles passariam trabalhando.

Outro problema é que os programas de redução de estresse são invasivos. Será que seu chefe ou outras pessoas da empresa têm o direito de dizer como você deve se sentir? Muitos programas de redução do estresse invadem ainda mais a vida pessoal dos empregados, incentivando um diálogo aberto sobre as fontes de estresse. Você quer mesmo que seu chefe e seus colegas saibam por que você anda tão estressado? Discutir questões pessoais relacionadas ao estresse dificulta a manutenção de relações profissionais.

Um último problema é a dificuldade de separar o estresse no trabalho do estresse da vida pessoal. Um programa de redução de estresse de uma empresa pode tentar resolver problemas de sobrecarga de trabalho ou conflitos sociais, mas esses problemas muitas vezes também afetam outras áreas da vida de um empregado. Como um programa de

to estressados no trabalho, de modo que os empregadores não podem se isentar da responsabilidade de neutralizar as consequências negativas do estresse. Os programas de redução de estresse representam uma maneira direta de ajudar os empregados a se sentir melhor. Quando os empregadores mostram que se preocupam com os empregados, ajudando-os a reduzir o estresse, eles ficam mais comprometidos com a empresa.

redução do estresse poderia ajudar quando as razões para o estresse do empregado são, digamos, um filho doente ou um conflito familiar?
As organizações podem ter as melhores intenções, mas pode ser mais importante deixar os empregados manterem sua vida pessoal no âmbito privado.

Fontes: baseado em L. Vanderkam, "The Dark Side of Corporate Wellness Programs", *Fast Company*, 8 jun. 2015, http://www.fastcompany.com/3047115/the-dark-side-of-corporate-wellness-programs; D. R. Stover e J. Wood, "Most Company Wellness Programs Are a Bust", *Gallup Business Journal*, 4 fev. 2015, http://www.gallup.com/businessjournal/181481/company-wellness-programs-bust.aspx; e A. Frakt e A. E. Carroll, "Do Wellness Programs Work? Usually Not", *New York Times*, 11 set. 2014, http://www.nytimes.com/2014/09/12/upshot/do-workplace-wellness-programs-work-usually-not.html.

REVISÃO DO CAPÍTULO

QUESTÕES PARA REVISÃO

18.1 Quais são as diferenças entre forças da mudança e mudanças planejadas?

18.2 Como a resistência à mudança pode ser combatida?

18.3 Quais são às quatro principais abordagens para gerenciar as mudanças organizacionais?

18.4 Como os gestores podem criar uma cultura de mudança?

18.5 Quais são as possíveis fontes ambientais, organizacionais e pessoais de estresse no trabalho e qual é o papel das diferenças individuais e culturais?

18.6 Quais são os sintomas fisiológicos, psicológicos e comportamentais do estresse no trabalho?

18.7 Quais são as abordagens individuais e organizacionais para administrar o estresse no trabalho?

APLICAÇÃO E EMPREGABILIDADE

Neste capítulo, você foi apresentado a várias maneiras pelas quais a mudança afeta as organizações, incluindo o aumento do estresse e da tensão dos empregados. Você aprendeu várias técnicas para administrar seus níveis de estresse. Entender a mudança organizacional pode aumentar suas chances de conseguir um bom emprego, uma vez que a mudança é uma constante nas organizações. Aprender a adaptar e a administrar a mudança pode ajudá-lo a progredir e ter sucesso no trabalho. Um dia, você pode ser encarregado de uma grande iniciativa de mudança organizacional. Quando você se encontrar nessa posição, poderá aplicar seu conhecimento das iniciativas de gestão de mudanças organizacionais para garantir que a mudança seja bem implementada. Saber administrar seus níveis de estresse pode melhorar sua empregabilidade, visto que você poderá ser produtivo mesmo em uma situação de estresse. Além disso, estressores por desafio e metas desafiadoras podem aumentar sua motivação e levá-lo a grandes realizações.

Se você tiver de gerenciar pessoas, poderá usar uma variedade de opções para ajudar os empregados a administrar seus níveis de estresse. Neste capítulo, você aprimorou suas habilidades de responsabilidade social ao se conscientizar dos perigos da falta de sono, ponderou como lidar com o estresse e com os conflitos em equipes, aprendeu a administrar o estresse durante um processo de mudança organizacional e debateu se as empresas deveriam ou não se envolver em iniciativas de redução do estresse. Na próxima seção, você continuará a desenvolver essas habilidades, juntamente com seu pensamento crítico e habilidades de análise e aplicação do conhecimento, refletindo sobre importantes eventos no trabalho, ponderando os efeitos negativos do presenteísmo, aprendendo como as organizações podem melhorar os níveis de estresse dos empregados, conscientizando-se dos efeitos adversos da solidão dos empregados e ponderando o que pode ser feito a respeito.

EXERCÍCIO EXPERIENCIAL   Aprendendo com o trabalho

Como vimos no exemplo de abertura do capítulo, Ben Carpenter percorreu um longo caminho para o sucesso, deparando-se com muitos imprevistos que exigiram que ele agisse e desenvolvesse habilidades de enfrentamento a fim de lidar com as pressões resultantes da mudança. No entanto, Ben aprendeu muito com esses eventos e, com base nessa experiência, conseguiu ser mais eficiente e resiliente em seu trabalho. Por exemplo, uma das orientações que Ben costuma dar a seus empregados é: "Nunca diga nada negativo sobre seus colegas", recomendação baseada na época em que Ben quase viu sua carreira cair por terra depois de fazer um comentário negativo sobre um colega.

Você, com certeza, já passou por eventos decisivos em seu trabalho e teve interações com organizações que afetaram sua visão sobre o trabalho e o modo como você faz as coisas nas organizações. Agora, pense em uma ocasião em que você (ou um conhecido) passou por um grande evento de mudança no trabalho. Responda às seguintes perguntas sobre esse evento:

- Qual foi o importante evento de mudança?
- O que levou a esse evento?
- Quais foram as consequências?
- Quantas pessoas foram afetadas? Quem foi afetado?
- As pessoas afetadas ficaram estressadas com o evento? Foi um estresse "bom" ou "ruim"?
- Com base nesse evento, que conselho você daria a empregados passando por situações parecidas? Anote esse conselho.

Depois de responder a essas perguntas, forme grupos de três ou quatro pessoas. Cada um deve contar a história de seu evento de mudança e falar sobre as lições aprendidas. Depois de cada descrição, os membros do grupo devem falar sobre experiências parecidas que tiveram e fazer perguntas de esclarecimento. Os membros também devem pensar sobre o que poderia ter sido feito de outra forma e o que poderia ter levado a resultados melhores (ou piores). Pensem também no que teria acontecido em outras situações e se isso teria alterado a maneira como a mudança foi vista. Por exemplo, e se menos pessoas tivessem sido afetadas pelo evento de mudança? Após todos os membros do grupo falarem, cada pessoa deve responder às perguntas a seguir.

Questões

18.8 Algum membro do grupo discordou de alguma recomendação proposta para empregados que passam por situações parecidas? Se foi o caso, quais conselhos ele(s) daria(m)? Você consegue pensar em outros conselhos que possam contradizer o que você ou os membros de seu grupo pensaram para algum evento relatado? (Por exemplo, se um conselho foi "cada qual com seu igual", um conselho conflitante seria "os opostos se atraem".)

18.9 Para a sua situação, você (ou seu conhecido) poderia ter feito alguma coisa de um jeito diferente? Explique sua resposta.

18.10 De que maneiras você acha que as organizações podem treinar seus empregados para serem mais adaptáveis e resilientes? Você acha que isso é possível? Explique sua resposta.

Fontes: baseado em B. Carpenter, *The Bigs: The Secrets Nobody Tells Students and Young Professionals about How to: Choose a Career, Find a Great Job, Do a Great Job, Be a Leader, Start a Business, Manage Your Money, Stay out of Trouble, and Live a Happy Life* (Hoboken, NJ: Wiley, 2014).

Dilema ético

Todos presentes e de prontidão

Diya deu uma olhada no histórico de logins no computador de José e não gostou do que viu. O histórico mostra que José passava dias a fio ao computador, escrevendo códigos de programação e compilando dados sobre as experiências do usuário. De fato, é esperado que as pessoas que trabalham no setor de tecnologia passem horas a fio trabalhando sem fazer pausas, mas Diya sabia que seu amigo José estava prestes a passar do ponto de exaustão. Já fazia semanas que ele sofria com uma doença respiratória não diagnosticada e ela temia que, se ele não se permitisse descansar um pouco, jamais conseguiria melhorar. No entanto, José estava sendo pressionado pelo chefe a concluir logo suas tarefas e achava que não tinha outra escolha a não ser trabalhar sem parar, mesmo doente.

Todos os gestores enfrentam o problema do absenteísmo quando os empregados faltam ao trabalho. Contudo, estudos recentes estão sugerindo que o absenteísmo tem um oposto que vem acompanhado das próprias consequências negativas: o presenteísmo. O presenteísmo ocorre quando um empregado continua a ir ao trabalho mesmo estando doente. Ao contrário do absenteísmo, o presenteísmo pode ocorrer especificamente devido a pressões por parte dos superiores.

Um empregado pode apresentar presenteísmo por uma série de razões, mas, como mostra o caso de José, pode ser uma reação a pressões sofridas no ambiente de trabalho. As empresas que investem muitos recursos no monitoramento da assiduidade dos empregados também tendem a apresentar níveis mais elevados de presenteísmo. Em outras palavras, evidências empíricas sugerem que, ao fazer isso, as empresas passam aos empregados a mensagem de que a assiduidade é necessária, mesmo quando eles estão doentes demais para trabalhar.

Algumas empresas começaram a combater essa tendência. A Microsoft, por exemplo, pressionou seus fornecedores a dar mais acessos a benefícios de ausências por licença médica a seus empregados. Ser pressionado a ir ao trabalho mesmo doente é uma grande fonte de estresse, o que causa o enfraquecimento das defesas imunológicas do corpo. Em consequência, uma cultura de presenteísmo acaba levando a doenças com o tempo. Desse modo, tudo indica que as preocupações de Diya com a saúde de José têm muito fundamento. Quando empregados doentes vão ao trabalho, outros empregados também podem adoecer. Com o tempo, isso pode resultar em atrasos sistêmicos do trabalho.

Uma organização grande e estável como a Microsoft pode ter mais facilidade de ver as consequências positivas de desencorajar o presenteísmo. Em uma pequena empresa que trabalha em projetos independentes para empresas maiores, como aquela de José e Diya, pode ser uma grande tentação forçar os empregados a ir trabalhar, não importa o que aconteça. Alguns dias sem trabalhar podem levar a empresa a perder uma importante oportunidade de negócio. Desse modo, os empregados cedem à pressão e seguem trabalhando o quanto podem.

Questões

18.11 Como o presenteísmo pode ser uma resposta adaptativa à pressão por desempenho? Como ele pode ser uma resposta às pressões no trabalho?

18.12 Os empregadores têm a responsabilidade ética de desencorajar o presenteísmo? Explique sua resposta.

18.13 Como uma empresa poderia mudar as atitudes e comportamentos dos empregados em relação ao presenteísmo? Em outras palavras, como seria um bom programa de prevenção ao presenteísmo?

18.14 Releia o Dilema ético. Você já se sentiu pressionado a trabalhar quando estava doente? O que você fez? O que você faria agora?

Fontes: baseado em D. Engber, "Quit Whining about Your Sick Colleague", *The New York Times*, 29 dez. 2014, http://www.nytimes.com/2014/12/30/opinion/quit-whining-about--your-sick-colleague.html; C. C. Miller, "From Microsoft, a Novel Way to Mandate Sick Leave", *The New York Times*, 26 mar. 2015, http://www.nytimes.com/2015/03/26/upshot/26up-leave.html?abt=0002&abg=0; e S. Deery, J. Walsh e C. D. Zatzick, "A Moderated Mediation Analysis of Job Demands, Presenteeism, and Absenteeism", *Journal of Occupational and Organizational Psychology* (jun. 2014): 352–69.

Estudo de caso 1

Arrumando a casa no Walmart

Por mais de meio século, o Walmart se orgulhava de proporcionar valor aos clientes ao oferecer os preços mais baixos do mercado. Mas a mentalidade do consumidor está mudando. Hoje em dia, "valor" também implica praticidade, facilidade de encontrar o que se quer e a capacidade de obter exatamente o que se quer a qualquer momento. Cadeias de lojas de produtos baratos espalhadas pelos Estados Unidos muitas vezes têm preços mais baixos do que o Walmart, de modo que essa vantagem competitiva está diminuindo. E, graças à Amazon.com e a outros varejistas on-line, os consumidores podem fazer compras em casa quando quiserem, comparar preços e saber imediatamente quais produtos estão disponíveis.

Compare isso com a experiência que muitos clientes do Walmart tinham quando entravam em uma loja: pouco estoque, prateleiras desorganizadas, empregados pouco prestativos e um ambiente deprimente. A presença da empresa na internet não era muito diferente. O site era pouco intuitivo e as tentativas de encontrar os produtos eram, na melhor das hipóteses, frustrantes e, com mais frequência, infrutíferas.

Nomeado CEO do Walmart em 2014, Doug McMillon se propôs a mudar essa situação. "O que as pessoas pensam sobre a empresa é importante", ele observou. E, quando as pessoas pensavam no Walmart, elas não pensavam em valor e em preços baixos. McMillon promoveu várias mudanças. Para começar, a fama da empresa era de que, apesar de seus lucros estarem na casa dos bilhões de dólares, os empregados de suas lojas não eram bem tratados (baixos salários, poucos benefícios), de modo que o Walmart anunciou que aumentaria o salário mínimo pago a seus empregados.

Em segundo lugar, a empresa começou a pedir opiniões e sugestões aos empregados e a dar mais atenção ao que eles tinham a dizer. Os problemas recorrentes incluíam o código de vestuário, as músicas tocadas no ambiente de trabalho e até a temperatura nas lojas. As regras de vestuário foram flexibilizadas, a seleção musical ficou mais variada e o ar-condicionado foi ajustado. A empresa espera que melhorar o moral dos empregados se traduza em uma experiência melhor para os clientes, mudando algumas percepções negativas.

A presença do Walmart na internet foi outro alvo de grandes mudanças. A Amazon é o maior concorrente da loja e McMillon queria oferecer aos clientes maior variedade de produtos, mais opções de retirada de compras e outras formas de atender às necessidades e às demandas dos clientes (como um serviço de pedidos de compras on-line de supermercado). Para isso, a empresa teve de repensar seu marketing e seu estoque como um todo.

McMillon conseguiu identificar não somente o que os consumidores queriam, mas também como eles queriam (seja das mãos de empregados satisfeitos ou com o simples clique de um mouse). O tempo dirá se essas medidas serão suficientes para mudar a percepção dos consumidores sobre a empresa.

Questões

18.15 Quais são os principais fatores que levaram o Walmart a mudar? Esses fatores exemplificam as pressões para a mudança que discutimos neste capítulo? Explique sua resposta.

18.16 Quais você acha que serão os resultados das mudanças promovidas pelo Walmart?

18.17 Descreva como McMillon atuou como um agente de mudança nessa situação.

Fontes: baseado em S. Halzack, "Why Walmart Is Ditching Its Celine Dion Soundtrack and Getting a DJ", *Washington Post*, 3 jun. 2015, http://www.washingtonpost.com/news/business/wp/2015/06/03/why-Walmart-is-ditching-its-celine-dion-soundtrack-and-getting-a-deejay/; B. Ritholtz, "Walmart Learns to Live without Everyday Poverty Wages", *Bloomberg View*, 11 jun. 2015, http://www.bloombergview.com/articles/2015-06-11/Walmart-lives-without-everyday-poverty-wages; e B. O'Keefe, "The Man Who's Reinventing Walmart", *Fortune*, 4 jun. 2015, http://fortune.com/2015/06/04/walmart-ceo-doug-mcmillon/.

Estudo de caso 2

Empregados solitários

"Os professores não têm muitas chances de conversar uns com os outros... é uma profissão incrivelmente solitária", observa John Ewing, presidente da Math for America, organização sem fins lucrativos que tem como objetivo melhorar a excelência no ensino de ciências, tecnologia, engenharia e matemática, recompensando os educadores que se destacam. Outro diferenciador é seu modelo para combater a solidão criando uma comunidade de apoio mútuo. Ao proporcionar oportunidades de networking com outros professores e, em consequência, criar uma comunidade de educadores, Ewing espera "manter os educadores ensinando por muito tempo". Steven Miranda, diretor-administrativo do Centro de Estudos Avançados de Recursos Humanos da Universidade Cornell, sugere que a solidão pode não somente levar à rotatividade, mas também à baixa motivação e a baixos níveis de comportamento de cidadania organizacional. "Eu apostaria tudo o que tenho que as pessoas solitárias e descomprometidas com o trabalho se empenham muito menos do que as pessoas que têm um sistema de apoio ou alguém para ajudá-las."

Pesquisas confirmam as observações de Miranda e Ewing: um estudo com mais de 500 professores de escolas do Macau sugere que a solidão afeta negativamente o desempenho no trabalho e o comportamento de cidadania organizacional. O problema é que os empregados solitários não contam com um diálogo de alta qualidade com seus superiores e colegas. Outras pesquisas sugerem que a solidão não somente prejudica o desempenho como também pode levar a graves problemas de saúde, declínio cognitivo e até à morte prematura, tanto que alguns estudiosos chegam a considerar o problema como uma epidemia de saúde pública.

A solidão também pode complicar a vida dos líderes. Como explica Jim Hertlein, diretor-administrativo da Boyden, uma empresa de headhunting de executivos: "O cargo de um CEO é extremamente solitário... espera-se que os CEOs sempre apresentem seu melhor desempenho. Eles não podem se dar ao luxo de ter um dia ruim". Mas isso pode depender do grau de poder que os líderes têm. Estudos mostraram que, na verdade, ter mais poder *reduz* a solidão. Uma das razões pode ser que as pessoas que ocupam posições de poder muitas vezes não têm tanta necessidade de pertencimento e, portanto, sentem-se menos solitárias.

Combater a solidão no ambiente de trabalho pode começar com você: ao abrir-se para os colegas e construir pontes, você pode fazer amizades e aliviar a tensão causada pela solidão. Gestores e supervisores também podem ajudar ao estruturar o trabalho e promover um clima no qual os colegas possam se engajar e criar vínculos.

Questões

18.18 Como um ambiente de trabalho volátil, marcado por constantes mudanças, pode afetar a solidão? Como um ambiente de trabalho estável, sem muitas mudanças, pode afetar a solidão?

18.19 Quem você acha que tende a ser mais afetado pela solidão, os empregados ou seus superiores (ou gestores ou executivos)? Explique sua resposta.

18.20 Qual é o papel da sociedade na formação de uma cultura corporativa global de solidão? Explique sua resposta.

18.21 Releia o Estudo de caso 2. As organizações estão diante de uma epidemia de solidão dos empregados. O que pode ser feito para combater essa epidemia e ajudar os empregados a criar vínculos sociais no local de trabalho? Quais fatores ou mudanças organizacionais podem inviabilizar essas tentativas?

Fontes: baseado em K. Hafner, "Researchers Confront an Epidemic of Loneliness", *The New York Times*, 5 set. 2016, https://nyti.ms/2k7a9JH; P. Korkki, "Building a Bridge to a Lonely Colleague", *The New York Times*, 29 jan. 2012, BU8; L. Kwoh, "Careers: When the CEO Burns Out—Job Fatigue Catches Up to Some Executives amid Mounting Expectations: No More Forced Smiles", *The Wall Street Journal*, 8 maio 2013, B6; L. W. Lam e D. C. Lau, "Feeling Lonely at Work: Investigating the Consequences of Unsatisfactory Workplace Relationships", *The International Journal of Human Resource Management* 23, no. 20 (2012): 4265–82; A. Waytz, E. Y. Chou, J. C. Magee e A. D. Galinsky, "Not So Lonely at the Top: The Relationship between Power and Loneliness", *Organizational Behavior and Human Decision Processes* 130 (2015): 69–78; e C. Zillman, "Being Lonely at Work Is bad for Business", *Fortune*, 29 jul. 2014, http://fortune.com/2014/07/29/worker-loneliness/.

NOTAS

1. A. Chowdhry, "Apple Surpassed Samsung as Global Phone Market Leader, Says Report", *Forbes*, 3 mar. 2015, http://www.forbes.com/sites/amitchowdhry/2015/03/04/apple-passes-samsung/.

2. L. Goadsduff e A. A. Forni, "Gartner Says Worldwide Sales of Smartphones Grew 7 Percent in the Fourth Quarter of 2016", *Gartner: Newsroom* [comunicado à imprensa], 15 fev. 2017, http://www.gartner.com/newsroom/id/3609817.

3. Ibid.

4. Ibid.

5. A. Deutschman, "Change or Die", *Fast Company*, 1 maio 2005, https://www.fastcompany.com/52717/change-or-die; A. Deutschman, *Change or Die: The Three Keys to Change at Work and in Life* (Nova York, NY: Harper Collins, 2007); e M. L. Stallard, "Will Your Company Navigate Change or Die?", *Fox Business*, 24 mar. 2015, http://www.foxbusiness.com/features/2015/03/24/will-your-company-navigate-change-or-die.html.

6. N. Fligstein e A. Goldstein, "The Roots of the Great Recession", in D. B. Grusky, B. Western e C. Wimer (eds.), *The Great Recession* (Nova York, NY: Russell Sage Foundation, 2011): 21–56; e R. Rich, "The Great Recession", *Federal Reserve History*, 22 nov. 2013, https://www.federalreservehistory.org/essays/great_recession_of_200709.

7. H. Smith, "A Year after the Crisis Was Declared Over, Greece Is Still Spiralling Down", *The Guardian*, 13 ago. 2016, https://www.theguardian.com/business/2016/aug/13/greek-economy-still-spiralling-down-year-after-crisis-declared-over.

8. D. Clark, "How to Increase Your Corporate Agility", *Forbes*, 24 nov. 2014, https://www.forbes.com/sites/dorieclark/2014/11/24/how-to-increase-your-corporate-agility/#56f09028772d; e A. Setili, *The Agility Advantage: How to Identify and Act on Opportunities in a Fast-Changing World* (São Francisco, CA: Wiley, 2014).

9. P. Mohan, "Clone Wars: Why Instagram Will Legally Get Away with Copying Snapchat Stories", *Fast Company*, 5 ago. 2016, https://www.fastcompany.com/3062593/clone-wars-why-instagram-will-legally-get-away-with-copying-snapchat-stories.

10. P. Bansal e H.-C. Song, "Similar but Not the Same: Differentiating Corporate Sustainability from Corporate Responsibility", *Academy of Management Annals* 11, no. 1 (2017): 106–49.

11. D. L. Bradford e W. W. Burke (eds.), *Reinventing Organization Development: New Approaches to Change in Organizations* (São Francisco, CA: Pfeiffer, 2005).

12. Veja, por exemplo, J. Birkinshaw, G. Hamel e M. J. Mol, "Management Innovation", *Academy of Management Review* 33, no. 4 (2008): 825–45; e J. Welch e S. Welch, "What Change Agents Are Made Of", *BusinessWeek*, 20 out. 2008, 96.

13. M. Helft, "How the Tech Elite Plans to Reinvent Senior Care", *Forbes*, 2 abr. 2015, http://www.forbes.com/sites/miguelhelft/2015/04/02/how-the-tech-elite-plans-to-reinvent-senior-care.

14. Site das General Motors, http://www.gm.com/company/corporate-officers/marybarra, acessado em 22 jul. 2015.

15. R. J. Grossman, "Accelerating Change at GM", *HR Magazine* (jun. 2012): 58–64.

16. Site da General Motors, http://www.gm.com/company/aboutGM/GM_Corporate_Officers/John_Quattrone.html, acessado em 22 jul. 2015.

17. Veja, por exemplo, P. G. Audia e S. Brion, "Reluctant to Change: Self-Enhancing Responses to Diverging Performance Measures", *Organizational Behavior and Human Decision Processes* 102 (2007): 255–69.

18. M. Fugate, A. J. Kinicki e G. E. Prussia, "Employee Coping with Organizational Change: An Examination of Alternative Theoretical Perspectives and Models", *Personnel Psychology* 61, no. 1 (2008): 1–36.

19. R. B. L. Sijbom, O. Janssen e N. W. Van Yperen, "How to Get Radical Creative Ideas into a Leader's Mind? Leader's Achievement Goals and Subordinates' Voice of Creative Ideas", *European Journal of Work and Organizational Psychology* 24 (2015): 279–96.

20. J. D. Ford, L. W. Ford e A. D'Amelio, "Resistance to Change: The Rest of the Story", *Academy of Management Review* 33, no. 2 (2008): 362–77.

21. Q. N. Huy, K. G. Corley e M. S. Kraatz, "From Support to Mutiny: Shifting Legitimacy Judgments and Emotional Reactions Impacting the Implementation of Radical Change", *Academy of Management Journal* 57, no. 6 (2014): 165–80.

22. R. K. Smollan, "The Multi-Dimensional Nature of Resistance to Change", *Journal of Management & Organization* 17, no. 6 (2011): 828–49.

23. P. C. Fiss e E. J. Zajac, "The Symbolic Management of Strategic Change: Sensegiving via Framing and Decoupling", *Academy of Management Journal* 49, no. 6 (2006): 1173–93.

24. A. E. Rafferty e S. L. D. Restubog, "The Impact of Change Process and Context on Change Reactions and Turnover during a Merger", *Journal of Management* 36, no. 5 (2010): 1309–38.

25. S. Fuchs e R. Prouska, "Creating Positive Employee Change Evaluation: The Role of Different Levels of Organizational Support and Change Participation", *Journal of Change Management* 14, no. 3 (2014): 361–83.

26. Q. N. Huy, "Emotional Balancing of Organizational Continuity and Radical Change: The Contribution of Middle Managers", *Administrative Science Quarterly* (mar. 2002): 31–69; D. M. Herold, D. B. Fedor e S. D. Caldwell, "Beyond Change Management: A Multilevel Investigation of Contextual and Personal Influences on Employees' Commitment to Change", *Journal of Applied Psychology* 92, no. 4 (2007): 942–51; e G. B. Cunningham, "The Relationships among Commitment to Change, Coping with Change, and Turnover Intentions", *European Journal of Work and Organizational Psychology* 15, no. 1 (2006): 29–45.

27. R. Peccei, A. Giangreco e A. Sebastiano, "The Role of Organizational Commitment in the Analysis of Resistance to Change: Copredictor and Moderator Effects", *Personnel Review* 40, no. 2 (2011): 185–204.

28. Huy, Corley e Kraatz, "From Support to Mutiny"; e J. P. Kotter, "Leading Change: Why Transformational Efforts Fail", *Harvard Business Review* 85 (jan. 2007): 96–103.

29. K. van Dam, S. Oreg e B. Schyns, "Daily Work Contexts and Resistance to Organisational Change: The Role of Leader-Member Exchange, Development Climate, and Change Process Characteristics", *Applied Psychology: An International Review* 57, no. 2 (2008): 313–34.

30. A. H. Y. Hon, M. Bloom e J. M. Crant, "Overcoming Resistance to Change and Enhancing Creative Performance", *Journal of Management* 40 (2014): 919–41; e S. Turgut, A. Michel, L. M. Rothenhöfer e K. Sonntag, "Dispositional Resistance to Change and Emotional Exhaustion: Moderating Effects at the Work-Unit Level", *European Journal of Work and Organizational Psychology* 25, no. 5 (2016): 735–50.

31. S. Oreg e N. Sverdlik, "Ambivalence toward Imposed Change: The Conflict between

Dispositional Resistance to Change and the Orientation toward the Change Agent", *Journal of Applied Psychology* 96, no. 2 (2011): 337–49.

32. M. De Ruiter, R. Schalk, J. Schaveling e D. van Gelder, "Psychological Contract Breach in the Anticipatory Stage of Change: Employee Responses and the Moderating Role of Supervisory Informational Justice", *The Journal of Applied Behavioral Science* 53, no. 1 (2017): 66–88; B. Fedor, S. Caldwell e D. M. Herold, "The Effects of Organizational. Changes on Employee Commitment: A Multilevel Investigation", *Personnel Psychology* 59 (2006): 1–29; e R. D. Foster, "Resistance, Justice, and Commitment to Change", *Human Resource Development Quarterly* 21, no. 1 (2010): 3–39.

33. G. Jacobs e A. Keegan, "Ethical Considerations and Change Recipients' Reactions: 'It's Not All about Me'", *Journal of Business Ethics* (no prelo).

34. D. A. Nesterkin, "Organizational Change and Psychological Reactance", *Journal of Organizational Change Management* 26, no. 3 (2013): 573–94.

35. Veja, por exemplo, D. E. Krause, "Consequences of Manipulation in Organizations: Two Studies on Its Effects on Emotions and Relationships", *Psychological Reports* 111, no. 1 (2012): 199–218.

36. J. Battilana e T. Casciaro, "Overcoming Resistance to Organizational Change: Strong Ties and Affective Cooptation", *Management Science* 59, no. 4 (2013): 819–36.

37. S. Oreg, "Personality, Context, and Resistance to Organizational Change", *European Journal of Work and Organizational Psychology* 15, no. 1 (2006): 73–101.

38. S.-H. Chung, Y.-F. Su e S.-W. Su, "The Impact of Cognitive Flexibility on Resistance to Organizational Change", *Social Behavior and Personality* 40, no. 5 (2012): 735–46; I. B. Saksvik e H. Hetland, "Exploring Dispositional Resistance to Change", *Journal of Leadership & Organizational Studies* 16, no. 2 (2009): 175–83; H. Toch e J. D. Grant, *Reforming Human Services Change Through Participation* (Beverly Hills, CA: Sage, 1982); e C. R. Wanberg e J. T. Banas, "Predictors and Outcomes of Openness to Changes in a Reorganizing Workplace", *Journal of Applied Psychology* 85, no. 1 (2000): 132–42.

39. T. A. Judge, C. J. Thoresen, V. Pucik e T. M. Welbourne, "Managerial Coping with Organizational Change: A Dispositional Perspective", *Journal of Applied Psychology* 84, no. 1 (1999): 107–22.

40. J. W. B. Lang e P. D. Bliese, "General Mental Ability and Two Types of Adaptation to Unforeseen Change: Applying Discontinuous Growth Models to the Task-Change Paradigm", *Journal of Applied Psychology* 94, no. 2 (2009): 411–28.

41. C. O. L. H. Porter, J. W. Webb e C. I. Gogus, "When Goal Orientations Collide: Effects of Learning and Performance Orientation on Team Adaptability in Response to Workload Imbalance", *Journal of Applied Psychology* 95, no. 5 (2010): 935–43; e K. R. Randall, C. J. Resick e L. A. DeChurch, "Building Team Adaptive Capacity: The Roles of Sensegiving and Team Composition", *Journal of Applied Psychology* 96, no. 3 (2011): 525–40.

42. J. S. Christian, M. S. Christian, M. J. Pearsall e E. C. Long, "Team Adaptation in Context: An Integrated Conceptual Model and MetaAnalytic Review", *Organizational Behavior and Human Decision Processes* 140 (2017): 62–89.

43. D. G. Erwin e A. N. Garman, "Resistance to Organizational Change: Linking Research and Practice", *Leadership & Organization Development Journal* 31, no. 1 (2010): 39–56.

44. V. E. Schein, "Organizational Realities: The Politics of Change", *Training & Development Journal* 39, no. 2 (1985): 37–41.

45. Veja, por exemplo, A. Karaevli, "Performance Consequences for New CEO 'Outsiderness': Moderating Effects of Pre- and Post-Succession Contexts", *Strategic Management Journal* 28, no. 7 (2007): 681–706.

46. K. Lewin, "Frontiers in Group Dynamics: Concept, Method and Reality in Social Science: Equilibrium and Social Change", *Human Relations* 1, no. 1 (1947): 5–41. Compare com S. Cummings, T. Bridgman e K. G. Brown, "Unfreezing Change as Three Steps: Rethinking Kurt Lewin's Legacy for Change Management", *Human Relations* 69, no. 1 (2016): 33–60.

47. P. G. Audia, E. A. Locke e K. G. Smith, "The Paradox of Success: An Archival and a Laboratory Study of Strategic Persistence Following Radical Environmental Change", *Academy of Management Journal* 43, no. 5 (2000): 837–53; e P. G. Audia e S. Brion, "Reluctant to Change: Self-Enhancing Responses to Diverging Performance Measures", *Organizational Behavior and Human Decision Processes* 102, no. 2 (2007): 255–69.

48. J. Kotter, *Leading Change* (Boston, MA: Harvard Business School, 1996); J. Kotter, *Our Iceberg Is Melting* (Nova York, NY: St. Martin's, 2005); J. Kotter, *A Sense of Urgency* (Boston, MA: Harvard Business School, 2008); e J.

Pollack e R. Pollack, "Using Kotter's Eight Stage Process to Manage an Organisational Change Program: Presentation and Practice", *Systemic Practice and Action Research* 28, no. 1 (2015): 41–66.

49. Para uma revisão, veja C. Cassell e P. Johnson, "Action Research: Explaining the Diversity", *Human Relations* 59, no. 6 (2006): 783–814.

50. Bradford e Burke (eds.), *Reinventing Organization Development*; M.-Y. Cheung-Judge e L. Holbeche, *Organization Development: A Practitioner's Guide for OD and HR* (Londres, Reino Unido: Kogan, 2011); e B. Burnes e B. Cooke, "The Past, Present and Future of Organization Development: Taking the Long View", *Human Relations* 65, no. 11 (2012): 1395–429.

51. Veja, por exemplo, Burnes e Cooke, "The Past, Present and Future of Organization Development".

52. S. Highhouse, "A History of the T-Group and Its Early Application in Management Development", *Group Dynamics: Theory, Research, & Practice* 6, no. 4 (2002): 277–90.

53. Veja, por exemplo, R. J. Solomon, "An Examination of the Relationship between a Survey Feedback O.D. Technique and the Work Environment", *Personnel Psychology* 29 (1976): 583–94.

54. F. Lambrechts, S. Grieten, R. Bouwen e F. Corthouts, "Process Consultation Revisited: Taking a Relational Practice Perspective", *Journal of Applied Behavioral Science* 45, no. 1 (2009): 39–58; E. H. Schein, *Process Consultation—Volume 1: Its Role in Organization Development*, 2. ed. (Reading, MA: Addison Wesley, 1988); e E. H. Schein, *Process Consultation Revisited: Building the Helping Relationship* (Reading, MA: Addison Wesley, 1999).

55. W. W. G. Dyer, W. G. Dyer e J. H. Dyer, *Team Building: Proven Strategies for Improving Team Performance* (Hoboken, NJ: Jossey-Bass, 2007); e M. L. Shuffler, D. DiazGranados e E. Salas, "There's a Science for That: Team Development Interventions in Organizations", *Current Directions in Psychological Science* 20, no. 6 (2011): 365–72.

56. Veja, por exemplo, W. A. Randolph e B. Z. Posner, "The Effects of an Intergroup Development OD Intervention as Conditioned by the Life Cycle State of Organizations: A Laboratory Experiment", *Group & Organization Studies* 7, no. 3 (1982): 335–52.

57. U. Wagner, L. Tropp, G. Finchilescu e C. Tredoux (eds.), *Improving Intergroup Relations* (Nova York: Wiley-Blackwell, 2008).

58. R. Fry, F. Barrett, J. Seiling e D. Whitney (eds.), *Appreciative Inquiry and Organizational Transformation: Reports from the Field* (Westport, CT: Quorum, 2002); R. J. Ridley-Duff e G. Duncan, "What Is Critical Appreciation? Insights from Studying the Critical Turn in an Appreciative Inquiry", *Human Relations* 68, no. 10 (2015): 1579–99; e D. van der Haar e D. M. Hosking, "Evaluating Appreciative Inquiry: A Relational Constructivist Perspective", *Human Relations* 57, no. 8 (2004): 1017–36.

59. Case Western Reserve University, *Appreciative Inquiry Commons*, https://appreciativeinquiry.case.edu/, acessado em 20 abr. 2017.

60. G. Giglio, S. Michalcova e C. Yates, "Instilling a Culture of Winning at American Express", *Organization Development Journal* 25, no. 4 (2007): P33–P37.

61. Veja, por exemplo, G. T. Fairhurst, W. K. Smith, S. G. Banghart, M. W. Lewis, L. L. Putnam, S. Raisch e J. Schad, "Diverging and Converging: Integrative Insights on a Paradox Meta-Perspective", *The Academy of Management Annals* 10, no. 1 (2016): 173–82.

62. W. K. Smith e M. W. Lewis, "Toward a Theory of Paradox: A Dynamic Equilibrium Model of Organizing", *Academy of Management Review* 36 (2011): 381–403.

63. Fairhurst, Smith, Banghart, Lewis, Putnam, Raisch e Schad, "Diverging and Converging"; T. J. Hargrave e A. H. Van de Ven, "Integrating Dialectical and Paradox Perspectives on Managing Contradictions in Organizations", *Organization Studies* 38, nos. 3–4 (2017): 319–39; P. Jarzabkowski, J. Lê e A. Van de Ven, "Responding to Competing Strategic Demands: How Organizing, Belonging, and Performing Paradoxes Coevolve", *Strategic Organization* 11 (2013): 245–80; J. Schad, M. W. Lewis, S. Raisch e W. K. Smith, "Paradox Research in Management Science: Looking Back to Move Forward", *The Academy of Management Annals* 10, no. 1 (2016): 5–64; e W. K. Smith, "Dynamic Decision Making: A Model of Senior Leaders Managing Strategic Paradoxes", *Academy of Management Journal* 57 (2014): 1592–623.

64. J. Jay, "Navigating Paradox as a Mechanism of Change and Innovation in Hybrid Organizations", *Academy of Management Journal* 56 (2013): 137–59.

65. D. A. Waldman e D. E. Bowen, "Learning to Be a Paradox-Savvy Leader", *Academy of Management Perspectives* 30, no. 3 (2016): 316–27; e Y. Zhang, D. A. Waldman, Y. Han e X. Li, "Paradoxical Leader Behaviors in People Management: Antecedents and Consequences", *Academy of Management Journal* 58 (2015): 538–66.

66. A. Harrington, "Who's Afraid of a New Product?", *Fortune*, 10 nov. 2003, 189–92; D. K. Williams, "Do These 4 Things to Foster New Creativity", *Forbes*, 17 out. 2016, https://www.forbes.com/sites/davidkwilliams/2016/10/17/do-these-4-things-to-foster-new-creativity/#-47dcf67d902f; e C. C. Manz, F. Shipper e G. L. Stewart, "Everyone a Team Leader: Shared Influence at W. L. Gore and Associates", *Organizational Dynamics* 38, no. 3 (2009): 239–44.

67. "A Team-Based, Flat Lattice Organization", site da Gore, http://www.gore.com/en_xx/aboutus/culture/index.html, acessado em 23 jul. 2015.

68. S. Caulkin, "Gore-Text Gets Made without Managers", *The Observer*, 1 nov. 2008, http://www.theguardian.com/business/2008/nov/02/gore-tex-textiles-terri-kelly.

69. Williams, "Do These 4 Things to Foster New Creativity".

70. N. Anderson, K. Potocnik e J. Zhou, "Innovation and Creativity in Organizations: A State-of--the-Science Review, Prospective Commentary, and Guiding Framework", *Journal of Management* 40, no. 5 (2014): 1297–333; G. P. Pisano, "You Need an Innovation Strategy", *Harvard Business Review* (jun. 2015): 44–54; e J. Zhou e I. J. Hoever, "Research on Workplace Creativity: A Review and Redirection", *Annual Review of Organizational Psychology and Organizational Behavior* 1 (2014): 333–59.

71. Anderson, Potocnik e Zhou, "Innovation and Creativity in Organizations"; e H. W. Volberda, F. A. J. Van den Bosch e C. V. Heij, "Management Innovation: Management as Fertile Ground for Innovation", *European Management Review* (2013): 1–15.

72. Anderson, Potocnik e Zhou, "Innovation and Creativity in Organizations".

73. K. Byron e S. Khazanchi, "Rewards and Creative Performance: A Meta-Analytic Test of Theoretically Derived Hypotheses", *Psychological Bulletin* 138, no. 4 (2012): 809–30.

74. Veja, por exemplo, V. Mueller, N. Rosenbusch e A. Bausch, "Success Patterns of Exploratory and Exploitative Innovation: A Meta-Analysis of the Influence of Institutional Factors", *Journal of Management* 39, no. 6 (2013): 1606–36.

75. U. R. Hülsheger, N. Anderson e J. F. Salgado, "Team-Level Predictors of Innovation at Work: A Comprehensive Meta-Analysis Spanning Three Decades of Research", *Journal of Applied Psychology* 94, no. 5 (2009): 1128–45; e P. Schepers e P. T. van den Berg, "Social Factors of Work-Environment Creativity", *Journal of Business and Psychology* 21, no. 3 (2007): 407–28.

76. M. Frese e N. Keith, "Action Errors, Error Management, and Learning in Organizations", *Annual Review of Psychology* 66 (2015): 661–87.

77. R. S. Friedman e J. Förster, "The Effects of Promotion and Prevention Cues on Creativity", *Journal of Personality and Social Psychology* 81, no. 6 (2001): 1001–13.

78. Hülsheger, Anderson e Salgado, "Team-Level Predictors of Innovation at Work".

79. Ibid.

80. Anderson, Potocnik e Zhou, "Innovation and Creativity in Organizations".

81. S. Chang, L. Jia, R. Takeuchi e Y. Cai, "Do High-Commitment Work Systems Affect Creativity? A Multilevel Combinational Approach to Employee Creativity", *Journal of Applied Psychology* 99 (2014): 665–80.

82. Veja, por exemplo, M. E. Mullins, S. W. J. Kozlowski, N. Schmitt e A. W. Howell, "The Role of the Idea Champion in Innovation: The Case of the Internet in the Mid-1990s", *Computers in Human Behavior* 24, no. 2 (2008): 451–67.

83. J. M. Howell e C. A. Higgins, "Champions of Technological Innovation", *Administrative Science Quarterly* 35 (1990): 317–41.

84. C. Y. Murnieks, E. Mosakowski e M. S. Cardon, "Pathways of Passion Identity Centrality, Passion, and Behavior among Entrepreneurs", *Journal of Management* 40 (2014): 1583–606.

85. S. C. Parker, "Intrapreneurship or Entrepreneurship?", *Journal of Business Venturing* 26, no. 1 (2011): 19–34.

86. M. Cerne, M. Jaklic e M. Škerlavaj, "Decoupling Management and Technological Innovations: Resolving the Individualism-Collectivism Controversy", *Journal of International Management* 19, no. 2 (2013): 103–17; e S. Shane, S. Venkataraman e I. MacMillan, "Cultural Differences in Innovation Championing Strategies", *Journal of Management* 21, no. 5 (1995): 931–52.

87. A. Taylor, "Chrysler's Speed Merchant", *Fortune*, 6 set. 2010, 77–82.

88. D. Buss, "Marcchione May Risk Fiat Chrysler Morale by Pressing Consolidation", *Forbes*, 31 maio 2015, http://www.forbes.com/sites/dalebuss/2015/05/31/in-pressing-for-consoli-

dation-marchionne-may-be-risking-fiat-chrysler-morale/.

89. P. M. Senge, *The Fifth Discipline: The Art & Practice of the Learning Organization*, 2. ed. (Nova York, NY: Random House, 2006); V. I. Sessa e M. London, *Continuous Learning in Organizations: Individual, Group, and Organizational Perspectives* (Mahwah, NJ: Lawrence Erlbaum, 2006); e J. H. Song e T. J. Chermack, "A Theoretical Approach to the Organizational Knowledge Formation Process: Integrating Concepts of Individual Learning and Learning Organization Culture", *Human Resource Development Review* 7, no. 4 (2008): 424–42.

90. J. Kim, T. Egan e H. Tolson, "Examining the Dimensions of the Learning Organization Questionnaire: A Review and Critique of Research Utilizing the DLOQ", *Human Resource Development Review* 14, no. 1 (2015): 91–112.

91. Senge, *The Fifth Discipline*.

92. R. Chiva e J. Habib, "A Framework for Organizational Learning: Zero, Adaptive, and Generative Learning", *Journal of Management & Organization* 21, no. 3 (2015): 350–68; e Kim, Egan e Tolson, "Examining the Dimensions of the Learning Organization Questionnaire".

93. A. Michel e M. G. González-Morales, "Reactions to Organizational Change: An Integrated Model of Health Predictors, Intervening Variables, and Outcomes", in S. Oreg, A. Michel e R. T. By (eds.), *The Psychology of Organizational Change: Viewing Change from the Employee's Perspective* (Nova York, NY: Cambridge University Press, 2013).

94. D. Meinert, "Wings of Change", *HR Magazine* (nov. 2012): 30–36; Michel e González-Morales, "Reactions to Organizational Change".

95. M.-G. Seo, M. S. Taylor, N. S. Hill, X. Zhang, P. E. Tesluk e N. M. Lorinkova, "The Role of Affect and Leadership during Organizational Change", *Personnel Psychology* 65 (2012): 121–65.

96. M. Fugate, G. E. Prussia e A. J. Kinicki, "Managing Employee Withdrawal during Organizational Change: The Role of Threat Appraisal", *Journal of Management* (maio 2012): 890–914.

97. J. Shin, M. S. Taylor e M.-G. Seo, "Resources for Change: The Relationships of Organizational Inducements and Psychological Resilience to Employees' Attitudes and Behaviors toward Organizational Change", *Academy of Management Journal* 55 (2012): 727–48.

98. B. Mirza, "Workplace Stress Hits Three-Year High", *HR Magazine* (abr. 2012): 15.

99. C. L. Cooper, P. J. Dewe e M. P. O'Driscoll, *Organizational Stress: A Review and Critique of Theory, Research, and Applications* (Thousand Oaks, CA: Sage, 2002).

100. M. B. Hargrove, W. S. Becker e D. F. Hargrove, "The HRD Eustress Model: Generating Positive Stress with Challenging Work", *Human Resource Development Review* 14, no. 3. (2015): 279–98.

101. S. Shellenbarger, "When Stress Is Good for You", *The Wall Street Journal*, 24 jan. 2012, D1, D5.

102. Ibid.

103. J. A. LePine, M. A. LePine e C. L. Jackson, "Challenge and Hindrance Stress: Relationships with Exhaustion, Motivation to Learn, and Learning Performance", *Journal of Applied Psychology* 89, no. 5 (2004): 883–91.

104. N. P. Podsakoff, J. A. LePine e M. A. LePine, "Differential Challenge-Hindrance Stressor Relationships with Job Attitudes, Turnover Intentions, Turnover, and Withdrawal Behavior: A Meta-Analysis", *Journal of Applied Psychology* 92, no. 2 (2007): 438–54.

105. E. R. Crawford, J. A. LePine e B. L. Rich, "Linking Job Demands and Resources to Employee Engagement and Burnout: A Theoretical Extension and Meta-Analytic Test", *Journal of Applied Psychology* 95, no. 5 (2010): 834–48; J. A. LePine, N. P. Podsakoff e M. A. LePine, "A Meta-Analytic Test of the Challenge Stressor-Hindrance Stressor Framework: An Explanation for Inconsistent Relationships among Stressors and Performance", *Academy of Management Journal* 48, no. 5 (2005): 764–75.

106. S. Clarke, "The Effect of Challenge and Hindrance Stressors on Safety Behavior and Safety Outcomes: A Meta-Analysis", *Journal of Occupational Health Psychology* 17, no. 4 (2012): 387–97; LePine, Podsakoff e LePine, "A Meta-Analytic Test of the Challenge Stressor-Hindrance Stressor Framework"; e Podsakoff, LePine e LePine, "Differential Challenge-Hindrance Stressor Relationships with Job Attitudes, Turnover Intentions, Turnover, and Withdrawal Behavior".

107. R. Prem, S. Ohly, B. Kubicek e C. Korunka, "Thriving on Challenge Stressors? Exploring Time Pressure and Learning Demands as Antecedents of Thriving at Work", *Journal of Organizational Behavior* 38, no. 1 (2017): 108–23.

108. M. R. Tuckey, B. J. Searle, C. M. Boyd, A. H. Winefield e H. R. Winefield, "Hindrances Are Not Threats: Advancing the Multidimensionality of Work Stress", *Journal of Occupational Health Psychology* 20, no. 2 (2015): 131–47.

109. Veja, por exemplo, A. B. Bakker e E. Demerouti, "Job Demands–Resources Theory: Taking Stock and Looking Forward", *Journal of Occupational Health Psychology* 22, no. 3 (2017): 273–85; A. B. Bakker, E. Demerouti e A. I. Sanz-Vergel, "Burnout and Work Engagement: The JD–R Approach", *Annual Review of Organizational Psychology and Organizational Behavior* 1 (2014): 389–411.

110. K. Breevaart e A. B. Bakker, "Daily Job Demands and Employee Work Engagement: The Role of Daily Transformational Leadership Behavior", *Journal of Occupational Health Psychology* (no prelo).

111. G. M. Alarcon, "A Meta-Analysis of Burnout with Job Demands, Resources, and Attitudes", *Journal of Vocational Behavior* 79, no. 2. (2011): 549–62; Bakker e Demerouti, "Job Demands-Resources Theory"; e Crawford, LePine e Rich, "Linking Job Demands and Resources to Employee Engagement and Burnout".

112. D. C. Ganster e C. C. Rosen, "Work Stress and Employee Health: A Multidisciplinary Review", *Journal of Management* 39 (2013): 1085–122.

113. P. Sterling, "Allostasis: A Model of Predictive Regulation", *Physiology & Behavior* 106, no. 1 (2012): 5–15.

114. A. E. Rafferty e M. A. Griffin, "Perceptions of Organizational Change: A Stress and Coping Perspective", *Journal of Applied Psychology* 71, no. 5 (2007): 1154–62.

115. R. Ilies, N. Dimotakis e I. E. De Pater, "Psychological and Physiological Reactions to High Workloads: Implications for Well-Being", *Personnel Psychology* 63, no. 2 (2010): 407–36; A. B. Bakker, E. Demerouti e A. I. SanzVergel, "Burnout and Work Engagement: The JD–R Approach", *Annual Review of Organizational Psychology and Organizational Behavior* 1 (2014): 389–411.

116. T. L. Smith-Jackson e K. W. Klein, "Open-Plan Offices: Task Performance and Mental Workload", *Journal of Environmental Psychology* 29, no. 2 (2009): 279–89.

117. M. A. Griffin e S. Clarke, "Stress and Well-Being at Work", in S. Zedeck (ed.), *APA Handbook of Industrial and Organizational Psychology: Maintaining, Expanding, and Contracting the Organization*, Vol. 3 (Washington, DC: American Psychological Association, 2011): 359–397.

118. C. Fritz e S. Sonnentag, "Antecedents of Day-Level Proactive Behavior: A Look at Job Stressors and Positive Affect during the Workday", *Journal of Management* 35, no. 1 (2009): 94–111.

119. N. A. Bowling e T. A. Beehr, "Workplace Harassment from the Victim's Perspective: A Theoretical Model and Meta-Analysis", *Journal of Applied Psychology* 91, no. 5 (2006): 998–1012; M. B. Nielsen e S. Einarsen, "Outcomes of Exposure to Workplace Bullying: A Meta-Analytic Review", *Work & Stress* 26, no. 4 (2012): 309–32; e C. R. Willness, P. Steel e K. Lee, "A Meta-Analysis of the Antecedents and Consequences of Workplace Sexual Harassment", *Personnel Psychology* 60, no. 1 (2007): 127–62.

120. L. Yang, J. Bauer, R. E. Johnson, M. W. Groer e K. Salomon, "Physiological Mechanisms That Underlie the Effects of Interactional Unfairness on Deviant Behavior: The Role of Cortisol Activity", *Journal of Applied Psychology* 99 (2014): 310–21.

121. M. T. Schmitt, N. R. Branscombe, T. Postmes e A. Garcia, "The Consequences of Perceived Discrimination for Psychological Well-Being: A Meta-Analytic Review", *Psychological Bulletin* 140 (2014): 921–48.

122. J. O'Reilly, S. L. Robinson, J. L. Berdahl e S. Banki, "Is Negative Attention Better Than No Attention? The Comparative Effects of Ostracism and Harassment at Work", *Organization Science* (2014): 774–93.

123. "Stress in America: Paying with Our Health", *American Psychological Association*, 4 fev. 2015, http://www.apa.org/news/press/releases/stress/2014/stress-report.pdf.

124. F. T. Amstad, L. L. Meier, U. Fasel, A. Elfering e N. K. Semmer, "A Meta-Analysis of Work-Family Conflict and Various Outcomes with a Special Emphasis on Cross-Domain Versus Matching-Domain Relations", *Journal of Occupational Health Psychology* 16, no. 2 (2011): 151–69.

125. C. Nohe, L. L. Meier, K. Sonntag e A. Michel, "The Chicken or the Egg? A Meta-Analysis of Panel Studies of the Relationship between Work-Family Conflict and Strain", *Journal of Applied Psychology* 100, no. 2 (2015): 522–36.

126. "Stress in America".

127. M. T. Ford, R. A. Matthews, J. D. Wooldridge, V. Mishra, U. M. Kakar e S. R. Strahan, "How Do Occupational Stressor-Strain Effects Vary with Time? A Review and Meta-Analysis of the Relevance of Time Lags in Longitudinal Studies", *Work & Stress* 28, no. 1 (2014): 9–30; e Q. Hu, W. B. Schaufeli e T. W. Taris, "The Job Demands–Resources Model: An Analysis of Additive and Joint Effects of Demands and Resources", *Journal of Vocational Behavior* 79, no. 1 (2011): 181–90.

128. E. Bruehlman-Senecal e O. Ayduk, "This Too Shall Pass: Temporal Distance and the Regulation of Emotional Distress", *Journal of Personality and Social Psychology* 108, no. 2 (2015): 354–75.

129. Crawford, LePine e Rich, "Linking Job Demands and Resources to Employee Engagement and Burnout".

130. Veja J. B. Halbesleben, "Sources of Social Support and Burnout: A Meta-Analytic Test of the Conservation of Resources Model", *Journal of Applied Psychology* 91, no. 5 (2006): 1134–45; N. Bolger e D. Amarel, "Effects of Social Support Visibility on Adjustment to Stress: Experimental Evidence", *Journal of Applied Psychology* 92, no. 3 (2007): 458–75; e C. Fernet, M. Gagné e S. Austin, "When Does Quality of Relationships with Coworkers Predict Burnout over Time? The Moderating Role of Work Motivation", *Journal of Organizational Behavior* 31 (2010): 1163–80.

131. Veja, por exemplo, B. W. Swider e R. D. Zimmerman, "Born to Burnout: A Meta-Analytic Path Model of Personality, Job Burnout, and Work Outcomes", *Journal of Vocational Behavior* 76, no. 3 (2010): 487–506; e Q. Wang, N. A. Bowling e K. J. Eschleman, "A Meta-Analytic Examination of Work and General Locus of Control", *Journal of Applied Psychology* 95, no. 4 (2010): 761–8.

132. Veja, por exemplo, C. M. Middeldorp, D. C. Cath, A. L. Beem, G. Willemsen e D. I. Boomsma, "Life Events, Anxious Depression, and Personality: A Prospective and Genetic Study", *Psychological Medicine* 38, no. 11 (2008): 1557–65; Swider e Zimmerman, "Born to Burnout"; e A. A. Uliaszek, R. E. Zinbarg, S. Mineka, M. G. Craske, J. M. Sutton, J. W. Griffith... e C. Hammen, "The Role of Neuroticism and Extraversion in the StressAnxiety and Stress-Depression Relationships", *Anxiety, Stress, and Coping* 23, no. 4 (2010): 363–81.

133. J. D. Kammeyer-Mueller, T. A. Judge e B. A. Scott, "The Role of Core Self-Evaluations in the Coping Process", *Journal of Applied Psychology* 94, no. 1 (2009): 177–95.

134. Para uma revisão, veja M. A. Clark, J. S. Michel, L. Zhdanova, S. Y Pui e B. B. Baltes, "All Work and No Play? A Meta-Analytic Examination of the Correlates and Outcomes of Workaholism", *Journal of Management* 42, no. 7 (2016): 1836–73.

135. R. J. Burke, A. M. Richardson e M. Mortinussen, "Workaholism among Norwegian Managers: Work and Well-Being Outcomes", *Journal of Organizational Change Management* 7 (2004): 459–70; Clark, Michel, Zhdanova, Pui e Baltes, "All Work and No Play?"; e W. B. Schaufeli, T. W. Taris e W. van Rhenen, "Workaholism, Burnout, and Work Engagement: Three of a Kind or Three Different Kinds of Employee Well-Being", *Applied Psychology: An International Review* 57, no. 2 (2008): 173–203.

136. C. Liu, P. E. Spector e L. Shi, "CrossNational Job Stress: A Quantitative and Qualitative Study", *Journal of Organizational Behavior* 28, no. 2 (2007): 209–39.

137. J. Chen, C. Silverthorne e J. Hung, "Organization Communication, Job Stress, Organizational Commitment, and Job Performance of Accounting Professionals in Taiwan and America", *Leadership & Organization Development Journal* 27, no. 4 (2006): 242–49.

138. P. E. Spector, T. D. Allen, S. A. Y. Poelmans, L. M. Lapierre, C. L. Cooper, M. O'Driscoll, et al., "Cross National Differences in Relationships of Work Demands, Job Satisfaction, and Turnover Intention with Work-Family Conflict", *Personnel Psychology* 60, no. 4 (2007): 805–35.

139. P. J. Gianaros e T. D. Wager, "Brain-Body Pathways Linking Psychological Stress and Physical Health", *Current Directions in Psychological Science* 24, no. 4 (2015): 313–21.

140. A. E. Nixon, J. J. Mazzola, J. Bauer, J. R. Krueger e P. E. Spector, "Can Work Make You Sick? A Meta-Analysis of the Relationships between Job Stressors and Physical Symptoms", *Work & Stress* 25, no. 1 (2011): 1–22.

141. J. H. K. Wong e E. K. Kelloway, "What Happens at Work Stays at Work? Workplace Supervisory Social Interactions and Blood Pressure Outcomes", *Journal of Occupational Health Psychology* 21, no. 2 (2016): 133–41.

142. A. Marchand, R.-P. Juster, P. Durand e S. J. Lupien, "Work Stress Models and Diurnal Cortisol Variations: The SALVEO Study", *Journal of Occupational Health Psychology* 21, no. 2. (2016): 182–93.

143. B. Litwiller, L. A. Snyder, W. D. Tay e L. M. Steele, "The Relationship between Sleep and Work: A Meta-Analysis", *Journal of Applied Psychology* 102, no. 4 (2017): 682–99.

144. D. Pereira e A. Elfering, "Social Stressors at Work and Sleep during Weekends: The Mediating Role of Psychological Detachment", *Journal of Occupational Health Psychology* 19, no. 1 (2014): 85–95; Y. Park e J. M. Sprung, "Weekly Work-School Conflict, Sleep Quality, and Fatigue: Recovery Self-Efficacy as a Cross-Level Moderator", *Journal of Organizational Behavior* 36, no. 1 (2015): 112–27; e C. J. Syrek, O. Weigelt, C. Peifer e C. H. Antoni, "Zeigarnik's Sleepless Nights: How Unfinished Tasks at the End of the Week Impair Employee Sleep on the Weekend through Rumination", *Journal of Occupational Health Psychology* 22, no. 2 (2017): 225–38.

145. L. Flueckiger, R. Lieb, A. H. Meyer, C. Witthauer e J. Mata, "The Importance of Physical Activity and Sleep for Affect on Stressful Days: Two Intensive Longitudinal Studies", *Emotion* 16, no. 4 (2016): 488–97; e J. Pow, D. B. King, E. Stephenson e A. DeLongis, "Does Social Support Buffer the Effects of Occupational Stress on Sleep Quality Among Paramedics? A Daily Diary Study", *Journal of Occupational Health Psychology* 22, no. 1 (2017): 71–85.

146. R. Ilies, N. Dimotakis e I. E. De Pater, "Psychological and Physiological Reactions to High Workloads: Implications for Well-Being", *Personnel Psychology* 63, no. 2 (2010): 407–36.

147. D. Örtqvist e J. Wincent, "Prominent Consequences of Role Stress: A Meta-Analytic Review", *International Journal of Stress Management* 13, no. 4 (2006): 399–422.

148. R. Fischer e D. Boer, "What Is More Important for National Well-Being: Money or Autonomy? A Meta-Analysis of Well-Being, Burnout, and Anxiety Across 63 Societies", *Journal of Personality and Social Psychology* 101, no. 1 (2011): 164–84; e P. E. Spector, "Perceived Control by Employees: A Meta-Analysis of Studies Concerning Autonomy and Participation at Work", *Human Relations* 39, no. 11 (1986): 1005–16.

149. J. J. Hakanen, A. B. Bakker e M. Jokisaari, "A 35-Year Follow-Up Study on Burnout among Finnish Employees", *Journal of Occupational Health Psychology* 16, no. 3 (2011): 345–60; Crawford, LePine e Rich, "Linking Job Demands and Resources to Employee Engagement and Burnout"; e G. A. Chung-Yan, "The Nonlinear Effects of Job Complexity and Autonomy on Job Satisfaction, Turnover, and Psychological Well-Being", *Journal of Occupational Health Psychology* 15, no. 3 (2010): 237–51.

150. L. L. Meier, N. K. Semmer, A. Elfering e N. Jacobshagen, "The Double Meaning of Control: Three-Way Interactions between Internal Resources, Job Control, and Stressors at Work", *Journal of Occupational Health Psychology* 13, no. 3 (2008): 244–58.

151. E. M. de Croon, J. K. Sluiter, R. W. B. Blonk, J. P. J. Broersen e M. H. W. Frings-Dresen, "Stressful Work, Psychological Job Strain, and Turnover: A 2-Year Prospective Cohort Study of Truck Drivers", *Journal of Applied Psychology* (jun. 2004): 442–54; R. Cropanzano, D. E. Rupp e Z. S. Byrne, "The Relationship of Emotional Exhaustion to Work Attitudes, Job Performance, and Organizational Citizenship Behaviors", *Journal of Applied Psychology* (fev. 2003): 160–69; Griffin e Clarke, "Stress and Well-Being at Work"; e S. Diestel e K. Schmidt, "Costs of Simultaneous Coping with Emotional Dissonance and Self-Control Demands at Work: Results from Two German Samples", *Journal of Applied Psychology* 96, no. 3 (2011): 643–53.

152. R. M. Yerkes e J. D. Dodson, "The Relation of Strength of Stimulus to Rapidity of Habit-Formation", *Journal of Comparative Neurology and Psychology* 18 (1908): 459–82.

153. H. S. Field, "Has the Inverted-U Theory of Stress and Job Performance Had a Fair Test?", *Human Performance* 16, no. 4 (2003): 349–64.

154. Veja, por exemplo, L. W. Hunter e M. B. Thatcher, "Feeling the Heat: Effects of Stress, Commitment, and Job Experience on Job Performance", *Academy of Management Journal* 50, no. 4 (2007): 953–68; e J. C. Vischer, "The Effects of the Physical Environment on Job Performance: Towards a Theoretical Model of Workplace Stress", *Stress and Health* 23, no. 3 (2007): 175–84.

155. Y.-C. Wu, "Job Stress and Job Performance among Employees on the Taiwanese Finance Sector: The Role of Emotional Intelligence", *Social Behavior and Personality* 39, no. 1 (2011): 21–31. Este estudo foi replicado com resultados similares em U. Yozgat, S. Yurtkoru e E. Bilginoglu, "Job Stress and Job Performance among Employees in Public Sector in Istanbul: Examining the Moderating Role of Emotional Intelligence", in E. Eren (ed.), *Procedia Social and Behavioral Sciences*, Vol. 75 (2013): 518–24.

156. S. Gilboa, A. Shirom, Y. Fried e C. L. Cooper, "A Meta-Analysis of Work Demand Stressors and Job Performance: Examining Main and Moderating Effects", *Personnel Psychology* 61, no. 2 (2008): 227–71.

157. J. C. Wallace, B. D. Edwards, T. Arnold, M. L. Frazier e D. M. Finch, "Work Stressors, Role-Based Performance, and the Moderating Influence of Organizational Support", *Journal of Applied Psychology* 94, no. 1 (2009): 254–62.

158. H. Dai, K. L. Milkman, D. A. Hofmann e B. R. Staats, "The Impact of Time at Work and Time off from Work on Rule Compliance", *Journal of Applied Psychology* 100, no. 3 (2015): 846–62.

159. K. M. Richardson e H. R. Rothstein, "Effects of Occupational Stress Management Intervention Programs: A Meta-Analysis", *Journal of Occupational Health Psychology* 13, no. 1. (2008): 69–93.

160. A. Häfner, A. Stock, L. Pinneker e S. Ströhle, "Stress Prevention through a Time Management Training Intervention: An Experimental Study", *Educational Psychology* 34, no. 3 (2014): 403–16; S. Sonnentag, L. Venz e A. Casper, "Advances in Recovery Research: What Have We Learned? What Should be Done Next?", *Journal of Occupational Health Psychology* 22, no. 3 (2017): 365–80; e M. Virgili, "Mindfulness-Based Interventions Reduce Psychological Distress in Working Adults: A Meta-Analysis of Intervention Studies", *Mindfulness* 6, no. 2 (2015): 326–37.

161. R. W. Renn, D. G. Allen e T. M. Huning, "Empirical Examination of Individual-Level Personality-Based Theory of Self-Management Failure", *Journal of Organizational Behavior* 32, no. 1 (2011): 25–43; e P. Gröpel e P. Steel, "A Mega-Trial Investigation of Goal Setting, Interest Enhancement, and Energy on Procrastination", *Personality and Individual Differences* 45, no. 5 (2008): 406–11.

162. Sonnentag, Venz e Casper, "Advances in Recovery Research".

163. U. R. Hülsheger, J. W. B. Lang, F. Depenbrock, C. Fehrmann, F. R. H. Zijlstra e H. J. E. M. Alberts, "The Power of Presence: The Role of Mindfulness at Work for Daily Levels and Change Trajectories of Psychological Detachment and Sleep Quality", *Journal of Applied Psychology* 99, no. 6 (2014): 1113–28; V. Perciavalle, M. Blandini, P. Fecarotta, A. Buscemi, D. Di Corrado, L. Bertolo... e M. Coco, "The Role of Deep Breathing on Stress", *Neurological Sciences* 38, no. 3 (2017): 451–8; e R. Q. Wolever, K. J. Bobinet, K. McCabe, E. R. Mackenzie, E. Fekete, C. A. Kusnick e M. Baime, "Effective and Viable Mind-Body Stress Reduction in the Workplace: A Randomized Controlled Trial", *Journal of Occupational Health Psychology* 17, no. 2 (2012): 246–58.

164. Richardson e Rothstein, "Effects of Occupational Stress Management Intervention Programs".

165. S. Reddy, "Doctor's Orders: 20 Minutes of Meditation Twice a Day", *The Wall Street Journal*, 15 abr. 2013, https://www.wsj.com/articles/SB10001424127887324345804578424863782143682.

166. V. C. Hahn, C. Binnewies, S. Sonnentag e E. J. Mojza, "Learning How to Recover from Job Stress: Effects of a Recovery Training Program on Recovery, Recovery-Related Self-Efficacy, and Well-Being", *Journal of Occupational Health Psychology* 16, no. 2 (2011): 202–16; J. Krajewski, R. Wieland e M. Sauerland, "Regulating Strain States by Using the Recovery Potential of Lunch Breaks", *Journal of Occupational Health Psychology* 15, no. 2 (2010): 131–9; e M. Sianoja, C. J. Syrek, J. de Bloom, K. Korpela e U. Kinnunen, "Enhancing Daily Well-Being at Work through Lunchtime Park Walks and Relaxation Exercises: Recovery Experiences as Mediators", *Journal of Occupational Health Psychology* (no prelo).

167. S. Kim, Y. Park e Q. Niu, "Micro-Break Activities at Work to Recover from Daily Work Demands", *Journal of Organizational Behavior* 38 (2017): 28–44; e H. Zacher, H. A. Brailsford e S. L. Parker, "Micro-Breaks Matter: A Diary Study on the Effects of Energy Management Strategies on Occupational Well-Being", *Journal of Vocational Behavior* 85 (2014): 287–97.

168. A. A. Bennett, A. S. Gabriel, C. Calderwood, J. J. Dahling e J. P. Trougakos, "Better Together? Examining Profiles of Employee Recovery Experiences", *Journal of Applied Psychology* 101, no. 12 (2016): 1635–54.

169. I. Brissette, M. F. Scheier e C. S. Carver, "The Role of Optimism in Social Network Development, Coping, and Psychological Adjustment during a Life Transition", *Journal of Personality and Social Psychology* 82, no. 1 (2002): 102–11.

170. Y. Kalish, G. Luria, S. Toker e M. Westman, "Till Stress Do Us Part: On the Interplay between Perceived Stress and Communication Network Dynamics", *Journal of Applied Psychology* 100, no. 6 (2015): 1737–51.

171. Y. Park e C. Fritz, "Spousal Recovery Support, Recovery Experiences, and Life Satisfaction Crossover among Dual-Earner Couples", *Journal of Applied Psychology* 100, no. 2 (2015): 557–66.

172. T. N. Bauer e D. M. Truxillo, "Temp-to-Permanent Employees: A Longitudinal Study of Stress and Selection Success", *Journal of Occupational Health Psychology* 5, no. 3 (2000): 337–46.

173. P. Miquelon e R. J. Vallerand, "Goal Motives, Well-Being, and Physical Health: Happiness and Self-Realization as Psychological Resources under Challenge", *Motivation and Emotion* 30, no. 4 (2006): 259–72.

174. A. M. Cianci, H. J. Klein e G. H. Seijts, "The Effect of Negative Feedback on Tension and Subsequent Performance: The Main and Interactive Effects of Goal Content and Conscientiousness", *Journal of Applied Psychology* 95, no. 4 (2010): 618–30.

175. Cianci, Klein e Seijts, "The Effect of Negative Feedback on Tension and Subsequent Performance"; e S. J. Perry, L. A. Witt, L. M. Penney e L. Atwater, "The Downside of Goal-Focused Leadership: The Role of Personality in Subordinate Exhaustion", *Journal of Applied Psychology* 95, no. 6 (2010): 1145–53.

176. L. K. Barber e A. M. Santuzzi, "Please. Respond ASAP: Workplace Telepressure and Employee Recovery", *Journal of Occupational Health Psychology* 20, no. 2 (2015): 172–89.

177. M. M. Butts, R. J. Vandenberg, D. M. DeJoy, B. S. Schaffer e M. G. Wilson, "Individual Reactions to High Involvement Work Processes: Investigating the Role of Empowerment and Perceived Organizational Support", *Journal of Occupational Health Psychology* 14, no. 2 (2009): 122–36; K. S. Mackie, C. K. Holahan e N. H. Gottlieb, "Employee Involvement Management Practices, Work Stress, and Depression in Employees of a Human Services Residential Care Facility", *Human Relations* 54, no. 8 (2001): 1065–92; e S. Wood, M. Van Veldhoven, M. Croon e L. M. de Menezes, "Enriched Job Design, High Involvement Management and Organizational Performance: The Mediating Roles of Job Satisfaction and Well-Being", *Human Relations* 65, no. 4 (2012): 419–45.

178. Griffin e Clarke, "Stress and Well-Being at Work".

179. L. Shen, "These 19 Great Employers Offer Paid Sabbaticals", *Fortune*, 7 mar. 2016, http://fortune.com/2016/03/07/best-companies-to-work-for-sabbaticals/.

180. O. B. Davidson, D. Eden, M. Westman, Y. Cohen-Charash, L. B. Hammer, A. N. Kluger, ... e P. E. Spector, "Sabbatical Leave: Who Gains and How Much?", *Journal of Applied Psychology* 95, no. 5 (2010): 953–64.

181. H. De La Torre e R. Goetzel, "How to Design a Corporate Wellness Plan That Actually Works", *Harvard Business Review*, 31 mar. 2016, https://hbr.org/2016/03/how-to-design-a-corporate-wellness-plan-that-actually-works; M. R. Frone, *Alcohol and Illicit Drug Use in the Workforce and Workplace* (Washington, DC: American Psychological Association, 2013); e A. Kohll, "8 Things you Need to Know about Employee Wellness Programs", *Forbes*, 21 abr. 2016, https://www.forbes.com/sites/alankohll/2016/04/21/8-things-you-need-to-know-about-employee-wellness-programs/#38054a8840a3.

182. Richardson e Rothstein, "Effects of Occupational Stress Management Intervention Programs".

183. M. B. Hargrove, D. L. Nelson e C. L. Cooper, "Generating Eustress by Challenging Employees: Helping People Savor Their Work", *Organizational Dynamics* 42, no. 1 (2013): 61–9.

184. L. L. Berry, A. M. Mirabito e W. B. Baun, "What's the Hard Return on Employee Wellness Programs?", *Harvard Business Review*, dez. 2010, https://hbr.org/2010/12/whats-the-hard-return-on-employee-wellness-programs.

185. S. Mattke, L. Hangsheng, J. P. Caloyeras, C. Y. Huan, K. R. Van Busum, D. Khodyakov e V. Shier, *Workplace Wellness Programs Study* (Santa Monica, CA: RAND, 2013).

Pesquisas de comportamento organizacional

Apêndice

Anos atrás, um amigo, animadíssimo, contou-me que tinha lido sobre uma pesquisa que resolveria de uma vez por todas a questão de como chegar ao topo de uma grande organização. Duvidei da existência de uma solução simples para essa questão, mas, para não jogar um balde de água fria nele, pedi que me falasse mais sobre a pesquisa. A resposta, segundo ele, era *praticar esportes na faculdade*. Dizer que fiquei incrédulo seria pouco e, por isso, pedi mais detalhes.

O estudo contou com a participação de 1.700 executivos de sucesso das 500 maiores empresas dos Estados Unidos. Os pesquisadores descobriram que metade desses executivos tinha participado de equipes de competição esportiva na faculdade.[1] Meu amigo, que é bom em estatística, informou-me que, como menos de 2% dos universitários participam de competições esportivas estudantis, a probabilidade de essa descoberta ter sido um puro acaso era menor que uma em dez milhões! Ele concluiu sua análise dizendo que, com base nessa pesquisa, eu deveria encorajar meus alunos de administração a entrarem em forma e a se inscreverem em competições esportivas universitárias.

Meu amigo ficou um tanto perplexo quando eu disse que essas conclusões deviam estar erradas. Aqueles executivos eram todos homens que tinham frequentado a faculdade nas décadas de 1940 e 1950. Como essa recomendação se aplicaria às mulheres do século XXI? Aqueles executivos também não foram estudantes universitários típicos. Em sua maioria, eles tinham estudado em universidades privadas de elite, como a Princeton e a Amherst, onde grande parcela dos estudantes costuma praticar esportes competitivos. Aqueles "atletas" não tinham jogado necessariamente futebol americano ou basquete, sendo que muitos praticaram golfe, tênis, beisebol, corrida, rúgbi ou outros esportes menos concorridos. Além disso, os pesquisadores poderiam ter invertido a direção da causalidade, ou seja, talvez as pessoas com motivação e capacidade para chegar ao topo das organizações tenham uma tendência natural de praticar atividades competitivas, como o esporte universitário.

Meu amigo pecou por seu mau uso dos dados da pesquisa. Mas, é claro, ele não é o único a cometer esse tipo de erro. Todos somos constantemente bombardeados com relatos sobre pesquisas que relacionam determinadas substâncias ao câncer em ratos de laboratório, por exemplo, ou sobre as diferenças de atitude entre estudantes universitários do sexo feminino e masculino. Muitas dessas pesquisas são meticulosamente planejadas, com muita atenção no que se refere às implicações e às limitações de seus resultados. Alguns estudos, no entanto, são mal planejados, o que torna suas conclusões suspeitas ou até sem qualquer sentido.

Em vez de transformar você, leitor, em um pesquisador, este apêndice busca chamar a atenção para os cuidados que você deve tomar ao ponderar os resultados das pesquisas comportamentais. O conhecimento dos métodos de pesquisa permite que se avalie o cuidado com a coleta dos dados que fundamentam as informações e as conclusões apresentadas neste livro. Além disso, conhecer os métodos de pesquisa vai capacitá-lo a avaliar melhor os estudos sobre comportamento organizacional que você encontrará em publicações profissionais e de negócios. Dessa forma, entender a pesquisa comportamental é importante porque: (1) ela é a base sobre a qual se erguem as teorias contidas neste texto e (2) vai ajudá-lo, no futuro, a ler relatórios de pesquisa e a analisar seu valor.

Propósitos das pesquisas

Uma *pesquisa* trata de uma coleta sistemática de informações. Seu propósito é nos ajudar na busca da verdade. Embora nunca cheguemos à verdade absoluta — em nosso caso, ao conhecimento preciso de como cada pessoa se comporta dentro de qualquer contexto organizacional —, a pesquisa expande nossos conhecimentos sobre o comportamento organizacional ao corroborar algumas teorias, refutar outras e sugerir novas teorias para substituir as que foram refutadas.

Terminologia de pesquisa

Os pesquisadores têm seu próprio vocabulário para se comunicar entre si e com as demais pessoas. A seguir, apresentamos alguns dos termos mais comuns que você provavelmente encontrará nos estudos da ciência do comportamento.[2]

Variável

Uma *variável* é qualquer característica geral que pode ser medida e que sofre alterações em termos de amplitude, intensidade ou ambas. Alguns exemplos de variáveis de comportamento organizacional encontradas neste texto são a satisfação no trabalho, a produtividade do empregado, o estresse ocupacional, a capacidade, a personalidade e as normas do grupo.

Hipótese

Uma tentativa de explicar provisoriamente a relação entre duas ou mais variáveis é chamada de *hipótese*. A afirmação do meu amigo de que a participação em esportes universitários conduziria uma pessoa ao alto escalão de uma organização é um exemplo de uma hipótese. Antes de ser confirmada por meio de pesquisas empíricas, uma hipótese não passa de uma tentativa de explicação.

Variável dependente

Uma *variável dependente* é uma resposta afetada por uma variável independente. No que diz respeito à hipótese, é a variável que o pesquisador está interessado em explicar. Em nosso exemplo inicial, a variável dependente da hipótese do meu amigo era o sucesso do executivo. Na pesquisa sobre o comportamento organizacional, as variáveis dependentes estudadas com mais frequência são a produtividade, o absenteísmo, a rotatividade, a satisfação no trabalho e o comprometimento organizacional.[3]

Variável independente

Uma *variável independente* é a causa presumida de alguma alteração na variável dependente. A participação em esportes universitários era a variável independente da hipótese do meu amigo. As variáveis independentes mais estudadas no comportamento organizacional incluem a inteligência, a personalidade, a satisfação no trabalho, a experiência, a motivação, os padrões de reforço, o estilo de liderança, a alocação de recompensas, os métodos de seleção e a estrutura organizacional.

Você deve ter notado que dissemos que a satisfação no trabalho é frequentemente usada pelos pesquisadores de comportamento organizacional tanto como uma variável dependente quanto como uma variável independente. Isso não é um erro. Significa apenas que o nome dado a uma variável depende de seu lugar na hipótese. Na afirmação "o aumento da satisfação no trabalho leva à redução da rotatividade dos empregados", a satisfação no trabalho é uma variável independente. Por outro lado, na afirmação "o aumento da remuneração leva ao aumento da satisfação no trabalho", a satisfação no trabalho passa a ser uma variável dependente.

Variável moderadora

Uma *variável moderadora* diminui o efeito de uma variável independente sobre uma variável dependente. Ela também pode ser vista como uma variável de contingência: quando X (variável independente) leva a Y (variável dependente), mas somente sob as condições Z (variável moderadora). Para traduzir isso em um exemplo concreto, podemos dizer que, se aumentarmos a supervisão direta do trabalho (X), haverá uma mudança na produtividade do empregado (Y), mas esse efeito será moderado pela complexidade das tarefas que estão sendo executadas (Z).

Causalidade

Por definição, uma hipótese implica uma relação, ou seja, a existência de uma causa e de um efeito presumidos. O direcionamento entre a causa e o efeito é chamado de *causalidade*. Supõe-se que as mudanças na variável independente causem alterações na variável dependente. Na pesquisa comportamental, contudo, é possível fazer uma suposição incorreta da causalidade quando as relações são identificadas. Por exemplo, os primeiros estudiosos do comportamento organizacional encontraram uma relação entre a satisfação dos empregados e a produtividade. Eles concluíram que um empregado feliz era um empregado produtivo. Pesquisas subsequentes confirmaram a existência dessa relação, mas refutaram a direção da causalidade. As evidências indicam que é a alta produtividade que leva à satisfação, não o contrário.

Coeficiente de correlação

Uma coisa é saber que existe uma relação entre duas ou mais variáveis, outra é identificar a *força* dessa relação. O termo *coeficiente de correlação* é utilizado para indicar essa força e é expresso por um número de valor entre –1,00 (relação negativa perfeita) e +1,00 (correlação positiva perfeita).

Quando duas variáveis variam diretamente uma em relação à outra, a correlação é expressa por um número positivo. Quando elas variam inversamente — ou seja, uma aumenta à medida que a outra diminui —, a correlação é expressa por um número negativo. Se as duas variam independentemente uma da outra, dizemos que a correlação entre elas é zero.

Por exemplo, um pesquisador pode estudar um grupo de empregados para determinar a satisfação de cada um com o trabalho. Para tanto, ele pode utilizar os registros da empresa relativos ao absenteísmo e correlacionar a satisfação no trabalho com os registros de presença de cada empregado para determinar se aqueles que se mostram mais satisfeitos faltam menos ao trabalho. Suponhamos que o pesquisador tenha encontrado uma correlação de +0,50 entre a satisfação e a assiduidade no trabalho. Seria essa uma associação forte? Não existe, infelizmente, um corte numérico preciso entre uma relação forte e uma fraca. Um teste estatístico padrão deve ser aplicado para determinar se a relação é, de fato, significativa.

Uma última observação antes de prosseguirmos: um coeficiente de correlação mede apenas a força da associação entre duas variáveis. Um valor alto *não* implica causalidade. A venda de roupas esportivas e o preço das ações nas bolsas de valores há muito tempo se mostram altamente correlacionados, mas é preciso ter cuidado para não inferir que existe uma relação causal entre as duas variáveis. Nesse caso, a alta correlação é mais uma coincidência do que um indicador de previsibilidade.

Teoria

O último termo a ser apresentado nesta seção é *teoria*. A teoria descreve um conjunto de conceitos ou hipóteses sistematicamente inter-relacionados que buscam explicar e prever fenômenos. No comportamento organizacional, as teorias também são frequentemente chamadas de *modelos*. Utilizamos esses dois termos de forma intercambiável.

Há uma profusão de teorias no campo do comportamento organizacional. Por exemplo, temos teorias que descrevem o que motiva as pessoas, quais são os estilos mais eficazes de liderança, a melhor maneira de resolver conflitos e como as pessoas podem obter poder. Podemos ter dezenas de teorias tentando explicar e prever um único fenômeno. Nesse caso, será que só uma delas estaria correta? Não! Elas refletem a ciência em ação: pesquisadores testam teorias prévias, modificam-nas e, quando apropriado, propõem novos modelos que possam ter maior poder de explicação e de previsão. A existência de diversas teorias que tentam explicar um mesmo fenômeno só atesta que o comportamento organizacional é uma disciplina ativa, que ainda se encontra em crescimento e evolução.

Avaliação da pesquisa

Como um potencial consumidor de pesquisas comportamentais, você deve manter sempre em mente a advertência: "Deixe o comprador avisado!". Há três perguntas que devem ser feitas ao avaliar qualquer pesquisa.[4]

Ela é válida? O estudo realmente mede o que se propõe a medir? Muitos testes psicológicos foram descartados por empregadores porque não foi comprovado que eram medidas válidas da capacidade dos candidatos de atingir o sucesso no emprego. No entanto, a questão da validade é relevante para qualquer pesquisa. Assim, se encontrar um estudo que relaciona a coesão da equipe de trabalho com ganhos de produtividade, você precisa descobrir como essas variáveis foram medidas e se a pesquisa realmente mediu aquilo que se propunha.

Ela é confiável? A confiabilidade se refere à consistência da medida. Se você medisse sua altura todos os dias com uma régua de madeira, teria um resultado altamente confiável. Se usasse uma tira elástica, poderia haver diferença entre as medidas tiradas a cada dia. Obviamente sua altura não muda de um dia para o outro. A variabilidade se deve à imprecisão do instrumento de medição. Se uma empresa pede a um grupo de empregados que responda a um questionário confiável sobre sua satisfação com o trabalho e repete o experimento seis meses depois, espera-se que os resultados sejam semelhantes — desde que, nesse período, nada tenha mudado a ponto de afetar significativamente a satisfação dos empregados.

Ela é generalizável? Os resultados da pesquisa são generalizáveis para outros grupos de pessoas além daquele que participou do estudo original? Tenha cuidado com as limitações que podem existir nos estudos que, por exemplo, usaram estudantes universitários como objeto de estudo. As descobertas desses estudos podem ser aplicáveis a empregados de empresas? Da mesma forma, quanto do resultado de uma pesquisa sobre estresse no trabalho feita com engenheiros de usinas nucleares de Angra dos Reis, na região Sudeste, pode ser estendido para toda a população de trabalhadores?

Planejamento de pesquisa

Pesquisar é um exercício de decisões e escolhas (*trade-offs*). A riqueza de informações geralmente vem acompanhada da menor possibilidade de generalização. Quanto mais o pesquisador procura controlar variáveis que se confundem, menos realistas tendem a ser os resultados do estudo. Alta precisão, generalização e controle costumam implicar custos mais altos. Os pesquisadores precisam fazer algumas concessões ao escolher quais pessoas serão estudadas, o local onde a pesquisa será feita, os métodos de levantamento de dados, e assim por diante. Um bom modelo de pesquisa não é perfeito, mas reflete cuidadosamente as perguntas que os pesquisadores estão tentando responder. Tenha isso em mente enquanto examinamos os pontos fortes e fracos de cinco modelos de pesquisa muito utilizados: os estudos de caso, as pesquisas de campo, os experimentos de laboratório, os experimentos de campo e as revisões quantitativas agregadas.

Estudo de caso

Pegue a autobiografia de Soichiro Honda. Nela, ele descreve sua infância pobre, a decisão de abrir uma oficina mecânica, montar motocicletas e, finalmente, montar automóveis — e como tudo isso levou à criação de uma das maiores e mais bem-sucedidas corporações do mundo. Ou você pode estar em uma sala de aula e seu professor distribui uma apostila de 50 páginas que fala de duas empresas: o Walmart e o Kmart. A apostila traz detalhes sobre a história das duas empresas, descreve suas linhas de produtos, instalações, filosofias de administração e estratégias de marketing, e ainda inclui cópias dos últimos balanços e das declarações de rendimentos. O professor pede que a classe analise esses dados e determine a razão pela qual o Walmart tem tido mais sucesso que o Kmart nos últimos anos.

A autobiografia de Soichiro Honda e a apostila sobre o Walmart e o Kmart são exemplos de estudos de caso. Baseados em casos reais, eles apresentam uma análise profunda de determinada situação, trazendo uma descrição detalhada de um indivíduo, de um grupo ou de uma organização. A principal fonte das informações é a observação, ocasionalmente acompanhada de outros dados obtidos por meio de entrevistas ou de pesquisas em documentos e registros.

Os estudos de casos têm suas desvantagens. Eles são vulneráveis a vieses de percepção e a interpretações subjetivas por parte do observador. O leitor de um estudo de caso só dispõe daquilo que o observador/autor escolheu incluir. Os estudos de caso também trocam a possibilidade de generalização pela profundidade das informações e riqueza de detalhes. Esses trabalhos dificultam a corroboração ou a refutação de uma hipótese devido ao fato de que é sempre perigoso generalizar com base em uma única amostra. Contudo, não se pode ignorar a análise em profundidade que esse modelo permite. Ele é um excelente instrumento para a pesquisa exploratória e para a avaliação de problemas reais nas organizações.

Pesquisas de campo (survey)

Um extenso questionário foi elaborado para avaliar a utilização de políticas de ética, de estruturas formais de ética, de atividades formalizadas (como o treinamento em ética) e o envolvimento de executivos em programas de ética em corporações bilionárias. Os departamentos de comunicação ou de relações públicas das 500 maiores empresas de produtos e das 500 maiores empresas de serviços da lista da revista *Fortune* foram contatados para obter os nomes dos "responsáveis pela questão da ética e da conduta" em cada uma dessas organizações. O questionário, com uma carta de apresentação explicando a natureza do estudo, foi enviado pelo correio para esses mil destinatários. Duzentos e cinquenta e quatro respondentes devolveram o questionário completamente respondido — um índice de resposta de pouco mais de 25%. Os resultados da pesquisa revelaram, entre outras coisas, que 77% das organizações possuíam códigos formais de ética e que 54% tinham um encarregado específico para lidar com as questões de ética e conduta.[5]

Esse estudo ilustra uma típica pesquisa de campo (ou *survey*). Uma amostra de respondentes (no caso, mil grandes empresas norte-americanas) foi selecionada para representar um grupo maior que estava sendo examinado (todas as grandes corporações de capital aberto dos Estados Unidos). Os respondentes foram, então, abordados por meio de um questionário, ou de entrevistas, para a coleta de dados sobre determinadas características de interesse dos pesquisadores (o conteúdo e a estrutura de programas e práticas relativos à ética). A padronização das respostas permite que os dados sejam facilmente quantificados, analisados e resumidos, e que os pesquisadores possam, baseando-se na amostra, fazer inferências para o total da população.

A pesquisa de campo permite reduzir os custos de um estudo. Sai mais barato pesquisar uma amostra do que todos os indivíduos de uma população. (Por exemplo, mais de cinco mil empresas norte-americanas têm receita superior a um bilhão de dólares, mas algumas não são sociedades anônimas e, por isso, não são incluídas na lista da *Fortune*.) Além disso, como o estudo da ética demonstra, as pesquisas de campo são uma maneira eficiente de descobrir como as pessoas se sentem a respeito de determinados assuntos e como elas dizem se comportar com relação a eles. Esses dados podem ser facilmente quantificados.

A pesquisa de campo, no entanto, pode apresentar diversos pontos fracos. Primeiro, os questionários postados quase nunca chegam a 100% de retorno. Os baixos índices de resposta podem colocar em discussão se as conclusões podem ser generalizadas para todo o universo pesquisado. Segundo, esse formato é mais adequado para identificar atitudes e percepções do que comportamentos. Terceiro, as respostas podem ser afetadas pelo viés da resposta socialmente correta, ou seja, as pessoas dizem aquilo que acreditam que os pesquisadores desejam ouvir. Quarto, como a pesquisa de campo é planejada para focar temas específicos, ela é um meio relativamente fraco de obter informações em maior profundidade. Por fim, a qualidade da generalização é, em grande parte, relacionada com a população escolhida. As respostas dos executivos das empresas da Fortune 500, por exemplo, não fornecem qualquer informação sobre as empresas de pequeno e médio porte, nem sobre as organizações sem fins lucrativos. Em resumo, até os levantamentos de campo mais bem elaborados trocam a profundidade das informações pela eficiência da amplitude, da generalização e da economia.

Experimento de laboratório

O estudo a seguir é um exemplo clássico de um experimento de laboratório. O pesquisador Stanley Milgram queria saber até que ponto as pessoas são capazes de obedecer a comandos. Será que, se as pessoas fossem colocadas no papel de professores em um experimento sobre aprendizagem e recebessem a instrução de dar um choque elétrico no aluno a cada vez que ele cometesse um erro, elas obedeceriam a esse comando do pesquisador? Será que a disposição dos participantes a obedecer diminuiria à medida que a potência do choque aumentasse?

Para testar essas hipóteses, Milgram disse aos participantes que a pesquisa era sobre os efeitos da punição sobre a memória. Eles deveriam agir como professores e aplicar uma punição sempre que o aluno cometesse um erro no teste de aprendizado.

A punição era um choque elétrico. O participante sentava-se diante de um gerador com 30 níveis de choque — de zero a 450 volts, em progressões de 15 volts. Os níveis foram rotulados de "choque leve", nos 15 volts, até "cuidado: choque violento", nos 450 volts. Para aumentar o realismo do experimento, os participantes receberam uma amostra de choque de 45 volts e viram o aluno — um homem pacato e gentil, com cerca de 50 anos de idade — atado a uma "cadeira elétrica" na sala ao lado. Obviamente, o aprendiz era um ator e os choques seriam falsos, mas os participantes do experimento não sabiam disso.

Sentado à frente do gerador, cada participante devia iniciar o choque no nível mais baixo e aumentar a intensidade gradativamente cada vez que o aluno desse uma resposta errada ou deixasse de responder.

No início do teste, a intensidade do choque subiu rapidamente, pois o aluno errou diversas vezes. O participante recebia um *feedback* verbal do aluno: aos 75 volts, ele começou a resmungar e a gemer; aos 150 volts, ele pediu para ser liberado do experimento; aos 180 volts, gritou que não conseguiria mais suportar a dor; aos 300 volts, implorou para sair, falou que tinha um problema cardíaco, gritou e não conseguiu dar mais nenhuma resposta.

Os participantes, em sua maioria, protestaram e, com medo de matar o aluno caso o aumento da intensidade dos choques provocasse um ataque cardíaco, alegaram que não podiam dar continuidade ao trabalho. Às hesitações e aos protestos dos participantes, o pesquisador respondia: "Você não tem escolha. Você tem de continuar! Sua tarefa é punir os erros cometidos pelo aluno". Mas é claro que os participantes tinham uma escolha. Eles só precisavam se levantar e ir embora.

A maioria discordou do método. Mas discordar não é desobedecer. Observou-se ainda que 62% dos participantes aumentaram o nível dos choques para 450 volts. A média da intensidade aplicada pelos outros 38% foi de quase 370 volts.[6]

Em um experimento de laboratório, como esse conduzido por Milgram, o pesquisador cria um ambiente artificial. Ele manipula uma variável independente sob condições controladas. Por fim, se todos os outros fatores forem mantidos inalterados, o pesquisador pode concluir que qualquer mudança na variável dependente se deve à manipulação ou à mudança imposta sobre a variável independente. Note que, em virtude das condições controladas, o pesquisador pode inferir a causalidade entre as variáveis independente e dependente.

O experimento de laboratório substitui o realismo e a generalização por precisão e controle. Ele proporciona um alto grau de controle sobre as variáveis e uma mensuração precisa delas. Mas as descobertas dos experimentos de laboratório dificilmente podem ser generalizadas para o mundo real do trabalho. O laboratório artificial raramente reproduz em detalhes uma organização de verdade. Além do mais, muitos experimentos de laboratório tratam de fenômenos que não podem ser reproduzidos ou aplicados a situações da vida real.

Experimento de campo

A seguir, é apresentado um exemplo de experimento de campo. A administração de uma grande empresa quer descobrir como uma semana de quatro dias úteis afetaria o absenteísmo dos empregados. Mais especificamente, os gestores querem saber se, trabalhando dez horas diárias durante quatro dias por semana, os empregados teriam índices de absenteísmo mais baixos do que na semana tradicional de cinco dias de oito horas de trabalho cada. A empresa é grande e possui muitas fábricas que empregam forças de trabalho semelhantes. Duas fábricas foram escolhidas para o experimento, ambas localizadas na região metropolitana de Cleveland. Obviamente, não seria possível comparar duas fábricas do mesmo tamanho se elas estivessem localizadas, por exemplo, uma na zona rural do Mato Grosso e outra na zona urbana de Paris, porque fatores como a cultura do país, o sistema de transportes ou o clima poderiam explicar melhor as mudanças observadas do que a alteração dos horários de trabalho.

O experimento foi implementado em uma das fábricas e os empregados passaram a trabalhar quatro dias por semana. Na outra fábrica, usada como grupo-controle, nenhuma mudança foi feita na semana de cinco dias. Os dados sobre absenteísmo foram coletados nos registros das duas fábricas por um período de 18 meses. Esse período reduziu a possibilidade de os resultados serem distorcidos pela mera novidade das mudanças implementadas na fábrica experimental. Depois de 18 meses, os dirigentes descobriram que o absenteísmo havia sido reduzido em 40% na fábrica experimental e em apenas 6% na fábrica-controle. Em virtude do projeto dessa pesquisa, os gestores da empresa concluíram que a grande queda do absenteísmo resultou da introdução da semana de quatro dias.

O experimento de campo é semelhante àquele realizado em laboratório, com a exceção de ser conduzido em uma organização real. O ambiente natural é mais realista que o artificialismo de um laboratório, o que aumenta a validade do estudo, mas dificulta o controle. Além disso, a menos que se mantenham grupos-controle, pode-se perder o controle se houver qualquer intervenção externa — por exemplo, uma greve de trabalhadores, uma grande demissão coletiva ou uma reestruturação corporativa. Talvez o principal problema dos estudos de campo esteja nos vieses da seleção da organização. Nem todas as organizações permitem que pesquisadores estudem seus empregados e suas operações. Isso é especialmente verdadeiro para as empresas que enfrentam sérias dificuldades. Por isso, como a maioria desses estudos é feita por pesquisadores externos, o viés de seleção pode atuar para que se publiquem estudos conduzidos quase que exclusivamente em organizações bem-sucedidas e bem administradas.

Nossa conclusão geral é que, dos quatro projetos de pesquisa que discutimos até agora, o experimento de campo, normalmente, é o que oferece resultados mais válidos e generalizáveis e, apesar de seu custo elevado, é altamente compensador.[7]

Revisões quantitativas agregadas

Qual é o efeito geral da mudança do comportamento organizacional sobre o desempenho de tarefas? Vários experimentos de campo têm buscado respostas para essa questão. Infelizmente, a grande variedade de efeitos encontrados nesses estudos torna muito difícil uma generalização.

Para tentar conciliar essas diferentes descobertas, dois pesquisadores fizeram uma revisão de todos os estudos empíricos que encontraram a respeito do impacto da modificação do comportamento organizacional sobre o desempenho das tarefas cobrindo um período de 20 anos.[8] Depois de descartar relatórios com informações inadequadas, dados não quantitativos ou que não atendiam às condições associadas aos princípios da modificação comportamental, eles limitaram o foco a 19 estudos que incluíam dados sobre 2.818 pessoas. Utilizando uma técnica de agregação chamada *metanálise*, eles puderam sintetizar quantitativamente esses estudos e concluir que o desempenho médio individual de tarefas subiu do 50º percentil para o 67º percentil depois da intervenção da modificação do comportamento organizacional.

Essa análise sobre a modificação do comportamento organizacional com relação ao desempenho de tarefas ilustra a utilização da metanálise, uma forma de revisão quantitativa dos estudos publicados sobre um assunto, que permite aos pesquisadores buscar os resultados válidos de diversos estudos individuais e, depois, aplicar uma fórmula para determinar se produzem resultados similares consistentemente.[9] Se os resultados se mostrarem consistentes, os pesquisadores podem concluir com mais confiança que sua validade é generalizável. A metanálise é uma forma de descartar interpretações potencialmente imprecisas das revisões qualitativas e de sintetizar as variações dos estudos quantitativos. Além disso, essa técnica permite que os pesquisadores identifiquem potenciais variáveis moderadoras entre uma variável independente e uma variável dependente.

Nos últimos 25 anos, houve um aumento na popularidade desse método de pesquisa. Ele oferece uma maneira aparentemente mais objetiva de fazer a tradicional revisão da literatura. Embora a metanálise exija que o pesquisador tome diversas decisões, o que pode introduzir uma certa subjetividade no processo, não há dúvidas de que esse método se tornou muito comum na literatura sobre o comportamento organizacional.

Ética na pesquisa

Os pesquisadores nem sempre são discretos ou sinceros com os sujeitos de pesquisa quando fazem seus estudos. Por exemplo, as perguntas das pesquisas de campo podem ser percebidas como embaraçosas ou como uma invasão de privacidade pelos respondentes. Além disso, os pesquisadores que conduzem estudos de laboratório costumam ser acusados de enganar os participantes no que diz respeito aos verdadeiros propósitos da pesquisa, "pois consideram o engano necessário para obter respostas sinceras".[10]

As "experiências de aprendizagem" conduzidas por Stanley Milgram há mais de 30 anos foram amplamente criticadas por psicólogos por razões éticas. Ele mentiu para os participantes ao dizer que a pesquisa era sobre aprendizagem quando, na verdade, era sobre obediência. A máquina de choques elétricos era falsa. Até o "aluno" era um cúmplice de Milgram, treinado para simular sofrimento e dor. Mesmo assim, os deslizes éticos ainda ocorrem. Em 2001, por exemplo, um professor de comportamento organizacional da Universidade de Columbia enviou cópias de uma carta em papel timbrado da universidade para 240 restaurantes da cidade de Nova York contando que ele e sua esposa haviam jantado no estabelecimento para comemorar o aniversário de casamento, que haviam sido intoxicados pela comida e passado a noite vomitando.[11] Ele encerrava a carta dizendo: "Embora eu não pretenda tomar qualquer medida legal contra o restaurante, quero que vocês saibam o que aconteceu e se comportem de acordo. Aguardo sua resposta". A carta fictícia fazia parte de um estudo do professor para determinar quantos restaurantes respondiam às reclamações dos clientes. Mas isso acabou criando um verdadeiro caos entre os restaurantes, com seus proprietários, gerentes e chefes de cozinha vasculhando cardápios e fornecedores em busca de alimentos contaminados, além dos questionamentos aos empregados da cozinha sobre possíveis erros. Uma carta da universidade se desculpando pelo "enorme erro de julgamento de um de nossos docentes iniciantes" não conseguiu minimizar o estresse causado pela carta mentirosa.

Associações profissionais norte-americanas — como a American Psychological Association, a American Sociological Association e a Academy of Management — publicaram guias formais para a conduta nas pesquisas. Ainda assim, a discussão sobre a ética prossegue. De um lado, há os que argumentam que o controle ético pode prejudicar a validade científica de um experimento e condenar as futuras pesquisas. A mentira, por exemplo, muitas vezes é necessária para evitar a contaminação dos resultados. Além disso, esses defensores da ética mínima argumentam que poucos participantes sofreram qualquer problema concreto nesses experimentos. Mesmo na pesquisa de Milgram, altamente enganosa para os participantes, apenas 1,3% deles expressou sentimentos negativos com relação ao experimento. Do outro lado do debate estão os direitos dos participantes. Aqueles que defendem uma postura ética mais rigorosa argumentam que nenhum procedimento deve causar problemas emocionais ou físicos aos participantes da pesquisa e que os pesquisadores, enquanto profissionais, são obrigados a ser totalmente honestos com os participantes e a proteger a privacidade deles a qualquer custo.

RESUMO

O campo do comportamento organizacional é composto de um grande número de teorias baseadas em pesquisas. As pesquisas, quando integradas cumulativamente, tornam-se teorias que, por sua vez, são seguidas por outras pesquisas com o intuito de validá-las. Os conceitos que compõem o conhecimento sobre o comportamento organizacional, portanto, só têm validade à medida que são corroborados pelas pesquisas.

Os tópicos e assuntos cobertos neste livro são, em sua maioria, derivados de pesquisas. Eles representam o resultado de coletas sistemáticas de informações, e não de meras opiniões, intuições ou palpites. Isso não significa, evidentemente, que temos todas as respostas para os problemas do comportamento organizacional. Muitos de seus aspectos ainda requerem evidências adicionais que lhes deem maior sustentação. A generalização para um grupo maior de pessoas é limitada pelos métodos de pesquisa utilizados. No entanto, novas informações vêm sendo rapidamente elaboradas e divulgadas de forma acelerada. Para manter-se informado sobre as últimas descobertas, recomendamos que você se atualize regularmente com relação às pesquisas recentes sobre o comportamento organizacional. Mais estudos acadêmicos podem ser encontrados em periódicos como *Academy of Management Journal, Academy of Management Review, Administrative Science Quarterly, Human Relations, Journal of Applied Psychology, Journal of Management, Journal of Organizational Behavior e Leadership Quarterly*. No Brasil, recomendamos a Revista de Carreiras e Pessoas (ReCaPe), Revista de Administração de Empresas (RAE), a Revista de Administração Contemporânea (RAC), a Revista de Administração Mackenzie (RAM) e a Brazilian Business Review (BBR). Para interpretações mais práticas e aplicadas sobre as descobertas das pesquisas no campo do comportamento organizacional, consulte publicações como *California Management Review, Harvard Business Review, Organizational Dynamics* e *Sloan Management Review*.

NOTAS

1. J. A. Byrne, "Executive Sweat", *Forbes*, 20 maio 1985, 198–200.

2. Veja D. P. Schwab, *Research Methods for Organizational Behavior* (Mahwah, NJ: Lawrence Erlbaum Associates, 1999); e S. G. Rogelberg (ed.), *Blackwell Handbook of Research Methods in Industrial and Organizational Psychology* (Malden, MA: Blackwell, 2002).

3. B. M. Staw e G. R. Oldham, "Reconsidering Our Dependent Variables: A Critique and Empirical Study", *Academy of Management Journal* 21, no. 4 (1978): 539–59; e B. M. Staw, "Organizational Behavior: A Review and Reformulation of the Field's Outcome Variables", in M. R. Rosenzweig e L. W. Porter (eds.), *Annual Review of Psychology*, vol. 35 (Palo Alto, CA: Annual Reviews, 1984), 627–666.

4. R. S. Blackburn, "Experimental Design in Organizational Settings", in J. W. Lorsch (ed.), *Handbook of Organizational Behavior* (Upper Saddle River, NJ: Prentice Hall, 1987), 127–128; e F. L. Schmidt, C. Viswesvaran e D. S. Ones, "Reliability Is Not Validity and Validity Is Not Reliability", *Personnel Psychology* 53, no. 4 (2000): 901–912.

5. G. R. Weaver, L. K. Treviño e P. L. Cochran, "Corporate Ethics Practices in the Mid-1990's: An Empirical Study of the Fortune 1000", *Journal of Business Ethics* 18, no. 3 (1999): 283–294.

6. S. Milgram, *Obedience to Authority* (New York: Harper & Row, 1974). Para uma análise crítica dessa pesquisa, veja T. Blass, "Understanding Behavior in the Milgram Obedience Experiment: The Role of Personality, Situations, and Their Interactions", *Journal of Personality and Social Psychology* 60, no. 3 (1991): 398–413.

7. Veja, por exemplo, W. N. Kaghan, A. L. Strauss, S. R. Barley, M. Y. Brannen e R. J. Thomas, "The Practice and Uses of Field Research in the 21st Century Organization", *Journal of Management Inquiry* 8, no. 1 (1999): 67–81.

8. A. D. Stajkovic e F. Luthans, "A Meta-Analysis of the Effects of Organizational Behavior Modification on Task Performance, 1975–1995", *Academy of Management Journal* 40, no. 5 (1997): 1122–1149.

9. Veja, por exemplo, K. Zakzanis, "The Reliability of Meta-Analytic Review", *Psychological Reports* 83, no.1 (1998): 215–222; C. Ostroff e D. A. Harrison, "Meta-Analysis, Level of Analysis, and Best Estimates of Population Correlations: Cautions for Interpreting Meta-Analytic Results in Organizational Behavior", *Journal of Applied Psychology* 84, no. 2 (1999): 260–270; R. Rosenthal e M. R. DiMatteo, "Meta-Analysis: Recent Developments in Quantitative Methods for Literature Reviews", *Annual Review of Psychology* 52 (2001): 59–82; e F. L. Schmidt e J. E. Hunter, "MetaAnalysis", in N. Anderson, D. S. Ones, H. K. Sinangil e C. Viswesvaran (eds.), *Handbook of Industrial, Work & Organizational Psychology*, vol. 1 (Thousand Oaks, CA: Sage, 2001), 51–70.

10. Para saber mais sobre as questões éticas, veja T. L. Beauchamp, R. R. Faden, R. J. Wallace, Jr. e L. Walters (eds.), *Ethical Issues in Social Science Research* (Baltimore, MD: Johns Hopkins University Press, 1982); e J. G. Adair, "Ethics of Psychological Research: New Policies, Continuing Issues, New Concerns", *Canadian Psychology* 42, no. 1 (2001): 25–37.

11. J. Kifner, "Scholar Sets Off Gastronomic False Alarm", *New York Times* (8 set. 2001), A1.

Caso abrangente 1

Gerenciando a motivação em uma economia difícil

Objetivos de aprendizagem

Neste estudo de caso, você terá a oportunidade de avaliar um programa motivacional desenvolvido a fim de reenergizar a força de trabalho de uma empresa que esteja passando por dificuldades. Como representante do conselho executivo da empresa, você avaliará a atual estratégia da organização com base em dados de um levantamento com os empregados. Você também recomendará aos membros do conselho de administração maneiras de melhorar o programa com base no que aprendeu sobre o estabelecimento de objetivos e a motivação nas organizações.

Principais tópicos

- Mudanças na natureza do trabalho
- Diversidade e idade
- Estabelecimento de objetivos
- *Downsizing* organizacional
- Justiça organizacional

O cenário

A rede de drogarias Morgan-Moe's está passando por dificuldades. A empresa, que possui centenas de drogarias no centro-oeste norte-americano, é uma das maiores redes da região. Infelizmente, uma grande retração da economia industrial local colocou a empresa em sérios problemas financeiros. A receita não para de cair. Os clientes estão gastando menos e as lojas tiveram de mudar seu foco para artigos de margem muito baixa, como leite e medicamentos genéricos, em vez dos itens de compra por impulso, de alta margem, que costumavam ser a maior fonte de renda da empresa. A empresa fechou algumas lojas, revertendo seus planos de expansão pela primeira vez desde a sua fundação.

Como a empresa nunca passou por uma situação como essa, Jim Claussen, o vice-presidente de recursos humanos, não está conseguindo resolver o problema com os empregados. Ele está vendo que as pessoas estão ficando cada vez mais descontentes com as dificuldades da empresa. Todos temem por seus empregos, o que está afetando a atitude dos empregados no trabalho. A decisão da empresa de fechar algumas lojas pegou as pessoas de surpresa e elas não receberam bem a notícia.

As notícias divulgadas pela imprensa sobre o fechamento de lojas da rede se concentraram no fato de que a empresa não deu um aviso prévio aos empregados nem comunicou as razões para a decisão, além de não ter pago as indenizações devidas aos que foram afastados. Na ausência de informações oficiais, rumores e fofocas se espalharam rapidamente entre as pessoas que ficaram. Alguns blogs furiosos foram criados por alguns dos demitidos, como o EuOdeioaMorganMoe.blogspot.com, prejudicando ainda mais o moral dos empregados e a imagem da empresa.

A Morgan-Moe's também está passando por outras mudanças. A idade média de sua força de trabalho está aumentando rapidamente. Alguns fatores contribuíram para essa mudança. Para começar, menos jovens qualificados moram na região porque muitas famílias se mudaram para encontrar emprego. Em segundo lugar, as lojas têm sido encorajadas a contratar empregados mais velhos, como aposentados em busca de uma renda complementar. Os gestores preferem esses trabalhadores mais velhos por considerá-los mais maduros, por faltarem menos ao trabalho e por não precisarem mais cuidar dos filhos. Em geral, eles também são mais qualificados do que os trabalhadores mais jovens porque têm mais experiência, inclusive nos níveis gerenciais ou executivos.

Esses trabalhadores mais velhos são um grande trunfo para a empresa em momentos de dificuldade, mas são mais propensos a sair da empresa se a situação ficar muito ruim. Se esses trabalhadores mais velhos começarem a sair da empresa, levando consigo sua experiência, a Morgan-Moe's corre sério risco de se aproximar da falência.

O sistema

Claussen, o vice-presidente de recursos humanos, não sabia ao certo como lidar com os sentimentos de desesperança e medo dos empregados até que um amigo lhe deu um livro intitulado *Em busca de sentido*. O livro foi escrito por um psicólogo chamado Victor Frankl, que sobreviveu aos campos de concentração de Auschwitz. Frankl descobriu que as pessoas que tinham um senso de propósito claro, uma razão para viver, tinham mais chances de persistir diante de um sofrimento praticamente indescritível. Claussen ficou tocado com a ideia do livro de encontrar um sentido e um senso de direção para superar as adversidades. Ele achou que poderia aplicar as lições do livro ao pessoal da empresa. Então, convocou uma reunião com o comitê executivo e propôs a ideia de uma nova direção para a administração da empresa. Com relutância, o comitê concordou em tentar implementar suas sugestões.

Nos últimos seis meses, todas as lojas passaram a usar um sistema de gestão de desempenho que, nas palavras de Claussen, "leva as pessoas a aderir à ideia de que seu trabalho produz resultados concretos nas lojas. A ideia é que todos nós podemos servir a um propósito mais amplo por meio do trabalho. Li sobre algumas empresas que compartilham informações de desempenho das lojas com os empregados para que eles vejam os resultados de seu trabalho e participem das mudanças e achei que seria interessante fazer isso também".

A equipe de recursos humanos (RH) apresentou cinco opções para o novo sistema de gestão. A matriz deixou a cargo de cada gerente escolher a opção mais adequada à sua loja para que eles não se sentissem pressionados a implementar uma mudança tão rápida. O Programa I consiste em não aderir à ideia, mantendo as coisas como estão, e não divulgar informações (ou divulgar pouco) nem dar oportunidades de participação. O Programa II monitora os dados de absenteísmo e faltas por licença médica e compartilha essas informações com cada empregado oferecendo *feedback* sobre ações que as pessoas têm como controlar. A atuação do gerente se limita a isso. O Programa III monitora as vendas e a reposição de estoque em diferentes turnos. Como no Programa II, as informações são compartilhadas com os empregados, mas, neste caso, sem informar dados de absenteísmo e faltas por licença médica. O Programa IV, o mais abrangente, monitora as mesmas informações que os Programas II e III. Os gerentes comunicam as informações aos empregados em seções semanais de *brainstorming*, nas quais as pessoas tentam decidir como podem melhorar e fazem sugestões para aumentar o desempenho da loja. O Programa V mantém a ideia do *brainstorming*, mas não fornece aos empregados informações sobre seu comportamento ou sobre os lucros da empresa.

Desde a implementação do sistema, Claussen conversou com vários gerentes sobre o que os levou a decidir pelo programa que escolheram. Artie Washington, que escolheu o Programa IV, disse: "Quero saber o que meus empregados recomendam para melhorar a loja. Todo mundo está preocupado com a possibilidade de perder o emprego nesta economia. Eles ficam mais engajados se sabem o que está acontecendo e se têm a chance de mudar as coisas".

Betty Alvarez discordou. Ela escolheu o Programa I, explicando: "Prefiro ver meu pessoal fazendo o trabalho do que gastando tempo em reuniões para conversar sobre como fazê-lo. É para isso que serve a gerência". Michael Ostremski, outro defensor do Programa I, acrescentou: "É até bom que os empregados não saibam o que está acontecendo. Se eles acharem que a empresa vai bem, eles vão fazer corpo mole. Se eles acharem que a empresa vai mal, eles vão procurar emprego em outro lugar".

Cal Martins também questiona a necessidade de compartilhar informações com a equipe toda, mas escolheu o Programa II: "A pessoa precisa ser informada de seu desempenho no trabalho, mas não precisa saber do desempenho dos outros. Isso cria uma tensão desnecessária".

Cindy Ang teve razões parecidas para escolher o Programa V: "Quando fazemos nossas reuniões de *brainstorming*, eu fico sabendo o que eles [os empregados] acham que é mais urgente, não o que algumas planilhas dizem. Tenho uma ideia mais clara do que está acontecendo em minha loja. É claro que os números são importantes, mas não contam a história toda. Também fiquei um pouco preocupada com a possibilidade de os empregados ficarem abalados se souberem que a empresa não está indo bem".

Resultados até o momento

Claussen acredita que o procedimento mais elaborado (o Programa IV) é o melhor, mas nem todos os membros do comitê executivo estão convencidos disso. Embora eles tenham apoiado a implementação do teste do sistema, que parece ter custos relativamente baixos, alguns membros do comitê querem ver resultados. A CEO Jean Masterson pediu para ver uma análise completa do desempenho das várias lojas nos últimos 4 anos. Ela está especialmente interessada em ver como as vendas e as taxas de rotatividade foram afetadas pelo novo programa.

A empresa, que vem coletando dados em planilhas sobre as vendas e a rotatividade das lojas, preparou o relatório a seguir, que também estima o custo monetário do tempo gasto pelos empregados em cada método. Esses custos são baseados no número de horas que eles passam trabalhando no programa multiplicado por seu salário. As estimativas de rotatividade, lucros e tempo da equipe são coletadas loja a loja. Os dados de lucros e rotatividade incluem médias e desvios padrão de todas as lojas e o lucro líquido é calculado descontando o custo mensal do tempo despendido pelos empregados no programa. As informações de rotatividade referem-se à porcentagem de empregados que pedem demissão ou são demitidos em um mês.

Para identificar padrões na seleção dos programas pelos gerentes, a empresa calculou a relação entre a seleção dos programas e os diversos atributos das lojas. O Programa I foi selecionado com mais frequência pelas lojas mais antigas e nas áreas mais pobres. Os Programas II e III foram escolhidos com mais frequência por lojas em áreas urbanas e áreas onde a força de trabalho era, em média, mais jovem. Os Programas IV e V foram selecionados com mais frequência em lojas localizadas em áreas rurais e, especialmente, onde a força de trabalho era, em média, mais velha.

Programa	Métodos	Número de lojas	Rotatividade média	Lucro semanal por mês	Custo mensal do tempo dos empregados
Programa I	Gestão tradicional	83	Média = 30% DP = 10%	Média = $5.700 DP = $3.000	Nenhum
Programa II	Compartilhar dados de absenteísmo e faltas por licença médica	27	Média = 23% DP = 14%	Média = $7.000 DP = $5.800	$1.960
Programa III	Compartilhar dados de vendas e estoque	35	Média = 37% DP = 20%	Média = $11.000 DP = $2.700	$2.440
Programa IV	Compartilhar informações e fazer seções de *brainstorming*	67	Média = 17% DP = 20%	Média = $13.000 DP = $3.400	$3.420
Programa V	Seções de *brainstorming* sem compartilhar informações	87	Média = 21% DP = 12%	Média = $14.000 DP = $2.400	$2.750

Sua tarefa

Sua tarefa é preparar um relatório para o comitê executivo da empresa sobre a eficácia desses programas. O relatório deve ser elaborado na forma de um documento profissional. Como seu público não conhece necessariamente os princípios organizacionais que você está descrevendo, forneça explicações detalhadas que uma pessoa de uma empresa real possa entender.

Ao elaborar seu relatório, não deixe de abordar os pontos a seguir:

CA.1 Considere os cinco sistemas de gestão como as variáveis de um experimento. Identifique as variáveis independentes e dependentes e explique como elas se relacionam umas com as outras.

CA.2 Com base em nossa discussão sobre as variáveis independentes e dependentes, existe algum outro resultado que você acharia interessante mensurar?

CA.3 Analise os dados e decida qual método de gestão parece mais eficaz para gerar receita e reduzir a rotatividade. Explique o motivo. Quais métodos lhe parecem menos eficazes e por quê?

CA.4 Os dados levantam alguma preocupação?

CA.5 A comparação do número de lojas que usam cada método afetou suas conclusões?

CA.6 O fato de os gerentes selecionarem um programa específico (incluindo o Programa I, que não muda a maneira como as coisas sempre foram feitas) afeta suas inferências sobre o sucesso do programa?

CA.7 Quais são as vantagens de atribuir aleatoriamente condições diferentes às lojas em vez de dar aos gerentes a chance de escolher o programa de sua preferência?

CA.8 Como as mudanças constantes da força de trabalho e da economia descritas neste livro e no estudo de caso afetam suas conclusões sobre como gerenciar pessoas no setor de varejo? A participação de uma força de trabalho mais experiente ajuda ou prejudica esses programas? Como esses programas poderiam funcionar de outra maneira em uma economia estabilizada ou em alta?

CA.9 Claussen basicamente criou o programa por conta própria, sem pesquisar muito sobre o estabelecimento de objetivos e a motivação. Com base no que aprendeu neste livro, você acha que ele se saiu bem? Quais partes do programa parecem se adequar às evidências de estudos sobre o estabelecimento de objetivos? Quais partes você mudaria para melhorar a motivação dos empregados?

CA.10 Descreva como os empregados podem se sentir com a implementação desses sistemas e como esses sentimentos podem ajudar ou prejudicar o sucesso do programa. Qual recomendação você daria aos gerentes sobre como implementar os programas para que eles correspondam aos princípios de justiça organizacional descritos no livro?

Caso abrangente 2

Ajustando trabalhos que não satisfazem os empregados

Objetivos de aprendizagem

De modo geral, as empresas dividem o trabalho para aumentar a eficiência, mas a especialização pode levar a consequências negativas. A DrainFlow é uma empresa que usa a especialização e, com isso, conseguiu passar anos reduzindo mais os custos do que os concorrentes. Só que os clientes estão reclamando, o que sugere que a empresa pode estar perdendo a preferência. Depois de ler o caso, você poderá sugerir algumas maneiras de criar trabalhos mais interessantes para os empregados. Você também lidará com o problema de encontrar pessoas qualificadas e prontas para executar as diversas responsabilidades que esses trabalhos demandam.

Principais tópicos

- Desenho de funções
- Satisfação no trabalho
- Personalidade
- Esforço emocional

O cenário

A DrainFlow é uma grande empresa de manutenção hidráulica residencial e empresarial com filiais espalhadas por todo o território norte-americano. A empresa passou décadas ocupando uma posição de liderança no setor de serviços residenciais de encanador e seu lema, "Seu cano entupiu? Chame a DrainFlow!", tem sido anunciado em outdoors desde a década de 1960.

Lee Reynaldo ocupa o cargo de gerente regional da DrainFlow por mais ou menos dois anos. Antes disso, ela trabalhava em uma nova cadeia concorrente do setor, a Lightning Plumber, que vem atraindo cada vez mais clientes da DrainFlow. Apesar de ganhar mais na DrainFlow, Reynaldo não está satisfeita com a situação da empresa. Ela notou que o ambiente de trabalho não tem tanta vitalidade ou energia quanto na Lightning.

Ela acha que o problema é que os empregados não são motivados a prestar o tipo de atendimento ao cliente que o pessoal da Lightning Plumber oferece. Pouco tempo atrás, ela enviou um questionário aos clientes para coletar informações sobre o desempenho dos empregados da empresa e as respostas confirmaram seus temores. Embora 60% dos entrevistados tenham dito ter ficado satisfeitos com a experiência e que voltariam a usar os serviços da DrainFlow, 40% achavam que sua experiência com a empresa não foi boa e 30% disseram que chamariam um concorrente da próxima vez que tivessem problemas hidráulicos.

Reynaldo se pergunta se o desenho de cargos da DrainFlow pode estar contribuindo para os problemas de retenção de clientes. A DrainFlow tem cerca de 2.000 empregados que atuam em quatro categorias básicas de trabalho: encanadores, assistentes de encanador, processadores de pedidos e representantes de cobrança. Essa estrutura foi criada para reduzir os custos ao máximo. Os encanadores ganham muito, enquanto os assistentes de encanador ganham cerca de um quarto da quantia que um encanador recebe. Desse modo, usar assistentes de encanador é uma estratégia que permitiu à DrainFlow manter-se com facilidade à frente da concorrência no quesito preço. Os processadores de pedidos ganham menos do que os assistentes, mas mais ou menos o mesmo que os representantes de cobrança. O trabalho todo é muito especializado, mas, para apresentar o melhor desempenho, os empregados muitas vezes dependem de colegas que atuam em outra categoria de trabalho.

Como a maioria das empresas de manutenção hidráulica, a DrainFlow atrai clientes principalmente por meio de anúncios e na internet. Os clientes ligam descrevendo um problema hidráulico ou enviam uma solicitação on-line e a empresa retorna com informações em até 24 horas. Nos dois casos, os processadores de pedidos da DrainFlow analisam a descrição do problema e decidem se o atendimento será prestado por um encanador ou por um assistente. O trabalho é atribuído de acordo e um prestador de serviços vai ao local. Quando o trabalho é concluído, um representante de cobrança informa o valor a ser pago por celular ao representante de atendimento, que apresenta a cobrança ao cliente. Os representantes de cobrança podem receber por telefone pagamentos com cartão de crédito ou enviar por e-mail uma fatura para que o cliente pague via internet.

O problema

Embora a especialização reduza bastante os custos, Reynaldo está preocupada com a insatisfação dos clientes. De acordo com seu levantamento, cerca de 25% dos contatos dos clientes não geraram um pedido de atendimento porque os clientes ficaram confusos com as perguntas feitas pelos processadores de pedidos para diagnosticar o problema e porque os processadores de pedidos não tinham conhecimento ou habilidade suficiente para explicar a situação. Isso significa que uma em cada quatro pessoas que entram em contato com a DrainFlow para contratar um encanador fica mais do que insatisfeita: ela nem chega a ser uma cliente da empresa! Os outros 75% das ligações que se reverteram em um atendimento resultaram em outros problemas.

As queixas mais frequentes dos clientes diziam respeito ao tempo de resposta e ao custo do serviço, especialmente quando a pessoa errada era enviada para realizar um trabalho. Um assistente de encanador não tem como concluir um serviço de maior complexidade técnica. A visita precisa ser reagendada, desperdiçando o tempo do cliente e da equipe. O atraso resultante muitas vezes levava os clientes a desistir da DrainFlow e muitos passavam para a Lightning Plumber.

"Quando chego para atender uma chamada e digo que não tenho como dar conta do recado", explicou o assistente de encanador Jim Larson, "o cliente fica furioso. Ele quer ser atendido por um encanador experiente. Ninguém fica feliz quando eu digo que teremos de mandar outra pessoa para fazer o serviço."

Por outro lado, quando um encanador atende um serviço que um assistente de encanador faria com facilidade, o cliente precisa pagar o valor mais alto pelo encanador experiente. O encanador Luis Berger também não gosta de ter de dar as más notícias aos clientes. "Se eu for lá só para trocar o sifão da pia, o cliente não está esperando uma conta alta. Fico entre a cruz e a espada. Não sou eu quem define os preços nem decido quem vai atender as chamadas, mas sou eu quem precisa ouvir a bronca do cliente". Os encanadores também se ressentem de ser forçados a fazer um trabalho tão simples.

Susie McCarty é uma processadora de pedidos da DrainFlow. Ela também fica frustrada quando a pessoa errada é enviada para um trabalho, mas acha que ela e os outros processadores de pedidos estão fazendo o melhor que podem. "A empresa nos deu um roteiro para seguir para descobrir qual é o problema e quem deve realizar o atendimento", ela explica. "Os clientes não sabem que temos um roteiro padrão e esperam que a gente saiba responder a todas as perguntas. A maioria dos atendentes não sabe nada de encanamento. Se o roteiro não inclui as perguntas específicas dos clientes, não temos como saber do que eles estão falando. Um encanador saberia, mas não somos encanadores. Nós só atendemos as ligações."

Os problemas de atendimento ao cliente também envolvem os representantes de cobrança. Cabe a eles cobrar o pagamento dos clientes. "Não é culpa minha se mandaram o cara errado para fazer o serviço", diz Elizabeth Monty. "Se foi preciso dois caras para fazer o serviço, preciso cobrar dois atendimentos. Se quem fez o trabalho foi um encanador, o cliente precisa pagar o valor de um encanador, não de um assistente. Alguns clientes não entendem que não fui eu que recebi a primeira ligação, mas é comigo que eles gritam." Os representantes de cobrança também reclamam que só têm como ver o fim do processo e não têm acesso a informações sobre a solicitação de atendimento. O trabalho é bastante impessoal e grande parte do trabalho inclui registrar as reclamações dos clientes. Lembre-se de que 40% dos clientes não ficam satisfeitos e são os representantes de cobrança que ficam com as reclamações.

Como vimos no livro, todos os empregados precisam se engajar em um esforço emocional e, no caso da DrainFlow, muitos deles não têm as habilidades nem os traços de personalidade necessários para interagir com os clientes. Eles não foram treinados para prestar atendimento ao cliente e consideram seu trabalho técnico ou mecânico. Poucos gostam de falar diretamente com os clientes. O pessoal de escritório (processadores de pedidos e os representantes de cobrança) sabem que seu trabalho inclui o atendimento ao cliente, mas acham que lidar com as reclamações dos clientes e dos colegas exige demais deles.

Alguns anos atrás, uma empresa de consultoria de gestão foi contratada para avaliar as atitudes dos empregados da DrainFlow. Os resultados mostraram que eles estavam menos satisfeitos do que pessoas que ocupam cargos similares em outras empresas. A tabela a seguir apresenta uma análise dos níveis de satisfação dos entrevistados em várias categorias:

	Encanadores da DrainFlow	Assistentes de encanador da DrainFlow	Trabalhadores de escritório da DrainFlow	Encanadores em outras empresas	Trabalhadores de escritório em outras empresas
Estou satisfeito com o trabalho que sou solicitado a fazer	3,7	2,5	2,5	4,3	3,5
Estou satisfeito com minhas condições de trabalho	3,8	2,4	3,7	4,1	4,2
Estou satisfeito com minhas interações com os colegas	3,5	3,2	2,7	3,8	3,9
Estou satisfeito com minhas interações com meu chefe	2,5	2,3	2,2	3,5	3,4

As informações sobre os encanadores e trabalhadores de escritório de outras empresas foram retiradas de dados coletados pela consultoria de gestão. Os resultados da análise não surpreendem, considerando as queixas dos empregados da DrainFlow. A administração da DrainFlow está preocupada com esses resultados, mas não conseguiu chegar a uma solução. A cultura da DrainFlow tem se concentrado em conter custos, mas questões subjetivas, como a satisfação dos empregados, nunca representaram um grande problema.

A solução proposta

A empresa não está bem. A receita não para de cair e as economias de custo que deveriam ser obtidas pela divisão do trabalho não estão mais se concretizando. Tudo indica que uma mudança precisa ser feita.

Reynaldo propõe dar recompensas em dinheiro para melhorar o desempenho dos empregados. Ela acha que, se os empregados fossem pagos com base nos resultados do trabalho, eles se empenhariam mais para satisfazer os clientes. Como não é fácil mensurar a satisfação dos clientes já na primeira ligação, Reynaldo gostaria de dar aos processadores de pedidos uma pequena recompensa para cada 20 chamadas concluídas com sucesso. Para avaliar o trabalho em campo, ela propõe que os representantes de cobrança coletem informações sobre a satisfação do cliente para cada chamada concluída. Se nenhuma reclamação for feita e o serviço for realizado rapidamente, o encanador ou o assistente do encanador receberá uma pequena recompensa em dinheiro. Se o cliente se disser satisfeito com o serviço, a empresa dará uma recompensa ainda maior em dinheiro.

Reynaldo também quer encontrar pessoas mais adequadas aos novos objetivos da empresa. O procedimento atual de contratação usa entrevistas não estruturadas conduzidas pelo gerente geral de cada filial e cada gerente pode escolher os próprios critérios para selecionar os candidatos. A maioria dos empregados não tem treinamento em atendimento ao cliente e em comportamento organizacional. Reynaldo acha que seria melhor se os métodos de contratação fossem padronizados em todas as filiais de sua região para ajudar os gerentes a identificar candidatos que possam realmente ter sucesso no trabalho.

Sua tarefa

Sua tarefa é preparar um relatório para Reynaldo sobre a potencial eficácia dos programas de recompensa em dinheiro e da entrevista estruturada que ela está propondo. O relatório deve ser na forma de um documento profissional que será submetido a um gestor experiente de mesmo nível hierárquico que Reynaldo em uma corporação razoavelmente grande. Reynaldo tem muita experiência em finanças e na gestão de negócios de manutenção hidráulica, mas desconhece os princípios de comportamento organizacional que você está descrevendo. Como todas as novas propostas devem passar pelo crivo da alta administração, você também deve incluir os interesses deles em conter os custos. Você precisará apresentar argumentos financeiros sólidos e baseados em evidências para mostrar que a empresa se beneficiará de uma mudança no estilo de gestão.

Ao elaborar seu relatório, não deixe de abordar os pontos a seguir:

CA.11 Embora esteja claro que os empregados não estão especialmente satisfeitos com seu trabalho, você acha que isso é motivo de preocupação? As pesquisas sugerem que trabalhadores satisfeitos de fato apresentam desempenho melhor no trabalho? Há outros resultados comportamentais associados à satisfação no trabalho?

CA.12 Usando a teoria das características do trabalho, explique por que o atual sistema de desenho de cargos pode estar contribuindo para a insatisfação dos empregados. Descreva algumas maneiras de redesenhar as funções dos empregados para aumentar sua satisfação no trabalho.

CA.13 Reynaldo tem uma ideia um tanto vaga sobre como implementar o sistema de recompensas em dinheiro. Descreva algumas maneiras específicas para melhorar o sistema de recompensas com base no caso.

CA.14 Explique as vantagens e desvantagens do uso de incentivos financeiros em um programa dessa natureza. Quais problemas, se for o caso, podem surgir se os empregados receberem recompensas em dinheiro para atingir as metas de satisfação do cliente? Que outros tipos de incentivos podem ser considerados?

CA.15 Crie um plano específico para avaliar se o sistema de recompensas está sendo eficaz. Quais são as variáveis dependentes que devem mudar se o sistema funcionar? Como você poderia mensurar o sucesso da iniciativa?

CA.16 Quais recomendações você faria para que as pessoas mais adequadas fossem contratadas para esses trabalhos? Quais traços de personalidade do modelo Big Five seriam úteis para as responsabilidades de atendimento ao cliente e para o esforço emocional?

Caso abrangente 3

Criando uma coalizão

Objetivos de aprendizagem

Muitos dos desafios mais importantes do campo do comportamento organizacional requerem a coordenação de planos e metas entre diferentes grupos. Este caso descreve uma iniciativa multiorganizacional, mas os mesmos princípios de acomodação e concessões também se aplicam ao tentar trabalhar com diferentes divisões de uma única organização. Você criará um plano para administrar o progresso de uma equipe de desenvolvimento complexa com o objetivo de afastar os membros da equipe de conflitos negativos e aproximá-los de um diálogo produtivo. Você também ajudará a criar uma nova mensagem para os executivos para que eles possam liderar com eficácia.

Principais tópicos

- Dinâmica de grupo
- Maximização do desempenho da equipe
- Cultura organizacional
- Negociação integrativa

O cenário

A Woodson Foundation, uma grande organização sem fins lucrativos de assistência social, está criando uma parceria com o sistema de escolas públicas de Washington para melhorar o desempenho acadêmico dos alunos. Há muito espaço para melhorias. As escolas têm problemas com absenteísmo escolar, baixo desempenho dos estudantes e criminalidade. Os novos empregados se exaurem rapidamente quando seu entusiasmo inicial para ajudar os alunos cai por terra por conta da dura realidade que eles encontram em sala de aula. A rotatividade dos novos professores é muito alta e muitos dos melhores talentos são os que têm mais chances de sair para ir trabalhar em escolas menos problemáticas.

O plano é criar um programa experimental que combine a experiência da Woodson Foundation de levantar fundos privados e de coordenar líderes comunitários com a experiência pedagógica dos empregados da escola. A ideia é o sistema ser financeiramente autossuficiente, o que é importante porque cada vez menos fundos públicos são alocados ao sistema escolar. Após vários meses de negociação, os líderes da Woodson Foundation e do sistema escolar concordaram em criar uma nova ONG combinando recursos das duas organizações. A Woodson Foundation fornecerá suporte logístico e uma equipe de desenvolvimento e de avaliação de programas; o sistema escolar fornecerá salas de aula e professores.

A primeira etapa desse plano é constituir uma equipe executiva de desenvolvimento. Essa equipe incluirá executivos de diferentes áreas funcionais e criará o plano operacional para melhorar o desempenho escolar. Sua natureza interorganizacional requer a participação de representantes da Woodson Foundation e do distrito escolar. A Coalizão Nacional para o Envolvimento dos Pais na Educação (CNEPE, do inglês *National Coalition for Parent Involvement in Education* – NCPIE) também será um importante parceiro do programa, atuando como representante dos pais em nome da associação de pais e mestres.

Conflitos e acordos na equipe de desenvolvimento

Seria perfeito se todos os grupos pudessem trabalhar juntos sem problemas para melhorar o desempenho escolar dos alunos, mas é certo que alguns grandes conflitos surgirão. Cada grupo tem seus próprios interesses e, em alguns casos, os interesses são diretamente opostos.

Os representantes do distrito escolar querem que os novos empregos sejam sindicalizados e que sigam as políticas do conselho escolar. Eles temem que, se a Woodson assumir um papel dominante demais, o conselho escolar não será capaz de controlar as operações do novo sistema. A complexidade do sistema escolar levou ao desenvolvimento de uma estrutura burocrática extremamente complexa ao longo do tempo e os administradores querem garantir que suas políticas e procedimentos continuem válidos para os professores do programa, mesmo fora do horário normal de aulas. Eles também se preocupam com a possibilidade de precisar usar fundos de outros empregados do distrito escolar para alocar pessoal ao projeto.

A Woodson, fundada pelo empresário Theodore Woodson por volta de 1910, continua mantendo parte da cultura criada por seu fundador. Woodson enfatizava a eficiência e a experimentação em tudo o que fazia. Muitas das instituições de caridade da fundação foram premiadas por minimizar os custos ao mesmo tempo que prestavam excelentes serviços. O foco da fundação no uso de dados quantitativos para mensurar o desempenho de todas as suas iniciativas não se adequa à cultura do distrito escolar.

Por fim, a CNEPE tem como missão aumentar o controle dos pais na educação dos filhos. A organização acredita que, quando as comunidades têm autonomia para escolher seus próprios métodos educacionais, os alunos e os pais são mais capazes de atingir o sucesso juntos. A organização tem um grande compromisso em promover a diversidade em termos de raça, gênero, etnia e deficiência. Seus membros têm muito interesse no processo da implementação das mudanças, garantindo que todos possam expressar suas opiniões e sugestões.

Algumas questões de diversidade demográfica complicam a situação da equipe. A maioria dos estudantes atendidos pelo distrito escolar de Washington é afro-americana, juntamente com grandes populações de brancos e latinos. A composição da CNEPE em geral corresponde à diversidade demográfica das áreas atendidas pelas escolas públicas. A Woodson Foundation, com sede no norte do estado, é composta principalmente de empregados brancos. A CNEPE preocupa-se um pouco com a possibilidade de o novo grupo, que estará tão ocupado com essa importante mudança na administração educacional, desconsiderar os interesses demográficos da comunidade. A liderança do novo programa precisará apresentar uma mensagem eficaz para entusiasmar os diversos grupos interessados no programa.

Apesar das diferenças entre os grupos, cabe considerar o que eles têm em comum. Todos têm interesse em atender às necessidades dos alunos. Todos gostariam de ajudar os alunos a aprender mais. O sistema escolar se beneficia de qualquer iniciativa que melhore as notas dos alunos. A Woodson Foundation e a CNEPE têm o mesmo desejo de envolver mais os pais na educação dos alunos.

Candidatos para compor a equipe de desenvolvimento

A equipe de desenvolvimento será composta de três pessoas (um representante de RH da Woodson Foundation, um representante do sistema escolar e um representante da CNEPE) que submeteram a lista de candidatos a seguir.

Victoria Adams é superintendente de escolas do distrito de Washington. Ela encabeçou as negociações iniciais com a Woodson Foundation e vem se empenhando para conquistar o apoio dos professores e diretores das escolas. Ela acha que as escolas e a fundação precisam ter um papel mais proeminente no projeto do que os pais e as comunidades. "É claro que queremos que eles se envolvam e apoiem o projeto", ela explica, "mas acho que precisamos de mais poder de decisão na implementação das iniciativas. Não queremos excluir ninguém, mas precisamos ser realistas sobre a capacidade de ação dos pais".

Duane Hardy é diretor de uma escola do distrito de Washington há mais de 15 anos. Ele também acha que as escolas deveriam ter mais poder. "Somos nós que trabalhamos com esses alunos todos os dias. O número de alunos não para de crescer e as notas estão caindo. Sim, precisamos resolver isso, mas esses grupos de fora não conseguem entender as limitações que enfrentamos. Temos a comunidade, os políticos, os contribuintes... todo mundo de olho no que fazemos, todo mundo achando que sabe o que fazer. Os pais, pelo menos, têm mais interesse nisso."

"O mais importante são os alunos", diz um professor do segundo ano, Ari Kaufman, que é adorado pelos alunos, mas não se dá muito bem com os outros professores. Ele é visto como "o chato". "As escolas precisam mudar muito, e com urgência. Como é que chegamos nesta situação? O problema é que faltou envolvimento de pessoas de fora."

O organizador comunitário Mason Dupree também não gosta de tanta burocracia. Ele acha que a resposta para todos os problemas das escolas é o dinheiro. "Eu conheço esses alunos. Eu cresci nesses bairros. Meus pais conheciam todos os professores que eu tive. Naquela época, as escolas queriam o nosso envolvimento. Hoje, elas só querem o nosso dinheiro. Eu não me importaria de dar o dinheiro se achasse que ele seria bem utilizado, não desperdiçado em aumentos para pessoas que não mostraram que são capazes de dar conta do recado."

Meredith Watson, da Woodson Foundation, concorda que as escolas estão menos focadas nas famílias. Como ex-professora, ela passou seis anos atuando em sala de aula. "Há muito desperdício no sistema", ela reclama. "Empregos são desnecessariamente duplicados, os processos de mudança são desnecessariamente complexos. Só uma pessoa de dentro pode fazer alguma coisa. Esses pais querem se envolver. Ninguém conhece melhor os alunos do que eles."

Ao contrário de seus colegas da CNEPE, Candace Sharpe acha que as escolas estão fazendo o melhor que podem. Ela é assistente social do distrito e começou a trabalhar na região de Washington há relativamente pouco tempo. "Os pais dizem que querem se envolver, mas, quando chega a hora, eles não fazem nada. Cabe a *nós* mostrar o caminho. Uma mudança duradoura não vem de fora, mas só pode ser feita em casa."

Victor Martinez entrou na Woodson Foundation como estagiário assim que se formou na faculdade e trabalha lá há dez anos. "Às vezes é difícil saber direito o que está acontecendo quando se está no meio do furacão", ele explica. "Ninguém gosta de ouvir que está errado, mas às vezes isso tem de ser dito. Todos nós sabemos que o sistema não é perfeito. Não podemos manter a coisa como está. Simplesmente não está dando certo."

Estratégias para a equipe do programa

Depois de formar a equipe de desenvolvimento e definir os princípios que serão seguidos, a equipe do programa também pretende criar um manual para as pessoas encarregadas de executar o novo programa. O ideal seria que esse conjunto de princípios fosse usado para treinar novos líderes para criar uma mensagem inspiradora que facilitará o sucesso. O conteúdo do programa e a natureza da mensagem serão concebidos pela equipe de desenvolvimento, mas é possível criar alguns princípios básicos para a equipe do programa antes de tomar essas decisões.

Sua tarefa

A Woodson Foundation, a CNEPE e as escolas pediram a sua ajuda para garantir o sucesso do programa. Eles querem saber as suas recomendações sobre o que deveria ser feito em cada etapa do projeto, desde a seleção de membros da equipe e a definição de prioridades e metas do grupo até a definição de prazos e métodos eficazes para resolver os eventuais conflitos. Depois disso, eles pediram para você preparar um breve manual de princípios para os líderes do novo programa. Você terá dois públicos-alvo: a equipe de desenvolvimento, que receberá um relatório para criar o programa, e a equipe do programa, que receberá um relatório para liderar sua execução.

Os pontos a seguir devem ajudá-lo nessa tarefa:

CA.17 A equipe de desenvolvimento será mais eficaz se os membros tiverem uma ideia do trabalho dos grupos e das equipes envolvidas. Explique ao comitê os principais pontos sobre a formação e o desempenho de equipes que vimos no livro para que eles possam saber o que esperar.

CA.18 Considerando o perfil dos candidatos à equipe de desenvolvimento, dê sugestões de bons candidatos para compor o grupo e diga quem poderia ser menos eficaz nessa situação. Use as pesquisas sobre grupos e equipes que vimos no texto para justificar suas recomendações.

CA.19 Usando princípios dos capítulos sobre grupos e equipes, descreva suas recomendações para a equipe gerenciar os conflitos com eficácia.

CA.20 Descreva como as estratégias de negociação integrativa podem atingir os objetivos compartilhados da equipe de desenvolvimento.

Os pontos a seguir devem ajudá-lo a elaborar uma mensagem para a equipe do programa:

CA.21 Os líderes da nova organização devem ter uma boa ideia da cultura do distrito escolar, da CNEPE e da Woodson Foundation, pois precisarão gerenciar continuamente os relacionamentos com os três grupos. Como você descreveria a cultura desses vários grupos de interesse? Use os conceitos do capítulo sobre cultura organizacional para descrever as diferenças e semelhanças entre esses grupos.

CA.22 Pense em como os líderes do novo programa podem criar uma mensagem transformadora e conquistar a confiança dos empregados e dos pais. Usando o que aprendeu no capítulo sobre liderança, descreva as recomendações que você daria aos líderes para atingir esses objetivos.

CA.23 Considerando as potenciais dificuldades causadas pelas diferenças demográficas na negociação dessas mudanças, qual estratégia você recomendaria aos líderes do programa para lidar com as questões da diversidade?

Caso abrangente 4

Organizações sem fronteiras

Objetivos de aprendizagem

As organizações multinacionais estão cada vez mais presentes na economia global. Este caso o leva ao mundo de uma empresa de vanguarda de software de música que busca atingir o sucesso em três culturas nacionais e organizacionais muito diferentes. Os gestores da empresa precisam tomar decisões importantes sobre como estruturar processos de trabalho para manter os empregados satisfeitos e produtivos realizando tarefas bastante diferentes.

Principais tópicos

- Estrutura organizacional e organizações sem fronteiras
- Cultura organizacional
- Recursos humanos
- Socialização organizacional

O cenário

A Newskool Grooves é uma empresa transnacional de software de música. O software é usado para compor músicas, reproduzir músicas em clubes e produzir álbuns. O fundador e CEO Gerd Finger é, como seria de se esperar, o maior fã da empresa. "Comecei esta empresa do nada. Ela nasceu na minha cabeça, com as minhas ideias e no meu computador. A música é a minha vida. Eu adoro tocar música, adoro criar programas para fazer música, adoro ouvir música... e não posso reclamar do dinheiro." Finger diz que nunca quis trabalhar em qualquer outra empresa, dar suas ideias aos outros e deixá-los lucrar com elas. Ele quer manter o controle sobre suas ideias e sobre a imagem de sua empresa. "A Newskool Grooves está sempre à frente da concorrência. Neste setor, se você não tiver como enfrentar a concorrência, é forçado a fechar as portas. E são os outros que precisam correr atrás de nós. Todo mundo sabe que os nossos produtos são o que há de melhor e mais atualizado no mercado."

A sede da empresa fica em Berlim, o centro da organização, onde os novos produtos são desenvolvidos e a estratégia organizacional é definida. A Newskool terceiriza grande parte do trabalho de codificação a programadores de Kiev, na Ucrânia. Seu marketing está concentrado em seu escritório de Los Angeles. Essa divisão do trabalho é pelo menos em parte baseada em conhecimentos técnicos e questões de custo. A equipe alemã se destaca nas tarefas de design e produção. Como a maioria dos clientes da Newskool é composta de falantes do inglês, o pessoal de Los Angeles é mais indicado para fazer anúncios e promover os produtos. Kiev concentra programadores espetaculares que não exigem os altos salários dos programadores alemães ou norte-americanos. A combinação de software de alta tecnologia, rápida reorganização e terceirização faz da Newskool um excelente exemplo de uma organização sem fronteiras.

Finger também toma a decisão final sobre a contratação de todos os empregados da empresa, dando grande ênfase à independência no trabalho. "Por que eu colocaria a minha empresa nas mãos de pessoas que não me passam confiança?", ele pergunta com uma risada. "Eles têm de acreditar no que estamos fazendo aqui, saber com clareza para onde estamos indo e fazer o trabalho de acordo. Eu não sou uma babá, não sou um professor de escola dando o dever de casa. A escola já acabou. Este é o mundo real."

A cultura de trabalho

Os empregados querem trabalhar na Newskool por ser uma empresa de ponta. O software da Newskool é usado por muitos DJs de música eletrônica, que constituem o principal mercado da empresa e a veem como uma marca relativamente cara, mas de alta qualidade e inovadora.

Sempre que o mercado de software de música vai em uma direção, parece que a Newskool segue em uma direção completamente diferente, na tentativa de se afastar do resto. Na maioria das vezes, essa estratégia rende bons frutos para a empresa. Enquanto os concorrentes desenvolvem produtos parecidos e, portanto, precisam reduzir continuamente seus preços para competir entre si, a Newskool mantém a receita em alta criando produtos inovadores que não enfrentam esse tipo de concorrência de preços.

Infelizmente, a pirataria têm reduzido a capacidade da Newskool de lucrar só com as ferramentas informatizadas de música e a empresa foi forçada a entrar na produção de hardware, como baterias eletrônicas e amplificadores que incorporam sua tecnologia de software. Uma mudança de mercado tão grande quanto essa pode ser um desafio para algumas empresas, mas, para uma organização que se reinventa a cada dois ou três anos como a Newskool, a maior dificuldade está em sua batalha constante contra a estagnação e a rigidez.

A organização tem uma cultura bastante descentralizada. Com apenas 115 empregados, a filosofia de gestão original de permitir que todos eles participem da tomada de decisão e da inovação continua sendo a alma da cultura da empresa. Um programador observa: "Na Newskool, eles querem que todos participem do processo. Se você for o tipo de pessoa que só quer seguir ordens, você está na empresa errada. Na maioria das vezes, eles não têm como dizer o que querem que você faça... eles nem sabem o que vai acontecer em seguida! É por isso que eles contratam empregados criativos, pessoas capazes de fazer o futuro acontecer. Não é fácil, mas gostamos de trabalhar em uma empresa tão vibrante".

O ambiente sem fronteiras

Como grande parte do trabalho pode ser feita no computador, Finger decidiu desde o início permitir que os empregados trabalhassem onde quisessem, dentro ou fora do escritório. A alta gestão de Berlim e de Los Angeles está muito satisfeita com esse arranjo. Como alguns projetos de marketing requerem contato presencial, o escritório de Los Angeles conduz reuniões semanais. Muitos empregados gostam de trabalhar à noite e dormir de dia e estão satisfeitos na Newskool por ter a possibilidade de trabalhar quando estão mais produtivos. Os empregados normalmente conversam sobre os projetos nas redes sociais da intranet da empresa.

Já o pessoal em Kiev não é tão receptivo ao modelo sem fronteiras. Os gestores dizem que seus programadores se incomodam de ter de trabalhar em um ambiente tão pouco estruturado. Eles estão mais acostumados com uma estrutura de liderança forte e processos de trabalho bem definidos.

"Quando entrei na empresa", diz um gestor, "Gerd disse que eu não teria dificuldade de falar com ele, que eu não teria dificuldade de falar com o escritório de Los Angeles. Ele disse: 'Somos pequenos, somos como uma família'. Bom, mas a verdade é que não é fácil falar com eles. Quando eu ligo para Los Angeles, eles me mandam esperar o dia da reunião. Nem sempre dá para esperar eles decidirem se reunir. Quando eu levo o problema para Gerd, ele diz: 'Dê um jeito'. E, quando eu faço o que acho melhor, ele diz que não está certo e temos de recomeçar. Seria só ele me dizer o que queria e teríamos feito diferente".

Alguns eventos recentes também abalaram o estilo de trabalho da empresa. Os programadores que trabalham na matriz tiveram um enorme problema de comunicação sobre o desenvolvimento de um hardware que exigiu muitas horas de discussão para ser resolvido. As pessoas, que raramente se encontravam pessoalmente, avançaram no projeto... só que seguiram em direções opostas. Parece que, para testar e projetar os produtos de hardware da empresa, os empregados precisam fazer mais do que apenas enviar códigos de programação uns aos outros. Às vezes eles precisam trabalhar juntos no mesmo lugar. As pessoas começaram a brigar sobre a melhor maneira de trabalhar nesse novo ambiente.

E essas não são as únicas dificuldades enfrentadas pelos diferentes escritórios. Desde que a empresa entrou no mercado de hardware, Sandra Pelham, do escritório de Los Angeles, começou a criticar a empresa. "Com o software, tínhamos uma gama mais limitada de veículos publicitários. Agora, com o hardware (instrumentos reais), pensamos: 'Excelente! Podemos trabalhar com estes produtos!'. Entramos em contato com músicos, DJs e produtores famosos pedindo endossos, mas Gerd disse: 'De jeito nenhum'. Ele não queria clientes que só se importavam com o endosso de alguma celebridade. Ele jogou a campanha inteira no lixo. Ele diz que a empresa preza pela criatividade e que precisamos nos manter fiéis ao nosso estilo. E, se não quisermos fazer do jeito dele, 'a porta da rua é a serventia da casa'."

Embora a organização tenha seus problemas, ninguém duvida que a Newskool tem tido um sucesso espetacular no setor de software de música. Enquanto muitas empresas estão fechando as portas, a Newskool usa seu poder de mercado para lançar a próxima geração de ferramentas de criação de música eletrônica. Nas palavras de Gerd Finger, "quando os concorrentes finalmente descobrem como lidar com as mudanças, eles olham para o lado e veem que já estamos muito à frente no caminho para o futuro".

Sua tarefa

Finger quer saber o que você recomenda para ajudar a empresa a manter seu sucesso. Ele quer que você lhe dê algum tipo de referência sobre como outras organizações sem fronteiras do setor da tecnologia se mantêm competitivas apesar do problema de ter tantos empregados avançando em direções diferentes. Você precisará apresentar um relatório para o comitê executivo da empresa. O relatório deve ser uma proposta para um executivo corporativo que tenha grande conhecimento dos aspectos técnicos da empresa, mas que talvez não tenha muito conhecimento sobre o comportamento organizacional.

Ao elaborar seu relatório, não deixe de abordar os pontos a seguir:

CA.24 Identifique alguns dos problemas que podem ocorrer em uma organização sem fronteiras como a Newskool Grooves. Quais são as vantagens das organizações sem fronteiras?

CA.25 Considere algumas das questões culturais que podem afetar uma empresa com operações em diferentes partes do mundo e cujos empregados podem não ser representativos das culturas nacionais de cada país. Os conflitos observados na empresa resultam dos diferentes tipos de trabalho que as pessoas precisam fazer?

CA.26 Com base no que você aprendeu sobre motivação e personalidade, que tipos de pessoas provavelmente ficarão mais satisfeitos nas diferentes áreas da empresa? Use conceitos da teoria das características do trabalho e a nova perspectiva sobre os relacionamentos sociais no trabalho para descrever o que pode ser preciso mudar para aumentar a satisfação dos empregados em todas as áreas da empresa.

CA.27 Quais tipos de práticas de recursos humanos precisam ser implementados nesse tipo de organização? Quais princípios de seleção e contratação podem ser mais eficazes? Quais habilidades e traços de personalidade do modelo Big Five podem ajudar os gestores da Newskool na seleção de empregados?

CA.28 Que tipo de medidas de desempenho você recomendaria para cada escritório?

CA.29 Como a empresa pode implementar um programa de socialização que maximize a criatividade e a independência dos empregados? Os empregados de todos os escritórios precisam apresentar o mesmo nível de criatividade?

Caso abrangente 5

O estresse de cuidar das pessoas

Objetivos de aprendizagem

Uma das mudanças mais constantes na estrutura do trabalho nas últimas décadas foi a passagem de uma economia industrial para uma economia de serviços. Hoje em dia, mais pessoas atuam em trabalhos que incluem a prestação de cuidados e assistência, especialmente nas áreas da educação e da saúde. Algumas pessoas gostam desse tipo de trabalho, embora ele possa ser muito estressante. No cenário a seguir, considere como uma empresa de casas de repouso está lidando com as dificuldades impostas por esse novo ambiente.

Principais tópicos

- Estresse
- Mudança organizacional
- Emoções
- Liderança

O cenário

A Parkway Nursing Care está enfrentando uma enorme mudança. A empresa foi fundada em 1972 com apenas duas casas de repouso em Phoenix, capital do estado do Arizona. A empresa teve grande sucesso e, ao longo da década de 1980, continuou gerando lucros enquanto adquiria ou construía outras 30 unidades. Essa abordagem de avançar "devagar e sempre" deu uma guinada radical em 1993, quando o capitalista de risco Robert Quine decidiu fazer um grande investimento na expansão da Parkway em troca de uma parcela dos lucros da empresa. O número de casas de repouso decolou e, em 2000, a Parkway já tinha 180 unidades.

Hoje, a empresa tem 220 unidades no sudoeste dos Estados Unidos, com uma média de 115 leitos por unidade e um total de quase 30.000 empregados. Além das casas de repouso, a empresa também fornece atendimento domiciliar especializado a idosos. A Parkway é considerada uma das melhores empresas de cuidados a idosos da região e ganhou vários prêmios por suas realizações na área.

Com o envelhecimento da população, a necessidade de cuidados especializados só vai aumentar. A Parkway quer posicionar-se desde já para atender a essa demanda crescente. Isso significa que a empresa deve continuar se expandindo rapidamente.

A pressão para crescer é um grande desafio para a empresa, mas não é o único. O setor de casas de repouso se vê sob crescente escrutínio do governo depois que investigações revelaram casos de abuso de pacientes e fraudes nas cobranças. A Parkway sempre prestou um excelente atendimento a seus pacientes e nenhuma de suas unidades foi acusada de abuso ou negligência, mas a empresa será afetada pelas maiores exigências de documentação por parte do governo. O governo federal está tentando reduzir seus custos com o Medicare (sistema público norte-americano de assistência médica para pessoas com 65 anos ou mais) e a Parkway pode enfrentar a redução de subsídios.

O problema

Apesar do rápido crescimento, a Parkway mantém seu compromisso de garantir a dignidade e a saúde de todos os seus pacientes. O conselho de administração quer reforçar o compromisso com a missão e os valores essenciais da empresa, evitando a diluição de sua cultura. Os membros do conselho estão preocupados com os problemas que precisam ser resolvidos. Entrevistas com empregados sugerem que há muito com o que se preocupar.

Maxine Vernon, chefe de turno, trabalha na Parkway há 15 anos. "Agora que o governo está de olho no número de empregados da empresa, a gestão está fazendo o que pode para preencher as posições e eu nem sempre concordo com quem eles contratam. É bem verdade que dá para ensinar algumas habilidades básicas do trabalho, mas muitos desses jovens não conseguem aprender como *cuidar* de nossos pacientes".

"O problema não está no pessoal, está no foco da Parkway em não deixar leitos desocupados", diz o técnico de enfermagem Bobby Reed. "Quando entrei aqui, a Parkway era famosa por prestar um bom atendimento. Agora o que importa são os números. Ninguém é negligente de propósito. Só que temos pacientes demais para cuidar."

Recém-formado em psicologia, Dalton Manetti está se estressando mais no trabalho do que esperava. "Não são as vovós meiguinhas que vemos nos filmes. Nossos pacientes são exigentes. Eles reclamam de tudo, até de ser chamados de pacientes, talvez porque a maioria deles acha que nem devia estar aqui.

Acontece muito de as reclamações deles não darem em nada, mas precisamos registrá-las mesmo assim."

Carmen Frank está há quase um ano na Parkway e já está pensando em procurar outro emprego. "Eu sabia que seria um trabalho pesado e achei que fosse dar conta. Não é que eu estava procurando um trabalho de escritório, sabe? Mas volto para casa depois do trabalho com o corpo todo doendo... as costas, os braços e as pernas. Nunca passei tanto tempo de licença médica por causa da dor. E, quando eu volto ao trabalho, parece que os outros me julgam e me acham fraca."

"Trabalho aqui desde o ensino médio porque foi o emprego mais bem pago que encontrei", diz Niecey Wilson. "Eu não fazia ideia do que encontraria. Hoje eu adoro o meu trabalho. No ano que vem, vou fazer um curso noturno para poder ser promovida. Mas alguns colegas acham que isto aqui é só um emprego. Eles não veem os pacientes como pessoas, mas como itens de um estoque. Se eles quiserem trabalhar com estoques, deveriam encontrar um trabalho no varejo."

No mês passado, o departamento de recursos humanos da empresa coletou as informações apresentadas na tabela de seus registros a pedido do conselho de administração. Os números dão uma confirmação quantitativa das preocupações da equipe.

A maioria das lesões dos membros da equipe se deve a dores lombares causadas por levantar os pacientes. Os incidentes envolvendo pacientes se devem a lesões devido a escorregões, quedas, erros na medicação ou outros acidentes. As ausências por licença médica são faltas ao trabalho devido a doenças ou a lesões infligidas no trabalho comprovadas por atestado médico. As outras ausências são dias de trabalho perdidos que não se devem a lesões ou a doenças, mas são ausências justificadas (as ausências não justificadas são motivos para demissão imediata).

Usando o desenvolvimento organizacional para combater o estresse e melhorar o desempenho

A empresa quer usar métodos de desenvolvimento organizacional como a investigação apreciativa para promover mudanças e reforçar sua missão. Como vimos no capítulo sobre mudança organizacional, os procedimentos de investigação apreciativa coletam sistematicamente informações dos empregados e usam essas informações para criar uma mensagem de mudança que todos possam apoiar. O departamento de recursos humanos conduziu grupos focais pedindo que os empregados descrevessem algumas de suas preocupações e sugestões para o futuro. Os grupos focais revelaram várias sugestões, apesar de algumas delas serem conflitantes.

Muitas sugestões dizem respeito à flexibilidade do cronograma de trabalho. Um empregado comentou: "Este trabalho fica muito estressante porque não podemos tirar folga quando precisamos. Os técnicos [técnicos de enfermagem, que realizam grande parte do atendimento] e os ajudantes não podem tirar folga quando precisam, mas muitos são mães ou pais solteiros ou são os que mais cuidam dos filhos. Quando eles têm de tirar folga para cuidar dos filhos, ficamos sobrecarregados porque não existe um plano de contingência para nos ajudar nessas horas. Então quem fica precisa trabalhar muito mais. A pessoa que tirou folga fica se sentindo culpada e essa situação toda pode levar a brigas. Se tivéssemos algum jeito de cobrir essas ausências emergenciais, ficaríamos muito mais satisfeitos e acho que nosso serviço melhoraria muito".

Outras sugestões propuseram métodos melhores para comunicar as informações durante a troca de turno. A maior parte da documentação do trabalho dos turnos é feita à mão, em grandes cadernos. Quando um novo turno começa, os empregados dizem que não têm muito tempo para verificar o que aconteceu no turno anterior. Alguns empregados mais jovens sugeriram um método informatizado para documentar os eventos porque eles digitam mais rápido do que escrevem à mão. Os empregados mais velhos preferem o processo manuscrito, em parte porque acham que daria muito trabalho se adaptar ao novo sistema. (As normas do governo para relatórios do setor da saúde exigem que qualquer documentação seja feita de uma forma que não possa ser alterada depois para evitar encobrir abusos, de modo que programas de computador especializados devem ser usados para a documentação eletrônica.)

Ano	Número de pacientes	Lesões por membro da equipe	Incidentes por paciente	Ausências por licença médica por membro da equipe	Outras ausências por membro da equipe	Taxa de rotatividade
2000	21.200	3,32	4,98	4,55	3,14	0,31
2001	22.300	3,97	5,37	5,09	3,31	0,29
2002	22.600	4,87	5,92	4,71	3,47	0,28
2003	23.100	4,10	6,36	5,11	3,61	0,35
2004	23.300	4,21	6,87	5,66	4,03	0,31
2005	23.450	5,03	7,36	5,33	3,45	0,28
2006	23.600	5,84	7,88	5,28	4,24	0,36
2007	24.500	5,62	8,35	5,86	4,06	0,33
2008	24.100	7,12	8,84	5,63	3,89	0,35
2009	25.300	6,95	9,34	6,11	4,28	0,35

Por fim, os empregados sentem que suas sugestões não são levadas a sério pela administração. "Somos nós que passamos a maior parte do tempo com os pacientes, mas queremos fazer o trabalho direito e a empresa não ouve o que temos a dizer. Poderíamos poupar muito dinheiro, eliminando algumas dessas rotinas e programas desnecessários, mas eles dizem que vão pensar e nunca fazem nada."

Parece que os empregados querem alguma maneira de dar sugestões de melhoria, mas não ficou claro o método que eles prefeririam.

Sua tarefa

A Parkway deu os primeiros passos na nova direção, mas claramente ainda tem muito trabalho a fazer. Você foi contratado como consultor de gestão de mudanças para ajudar a empresa a mudar sua cultura e reduzir o estresse dos empregados. Elabore seu relatório como se fosse apresentá-lo ao comitê executivo de uma grande empresa.

Ao elaborar seu relatório, não deixe de abordar os pontos a seguir:

CA.30 O que os dados sobre lesões, incidentes com pacientes, ausências e rotatividade de empregados sugerem? A empresa tem razões para se preocupar?

CA.31 A empresa pretende fazer algumas grandes mudanças com base no processo de investigação apreciativa e é comum as mudanças serem recebidas com resistência. Quais são as formas mais comuns de resistência e quais delas você esperaria ver na Parkway?

CA.32 Considerando o desejo do conselho de administração de reenergizar a força de trabalho, quais recomendações você daria para criar uma estratégia de liderança? Quais comportamentos de liderança devem ser demonstrados pelos diretores de casas de repouso e pelos supervisores dos empregados?

CA.33 Quais são as principais fontes de estresse no trabalho na Parkway? O que os estudos sobre o estresse no trabalho sugerem que a empresa faça para ajudar a reduzir o estresse psicológico dos empregados? Crie um plano para reduzir o estresse dos empregados.

CA.34 Com base nas informações coletadas nos grupos focais, elabore um questionário para ser distribuído aos empregados. Que tipo de dados a pesquisa deve coletar? Que tipos de métodos de análise você gostaria de empregar para analisar esses dados?

Glossário

Abertura para novas experiências Dimensão da personalidade que caracteriza um indivíduo em termos de imaginação, sensibilidade e curiosidade.

Abordagem de soma zero (zero-sum) Uma abordagem que trata o tamanho do "bolo" das recompensas como fixo, de modo que qualquer ganho de um indivíduo ou grupo implicaria em perdas para os demais.

Acomodação Disposição de uma das partes em conflito de colocar os interesses do oponente acima dos seus.

Adequação da pessoa à organização Teoria que propõe que as pessoas são atraídas e selecionadas por organizações que são compatíveis com seus valores e deixam as empresas nas quais não encontram essa compatibilidade.

Administração baseada em evidências Método de administração que baseia as decisões gerenciais na melhor evidência científica disponível.

Administração por objetivos Programa que inclui objetivos específicos, estabelecidos de forma participativa, para um período explícito de tempo e com feedback sobre o progresso quanto ao atingimento de tais objetivos.

Afeto Um amplo conjunto de sentimentos experimentados pelas pessoas.

Afeto negativo Dimensão dos estados de humor que consiste em emoções tais como nervosismo, estresse e ansiedade extremos.

Afeto positivo Dimensão dos estados de humor que consiste em emoções positivas específicas, tais como excitação, entusiasmo e euforia extremos.

Agentes de mudança Pessoas que atuam como catalisadoras e assumem a responsabilidade de gerenciar as atividades de mudança.

Agradabilidade Dimensão da personalidade que descreve uma pessoa de boa índole, cooperativa e confiante.

Alostase Esforço para mudar comportamentos e atitudes a fim de encontrar a estabilidade.

Ambiente Forças externas à organização que têm o potencial de afetar sua estrutura.

Ameaça do estereótipo Grau em que concordamos internamente com as percepções estereotipadas, geralmente negativas, em relação a nossos grupos.

Amplitude de controle Número de subordinados que um gestor consegue dirigir de forma eficiente e eficaz.

Antropologia Ciência que estuda as sociedades para compreender os seres humanos e suas atividades.

Árbitro Uma terceira parte que tem autoridade para ordenar a realização de um acordo.

Assédio sexual Qualquer atividade indesejada de caráter sexual que afete o emprego de uma pessoa e crie um ambiente de trabalho hostil.

Atitudes Afirmações avaliativas ou julgamentos sobre objetos, pessoas ou eventos.

Atuação em nível profundo Tentativa de modificar os verdadeiros sentimentos de acordo com as regras de demonstração das emoções.

Atuação em nível superficial Ato de esconder os sentimentos e modificar as expressões emocionais, de acordo com as regras de demonstração das emoções.

Autoavaliação central Conclusões dos indivíduos sobre suas capacidades, competências e seu valor como pessoa.

Autoconcordância Grau em que as razões das pessoas para buscar atingir objetivos estão de acordo com seus interesses e valores essenciais.

Automonitoramento Traço de personalidade que mede a capacidade do indivíduo de ajustar seu comportamento a fatores situacionais externos.

Autonomia Grau em que um trabalho proporciona considerável liberdade e independência para que o indivíduo planeje e determine os procedimentos para executá-lo.

Autoridade Os direitos inerentes a uma posição gerencial de dar ordens e esperar que elas sejam obedecidas.

Avaliação das ideias O processo do comportamento criativo que envolve a avaliação das possíveis soluções dos problemas para identificar qual é a melhor.

Aversão ao risco Tendência a preferir um ganho certo de uma quantia moderada a buscar um resultado arriscado, mesmo que este possa ter um retorno mais alto.

Behaviorismo Teoria que afirma que um comportamento resulta de estímulos de modo relativamente inconsciente.

Benefícios flexíveis Plano de benefícios que permite que os empregados criem seu próprio pacote de benefícios adaptado às suas necessidades pessoais.

Bônus Plano de pagamento que recompensa os empregados por seu desempenho recente, e não por seu desempenho histórico.

Brainstorming Processo de geração de ideias que estimula as pessoas a expressar toda e qualquer alternativa, ao mesmo tempo em que impede que essas alternativas sejam criticadas.

Burocracia Estrutura organizacional caracterizada por tarefas operacionais altamente rotineiras, alcançadas por meio da especialização, regras e regulamentos altamente formalizados, tarefas agrupadas em departamentos funcionais, autoridade centralizada, amplitude de controle reduzida e um processo decisório que segue a cadeia de comando.

Cadeia de comando Linha contínua de autoridade que vai do topo da organização até o escalão mais baixo, determinando quem se reporta a quem na empresa.

Campeões de ideias Indivíduos que adotam uma inovação e promovem uma ideia de forma ativa e com entusiasmo, conseguem apoio, superam as resistências e asseguram que a ideia seja implementada.

Canais formais Canais de comunicação estabelecidos pela organização para transmitir mensagens relacionadas com as atividades profissionais de seus membros.

Canais informais Canais de comunicação criados espontaneamente e que surgem como resposta às escolhas individuais.

Capacidade Aptidão individual para desempenhar as diversas tarefas de uma função.

Capacidade mental geral Fator geral de inteligência reconhecido por suas correlações positivas entre dimensões específicas da capacidade intelectual.

Capacidades físicas Aptidão de desempenhar atividades que demandam resistência, destreza, força e características similares.

Capacidades intelectuais Aptidão para desempenhar atividades mentais, tais como pensar, raciocinar e resolver problemas.

Características biográficas Características pessoais como idade, gênero e raça, facilmente obtidas nos registros pessoais dos empregados e que são representativas da diversidade em nível superficial.

Centralização Grau de concentração do processo decisório em um único ponto da organização.

Centros de avaliação (*assessment centers*) Locais fora do trabalho onde os candidatos fazem uma série de testes de simulação de desempenho elaborados para avaliar seu potencial gerencial.

Cidadania Ações que contribuem para o ambiente psicológico da organização, como ajudar os outros mesmo quando isso não é exigido.

Classificação individual Método de avaliação que classifica os empregados do melhor para o pior.

Classificação por ranking do grupo Método de avaliação que coloca os empregados em uma classificação específica de desempenho, como em quartis, por exemplo.

Clima de diversidade positivo Ambiente organizacional de inclusão e aceitação da diversidade.

Clima organizacional Percepções compartilhadas que os membros têm sobre sua organização e seu ambiente de trabalho.

Coesão Grau em que os membros são atraídos entre si e permanecem motivados a continuar no grupo.

GLOSSÁRIO

Coesão da equipe Situação em que os membros estão emocionalmente vinculados uns aos outros e têm sua motivação voltada para a equipe em função desse vínculo.

Coesão do grupo Extensão na qual os membros de um grupo apoiam e validam uns aos outros no trabalho.

Colaboração Situação em que as partes do conflito buscam satisfazer plenamente os desejos de todas as partes.

Coleta de informações O estágio do comportamento criativo no qual as possíveis soluções para um problema são incubadas na mente de um indivíduo.

Coletivismo Atributo cultural nacional que descreve um quadro social no qual as pessoas esperam que os membros dos grupos dos quais fazem parte cuidem delas e as protejam.

Comparação forçada Método de avaliação em que o desempenho de um empregado é comparado de forma explícita com o de outros (por exemplo, um empregado pode ser classificado em terceiro lugar entre os 10 que trabalham em uma área da empresa).

Compartilhamento de funções Acordo que permite que duas ou mais pessoas dividam um trabalho tradicional de 40 horas semanais.

Competição Desejo de satisfazer os próprios interesses, independentemente do impacto sobre a outra parte do conflito.

Componente afetivo Dimensão emocional ou sentimento que compõe uma atitude.

Componente cognitivo Opinião ou crença que compõe uma atitude.

Componente comportamental Intenção de comportar-se de determinada maneira com relação a alguém ou alguma coisa.

Comportamento contraproducente no trabalho Ações que causam danos reais à organização, incluindo furtos, comportamento agressivo em relação aos colegas ou impontualidade e absenteísmo.

Comportamento de cidadania organizacional Comportamento discricionário que contribui para o ambiente psicológico e social do local de trabalho.

Comportamento de retraimento Conjunto de ações nas quais os empregados se engajam para se distanciar da organização.

Comportamento desviante no local de trabalho Comportamento voluntário que viola importantes normas organizacionais e, dessa forma, ameaça o bem-estar da organização ou de seus membros. Também chamado comportamento antissocial ou incivilidade do ambiente de trabalho.

Comportamento organizacional Campo de estudos que investiga o impacto que indivíduos, grupos e estrutura têm sobre o comportamento das pessoas dentro das organizações, com o propósito de utilizar esse conhecimento para melhorar a eficácia organizacional.

Comportamento político Atividades que não são exigidas como parte do papel formal de uma pessoa, mas que influenciam, ou tentam influenciar, a distribuição de vantagens e desvantagens dentro da organização.

Comportamentos defensivos Comportamentos reativos e protetivos que buscam evitar ações, culpas ou mudanças.

Comprometimento organizacional Grau de identificação que o trabalhador tem com uma empresa e seus objetivos e o desejo de manter-se como membro da organização.

Compromisso Situação na qual as partes se dispõem a abrir mão de algo para solucionar um conflito.

Comunicação Transferência e compreensão de significado.

Conciliador Uma terceira parte que estabelece uma comunicação informal entre o negociador e seu oponente.

Confiança Expectativa positiva de que o outro não agirá de forma oportunista.

Conflito Processo que tem início quando alguém percebe que a outra parte afeta ou pode vir a afetar negativamente algo considerado importante.

Conflito de papéis Situação em que uma pessoa é confrontada por expectativas divergentes quanto a seus papéis.

Conflito de processo Conflito sobre a maneira como o trabalho é realizado.

Conflito de relacionamento Conflito baseado nas relações interpessoais.

Conflito de tarefas Conflito quanto ao conteúdo e aos objetivos do trabalho.

Conflito diádico Conflito que ocorre entre duas pessoas.

Conflito disfuncional Conflito que atrapalha o desempenho do grupo.

Conflito entre papéis Situação na qual as expectativas dos diferentes grupos aos quais a pessoa pertence são opostas.

Conflito funcional Conflito que dá suporte aos objetivos do grupo e contribui para melhorar seu desempenho.

Conflito intergrupal Conflito que ocorre entre diferentes grupos ou equipes.

Conflito intragrupal Conflito que ocorre dentro de um grupo ou equipe.

Conflito percebido Consciência de uma ou mais partes envolvidas quanto à existência de condições que criam oportunidades para o surgimento de conflitos.

Conflito sentido Envolvimento emocional em um conflito que gera ansiedade, tensão, frustração ou hostilidade.

Conformidade Ajuste do comportamento de um indivíduo para se alinhar às normas do grupo.

Conhecimento organizacional positivo Área de pesquisa do comportamento organizacional que estuda a maneira como as organizações desenvolvem as forças e competências de seus trabalhadores, promovem a vitalidade e a resiliência e alavancam o potencial de seus empregados.

Conscienciosidade Dimensão da personalidade que descreve um indivíduo responsável, confiável, persistente e organizado.

Consideração Grau em que um líder mantém relacionamentos profissionais caracterizados por confiança mútua, respeito às ideias de seus subordinados e consideração por seus sentimentos.

Consultoria de processo Técnica por meio da qual um consultor ajuda seu cliente a compreender e a lidar com eventos de processos e a identificar os processos que precisam de aperfeiçoamento.

Contágio emocional Processo pelo qual as emoções de uma pessoa são causadas pelas emoções de outra pessoa.

Contraprodutividade Ações que prejudicam ativamente a organização, incluindo roubo, comportamento agressivo em relação aos colegas de trabalho ou impontualidade e absenteísmo.

Contrato psicológico Acordo não escrito que define o que um empregador espera de um empregado e vice-versa.

Controlar Processo de monitoramento das atividades da organização para garantir que sejam realizadas conforme o planejado e que quaisquer desvios significativos sejam corrigidos.

Correlação ilusória Tendência das pessoas de associarem dois eventos quando, na verdade, não há relação entre eles.

Criatividade Capacidade de produzir ideias novas e úteis.

Cultura dominante Cultura que expressa os valores essenciais compartilhados pela maioria dos membros da organização.

Cultura ética Conceito compartilhado de comportamento certo e errado no local de trabalho que reflete os verdadeiros valores da organização e molda a tomada de decisão ética de seus membros.

Cultura forte Cultura na qual os valores essenciais são intensamente mantidos e amplamente compartilhados.

Cultura organizacional Sistema de significado compartilhado, mantido pelos membros de uma organização, que a diferencia das outras.

Cultura organizacional positiva Cultura que enfatiza os pontos fortes dos empregados, recompensa mais do que pune e reforça o crescimento e a vitalidade individual.

Culturas de alto contexto Culturas que dependem fortemente de sinais não verbais e sinais situacionais sutis na comunicação.

Culturas de baixo contexto Culturas que dependem fortemente de palavras para transmitir o significado na comunicação.

Decisões Escolhas que fazemos entre duas ou mais alternativas.

Declaração de visão Enunciação formal da visão ou missão de uma organização.

Delatores Indivíduos que denunciam práticas antiéticas de seu empregador para pessoas de fora da organização.

Demandas Responsabilidades, pressões, obrigações e até incertezas que as pessoas enfrentam no local de trabalho.

Demografia organizacional Grau em que os membros de uma unidade de trabalho compartilham um atributo demográfico comum, tais como idade, sexo, raça, nível educacional ou tempo de serviço em uma organização, além do impacto desses atributos na rotatividade.

Demonstrações realistas do trabalho Testes de seleção substantiva que consistem em períodos de experiência no trabalho para avaliar o talento *versus* a experiência do candidato.

Departamentalização Base pela qual as atividades existentes em uma organização são agrupadas.

Dependência Relacionamento de B com A, quando A possui algo que B deseja.

Desempenho de tarefas A combinação de eficácia e eficiência na realização das principais tarefas do trabalho.

Desenho de funções Maneira como os elementos de um trabalho estão organizados.

Desenho relacional de funções Desenho de funções voltado para que os empregados notem a forma como podem beneficiar diretamente a vida de outras pessoas por meio de seu trabalho.

Desenvolvimento intergrupos Esforços de desenvolvimento organizacional para promover mudanças em atitudes, estereótipos e percepções que os grupos têm uns dos outros.

Desenvolvimento organizacional Conjunto de intervenções de mudanças planejadas, baseadas em valores humanísticos e democráticos, que buscam melhorar a eficácia organizacional e o bem-estar dos empregados.

Dilemas e escolhas de natureza ética Situações em que os indivíduos têm de definir e julgar as condutas certas e erradas.

Dirigir Função que inclui a motivação dos empregados, orientação e direcionamento, seleção dos canais de comunicação mais eficazes e resolução de conflitos.

Discriminação Reconhecimento da diferença entre as coisas; é comum nos referirmos a discriminações injustas, nas quais nosso comportamento é influenciado por estereótipos sobre grupos de pessoas.

Dissonância cognitiva Qualquer incompatibilidade entre duas ou mais atitudes ou entre comportamento e atitude.

Dissonância emocional Inconsistências entre as emoções que as pessoas sentem e as emoções que projetam.

Distância do poder Grau em que as pessoas de um país aceitam que o poder nas organizações e instituições seja distribuído de forma desigual.

Diversidade da força de trabalho Grau de heterogeneidade da composição da força de trabalho das organizações.

Diversidade em nível profundo Diferenças em valores, personalidades e preferências de trabalho que se tornam progressivamente mais importantes por determinar similaridades, à medida que as pessoas vão conhecendo melhor umas às outras.

Diversidade em nível superficial Diferenças em características facilmente identificáveis como idade, gênero, etnia, religião e deficiência, que não refletem necessariamente como as pessoas pensam ou se sentem, mas que podem ativar certos estereótipos.

Diversidade Extensão em que os membros de um grupo são semelhantes ou diferentes uns dos outros.

Efeito de contraste Avaliação das características de uma pessoa que é afetada por comparações com outras pessoas com quem o indivíduo interagiu recentemente e que apresentam, em uma escala menor ou maior, as mesmas características.

Efeito halo (ou efeito auréola) Tendência de gerar uma impressão geral positiva sobre um indivíduo com base em uma única característica.

Efeito horn (ou efeito chifres) Tendência de gerar uma impressão geral negativa sobre um indivíduo com base em uma única característica.

Efetividade da equipe Crença coletiva da equipe de que ela é capaz de realizar tarefas com sucesso.

Eficácia Grau em que uma organização atende às necessidades de seus clientes e consumidores.

Eficiência Grau em que uma organização atinge seus objetivos a baixo custo.

Emoções Experiências de sentimentos intensas, discretas e de curta duração, frequentemente causadas por um evento específico.

Emoções demonstradas Emoções requeridas pela organização e consideradas apropriadas para determinado tipo de trabalho.

Emoções morais Emoções que têm implicações morais.

Emoções sentidas Emoções reais de uma pessoa.

***Empowerment* (empoderamento) psicológico** Crença dos empregados sobre o grau em que influenciam seu ambiente de trabalho, sua competência, a importância de seu trabalho e sua autonomia.

Engajamento do empregado Envolvimento, satisfação e entusiasmo de um empregado com o trabalho que exerce.

Engajamento no trabalho O investimento das energias físicas, cognitivas e emocionais de um empregado no desempenho do trabalho.

Enriquecimento de funções Inclusão de responsabilidades de nível superior a um trabalho para aumentar a motivação intrínseca.

Entrevistas em painel Entrevistas estruturadas, realizadas com um candidato por membros de um comitê de seleção, em uma mesma reunião.

Entrevistas estruturadas Entrevistas planejadas, desenvolvidas para coletar informações relacionadas ao trabalho.

Entrevistas não estruturadas Entrevistas breves e casuais compostas de perguntas aleatórias.

Envolvimento com o trabalho Grau em que a pessoa se identifica psicologicamente com seu trabalho, participa ativamente dele e considera seu desempenho importante para sua autoestima.

Envolvimento e participação dos empregados Processo participativo que usa as opiniões e recomendações dos empregados para aumentar seu comprometimento com o sucesso da organização.

Equilíbrio da positividade Tendência da maioria das pessoas de vivenciar um estado de humor ligeiramente positivo sem nenhum estímulo (quando nada de especial está acontecendo).

Equipe de trabalho Grupo em que os esforços individuais resultam em um nível de desempenho maior do que a soma das contribuições individuais.

Equipes de resolução de problemas Grupos de 5 a 12 empregados do mesmo departamento que se reúnem algumas horas por semana para discutir formas de melhorar a qualidade, a eficiência e o ambiente de trabalho.

Equipes de trabalho autogerenciadas Grupos de 10 a 15 empregados que assumem muitas das responsabilidades que antes eram atribuídas a supervisores.

Equipes multifuncionais Empregados do mesmo nível hierárquico, mas de diferentes áreas da empresa, que se reúnem para cumprir uma tarefa.

Equipes virtuais Equipes que usam a tecnologia computacional para reunir seus membros, fisicamente dispersos, e permitir que atinjam um objetivo comum.

Erro de aleatoriedade Tendência das pessoas de acreditar em sua capacidade de prever o resultado de eventos aleatórios.

Erro fundamental de atribuição Tendência de subestimar a influência de fatores externos e superestimar a influência de fatores internos ao fazer julgamentos sobre o comportamento dos outros.

Escalas de classificação ancoradas em comportamentos Escalas que combinam os principais elementos dos incidentes críticos e das escalas gráficas de classificação. O avaliador posiciona os empregados ao longo de uma escala progressiva *(continuum)*, com base em uma série de itens que refletem o comportamento real no trabalho e não descrições ou características gerais.

Escalas gráficas de classificação Método de avaliação no qual o avaliador classifica os fatores considerados relevantes para o desempenho em uma escala incremental.

Esforço emocional Situação na qual um empregado expressa emoções desejadas pela organização no decorrer de relacionamentos interpessoais no trabalho.

Especialização do trabalho Grau em que as funções na organização são subdivididas em tarefas distintas.

Espiritualidade no ambiente de trabalho Reconhecimento de que as pessoas têm uma vida interior, que nutre e é nutrida por um trabalho que tenha significado e que ocorra no contexto de uma comunidade.

Estabilidade emocional Dimensão da personalidade que caracteriza pessoas calmas, autoconfiantes e seguras (positivas) ou nervosas, deprimidas e inseguras (negativas).

Estados de humor (moods) Sentimentos que tendem a ser mais duradouros e menos intensos do que as emoções e que não necessitam de estímulos contextuais para se manifestar.

Estágio de metamorfose Estágio do processo de socialização em que o novo empregado muda e se ajusta às funções, ao grupo de trabalho e à organização.

Estágio de pré-chegada Período de aprendizagem do processo de socialização que ocorre antes de o novo empregado ingressar na organização.

Estágio do encontro Estágio no processo de socialização no qual um novo empregado vê a organização como realmente é e se depara com possíveis divergências entre suas expectativas e a realidade.

Estereotipar Julgar alguém com base em nossa percepção sobre o grupo ao qual essa pessoa pertence.

Estratégia de imitação Estratégia que procura lançar produtos ou ingressar em novos mercados só depois de sua viabilidade ser comprovada.

Estratégia de inovação Estratégia que enfatiza a introdução de importantes novos produtos ou serviços.

Estratégia de minimização de custos Estratégia que enfatiza o controle rigoroso dos custos, evita despesas desnecessárias com inovações ou com marketing e se volta à redução de preços.

Estresse Processo psicológico desagradável que ocorre em resposta às pressões ambientais.

Estressores por desafio Estressores associados à carga de trabalho, à pressão para concluir as tarefas e à urgência de tempo.

Estressores por obstáculo Estressores que impedem que a pessoa atinja seus objetivos (por exemplo, burocracia, politicagem na empresa e confusão quanto às responsabilidades no trabalho).

Estrutura circular Estrutura organizacional na qual os executivos ocupam o centro, disseminando sua visão de dentro para fora em círculos (ou anéis) agrupados por função (gerentes, seguidos de especialistas, seguidos de trabalhadores).

Estrutura da tarefa Grau em que as atribuições de trabalho são organizadas.

Estrutura de equipe Estrutura organizacional que substitui os departamentos por equipes empoderadas e que elimina fronteiras horizontais e barreiras externas entre clientes e fornecedores.

Estrutura divisional Estrutura organizacional que agrupa empregados em unidades por produto, serviço, cliente ou área geográfica de mercado.

Estrutura funcional Estrutura organizacional que agrupa pelas similaridades de suas especialidades, funções ou tarefas.

Estrutura inicial Grau em que um líder define e estrutura o próprio papel e o de seus subordinados para facilitar o alcance de objetivos.

Estrutura matricial Estrutura organizacional que cria uma dupla linha de autoridade, combinando as departamentalizações funcional e por produto.

Estrutura organizacional Maneira pela qual as tarefas do trabalho são formalmente divididas, agrupadas e coordenadas.

Estrutura simples Estrutura organizacional caracterizada pelo baixo grau de departamentalização, grande amplitude de controle, autoridade centralizada em uma única pessoa e pouca formalização.

Estrutura virtual Uma organização pequena e central, que terceiriza as principais funções de seu negócio.

Estudo sistemático Estudo de relações entre variáveis na tentativa de atribuir causas e efeitos e de basear conclusões em evidências científicas.

Ética comportamental Análise de como as pessoas se comportam diante de dilemas éticos.

Evitamento Desejo de uma pessoa de se retirar de um conflito ou de suprimi-lo.

Evitamento da incerteza Atributo da cultura nacional que descreve o grau em que uma sociedade se sente ameaçada por situações incertas e ambíguas e tenta evitá-las.

Exogrupo ou *outgroup* É o contrário de um endogrupo, podendo significar "todas as pessoas que não pertencem ao grupo", mas, geralmente, refere-se a outro grupo específico.

Expectativas do papel Visão que os outros têm de como devemos agir em determinada situação.

Extroversão Dimensão da personalidade que descreve um indivíduo sociável, gregário e assertivo.

Fatores higiênicos Fatores (como a política e a administração da empresa, a supervisão e a remuneração) que, quando adequados, apaziguam os trabalhadores, os quais não ficarão insatisfeitos.

***Faultlines* (ou linhas divisórias)** Divisões perceptíveis que levam à separação de grupos em dois ou mais subgrupos com base em diferenças individuais, como sexo, raça, idade, experiência profissional e escolaridade.

Favoritismo do endogrupo ou *ingroup* Perspectiva que considera que enxergamos os membros pertencentes ao nosso grupo como melhores do que as outras pessoas. Já os que não são do nosso grupo são vistos como todos iguais.

Feedback Grau em que a prática das tarefas exigidas por um trabalho gera informações diretas e claras sobre a eficácia do desempenho do indivíduo.

Feedback de pesquisa Uso de questionários para identificar discrepâncias entre as percepções dos membros da organização, seguido de discussões e sugestões de soluções para os problemas.

Feminilidade Atributo da cultura nacional que descreve pouca diferenciação entre papéis masculinos e femininos, tratando as mulheres com igualdade em relação aos homens, em todos os aspectos da sociedade.

Filtragem Manipulação da informação pelo emissor para que ela seja vista de maneira mais favorável pelo receptor.

Foco na prevenção Estratégia de autorregulação que envolve atingir os objetivos cumprindo deveres e obrigações.

Foco na promoção Estratégia de autorregulação que envolve atingir os objetivos por meio de avanços e realizações.

Folga social Tendência das pessoas de se empenhar menos ao trabalhar em grupo do que se estivessem trabalhando sozinhas.

Forças propulsoras Forças que direcionam o comportamento no sentido contrário ao do *status quo*.

Forças restritivas Forças que impedem o afastamento do equilíbrio já existente.

Formalização Grau de padronização das tarefas em uma organização.

Formulação do problema O estágio do comportamento criativo que envolve a identificação de um problema ou de uma oportunidade que requer uma solução ainda desconhecida.

Funcionamento do grupo Quantidade e qualidade do produto do trabalho de um grupo.

Geração de ideias O processo de comportamento criativo que envolve o desenvolvimento de possíveis soluções para um problema a partir de informações e conhecimentos relevantes.

Gerenciamento da impressão Processo pelo qual uma pessoa tenta controlar as impressões que os outros formam a seu respeito.

Gestão da diversidade Processo e programas por meio dos quais os gestores tornam todos mais conscientes e sensíveis às necessidades e diferenças dos outros.

Gestão de conflitos Utilização de técnicas de resolução e de estímulo para atingir o nível desejado de conflito.

Gestão participativa Processo no qual os subordinados compartilham um grau significativo de poder de decisão com seus superiores imediatos.

Gestores ou gerentes Indivíduos que atingem objetivos organizacionais por meio do trabalho de outras pessoas.

Grupo Dois ou mais indivíduos interdependentes e interativos que se reúnem visando atingir determinado objetivo.

Grupo de trabalho Grupo de pessoas que interage, principalmente para compartilhar informações, tomar decisões e ajudar cada membro a atuar dentro de sua área de responsabilidade.

Grupo formal Grupo de trabalho definido pela estrutura da organização.

Grupo informal Grupo não estruturado formalmente e que não é determinado por uma organização, mas que surge em resposta à necessidade de interação social.

Grupos de interação Grupos típicos nos quais os membros interagem entre si, face a face.

Grupos de referência Grupos importantes aos quais as pessoas pertencem ou gostariam de pertencer e a cujas normas estão propensos a cumprir.

Habilidades conceituais Capacidade cognitiva de analisar informações e diagnosticar situações complexas.

Habilidades humanas Capacidade de trabalhar com outras pessoas, compreendendo as informações e motivando-as, tanto individualmente como em grupos.

Habilidades políticas Capacidade de influenciar outras pessoas para que seus próprios objetivos sejam alcançados.

Habilidades técnicas Capacidade de aplicar conhecimentos ou habilidades especializadas.

Hereditariedade Fatores determinados pela genética de um indivíduo, que correspondem à sua constituição biológica, fisiológica e psicológica.

Hierarquia de necessidades Hierarquia de Abraham Maslow composta de cinco necessidades: fisiológicas, de segurança, sociais, de estima e de autorrealização. À medida que cada uma delas é satisfeita, a próxima necessidade passa a ser dominante.

Horário flexível Horários flexíveis de trabalho.

Identidade da equipe Afinidade e sentimento de pertencimento de um membro a sua equipe.

Identidade da tarefa Grau em que um trabalho requer a conclusão de uma atividade completa e identificável.

Incidentes críticos Maneira de avaliar comportamentos de um empregado que diferenciam um desempenho eficaz de um desempenho ineficaz na execução de determinada tarefa.

Indicador de Tipos de Personalidade Myers-Briggs (MBTI) Teste de personalidade que abrange quatro características e classifica as pessoas em um dos 16 tipos de personalidade.

Individualismo Atributo da cultura nacional que descreve o grau em que as pessoas preferem agir individualmente a agir como membros de grupos.

Inovação Uma nova ideia aplicada para iniciar ou aprimorar um produto, processo ou serviço.

Institucionalização Condição que ocorre quando uma organização adquire vida própria, independentemente de qualquer um de seus membros.

Instituições Fatores culturais, especialmente os que podem não levar a consequências adaptativas, que fazem com que muitas organizações tenham estruturas semelhantes.

Insumos Variáveis que levam a processos.

Inteligência emocional Habilidade de identificar e administrar pistas e informações emocionais.

Intenções Decisões de agir de determinada maneira.

Intensidade do afeto Diferenças individuais na força com que cada pessoa vivencia suas emoções.

Intensificação do compromisso Maior compromisso diante de uma decisão anterior, a despeito de informações negativas.

Intuição Sensação ou instinto não necessariamente corroborado por pesquisas.

Investigação apreciativa Abordagem que busca identificar as qualidades únicas e as forças especiais de uma organização, nas quais seus membros podem se concentrar para melhorar o desempenho.

Justiça distributiva Justiça percebida da quantidade e alocação de recompensas entre as pessoas.

Justiça informacional O grau em que os empregados recebem explicações verdadeiras quanto às decisões tomadas.

Justiça interpessoal O grau em que os empregados são tratados com dignidade e respeito.

Justiça organizacional Percepção geral do que é justo no local de trabalho, composta de justiça distributiva, processual e interacional.

Justiça processual Justiça percebida em relação ao processo utilizado para determinar a distribuição das recompensas.

Lealdade Insatisfação expressa pela espera passiva de melhoria nas condições de trabalho.

Liderança Capacidade de influenciar um grupo rumo ao alcance de uma visão ou de um conjunto de objetivos.

Liderança Capacidade de influenciar um grupo rumo ao alcance de uma visão ou de um conjunto de objetivos.

Liderança carismática socializada Conceito de liderança que afirma que o líder deve transmitir valores centrados nos outros e não em si mesmo e deve ser exemplo de conduta ética.

Liderança servidora Estilo de liderança caracterizado por ir além dos próprios interesses e concentrar-se em oportunidades de ajudar os seguidores a crescer e se desenvolver.

Líderes autênticos Líderes que sabem quem são, no que acreditam e valorizam e agem conforme seus valores e crenças, de forma aberta e franca.

Líderes transacionais Líderes que orientam ou motivam seus seguidores em direção às metas estabelecidas, esclarecendo os requisitos do papel e das tarefas.

Líderes transformacionais Líderes que inspiram, agem como modelos e estimulam intelectualmente, desenvolvem ou orientam seus seguidores e são capazes de causar um impacto profundo e extraordinário em seus liderados.

Maquiavelismo Grau em que um indivíduo é pragmático, mantém distância emocional e acredita que os fins justificam os meios.

MASA — Melhor alternativa sem acordo Melhor alternativa para um acordo negociado; o mínimo que uma parte deve aceitar durante uma negociação.

Masculinidade Atributo da cultura nacional que descreve o quanto os papéis de trabalho tradicionalmente masculinos, como realização, poder e controle, são culturalmente valorizados. Os valores sociais são caracterizados pela assertividade e pelo materialismo.

Mediador Uma terceira parte neutra que facilita uma solução negociada por meio da utilização da razão, da persuasão e de sugestões de alternativas.

Medida de potencial motivador Índice preditivo que indica o potencial de motivação de um trabalho.

Medo da comunicação Tensão e ansiedade excessivas quanto à comunicação oral, escrita ou ambas.

Medo da desonra (*deonance*) Perspectiva na qual as decisões éticas são tomadas porque a pessoa acredita que "deveria" fazê-lo para corresponder a normas morais, princípios, padrões, regras ou leis.

Mentor Empregado sênior que patrocina e apoia um empregado menos experiente, chamado de "protegido" (ou *protégé*).

***Mindfulness* (atenção plena)** Receptividade, atenção e consciência do momento presente, dos eventos e das experiências.

Modelo Abstração da realidade. Representação simplificada de um fenômeno do mundo real.

Modelo Big Five Modelo de avaliação que descreve cinco dimensões básicas da personalidade.

Modelo completo de liderança Modelo que descreve sete estilos de gestão em uma escala progressiva: *laissez-faire*, gerenciamento por exceção, liderança por recompensa contingente, consideração individualizada, estímulo intelectual, motivação inspiracional e influência idealizada.

Modelo de características do trabalho Modelo que propõe que qualquer trabalho pode ser descrito em termos de cinco dimensões essenciais: variedade de habilidades, identidade da tarefa, significado da tarefa, autonomia e *feedback*.

Modelo de contingência de Fiedler Teoria que sustenta que os grupos eficazes dependem da adequação entre o estilo do líder na interação com os subordinados e o grau de controle e influência que a situação lhe proporciona.

Modelo do equilíbrio pontuado Conjunto de fases pelas quais os grupos temporários passam e que envolvem transições entre inércia e atividade.

Modelo líder-participação Teoria da liderança que fornece um conjunto de regras para determinar a forma e a quantidade de decisões participativas que devem ser tomadas em diferentes situações.

Modelo mecanicista Estrutura caracterizada por extensa departamentalização, alto grau de formalização, rede de informações limitada e centralização.

Modelo orgânico Estrutura horizontalizada, que utiliza equipes multi-hierárquicas e multifuncionais, tem baixo grau de formalização, possui rede de informações abrangente e depende da tomada de decisão participativa.

Modelo racional de tomada de decisão Modelo de tomada de decisão que descreve como os indivíduos devem se comportar para maximizar determinado resultado.

Modelos mentais Conhecimentos e crenças dos membros sobre como o trabalho deve ser feito pela equipe.

Montante fixo A crença de que existe somente uma quantidade fixa de bens ou serviços a serem divididos entre as partes.

Motivação Conjunto de processos que influenciam a intensidade, direção e persistência do esforço de uma pessoa para atingir um objetivo.

Mudança Fazer as coisas de formas diferentes.

Mudança de posição do grupo ou groupshift Mudança da decisão do grupo para a decisão individual de um de seus membros. Normalmente ocorre em uma direção mais extrema do que a decisão original do grupo e pode tender tanto ao conservadorismo quanto ao risco extremo.

Mudança planejada Mudar atividades de forma intencional e orientada aos objetivos.

Narcisismo Tendência a ser arrogante, possuir senso exagerado da importância de si mesmo, exigir admiração excessiva e pensar que tem direito a tudo.

Necessidade de afiliação Desejo de relacionamentos interpessoais próximos e amigáveis.

Necessidade de cognição Traço de personalidade característico de pessoas que apresentam um desejo contínuo de pensar e aprender.

Necessidade de poder Necessidade de fazer com que outras pessoas se comportem de um modo que não se comportariam.

Necessidade de realização Busca da excelência, de realização com relação a determinados padrões, de ímpeto de lutar pelo sucesso.

Negligência Insatisfação expressa pela permissão de que as condições de trabalho se tornem piores.

Negociação Processo pelo qual duas ou mais partes trocam bens ou serviços e tentam concordar sobre o valor que essa troca representa para elas.

Negociação distributiva Negociação que busca dividir uma quantia fixa de recursos; situação de ganha-perde.

Negociação integrativa Negociação que busca um ou mais acordos que possam gerar uma solução ganha-ganha.

Neutralizadores Atributos que impossibilitam que o comportamento do líder faça diferença para os resultados de seus subordinados.

Normas Padrões aceitáveis de comportamento compartilhados pelos membros do grupo.

Organização Unidade social conscientemente coordenada, composta de duas ou mais pessoas, que funciona de maneira relativamente contínua para atingir um objetivo ou um conjunto de objetivos comuns.

Organização de aprendizagem Organização que desenvolveu a capacidade contínua de se adaptar e de mudar.

GLOSSÁRIO

Organizar Função que consiste em determinar quais tarefas devem ser realizadas, quem vai realizá-las, como serão agrupadas, quem se reporta a quem e em quais instâncias as decisões devem ser tomadas.

Orientação para o curto prazo Atributo da cultura nacional que enfatiza o presente e aceita mudanças.

Orientação para o longo prazo Atributo da cultura nacional que enfatiza o futuro, a economia e a persistência.

Papel Conjunto de padrões comportamentais esperados, atribuídos a alguém que ocupa determinada posição em uma unidade social.

Participação por representação Sistema no qual os trabalhadores participam da tomada de decisão organizacional por meio de um pequeno grupo de empregados que os representam.

Pensamento de grupo ou *groupthink* Fenômeno em que as normas de consenso se sobrepõem à avaliação realista de cursos alternativos de ação.

Percepção Processo pelo qual os indivíduos organizam e interpretam suas impressões sensoriais para dar sentido ao ambiente.

Percepção de suporte organizacional Grau em que os empregados acreditam que a organização valoriza suas contribuições e se preocupa com seu bem-estar.

Percepção do papel Visão de uma pessoa sobre a maneira como deve agir em determinada situação.

Percepção seletiva Tendência de escolher interpretar o que se vê, com base em seus próprios interesses, histórico, experiências e atitudes.

Personalidade Soma das maneiras como uma pessoa reage e interage com as outras pessoas.

Personalidade proativa Pessoas que identificam oportunidades, mostram iniciativa, agem e perseveram até que a mudança desejada ocorra.

Pesquisa-ação Processo de mudança baseado na coleta sistemática de dados, seguida da seleção de uma ação de mudança com base no que os dados analisados sugerem.

Planejar Processo que engloba a definição dos objetivos da organização, o estabelecimento de uma estratégia geral para que sejam atingidos e o desenvolvimento de um conjunto abrangente de planos para integrar e coordenar as atividades.

Plano de participação nos lucros Programa que envolve toda a organização, distribuindo um pagamento baseado em alguma fórmula preestabelecida de cálculo da lucratividade da empresa.

Plano de remuneração com base no mérito Plano de pagamento baseado em avaliações de desempenho do empregado.

Plano de remuneração por unidade produzida Plano de pagamento em que os empregados recebem uma quantia fixa por cada unidade de produção concluída.

Planos de participação acionária para empregados Plano de benefícios no qual os empregados compram ações da empresa, geralmente a preços abaixo dos praticados no mercado, como parte de seu pacote de benefícios.

Poder Capacidade que A tem de influenciar o comportamento de B para que B aja de acordo com a vontade de A.

Poder coercitivo Base de poder que depende do medo das consequências negativas da desobediência.

Poder da posição Grau de influência do líder, resultante de sua posição na estrutura formal da organização; inclui o poder de contratar, demitir, disciplinar, promover e conceder aumentos salariais.

Poder de especialista Influência baseada em habilidades ou conhecimentos específicos.

Poder de recompensa Conformidade obtida por meio da capacidade de distribuir recompensas consideradas valiosas.

Poder de referência Influência baseada na identificação com uma pessoa que possui recursos ou características pessoais desejáveis.

Poder legítimo Poder recebido por uma pessoa como resultado de sua posição na hierarquia formal de uma organização.

Problema Discrepância entre o estado atual das coisas e o estado desejado.

Processamento automático Avaliação relativamente superficial de evidências e informações com a aplicação de heurísticas.

Processamento controlado Avaliação detalhada de evidências e informações baseada em fatos, números e lógica.

Processo de comunicação Etapas entre um emissor e um receptor que resultam na transferência e compreensão de um significado.

Processo de conflito Um processo de cinco estágios: incompatibilidade ou oposição potencial, cognição e personalização, intenções, comportamento e consequências.

Processos Ações nas quais indivíduos, grupos e organizações se engajam, como produto de insumos, e que levam a determinados resultados.

Produtividade Combinação da eficácia e eficiência de uma organização.

Profecia autorrealizável Situação em que uma pessoa tem uma percepção distorcida de outra e isso resulta em expectativas que levam essa segunda pessoa a se comportar de forma consistente com tal percepção.

Programa de reconhecimento de empregados Plano para incentivar comportamentos particulares, reconhecendo formalmente as contribuições específicas dos empregados.

Programa de remuneração variável Plano que baseia uma parte ou o total da remuneração do empregado em alguma medida individual e/ou organizacional de desempenho.

Programas de bem-estar Programas apoiados pela organização que se concentram na condição física e mental dos empregados.

Propensão à confiança A predisposição de um empregado de confiar em um líder.

Psicologia Ciência que busca medir, explicar e, algumas vezes, modificar o comportamento dos seres humanos e dos animais.

Psicologia social Ramo da psicologia que mistura conceitos dessa ciência e da sociologia para focar a influência de um indivíduo sobre outro.

Psicopatia Tendência de um indivíduo de não se preocupar com os outros e ausência de culpa ou remorso quando suas ações causam danos.

Questionário do colega de quem menos gosto Instrumento cujo objetivo é medir se uma pessoa é orientada a relacionamentos ou a tarefas.

Racional Característica da realização de escolhas consistentes, com valor maximizado, dentro de limites e restrições especificadas.

Racionalidade limitada Processo de tomar decisões por meio da construção de modelos simplificados que extraem os aspectos essenciais dos problemas sem levar em conta toda a sua complexidade.

Recursos Fatores que estão sob o controle de uma pessoa e que podem ser usados para resolver demandas.

Recursos de capital humano A capacidade de uma unidade de trabalho resultante de conhecimentos coletivos, habilidades, competências e outros recursos da força de trabalho da organização.

Rede de rumores (ou boatos) Rede de comunicação informal de uma organização.

Reflexividade Característica de uma equipe de buscar reflexões e ajustes de seu propósito principal, quando necessário.

Relação líder-liderados Grau de confiança, credibilidade e respeito que os subordinados têm pelo líder.

Responsabilidade social corporativa Ações autorreguladas de uma organização para beneficiar a sociedade ou o meio ambiente além das exigências legais.

Resultados Fatores-chave afetados por outras variáveis.

Riqueza de canal Quantidade de informações que pode ser transmitida durante um episódio de comunicação.

Rituais Sequências repetitivas de atividades que expressam e reforçam os principais valores da organização, quais objetivos e pessoas são mais importantes e quais são dispensáveis.

Rotação de funções Transferência periódica dos empregados de uma função para outra.

Saída Insatisfação expressa por meio do comportamento voltado ao abandono da organização.

Satisfação no trabalho Sentimento positivo com relação ao trabalho, resultado da avaliação de suas características.

Significado da tarefa Grau em que um trabalho tem um impacto considerável na vida ou no trabalho de outras pessoas.

Símbolos materiais Comunicam aos empregados quem é importante, o grau de igualitarismo desejado pela alta administração e os tipos de comportamentos mais apropriados.

Sistema de trabalho de alto desempenho Grupo de práticas de recursos humanos que atuam em conjunto e se reforçam mutuamente para melhorar os resultados organizacionais.

Sistema de valores Hierarquia baseada em uma classificação da intensidade dos valores individuais.

Sistemas de equipes múltiplas Conjuntos compostos de duas ou mais equipes interdependentes que têm em comum uma meta mais ampla; uma equipe de equipes.

Sobrecarga de informação Condição na qual o volume de informações recebidas excede a capacidade de processamento de uma pessoa.

Sobrevivência organizacional Capacidade de uma organização de existir e crescer em longo prazo.

Socialização Processo que adapta os empregados à cultura organizacional.

Sociologia Ciência que estuda as pessoas em relação a seus ambientes sociais ou culturais.

Status Posição socialmente definida ou classificação atribuída pelas pessoas a grupos ou a membros de grupos.

Subculturas "Miniculturas" que se formam dentro de uma organização, geralmente definidas pelas atribuições dos departamentos e pela separação geográfica.

Substitutos Atributos como experiência e treinamento, que podem substituir a necessidade de ter um líder para dar apoio ou criar uma estrutura.

Superação de fronteiras Pessoas formando relacionamentos fora de seus grupos formalmente designados.

Supervisão abusiva Uma supervisão hostil, tanto verbalmente quanto não verbalmente.

Sustentabilidade Manter práticas organizacionais por um longo período, evitando que as ferramentas e estruturas que as sustentam sejam prejudicadas por certos processos.

Táticas de poder (ou influência) Maneiras pelas quais as pessoas transformam suas bases de poder em ações específicas.

Team building Atividades coletivas de alta interatividade para aumentar a abertura e a confiança entre os membros da equipe.

Técnica de grupo nominal Método de tomada de decisão em grupo no qual os membros se reúnem presencialmente para agrupar suas opiniões de maneira sistemática, porém, independente.

Tecnologia Meios pelos quais uma empresa transforma insumos em resultados.

Teoria da adequação da personalidade ao trabalho Teoria que identifica seis tipos de personalidade e propõe que o ajuste entre o tipo de personalidade e o ambiente laboral determina a satisfação no trabalho e a rotatividade.

Teoria da aprendizagem social Teoria que defende que podemos aprender tanto pela observação quanto pela experiência direta.

Teoria da ativação dos traços de personalidade Teoria que prevê que algumas situações, eventos ou intervenções têm maior capacidade de ativar um traço de personalidade do que outras.

Teoria da atribuição Tentativa de explicar as formas pelas quais julgamos as pessoas de maneira diferente, dependendo do significado que atribuímos a um comportamento, bem como determinar se o comportamento de um indivíduo tem causa interna ou externa.

Teoria da atribuição da liderança Teoria que afirma que a liderança não passa de uma atribuição que as pessoas concedem a outros indivíduos.

Teoria da autodeterminação Teoria de motivação que se preocupa com os efeitos benéficos da motivação intrínseca e com os efeitos nocivos da motivação extrínseca.

Teoria da autoeficácia Convicção de uma pessoa de que ela é capaz de realizar determinada tarefa.

Teoria da avaliação cognitiva Versão da teoria da autodeterminação que afirma que alocar recompensas extrínsecas a comportamentos que já foram recompensados intrinsecamente tende a reduzir o nível geral de motivação, caso as recompensas sejam vistas como uma forma de controle.

Teoria da equidade Teoria que defende que os indivíduos comparam os esforços realizados e as recompensas obtidas de seu trabalho com aqueles de outros empregados e reagem de maneira a eliminar quaisquer injustiças percebidas.

Teoria da expectativa Teoria que afirma que a força da tendência a agir de determinada maneira depende da força da expectativa de que essa ação surtirá dado resultado e da atração que esse resultado exerce sobre o indivíduo.

Teoria da força situacional Teoria que indica que o modo como a personalidade se traduz em comportamentos depende da força da situação.

Teoria da identidade social Perspectiva que analisa quando e por que as pessoas se consideram membros de grupos.

Teoria da liderança carismática Teoria que afirma que os seguidores atribuem capacidades heroicas ou extraordinárias a seus líderes quando observam determinados comportamentos.

Teoria da liderança situacional Teoria contingencial focada na prontidão dos seguidores para realizar uma tarefa específica.

Teoria da troca entre líder e liderados Teoria que apoia a criação de endogrupos e exogrupos por parte dos líderes, sendo que os subordinados pertencentes ao endogrupo recebem avaliações de desempenho melhores, apresentam menos rotatividade e maior satisfação no trabalho.

Teoria das necessidades de McClelland Teoria que afirma que a realização, o poder e a afiliação são três necessidades importantes que ajudam a explicar a motivação.

Teoria de características do status Teoria que afirma que as diferenças nas características do status geram hierarquias de status dentro dos grupos.

Teoria de eventos afetivos Modelo que sugere que os eventos do local de trabalho causam reações emocionais por parte dos empregados e influenciam as atitudes e comportamentos manifestados nesse ambiente.

Teoria do caminho-objetivo Teoria que sustenta que é função do líder ajudar os seguidores a atingirem suas metas, fornecendo a orientação e o apoio necessários para assegurar que tais metas sejam compatíveis com os objetivos do grupo ou da organização.

Teoria do estabelecimento de objetivos Teoria que afirma que objetivos específicos e difíceis, com feedback, conduzem a um melhor desempenho.

Teoria do paradoxo Teoria segundo a qual o maior paradoxo da gestão é a inexistência de um status final ótimo para uma organização.

Teoria do reforço Teoria que estabelece que o comportamento é uma função de suas consequências.

Teoria dos dois fatores Teoria que relaciona fatores intrínsecos com a satisfação no trabalho, enquanto fatores extrínsecos são relacionados com a insatisfação. É também chamada de teoria da higiene-motivação.

Teorias comportamentais de liderança Teorias que propõem que comportamentos específicos diferenciam líderes de não líderes.

Teorias dos traços da liderança Teorias que consideram as qualidades e características pessoais que diferenciam os líderes dos não líderes.

Testes de amostra do trabalho Simulações práticas de uma parte ou de toda a função que candidatos a trabalhos de natureza rotineira devem desempenhar.

Testes de julgamento situacional Testes de seleção substantiva projetados para questionar a maneira como os candidatos se comportariam em uma variedade de situações de trabalho; as respostas dos candidatos são comparadas com as fornecidas por empregados de alto desempenho.

Tomada de decisão intuitiva Processo inconsciente gerado pelas experiências vividas.

Trabalho a distância (teletrabalho) Trabalhar em casa (ou em outro local), pelo menos dois dias por semana, por meio de dispositivos virtuais ligados à sede da empresa.

Traços de personalidade Características duradouras que descrevem o comportamento de uma pessoa.

Treinamento de sensibilidade Treinamento que busca mudar comportamentos por meio da interação em grupo, de forma não estruturada.

Tríade Sombria (Dark Triad) Conjunto de traços negativos de personalidade, composto de maquiavelismo, narcisismo e psicopatia.

Unidade de comando A ideia de que cada subordinado deve ter apenas um superior a quem deve se reportar diretamente.

Utilitarismo Perspectiva ética na qual as decisões são tomadas para obter o máximo de benefícios possível para todos.

Valores Convicções básicas de que um modo específico de conduta ou de condição de existência é pessoal ou socialmente preferível a um modo contrário ou oposto de conduta ou de condição de existência.

Valores essenciais Valores básicos ou dominantes aceitos por toda a organização.

Valores instrumentais Modos preferidos de comportamento ou de atingir os valores terminais da pessoa.

Valores terminais Condições de existência desejáveis que se referem aos objetivos que uma pessoa gostaria de atingir durante sua vida.

Variáveis contingenciais Fatores ou variáveis situacionais que moderam a relação entre duas ou mais variáveis.

Variedade de habilidades Grau em que o trabalho envolve uma grande variedade de atividades.

Viés da autoconveniência Tendência dos indivíduos de atribuir os próprios sucessos a fatores internos e culpar fatores externos pelos próprios fracassos.

Viés de ancoragem Tendência de se fixar em uma informação inicial, que não se ajusta adequadamente a informações subsequentes.

Viés de confirmação Tendência de buscar informações que reafirmem escolhas anteriores e de descartar as que contradigam julgamentos passados.

Viés de disponibilidade Tendência de as pessoas basearem seus julgamentos em informações mais prontamente disponíveis.

Viés retrospectivo Tendência de acreditar erroneamente, depois que ficamos sabendo do resultado de um evento, que alguém poderia ter previsto esse resultado com precisão.

Visão Estratégia de longo prazo para atingir um ou mais objetivos.

Voz Insatisfação expressa por meio de tentativas ativas e construtivas de melhorar as condições de trabalho.

Índice onomástico

A

Abbas, M., 499n64
Ablarracín, D., 83n4, 84n8
Abosch, Ken, 299
Adam, H., 540n69, 542n73
Adams, S., 289n37
Adler, N. J., 211n82
Agamy, Remy, 675
Agle, B. R., 464n154
Agneessens, F., 489n20
Aguinis, H., 4n7, 655n90
Ahmad, A. S., 59n73
Aime, F., 363n11, 368n31
Akerson, Dan, 688
Akhtar, S., 452n64
Akinci, C., 205n45
Akst, D., 440n14
Alarcon, G. M., 706n111
Alatorre, Shari, 287
Alberts, H. J. E. M., 131n99
Albrecht, S. L., 484n4
Aldrich, H., 567n41
Aldrick, R. J., 410
Ali, A. A., 644n26
Ali, F., 494n46-47
Allen, D. G., 209n66, 715n161
Allen, J. A., 403n30
Allen, N. J., 137n136, 369n36, 378n77
Allen, O., 409n58
Allen, T. D., 161n45, 288n30, 289n33, 464n147, 611n74, 669n129, 711n138
Allen, W. R., 652n75
Allendorfer, J. B., 54n34

Allison, C., 124n56
Almond, S., 56n63
Alpert, L. I., 577n77
Alsever, J., 647n49
Amanatullah, E. T., 540n61
Ambady, N., 55n57, 112n7
Ambrose, M. L., 252n72
Ames, D. R., 166n82, 437n3
Amiot, C. E., 329n39
Amstad, F. T., 709n124
Anand, G., 651n67
Anand, N., 572n59
Anand, S., 446n34
Anders, G., 640n8
Andersen, Erika, 471
Anderson, A. K., 114n11
Anderson, Cameron, 492n37, 511, 527n21, 530n32
Anderson, G., 218n104
Anderson, J. R., 17
Anderson, N., 217n101, 645n34, 665n117, 700n70, 701n75n78-80
Anderson, S. L., 250n64
Anderson, S. W., 247n35
Andersson, Bo, 577
Andreassen, C., 163n68
Andreessen, Marc, 52
Andrevski, G., 66n103
Andrews, M. C., 492n36, 502n71-72
Ang, D., 300n95
Ang, S., 91n31, 663n108
Angell, L. C., 372n47
Angermeier, I., 26

Angier, N., 118n29
Anseel, F., 456n86, 709
Anthony, Carmelo, 379
Anthony, S. D., 565n31
Antino, M., 341n98
Antonakis, J., 175n120, 447n42, 448n45, 448n45, 449n48, 454n75, 457n101
Antoni, C. H., 309, 454n72
Apfelbaum, E. P., 340n95
Apostel, E., 280, 454n72
Appelbaum, E., 563n22
Appelbaum, S. H., 333
Appleman, Jack, 413
Aquino, K., 456n94
Ardichvilli, A., 618n100
Arends, B., 123n50
Arends, L., 247n33n39
Ariely, Dan, 157n18, 217, 243, 301n102
Armeli, S., 86n16
Armenakis, A. A., 185
Arnaud, A., 118n28, 603n30-31, 604n35-36
Arnold, D., 618n103
Arnold, J. A., 135n127
Arnold, T., 582n99, 714n157
Aronson, J., 62n87
Arthur, W. Jr., 610n69
Aryee, S., 213n86, 293n55, 404n34, 502n68
Asch, Solomon, 328-329, 343
Asendorpf, J. B., 114n12
Ashforth, B. E., 125n61
Ashkanasy, N. M., 127n71
Aslani, S., 543n76

Assimakopoulos, D., 567n43
Atkin, R. S., 336n74
Atwater, L. E., 466n163, 661n97
Audi, R., 213n83
Audi, T., 58n72
Audia, P. G., 693n47
Austin, J. T., 243n20
Avalos, Julio, 558
Aven, B. L., 488n17
Avery, D. R., 55n52, 55n56-57, 66n99, 337n78
Avey, J. B., 221n131
Avolio, B. J., 455n82, 456n89
Axelrod, Beth, 436
Ayduk, O., 710n128

B
Baas, M., 134n117
Babbitt, L. G., 336n70
Babcock, L., 534n48, 545n85
Bacdayan, P., 652n75
Bachrach, D. G., 94n47, 503n73
Backaler, J., 580n94
Badal, J., 490n26
Badea, C., 336n69
Bae, Z.-T., 397n5
Baer, D., 52
Baer, M., 222n139-140
Bagsby, P. G., 130n86
Bailey, D. E., 446n34
Bailey, S., 347
Bailey, W., 25n58
Baker, A., 298n88
Baker, W. E., 546n91
Bakker, A. B., 454n71, 706n110, 713n149
Baldwin, T. T., 468n170
Balkundi, P., 364n16, 368n27
Ballmer, Steve, 562n15-16
Balluerka, N., 54n40
Balthazard, Michel, 101
Balthazard, P., 449n55
Bamberger, P., 333n53
Bamberger, P. A., 297n81-82
Banaji, Mahzarin, 223
Bandler, J., 608n53
Bandura, Albert, 250n58-59, 254n74
Bangerter, A., 506n82
Banks, C. G., 321n12
Banks, G. C., 162n55, 164n71-72, 664n111

Bansal, P., 605n42, 687n10
Barber, J., 143
Barber, Joseph, 142
Barber, L. K., 130n86, 717n176
Barber, N., 63n91
Barclay, Kathleen, 688
Barden, J., 420n76
Bardes, M., 25n59
Bardi, A., 493n43
Bareket-Bojmel, L., 301n102
Bargh, J. A., 319n1
Barghouti, Marwan, 521
Bar-Haim, A., 293n58
Barker, B., 24n55
Barley, S. R., 406n42
Barling, J., 376n64
Barnes, C. M., 194n2, 300n95, 365n17-18, 449n53, 669
Barnlund, D. C., 396n3
Baron, R. A., 207n50
Baron, R. S., 344n111
Barra, Mary, 565, 688
Barragan, R. C., 320n4
Barratt, C. L., 98n68
Barrett, F., 698n58
Barrett, L. F., 124n57
Barrick, M. R., 154n5, 159n25, 161n44, 362n6, 440, 506n83, 647n51, 648n55-56n58
Barron, David, 394
Barrs, David, 472
Barry, B., 533n46, 543n75
Barsade, S. G., 112n1-3, 608n57
Barsaloux, J., 336n71
Bartel, C. A., 292n46
Bartol, K. M., 297n79, 303n114, 453n68
Bartram, D., 7n14
Bashshur, M. R., 398n10, 483n2
Bass, B. M., 466n164
Bassett-Jones, N., 241n9
Bastardoz, N., 447n42, 448n45
Bastien, B., 319n2
Basuil, D., 576n71, 577n76
Bateman, T. S., 167n85, 247n36-37
Bates, T. C., 322n13
Batt, R., 563n22
Battilana, J., 489n19, 691n36
Bauer, Billy, 84
Bauer, J., 708n120, 712n140
Bauer, T., 686n5

Bauer, T. N., 446n36, 523n9, 613n80n83, 716n172
Baumann, M. R., 342n100
Baumert, A., 95n58
Baun, W. B., 719n184
Bayazit, M., 49n14
Baynton, D., 650n66
Bayo-Moriones, A., 302n106
Baysinger, M. A., 332n46
Bazelon, Emily, 223
Bazerman, M. H., 203n35, 204n37, 533n44
Bear, J. B., 446n33
Bechara, A., 135n128
Beck, J. W., 250n57
Becker, A. S., 89n24
Becker, D. V., 124n58
Becker, W. S., 704n100
Bednall, T. C., 665n116
Beehr, T. A., 50n16, 89n25, 91n33, 584n102, 708n119
Beer, A., 167
Beersma, B., 261n93
Behfar, K. J., 378n80, 526n19, 532n37
Beimel, S., 448n44
Bélanger, F., 290n38
Belkin, D., 20n44, 153n4
Bell, B. S., 56n61, 654n81
Bell, G. C., 425n91
Bell, J., 209n70, 472
Bell, S. T., 47n8, 66n102, 610n69
Bellot, J., 600
Belmi, P., 320n4
Belogolovsky, E., 297n81-82
Belschak, F. D., 162n57, 454n76
Belton, B., 290n39
Benabou, R., 343n106
Benard, S., 525n16
Bendersky, C., 335n62, 524n13
Benioff, Marc, 86
Benitez, Emilio, 607
Bennett, A. A., 716n168
Bennett, John, 217
Bennett, W., 657n91
Bennis, W., 444n25
Bentein, K., 614n86
Ben-Ze'ev, A., 114n13, 116n17, 322n16
Berdahl, J. L., 708n122
Bergeron, D. M., 245
Bergman, M. E., 603n26

ÍNDICE ONOMÁSTICO

Berit, Brogaard, 430
Bernard, M. M., 172n111
Bernardin, H. J., 201n30
Bernerth, H. B., 643n23
Bernerth, J. B., 185, 643n22
Bernstein, E., 122n47n48, 194n1, 202n31, 216n98, 402n23, 403n29, 408n45
Berry, C. M., 98n68, 159n27, 161n37, 646n40
Berry, L. L., 719n184
Bersin, J., 650n61
Berson, Y., 448n46, 606n49
Bertels, S., 604n37
Besner, Greg, 626
Betz, N. E., 250n64
Beus, J. M., 159n28, 603n26
Beyoncé, 486
Bezos, Jeff, 52, 373, 402
Bezrukova, K., 341n97
Bhappu, A. D., 446n36
Bhargava, S., 584n103
Bhaskar-Shrinivas, P., 67n106n109
Bhattacharya, C. B., 92n35
Bhave, D. B., 14n33, 130n83-84
Bies, R. J., 261n90n92
Bilton, N., 406n40
Bing, M. N., 154n9, 155, 161n48
Binnewies, C., 454n74, 715n166
Birkeland, S. A., 154n6
Biron, M., 333n53
Birtch, T., 263n105, 663n107
Birtel, M. D., 61
Blackman, A., 284
Blackwell, K. C.
Blair, C., 62n87
Blair, C. A., 94n48
Blankenship, K. L., 417n72
Blankenship, Mark, 99
Blankfein, Lloyd, 52
Blanton, Hart, 223
Blickle, G., 506n80
Bliese, P. D., 691n40
Bligh, M. C., 464n153, 465n155
Bliss-Moreau, E., 124n57
Block, G. D., 119n36
Block, K., 321n9
Blonk, R. W. B., 713n151
Bloom, M., 222n137, 691n30
Bloom, N., 13n29

Blume, B. D., 468n170
Blumenthal, Neil, 630
Blumenthal, Richard, 110
Bobko, P., 54n35, 55n53, 646n42
Bockman, V. M., 239n8
Bodie, Graham, 402
Boer, D., 713n148
Boesler, M., 19n38
Boies, K., 451n59
Boitnott, J., 270
Bolino, M. C., 93n42, 258n80, 263n106, 506n79
Bommer, W. H., 445n27
Bond, M. H., 507n90
Bone, Lucia, 673
Bonner, B. L., 342n100
Bono, J. E., 4n5, 94n46, 131n95-96, 131n98, 135n122, 138n140138n140, 165n77n78, 245n24
Boothby, E. J., 319n1
Bootzin, R. R., 119n32
Borders, A., 210n77
Borre, Karen, 139
Bort, J., 559
Boss, A. D., 26, 262n103
Boss, J., 359
Boss, R. W., 26
Bosson, J. K., 401n16
Boster, F. J., 421n86
Boswell, W. R., 168n101, 169n103, 222n136, 614n84, 623, 661n101
Botsford, W., 54n39
Bottom, W., 540n62
Bouchard, T. J., 336n71
Bouwen, R., 696n54
Bowen, D. E., 699n65
Bowerman, Bill, 615
Bowler, W. M., 506n79
Bowles, H. R., 534n48
Bowling, N. A., 50n16, 89n25, 95n56, 97n64, 708n119
Boyar, S. L., 669n128
Boyce, A. S., 159n30, 607n52
Boyce, C. J., 169n102
Boyd, C. M., 706n108
Bozeman, B., 464n149
Bradford, D. L., 687n11, 695n50
Bradford, E. E. F., 387
Bradley, B. H., 362n8, 370n39, 378n78, 440, 453n66, 523n12, 524n14

Bradlow, E. T., 463n140
Brady, B., 564n23
Brady, D., 468n169
Brady, M. P., 344n110
Brady, Tom, 486
Brannick, M. T., 154n6
Branscombe, N. R., 708n121
Branson, Richard, 155, 409, 450
Bratko, D., 156n10
Brauburger, A. L., 127n69
Braverman, Amy, 40
Bray, R. M., 377n74
Brazil, D. M., 446n29
Breaugh, J. A., 639n3
Breckler, S. J., 81n2
Brees, J. R., 458n105n107n109
Breevaart, K., 454n71, 706n110
Brehmer, B., 521n3, 522n4
Bresch, Heather, 110
Breslin, M. M., 642n17
Brett, J., 527n21, 543n76
Brett, J. F., 661n97
Breus, M. J., 713
Brief, A. P., 608n58
Briner, R. B., 49n11
Brinkley, Cynthia, 688
Briñol, P., 416n71, 420n76, 490n25
Brissette, I., 716n169
Brockner, J., 260n88
Brockway, J. H., 209n69
Brodebeck, F. C., 372n48
Brondolo, E. M., 163n59n60
Brooke, Beth, 61
Brooks, A. W., 542n72
Broschak, J. P., 92n59
Brower, H. H., 352
Brown, B., 565n31
Brown, D. F., 242n14
Brown, D. J., 98n66, 168n94, 333n50, 485n5
Brown, G., 368n30
Brown, J. D., 197n18
Brown, K. G., 252n71
Brown, M. E., 457n96-97
Brown, R. P., 210n75
Brown, S. P., 85n10
Browne, John, 59n78
Browning, L., 615n89
Bruce, B., 289n36-37
Bruch, H., 333n54

Bruehlman-Senecal, E., 710n128
Brummel, B. J., 131n100, 163n61
Brutus, S., 662n103
Bruursema, K., 144
Bryant, A., 368n32, 403n27n31, 469, 615n93, 648n54
Bryant, F. B., 209n69
Bryant, P., 209n67n69
Brynaert, Didier, 620
Buchanan, D. A., 483n1, 496n57
Buchanan, L., 3
Buckelew, Alan, 398
Buckingham, Marcus, 473, 619n107
Buckley, M. R., 201n30
Budhwar, P. S., 502n68
Buffett, Warren, 206, 436
Bui-Wrzosinska, L., 423n89
Bukowski, M., 545n84
Bulkley, N., 507n91
Burgert, Natasha, 413
Burke, D., 608n53
Burke, R. J., 711n135
Burke, W. W., 687n11, 695n50
Burkeman, O., 117n20
Burns, C., 60n83
Burns, G. N., 97n64
Burns, T., 578n84
Burnstein, E., 342n104
Burrough, B., 511
Burson, K. A., 207n49
Burt, R. S., 460n121, 464n16
Busch, H., 243n19
Buss, D., 702n88
Butalid, L., 121n38
Butler, R. J., 399n13
Butterfield, D. A., 55n50
Butts, M., 458n103, 718n177
Buyse, T., 646n46
Byrne, K. A., 163n67
Byron, K., 700n73

C

Cable, D. M., 612n77, 649n60
Cacioppo, J. T., 116n15
Cadsby, C. B., 303n116
Caetano, A., 654n83
Cai, Y., 376n69, 701n81
Cain, D. M., 93n43-45
Cain, Susan, 152
Calderwood, C., 716n168

Caldwell, D. F., 597n2, 600n14
Caleo, S., 262n99
Callison, K., 159n31
Callister, R. R., 127n74, 334n59
Caloyeras, J. P., 719n185
Campbell, E. M., 285n21
Campbell, S. M., 173n118
Campbell, W. K., 181
Campbell-Bush, E. M., 167n90
Campion, M. A., 282n9, 283n12
Campos, B., 116n18
Camps, J., 664n109
Caniels, M. C. J., 487n14
Carbee, Marshall, 217
Cardon, M. S., 701n84
Cardona, P., 94n49
Carey, B., 139
Carlsmith, J. M., 83n5
Carlson, B. D., 95n54
Carlson, D. S., 459n119
Carlson, K. A., 203n36
Carnevale, P. J., 195n11
Carney, D. R., 216n99
Carpenter, Ben, 684-685, 722
Carpenter, N. C., 98n68
Carr, Evan, 113
Carr, J. C., 176n123
Carr, J. Z., 602n20
Carretta, T. R., 63n90
Carrico, A. R., 605n43
Carroll, S. A., 645n38
Carter, N. T., 159n30
Carver, C. S., 716n169
Casciaro, T., 489n19, 691n36
Cascio, W. F., 284n17, 655n90
Case, J., 577n74
Casey-Campbell, M., 31n66
Casmir, Fred, 424
Casper, W. J., 47n7
Casselman, B., 53n43
Castano, E., 118n30
Castillo, E. J., 300n96
Castro, S. L., 502n67
Casuga, J.-A. B., 667n122
Catanzaro, D., 669n131
Caulkin, S., 699n68
Cavanaugh, T. M., 51n24
Cavens, Darrell, 310
Caza, A., 456n87
Cerasoli, C. P., 244n23, 248n44

Cerne, M., 220n122, 701n86
Cha, A. E., 111
Cha, S. E., 454n73
Chai, C. A., 133n108
Chakraborty, A., 209n65
Chalfonte, B. L., 397n4
Chan, Steven, 104
Chand, M., 51n22
Chang, C. D., 248n46
Chang, C.-H., 92n34, 244n22, 245n28
Chang, M., 379n82
Chang, S., 376n69, 701n81
Chang, Sophia, 45
Chao, G. T., 611n74
Chapman, B., 184
Chapman, H. A., 114n11
Chappell, B., 193
Charles, A. C., 661n97
Chatman, J. A., 332n42, 597n2, 600n14, 608n57
Chatterjee, A., 163n69
Chaturvedi, S., 20n39, 176n122
Chatzisrantis, N. K. D., 328n33, 334n56
Chau, S. L., 247n31
Chaxel, A.-S., 199n22
Chemezov, Sergei, 577
Chen, C., 507
Chen, C.-C., 134n120, 197n16
Chen, G., 67n107, 98n72, 167n90, 252n70, 285n21, 321n11
Chen, J., 711n137
Chen, S., 380n89
Chen, X.-P., 321n11, 462n133
Chen, Y., 609n62
Chen, Z., 446n30, 459n116, 502n68
Chen, Z. X., 293n55
Cheng, Z., 293n57
Chennault, Ken, 577
Cheraskin, L., 282n9, 283n12
Cherniss, C., 133n106
Chesky, Brian, 436
Cheung, S., 219n113
Cheung, S.-Y., 167n91
Cheung, Y. H., 159n32
Chew, J., 611n73
Chi, N., 302n107, 339n87
Chi, S.-C. S., 132n102, 135n123
Chia, Lawrence, 609
Chiaburu, D. S., 94n50, 159n27, 161n37, 161n47, 453n69

Chiang, F. F. T., 263n105, 671n107
Chiang, T.-J., 462n133
Chick, William, 192
Chien Farh, C. I. C., 127n76
Childs, Ted, 60
Chin, Cary, 296
Chin, J. L., 47n6
Chin, M. K., 331n41
Chiu, C., 83n7, 131n93
Chiva, R., 703n92
Chng, D. H. M., 504n77
Cho, Y., 492n38
Choi, J. N., 242n17, 339n89, 340n92, 342n102, 524n15, 527n22, 655n88
Choi, S., 129n81
Choi Soon-sil, 482-483
Chou, E. Y., 523n8
Chowdhry, A., 685n1
Chowning, K., 210n75
Christ, Carol T., 472
Christian, J., 325n21, 439n12, 692n42
Christian, M. S., 86n19, 263n109, 333n51, 692n42
Christie, A. M., 335n64
Christie, Chris, 299
Christini, A., 283n13
Christoforou, P. S., 125n61
Chuang, C. H., 380n89
Chuang, C. W., 380n89
Chuang, S.-C., 133n110
Chugh, D., 204n37, 205n39
Chun, J. S., 242n17, 339n89, 340n92, 342n102, 524n15, 527n22
Chun, J. U., 163n65
Chun, N., 300n99
Chung, S.-H., 691n38
Churchill, Winston, 457
Cialdini, R. B., 328n35
Cianci, A. M., 717n174-175
Cikara, M., 327, 336n68, 343
Clark, D., 508n93, 686n8
Clark, M. S., 319n1
Clarke, R., 221n125
Clarke, S., 603n25, 706n106, 708n117, 718n178
Clegg, Cathy, 535
Clemens, A., 299n89
Clifton, D. O., 619n107
Clinton, Bill, 127, 448
Clinton, Hillary, 501

Cober, R. T., 168n94
Cocalis, Luke, 429
Cogliser, C. C., 369n35
Cohen, F., 449n50
Cohen, Roy L., 96
Cohen, Steve, 511
Cohendet, P., 569n49
Coker, D., 279
Colbert, A. E., 3n5, 440, 453n66
Cole, C., 13n30
Cole, M., 333n54, 639n5
Colella, A., 56n62
Coleman, M. D., 210n74
Coleman, Megan, 569
Collewaert, V., 456n85
Colley, L., 45n3
Collins, C. J., 612n78
Collins, D., 293n60
Collins, Kevin, 72
Collins, M. D., 325n22
Collins, R. W., 290n38
Colquitt, J. A., 258n83-84, 261n91n93n97, 460n125, 461n128-129
Colvin, G., 153
Comaford, C., 81
Comen, E., 607n51
Comstock, Beth, 152-153
Conchie, Barry, 619
Conchie, S. M., 453n65, 461n126
Conlon, D. E., 208n59, 261n95, 536n51, 540n60
Connelly, C. E., 163n59n63, 642n16
Connery, H., 210n78
Contreras-Sweet, Maria, 368
Converse, P. D., 167n89
Cook, Tim, 61
Cooney, Susan, 93
Cooper, B. K., 602n23
Cooper, C. D., 462n135, 463n139
Cooper, C. L., 619n106, 704n99, 719n183
Cooper, D., 341n99
Cooper, H., 160n33
Cooper, M. J., 174
Cooper, T., 604n38
Cooper, W. H., 336n72
Cooper-Hakim, A., 85n14
Cooper-Thomas, H. D., 612n79
Corley, K. G., 688n21, 690n28
Cortina, L. M., 50n15, 332n49, 495n52

Cosmides, L., 337n76
Côté, S., 129n79, 168n99168n99, 439n11, 540n67
Cotton, J., 292n51
Courtright, S. H., 85n12, 362n6
Coutu, D., 373n49
Crain, T. L., 650n62
Crampton, D., 496
Crant, J. M., 167n85, 222n137, 691n30
Crawford, E. R., 86n18, 263n108, 264n110-111, 381n93, 706n105, 710n129
Crawford, J., 599n9
Crawshaw, J. R., 137n138
Cray, D., 399n13
Credé, M., 439n10
Creswell, J., 209n71
Crites, S. L., 83n6
Croft, Robin, 287
Croon, M., 284n18
Cropanzano, R., 115n14
Cross, R., 567n43
Crossley, C., 168n100, 368n30
Crown, D. F., 247n41
Cruwys, T., 321n8
Cruz, Arcadio, 649
Csaszar, F. A., 559n1, 565n30
Cuban, Mark, 218
Cubías, P., 472
Cuddy, A. J. C., 54n45
Cullen, J. B., 215n91, 604n33-34
Cullen, K. L., 154n8
Cummings, A., 281n5
Cummins, D. D., 328n36, 329n37
Cunningham, Michael, 52
Curhan, J. R., 533n44, 537n53, 540n61n63, 546n90
Curhan, K. B., 116n19
Czukor, G., 49n14

D

Daft, R. L., 572n59
Dahling, J. J., 247n31, 492n35
Dai, H., 715n158
Dailey, S. L., 615n89
Dalal, D. K., 159n30
Dalal, R. S., 169n104-105, 170n106
Dalton, Jared, 291
Daly, M., 168n96, 169n102
Damasio, A. R., 135n128

Damasio, H., 135n128
Damast, A., 54n42
D'Amelio, A., 688n20
Dane, E., 131n100, 205n43
Daniels, D., 239n7
Daniels, M. A., 125n62
Daniels, Timothy, 253
Dansereau, F., 445n26
Danyo, Edward, 575
Dao, David, 589
Darr, W., 499n64
D'Art, D., 302n105
Dash, E., 209n71
Datta, D. K., 293n64, 579n71, 577n76
Daubenmier, J., 131n97
Daus, C. S., 127n71
Davidson, K. M., 210n78
Davidson, M. M., 320n6
Davidson, O. B., 718n180
Davies, P. G., 49n10, 199n23
Davis, J. H., 460n123
Davis, J. P., 530n31
Davis-Blake, A., 96n59
Davison, H. K., 155
Davison, R. B., 364n18
Dawson, K. M., 91n33
Day, A., 652n72
Day, D. V., 166n81n83, 645n31
Day, M. V., 202
Dean, K. L., 623n119
DeCelles, K. A., 494n44, 642n14
DeChurch, L. A., 377n73, 529n30
Deci, E., 244n21
De Clercq, B., 164n73n75
De Cremer, D., 456n88, 459n117
de Croon, E. M., 713n151
De Dreu, C. K. W., 134n117, 135n125, 219n111, 248n48, 521n2, 540n68, 546n92
De Fruyt, F., 164n73n75
DeGama, N., 252n69
DeGeest, D. S., 322n43, 370n40
DeGrassi, S. W., 506n83, 648n56
DeGroot, T., 129n81
De Hoe, R., 612n79
De Hoogh, A. H. B., 448n43
de Jesus, S. N., 220n119
De Jong, B. A., 368n29, 461n127
de Jong, J. P. J., 219n111
DeJoy, D. M., 718n177

Dekker, H. C., 247n35
Delaney, L., 168n96
De La Torre, H., 719n181
de Lemus, S., 545n84
Delgado, M. R., 209n68
Delobbe, N., 612n79
Delton, A. W., 337n76
DeLuca, Fred, 242
de Luque, M. S., 440n16
Delvaux, E., 328n34
de Melo, C. M., 195n11
DeNeve, K. M., 160n33
Den Hartog, D. N., 282n7, 448n43, 454n76
Denis, A. R., 322n17
Denissen, J. J. A., 121n38
Dennehy, T. C., 322n16
den Nieuwenboer, N. A., 97n61
Dennis, A. R., 336n72
Densten, I. L., 464n152
De Pater, I. E., 708n115, 712n146
DePaul-Haddock, A. M., 167n89
DePaulo, B. M., 422n87
Depenbrock, F., 715n163
Derks, D., 419n75
Derous, E., 642n13
DeRue, D. S., 161n39, 363n11, 437n2, 451n60-61, 454n79, 468n171, 494n44, 540n59
De Ruiter, M., 691n32
DeShon, R. P., 343n105
De Simone, S., 60n81, 60n86
Desivilya, H. S., 532n39
DeTrent, Bryson, 47
Deutschman, A., 686n5
Devaro, J., 284n20, 363n9
Devine, K., 577n83
de Vries, G., 310
de Vries, T. A., 376n68, 567n42
Dewe, P. J., 704n99
Dewey, Lisa, 93
de Wit, F. R. C., 522n6, 523n10
Dhanani, L. Y., 159n28
Dhar, Ravi, 243
Diaz-Garcia, C., 373
DiazGranados, D., 205n44
Diefendorff, J. M., 124n60, 125n62
Diehn, E. W., 67n108
Diekmann, C., 506n80
Diekmann, K. A., 260n88

Diener, E., 117n22, 118n31, 134n112n114
Dierdorff, E. C., 252n71
Diestel, S., 98n65n69, 126n67
Dietz, J., 608n58
Dill, K., 669n127
Dimon, Jamie, 617
Dimotakis, N., 540n60, 708n115, 712n146
Dineen, B. R., 250n56
Dionne, S. D., 466n163
Dippong, J., 334n57
Dirks, K. T., 368n28-29, 461n127, 462n135, 545n86
Dirks, Nicholas, 472
Dixon-Fowler, H. R., 604n41
D'Mello, S. D., 54n38
Dobbins, G. H., 486n11
Dobroski, Scott, 596
Dodson, J. D., 714n152
Donald, I. J., 461n126
Donavan, D. T., 95n54
Dong, Y., 453n68
Donohoe, Thomas, 26
Doo-Ri Chung, 535
Dorfman, P. W., 440n16
Doty, D., 529n30
Douglas, C., 490n23
Douglas, S. C., 137n137
Douglass, A., 570n51
Dovidio, J. F., 195n8, 375n56
Drach-Zahavy, A., 220n120
Dragoni, L., 8n17
Drauden, G., 336n71
Drucker, Peter, 248n50, 458, 619
Drummond, H., 208n61
Drury, S., 326n30
Dryer, ZoAnn, 285
Du, S., 92n35
Dubb, S., 303n115
Dubner, S. J., 216n100
Dubner, Stephen, 36
Duffy, M. K., 131n95-96, 131n98, 458n104
Duggan, Kris, 403
Duguid, M. M., 332n42
Dulebohn, J. H., 91n31
Dulye, L., 402n22
Duncan, M. J., 123n52
Dunford, B. B., 26, 262n103

ÍNDICE ONOMÁSTICO

Dunford, R., 209n67
Dunn, Elizabeth, 284
Dunn, J., 536n51
Dunnette, M. D., 5n11, 83n89
Dunning, Kitty, 490
Durand, P., 712n142
Durlach, P., 527n24-25
Dust, S. B., 452n63
Dutcher, E. G., 292n47
Dutton, J., 24n55
Dvir, T., 606n49
Dvorak, P., 397n6
Dwoskin, E., 13n26n31, 142, 153n3
Dwyer, J., 194n3
Dyck, B., 578n85n87
Dyer, D. Alexandra, 192
Dyer, J. H., 697n55
Dyer, W. G., 697n55
Dyer, W. W. G., 697n55
Dysvik, A., 220n122, 655n87

E

Eagly, A. H., 47n6, 465n159
Easterlin, Richard, 283
Eberhardt, J. L., 199n23
Eberly, M. B., 462n133
Eby, E. T., 464n147
Eby, L. T., 464n148, 611n74
Ekman, Paul, 142
Eden, D., 718n180
Edwards, B. D., 714n157
Egan, M., 168n96, 237
Egan, T., 702n90
Ehrhardt, K., 55n55
Ehrhart, K. H., 176n124, 598n4, 602n19
Eisenbeiss, S. A., 457n99-100
Eisenberger, R., 86n16, 242n13, 459n111
Eisenkraft, N., 201n27, 540n63
Ekkirala, S., 159n26
Ekman, Paul, 112n6, 113n9, 142
Elauf, Samantha, 59
El-Erian, Mohamed, 471
Elfenbein, H. A., 112n7, 335n61n63, 537n53, 539n57, 540n63, 496n90
Elfering, A., 712n144, 713n150
Elias, M., 210n80
Ellard, J. H., 262n100
Ellemers, N., 376n66
Eller, Aryeh, 553
Elliot, A. J., 245n25, 248n48

Elliott, E. K., 134n113
Ellis, A. J., 325n21
Ellis, A. P. J., 333n51, 377n72
Ellison, Sara Fisher, 373
Elpidorou, Andreas, 143
Else-Quest, N. M., 124n56
Emans, B., 506n85
Emshwiller, J. R., 194n5
Engelhart, Kenneth G., 395
Ensari, N., 439n12
Epel, E., 131n97
Epitropaki, O., 491n29
Epley, Nicholas, 215
Erdogan, B., 446n34n36, 661n100
Erez, A., 134n119, 165n78, 449n47
Ergen, Charlie, 607
Erickson, T., 380n90
Eriksen, H., 163n68
Ernst, C., 567n43
Erwin, D. G., 692n43
Eschleman, K. J., 95n56
Estrada, Cindy, 535
Estrada, E., 330
Everly, B. A., 59n77
Ewing, John, 270, 724

F

Fabrigar, L. R., 83n6
Facchin, S., 495n53
Fairweather, J., 221n127
Fallon, N., 23n50, 93n37
Fan, J., 645n38
Fang, R., 161n49
Fang, Y., 446n32
Farh, C. I. C., 378n79, 599n11
Farh, J., 167n90, 378n79, 601n17
Farh, J.-L., 86n17
Farmer, S. M., 250n63
Farr, J. L., 161n42, 219n112, 220n123, 221n129
Farrell, Chris, 73
Fasel, U., 709n124
Fassina, N. E., 613n82
Fast, N. J., 492n38, 493n42
Faure, C., 344n114
Fay, D., 167n87
Feeney, M. K., 464n149
Fehr, R., 194n2
Feild, H. S., 369n33
Feinberg, M., 401n21

Feinholdt, A., 131n99
Feintzeig, R., 93n38, 311, 401n18
Feldman, D. C., 52n25-27, 53n32, 58n70, 456n90-91
Felps, W., 99n73
Fenley, M., 457n101
Ferguson, J. M., 610n68
Ferrier, W. J., 66n103
Ferrin, D. L., 462n135, 463n139, 545n86
Ferris, D. L., 92n34, 244n22, 245n28, 247n47, 333n50, 485n5
Ferris, G. R., 356n115, 490n23, 495n54, 499n61, 503n69, 545n87, 546n88
Ferris, L. J., 319n2
Ferzandi, L., 377n71
Festinger, Leon, 83n5
Fidas, Deena, 61
Fiedler, Fred, 441n17-18
Field, H. S., 185, 714n153
Fields, G., 196n5
Filatotchev, I., 93n39
Finchilescu, G., 697n57
Fineman, S., 621n112
Finkelstein, L. M., 57n65-66
Finlay, W. M. L., 322n15
Fioretti, Bob, 14
Firth, B. M., 67n107
Fischer, A. H., 123n55
Fischer, R., 713n148
Fish, R. S., 397n4
Fisher, C. D., 127n69
Fiss, P. C., 690n23
Fitzgerald, B., 604n39
Fitzpatrick, Jonathan, 399
Fitzsimmons, S. R., 325n23
Fitzsimons, Declan, 472
Fleeson, W., 158n20
Fleischman, G., 653n76
Fleishman, E. A., 63n89
Fletcher, P. O., 205n41
Flexon, Bob, 600
Fligstein, N., 686n6
Flueckiger, L., 712n145
Flunger, B., 252n68
Flynn, A., 574n69
Flynn, Ed, 319
Flynn, F. J., 166n81, 437n3, 492n37
Foldes, H. J., 135n122
Folger, R., 98n67, 205n40, 214n87, 260n89, 262n102

Foo, M., 8n16, 136n134
Ford, Henry, 559
Ford, Henry II, 615
Ford, J. D., 688n20
Ford, J. K., 468n170, 602n20
Ford, L. W., 688n20
Ford, M. T., 122n41, 244n23, 248n44, 262n96, 709n127
Ford, R. C., 571n55n57
Forgas, J. P., 199n20
Fornaciari, C. J., 623n119
Forni, A. A., 685n2-4
Förster, J., 701n77
Forsyth, D. R., 162n55, 164n71-72
Forte-Trammell, S., 8n17
Foss, N. J., 567n39
Foster, J. L., 438n8
Foti, R. J., 161n38
Fotsch, B., 577n74
Foulkes, N., 488n15
Francesca, G., 130n87-88
Francis, E., 285n22
Frauenheim, E., 645n29, 663
Freedman, Marc, 73
Freeman, E. C., 181
Freeman, Jo, 559
Frei, Brent, 469
Fremeth, A. R., 604n40
French, J., 485n7n9, 486n10
Frese, M., 167n86-87, 255n76, 448n44, 701n76
Freund, P. A., 540n64, 544n81-82
Frey, W. H., 46n4
Freyer, B., 363n12
Frick, R., 207n51
Fried, J., 532n37
Fried, Y., 279n1, 283n15, 714n156
Frieder, R. E., 200n25, 458n105n107n109
Friedman, R., 197n16, 527n21, 532n43, 543n75
Friedman, R. S., 701n77
Friedrich, A., 252n68
Fritsche, I., 332n44
Fritz, C., 708n118, 716n171
Frohlich, T. C., 607n51
Fromen, A., 292n45
Fruin, M., 220n117
Fry, L. W., 456n84, 599n10, 621n114
Fry, R., 698n58

Fu, P. P., 491n31n33, 506n90, 532n42
Fuchs, S., 690n25
Fuerst, A., 503n74
Fugate, M., 688n18, 704n96
Fukami, Cindi, 302
Fulmer, I. S., 3n3, 94n51, 297n80
Furman, P., 300n98

G

Gabelica, C., 247n32
Gabriel, A. S., 125n62, 716n168
Gaddis, B. H., 438n8
Gage, Phineas, 117
Gaillot, M. T., 493n41
Gaines-Ross, Leslie, 408
Gaissmaier, W., 343n101
Gajendran, R. S., 446n35
Galagan, P., 650n64
Galbraith, J. R., 570n54
Gale, S. F., 416
Galenson, David, 53
Galic, Z., 645n37
Galinsky, Adam D., 247n43, 493n42, 523n8, 534n47, 538n55
Gallagher, M. W., 116n18
Gallagher, P., 158n20
Gallupe, R. B., 336n72
Galvin, B. M., 449n55
Galvin, F. M., 459n114
Gamerman, E., 12n24
Gamlem, Cornelia, 73
Ganegoda, D. B., 205n40
Ganster, D. C., 706n112
Ganzach, Y., 64n94
Gao, D., 645n38
Garcia, J. M., 458n108
Garcia-Zamor, J.-C., 623n120
Gard, M. G., 124n54
Gardner, W. L., 242n12, 369n35, 456n86, 466
Garfield, M. J., 322n17
Garman, A. N., 692n43
Garrett, R. P., 303n110
Gartzia, L., 54n40
Garud, R., 489n18, 615n88
Garza, A. S., 86n19, 263n109
Gavin, J. H., 379n83
Gavin, M. B., 369n35
Geard, D., 123n52
Gebauer, Julie, 99

Gebbia, Joe, 436
Gebert, D., 379n86
Geddes, D., 127n74
Gehman, J., 489n18
Gelfand, M., 545n85
Gelfand, M. J., 423n89, 532n41, 609n59
Gengler, A., 81n1
Gensler, L., 576n73
Gentry, W. A., 154n8, 499n63
George, Bill, 410
George, E., 96n59
George, G., 51n17
George, J. M., 134n116, 264n114
Georgellis, Y., 95n57
Gerhart, B., 3n3, 99n74, 259n85, 296n72, 299n90-92, 300n97
Ghosh, S., 576n72
Ghumman, S., 59n74
Giamanco, B., 414n67
Gianaros, P. J., 712n139
Giangreco, A., 690n27
Gibbs, J. L., 281n6
Gibson, C. B., 281n6
Gibson, D. E., 112n1-3
Gielnik, M. M., 218n103
Giese, K., 325n120
Giessner, S. R., 457n99
Gigerenzer, G., 204n38, 370
Giglio, G., 698n60
Gilboa, S., 714n156
Gill, C., 456n87
Gillaspie, D., 385
Gillespie, M. A., 600n15, 607n52
Gillespie, N., 461n127
Gillies, Jenni, 667
Gilman, L., 104
Gilovich, Thomas, 284
Gimore, D. C., 499n63
Giner-Sorolla, R., 114n10
Gino, Francesca, 122n40, 205n41, 214n88, 220n118, 249n55, 301n101, 438n4, 612n77, 662n104
Ginsberg, David, 40
Gittell, J. H., 570n51
Gladwell, Malcolm, 209
Glasman, L. S., 83n4n8
Glass, I., 318
Glatt, Eric, 667
Glavas, A., 4n7
Glibkowski, B. C., 462n138

Glickman, A. S., 323n18
Glomb, T. M., 130n83-84, 131n95-96, 131n98, 527n20
Glusica, Zlatko, 713
Goadsduff, L., 685n2-4
Goddard, M. J., 253n73
Goetzel, R., 719n181
Gogus, C. I., 692n41
Gold, M. A., 201n28-29
Goldberg, Alan, 243
Goldberg, L. R., 156n12
Goldberg, S. G., 56n60
Golden, T. D., 292n45
Golder, S. A., 119n35n37, 120, 121, 154n7
Goldstein, A., 686n6
Goldstein, H. W., 613n81
Goldstein, N. J., 328n35
Goman, Carol Kinsey, 410n60, 429
Gomez, J. C., 387
Goncalo, J. A., 222n138, 332n42, 343n107
Gong, Y., 167n91, 219n113
Gongloff, M., 484n3
Gonzalez, J. A., 55n55
González-Morales, M. G., 703n93
Gonzalez-Moreno, A., 373
Gonzalez-Mule, E., 322n43, 370n40
Gonzalez-Roma, V., 366n22, 378n81
Goodman, M., 643n19
Goodstein, J., 618n105
Goodwin, G. P., 195n9
Goranova, M., 298n84
Gore, W. L., 465
Gorman, J. C., 359n2-3
Górska-Kolodziejczyk, El'zbieta, 620
Gosling, S. D., 156n11
Gottfredson, L. S., 6288
Gouveia, A., 237n2
Gowan, M. A., 162n56
Graeber, D., 570n50
Graen, G. B., 445n26
Graham, Martha, 219
Grand, J. A., 49n12
Grandey, A. A., 124n59, 126n66, 127n69
Granhag, P. A., 422n88
Grant, A., 157n16, 493n40, 669n126
Grant, A. M., 132n104, 166n80, 170n107, 279n1, 283n15, 284n19, 284n20, 285n21, 286n23, 437n3, 450n58

Grasso, A., 574n68
Gratton, Linda, 101, 380n90
Graves, L. M., 2454n26
Grawitch, M. J., 134n113
Gray, B., 532n40
Gray, J. H., 464n152
Gray, K., 642n15
Green, J., 639n4
Green, Logan, 2-3
Green, S. G., 335n65
Greenaway, K. H., 321n8
Greenbaum, R., 25n59, 287n7, 456n94, 458n103, 618n102
Greenberg, J., 258n83-84
Greene, Jeremy, 111
Greene, John, 86
Greenhouse, S., 667n121
Greenstein, F. I., 128n78
Greenwald, J., 22n48
Greenwald, R., 366n21
Greenwald, Tony, 223
Greenwood, R., 582n98
Greer, L., 338n85, 378n76, 438n6, 523n10, 531n35
Gregoire, K., 414n67
Gregory, M. E., 380n88, 651n69
Greguras, G. J., 124n60, 125n62
Griepentrog, B. K., 640n6, 647n50
Grieten, S., 696n54
Griffin, B., 506n84
Griffin, M. A., 707n114, 708n117, 718n178
Griggs, R. A., 329n38
Grijalva, E., 161n41, 163n58n60n62n64
Grodal, S., 406n42
Gross, J. J., 130n90
Grosser, T. J., 250n56, 401n17
Grossman, R. J., 688n15
Grote, G., 378n75
Groth, M., 126n64
Groysberg, B., 335n61n63, 462n136-137
Gruenfeld, D. H., 534n47
Gruley, B., 616n97
Gruys, M. L., 618n105
Guarana, C. L., 449n53
Guardado, Kely, 212
Guay, R. P., 177n126
Gubler, T., 269
Guemo, M., 337n76
Guest, H. S., 238n5, 239n6

Guezelcoban, Serkan, 56
Guilbault, R. L., 209n69
Guillaume, Y. F., 372n48
Gula, B., 370
Gully, S. M., 639n2
Gunia, B. C., 215n89, 538n54
Gunnthorsdottir, A., 338n82n84
Gurchiek, K., 650n63
Gurtner, A., 375n60
Gurven, M., 161n51
Guthrie, J. P., 293n64, 576n71, 577n76
Guttman, H. M., 380n87

H

Habib, J., 703n92
Hackett, R. D., 86n17, 98n70
Hackman, J. R., 279n2, 560n7
Hader, Bill, 586
Häfner, A., 715n160
Haga, W., 445n26
Hagger, M. S., 328n33, 334n56
Haidt, J., 118n27
Haimann, C. R., 305n123
Hakanen, J. J., 713n149
Halbesleben, J. R. B., 506n79, 577n81
Hale, J. M. S., 115n14
Halevy, N., 493n42, 523n8
Halperin, E., 130n90n92
Halzack, S., 299n94
Ham, J., 504n78
Hambrick, D. C., 163n69, 331n41, 611n72
Hamel, G., 610n71
Hamilton, D. L., 197n17
Hamilton, K., 377n71
Hammer, L. B., 650n62
Hammond, Larry, 619
Hammond, M. M., 161n42, 201n111–112, 220n122, 221n129
Hampson, S. E., 156n12
Han, J., 663n106
Han, J. H., 297n79, 302n108, 303n117
Han, T., 302n107
Han, Y., 566n36
Hancocks, P., 483
Handfield, R., 577n78
Hangsheng, L., 719n185
Hannah, S. T., 456n84n89
Hargis, M. B., 456n92, 669n130
Hargrove, D. F., 704n100

Hargrove, M. B., 704n100, 719n183
Harms, P. D., 162n53, 163n58n64, 439n10
Harold, C. M., 173n114, 640n6, 647n50
Harper, S., 51n17
Harper, Z., 218n108
Harrington, A., 699n66
Harrington, B., 668n125
Harris, J. N., 545n87
Harris, K. J., 492n36, 502n71-73, 506n86
Harris, T. B., 222n136, 623, 647n51, 648n58
Harrison, D. A., 67n106n108-109, 84n9, 87n22, 94n50, 263n113, 364n16, 368n27, 379n83
Hart, T., 425n91
Hartel, C. E. J., 127n71
Harter, J. K., 620n109n111
Hartke, D. D., 443n19
Hartmann, K., 365n20
Hartnell, C. A., 598n3, 599n5, 601n17
Hartog, D. N., 162n57
Hartwig, Maria, 215
Harvey, J., 93n42
Harvey, J.-F., 569n49
Harvey, P., 195n10
Haslam, S. A., 327n31
Hasler, B. P., 119n32
Hassan, H., 444n23
Hassard, J., 584n107
Hassard, J. S., 330n40
Hastings, Reed, 453
Hastings, S. E., 378n77
Hatton, Les, 324
Hauenstein, M. A., 161n38
Hauserman, N., 494n49
Hausknecht, J. P., 98n71, 645n31
Hawking, Stephen, 219
Hawver, T. H., 439n9
Haynes, Berneta, 70
Hayward, R., 604n38
He, W., 221n135
Healey, A., 56n63
Heaphy, E., 24n55
Hebl, M., 54n39, 55n57, 58n69, 647n52
Hechanova-Alampay, R., 584n102
Hedges, Kristi, 410
Heimpel, S. A., 129n82
Hekman, D. R., 99n73, 456n83
Helfat, C. E., 565n32

Helft, M., 688n13
Heller, M., 666n119
Hempel, P., 566n36
Henderson, J. E., 546n93
Heng, X., 546n90
Henle, C. A., 458n104
Henn, S., 575
Hennebry, K. A., 210n77
Herath, D., 573n67
Herker, D., 567n41
Hermida, R., 169n104-105
Hernandez, A., 366n22, 378n81
Hernandez, M., 446n37
Herper, M., 606n48
Hershcovis, M. S., 332n47
Hershey, J. C., 463n140
Hertel, G., 379n84
Hertlein, Jim, 724
Hertwig, R., 208n55
Herzberg, Frederick, 239-241, 283
Hewlin, P. F., 335n60, 481n82
Heywood, J. S., 298n87
Hezlett, S. A., 463n143
Hideg, I., 540n67
Hiemstra, A. M. F., 642n13
Higgins, A., 124n56
Higgins, C. A., 701n83
Higgins, E. T., 248n45, 491n30
Higgins, M., 532n41
Highhouse, S., 89n24, 508n92, 695n52
Hildenbrand, K., 454n74
Hildreth, J. D., 530n32
Hilfer, Alan, 84
Hilfiger, Tommy, 486
Hill, L., 641n12
Hill, N. S., 704n95
Hill, Vernon, 246
Hiller, N. J., 98n71
Hindle, T., 559n4
Hinds, P., 563n19
Hinds, P. J., 446n34
Hinings, C. R., 582n98
Hinshaw, A., 546n89
Hirschfeld, R. R., 369n33
Hirst, E. J., 23n51, 644n27
Hirst, G., 221n134, 376n65, 401n20
Hitlin, P., 561n9
Hmieleski, K. M., 207n50
Ho, S. S., 262n98
Hoch, J. E., 364n14

Hochman, G., 301n102
Hochwarter, W. A., 490n23, 496n56, 502n67, 503n69
Hoegl, M., 215n91
Hoever, I. J., 221n132
Hofer, J., 243n19
Hoffman, B. J., 94n48, 173n118
Hoffman, D. A., 599n7
Hoffmann, James, 80
Hofmann, D. A., 438n4, 602n22, 715n158
Hofmans, J., 82n3
Hofstede, Geert, 177-178
Hogan, J., 438n7
Hoge, W., 29n62
Holladay, C. L., 68n110
Holland, John, 175n119
Holland, K., 100n76
Hollenbeck, J. R., 67n104, 210n72, 247n38, 365n17-18, 369n34, 380n91, 468n171, 565n33, 571n53
Hollings, J., 213n85
Hollis, A., 64n93
Holman, D., 116n16
Holtz, B. C., 173n114, 640n6, 647n50
Homan, A. C., 67n104, 261n93, 375n61, 525n17
Homburg, C., 503n74
Hon, A. H. Y., 222n137, 691n30
Hong, Y., 532n43
Hoobler, J. M., 54n46
Hooker, Jamie, 596-597
Hoover, Ryan, 377
Hoppenot, Y., 574n68
Hopson, M. C., 425n91
Horner, M. T., 666n101
Horvath, Julie Ann, 558-559
Hotz, R. L., 113
Hou, L., 340n93
Hou, W., 298n84
House, R. J., 178n129, 443n22, 447n41, 454n75
House, Robert, 443, 447
Housenbold, Jeffery, 310
Houston, Derrick, 520-521
Howard, D. J., 503n76
Howard, Joy, 630
Howard, Olga, 73
Howard-Greenville, J., 604n37
Howell, A., 602n23

Howell, J. M., 701n83
Ho-Ying Fu, J., 459n120
Hsieh, J. J. P.-A., 221n135
Hsieh, T., 599n11
Hsiung, H.-H., 93n42
Hu, J., 367n25, 446n39, 459n118, 665n115
Hu, W., 221n128
Huang, G., 293n56
Huang, L., 215n89, 456n93, 618n104
Huang, S.-H., 283n14
Huang, X., 221n135
Huang, Y., 328n32, 339n87, 567n40
Huang, Y.-M., 136
Huber, G. P., 559n2, 564n27,565n29, 565n34,568n44n48, 572n60-62, 581n96
Hüffmeier, J., 540n64, 544n81-82
Hugg, J., 13n28
Hughes, A. M., 380n88, 651n69
Hülsheger, U. R., 126n65, 131n99, 705n75n78, 715n163
Humberd, B., 668n125
Humphrey, R. H., 91n32, 132n103, 439n9
Humphrey, S., 363n11
Humphrey, S. E., 3n4, 67n104, 91n30, 210n72, 281n3, 368n31, 369n34, 370n37, 371n41, 380n91, 437n2, 506n88, , 571n53
Hung, J., 711n137
Huning, T. M., 715n161
Hunter, E. M., 292n44
Hunter, J., 645n33
Hur, Y., 127n77
Hurst, A., 93n40
Hurst, C., 158n21, 184, 459n110, 539n58
Husock, H., 644n28
Hussain, I., 661n98
Huston, T., 210n76
Hutchens, S. A., 236n30
Huy, Q. N., 688n21, 690n26n28
Hyatt, D. E., 367n24, 374n54
Hymowitz, C., 639n4

I

Iaconi, G. D., 333
Ifshin, Chloe, 429
Ilgen, D. R., 365n17, 377n74, 565n33
Ilie, A., 129

Ilies, R., 94n51, 97n63, 134n121, 136n132-133, 138n140, 439n13, 340n15, 494n49, 540n60, 708n115, 712n146
Iliescu, D., 129
Ion, A., 129
Ireland, R. D., 580n93
Irvin, Michael, 428
Isaacson, W., 14n36
Isen, A. M., 122n43, 133n107, 134n119, 527n24-25
Isidore, C., 296n70
Isnardi, Christina, 675
Ispas, D., 129
Ito, T. A., 116n15
Iwata, Satoru, 204

J

Jackson, C. L., 251n65-66, 262n103, 374n55, 375n57, 705n103
Jackson, Hakan, 47
Jackson, T. A., 179n130
Jacobs, G., 577n80, 671n134, 691n33
Jacquart, P., 447n42, 448n45, 449nn48
Jaffe, E., 23n49, 117n21
Jaklic, M., 701n86
James, LeBron, 370,
James, L. R., 156n13
Jamieson, S. D., 131n101
Janardhanan, N. S., 378n76
Janis, I. L., 342n103
Janiszewski, C., 207n53
Jansen, K. J., 615n90
Janssen, O., 688n19
Janssen, Ryan, 103
Jaramillo, J. F., 618n101
Jargon, J., 577n75
Javidan, M., 178n129, 440n16
Jay, J., 699n64
Jay-Z, 486
Jefferson, Brad, 469
Jehn, K. A., 310, 341n97, 438n5-6, 523n10, , 524n13, 552
Jensen, J. M., 64n95, 258n82
Jentzsch, I., 387
Jermier, J. M., 465n161, 599n10
Jerneic, Z., 645n37
Jetten, J., 319n2, 336n69
Jhun, S., 397n5
Jia, L., 376n69, 701n81
Jiang, K., 99n75, 665n115

Jiang, Ping, 484
Jin, J., 127n75
Jinseok, S., 524n15
Jobs, Steven P., 39, 219, 589
John, Daymond, 52
John, O. P., 156n11
Johnson, A., 126n64
Johnson, A. B., 401n16
Johnson, B., 472
Johnson, D. E., 449n47
Johnson, E. C., 177n125, 601n18
Johnson, J. L., 604n41
Johnson, Lyndon B., 69
Johnson, M. D., 89, 380n91
Johnson, P. D., 603n27
Johnson, R. C., 161n46
Johnson, R. E., 92n34, 248n46-47, 255n76, 458n102, 499n62, 669, 708n120
Johnson, T. D., 57n67
Jokisaari, M., 713n149
Joly, Hubert, 248
Jonas, K., 452n62
Jonason, P. K., 162n54, 164n74
Jondle, D., 618n100
Jones, C., 615n94
Jones, Carl, 396
Jones, J. R., 242n13
Jones, K. S., 83n7, 131n93
Jones, L. M., 599n7
Jooa, J. L., 130n87-88
Jordan, M. H., 369n33
Jose, I. J., 170n106
Josefy, M., 580n93
Joseph, D. L., 127n73n75, 161n41, 380n88, 645n35, 651n69
Jose Saez-Martinez, F., 373
Joshi, A., 54n44, 57n67, 371n43-44
Joshi, M., 321n12
Judge, T. A., 96n46, 97n63, 122n48, 134n121, 136n132-133, 154n5, 158n21, 161n40, 165n77, 165n78, 172n110, 184, 238n4, 251n65-66, 439n13, 340n14, 450n57, 454n77-78, 539n58, 691n39, 711n133
Juillerat, T., 279n1, 283n15
Jung, E. J., 522n7
Junqi, S., 167n92
Jussila, I., 281n5
Juster, R.-P., 712n142

K

Kacmar, K. M., 459n19, 492n36, 502n71-73, 506n86
Kagitçibasi, C. E., 333n55
Kahn, R. L., 325n24, 326n25
Kahneman, Daniel, 72
Kaiser, R. B., 438n7
Kalanick, Travis, 436
Kalish, Y., 716n170
Kalkhoff, W., 334n57
Kalou, Z., 617n99
Kamdar, D., 172n109, 438n5
Kammer, J. E., 343n101
Kammeyer-Mueller, J. D., 125n63, 614n85, 711n133
Kandola, Binna, 102
Kane, J. S., 201n30
Kane, K., 168n94
Kanfer, R., 168n98, 255n76
Kang, S. K., 642n14
Kansara, S., 94n52
Kanthak, J., 365n20
Kantrowitz, T. M., 168n98
Kaplan, Ron, 469
Kaplan, S. N., 138n139, 159n29
Kappas, Arvid, 113
Kappel, B., 218n103
Kaptein, M., 603n28-29
Karabell, Z., 11n21
Karakowsky, L., 252n69
Karau, S. J., 337n77n79n80
Karlgaard, Rich, 14n34, 359n1, 373n50-52, 379
Karmin, C., 20n39
Karpen, I. O., 21n47
Kase, R., 489n21
Kashy, D. A., 422n87
Kasuku, J., 410
Katerberg, R., 321n10
Kato, M., 320n5
Katsamanis, A., 410n61
Kauflin, J., 3n2
Kaufman, Lindsey, 586
Kaufman, Micha, 588
Kay, A. C., 202
Kazmer, M. M., 323n19
Kearney, E., 379n86
Keating, Caroline, 52
Keegan, A., 691n33
Kehoe, R. R., 665n113
Keith, N., 701n76
Kelkar, A., 584n103
Keller, K., 609n59
Kellermanns, F. W., 502n66
Kelley, H. H., 196n12-13, 196n14
Kelley, K., 459n110
Kelln, B. R. C., 262n100
Kelloway, E. K., 712n141
Kelly, J., 304n18-19
Kendrick, K. M., 328n32
Kennedy, B., 302
Kennedy, J. C., 663n108
Kenny, E. J., 49n11
Kenrick, D. T., 124n58
Kepes, S., 321n12, 664n111
Kerin, R. A., 503n76
Kern, M. C., 205n39
Kerr, N. L., 336n74, 345n113
Kerr, S., 465n161
Kerr, Steven, 268
Kessler, A., 403n26
Kessler, S. R., 144
Khan, A. K., 137n138
Khazanchi, S., 700n73
Kiefer, T., 541
Kierein, N. M., 201n28-29
Kiesler, S., 563n19
Kiewitz, C., 137n137, 502n67, 503n69
Kilduff, G. J., 537n53, 540n66
Kilduff, M., 166n84, 464n16
Killeen, M. B., 56n60
Kim, E., 130n83-84
Kim, J., 702n90
Kim, K., 67n107, 177n126
Kim, K. H., 219n109
Kim, P. H., 462n135, 463n139
Kim, S., 297n79, 715n167
Kim, T., 221n113, 372n46
Kim, U. E., 333n55
Kim, Y., 172n109, 654n85
King, E. B., 54n39, 59n73
King, L., 117n22, 134n112n114
King, Martin Luther, 69
King, Z., 489n21
Kinicki, A., 598n3, 627
Kinicki, A. J., 601n17, 688n18, 704n96
Kirk, A. K., 242n14
Kirk-Brown, A., 602n23
Kirkendol, S. E., 422n87
Kirkman, B. L., 67n107, 178n128, 453n69
Kisamore, J. L., 154n6
Kish-Gephart, J. J., 97n61
Kitagawa, Hidekazu, 542
Kitsantonis, N., 20n45
Klebanov, M. M., 160, 159n29
Klein, H. J., 247n38, 717n174-175
Klein, K. J., 56n61, 339n88
Klein, K. W., 708n116
Klein, N., 215n92-95
Kleingeld, A., 247n33n39
Kleinmann, M., 646n44
Klotz, A. C., 362n8, 370n39, 378n78, 523n12n14
Kluemper, D. H., 129n81, 154n9, 161n48
Knebl, Chuck, 30
Knetzger, Ted, 684
Knight, A. P., 339n88
Koch, A. J., 54n38
Koch, Charles, 672
Koenig, A. M., 465n159
Koh, C., 663n108
Koh, Y., 13n26
Kohles, J. C., 464n153n155
Kolbe, M., 378n75
Kolokinsky, R. W., 495n54
Kong, D. T., 545n86
König, C. J., 645n36
Konnikova, Maria, 629
Konrad, A. M., 664n110
Konradt, U., 379n84
Koo, R. C., 304n120
Kooij-de Bode, H. J. M., 133n111
Koole, S. L., 129n80, 130n85
Korn, M., 20n43, 409n55
Korsgaard, A. M., 281n4
Korsgaard, M. A., 352
Korytkowski, Elizabeth Wright, 278
Kostova, T., 326n28
Kotkin, J., 292n43
Kotrba, L. M., 600n15
Kotter, John, 693n48
Kotter, J. P., 605n44
Kovacic, M. P., 645n37
Kovalenko, Maria, 487
Kovjanic, S., 452n62
Kowalski, K. B., 652n75
Kozlowski, S. W. J., 364n14, 377n74
Kraatz, M. S., 688n21, 690n28
Kraiger, K., 51n24, 654n80-81
Kram, K. E., 463n141

Kramar, R., 494n46-47
Kramer, A.-C., 218n103
Kranz, G., 612n75
Krause, N., 295n69
Kraut, A. I., 5n11
Kraut, R. E., 397n4
Kray, Laura, 540n66, 545n83
Krettenauer, T., 114n12
Kring, A. M., 124n54
Krings, F., 495n53
Kriska, S. D., 506n81
Kristiansen, M. B., 249n53
Kristof-Brown, A. E., 453n66
Kristof-Brown, A. L., 177n125, 601n18
Krizan, Z., 54n33, 195n7, 344n111
Kruglanski, A. W., 491n30
Krumm, S., 365n20
Kruse, K., 414n66
Kuban, S., 580n93
Kubicek, B., 706n107
Kudisch, J. D., 486n11
Kuenzi, M., 25n59, 602n24, 618n102
Kühberger, A., 209n64
Kulik, C. T., 49n9, 51n17, 252n72, 262n101, 543n79
Kumar, N., 561n13
Kundu, P., 328n36, 329n37
Kupfer Schneider, A., 546n89
Kuvaas, B., 655n87
Kwan, H. K., 219n15
Kwoh, L., 66n101, 409n55, 643n20, 653n77
Kwon, K. J., 483
Kwong, J. Y. Y., 208n58, 660n96

L

Labedo, O. J., 503n70
Labianca, G., 401n17
Labroo, A. A., 527n24-25
Lacy, P., 604n38
Laham, S. M., 199n20
Lahneman, B., 604n37
Lam, S. S. K., 454n73, 456n95, 460n124
Lam, W., 446n30
Lambert, L. S., 601n17
Lamborghini, Ferruccio, 488
Lambrechts, F., 696n54
Lanaj, K., 248n46, 365n17, 565n33, 669
Landells, E., 484n4
Landis, B., 161n49

Lang, J. W. B., 126n65, 131n99, 691n40, 715n163
Lange, D., 459n114
Lange, T., 95n57
Langer, E., 141
Langfred, C. W., 362n7
Laninge, Niklas, 218
Lanivich, S. E., 643n21
Lant, T. K., 615n88
Lanzara, G. F., 608n54
Lapierre, L. M., 292n49, 669n129
LaReau, J., 289n36
Larkin, I., 269
Larraza-Kintana, M., 302n106
Larrick, R. P., 207n49, 538n56
Larsen, R. J., 118n31
Laschinger, H. K. S., 652n72
Lasio, D., 60n81, 60n86
Latham, Gary, 245n28, 246n29, 267
Laursen, K., 567n39
Lavoie, A., 500
Lawson, Lance, 535-536
Leary, K., 542n74
LeBoeuf, R. A., 203n32
LeBreton, J. M., 332n46, 438n7
Lechner, C., 502n66
Lee, C., 293n56, 378n79, 599n11
Lee, F. K., 168n95
Lee, J., 221n113, 247n34, 372n46
Lee, J. J., 122n40
Lee, K., 137n136
Lee, L., 286n24
Lee, S., 300n99, 522n7
Lee, T. H., 99n74
Lee, Y., 175n120
Lee, Y.-T., 94n49
Lee Myung-bak, 482
Lehman, Jake, 72
Lehmann-Willenbrock, N., 403n30
Lei, L., 534n48
Leiponen, A., 565n32
Leising, D., 153n1
Leiter, M. P., 652n72
Lelieveld, G., 540n65, 541n70
Lemmon, G., 54n46
Lemoine, G. L., 94n52
Lens, W., 220n119
Lentz, E., 464n147
Lentz, Tim, 72
Leonard, A. S., 321n10

Leonardelli, G. J., 199n24, 465n157-158
Leonardi, P., 397n7
Leong, J. L. T., 506n90
Leonhardt, D., 351
Lepak, D. P., 665n114-115
LePine, J. A., 86n18, 93n42, 261n97, 263n108, 264n110-111, 374n55, 375n57, 381n93, 460n125, 461n128-129, 705n103, 706n105, 710n129
LePine, M. A., 705n103, 706n104
Lepisto, L. R., 89n25
Leroy, H., 456n85-86
Lescornez, Philippe, 620
Leslie, L. M., 609n59
Lester, S. W., 343
Leung, A., 176n122
Leung, K., 262n98
Levashina, J., 506n82
Leventhal, G. S., 259n87
Levine, Julie, 289
Levine, S., 118n31, 433
Levine, T. R., 421n86
Levitt, S. D., 216n100
Levitt, Steven, 36
Levitz, J., 50
Levy, F., 561n11
Levy, P., 60n85
Levy, P. E., 662n102
Lewicki, R., 533n46
Lewin, K., 693n46
Lewis, G. J., 322n13
Lewis, Michael, 270
Lewis, M. W., 699n62
Lhoest, Louis, 630
Li, A., 159n26, 459n112
Li, A. N., 446n38
Li, N., 222n136, 453n69, 623
Li, W.-D., 167n87
Li, Y., 532n42
Lian, H., 98n66, 485n5
Liang, C., 305n129
Liang, J., 86n17
Liang, S.-G., 132n102, 135n123
Liao, C., 459n115
Liao, H., 221n130, 446n38, 527n20
Lichtenstein, D. R., 95n53
Lickel, B., 321n9
Liden, R. C., 446n34n39, 459n115n118
Lidogoster, H., 532n39
Lieb, R., 712n145

Lieberman, Charles, 142
Liechti, S., 457n101
Lienhardt, N., 648n57
Liersch, M. J., 206n48
Lievens, F., 400n15, 646n45-47
Li Hongfei, 200
Lim, S., 332n49
Lin, H.-M., 133n110
Lin, L.-H., 609n63
Lin, M., 507
Lin, S., 339n87
Lin, S.-H., 458n102
Lin, Z., 304n18-19
Lindsell, C. J., 54n34
Ling, Y., 453n70
Linski, C. M., 293n62
Lipman, J., 404n33
Lipponen, J., 493n43
Lips-Miersma, M., 623n119
Liptak, A., 59n75
Litwiller, B., 712n143
Liu, C., 711n136
Liu, D., 99n75, 221n130, 446n37
Liu, H., 134n120
Liu, L. A., 543n75
Liu, M., 543n77
Liu, W., 197n16, 532n43
Liu, X., 446n35
Liu, Y., 499n62, 506n88, 567n40
Livingston, B. A., 184, 539n58
Llorens, S., 250n60
Lloyd, G. C., 241n9
Locander, W. B., 618n101
Locke, C. C., 545n83
Locke, Edwin, 246n29-30, 267, 693n47
Lockwood, A., 464n148
Lockwood, N. R., 86n20
Lodwick, Terri, 279
Loewenstein, G., 135n128
Logel, C., 49n10
Lohr, S., 13n32
Lohse, O., 153n1
Loi, R., 221n130
Lok, P., 599n9
Long, D. M., 125n63
Long, L., 297n78
Long, R. J., 305n127
Lootens, H., 167n93, 168n97
Lopez, P. N., 439n11
Lopez, S. J., 116n18

Lopez-Kidwell, V., 250n56, 401n17
Lorinkova, N. M., 292n44
Lorsch, Jay, 301
Lount, R. B. Jr., 336n75, 338n83
Lount, R. J., 367n26
Lovewell, D., 304n122
Lovewell-Tuck, Debbie, 104
Lowe, C., 577n79
Lowe, K. B., 466
Lowrey, A., 20n41
Loyd, D. L., 340n91
Lubatkin, M. H., 453n70
Lublin, J. S., 397n9
Luciano, M. M., 365n19
Ludwig, S., 206n47
Luk, D. M., 67n106n109
Luke, Jacob, 302
Lukits, A., 213n84
Lumineau, F., 546n93
Luna-Arocas, R., 664n109
Luo, Y., 567n40
Luria, G., 11, 716n170
Luthans, Fred, 7, 7n15, 24n54, 305n130, 455n82
Lyons, B. J., 644n26
Lytle, T., 415n68
Lyubomirsky, S., 117n22, 134n112n114

M

Ma, J., 458n102
Ma, Pony, 301
Macey, W. H., 87n21, 598n4, 602n19
Maquiavel, Nicolau, 162
MacKenzie, S. B., 94n47
Mackey, J. D., 458n105n107n109
Macy, M. W., 119n35, 120, 121, 154n7
Maddux, W. W., 113n8
Madera, J. M., 647n52
Madhani, Amreen, 278
Madison, K., 195n10
Madjar, N., 134n115
Maeriac, J. P., 94n48
Maertz, C. P., 222n139, 669n128
Magee, J. C., 534n47
Magley, V. J., 332n49
Mahon, Lisa, 318
Mai, K. M., 325n21
Maio, G. R., 172n111
Majchrzak, A., 364n15
Malhotra, A., 364n15

Malik, S. H., 444n23
Mallory, G. R., 339n13
Maloney, M. M., 446n36
Maltby, E., 645n30
Mandela, Nelson, 93
Manegold, J. G., 47n7
Maner, J. K., 493n41
Mannix, E., 340n94
Mannix, E. A., 378n80, 492n38
Mannor, M. J., 371n41
Manson, T. M., 154n6
Manstead, A. S. R., 135n125, 546n92
Manwell, L. A., 129n82
Marcario, Rose, 620
Marchionne, Sergio, 702
Marcelo, Sheila, 176
March, J. G., 203n34
Marchand, A., 712n142
Marcus, A. A., 604n40
Margerison, C., 371n42
Margolis, J. D., 494n44
Marinova, S. V., 438n5
Mark, M. M., 420n77
Markham, S. E., 305n128
Marques, C., 219n114
Marr, J. C., 649n60
Marshall, T. R., 669n131
Martens, M. L., 31n66
Martin, Al, 508
Martin, J., 599n8
Martin, Jill, 472
Martin, R., 491n29
Martinko, M., 137n137, 195n10
Martocchio, J. J., 292n54
Marvin Ellison, 466
Maslach, C., 343n107
Maslow, Abraham, 238n4
Massenkoff, M., 161n51
Masson, T., 332n44
Masuda, T., 113n8
Mathe, K., 603n27
Mather, M., 123n53
Matheson, C., 5n12-13
Mathieu, J., 361n4, 383
Mathieu, J. E., 365n19, 375n58
Matousek, A., 333
Matsuura, M., 320n5
Matta, F. K., 540n59
Matthews, R. A., 122n41, 709n127
Mattila, A. S., 32n67

Mattke, S., 719n185
Maurer, R., 67n105
Mauss, I. B., 131n91
Mawritz, M., 452n63, 458n103
Maxfield, M., 449n50
Maxham J. G. III, 95n53
Mayer, D. M., 25n59, 176n124, 456n94, 459n117, 618n102
Mayer, Marissa, 290, 291
Mayer, R. C., 460n123
Mayer, S. E., 210n79
Maynard, D. C., 163n59n63
Maynard, M. T., 361n4
Maynes, T. D., 403n32
Mayo, M., 449n51
Mazei, J., 544n81-82
Mazerolle, M. D., 156n13
Mazzola, J. J., 712n140
McAfee, George, 647
McBey, K., 252n69
McCall, Ginger, 142
McCance, A. S., 83n7, 131n93
McCann, D., 371n42
McCann, L., 584n107
McCarthy, D., 303n111
McCarthy, D. J., 624n124
McCaul, K. D., 118n26
McClelland, David, 241n11, 511
McCord, M. A., 159n28, 161n41
McCormick, B. W., 322n43, 370n40
McDaniel, Jonathan, 100
McDermott, Bill, 455
McDonald, Ian, 596
McDonald, Robert, 248
McDonnell, S. R., 663
McEvoy, G. M., 284n17
McFarland, L. A., 506n81, 646n42
McGinley, Frances, 472
McGinnis, E., 210n79
McGrane, V., 20n40
McIlroy, Rory, 370
McIntyre, D. A., 295n68
McKay, P. F., 55n52, 55n56, 99n75
McKee, G. H., 305n128
McKenna, D. D., 5n11
McKenzie, C. R. M., 206n48
McLarty, B. D., 154n9, 161n48
McLean, B., 511
McLellan, Jamie, 226
McMillon, Doug, 724

McNamara, G., 208n59
McNeill, I. M., 245n27
Mecevic, Mefit "Mike", 617
Mechlinksi, Joe, 93
Meglino, B. M., 281n4
Mehl, M. S., 119n32
Mehra, A., 321n10
Meier, L. L., 709n124-125, 713n150
Meinert, D., 4n8, 5n9-10, 25n60, 122n46, 163n66, 703n93
Melchers, K. G., 646n44, 648n57
Meloy, M. G., 203n36
Melwani, S., 222n138
Menegatti, M., 420n79
Mennecke, B. E., 336n73
Menon, T., 459n120
Menzel, A. J., 493n41
Mercer, M., 582
Mercurio, Z. A., 85n13
Merkulova, N., 646n44
Mertins, V., 298n88
Merz, A.-S., 645n36
Mesco, M., 579n92
Meserve, R. J., 215n90
Mesmer-Magnus, J. R., 377n73, 529n30
Mesquita, B., 328n34
Metallinou, A., 410n61
Meyer, A. H., 712n145
Meyer, C. J., 368n31, 369n37,
Meyer, J. P., 179n130
Meyer, R. D., 169n104-105, 170n106
Meyerson, D. E., 406n42
Miao, C., 91n32
Michalcova, S., 698n60
Michel, A., 703n93
Michel, J. S., 669n130
Miggo, Steve, 620
Mihelich, M., 620n110
Miles, E., 130n89
Milkman, K. L., 715n158
Milkovich, G. T., 296n72
Millan, Yaima, 91
Millar, E., 218n107
Miller, B. K., 258n81
Miller, E. L., 342n104
Miller, George, 373
Miller, J. G., 561n8
Miller, S., 294n74,75
Miller, T. L., 4n6
Milliken, F. J., 421n80n82

Milliman, J. F., 610n68
Minbaeva, D., 489n21
Miner, J. B., 9n18
Miners, C. T. H., 439n11
Minton-Eversole, T., 650n63
Mintz, David, 53
Mintzberg, Henry, 5
Miquelon, P., 717n173
Mirabito, A. M., 719n184
Miranda, Steven, 724
Mirza, B., 704n98
Misangyi, V. F., 449n47
Mishra, A. K., 577n82
Mistler, S. A., 322n14
Mitchell, A. A., 465n159
Mitchell, J. A., 618n100
Mitchell, M. S., 262n102
Mitchell, T. R., 99n73, 239n7
Mithel, M., 23n53
Miyamoto, Y., 507n91
Moag, J. F., 261n90
Mobley, W. H., 438n6
Moffitt, K. R., 209n66
Mogilner, C., 249n55
Mohammed, S., 373n47, 377n71, 603n32
Mohan, P., 686n9
Mohanty, S. N., 133n109
Molleman, E., 506n85
Moloney, L., 574n69
Mondejar, R., 404n34
Monga, V., 13n25
Monin, P., 625n125
Montag, T., 222n139
Montes, C., 527n26
Montes, Isabel, 80
Moon, H., 210n72, 369n34, 438n5, 571n53
Moore, C., 203n35, 398n10, 483n2
Moore, D. A., 198, 533n44
Moore, H., 669n131
Moore, S. E., 420n77
Morag, I., 11
Morgan, B. B., 323n18
Morgan, J., 564n26
Morgenson, G., 208n56
Morgeson, F. P., 3n4, 91n30, 281n3, 371n41
Mori, Ikuo, 542
Moriyasu, Isao, 204

Morozov, E., 12n22, 14n37
Morris, J., 584n107
Morris, M. A., 55n56
Morris, M. W., 449n49, 540n61
Morrison, E. W., 421n82-83
Morrison, R., 98n66
Mortinussen, M., 711n135
Morton, L. C., 124n56
Mosakowski, E., 701n84
Moscoso, S., 645n34
Moses, Jarrod, 615
Moskowitz, J. T., 131n97
Mount, M. K., 154n5, 159n25, 161n44, 645n39, 657n93
Mozur, P., 409n50, 409n56-57
Mueller, J. S., 222n138
Mueller, P. A., 406n39
Mulki, J. P., 618n101
Mullainathan, S., 55n54
Mullens, A. B., 118n26
Mumford, M. D., 64n96
Munsch, C. L., 289n34
Munson, Michelle, 469
Munyon, T. P., 492n34
Munz, D. C., 121n86, 134n113
Murnane, R. J., 561n11
Murnieks, C. Y., 701n84
Muros, J. P., 135n122
Murphy, M. C., 49n13, 195n8
Murray, A., 568n45
Musch, J., 210n73
Mutch, A., 580n95
Mycoskie, Blake, 165
Myer, A. T., 603n32
Myers, B., 133n108

N

Nadella, Satya, 467
Nafziger, J., 206n47
Nagarajan, N. J., 464n154
Nagengast, B., 252n68
Nahrgang, J. D., 3n4, 91n30, 161n39, 281n3, 437n2, 451n60-61, 454n79, 468n171
Naik, G., 20n46
Nakajima, C., 93n39
Nandkeolyar, A. K., 159n26, 459n112
Naquin, C. E., 381n92
Narayanan, S., 410n61
Nash, John Forbes, 219

Nauman, S., 449n53
Navarro, Juan, 183
Neale, M. A., 320n4, 340n94
Neeley, T., 397n7
Neff, N. L., 161n42, 219n112, 220n123, 221n129
Nelissen, P. T. J. H., 57n64
Nelson, D. L., 619n106, 719n183
Nelson, P. E., 421n83
Nerstad, C. G. L., 220n122
Nesterkin, D. A., 691n34
Netemeyer, R. G., 95n53
Neuberg, S. L., 124n58, 322n14
Neubert, M. J., 459n119
Newman, D. A., 84n9, 87n22, 127n73n75, 163n62, 264n113, 645n35
Newman, G. E., 93n43-45
Newman, J. M., 296n72
Ng, K.-Y., 663n108
456n90-91
Nguyen, H., 126n64
Ni, N., 578n85n87
Nicas, J., 624n123
Nichols, E., 398n11
Nicklin, J. M., 244n23, 248n44
Niederhoffer, K., 401n16
Nieminen, L. R. G., 607n52
Nifadkar, S. S., 523n9
Nijstad, B. A., 134n117, 219n110
Nils, F., 131n94
Ning, Li, 66
Nisbett, R. E., 62n87
Nishi, L. H., 165n79
Nishii, L. H., 532n41, 665n114
Nittrouer, C. L., 58n69
Niu, Q., 715n167
Niu, X., 293n56
Nixon, A. E., 712n140
Nixon, D. R., 221n131
Nocera, J., 257n77
Nohe, C., 709n125
Noorderhavin, N., 625n125
Norton, J., 295n69
Norton, S., 419n74
Nosek, Brian, 223
Nunez, N., 133n108
Nunner-Winkler, G., 114n12
Nyberg, A. J., 97n60, 640n9
Nye, C. D., 83n7, 131n93

O

Oaks, Nathaniel T., 483
Obama, Barack, 448, 501
O'Boyle, E. H., 127n75, 162n55, 164n71-72
O'Brian, Ken, 267
O'Brien, K. E., 91n33
O'Brien, K. R., 58n69
Oc, B., 398n10, 483n2
O'Connor, K. M., 135n127
O'Day, B., 56n60
Odean, Terrance, 207
Odle-Dusseau, H. N., 650n62
O'Driscoll, M. P., 704n99
Ogunfowora, B., 457n98
Oh, H., 166n84
Oh, I., 645n39
Oh, I.-S., 159n27, 161n37, 177n126
Ohlott, P. J., 245n26
Ohly, S., 126n68, 706n107
O'Keefe, P. A., 97n62
Oldham, G. R., 134n115, 279n2, 560n7
O'Leary-Kelly, A. M., 333n52
Olekalns, M., 542n71, 543n79
Oliver, Vicky, 514
Olson, J. M., 172n111
O'Neill, H., 643n24
O'Neill, T. A., 368n36, 378n77
Ong, M., 247n42
Oppenheimer, D. M., 406n39
Oppenheimer, M., 623n117
Ordóñez, L. D., 247n43
O'Reagan, Kelly, 310
Oreg, S., 606n49, 690n29, 691n31n37
O'Regan, E., 671n132
O'Reilly, C. A., 597n2, 600n14
O'Reilly, J., 708n122
Orth, U., 164n76
Örtqvist, D., 712n147
Osawa, J., 409n50, 409n56-57
Osburn, H. G., 293n61
Osorio, Guisell, 44
Osterloh, Bernd, 297
Ostroff, C., 602n21
Ou, A. Y., 598n3,
Ouratulain, S., 137n138
Overholt, A., 66n100
Ovide, S., 405n38
Owens, B. P., 456n83

P

Paauwe, J., 665n118
Pachur, T., 208n55
Paetzold, R. L., 56n62
Page, Larry, 269
Pager, Devah, 672
Paine, J. B., 94n47
Pajo, K., 286n24
Pan, C., 421n81
Pan, Y.-C., 283n14
Panaccio, A., 614n86
Paramore, Hannah, 469
Parboteeah, K. P., 215n91
Park, G., 343n105
Park, H., 8n17
Park, J. K., 247n40
Park, J. S., 59n74
Park, M., 483
Park, S., 446n33
Park, T.-Y., 29n63
Park, Y., 715n167, 716n171
Parker, K. N., 161n61
Parker, S. C., 701n85
Parker, S. K., 219n111
Park Guen-hye, 482
Parks, K., 565n34
Parks, L., 299n90-92, 300n97
Parry, E., 173n117
Parsons, C. K., 94n52
Partyka, J., 162n54, 164n74
Pastor, J. C., 449n51
Patel, P. C., 64n95, 258n82, 341n99
Patel, Sujan, 596
Paterson, T. A., 456n93, 618n104
Pathak, P. J., 167n89
Patriotta, G., 608n54
Patterson, F., 534n47
Patton, G. K., 96n46
Paul, A. M., 252n67, 297n77
Paulhus, D. L., 543n78
Paustian-Underdahl, S. C., 54n36, 577n81
Payne, S. C., 603n26, 614n84, 666n101
Pearce, C. L., 448n46, 464n153n155
Pearce, Erica, 404
Pearsall, M. J., 692n42
Pearson, A. W., 176n123
Pearson, C., 137
Pearson, J. C., 421n83
Peccei, R., 690n27

Pedersen, T., 567n39
Pedigo, P. R., 5n11
Peeters, H., 646n45
Peeters, M. C. W., 292n49
Pendleton, A., 303n112
Peng, A. C., 456n95, 460n124, 536n51, 658n94
Penke, L., 121n38
Penner, L. A., 497n59
Pentland, Alex, 14
Pereira, D., 712n144
Pereira, G. M., 293n61
Perman, S., 486n12
Perrewe, P. L., 356n115, 499n61
Perry, S. J., 292n44
Perry, S. P., 195n8
Perry-Smith, J. E., 221n126, 567n38
Peters, L. H., 443n19
Peters, M., 20n44
Peters, Tom, 101
Peterson, R. S., 378n80, 526n19, 492n38
Peterson, S. J., 459n114
Petesch, Peter, 667
Petty, R. E., 83n6, 416n71, 420n76, 490n25
Pfarrer, M. D., 303n114
Pfeffer, J., 496n58
Phillips, J. M., 639n2
Phillips, K. W., 199n24, 340n91n95, 465n157-158
Piazza, J., 195n9
Picascia, S., 117n24
Piccolo, R. F., 261n97, 287n7, 374n55, 375n57, , 439n13, 340n14, 450n57, 454n77-78
Pierce, B., 618n103
Pierce, J. L., 281n5
Pierce, L., 269
Pierro, A., 491n30
Pieterse, A. N., 375n59
Pillemer, J., 542n74
Pina e Cunha, M., 623n121
Pinneker, L., 715n160
Pisano, G. P., 579n89
Pitesa, M., 604n39
Ployhart, R. E., 97n60, 98n72, 640n9, 654n85
Podsakoff, N. P., 705n103
Podsakoff, P. M., 94n47, 403n32
Poelmans, S. A. Y., 711n138

Pohlmann, J. T., 443n19
Pollack, J. M., 439n9
Polman, E., 343n107
Polzer, J. T., 335n61n63, 608n57
Poole, E., 621n113
Poole, M. S., 395n1
Poortvliet, P. M., 709
Popken, B., 494n51
Poppe, M., 485n8
Porat, R., 130n90n92
Porath, C., 137, 651n70
Porcelli, A. J., 209n68
Poropat, A. E., 159n24
Porter, C., 20n43
Porter, C. O. L. H., 692n41
Porter, S., 422n88
Post, C., 377n70
Postlethwaite, B. E., 362n8, 370n39, 378n78, 523n12n14
Postmes, T., 708n121
Poteet, M. L., 486n11
Potocnik, K., 216n100, 700n70-71, 701n80
Poverny, L. M., 117n24
Powell, G. N., 55n50
Pozzi, Alberto, 676
Pozzoli, D., 283n13
Pratt, M. G., 134n115, 205n43, 615n95
Prefontaine, Steve, 615
Prem, R., 706n107
Pressman, S. D., 116n18
Preston-Werner, Tom, 558
Price, Dan, 269, 296
Price, K. H., 379n83
Priem, R. L., 298n84
Priola, V., 60n81, 60n86
Privault, C., 574n68
Probst, Robert, 586
Probst, T. M., 292n54
Prouska, R., 690n25
Prum, Eric, 585
Prussia, G. E., 688n18, 704n96
Pucik, V., 691n39
Puffer, S. M., 624n124
Pugh, S. D., 608n58
Pullen, A., 496n55
Pullig, C., 174
Purdic-Vaughns, V. J., 199n23
Purnell, N., 409n50, 409n56-57
Purvanova, R. K., 3n5

Purvis, K. L., 54n35
Putin, Vladmir, 577
Pyrillis, R., 607n50

Q

Qi, J., 220n121
Qian, S., 91n32
Qian, Z., 197n19
Quattrone, John, 688
Queenan, J., 403n28
Quinn, R., 24n55
Quinn, R. P., 325n24, 326n25
Quiñones, M. A., 68n110
Quirk, Peter, 404
Qureshi, I., 446n32

R

Raab, M., 370
Rafaeli, A., 615n95, 616n96
Rafferty, A. E., 690n24, 707n114
Raghuram, S., 446n35
Ragins, B. R., 55n55
Rahim, M. A., 528n27-29, 536n50
Raineri, Ellen, 23
Raja, U., 499n64
Ramirez-Marin, J., 543n76
Rampbell, C., 659n95
Ransdell, E., 615n87
Rapoport, A., 338n82n84
Rapp, T., 361n4
Rathblott, Ruth, 469
Rauthmann, J. F., 162n52
Raven, B., 485n7n9, 486n10
Raver, J. L., 64n95, 258n82
Ravlin, E. C., 325n23, 402n25
Ray, Rachael, 586
Raymark, P. H., 200n25, 646n41
Raymund, P., 458n108
Read, S. J., 195n11
Reade, C., 326n29
Reagan, Ronald, 448
Reay, T., 577n83
Reb, J., 115n14, 300n95
Rebar, A. L., 123n52
Reddy, S., 123n51, 132n105, 715n165
Ree, M. J., 63n90
Reed, B., 318
Reeves, E., 303n111
Rego, A., 219n114, 623n121
Reich, T. C., 332n47
Reiche, B. S., 94n49

Reicher, S., 327n31
Reilly, G., 259n85, 640n9
Reilly, P., 546n89
Reimer, T., 343n101
Reineke, Kristen, 710
Reinhard, M.-A., 117n25
Ren, H., 532n40
Ren, L. R., 56n62
Renn, R. W., 715n161
Rentzelas, P., 328n33, 334n56
Resick, C. J., 163n70, 452n63, 456n92
Restuborg, S. L. D., 458n108, 459n111, 690n24
Reyes, Kyle, 183
Reyna, C., 197n19
Reynolds, G., 218n105
Rhee, S.-Y., 397n5
Rhoades, L., 86n16
Rhodes, C., 488
Rice, D. B., 205n40
Rice, Mike, 261
Rich, B. L., 86n18, 263n108, 264n110-111, 706n105, 710n129
Richard, O. C., 66n103
Richardson, A. M., 711n135
Richardson, H. A., 398n8
Richardson, K. M., 715n159, 715n164, 719n182
Richeson, J. A., 55n57, 340n95
Richmond, F. L., 221n131
Richter, A. W., 221n125n134, 376n65
Ricks, T. E., 458
Rico, R., 341n98
Ridgeway, C. L., 289n34
Riemer, M., 605n43
Ries, Eric, 606n47
Riggio, R. E., 439n12
Rigoglioso, M., 340n90
Rimé, B., 131n94
Rink, F., 367n26
Rinne, T., 221n127
Rioux, S. M., 497n59
Riper, T. V., 379n85
Rivkin, W., 126n67
Robbins, J. M., 262n96
Robbins, S. P., 205n46, 206, 529, 530
Robert, C., 159n32, 292n54
Roberts, B., 408n45, 654n82
Roberts, L. M., 24n55
Robins, R. W., 57n68, 164n76

Robinson, A., 303n113
Robinson, Jackie, 71
Robinson, M. A., 451n59
Robinson, S. L., 333n52, 368n30, 708n122
Robison, J., 619n108
Roccas, S., 172n113
Rocco, Julie, 289
Rockstuhl, T., 91n31
Rodan, S., 220n117
Rodgers, Aaron, 335
Rodgers, M. S., 504n77
Rodriguez, D., 527n26
Rodriguez Mosquera, P. M., 124n55
Roeleveld, A., 487n14
Rofcanin, Y., 541
Rogan, Seth, 589
Roh, H., 54n44, 371n44
Rokeach, M., 173n115
Rometty, Virginia, 4
Romme, A. G. L., 575n70
Roomkin, M. J., 301n103
Roosevelt, Franklin, 127, 128
Root, R. W., 397n4
Rosen, B., 364n15
Rosen, C. C., 92n34, 248n47, 706n112
Rosen, M. A., 205n44
Rosen, P. J., 250n61
Rosete, Marvin, 91
Rosette, A. S., 199n24, 465n157-158
Roskes, M., 248n48
Roth, P. L., 54n35, 55n53, 84n9, 643n21, 646n41-42
Rothbard, N. P., 170n107
Rothschild, F., 666n120
Rothschild, Mitch, 469
Rothstein, H. R., 715n159, 715n164, 719n182
Rotundo, M., 655n89
Roulin, N., 506n82
Rousseau, D. M., 10n19, 460n121
Rozin, P., 195n9
Rubenstein, A. L., 125n63, 614n85
Rubin, M., 336n69
Rubini, M., 420n79
Rubino, C., 337n78
Ruddy, T. M., 365n19, 367n24, 374n54
Ruderman, M. N., 245n26
Rudolph, J. V., 171n108
Runhaar, P., 665n116

Rupp, D. E., 136n131, 213n86, 262n107
Rus, C. L., 220n119
Rusnak, Andy, 40
Russell, P. S., 114n10
Russell, Rick, 11
Russell, Z. A., 545n87
Russo, J. E., 203n36
Ryan, A. M., 49n13, 59n74, 506n81, 644n26
Ryan, Liz, 142, 309
Ryan, M. K., 54n40
Ryan, R., 244n21, 245n25
Ryan, S., 51n17
Ryan, Tamra, 438
Rynes, S. L., 299n90-92, 300n97

S

Saboe, K. N., 161n46
Sabramony, M., 295n69
Sackett, P. R., 54n38, 646n40n46, 655n89
Sacramento, C. A., 454n74
Sadler-Smith, E., 205n45, 617n99
Sadun, R., 13n29
Saffie-Robertson, M. C., 662n103
Safian, R., 455n81
Sagiv, L., 172n113
Saks, A. M., 168n99, 613n82
Salanova, M., 250n60
Salas, E., 205n44, 383
Salazar, Veronica, 44
Salgado, J. F., 645n34, 701n75n78-79
Salovey, P., 439n11
Salvador, R., 25n59
Salvaggio, A. N., 165n79, 600n13
Sampson, Jenna, 24
Sanchez-Manzanares, M., 341n98
Sandberg, J., 420n78
Sandberg, Sheryl, 436
Sanders, K., 665n116
Sang-deuk Lee, 482
Sansfacon, S., 329n39
Santiago, Luis, 483
Santos, J. P., 654n83
Santuzzi, A. M., 57n65-66, 717n176
Sasovova, Z., 489n20
Saunders, D., 533n46
Scala, Domenico, 629
Scandura, T. A., 463n142
Scanlan, T. J., 566n37

Schaerer, Michael, 538n55
Schaffer, G., 122n42
Schalk, R., 691n32
Scharloth, J., 153n1
Schaubroeck, J., 454n73, 460n124
Schaubroeck, J. M., 456n89
Schaufeli, W. B., 250n60
Schaumberg, R. L., 208n60
Schaveling, J., 691n32
Scheck, J., 574n69
Scheibe, S., 289n31
Scheiber, N., 668n123
Scheier, M. F., 716n169
Schein, V. E., 692n44
Scheithauer, H., 221n128
Scherer, K. T., 332n46
Scherwin, V. M., 449n49
Schewe, A. F., 126n65
Schildt, H. A., 615n88
Schippers, M. C., 337n81, 375n61
Schkade, D., 119n34
Schleicher, D. J., 166n81, 335n65
Schlosser, T., 95n58
Schmader, T., 321n9
Schmeichel, B. J., 247n40
Schmidt, A. M., 250n57n62, 600n15, 602n20
Schmidt, F. L., 645n32-33, 648n59
Schmidt, K.-H., 98n65n69, 126n67
Schmit, Mark, 74
Schminke, M., 118n28, 602n24, 603n30-31, 604n36
Schmitt, A., 126n68
Schmitt, M. T., 708n121
Schmitt, N., 63n92
Schneider, B., 87n21, 165n79, 598n4, 600n13, 602n19, 613n81, 665n114
Schneider, C., 243n19
Schneider, P. B., 506n80
Schoenborn, S., 448n44
Schollaert, E., 646n45
Schoorman, F. D., 460n123
Schramm, J., 561n10, 573n64
Schriber, R. A., 57n68
Schuh, S. C., 452n62
Schulte, M., 602n21
Schultz, Howard, 80-81, 133
Schultz, Nick, 410
Schulze, W., 375n58
Schwall, A. R., 161n42, 219n112

Schwan, John, 310
Schwartz, Daniel, 399
Schwartz, J. E., 119n34
Schwartz, N., 117n25
Schwartz, S., 285n22
Schwartz, S. H., 172n113
Schweitzer, K., 133n108
Schweitzer, Maurice E., 267
Schweitzer, M. E., 247n43, 463n140, 542n72, 662n104
Schwochau, S., 494n49
Schyns, B., 465n156, 690n29
Scott, B. A., 97n63, 122n48, 460n125, 461n128-129, 711n133
Scott, K. D., 305n128
Scott, K. S., 3n3
Scudamore, Brian, 236
Scullen, S. E., 657n93
Searle, B. J., 706n108
Sebastiano, A., 690n27
Sedatole, K. L., 247n35
See, K. E., 421n81
Segal, J., 415n69
Segers, M., 247n32
Seibert, S. E., 85n12, 199n21
Seijts, G. H., 376n64, 717n174-175
Seiling, J., 689n58
Semmer, N. K., 375n60, 713n150
Sen, S., 92n35
Senge, P. M., 702n89n91
Seo, M.-G., 127n76, 704n95n97
Seppälä, T., 493n43
Serlie, A. W., 642n13
Serota, K. B., 421n86
Serrano, G., 527n26
Serri, F., 60n81, 60n86
Severance, L., 423n89
Sewell, Erik, 47
Shaffer, J. A., 159n26, 459n112, 506n83, 648n56
Shaffer, M. A., 67n106n109
Shafir, E., 203n32
Shah, A., 363n10
Shah, N., 31n65
Shah, N. P., 335n62
Shakespeare, William, 324
Shallcross, A. J., 131n91
Shalley, C. E., 567n38
Shamir, B., 447n42n45, 449n51
Shao, P., 456n92

Shao, R., 262n107
Shapiro, D. L., 376n67
Shavitt, S., 491n32
Shaw, J. C., 251n65-66, 261n91
Shaw, J. D., 29n63, 66n103
Sheehan, M. K., 657n91
Sheeran, P., 130n89
Sheikh, S., 209n65
Sheldon, K. M., 245n25
Sheldon, O. J., 367n26
Shellenbarger, S., 23n52, 51n23, 85, 218n106, 253, 402n24, 404n35, 405n37, 413n64-65, 705n101-102
Shen, L., 718n179
Shepherd, L., 305n124n126
Shi, J., 499n62
Shi, L., 711n136
Shields, J. L., 305n127
Shih, E., 504n77
Shih, M. J., 59n77
Shin, D., 664n110
Shin, J., 704n97
Shin, S. J., 221n113, 372n45-46
Shipp, A. J., 26, 168n101, 614n84, 615n90
Shirako, A., 540n66n69
Shirom, A., 714n156
Shishkin, P., 50
Shiv, B., 135n128
Shleicher, D. J., 166n83
Shmulyian, S., 602n21
Shockley, K. M., 289n33
Shore, L. M., 91n31, 445n27
Shoss, M. K., 159n31, 459n111
Shrkeli, Martin, 110
Shu, L. L., 214n88
Shuffler, M. L., 499n63
Shull, A., 210n79
Shuttlesworth, D. E., 236n30
Siegel, M., 54n34
Sijbom, R. B. L., 688n19
Sikandar, H., 444n23
Sillito, S. D., 342n100
Sills, Judith, 185
Silver, T., 283n10
Silverman, R. E., 20n42, 54n37, 401n19, 465n162, 612n76
Silverthorne, C., 711n137
Sim, J., 459n120
Simha, A., 604n33-34

Simms, T., 116n19
Simon, L., 569n49
Simon, L. S., 158n21, 459n110
Simons, T., 456n85
Simonton, D. K., 219n116, 454n75
Simpson, J. A., 462n132, 462n134
Simsek, Z., 453n70
Simson, D., 216n99
Sinaceur, M., 542n73
Sinclair, R. C., 420n77
Singh, R., 55n55
Sinha, R., 378n76
Sippola, A., 68n111
Sitkin, S. B., 460n121
Sitzmann, T., 654n80, 654n81
Skarlicki, D. P., 98n67, 262n100-101, 262n107
Skerlavaj, M., 701n86
Skinner, B. F., 253
Slater, D. J., 604n41
Slaughter, J. E., 86n19, 263n109
Sleebos, E., 376n66
Sleesman, D. J., 208n59
Slind, M., 462n136-137
Sloan, Alfred, 14
Slocum, J. W., 621n114
Slocum J. W. Jr., 599n10
Slomski, S., 162n54, 164n74
Sluiter, J. K., 713n151
Smale, A., 68n111
Small, D. A., 545n85
Smart, D. L., 337n80
Smith, A. K., 207n51
Smith, Brad, 455
Smith, C., 409n51
Smith, D. B., 613n81
Smith, H., 686n7
Smith, J., 410n62
Smith, K. G., 303n114, 693n47
Smith, P. L., 542n71
Smith, S. M., 83n6
Smith, W. K., 699n62
Smith-Jackson, T. L., 708n116
Smollan, R. K., 689n22
Smothers, J., 155
Smulian, M., 650n65
Snyder, L. A., 712n143
Soll, J. B., 207n49
Solomon, M., 57n68
Solomon, R. C., 112n5

Solomon, S., 449n50
Soltis, J., 8n17
Soltis, S. M., 489n20
Somech, A., 220n120, 532n39
Son, J., 54n44
Song, F., 303n116
Song, H.-C., 687n10
Song, Z., 136n134
Sonnenfeld, J. A., 464n154
Sonnenshein, S., 221n124
Sonnentag, S., 708n118n, 709n125, 715n162n166
Sorensen, K. L., 117n23
Sorensen, M., 128, 159n29
Sosik, J. J., 163n65
Sotomayor, Sonia, 69
Sousa, F., 219n114
South, E. I., 321n8
Spain, S. M., 162n53
Spataro, S. E., 492n37
Spears, R., 545n84
Spector, P. E., 144, 711n136, 711n138
Spell, C. S., 582n99
Spence, J. R., 333n50
Spencer, S., 136n131
Spencer, S. J., 49n10
Spencer-Rodgers, J., 197n17
Spicer, A., 25n58
Spieler, I., 289n31
Spisak, B. R., 465n160
Spitzmuller, M., 94n51
Spreitzer, G., 24n55
Spreitzer, G. M., 85n11, 376n67, 577n82
Srivastava, S., 156n11
Staats, B. R., 122n40, 612n77
Stack, Laura, 405
Stainton, L., 577n83
Stajkovic, A. D., 305n130
Stalker, G. M., 578n84
Stam, D., 376n66
Stamov-Robnagel, C., 289n31
Stanko, T. L., 281n6
Stanley, D. J., 179n130
Stanovich, K. E., 211n81, 215n90
Stanton, J. M., 168n100
Stanton, R., 123n52
Staples, D. S., 339n86
Stavrova, O., 95n58
Staw, B. M., 208n57
Stebbins, S., 607n51

ÍNDICE ONOMÁSTICO

Steel, D. G., 221n127
Steel, E., 572n63
Steel, P., 178n128
Steers, R. M., 610n66
Steinel, W., 135n126, 525n17
Steinmann, F., 208n55
Stellar, J., 401n21
Stephanz, Mark, 61
Stephens, P., 304n121
Sterling, P., 706n113
Stern, I., 506n87
Sterns, Harvey, 52
Stevens, C. K., 168n95
Stevens, G. W., 574
Stevens, M. J., 282n9n12
Stewart, D., 654n80
Stewart, G. L., 362n6, 648n55
Stewart, J. B., 584n105
Stewart, Potter, 597
Stewart, S. M., 618n105
Stewart, T. A., 363n12
Stinglhamber, F., 242n13
Stock, A., 715n160
Stolyarov, G., 577n79
Stone, A. A., 119n34
Story, Susan, 469
Stoute, Steve, 486
Stouten, J., 456n88
Strathdee, Sally, 569
Strauss, K., 541
Ströhle, S., 715n160
Sturman, M. C., 446n33
Su, S.-W., 691n38
Su, Y.-F., 691n38
Suar, D., 133n109
Subirats, M., 600n13
Subramanian, N., 209n65
Suddath, C., 543n80, 643n18
Sue-Chan, C., 247n42
Suflas, A., 51n20, 54n48, 55n49, 56n58, 58n71, 60n80
Sugarman, B., 568n46
Sullivan, Louis, 493
Summers, J. K., 492n34
Sun, L., 220n121
Sung, S. Y., 655n88
Surface, E. A., 252n71
Surowiecki, J., 11n20, 307
Sutherland, Naomi, 54
Sverdlik, N., 691n31

Swaab, Roderick I., 538n55
Swan, Mara, 676
Swarns, R., 396n2
Sweeney, B., 618n103
Sweere, Dale, 73
Swider, B. W., 169n103, 647n51, 648n55n58
Swinbourne, C., 406
Syrek, C. J., 309, 454n72

T

Taggar, S., 376n64
Takahashi, H., 320n5
Takeuchi, R., 376n69, 701n81
Talley, L., 410n59
Tam, A. P., 127n69
Tamborski, M., 210n75
Tamir, M., 131n92
Tan, C. L.-L., 406n43, 407n44
Tan, J. A., 92n34
Tanigawa, N., 322n16
Tank, Aytekin, 358
Tannenbaum, S. I., 383
Tapon, F., 303n116
Tarantino, Quentin, 220
Taras, V., 178n128
Tasa, K., 376n64
Tasselli, S., 464n16
Tavares, S. M., 654n83
Taves, M., 12n23
Tay, W. D., 712n143
Taylor, A., 702n87
Taylor, B., 95n55
Taylor, Frederick, 14
Taylor, Lynn, 543
Taylor, M. S., 199n21, 704n95n97
Taylor, P. J., 461n126
Taylor, S. G., 398n8, 643n22
Taylor, S. R., 247n31
Teeter, S. R., 54n33
Temple, S., 410n59
ten Brinke, L., 216n99
Tenbrunsel, Ann, 198
Tenne-Gazit, O., 453n67
Tepper, B. J., 458n104n106
Tergesen, A., 50n19, 52n28-31
Terwel, B. W., 310
Tesluk, P. E., 127n76
Tetrick, L. E., 262n96, 305n123
Tezel, Ayla, 192

Thatcher, Margaret, 448
Thatcher, S. M. B., 341n97n99
Thau, S., 604n39
Themanson, J. R., 250n61
Theuwis, F., 709
Thiel, A., 325n120
Thierry, H., 255n75
Thomas, B., 252n70
Thomas, D. C., 325n23, 402n25
Thomas, H. C., 98n72
Thomas, J. P., 167n88
Thomas, Katie, 111
Thomas, K. W., 525n18
Thomas, S. C., 645n31
Thomason, S., 201n30
Thompson, K. M., 492n34
Thompson, L. L., 538n54
Thompson, M., 501
Thompson, T. F., 171n108
Thomson, Anthony, 246
Thoresen, C. J., 96n46, 691n39
Thoroughgood, C. N., 603n32
Thorpe, D., 92n36, 93n41
Tiedens, L. Z., 54n47
Tierney, P., 250n63
Tilcsik, A., 59n76, 642n14
Tilelli, Maggie, 607
Tilstone, P., 365
Timberlake, Justin, 486
Tims, M., 419n75
Tindale, R. S., 345n113
Titlow, J. P., 605n46
Tkaczyk, C., 290n40
Todorov, A., 200n26
Todorova, G., 446n36
Toker, S., 716n170
Tolli, A. P., 250n62
Tolson, H., 702n90
Tomas, Jose, 399
Tong, Andrew, 484
Tong, K., 262n98
Toossi, M., 45n1, 47n5, 51n18
Torelli, C. J., 491n32
Tornau, K., 167n86
Toyoda, Akio, 562
Traphagan, John, 626
Trapnell, P. D., 543n78
Trauffer, N., 645n36
Travers, C. J., 293n65
Treadway, D. C., 499n61,

Trenberth, L., 304n18-19
Treviño, L. K., 97n61, 331n41, 547n96-97, 489n18
Trevor, C. O., 259n85
Triandis, H. C., 333n55
Tropp, L., 697n57
Troy, A. S., 131n91
Trump, Donald, 403, 409, 449
Trump, R. C. E., 58n69
Truxillo, D. M., 716n172
Tsai, W., 134n120
Tschan, F., 375n60
Tucker, M. A., 647n48
Tuckey, M. R., 131n101, 706n108
Tumulty, K., 449n52
Tung, R. L., 51n22
Turban, D. B., 8n16, 168n95
Turner, L., 51n20, 54n48, 55n49, 56n58, 58n71, 60n80
Turner, T., 302n105, 303n111
Turnley, W. H., 258n80, 263n106
Turusbekova, N., 506n85
Tushman, M. L., 566n37
Twain, Mark, 216
Twenge, Jean M., 173n118, 181
Tyler, K., 654n78
Tynan, R. O., 381n92

U

Uggen, Christopher, 673
Uggerslev, K. L., 613n82
Uhl-Bien, M., 445n28
Unckless, A. L., 166n83
Underhill, C. M., 464n146
Unsworth, K. L., 245n27
Unzueta, M. M., 59n77
Upshur-Lupberger, Terrie, 127n72
Ursin, H., 163n68
Ursiny, Tim, 185
Urwin, P., 173n117
Uy, D., 207n53
Uy, M. A., 136n134

V

Vaara, E., 625n125
Valacich, J. S., 336n73
Valentine, S., 653n76
Vallerand, R. J., 717n173
van Aken, M. A. G., 121n38
Van Bavel, J. J., 327, 336n68, 343
Van Beest, I., 135n126, 540n65, 541n70

Vanbeselaere, N., 328n34
Vance, R. J., 98n71
Vancouver, J. B., 243n20
van Dam, K., 690n29
Vandenberg, R. J., 718n177
Vandenberghe, C., 614n86
Van den Bossche, P., 247n32
Van den Broeck, A., 244n22, 245n28
Vanderbloemen, W., 386
Vanderpool, C., 446n33
Van der Vegt, G. S., 376n68, 567n42
Van Deusen, F., 668n125
Van De Voorde, K., 665n118
van Dierendonck, D., 459n113, 577n80, 671n134
van Dijk, E., 135n126, 540n65, 541n70
van Dijk, H., 336n66
van Dijke, M., 456n88, 459n117, 485n8
van Duin, D., 419n75
Van Dyne, L., 172n109
Van Eerde, W., 255n75
van Emmerick, H., 242n12
van Engen, M. L., 336n66
van Ginkel, W. P., 133n111, 221n132, 375n59n62
Van Gogh, Vincent, 219
Van Hoye, G., 167n93, 168n97, 400n15
Van Iddekinge, C. H., 200n25, 643n21, 646n41
Van Kleef, G. A., 135n124-126, 261n93, 525n17, 540n67-68, 542n73, 546n92
Van Knippenberg, D., 133n111, 135n124, 221n132n134, 372n48, 375n59n61, 376n65, 401n20, 457n100
van Mierlo, H., 247n33n39
van Paasschen, Frits, 419
Van Reenan, J., 13n29
Van Rooy, D. L., 664n112
Van Ruitenbeek, G. M. C., 57n64
Van Steenbergen, E. F., 292n49
Van Veldhoven, M., 284n18, 665n118
van Vianen, M., 124n55
Van Vugt, M., 465n160
Van Yperen, N. W., 688n19
Van Zant, A. B., 545n83
Vargas-Estrada, E., 330
Vecchio, R., 443n20, 446n29
Vega, T., 555n51
Venkataramani, V., 221n125, 335n65
Vesely, R., 625n126

Vest, M. J., 176n123
Victor, D., 395
Vidyarthi, P. R., 446n34
Villado, A. J., 610n69
Vilnai-Yavetz, I., 616n96
Vinokur, A., 342n104
Vinson, G., 135n122
Visser, V. A., 135n124
Viswesvaran, C., 85n14, 167n88, 664n112
Vodori, Grant, 104
Voelpel, S. C., 379n86
Vogel, R. M., 262n102
Vogenberg, Randy, 666
Vohs, K. D., 247n40
Voigt, K., 609n61
Volpone, S. D., 337n78
von Aarburg, M., 648n57
Von Glinow, M. A., 376n67
Vonk, R., 504n78
von Ruden, C., 161n51
Vora, D., 326n28
Vornholt, K., 57n64
Voss, K., 379n84
Vrij, A., 422n88
Vroom, Victor, 255
Vukasovic, T., 156n10

W

Wager, T. D., 712n139
Wagner, K., 408n48-49, 409n52n54
Wagner, R., 620n109n111
Wagner, U., 697n57
Waldman, D. A., 448n46, 449n55, 699n65
Waldock, David, 380
Walker, H. J., 639n5, 643n22
Walker, K., 578n85n87
Walker, L. S., 54n36
Walker, R., 398n12, 605n45
Walker, W. J., 297n80
Wall, J. A. Jr., 334n59
Wallace, J. C., 252n70, 603n27, 714n157
Waller, M. J., 378n75
Walter, F., 333n54, 376n68, 567n42
Walter, J., 502n66
Walton, G. M., 49n13
Waltz, Ken, 25
Waltz, P. R., 57n65-66
Walumbwa, F. O., 264n112, 404n34, 456n84

ÍNDICE ONOMÁSTICO

Wanberg, C. R., 67n108, 168n98, 463n143, 614n85
Wang, C., 220n117
Wang, E., 532n42
Wang, G., 85n12, 645n39
Wang, H., 264n112
Wang, J., 538n54
Wang, L., 83n7, 131n93, 215n89, 446n37
Wang, M., 167n91, 167n92, 219n113
Wang, P., 264n112
Wang, Q., 95n56
Wang, S. S., 64n97, 195n6
Wang, X.-H., 446n32
Wang, X. M., 660n96
Wang, Y., 438n6, 508n92
Wanstrath, Chris, 558-559
Ward, A.-K., 402n25
Ward, E. A., 485n6
Waring, R., 287n28
Warner, C. M., 322n14
Warrick, D. D., 610n68
Wasti, S. A., 495n52
Watson, A. M., 119n33, 121n39, 122n44, , 171n108
Watson, John, 597
Wayne, J. H., 47n7
Wayne, S. J., 54n46, 445n27, 459n115, 462n138
Webb, J. W., 692n41
Webb, T. L., 130n89
Weber, J., 467n168
Weber, L., 20n42, 51n21, 89n26, 153n2-3, 640n11, 644n25, 653n77
Weber, Max, 447n40
Webster, Jeffrey, 320
Wechsler, P., 54n41
Wee, S., 645n35
Weeks, K. P., 209n66
Wegener, D. T., 417n72
Wegge, J., 98n65n69
Wei, F., 247n34
Wei, X., 298n87
Weigley, S., 295n68
Weinberger, M., 559, 563n17
Weiner, Jeff, 11
Weingarden, S. M., 163n70
Weingart, L. R., 446n36
Weinstein, Elaine, 301
Weiss, H. M., 115n14

Weiss, Matthias, 53
Welch, Jack, 10, 292n50, 358
Welch, S., 292n50
Weller, I., 99n74
Wellman, J. D., 336n70
Wellman, N., 161n39, 437n2, 451n60-61, 454n79
Welsh, E. T., 463n143
Wendell, Daren, 285
Wendt, H., 242n12
Wesley C. L. II, 4n6
Wesson, M. J., 247n38, 261n95
West, Harry, 647
West, R. F., 211n81, 215n90
Westman, M., 718n180
Westphal, J. D., 506n87
Westwood, R., 599n9
Wetzel, Jim, 535-536
Wheeler, A. R., 577n81
Wheeler, B. C., 336n73
Wheeler, M., 542n74
Whetten, D., 582n98
Whitaker, B. G., 492n35
White, E., 100n77, 301n100
Whitman, D. S., 163n70, 167n88, 664n112
Whitman, Meg, 467
Whitmore, Jaqueline, 406
Wiemann, S., 646n40
Wiersma, U. J., 127n77
Wiesenfeld, B. M., 260n88, 292n46
Wieth, M. B., 134n118
Wild, E., 261n91
Wilderom, C. P. M., 127n77
Wilk, S. L., 336n75, 338n83
Wilken, B., 507n91
Wilkins, C. L., 336n70, 642n16
Wille, B., 164n73n75
Willer, R., 401n21
Williams, David K., 455
Williams, D. E., 4n6
Williams, Dennis, 535
Williams, E. N., 320n6
Williams, Frank, 192
Williams, J. C., 289n34
Williams, J. R., 662n102
Williams, K. D., 337n77n79
Williams, M. J., 54n47, 197n17
Williams, Serena, 370
Willis, J., 200n26

Wilson, D. C., 55n52
Wilson, E., 535n49
Wilson, K. S., 540n59
Wiltermuth, S. S., 208n60, 220n118, 301n101
Wincent, J., 712n147
Wingfield, N., 65n98
Winter, D. G., 242n18
Wisse, B., 135n124
Witt, L. A., 159n31
Witvliet, C., 665n117
Woehr, D. J., 54n36, 94n48, 657n91
Wolfe, D. M., 325n24, 326n25
Wolfson, N. E., 51n24
Wolmer, Aviva Leebow, 430
Wong, J. H. K., 712n141
Wong, K. F. E., 208n58, 660n96
Wood, A. M., 169n102
Wood, D., 153n1
Wood, J. V., 129n82
Wood, M. B., 652n73
Wood, S., 284n18
Wood, Tyler Cohen, 216
Woodford, Michael, 497
Woodman, Nick, 447
Woodyard, C., 562n14
Woolaert, Guy, 19
Wooldridge, J. D., 122n41, 709n127
Worthy, D. A., 163n67
Wright, Frank Lloyd, 493
Wright, P. M., 213n86, 293n64, 298n86, 665n113
Wrzesniewski, Amy, 85, 93, 105 166n80, 292n46
Wu, C.-H., 219n111, 438n6
Wu, G., 538n56
Wu, P., 8n16
Wu, S. Y., 344n110
Wu, T.-Y., 297n78
Wu, Y.-C., 714n155
Wurtz, O., 654n86
Wysocki, B. Jr., 298n83

X

Xu, C., 305n129
Xu, J., 506n88

Y

Yakushko, O., 320n6
Yam, K. C., 194n2
Yammarino, F. J., 154n8, 466n163

Yan, X. H., 532n42
Yang, L., 708n120
Yaniv, I., 206n48
Yates, C., 698n60
Ye, G., 298n87
Yeh, Q.-J., 282n8
Yellen, Janet, 31
Yerkes, R. M., 714n152
Yi, X., 221n128
Young, M. J., 449n49
Youssef, C. M., 24n54
Yu, R., 328n32
Yuhoon, Ki, 606
Yuki, M., 113n8
Yukl, G., 491n31n33

Z

Zablah, A. R., 95n54
Zacks, R. T., 134n118
Zajac, E. J., 690n23
Zanna, M. P., 202
Zapata, C. P., 172n110
Zecher, Linda, 469
Zell, E., 54n33, 195n7
Zellars, K. L., 356n115
Zellmer-Bruhn, M. E., 446n36
Zeng, W., 658n94
Zepata-Phelan, C. P., 258n83-84
Zernike, K., 299n92
Zerres, A., 540n64
Zhang, A., 197n19
Zhang, H.,219n15
Zhang, L., 161n49, 162n56
Zhang, S., 321n11
Zhang, T., 205n40
Zhang, X., 219n115, 303n114
Zhang, Y., 297n78, 340n93
Zhang, Z., 167n92, 220n121
Zhang, Z.-X., 453n68, 566n36
Zhao, H., 462n138
Zhao, H. H., 199n21
Zhao, L., 339n86
Zhao, X., 32n67
Zhong, J. A., 446n30
Zhou, H., 215n92-95
Zhou, J., 134n116, 217n101, 372n45, 401n20, 700n70-72, 701n80
Zhou, M., 459n116
Zhu, J., 67n108, 459n116
Zhu, W., 163n65
Zhu, Y., 452n64
Ziegert, J. C., 176n124, 339n88
Zielinski, D., 640n7
Zigas, Caleb, 44
Zikic, J., 168n99
Zimbardo, Philip, 326, 327
Zimmer, George, 524
Zimmer, John, 2
Zimmerman, R. D., 168n1, 169n3, 177n125, 601n18, 648n59
Zimmern, Andrew, 586
Zinko, R., 546n88
Zivnuska, S., 506n86
Zohar, D., 453n67, 602n22
Zuckerberg, Mark, 269, 299, 301, 455, 486, 638
Zukin, Cliff, 181

Índice de organizações

20th Century Fox, 572
3M, 579, 589, 604
7-Eleven, 572

A

ABB, 571
Abbott, 670
AbbVie, 670
Accenture, 670
Accurate Biometrics, 253
Admiral, 620
Adobe, 468
Air Bed & Breakfast (Airbnb), 436-437, 548
Air Canada, 94
AirAsia, 624
Alexian Brothers Health System, 25
Alexion Pharmaceuticals, 606
Alibaba's Tmall, 337
Amazon Mechanical Turk (MTurk), 511, 548, 561
Amazon, 12, 13, 38, 52, 373, 402, 723-724
America Online (AOL), 609, 670
American Airlines, 624
American Enterprise Institute, 410
American Express, 576, 670, 698
American Water, 469
Animoto, 469
Anne-Sophie Hotel, 56
Apple, 18, 39, 44, 61, 125, 403, 579, 589, 638, 685, 700
Asana, 638
Aspera, 469
Associação dos Agentes do Sistema Correcional da Califórnia, 553
Associação Nacional de Basquete dos Estados Unidos (NBA), 300
A. T. Kearney, 670
Auglaize Provico, 619
Autodesk, 616

B

BAE Systems, 12
Baidu, 616
Bain and Company, 66, 609
Bank of America, 61, 253, 648
Bank of China, 20
Bank of the West, 12
Baptist Health of South Florida, 91
BBC, 327
Bell Aliant, 394-395
Berkshire Hathaway, 60, 206, 436
Best Buy, 248, 290, 468, 583
BetterWorks, 403
BHP Billiton, 468
Blockbuster, 209
Blue Cross Blue Shield, 670
BMW, 18, 363, 567, 571
Boeing, 104, 571
Booz Allen Hamilton, 611
Boston Consulting Group, 3, 66, 429
Boyden, 724
Bread Winners Café, 13
Bristol-Myers Squibb, 670
British Petroleum (BP), 59
Brooklyn Dodgers, 71
Brunello Cucinelli, 580
Buchanan Ingersoll & Rooney, 718
Bureau of Labor Statistics, 73, 139
Burger King, 18, 379
BusinessWeek, 467
BuzzFeed, 403

C

CARE Fertility, 638
Care.com, 176
Careerbuilder.com, 513
Carlson, 670
Carnival Cruise Lines, 398
Caterpillar, 86, 579
Centro de Câncer Infantil do Texas, 285
Centro de Estudos Avançados de Recursos Humanos da Universidade Cornell, 724
Charity Navigator, 192, 193
Chevron, 596-597
ChildNet, 607
Christchurch Women's Hospital, 569
Chrysler, 363, 653, 702
Cisco, 363
Citi, 670
Clear Channel Communications, 612
Coca-Cola, 19, 103, 141, 562, 574
Colgate-Palmolive, 669, 670
Collins, 586
Comitê Internacional da Cruz Vermelha, 374
Conselho de Utilidades Públicas (Singapura), 51

ContentMarketer.io, 596
Continuum, 647
Coors Brewing, 419
Costco, 295-296
CultureIQ, 626

D

Dallas Mavericks, 218
Dell, 537
Deloitte Consulting, 609
DeNA, 204
DentalPlans.com, 710
Departamento de Recursos Naturais de Ohio, 690
Departamento do Trabalho e Departamento de Saúde e Serviços Humanos dos Estados Unidos, 719
Dish Network, 607
Disney, 81, 601, 648
Dreamworks, 674
Dropbox, 638
Dunkin' Donuts, 572
DVD.com, 572
Dynegy., 600, 616

E

eBay, 13, 467
Echo Nest, 605
Eco Safety Products, 217
Eli Lilly & Co., 419
EMC Corporation, 404
Enron, 449
Enterprise, 3, 566
Ernst & Young, 40, 61, 291
Esquadrão de Comando de Engenheiros Reais, 697
Etsy, 66, 548
Everett Clinic, 305
Executive Women International (EWI), 254, 279

F

Facebook, 3, 12, 22, 23, 44, 99, 181, 193, 226, 269, 299, 408-409, 426, 436, 455, 486, 553, 612, 638, 643
Factset Research, 616
Fédération Internationale de Football Association (FIFA), 629
FedEx, 610
Fiat-Chrysler, 702
Fishbowl, 455

Five Guys Burger and Fries, 212
Flickr, 410
Forbes, 359, 373, 455, 471, 605, 606, 669
Força aérea dos Estados Unidos, 133, 565
Ford, 18, 289, 363, 615, 621
Fortune, 99, 436, 617
Fuji Heavy Industries, 542

G

Genentech, 616, 718
General Electric (GE), 10, 152, 248, 358
General Motors (GM), 158, 212, 363, 535, 688
Gerson Lehrman Group, 629
Gilead Sciences, 487
GitHub, 465, 558-559
Glassdoor, 103-104, 400, 596
GlaxoSmithKline, 575
Globoforce, 305
Goldman Sachs, 66, 467, 617, 718
Google, 12, 44, 99, 103, 269, 410, 415, 575, 576, 582, 612, 616, 619, 638,
GoPro, 447
Gorky Automobile Factory (GAZ), 577
Gravity Payments, 296
Graze.com, 12
Green Bay Packers, 335
Greenwich Capital, 684
Greer Laboratories, 11
Guarda Nacional dos Estados Unidos, 68

H

Habitat for Humanity, 93, 286
Haier, 580
Hallmark Cards, 380
Harlem Educational Activities Fund, 469
Harley-Davidson Motor Company, 364
Harris, Rothenberg International, 704
Hay Group, 609
Healing Arts Initiative, 192
HealthSouth, 449
Hewlett-Packard, 11, 104, 579, 589, 608, 621, 670
Hoa's Tool Shop, 218
Hobby Lobby, 60
Hochtief, 418
Home Depot, 286, 466

Honda, 18, 141, 363, 426
Hospital Popular nº 4 de Shenyang, 200
Houghton Mifflin Harcourt, 469
Human Workplace, 142

I

IBM, 4, 60, 64, 177, 215, 416, 531, 571
IKEA, 610
Instituto de Artes de Minneapolis, 12
Instituto de Saúde Integrada, 666
Intel, 278
International Paper, 620
Interstate Batteries, 621
Intuit, 455, 605-606

J

Jack in the Box, 99, 104
JCPenney, 466
Jive, 410
Johnny Rockets, 104
Johnson & Johnson, 670, 719
Jotform, 358-359
JP Morgan Chase, 617

K

Kentucky Fried Chicken (KFC), 100
KeySpan, 301
Kickstarter, 688
Kimpton Hotels & Restaurants, 615
Kinsey Consulting, 429
Koch Industries, 672
Kroger, 13

L

La Cocina, 44-45
Lehman Brothers, 2
Lenovo, 576
Liga Nacional de Hóquei dos Estados Unidos, 259
LinkedIn, 3, 11, 408-409
Lions Gate Entertainment, 675-676
L'Oréal, 379-380
Lyft, 2-3, 548

M

ManpowerGroup, 30, 676
Marketplace Chaplains USA, 622
Marriott International, 436
Mary Kay Cosmetics, 256
Massachusetts Institute of Technology (MIT), 386
Masterfoods, 620

Math for America, 724
McDonald's, 18, 38, 153, 416, 486, 572
McKinsey & Co., 66
Medtronic, 284, 409
Memo, 103
Men's Wearhouse (MW), 524, 621
Mercedes-Benz, 18, 53
Mercer, 67
Messagemind, 406
Metro Bank, 246
Metro-Goldwyn-Mayer (MGM), 572
Miami Shores Country Club, 676
Microsoft, 65, 467, 562, 610, 616, 648, 723
Moleskine SpA, 579
Molson Coors, 86
MotionSavvy, 405
Motorola Mobility, 576
MTS Systems, 139
Museu de arte de Dallas, 12
Museu Solomon R. Guggenheim, 12
Myers & Briggs Foundation, 157
Mylan, 110

N
NASA, 40, 93, 218
National Football League (NFL), 524
National Labor Relations Board (NLRB), 416
NestléPurina, 669
Netflix, 12, 453, 572
New York Knicks, 379
New York Times, The, 521
New Yorker, The, 10
Nichia, 589
Nielson Holdings, 13
Nike, 612, 615
Nintendo, 204
Nissan, 66, 320, 363, 700
Nokia, 468, 685
Nordea Bank AB, 624
Nordstrom, 22, 260, 600

O
O2E Brands, 236
Oakhurst Dairy, 394-395
Olympus, 497
Orchard Hardware Supply, 649
Organização de coaching de gestão TMBC, 473
Organização Internacional de Aviação Civil, 549
Oticon A/S, 573

P
Pacesetter, 430
Paramore, 469
Patagonia, 630
Paulson & Co., 110
Pearson, 670
Peppercomm, 403
Pepsi, 581
Pew Research Center, 58
P. F. Chang, 676
PGi, 414
Pharmaceutical Research and Manufacturers of America (PhRMA), 111
Pimco, 471
Pinterest, 410
Pixar, 674
PricewaterhouseCoopers (PwC), 287, 718
Procter & Gamble, 141, 248, 561, 565, 648
Product Hunt, 377
Project Implicit, 223-224
Prudential, 670
PVH, 302

Q
Quality Staffing Services, 676

R
Recreational Equipment, Inc. (REI), 324, 718
Reebok, 486
Renault, 101
R.J. Reynolds Tobacco, 622
Robert W. Baird, 670
Rogers Communications, 394-395
Rothenberg International, 625, 704

S
SABMiller, 667
SAC Capital Advisors, 511
Safelite AutoGlass, 620
Salesforce.com, 86, 89, 416
Salvatore Ferragamo SpA, 480
Sam's Club, 295
Samsonite, 398
Samsung Electronics, 606
Sanofi, 501
SAP, 64, 416
Sarku Japan, 644
SAS Institute, 99, 616, 669
Scripps Health, 588

Shutterfly, Inc., 310
Siemens, 605
Silent Partner Marketing, 183
Skype, 413
Smartsheet.com, 469
Smith & Wesson, 650
Social Cast, 410
Socialtext, 410
Solstice Mobile, 310
Southwest Airlines, 581, 610, 621, 648
Spotify, 605
Staples, 123
Starbucks, 80-81, 132, 133, 363, 396, 577, 621
Stryker, 285
Sturdisteel, 622
Subaru, 542
Subway, 242
Sue Weaver Cause, 673
Switch, 405

T
Taco Bell, 212, 622
Talko, 405
Target, 46, 466
Tata Consultancy Services (TCS), 380
Tata, 651
Tazreen Fashion, 302
Tencent Holdings, 301
Thai Takenaka, 254
Threadless, 616
Time Warner, 609
Tofutti, 53
Tom's of Maine, 621
Tommy Hilfiger, 486
TOMS Shoes, 165
Towers Watson, 99
Toyota, 363, 562
Transco, 68
Translation, 486
Trex, 469
Tung Hai Sweater Company, 302
Turing Pharmaceuticals, 110
Turner Broadcasting, 670
TweetDeck, 414
Twilio, 405
Twitter, 13, 24, 44, 111, 119, 253, 403, 408-409, 416, 426, 447, 589
Tyco, 449
Tyson Foods, 621, 622

U

Uber, 44, 436, 548-549, 688
Ubisoft Entertainment, 602
UBS, 369
Udemy, 143
United Airlines, 589-590
United Auto Workers (AUW), 535
United Entertainment Group, 615
United Fisheries, 676
Universidade Carnegie Mellon, 543
Universidade da Califórnia – San Diego, 452
Universidade da Carolina do Norte – Chapel Hill, 25
Universidade de Harvard, 59, 174, 223, 301, 452, 467, 693
Universidade de Princeton, 201
Universidade Stanford, 139, 326, 452
US Airways, 624
U.S. Small Business Administration, 368

V

Valve Corporation, 465
Verizon, 269, 609, 670
Virgin Group, 155, 409, 450, 610
Vitals, 469
Voice, 405
Volkswagen, 18, 294

W

W&P Design, 585
W. L. Gore & Associates, 29, 465, 610, 670, 699
Walmart, 47, 295-296, 302, 579, 723-724, 737
Warby Parker, 630
Warner Bros., 572
Wegmans, 611
Wells Fargo, 185, 236-237
Wellspring, 600
Western Electric Company, estudos em Hawthorne, 330-331
Westin Hotels, 83
Wetherill Associates, 621
Whisper, 103
Whole Foods Market, 22, 45, 380
Wikis, 410
Wipro, 651
Women's Bean Project, 438
WorkOne, 30
WorldCom, 449
Wounded Warrior Project, 192-193

X

Xerox, 153, 574

Y

Yahoo!, 290-292, 583, 609
Yammer, 416
Yik Yak, 103
YouTube, 236, 410

Z

Zappos, 9, 95, 575, 599
Zimride, 2-3
Zulily, Inc., 310

Índice remissivo

301 Smart Answers to Tough Interview Questions (Oliver), 514

A

Abertura a novas experiências, dimensão da personalidade, 159, 160
Abordagem pessoal, tática de influência, 490
Abordagens individuais ao controle do estresse, 715-716
Absenteísmo, 29, 97, 98
    estresse e, 723
    idade e, 52
    reduzida pelo horário flexível, 288
Ação afirmativa, ética e, 47-48
Acomodação, conflitos e, 528, 529
Aconselhamento, 243
Action teams, 377-378
Adaptabilidade, como uma cultura organizacional, 597
Adaptação de expatriados, 67
Adequação da pessoa à organização, 176
Adequação da pessoa ao grupo, 176
Adhocracia, tipo de cultura organizacional, 598
Administração baseada em evidências, 10
Administração por objetivos e resultados, 248
Administração por objetivos, 248
    Administração por objetivos, programas, 248

comportamento organizacional, sentimentos/emoções e, 133
e equipes de trabalho, 382
nas organizações, 203-209
percepção e individual, 203
processo de satisfazer-se, 204
racional, 203-204
restrições organizacionais, 211-213
tomada de decisão inconsciente, 223
Afetividade negativa, 168
Afeto, 111-118
Afeto positivo, 114-115
importância para conseguir um emprego, 168
traço de personalidade vinculado à criatividade, 219
Agência de Proteção Ambiental (EPA — Estados Unidos), 218
Agentes de mudança, 687-688
Agradabilidade, 159, 160, 161, 438
Agressão pessoal, comportamento desviante no local de trabalho, 332
Agressão, comportamento desviante em um local de trabalho, 332
Ajuste da pessoa ao supervisor, 176
Ajuste, valores no local de trabalho, personalidade e, 175
Alegria com a desgraça alheia, 320
Alocação do tempo no trabalho, gestores/funcionários, 407
Alocador de recursos, papel dos gestores, 6
Amamentação no trabalho, 666-667

Ambiente de trabalho
    discriminação, 48-51
    positiva, 24
    solidão, 724-725
Ambiente, estrutura/estratégia organizacional e, 581
    criatividade, 220-222
    modelo tridimensional do, 581
Ambientes dinâmicos, 581
Ameaça à identidade social, 322
Americans with Disabilities Act (Lei dos Americanos Portadores de Deficiência - ADA), 56, 57, 649
Americans with Disabilities Act Amendments Act (ADAAA) de 2008, 57
Aminimigo, 501
Amplitude de controle, estrutura organizacional e, 563-564, 584
Análise de redes sociais, avaliação de recursos, poder e, 488-489
Análise, pesquisa-ação, 694-695
Ansiedade, negociações e, 542
Antecedentes criminais, na seleção de candidatos, 643, 672-673
Antropologia, comportamento organizacional e, 16
Apelo inspiracional, tática de influência, 490
Aplicação do conhecimento, 34, 35
Aplicativos, comunicação e, 409, 415
Apoio e comprometimento, superando a resistência à mudança, 689-690
Apolítico, 503

Aprendizagem
    como um paradoxo, 699
    deficiências de, 57
    gestão da, 703
Aprendizagem por observação, 250, 251
Aprendizagem por observação, 253
Aptidão numérica, habilidade intelectual, 63
Aquisições e fusões, cultura organizacional e, 609
Árbitro, 547
Arquitetura, de uma organização, 583
Arranjos alternativos de trabalho, 286-292
Arranjos de trabalho, alternativos, 286-292
    compartilhamento de tarefas, 289
    horário flexível, 286-289, 291
    trabalho a distância, 290-292
Articulador, papel em uma equipe, 372
Assédio sexual, 558-559
    poder e, 494-495, 513
    tipo de discriminação, 50
Assertividade, 437, 528
Assessor, papel em uma equipe, 372
Assimilação, interpretação de papéis e, 326-327
Assistência, estratégia de *downsizing*, 578
Atalhos
    para julgar os outros, 198-200
    usados nas organizações, 200-202
Atendimento ao cliente, 21, 135-136
Atitudes, 81-88
    importância das, 83
    no trabalho (*veja* Atitudes no trabalho)
    satisfação com a vida pessoal e profissional, 136
Atitudes no trabalho
    comprometimento organizacional, 85
    distintas, 87-88
    engajamento do funcionário, 86-87
    níveis médios por dimensão, 90
    percepção de suporte organizacional, 86
    satisfação com a vida pessoal e profissional, 136
    satisfação/envolvimento, 84-85
Atividade física, sentimentos, emoções e, 123
Atividades sociais, emoções, sentimentos e, 122

Atuação em nível profundo, 125, 130
Atuação em nível superficial, 126, 130
Aumento, pedindo um, 238
Aumentos salariais, 310-311
Autoavaliações centrais, 91, 165-166
    vinculadas à criatividade, 219
Autoconcordância, 245
Autoconfiança da equipe, 374
Autoconfiança, característica vinculada à criatividade, 219
Autoeficácia, 168, 540
    aumentando a, nas pessoas, 250-251
    influência do *feedback*, 252
    traço de personalidade vinculado à criatividade, 219
    Autoestima, traço de personalidade, 168
    influência sobre a tomada de decisão, 210
Automonitoramento, 166
Autonomia, modelo de características do trabalho e, 280, 281
Autopromoção, técnica de gerenciamento da impressão, 505
Autoridade, 563
Avaliação da inteligência emocional, 128
Avaliação de ideias, 218
Avaliação Pós-Ocupação, 586
Avaliações de 360 graus, 657
Avaliações de desempenho, 368, 506-508
    avaliações de 360 graus, 657
    comparação forçada, 659
    comportamento, 655-656
    conduzidas por quem, 657-658
    definição de desempenho, 655
    escalas de classificação ancoradas em comportamentos, 659
    escalas gráficas de classificação e, 659
    feedback e, 661-663
    incidentes críticos, 659
    melhorando as, 660-661
    percepção, julgamento e, 201-202
    propósitos das, 655
    relatórios escritos, 658
    restrições organizacionais à tomada de decisão e, 211-213
    resultados individuais da tarefa, 656
    traços de personalidade e, 657
    variações internacionais das, 663

    viés nas, 661
Aversão ao risco, 209

B

Bajulação, tática de influência, 490
Bajulação, técnica de gerenciamento da impressão, 505, 514
Barreiras à comunicação eficaz, 418-422
Behaviorismo, 253
Benefícios flexíveis, 304
Benevolência, desenvolvimento da confiança, 461
Big data, utilização nas organizações
Blink (Gladwell), 209
Blogs, comunicação e, 409, 415
Bloqueio de produção, 345
Bônus, 300-301
    programa de remuneração variável, 296
Bônus não financeiros, 300-301
Brainstorming, grupos e, 345
Breaking Bad (televisão), 37
Burocracia, como estrutura organizacional, 569-571

C

Cadeia, rede de pequenos grupos, 399, 400
Cadeia de comando, estrutura organizacional, 563
    autoridade, 563
    unidade de comando, 563
Calvície, masculinidade e, 52
Campeões de ideias, inovação e, 701-702
Canais formais, 396
Canais informais, 397
Canal de comunicação, 306-307
    e riqueza de informação, modelo de, 412
    escolha dos métodos de, 412-415
    riqueza de canal, 411-412
    segurança da informação, 415, 416
Canal de comunicação "pobre", 411
Canal de comunicação "rico", 411
Capacidade(s), 62-65
    desenvolvimento da confiança, 461
    dos membros da equipe, 368
    físicas, 64-65
    intelectuais, 62-64
    mentais, influência sobre a tomada de decisão, 211
Capacidade, ambiente e 581

ÍNDICE REMISSIVO

Capelães, no local de trabalho, 622
Características biográficas, dos funcionários, 51-58
Características da mensagem, comunicação persuasiva e, 417
Características da tarefa
    e motivação, 279
    tarefas repetitivas e motivação dos funcionários, 282
    teoria do estabelecimento de objetivos e, 248
Características diferenciadoras dos funcionários
    habilidades físicas, 64-65
    identidade cultural, 61-62
    orientação sexual/identidade de gênero, 59-61
    religião, 58-59
    tempo na organização, 58
Características, habilidade dos funcionários, 62-65. *Veja também* Habilidade(s)
Carreira profissional, no comportamento organizacional, 17-26
Cartas
    como uma forma de comunicação, 406, 414
    de recomendação, 643
Causas, do comportamento criativo, 217, 218-222
Centralização, estrutura organizacional e, 564-565, 584
Centros de avaliação, 646
CEOs
    dilema ético, 471
    primeiros papéis de liderança, 469
Choque cultural, 609
Choques econômicos, mudança e, 686
Cidadania
    carreiras e, 245
    como um critério de avaliação do desempenho, 655
Ciência comportamental, *big data* e, 11-14
Cisne Negro (filme), 667
Clã, tipo de cultura organizacional, 598
Clareza, força situacional, 169-170
Clifton StrengthsFinder, 472
Clima (condições atmosféricas), emoções, humor e, 119
Clima de cuidado, 603
Clima de diversidade positiva, 55
Clima de independência, 603

Clima de leis e códigos, 603
Clima de regras, 603
Clima de trabalho ético, 603-604, 618
Clima ético instrumental, 603
Clima organizacional, 602
Clima organizacional, cultura e, 602
Coalizões, tática de influência, 490
Codificação, comunicação e, 396
Coerção
    poder coercitivo, 484-485
    resistência à mudança e, 692
Coesão da equipe, 376-377, 609
Coesão, do grupo, 338
Colaboração, 341
    característica da cultura de uma organização, 597
    conflitos e, 528
    habilidade de empregabilidade, 34, 35
    sobrecarga, 226-227
Colegas como mentores, 612
Colegas, poder e, 482
Coleta de informações, comportamento criativo e, 218
Coletivismo, 177
Comissão de Igualdade de Oportunidades de Emprego (EEOC — Estados Unidos), 60
    assédio sexual, 494-495
    e verificação de antecedentes, 643, 673
    negociações com terceiros, 546
    orientação sexual de funcionários públicos, 60
Comissão de Igualdade de Oportunidades de Emprego dos Estados Unidos, 60
Compaixão, cultura organizacional e, 617
Comparação forçada, 659
Compartilhamento de funções, 289
Compartilhamento social, emoções e, 131
Competitividade externa, 295
Competitividade interna, 295
Complementaridade do conteúdo, estilos de liderança/cultura, 601
Complexidade, ambiente e, 581
Componente afetivo, da atitude, 81, 82
Componente afetivo, na tomada de decisão, 205
Componente cognitivo, da atitude, 81, 82

Componente comportamental, da atitude, 82
Comportamento
    administração de conflitos, 528-530
    atitudes e, 82-84
    avaliações de desempenho e, 655-656
    causado interna/externamente, 195-196
    cidadania organizacional, 245
    condicionamento operante, 252
    criativo, 217
    defensivo, 503
    e estruturas organizacionais, 582-584
    estresse e, 713-714
    foco da organização no, 245
    motivado pelo monitoramento de funcionários, 253
    normas e, 329-331
    preguiça, 270
    teoria do reforço, 252-253
Comportamento antissocial, 164, 332, 333
Comportamento contraprodutivo no trabalho
    agressão, 332-333
    conscienciosidade, 159
    insatisfação no trabalho, 96-100
    resultados individuais da tarefa, 656
    sentimentos/emoções e, 137
    testes de inteligência emocional, 128-129
Comportamento de cidadania organizacional, 27-28, 94
    atividades em grupo e, 322
    comportamento de retraimento, 29-31
    confiança e, 463
    desempenho de tarefas, 28
    diminuição como resultado de discriminação, 50
    e carreira profissional, 245, 248
    influência do grupo sobre, 321
    influência dos contratos psicológicos, 326
    liderança servidora e, 459
    líderes transformacionais, 450
    processo de seleção de funcionários e, 643

produtividade, 32
sobrevivência, 32
Comportamento ético, 25
Comportamento organizacional
    antropologia e, 16
    aplicações de emoções/sentimentos, 132-138
    atitudes no trabalho, 84-88
    comportamento desviante no trabalho, 332-333
    definição, 9
    implicações para os gestores, 35-36
    negociações, diferenças de gênero em, 543-545
    poder e, 483-484
    psicologia e, 14-15
    psicologia social e, 15-16
    sociologia e, 16
    traços de personalidade que afetam o, 160, 165-167
    verdades absolutas e, 16-17
Comportamento organizacional como uma carreira profissional, 17-26
    ambiente de trabalho positivo, 24
    atendimento ao cliente, 21
    bem-estar dos funcionários no trabalho, 23
    comportamento ético, 25
    cultura, adaptação a diferentes, 19-20
    diversidade da força de trabalho, 20-21
    fatores demográficos da força de trabalho, 20
    globalização e, 18-20
    habilidades de empregabilidade, 33-35
    habilidades interpessoais, 21
    mídias sociais e, 22-23
    organizações em rede, 22
    pressões econômicas, 18
Comportamento organizacional positivo, 24
    pontos fortes dos funcionários, como desenvolver, 619
Comportamento político, 495
    comportamento politicamente correto, normas de, 331, 332

ética do, 508
fatores individuais/organizacionais que contribuem para o, 498-502
no trabalho, 495-496
Comportamentos causados externamente, 196
Comportamentos defensivos, 503
Comportamentos desviantes no trabalho
    nos grupos de trabalho, 332-333
    sentimentos/emoções e, 137
    tipologia, 332
Comportamentos motivados por causas internas, 196
Comportamentos no desenvolvimento da equipe, 379-380
Composição da equipe, 366
    capacidade dos membros, 368-369
    diferenças culturais e, 372
    diversidade na, 65, 371-372
    funções, alocação de, 371, 372
    personalidade dos membros, 369-371
    preferências dos membros, 374
    tamanho da, 373-374
Compreensão verbal, habilidade intelectual, 63
Comprometimento com o objetivo, teoria do estabelecimento de objetivos e, 247
Comprometimento organizacional, 85
    e rotação de funções, 482-483
Compromisso, conflitos e, 528, 529
Compulsão pelo trabalho, 668-669, 711
Comunicação
    ascendente, 398
    barreiras à, 418-422
    das expectativas éticas, 618
    definição, 395
    descendente, 397-398
    direção da, 397-401
    e sucesso do trabalho a distância, 292
    entre as unidades, mudança e, 701
    escrita, 395, 406-411
    funções/processo de, 395-397
    gestores e, 8
    guia cultural para a, 424-425
    habilidade de empregabilidade, 34, 35
    lateral, 399
    medo da, 421

não rotineira, 412
não verbal, 410-411
oral, 402-406
organizacional, estresse e, 718
persuasiva, 416-418
práticas de RH e, 664-665
processos, modelo de, 396
rede de rumores, 400-401
redes formais de pequenos grupos, 399-400
resistência à mudança e, 689-690
telefone e, 405
videoconferência/teleconferência, 404-405
Comunicação ascendente, 398
Comunicação descendente, 397-398
Comunicação escrita, 406-411
    aplicativos e, 409
    blogs, 409, 415
    cartas, 406, 414
    e-mail, 406
    escolha de, 412-415
    mensagens de texto, 408, 414
    mensagens instantâneas, 407-408, 414
    mídias sociais, 406-407, 414-415, 426
    PowerPoint, 406
Comunicação interpessoal, 403
Comunicação lateral, 399
Comunicação não verbal, 410-411, 415
Comunicação oral, 402-406, 412, 421
Comunicação organizacional, estresse no trabalho e, 717-718
Comunicação persuasiva, 416-418
Comunicação presencial, 402
Comunicação, estratégia de *downsizing*, 578
Conciliador, 547
Conclusão, processo de negociação, 539
Concorrência
    colaboração e, 703
    conflitos e, 528, 529
    mudança e, 686
Condições de trabalho, 91
Condições físicas para o trabalho, 241
Confiança intragrupal, sobrevivência e, 351
Confiança, equipes e, 368
    equipes virtuais, 384-385

ÍNDICE REMISSIVO

Confiança, liderança e
consequências da confiança, 460-461
cultura e, 461-462
desenvolvimento/natureza da, 461-462
propensão à, 462
recuperando a confiança perdida, 462-463
tempo e, 462
Conflito(s)
conflito de papéis, 326
de tarefas, 378-379
definição, 521
desempenho da unidade de trabalho e, 522
entre a vida profissional e a vida pessoal, administração dos, 668-669
gestão de, 530
loci de, 524-525
níveis de, em equipes, 378-379
nos relacionamentos, 378, 379
Conflito de processo, 522
Conflito diádico, 524
Conflito disfuncional, 522
Conflito entre papéis, 326
Conflito entre papéis, 326, 614, 708
Conflito funcional, 521, 531-533
Conflito intergrupal, 524
Conflito intragrupal, 524
Conflito percebido, 527
Conflito sentido, 527
Conflitos contraproducentes, 532
Conflitos de relacionamento, 378, 522
Conflitos de tarefas, 378-379, 524
Conflitos entre a vida profissional e a vida pessoal
causados pelo trabalho a distância, 292
problemas familiares e estresse, 709
reduzidos com esquemas de horário flexível, 286-289
Conflitos entre a vida profissional e a vida pessoal, administrando, 668-669
problemas familiares e estresse, 709
Conformidade
normas e, 328-329, 344
pressões para a, 343, 345
Conformidade excessiva, comportamento defensivo, 504

Conformidade, técnica de gerenciamento da impressão, 505
Conhecimento do trabalho, 659
Conhecimento prévio, comunicação persuasiva e, 417
Conscienciosidade, 438
dimensão da personalidade, 159, 168
influência sobre a tomada de decisão, 210
no trabalho, 159-160, 168
Conselheiro, papel em uma equipe, 372
Conselho Nacional de Relações Trabalhistas (Estados Unidos), 416
Conselhos de trabalhadores, tipo participação por representação, 294
Consenso, 196, 350-351
Consequências disfuncionais, conflitos e, 531
Consequências funcionais, conflito e, 530-531
Consequências, força situacional, 170
Consideração, liderança e, 439-440
Consistência
em ação, 196
força situacional, 170
Consulta, tática de influência, 490
Consultoria de processo, desenvolvimento organizacional e, 696
Consumo de drogas, comportamento contraproducente no trabalho, 97
Contágio emocional, 136
Contexto
contexto da equipe, 366-368
inovação e, 701
percepção e, 195
Contexto cultural, comunicação e, 423-424
culturas de alto contexto *versus* baixo contexto, modelo de, 423
Contexto da equipe, 366
avaliação de desempenho/sistema de recompensas, 368
confiança e, 368
estrutura de liderança, 367-368
recursos adequados, 366-367
Contexto global, característica da cultura organizacional, 624-625
Contexto social das negociações, 545-547
Continuum de intensidade dos conflitos, 529

Contrato psicológico, 325, 350
Controlador, papel em uma equipe, 372
Controle de agressividade, local de trabalho e, 139
Controle do estresse
abordagens individuais ao, 715-716
abordagens organizacionais ao, 716-719
incentivo organizacional do, 720-721
mudança organizacional no, 716
Controle, como um papel da gestão, 5, 8
Conversas, no escritório, 84-85
Cooptação, resistência à mudança e, 692
Correlação ilusória, 122
Corrupção, na política, 482-483
Cortisol, estresse e, 452, 708
Criador, papel em uma equipe, 372
Criatividade
ambiente criativo, 220-222
ambiente cultural e, 211
avaliação de ideias, 218
coleta de informações e, 218
comportamento organizacional, sentimentos/emoções e, 134
de equipes *versus* indivíduos, 221, 347
expertise/ética e, 220
formulação do problema e, 217
inovação e, 219, 222
inteligência/personalidade e, 219
Crowdsourcing, 561
Cultura dominante, 599
Cultura ética, 603, 618
Cultura formal, 624
Cultura forte, 601
Cultura fraca, 600
Cultura informal, 624
Cultura multinacional, 624-625
Cultura nacional, teoria do estabelecimento de objetivos e, 247-248
Cultura(s) organizacional(is), 596-597
adaptação a diferentes, 19-20
assédio sexual e, 494-495
ativa, 630
avaliações de desempenho em diferentes, 663
benefícios para a motivação dos funcionários, 304
clima e, 602
coletivista, conflitos e, 532

como os funcionários aprendem, 615-617
como são formadas, 614
como um termo descritivo, 598
como uma desvantagem, 608-609
como uma vantagem, 606-607
compaixão e, 617
compartilhamento de funções e, 289
comportamento político no trabalho e, 500
composição da equipe e, 372
comunicação e, 422-423
confiança e, 461-462
contexto global da, 624-625
contrastantes, 598
contratos psicológicos, 325
criação da, 609-614
criação, para promover mudanças no trabalho, 698-704
criatividade e, 222
critérios éticos para a tomada de decisão e, 213-215
de desonestidade, 628-629
definição, 597-598
dimensões de ajuste (do trabalho) e, 176
dimensões de Hofstede e, 177-179
dimensões éticas da, 603-604
dominante, 600
efeitos do dia da semana sobre os sentimentos em, 119
emoções e, 113
espiritualidade e, 621-623
estereotipagem e, 201-202
ética, 603
expectativa do papel e, 325
folga social e, 336
formalização *versus*, 601
forte *versus* fraca, 600
funções da, 601
globalização, desafios da, 18-20
guia para a comunicação, 424-425
histórias da, 615
horário flexível e, 286-287
impacto sobre o desempenho/satisfação dos funcionários e, 626-627
inovação e, 605-606
justiça e, 262
liderança e, 441
linguagem e, 617

métodos de seleção/alta administração/socialização para sustentar a, 610-614
mudança e, 600
necessidades sociais e, 238-239
negativa, 608-609
negociações e, 537, 542-543
negociações em equipe e, 537
normas e, 61-62, 67, 333
pagamento de bônus e, 301-302
plano de remuneração por unidade produzida e, 298-299
positiva, 618-621
programa de reconhecimento de funcionários e, 305
programas de envolvimento e participação dos funcionários e, 292
programas de participação por representação, 292-294
programas de remuneração variável e, 296
rituais, 615
sentimentos e, 116
símbolos, 615-616
subculturas, 599
sustentabilidade e, 604-605
táticas de influência e, 491
teoria do estabelecimento de objetivos e, 246
tomada de decisão individual e, 211
trabalho a distância e, 290
uniformidade, 599
uso de mídias sociais e, 409, 416, 426
valores e, 177-179
viés da autoconveniência e, 197
Cultura organizacional positiva, 618-621
Culturas ativas, 630
Culturas coletivas, negociações individuais *versus* em equipe, 537
Culturas de alto contexto, 423
Culturas de baixo contexto, 423
Culturas uniformes, 599
Currículo, 641-642
Currículos em vídeo, 642
Currículos virtuais, 409

D
Dados, ciência comportamental e, 11-14
Data mining de emoções, 141-142
Decepção, nas negociações, 541

Decisões, 203-205
Decisões éticas, 25
   ação afirmativa e veteranos de guerra desempregados, 47-48
   compaixão, cultura organizacional e, 617
   conversas no escritório, 84-85
   empatia para uma negociação mais ética, 541-542
   estratégia organizacional de mídias sociais, empregados e, 416
   estruturas flexíveis, locais de trabalho sem mesa, 575
   férias insuficientes, *burnout*, 26
   gerenciamento da impressão em entrevistas, 507
   gestores, testes de inteligência emocional e, 128
   HIV/Aids, organizações multinacionais e, 666-667
   líderes, responsabilização dos, 457-458
   mudança organizacional, controle do estresse e, 716-717
   optar por mentir, 215-216
   pegada de carbono, 365
   personalidade desonesta, 174
   pressão social, 330
   tecnologia, monitoramento de funcionários e, 253
   trabalhos precários, 302
Declaração de visão, 448
Decodificação, comunicação e, 397
Deficiências cognitivas, 57
Deficiências ocultas, 57-58
Deficiências, 55-57
Déficit de Atenção e Hiperatividade (TDAH), 57
Delatores, 213, 496, 497
Demandas de tarefas, estresse e, 707
Demandas interpessoais, estresse e, 708
Demandas, estresse e trabalho e, 706
Demissão de funcionários, 30, 662, 669-671
Demissões, 30, 669-671
Demissões, gestão de RH e, 669-671
Demografia organizacional, 371
Demonstrações realistas do trabalho, 647
Departamentalização geográfica, 561
Departamentalização por processo, 561

ÍNDICE REMISSIVO

Departamentalização por produto, 561
Departamentalização por serviço, 561
Departamentalização, 561-563
Dependência, poder e, 483
    análise de redes sociais, 488-489
    criação da, 487-488
    dificuldade de substituição, 488
    postulado geral da dependência, 487
Descentralização, estrutura organizacional e, 565
Descoberta, etapa da investigação apreciativa, 698
Desculpas, técnica de gerenciamento da impressão, 505
Desculpas, técnica de gerenciamento da impressão, 505
Deseconomias da especialização do trabalho, 560
Desempenhar, como um paradoxo, 699
Desempenho de tarefas, 28, 655
Desempenho no trabalho, 94, 713
    homens *versus* mulheres, 53-54
Desempenho, estágio do desenvolvimento de grupos, 322
Desenho de cargos
    elementos do redesenho de cargos, como fatores motivacionais, 279
    elementos do, como fatores motivacionais, 279-280
    modelo de características do trabalho, 279-282
    relacional, 284-286
Desenho relacional de cargos, 284-286
Desenho, etapa da investigação apreciativa, 698
Desenvolvimento de equipes, desenvolvimento organizacional e, 696-697
Desenvolvimento intergrupos, desenvolvimento organizacional e, 697-698
Desenvolvimento organizacional
    consultoria de processo, 696
    desenvolvimento de equipes e, 697-698
    desenvolvimento intergrupos e, 697-698
    investigação apreciativa, 698
    levantamento de *feedback*, 696
    treinamento de sensibilidade, 695
Desonestidade, cultura organizacional de, 628-629

Destino da organização, etapa da investigação apreciativa, 698
Desvio criativo, 589
Desvios nas entrevistas (Pesquisa de Comportamento Organizacional), 648
Deturpar a situação, comportamento defensivo, 504
Dia da semana, emoções, sentimentos e, 119, 120
Diagnóstico, pesquisa-ação, 694
Diferenças culturais, estresse no trabalho e, 711-712
Diferenciação, 196
Diferentes perspectivas, 541-542
Dificuldade de substituição, poder e, 488
Dilemas éticos
    assédio sexual e romances de escritório, 513
    cultura de desonestidade, 628-629
    data mining de emoções, 141-142
    definição, 25
    drones, uso de, 38-39
    empregados assertivos demais, 551
    equipes, violações éticas de, 384-385
    ética comportamental e, 214-215
    faltas por licença médica, 723
    participação simbólica no local de trabalho, 71
    política organizacional e, 513
    recompensas, 268-269
    recrutamento usando redes sociais, 675
    sites de manifestação de funcionários, 103-104
    tarefas ilegítimas, 309
    traga o seu próprio dispositivo, 428-429
    trapaça, 226
    violação de contratos psicológicos, 350
Dimensão ética, da cultura organizacional, 603-604
Dinheiro
    felicidade e, 283-284
    poder e, 483-484
Direção, esforço individual para o atingimento de metas, 237, 238
Discriminação, 48-51

    ameaça do estereótipo, 48-49
    de gênero, 53-54
    de raça/etnia, 55
    funcionários com deficiência e, 55-57
    no local de trabalho, formas de, 49-51
    orientação sexual/identidade de gênero, 59-60
    religiosa, 58
Disposição de assumir riscos, traço de personalidade vinculado à criatividade, 219
Disseminador, papel dos gestores, 6
Dissonância cognitiva, 83
Dissonância emocional, 126
Dissonância, atitudes, comportamento e, 83
Distância do poder, 86, 177
Distância física, comunicação e, 411
Distribuição forçada, 659
Distúrbios autoimunes, 57
Diversidade
    características demográficas, 45-46
    cultura organizacional como uma barreira à, 608
    de grupos, 66-67, 339-341, 347
    dos membros da equipe, 221, 371-372, 373
    níveis de, 47-48
Diversidade da força de trabalho, 20-21
Diversidade em nível profundo, 47
    em grupos, 340
Diversidade em nível superficial, 47-48
    em grupos, 339
Diversidade no local de trabalho, 51, 339-341, 347. *Veja também* Características biográficas dos funcionários
    características diferenciadoras, 58-62
Divisão do trabalho, 560
Doenças crônicas, 57
Dores crônicas, 57
Downsizing, estrutura organizacional, 576-578

E

Economia dos bicos, 548-549
Economias da especialização do trabalho, 560
Efeito halo, 199, 270
Efeito *horn*, 199

Efeito Pigmaleão, 201, 252
Efeitos de contraste, 199
Efeitos, do comportamento criativo, 217, 218
Eficácia, 31, 654-655
    comunicação, barreiras à, 418-422
    grupo de avaliação, modelo de, 345
    de tomada de decisão em grupo, 343
    modelo de eficácia da equipe, 367
Eficiência, 32, 343
e-lancing, 561
E-learning no trabalho, 654
e-learning, 654
e-mail, como uma forma de comunicação, 406, 413-414
    dicas para escrever de maneira profissional, 406
    sobrecarga de colaboração, 226-227
    tom da mensagem, 427-428
Emissor, comunicação e, 396
Emoções demonstradas, 124-125
Emoções morais, 113-114
Emoções sentidas, 124
Emoções, sentimentos e, 111-118
    afeto positivo/negativo, 114-115
    aplicações ao comportamento organizacional, 132-138
    atendimento ao cliente, 135-136
    atitudes no trabalho, 136
    comportamento desviante no trabalho, 137
    comunicação e, 418
    conflitos e, 528-529
    criatividade, 134
    data mining de emoções, 141-142
    emoções morais, 113-114
    estados emocionais (Pesquisa de Comportamento Organizacional), 116
    ética e, 117-118
    fontes de, 118-124
    funções das, 117-118
    irracionalidade e, 117
    liderança, 135
    motivação, 134-134
    negociações e, 135, 540-542
    normas e, 328
    raiva no trabalho, 139
    segurança/acidentes de trabalho, 138
    seleção, 133
    sorrisos, 113
    teoria de eventos afetivos, 126-127
    tipos de emoções, 111-112
    tomada de decisão e, 133
    vivenciando, 115-117
Empatia, negociações e, 541-542
Empowerment psicológico, 85
Empreendedor, papel dos gestores, 6
Empregado(s)
    aprendendo a cultura organizacional, 615-617
    bem-estar, no trabalho, 23
    benefícios, utilização para motivar, 303-304
    burnout, 26
    comportamento de retraimento, 29-31
    comportamento, estrutura organizacional e, 582-584
    demissão de, 662
    diversidade dos, 65-66
    engajamento no trabalho e, 263-264
    espiritualidade no ambiente de trabalho e, 621-623
    estratégia organizacional de mídias sociais e, 416
    estresse no trabalho (Pesquisa de Comportamento Organizacional), 705
    licenças sabáticas, estresse e, 718
    politicagem na organização, reações à, 497
    presença nas mídias sociais e, 426-427
    programa de remuneração variável, 296-303
    rastreamento/monitoramento no trabalho, 253
    recompensas intrínsecas, motivação e, 304-306
    recompensas para motivar, 295-303
    socialização, cultura organizacional e, 611-613
    trabalho a distância, 290-292, 583
    voluntariado e, 286
Empregado, 278
Empresas de inovação, 585-586
Encontrar um bode expiatório, comportamento defensivo, 504
Encontro, estágio da socialização, 612
Endogrupo, 445-446
    favoritismo, 321-322
    viés, 532
Enem, 62
Engajamento do funcionário, atitudes no trabalho e, 86-87
Engajamento no trabalho, motivação e, 99, 263-264
Engajamento, no trabalho, funcionários e, 263-264
Enriquecimento do trabalho, 283-284
Entonações, comunicação e, 411, 422
Entrevista(s)
    estruturadas, 647
    gerenciamento da impressão em, 503-506, 507
    julgamentos perceptivos, 200
    não estruturadas, 647
    RH, seleção de candidatos e, 647-649
Entrevista de emprego, percepção e, 200-201
Entrevistas de emprego, RH, emprego e, 647-649
Entrevistas em painel, 648
Entrevistas estruturadas comportamentais, 648
Entrevistas estruturadas, 647
Entrevistas não estruturadas, 647
Entusiasmo, 251
Envolvimento com o trabalho, 85
Envolvimento e participação dos funcionários, 292-294, 717-718
Equilíbrio da positividade, 115
Equipe de trabalho, 360-361
Equipes
    action teams, 377-378
    conflitos e, 378-379, 524-525
    desvantagens das, 381
    diversidade nas, 66, 222, 371-372, 373
    e criatividade, 222
    empowerment das, 382-383
    expressar-se nas, 386
    folga social, 379
    grupos *versus*, 360-361
    inteligentes *versus* improdutivas, 386-387
    modelo de, 366
    multifuncionais, 358-359, 363

ÍNDICE REMISSIVO

negociações em equipes *versus* individuais, culturas coletivistas e, 537
nível de estresse da, 709
popularidade das, 359-360
preferências dos membros, 374
quatro tipos de, modelo, 361
reflexividade, 375
resolução de problemas, 362
sistema de equipes múltiplas, 364-366
tamanho das, 373
testes para determinar a necessidade das, 381
trabalho autogerenciado, 362-363, 384
violações éticas das, 384-385
virtuais, 363-364
Equipes autogerenciadas, 362-363, 389
e cadeia de comando, 563
Equipes de controle de qualidade, 362-363
Equipes multifuncionais
e cadeia de comando, 563
trabalho autogerenciado, 362-363
Equipes multi-hierárquicas, 573
Equipes presenciais *versus* equipes virtuais, 363-364
Equipes virtuais, 363-364
confiança e, 385-386
importância da identidade da equipe, 376
para reduzir as pegadas de carbono, 365
versus equipes presenciais, 364
Erro de aleatoriedade, 208
Erro de similaridade, 660
Erro fundamental de atribuição, 196
Erros
aversão ao risco, 209
erros e vieses comuns e na tomada de decisão, 205-209
intensificação do compromisso, 208
redução de, 206
Escalas de classificação ancoradas em comportamentos, 659
Escalas gráficas de classificação, avaliações de desempenho e, 659
Escândalos, na política, 482-483
Escassez, poder e, 488
Esclarecimentos, processo de negociação, 539

Escolas Preparatórias dos Oficiais das Forças Armadas, provas, 62
Escravidão, 676-677
Escritórios de layout aberto, 585-586
Escuta ativa, 402
Esforço emocional, 124-126
EsPCEx, 62
Especialização do trabalho, 559-561, 582-583
Especialização, organização que aprende e, 703
Especificidade dos objetivos, 248
Esperança, traço de personalidade vinculado à criatividade, 219
Espiritualidade no local de trabalho, 621-623
Espiritualidade, cultura organizacional e
características, 621
críticas à, 623
desenvolvimento da, 622-623
importância da, 621
razões para a, 621
Estabilidade emocional, dimensão da personalidade, 158, 160-161
Estados emocionais (Pesquisa de Comportamento Organizacional), 116
Estafa do ouvinte, 402
Estágios, 639, 667, 675-676
Estatística, dados e, 11-14
Estender os prazos, comportamento defensivo, 504
Estereótipo, 48-49, 199-200
contra trabalhadores mais velhos, 51
cultural, 624
de gênero, 53-54, 543-545
de grupos e ameaça à identidade social, 322
negatividade do, 201-202
sexual, 60
Estereótipos negativos, 201-202, 223-224
Estereótipos positivos, 201-202
Estigmatização, status e, 336
Estilos de comunicação, 429
Estima, necessidade de, 238-239
Estratégia de imitação, 579
Estratégia de inovação, 578-580
Estratégia e estrutura, relação entre, 580
Estratégias com base na informação, iniciativas de equilíbrio entre a vida profissional e a vida pessoal, 670

Estratégias com base no tempo, iniciativas de equilíbrio entre a vida profissional e a vida pessoal, 670
Estratégias de gestão da diversidade
funcionários e, 65-66
grupos, diversidade em, 66-67
programas de diversidade eficazes, 67-68
Estratégias de mudança cultural, iniciativas de equilíbrio entre a vida profissional e a vida pessoal, 670
Estratégias de negociação, 533-537
Estratégias financeiras, iniciativas de equilíbrio entre a vida profissional e a vida pessoal, 670
Estratégias organizacionais, estrutura e, 578-580
ambiente, 581
estratégia de inovação, 578-580
instituições, 582
modelo de, 581
tamanho, 580
tecnologia, 580
Estratégias para resolver o conflito, 528
Estresse, 28
alostase, 706-707
consequências do, 712-714
definição, 704-705
demandas/recursos, 706
desempenho no trabalho e, 713-714
diferenças culturais e, 711-712
diferenças individuais, 710-711
em equipes, 708
emoções, sentimentos e, 119
estressores, 705-706
fatores ambientais do, 707
fatores organizacionais do, 708
fatores pessoais do, 709
fontes de, 707
horário flexível e, 288
liderança e, 452-453
modelo de, 707
mudança organizacional e, 703-704
negociações e, 540
sintomas comportamentais do, 713-714
sintomas fisiológicos do, 712
sintomas psicológicos do, 712-713
solidão, 724-725

trabalhar doente e, 720-721, 723
trabalho como uma grande fonte de, 705
vício em estressores, 699, 709
Estresse vivenciado, 709
Estressores por desafio, 705-706
Estressores por obstáculo, 705
Estressores, vício em, 698
Estrutura circular, organizacional, 575
Estrutura da tarefa, 442
Estrutura de equipe, organização, 573-575
Estrutura de remuneração
   equilibrando a equidade interna e externa, 295
   estabelecimento da, 295-296
Estrutura divisional, organizacional, 570-571
Estrutura em rede, 572-573
Estrutura funcional, organizacional, 561, 570
Estrutura inicial, liderança e, 439-440
Estrutura matricial, organizacional, 571
Estrutura modular, 572-573
Estrutura organizacional
   ambiente, 581
   amplitude de controle, 563-564, 584
   avaliação da, 573
   burocracia, 569-571
   cadeia de comando, 563
   centralizada/descentralizada, 564-565, 584
   circular, 575
   clientes, 570
   comportamento dos funcionários e, 582-584
   concepção, perguntas/respostas antes da, 560
   departamentalização, 561-563
   determinantes e resultados, 585
   downsizing, 576-578
   economias/deseconomias, da especialização do trabalho, 560
   escolha da, 574
   especialização do trabalho, 560, 582-583
   estratégias, 578-580
   estrutura de equipe, 573-575
   estrutura divisional, 570
   estrutura matricial, 571
   estrutura simples, 568-569
   estrutura virtual, 572-573
   flexível, 575
   formalização, 565-566
   funcional, 570
   instituições e, 582
   modelo mecanicista *versus* modelo orgânico de, 578
   relação entre estratégia/estrutura, 579
   superação de fronteiras, 565-566
   tamanho, 580
   tecnologia, 580
Estrutura organizacional de produtos/serviços, 570
Estrutura organizacional geográfica, 561, 570
Estrutura organizacional por cliente, 510
Estrutura simples, estrutura organizacional e, 568
Estrutura virtual, organizacional, 572-573
Estruturas flexíveis, estrutura organizacional, 575, 588
Estudo sistemático, intuição e, 11–14
Estudos da Universidade Estadual de Ohio, 439-441
Estudos de Hawthorne, 330-331
Ética
   comportamental, 214-215
   comportamento antiético resultante do tédio, 227-228
   comportamento do CEO, 471
   criatividade e, 220
   das recompensas, 268-269
   do comportamento político, 508
   emoções, sentimentos e, 117-118
   estabelecimento de objetivos e, 248
   mentiras e, 215-216
   na regulação emocional, 132
   testes de personalidade e, 154
   tomada de decisão e, 213-215
   treinamento em, 618
Ética comportamental, 214-215
Etnia
   ameaça do estereótipo, 48-49
   como uma característica biográfica, 55
   diversidade demográfica e, 45-46
   e-training, 654
   verificação de antecedentes criminais e, 672-673
Evitamento da incerteza, 178
Evitamento, conflitos e, 528
Evitar riscos, comportamento defensivo, 504
Exames médicos, emprego e, 650
Exames toxicológicos, de funcionários, 649
Exclusão
   em grupos, 327
   tipo de discriminação, 50
Exemplificação, técnica de gerenciamento da impressão, 505
Exemplo a ser seguido, 618
Exercícios físicos, estresse e, 715
Exogrupos, 322, 445-446
Expectativas de desempenho, percepção e, 201
Experiência no trabalho, estresse no trabalho e, 710-711
Experimento da prisão da Stanford, 326-327
Expertise, criatividade e, 220
Expressão emocional, 396
Expressões faciais, emoções e, 113, 141-142, 410
Extensão total do modelo de liderança, 454
Extroversão, 158, 160, 161, 164, 166, 168
Extroversão, 437-438, 575
Extrovertido (E) *versus* Introvertido (I), tipos de personalidade do MBTI, 158

F
Faculdade de administração, narcisismo e (Pesquisa de Comportamento Organizacional), 162-163
Faltas por licença médica, 29, 720-721, 723
   políticas liberais e absenteísmo, 98
Fatores de flexibilidade, habilidades físicas, 65
Fatores de força, habilidades físicas, 65
Fatores demográficos
   características biográficas, 51-58
   características diferenciadoras, 58-62
   diversidade e, 45-46, 371-372
   e liderança, 464
   força de trabalho, 20
Fatores demográficos da força de trabalho, 20

porcentagem de homens/mulheres na força de trabalho (Pesquisa de Comportamento Organizacional), 21
    valores dominantes, 174
Fatores higiênicos
    de um emprego, 241
    enriquecimento do trabalho, 283-284
Fatores individuais relacionados ao comportamento político, 498-499
Fatores organizacionais, estresse
    envolvimento dos funcionários em, 717-718
    gestão e comunicação e, 718
    licenças sabáticas e, 718
    programas de bem-estar, 719, 720-721
    redesenho de funções, 717
Fatores organizacionais relacionados ao comportamento político, 498, 499-502
Fatores pessoais, no estresse no trabalho, 709
Faultlines, 340
Favores, técnica de gerenciamento da impressão, 505
Favoritismo endogrupo, 321-322
Fazer-se de bobo, comportamento defensivo, 504
Feedback
    autoeficácia e, 250
    avaliações de desempenho e, 656-657, 660-663
    comunicação e, 395, 396
    comunicação oral e, 402
    entrevistadores e, 648
    levantamentos, desenvolvimento organizacional e, 696
    modelo de características do trabalho e, 279
    pesquisa-ação, 694-695
    programas de administração por objetivos, 248
    teoria do estabelecimento de objetivos e, 245
Feedback autogerenciado, 247
Felicidade, dinheiro e, 283-284
Feminilidade, 177-178
Fichas de inscrição, 641-642
Filtragem, como uma barreira à comunicação, 418
física social, 14

Física social, 14
Flexibilidade no trabalho, 286-289
Fluxo das metas para o esforço, 264
Foco na prevenção, 248
Foco na promoção, 248
Fofocas
    comportamento contraproducente no trabalho, 97
    lidando com rumores e, 400-401, 430
    no escritório, 84-85, 327
Folga social, 336-337, 374, 379
Fontes individuais, de resistência à mudança, 689
Fontes organizacionais, de resistência à mudança, 689
Fontes potenciais de estresse, 709
Força de trabalho, natureza mutável da, 686
Forças propulsoras, 693
Forças restritivas, 693
Formação, estágio do desenvolvimento de grupos, 322, 323
Formalização
    cultura *versus*, 601
    estrutura organizacional e, 565-566
Formato de explosão estrelar, tipo de organização em rede, 572
Formulação do problema, criatividade e, 217-218
Fragmentação, organização que aprende e, 703
Franquias, tipo de organização em rede, 572
Funcionários com deficiência
    acomodação de, 405
    como características biográficas, 55-57
    tratamento ilegal de, 55-57

G

Geração de ideias, comportamento criativo e, 218
Gerenciador de turbulências, papel dos gestores, 6
Gerenciamento da impressão
    avaliações de desempenho, 506-508
    comportamentos defensivos, 503
    do entrevistador, 507
    técnicas, 505
Gerenciamento por exceção, 451

Gerenciamento virtual, 572-573
Gestão de corredor, 11
Gestão de recursos humanos (RH)
    avaliações de desempenho e, 655-663
    gestores e, 8
    mídias sociais e, 22-23
    papel de liderança da, 664-671
    práticas de recrutamento, 639-640
    práticas de seleção, 640-644
    programas de treinamento e desenvolvimento, 650-655
    seleção substantiva/contingente, 644-650
Gestão enxuta, 577
Gestão participativa, 293
Gestão tradicional, 8
Gestor(es). *Veja também* Comportamento organizacional como uma carreira profissional
    alocação de atividades dos, por tempo, 8
    atividades gerenciais eficazes *versus* bem-sucedidas, 7-9
    definição, 5
    gestão da diversidade, 65-68
    habilidades conceituais dos, 7
    habilidades humanas dos, 7
    habilidades técnicas dos, 7
    insatisfação no trabalho e, 100-101
    papéis decisórios, 6-7
    papéis informacionais, 6
    papéis interpessoais, 5
    satisfação no trabalho e, 86
    testes de inteligência emocional e, 128
    trabalho dos, 5
Gestores, 4
Gestores bem-sucedidos, 8
Gestores eficazes, 7-9
Globalização
    ação afirmativa ao redor do mundo, 68
    desafios para a gestão, 18
    fuga de empregos para países com mão de obra mais barata, 19
    missões internacionais, 18-19
    questões culturais, 19
Gozação, tipo de discriminação, 50
Groupthink. *Veja* Pensamento de grupo
Grupo(s)

ameaça à identidade social, 322
coesão, 31, 338
confiança e sobrevivência em, 351
conflitos e, 526
definição, 319
desenvolvimento de, 322-323
diversidade em, 65, 339-341, 347
eficácia, 345
endogrupos, 321-322
equipes *versus*, 360-361
etapas de desenvolvimento, 322-323
exogrupos, 322
formais, 319
funcionamento, 31-32
informais, 319
interação, status e, 335
normas do, 328-334
polarização, 344
processos, modelo de, 374
status, 334-336
tamanho e dinâmica do, 336-338
temporários, 322-323
teoria da identidade social, 320
tóxicos, fofoca e exclusão, 327
Grupo de trabalho, 360-361
Grupo formal, 319
Grupo formal, 319
Grupos de interação, 345
Grupos de referência, 329
Grupos hierárquicos, 335
Grupos minoritários, ação afirmativa e, 65, 66, 68
Grupos temporários, 322
Guia de Estilo da Universidade de Oxford, 395

H

Habilidade(s)
 aplicação do conhecimento, 34
 colaboração, 34
 comunicação, 34
 de empregabilidade, 34
 dos gestores, 6
 interpessoais, 21
 interpessoais, 3-4
 liderança (Pesquisa de Comportamento Organizacional), 444
 modelo de características do trabalho e, 279-280
 pensamento crítico, 34
 responsabilidade social, 34

Habilidade mental geral, 63
Habilidade mental, influência sobre a tomada de decisão, 211
Habilidades conceituais, dos gestores, 7
Habilidades conceituais, dos gestores, 7
Habilidades de conversação *versus* habilidades de escrita, 409-410
Habilidades escritas *versus* orais, 409-410
Habilidades escritas *versus* orais, 409-410
Habilidades físicas, dos funcionários, 64-65
Habilidades intelectuais, 62-64
Habilidades interpessoais, 21
 importância das, 4
 treinamento e, 651
Habilidades políticas, 492
Habilidades técnicas, 4
 dos gestores, 7
 treinamento, RH e, 651
Harrison Assessment, 472
Hereditariedade, personalidade e, 154
Heterogeneidade, 581
Heurística, 199
Hierarquia de necessidades, de Maslow, 238-239
Histórias, cultura organizacional e, 615
Histórico de crédito, na seleção de candidatos, 643
histórico, 11-12
HIV/Aids, organizações multinacionais, ética e, 666-667
Hora do dia, emoções, sentimentos e, 118-119, 120
Horário flexível, 286-289, 291, 670
House of Cards (televisão), 325
Humor, comunicação e, 403

I

Idade
 comunicação, linguagem e, 418
 na força de trabalho, 51-53, 73-74
 sentimentos, emoções e, 120
Identidade cultural, 61-62
Identidade da equipe, 376
Identidade da tarefa, modelo de características do trabalho e, 280
Identificação coletiva, 321
Identificação relacional, 321
Implementação, processo de negociação, 539

Impontualidade, comportamento contraproducente no trabalho, 97
Importância, poder e, 487
Incertezas econômicas, estresse e, 707
Incertezas políticas, estresse e, 707
Incidentes críticos, avaliações de desempenho e, 658-659
Incivilidade no local de trabalho, 332
Incivilidade, tipo de discriminação, 50
Incrições on-line, 642
Indicador de Tipos de Personalidade Myers-Briggs (MBTI), 156-157
Índice de clima ético, 603
Individualismo, 177
Indivíduos esquivos, 164
Iniciativas para reduzir conflitos entre a vida profissional e a vida pessoal, 670
Iniquidade do status, 335-336
Iniquidade, 335-336
Injustiça percebida, 335
Injustiça, reações à, 262
Inovação
 campeões de ideias, 701-702
 contexto e, 701
 criatividade, organizações e, 222
 cultura organizacional e, 605-606
 definição, 699
 diversidade de grupos de trabalho, 347
 fontes de inovação, 700
Insatisfação no trabalho
 absenteísmo e, 98
 comportamento contraproducente no trabalho, 97-99
 fatores higiênicos e, 240
 modelo teórico do, 96
 questões gerenciais, 100-101
 reações ao, 98
 rotatividade e, 98-99
 teoria dos dois fatores da motivação, 239
Insatisfação, motivação e, 239
Institucionalização, como uma desvantagem da cultura organizacional, 608
Instituições, estrutura/estratégia organizacional e, 582
Insultos, tipo de discriminação, 50
Insumos, modelo de comportamento organizacional, 27
Integração, de novos funcionários, 612

Integridade
  característica da cultura de uma organização, 597
  desenvolvimento da confiança, 461
  RH, testes de seleção, 645-646
Inteligência
  autoeficácia e, 250-251
  criatividade e, 217
Inteligência emocional, 127-129, 386, 438-439, 714
Intenções, conflito e, 528
Intensidade do afeto, 118
Intensidade, esforço individual para o atingimento de metas, 237, 238
Intensificação do compromisso, 208
Intensificação, técnica de gerenciamento da impressão, 505
Interação dos gestores com os funcionários, 11
Interdependência epistêmica, 583
Interpretação de papéis, assimilação e, 326-327
Intimidação, tipo de discriminação, 50
Introversão, 185, 347, 575
Intuição
  com grande componente afetivo, 205
  estudo sistemático e, 10-14
  tomada de decisão e, 205
Inventário de Competências Emocionais (ECI-2), 128
Investigação apreciativa, desenvolvimento organizacional e, 698
Investigações cibernéticas, 415
Investimento, estratégia de *downsizing*, 578
Israel, exército em, 453

J

Jargões, 403, 617
Job crafting, 103-104
Jogar na defensiva, 504
Julgadores (J) *versus* Perceptivos (P), tipos de personalidade do MBTI, 157
Julgamento, dos outros, percepção e aplicação de atalhos, 200-201
  efeito halo e efeito *horn*, 199
  efeitos de contraste, 199
  entrevista de emprego, 200
  estereotipagem, 199-200
  percepção seletiva, 199

Justiça distributiva, 258-259
Justiça informacional, 261
Justiça interacional, 260-261
  definição e exemplo de, modelo, 259
Justiça interpessoal, 261
Justiça organizacional, 257-263, 582
  cultura e, 263
  definição e exemplo de, 259
  distributiva, 258-259
  garantindo a, 263
  informacional, 261
  interacional, 260
  interpessoal, 261
  modelo de, 259
  processual, 259-260
  resultados da justiça, 262
Justiça processual, 259-260
  definição e exemplo, modelo de, 259
  e programas de envolvimento e participação dos funcionários, 294
Justiça, organização, 213, 257-263. *Veja também* Teoria da equidade; Justiça organizacional
Justificativas, comportamento defensivo, 504
Justificativas, processo de negociação, 539

L

Laissez-faire, comportamento de liderança, 451
Lealdade, empregado/empregador, conceito obsoleto, 96, 97
Legitimidade, tática de influência, 490
Lei de Emprego Igualitário (África do Sul), 69
Lei de Normas Trabalhistas Justas de 1938 (Estados Unidos), 297
Lei de Transparência na Cadeia de Suprimentos da Califórnia (Estados Unidos), 676
Lei dos Direitos Civis de 1964 (Estados Unidos), 60
Lei Federal de Proteção a Vítimas do Tráfico (Estados Unidos), 676
Lei Nacional de Relações Trabalhistas (Estados Unidos), 416
Leniência negativa, avaliações, 660
Leniência positiva, avaliações, 660
Lésbicas, gays, bissexuais, transexuais, transgêneros e questionadores (LGBTQ), funcionários, 59

Lesões no trabalho, 302
Levantamento de *feedback*, desenvolvimento organizacional e, 696
Licenças sabáticas, 718
Liderança
  aprendizagem, 622-623
  autêntica, 455-456
  carismática, 447-450
  CEOs e, 469, 471
  como um papel da gestão, 5, 6
  comportamento organizacional, sentimentos/emoções e, 134
  confiança, 460-463
  criatividade e, 222
  definição, 437
  engajamento do funcionário e, 263-264
  equipes, estrutura das, 366-368
  ética, 456-458
  extensão total do modelo de liderança, 454
  gestão de RH e, 664-671
  habilidades, desenvolvimento de, 444
  mantendo os inimigos por perto, 501
  mentoring e, 463-464
  percepções dos funcionários sobre as características do trabalho, 282
  poder e, 483-484
  responsabilização dos líderes, 457-458
  responsável, 455-460
  ruim, 439-440
  servidora, 459-460
  teoria de troca entre líder e liderados (LMX), 445-446
  teorias comportamentais de, 439-441
  teorias contemporâneas de, 445-455
  teorias contingenciais de, 441-444
  teorias dos traços de, 437-439
  testes de avaliação e, 472-473
  transacional/transformacional, 450-455
Liderança autêntica, 455-456
Liderança carismática
  definição, 447
  influência sobre os seguidores, 448-449
  lado negro da, 449-450
  situacional, 449

socializada, 456
  teoria da atribuição da liderança e, 464
  teoria da, 446-447
  transformacional *versus*, 454
Liderança carismática socializada, 456
Liderança, desafios da
  seleção de líderes, 466-467
  substitutos/neutralizadores da, 465-466
  teoria da atribuição de, 464
  treinamento de líderes, 467-468
Liderança ética, 456-458
Liderança por recompensa contingente, 450-451
Liderança transacional, 450-455
  características dos líderes, modelo, 450
  liderança transformacional *versus*, 454
Liderança transformacional
  avaliação da, 453-454
  como funciona, 452-453
  liderança carismática *versus*, 454-455
  liderança transacional *versus*, 454
Liderança transformacional focada nos indivíduos, 452
Líderes
  seleção, 466-467
  treinamento, 467-468
Lie to Me (televisão), 141
Lierança servidora, 459-460
Ligação, gestores e, 6
limitações, 13-14
Língua Brasileira de Sinais (LIBRAS), 405
Linguagem
  barreiras culturais à comunicação e, 418, 422-423
  como barreira à comunicação, 418
  corporal, 410
  cultura organizacional e, 617
  diferenças entre os sexos e comunicação, 429
  em reuniões, 402-403
Linguagem corporal, 410-411
Linha de montagem, 559-560
Literatura, sobre comportamento organizacional, 36-37
Loci de conflito, 524-525

M

Manipulação, resistência à mudança e, 692
Mantenedor, papel em uma equipe, 372
Manual de Estilo de Chicago, 395
Mão de obra de baixo custo no exterior, 19
Mapa político, sua carreira e, 508-510
Maquiavelismo, 162, 438, 498, 499
MASA (melhor alternativa sem acordo), 538, 541
Masculinidade, 177-178
Maslow, hierarquia de necessidades de, 238-239
Matriz de Habilidades para a Empregabilidade, 35, 44
Mecanismos de proteção, 618
Mediações, gestão de RH e, 669-671
Mediador, nas negociações, 547
Membros da equipe "em alta", 370
Memo (aplicativo), 103
Memória, habilidade intelectual, 63
Mensagem, comunicação e, 396
Mensagens de texto, 408, 414
Mensagens instantâneas, 407, 414
Mensuração
  personalidade, 153-154
  satisfação no trabalho, 88-89
Mentira(s)
  comunicação e, 421-422
  ética e, 215-216
Mentoring, 463-464
Mercado, tipo de cultura organizacional, 598
Mestria prática, 251
Metamorfose, estágio de socialização, 612, 613
Metanálise
  do Teste de Associação Implícita (TAI), 223-224
  teoria da avaliação cognitiva e motivação intrínseca, 244
Metas estendidas, 248
Metas objetivas, 245
Método da alta administração, para sustentar a cultura organizacional, 611-614
Microintervalos, 715
Microspecialização, 561
Mídias sociais
  comunicação e, 408-409, 410
  dependência, poder e, 488-489
  funcionários, para monitorar, 426-427
  questões de gestão e, 22-23
  retornos sobre a utilização de, 414
  tempo desperdiçado com, 237
  uso pelas organizações, 414
Millennials, 180-181
Mindfulness, 131, 140-141
Mintzberg, papéis dos administradores segundo, 5
Missões internacionais, 67
Mito ou Ciência (seções)
  24 horas no trabalho, 668-669
  boa cidadania, 245
  cultura organizacional, mudança e, 600
  dinheiro não traz felicidade, 283-284
  estereótipos, 201-202
  estresse, liderança e, 452
  fofoca/exclusão, grupos tóxicos e, 327
  funcionários felizes são funcionários produtivos, 99
  gestão de corredor, 11
  mantendo os inimigos por perto, 501
  membros da equipe "em alta", 370
  negociação em equipe nas culturas coletivistas, 537
  os calvos são melhores, 52
  primeiras impressões, 166
  sono, trabalho e, 713
  sorrisos, 113
  trabalho a distância, 583
Modelo de características do trabalho, 279-282
Modelo de competência estratégica, 574
Modelo de comportamento organizacional, 26-33
  atitudes, estresse e, 27
  insumos, 27
  modelo básico, 26-27
  processos, 27
  resultados, 28-33
Modelo de contingência de Fiedler, 441
Modelo de Hofstede (de valores culturais), 177-179
  comparação com o em modelo GLOBE de valores culturais, 179
  criatividade vinculada à dimensão da individualidade, 222

diferenças relativas à justiça, 263
Modelo de participação e liderança, 444
Modelo de Personalidade Big Five, 156, 158-161
    abertura a novas experiências, associada à criatividade, 219
    modelo de como os traços de personalidade afetam o comportamento organizacional, 160
    personalidade dos membros da equipe, 369-371
    previsão do comportamento no trabalho, 159
    teorias dos traços de liderança, 437-439
    traços de personalidade nas negociações, 539-540
Modelo de três estágios da criatividade, 318
Modelo de três etapas de Lewin, 692-693
Modelo do equilíbrio pontuado
    estágios do, 322
    modelo, 322
Modelo GLOBE de valores culturais, 178-179
Modelo mecanicista, de estrutura organizacional, 578, 579
Modelo orgânico, tipo de estrutura organizacional, 578, 579, 700
Modelo racional de tomada de decisão, 203
Modelos alostáticos, 706
Modelos de personalidade
    Indicador de Tipos de Personalidade Myers-Briggs (MBTI), 156-157
    Modelo de Personalidade Big Five, 156, 158-161
    Tríade Sombria, 162-164
Modelos mentais, 377-378
Moneyball (Lewis), 270
Montante fixo, 533
MotionSavvy, 405
Motivação, 244-257, 278-279
    benefícios, funcionários e, 303-304
    com o desenho de funções, 279-282
    comportamento organizacional, sentimentos/emoções e, 134
    criatividade e, 220
    efeito das normas desviantes no trabalho, 332

    engajamento no trabalho e, 263-264
    enriquecimento do trabalho e, 283-284
    fatores extrínsecos *versus* intrínsecos no local de trabalho, 240
    fatores higiênicos, 240, 283
    gestão participativa, 293
    hierarquia de necessidades de Maslow, 238-239
    hierarquia de necessidades de, 238-239
    integração de teorias da, 264-265
    intrínseca, 220, 239-240, 283
    objetivos organizacionais, 238
    participação por representação, 293-294
    programas de envolvimento e participação dos funcionários, 292-294
    recompensas intrínsecas, funcionários e, 304-306
    recompensas para motivar os funcionários, 295-304
    redesenho de funções e, 282-286
    responsabilidade social corporativa, 236-237
    rotação de funções e, 282-283
    teoria da autodeterminação, 244-245
    teoria da autoeficácia, 250-252
    teoria da avaliação cognitiva, 244, 264
    teoria da equidade, justiça organizacional, 257-263
    teoria da expectativa, 255-257
    teoria de necessidades de McClelland, 241-243
    teoria do aprendizado social, 250
    teoria do estabelecimento de objetivos e, 246-250
    teoria do reforço, 252-253
    teoria dos dois fatores, 239-241
Motivação extrínseca, 240
Motivação intrínseca, 220
    e recompensas extrínsecas, 244
    efeito do enriquecimento do trabalho, 283-284
    fatores relacionados à satisfação no trabalho, 239-241
    motivação extrínseca *versus*, 239
Motivação para o progresso profissional, 239

Motivação pró-social, 286
Movimento corporal, comunicação e, 410
Mudança
    apoio de baixo para cima, 690
    cultura organizacional como uma barreira à, 608
    descongelamento do *status quo*, 692-693
    estresse e, 704-705
    fatores políticos da, 692
    fatores que estimulam a, 686-687
    incapacidade, 723-724
    inovação, estimulando a, 699-702
    modelo de três etapas de Lewin, 692-693
    organizações que aprendem e, 702-704
    paradoxo, administrando o, 699
    planejada, 687-688
    plano de oito passos de Kotter para a implementação da, 693-694
    resistência à, 689-692
Mudança de posição do grupo, 344
Mudança organizacional
    controle do estresse e, 716-717
    desenvolvimento organizacional e, 695-698
    modelo de três etapas de Lewin, 692-693
    pesquisa-ação, 694-695
    plano de oito passos de Kotter para a implementação da, 693-694
Mudança planejada, 687-688

N

Narcisismo, 162-164, 180-181, 210, 438
Necessidade de afiliação (nAff), 241-242
Necessidade de cognição, 417
Necessidade de poder (nPow), 241-242
Necessidade de realização (nAch), 241-242, 265
Necessidades de autorrealização, 239
Necessidades de pertencimento social, 239
Necessidades de segurança, 239
Necessidades fisiológicas, 238
Negociação
    comportamento organizacional, sentimentos/emoções e, 136
    eficácia, diferenças individuais nas, 539-545

em equipe *versus* individuais, nas culturas coletivistas, 537
negociação distributiva, 533-534
negociação integrativa, 535-537
no contexto social, 545-547
Negociação coletiva, 537, 548, 549, 552-553
Negociação distributiva, 533-534
Negociação integrativa, 534, 535
distributiva *versus*, 533
Negociações interculturais, 532
Negociadores terceirizados, 547
Networking, gestores e, 8
Neuroticismo, traço de personalidade, 158
Neutralizadores, da liderança, 465-466
Nível de interesse, comunicação persuasiva e, 417
Normas, 328
culturais, 61
do grupo, 328-334
e status, 334-335
Normas do grupo, 328-334
comportamento e, 329-331
conformidade e, 328-329
cultura e, 333-334
emoções e, 328
negativas, resultados do grupo e, 332-333
positivas, resultados do grupo e, 331-332
Normas formais, 211
Normas morais, 213-214
Normas negativas
comportamento desviante no trabalho, 332-333
resultados do grupo e, 332-333
Normas positivas, resultados do grupo e, 331
Normatização, estágio do desenvolvimento de grupos, 322
Nova Política Econômica (Malásia), 70
novas tendências, 13

O

O Poderoso Chefão (filme), 547
Objetivos
benefícios, 266-267
consequências negativas, 266-267
controle do estresse e, 717
difíceis ou impossíveis, 237
e autoconcordância, 245
efeitos conjuntos dos objetivos e autoeficácia no desempenho, 251
específicos, 245, 374
metas da organização e motivação, 236
metas estendidas, 248, 266-267
metas objetivas, 245
objetivos compartilhados, em equipes, 375
relação com o desempenho, 247
teoria do caminho-meta, 444
Objetivos da divisão, 248
Objetivos do departamento, 248
Objetivos específicos, 246, 375-376
Objetivos individuais, 248
Objetivos organizacionais, 238
e recompensas, 255-257
motivação, 237
Objetivos profissionais (seções)
aconselhamento, 243
aprendendo a liderar, 622-623
chefe gritando, 136
chegar atrasado no trabalho, 198
comportamento político no trabalho, 500
composição da equipe, 373
deficiências, ajustes a, 405-406
demissão de funcionários, 662
demissão do funcionário, 30
encontrando uma função melhor, 541
equipes, estresse e, 709
estrutura organizacional, escolha da, 574
ficando satisfeito no trabalho, 95-96
horário flexível, 291
identidade sexual no trabalho, 61
liderança, 439-440
pressão social em grupos, 343
testes de personalidade, 154
Objetivos, administração por, 248
Objeto, percepção e, 195
Observadores, avaliações realizadas por, 154
Obsessivo-compulsivas, pessoas, 164
"O disparate de recompensar A para obter B" (Kerr), 268
Opções de emprego, no comportamento organizacional, 17

Oportunidades de crescimento pessoal, recompensa intrínseca, 241
Oportunidades de promoção, recompensa intrínseca, 241
Ordenação simples, 659
Organização, 5
atalhos comuns na, 198-200
inovação, resultados criativos e, 222
restrições à tomada de decisão e, 211-213
tomada de decisão na, 203-209
Organizações de aprendizagem, cultura organizacional, 702-703
Organizações disfuncionais, cultura e, 608-609
Organizações em rede, 22, 572-573
Organizações horizontais
estrutura simples para, 568-569
opções de estrutura organizacional para, 572-575
problemas das, 558-559
Organizações que minimizam os custos, 579
Organizador, papel em uma equipe, 372
Organizar
como um papel da gestão, 5
como um paradoxo, 699
Orientação aos detalhes, característica da cultura de uma organização, 597
Orientação da equipe, característica da cultura organizacional, 597
Orientação para o cliente, característica da cultura de uma organização, 597
Orientação para o curto prazo, 178
Orientação para o longo prazo, 177
Orientação para os resultados, característica da cultura de uma organização, 597
Orientação sexual, na força de trabalho, 59-61
Orientado a relacionamentos, resultado do questionário LPC, 441
Orientado a tarefas, resultado do questionário LPC, 441
Oversharing, no escritório, 84-85

P

Papéis
alocação de, em equipes, 371
ambiguidade de, 498, 500
definição, 324

demandas, estresse e, 708
do grupo, 324-327
estresse, 291, 718
expectativas, 325
percepção, 325
Papéis no grupo, 324-327
    alocação de, 371
    conflito de papéis, 325-326
    expectativa do papel, 325
    interpretação de papéis, assimilação e, 326-327
    percepção do papel, 325
Papel de monitor, dos gestores 6
Papel de negociador, dos gestores, 6
Papel decisório, dos gestores 7, 8
Papel informacional, dos gestores, 6
Papel interpessoal, dos gestores, 6
Participação
    estratégia de *downsizing*, 578
    superando a resistência à mudança, 689-690
Participação por representação, 293-294
Participação simbólica, 71
Pegada de carbono, 365
Pensamento crítico
    e grupos de trabalho diversificados, 347
    habilidade de empregabilidade, 34, 35
Pensamento de grupo, 343-344
Pense como um freak (Dubner e Levitt), 36
Percepção
    contexto e, 195
    definição, 193
    estresse no trabalho e, 709
    fatores que influenciam a, 195
    julgamento e, 195-202
    objeto da, 195
    perceptor, 193-195
    seletiva, 418-419
    teoria do aprendizado social, 254
    tomada de decisão individual, 203
Percepção de suporte organizacional, 84
Percepção seletiva, 198-199, 418-419
Perceptor, percepção e, 193-195
Persistência, esforço individual de atingimento de metas, 237, 238
Personalidade
    autoeficácia e, 250-251

    como fonte de emoções/sentimentos, 118
    comunicação persuasiva e, 417
    criatividade e, 219
    definição/mensuração da, 153-154
    dos membros da equipe, 368-372
    estilo de negociação e, 539-540
    estresse no trabalho e, 711
    hereditariedade e, 154
    mudança, aceitação da, 692
    primeiras impressões e, 160
    programas de treinamento e, 654
    satisfação no trabalho e, 91
    situações e, 169-172
    teorias dos traços de liderança, 437-439, 441
    tomada de decisão individual e, 210-211
    traços de personalidade indesejáveis de, 162-164
    traços de personalidade que influenciam o comportamento organizacional, 160
    traços de personalidade que mais importam para o sucesso, 159
    trapaça, 174
    valores e, 172-174
    valores no local de trabalho e, 175
Personalidade *borderline*, 164
Personalidade proativa, 167, 219
Perspectiva homeostática, 706
Persuasão racional, tática de influência, 490
Persuasão verbal, 250, 251
Pertencer, como um paradoxo, 699
Pesquisa-ação, mudança organizacional e, 694-695
Pessoas que sabem trabalhar em equipe, 379-381
    contratação de, 379
    prima donnas versus, 384-385
    treinamento, 379-380
Planejamento, como um papel da gestão, 5
Planejamento, processo de negociação, 537-538
Plano de oito passos de Kotter para a implementação da mudança, 693-694
Plano de participação nos lucros, 296, 301-302

Plano de remuneração por unidade produzida, 296, 298-299
Planos de participação acionária para funcionários, 296, 303
Poder
    abuso de, 492-495
    bases do, 484-487
    colegas e, 492
    dependência e, 487-489
    desejo de, 511
    diferenciais de, assédio sexual e, 494-495
    formal, 484-485
    liderança e, 483-484
    pessoal, 485-486
    política organizacional e, 495-496
    táticas de, 491
    tipos eficazes de, 487-488
    variáveis, 494
Poder da posição, 442
Poder de especialista, 485
Poder de recompensa, 485
Poder de referência, 486
Poder formal
    coercitivo, 484-485
    legítimo, 485
    recompensas, 485
Poder legítimo, 485
Polarização, 336, 344
Polidez, nas negociações, 542
Política internacional, mudanças na, 687
Política organizacional, poder e, 495-496
    gerenciamento da impressão, 503-506
    mapeando sua carreira política, 508-510
    Pesquisa de Comportamento Organizacional, 495-496
    reações à, 497
Política, categoria de comportamento desviante no local de trabalho, 333
Politicagem, 499-500
Políticas da empresa, 240
Políticas da mudança, 692
Políticas empregatícias, RH e, 664-665
Políticas, da empresa, 241
Ponderadores em recuperação, 715
Ponto da virada, O (Gladwell), 209
Ponto de resistência, 534

Ponto e Contraponto (seção)
    antecedentes criminais, empregadores e, 672-673
    CEOs, liderança e, 469
    criatividade, de equipes versus indivíduos, 347
    cultura organizacional positiva, 626-627
    equipes, *empowerment* de, 382-383
    escritórios de layout aberto, 585-586
    gritaria no trabalho, 139
    lealdade do empregador/empregado, conceito obsoleto, 96
    literatura sobre o comportamento organizacional, 36-37
    narcisismo, *millennials* e, 180-181
    objetivos, 266-267
    poder, 511
    presença nas mídias sociais, funcionários e, 426-427
    programas de ação afirmativa, 69-70
    redução do estresse, incentivos organizacionais, 720-721
    Teste de Associação Implícita (TAI), 223-224
    trabalho em contato presencial, 307
    trabalho não sindicalizado e a economia dos bicos, 548-549
Ponto-alvo, 534
Pontos cegos morais, 215
Porta-voz, papel dos gestores 6
Postulado geral da dependência, poder e, 487
Potencial motivador (PM), 281-282
Potencial, das equipes, 361, 375
PowerPoint, 406, 563
Práticas de contratação
    decisões de colocação, controle do estresse e, 716
    entrevistas, 647-649
    fichas de inscrição, 641-642
    modelo de, 641
    sentimentos/emoções e, 133
    sustentando a cultura organizacional, 610
    testes de seleção contingente, 649-650
    testes de simulação de desempenho, 646-647
    testes escritos, 644-645
    verificação de antecedentes, 642-644
Práticas de recrutamento, 639-640
Práticas de seleção
    decisões de colocação, controle do estresse e, 716
    entrevistas, 647-649
    fichas de inscrição, 641-642
    modelo, 641
    sentimentos/emoções e, 133
    sustentando a cultura organizacional, 610
    testes de seleção contingente, 649-650
    testes de simulação de desempenho, 646-647
    testes escritos, 644-645
    verificação de antecedentes, 642-644
Práticas de socialização, opções, 613
Práticas de sustentabilidade social, 604
Práticas ecológicas, 687
Práticas individuais, de socialização, 613
Práticas institucionais, 613
Precedentes históricos, tomada de decisão organizacional, 213
Pré-chegada, ou socialização, de novos funcionários, 612
Preguiça, 270
Preparação, processo de negociação, 537-538
Presenteísmo, 723
Pressão social, 330
Pressão, tática de influência, 490
Pressões sociais, 84
Prestação de contas, liderança e 457-458
Prevenção de catástrofes, análise de dados, 14
Prevenção, comportamento defensivo, 503
Previsão de eventos, análise de dados, 12
Prima donna, 384-385
Primeiras impressões, personalidade e, 160
Problema, 203
Problemas familiares, como um fator estressante, 709
Problemas financeiros pessoais, 709
Problemas psicológicos, 57
Processamento automático, 416-417
Processamento controlado, 417
Processo de comunicação, 396
Processo de conflito
    cognição e personalização, 527
    comportamento, 528-530
    consequências, 530-533
    incompatibilidade ou oposição potencial, 525-527
    intenções e, 528
    modelo de, 525
Processo de negociação
    barganha/solução de problemas, 539
    conclusão/implementação, 539
    esclarecimentos/justificativas, de posições, 539
    preparação/planejamento, 538
    regras básicas, definição de, 539
Processo justo, avaliações de desempenho e, 660-661
Processos de atenção, 254
Processos de equipe, 361, 374-379
    coesão, 376-377
    efeitos dos, modelo, 375
    eficácia, 374-375
    folga social, 379
    identidade, 376
    modelos mentais, 377-378
    níveis de conflito, 378-379
    objetivos específicos, 375
    plano/propósito compartilhado, 375
Processos de reprodução motora, 254
Processos de retenção, 254
Processos, modelo de comportamento organizacional, 27
Produção, categoria de comportamento desviante no local de trabalho, 333
Produtividade, 32
    aumentada pelo horário flexível, 286
    de equipes autogerenciadas, 362-363
Produtor, papel em uma equipe, 372
Profecia autorrealizável, 201, 252
Professores holandeses do ensino fundamental, 453
Programa de reconhecimento de funcionários, 303
Programa de remuneração variável, 296-303
    avaliação do, 303
    bônus, 300-301

com base no mérito, 299-300
participação acionária para os funcionários, 303
	participação nos lucros, 301-302
	por unidade produzida, 298-299
Programas de ação afirmativa, 67-68
	para veteranos de guerra desempregados, 47-48
Programas de assistência a funcionários, 625, 704, 716-717
Programas de bem-estar, controle do estresse e, 617-618
Programas de benefícios
	flexíveis, 304
	RH e, 665-666
Programas de diversidade, 67-68
Programas de reconhecimento de funcionários, 300-301, 303-304
Programas de redução de estresse, 720-721
Programas de treinamento e desenvolvimento, RH e, 650-655
	civilidade, 651-652
	eficácia do programa, avaliação, 654-655
	e-learning, 654
	ética, 652-653
	habilidades de resolução de problemas, 651
	habilidades interpessoais, 651
	habilidades técnicas, 651
	para avaliadores de desempenho, 661
	treinamento de habilidades básicas, 650-651
	treinamento no local de trabalho, 654
Programas de treinamento, 325
Promoção da justiça, 262
Promotor, papel em uma equipe, 372
Propensão à confiança, 462
Propriedade, categoria de comportamento desviante no local de trabalho, 333
Proteger-se, comportamento defensivo, 504
Protegido, 463-464
Protelar, comportamento defensivo, 504
Provas escritas, emprego, RH e, 644-646
	integridade, 645-646
	testes de inteligência ou capacidade cognitiva, 645
	testes de personalidade, 645
Psicologia social, comportamento organizacional e, 15-16
Psicologia, comportamento organizacional e, 14-15
Psicopatia, 164, 437-439

Q

Questionário das Dimensões da Organização de Aprendizagem, 702
Questionário de preferências vocacionais, 175
Questionário de Traço de Inteligência Emocional (TEIQue), 128
Questionário do colega de quem menos gosto (LPC), 441
QUILTBAG (queer/questionadores, intersexuais, lésbicas, transgêneros, bissexuais, assexuais/aliados ou gays), 60
Quociente de inteligência (QI), 62

R

Raça
	ameaça do estereótipo e, 48-49
	como uma característica biográfica, 55
	diversidade demográfica e, 45-46
	remuneração com base no mérito, 299
	verificação de antecedentes criminais e, 673
Racial Intelligence Training & Engagement, 72-73
Raciocínio dedutivo, habilidade intelectual, 63
Raciocínio indutivo, habilidade intelectual, 63
Racional (T) *versus* Emocional (F), tipo de personalidade MBTI, 158
Racional, 203
Racionalidade limitada, 204-205
Raiva, nas negociações, 540-541
Rapidez perceptual, habilidade intelectual, 63
Realização, fator intrínseco de motivação, 239, 240, 264
Reatividade, 703
Reavaliação cognitiva, 130-131
Receptor, comunicação e, 397
Recompensas
	ética das, 268-269
	incentivos para trabalhar em equipe, 380-381
	motivação extrínseca *versus* intrínseca, 244
Recompensas extrínsecas, 619
Recompensas intrínsecas, motivação dos funcionários e, 304-307, 381
	criando pessoas que sabem trabalhar em equipe, 381
	teoria dos dois fatores da motivação, 241
Recompensas, para trabalhar em equipe, 380-381
Reconhecimento, fator intrínseco da motivação, 239, 240
Recrutamento on-line, 640
Recursos
	avaliação com análise de redes sociais, 488-489
	capital humano, 640
	equipes e, 366-367
	estresse no trabalho e, 706
	inovação e, 701
Recursos de capital humano, 640
Rede de rumores, comunicação e, 400-401, 430
Redes de pequenos grupos, 397-398
Redes formais de pequenos grupos, 397-398
Redesenho de funções, 282-286
	desenho relacional de cargos, 284-286
	enriquecimento do trabalho, 283-284
	esquemas alternativos de trabalho, 286-292
	rotação de funções, 278, 282-286
Redesenho de funções, mudança organizacional e, 717
Redundantes, cultura/estilos de liderança, 601
Referências, emprego, 642-644
Reflexividade, 375
Reforço, processos de, 254
Regras básicas, processo de negociação, 539
Regulação emocional
	ética da, 132
	influências/resultados, 129-130

técnicas, 130-132
Regulamentos, 212
Relação entre desempenho e recompensa, 255, 264
    monitoramento das expectativas dos funcionários, 303
Relação entre esforço e desempenho, 255
Relação entre recompensa e objetivos pessoais, 255
Relação líder-liderados, 399
Relacionamentos
    estresse, desempenho no trabalho e, 713
    negociações e, 538-539, 547
    positivos, resistência à mudança e, 689-692
Relacionamentos positivos, superando a resistência à mudança, 689-690
Relatórios escritos, avaliações de desempenho e, 658
Religião, diversidade no local de trabalho e, 58-59
Remuneração
    benefícios como fatores motivacionais dos funcionários, 303-304
    desmotivação causada pela remuneração do CEO, 269-270
    estrutura de remuneração, estabelecimento da, 295-296
    higiene, como um fator da motivação, 240
    pedindo um aumento (Pesquisa de Comportamento Organizacional), 238
    programa de remuneração variável, 296-303
Remuneração com base no mérito, 296, 299
Remuneração por desempenho, 296-303
Representantes do conselho de administração, tipo de participação por representação, 294
Repulsa moral, 114
Reputação, negociações e, 545-546
Resistência à mudança, superando a
    coerção, 692
    comunicação e, 689-690
    desenvolvimento de apoio/comprometimento, 689-690

    fontes de, 689
    implementação justa das mudanças, 691
    manipulação/cooptação e, 691
    participação e, 689-690
    relacionamentos positivos, 690-691
    seleção de pessoas que aceitam a mudança, 691
Resolução de problemas
    equipes, 362
    processo de negociação, 539
    treinamento de habilidades, 651
Responsabilidade incerta, 343
Responsabilidade social corporativa
    espiritualidade no ambiente de trabalho e, 621
    estágios e, 675-676
    estratégias organizacionais, 578-579
    estrutura circular e, 575
    funcionários como voluntários, 286
    liderança autêntica e, 455-456
    motivação à, 236-237
    normas e, 331
    pegada de carbono e, 365
    satisfação no trabalho, 92-93
Responsabilidade social, 33, 34
Responsabilidade, fator intrínseco da motivação, 239, 240
Resposta de lealdade, 97
Resposta de negligência, 97
Resposta de saída, 97
Resposta de voz, 97
Restrição de tempo impostos pelo sistema, 212
Restrições, força situacional, 170
Resultados
    justiça organizacional, 261-262
    teoria da equidade, 2570258
Resultados criativos, 222
Resultados da justiça, 262
Resultados individuais de tarefas, avaliações de desempenho e, 656
Resultados, modelo de comportamento organizacional
    coesão do grupo, 31
    funcionamento do grupo, 31-32
Reuniões, comunicação nas, 402-404
Ridicularização da teoria do aprendizado social, 250-252

Riqueza de canal, comunicação e, 411-412
    canais formais *versus* informais, 396-397
Riqueza de informação, 411-412
Rituais, cultura organizacional e, 615
Roda, rede de pequenos grupos, 399, 400
Romances de escritório, 513
Romances de escritório, ética de, 513
Rotação de funções
    como um fator motivacional, 278, 282-283
    desvantagens, 283
    tarefas temporárias, 278
Rotatividade, 29-31, 293
    idade e, 52
    insatisfação no trabalho e, 98-99
Rotatividade coletiva, 97
Roubo, comportamento contraproducente no trabalho, 98
Ruído, comunicação e, 397
Rumores, lidando com, 402

S

Sair para beber com os colegas (Pesquisa de Comportamento Organizacional), 321
Salário, satisfação no trabalho e, 92
Satisfação
    idade e, 51-53
    motivação e, 239-241
Satisfação com a vida pessoal e profissional, 136
Satisfação com a vida, 53, 95-96
Satisfação do cliente, 94
    e desenho relacional de funções, 284-286
Satisfação no trabalho
    benefícios do horário flexível, 286
    causas, 91-93
    condições, 91
    dos funcionários, 89
    e habilidades interpessoais, 4
    envolvimento e, 84-85
    equipes autogerenciadas, 361
    idade e, 51
    mensuração, 88-89
    níveis médios, por país e dimensão, 90
    personalidade e, 91
    piores trabalhos para a, 88

quando o trabalho traz felicidade (Pesquisa de Comportamento Organizacional), 90
responsabilidade social corporativa, 92-93
resultados, 94-96
salário, 92
tarefas repetitivas, 282
teoria dos dois fatores da motivação, 239-241
trabalho a distância, 290
vinculada à rotação de funções, 282-283
Satisfazer-se, processo de, 204-205, 538
Segurança da informação, comunicação e, 415
Segurança no emprego, 241
Segurança
    no local de trabalho, emoções, sentimentos e, 138
    trabalhos precários e, 302
Sensorial (S) *versus* Intuitivo (N), tipo de personalidade MBTI, 156
Sentimentos, 114-115
Sentimentos, emoções e, 111-118
    básicos, afeto positivo/negativo e, 114-115
    estrutura dos sentimentos, 115
    nas negociações, 540-542
Serviços diretos, iniciativas de equilíbrio entre a vida profissional e a vida pessoal, 670
Sexo
    ameaça do estereótipo, 48-49
    assédio sexual, 494-495
    calvície, masculinidade e, 52
    como uma característica biográfica, 53-54
    composição da equipe e, 373
    diferença de remuneração (Pesquisa de Comportamento Organizacional), 46
    diferenças de poder, 513-514
    diversidade demográfica e, 45-46
    diversidade do grupo e, 340
    emoções, sentimentos e, 123-124
    estilos de comunicação, 429
    identidade, na força de trabalho, 59-61
    influência sobre a tomada de decisão, 210
    negociações e, diferenças entre, 543-545
    porcentagem de homens/mulheres na força de trabalho (Pesquisa de Comportamento Organizacional), 21
    viés, 53
Significado compartilhado, de culturas, 601
Significância da tarefa, modelo de características do trabalho e, 280
Silêncio, como uma barreira à comunicação eficaz, 421
Símbolo, gestor como um, 6
Símbolos materiais, cultura organizacional e, 615-616
Símbolos, da cultura organizacional, 615-616
Sindicatos dos trabalhadores, 548-549
Sintomas fisiológicos, do estresse, 712
Sintomas psicológicos, do estresse, 712-713
Sistema de Codificação Facial de Ekman, 141-142
Sistema de trabalho de alto desempenho, 664
Sistema de valores, 172
Sistemas de equipes múltiplas, 364-366
Sistemas de recompensa
    equipes, 368, 380-381
    espiritualidade no ambiente de trabalho, 621
    ética dos, 268, 618
    extrínsecos, 619
    liderança por recompensa contingente, 450-451
    programas de remuneração variável, 296-303
    recompensas intrínsecas, motivação e, 304-306
    restrições organizacionais, 211-213
Sites de manifestação de funcionários, 103-104
Skype (videoconferência), 413
Sobrecarga de informação, 419
Sobrecarga de papéis, 614
Sobrevivência organizacional, 32
Sobrevivência, 32
Socialização
    formal *versus* informal, 613
    método para sustentar a cultura organizacional, 610-614
    modelo, 612
    prática, opções de, 613
Socialização fixa *versus* variável, 613
Socialização formal *versus* informal, 613
Socialização individual *versus* coletiva, 613
Socialização por investimento *versus* socialização por desinvestimento, 613
Socialização seriada *versus* aleatória, 613
Sociograma, 488, 489
Sociologia, comportamento organizacional e, 16
Software de reconhecimento facial, 642
Software social corporativo, 408
Solidão, desempenho no trabalho e, 724-725
Soma zero, abordagem, 500
Sonho, etapa da investigação apreciativa, 698
Sono
    distúrbios do, 57
    humor, emoções e, 122-123
    privação, trabalho e, 713
Sorrisos, sentimentos, emoções e, 113
StandOut (Buckingham), 473
Star Wars (filme), 37
Startup enxuta, A (Ries), 606
Startups, inovação, cultura e, 605-606
Status do grupo, 336
Status quo, 692
    descongelamento, 692-693
Status, como uma propriedade do grupo, 334-336
Subculturas, 599
Subgrupos, 341
Suborno, 215, 482-483
Substitutos, para a liderança, 465-466
Sucesso, probabilidade de, 241
Superação de fronteiras
    equipes, 364-366
    estrutura organizacional e, 566-567
Supervisão abusiva, 458-459
Supervisão, qualidade da, 241
Suporte social, estresse no trabalho e, 711, 716
Supressão emocional, 130
Sustentabilidade, 236, 604-605

T

Tamanho da organização, estratégia e, 580

Tamanho, da organização, 580
Tarefas temporárias, 278
Técnica de grupo nominal, 345
Técnicas de administração de conflitos, 530
Técnicas de gerenciamento de tempo, estresse e, 715-716
Técnicas de relaxamento, estresse e, 715
Tecnologia
    24 horas no trabalho, 668-669
    equipes virtuais, 363-364
    estrutura/estratégia organizacional e, 580
    ética do monitoramento de funcionários, 253
    mudanças e, 686, 687, 707
Tédio, efeitos do, 227-228
Teleconferência, 404-405
Telefone, comunicação e, 405
Tempo de casa, 58, 296
Tempo no emprego
    diversidade do grupo e, 339
    diversidade no local de trabalho e, 58
    importância para os funcionários, 279
    inovação e, 701
Tempo, confiança e, 463
Tendências sociais, mudança e, 686-687
Teoria cognitiva social, 250-252
Teoria da adequação da pessoa ao trabalho, 175
Teoria da ativação dos traços de personalidade, 171-172
Teoria da atribuição
    da liderança, 464
    percepção, julgamento e, 195-197
Teoria da autodeterminação, motivação e, 244
Teoria da avaliação cognitiva, 244, 264
Teoria da equidade, 257-258. *Veja também* Justiça organizacional
Teoria da expectativa da motivação
    exemplo de um analista do mercado financeiro, 256
    integração da, 264
    modelo de, 255
    três relações entre recompensas e desempenho, 255
Teoria da força situacional, 169-170

Teoria da higiene-motivação, 239-241
Teoria da identidade social, grupos e, 320
Teoria da liderança situacional, 443
Teoria da mente, 386
Teoria de características do status, 334-336
Teoria de eventos afetivos, 126-127
Teoria de necessidades de McClelland, 241-243
Teoria de troca entre líder e liderados (LMX), 401–403
Teoria do aprendizado social, 250-252, 254
Teoria do caminho-objetivo, 443-444
Teoria do clima ético, 603
Teoria do condicionamento operante, 252
Teoria do estabelecimento de objetivos, 246-250, 264, 266
    administração por objetivos, 248
    características da tarefa, 247
    comprometimento com o objetivo, 247
    cultura nacional, 247
    e teoria da autoeficácia, 250
    ética e, 249-250
    feedback, 246
    implementação, 248-249
Teoria do paradoxo, mudança e, 699
Teoria do reforço da motivação
    condicionamento operante e behaviorismo, 252-253
    integração da, 264-265
    teoria do aprendizado social e, 254
Teoria dos dois fatores da motivação, 239-241
Teorias comportamentais de liderança, 439-441
Teorias contingenciais de liderança, 441-444
    modelo de Fiedler, 441-443
    modelo de líder-participação, 444
    teoria da liderança situacional, 443
Teorias dos traços de liderança, 437-439, 439
Teste de apercepção temática (TAT), 511
Teste de Associação Implícita (TAI), 223-224

Teste de Associação Implícita (TAI), 223-224
    diferenças individuais, 210-213
    importância da criatividade, 217-222
    tomada de decisão intuitiva, 205
Teste de capacidade cognitiva, 645
Teste de Inteligência Emocional de Mayer-Salovey (MSCEIT), 128-129
Teste de julgamento situacional da inteligência emocional, 128-129, 646-647
Testes acadêmicos de admissão em universidades, 62
Testes de amostra do trabalho, 646
Testes de inteligência, 645
Testes de personalidade, 154, 644-645
Testes de seleção contingente, 649-650
Testes de simulação de desempenho, emprego e, 646-647
Testes para decidir a necessidade de equipes, 381
Tipo de hierarquia
    cultura organizacional, 598
    desvio criativo e, 589
Tipos de personalidade e ocupações congruentes de Holland, 175
"Tirania da falta de estrutura, A" (Freeman), 558
Todos os canais, rede de pequenos grupos, 397-398
Tolerância a situações incertas e vagas, 219
Tolerância, traço de personalidade vinculado à criatividade, 219
Tomada de decisão
    com grande componente afetivo, 205
    efeitos da sobrecarga de colaboração, 226-227
    em grupo, 341-346
    ética e, 213-215
    racionalidade limitada, 205
Tomada de decisão em grupo, 341-346
    benefícios, 341
    brainstorming, 345
    desvantagens, 341
    eficácia/eficiência da, 342
    pensamento de grupo/mudança de posição do grupo, 342-344
    polarização, 344
    técnica de grupo nominal, 345

técnicas, 345-346
vantagens, 341
Tomada de decisão individual, 203, 341-342. *Veja também* Tomada de decisão
diferenças culturais, 211
estresse no trabalho, 710-711
gênero e, 210
habilidade mental, 211
personalidade e, 210
TopCoder (programa), 561
Tormenta, estágio do desenvolvimento de grupos, 322-323
Trabalho a distância, 307, 583
benefícios à sociedade, 291
desvantagens, 292
trabalho em casa (Pesquisa de Comportamento Organizacional), 292
trabalhos adequados ao, 290
Trabalho em casa (Pesquisa de Comportamento Organizacional), 290
Trabalho em equipe (Pesquisa de Comportamento Organizacional), 360
Trabalho, estresse e, 704-707
Trabalhos precários, ética e, 302
Traços de personalidade, 156
comportamento organizacional e, 165-167
Traços pessoais, avaliações de desempenho e, 657
Tráfico humano, 676
Traga o seu próprio dispositivo, ética e, 428-429
Transferir a responsabilidade, comportamento defensivo, 504
Transtorno da personalidade esquizotípica, 164
Transtorno de estresse pós-traumático, 47, 57
Transtorno do déficit de férias, 26
Trapaça, ética e, 174, 226
Treinamento de civilidade, 651-652
Treinamento de habilidades básicas, RH e, 650-651
Treinamento de sensibilidade, desenvolvimento organizacional e, 695
Treinamento fora do local de trabalho, 654
Treinamento informal, 653

Treinamento intercultural, 654
Treinamento multifuncional (rotação de funções), 278, 282-283
Treinamento no local de trabalho, 654
Treinamento no local de trabalho, 654
Treinamentos em ética, 618
Tríade Sombria, traços de personalidade, 162-164, 438
Troca de informações, comunicação e, 395, 396
Troca, tática de influência, 490

U

U.S. Small Business Administration (Estados Unidos), 368
Unidade de comando, 563
Unretirement (Farrell), 73
Uso excessivo da internet, 237
Utilitarismo, como um padrão ético, 213

V

Validade aparente, 646
Valores, 172-179
como uma razão para atingir os objetivos, autoconcordância, 244-245
culturais, 177-179
dominantes na força de trabalho, 174
geracionais, 173
importância/organização dos, 172-173
local de trabalho, relação com a personalidade, 175
refletidos na atitude, 83
terminais *versus* instrumentais, 173
Valores culturais aplicados, 601-602
Valores culturais declarados, 602
Valores culturais, 177-179
Valores essenciais, 599
Valores geracionais, 173-174
Valores instrumentais, 173
Valores terminais, 173
Vantagem não verbal, A (Goman), 429
Variáveis contingenciais, 16-17
Variáveis estruturais, inovação e, 700
Vencendo a crise (livro), 11
Verificação de antecedentes, emprego, 642-644, 672-673
Vestibular, 62

Veteranos de guerra, desempregados, 47-48
Videoconferência, comunicação e, 404-405
Viés
comum na tomada de decisão, 205
contra mães que trabalham fora, 54
da autoconveniência, 197
de ancoragem, 207, 534
de confirmação, 207
de disponibilidade, 207
do excesso de confiança, 205-206
em avaliações de desempenho, 661
endogrupo, 532
folga social e, 336
redução do, erros e, 206
retrospectivo, 209
sexo, 53-54
valores e, 172-174
Viés contra mães que trabalham fora, 54
Viés da autoconveniência e, 197
traços de personalidade associados ao, 210
Viés de ancoragem, 207
Viés de confirmação, 207
Viés de disponibilidade, 207-208
Viés do excesso de confiança, 205-206
Viés retrospectivo, 209
Vigilância, *big data* e, 14
Visão, 448
Visualização espacial, habilidade intelectual, 63
Volatilidade, ambiente e, 581
Voluntariado, funcionários, 286
Voz, na comunicação, 403

W

Whisper (aplicativo), 103
Wonderlic Cognitive Ability Test (teste de capacidade cognitiva), 64
Workaholics, 668-669, 711
Workplace 2025 (levantamento da Randstad), 278

Y

Yik Yak (aplicativo), 103

Z

Zona de aspiração, 534